LEIS DO ARRENDAMENTO URBANO ANOTADAS

CÓDIGOS COMENTADOS DA CLÁSSICA DE LISBOA

LEIS DO ARRENDAMENTO URBANO ANOTADAS

Coordenação:
ANTÓNIO MENEZES CORDEIRO

ALMEDINA
2014

LEIS DO ARRENDAMENTO URBANO ANOTADAS

COORDENADOR E REDACTOR
Prof. Doutor ANTÓNIO MENEZES CORDEIRO

COMISSÃO EXECUTIVA
Prof. Doutor ANTÓNIO MENEZES CORDEIRO

EDITOR
EDIÇÕES ALMEDINA, SA
Rua Fernandes Tomás n.ᵒˢ 76-80
3000-167 Coimbra
Tel.: 239 851 904
Fax: 239 851 901
www.almedina.net
editora@almedina.net

DESIGN DE CAPA
FBA

PRÉ-IMPRESSÃO
EDIÇÕES ALMEDINA, SA

IMPRESSÃO E ACABAMENTO
NORPRINT - a casa do livro

Junho, 2014

DEPÓSITO LEGAL
377131/14

Os dados e as opiniões inseridos na presente publicação
são da exclusiva responsabilidade do(s) seu(s) autor(es).

Toda a reprodução desta obra, por fotocópia ou outro qualquer processo,
sem prévia autorização escrita do Editor,
é ilícita e passível de procedimento judicial contra o infrator.

Biblioteca Nacional de Portugal – Catalogação na Publicação

PORTUGAL. Leis, decretos, etc.
LEIS DO ARRENDAMENTO URBANO ANOTADAS
Coord. António Menezes Cordeiro
ISBN 978-972-40-5425-4

I – CORDEIRO, António Menezes, 1953-
CDU 347

Leis do Arrendamento Urbano

Anotadas

Código Civil, artigos 1022.º a 1113.º

Regime jurídico das obras
Decreto-Lei n.º 157/2006, de 8 de agosto,
com as alterações da Lei n.º 30/2012, de 14 de agosto

Ação de despejo, artigos 14.º e 14.º-A
Lei n.º 6/2006, de 27 de fevereiro,
na redação dada pela Lei n.º 31/2012, de 14 de agosto

Procedimento especial de despejo
Aditado à Lei n.º 6/2006, de 27 de fevereiro,
pela Lei n.º 31/2012, de 14 de agosto

Novo regime do arrendamento urbano
Regime transitório
Lei n.º 6/2006, de 27 de fevereiro,
com as alterações da Lei n.º 31/2012, de 14 de agosto

COLABORADORES

António Menezes Cordeiro
Doutor em Direito; Professor Catedrático da Faculdade de Direito de Lisboa
Advogado e Jurisconsulto
(Direito civil e Direito comercial)

Miguel Teixeira de Sousa
Doutor em Direito; Professor Catedrático da Faculdade de Direito de Lisboa
Advogado e Jurisconsulto
(Direito civil e Direito processual civil)

Januário da Costa Gomes
Doutor em Direito; Professor Catedrático da Faculdade de Direito de Lisboa
Jurisconsulto
(Direito civil e Direito comercial)

Rui Pinto
Doutor em Direito; Professor Auxiliar da Faculdade de Direito de Lisboa
Jurisconsulto
(Direito processual civil)

Francisco de Castro Fraga
Advogado
(Direito civil, Direito comercial e Direito processual civil)

Cláudia Madaleno
Assistente da Faculdade de Direito de Lisboa
(Direito civil e Direito comercial)

Lourença Rita
Advogada
(Direito processual civil)

José António Veloso da Cunha
Ex-secretário do Tribunal Constitucional
(Composição e revisão geral)

ÍNDICE GERAL

Leis do arrendamento urbano anotadas

Advertências 17
Bibliografia geral 19

Código Civil, artigos 1022.º a 1113.º

Regime jurídico das obras
Decreto-Lei n.º 157/2006, de 8 de agosto,
com as alterações da Lei n.º 30/2012, de 14 de agosto

Capítulo IV – Locação

Secção I – Disposições gerais

Artigo 1022.º (Noção) 23
Artigo 1023.º (Arrendamento e aluguer) 28
Artigo 1024.º (A locação como ato de administração) 29
Artigo 1025.º (Duração máxima) 33
Artigo 1026.º (Prazo supletivo) 34
Artigo 1027.º (Fim do contrato) 35
Artigo 1028.º (Pluralidade de fins) 36
Artigo 1029.º (Exigência de escritura pública) (Revogado) 39
Artigo 1030.º (Encargos da coisa locada) 40

Secção II – Obrigações do locador

Artigo 1031.º (Enumeração) 41
Artigo 1032.º (Vício da coisa locada) 47
Artigo 1033.º (Casos de irresponsabilidade do locador) 50
Artigo 1034.º (Ilegitimidade do locador ou deficiência do seu direito) 52
Artigo 1035.º (Anulabilidade por erro ou dolo) 54

Artigo 1036.º (Reparações ou outras despesas urgentes) 55
Artigo 1037.º (Atos que impedem ou diminuem o gozo da coisa) 58

Secção III – Obrigações do locatário

Subsecção I – Disposição geral

Artigo 1038.º (Enumeração) 62

Subsecção II – Pagamento da renda ou aluguer

Artigo 1039.º (Tempo e lugar do pagamento) 67
Artigo 1040.º (Redução da renda ou aluguer) 69
Artigo 1041.º (Mora do locatário) 72
Artigo 1042.º (Cessação da mora) 76

Subsecção III – Restituição da coisa locada

Artigo 1043.º (Dever de manutenção e restituição da coisa) 77
Artigo 1044.º (Perda ou deterioração da coisa) 79
Artigo 1045.º (Indemnização pelo atraso na restituição da coisa) 80
Artigo 1046.º (Indemnização de despesas e levantamento de benfeitorias) 84

Secção IV – Resolução e caducidade do contrato

Introdução aos artigos 1047.º a 1056.º 87

Subsecção I – Resolução

Artigo 1047.º (Resolução) 92
Artigo 1048.º (Falta de pagamento da renda ou aluguer) 94
Artigo 1049.º (Cedência do gozo da coisa) 97
Artigo 1050.º (Resolução do contrato pelo locatário) 99

Subsecção II – Caducidade

Artigo 1051.º (Casos de caducidade) 100
Artigo 1052.º (Exceções) 109
Artigo 1053.º (Despejo do prédio) 111
Artigo 1054.º (Renovação do contrato) 113
Artigo 1055.º (Oposição à renovação) 116
Artigo 1056.º (Outra causa de renovação) 119

Secção V – Transmissão da posição contratual

Artigo 1057.º (Transmissão da posição do locador) 122
Artigo 1058.º (Liberação ou cessão de rendas ou alugueres) 125
Artigo 1059.º (Transmissão da posição do locatário) 126

Secção VI – Sublocação

Introdução aos artigos 1060.º a 1063.º 128

Artigo 1060.º (Noção) 130
Artigo 1061.º (Efeitos) 132
Artigo 1062.º (Limite da renda ou aluguer) 134
Artigo 1063.º (Direitos do locador em relação ao sublocatário) 135

Secção VII – Arrendamento de prédios urbanos

Introdução aos artigos 1064.º a 1113.º 137

Subsecção I – Disposições gerais

Artigo 1064.º (Âmbito) 139
Artigo 1065.º (Imóveis mobilados e acessórios) 144
Artigo 1066.º (Arrendamentos mistos) 146
Artigo 1067.º (Fim do contrato) 149
Artigo 1068.º (Comunicabilidade) 152

Subsecção II – Celebração

Artigo 1069.º (Forma) 155
Artigo 1070.º (Requisitos de celebração) 159

Subsecção III – Direitos e obrigações das partes

Introdução aos artigos 1071.º a 1078.º 163

Divisão I – Obrigações não pecuniárias

Artigo 1071.º (Limitações ao exercício do direito) 165
Artigo 1072.º (Uso efetivo do locado) 169
Artigo 1073.º (Deteriorações lícitas) 174
Artigo 1074.º (Obras) 176

Divisão II – Obrigações não pecuniárias

Artigo 1075.º (Disposições gerais) 200
Artigo 1076.º (Antecipação de rendas) 203
Artigo 1077.º (Atualização de rendas) 206
Artigo 1078.º (Encargos e despesas) 215

Subsecção IV – Cessação

Divisão I – Disposições comuns

Artigo 1079.º (Formas de cessação) 218
Artigo 1080.º (Imperatividade) 219
Artigo 1081.º (Efeitos da cessação) 220

Divisão II – Cessação por acordo entre as partes

Artigo 1082.º (Revogação) 224

Divisão III – Resolução

Artigo 1083.º (Fundamento da resolução) 226
Artigo 1084.º (Modo de operar) 242
Artigo 1085.º (Caducidade do direito de resolução) 246
Artigo 1086.º (Cumulações) 249
Artigo 1087.º (Desocupação) 249

Subsecção V – Subarrendamento

Artigo 1088.º (Autorização do senhorio) 251
Artigo 1089.º (Caducidade) 254
Artigo 1090.º (Direitos do senhorio em relação ao subarrendatário) 255

Subsecção VI – Direito de preferência

Artigo 1091.º (Regra geral) 257

Subsecção VII – Disposições especiais do arrendamento para habitação

Introdução aos artigos 1092.º a 1107.º 280

Divisão I – Âmbito do contrato

Artigo 1092.º (Indústrias domésticas) 283
Artigo 1093.º (Pessoas que podem residir no local arrendado) 286

Divisão II – Duração

Artigo 1094.º (Tipos de contratos) 290

Subdivisão I – Contrato com prazo certo

Artigo 1095.º (Estipulação de prazo certo) 292
Artigo 1096.º (Renovação automática) 294
Artigo 1097.º (Oposição à renovação deduzida pelo senhorio) 296
Artigo 1098.º (Oposição à renovação ou denúncia pelo arrendatário) 298

Subdivisão II – Contrato de duração indeterminada

Artigo 1099.º (Princípio geral) 301
Artigo 1100.º (Denúncia pelo arrendatário) 302
Artigo 1101.º (Denúncia pelo senhorio) 304
Artigo 1102.º (Denúncia para habitação) 323
Artigo 1103.º (Denúncia justificada) 326
Artigo 1104.º (Confirmação da denúncia) (Revogado) 332

Divisão III – Transmissão

Introdução aos artigos 1105.º a 1107.º 333

Artigo 1105.º (Comunicabilidade e transmissão em vida para o cônjuge) 337
Artigo 1106.º (Transmissão por morte) 343
Artigo 1107.º (Comunicação) 350

Subsecção VIII – Disposições especiais do arrendamento para fins não habitacionais

Artigo 1108.º (Âmbito) 353
Artigo 1109.º (Locação de estabelecimento) 355
Artigo 1110.º (Duração, denúncia ou oposição à renovação) 360
Artigo 1111.º (Obras) 363
Artigo 1112.º (Transmissão da posição do arrendatário) 371
Artigo 1113.º (Morte do arrendatário) 384

Lei n.º 6/2006, de 27 de fevereiro,
na redação dada pela Lei n.º 31/2012,
de 14 de agosto (NRAU)

Título I – Novo Regime do Arrendamento Urbano

Capítulo II – Disposições gerais

Secção III – Despejo

Subsecção I – Ações judiciais

Artigo 14.º (Ação de despejo) 389
Artigo 14.º-A (Título para pagamento de rendas, encargos ou despesas) 405

Subsecção II – Procedimento especial de despejo (PED)

Introdução 409

Artigo 15º (Procedimento especial de despejo) 422
Artigo 15º-A (Balcão Nacional do Arrendamento) 429
Artigo 15º-B (Apresentação, forma e conteúdo do requerimento de despejo) 430
Artigo 15º-C (Recusa do requerimento) 435
Artigo 15º-D (Finalidade, conteúdo e efeito da notificação) 436
Artigo 15º-E (Constituição de título para desocupação do locado) 438
Artigo 15º-F (Oposição) 439
Artigo 15º-G (Extinção do procedimento) 442
Artigo 15º-H (Distribuição e termos posteriores) 443
Artigo 15º-I (Audiência de julgamento e sentença) 445
Artigo 15º-J (Desocupação do locado e pagamento das rendas em atraso) 446
Artigo 15º-K (Destino dos bens) 448
Artigo 15º-L (Autorização judicial para entrada imediata no domicílio) 449
Artigo 15º-M (Suspensão da desocupação do locado) 450
Artigo 15º-N (Diferimento da desocupação de imóvel arrendado para habitação) 454
Artigo 15º-O (Termos do diferimento da desocupação) 456
Artigo 15º-P (Impugnação do título para desocupação do locado) 456
Artigo 15º-Q (Recurso da decisão judicial para desocupação do locado) 458
Artigo 15º-R (Uso indevido ou abusivo do procedimento) 458
Artigo 15º-S (Disposições finais) 459

Título II – Normas transitórias

Introdução 465

Capítulo I – Contratos habitacionais celebrados na vigência do Regime do Arrendamento Urbano e contratos não habitacionais celebrados depois do Decreto-Lei n.º 257/95, de 30 de setembro

Artigo 26.º (Regime) 467

Capítulo II – Contratos habitacionais celebrados antes da vigência do RAU e contratos não habitacionais celebrados antes do Decreto-Lei n.º 257/95, de 30 de setembro

Secção I – Disposições gerais

Artigo 27.º (Âmbito) 474
Artigo 28.º (Regime) 475
Artigo 29.º (Benfeitorias) 480

Secção II – Arrendamento para habitação

Artigo 30.º (Iniciativa do senhorio) 482
Artigo 31.º (Resposta do arrendatário) 485
Artigo 32.º (Comprovação da alegação) 489
Artigo 33.º (Oposição pelo arrendatário e denúncia pelo senhorio) ... 491
Artigo 34.º (Denúncia pelo arrendatário) 496
Artigo 35.º (Arrendatário com RABC inferior a cinco RMNA) 497
Artigo 36.º (Arrendatário com idade igual ou superior a 65 anos ou com deficiência com grau de incapacidade superior a 60%) 501
Artigo 37.º (Valor da renda) 504
Artigo 38.º (Atualização faseada do valor da renda) (Revogado) ... 505
Artigo 39.º (Atualização em dois anos) (Revogado) 505
Artigo 40.º (Atualização em cinco anos) (Revogado) 505
Artigo 41.º (Atualização em 10 anos) (Revogado) 506
Artigo 42.º (Comunicação do senhorio ao serviço de finanças) (Revogado) ... 506
Artigo 43.º (Aplicação da nova renda) (Revogado) 507
Artigo 44.º (Comprovação da alegação) (Revogado) 507
Artigo 45.º (Regime especial de faseamento) (Revogado) 507
Artigo 46.º (Subsídio de renda) (Revogado) 508
Artigo 47.º (Alteração de circunstâncias) (Revogado) 508
Artigo 48.º (Direito a obras) (Revogado) 509
Artigo 49.º (Comissão arbitral municipal) (Revogado) 509

Secção III – Arrendamento para fim não habitacional

Artigo 50.º (Iniciativa do senhorio) 510
Artigo 51.º (Resposta do arrendatário) 511
Artigo 52.º (Oposição pelo arrendatário e denúncia pelo senhorio) 515
Artigo 53.º (Denúncia pelo arrendatário) 515
Artigo 54.º (Microentidade e associação privada sem fins lucrativos) 515
Artigo 55.º (Resposta do arrendatário) (Revogado) 517
Artigo 56.º (Atualização imediata da renda) (Revogado) 517

Secção IV – Transmissão

Introdução 517

Artigo 57.º (Transmissão por morte no arrendamento para habitação) 518
Artigo 58.º (Transmissão por morte no arrendamento para fins não habitacionais) 530

Título III – Normas finais

Artigo 59.º (Aplicação no tempo) 539
Artigo 60.º (Norma revogatória) 539
Artigo 61.º (Manutenção de regimes) 539
Artigo 62.º (Republicação) 539
Artigo 63.º (Autorização legislativa) 539
Artigo 64.º (Legislação complementar) 541
Artigo 65.º (Entrada em vigor) 541

Índice ideográfico 543

ADVERTÊNCIAS

As *Leis do arrendamento urbano anotadas* visam um texto fidedigno e atualizado que, em termos sintéticos mas completos, disponibilize, de imediato e a propósito de cada preceito, os dados relevantes para a interpretação e a aplicação do Código Civil, acompanhado pelas leis complementares mais diretamente relevantes.

As abreviaturas usadas constam de António Menezes Cordeiro, *Tratado de Direito civil*, em publicação. Omite-se a palavra "artigo", nos textos, substituindo-a pelo ordinal: o artigo 1.º será, simplesmente, 1.º.

Quanto a obras citadas: constam da bibliografia geral, sendo depois referida apenas pelo autor e por uma designação abreviada. A propósito de cada preceito, indica-se a bibliografia pertinente a qual, quando não coincida com a geral, vem, na anotação subsequente, citada apenas pelo autor e pelo título abreviado.

Evita-se referir bibliografia estrangeira: esta pode ser confrontada nas obras nacionais para que se remete e, designadamente, no referido *Tratado de Direito civil*.

A jurisprudência inserida na base de dados ITIJ vem simplesmente referida pelo número do processo.

As circunstâncias do momento justificam a presente iniciativa. Com efeito, a Lei n.º 31/2012, de 14 de agosto, veio alterar o regime do arrendamento urbano, fundamentalmente vertido no Código Civil. Este, por seu turno, surge em estreita ligação com regras transitórias, com regras processuais e com o regime jurídico das obras. Além disso, a sua vertente prática é evidente. Recorremos, assim, à colaboração de reconhecidos especialistas: Professores Doutores Miguel Teixeira de Sousa, Januário da Costa Gomes e Rui Pinto, bem como ao Dr. Francisco de Castro Fraga, advogado, com intervenção direta nas reformas de 1990 e de 2012 e na projetada reforma de 2004. Contámos, ainda, com o apoio da Dr.ª Cláudia Madaleno, no tocante ao regime das obras e da Dr.ª Lourença Rita, no regime transitório. A composição e a revisão geral, de acentuada dificuldade, foi assegurada por José António Veloso da Cunha. A todos agradecemos.

Foi posto o maior cuidado na revisão. Todavia, nem os autores nem a editora assumem qualquer responsabilidade pelas indicações legislativas: os práticos são convidados a confrontar, sempre, os precisos textos em vigor. O presente volume está atualizado com referência a escritos publicados até novembro de 2013, tendo sido por vezes possível atender a publicações posteriores.

Lisboa, 10 de novembro de 2013.

António Menezes Cordeiro

BIBLIOGRAFIA GERAL

I – Anterior a 1865

Freire, Pascoal José de Melo, *Institutiones juris civilis lusitani cum publici tum privati*, liber IV, *De obligationibus et actionibus* (1805, ed. 1815), titulus II – *De pactis*, § XIX, *De locatione et conductione*, 33-36 = trad. port. Miguel Pinto de Menezes, BMJ 168 (1967), 70-73.
Ordenações Afonsinas (1447), Livro IV, Títulos LXXIII a LXXV = ed. Gulbenkian, IV, 258-267.
Ordenações Manuelinas (1522), Livro IV, Títulos LVII a LIX = ed. Gulbenkian, IV, 139-145.
Ordenações Filipinas (1603), Livro IV, Títulos XXIII a XXVII = ed. Gulbenkian, IV-V, 803-806.
Rocha, Manuel António Coelho da, *Instituições de Direito civil portuguez* 2, 1846, reimp., 1917, 563-576.
Telles, José Homem Corrêa, *Digesto portuguez* 3, 1845, reimp., 1909, 104-120.

II – Posterior a 1865 e anterior a 1966

Arantes, Tito, *Inquilinato, avaliações / Trabalhos preparatórios e primeiros comentários*, 1949.
Ferreira, José Dias, *Codigo Civil Portuguez annotado* 4, 1.ª ed., 1875, 54-100 e 3, 2.ª ed., 1898, 189-222.
Gonçalves, Luiz da Cunha, *Tratado de Direito civil em comentário ao Código Civil Português* 8, 1934.
Loureiro, José Pinto, *Manual do inquilinato*, 2 volumes, 1941;
– *Tratado da locação*, 3 volumes, 1946.
Telles, Inocêncio Galvão, *Arrendamento. Lições ao 5.º ano jurídico no ano lectivo de 1944/1945*, publ. Bento Garcia Domingues e Manuel A. Ribeiro, 1945/1946;
– *Contratos civis (Projecto completo de um título do futuro Código Civil português e respectiva exposição de motivos)*, BMJ 83 (1959), 114-283.

III – Posterior a 1966 e anterior a 1990

Bastos, Jacinto Fernandes Rodrigues, *Dos contratos em especial*, 2, arts. 1022.º a 1141.º, 1974.
Coelho, Francisco Manuel Pereira, *Arrendamento. Direito substantivo e processual*, 1988.
Matos, Isidro, *Arrendamento e aluguer / Breve comentário ao capítulo IV, do título II, livro II (artigos 1022.º a 1120.º), do Código Civil*, 1968.
Matos, João de, *Manual do arrendamento e do aluguer*, 2 volumes, 1968.
Miller, Rui Vieira, *Arrendamento urbano. Breves notas às correspondentes disposições do Código Civil*, 1967.

IV – **Posterior a 1990 e anterior a 2006**

Cordeiro, António Menezes/Fraga, Francisco de Castro, *Novo regime do arrendamento urbano anotado*, 1990.
Estudos em homenagem ao Professor Doutor Inocêncio Galvão Telles, 3, *Direito do arrendamento urbano*, 2002.
Furtado, Jorge Henriques da Cruz Pinto, *Manual do arrendamento urbano*, 3.ª ed., 2001.
Gomes, Manuel Januário da Costa, *Arrendamentos para habitação*, 2.ª ed., 1996.
Lima, Fernando Andrade Pires de/Varela, João de Matos Antunes, *Código Civil anotado* 2, 3.ª ed., 1986 e 4.ª ed., 1997.
Martinez, Pedro Romano, *Direito das obrigações (Parte especial) Contratos*, 2.ª ed., 2001, 153-308.
Seia, Jorge Aragão, *Arrendamento urbano*, 7.ª ed., 2003.

V – **Posterior a 2006 e anterior a 2012**

Furtado, Jorge Henriques da Cruz Pinto, *Manual do arrendamento urbano*, 4.ª ed., 2 volumes, 2007 e 5.ª ed., 1, 2009 e 2, 2011.
Garcia, Maria Olinda, *A nova disciplina do arrendamento urbano: NRAU anotado e legislação complementar*, 2.ª ed., 2006.
Gemas, Laurinda/Pedro, Albertina/Jorge, João Caldeira, *Arrendamento urbano*, 2.ª ed., 2007 e 3.ª ed., 2009.
Leitão, Luís Menezes, *Arrendamento urbano*, 4.ª ed., 2010.
Machado, Soares/Pereira, Regina Santos, *Arrendamento urbano/Novo regime do arrendamento urbano comentado e anotado*, 2.ª ed., 2008.
RNAU, *Regime dos Novos Arrendamentos Urbanos, projecto*, 2004, em O Direito 136 (2004), 451-466.
Sá, Fernando Augusto Cunha de/Coutinho, Leonor, *Arrendamento 2006/Novo regime do arrendamento urbano*, 2006.

VI – **Posterior a 2012**

Colaço, Amadeu, *Reforma do novo regime do arrendamento urbano*, 6.ª ed., 2013.
Cordeiro, António Menezes, *Tratado de Direito civil*, a partir de 2008, nove volumes publicados.
Garcia, Maria Olinda, *Arrendamento urbano anotado/Regime substantivo e processual (alterações introduzidas pela Lei n.º 31/2012*, 1.ª ed., 2012 e 2.ª ed., 2013.
Leitão, Luís Menezes, *Arrendamento urbano*, 5.ª ed., 2012 e 6.ª ed., 2013.
Martins, Manteigas/Nabais, Carlos/Freire, Carla Santos/Raimundo, José M., *Novo regime do arrendamento urbano/Anotado e comentado*, 3.ª ed., 2013.

Código Civil, artigos 1022.º a 1113.º

Regime jurídico das obras
Decreto-Lei n.º 157/2006, de 8 de agosto,
com as alterações da Lei n.º 30/2012, de 14 de agosto

Capítulo IV – Locação

Secção I – Disposições gerais

Artigo 1022.º (Noção)

Locação é o contrato pelo qual uma das partes se obriga a proporcionar à outra o gozo temporário de uma coisa, mediante retribuição.

Bibliografia: Francisco Manuel Pereira Coelho, *Arrendamento*, 7-22; António Menezes Cordeiro, *Da natureza do direito do locatário* (1980), 7 ss. e *Tratado* VI (2012), 580 ss.; Jorge Pinto Furtado, *Manual* 1, 5.ª ed., 9-107; Laurinda Gemas e outros, *Arrendamento*; Luiz da Cunha Gonçalves, *Tratado* 8, 639 ss.; António Santos Justo, *Direitos reais*, 2.ª ed. (2010), 107-122; Pires de Lima/Antunes Varela, *Código anotado* 2, 3.ª ed. (1986), 362 ss.; José Pinto Loureiro, *Manual* 1, 1-7 e *Tratado da locação* 1, 35-65; Pedro Romano Martinez, *Contratos*, 159-173; Manuel Henrique Mesquita, *Obrigações reais e ónus reais* (1990), 131-186; Inocêncio Galvão Telles, *Arrendamento*, 83 ss. e *Contratos civis*, 114-282 (141 ss. e 211 ss.).

Índice

I – **Antecedentes**
1. Direito romano 1
2. Ordenações 3
3. O Código de Seabra 4
4. O anteprojeto Galvão Telles 5

II – **Elementos do contrato**
5. A coisa corpórea 6
6. Proporcionar o gozo 10
7. Temporário 12
8. Mediante retribuição 14

III – **Características e natureza**
9. Características 15
10. A natureza 16
    α) Teorias obrigacionistas 17
    β) Teorias realistas 18
    γ) A teoria do direito pessoal de gozo 20
    δ) Posição adotada 22
11. Construção dogmática 24
12. Regime 25

I – **Antecedentes**

1. **Direito romano**. A locação, tomada pelo prisma das *actiones locati* (do locador) e *conducti* (do locatário), foi uma criação pretoriana ocorrida, no séc. II a. C., na base da *bona fides*[1]. Comportava três modalidades: *locatio rei*, *operarum* e *operis faciendo* correspondentes, grosso modo, às atuais locação, trabalho e empreitada. No Direito mais antigo, ainda relatado em Gaio, a locação de coisa distinguia-se da compra e venda pela sua natureza temporária[2].

---

[1] António Menezes Cordeiro, *Da boa fé no Direito civil* (1984, 5.ª reimp., 2011), 73 ss..

[2] Gaio, *Institutiones*, III, 142 = ed. bilingue e comentada Ulrich Manthe (2004), 276-277.

2   O Direito romano da locação teve consequências decisivas no futuro do instituto: a natureza *in personam* das *actiones locati* e *conducti* levaram a que ela não tivesse natureza processual real. E assim, ainda hoje e mau grado ela originar, na esfera do locatário, um direito de gozo oponível *erga omnes*, a locação é considerada, predominantemente, como dando azo a um simples direito pessoal de gozo[3]. Diversos institutos, como o da boa-fé e o do abuso do direito, permitem, depois, minimizar as inconveniências dessa qualificação *contra naturam*.

3   2. As **Ordenações** não compreendiam um regime sistematizado da locação: apenas comportavam regras historicamente surgidas para solucionar casos típicos. Assim, tínhamos regras: sobre o "aluguer" de casas, dispondo quanto à legitimidade do locatário, a duração do contrato, sobre a penhora por não pagamento de rendas (a cargo do alcaide e não, como antes sucedia, do próprio senhorio); sobre os casos em que o senhor da casa podia "lançar fora o alugador" e sobre quem não podia ser rendeiro[4].

4   3. **O Código de Seabra** dedicou, à locação, os 1595.º a 1634.º. A locação era definida, no 1595.º, nos termos seguintes:

> Dá-se contracto de locação, quando alguem traspassa a outrem, por certo tempo, e mediante certa retribuição, o uso e fruição de certa cousa.

A matéria atinente ao arrendamento urbano veio a merecer sucessivos diplomas[5].

5   4. **O anteprojeto Galvão Telles** continha, no artigo 1.º relativo à locação, uma definição idêntica à hoje constante do 1023.º, do CC[6]. No essencial, ele substituiu a expressão "trespassa a outrem" por "se obriga a proporcionar à outra". "Trespasse" foi criticado por ter evoluído, semanticamente, para a ideia de transferência do estabelecimento comercial[7]. O D 5:411, de 17-abr.-1919, substituiu-a, ao definir arrendamento, por "transferência" (1.º). Galvão Telles preferia "concessão", uma vez que transferir pressuporia a disposição de domínio[8]. Mas no anteprojeto, ficou-se por "proporcionar o gozo", para melhor vincar a sua tese da natureza pessoal do direito do locatário[9].

II – Elementos do contrato

6   5. **A coisa corpórea** constitui o primeiro elemento típico da locação. Esta reporta-se, necessariamente, a uma porção delimitada de matéria, suscetível de apropriação, isto é, de um controlo exercido por um ser humano[10]. A corporiedade extrai-se da referência ao gozo constante do próprio 1022.º e retomada em diversos outros preceitos [1034.º/1, *a*), 1037.º e 1038.º/1, *b*) e 1040.º/1], da contraposição entre arrendamento e aluguer, consoante a natureza, móvel ou imóvel da coisa (1023.º), das obrigações de entrega e de assegurar o gozo (1024.º) e da de restituição [1038.º, *i*)] e da referência a reparações (1036.º/1), entre outros. Além disso, esse elemento resulta do sentir comum, relativamente à locação.

---

[3] Menezes Cordeiro, *Tratado* VI, 597 ss. (606-607) e *A posse: perspectivas dogmáticas actuais*, 3.ª ed. (2000), 72-73; RLx 20-jan.-2011 (Ezagüy Martins), Proc. 144-B/2001.
[4] *Ordenações Filipinas*, Liv. IV, tit. XXIII a XXVII = ed. Gulbenkian, IV-V (803-806).
[5] Vide Luís Menezes Leitão, *Arrendamento urbano*, 6.ª ed., 21 ss. e o preâmbulo ao DL 321-B/90, de 15-out., DR I, n.º 238 (supl.), de 15-out.-1990, 4286-(5)-4286-(8).
[6] *Contratos civis*, 211. Na 1.ª revisão ministerial, idêntico era, também, o 994.º (definição de locação): BMJ 120 (1962), 19-168 (77).
[7] *Arrendamento*, 83.
[8] *Idem*, 86.
[9] *Contratos civis*, 144-146.
[10] Quanto a coisas corpóreas: *Tratado* III, 156 ss..

Torna-se possível, ao abrigo da autonomia privada, celebrar contratos de "locação" relativos a coisas incorpóreas: seja inseridas num todo mais vasto, suscetível de negociação unitária, como sucede com o estabelecimento comercial (1109.º), seja isoladamente: marcas, nomes comerciais ou insígnias. Nesta última hipótese, trata-se de contratos atípicos decalcados sobre a locação: caso a caso haverá que ponderar que normas, da locação, têm aplicação supletiva.

O CC não dispõe, de modo expresso, sobre as coisas que podem ser objeto de locação. Infere-se, dos preceitos gerais (202.º a 216.º), que, para além de corpóreas, elas devem estar no comércio e ser não-fungíveis (207.º), não-consumíveis (208.º) e presentes (211.º): a generalidade dos deveres envolvidos pressupõe a identidade da coisa e a sua manutenção individualizada.

A locação pode respeitar a uma parte da coisa ou a uma utilidade limitada (envolvendo apenas o uso ou parte dele e/ou, eventualmente, uma parcela da fruição), proporcionada pela mesma coisa. Assim, é possível e frequente a locação de um telhado ou de parte dele, apenas para efeitos de afixação de publicidade, bem como a locação de uma jóia, tão-só para exposição ou de um traje, para uma cerimónia. Cabe às partes definir o âmbito de cada concreta locação.

6. **Proporcionar o gozo** surge como o segundo elemento típico. Diz-se gozo o aproveitamento das qualidades que uma coisa corpórea, pela sua própria natureza, pode dispensar a um ser humano. O gozo abrange o uso e a fruição. O uso envolve uma utilização da coisa, sem danificar a sua forma ou a sua substância, de acordo com as características do objeto; a fruição traduz o aproveitamento produtivo da coisa, sempre sem atingir as suas referidas forma e substância. A lei portuguesa, ao contrário, por exemplo, da alemã ou da italiana, não isola a locação de coisas produtivas como um tipo autónomo; ela reconduz-se, por isso, à locação.

"Proporcionar", a cargo do senhorio, exprime os deveres de entrega e de manutenção da coisa (1031.º). Trata-se de uma expressão selecionada para permitir construir, pelo menos na forma, a locação como um contrato puramente obrigacional.

7. **Temporário**: o terceiro elemento. Desde o Direito romano, a locação distingue-se da compra e venda justamente por ser temporária. O 1025.º fixa a duração máxima em 30 anos, enquanto o 1026.º faz equivaler o prazo supletivo à unidade de tempo correspondente à retribuição fixada.

O vinculismo, designadamente através da técnica das renovações automáticas a que o senhorio não pode opor-se, coloca em causa a natureza temporária da locação (do arrendamento). Não obstante, mesmo quando isso suceda, a locação mantém, como recorte típico, a temporariedade.

8. **Mediante retribuição**. Resulta deste quarto elemento que a locação é um contrato oneroso: tem natureza económica e opera mediante uma contrapartida, normalmente em dinheiro.

III – Características e natureza

9. **Características**. A locação é um contrato consensual, nominado, típico, comum, sinalagmático, bivinculante (ou bilateral), oneroso, duradouro e definitivo: consensual por não depender, à partida, de qualquer forma e por não exigir a entrega constitutiva da coisa; nominado por afixar *nomen iuris*; típico por dispor de um regime geral predisposto por lei; comum por traduzir uma regulação genérica, por oposição a subtipos especiais, como a locação comercial ou a locação financeira; sinalagmático por, estruturalmente, apresentar posições recíprocas, genética e funcionalmente; bivinculante (ou bilateral) por ambas as partes ficarem adstritas a obrigações; oneroso por assentar em esforços económicos das duas partes; duradouro por gerar relações que se prolongam no tempo, sem se extinguirem pelo cumprimento; definitivo por exprimir a composição final de interesses pretendida pelas partes e não, simplesmente, uma atuação preliminar.

16 10. **A natureza** da locação é aferida pelo prisma do direito do locatário. Têm sido apresentados três grupos de teorias: (a) obrigacionistas; (b) realistas; (c) do direito pessoal de gozo[11]. A discussão, ainda que teórica, tem reflexos práticos.

17 α) Pelas **teorias obrigacionistas**, o locatário seria titular de um mero direito de crédito. Têm variantes: (1) teoria da prestação positiva: o locatário teria o gozo da coisa como produto de uma obrigação, a cargo do locador, de o "fazer gozar"; mas não: o gozo deriva da atuação protegida do locatário sobre a coisa, sem mediação do locador; além disso, "fazer gozar" é mera figuração linguística, sem conteúdo configurável; (2) teoria da prestação negativa: o locador fica adstrito a "deixar gozar", abstendo-se de turbar o gozo do locatário; sem dúvida: mas o locador deve abster-se, tal como qualquer terceiro ou tal como o proprietário onerado com um usufruto; a especificidade do gozo continua por explicar; (3) teoria mista: o locador fica ligado a obrigações instrumentais de entrega e de manutenção em condições, proporcionando o gozo do locatário; todavia, tais obrigações, que não são de execução continuada, mantêm na sombra o fenómeno do gozo; trata-se da teoria formalmente consagrada no 1022.º, por ter sido perfilhada por Galvão Telles[12]; mas, enquanto teoria, não é vinculativa para o legislador.

18 β) As **teorias realistas** descobrem, na posição do locatário, um direito real. Nesse sentido, há três argumentos de peso: o locatário pode defender-se, sozinho, *erga omnes*, seja petitoriamente (1037.º/1), seja possessoriamente (1037.º/2); ele pode fazer obras urgentes, numa manifestação do poder de transformação (1036.º); a sua posição sobrevive à alienação da coisa locada, numa expressão da sequela (1057.º): *emptio non tollit locatum*. Decisivo seria, no entanto, o fenómeno do gozo: exprime uma permissão normativa específica de aproveitamento de uma coisa corpórea, numa definição de direito real. Trata-se de uma posição dominante na doutrina clássica, tendo sido defendida por Paulo Cunha[13], por Dias Marques[14], por Oliveira Ascensão[15], por Luís Pinto Coelho[16], por Gomes da Silva[17] e por Castro Mendes[18].

19 Apesar de logicamente irrefutáveis, os argumentos realistas não têm sido atendidos pela jurisprudência. Fortemente influenciado pelo *Código anotado* de Pires de Lima e Antunes Varela, o Supremo sustenta que, mau grado todos os argumentos em contrário, a lei considera o direito do locatário como obrigacional: não poderia, por isso, constituir-se por usucapião[19] [20].

20 γ) **A teoria do direito pessoal de gozo**, apresentada pelo italiano Michele Giorgianni[21], assenta na ideia seguinte: estruturalmente, os direitos são: (1) de gozo: permitem o aproveitamento de uma coisa corpórea; (2) de crédito: facultam exigir uma prestação; (3) de garantia: disponibilizam um valor, para assegurar um crédito; (4) potestativos: atribuem o poder de provocar efeitos jurídicos em terceiros. Os direitos de gozo, por seu turno, são reais quando oponíveis *erga omnes* e pessoais sempre que sejam inoponíveis, designadamente, a terceiros de boa-fé. O direito do locatário, a essa luz, seria um direito pessoal de gozo.

---

[11] Com indicações: *Tratado* VI, 588 ss..
[12] *Arrendamento*, 306; Pires de Lima/Antunes Varela, *Código anotado* 2, 4.ª ed., 480.
[13] Paulo Cunha, *Curso de Direito civil/Direitos reais*, por Maria Fernanda Santos e João de Castro Mendes (1949-1950), 227-253.
[14] José Dias Marques, *Prescrição aquisitiva* 1 (1960), 218.
[15] José de Oliveira Ascensão, *Direito civil/Reais*, 5.ª ed. (2000, reimp.), 536 ss..
[16] Luís Pinto Coelho, *Direitos reais* (1954), 127.
[17] Manuel Gomes da Silva, *Direitos reais* (1955), 124.
[18] João de Castro Mendes, opção última, que nos foi pessoalmente comunicada.
[19] STJ 22-fev.-1994 (Fernando Fabião), BMJ 434 (1994), 635-639.
[20] Quanto à natureza obrigacional do direito do arrendatário, *vide*, na jurisprudência antiga, STJ 4-mai.-1956 (Lencastre da Veiga), RLJ 89 (1957), 276-278, anot. Pires de Lima, *idem*, 278-282, concordante e, na mais recente, STJ 27-mar.-2007 (Moreira Alves), CJ/Supremo XV (2007) 1, 146-151 (147).
[21] *Contributo alla teoria dei diritti di godimento su cosa altrui* 1 (1940), 11 ss..

O reconhecimento de direitos de gozo, assentes numa estrutura que dispensa a mediação de qualquer devedor, é um progresso. E igualmente se torna importante apurar que a clivagem entre direitos reais e direitos de crédito não é puramente estrutural, antes havendo que atentar no regime. Sucede, porém, que, pelo Direito português, o locatário dispõe de uma posição oponível *erga omnes*: uma vez que o locador não tem de proteger o locatário contra terceiros (1037.º/1), este poderá fazê-lo, só por si (1.º do CPC), demonstrando deter um contrato válido, celebrado com o proprietário legítimo, o que implica reconstituir e provar toda a cadeia de transmissões anteriores, até uma forma originária, de constituição do domínio. Materialmente, isso é uma reivindicação (1311.º). Esta solução, que não tem paralelo no Direito italiano, mostra que mesmo a admitir-se a contraposição entre direitos reais e direitos pessoais de gozo, o direito do locatário se inscreve na primeira categoria.

δ) **Posição adotada**. Defendemos, durante muitos anos, a natureza de direito real do direito do locatário, numa linha que remonta a Paulo Cunha, sem que os argumentos apresentados jamais tivessem sido contraditados[22]. Todavia, a partir de certa altura, apercebemo-nos que essa questão assumia configurações clubistas: juristas ilustres defendiam *à outrance* a natureza pessoal do direito do locatário por: (a) ser a posição ensinada na Faculdade que frequentaram; (b) se tratar da opção seguida pelo seu corpo sócio-profissional e, *maxime*, pelos juízes; (c) ser uma forma de combater o vinculismo então transbordante, no ordenamento português. A nossa defesa enérgica da natureza real do direito do locatário, conquanto que evidente, radicalizava as posições e impulsionava decisões injustas. Por exemplo: o arrendatário comercial cujo contrato fosse nulo por falta de escritura (exigível, na altura), podia ser despejado, ao fim de trinta anos de posse pública e pacífica, com as rendas sempre pagas, por causa desse vício inicial; ele não poderia adquirir, e como se impunha, por usucapião, o direito de arrendatário, por faltar a natureza real.

Tudo isto leva-nos, hoje[23], a pensar que a distinção entre direitos reais e direitos de crédito não é lógica: antes histórico-cultural. São reais os direitos que, em Roma, eram defendidos através de *actiones in rem*. As *actiones locati* e *conducti*, por serem *in personam*, ditaram o destino pessoal do direito do locatário, mau grado tratar-se de um direito de gozo. Com estas precisões, optamos pela teoria do direito pessoal de gozo, que inclui o do locatário[24].

11. **Construção dogmática**. A locação constrói-se como uma relação jurídica complexa e duradoura, que liga o locador ao locatário. De acordo com a técnica hoje disponível, ela não tem, do lado do locador, um dever de prestar principal[25]; este é substituído pela situação jurídica de gozo, que liga o locatário à coisa. Do lado do locatário, o dever de prestar principal é o de pagar a renda ou o aluguer. Ocorrem, depois, numerosas obrigações secundárias e instrumentais entre ambas as partes, além de múltiplos deveres acessórios, assentes na boa-fé.

12. **O regime** da locação deve ser afeiçoado, de modo a prevenir distorções derivadas do acidente histórico-cultural que a priva da natureza real. Para tanto, cabe recorrer à boa-fé. Assim, para colmatar a brecha aberta pela recusa de lhe aplicar a usucapião: funciona o instituto do abuso do direito, na modalidade da *suppressio*. Há abuso do direito quando se pretenda, ao fim de vários anos, invocar a nulidade de um arrendamento por falta de forma[26]. A posição do arrendatário fica, por essa via, consolidada.

Além disso, nenhum problema existe em aplicar, à locação, por interpretação extensiva ou por aplicação analógica, certas normas dirigidas, formalmente, a direitos reais. É o que sucede, de

---

[22] *Da natureza do direito do locatário*, 83 ss..
[23] *Vide* os nossos *A posse*, 72-73; a 1.ª ed. é de 1998 e *Tratado* VI, 606-607.
[24] *Tratado* VI, 607.
[25] *Tratado* VI, 324 ss..
[26] Por último, RGm 22-fev.-2011 (Rosa Tching), Proc. 2019/06.

acordo com jurisprudência hoje constante, com o 824.º/2, que determina a caducidade dos direitos reais (e pessoais) de gozo, quando constituídos depois da garantia que, sobre eles, incida[27].

Artigo 1023.º (Arrendamento e aluguer)

A locação diz-se arrendamento quando versa sobre coisa imóvel, aluguer quando incide sobre coisa móvel.

Bibliografia: Francisco Manuel Pereira Coelho, *Arrendamento*, 37-38; António Menezes Cordeiro, *Tratado* III, 169 ss. e 195 ss.; José Dias Ferreira, *Codigo annotado* 3, 2.ª ed., 190-191; Jorge Pinto Furtado, *Manual* 1, 5.ª ed., 107-111; Luiz da Cunha Gonçalves, *Tratado* 8, 636 ss.; Pires de Lima/Antunes Varela, *Código anotado* 2, 4.ª ed., 344-345; José Pinto Loureiro, *Tratado* 1, 46 ss.; Pedro Romano Martinez, *Contratos*, 181-183 e *Regime de locação civil e contrato de arrendamento urbano*, Est. Galvão Telles 3 (2002), 7-32; Rui Vieira Miller, *Arrendamento*; Inocêncio Galvão Telles, *Arrendamento*, 6.

Índice

1. Origem 1
2. Móveis e imóveis 4
3. A enumeração dos imóveis 6
4. Prédios rústicos e urbanos 9
5. Alcance 10

1 **1. Origem.** O preceito corresponde ao 1596.º do Código de Seabra, com correções de pormenor. Dispunha esse preceito:

> A locação diz-se arrendamento quando versa sobre coisa immovel; aluguer quando versa sobre cousa móvel.

2 O anteprojeto Galvão Telles respeitou essa redação, retirando-lhe, tão-só, o ponto e vírgula[1]. O teor definitivo surgiu na primeira revisão ministerial (995.º)[2].

3 Nas Ordenações, essa classificação não estava feita. Usava-se, por exemplo, "aluguer de casas"[3]. Daí deriva a linguagem comum, que assimila aluguer a locação, linguagem essa que se mantém no português jurídico do Brasil.

4 **2. Móveis e imóveis** corresponde a uma distinção básica, no universo das coisas. À partida, imóvel corresponde à terra: uma porção delimitada da crosta terrestre; as restantes realidades corpóreas seriam móveis. Todavia, ao longo da História e por razões práticas e sócio-culturais, foram sendo equiparadas à terra certas realidades a ela ligadas ou de especial valor. Todas as demais são relegadas para as móveis: *res mobilis, res vilis*. A qualificação de certas coisas como imóveis, tinha o sentido de as reconduzir a um regime mais cuidadoso e preciso, particularmente quanto à transmissão e a aspetos tributários. Com o passar do tempo e, sobretudo, com a industrialização, as relações de valor alteraram-se. A decadência da agricultura cerceou o valor da terra e fez ascender o dos móveis, alargados a valores imateriais. Por razões sócio-culturais, manteve-se a primazia valorativa da terra e dos imóveis: mas à custa de uma certa formalização. Hoje, a categoria de imóvel depende do Direito, exprimindo as realidades a que a lei atribui a imobilidade.

---

[27] *Vide* 1051.º, anot. 50 a 55.
[1] *Contratos civis*, 211.
[2] BMJ 120 (1962), 19-168 (77).

[3] *Ordenações Filipinas*, Liv. IV, mtit. XXIII = ed. Gulbenkian, IV-V, 803.

3. **A enumeração dos imóveis** consta do 204.°; o 205.°/1 considera todas as restantes coisas como móveis. Do 204.° resulta a ideia básica de que imóveis são as coisas que, dentro de critérios de normalidade e de habitualidade, não podem ser deslocadas da posição que ocupam, na superfície do Planeta. As próprias águas, apesar de em permanente movimento, estão contidas nas margens. Mas a imobilidade material não chega, uma vez que o 204.° refere os direitos.

De facto, o CC veio acolher, como imóveis, as coisas imobiliárias constantes do 377.° do Código de Seabra. Estas abarcavam não só os imóveis por natureza ou por ação do homem, como os imóveis por disposição da lei.

Pergunta-se se a enumeração de imóveis inserta no 204.° – *a*) prédios rústicos e urbanos; *b*) águas; *c*) árvores, arbustos e frutos naturais, enquanto estiverem ligados ao solo; *d*) direitos inerentes aos imóveis referidos nas alíneas anteriores; *e*) partes integrantes dos prédios rústicos e urbanos – é taxativa. Já defendemos a positiva, embora com o acrescento de que a enumeração deve ser complementada. Hoje, entendemos que ela não é taxativa: o Direito civil é aplicável ao domínio público onde proliferam imóveis que só com violência semântica poderiam ser havidos como prédios[4].

4. **Prédios rústicos e urbanos** é uma distinção que, embora não referida nos preceitos iniciais sobre locação, tem um especial relevo: permite distinguir entre o arrendamento de prédios urbanos (1064.°) e o arrendamento rural, regido pelo DL 294/2009, de 13-out.. Será considerada, a propósito do 1027.°.

5. **Alcance**. O Código de Seabra, consagrava um regime especial para o aluguer (1633.° a 1635.°). O atual fez uma opção diversa: por isso, ao aluguer aplica-se, simplesmente, o regime geral da locação.

Artigo 1024.° (A locação como ato de administração)

1. A locação constitui, para o locador, um ato de administração ordinária, exceto quando for celebrada por prazo superior a seis anos.

2. O arrendamento de prédio indiviso feito pelo consorte ou consortes administradores só é válido quando os restantes comproprietários manifestem, por escrito e antes ou depois do contrato, o seu assentimento.

Bibliografia: Francisco Manuel Pereira Coelho, *Arrendamento*, 100-105; Laurinda Gemas e outros, *Arrendamento*, 158-168; Pires de Lima/Antunes Varela, *Código anotado* 2, 4.ª ed., 345-347; José Pinto Loureiro, *Manual* 1, 95-145; Rui Vieira Miller, *Arrendamento*, 22-24; José António França Pitão, *NRAU anotado*, 2.ª ed. (2007), 287-293.

Índice

I – **Origem e evolução**
1. O Código de Seabra 1
2. O Decreto n.° 5:411 3
3. O anteprojeto Galvão Telles 4
4. A versão final 6
5. A reforma de 2006 7

II – **A administração**
6. No Código Civil 8
7. Os atos de disposição 10

8. A administração ordinária 11

III – **Prédios indivisos**
9. Regra geral 13
10. Regime 18
11. Controlo pelo sistema 22

IV – **Cautelas vinculísticas**
12. O problema 23

---

[4] *Tratado* III, 172-173.

I – Origem e evolução

1. **O Código de Seabra** dispunha, neste domínio

   1597.º Podem locar todos os que podem contractar e dispôr do uso ou fruição da cousa locada.

   1598.º Não pode, todavia, locar o comproprietário de cousa indivisa, sem consentimento de outros com-proprietários ou de quem os represente, excepto o que, ácerca do quinhão, vae estabelecido no artigo 2191.º.

2. O 1601.º dispunha sobre a legitimidade dos administradores de bens dotais, dos usufrutuários vitalícios e dos fideicomissários e o 1602.º sobre arrendamentos de bens de menores.

3. **2. O Decreto n.º 5:411**, de 17-abr.-1919 retomava (4.º, 5.º, 6.º, 9.º e 11.º), a propósito do arrendamento de prédios rústicos e urbanos, todas essas regras, acrescentando (10.º) que o cônjuge administrador dos bens do casal pode, sem outorga do outro cônjuge, dar ou tomar de arrendamento, quando este não esteja sujeito a registo.

4. **3. O anteprojeto Galvão Telles**, teve a preocupação de simplificar toda essa matéria. E assim, o 3.º previa que a locação fosse um ato de administração ordinária, exceto se celebrado por um prazo superior a quatro anos ou se convencionasse uma antecipação de renda ou de aluguer de mais de um ano, relativamente ao fim do período a que respeita, enquanto o 4.º mandava que a locação celebrada à sombra de um direito ou de poderes com duração determinada não excedesse essa duração, reduzindo-se, se necessário, a ela[1].

5. Galvão Telles pressupunha que, noutros locais, o Código Civil iria definir com precisão o que entender por administração, distinguindo a ordinária da extraordinária. Isso não sucedeu, de tal modo que a clivagem entre essas duas modalidades foi entregue à doutrina.

6. **4. A versão final**[2] limitou-se a qualificar como de administração ordinária a locação celebrada por prazo não superior a seis anos (1024.º/1), enquanto o 1024.º/2 dispunha[3]:

   Porém, o arrendamento de prédio indiviso feito pelo consorte ou consortes administradores só se considera válido quando os restantes comproprietários manifestem, antes ou depois do contrato, o seu assentimento; se a lei exigir escritura pública para a celebração do arrendamento, deve o assentimento ser prestado de igual forma.

7. **5. A reforma de 2006**, levada a cabo pela L 2/2006, de 27-fev., no seu 2.º/2, deu ao n.º 2, a redação atual: visou, com isso, suprimir a exigência de escritura pública, numa medida que escapou ao DL 64-A/2000, de 22-abr.. Além disso, retocou-se formalmente o preceito.

II – A administração

8. **6. No Código Civil**, o termo administração é usado em seis sentidos básicos[4]: (1) órgão ou produto da atividade desse órgão; (2) lide geral relativa a um património; (3) lide específica referente a certos bens; (4) conjunto de poderes; (5) categoria de atos; (6) estatuto particular de certos bens.

---

[1] *Contratos civis*, 211-212.
[2] Na 1.ª revisão ministerial, o preceito correspondente (o 996.º) – BMJ 120 (1962), 19-168 (77), ainda não atingira a forma definitiva. Dispunha
  1. A locação constitui, para o locador, um acto de administração ordinária, excepto quando seja celebrada por prazo superior a seis anos.
  2. O arrendamento de prédio indiviso por algum ou alguns dos consortes administradores só se considera, porém, eficaz quando os restantes manifestem por qualquer modo o seu assentimento; se a lei exigir escritura pública para a celebração do arrendamento, deve o assentimento dos consortes ser prestado por igual forma.
[3] DG I, n.º 274, de 25-nov.-1966, 1973/I.
[4] Menezes Cordeiro, *Direito das sociedades* 1, 3.ª ed. (2011), 846 ss., com indicação dos preceitos visados.

Releva, aqui, a categoria de atos, a qual surge nos artigos seguintes: 127.º/1, *a*) (atos de administração ou disposição de bens do menor), 277.º/2 (o preenchimento da condição não prejudica a validade dos atos de administração ordinária), 700.º (determinadas práticas sobre coisas hipotecadas só valem se forem anteriores ao registo da penhora e couberem em poderes de administração ordinária), 834.º/1 (enquanto a cessão aos credores se mantiver, os poderes de administração e disposição dos respetivos bens pertencem exclusivamente aos cessionários), 1159.º/1 (o mandato geral só compreende os atos de administração ordinária), 1678.º/3 (fora de determinados casos, cada um dos cônjuges tem legitimidade para a prática de atos de administração ordinária relativamente aos bens comuns do casal), 1682.º/1 (a alienação ou oneração de bens comuns cuja administração caiba aos dois cônjuges carece do consentimento de ambos, salvo se se tratar de ato de administração ordinária) e 2056.º/3 (os atos de administração praticados pelo sucessível não implicam aceitação tácita da herança).

7. **Os atos de disposição** contrapõem-se aos de administração: eles colocam em causa a subsistência, na esfera considerada, de uma determinada situação jurídica, enquanto os de administração apenas implicam modificações secundárias ou periféricas. A contraposição é relativa, devendo ser aferida *in concreto*: o corte de árvores será administração quando se trate de um prédio afeto à exploração de madeira; implica disposição perante uma árvore única e insubstituível, sem razões técnicas ou botânicas que o justifiquem.

8. **A administração ordinária** vem isolada caso a caso, perante certas categorias de situações. A essa luz, podem dar em locação, desde que por prazo não superior a seis anos, além do proprietário (1305.º)[5], o comproprietário (1405.º/1), o usufrutuário (1446.º), o cônjuge (1682.º-A)[6], o cabeça-de-casal (2087.º/1) e o fideicomissário (2290.º/1). Neste último caso, há que discernir, nas diversas cláusulas da locação, aquelas que ultrapassem a situação dos bens fideicomitidos[7].

Podem, ainda, dar em locação os administradores de bens alheios (pais[8], tutores, curadores, depositário judicial e administrador de insolvência), sem que a situação daí derivada ultrapasse a duração dos direitos respetivos – 1051.º, *c*).

III – **Prédios indivisos**

9. **Regra geral**. Segundo o 1024.º/2, é necessário o consentimento escrito dos comproprietários não outorgantes, antes ou depois do contrato. Na falta de tal consentimento, já se discutiu se o contrato é nulo ou se surge meramente ineficaz. Tem algum interesse referir este ponto. Mas com uma reserva: as flutuações denotadas têm, por vezes, mais a ver com a falta de precisão de linguagem dos autores do que com verdadeiras divergências de fundo.

Ao tempo de Seabra, os arrendamentos celebrados em situações de comunhão, sem a intervenção de todos os comproprietários, eram considerados nulos[9]. Todavia, a RLJ iniciou um (longo) processo de diferenciação de soluções. Em 1921, ela explica que o arrendamento dado por cabeça-de-casal ou por contitular com poderes de administração era válido, pela duração de tais poderes[10]. Quando feito, apenas e sem mais, por um dos comproprietários, seria ineficaz, numa posição repetidamente reafirmada[11].

---

[5] STJ 7-dez.-1994 (Miranda Gusmão), BMJ 442 (1995), 165-175 (170).
[6] RLx 19-set.-2006 (Maria José Simões), Proc. 5127/ /2006.1.
[7] STJ 15-mar.-2012 (Gabriel Catarino), Proc. 459/07.
[8] A autorização judicial (hoje: do MP) para a locação de bens do filho menor só é exigível se o prazo inicial for superior a seis anos: STJ 22-out.-1996 (Martins da Costa),

CJ/Supremo IV (1996) 3, 65-67 (66-67) = BMJ 460 (1996), 737-741 (740).
[9] Assim, STJ 1-jun.-1928 (Teixeira de Queiroz), RLJ 61 (1928), 220-222 (222/I) e José Pinto Loureiro, *Tratado* 1, 289, com outras indicações.
[10] RLJ 54 (1921), 119-121 (120-121): resposta a uma consulta, provavelmente do próprio Guilherme Moreira.
[11] RLJ 63 (1931), 405-408 (407); RLJ 65 (1933), 403-06

15   O Código de 1966, ao referir, tão-só, que tal contrato "só é válido" quando os restantes contitulares manifestem o seu assentimento, deixou tudo em aberto. Assim, Rui Vieira Miller entende que se trata de anulabilidade[12]; Isidro de Matos opina pela nulidade[13]; Pires de Lima e Antunes Varela[14], bem como Pereira Coelho[15], optam pela nulidade mista ou de regime especial; Vaz Serra mantém a posição tradicional da RLJ, defendendo que se trata de ineficácia[16]. Outros autores intervieram na contenda.

16   Nestas condições, também a jurisprudência dividiu-se a favor: da nulidade[17], da simples ineficácia[18], de um misto de nulidade e de anulabilidade[19] e de uma nulidade de regime misto[20].

17   A jurisprudência mais recente ora refere a ineficácia[21], ora a nulidade mista[22], ora sublinha que, independentemente da qualificação, o regime é o da inoponibilidade ou invocabilidade do vício pelo não-interveniente[23].

18   10. O **regime** aplicável está sedimentado na jurisprudência. O arrendamento de prédios indivisos feito, apenas, por um comproprietário depende, desde logo, do título a que ele tenha atuado: administrador do conjunto, gestor de negócios ou representante sem poderes dos demais, p. ex., seguindo-se o competente regime.

19   Não tendo (ou não invocando) qualquer desses tipos, ele arrenda bens alheios. Tal negócio é nulo (892.º *ex vi* 939.º), salvo se tomado como locação de bens futuros. Todavia, tal nulidade pode ser convalidada se o locador adquirir os demais quinhões (895.º *ex vi* 939.º) ou se os restantes consortes derem o seu consentimento (1024.º/2).

20   Enquanto não houver convalidação, qualquer interessado pode invocar a nulidade: os contitulares preteridos, os credores dos contitulares ou do arrendatário, o fisco e outros terceiros. O arrendamento *a non domino* dá azo a uma situação aparente, representando um escolho para o comércio jurídico e para as relações sociais.

21   Não se trata, pois, de "mera ineficácia" em relação a algumas pessoas. Há um vício intrínseco (o da ilegitimidade), ao qual o Direito faz corresponder uma nulidade[24], temperada, embora, pela possibilidade de sanação ou de convalidação[25], possível a todo o tempo[26], até que sobrevenha a declaração de nulidade. O contitular preterido pode, ainda, reivindicar o prédio, independentemente de prévia declaração de nulidade do arrendamento[27].

---

(405); RLJ 78 (1945), 37-39 (39), explicando que, da situação, não derivava, propriamente, uma ação de anulação de arrendamento, mas de uma ação de declaração de ineficácia.
[12] Rui Vieira Miller, *Arrendamento*, 24.
[13] Isidro de Matos, *Arrendamento*, 40.
[14] Pires de Lima/Antunes Varela, *Código anotado* 2, 4.ª ed., 346-347.
[15] Francisco Pereira Coelho, *Arrendamento*, 104, vincando, todavia, a nulidade de partida, ainda que com um dever de sanar a nulidade.
[16] Adriano Vaz Serra, anot. a STJ 3-dez.-1968 (Adriano Campos de Carvalho), RLJ 103 (1970), 52-55, *idem*, 55-61 (57, em nota); anot. a STJ 19-mar.-1976 (Eduardo Arala Chaves), RLJ 110 (1977), 88-90, *idem*, 90-96 (91); anot. a STJ 19-out.-1978 (Costa Soares), RLJ 112 (1979), 140-145, *idem* 145-148 (146).
[17] REv 10-mai.-1990 (Sampaio da Silva), CJ XV (1990) 3, 268-269 (269) = BMJ 397 (1990), 586 (o exercício).
[18] STJ 20-nov.-1973 (Adriano Campos de Carvalho), BMJ 231 (1973), 146-149 (148), STJ 19-jan.-1984 (Aníbal Aquilino Ribeiro), BMJ 333 (1984), 428-432 (430), RPt 8-jan.-1991 (Araújo Carneiro), CJ XVI (1991) 1, 220-221 (220/I): o locatário não teria o direito de preferência por não poder afirmar o seu direito perante os comproprietários não-intervenientes, e STJ 7-fev.-1995 (Cardona Ferreira), CJ/Supremo III (1995) 1, 67-72 (69), falando em "ineficácia relativa".
[19] STJ 19-out.-1978 (Costa Soares), BMJ 280 (1978), 281-288 (287) = RLJ 112 (1979), 140-145 (144-145).
[20] STJ 30-mai.-1989 (Alcides de Almeida), BMJ 387 (1989), 538-541 (540) e RLx 20-mai.-1993 (Almeida Valadas), CJ XVIII (1993) 3, 112-113.
[21] RPt 8-mai.-2012 (Maria Cecília Agante), Proc. 1181/09.
[22] RLx 15-mar.-2007 (Graça Mira), Proc. 10333/06.2.
[23] RLx 17-jan.-2012 (Afonso Henrique), Proc. 179/08.3.
[24] *Tratado* V, 24.
[25] E não de "confirmação", que tem regras mais estreitas e só se aplica a negócios anuláveis.
[26] RLx 20-mai.-1993 (Almeida Valadas), CJ XVIII (1993) 3, 112-113 (113).
[27] RLx 6-abr.-2000 (Carlos Marcos Rodrigues), BMJ 496 (2000), 301-302 (o sumário).

11. **Controlo pelo sistema**. O assentimento do contitular preterido pode ser tácito, nos termos gerais. Além disso, quando, podendo fazê-lo, ele não invoque a nulidade e estando acautelada a confiança de terceiros, o contitular pode ficar inibido de o vir fazer, sob pena de incorrer em abuso do direito, por *venire contra factum proprium*[28] ou por ocorrência de *suppressio*[29]. A concretização do abuso do direito é, aqui, delicada, devendo seguir os ditames aplicáveis às situações de inalegabilidades formais[30].

12. **Cautelas na locação**. A locação, sobretudo na área dos arrendamentos vinculísticos, pode, na prática, traduzir um verdadeiro ato de disposição. Por isso, o legislador interveio, em zonas sensíveis. O arrendamento de imóveis próprios ou comuns carece do consentimento de ambos os cônjuges, salvo se, entre eles, vigorar o regime de separação de bens – 1682.º-A/1, *a*), introduzido pelo DL 496/77, de 25-nov.. Também a disposição do direito ao arrendamento, relativamente à casa de morada de família, carece do consentimento de ambos os cônjuges (1682.º-B, na redação da L 6/2006, de 27-fev.).

Independentemente destas imposições legais, o uso da posição de administrador para, a coberto de poderes gerais, dar em locação algo que só muito difícil e demoradamente voltará à esfera do dono, pode constituir abuso do direito, por contrariedade à boa-fé. Consoante os casos, a locação pode ser inválida, cabendo ainda, em qualquer situação, um dever de indemnizar, a cargo do responsável.

Artigo 1025.º (Duração máxima)

A locação não pode celebrar-se por mais de 30 anos; quando estipulada por tempo superior, ou como contrário perpétuo, considera-se reduzida àquele limite.

Bibliografia: Luís Menezes Leitão, *Arrendamento urbano*, 6.ª ed., 49-50; Pires de Lima/Antunes Varela, *Código anotado*, 2, 4.ª ed., 347-348; José Pinto Loureiro, *Tratado* 1, 81-98; Inocêncio Galvão Telles, *Arrendamento*, 93 ss..

Índice

1. Origem 1
2. O Código de Seabra 2
3. O anteprojeto Galvão Telles 4
4. Duração máxima da locação 5
5. A conversão legal 7

1. **Origem**. A locação é, por sua natureza, temporária. Assim se distinguia, desde os romanos, da compra e venda e, ao tempo do Código de Seabra, da enfiteuse.

2. **O Código de Seabra**, embora fixando a regra da temporeidade (1595.º), não apontava um prazo máximo geral. O seu 1623.º, § único, limitava-se a dispor, quanto a arrendamentos de prédios urbanos, que, se houvesse costume de arrendar tanto por ano como por semestre, se entenderia que o arrendamento foi feito por semestre. Quanto ao arrendamento de prédios rústicos, determinava, o 1628.º que, não tendo sido fixado o prazo, se entendesse que se fizera pelo tempo

---

[28] STJ 14-nov.-2000 (Silva Paixão), BMJ 501 (2000), 263-268 (267) e STJ 11-out.-2001 (Silva Paixão), CJ//Supremo IX (2001) 3, 75-78 (78/I).

[29] STJ 22-nov.-1994 (Cardona Ferreira), BMJ 441 (1994), 305-316 (314-315).

[30] *Tratado* V, 309 ss..

costumado na terra, nunca se presumindo, havendo dúvida, que fosse feito por tempo inferior ao de uma sementeira e colheita, conforme a cultura.

3   O D 5:411, de 17-abr.-1919, não reproduziu o 1623.º, § único, que, assim, se considerou revogado. O 63.º, desse diploma, conservou o dispositivo rural.

4   **3. O anteprojeto Galvão Telles** (7.º), pondo termo às dúvidas oriundas do Código de Seabra, fixou a duração máxima da locação em 30 anos[1], nos termos que, com poucas mexidas, passaram à versão final do Código[2].

5   **4. Duração máxima**. O 1025.º fixa a duração máxima da locação em 30 anos. Com isso pretende-se dar corpo à temporeidade da locação (1022.º), mas sem deixar de permitir locações de longa duração. O prazo de 30 anos é o inicial: não veda renovações automáticas para além desse período[3], numa asserção julgada constitucional[4].

6   Quanto a arrendamentos anteriores: o arrendamento celebrado, em 1879, de um prédio rústico, para fins não agrícolas, por cem anos, termina em 1979: o contrato caduca e não se renova, sendo regulado pela lei vigente aquando da sua conclusão[5]; um contrato concluído em 1913, por 99 anos, fica, por via dos 1025.º e 297.º/1, limitado a 30, contados a partir de 1-jun.-1967[6].

7   **5. A conversão legal** opera relativamente a contratos celebrados por prazos inferiores a 30 anos ou a título perpétuo. Eles reproduzem-se, de modo automático, nos referidos 30 anos, sem hipótese de contradita que, por via do artigo 292.º, conduziria à nulidade de todo o contrato: um fenómeno de *favor conductoris*.

Artigo 1026.º (Prazo supletivo)

Na falta de estipulação, entende-se que o prazo de duração do contrato é igual à unidade de tempo a que corresponde a retribuição fixada, salvas as disposições especiais deste código.

Bibliografia: Pires de Lima/Antunes Varela, *Código anotado* 2, 4.ª ed., 348-349; *vide* as indicações exaradas no artigo anterior.

Índice

1. Antecedentes 1
2. O projeto Galvão Telles 2
3. A redação final 3

1   **1. Antecedentes**. O Código de Seabra continha, nos 1623.º e 1628.º, regras supletivas para a não fixação de prazo: para o arrendamento de prédios urbanos e rústicos, respetivamente[1]. O 1623.º foi revogado pelo D 5:411, de 19-abr.-1919. Além disso, não havia regra para o aluguer.

2   **2. O projeto Galvão Telles** propôs uma solução para o aluguer[2]:

---

[1] *Contratos civis*, 213.
[2] Na 1.ª revisão ministerial, dispunha o 999.º: BMJ 120 (1962), 19-168 (78).
[3] STJ 2-mar.-2004 (Azevedo Ramos), Proc. 04A023, RLx 8-jul.-2004 (Pimentel Marcos), Proc. 3822/2004 e RCb 17-nov.-2009 (Gonçalves Ferreira), Proc. 27/07, relativo ao arrendamento rural.
[4] TC 147/2005, de 16-mar. (Maria dos Prazeres Beleza) e TC 148/2005, de 16-mar. (Vítor Gomes), considerando, designadamente, que apesar da ilimitação daqui resultante, o locador mantém outras possibilidades de recuperar o bem.
[5] STJ 1-jul.-1986 (Gama Prazeres), BMJ 359 (1986), 661-667.
[6] STJ 21-jan.-2003 (Afonso Correia), CJ/Supremo XI (2003) 1, 25-31 (27/II).
[1] *Supra*, 1025.º, anot. 2.
[2] *Contratos civis*, 214.

Se as partes nada disserem sobre a duração do aluguer ou estabelecerem como tal um lapso de tempo indeterminado, o prazo do contrato é igual à unidade de tempo a que corresponde a retribuição fixada.

3. **A redação final** alargou o preceito proposto a toda a locação[3], retirou a hipótese de um lapso de tempo indeterminado (que considera abrangido pela falta de estipulação) e ressalvou as disposições especiais do Código. Hoje, tais disposições cifram-se no 1094.º que, relativamente ao arrendamento urbano para habitação, fixa um prazo certo de dois anos (n.º 3): foi assim substituído o antigo prazo de seis meses, constante do 1087.º[4] e, depois, do 10.º do RAU.

No arrendamento rural, vale um prazo supletivo (e, imperativamente), mínimo, de sete anos (9.º/1 e 2 do DL 294/2009, de 13-out.).

A regra do 1026.º é aplicável à locação do estabelecimento comercial[5].

Artigo 1027.º (Fim do contrato)

Se do contrato e respetivas circunstâncias não resultar o fim a que a coisa locada se destina, é permitido ao locatário aplicá-la a quaisquer fins lícitos, dentro da função normal das coisas de igual natureza.

Bibliografia: Pires de Lima/Antunes Varela, *Código anotado* 2, 4.ª ed., 349-350.

Índice

I – **Origem**
1. O Código de Seabra 1
2. O projeto Galvão Telles 2
3. A redação final 3

II – **Relevo do fim**
4. A proteção do locador 4
5. A delimitação do direito do locatário 6
6. A determinação do regime 7
7. A interpretação do contrato 9
8. Fins acessórios 12

I – Origem

1. **O Código de Seabra** não autonomizava, em preceito específico, o tema do fim do contrato. Mas o seu 1607.º já previa, como causa do despedimento do arrendatário (2.º), o ele usar o prédio para fim diverso daquele que lhe é próprio ou para que foi arrendado. O preceito manteve-se no D 5:411, de 17-abr.-1919 (21.º, 2.º).

2. **O projeto Galvão Telles** aperfeiçoou o sistema prevendo, como norma geral (9.º):

> Não resultando do contrato e respectivas circunstâncias o fim ou fins a que se destina a coisa locada, o locatário poderá aplicá-la a quaisquer fins lícitos e honestos, dentro da função normal das coisas da mesma categoria.

3. **A redação final**[1] alterou a forma proposta e retirou a necessidade de "fins honestos": sem dúvida por considerar o inerente conceito integrado na licitude dos fins.

---

[3] Na 1.ª revisão ministerial, o 1000.º mantinha ainda a redação de Galvão Telles: BMJ 120 (1962), 19-168 (78-79).
[4] O qual se aplica em detrimento do 1026.º: RCb 10-abr.-1984 (Pires de Lima), BMJ 336 (1984), 473 (o sumário).
[5] STJ 2-mar.-1983 (Licurgo dos Santos), BMJ 325 (1983), 536-542 (540-541).

[1] Na 1.ª revisão ministerial, o preceito correspondente (o 1001.º), dispunha – BMJ 120 (1962), 19-168 (79):

> Não resultando do contrato e respectivas circunstâncias o fim a que se destina a coisa locada, é permitido ao locatário aplicá-la a quaisquer fins lícitos, dentro da função normal das coisas da mesma categoria.

II – Relevo do fim

4. **A proteção do locador** surge como o primeiro objetivo da lei. Uma coisa pode ser usada de muitas formas, envolvendo, algumas delas, riscos e desgaste acrescidos. Compreende-se, por isso, que: (a) o locador possa, logo no contrato, inserir fins (mais) limitados, de modo a defender o seu interesse; o locatário dará o seu acordo, com repercussões evidentes na retribuição; (b) no silêncio do contrato, o legislador fixa, supletivamente, quaisquer fins lícitos, dentro da função normal de coisas de igual natureza.

O apelo para critérios de normalidade, que envolvem os do senso comum, compartilhado pelo cidadão cumpridor (o *bonus pater familias* dos nossos dias), tem um duplo papel: delimitador e integrador. Só por contrato expresso se pode assumir um fim superior ao normal e, na falta de estipulação, lógico é fazer cair a situação na bitola comum.

5. **A delimitação do direito do locatário** é feita em função do objeto e do fim da locação. É obrigação do locatário não aplicar a coisa a um fim diverso daqueles a que se destina – 1038.°, *c*). O desrespeito pelo fim é causa de resolução pelo senhorio – 1083.°/2, *c*): independentemente de danos, mas por desconsideração pelo fixado e pela necessidade de proteção geral do locador.

6. **A determinação do regime** aplicável depende da coisa locada (móvel ou imóvel e rústico ou urbano, por exemplo) e do fim a que essa coisa se destine (habitação ou outro fim, também como exemplo).

O fim da locação é controlado pelo Direito, designadamente através dos 280.° e 281.°. Mas pode ser tomado em termos amplos: assim, já foi considerado não nulo, por impossibilidade, o arrendamento habitacional celebrado a favor de uma sociedade[2].

7. **A interpretação do contrato** deve ser feita tendo em conta as apontadas realidades. Perante as regras dos 236.° e 237.°, que envolvem a ponderação das circunstâncias que rodearam a conclusão do negócio, deve determinar-se a vontade negocial relevante. Se, da lógica do contrato, resultar que se impunha uma fixação de certo fim, a qual não foi feita, há lacuna, a integrar segundo o 239.°.

Particularmente importante é verificar se existem elementos que permitam pensar terem as partes querido afastar-se dos fins correspondentes à função normal do tipo de coisa em jogo.

Na falta de elementos negociais, interpretativos ou integrativos, quedará recorrer ao regime supletivo do 1027.°[3].

8. **Fins acessórios**. Quando o contrato consigne um fim, consideram-se abrangidos os objetivos acessórios[4] ou seja: aqueles que o declaratário normal, colocado na posição do declaratário real, logo associaria ao consignado no contrato.

Artigo 1028.° (Pluralidade de fins)

1. Se uma ou mais coisas forem locadas para fins diferentes, sem subordinação de uns a outros, observar-se-á, relativamente a cada um deles, o regime respetivo.

2. As causas de nulidade, anulabilidade ou resolução que respeitem a um dos fins não afetam a parte restante da locação, exceto se do contrato ou das circunstâncias que o acompanham não resultar a discriminação das coisas ou partes da coisa correspondentes às várias finalidades, ou estas forem solidárias entre si.

---

[2] RPt 17-mar.-1997 (Guimarães Dias), BMJ 465 (1997), 639.

[3] STJ 23-nov.-1999 (Pais de Sousa), Proc. 99A542.

[4] P. ex., RLx 12-nov.-2009 (Bruto da Costa), Proc. 49//08.5.

3. Se, porém, um dos fins for principal e os outros subordinados, prevalecerá o regime correspondente ao fim principal; os outros regimes só são aplicáveis na medida em que não contrariem o primeiro e a aplicação deles se não mostre incompatível com o fim principal.

Bibliografia: Laurinda Gemas e outros, *Arrendamento*, 170-174; Pires de Lima/Antunes Varela, *Código anotado 2*, 4.ª ed., 350-353.

Índice

I – **Origem**
1. O projeto Galvão Telles 1

II – **As locações mistas**
2. A doutrina dos contratos mistos 2
3. Na pluralidade de fins 5

III – **As quatro hipóteses**
4. Enunciado 7
5. Fins diferentes sem subordinação 8
6. Fins diferentes sem discriminação 11
7. Fins solidários 13
8. Fim dominante 15

I – Origem

1. **O projeto Galvão Telles** está na origem do dispositivo em análise (10.º)[1]. Teve poucas alterações[2], aquando da redação final. O n.º 1 explicitava estar em causa um único contrato; embora essa referência tenha desaparecido, não há dúvidas quanto à manutenção de tal requisito.

II – As locações mistas

2. **A doutrina dos contratos mistos**, desenvolvida, em especial, por Inocêncio Galvão Telles, nos meados do século XX, está na origem do presente texto[3]. Temos um contrato misto quando, no mesmo instrumento, sejam reunidos elementos próprios de um tipo contratual e regras que lhe sejam estranhas: seja por pertencerem a um tipo diverso, seja por não caberem em qualquer tipo. Temos quatro grandes categorias básicas[4] de contratos: (a) complementados: um contrato típico, com prestações subordinadas de outra espécie; (b) combinados ou múltiplos: uma das partes está adstrita a uma prestação própria de certo tipo, enquanto a outra se vincula a prestações redutíveis a distintos tipos contratuais; (c) duplos ou híbridos: uma parte ligada à prestação de um tipo e a outra à contraprestação de um tipo diverso; (d) indiretos ou mistos *stricto sensu*: as partes adotam um tipo, mas para prosseguir a função própria de outro.

Para enquadrar o regime dos contratos mistos, temos três teorias de base[5]: (a) da absorção (Lotmar), segundo a qual o contrato se rege pelo regime do tipo dominante; (b) da combinação (Rümelin), que propende para uma articulação dos regimes relativos às figuras presentes; (c) da analogia (Schreiber), que se inclina para a presença de uma lacuna, a integrar, nos termos gerais.

Galvão Telles dirigiu-se para aplicar a teoria da absorção, aos contratos complementados e aos indiretos e a da combinação, aos combinados e aos híbridos[6]. Hoje, a doutrina parece, sem exclusivismos, privilegiar a absorção: cada contrato tem um centro de gravidade, dado ou pressuposto pelas partes, que determina a generalidade do regime.

3. **Na pluralidade de fins** da locação não está em causa um problema de contratos mistos: tudo

---

[1] *Contratos civis*, 214-215.
[2] Na 1.ª revisão ministerial, valia o 1002.º: BMJ 120 (1962), 19-168 (79).
[3] Inocêncio Galvão Telles, *Manual dos contratos em geral*, 3.ª ed. (1965), 391 ss.; a 1.ª ed. é de 1947; outros elementos em Menezes Cordeiro, *Tratado* VII, 207 ss..
[4] *Tratado* II/2, 212 ss., com indicações.
[5] *Idem*, 215 ss..
[6] *Manual dos contratos em geral*, 3.ª ed., 393-394.

se joga dentro do tipo locatício. Todavia, vimos[7] que o regime aplicável pode variar em função do fim dado, pelas partes, à coisa locada (1027.º). Ora se uma mesma coisa for locada para fins diferentes ou se, no mesmo contrato, forem locadas várias coisas, também para fins distintos, que regime aplicar? Na falta de preceito expresso, cairíamos na doutrina dos contratos mistos, tentando afeiçoar as teorias da absorção, da combinação e da analogia.

6   O Código Civil não contém preceitos gerais quanto a contratos mistos. A delicadeza suscitada pela locação, em especial pelo arrendamento, polvilhado de normas imperativas, levou o legislador a prescrever, no 1028.º, um pequeno sistema, para as locações tornadas mistas, pela pluralidade de fins. Faz-se, no fundo e aí, uma concretização da doutrina geral.

III – As quatro hipóteses

7   **4. Enunciado.** O 1028.º prevê, sucessivamente, quatro hipóteses de locações mistas, em função da pluralidade de fins[8], inseridos num único título[9]: (a) fins diferentes sem subordinação: num prédio urbano, com dois espaços distintos, um é arrendado para habitação e outro para comércio; (b) fins diferentes, sem discriminação dos objetos a elas afetos: arrendamento para habitação e comércio, sem distinção das áreas; (c) fins solidários: arrendamento de armazém e de parque para estacionamento ao serviço do mesmo; (d) fim dominante: arrendamento para escola e de alojamento para o contínuo.

8   **5. Fins diferentes sem subordinação** (1028.º/1). A locação só formalmente é mista. A cada um dos fins aplica-se o regime respetivo. Na hipótese de o clausulado correspondente a um dos fins ser inválido ou ser resolvido, opera, se for possível, a redução do contrato, que subsistirá, nessa eventualidade, apenas no restante[10] (1028.º/2, 1.ª parte); pode, ainda, ser decretado o despejo da parte habitacional e manter-se o da comercial[11].

9   Admite-se a hipótese de, num contrato inicialmente marcado pela subordinação de fins, se ter manifestado uma prática que corresponda a uma discriminação de partes, altura em que a boa-fé manda aplicar o 1028.º/1[12].

10   Mas paralelamente: quando as partes recorram a um único contrato, temos um indício *ex bona fide* de que pretenderam estabelecer nexos entre os fins em presença; a ausência de subordinação e a discriminação dos objetos ou das partes do objeto devem ser invocadas e provadas pelo interessado.

11   **6. Fins diferentes, sem discriminação** (1028.º/2, 1.ª hipótese): apesar de haver fins diferentes sem subordinação, não é possível, nem do contrato, nem dos elementos que o rodeiem (236.º) discriminar as coisas ou partes afetas às várias finalidades; nessa altura, as causas de invalidade ou de resolução que respeitem a um dos fins, afetam todo o contrato.

12   A lei não indica, pela positiva, o regime aplicável: não sendo, de todo, viável, determinar o fim principal (teoria da absorção), haverá que recorrer, sucessivamente, à combinação e à analogia.

13   **7. Fins solidários** (1028/2, 2.ª hipótese): a inferir seja da vontade expressa das partes, seja da natureza do locado, eles determinam, igualmente, que a invalidade ou a resolução de um deles afete

---

[7] *Supra*, anotação ao 1027.º.
[8] RPt 4-jul.-2007 (Maria do Rosário Barbosa), Proc. 0751590.
[9] RPt 21-dez.-1982 (Fernandes Fugas), CJ VII (1982) 5, 235-239 (238/II).
[10] RCb 22-nov.-1960 (João Pedro de Mascarenhas Gaivão; vencido: José Moreira), RLJ 93 (1961), 329-332 (331), anot. Ferrer Correia, *idem*, 332-336; entendeu-se, aí, que o contrato de arrendamento para comércio e para habitação era uno, não sendo passível de redução; decretado o despejo para uma das vertentes, havia que decretá-lo para as duas.
[11] RPt 17-mar.-1987 (Pinto Furtado), CJ XII (1987) 2, 217-219 (219/I).
[12] STJ 25-set.-1990 (Menéres Pimentel), BMJ 399 (1990), 486-491 (490-491): o ensejo para o recurso à boa-fé residiu, aqui, na integração do negócio, à luz do 239.º.

o conjunto[13]. A solidariedade de fins impõe-se quando o locatário não demonstre a distinção entre os objetos negociais e a discriminação das partes a eles afetas[14].

Pela positiva: também aqui o regime aplicável, na impossibilidade de fixar o centro de gravidade do contrato (absorção), resultará da combinação das regras concorrentes ou da analogia. 14

8. **Fim dominante** (1028.º/3, 1.ª parte), a inferir do clausulado ou das circunstâncias[15]: prevalece o regime a ele correspondente[16] (teoria da absorção). A lei ressalva, todavia, os demais regimes, desde que (a) não contrariem o primeiro e (b) a sua aplicação não se mostre incompatível com o fim principal (1028.º/3, 2.ª parte). Sendo possível, essa hipótese não será frequente. 15

Artigo 1029.º (Exigência de escritura pública) (revogado)

1. Devem ser reduzidos a escritura pública:

a) Os arrendamentos sujeitos a registo;
b) Os arrendamentos para o comércio, indústria ou exercício de profissão liberal.

2. No caso da alínea a) do número anterior, a falta de escritura pública ou do registo não impede que o contrato se considere validamente celebrado e plenamente eficaz pelo prazo máximo por que o poderia ser sem a exigência de escritura e de registo.

Índice

1. Origem e evolução 1
2. A revogação 6
3. As inalegabilidades formais 8

1. ***Origem e evolução***: *o revogado 1029.º corresponde, com poucas alterações, ao 37.º da L 2:030, de 22--jun.-1948*[1]. 1

O DL 67/75, de 19-fev., acrescentou-lhe um n.º 3, assim concebido[2]: 2

No caso da alínea b) do n.º 1, a falta de escritura pública é sempre imputável ao locador e a respetiva nulidade só é invocável pelo locatário, que poderá fazer a prova do contrato por qualquer meio.

Esta solução, a reconduzir ao ambiente revolucionário da época, era aberrante: não se limitava a estabelecer uma presunção de culpa do senhorio, antes impondo uma ficção irremediável. Foi, por isso, criticada pela doutrina da época[3], *tendo a jurisprudência moralizado, quanto possível, tal solução*[4]. 3

O 2.º/3 do DL 67/75 atenuou a solução permitindo que, durante 180 dias, o senhorio requeresse a notificação judicial do inquilino para reduzir o contrato a escritura pública. 4

---

[13] RPt 5-abr.-1984 (Goes Pinheiro), CJ IX (1984) 2, 231-233 233/I).
[14] RLx 21-mai.-1998 (Palha da Silveira), CJ XXIII (1998) 3, 107-109 (109/I).
[15] RCb 17-nov.-1992 (Cardoso Albuquerque), CJ XVII (1992) 5, 54-58 (56/II) e RPt 31-mai.-2010 (Rui Moura), Proc. 4485/08.9.
[16] STJ 17-dez.-1997 (Costa Soares), Proc. 97B325, STJ 5-jul.-2007 (Salvador da Costa), Proc. 07B193, RPt 31-mai.-2010 (Rui Moura), Proc. 4485/08.9, RPt 12-jun.-2012 (Ramos Lopes), Proc. 4109/08: arrendamento para comércio e habitação com prevalência do primeiro e RPt 5-jun.-2012 (Rodrigues Pires), Proc.

1607/09: arrendamento para comércio e habitação, também com prevalência do primeiro; a RPt refere expressamente o acolhimento da teoria da absorção pelo 1028.º/3.
[1] DG I, n.º 143, de 22-jun.-1948, 533/I.
[2] DG I, n.º 42, de 19-fev.-1975, 264/II..
[3] J. G. de Sá Carneiro, *Breves reflexões sobre a nova legislação locativa*, RT 93 (1975), 397-402 (400) e Pires de Lima/ /Antunes Varela, *Código anotado* 2, 4.ª ed., 354-357.
[4] Assim, STJ 3-mai.-1990 (Eliseu Figueira), BMJ 397 (1990), 461-470 onde, em síntese, se entendeu que não pode, quanto ao mesmo contrato, o arrendatário invocar ora a nulidade ora a validade, para se prevalecer das consequências; *vide* as anot. do BMJ 397, 470.

5   O *DL 321-B/90*, de 15-out., que aprovou o RAU, pôs termo a esta bizarra solução.
6   **2. A revogação**. O *DL 64-A/2000*, de 22-abr., parece ter derrogado implicitamente o 1029.°: suprimiu, no RAU, os vários preceitos que sujeitavam a escritura pública diversos atos relativos aos arrendamentos comerciais e similares, tais como a cessão de exploração de estabelecimento (111.°/3), o trespasse (115.°/3) e a cessão (122.°/2, todos do RAU), revogando ainda as alíneas l) e m) aditados ao Código do Notariado (*DL 207/95*, de 14-ago. [5]), pelo *DL 40/96*, de 7-mai.[6] e que previam a escritura pública em certos arrendamentos.
7   Para que dúvidas não subsistissem, ele foi revogado pelo 1.°/1 da L 6/2006, de 27-fev.[7].
8   **3. As inalegabilidades formais**. A exigência de escritura pública para os arrendamentos comerciais e equiparados, enquanto se manteve, deu lugar a problemas delicados, que foram sendo solucionados pelos tribunais. O arrendamento nulo por falta de forma, que fosse longamente respeitado por ambas as partes, não se consolidava por se lhe negar a aplicabilidade da usucapião.
9   Todavia, a invocação superveniente de nulidade, pelo senhorio, podia traduzir um abuso do direito, por desrespeito da confiança, legítima e justificada, criada ao longo dos anos. Por isso, **ex bona fide**, os tribunais admitiram a inalegabilidade formal[8]: mercê das circunstâncias de cada caso, o senhorio não poderia prevalecer-se da nulidade formal existente, por abuso do direito[9], assim se consolidando o arrendamento.

Artigo 1030.° (Encargos da coisa locada)

Os encargos da coisa locada, sem embargo de estipulação em contrário, recaem sobre o locador, a não ser que a lei os imponha ao locatário.

Bibliografia: Laurinda Gemas e outros, *Arrendamento*, 181-182; Luís Menezes Leitão, *Arrendamento*, 5.ª ed., 90-91; Pires de Lima/Antunes Varela, *Código anotado* 2, 4.ª ed., 357; José Pinto Loureiro, *Tratado* 1, 120 ss.; Rui Vieira Miller, *Arrendamento*, 32-33.

Índice

I – Origem		II – Sentido geral	
1. No Código de Seabra	1	4. Conteúdo	4
2. O Decreto n.° 5:411	2	5. A suportação	6
3. O projeto Galvão Telles	3	6. Cláusula em contrário	7

I – Origem

1   **1. No Código de Seabra**, o 1609.°, relativo ao arrendamento, dispunha, em termos enfáticos[1]:

> O arrendatario não é obrigado a pagar os encargos do predio, excepto nos casos em que a lei expressamente o determine; e ainda em tal caso, serão pagos esses encargos por conta da renda, salvo se outra cousa tiver sido estipulada.

2   **2. O Decreto n.° 5:411**, de 17-abr.-1919, retomou, no 24.°, esse mesmo preceito, com alterações formais[2].

---

[5] DR I-A, n.° 95, de 22-abr.-2000, 1708-(2).
[6] DR I-A, n.° 106, de 7-mai.-1996, 1046/II.
[7] DR I-A, n.° 41, de 27-fev.-2006, 1558/I.
[8] Vide *Da boa fé no Direito civil* (1984, 5.ª reimp., 2011), 771 ss. e *Tratado* V, 299 ss..
[9] Entre os mais recentes: STJ 30-mai.-2005 (Fernandes Magalhães), Proc. 06A1267, RGm 22-fev.-2011 (Rosa Tching), Proc. 2019/06 e RLx 31-jan.-2012 (Cristina Coelho), Proc. 5991/08 (admite a figura mas não a aplica por falta de requisitos).

[1] Dias Ferreira, *Codigo annotado* 3, 2.ª ed., 189.
[2] DG I, n.° 80, de 17-abr.-1919, 654/II; vide José Pinto Loureiro, *Tratado* 1, 121 ss..

3. **O projeto Galvão Telles** comportava, no 15.º[3], um preceito muito semelhante ao final: apenas usava "não obstante", em vez de "sem embargo". Era mais elegante[4].

II – Sentido geral

4. **Conteúdo**. A expressão "encargos" abarca os impostos (o IMI), as taxas camarárias e demais contribuições municipais (taxas de esgotos, taxas turísticas, custos de limpeza) e os prémios de seguros, designadamente os obrigatórios. É, ainda, o locador que paga o imposto de circulação e os seguros obrigatórios (incêndio, responsabilidade civil automóvel) e os encargos do porteiro, quando exista.

Encargos pode ainda, nalguns autores e segundo o uso corrente, abranger as obras que estão a cargo do senhorio, no arrendamento. Para tanto há, contudo, um preceito específico, com regras especiais (1074.º)[5].

5. **A suportação** dos encargos, pelo locador, corresponde ao sentido geral da locação: o locado é entregue, ao locatário, nas precisas condições necessárias para a prossecução dos fins do contrato; e nessa base é calculada a retribuição: salvo, naturalmente, se a lei os impuser ao locatário.

6. A **cláusula em contrário** é possível: tal o sentido da (ambígua) expressão "sem embargo de estipulação em contrário"[6]. Embora, à letra, ela queira dizer "ainda que haja cláusula em contrário" (*vide* 934.º), o elemento sistemático e o recurso aos princípios impõe, aqui, a supletividade[7]. Após a reforma de 2006 e dado o teor do 1078.º que permite, no arrendamento urbano, a assunção contratual, pelo arrendatário, de encargos e despesas, não vemos mais margem para dúvidas[8]

Secção II – Obrigações do locador

Artigo 1031.º (Enumeração)

São obrigações do locador:

a) Entregar ao locatário a coisa locada;
b) Assegurar-lhe o gozo desta para os fins a que a coisa se destina.

Bibliografia: Laurinda Gemas e outros, *Arrendamento*, 182-186; Luís Menezes Leitão, *Arrendamento*, 5.ª ed., 79-93; Pires de Lima/Antunes Varela, *Código anotado* 2, 4.ª ed., 358-360; Pedro Romano Martinez, *Contratos*, 187-191; Rui Vieira Miller, *Arrendamento*, 33-36; Francisco Manuel Pereira Coelho, *Arrendamento*, 126-149.

---

[3] *Contratos civis*, 216.
[4] O "não obstante" mantinha-se, ainda, no 1007.º da 1.ª revisão ministerial: BMJ 120 (1962), 19-168 (81).
[5] *Vide* as anotações ao 1074.º.
[6] Nesse sentido, Pires de Lima/Antunes Varela, *Código anotado* 2, 4.ª ed., 357; Pedro Romano Martinez, *Contratos*, 191, nota 1 e Laurinda Gemas e outros, *Arrendamento urbano*, 181.
[7] Contra, todavia: Januário Gomes, *Arrendamentos*, 148-151 e Menezes Leitão, *Arrendamento*, 5.ª ed., 90, essencialmente apoiados na letra do preceito.
[8] *Vide* as anotações ao 1078.º.

Índice

I – **Origem**
1. O Código de Seabra 1
2. O anteprojeto Galvão Telles 4
3. A 1.ª revisão ministerial 5

II – **A relação de locação**
4. A técnica legislativa 6
5. Prestações principais 7
6. Prestações secundárias 8
7. Os deveres acessórios 11

III – **A obrigação de entrega**
8. A prestação de *dare* 14
9. Locação de coisa futura 17
10. Âmbito da entrega 18
α) As partes integrantes 19
β) As coisas acessórias 20
γ) Os direitos acessórios 21

11. O estado da coisa 22
12. O momento da entrega 23
13. O local da entrega 24

IV – **A obrigação de assegurar o gozo**
14. Generalidades 25
15. O dever de abstenção 27
16. A manutenção em condições 28
17. A defesa jurídica 32

V – **A proteção de terceiros**
18. A eficácia protetora de terceiros 33
19. Deveres do locador 35
20. Eficácia perante familiares 37

VI – **Relevo das negociações**
21. As negociações 39
22. *Culpa in contrahendo* 40

I – Origem

1 **1. O Código de Seabra** não enumerava as obrigações do locador, em geral. Fazia-o, apenas, a propósito do arrendamento, nos termos que vale a pena reter[1] (1606.º):

> O senhorio é obrigado:
> 1.º A entregar ao arrendatario o predio arrendado, com as suas pertenças, e em estado de prestar o uso para que foi destinado;
> 2.º A conservar a cousa arrendada no mesmo estado durante o arrendamento;
> 3.º A não estorvar, nem embaraçar por qualquer fórma o uso da cousa arrendada, a não ser por causa de reparos urgentes e indispensáveis; n'este caso, porém, poderá o arrendatario exigir indemnisação do prejuizo, que padecer por não poder servir-se da cousa, como era direito seu;
> 4.º A assegurar o uso da cousa arrendada contra os embaraços e turbações provenientes de direito, que algum terceiro tenha com relação a ella, mas não contra os embaraços e turbações nascidos de mero facto de terceiro;
> 5.º A responder pelos prejuizos, que padecer o arrendatario em consequência dos defeitos ou vicios occultos da cousa, anteriores ao arrendamento.

2 Apesar de o 1031.º ser bastante mais sintético, verifica-se que o enunciado de Seabra tem atualidade, operando como auxiliar de interpretação. Há, todavia, que ter presente o facto de o transcrito 1606.º visar o arrendamento: um tipo de locação mais exigente, *ex rerum natura*.

3 A enumeração do Código de Seabra foi retomada pelo 15.º do D 5:411, de 17-abr.-1919, sempre relativamente ao arrendamento: com uma redação mais solta.

4 **2. O anteprojeto Galvão Telles**, visando alinhar as obrigações essenciais do locador através de uma fórmula aplicável à locação em geral, continha um preceito praticamente idêntico ao que transitou para a versão final (16.º)[2]; apenas, onde esta diz "para os fins", dizia "para o fim ou fins": fórmula mais feliz.

5 **3. A 1.ª revisão ministerial**, no seu 1008.º/1, continha um preceito já idêntico ao atual[3]; no 1008.º/2, atribuía, ao locatário, as ações possessórias[4]: um preceito que hoje surge no 1037.º/1.

---

[1] José Dias Ferreira, *Código annotado* 3, 2.ª ed., 195 ss..
[2] *Contratos civis*, 216.
[3] BMJ 120 (1962), 19-168 (81).
[4] *Idem*, 82.

II – A relação de locação

4. A técnica legislativa, mercê dos circunstancialismos histórico-culturais que rodeiam a locação, optou por apresentar o tipo legal em jogo não através da situação em si (como sucede com os direitos reais), mas por via do contrato: enumerando os deveres do locador e do locatário. Quanto a direitos, bastará, em princípio, projetar os deveres formulados, na esfera da contraparte. Se o locador tem o dever de entregar a coisa, o locatário tem o direito à entrega da coisa e assim por diante.

5. Prestações principais[5]. Do lado do locatário, a prestação principal será a de pagar a renda ou aluguer – 1038.º, *a*). As demais obrigações são instrumentais ou eventuais. No que toca ao locador, não há prestação principal: como foi referido, em face da teoria do direito pessoal de gozo, hoje dominante, o locatário goza a coisa, independentemente de qualquer atividade do locador[6].

6. Prestações secundárias. Perante o direito de gozo concedido ao locatário, o locador fica adstrito a prestações secundárias, isto é, a condutas que visem facultar e acautelar o valor básico atribuído ao locatário, pelo contrato: o gozo do locado. As obrigações enumeradas no 1031.º são, de facto, prestações secundárias: quer a entrega, quer o assegurar o gozo são instrumentos, conquanto que necessários, para assegurar o essencial.

A denominação "secundária" não deve ser tomada como depreciativa: ela corresponde, apenas, a um esforço de precisão e de diferenciação, no seio dos múltiplos elementos que compõem o conteúdo de uma relação obrigacional complexa. No caso da locação, a apresentação das obrigações de "entrega" e de "assegurar o gozo" como secundárias traduz a natureza final do gozo. Ambas essas obrigações devem ser interpretadas e conformadas.

As prestações secundárias são definidas por lei ou pela vontade das partes. Nos contratos comuns, prevalece esta última hipótese: a lei limita-se, no tipo legal, a fixar as prestações principais. O contrato de locação, pelo potencial de litigiosidade que representa, dada a forte justaposição de interesses contrapostos, vai mais longe: ocupa-se de prestações secundárias e, pelo lado do locador, dada a sua irrelevância para o gozo, que decorre da pura atuação do locatário sobre a coisa: apenas delas.

7. Os deveres acessórios surgem como condutas impostas às partes, por exigência do sistema jurídico que legitime a situação considerada. Veiculados pela boa-fé (762.º/2), eles tomam corpo nos princípios da tutela da confiança e da primazia da materialidade subjacente, dando azo a deveres de segurança, de informação e de lealdade.

Em traços largos, cabe ao locador, na fase pré-contratual como na do decurso do contrato, agir de modo a que o locatário não sofra, em virtude do contrato, danos nos seus hemisférios pessoal e patrimonial (segurança). Além disso, ele deve prestar todas as informações necessárias para que o gozo proporcionado ao locatário corresponda ao que materialmente foi contratado (informação), abstendo-se de atuações que lesem esse valor ou valores conexos (lealdade).

Alguns deveres acessórios foram autonomizados pela lei, como o dever de reparação (1036.º/1) ou, no arrendamento urbano, o de executar obras (1074.º/1). São arvorados a prestações secundárias. Mantém-se, além disso, uma capacidade do sistema de segregar novos deveres (os acessórios), numa concretização a operar em cada situação concreta.

---

[5] Na distinção entre prestações principais, secundárias e acessórias, segue-se a técnica, que hoje temos por dominante, na definição e na explanação do conteúdo das relações obrigacionais complexas: *Tratado* VI, 319 ss..
[6] *Supra*, 1022.º, anotação 24.

III – A obrigação de entrega

14 **8. A prestação de *dare*.** O 1031.º, a), fixa a obrigação, a cargo do locador, de entregar a coisa locada ao locatário. Tecnicamente, é uma prestação de *dare*[7] a qual pode, em abstrato, ter seis alcances jurídicos: (a) transferência da posse, quando o devedor, já proprietário, ainda não tenha o controlo material da coisa: 879.º, b), na compra e venda; (b) transferência da detenção, quando o beneficiário, já possuidor, não tenha a posse efetiva: 1264.º, no constituto possessório; (c) transferência de uma posse e de uma detenção, de âmbitos diferentes: o contrato constitutivo de um direito pessoal de gozo, como abaixo melhor veremos; (d) a transferência da propriedade: contratos reais *quoad constitutionem* como o mútuo (1144.º); (e) constituição de outro direito real: o penhor (669.º); (f) constituição de um direito pessoal de gozo, quando a entrega seja requerida para a perfeição do próprio contrato: o comodato (1129.º).

15 No caso de locação, a entrega equivale a uma prestação de *dare* que implica a transferência, para o locatário, de uma posse de âmbito reduzido, correspondente ao seu próprio direito e de uma detenção ampla, em termos de propriedade. Digamos que o locatário, pela entrega, passa a ser possuidor, *nomine proprio*, em termos de locação e detentor ou possuidor em nome alheio, em termos de propriedade[8].

16 A entrega não é constitutiva do direito do locatário. Nos termos gerais do Direito português, diverso, neste ponto, de outros Direitos da mesma família jurídica, a constituição e a transferência de direitos reais sobre coisa determinada dá-se por mero efeito do contrato, salvas as exceções legais (408.º/1). Esta regra é aplicável aos direitos pessoais de gozo, na base de um simples raciocínio *a majore ad minus*. A lei apenas fixa a natureza constitutiva da entrega no comodato (1129.º). Na locação, o direito do locatário surge logo pela conclusão do contrato, não se exigindo, para o efeito, a tradição[9].

17 **9. Na locação de coisa futura**, o surgimento da obrigação de entrega ocorre, apenas, com a conclusão da própria coisa – p. ex., uma locação de um apartamento a construir – ou com a sua aquisição pelo locador (408.º/2, *a fortiori*). Nessa eventualidade, cabe ao locador desenvolver toda a atividade necessária para que a coisa se torne presente, de modo a poder cumprir a obrigação de entrega, executando o contrato (880.º, *ex vi* 939.º)[10].

18 **10. Âmbito da entrega.** O 17.º do anteprojeto Galvão Telles dispunha que a coisa devia ser entregue com suas pertenças, se a convenção e os usos não estabelecessem o contrário[11]. Esse preceito não passou à versão final. E não o fez porque o muito criticado 210.º, que equipara as pertenças às coisas acessórias, estabelece, precisamente, um regime inverso: os negócios jurídicos que tenham, por objeto, a coisa principal não abrangem, salvo declaração em contrário, as coisas acessórias (210.º/2)[12]. Cabe, agora, reconstruir o regime.

19 α) **As partes integrantes** inserem-se na coisa objeto de negócio. Elas fazem parte da locação reportada a essa coisa, sendo objeto de entrega conjunta, salvo cláusula em contrário. O proprietário que arrende um apartamento não pode, antes da entrega, retirar as torneiras ou a canalização do gás.

20 β) **As coisas acessórias** exigiriam uma cláusula *ad hoc*. Mas essa regra (210.º/2), contrária à evolução histórica, à tradição portuguesa e ao Direito comparado, deve ser matizada pela interpretação, de acordo com a opinião unânime da doutrina. Assim: (a) há que alargar a ideia de

---

[7] *Vide, infra*, as anotações ao 1037.º/2.
[8] Trata-se do fenómeno da sobreposição de posses; *vide* o nosso *A posse: perspectivas dogmáticas actuais*, 3.ª ed. (2000), 61.
[9] RCb 23-abr.-1996 (Francisco Lourenço), BMJ 456 (1996), 508.

[10] Francisco Pereira Coelho, *Arrendamento*, 104.
[11] *Contratos civis*, 217.
[12] Quanto à evolução do problema e à discussão subjacente: *Tratado III*, 225 ss..

parte integrante, em detrimento da de coisa acessória, com recurso à razoabilidade; (b) cabe aproveitar as regras da interpretação e da integração (236.º, 237.º e 239.º): em função do fim do contrato, cabe dotar o locado dos meios necessários para a sua prossecução; (c) devem-se concretizar os deveres acessórios: a locação visa efeitos úteis; o retirar, ao locado, coisas acessórias (tapetes feitos por medida, armários encastrados ou utensílios especialmente adequados) não dá vantagem ao locador e prejudica o gozo do locatário; (d) cumpre ter em conta as regras de defesa do consumidor, reforçando o fim do contrato e as suas expectativas (4.º da LDC).

γ) **Os direitos acessórios** também se incluem no locado, devendo ser "entregues" ao locatário, quando o teor do contrato, o seu fim ou a boa-fé o requeiram. Assim, a locação de um prédio dominante envolve a das servidões prediais que o acompanham[13].

11. **O estado da coisa** a entregar pelo locador deve ser aquele em que ela se encontrava, aquando da celebração do contrato e que permita a prossecução do fim do contrato. Esta matéria é recortada pelos 1032.º, 1033.º e 1034.º, abaixo examinados.

12. **O momento da entrega** pode coincidir ou não com a celebração do contrato. A matéria está na disponibilidade das partes; no seu silêncio, a altura em que comece a constituir-se a obrigação de pagamento do aluguer ou da renda, é de esperar que o locatário tenha o gozo da coisa. O locatário pode exigi-la, a todo o tempo, não havendo estipulação em contrário (777.º/1).

13. **O local da entrega** segue as regras gerais: no aluguer, a coisa deve ser entregue no local onde se encontrava aquando da conclusão do contrato (773.º/1); no arrendamento, a entrega das chaves opera nesse mesmo local, quando conhecido, aquando da contratação, por ambas as partes ou no domicílio do locatário, na hipótese inversa (772.º/1). Em qualquer caso, bom é que as partes estipulem o local e, sendo conveniente, o *modus faciendi*.

IV – A obrigação de assegurar o gozo

14. **Generalidades**. O 1031.º, b), teve o propósito assumido de conservar a locação no âmbito das relações obrigacionais, concretizando a definição do 1022.º[14]. Pela natureza das realidades envolvidas, o gozo de uma coisa concretiza-se mercê da atividade de um sujeito sobre o próprio objeto. "Assegurar o gozo" só pode ter o sentido de abarcar as obrigações secundárias instrumentais que, para além da entrega, o locador deva assumir, para o funcionamento do contrato.

O Código de Seabra distinguia, como vimos, no domínio do arrendamento: (a) conservar a coisa no mesmo estado; (b) não estorvar, nem embaraçar o uso da coisa; (c) assegurar o uso da coisa contra embaraços ou turbações de direito causadas por terceiros. Com isso, abarcava o universo lógico da matéria. Vamos segui-la, ordenando os deveres e atualizando os termos.

15. **O dever de abstenção** é o primeiro passo para assegurar o gozo. O locador não se imiscui no gozo da coisa, interpondo-se entre esta e o locatário. Por certo que, sendo o dono, o locador não se alheia, em definitivo, da coisa: pode acompanhá-la, tanto mais que ela lhe será restituída. O locatário tem, de resto, o dever de facultar, ao locador, o exame do locado – 1038.º, b). Mas não deve empreender atuações que ponham em causa o fim do contrato: uma regra reforçada pelo 1037.º/1, 1.ª parte.

16. **A manutenção em condições** não é hoje, em geral, uma obrigação do locador. Pelo contrário, salvo convenção, é ao locatário que incumbe manter a coisa no estado em que a recebeu, ressalvadas as deteriorações inerentes a uma prudente utilização (1043.º/1). Mais: presume-se

---

[13] RPt 5-jun.-1990 (Lobo Mesquita), BMJ 398 (1990), 577.

[14] Pires de Lima/Antunes Varela, *Código anotado* 2, 4.ª ed., 358.

que a coisa foi entregue ao locatário em bom estado de manutenção, quando não exista documento onde as partes tenham descrito o estado dela, ao tempo da entrega (1043.º/2).

29 Sectorialmente, o locador pode ficar adstrito à supressão de vícios que conhecia e não comunicou ao locatário – 1032.º, a) – ou que ocasionou, após a entrega, com culpa – 1032.º, b) – tudo isso com a delimitação do 1033.º.

30 Além disso, cabe-lhe suportar os encargos (1030.º) e, no caso do arrendamento urbano, fazer obras (1074.º), a analisar no local próprio.

31 Dependendo do fim do contrato, o locador fica adstrito às prestações necessárias, que só ele possa executar ou fazer executar: proceder à ligação de distribuição de água[15], mandar reparar as partes comuns, havendo propriedade horizontal[16] e assegurar serviços de limpeza, de iluminação, de escadas rolantes e de vigilância, também em partes comuns[17].

32 17. **A defesa jurídica** da coisa, de modo a evitar que terceiros perturbem o gozo do locatário, também não constitui obrigação do locador. Desviando-se da generalidade dos outros Direitos, o 1037.º/1, 2.ª parte, diz, expressamente, que o locador não tem a obrigação de assegurar o gozo da coisa contra terceiros. Veremos as consequências práticas deste preceito.

V – A proteção de terceiros

33 18. **A eficácia protetora de terceiros** corresponde a uma concretização do princípio da boa-fé. Iniciada na Alemanha, nos princípios do século XX, ela pode considerar-se pacífica, entre nós[18]. No essencial, ela explica que os deveres acessórios, dimanados pelo princípio da boa-fé na execução dos contratos, concretizados na segurança, na informação e na lealdade, visam não só a proteção da contraparte mas, ainda, a de terceiros que, com ela, estejam em especial relação.

34 O fornecedor de uma máquina perigosa, que não tome, aquando da entrega, as precauções de segurança e de informação recomendadas em tal eventualidade, responde diretamente não só perante a entidade adquirente, mas também perante os operários que possam ficar feridos, apesar de estes serem terceiros.

35 19. **Deveres do locador**. A esta luz, o locador pode ficar adstrito, perante terceiros, a deveres acessórios de segurança, de informação e de lealdade. Assim, ao locar uma casa que possa ser perigosa para crianças, deve o locador tomar medidas de segurança (fechar alçapões ou pôr grades nas varandas, por exemplo) e de informação (esclarecer os interessados), sob pena de responder para com terceiros. Trata-se de uma área muito interessante, em expansão.

36 A responsabilidade em jogo é a obrigacional, por violação de deveres específicos. Repare-se que a solução aquiliana é pouco eficaz: a presunção de culpa (799.º/1), em casos desta natureza, é fundamental para ultrapassar as dificuldades de prova.

37 20. **Eficácia perante familiares**. A doutrina da eficácia protetora de terceiros encontra uma certa concretização através da extensão dos efeitos contratuais, aos familiares das partes. De "familiares" dá, a lei, um sentido amplo: abrange os parentes, afins ou serviçais, que vivam habitualmente em comunhão de mesa e habitação com o locatário ou o locador (1040.º/3). Pois bem: a lei

---

[15] RPt 24-mai.-1990 (Augusto Alves), CJ XV (1990) 3, 199-201 (200/II).
[16] RCb 19-nov.-1996 (Garcia Calejo), CJ XXI (1996) 5, 20-22 (21-22), em conjunto com outros condóminos.
[17] RPt 28-set.-1999 (Durval Morais), BMJ 489 (1999), 401.
[18] Carlos Alberto da Mota Pinto, *Cessão da posição contratual* (1970), 419-426; Menezes Cordeiro, *Da boa fé no Direito civil* (1984, 5.ª reimp., 2011), 619-625; Jorge Sinde Monteiro, *Responsabilidade por conselhos, recomendações ou informações* (1989), 518-523; Manuel Carneiro da Frada, *Teoria da confiança e responsabilidade civil* (2004, reimp., 2007), 135-153, especialmente nota 108; o nosso *Tratado* VI, 510 ss. (513) e II/2, 650 ss.

releva o papel que os familiares, do locatário ou do locador, possam ter na privação ou na diminuição do gozo da coisa (1040.º/1 e 2).

No arrendamento urbano para habitação, podem residir no locado, além do arrendatário, todos os que com ele vivam em economia comum e até ao máximo de três hóspedes (1093.º/1). De novo a locação produz efeitos perante terceiros. 38

VI – Relevo das negociações
21. **As negociações** havidas antes da conclusão do contrato podem ser úteis para a interpretação do contrato, em ordem a determinar o âmbito do gozo e os fins a que ele se destina. Todavia, se o locador se limitar a assegurar que o local era suscetível de uso comercial, não há privação do gozo se faltar o alvará concretamente adequado[19]. 39

22. *Culpa in contrahendo*, pelo contrário, surge se, no momento da entrega do locado, não constava do título constitutivo da propriedade horizontal o fim a que se destina a locação[20] 40

Artigo 1032.º (Vício da coisa locada)

Quando a coisa locada apresentar vício que lhe não permita realizar cabalmente o fim a que é destinada, ou carecer de qualidades necessárias a esse fim ou asseguradas pelo locador, considera-se o contrato não cumprido:

a) Se o defeito datar, pelo menos, do momento da entrega e o locador não provar que o desconhecia sem culpa;

b) Se o defeito surgir posteriormente à entrega, por culpa do locador.

Bibliografia: Laurinda Gemas e outros, *Arrendamento*, 186-187; Pires de Lima/Antunes Varela, *Código anotado* 2, 4.ª ed., 360-362.

Índice

I – **Origem**
1. O Código de Seabra 1
2. O anteprojeto Galvão Telles 2
3. A 1.ª revisão ministerial 4

II – **Tipos de vícios**
4. Vício estrito 5
5. A falta de qualidades 7
6. A desconformidade 8

III – **Momento dos vícios**
7. A distribuição do risco 9

8. Vícios na entrega 10
9. Vício subsequente 13

IV – **Consequências**
10. A responsabilidade civil 15
11. A anulação 16
12. A resolução 17
13. A redução de renda 18

V – **Cláusulas de irresponsabilidade**
14. O anteprojeto Galvão Telles 19
15. A inviabilidade 21

I – Origem
1. **O Código de Seabra** fixava, como obrigação do senhorio, no arrendamento, a de responder pelos prejuízos de que padecer o arrendatário, em consequência dos defeitos ou vícios ocul- 1

---

[19] STJ 9-fev.-2012 (Álvaro Rodrigues), Rev. 500/08, Sumários do STJ, fev.-2012, 133.

[20] STJ 8-mar.-2011 (Fernando Bento), Rev. 340/04, Sumários do STJ, mar.-2012, 225-226.

tos da coisa, anteriores ao arrendamento (1606.º, 5.º). Esse mesmo preceito era retomado pelo 15.º, 5.º, do D 5:411, de 17-abr.-1919.

2 2. **O anteprojeto Galvão Telles** previa, no 18.º, as seguintes normas, sob a epígrafe "responsabilidade do locador pelos defeitos da coisa locada":

> Quando a cousa locada apresente vício que lhe não permita realizar cabalmente o fim ou fins a que se destina, ou careça de qualidades necessárias a esses fins ou asseguradas pelo locador, este é responsável por falta de cumprimento do contrato:
>
> 1.º – Se o defeito data, pelo menos, do momento da entrega e o locador não prova que o desconhecia sem culpa;
> 2.º – Se o defeito surgiu posteriormente à entrega, por culpa do locador;
> 3.º – Se o locador não cumpriu a obrigação de o fazer desaparecer.

3 O anteprojeto previa logo o tema da responsabilidade do locador; além disso, regulava a hipótese de o locador não cumprir a obrigação de fazer desaparecer o vício. A versão final limitou-se a remeter para o incumprimento do contrato (o que aumenta o leque das hipóteses do locatário), suprimindo o n.º 3: não-cumprimento da obrigação de fazer desaparecer o vício.

4 3. **A 1.ª revisão ministerial** previa (1010.º) regras semelhantes às preconizadas por Galvão Telles. Dispunha[1]:

> Responsabilidade do locador pelos defeitos da coisa locada
>
> Quando a cousa locada apresente vício que lhe não permita realizar cabalmente o fim a que se destina, ou careça de qualidades necessárias a esse fim ou asseguradas pelo locador, é este responsável por falta de cumprimento do contrato:
>
> a) Se o defeito datar, pelo menos, do momento da entrega e o locador não provar que o desconhecia sem culpa;
> b) Se o defeito surgiu posteriormente à entrega, por culpa do locador;
> c) Se o locador não cumprir a obrigação de o fazer desaparecer.

A redação definitiva surgiu na 2.ª revisão ministerial[2].

II – Tipos de vícios

5 4. **Vício estrito**. O artigo 1032.º, como resulta da sua epígrafe, usa vício em sentido amplo, de modo a abranger qualquer falha relativa à coisa, que contrarie o programa contratual adotado pelas partes. Distingue, depois, três hipóteses: (a) o vício estrito; (b) a falta de qualidades; (c) a desconformidade com o assegurado.

6 O vício estrito é o defeito que não permita, à coisa locada, realizar cabalmente o fim a que o contrato de locação se destina. Esse defeito é aferido perante a bitola normal de características que, perante a interpretação do contrato, se espere encontrar na coisa e em face dos fins do contrato. Assim, é vício o facto de a loja arrendada para eletrodomésticos sofrer de infiltrações de águas causadoras de danos, nesses mesmos materiais[3].

7 5. **A falta de qualidades** é ainda uma falha na coisa, mas aferida agora por uma bitola superior à normal. Digamos que, dado o fim do contrato, se exija um especial desempenho, da coisa locada. O automóvel alugado para levar os noivos, num casamento, deve ter características diversas das do que se destine a um uso comum.

---

[1] BMJ 120 (1962), 82-83.
[2] Jacinto Rodrigues Bastos, *Dos contratos*, 36.
[3] STJ 23-fev.-1973 (João Moura), BMJ 224 (1973), 148-151 (149-150).

6. **A desconformidade** com o assegurado pelo locador tem a ver com o respeito pelo contratado: o locatário dá o seu assentimento na base do que lhe é dito, ficando o locador vinculado. Desta feita, já não releva o prejuízo para o fim do contrato. Basta que o locatário tenha um interesse relevante, patrimonial ou não, na qualidade assegurada ou, mais latamente: que esta tenha sido juridicamente acolhida no negócio.

III – **Momento dos vícios**
7. **A distribuição do risco** opera, na locação, nos termos gerais: *res domino suo perit*. Se, na pendência do contrato, ocorrerem falhas na coisa, o locatário verá o seu gozo comprometido, tal como o locador sofrerá na sua propriedade. No limite, se o vício implicar a perda do locado, o contrato caduca – 1051.º, *e*).
8. **Vício na entrega**. Em função do princípio geral relativo à distribuição do risco, relevam os vícios anteriores à entrega (e que se mantenham no momento desta) e concomitantes com a própria entrega – 1032.º, *a*), 1.ª parte. Os posteriores à entrega são, em princípio, risco do devedor. Releva o momento da entrega e não o do contrato[4].

Mesmo quando datem, pelo menos, do momento da entrega, os vícios podem ser desconhecidos do locador. Nessa ocasião, o risco é do locatário. Todavia, a lei determina uma importante presunção de culpa: essa transferência do risco só opera se o locador provar: (a) que desconhecia o vício e (b) que esse desconhecimento não era culposo – 1032.º, *a*), 2.ª parte.

Por via da boa-fé, cabe ao locador verificar, antes de concluir o contrato, se a coisa a locar tem as características requeridas pelo fim do contrato. Está em posição privilegiada para o fazer. Apenas eventualidades muito especiais permitirão ilidir a presunção de culpa.
9. **Vício subsequente**: o seu risco corre, nos termos gerais, pelo locatário. Já assim não será se o defeito surgido depois da entrega for imputável a culpa do locador – 1032.º, *b*)[5]. Culpa tem, aqui, o sentido amplo que assume na responsabilidade obrigacional: abrange a ilicitude e a culpa (798.º e 799.º). Mas não se presume, como se infere do confronto entre as alíneas *a*) e *b*) do 1032.º[6]. Cabe ao locatário provar: (a) ou que o locador causou, pela sua atuação, dolosa ou negligente, o vício; (b) ou que o locador, conhecendo o processo causal que deu (ou poderia dar) azo ao defeito, não avisou, em tempo útil, o locatário.

A jurisprudência assimila, ao defeito subsequente à entrega, o agravamento de um defeito existente antes dela[7]. E bem.

IV – **Consequências**
10. **A responsabilidade civil** do locador, quando preenchidas as previsões do 1032.º, é a solução mais imediata: ele deve ressarcir o locatário por todos os prejuízos por ele sofridos, incluindo danos emergentes, lucros cessantes e maiores despesas: funcionam, também, os 798.º e 562.º e seguintes[8], exigindo-se os requisitos da responsabilidade civil[9]. A responsabilidade, embora de tipo contratual, pode abranger os danos não patrimoniais[10]. O 1033.º, tomado à letra, pressupõe,

---

[4] Oliveira Ascensão, *Locação de bens dados em garantia*, ROA 1985, 345-390 (383).
[5] RCb 21-fev.-2006 (Sousa Pinto), Proc. 3279/05.
[6] No sentido da diferente distribuição do ónus da prova nos casos das alíneas *a*) e *b*) do 1032.º (e, portanto, consoante o vício surja até à data da entrega ou depois dela): RPt 21-jan.-1999 (João Vaz), CJ XXIV (1999) 1, 195-199 (197/II).
[7] STJ 5-dez.-1975 (Eduardo Arala Chaves), BMJ 252 (1975, 136-140 (139) e STJ 4-abr.-2006 (Afonso Correia), CJ/Supremo XIV (2006) 2, 33-42 (36/II).
[8] STJ 4-abr.-2006 cit., CJ/Supremo XIV, 2, 36/II e *passim*.
[9] RLx 8-fev.-2011 (Maria João Areias), Proc. 5985/09.9.
[10] STJ 13-jul.-2010 (Maria dos Prazeres Beleza), Proc. 60/10.6.

aliás, que a responsabilidade seja a consequência normal dos vícios relevantes. Nos termos gerais, o crédito de indemnização pode ser compensado com as rendas ou alugueis.

16 11. **A anulação**, por erro ou dolo, é sempre possível, quando o vício já existisse no momento da conclusão do contrato; ela está, aliás, ressalvada pelo 1035.º.

17 12. **A resolução** do contrato, por incumprimento pelo locador, quando estejam em causa vícios supervenientes é, também, possível. A resolução é cumulável com a indemnização pelos danos causados, podendo relevar o denominado interesse positivo[11].

18 13. **A redução de renda**, finalmente, é possível, nos termos do 1040.º, para cujas anotações se remete.

V – Cláusulas de irresponsabilidade

19 14. **O anteprojeto Galvão Telles**, sob a epígrafe exclusão ou limitação convencional da responsabilidade do locador, previa a regra seguinte (20.º)[12]:

> A cláusula pela qual se exclui ou limita a responsabilidade do locador é nula na medida em que se trate de defeitos que ele haja ocultado dolosamente ou que impeçam, de modo definitivo ou temporário, o gozo da coisa.

20 O preceito não passou à versão definitiva do Código[13]. *Quid iuris*?

21 15. **A inviabilidade**, de princípio, de cláusulas exonerativas, deve impor-se. O Direito civil português não contemporiza com a renúncia antecipada aos direitos[14]. A experiência mostra que, num momento prévio, todos julgam que não haverá problemas ou que será fácil ganhar, no futuro, o que se promete hoje. A regra do 809.º tem, aqui, aplicação, apesar de nos movermos na parte especial das obrigações. A única hipótese seria a de recorrer a uma cláusula penal (810.º).

22 Querendo pôr o locador ao abrigo de quaisquer riscos, cabe às partes explicitar, para a locação em causa, um fim suficientemente lato, para não ser prejudicado por vícios da coisa locada.

Artigo 1033.º (Casos de irresponsabilidade do locador)

O disposto no artigo anterior não é aplicável:

a) **Se o locatário conhecia o defeito quando celebrou o contrato ou recebeu a coisa;**

b) **Se o defeito já existia ao tempo da celebração do contrato e era facilmente reconhecível, a não ser que o locador tenha assegurado a sua inexistência ou usado de dolo para o ocultar;**

c) **Se o defeito for da responsabilidade do locatário;**

d) **Se este não avisou do defeito o locador, como lhe cumpria.**

Bibliografia: Laurinda Gemas e outros, *Arrendamento*, 188; Pires de Lima/Antunes Varela, *Código anotado* 2, 4.ª ed., 362-363.

---

[11] *Tratado* II/4, 155 ss..
[12] *Contratos civis*, 218.
[13] Ainda constava do 1013.º, na 1.ª revisão ministerial: BMJ 120 (1962), 19-168 (84).
[14] *Tratado* VI, 69 ss..

Índice

I – Origem
1. O projeto Galvão Telles 1

II – Os casos de irresponsabilidade
2. Defeito conhecido 3

3. Defeito reconhecível 4
4. A responsabilidade do locatário 6
5. A falta de aviso 7

I – Origem

1. **O projeto Galvão Telles** está na origem deste preceito (19.º)[1]. Dispunha, sob uma epígrafe idêntica à atual:

> O disposto nos n.ºs 1.º e 2.º do artigo anterior não se aplica e a obrigação prevista no n.º 3.º do mesmo artigo não se constitui:
>
> 1.º – Se o locatário conhecia o defeito quando celebrou o contrato ou aceitou a coisa, e não fez reserva alguma;
> 2.º – Se o defeito já existia ao tempo da celebração do contrato e era fàcilmente reconhecível, a não ser que o locador tenha assegurado a sua inexistência ou usado de dolo para o ocultar;
> 3.º – Se o defeito é da responsabilidade do locatário;
> 4.º – Se este faltou ao cumprimento da sua obrigação de avisar do defeito o locador.

Temos, aqui, uma especial precaução em bem delimitar o dispositivo do artigo anterior. Tal delimitação sempre seria alcançável, na base dos princípios gerais. Mas fica, assim, mais clara.

II – Os casos de irresponsabilidade

2. **Defeito conhecido** pelo locatário quando celebrou o contrato ou recebeu a coisa – 1033.º, a): (a) se conhecia, na celebração e, não obstante, concluiu o negócio, nada há a dizer: ou o considerou irrelevante ou o tomou por suficientemente repercutido na retribuição (renda ou aluguer) que acordou com o locador; vir invocar, subsequentemente, o vício é, mesmo, contrário à boa-fé[2]; (b) se conhecia no momento da entrega, devia tê-la recusado, invocando o não-cumprimento do contrato[3].

3. **Defeito reconhecível** facilmente pelo locatário, aquando da contratação (ou, por interpretação extensiva, da entrega) – 1033.º, b), 1.ª parte: o locatário, ligado por deveres elementares de cuidado, devia-se ter apercebido do que todos viam: nada dizendo deu, objetivamente, o seu assentimento, contraditando a boa-fé quando se viesse a manifestar (apenas) depois.

A segunda parte do 1033.º, b), ressalva as hipóteses de, não obstante o defeito ser facilmente reconhecível, o locador ter: (a) assegurado a sua inexistência, altura em que garantiu a coisa ou se comprometeu a corrigir o vício; (b) usado de dolo para o ocultar: trata-se do dolo figurado no artigo 253.º e que, por um lado, justifica a inércia do locatário e, por outro, coloca o locador na impossibilidade moral de se desdizer, sob pena de *venire contra factum proprium*.

4. **A responsabilidade do locatário** no vício – 1033.º, c) – afasta, logicamente, a do locador. Sendo anterior à entrega, ela pressupõe que, a qualquer título, o locatário tivesse tido acesso à

---

[1] *Contratos civis*, 217-218; na 1.ª revisão ministerial, *vide* o 1011.º: BMJ 120 (1962), 19-168 (83).
[2] RCb 27-jan.-1998 (Soares Ramos), BMJ 473 (1998), 569 (o sumário) e STJ 9-mai.-2006 (Sousa Leite), Rev. 730/06, Sumários do STJ, mai.-2006, s/ind. pág..
[3] RLx 19-out.-2010 (Afonso Henrique), Proc. 1025/03, em cujo sumário, designadamente, se lê:

> III. O que não é curial, é o inquilino saber do defeito da coisa, e apesar disso, aceitar ir viver para o locado mas, a partir de certa altura, dois anos depois de estar na sua posse, deixar de pagar a renda.

coisa. Se for concomitante, revela desastradice ou falta de cuidado do locatário, o que só a ele pode ser imputado. Sendo subsequente, pode ocasionar responsabilidade sim, do próprio locatário e não do locador.

5. **A falta de aviso**, pelo locatário, do defeito, ao locador – 1033.º, d) – traduz o incumprimento da obrigação referida no 1038.º, h); além disso, tal eventualidade coloca o locador na impossibilidade de conhecer a situação, refutando-a ou tomando as medidas necessárias para a superar.

Artigo 1034.º (Ilegitimidade do locador ou deficiência do seu direito)

1. São aplicáveis as disposições dos dois artigos anteriores:

a) Se o locador não tiver a faculdade de proporcionar a outrem o gozo da coisa locada;

b) Se o seu direito não for de propriedade ou estiver sujeito a algum ónus ou limitação que exceda os limites normais inerentes a este direito;

c) Se o direito do locador não possuir os atributos que ele assegurou ou estes atributos cessarem posteriormente por culpa dele.

2. As circunstâncias descritas no número antecedente só importam a falta de cumprimento do contrato quando determinarem a privação, definitiva ou temporária, do gozo da coisa ou a diminuição dele por parte do locatário.

Bibliografia: Laurinda Gemas e outros, *Arrendamento*, 189-191; Pires de Lima/Antunes Varela, *Código anotado* 2, 4.ª ed., 363-365.

Índice

I – **Origem**
1. No anteprojeto Galvão Telles 1
2. Na 1.ª revisão ministerial 3

II – **Ilegitimidade ou deficiência do direito**
3. A ilegitimidade do locador 4
4. A insuficiência do direito 5

5. A ausência ou cessação dos atributos 7

III – **Requisitos e consequências**
6. Requisitos 9
7. Consequências 10
8. Âmbito 12

I – Origem

1. **No anteprojeto Galvão Telles**, surgiu um preceito epigrafado "falta ou deficiência do direito de gozo por parte do locador" (21.º)[1]:

> Se o locador não tem direito ao gozo da coisa, ou se esse direito não é o de propriedade ou, em qualquer caso, está sujeito a algum ónus ou limite, com excepção dos limites normais inerentes aos direitos da mesma categoria, ou não possui atributos assegurados pelo locador, ou cessa por culpa deste, e daí resulta privação, definitiva ou temporária, ou diminuição do gozo por parte do locatário, o locador é responsável nos termos definidos nos arts. 18.º, 19.º, n.ºs 1.º, 3.º e 4.º, e 20.º.

[1] *Contratos civis*, 218.

A ideia era, no fundo, a de equiparar o "vício de direito" ao vício da coisa: um tanto à semelhança, embora no inverso, ao que o próprio Galvão Telles propôs para a compra e venda; aí, regulava-se a venda de bens onerados (31.º a 38.º), através de um regime para o qual se remetia a venda de coisas defeituosas (39.º)[2]. Essa solução passou ao Código Civil (905.º a 912.º e 913.º).

2. **Na 1.ª revisão ministerial**, a redação do anteprojeto ainda se conservava (1012.º)[3]. Na 2.ª revisão e no projeto, o texto foi-se aproximando da versão final[4].

II – Ilegitimidade ou deficiência do direito

3. **A ilegitimidade do locador** resulta de ele não ter a faculdade de proporcionar, a outrem, o gozo da coisa locada – 1034.º/1, a). Em rigor, podemos ter aqui situações distintas, que transcendem a ideia técnica de legitimidade[5]. Assim, pode haver (a) locação de bens alheios; (b) locação por quem não tenha capacidade de exercício; (c) locação carecida da autorização exigível, no caso dos cônjuges (1682.º, 1682.º/3 e 1682.º-A) ou dos pais, relativamente aos filhos [1889.º/1, a) e m) e 1892.º/1]; (d) locação por quem não tenha capacidade de gozo, quando tal ato ultrapasse a capacidade da pessoa coletiva "locadora"; (e) locação por quem não tenha poderes de representação, voluntária (268.º) ou orgânica ou por quem abuse da representação (269.º); (f) locação proibida por norma especial; (g) locação por quem, tendo o gozo da coisa, não o possa proporcionar a outrem, como sucede com o usuário (1488.º) ou com o locatário não autorizado a sublocar (1038.º, f)].

4. **A insuficiência do direito** vem expressa, no 1034.º/1, b), pelo circunlóquio de o locador não ter o direito de propriedade ou de o mesmo estar sujeito a algum ónus ou limitação que exceda os limites normais, a ele inerentes. Incluem-se, aqui, a locação feita por usufrutuário que se apresente como proprietário, com a consequência de o direito do locatário poder caducar prematuramente, pela cessação do usufruto[6], ou de locador ser privado do seu direito, atingindo o locatário[7].

Também a este preceito cabe reconduzir situações de oneração do direito do locador, que limitem o gozo no locatário, na sua duração ou na sua amplitude. Por exemplo e sem o conhecimento do locatário, a coisa do locador estava empenhada ou hipotecada, ocorrendo uma execução ou o prédio do mesmo locador estava onerado com uma servidão concretamente gravosa[8].

5. **A ausência ou cessação dos atributos** do direito do locador preenchem o 1034.º/1, c). No caso da ausência, trata-se de qualidades que não caberiam, normalmente, na posição do locador, mas que este asseverou existirem: assim, o usufrutuário afirma ter um direito vitalício quando este tenha um prazo curto ou a falta de autorização camarária, para o exercício correspondente ao fim do contrato, quando o locador tivesse afirmado a sua existência.

A cessação dos atributos assegurados releva, também, quando se dê por culpa do locador, isto é: com dolo ou com violação dos deveres de cuidado exigíveis.

---

[2] *Contratos civis*, 195-198.
[3] BMJ 120 (1962), 19-168 (83).
[4] Jacinto Rodrigues Bastos, *Dos contratos*, 40-41, onde podem ser consultados os pertinentes textos.
[5] *Tratado* V, 15 ss..
[6] RPt 19-set.-1989 (António Matos), BMJ 389 (1989), 642.

[7] STJ 7-dez.-1989 (Júlio Carlos Gomes dos Santos), BMJ 392 (1990), 453-456 (456).
[8] Pires de Lima/Antunes Varela, *Código anotado* 2, 4.ª ed., 364, dão uma série de exemplos que redundam em vícios da coisa e não do direito: terreno atingido por cheias, quarto afetado por ruídos exteriores, automóvel que não funciona e janela que não permite ver o cortejo.

III – Requisitos e consequências

6. Requisitos. Os óbices elencados no 1034.º/1, só importam a falta de cumprimento do contrato quando interfiram no direito do locatário, isto é (1034.º/2), quando determinem a privação, definitiva ou temporária, do gozo da coisa ou diminuição dele, por parte do locatário. Mesmo na ausência do preceito, assim seria: o locatário não tem de se queixar se obtiver, em tempo devido e pelo período acordado, o preciso gozo proporcionado pelo contrato.

7. Consequências. Os referidos óbices, quando ocorram, implicam o incumprimento do contrato, pelo locador: com a ressalva de não importunarem o seu gozo. As consequências são as derivadas do incumprimento: dever de indemnizar, possibilidade de resolução, condenação na obrigação de fazer cessar o problema e exceção do não-cumprimento.

A problemática aqui em causa pode estar associada a *culpa in contrahendo*. Tendo diversos instrumentos ao seu alcance, cabe ao locatário selecionar os que mais lhe convenham: conjunta ou subsidiariamente.

8. Âmbito. O regime do 1034.º aplica-se na hipótese de um contrato de concessão de exploração de marca e insígnia, vindo, depois, a verificar-se que elas estavam registadas em nome de terceiro.[9]

Artigo 1035.º (Anulabilidade por erro ou dolo)

O disposto nos artigos 1032.º e 1034.º não obsta à anulação do contrato por erro ou dolo, nos termos gerais.

Bibliografia: Laurinda Gemas e outros, *Arrendamento*, 191-192; Pires de Lima/Antunes Varela, *Código anotado* 2, 4.ª ed., 365-366.

Índice

1. Origem 1	3. Regime 4
2. Erro ou dolo 2	4. O interesse prático 6

1. Origem. O preceito proveio do anteprojeto Galvão Telles (22.º)[1]. Na justificação de motivos, este autor explica que, se o vício da coisa ou do direito forem desconhecidos do locatário no momento da celebração do contrato, em termos que afetem a sua validade, pode ele optar por pedir a sua anulação em juízo[2]. A 1.ª revisão ministerial conservou a redação[3].

2. Erro ou dolo. O 1035.º ressalva a possibilidade de o locatário, apesar de incurso nalgum dos dispositivos previstos nos 1032.º e 1034.º, optar pela anulação do contrato por erro ou dolo. Quanto ao erro, podem estar em causa o que recaia sobre o objeto do negócio (251.º), sobre os motivos (252.º/1) ou, no limite, sobre a base do negócio (252.º/2). O dolo leva-nos aos 253.º e 254.º.

Em qualquer dos casos, o vício da coisa ou direito do locatário têm de ser anteriores à conclusão do contrato ou concomitantes com ele: só assim o erro ou o dolo relevam nessa mesma conclusão. Para os vícios subsequentes, queda o incumprimento.

---

[9] RLx 13-set.-2012 (Maria Teresa Pardal), Proc. 7860/06.
[1] *Contratos civis*, 218.
[2] *Idem*, 147.
[3] BMJ 120 (1962), 19-168 (84).

3. **Regime** do erro e do dolo: entre outros aspectos[4], relevamos que o erro permite a anulação quando recaia sobre um elemento cuja essencialidade, para o locatário, o locador conhecesse ou não devesse ignorar (247.º *ex vi* 251.º); o dolo permite a anulação quando determine a vontade do locatário (254.º/1). O funcionamento prático é difícil.

A anulabilidade deve ser invocada dentro de um ano contado sobre o conhecimento do erro ou do dolo, pelo locatário (287.º/1); todavia, sendo a locação um contrato de execução continuada, pode-se entender que o prazo de um ano só se inicia após a cessação do contrato: até lá, ele não está cumprido (287.º/2). Entendemos, ainda, que a anulação pode ser exercida extrajudicialmente[5], mediante declaração ao senhorio: só havendo litígio se tem de recorrer a tribunal. Este regime é aplicável ao contrato-promessa de arrendamento[6].

4. **O interesse prático** da anulação poderia residir na sua eficácia retroativa. Todavia, como não pode ser "restituído" o gozo da coisa que, embora de modo diferente, pode ter sido levado a cabo pelo locatário, este também não pode pedir a restituição das rendas ou dos alugueis pagos, *in totum*. Essa restituição já será possível se, de todo, não tiver havido gozo, mercê dos vícios.

Deve ainda entender-se que, mesmo na hipótese da anulação, há sempre lugar para um pedido de indemnização, por todos os danos que tenham sido causados.

Artigo 1036.º (Reparações ou outras despesas urgentes)

1. Se o locador estiver em mora quanto à obrigação de fazer reparações ou outras despesas, e umas ou outras, pela sua urgência, se não compadecerem com as delongas do procedimento judicial, tem o locatário a possibilidade de fazê-las extrajudicialmente, com direito ao seu reembolso.

2. Quando a urgência não consinta qualquer dilação, o locatário pode fazer as reparações ou despesas, também com direito a reembolso, independentemente de mora do locador, contanto que o avise ao mesmo tempo.

Bibliografia: Laurinda Gemas e outros, *Arrendamento*, 192-196; Pires de Lima/Antunes Varela, *Código anotado* 2, 4.ª ed., 366-367; Antunes Varela, anot. a STJ 4-abr.-1967, RLJ 100 (1968), 377-382.

Índice

I – **Origem**
1. O Código de Seabra 1
2. O anteprojeto Galvão Telles 3

II – **Pressupostos**
3. A obrigação de reparações ou despesas 4
4. A mora 7
5. A urgência 9
6. A extrema urgência 12

III – **O regime**
7. A realização das obras 13
8. O direito ao reembolso 14
9. Procedimentos cautelares e boa-fé 15

IV – **Natureza**
10. A subrogação 16
11. Estado de necessidade 17
12. Abuso do direito 18

---

[4] *Tratado* I/1, 3.ª ed., 812 ss..
[5] *Idem*, 862 ss..

[6] STJ 29-fev.-1996 (Mário Cancela), CJ/Supremo IV (1996) 1, 107-108 (108/II).

I – **Origem**
1. **O Código de Seabra** dispunha, no seu 1611.º, quanto ao arrendamento:

> Se o senhorio, sendo requerido pelo arrendatario, não fizer no prédio arrendado as reparações necessarias ao uso para que é destinado, poderá o arrendatario rescindir o contracto, e exigir perdas e damnos, ou mandar fazer os ditos reparos por conta do senhorio, precedendo, em tal caso, citação d'este com praso certo.

Este preceito foi retomado pelo 17.º do D 5:411, de 17-abr.-1919[1], apenas com o acrescento, no final, de que a citação se faria nos termos do 901.º do (então) Código de Processo Civil.

2. **O anteprojeto Galvão Telles** continha, no seu 23.º[2], um preceito que, através do 1015.º da 1.ª revisão ministerial[3], transitaria, com poucas alterações formais, para o 1036.º.

II – **Pressupostos**

3. **A obrigação de reparações ou despesas** é o primeiro pressuposto de aplicação do 1036.º. Tal obrigação deverá ter origem contratual ou legal. Distingue-se "reparações", quando caibam ao locador e "despesas" quando lhe assiste, tão-só, custear os trabalhos.

À partida, a obrigação de manter a coisa em condições, de modo a restituí-la no estado em que a recebeu, assiste ao locatário (1043.º/1). Mas tratando-se de arrendamento para habitação, cabe ao senhorio executar todas as obras de conservação, ordinárias ou extraordinárias, requeridas pelas leis vigentes ou pelo fim do contrato, salvo estipulação em contrário (1074.º/1). Daqui inferimos que, embora o 1036.º, pela sua inserção, tenha a ver com as obrigações do locador em geral, ele releva, sobretudo, para o arrendamento urbano.

O regime delineado é aplicável nas hipóteses em que o locador tenha, contratualmente, assumido o dever de reparações ou despesas.

4. **A mora** do locador, na realização de reparações ou outras despesas, surge como o segundo requisito. A mora ocorre depois de o senhorio ter sido judicial ou extrajudicialmente interpelado para cumprir (805.º/1). Mas a interpelação é dispensável se a obrigação tiver prazo certo, por via do facto ilícito ou se o próprio senhorio impedir a interpelação. Hoje, não se exige interpelação judicial.

Ex bona fide, deve entender-se que não basta uma interpelação comum (deve fazer as obras); deve ser uma interpelação específica (faça as obras tais), com um prazo razoável e sob a cominação de, não tendo lugar, elas serem assumidas pelo próprio locatário (faça as obras tais, no prazo de um mês, sob pena de serem assumidas por mim próprio). De outra forma, o locador não estará em condições de tomar as decisões que se imponham. Vale, também, em conjunto com a comunicação do locatário, a notificação da Câmara Municipal para que se façam as obras[4].

5. **A urgência** surge como o terceiro requisito (1036.º/1). A lei dá a medida da urgência: o não se compadecerem com as delongas do procedimento judicial[5]. Em bom rigor, não haverá obras sérias e relevantes que se possam acomodar com tais delongas[6]: por bem que tudo corra, será sempre necessário contar com alguns anos, para que um processo judicial chegue ao fim.

---

[1] DG I, n.º 80, de 17-abr.-1919, 654/I.
[2] *Contratos civis*, 219.
[3] BMJ 120 (1962), 19-168 (84).
[4] STJ 27-set.-1994 (Cardona Ferreira), BMJ 439 (1994), 549-560 (557 e RPt 2-out.-1997 (Passos Lopes), CJ XXII (1997) 4, 202-204 (203-204).
[5] RLx 19-nov.-1998 (Teixeira Ribeiro), CJ XXIII (1998) 5, 100-102 (101/I), admitiu haver tal urgência, perante contínuas infiltrações na sala de jantar, dois quartos e casa de banho, vindas do telhado, que punham em causa a saúde do locatário e da sua família.
[6] A urgência não tem, assim, de assumir carácter absoluto: STJ 18-nov.-1999 (Lopes Pinto), CJ/Supremo VII (1999) 3, 89-91 (90/I).

Mas isso significa que o locatário se substitui, pura e simplesmente, ao tribunal, na decisão de fazer as obras. Além disso, ele próprio determinará o tipo e a amplitude das reparações ou outras despesas. A matéria é potencialmente muito litigiosa, impondo-se uma interpretação restritiva dos dispositivos em jogo.

6. **A extrema urgência** vem prevista no 1036.º/2: a situação é tal que não admite qualquer dilação: rebentamento de um cano, perigo de queda do elevador ou eminência de explosão por fuga de gás. Nessa eventualidade, a lei dispensa a mora do senhorio: todavia, ele deve ser avisado ao mesmo tempo.

III – O regime

7. **A realização das obras** é permitida, ao locatário. O âmbito e a natureza das operações a efetivar no terreno depende daquilo que fosse exigível ao locador: há, pois, que interpretar cuidadosamente as fontes que determinem tais obras, com especial atenção ao 1074.º (*vide* as respetivas anotações).

8. **O direito ao reembolso** surge na esfera do locatário, quer nos casos de urgência simples (1036.º/1), quer nos de extrema urgência (1036.º/2). A dívida correspondente, tratando-se de um prédio locado bem comum do casal, comunica-se ao cônjuge não-administrador[7]. Dada a delicadeza desta situação, próxima da autotutela, a jurisprudência não permite que o direito ao reembolso exonere o locatário da "obrigação axial" de pagar a renda[8].
O reembolso envolve o custo das obras, incluindo o IVA; mas não abarca danos e despesas colaterais cujo pagamento pelo locador, na falta de acordo, teria de ser objeto de ação própria.

9. **Procedimentos cautelares e boa-fé**: os procedimentos são possíveis: o 1036.º não obsta a que eles sejam requeridos pelo locatário e decretados, intimando o senhorio a fazer reparações urgentes[9]. Todavia, impõe-se um controlo *ex bona fide*: o locatário deve, quanto possível, minimizar os danos, em vez de desencadear, sem motivos, um litígio com o locador.

IV – Natureza

10. **A sub-rogação**. No caso de urgência comum, o locatário está a cumprir uma obrigação alheia: a do próprio locador. Temos uma sub-rogação legal, uma vez que ele está diretamente interessado na satisfação do crédito (592.º/1). O locatário adquire as garantias e outros acessórios do direito transmitido (582.º), com especial relevo no campo dos seguros; além disso, a situação torna-se oponível ao locador logo que lhe seja notificada (583.º), ambos *ex vi* 593.º). Não há gestão de negócios, uma vez que o arrendatário defende um interesse próprio[10].

11. **Estado de necessidade**. Havendo extrema urgência, temos uma manifestação específica de estado de necessidade (339.º). Não se trata, aqui, de destruir ou danificar coisa alheia, mas de agir, sobre esta, em termos de causar despesas ao seu dono. O locador não sabe de nada: mas vai ter de pagar, ainda que isso o coloque na insolvência. O tribunal, aquando do reembolso, deverá ponderar os diversos aspetos envolvidos, tendo em conta o 339.º/2.

12. **Abuso do direito**. O exercício, pelo locatário, das faculdades previstas no 1036.º, mandando fazer reparações e despesas, por conta do senhorio, sem o acordo deste e sem prévia legitimação jurisdicional, deve passar pelo crivo do abuso do direito (334.º). A jurisprudência uniforme reco-

---

[7] STJ 11-jun.-1991 (Jorge Vasconcelos), BMJ 408 (1991), 507-511 (511).
[8] STJ 25-out.-2011 (Gabriel Catarino), Proc. 23239/08.
[9] RCb 2-mai.-1984 (Ataíde das Neves), BMJ 337 (1984), 420 (o sumário).

[10] Luís Menezes Leitão, *Primeiras observações sobre as disposições preliminares do RNAU e sobre os artigos 1064.º a 1069.º do Código Civil*, O Direito 136 (2004), 263-272 (272).

nhece, hoje, que abusa do direito o locatário que exija obras de valor desproporcionado às rendas que pague[11]. Ora nunca se poderá, por via do 1036.º, conseguir saídas que não seriam obtidas através do tribunal.

Artigo 1037.º (Atos que impedem ou diminuem o gozo da coisa)

1. Não obstante convenção em contrário, o locador não pode praticar atos que impeçam ou diminuam o gozo da coisa pelo locatário, com exceção dos que a lei ou os usos facultem ou o próprio locatário consinta em cada caso, mas não tem obrigação de assegurar esse gozo contra atos de terceiro.

2. O locatário que for privado da coisa ou perturbado no exercício dos seus direitos pode usar, mesmo contra o locador, dos meios facultados ao possuidor nos artigos 1276.º e seguintes.

Bibliografia: Francisco Manuel Pereira Coelho, *Arrendamento urbano* (1967), 44-46; António Menezes Cordeiro, *A posse: perspectivas dogmáticas actuais*, 3.ª ed. (2000), 71 ss.; Laurinda Gemas e outros, *Arrendamento*, 196-201; Pires de Lima/Antunes Varela, *Código anotado 2*, 4.ª ed., 368-369; José Pinto Loureiro, *Manual 2*, 22-34; Rui Vieira Miller, *Arrendamento*, 33-36; Maria do Rosário Palma Ramalho, *Sobre o fundamento possessório dos embargos de terceiro deduzidos pelo locatário, parceiro pensador, comodatário e depositário*, ROA 1991, 649-698.

Índice

A – **Integralidade do gozo (1037.º/1)**
I – **Origem**
1. O Código de Seabra 1
2. O projeto Galvão Telles 3
3. A 1.ª revisão ministerial 5

II – **Atos do locador**
4. A proibição 7
5. A lei ou os usos 5
6. A autorização 10

III – **Atos de terceiro**
7. Defesa possessória 11
8. Defesa petitória 13

B – **A defesa possessória**
IV – **Origem**
9. O Decreto de 30-ago.-1907 16
10. O Decreto n.º 5:411 18
11. O Código Civil 19

V – **As ações possessórias**
12. Requisitos gerais 20
13. Âmbito 21
14. Tipos de ações 23
15. Vantagens a defender 25

VI – **Natureza**
16. A não-excecionalidade 26
17. A posse interdital 29

A – Integralidade do gozo (1037.º/1)
I – Origem

1 1. **O Código de Seabra**, em consonância com a legislação da época e com o Direito comparado atual, cometia ao locador a obrigação de assegurar, ao arrendatário, o uso da coisa arrendada

---

[11] Como exemplos: STJ 8-jun-2000 (Oliveira Barros), Proc. 06B1103: é alusivo requerer obras, quando sejam necessários 12 anos de rendas para o seu retorno; STJ 14-nov.-2006 (Fernandes Magalhães), Proc. 06B3597: é abuso exigir obras de conservação extraordinária num edifício centenário, no valor de milhares de euros, quando se paguem € 93,89 de renda; STJ 30-set.-2008 (Paulo Sá), CJ/Supremo XVI (2008) 3, 46-50 (49-50): abusa o inquilino que, pagando € 2,30 de renda, peça obras de € 5.000.

contra os embaraços e turbações provenientes de direito, que algum terceiro tenha com relação a ela, mas não contra os embaraços e turbações nascidos de mero facto de terceiros (1606.º, 4.º).

Haveria que inferir, do final desse preceito, que o arrendatário poderia defender-se, por si; mas a lei não era explícita. Pelo contrário, o Direito anterior reconhecia a defesa própria do locatário. Segundo Correia Telles[1]:

> 766. O locador não é obrigado a garantir a força ou roubo, que um terceiro faça injustamente ao rendeiro; é lícito a este demandar os culpados.

> 767. O colono ou inquilino pode usar d'acção de força, não só contra um terceiro, mas ainda contra o locador que o esbulhar ou turbar no uso da cousa, e demandar-lhe a sua indemnização.

Estarão aqui as sementes da lata proteção do locatário, que a lei hoje assume.

2. O projeto Galvão Telles articulava (24.º, § 1.º) um preceito praticamente idêntico ao que hoje surge no 1037.º/1. Relativamente ao Direito anterior, temos três novidades: (1) a defesa contra o próprio locador; (2) a indistinção entre perturbações do Direito e perturbações materiais; (3) a liberação do locador defender o locatário contra terceiros. Adiantamos que Galvão Telles não previa a defesa possessória do locatário[2].

3. A 1.ª revisão ministerial continha, no seu 1008.º, a propósito das obrigações essenciais do locador, um n.º 2, que dispunha[3]:

> O locatário que foi ilegalmente perturbado ou esbulhado da posse dos direitos que o contrato lhe confere sobre a coisa, pode usar, mesmo contra o locador, dos meios adequados à manutenção ou restituição da sua posse.

Prevaleceu, pois, a tradição nacional, tendo o preceito sido, depois, transplantado para o atual 1037.º/2: com efeito, a atribuição, ao locatário, da defesa possessória remonta, pelo menos, a 1907[4].

II – Atos do locador

4. A proibição, dirigida ao locador, de praticar atos que impeçam ou diminuam o gozo da coisa pelo locatário (1037.º/1, 1.ª parte) é imperativa: não admite cláusula em contrário. Reencontramos, aqui, o princípio básico da irrenunciabilidade antecipada aos direitos e à defesa jurídica[5]: seria muito fácil conseguir, do locatário e no momento da contratação, autorizações gerais de ingerência na coisa que, depois, teriam consequências graves.

A redação da lei ("não obstante convenção em contrário") e os interesses em presença levam a concluir que estamos perante uma redução legal: a "convenção em contrário" é nula, por contrariedade a lei expressa (294.º), mas não prejudica a validade do contrato, no seu todo, salvo o omnipresente controlo da boa-fé.

5. A lei ou os usos podem permitir concretos atos do locador sobre a coisa; será o caso do 1038.º, b), que obriga o locatário a facultar, ao locador, o exame da coisa locada, ou o do regime das obras, que podem implicar a perturbação e, até, o realojamento do locatário[6]. Quanto aos usos: eles eram operacionais no arrendamento rural mas não têm, hoje, acolhimento legal. O uso, só por si, não tem força vinculativa (3.º/1).

---

[1] José Homem Correia Telles, *Digesto portuguez*, 108.
[2] *Contratos civis*, 219.
[3] BMJ 120 (1962), 19-168 (82).
[4] *Infra*, anotações 16 a 18.
[5] *Tratado* VI, 69 ss..
[6] *Vide* o 6.º do DL 157/2006, de 8-ago., bem como as respetivas anotações.

10   6. **A autorização** caso a caso, do locatário, é possível: já não há, aí, o risco de um despojar prévio do conteúdo do direito ou de um prescindir simples da tutela jurídica.

III – Atos de terceiro
11   7. **Defesa possessória.** A lei portuguesa é muito clara ao afirmar que o locador não tem o dever de assegurar o gozo do locatário contra atos de terceiros. Com isso, generalizou-se uma regra de Seabra, que deixava o locatário entregue a si próprio, perante ameaças de facto.
12   Perante ameaças de facto, a lei atribui a defesa possessória, abaixo examinada (1037.º/2).
13   8. **Defesa petitória.** E perante ameaças de Direito? Podem estar em causa situações em que terceiros se arroguem, inclusive por via judicial, o gozo da coisa e, ainda, para além do esbulho e da violência, que permitam a defesa possessória, situações de inquietação e de perturbação de sossego, que requeiram medidas de fundo. Como o locatário não pode ficar sem defesa (2.º/2, do CPC), nem recorrer à própria força (1.º, do CPC), para se defender, cabe-lhe fazê-lo, por si próprio e judicialmente[7].
14   Imaginemos que a coisa locada está, indevidamente, nas mãos de terceiro e que o locatário não pode intentar vias possessórias: ou por ter passado o prazo de um ano (1282.º) ou por o locatário nunca ter tido a posse da coisa. Perde o direito? Nada, na lei, permite tal conclusão, de resto injusta. Mas como recuperar a coisa, uma vez que o locador não está obrigado a reivindicá-la, para o locatário? Só queda uma saída: próprio locatário terá de agir contra o terceiro. Para tanto, ele deverá demonstrar que é locatário legítimo, tendo recebido o seu direito de um locador, proprietário também legítimo, por haver recebido a coisa de um titular anterior, também legítimo e até encontrar uma constituição originária do direito. Invocados e provados os factos, o locatário pedirá a condenação do terceiro no reconhecimento do seu direito de locatário e na entrega da coisa.
15   O locatário dispõe, assim, da defesa petitória, através de um esquema em tudo semelhante à reivindicação (1311.º). Não há qualquer problema em reconhecê-la a titulares de direitos pessoais de gozo, uma vez que a defesa adequada de direitos legítimos nunca pode ser considerada excecional[8].

B – A defesa possessória (1037.º/2)
IV – Origem
16   9. **O Decreto de 30-ago.-1907**[9], relativo a despejos e pondo termo a dúvidas, dispõe no seu 27.º:

> O arrendatário ou sublocatário, que for pelo respectivo senhorio ilegalmente perturbado ou esbulhado da posse do prédio arrendado, poderá usar contra ele das competentes acções possessórias afim de ser mantido ou restituido ao uso e fruição do mesmo predio durante o prazo do arrendamento.

17   Esta solução, que não constava do Código de Seabra, manteve-se na legislação vinculística da I República: 30 do D de 12-nov.-1910[10] e 33.º do D 4:499, de 27-jun.-1918[11], nos mesmos termos.
18   10. **O Decreto n.º 5:411**, de 17-abr.-1919, retomou o preceito alargando-o a todos: locador e terceiros. Assim, segundo o seu artigo 20.º[12],

---

[7] RPt 22-mar.-1990 (Bessa Pacheco), CJ XV (1990) 2, 210-214 (213/I) e RLx 30-jul.-2007 (Abrantes Geraldes), Proc. 7993/2007-7.

[8] Trata-se da posição que há muito defendemos, até hoje sem contradita. Assim, p. ex., em *Da natureza do direito do locatário* (1980), 122 ss.; *Tratado* VI, 598 e 605.

[9] COLP 1907, 804-809.
[10] COLP 1910, II, 81-85 (84/II).
[11] COLP 1918, I, 745-750 (748/II).
[12] DG I, n.º 80, de 17-abr.-1919, 654/II.

O inquilino que foi ilegalmente perturbado ou esbulhado da posse dos direitos que, pelo arrendamento, tem sôbre o respectivo prédio, pode usar das acções possessórias e dos embargos de terceiro, a fim de ser mantido ou restituído na sua posse durante o prazo do arrendamento.

11. **O Código Civil** acolheu esta solução, apesar de ela não constar do anteprojeto Galvão Telles[13]. Alargou a defesa possessória a toda a locação – e não, apenas, ao arrendamento – e especificou que ela podia ser dirigida contra o próprio locador.

V – As ações possessórias

12. **Requisitos gerais**. A propositura de meios possessórios pelo locatário, pressupõe: (a) que este exiba um contrato de locação[14]; (b) que ele tenha a posse (no sentido de controlo material) da coisa correspondente ao contrato[15]; (c) que preencha a previsão legal relativa à concreta medida que queira intentar.

13. **Âmbito**. As ações possessórias propostas pelo locatário, podem, ainda, sê-lo pelo locatário (ou cessionário de exploração) de um estabelecimento comercial[16], pelo sublocatário, exigindo-se, neste caso e para que ela seja intentável contra o locador, que a sublocação lhe seja oponível[17] e pelo co-locatário[18].

Já não se tem admitido o recurso ao 1037.º/2 para defender o uso privativo do domínio público[19] ou para tutelar o lojista em centro comercial, dada a natureza atípica do respetivo contrato[20]. A matéria, que assenta em preconceitos construtivistas, como o da natureza obrigacional da locação, deve ser repensada. Assim, a restituição provisória, que tem como fundamento a violência do esbulhador, deve ser sempre admitida, ainda que a favor de um mero detentor precário; quanto ao lojismo: embora atípico (misto), o correspondente contrato tem elementos da locação, designadamente o gozo temporário da coisa; faz sentido aplicar-lhe a defesa possessória do locatário.

14. **Tipos de ações**. O locatário pode recorrer à ação direta (1277.º) e às ações de prevenção (1276.º), de manutenção e de restituição (1278.º). Assistem-lhe, ainda, os embargos de obra nova (412.º/1 do CPC)[21] e de terceiros (351.º do CPC).

A restituição provisória (1279.º), que visa reagir à violência do esbulhador, é sempre adequada, verificando-se os seus pressupostos[22].

15. **Vantagens a defender**. Pelas ações possessórias, o locatário pode, logo, defender o direito de gozo que lhe assiste, no todo (restituição) ou em parte, quando ele seja atingido (prevenção e

---

[13] *Vide supra* anot. 4.

[14] Já se exigiu que esse contrato fosse formalmente válido: RLx 19-jan.-1999 (Claudino Seara Paixão), BMJ 483 (1999), 264-265.

[15] STJ 19-fev.-1974 (Abel de Campos), BMJ 234 (1974), 237-239 (239): o locatário que nunca teve a posse da coisa não pode usar ações possessórias; RPt 11-jan.-1990 (Carlos Matias), BMJ 393 (1980), 656 (o sumário): tendo um prédio sido totalmente demolido e reconstruído, já não podem os locatários invocar, contra o locador, os meios do 1037.º/2; RLx 30-jul.-2007 (Abrantes Geraldes), Proc. 7993/2007-7: o subarrendatário que nunca entrou na efetiva detenção da coisa arrendada não tem meios possessórios (ponto II).

[16] RLx 9-jun.-1994 (Eduardo Silva Batista), BMJ 438 (1994), 537 e RCb 11-jan.-2000 (António Piçarra), CJ XXV (2000) 1, 7-10 (9/I).

[17] STJ 27-nov.-1997 (Almeida e Silva), BMJ 471 (1997), 343-350 (348-349) e Antunes Varela, anot. STJ 10-dez.-1981 (Roseira de Figueiredo), RLJ 117 (1985), 316-318, *idem*, 318-320 e 334-340 (337-338).

[18] Antunes Varela, anot. STJ 21-dez.-1982 (Moreira da Silva), RLJ 119 (1986), 236-242, *idem*, 243-251 (249).

[19] REv 25-nov.-1999 (Fernando Bento), CJ XXIV (1999) 5, 267-271 (270/I).

[20] RLx 23-abr.-2002 (Ana Grácio), CJ XXVII (2002) 2, 121-124 (123/I).

[21] RCb 30-jan.-1990 (Vítor Rocha), BMJ 393 (1990), 676 e STJ 22-out.-1991 (César Marques), BMJ 410 (1991), 703-709 (708), com indicações.

[22] RLx 13-mar.-2009 (Ferreira Lopes), Proc. 9/2008-8.

manutenção). Ficam (ou podem ficar) envolvidas utilidades conexas, como a servidão de ar, luz e vistas[23] ou as atingidas por escavações[24].

VI – Natureza

26 16. **A não-excecionalidade.** A natureza excecional do 1037.º/2 tem surgido, nos textos jurídicos, com base nas seguintes premissas: a locação seria um mero direito obrigacional; daí, o locatário seria simples detentor ou possuidor precário, só por exceção se podendo admitir esses meios possessórios.

27 Todavia, a posse é um simples controlo material sobre uma coisa corpórea, que o Direito protege como tal, por evidentes razões de ordem pública; nada tem a ver com a presença (ou não) de um direito real. O titular de um direito pessoal de gozo sobre uma coisa tem esse controlo, devendo ser protegido. Por isso, a tutela possessória é atribuída, sem limites, ao locatário (1037.º/2), ao parceiro pensador (1125.º/2), ao comodatário (1133.º/2) e ao depositário (1188.º/2): e isso apesar de, nos dois últimos casos, se tratar de direitos bem mais frágeis e precários do que o do locatário.

28 A regra é, sempre, a de que a cada direito, corresponde uma ação (2.º/2 do CPC). Ora a ação historicamente mais adequada para defender uma situação de gozo material de uma coisa é a possessória.

29 17. **A posse interdital.** Tendo ações possessórias, é inevitável reconhecer que o locatário é possuidor. A cultura jurídica atual não admite a existência de ações a que não correspondam as inerentes posições substantivas: isso seria uma complicação vocabular que só atrapalharia a boa realização do direito. Mais precisamente: o locatário é possuidor da coisa, em termos de direito de locatário e detentor da mesma coisa em nome do locador, normalmente proprietário. Por isso, este pode adquirir por usucapião, exercendo uma posse pública e pacífica, através do locatário.

30 Todavia, não se trata de uma posse plena ou posse civil, capaz de proporcionar a totalidade dos *commoda possessionis*, incluindo a usucapião. É, tão-só, uma posse interdital[25], que faculta a fruição, nos termos do título e a defesa possessória.

Secção III – Obrigações do locatário

Subsecção I – Disposição geral

Artigo 1038.º (Enumeração)

São obrigações do locatário:

a) Pagar a renda ou aluguer;
b) Facultar ao locador o exame da coisa locada;
c) Não aplicar a coisa a fim diverso daqueles a que ela se destina;
d) Não fazer dela uma utilização imprudente;

---

[23] RLx 21-mar.-1991 (Silva Caldas), CJ XVI (1991) 2, 162-164 (163/I).
[24] RLx 19-mar.-1998 (Proença Fouto), CJ XXIII (1998) 2, 98-100 (99/II).

[25] O Direito português permite, assim, retomar, com utilidade, a antiga contraposição entre a *possessio civilis* e a *possessio ad interdictum*; *vide* o nosso *A posse*, 86.

e) Tolerar as reparações urgentes, bem como quaisquer obras ordenadas pela autoridade pública;
f) Não proporcionar a outrem o gozo total ou parcial da coisa por meio de cessão onerosa ou gratuita da sua posição jurídica, sublocação ou comodato, excepto se a lei o permitir ou o locador o autorizar;
g) Comunicar ao locador, dentro de quinze dias, a cedência do gozo da coisa por algum dos referidos títulos, quando permitida ou autorizada;
h) Avisar imediatamente o locador, sempre que tenha conhecimento de vícios na coisa, ou saiba que a ameaça algum perigo ou que terceiros se arrogam direitos em relação a ela, desde que o facto seja ignorado pelo locador;
i) Restituir a coisa locada findo o contrato.

Bibliografia: Francisco Manuel Pereira Coelho, *Arrendamento*, 150-202; Jorge Pinto Furtado, *Manual* 1, 5.ª ed., 535-574; Laurinda Gemas e outros, *Arrendamento*, 202-207; Luís Menezes Leitão, *Arrendamento*, 5.ª ed., 93-110; Pires de Lima/Antunes Varela, *Código anotado* 2, 4.ª ed., 369-373; Inocêncio Galvão Telles, *Arrendamento*, 284 ss..

Índice

I – **Origem**
1. O Código de Seabra 1
2. O Decreto n.º 5:411 2
3. O anteprojeto Galvão Telles 3
4. A versão final 4

II – **Estrutura geral**
5. A posição do locatário 5
6. A não-taxatividade 10
7. A natureza *intuitu personae* 11

III – **As obrigações do locatário**
8. a) Renda ou aluguer 14
9. b) Exame do locado 15
10. c) Respeito pelo fim 16
11. d) Utilização prudente 17
12. e) Tolerar reparações 18
13. f) Não ceder o gozo 19
14. g) Comunicar a cedência 23
15. h) Avisar imediatamente 25
16. i) Restituir a coisa 26

I – Origem

1. O Código de Seabra, a propósito do arrendamento, fixava as seguintes obrigações do arrendatário (1608.º)[1]:

1.º A satisfazer a renda no tempo e forma convencionados, ou, na falta de ajuste, conforme o costume da terra;

2.º A responder pelos prejuizos que sobrevierem á cousa arrendada, por sua culpa e negligencia, ou de seus familiares e sublocatarios;

3.º A servir-se da cousa tão sómente para o uso convencionado, ou conforme com a natureza da cousa;

4.º A dar parte ao senhorio das usurpações, tentadas ou feitas por terceiro, e a defender os direitos do mesmo senhorio, nos termos ordenados na segunda parte do artigo 1451.º;

5.º A restituir a cousa, no fim do arrendamento, sem deteriorações, salvo as que forem inherentes ao seu uso ordinario.

---

[1] José Dias Ferreira, *Codigo annotado* 3, 2.ª ed., 198-199, remetendo para as anotações anteriores e Luiz da Cunha Gonçalves, *Tratado de Direito civil em comentário ao Código Civil Português* 9 (1934), 63 ss..

2   2. **O Decreto n.º 5:411**, de 17-abr.-1919, no seu 22.º[2], manteve, praticamente, a lista de Seabra, acrescentando apenas um n.º 6, que obrigava o inquilino:

> 6.º A cumprir todas as demais obrigações impostas no contrato e dêle derivadas que não forem proibidas por quaisquer disposições legais.

3   3. **O anteprojeto Galvão Telles**, sob a epígrafe "obrigações essenciais" do locatário, preconizava (25.º)[3]:

> São obrigações essenciais do locatário:
>
> 1.ª – Pagar a renda ou aluguer;
> 2.ª – Não aplicar nem consentir que outrem aplique a coisa locada a fim diverso daquele ou daqueles a que se destina;
> 3.ª – Não fazer nem consentir que outrem faça uma utilização imprudente da coisa locada;
> 4.ª – Tolerar as reparações urgentes, bem como quaisquer obras ordenadas pela autoridade pública;
> 5.ª – Avisar imediatamente o locador, a partir da entrega da coisa, todas as vezes que descubra nesta defeitos ou saiba que a ameaça algum perigo ou que terceiros se arrogam direitos em relação a ela, se esses defeitos, perigo ou pretensões não forem do conhecimento do locador;
> 6.ª – Restituir a coisa ao locador, findo o contrato.

4   4. **A versão final**, resultante das revisões ministeriais[4], acrescentou as atuais alíneas *c*), *f*) e *g*): todas elas derivadas da prática dos arrendamentos urbanos. De resto, são estas duas últimas que mais dúvidas e litigiosidade têm suscitado.

II – Estrutura geral

5   5. **A posição do locatário**, no que tange a obrigações, implica, como prestação principal, a de pagar a renda ou o aluguer. Trata-se da parcela económica que opera como contrapartida da concessão do gozo da coisa. Quer genética, quer funcionalmente, ela dá, à locação, a sua justiça e o seu equilíbrio intrínsecos.

6   As alíneas *c*) e *d*) correspondem a concretizações legais de deveres acessórios, destinados a acomodar o gozo do locatário. Tal gozo não é pleno: surge limitado pelo fim em vista. Além disso, cabe ao locatário prevenir riscos acrescidos.

7   As alíneas *b*) e *e*) têm a ver com as obras: apresentam-se como prestações secundárias tecidas de modo a permitir, ao locador, particularmente no arrendamento, executar o previsto no 1074.º/1: as reparações de diversos tipos. Também a alínea *b*) se prende com o tema das obras, embora o legislador tenha aproveitado para alargar o dever de aviso aos "riscos jurídicos". Em bom rigor, tudo isto seria dispensável, uma vez que já resultaria da boa-fé: mas a sua presença, em lei, tem evidente utilidade.

---

[2] DG I, n.º 80, de 17-abr.-1919, 654/II.
[3] *Contratos civis*, 220.
[4] Na 1.ª revisão, o 1017.º dispunha – BMJ 120 (1962), 19-168 (85-86):
São obrigações essenciais do locatário:
a) Pagar a renda ou aluguer;
b) Não aplicar nem consentir que outrem aplique a coisa locada a fim diverso daquele a que se destina;
c) Não fazer nem consentir que outrem faça uma utilização imprudente da coisa locada;
d) Tolerar as reparações urgentes, bem como quaisquer obras ordenadas pela autoridade pública;

e) Avisar imediatamente o locador todas as vezes que descubra vícios na coisa ou saiba que a ameaça algum perigo ou que terceiros se arrogam direitos em relação a ela, desde que o facto seja ignorado pelo locador;
f) Restituir a coisa locada findo o contrato, no estado em que a haja recebido, salvas as deteriorações inerentes ao seu uso normal.

A redação definitiva surgiu na 2.ª revisão ministerial; *vide* Jacinto Rodrigues Bastos, *Dos contratos*, 48-49.

As alíneas *f)* e *g)* ligam-se às vicissitudes do direito do locatário. Têm o duplo papel de ritualizar essa matéria, de modo a restringi-la e de permitir, ao locador, acompanhar e fiscalizar as utilizações dadas ao locado.

Por fim, o dever de restituição – alínea *i)* – é uma decorrência instrumental da natureza temporária do direito do locatário e do respeito que este deve ter pela posição do locador.

6. **A não-taxatividade** da enumeração do 1038.º impõe-se, por diversas razões. A locação, mau grado algumas regras injuntivas, é um negócio privado dominado pela autonomia das partes. Estas podem acordar na fixação de outras obrigações para o locatário e isso sem sair do estrito campo locatício. Além disso, diversas leis, incluindo o próprio Código Civil, fixam outros deveres e encargos, na esfera do locatário. Basta atinar no importante dever de manutenção da coisa, prescrito no 1043.º ou, no caso do arrendamento, na sujeição às relações de vizinhança e no dever de usar efetivamente o locado (1071.º e 1072.º).

7. **A natureza *intuitu personae*** dá corpo à posição jurídica do locatário. A entrega, a uma pessoa, do gozo de uma coisa é feita em função das qualidades dessa mesma pessoa. Pode ficar envolvido um juízo apreciativo (por exemplo, na locação de um veículo antigo raro) ou, pelo menos, um juízo de normalidade (por exemplo, no arrendamento de uma fração, inserida num prédio com dezenas de inquilinos). Mas a identidade do locatário nunca é indiferente ao locador.

Nessas condições, podemos considerar que todo o vínculo locativo é acompanhado por uma relação de confiança, comum, de resto, às relações duradouras. Este facto é fonte de deveres acessórios, particularmente a cargo do locatário: tendo o gozo da coisa, é sobre ele que repousa a maior margem de discricionariedade, na atuação.

Assim, além de prestações secundárias, assentes na lei ou no contrato, deve contar-se com os deveres acessórios. Dimanados pela boa-fé, esses deveres concretizam-se em obrigações de segurança, de lealdade e de informação que, pela natureza da relação, se impõem no dia-a-dia.

III – As obrigações do locatário

8. a) **Renda ou aluguer**: trata-se da primeira e mais elementar obrigação do locatário[5]. A matéria é pormenorizadamente tratada nos 1039.º a 1042.º, constituindo a falta do pagamento causa de resolução do contrato (1048.º). Surge, ainda, com vários meandros, nos 1075.º a 1077.º, no domínio do arrendamento urbano.

9. b) **Exame do locado**: deve ser facultado ao locador, por várias razões: (1) permitir fiscalizar o gozo levado a cabo; (2) possibilitar as reparações e despesas que incumbam ao senhorio (1074.º) e que, não sendo feitas, habilitam o locatário a agir (1036.º). O correspondente direito potestativo do locador deve ser compaginado com os direitos do locatário (à imagem ou à tutela da intimidade da vida privada, como exemplos) e com a boa-fé (não desencadear o exame do veículo que transporte a noiva, no momento do desfile), recorrendo-se, se necessário, aos esquemas próprios do 335.º (colisão de direitos)[6]. Por seu turno, deve o locatário colaborar e facilitar (no arrendamento) a visita do senhorio[7].

10. c) **Respeito pelo fim**: uma obrigação óbvia, uma vez que o gozo concedido ao locatário não é total, antes surgindo limitado pelo escopo do contrato. Esta adstrição não surge inobservada apenas quando, do extravazar do fim, resultem danos: trata-se de uma limitação estrutural, cujo desrespeito quebra a confiança de base e coloca a coisa em risco objetivo.

---

[5] RLx 5-nov.-1999 (Granja da Fonseca), BMJ 491 (1999), 324.
[6] *Tratado* V, 379 ss..
[7] STJ 2-nov.-2010 (Sebastião Póvoas), Proc. 4852/06.

17   11. d) **Utilização prudente**: imposta pela boa-fé, ela implica a observância, por parte do locatário, dos deveres de cuidado e de diligência que o caso imponha. Aplicam-se as regras referentes à determinação da diligência devida[8], que recaem sobre a concretização do modelo *bonus pater familias*, acrescido pela natureza *intuitu personae* da relação. Está em causa não só a proteção do locado, mas também a de terceiros, que podem ser prejudicados pelo uso independente da coisa[9].

18   12. e) **Tolerar reparações**: a lei diz "urgentes", mas abrange, pelo espírito, quaisquer reparações que devam ter lugar, por iniciativa do locador ou por determinação pública. Esta obrigação pode ir desde admitir a presença rápida de um canalizador ou de um eletricista, até ter de abandonar o local ou de aceitar realojamento, quando decorram as obras[10].

19   13. f) **Não ceder o gozo**, distinguindo a lei: (a) total ou parcialmente; (b) gratuita ou onerosamente; (c) por cessão, sublocação ou comodato. Fica excetuada, naturalmente, a eventualidade de a lei o permitir ou de o locador o autorizar. A inobservância deste dever é causa de resolução (1049.º). Anote-se, ainda, que a enumeração desta alínea não é taxativa; cai no seu espírito, por exemplo, a autorização, dada pelo locatário, para que uma sociedade tenha a sua sede no local[11].

20   A proibição de cedência, não autorizada pelo locador ou não autorizada por lei, explica-se pela natureza contratual da locação e pelo elemento *intuitu personae* que a acompanha. Sendo a locação um contrato, não é possível alterar subjetivamente uma das partes, sem o consentimento da outra: tal a lógica da cessão da posição contratual (424.º).

21   No caso do arrendamento para habitação, a lei permite que no local, além do arrendatário, possam residir todos os que, com ele, vivam em economia comum e, ainda, até um máximo de três hóspedes (1093.º/1). Remete-se para a competente anotação.

22   Nos arrendamentos não habitacionais, a lei permite a locação (1109.º/2) e o trespasse de estabelecimento ou a cessão do local para exercício de profissão liberal (1112.º/1), sem autorização do senhorio. Remete-se, igualmente, para as competentes anotações.

23   14. g) **Comunicar a cedência**, quando permitida ou autorizada, no prazo de 15 dias. Mesmo quando juridicamente possível, a cedência do gozo deve ser conhecida pelo locador: quer para este poder exercer os inerentes direitos perante quem esteja no gozo da coisa, quer com fitos de acompanhamento e de fiscalização.

24   A lei fixa 15 dias: um prazo que passa para três meses no caso de transmissão por morte (1107.º/1 e 1113.º/2) e para um mês, no de locação de estabelecimento (1109.º/2), subentendendo-se que se mantém nos 15 dias, havendo trespasse do estabelecimento ou cessão do local para exercício de profissão liberal (1112.º/4). A transferência ou a concentração do direito ao arrendamento resultantes de divórcio ou de separação judicial de pessoas e bens são notificadas oficiosamente, ao senhorio (1105.º/3).

25   15. h) **Avisar imediatamente** o locador, de vícios ou de pretensões de terceiros é um dever concretizado a partir da boa-fé. A informação é essencial para que o locador possa fazer as reparações que lhe incumbem, prevenindo que o locatário as faça ele próprio e à custa dele (senhorio)[12]; além disso, ele tem de estar em condições de se defender juridicamente de terceiros. Tudo isto, como se alcança da lei, só joga se o locador não ignorar os factos em causa.

---

[8] *Tratado* VI, 481 ss..
[9] Assim, o locatário que, com obras, causa prejuízos a terceiros, deve indemnizá-los: RCb 14-fev.-2006 (Hélder Roque), CJ XXXI (2006) 1, 27-29 (29/I).
[10] *Vide* o 1101.º, *b*) e os 4.º/1 e 6.º/1, *b*), do DL 157/2006, de 8-ago., com as competentes anotações.

[11] Henrique Mesquita, anot. RCb 30-mar.-1993 (Nunes da Cruz), RLJ 126 (1994), 339-341, *idem*, 342-347 (345-346).
[12] STJ 3-dez.-2009 (Alberto Sobrinho), Proc. 1925/03: na falta do aviso, o locador não responde pelos vícios da coisa.

16. i) **Restituir a coisa**: um dever final básico, que vem desenvolvido nos artigos 1043.º a 1046.º, 26
para cujas anotações se remete.

Subsecção II – Pagamento da renda ou aluguer

Artigo 1039.º (Tempo e lugar do pagamento)

1. O pagamento da renda ou aluguer deve ser efetuado no último dia de vigência do contrato ou do período a que respeita, e no domicílio do locatário à data do vencimento, se as partes ou os usos não fixarem outro regime.

2. Se a renda ou aluguer houver de ser pago no domicílio, geral ou particular, do locatário ou de procurador seu, e o pagamento não tiver sido efetuado, presume-se que o locador não veio nem mandou receber a prestação no dia do vencimento.

Bibliografia: Jorge Pinto Furtado, *Manual 1*, 5.ª ed., 542-549; Laurinda Gemas e outros, *Arrendamento*, 207-208; Luís Menezes Leitão, *Arrendamento*, 6.ª ed., 95-101; Pires de Lima/Antunes Varela, *Código anotado 2*, 4.ª ed., 373-374; Inocêncio Galvão Telles, *Arrendamento*, 284 ss..

Índice

I – Origem
1. O Código de Seabra 1
2. O Decreto n.º 5:411 2
3. A Lei n.º 2:030, de 22-jun.-1948 5
4. O anteprojeto Galvão Telles 7
5. A versão final 9

II – Tempo do pagamento
6. Regra geral 10

III – Lugar do pagamento
7. Regra geral 12
8. Presunção de mora *accipiens* 15
9. O ónus da prova 17

I – Origem

1. O Código de Seabra, no tocante à renda, limitava-se a dispor que a mesma devia ser satis- 1
feita "no tempo e fórma convencionados ou, na falta de ajuste, conforme o costume da terra" (1608.º, 1.º). Adequado para uma sociedade pré-industrial, esta regra tornou-se insatisfatória com o fenómeno do urbanismo e a multiplicação das situações locatícias.

2. O Decreto n.º 5:411, de 17-abr.-1919, veio diversificar esta matéria. Desde logo, o 22.º, 1.º 2
precisou que a renda havia de ser satisfeita "pela forma legal e no dia do vencimento ...".
O 23.º explicitava que ela seria paga no domicílio do arrendatário, salvo cláusula em contrário.
O seu 37.º, dispunha[1]: 3

> O pagamento da renda deve efectuar-se em dinheiro no fim do prazo do arrendamento.
> § único. Pode, todavia, convencionar-se, seja qual fôr o prazo do arrendamento, que haja antecipação de renda, uma vez que esta não exceda a renda correspondente ao mês, nem seja paga antes do primeiro dia útil do mês anterior àquele a que disser respeito.

Outros diplomas intervieram: assim, o D 9:496, de 14-mar.-1924, veio dispor que o valor 4
das rendas devia ser sempre fixado em dinheiro e moeda portuguesa, corrente à data do seu paga-

---

[1] DG I, n.º 80, de 17-abr.-1919, 654/II e 655/II, respetivamente.

mento (1.º)[2]: pretendia-se, com isso, sujeitar os locadores às consequências da (então) forte depreciação monetária[3].

5   3. **A Lei n.º 2:030**, de 22-jun.-1948, a propósito do depósito das rendas não pagas, dispôs, no 73.º, 2.ª parte[4]:

> Se, porém, o pagamento das rendas tiver de ser feito no domicílio, geral ou particular, do arrendatário, presume-se que o senhorio não veio nem mandou recebê-las na época do vencimento.

6   Tínhamos uma manifestação de *favor conductoris*, surgida num momento em que se agudizava a litigiosidade do arrendamento.

7   4. **O anteprojeto Galvão Telles** limitou-se a prever, quanto ao tempo e lugar do pagamento de renda ou aluguer (28.º)[5]:

> A renda ou aluguer deve ser paga no último dia de vigência do contrato ou do período a que respeite, e no domicílio do locatário à data do vencimento, se as partes ou os usos não estabelecerem outra coisa.

8   Por seu turno, o 30.º, § 3.º, a propósito da consignação em depósito de rendas ou de alugueres, propunha[6]:

> Se o pagamento da renda ou aluguer houvesse de ser feito no domicílio, geral ou particular, do locatário ou de seu procurador, presume-se que o locador não veio nem mandou recebê-lo no dia do vencimento.

9   No fundo, generalizavam-se regras provenientes do D 5:411 e da L 2:030.

10   5. **A versão final** do Código Civil aproveitou as peças normativas acima sublinhadas[7]. Fica claro que as diversas regras constantes do 1039.º são supletivas. Além disso, temos regras especiais para os arrendamentos de prédios urbanos (1075.º a 1078.º).

II – Tempo do pagamento

11   6. **Regra geral**. O 1039.º/1 fixa duas regras supletivas; o pagamento da renda ou aluguer deve ser feito no último dia: (a) de vigência do contrato ou (b) do período a que respeita. Assim, numa locação por dois meses, a renda ou aluguer são pagos no último dia de vigência; combinando-se uma renda mensal, ela será paga no último dia do mês. O locatário recebe o gozo "adiantado", só pagando no fim.

12   Tecnicamente, estamos perante uma obrigação com prazo certo: 805.º/1, *a*). Dispensa-se, assim, qualquer interpelação para que, não havendo pagamento, se siga uma situação de mora.

13   O locador não pode fixar, unilateralmente, um horário para o recebimento da renda, sobretudo depois de, tendo o locatário justificado uma impossibilidade absoluta de o receber nesse horário, ele nada diligenciar para resolver a questão[8].

III – Lugar do pagamento

14   7. **Regra geral**. O pagamento deve realizar-se no domicílio do locatário, à data do vencimento (1039.º/1); uma concretização do princípio exarado no 772.º/1 (domicílio do devedor).

---

[2] DG I, n.º 57, de 14-mar.-1924, 388/II.
[3] Quanto às dúvidas levantadas por esta regra: Galvão Telles, *Arrendamento*, 286 ss..
[4] DG I, n.º 143, de 22-jun.-1948, 536/II.
[5] *Contratos civis*, 221.
[6] *Idem*, 222.
[7] O 1019.º da 1.ª revisão ministerial dispunha – BMJ 120 (1962), 19-168 (86):

A renda ou aluguer deve ser pago no último dia de vigência do contrato ou do período a que respeita, e no domicílio do locatário à data do vencimento, se as partes ou os usos não estabelecerem outro regime.

[8] RPt 12-jun.-2000 (Caimôto Jácome), BMJ 498 (2000), 274.

O 1039.º/1 não contém uma norma de cautela, equivalente à do 772.º/2: o devedor muda de domicílio e a mudança acarreta prejuízo para o credor, altura em que a prestação deve ser efetuada no lugar do domicílio primitivo. Entendemos que esta última regra tem, também então, aplicação: pense-se na hipótese de o locatário emigrar para uma paragem remota, aí fixando domicílio.

A regra (supletiva) funciona sempre que nada se alegue e prove quanto ao lugar do pagamento de renda[9]. As partes podem fixar, como lugar, o do locado[10] ou outro[11]. Pode ainda suceder que, tendo as partes acordado em que a renda seja paga no domicílio do locador, o mesmo aceite, durante anos, que o pagamento se fizesse por depósito em conta; nessa eventualidade, não pode o senhorio pedir a resolução do contrato por violação do acordado quanto ao modo e ao tempo do pagamento: seria um *venire contra factum proprium*[12].

8. **Presunção de mora** *accipiens*. O 1039.º/2 fixa, aparentemente, uma curiosa presunção de mora do credor: devendo o pagamento da renda ou aluguer processar-se no domicílio do locatário ou de seu procurador e não tendo o pagamento sido efetuado, presume-se que o locador não veio recebê-lo nem mandou ninguém fazê-lo por ele, no dia do vencimento[13].

Na verdade, o facto extintivo da obrigação em jogo deve ser provado por quem o invoque (342.º/2). Caberá, quanto a este ponto, ao locador, demonstrar que foi mesmo ao local (onde não foi pago).

9. **O ónus da prova** do pagamento da renda ou aluguer cabe, sempre ao locatário[14]: é um facto extintivo da obrigação (342.º/2). Esse ónus não é invertido pela presunção de não-comparência do locatário, prevista no 1039.º/2. Inverte-se, aí, sim, é a presunção de culpa do devedor, pelo não cumprimento.

Essa medida favorável ao locatário levará as partes, por indicação do locador, a acordar, como local de pagamento, o domicílio do próprio locador. Hoje e na prática, dada a generalização dos pagamentos por transferência bancária, o problema põe-se menos.

Artigo 1040.º (Redução da renda ou aluguer)

1. Se, por motivo não atinente à sua pessoa ou à dos seus familiares, o locatário sofrer privação ou diminuição do gozo da coisa locada, haverá lugar a uma redução da renda ou aluguer proporcional ao tempo da privação ou diminuição e à extensão desta, sem prejuízo do disposto na secção anterior.

2. Mas, se a privação ou diminuição não for imputável ao locador nem aos seus familiares, a redução só terá lugar no caso de uma ou outra exceder um sexto da duração do contrato.

3. Consideram-se familiares os parentes, afins ou serviçais que vivam habitualmente em comunhão de mesa e habitação com o locatário ou o locador.

Bibliografia: Laurinda Gemas e outros, *Arrendamento*, 208-211; Pires de Lima/Antunes Varela, *Código anotado 2*, 4.ª ed., 374-375.

---

[9] RCb 5-jun.-1990 (Vítor Rocha), BMJ 398 (1990), 588.
[10] RCb 19-fev.-1991 (Ruy Varela), BMJ 404 (1991), 519.
[11] RPt 9-out.-1997 (Alves Velho), CJ XXII (1997) 4, 217-221 (219) e REv 16-dez.-1997 (Maria Laura Leonardo), BMJ 472 (1997), 582-583.
[12] STJ 29-mar.-2012 (Fonseca Ramos), Proc. 278/2001.
[13] RLx 8-fev.-2007 (Ana Luísa de Passos Geraldes), Proc. 10811/2006.6, ponto 4.3.
[14] REv 26-out.-2006 (Gaito das Neves), Proc. 1458/06.3 e RGm 16-nov.-2006 (Antero Veiga), CJ XXXI (2006) 5, 282-284 (283/I e II).

Índice

I – Origem
1. O Código de Seabra 1
2. O anteprojeto Galvão Telles 3
3. Na versão final 4

II – Privação ou diminuição do gozo
4. Em extensão 5
5. Em duração 6

III – Imputação e risco
6. Ideia básica 7

7. Imputação ao locatário 10
8. Imputação ao locador 11

IV – Regime
9. A redução proporcional 13
10. O limite do sexto 14
11. Noção de familiares 16

V – Natureza
12. A *exceptio* 17

I – Origem

1. **O Código de Seabra** dispunha, no seu 1612.º:

> Se o arrendatário for estorvado, ou privado do uso do predio por caso fortuito ou por força maior, relativa ao mesmo predio, e não á propria pessoa do arrendatario, poderá exigir que lhe seja abatido na renda o valor proporcional á privação que padecer, se outra cousa não tiver sido estipulada.

Essa mesma norma reaparecia no 18.º do D 5:411, de 17-abr.-1919[1]

2. **O anteprojeto Galvão Telles** retomou a ideia, completando-a (27.º)[2]. Preconizou, sob a epígrafe "redução de renda ou aluguer em caso de privação ou diminuição do gozo da coisa":

> § 1.º – Se, por alguma razão que não seja relativa à sua própria pessoa, o locatário sofrer privação ou diminuição do gozo da coisa ou coisas locadas, a renda ou aluguer será reduzida proporcionalmente ao tempo da privação ou diminuição e à extensão desta, sem prejuízo do disposto na Secção II.
>
> § 2.º – Mas, se o locador provar que a turbação lhe não é imputável, a dita redução só terá lugar no caso de aquela exceder um sexto da duração do contrato ou o lapso de quinze dias.
>
> § 3.º – A redução fica dependente de comunicação escrita do locatário ao locador, com indicação do seu quantitativo, feita o mais tardar até três meses depois de ter cessado a privação ou diminuição sofrida.

3. **Na versão final**, além de arranjos na forma, retirou-se a regra proposta no § 3.º, relativo ao modo de proceder à redução. Além disso, alargaram-se as imputações ao locatário e ao locador: passaram a abranger os respetivos parentes, afins ou serviçais, no atual n.º 3[3].

II – Privação ou diminuição do gozo

4. **Em extensão**: a privação ou a diminuição do gozo da coisa locada (1040.º/1) tem a ver com a amplitude qualitativa (por exemplo, a sala serve para refeições, mas não, como acordado, para banquetes e bailes) ou quantitativa (por exemplo, a sala tem menos área do que o previsto), das

---

[1] DG I, n.º 80, de 17-abr.-1919, 654/I.
[2] *Contratos civis*, 221.
[3] Na 1.ª revisão ministerial, dispunha o 1018.º – BMJ 120 (1962), 19-268 (86):

> 1. Se, por alguma razão não atinente à sua própria pessoa ou dos seus familiares, o locatário sofrer privação ou diminuição do gozo da coisa locada, a renda ou aluguer será reduzido proporcionalmente ao tempo da privação ou diminuição e à extensão desta, sem prejuízo do disposto na secção II.
>
> 2. Mas se o locador provar que a turbação lhe não é imputável nem aos seus familiares, a redução só tem lugar no caso de aquela exceder um sexto da duração do contrato ou o lapso de quinze dias.
>
> 3. A redução fica dependente de comunicação escrita do locatário ao locador, com indicação do seu quantitativo, feita até três meses depois de ter cessado a privação ou diminuição sofrida.

vantagens incluídas no gozo do locatário. Embora o preceito esteja verbalmente focado na duração, não oferece dúvidas, pelo seu espírito, alargá-lo diretamente a privações ou diminuições puramente qualitativas.

5. **Em duração**: o contrato não subsiste pelo período de tempo inicialmente visualizado pelas partes[4].

III – Imputação e risco

6. A **ideia básica**, subjacente ao 1040.º, é a de regular a distribuição do risco, no âmbito da locação. Por isso, o Código de Seabra explicitava, pela positiva, que estava em jogo um problema de "caso fortuito" ou de "força maior". O risco tem a ver com eventualidades negativas que atinjam as áleas dos contratos, para além do que seria normal.

Não tem a ver com o risco do contrato uma evolução negativa de circunstâncias envolventes a ele alheias (por exemplo, o restaurante não teve a promoção esperada)[5]. Uma alteração ambiental (por exemplo, a quebra de clientela numa área de serviço, por desvio de tráfego de uma IP para uma AE) pode justificar a aplicação do instituto da alteração de circunstâncias[6], mas não o 1040.º.

O risco da diminuição do gozo da coisa correria, em princípio, pelo locatário. Trata-se do aflorar do princípio geral *res domino suo perit* ou *ubi commoda ibi incommoda*. Apenas circunstâncias particulares e uma especial opção legislativa pelo equilíbrio das prestações pode justificar saídas diversas.

7. A **imputação ao locatário** ou aos seus familiares bloqueia a redução da renda ou aluguer: teríamos alguém a prevalecer-se de um facto próprio, o que não é viável, *ex bona fide*. Nessa eventualidade, o risco concentra-se, por inteiro, no locatário.

8. A **imputação ao locador** ou aos seus familiares já justifica a inversão do risco: não se vê como fazer correr, nessa eventualidade, a flutuação negativa registada, contra o locatário. A lei não exige que essa imputação ocorra a título de culpa: basta que, no plano dos factos, tenha a ver com ocorrências que lhes digam respeito. Por exemplo: o locador, vizinho do locatário, adquiriu cães que inviabilizam um centro de repouso.

Na hipótese de haver culpa do locador, o locatário poderá ainda, além do remédio da redução da renda ou aluguer, ter direito a uma indemnização pelos danos causados, incluindo os morais[7]: verificados os seus requisitos.

9. A **redução proporcional** da renda ou aluguer é prescrita para a eventualidade da privação ou diminuição do gozo ser imputável ao locador ou a seus familiares[8]. Haverá que quantificar a privação ou diminuição do gozo: operação fácil, quando se trate de encurtamento da duração do contrato e mais delicada, sempre que ocorra uma diminuição qualitativa do gozo. Deve-se, nesta eventualidade, trabalhar com valores normalmente expectáveis.

10. **O limite do sexto** opera quando a privação ou diminuição do gozo não seja imputável ao locador ou sua família (1040.º/2). Nessa hipótese, o legislador entende que, até um sexto de prejuízo no gozo, o risco é apenas do locatário; a partir daí, será de ambas as partes.

---

[4] STJ 14-nov.-1996 (Almeida e Silva), BMJ 461 (1996), 441-450 (446-447).
[5] STJ 11-out.-2007 (Custódio Montes), Proc. 07B2934; caso de um batelão cedido para restaurante.
[6] RCb 31-jan.-2006 (Cura Mariano), CJ XXXI (2006) 1, 13-18 (15/II).

[7] RLx 4-out.-2007 (Jorge Leal), Proc. 6087/2007-2.
[8] RPt 20-set.-2010 (Ana Paula Amorim), Proc. 2029/08 e RLx 15-fev.-2011 (Maria Amélia Ribeiro), Proc. 1855.09.9.

15 Por imperativo lógico, a proporção a estabelecer opera descontado o "primeiro sexto", que fica por conta do locatário. Assim, se um contrato de doze meses, com uma renda total de € 12.000 durar, apenas, seis meses, a renda não será reduzida para € 6.000, mas apenas para e 7.000, já que os dois primeiros meses (o sexto) são sempre devidos.

16 11. A **noção de familiares** surge no 1040/3: abrange os parentes, afins ou serviçais que vivam habitualmente em comunhão de mesa e habitação, com o locador ou o locatário. Por interpretação extensiva fica abrangido, também, o unido de facto.

V – **Natureza**

17 12. A *exceptio*. O 1040.º equivale a uma manifestação especial da exceção do contrato não cumprido, prevista nos 428.º a 431.º.

Artigo 1041.º (Mora do locatário)

1. Constituindo-se o locatário em mora, o locador tem o direito de exigir, além das rendas ou alugueres em atraso, uma indemnização igual a 50% do que for devido, salvo se o contrato for resolvido com base na falta de pagamento.
2. Cessa o direito à indemnização ou à resolução do contrato se o locatário fizer cessar a mora no prazo de oito dias a contar do seu começo.
3. Enquanto não forem cumpridas as obrigações a que o n.º 1 se refere, o locador tem o direito de recusar o recebimento das rendas ou alugueres seguintes, os quais são considerados em dívida para todos os efeitos.
4. A receção de novas rendas ou alugueres não priva o locador do direito à resolução do contrato ou à indemnização referida, com base nas prestações em mora.

Bibliografia: Laurinda Gemas e outros, *Arrendamento*, 212-215; Luís Menezes Leitão, *Arrendamento*, 6.ª ed., 98-100; Pires de Lima/Antunes Varela, *Código anotado* 2, 4.ª ed., 375-378; Rui Vieira Miller, *Arrendamento*, 56-59.

Índice

I – **Origem e evolução**
1. O Código de Seabra 1
2. A Lei n.º 1:662, de 4-set.-1924 3
3. O Decreto-Lei n.º 22:661, de 18-jun.-1933 4
4. Diplomas subsequentes 6
5. O anteprojeto Galvão Telles 8
6. Redação final 9
7. Diplomas de 1976 e 1977 11

II – **O processo moratório**
8. Aspetos gerais 14
9. A mora do locatário 19
10. A opção do locador 20
11. A opção do locatário 23
12. A situação de pendência 24
  α) A recusa de rendas e alugueres 25
  β) A sua receção 26

I – **Origem e evolução**

1 1. **O Código de Seabra**, a propósito do arrendamento, dispunha simplesmente (1607.º) que o senhorio podia despedir o arrendatário, caso (1.º) ele não pagasse a renda, nos prazos convencionados.

A regra manteve-se no 21.°, 1.°, do D 5:411, de 17-abr.-1919, que apenas acrescentou [ou] dentro do prazo em que pode efetuar o depósito[1]. Quer isto dizer que o arrendatário, ao falhar no pagamento da renda, era inelutavelmente despejado, a menos que se entendesse com o senhorio.

2. **A Lei n.° 1:662, de 4-set.-1924**, permitiu que, perante uma ação de despejo por não pagamento de renda, o inquilino pudesse fazer suspender o processo, depositando o quíntuplo das rendas vencidas – 5.°, § 1.°, *a*) e *b*)[2]. Cabe explicar que, na época, o escudo tivera uma depreciação galopante, atingindo profundamente os valores das rendas. O depósito em quíntuplo não tinha o sentido avassalador que hoje apresentaria.

3. **O Decreto-Lei n.° 22:661, de 18-jun.-1933**, veio tomar novas medidas contra os atrasos nas rendas, já em período de estabilização da moeda. Lê-se, no seu preâmbulo, sempre atual[3]:

> Um outro problema surgiu nos últimos anos com um carácter grave, e que por isso se torna urgente resolver: é o da situação dos inquilinos que pretendem viver nas casas que arrendam, sem pagar as respectivas rendas, confiados em que uma deficiente organização processual desvie os senhorios dos tribunais.
> Compreende-se que o Estado intervenha em certas épocas no sentido de evitar a alta de rendas, proveniente da falta de habitação, provocada por uma procura que factores excepcionais tornaram excessiva, e compreendem-se também as medidas que restringem a liberdade contratual em relação aos senhorios.
> Mas o que não se justifica é que a legislação não assegure ao senhorio, a quem não é paga a renda em devido tempo, meios eficazes e rápidos para fazer valer os seus direitos.

Para além de diversas medidas processuais, este diploma permitiu que o arrendatário, com rendas em falta, pudesse evitar o despejo mostrando que depositou o triplo das rendas em dívida (2.°, § único).

4. **Diplomas subsequentes**. A L 2:030, de 22-jun.-1948, manteve a possibilidade de o inquilino purgar a mora através do pagamento (ou do depósito) voluntário do triplo das rendas em dívida (76.°)[4]: tratava-se, no fundo, de pagar a cifra em dívida, com uma indemnização equivalente ao dobro desta, assim se perfazendo o triplo.

O tema passou ao CPC de 1939 (978.°)[5] e ao CPC de 1961 (973.°)[6]. Este, na redação do DL 47 690, de 11-mai.-1967 (973.° e 974.°)[7] optou por referir, apenas, a indemnização fixada por lei, remetendo para o Código Civil.

5. **O anteprojeto Galvão Telles** veio sugerir (31.°), sob a epígrafe "indemnização pela falta de pagamento de rendas ou alugueres"[8]:

> O locatário que se constituir em mora quanto à dívida de renda ou aluguer não pagará indemnização alguma se fizer cessar a mora no prazo de oito dias a contar do seu começo ou se, com base nela, o locador obtiver a rescisão do contrato; fora dessas hipóteses, pagará uma indemnização igual ao dobro das rendas ou alugueres em atraso.

6. Na **redação final**, o 1041.° ficou com o teor vigente, exceto o n.° 1, que dispunha, em vez de (…) uma indemnização igual a 50% do que for devido (…), (…) uma indemnização igual ao dobro do que for devido (…).

---

[1] DG I, n.° 80, de 17-abr.-1919, 654/II.
[2] DG I, n.° 200, de 4-set.-1924, 1241/II-1242/I.
[3] DG I, n.° 130, de 18-jun.-1933, 981/II.
[4] DG I, n.° 143, de 22-jun.-1948, 537/I.
[5] DL 29:637, de 28-mai.-1939, DG I, n.° 123, 419-548 (497). Dispunha o corpo do 978.° em causa:
  A contestação suspende o despejo. Exceptua-se o caso de, sendo a acção fundada na falta de pagamento da renda e estando junto o título de arrendamento, o réu não provar logo, por documento, algum dos seguintes factos:
  a) Ter feito, em tempo oportuno, o pagamento ou o depósito da renda;
  b) Não estar ainda vencida a renda em virtude de alteração da época do vencimento;
  c) Ter depositado fora do prazo, quando se trate de prédios urbanos, o triplo das rendas em dívida.
[6] DL 44 129, de 28-dez.-1961, 1783-1962 (1901).
[7] DG I, n.° 112, de 11-mai.-1967, 867-1020 (1003).
[8] *Contratos civis*, 222.

10   O 1041.º/2 proveio, como se viu, da 1.ª parte do 31.º, anteprojeto Galvão Telles; o 1041.º/3, do 76.º/2, da L 2:030; o 1041.º/4, do 76.º/6, da mesma L. Tudo isto foi alargado à locação em geral, embora vise, primacialmente, o arrendamento[9].

11   **7. Diplomas de 1976 e 1977.** O problema da mora do locatário mereceu, sob a III República, um tratamento dulcificador. O DL 366/76, de 15-mai., invocando que[10]:

> (...) muitos locatários terão deixado de pagar pontualmente as rendas acordadas por razões conjunturais, quiçá com a complacência de entidades responsáveis, afasta-se para as ações pendentes a caução para a mora estabelecida no artigo 1401.º [aliás: 1041.º], n.º 1, do Código Civil.

12   Consequentemente, o seu 3.º permitiu que o réu em ações de despejo sobrestasse depositando:

> (...) o montante das rendas em dívida, em conformidade com o contrato escrito de arrendamento, acrescido do juro de 10% pela mora.

13   O assunto foi retomado pelo DL 293/77, de 20-jul., que adotou reforçadas medidas de tutela aos arrendatários habitacionais. No seu 27.º/2[11], alterou o 1041.º/1 do CC, dando-lhe a redação atual.

II – O processo moratório

14   **8. Aspetos gerais.** A mora do locatário coloca delicados problemas de política legislativa, documentados pela evolução centenária do tema. O recebimento da retribuição, particularmente de rendas, pode ser vital para o locador. Não é hoje realista fazer passar uma fronteira de luta de classes entre locador e locatário: caso a caso se verificariam as respetivas condições. De resto, os grandes locadores exigem garantias pessoais bancárias, relativas às rendas, pelo que o problema, aí, nem se põe.

15   O não-pagamento de renda devia dar azo à imediata resolução do contrato, com restituição do local. Estamos perante a inexecução da prestação principal que incumbe ao locatário, com total frustração do bem atribuído ao locador. Além disso, o incumprimento da renda quebra a confiança que acompanha a locação, cuja natureza *intuitu personae* já foi enfocada[12]. A partir de uma mora, o locador não mais saberá se pode contar com a prestação seguinte: e pode ser vital para ele.

16   O locatário que não queira ou não possa pagar tem o dever imperioso, jurídico e moral, de restituir a coisa ao locador: nem se entende o raciocínio de guardar, graciosamente, o que bem se saiba não lhe pertencer.

17   Acontece ainda que a via judicial, aberta ao senhorio, para recuperar a coisa, no caso de não-pagamento, é insuficiente. Sucessivas reformas processuais não conseguem debelar o pro-

---

[9] Na 1.ª revisão ministerial, a matéria está dispersa nos 1022.º e 1023.º – BMJ 120 (1962), 19-168 (87-88):

Artigo 1022.º
(*Indemnização pela falta de pagamento de rendas ou alugueres*)

1. O locatário que se constitua em mora quanto às dívidas de renda ou aluguer não pagará indemnização alguma nem o contrato poderá ser rescindido, se fizer cessar a mora no prazo de oito dias a contar do seu começo; fora dessa hipótese, pagará uma indemnização igual ao dobro das rendas ou alugueres em atraso.

2. Cessa o direito à indemnização por falta ou mora no pagamento da renda quando o locador obtiver a rescisão do contrato com base nesse fundamento.

Artigo 1023.º
(*Recusa ou aceitação das rendas ou alugueres seguintes*)

No caso de mora do locatário, e enquanto ela subsistir, o locador tanto pode recusar as rendas ou alugueres seguintes, que também se considerarão em falta, como aceitá-las, sem prejuízo de nenhum dos seus direitos.

[10] DR I, n.º 114, de 15-mai.-1976, 1094/II.
[11] DR I, n.º 166, de 20-jul.-1977, 1796/II-1797/I.
[12] *Supra*, 1038.º, anot. 11.

blema. O locatário sabido pode ocupar o lugar graciosamente, fazendo todo o tipo de estragos e, no fim, sair em glória: casos há em que o locatário ainda lhe paga, para que se retire.

Tudo isto explica a severidade aparente do 1041.º, muito atenuada, de resto, desde 1977: pretende-se uma solução dissuasiva de qualquer mora (entenda-se: mora durante a qual o locatário continua no tranquilo gozo do locado) e, além disso, uma saída compensatória para o risco enorme em que o locador é colocado.

9. **A mora do locatário** surge no dia seguinte ao da data do pagamento da renda ou do aluguer, caso ele não tenha sido efetivado: trata-se de uma obrigação de prazo certo – 805.º/2, a) –, havendo ainda que atentar na presunção do 1039.º/2, favorável ao locatário e quando o cumprimento deva ter lugar no domicílio deste.

10. **A opção do locador**, derivada do 1041.º/1 é, juridicamente, simples: (a) ou o locador opta por manter o contrato, podendo então exigir, além das rendas ou alugueres em atraso, uma indemnização igual a 50% do devido (uma cifra superior aos juros, previstos no 806.º/1) ou (b) ele opta pela resolução do contrato.

A eventual opção do locador pela resolução fica, não obstante, nas mãos do locatário: ela caduca caso o locatário, perante o exercício judicial da resolução pelo locador, até ao termo do prazo para a contestação da ação declarativa, pague, deposite ou consigne em depósito as somas devidas e a indemnização referida no 1041.º/1 (1048.º/1)[13]. Esses pagamento, depósito ou consignação detêm o despejo mas não prejudicam a discussão subsequente, quanto a saber se houve ou não mora[14].

Consumada a mora, a indemnização é devida mesmo quando o locatário entregue voluntariamente a coisa[15]. E optando pela resolução, o senhorio (só) tem direito às rendas em singelo, acrescidas do juro moratório comum.

11. **A opção do locatário**, quando incorra em mora, é tripla: (a) ou faz cessar a mora no prazo de oito dias a contar do seu começo, altura em que cessa o direito do locador de exigir a indemnização ou de resolver o contrato (1041.º/1)[16], (b) ou entrega logo a coisa ao locador, arcando com as consequências contratuais e/ou legais, (c) ou mantém a situação, constituindo-se, em cada vencimento, devedor da retribuição e da indemnização dos 50% e sujeitando-se à resolução pelo senhorio.

12. **A situação de pendência**, subsequente à mora do locatário, pode durar muitos anos. Trata-se do ponto fraco das leis de arrendamento, contra o que se têm agitado legisladores de todo o tipo de convicções. As regras básicas constam do 1041.º/3 e 4:

α) **A recusa de rendas e alugueres** pode ser opção do senhorio, enquanto não forem pagas todas as que estiverem em mora, acrescidas dos 50% (1041.º/3); de outro modo, o locatário poderia omitir, de vez em quando, o pagamento respetivo, sem que o locador tivesse uma base económica para agir, privado do efeito penalizador dos 50%.

β) **A sua receção**, pelo locador, não o priva, contudo, do direito à resolução ou à indemnização, com base na mora (1041.º/4): ninguém pode ser causticado pelo exercício de um direito legítimo. O locatário tem, todavia, interesse em pagá-las, para minimizar as consequências da mora.

---

[13] RCb 13-nov.-1990 (Pires de Lima), CJ XV (1990) 5, 51-54 (52/II), STJ 20-jun.-2000 (Martins da Costa), BMJ 498 (2000), 219-221 (220) e REv 3-mai.-2007 (Acácio Neves), Proc. 2943/06-2.
[14] RLx 3-out.-1996 (Salvador da Costa), CJ XXI (1996) 4, 114-115 (115/II).
[15] RLx 10-dez.-2009 (Anabela Calafate), Proc. 2143/03.

[16] Não é rigoroso considerar que a mora só começa nove dias após a data do pagamento; ela começa logo no dia seguinte, data de referência para o cálculo da indemnização, mas pode ser precludida pelo pagamento nos oito dias subsequentes; vide, todavia, RPt 1-jun.-2000 (Pires Condesso), BMJ 498 (2000), 274 (o sumário).

Artigo 1042.º (Cessação da mora)

1. O locatário pode pôr fim à mora oferecendo ao locador o pagamento das rendas ou alugueres em atraso, bem como a indemnização fixada no n.º 1 do artigo anterior.

2. Perante a recusa do locador em receber as correspondentes importâncias, pode o locatário recorrer à consignação em depósito.

Bibliografia: Eridano de Abreu, *Anotação STJ 21-fev.-1985*, ROA 45 (1985), 765-771; Laurinda Gemas e outros, *Arrendamento*, 215-217; Pires de Lima/Antunes Varela, *Código anotado* 2, 4.ª ed., 378-379; António Pais de Sousa, *O problema do depósito das rendas no arrendamento urbano*, CJ VII (1982) 3, 13-19.

Índice

I – Origem e evolução
1. O anteprojeto Galvão Telles 1
2. A redação original 2
3. O projeto de RNAU (2004) 4

II – A redação em vigor
4. *Ratio legis* 5
5. A regra de base 6
6. A consignação em depósito 7

I – Origem e evolução

1 **1. O anteprojeto Galvão Telles**, recuperando regras já presentes em diplomas anteriores, compreendia um 33.º[1], que serviu de base à redação final original do 1042.º.

2 **2. A redação original** do presente preceito era a seguinte, sob a epígrafe "depósito das rendas ou alugueres em atraso"[2]:

> 1. Se o locatário depositar as rendas ou alugueres em atraso, bem como a indemnização fixada no n.º 1 do artigo anterior, quando devida, e requerer dentro de cinco dias a notificação judicial do depósito ao locador, presume-se que lhe ofereceu o pagamento respectivo, pondo fim à mora, e que este o recusou.
> 2. O depósito, quando abranja indemnização, envolve da parte do locatário o reconhecimento de que caíra e mora, salvo se for feito condicionalmente; mas este preceito não se aplica à oferta do pagamento.

3 Este preceito, sobre o qual se foi formando jurisprudência, ao longo dos anos, continha três normas: (a) fixava o *modus agendi* do locatário, para o depósito de rendas ou alugueres em atraso; (b) presumia que, feito o depósito das importâncias em mora e da indemnização do 1041.º/1 e requerida a notificação judicial do locador, este recusa o seu recebimento (1042.º/1)[3]; dispunha que o depósito, quando envolvesse a indemnização, implicava o reconhecimento da mora, pelo locatário[4], salvo se feito condicionalmente[5], numa regra não aplicável à oferta de pagamento (1042.º/2).

4 **3. O projeto de NRAU (2004)**, visando simplificar os procedimentos ligados à locação, cada vez mais difíceis pela sobrecarga dos tribunais, preconizava a alteração do 1042.º, nos termos depois adotados pelo NRAU (2006)[6].

---

[1] *Contratos civis*, 223; na 1.ª revisão ministerial, valia o 1024.º: BMJ 120 (1962), 19-168 (88).
[2] DG I, n.º 274, de 25-nov.-1966, 1974/II.
[3] A presunção dependia de o locatário provar o contrato de locação, quando este fosse negado pelo locador: RPt 21-mar.-1994 (Araújo Barros), BMJ 435 (1994), 901.

[4] STJ 19-fev.-2004 (Silva Salazar), Proc. 04A127.
[5] RPt 15-mai.-1988 (Metello de Nápoles), CJ XIII (1988) 3, 220-224 (222/II).
[6] O Direito 136 (2004), 467-493 (476-477).

II – **A redação em vigor**
4. *Ratio legis*. O atual 1042.º foi introduzido pelo 2.º da L 6/2006, de 27-fev.[7]. Retomando a redação do falhado RNAU, o legislador visou pôr termo ao ritual do depósito das rendas, seguido de complexas operações jurisdicionais, muitas vezes mais caras do que as importâncias em jogo. A proposta do RNAU assentava na descompressão e na liberalização das locações, designadamente dos arrendamentos urbanos, de modo a, dado o *superavit* da oferta, restabelecer um condigno mercado locatício. O legislador de 2006 aproveitou as medidas de simplificação, mas não pôs termo ao vinculismo.

5. **A regra de base** é, agora, a de que, como em qualquer prestação, as rendas ou os alugueres em mora, acompanhados pela indemnização do 1041.º/1, devem ser oferecidas, em cumprimento, ao locador/credor. A ideia de fazer depósitos controversos complica, encarece e aumenta a litigiosidade, tendo, por isso, sido banida.

6. **A consignação em depósito** (841.º) impõe-se, nos termos gerais, caso o locador recuse o recebimento das prestações que lhe sejam oferecidas. É uma saída sempre facultativa. Tendo recusado indevidamente a prestação, o locador entra em mora (do credor, 813.º a 816.º), sofrendo-lhe as devidas e legais consequências.

Havendo desacordo sobre quem está em mora e sobre as consequências que daí resultem: queda (então) o tribunal.

Subsecção III – Restituição da coisa locada

Artigo 1043.º (Dever de manutenção e restituição da coisa)

1. Na falta de convenção, o locatário é obrigado a manter e restituir a coisa no estado em que a recebeu, ressalvadas as deteriorações inerentes a uma prudente utilização, em conformidade com os fins do contrato.

2. Presume-se que a coisa foi entregue ao locatário em bom estado de manutenção quando não exista documento onde as partes tenham descrito o estado dela ao tempo da entrega.

Bibliografia: Laurinda Gemas e outros, *Arrendamento*, 217-218; Luís Menezes Leitão, *Arrendamento*, 6.ª ed., 110-112; Pires de Lima/Antunes Varela, *Código anotado* 2, 4.ª ed., 379-381.

Índice

I – **Origem**
1. O Código de Seabra 1
2. O anteprojeto Galvão Telles 3

II – **O dever de manutenção**
3. A salvaguarda da coisa 4
4. Os riscos inerentes 5
5. A utilização prudente 6

III – **Deteriorações lícitas**
6. Pelo contrato 9
7. Pela lei 10
8. Ónus da prova 12

II – **O dever de restituição**
9. Tempo 14
10. Lugar 15

---

[7] DR I-A, n.º 41, de 27-fev.-2006, 1558/I.

I – Origem

1. **O Código de Seabra** dispunha, no 1608.º, que o arrendatário está obrigado:

> 5.º A restituir a cousa, no fim do arrendamento, sem deteriorações, salvo as que forem inherentes ao seu uso ordinário.

A norma em causa foi retomada no 22.º, 5.º, do D 5:411, de 17-abr.-1919[1]. Este preceito era complementado pelo 41.º, que dispunha[2]:

> Para efeitos do § 5.º do artigo 22.º não serão consideradas deteriorações inerentes ao uso ordinário do prédio, salvo convenção em contrário, as que forem causadas nos soalhos, tetos ou paredes para confôrto do inquilino e que êste não reparar até ao momento de deixar a casa arrendada.

2. **O anteprojeto Galvão Telles** compreendia, no 34.º, um preceito praticamente idêntico ao que surgiria na versão final do Código. Apenas no n.º 1, depois de "restituir a coisa no estado em que a recebeu", acrescentava "com as suas pertenças"[3], locução que desapareceu da versão final.

II – O dever de manutenção

3. **A salvaguarda da coisa** está a cargo do locatário. A solução é lógica: uma vez que, na generalidade das locações, o locatário fica com o controlo material da coisa, só ele pode protegê-la e usá-la de modo adequado. O mesmo sucede com danos causados por incêndio[4]

4. **Os riscos inerentes** ao gozo da coisa situam-se na esfera do locatário. Assim, a responsabilidade de reparar os danos, causados por assalto, num edifício arrendado para comércio, cabe ao comerciante-inquilino e não ao proprietário-senhorio[5].

5. **A utilização prudente** é dever do locatário – 1038.º, d). Mas ela marca, também, o seu âmbito sobre a coisa. Desde que a utilização seja prudente, as deteriorações daí resultantes passam para a esfera do locador: donde a ressalva do 1043.º/1.

O ponto de partida é constituído pelo estado em que a coisa estava, quando foi entregue ao locatário. Facilitando a prova, o 1043.º/2 presume que ela foi entregue em bom estado de manutenção, salvo documento onde as partes tenham descrito o estado dela ao tempo da entrega. Na falta de documento, admite-se prova contrária à presunção. Sendo assim, a mera presença de danos, que ultrapassem a utilização prudente, obriga a indemnizar[6] independentemente de culpa[7].

O saber o *quantum* de uma utilização prudente é remetido para o bom senso[8]. Mais precisamente, haverá que atender ao contrato e aos seus fins: se estes forem arriscados ou desgastantes, a utilização prudente é mais lata. Deve-se ainda ter em conta a natureza e qualidade das partes, dado o elemento *intuitu personae*, sempre presente na locação.

III – Deteriorações lícitas

6. **Pelo contrato**, direta ou implicitamente, através do fim que fixem para o gozo locatício, podem as partes permitir que o locador pratique deteriorações, designadamente as resultantes de

---

[1] DG I, n.º 80, de 17-abr.-1919, 654/II.
[2] *Idem*, 655/II.
[3] *Contratos civis*, 223; na 1.ª revisão ministerial (1025.º), ainda se mantinha a referência a "pertenças", enriquecida mesmo com uma menção (inútil) a partes integrantes: BMJ 120 (1962), 19-168 (89).
[4] RLx 16-mar.-1989 (Gomes de Noronha), CJ XIV (1989) 2, 116.
[5] RLx 24-mar.-1992 (Sousa Inês), CJ XVII (1992) 2, 142-146 (145).
[6] STJ 16-nov.-2006 (Mota Miranda), Proc. 06B3015.
[7] RCb 20-mar.-2007 (Freitas Neto), Proc. 2627/04.2.
[8] RLx 19-out.-2006 (Granja da Fonseca), Proc. 7372//2006.6.

obras de adaptação. Nessa eventualidade, salvo cláusula em contrário, o locatário não tem o dever de as reparar, antes da entrega[9].

7. **Pela lei,** no caso do arrendamento urbano, o arrendatário pode realizar pequenas deteriorações, necessárias para assegurar o seu conforto e comodidade (1073.º/1). Mas elas devem ser reparadas antes da restituição, salvo cláusula em contrário (1073.º/2); e isso apesar de serem lícitas[10].

As deteriorações não se confundem com as obras de conservação (ou com a falta delas), que estão a cargo do locador (1074.º).

8. **Ónus da prova**: torna-se importante, dado o encastelar de regras: o locatário deve restituir a coisa no estado em que a recebeu; pode, no entanto, provocar desgaste, desde que dentro de uma utilização prudente; pode, ainda, realizar pequenas deteriorações para seu conforto, desde que as repare; mas as obras de conservação competem ao locador.

Dada a presunção do 1043.º/2, qualquer deterioração é imputável ao locatário; a este cabe provar que esteve dentro do uso prudente[11]; provado este, cabe ao locador demonstrar que as deteriorações visaram o conforto e comodidade do locatário (342.º/2), devendo ser reparadas. E em qualquer caso, o locatário deverá provar que não foram feitas as obras de conservação (*idem*, 342.º/2 e 1074.º).

IV – O dever de restituição

9. **Tempo.** A coisa deve ser restituída logo que termine o contrato: mais precisamente, até às 0 horas do dia seguinte, exceto se a locação se medir em horas. A partir daí, o locatário será detentor de coisa alheia, sem título bastante, cabendo-lhe arcar com as consequências previstas no 1045.º.

10. **Lugar.** Nada se convencionando, a coisa deverá ser restituída no local onde se encontrava aquando da contratação (773.º/1), tratando-se de aluguer[12]. No arrendamento, será de aplicar a mesma regra, quanto à entrega das chaves.

Artigo 1044.º (Perda ou deterioração da coisa)

O locatário responde pela perda ou deteriorações da coisa, não excetuadas no artigo anterior, salvo se resultarem de causa que lhe não seja imputável nem a terceiro a quem tenha permitido a utilização dela.

Bibliografia: Laurinda Gemas e outros, *Arrendamento*, 218-223; Pires de Lima/Antunes Varela, *Código anotado 2*, 4.ª ed., 381-382.

---

[9] RCb 27-abr.-2004 (Coelho de Matos), CJ XXIX (2004) 2, 34-36 (35/II) e STJ 16-dez.-2004 (Neves Ribeiro), CJ Supremo XII (2004) 3, 149-152 (152/I).
[10] STJ 16-nov.-2006 (Ferreira Girão), Proc. 06B3603.
[11] Em sentido diverso, REv 29-mar.-2007 (Eduardo Tenazinha), Proc. 316/07; a nosso ver, a presunção de culpa comum a toda a responsabilidade contratual conduz à solução inversa, que defendemos no texto.
[12] A solução que constava expressamente do 37.º do anteprojeto Galvão Telles era a da restituição no local da entrega: *Contratos civis*, 224. Não foi retida por resultar das regras gerais, ainda que em moldes não coincidentes.

Índice

I – Origem
1. O Código de Seabra 1
2. O anteprojeto Galvão Telles 3
3. Na versão final 4

II – Risco e presunção de culpa
4. O risco 5
5. Presunção de culpa 6

I – Origem e evolução

1. **O Código de Seabra**, no seu 1608.º, obrigava o arrendatário:

> 2.º A responder pelos prejuizos que sobrevierem á cousa arrendada, por sua culpa e negligência, ou de seus familiares e sublocatários.

Essa regra surge, igualmente, no 22.º, 2.º, do D 5:411, de 17-abr.-1919[1].

2. **O anteprojeto Galvão Telles** previa uma solução mais articulada (35.º)[2]:

> § 1.º – O locatário responde pela perda ou pelas deteriorações da coisa, não exceptuadas no artigo anterior, ainda que provenham de terceiro, desde que lhe haja consentido a utilização do objecto.
>
> § 2.º – Fora deste caso, só responde, nos termos gerais, se não provar que a perda ou as deteriorações resultaram de causa que não lhe é imputável

3. **Na versão final**[3], só foi retida a primeira parte do preceito. A presunção de culpa constante do § 2.º – e que era útil – foi remetida para as regras gerais da responsabilidade obrigacional.

4. **O risco** de perda ou de deterioração da coisa corre, em princípio, pelos dois intervenientes: locador e locatário. A perda da coisa, fortuita ou não-imputável a nenhuma das partes, ou a sua deterioração, na medida em que ocorra, atinge o direito de gozo do locatário e o direito-base (normalmente: a propriedade) do locador. No limite, o contrato caduca – 1051.º, e) – concentrando-se então o risco na esfera do locador.

5. **Presunção de culpa**. Sucede, todavia, que a coisa está (em regra) sob o controlo do locatário. Caso esta se perca ou se deteriore, ele estará nas melhores condições para explicar o que sucedeu. Além disso, deverá esclarecer os cuidados que teve com a coisa e que lhe competiam.

A lei fixa uma presunção de culpa do locatário, perante a perda ou a deterioração da coisa[4]. Excetuadas as deteriorações inerentes a uma prudente utilização, facultadas pelo 1043.º/1, qualquer perda ou falha na coisa consideram-se imputáveis ao locatário. Ele só se isenta da responsabilidade inerente se provar que não provocou o dano, nem por dolo, nem por falta do necessário cuidado e, além disso, que ele não foi ocasionado (com culpa ou sem ela) por qualquer terceiro (familiar ou não), a quem tenha permitido a utilização da coisa.

Artigo 1045.º (Indemnização pelo atraso na restituição da coisa)

1. Se a coisa locada não for restituída, por qualquer causa, logo que finde o contrato, o locatário é obrigado, a título de indemnização, a pagar até ao momento da restituição a renda ou aluguer que as partes tenham estipulado, exceto se houver fundamento para consignar em depósito a coisa devida.

2. Logo, porém, que o locatário se constitua em mora, a indemnização é elevada ao dobro.

---

[1] DG I, n.º 80, de 17-abr.-1919, 654/II.
[2] *Contratos civis*, 223-224.
[3] Na 1.ª revisão ministerial, ainda se mantinham os dois números: BMJ 120 (1962), 19-168 (89).
[4] STJ 15-fev.-2001 (Simões Freire), CJ/Supremo IX (2001) 1, 121-123 (123).

Bibliografia: Laurinda Gemas e outros, *Arrendamento*, 223-225; Pires de Lima/Antunes Varela, *Código anotado* 2, 4.ª ed., 382-383.

Índice

I – Origem
1. O Código de Seabra 1
2. O Decreto n.º 5:411 2
3. O anteprojeto Galvão Telles 3
4. A redação final 4

II – Não-restituição simples
5. O dever de restituição 5
6. O momento e o lugar 7
7. A não-restituição simples 8

8. O dever de pagar 9
9. Locação de facto 12

III – A mora na restituição
10. A presunção de culpa 14
11. A indemnização 15
   α) A constitucionalidade 16
   β) A convenção em contrário 19
   γ) Termo *a quo* 20
   δ) Termo *ad quem* 21

I – Origem

1. O Código de Seabra determinava, no seu artigo 1616.º: 1

> O arrendatario, que indevidamente retiver o predio arrendado, ficará sujeito a perdas e damnos.

2. O Decreto n.º 5:411, de 17-abr.-1919, indo mais longe, previa (25.º)[1]:   2

> O arrendatário não pode, sob pena de responder por perdas e danos, recusar a entrega do prédio, findo o arrendamento, e só no caso de benfeitorias consentidas por escrito ou autorizadas pelo artigo 17.º, terá o direito de retenção até haver a importância imediatamente provada das ditas benfeitorias.

3. O anteprojeto Galvão Telles, bem, separou o tema da restituição (38.º) do das benfeitorias   3
(39.º). Quanto ao primeiro, sob uma epígrafe idêntica à que hoje encima o 1045.º, preconizou[2]:

> § 1.º – Se o locatário, mesmo sem culpa sua, deixar de restituir a coisa logo que finde o contrato, é obrigado a pagar, a título de indemnização, a renda ou aluguer estipulado, até o momento da restituição, excepto no caso de mora do locador no recebimento da coisa.
>
> § 2.º – Fica ressalvado o direito do locador à indemnização dos prejuízos excedentes, se os houver e o locatário não provar que o atraso lhe não é imputável.

4. A redação final, mais clara[3], vem fixar a posição do locador no caso de existir mora do loca- 4
tário.

II – Não-restituição simples

5. O dever de restituição da coisa locada, findo o contrato, resulta do 1038.º, *i*): além de sur-   5
gir como uma manifestação de respeito pelo direito de base do locador (normalmente: a propriedade), ele dá corpo a um vínculo específico, a tanto destinado, *ex contractu*.

A restituição pode implicar operações materiais diversas e, porventura, procedimentos jurí-   6
dicos. No seu núcleo, encontramos uma prestação de *dare*, eventualmente acompanhada por pres-

---

[1] DG I, n.º 80, de 17-abr.-1919, 654/II-655/I.
[2] *Contratos civis*, 224.
[3] Na 1.ª revisão ministerial, o 1029.º dispunha – BMJ 120 (1962), 90-91:
   Artigo 1029.º
   (*Indemnização pelo atraso na restituição da coisa*)
   1. Se o locatário deixar de restituir a coisa logo que finde o prazo ou o contrato caduque ou seja rescindido, é obrigado a pagar, a título de indemnização, a renda ou aluguer estipulados, até o momento da restituição, excepto no caso de mora do locador no recebimento da coisa.
   2. No caso de culpa do locatário, a indemnização é elevada ao dobro.

tações secundárias e pelos deveres acessórios, fonte de obrigações de segurança, de informação e de lealdade, nos termos que norteiam a concretização da boa-fé.

7 6. **O momento e o lugar** da restituição foram acima considerados[4].

8 7. **A não-restituição simples** ocorre quando, por causas não imputáveis ao locatário, ela não tenha lugar logo no momento em que cesse o contrato. Assim poderá suceder: (a) quando o locatário ilida a presunção de culpa pela não-restituição; (b) caso o locador, a título de mera tolerância, admita a manutenção do gozo, na esfera do locatário; (c) quando exista uma situação controvertida (ação de nulidade ou de anulação, ação de resolução ou situação de caducidade), não provocada pelo locatário e enquanto ela não se solucionar; (d) quando a restituição não possa ter lugar por causa imputável ao locador e, não-obstante, o locatário continue no gozo da coisa, sem recorrer à consignação em depósito[5].

9 8. **O dever de pagar** a renda ou o aluguer, enquanto se conservar a não-restituição-simples, mantém-se (1045.º/1): só assim não será se houver fundamento para a consignação em depósito, da coisa locada (*idem, in fine*). A lei refere "a título de indemnização": trata-se de uma qualificação não-vinculativa para o intérprete e que não traduz a realidade.

10 Com efeito, não está em causa uma supressão de danos: a lei apenas visou uma solução normal, tendencialmente justa, à luz das próprias valorações comuns a ambas as partes e para prevenir discussões infindáveis. Assim, não está em causa o dano real sofrido pelo locador, o qual, de resto e na falta de culpa do locatário, não poderia, a este, ser imputado, nem o efetivo valor locativo de mercado.

11 Quando muito, teríamos uma restituição pré-calculada do valor com que, ao manter sem título o uso do locado, o locatário se enriqueceu[6].

12 9. **Locação de facto**: a solução do 1045.º/1 (pagamento da renda ou do aluguer em singelo) tem aplicação nos casos de nulidade ou de anulação do contrato, quando os inerentes vícios não sejam imputáveis ao locatário: por analogia[7]. O valor em causa corresponde ao valor locativo que ambas as partes estimaram correto.

13 Em compensação, essa regra não se aplica a ocupantes ilegítimos do local[8]. Desta feita, temos um ilícito extracontratual: nenhuma norma delimita a indemnização a que possa haver lugar.

III – A mora na restituição

14 10. **A presunção de culpa** do locatário, não havendo restituição por culpa do próprio locador – o que conduziria à consignação em depósito – implica a da mora, por via do 805.º/2, *a*). Não é necessária nenhuma interpelação (805.º/2), uma vez que há prazo certo[9]. Apenas quando o termo do contrato dependa de uma iniciativa do locador (denúncia, resolução ou declaração de anulação) se poderia situar o momento da mora no da eficácia da competente declaração.

15 11. **A indemnização**. Logo que haja mora, a "indemnização" é elevada ao dobro (1045.º/2). Na realidade, a partir deste momento, há uma verdadeira indemnização. Ela está pré-fixada no dobro

---

[4] 1044.º, anot. 14 e 15.
[5] Nessa eventualidade, ficaria sempre ressalvado o direito do locatário de ser indemnizado pelos custos e maiores despesas que a *mora accipiendi* lhe poderia causar.
[6] RPt 30-jun.-1997 (Reis Figueira), CJ XXII (1997) 3, 225-226 (226/I) = BMJ 468 (1997), 472 (o sumário).
[7] RCb 5-mai.-1996 (Araújo Ferreira), BMJ 477 (1996), 573.

[8] RLx 6-fev.-2007 (Rui Vouga), Proc. 7797/2005-1 (ponto VI).
[9] Diversamente, RPt 31-jan.-2007 (Marques Pereira), CJ XXXII (2007) 1, 164-167 (165/I), em contracorrente e, cremos, sem razão: há mora *ex re* e não *ex persona*!

da renda ou aluguer[10]: independentemente da utilização lucrativa que o locador daria à coisa, se ela tivesse sido restituída em tempo[11] ou do efetivo valor locativo da coisa[12].

α) **A constitucionalidade** da limitação imposta, pelo 1045.º/2, à indemnização devida pela mora, do locatário, na restituição da coisa, já foi suscitada: se os danos causados forem superiores à indemnização correspondente ao dobro da renda ou do aluguer – o que pode facilmente suceder perante rendas antigas degradadas – não haverá violação das regras constitucionais de igualdade, do acesso à justiça e do respeito pela propriedade privada?

O TC 648/99 respondeu pela negativa: porque sendo a coisa objeto de locação, ficaria monopolizada a sua rentabilidade e neutralizado o seu potencial lucrativo; porque tendo-se fixado uma renda, a eventualidade de danos superiores seria risco do locador; porque estaria em jogo o direito à habitação dos ocupantes[13]. Estas razões, que foram retomadas pelo foro cível[14], não procedem. O direito à habitação é programático: exerce-se contra o Estado e não, coletivamente, contra cidadãos isolados. Quanto aos demais argumentos: caem pela base justamente porque, no momento relevante, não há qualquer locação. Não se entende como penalizar, no futuro, pessoas (só) por terem feito um mau negócio, no passado.

Admitimos que o 1045.º/2 seja constitucional na medida em que fixe o valor locativo, a atender para efeitos de indemnização. Mas nada impede o locador de invocar e provar outros danos, obtendo, por eles, a devida indemnização, nos termos gerais[15].

β) **A convenção em contrário**. Sendo possíveis cláusulas penais, nenhum óbice existe em que as partes acordem previamente, no próprio contrato ou em acordo subsequente, a indemnização devida pela mora, do locatário, na restituição da coisa locada. A jurisprudência, todavia, aceita esta orientação, para o caso de se tratar de indemnizar as maiores despesas resultantes do recurso ao tribunal[16]. Sanções pecuniárias compulsórias acordadas pelas partes seriam nulas, mercê da pretensa imperatividade do 1045.º/2[17], numa opção que não vemos tenha base legal: ressalvada a redução equitativa da cláusula penal.

γ) **Termo a quo**. A indemnização prevista no 1045.º/2 começa a vencer-se no preciso momento em que a coisa devia ter sido restituída. Resultando a restituição de uma ação judicial, isso sucede: no momento do trânsito em julgado da sentença de resolução[18], no instante em que caduque o contrato[19], na altura em que transite a sentença de despejo[20]. Na pendência da ação, é pago o valor referido no 1045.º/1: rendas ou alugueres em singelo, a menos que se aleguem e se provem outros danos.

δ) **Termo ad quem**. A indemnização deve ser paga até ao momento em que a coisa locada seja, efetivamente, restituída: em dobro se a causa da não-restituição for imputável ao locatário e em singelo, nas demais situações[21].

---

[10] STJ 6-fev.-2007 (Moreira Alves), CJ/Supremo XV (2007) 1, 67-69 (68/II).
[11] RLx 20-jan.-2005 (Fátima Galante), CJ XXX (2005) 1, 83-89 (89/I).
[12] RLx 6-fev.-2007 (Rui Vouga), Proc. 7797/2005-1 (ponto V).
[13] TC 648/99, de 24-nov. (Fernanda Palma), no sítio do TC.
[14] STJ 8-jul.-2003 (Afonso Correia), CJ/Supremo XI (2003) 2, 138-140 (139-140).
[15] RLx 21-out.-2003 (Pimentel Marcos; vencido: Santos Martins), CJ XXVIII (2003) 4, 111-117.

[16] RLx 27-jun.-2002 (Urbano Dias), CJ XXVII (2002) 3, 116-119 (118/II) e RLx 7-abr.-2005 (Aguiar Pereira), CJ XXX (2005) 2, 86-88 (88/II).
[17] RCb 28-mar.-2007 (Barateiro Martins), CJ XXXII (2007) 2, 19-21 (20/II) = Proc. 532/2002.
[18] RLx 18-nov.-1999 (Silva Pereira), CJ XXIV (1999) 5, 95-96 (96/I).
[19] RLx 21-out.-2003 cit., CJ XXVIII, 4, 114/I.
[20] STJ 5-jun.-2007 (Nuno Cameira), Proc. 07A1186, ponto III.
[21] RPt 21-abr.-2008 (Abílio Costa), Proc. 0850525.

Artigo 1046.º (Indemnização de despesas e levantamento de benfeitorias)

1. Fora dos casos previstos no artigo 1036.º e salvo estipulação em contrário, o locatário é equiparado ao possuidor de má fé quanto a benfeitorias que haja feito na coisa locada.

2. Tratando-se de aluguer de animais, as despesas de alimentação destes correm sempre, na falta de estipulação em contrário, por conta do locatário.

Bibliografia: António Menezes Cordeiro, *A posse: perspectivas dogmáticas actuais*, 3.ª ed. (2000), 127 ss. e *Tratado* III, 3.ª ed. (2012), 234 ss.; Laurinda Gemas e outros, *Arrendamento*, 225-229; Pires de Lima/Antunes Varela, *Código anotado* 2, 4.ª ed., 383-384.

Índice

I – **Origem**
1. O Código de Seabra 1
2. O anteprojeto Galvão Telles 4
3. 1.ª revisão ministerial 5
4. Redação final 6

II – **As benfeitorias**
5. Evolução histórica 9
6. Código Civil 12
7. Regime geral 13
   α) Possuidor de boa-fé 14
   β) Possuidor de má-fé 15

γ) Compensação com deteriorações 16
8. Os pontos decisivos 17

III – **Benfeitorias pelo locatário**
9. A proibição 20
10. As exceções 21
11. Posse de má-fé 22
    α) Benfeitorias necessárias 23
    β) Benfeitorias úteis 24
    γ) Benfeitorias voluptuárias 25
12. Compensação com deteriorações 26

I – Origem

1 **1. O Código de Seabra**, no seu 1614.º, depois de estabelecer que o arrendatário não pode recusar a entrega do prédio, findo o arrendamento, dispunha:

> Só no caso de benfeitorias expressamente consentidas por escripto, ou auctorizadas pelas disposições do art. 1611.º [reparações devidas e não feitas pelo senhorio] terá o direito de retenção, até haver a importância, immediatamente provada, das ditas benfeitorias.

2 O 1615.º reportava-se a benfeitorias agrícolas.

3 O transcrito 1614.º era retomado pelo 25.º do D 5:411, de 17-abr.-1919[1].

4 **2. O anteprojeto Galvão Telles** desenvolvia o tema no 39.º[2], sob uma epígrafe idêntica à atual:

> § 1.º – Fora dos casos previstos no art. 23°, e salva diversa estipulação, o locatário não tem direito ao reembolso de quaisquer despesas feitas com a coisa.
>
> § 2.º – Se, porém, o locador autorizou por escrito as despesas, é obrigado a pagar uma indemnização igual ao custo delas ou ao benefício que representarem no momento da restituição da coisa, conforme for menor a primeira ou a segunda destas importâncias.
>
> § 3.º – Além disso, o locatário pode levantar as benfeitorias, mesmo não autorizadas, que houver feito, se daí não resultar prejuízo para a coisa, a não ser que o proprietário queira retê-las, caso em que terá de pagar uma indemnização, calculada de harmonia com o disposto no parágrafo anterior.

---

[1] DG I, n.º 80, de 17-abr.-1919, 654/II-655/I.   [2] *Contratos civis*, 225.

3. Na **1.ª revisão ministerial**, o anteprojeto ainda ensaiou uma solução mais favorável ao locatário. Dispunha (1030.º)³:

> Artigo 1030º
> (*Indemnização de despesas e levantamento de benfeitorias*)
>
> 1. Fora dos casos previstos no artigo 1015º e no nº 2 deste artigo e salva estipulação em contrário, o locatário não tem direito ao reembolso de quaisquer despesas que haja feito na coisa.
> 2. Se, porém, o locador tiver autorizado por escrito as despesas, é obrigado a pagar uma indemnização igual ao custo delas ou ao benefício que representarem no momento da restituição da coisa, conforme for menor a primeira ou a segunda destas importâncias.
> 3. O locatário pode ainda levantar até ao termo do contrato as benfeitorias úteis ou voluptuárias, mesmo não autorizadas, que tenha feito, se o puder fazer sem detrimento. Cessa neste caso, em relação às benfeitorias úteis levantadas, o direito conferido no número anterior.

4. Na **redação final**, o legislador de 1966 optou por uma aproximação direta ao regime das benfeitorias, assimilando o locatário a um possuidor de má-fé, para efeito de aplicação do competente regime. O esquema é amenizado pela sua natureza supletiva.

A opção legislativa neste domínio, seja ela qual for, tem alguma delicadeza. O regime de benfeitorias feitas pelo possuidor de má-fé resulta, como abaixo veremos, algo pesado, para o locatário. E ele tem, como resultado imediato, o desincentivar benfeitorias, o que acentua a vertente não-criativa de riqueza, que a locação – particularmente, o arrendamento – pode assumir. O locatário será levado, no limite do permitido, a deixar degradar o locado: ninguém gasta dinheiro no que não é seu, sabendo, para mais, que não será compensado.

Todavia, um regime mais generoso, para o locatário, poderia levar este a exercer um poder de transformação que, por elementar lógica dominial, só pode caber ao proprietário. Além disso, pelo jogo de despesas reembolsáveis, o locatário poderia conduzir à perpetuação do seu direito: bastaria, para tanto, que o locador não tivesse, findo o contrato, meios para o compensar. Na delicada balança da apropriação, afigura-se que o legislador conseguiu, apesar de tudo, a solução mais adequada.

II – As benfeitorias

5. A **evolução histórica** das benfeitorias leva-nos ao Direito romano. Elas têm origem nas aplicações (*impensae*) feitas, pelo marido, nos bens dotais da mulher. Como tais bens não lhe pertenciam, levantavam-se problemas delicados de atribuição de valores. Na tradição de Ulpiano, distinguiam-se três tipos de *impensae*: *necessariae* quando forem requeridas pela manutenção da coisa; *estilos*, quando lhe acrescessem o valor; e *voluptuosae* caso, apenas, para vantagem imediata.

Ao longo da História, a ideia de benfeitorias foi-se alargando, de modo a cobrir, genericamente, todas as situações nas quais alguém realizasse benfeitorias ou despesas referentes a uma coisa que, de Direito, lhe não coubesse.

A tripartição das benfeitorias, recebida do Direito romano, era corrente nos clássicos portugueses da pré-codificação. O Código de Seabra recebeu-a, consignando-a a propósito da posse: 498.º, 499.º e 500.º. Diferente foi a opção do Código vigente.

6. O **Código Civil** acolheu as benfeitorias na parte geral, a propósito das coisas (216.º). Limitou-se, aí, a definir benfeitorias, como todas as despesas feitas para conservar ou melhorar a coisa (216.º/1). Posto o que distinguiu as necessárias, as úteis e as voluptuárias (216.º/2), definindo-as nos termos seguintes (216.º/3):

---

³ BMJ 120 (1962), 19-168 (90-91).

3. São benfeitorias necessárias as que têm por fim evitar a perda, destruição ou deterioração da coisa; úteis as que, não sendo indispensáveis para a sua conservação, lhe aumentam, todavia, o valor; voluptuárias as que, não sendo indispensáveis para a sua conservação nem lhe aumentando o valor, servem apenas para recreio do benfeitorizante.

13   7. O **regime geral** das benfeitorias surge a propósito da posse (1173.º). Em síntese:

14   α) O **possuidor de boa-fé** tem o direito: (a) de ser indemnizado pelas benfeitorias necessárias; (b) de levantar as úteis ou, não o podendo fazer para evitar o detrimento da coisa, de ser compensado seguindo as regras do enriquecimento sem causa (1273.º/1 e 2); (c) de levantar as benfeitorias voluptuárias, não se dando detrimento da coisa; no contrário, não pode nem levantá-las, nem haver o seu valor (1275.º/1).

15   β) O **possuidor de má-fé** tem o direito: (a) de ser indemnizado pelas benfeitorias necessárias; (b) de levantar as úteis ou, não o podendo fazer para evitar o detrimento da coisa, de ser compensado segundo as regras do enriquecimento sem causa (1273.º/1 e 2); (c) mas perde, em qualquer caso, as benfeitorias voluptuárias (1275.º/2). Esta última solução pode equivaler a um confisco: há que, quanto possível, convolar as benfeitorias voluptuárias para úteis, de modo a permitir o seu levantamento, quando inóquo.

16   γ) A **compensação com deteriorações** (1274.º) é sempre possível: estas são encontradas no valor da indemnização (ou da compensação) a que o autor das benfeitorias tenha direito.

17   8. **Os pontos decisivos** na determinação do regime aplicável às benfeitorias têm a ver com a sua concreta natureza e com o saber se podem ou não ser removidos[4]. Para tanto, há que pormenorizar a obra feita, explicando as suas utilidade e finalidade[5].

18   Temos algumas indicações jurisprudenciais[6]: não são benfeitorias as despesas feitas com sementeiras, limpeza de matos e árvores, adubação e retirada de ramada[7]; não é benfeitoria útil um pequeno barraco de madeira para WC[8]; mas pode sê-lo uma casa de banho incorporada, com janela[9]; as despesas de transporte e de deslocação não são benfeitorias: não se incorporam na coisa[10].

19   As benfeitorias necessárias equivalem a reparações[11].

III – **Benfeitorias pelo locatário**

20   9. **A proibição** de realizar benfeitorias na coisa, é a regra-base. Ela resulta, de modo expresso, da norma do 1043.º/1: o locatário deve manter e restituir a coisa no estado em que a recebeu. Mesmo quando, no arrendamento urbano, a lei autoriza pequenas deteriorações lícitas para conforto e comodidade (1073.º/1), ela impõe a sua reparação, pelo arrendatário, antes da restituição do prédio (1073.º/2).

21   10. **As exceções** são duas (1046.º/1): as reparações ou outras despesas urgentes, nos precisos casos em que possam ser levadas a cabo pelo locatário (1036.º) e a estipulação em contrário. A mera autorização não chega: esta apenas tornaria lícita uma atuação que, de outro modo, seria ilícita. Tem de haver um acordo que disponha sobre a natureza e o destino das benfeitorias, sob

---

[4] STJ 3-abr.-1984 (Joaquim Figueiredo), BMJ 336 (1984), 420-423 (423).
[5] STJ 28-mai.-1986 (Góis Pinheiro), BMJ 357 (1986), 440-445 (443).
[6] *Vide* a síntese de STJ 26-abr.-1996 (Miranda Gusmão), BMJ 446 (1995), 262-280 (275-276).
[7] Seria matéria relacionada com frutos (212.º a 215.º): REv 22-mar.-1974 (s/ ind. relator), BMJ 235 (1974), 371-372.
[8] RPt 3-abr.-1974 (s/ ind. relator), BMJ 238 (1974), 279-280.
[9] STJ 26-fev.-1992 (Cura Mariano), BMJ 414 (1992), 556-563 (561).
[10] STJ 8-jul.-1980 (António Furtado dos Santos), BMJ 299 (1980), 289-292 (292).
[11] STJ 16-mai.-1975 (Correia Guedes), BMJ 347 (1975), 112-118 (116).

pena de se manter o regime geral. É frequente e válida a cláusula pela qual as benfeitorias realizadas pelo locatário não dão lugar a qualquer indemnização[12]. De facto, o locador, quando pague, preferirá fazer as obras a seu gosto.

11. **Posse de má-fé**: tal a equiparação determinada pelo 1046.º/1, relativamente ao locatário que faça benfeitorias[13]. Assim: 22

α) **Benfeitorias necessárias**: o locatário tem o direito de ser indemnizado desde que elas sejam lícitas. Terão de passar pelo crivo do 1036.º, porque as despesas cabem ao locador. Não são benfeitorias necessárias as despesas comuns feitas para assegurar a manutenção da coisa, que cabem ao locatário (1043.º/1). 23

β) **Benfeitorias úteis**: elas são perdidas para o locador, a menos que o locatário possa levantá-las sem detrimento para a coisa (*ius tollendi*) (1273.º/2, *in fine*). Normalmente, tais benfeitorias são removidas ao abrigo do dever de reparação previsto no 1073.º/2. Além disso, mesmo úteis, o locador pode exigir a sua remoção, nos termos do 1043.º/1: apenas com o limite do abuso do direito. 24

γ) **Benfeitorias voluptuárias**: ficam sempre para o locador (1275.º/2). Dado o dever de restituição no estado inicial (1043.º/1) e a possibilidade de reconduzir a matéria a benfeitorias úteis, propendemos para, quanto possível, restringir esta regra. Ela tem um sentido confiscatório pouco consentâneo com o espírito civil e os valores da Constituição. 25

12. **Compensação com deteriorações**: prevista no 1274.º, ela tem, aqui, plena aplicação. 26

Secção IV – Resolução e caducidade do contrato

INTRODUÇÃO

Bibliografia: António Menezes Cordeiro, *Tratado* II/4, 337 ss. e *Direito das obrigações* 2 (1980), 161 ss.; Mário Júlio de Almeida Costa, *Direito das obrigações*, 12.ª ed. (2009), 317 ss.; Luís Menezes Leitão, *Direito das obrigações* 2, 7.ª ed. (2010), 103 ss.; Pedro Romano Martinez, *Contratos*, 217-232; idem, *Da cessação do contrato*, 2.ª ed. (2006); Fernando Cunha de Sá, *Modos de extinção das obrigações*, Est. Inocêncio Galvão Telles 1 (2002), 195-208; João Antunes Varela, *Das obrigações em geral* 2, 7.ª ed. (1997), 273 ss..

Quanto ao vinculismo: Jorge Pinto Furtado, *Manual* 1, 5.ª ed., 187 ss..

Vide, ainda, as anotações ao 1079.º.

Índice

I – **A extinção das obrigações**
1. Formas gerais 1
2. Formas específicas 3
3. A aplicabilidade à locação 5

II – **A supressão da fonte**
4. Aspetos gerais 7
5. A necessidade da fonte 8
6. As formas de supressão 9

7. Primado histórico-cultural 12

III – **A supressão da locação**
8. Enunciado 14
9. A proteção do locatário 16

IV – **Consequências**
10. Gerais 19
11. Pós-eficácia 20

---

[12] RLx 18-jan.-2007 (Vaz Gomes), Proc. 8710/2006.2, ponto III.

[13] Materialmente, ele está de má-fé: ele tem perfeito conhecimento de que a coisa não é dele (1260.º).

V – O vinculismo; os despejos
12. Concretizações 21
13. Tipificação das causas de cessação 23
14. O Código de Seabra 25
15. O Código de Processo de 1876 26
16. A legislação subsequente 28
17. O Decreto n.º 5:411, de 17-abr.-1919 29
18. A judicialização vinculística 30
19. O protecionismo 33
20. As reformas de 1990 e de 2006 34
21. A reforma de 2012 36

I – A extinção das obrigações

1 **1. Formas gerais.** Para além do cumprimento (762.º a 789.º), o CC trata as seguintes formas de extinção das obrigações: dação em cumprimento (837.º), consignação em depósito (841.º), compensação (847.º), novação (857.º), remissão (863.º) e confusão (868.º).

2 Fora de ordem surgem, ainda, a caducidade (328.º), a resolução do contrato (432.º) e a impossibilidade objetiva superveniente da prestação (790.º). Figuras distintas, ainda que próximas, são a prescrição (300.º) e a resolução por alteração de circunstâncias (437.º/1).

3 **2. Formas específicas.** Disseminadas no Código, encontramos referências à revogação (230.º/1 e 1170.º), à rejeição (235.º/1), à expurgação (721.º), à perda ou perecimento da coisa [730.º, c)], à renúncia [730, d)], à revogação por ingratidão (970.º), à exoneração (1002.º), à exclusão (1003.º), à oposição à renovação (1055.º), à denúncia (1099.º) e à remição (1236.º).

4 No campo de direitos reais, mas com possível repercussão em obrigações, temos o abandono [1267.º/1, a)], a perda (1318.º), o não-uso [1476.º/1, c)], a expropriação (1542.º) e a desnecessidade (1569.º/2). Outras formas de extinção próprias do Direito de família e do Direito das sucessões poderiam, ainda, ser convocadas.

5 **3. A aplicabilidade à locação** suscita questões delicadas de adaptação. A generalidade das formas de extinção específicas das obrigações e, como tal, tratadas no CC, é relativa: atinge vínculos obrigacionais isolados. A sua aplicabilidade a relações complexas, como a proveniente da locação, fica comprometida: não é possível mutilar tais relações, retirando-lhe elementos. Teríamos de considerar formas de extinção total, no sentido de poderem atingir, em simultâneo, todas as posições ativas e passivas que surjam nas esferas em presença.

6 Também as formas de extinção de direitos reais têm de ser muito ponderadas, antes de se aplicarem à locação. Esta, dando lugar a um direito pessoal de gozo, não pode deixar de ser sensível, por exemplo, à perda ou à destruição da coisa. Para além disso, porém, deparamos com um problema paralelo: dada a natureza complexa da relação locatícia, não é possível atuar sobre o gozo: a extinção tem de ser eficaz, também, no tocante às obrigações tecidas entre as partes.

II – A supressão da fonte

7 **4. Aspetos gerais.** Particularmente vocacionada para exprimir a cessação de relações obrigacionais complexas é a cessação da sua fonte[1]. Em função do princípio da causalidade, as obrigações só existem e só subsistem quando acompanhadas pela sua fonte: a sua "causa", numa das aceções do termo[2].

8 **5. A necessidade da fonte** revela-se nalguns pontos decisivos. Assim: (a) ela defende ambas as partes, delimitando as obrigações respetivas e tornando-as firmes e previsíveis; (b) ela permite repercutir, em cada situação concreta, os valores fundamentais do sistema (a boa-fé); (c) ela operacionaliza a aplicação da justiça, dando corpo à causa de pedir; (d) ela socializa as obrigações em

---

[1] Alguma doutrina fala na extinção de relações obrigacionais complexas, para exprimir a supressão da fonte; mas isso equivale a designar a causa pelo efeito.

[2] *Tratado* VI, 70 ss..

Capítulo IV – Locação   *Introdução/Artigos 1047.º a 1056.º*

jogo, no sentido de lhes dar a dimensão fundamental da sociabilidade, razão de ser do Direito e da sua Ciência.

6. **As formas de supressão** da fonte não estão sistematizadas, no CC. Em termos lógico-formais, podemos contrapor a extinção derivada de um facto jurídico *stricto sensu* (p. ex., a tempestade que destrói a coisa) e a resultante da vontade dos implicados. Por seu turno, o facto jurídico *stricto sensu* pode derivar da natureza das coisas (a tempestade) ou de um prévio acordo das partes (um prazo de caducidade).

A cessação opera, por vontade de uma das partes ou de ambas. Esta contraposição não se confunde com a anterior: pode ser necessário, além do facto extintivo *stricto sensu*, uma manifestação de vontade.

A cessação por vontade das partes pode ser unilateral, quando baste uma delas ou bilateral, quando se requeira a de ambas. Na segunda hipótese, há liberdade, quando se esteja no plano de direitos disponíveis. Já na primeira, pode ou não haver: (a) previsões legal ou contratual específicas, que o permitam; (b) discricionariedade ou necessidade de justificação.

7. **Primado histórico-cultural**: os modos de cessação comumente retidos pela lei e pela prática jurídica não derivam da arrumação lógica da matéria mas, antes, de acasos histórico-culturais, por vezes pautados por termos impressivos ou por ocorrências particularmente marcantes.

A essa luz, a doutrina atual aponta as seguintes formas de cessação: (a) caducidade, quando derive de um simples facto; (b) revogação, na hipótese de extinção por manifestação bilateral de vontade; (c) resolução, quando baste uma vontade, num caso previsto por lei ou por contrato e justificado; (d) denúncia, quando essa mesma vontade seja operacional, em relações douradouras e discricionariamente; (e) oposição à renovação, quando não se vise a extinção em si, mas antes o evitar que opere uma renovação automática.

III – A supressão da locação

8. **Enunciado**. No âmbito da locação em geral, a lei prevê a resolução (1047.º a 1050.º), a caducidade (1051.º a 1053.º) e a oposição à renovação (1055.º). E a propósito do arrendamento urbano, após disposições comuns (1079.º a 1081.º), trata a revogação (1082.º) e a resolução (1083.º a 1087.º). Surgem ainda, nesse domínio, referências implícitas à caducidade, a propósito de contratos com termo certo (1094.º/1 e 1095.º), à oposição à renovação (1097.º e 1098.º/1 e 2) e à denúncia (1098.º/3 a 6 e 1099.º a 1104.º).

Cabe, igualmente, uma referência geral às regras relativas à duração, à denúncia e à oposição à renovação, no tocante a contratos de arrendamento para fins não habitacionais.

9. **A proteção do locatário**, em especial no arrendamento, domina toda esta matéria. Assim, a relação locatícia não cessa imediatamente (em regra), com a eficácia do facto extintivo: havendo caducidade, a entrega só pode ser exigida ao fim de seis meses ou do ano agrícola em curso, no arrendamento rural (1053.º); na resolução de arrendamento urbano, a desocupação só é exigível após o decurso de um mês, se outro prazo não for judicialmente fixado ou acordado pelas partes (1087.º); na denúncia para operação urbanística, no prazo de 15 dias após a receção da confirmação da operação (1103.º/4).

O locatário é ainda protegido por disposições processuais, que permitem diferimentos da desocupação (864.º e 865.º do CPC de 2013).

Toda esta matéria deve ser cuidadosamente ponderada e confirmada caso a caso, dada a multiplicidade de saídas legais.

IV – Consequências

10. **Gerais**. A cessação do contrato de locação envolve o dever de restituição da coisa – 1038.º, *i)*

– e o termo do dever de pagar a renda ou o aluguer. No entanto, se a coisa não for logo restituída, o locatário é obrigado a continuar a pagá-los (1045.°/1), fazendo-o em dobro se isso resultar de mora sua (1045.°/2). Além disso e enquanto tiver a coisa em seu poder, mantêm-se, a seu cargo, os deveres secundários de facultar o exame dela ao locador, de não a aplicar a fim diverso daqueles a que se destina, de tolerar reparações urgentes, de não proporcionar a outrem o gozo total ou parcial da coisa e de avisar o locador de vícios ou perigos ou de terceiros que se arroguem direitos em relação a ela – 1038.°, b), c), d), e), f) adaptado e h).

20 11. **Pós-eficácia**. A boa-fé pode impor, após a cessação do contrato, a manutenção de certos deveres acessórios. Assim, como exemplos, os deveres do locador de: tolerar uma tabuleta com o novo endereço do locatário; acolher e reencaminhar correspondência; informar terceiros do novo destino do locatário; disponibilizar informações aos serviços oficiais, designadamente aos tributários. No caso do arrendatário, há ainda que contar com o 1081.°/2: dever de publicitar o seu fim e de mostrar o local a novos interessados.

V – O vinculismo; os despejos

21 12. **O vinculismo em geral** corresponde ao fenómeno pelo qual, mercê de leis de exceção adotadas, principalmente, após a Grande Guerra de 1914-1918, o direito do arrendatário passa a ligar-se estreitamente a coisa, de tal modo que muito dificilmente o locador pode recuperar o locado e isso numa ambiência de degradação crescente do valor das rendas[3].

22 O vinculismo assenta em seis proposições[4]: (a) impede-se a oposição à renovação do contrato, por iniciativa do senhorio; uma vez arrendado, o local fica perpetuamente vinculado; (b) limitam-se radicalmente as situações nas quais o senhorio pode resolver o contrato, mesmo perante incumprimentos significativos do inquilino; (c) congelam-se as rendas ou permitem-se atualizações complicadas, aquém da inflação; por esta via e com o tempo, as rendas chegam a ser irrisórias; (d) complicam-se em extremo os despejos e alonga-se desmesuradamente, por invocadas razões políticas e sociais, a sua execução; os custos marginais dos despejos acabam por ser dissuasivos, levando a perpetuar o arrendamento que, mesmo na estreita margem vinculística, poderiam cessar; (e) facultam-se transferências da posição de arrendatário, à margem do senhorio, seja *mortis causa*, seja *inter vivos*, pelos esquemas do trespasse ou da cessão de exploração; assim se perpetuam arrendamentos de valor degradado; (f) dificulta-se a circulação da propriedade vinculada por arrendamento, através de preferências dos arrendatários e, até, de direitos (potestativos) a novos arrendamentos.

23 13. A **tipificação das causas** de cessação do arrendamento, particularmente quando urbano, constituiu, durante mais de um século, um fator de eleição do vinculismo. Ela foi dobrada pelos demais fatores, com relevo para a complicação burocrática e jurisdicional.

24 Esta última tomou corpo na ação de despejo: prevista, inicialmente, como um modo expedito de pôr termo a uma situação de ocupação locatícia que não devesse continuar, ela veio, ao longo dos anos, a complicar-se, desmesuradamente, através de um garantismo acentuado e de vários esquemas dilatórios e suspensivos. Referimos, de seguida, apenas alguns elementos.

25 14. **O Código de Seabra**, no seu 1632.°, dispunha:

> A acção de despejo é sempre summaria.

---

[3] *Vide*, com muitos elementos, Jorge Pinto Furtado, *Manual 1*, 5.ª ed., 187 ss. e 228 ss..
[4] António Menezes Cordeiro, *O NRAU: dezasseis meses depois, a ineficiência económica do Direito*, O Direito 139 (2007), 945-971 (950-951).

Com isso dava, desde logo, uma ideia de celeridade. Mas pouco mais adiantava. Coube à doutrina e à jurisprudência explicitar que a ação de despejo só é aplicável aos arrendamentos e que ela só é concedida ao senhorio contra o arrendatário[5].

15. O Código de Processo Civil **de 1876** veio revogar implicitamente o citado preceito: só reconheceu o processo ordinário, que é de regra e os processos especiais, neles integrando a ação de despejo (498.º a 507.º)[6]. O 498.º daquele Código previa o despejo nos casos em que, ao senhorio, não conviesse a continuação do arrendamento, além do prazo estipulado ou resultante da lei.

Todavia, retirava-se, do 1607.º do Código de Seabra e do 506.º do CPC de 1876, que a ação de despejo era meio idóneo para pôr termo ao arrendamento, por iniciativa do senhorio, também nos casos de resolução.

16. A legislação subsequente veio densificar a ação de despejo. A L de 21-mai.-1896 desenvolveu aspetos processuais e permitiu o diferimento da desocupação no caso de doença do arrendatário ou de alguém da sua família (10.º, § único)[7]. O D de 30-ago.-1907, antecedido por longo e interessante preâmbulo[8], substituiu os preceitos do CPC de 1876 relativos ao despejo e fixou diversas regras com relevo substantivo. Atribuiu, ainda, ao locatário e ao sublocatário, as ações possessórias[9] (27.º). O despedimento por conveniência do senhorio foi proibido pela L 828, de 28-set.-1917, segundo o seu 2.º[10]:

> É expressamente proibido aos senhorios ou sublocadores:
> (...)
> 5.º Intentarem acções de despejo que se fundem em não convir-lhes a continuação do arrendamento, seja qual for o quantitativo das rendas; (...)

17. O Decreto n.º 5:411, de 17-abr.-1919 previu o despejo para o senhorio que não quisesse a continuação do arrendamento (70.º) e para aquele que, por qualquer motivo que lhe desse esse direito, pretendesse fazer terminar o contrato (71.º). A ação era regulada com algum pormenor (67.º a 92.º)[11].

18. A judicialização vinculística da cessação do arrendamento veio a intensificar-se, nas leis subsequentes. Por um lado, exigia-se, ao senhorio, o recurso ao tribunal, para fazer cessar o contrato; por outro, multiplicava-se a complicação processual: "de tal sorte, que a ação de despejo chegou a tornar-se mais morosa e dispendiosa do que muitas de processo ordinário", nas palavras de Cunha Gonçalves, em 1934[12].

Os códigos de processo civil do século XX intentaram alguma simplificação. A cessação do arrendamento e da parceria agrícola foi inserida, no de 1939[13], entre os processos especiais (970.º a 998.º, incluindo os meios do arrendatário e o depósito de rendas)[14]. O processo de despejo era considerado aplicável a todos os casos em que se pretendesse fazer cessar imediatamente o arrendamento (977.º, § 1.º).

Diplomas avulsos, como a L 2:030, de 22-jun.-1948, vieram inserir novas regras quanto aos despejos (67.º a 72.º). O CPC de 1961[15] manteve a matéria como processo especial (964.º a

---

[5] José Dias Ferreira, Codigo annotado 3, 2.ª ed., 216.
[6] José Dias Ferreira, Codigo de Processo Civil Annotado 2 (1888), 49-59.
[7] Collecção de Legislação Portugueza, 1896, 203-204 (204/I).
[8] COLP 1907, 804-809 (804-807).
[9] COLP 1907, 809/II.
[10] DG n.º 168, de 28-set.-1917, 935/I.
[11] DG I, n.º 80, de 17-abr.-1919, 657-660.

[12] Luiz da Cunha Gonçalves, Tratado 8, 163.
[13] Aprovado pelo DL 29:637, de 28-mai.-1939. Como antecedentes deste diploma, cumpre referir o D 12:353, de 22-set.-1926, que introduziu grandes simplificações no processo.
[14] DG I, n.º 123, de 28-mai.-1939, 497-499.
[15] Aprovado pelo DL 44 129, de 28-dez.-1961.

998.º)[16], mandando aplicar subsidiariamente o processo sumário. O DL 47 690, de 11-mai.-1967 introduziu-lhe uma série de alterações[17]. O despejo conservou-se, não obstante, uma matéria que exigia muita experiência.

33 19. **O protecionismo** do locatário intensificou-se, após 1974. Recordamos, designadamente, os DL 445/74, de 12-set. (2.º: suspendeu o direito de demolição); 155/75, de 25-mar. (1.º: suspendeu certas denúncias pelo senhorio); 198-A/75, de 14-abr. (contratos celebrados compulsivamente); 366/76, de 15-mai. (alterações processuais); 293/77, de 20-jul. (moratórias na desocupação e caducidade do direito de resolução, pelo senhorio). O vinculismo judicializante atingiu um ponto alto: em vez de, assumidamente, se atribuírem direitos ao locatário, dificultava-se e encarecia-se o exercício dos direitos pelo senhorio.

34 20. **As reformas de 1990 e de 2006** intentaram resolver o problema. O DL 321-B/90, de 15-out., que aprovou o RAU, revogou os 964.º a 997.º do CPC, bem como diversa outra legislação processual. A ação de despejo foi tendencialmente reconduzida ao processo comum, salvo algumas regras especiais, que transitaram para o próprio RAU (55.º a 61.º)[18].

35 A L 6/2006, de 27-fev., que aprovou o NRAU, revogou esses preceitos e acolheu, ela própria, a matéria (14.º a 29.º).

36 21. **A reforma de 2012** reformou esses preceitos e aditou-lhes diversos outros (14.º a 16.º, incluindo 15.º a 15.º-S), modificando, ainda, o CPC, na área da execução para entrega de coisa certa.

37 Mantém-se, apesar das tentativas de simplificação, um vinculismo residual, que o Balcão Nacional do Arrendamento (BNA), instituído pelo DL 1/2013, de 7-jan., procurará superar.

Subsecção I – Resolução

Artigo 1047.º (Resolução)

A resolução do contrato de locação pode ser feita judicial ou extrajudicialmente.

Bibliografia: Pires de Lima/Antunes Varela, *Código anotado* 2, 4.ª ed., 384-385; *vide* as indicações bibliográficas constantes da introdução.

Índice

I – **Origem e evolução**
1. A origem 1
2. Versão final 3
3. Críticas de política legislativa 5
4. O RNAU de 2004 8

II – **Regime vigente**
5. O NRAU de 2006 10
6. Resolução judicial 11

I – Origem e evolução

1 1. **A origem** do preceito reside no anteprojeto Galvão Telles (46.º), que dispunha[1]:

---

[16] DG I, n.º 299, de 28-dez.-1961, 1900-1904.
[17] DG I, n.º 112, de 11-mai.-1967, 1002-1004.
[18] Menezes Cordeiro/Castro Fraga, *RAU anotado*, 38 e 102-108.

[1] *Contratos civis*, 227.

A rescisão do contrato, por falta de cumprimento do locatário, tem de ser decretada pelo tribunal.

Trata-se de um preceito cujo teor se explica pelo vinculismo então reinante. O autor do anteprojeto dava a explicação seguinte[2]:

> No projecto dá-se carácter judicial à rescisão por iniciativa do locador e carácter extrajudicial à rescisão por iniciativa do locatário (art. 46.°): a diferença justifica-se atendendo à maior gravidade e delicadeza da rescisão no primeiro caso, em que se deve seguir como consequência material a subtracção do objecto do locatário, a executar pela força quando este não queira submeter-se-lhe.

2. Na **versão final**, subsequente à 1.ª revisão ministerial, que manteve a fórmula de Galvão Telles (1037.°)[3], o 1047.° veio dispor, sob a epígrafe "falta de cumprimento por parte do locatário"[4]:

> A resolução do contrato fundada na falta de cumprimento por parte do locatário tem de ser decretada pelo tribunal.

Esta regra, que vinha derrogar o princípio geral que permite a resolução por simples declaração à contraparte (436.°/1), oriunda do arrendamento urbano, passou a aplicar-se à locação em geral e, portanto, ao aluguer[5].

3. A versão original do 1047.° presta-se a **críticas de política legislativa**. A lógica do Direito civil atual é a de evitar custos de transação, facilitando a criação e a circulação de riqueza, com segurança e sem óbices formais. No caso da resolução: se as partes não se entenderem, será necessário recorrer à justiça do Estado. Mas não se vê porque principiar logo por aí. A resolução judicial vai agravar os custos da operação; além disso, coloca o tema num patamar bem mais grave de litigiosidade.

A versão inicial do 1047.° devia ser aproximada da lógica do vinculismo, particularmente na sua vertente especialmente gravosa da burocratização e da judicialização, como esquemas laterais, mas muito eficazes, de coartar o exercício dos direitos do locador, protegendo, de modo não-aparente, a posição do locatário. Esta proteção, quando justificada, deve ser assumida claramente pelo legislador.

Cumpre ainda sublinhar que a judicialização da resolução do contrato de locação a cargo, apenas, do locador, quebrava a igualdade das partes. Além disso, o seu alargamento ao aluguer, num puro fenómeno de contágio não-justificado, vinha desequilibrar o instituto.

4. **O RNAU de 2004**, ponderadas as referidas críticas, propunha, para o 1047.°, a seguinte redação[6]:

> A resolução do contrato de locação pode ser feita judicial ou extrajudicialmente.

A ideia do projeto era, logicamente, a de deixar cair a resolução no regime geral do 436.°/1: salvo se a própria lei, pontualmente e quanto a algumas situações locatícias, decidisse de outra forma.

II – Regime vigente

5. **O NRAU de 2006**, aprovado pela L 6/2006, de 27-fev., veio (2.°) dar, ao 1047.°, a redação atual. Acolheu, deste modo, as críticas ao regime original, afinadas aquando do malogrado projeto do RNAU de 2004.

6. A **resolução judicial** manteve-se no arrendamento e segundo o NRAU de 2006, quando levada a cabo pelo senhorio, com fundamento nalguma das causas do 1083.°/2 (1084.°/2, versão de 2006).

---

[2] *Idem*, 151.
[3] BMJ 120 (1962), 93.
[4] DG I, n.° 274, de 25-nov.-1966, 1975/I.
[5] Pires de Lima/Antunes Varela, *Código anotado* 2, 4.ª ed., 384.
[6] O Direito 2004, 467-493 (477).

12   A reforma de 2012 colocou essa norma no 1084.°/1, explicando o n.° 2 que, nos demais casos, basta uma comunicação fundamentada, à contraparte. Essa possibilidade não obsta a que o senhorio lance mão, desde logo, de meios judiciais[7]: mas pagará as custas, se não houver contestação, uma vez que deu azo, sem necessidade, a uma ação (446.°/1, do CPC).

Artigo 1048.° (Falta de pagamento da renda ou aluguer)

1. O direito à resolução do contrato por falta de pagamento da renda ou aluguer, quando for exercido judicialmente, caduca logo que o locatário, até ao termo do prazo para a contestação da ação declarativa, pague, deposite ou consigne em depósito as somas devidas e a indemnização referida no n.° 1 do artigo 1041.°.
2. O locatário só pode fazer uso da faculdade referida no número anterior uma única vez, com referência a cada contrato.
3. O regime previsto nos números anteriores aplica-se ainda à falta de pagamento de encargos e despesas que corram por conta do locatário.
4. Ao direito à resolução do contrato por falta de pagamento da renda ou aluguer, quando for exercido extrajudicialmente, é aplicável, com as necessárias adaptações, o disposto nos n.os 3 e 4 do artigo 1084.°.

Bibliografia: Laurinda Gemas, *Arrendamento*, 230-236; Pires de Lima/Antunes Varela, *Código anotado* 2, 4.ª ed. (1997), 385-386; *vide* a bibliografia indicada no 1083.°.

Índice

I – Origem e evolução
1. Anteprojeto Galvão Telles 1
2. 1.ª revisão ministerial 3
3. Versão original 4

II – A reforma de 2006
4. RNAU de 2004 6

5. NRAU de 2006 8
6. Oposição à execução 10
7. As dúvidas 11

III – O regime vigente
8. A reforma de 2012 15
9. A resolução extrajudicial 16

I – Origem e evolução

1 1. No **anteprojeto Galvão Telles**, o 48.°, epigrafado "rescisão por falta de pagamento de renda ou aluguer", propunha[1]:

> O direito de fazer rescindir o contrato por falta de pagamento de renda ou aluguer caduca logo que cesse a mora do locatário, desde que este facto se produza, o mais tardar, até à contestação da acção tendente a fazer valer aquele direito.

2   O preceito era herdeiro de todo o esquema vinculístico, que se foi desenvolvendo, ao longo do século XX[2].
3 2. Na **1.ª revisão ministerial** (1039.°)[3], o mesmo preceito veio dizer:

---

[7] RLx 15-dez.-2009 (Pedro Brighton), Proc. 8909/08, STJ 6-mai.-2010 (Custódio Montes), Proc. 438/08 e RLx 13-set.-2012 (Maria de Deus Correia), Proc. 459/11.

[1] *Contratos civis*, 228.
[2] *Vide* anot. ao 1042.°.
[3] BMJ 120 (1962), 93-94.

(...) logo que o locatário pague ou deposite as somas devidas e a respectiva indemnização, nos termos do n.º 1 do artigo 1022.º, até à contestação da acção destinada a fazer valer aquele direito.

3. A **versão original** do CC dispunha, agora sob a epígrafe "falta de pagamento ou de aluguer"[4]:

> O direito à resolução do contrato por falta de pagamento da renda ou aluguer caduca logo que o locatário, até à contestação da acção destinada a fazer valer esse direito, pague ou deposite as somas devidas e a indemnização referida no n.º 1 do artigo 1041.º.

Este preceito tinha a seguinte lógica: a mora do locatário operava durante os oito dias previstos no 1041.º/2. A partir daí, o locatário podia ainda evitar a resolução pagando as rendas ou alugueres em dívida e uma indemnização igual a metade do devido (1041.º/1, na redação do DL 293/77, de 20-jul.). Mas as somas em causa deveriam ser pagas ou depositadas até à contestação da ação de resolução (de despejo). E como o locatário ficaria em situação delicada, sempre que os factos fossem contestáveis ou duvidosos, o 1042.º/2, 1.ª parte, *in fine*, versão original, permitia o depósito condicional: evitava a resolução e não implicava o reconhecimento, pelo locatário, de que caíra em mora.

II – A reforma de 2006

4. O projeto de **RNAU de 2004** preconizava a alteração do 1048.º, desdobrando-o em dois números, nos termos seguintes[5]:

> 1. A resolução do contrato por falta de pagamento da renda ou aluguer fica sem efeito logo que o locatário, até à contestação da acção destinada a fazer valer esse direito ou à figura processual a ela equivalente, pague, deposite ou consigne em depósito as somas devidas e a indemnização referida no n.º 1 do artigo 1041.º.
> 2. Em fase judicial, o locatário só pode fazer uso da faculdade referida no número anterior uma única vez, com referência a cada contrato.

A ideia do projeto era dupla: por um lado, alargava o n.º 1 às diversas hipóteses processuais então abertas; por outro, limitava-se a faculdade, concedida ao locatário de, já na fase judicial, vir pagar os valores em mora. Com efeito, particularmente perante rendas degradadas, o locatário poderia "obrigar" o senhorio a, continuamente, intentar ações de despejo por não pagamento de rendas que, prontamente, poderia neutralizar.

5. O **NRAU de 2006** alterou o 1048.º, aproveitando o teor do projeto de 2004. Deu-lhe a redação que segue[6]:

> 1. O direito à resolução do contrato por falta de pagamento da renda ou aluguer caduca logo que o locatário, até ao termo do prazo para a contestação da acção declarativa ou para a oposição à execução, destinadas a fazer valer esse direito, pague, deposite ou consigne em depósito as somas devidas e a indemnização referida no n.º 1 do artigo 1041.º.
> 2. Em fase judicial, o locatário só pode fazer uso da faculdade referida no número anterior uma única vez, com referência a cada contrato.
> 3. O regime previsto nos números anteriores aplica-se ainda à falta de pagamento de encargos e despesas que corram por conta do locatário.

O n.º 1 alargava o leque processual, em obediência à possibilidade, fixada em 2006, de o locador poder obter um título executivo extrajudicial; o n.º 2 fixava a regra, inspirada no RNAU

---

[4] DG I, n.º 274, de 25-nov.-1966, 1975/I.
[5] O Direito 2004, 467-493 (477).
[6] DR I-A, n.º 41, de 27-fev.-2006, 1558/II.

de 2004, de que o exercício da faculdade de deter a resolução pelo pagamento só era possível uma vez, em cada contrato; e o n.º 3 submetia o pagamento de encargos e despesas a regras similares à da renda: mais favoráveis para o locatário do que o regime comum, aplicável caso o RNAU de 2004 tem passado a lei.

10 6. **A oposição à execução**, introduzida no n.º 1, deu lugar a dúvidas. Com efeito, a redação anterior funcionava num quadro em que o locador apenas tinha disponível a ação de despejo, na qual se enxertava um incidente executivo: o locatário deteria a resolução, pagando ou depositando, nos termos legais. Havendo execução, ele já tinha tido a sua oportunidade de evitar a resolução, em fase judicial. Mas após 2006, o locador passou a poder constituir um título executivo, nos termos do 15.º, e) da L 6/2006: o contrato, acompanhado do comprovativo da comunicação prevista no 1084.º/1 ou do comprovativo de oposição à obra. O legislador decidiu, também nessa hipótese, atribuir a possibilidade de fazer cessar a mora.

11 7. **As dúvidas**: perante este regime, em ação executiva, admitir a cessação da mora pelo pagamento equivale a protelar o pensamento legislativo de acelerar o processo, com incongruências: o 1083.º/3, considerava ser inexigível, ao senhorio, a manutenção do arrendamento em caso de mora superior a três meses no pagamento da renda, encargos ou despesas ou de oposição à realização de obra ordenada por autoridade pública e o 1084.º/1 aceitava que, nessas eventualidades, a resolução operasse por (mera) comunicação fundamentada, à contraparte. Como admitir que um contrato já resolvido viesse renascer das cinzas[7], por o locatário, desrespeitando a lei, ter decidido não entregar a coisa, obrigando a uma execução para, então aí, vir pagar? Pior: a resolução por comunicação à outra parte fica sem efeito se o arrendatário puser fim à mora, no prazo de três meses (1084.º/3, redação de 2006). O arrendatário tem, aí, uma primeira oportunidade de pôr termo à mora. Se não o fizer e não restituir a coisa, obrigando à execução, vai ter uma segunda e idêntica oportunidade, ex 1048.º/1[8]?

12 Perante isso, alguma doutrina concluiu que, havendo mora de três meses e sendo resolvido o contrato, por declaração do senhorio, os 1048.º/1 e 1084.º/3 seriam inaplicáveis[9].

13 A jurisprudência optou, todavia, por admitir que, mesmo na ação executiva subsequente à resolução extrajudicial do contrato, o locatário pudesse fazer reverter a situação, pagando as somas em dívida: valeria, nesse sentido, a letra da lei e o facto de a resolução extrajudicial ser facultativa[10].

14 Afigura-se inegável a incongruência: a sobreposição entre o 1048.º/1, na parte em que referia a "oposição à execução" e o regime da resolução extrajudicial escaparam à revisão, feita em 2006. Perante isso, o locador cauteloso deveria lançar mão da ação de despejo, com isso se desvanecendo os ganhos processuais pretendidos.

III – O regime vigente

15 8. **A reforma de 2012** introduziu alterações que se prendem com o diverso regime fixado para certos tipos de arrendamento e, designadamente: por se admitir, com precisão, a resolução extrajudicial. Assim, o 1048.º/1 passa a reportar-se, apenas, à ação declarativa. O n.º 2 mantém o limite do exercício da faculdade aqui referida: uma vez por contrato, mas retirando-lhe a delimitação de assim poder suceder apenas uma vez por contrato. O n.º 3 aplica o regime dos n.ºˢ 1 e 2 à

---

[7] Quanto a haver neutralização de uma resolução já operada: Olinda Garcia, *A nova disciplina*, 11.
[8] RPt 24-mai.-2010 (Maria Adelaide Domingues), Proc. 9578/07, afirmando não haver erro legislativo.
[9] Fernando Cunha de Sá/Leonor Coutinho, *Arrendamento 2006*, 46 e Fernando de Gravato Morais, *Novo regime do arrendamento comercial*, 3.ª ed. (2011), 248-249. Contra: Luís Menezes Leitão, *Arrendamento*, 6.ª ed., 157, nota 136 e Laurinda Gemas e outros, *Arrendamento*, 231-232.
[10] RLx 8-mai.-2008 (Carla Mendes), CJ XXXIII (2008) 3, 78-80 (79/II) e RPt 24-mai.-2010 (Maria Adelaide Domingos), Proc. 9578/07.

falta de pagamento de encargos e despesas que caibam ao locatário. O n.º 4 remete o regime aplicável à resolução extrajudicial para o 1084.º/3 e 4[11].

9. **A resolução extrajudicial** mantém a natureza facultativa: é apenas uma faculdade atribuída ao locador[12]. Mas é agora mais segura: a supressão da referência à (...) oposição à execução (...) remove as dúvidas por ela originadas. Quando siga a via do 1084.º/2 e 3 (redação de 2012), não funciona o 1048.º/1. Trata-se de um preceito interpretativo, de aplicação retroativa (13.º/1)[13]. 16

Além disso, o 1048.º, acrescentado em 2012, permite alargar as regras do 1084.º/3 e 4 a qualquer resolução feita por falta de pagamento de renda ou de aluguer. 17

Artigo 1049.º (Cedência do gozo da coisa)

O locador não tem direito à resolução do contrato com fundamento na violação do disposto nas alíneas *f*) e *g*) do artigo 1038.º se tiver reconhecido o beneficiário da cedência como tal ou ainda, no caso da alínea *g*), se a comunicação lhe tiver sido feita por este.

Bibliografia: Laurinda Gemas e outros, *Arrendamento*, 236-237; Pires de Lima/Antunes Varela, *Código anotado* 2, 4.ª ed., 386-387.

Índice

I – **Origem**
1. Anteprojeto Galvão Telles 1
2. Versão final 4

II – **Regime**
3. O artigo 1038.º, *f*) e *g*) 5
4. Exclusão de resolução 6

I – Origem

1. O **anteprojeto Galvão Telles** previa, no 49.º[1]: 1

§ 1.º – O locador não pode fazer rescindir o contrato, com base na violação do disposto no n.º 2 do art. 40.º [devendo o locatário comunicar ao locador, dentro de quinze dias, a cedência do gozo da coisa, quando permitida ou autorizada], se a comunicação a que se refere esse número lhe for feita nas mesmas condições pelo beneficiário da cedência ou se o locador o reconhecer como tal.

§ 2.º – Não constitui reconhecimento o simples conhecimento da cedência.

Este preceito estava em consonância com o 59.º/1 da L 2:030, de 27-jun.-1948[2], que mandava: 2

1. A cláusula permissiva de sublocação não dispensa a notificação, que terá de ser requerida no prazo de quinze dias.

É dispensada a notificação se o senhorio consentir expressamente em determinada sublocação ou reconhecer o sublocatário como tal.

Não se considera reconhecimento o simples conhecimento de que o prédio foi sublocado.

Na 1.ª revisão ministerial, o texto de Galvão Telles foi mantido, com modificações formais[3]. 3

---

[11] *Vide* as respetivas anotações.
[12] RLx 15-dez.-2009 (Pedro Brighton), Proc. 8909/08, pelo Direito anterior.
[13] Quanto a leis interpretativas: *Tratado* I, 857 ss..

[1] *Contratos civis*, 228.
[2] DG I, n.º 143, de 22-jun.-1949, 535/I.
[3] BMJ 120 (1962), 94.
[4] DG I, n.º 274, de 25-nov.-1966, 1975/I.

4 2. A **versão final** alterou a redação, simplificando-a e suprimiu a referência a que o mero conhecimento da cedência não equivale ao reconhecimento[4]. Seria desnecessária, no entendimento de Antunes Varela, ainda que dubitativamente[5]. Sem dúvida: mas daria mais conforto, prevenindo dúvidas.

II – Regime

5 3. **O artigo 1038.º, *f*) e *g*)** enumeram, como obrigações explícitas do locatário, não proporcionar a outrem o gozo (...) exceto se a lei o permitir ou o locador o autorizar e comunicar ao locador, dentro de 15 dias, a cedência (...) quando permitida ou autorizada, respetivamente. Estas obrigações são importantes, dada a natureza *intuitu personae* da locação: não é indiferente, para o locador, quem esteja na posse da coisa. Por isso, a inobservância dessas obrigações justifica a resolução do contrato.

6 4. **A exclusão de resolução**, com esse fundamento, não se justifica: (a) se o locador tiver reconhecido o beneficiário da cedência como tal ou (b), no caso da alínea *g*), relativa à comunicação em 15 dias, se esta lhe tiver sido feita pelo mesmo beneficiário.

7 No primeiro caso, o reconhecimento do beneficiário, enquanto tal, envolve um *plus* relativamente à mera comunicação: o locador não só teve conhecimento, como o aceita[6]. Vir, *a posteriori*, resolver o contrato com base na não autorização envolveria um *venire contra factum proprium*, contrário à boa-fé. Todavia, o reconhecimento, para ser eficaz, envolve que o locador aceite não só a pessoa do locatário, com os elementos circundantes mas, ainda, o título a que se dê a cedência do gozo. Assim, não é suficiente que o locador reconheça um determinado cessionário ou sublocatário como tal, se faltar a informação de que tem família ou de que coleciona cães ou gatos.

8 No segundo, tanto dá que a comunicação seja feita pelo locatário ou pelo beneficiário. Aliás, perante uma cedência onerosa total, bem pode suceder que o (ex-)beneficiário, consumado o negócio, se desinteresse da situação, expondo o beneficiário à resolução. Nesta hipótese, não é necessário o reconhecimento, uma vez que a operação dispensa o acordo do senhorio. Basta o conhecimento[7]. A lei prevê que este seja proporcionado por comunicação do locatário ou do beneficiário. E se for feita por um terceiro?

9 A comunicação deve ser feita em termos claros e plausíveis, de tal modo que o locador fique sem dúvidas quanto à ocorrência transmissiva e quanto à identidade do beneficiário. Pode ser feita, nos termos gerais, por um terceiro, desde que com poderes de representação ou, não os tendo, em gestão de negócios, com ratificação do ato, no prazo legal: admitir que qualquer terceiro, sem título, pudesse fazer a comunicação válida e eficaz seria transferir, para o locador, o ónus de indagar o que se passava. A jurisprudência resolve o problema exigindo um "reconhecimento", designadamente no caso de trespasse[8]. Mas não: exige-se, sim, uma comunicação cabal, por quem tenha legitimidade para modelar a relação locatícia: o locatário ou o beneficiário.

---

[5] Pires de Lima/Antunes Varela, *Código anotado* 2, 4.ª ed., 387.

[6] STJ 5-dez.-1985 (Lima Cluny; vencido: Lopes Neves), BMJ 352 (1986), 299-305 (304) = RLJ 124 (1991), 217-222 (221/I), *cit.* Antunes Varela, *idem*, 222-224 e 236-241 (236), favorável.

[7] Orlando de Carvalho, *Critério e estrutura do estabelecimento comercial* 1 (1967), 624, nota 326; Antunes Varela, *Acção de despejo*, CJ VIII (1983) 4, 15-23 (19/II-20/I).

[8] RCb 19-set.-1989 (Manuel Pereira da Silva), CJ XIV (1989) 4, 64-68 (68/I): não vale como "reconhecimento" a mera receção de uma comunicação de trespasse e a assinatura de um recibo de renda; RCb 23-nov.-1993, CJ XVIII (1993) 5, 42-45 (44/II): *idem*, a mera receção, de uma renda, pela mulher do procurador do senhorio. Ambos estes casos parecem bem decididos; não por falta de reconhecimento o qual, no trespasse, não é exigível; mas por não ter havido uma comunicação em condições, feita ao locador, pelo locatário ou pelo beneficiário.

Artigo 1050.º (Resolução do contrato pelo locatário)

O locatário pode resolver o contrato, independentemente de responsabilidade do locador:

a) Se, por motivo estranho à sua própria pessoa ou à dos seus familiares, for privado do gozo da coisa, ainda que só temporariamente;
b) Se na coisa locada existir ou sobrevier defeito que ponha em perigo a vida ou a saúde do locatário ou dos seus familiares.

Bibliografia: Pires de Lima/Antunes Varela, *Código anotado* 2, 4.ª ed., 387-388.

Índice

1. Anteprojeto Galvão Telles 1
2. 1.ª revisão ministerial 2
3. Versão final 3
4. A culpa 6

1. O **anteprojeto Galvão Telles** compreendia um preceito (50.º)[1] praticamente idêntico ao hoje em vigor; apenas, no n.º 2, se referia, na alínea *b*), "... em sério perigo a sua saúde ou a dos respectivos familiares ou subordinados ..." em vez da fórmula atual.
Na **1.ª revisão ministerial** foi acrescentado um n.º 2[2]:

> Consideram-se familiares as pessoas ligadas entre si por qualquer grau de parentesco, que vivam habitualmente em comunhão de mesa e habitação com o locatário, e, bem assim, os serviçais em idêntico regime.

3. A **versão final** não comporta a noção de familiares[3]. Deve entender-se que opera o conceito do 1040.º/3.

O 1050.º visa alargar as causas de resolução do contrato, a áreas que, de acordo com o estádio da doutrina de 1966, surgiam exteriores ao contrato. Com efeito, a privação de gozo traduz um problema que não compete, ao locador, resolver, visto o 1037.º/1. E o defeito que ponha em perigo a vida ou a saúde do locatário ou de seus familiares é, também ele, uma ocorrência que transcende a relação locatícia. O legislador entendeu todavia (e bem) que tais eventualidades representam um risco que deve ser repercutível no locador.

A doutrina do contrato com efeito de proteção de terceiros[4] permite alargar o conceito de familiares, constante do 1050.º: ficam também abrangidos os trabalhadores, os auxiliares e os demais colaboradores do locador.

4. **A culpa** do locador não é exigida, para que operem estes esquemas de resolução. O 1050.º tem, deste modo, um funcionamento puramente objetivo, distinguindo-se da resolução prevista no 801.º/2[5]. Pela nossa parte, assim é: a resolução, enquanto figura geral, depende de certos pressupostos mas não, necessariamente, da culpa.

---

[1] *Contratos civis*, 228.
[2] BMJ 120 (1962), 94.
[3] Ela caiu na 2.ª revisão ministerial; *vide* Jacinto Rodrigues Bastos, *Dos contratos*, 82
[4] *Supra*, anot. ao 1038.º.
[5] Pedro Romano Martinez, *Da cessão do contrato*, 2.ª ed. (2006), 356-357.

Subsecção II – Caducidade

Artigo 1051.º (Casos de caducidade)

O contrato de locação caduca:

a) Findo o prazo estipulado ou estabelecido por lei;
b) Verificando-se a condição a que as partes o subordinaram ou tornando-se certo que não pode verificar-se, conforme a condição seja resolutiva ou suspensiva;
c) Quando cesse o direito ou findem os poderes legais de administração com base nos quais o contrato foi celebrado;
d) Por morte do locatário ou, tratando-se de pessoa coletiva, pela extinção desta, salvo convenção escrita em contrário;
e) Pela perda da coisa locada;
f) Pela expropriação por utilidade pública, salvo quando a expropriação se compadeça com a subsistência do contrato;
g) Pela cessação dos serviços que determinaram a entrega da coisa locada.

Bibliografia: Jacinto Rodrigues Bastos, *Dos contratos*, 83-87; Jorge Pinto Furtado, *Manual 2*, 5.ª ed., 872-912; Pires de Lima/Antunes Varela, *Código anotado 2*, 4.ª ed., 388-394; Pedro Romano Martinez, *Da cessação do contrato*, 2.ª ed. (2006), 315-359; José António da França Pitão, *NRAU/Anotado*, 2.ª ed. (2007), 425-443; Fernando Cunha de Sá, *Caducidade do contrato de arrendamento 1* (1968), 89 ss..

Índice

I – Origem e evolução
1. Código de Seabra 1
2. Lei n.º 2:030 3
3. Anteprojeto Galvão Telles 7
4. Revisões ministeriais 9
5. Versão final 10
6. Decreto-Lei n.º 67/75, de 19-fev. 11
7. Decreto-Lei n.º 496/77, de 25-nov. ... 14
8. Decreto-Lei n.º 328/81, de 4-dez. 15
9. Lei n.º 46/85, de 20-set. 17
10. Decreto-Lei n.º 321-B/90, de 15-out. ... 18
11. Projeto de RNAU 19
12. Lei n.º 6/2006, de 27-fev. 20

II – Dogmática geral da caducidade
13. Origem 21
14. Sentidos amplo e restrito 22
15. Tipos de caducidade 24
16. Prescrição 25
17. Sede legal 27

III – Casos de caducidade
18. a) Findo o prazo 28
19. b) Com a condição 31
20. c) Cessação do direito 35
   α) Cessação do direito-base 36
   β) Cessação dos poderes 40
21. d) Por morte 41
   α) Decesso do locatário 42
   β) Ónus da prova 44
22. e) (Segue) Extinção da pessoa coletiva ... 45
   α) Exceções legais 47
   β) Perda de capacidade 49
   γ) Convenção em contrário 50
23. f) Pela perda 51
24. g) Pela expropriação 54
25. h) Cessação dos serviços 55

IV – Outros casos de caducidade
26. A tipicidade 57
27. Bens dados em garantia 58
28. Supressão do direito do locador 64

I – Origem e evolução

1. O **Código de Seabra** não comportava um preceito geral sobre a caducidade da locação. O 1601.º limitava-se a consignar que a locação, dada por administradores de bens dotais, por usufrutuários vitalícios ou por fideicomissários, findaria com o termo das situações de base.

O preceito de Seabra foi retomado pelo 9.º do D 5:411, de 17-abr.-1919[1].

2. A **Lei n.º 2:030**, de 22-jun.-1948, veio consagrar um capítulo (o II da parte V) à caducidade do arrendamento[2] (41.º a 43.º). O 41.º explicitava a caducidade do arrendamento dado por usufrutuário, complementando que a renúncia ao usufruto ou a sua extinção por confusão não produzem a "resolução" da locação[3].

O 42.º/1, precisando regras que advinham de Seabra, mandava aplicar o mesmo regime a todos os casos em que o prédio houvesse sido dado de arrendamento por administradores legais de bens alheios ou por fiduciários; o n.º 2 excetuava os arrendamentos feitos pelo cônjuge administrador de bens do casal, salvo os de bens dotais; mas a dissolução do casamento ou a separação de pessoas e bens importa sempre "resolução" do arrendamento, mesmo que a mulher tivesse outorgado no contrato ou dado o seu assentimento[4].

O 43.º continha regras processuais, algumas com relevo substantivo: (1) o meio dispensado ao locador era a ação de despejo; (2) havendo data certa para o termo do contrato, a ação podia ser intentada antes dela, só produzindo efeitos subsequentes; (3) nos restantes casos, isso não era possível; (4) a ação caducava se não fosse intentada no prazo de um ano, só se tornando o despejo efetivo 90 dias depois do aviso; (5) o recebimento de rendas depois da "resolução" não prejudica o direito de obter o despejo; (6) o arrendatário que desconhecesse não ser o locador proprietário pleno, ao tempo em que, por facto seu, adviesse uma mais-valia para o prédio, podia, se tivesse de desocupar o prédio, obter uma compensação não superior a vinte vezes a renda anual: uma cifra que só se entende perante a depreciação da moeda.

A L 2:030 era prejudicada pelas flutuações terminológicas: embora o capítulo II da parte V se intitulasse "caducidade do arrendamento", surgia, no competente articulado, uma referência repetida a "resolução". Além disso, ela não estabelecia um quadro completo das hipóteses de caducidade que, já então, seria possível obter, na base dos princípios gerais.

3. O **anteprojeto Galvão Telles**, sob a epígrafe "casos em que o contrato caduca", propunha (51.º)[5]:

> O contrato de locação caduca:
> § 1.º – Findo o tempo por que foi celebrado, salvo prorrogação nos termos da Secção seguinte;
> § 2º – Verificando-se a condição a que as partes o subordinaram, ou tornando-se certo que não pode verificar-se, conforme a condição é resolutiva ou suspensiva;
> § 3º – Quando cessem o direito ou os poderes legais de administração à cuja sombra o contrato foi celebrado, ou a sua titularidade era resolúvel e se dá a resolução;
> § 4º – Quando aquele direito é alienado e não possa opor-se a locação ao adquirente em virtude das disposições legais sobre registo;
> § 5º – Pela morte do locatário, ou pela sua extinção se se trata de pessoa colectiva, salva convenção escrita em contrário;
> § 6º – Pela perda da coisa locada;
> § 7º – Em caso de expropriação por utilidade pública, relativa ao prédio arrendado, a não ser que a expropriação, pelo seu fim, se compadeça com a subsistência do arrendamento.

---

[1] DG I, n.º 80, de 17-abr.-1919, 654/I.
[2] DG I, n.º 143, de 22-jun.-1948, 529-538 (533/I).
[3] José Saudade e Silva, *Inquilinato / A Lei n.º 2.030 nos tribunais* (1954), 24-26, explicando as dúvidas que esse preceito veio resolver.
[4] *Idem*, 26-28.
[5] *Contratos civis*, 229.

8   O preceito, que configura quase o que hoje surge no CC, foi tornado possível pela sedimentação da teoria da caducidade.
9   4. As **revisões ministeriais** introduziram pequenas alterações. Na 1.ª revisão, a apresentação foi modernizada, recorrendo-se a alíneas e acertando-se o modo dos verbos[6]. Na 2.ª, retirou-se a referência do n.º 4 – a alínea d) da 1.ª revisão –, substituindo-a pela seguinte causa de caducidade, repescada da L 2:030[7]:

> d) Pela dissolução do casamento do locador ou separação judicial de pessoas e bens, se a coisa locada for de natureza dotal, ainda que haja outorga ou consentimento da mulher;

10   5. A **versão final** acolheu esta alínea. Ela ficou com uma redação próxima da atual; torna-se, todavia, interessante consignar o texto original do 1051.º[8]:

> O contrato de locação caduca:
>
> a) Findo o prazo estipulado ou estabelecido por lei;
> b) Verificando-se a condição a que as partes o subordinaram, ou tornando-se certo que não pode verificar-se, conforme a condição seja resolutiva ou suspensiva;
> c) Quando cesse o direito ou findem os poderes legais de administração com base nos quais o contrato foi celebrado;
> d) Pela dissolução do casamento do locador ou separação judicial de pessoas e bens, se a coisa locada for de natureza dotal, ainda que haja outorga ou consentimento da mulher;
> e) Por morte do locatário ou, tratando-se de pessoa colectiva, pela extinção desta, salvo convenção escrita em contrário;
> f) Pela perda da coisa locada;
> g) No caso de expropriação por utilidade pública, a não ser que a expropriação se compadeça com a subsistência do contrato.

11   6. O **Decreto-Lei n.º 67/75, de 19-fev.**, teceu os considerandos seguintes[9]:

> Considerando que a tendência para acentuar a função social da propriedade justifica eventuais restrições e limitações ao exercício do respectivo direito;
> Tomando em conta a linha de defesa das classes mais desprotegidas e das partes contratuais menos favorecidas decorrente do espírito do Programa do Movimento das Forças Armadas;

12   Nessa base, alterou o 1051.º, aditando-lhe dois números:

> 2. Nos casos das alíneas c) e d), manter-se-á a posição do locatário, com actualização de renda, nos termos legais, se assim for requerido.
> 3. O locatário que pretenda exercer o direito que lhe confere o número anterior deverá notificar judicialmente o locador no prazo de cento e oitenta dias, contados do conhecimento do facto determinante da caducidade.

13   Esta solução é dogmaticamente inaceitável: não se vê como construir, com coerência jurídica, a possibilidade de, seja quem for, onerar validamente uma coisa, para além do seu próprio direito. E não se vislumbra em que pode tal ocorrência, que iria beneficiar um arrendatário, independentemente da sua condição social e económica (que poderia ser excelente), ter a ver com a "função social" e a "defesa das classes mais desprotegidas".
14   7. O **Decreto-Lei n.º 496/77, de 25-nov.**, que reformou o CC, adaptando-o à Constituição, alterou novamente o 1051.º[10]. No essencial, foi suprimida a alínea d) original, relativa ao regime

---

[6] BMJ 120 (1962), 95.
[7] Jacinto Rodrigues Bastos, *Dos contratos*, 84-85.
[8] DG I, n.º 274, de 25-nov.-1966, 1975/II.
[9] DG I, n.º 42, de 19-fev.-1975, 264/I.

[10] DR I, n.º 273, de 25-nov.-1977, 2818-(14)/I; *vide* declaração de retif. de 22-dez.-1977, DR, n.º 3, de 4-jan.-1978, 9/II, que não se reporta ao 1051.º.

dotal, que foi abolido pela reforma, com renumeração das alíneas subsequentes. Em consequência, modificou o n.º 2, oriundo de 1975, que referia a alínea suprimida. Foi revogado o n.º 3, aditado pelo DL 67/75: fixava uma formalidade pesada e injustificada. Lamentavelmente, não houve coragem para revogar, também, o n.º 2, *in totum*.
8. O **Decreto-Lei n.º 328/81, de 4-dez.**, ocupou-se, outra vez, do 1051.º. Dispôs o seu n.º 2: 15

> 1 – O n.º 2 do artigo 1051.º do Código Civil passa a ter a seguinte redacção:
>
> 2 – No arrendamento urbano, o contrato não caduca pela verificação dos factos previstos na alínea *c*) do número anterior, se o arrendatário, no prazo de 180 dias após o seu conhecimento, comunicar ao senhorio, por notificação judicial, que pretende manter a sua posição contratual.
>
> 2 – É eliminado o nº 3 do mesmo artigo.

Portanto e se bem se entende: repristinou-se a regra do 1051.º/3, versão DL 67/75, 16
metendo-a no n.º 2. E revogou-se o n.º 3 do preceito, sem atentar em que ele já tinha sido revogado pelo DL 497/77.
9. A **Lei n.º 46/85, de 20-set.**, prosseguiu o martírio do 1051.º. Desta feita e pelo 40.º[11], veio-se 17
revogar, pela terceira vez, o 1051.º/3 enquanto, no n.º 2, se substituiu "arrendatário" por "inquilino": malhas que o império tece.
10. O **Decreto-Lei n.º 321-B/90, de 15-out.**, que aprovou o RAU, revogou, finalmente, o 18
1051.º/2 (5.º/2)[12], pondo termo à anomalia, que temos por inconstitucional, de facultar a alguém constituir um direito que ultrapasse a sua própria base, onerando terceiros[13].
11. O **projeto de RNAU** de 2004 propunha uma nova alínea: a *g*). O contrato caducaria pela 19
cessação dos serviços que determinaram a entrega da coisa locada. Aproveitava-se o 64.º/1, *f*) do RAU, que retomando o 1093.º/1, *f*), considerava o deixar de prestar os serviços pessoais que determinaram a ocupação do prédio como causa de resolução, pelo senhorio. De facto, trata-se de caducidade. E aproveitava-se para corrigir, formalmente, a alínea *f*), reconduzindo-a à redação do preceito, no seu conjunto[14].
12. A **Lei n.º 6/2006, de 27-fev.**, veio, finalmente, dar, ao preceito, a sua redação atual[15]: aco- 20
lhendo as indicações do RNAU.

II – Dogmática geral da caducidade[16]
13. **Origem**. Caducidade deriva de caduco, latim *caducus* (de *cado*, cair): o que cai, o fraco, o tran- 21
sitório e o caduco. A expressão foi introduzida, apenas, no início do século XX, para designar a supressão de determinadas situações; em português do Brasil usa-se "decadência".
14. **Sentidos amplo e restrito**: no primeiro, a caducidade traduz um esquema geral de cessa- 22
ção de situações jurídicas, mercê da superveniência de um facto a que a lei ou outras fontes atribuam esse efeito; no segundo, ela equivale a uma forma de repercussão do tempo nas situações jurídicas que, por lei ou pelo contrato, devam ser exercidas dentro de certo tempo: expirado o prazo, há extinção.

A caducidade em sentido amplo traduz a extinção da posição pela verificação de um facto 23
stricto sensu, dotado de eficácia extintiva; em sentido estrito, implica a cessação de certa relação pelo decurso do prazo a que estivesse sujeita.

---

[11] DR I, n.º 217, de 20-set.-1985, 3047/II.
[12] DR I, n.º 238 (supl.), de 15-out.-1990, 4286-(10)/II.
[13] Menezes Cordeiro/Castro Fraga, *RAU anotado*, 40, anot. 5.
[14] *O Direito* 136 (2004), 467-493 (477).
[15] DR I-A, n.º 41, de 27-fev.-2006, 1558/II.
[16] *Tratado* V, 207 ss..

24 15. **Tipos de caducidade**: para além da distinção referida, ela pode ser: (a) legal ou convencional, consoante advenha da lei ou de convenção das partes, reportando-se, neste último caso, a matéria disponível (330.º/1); (b) substantiva ou processual, conforme precluda direitos extrajudiciais ou se reporte à possibilidade de propor ações; (c) *ipso iure* ou potestativas, quando operem automaticamente ou apenas permitam, ao beneficiário, a sua invocação.

25 16. A **prescrição** e a caducidade distinguem-se em que a primeira, ao contrário da segunda: diz apenas respeito às repercussões do tempo; dispõe de uma previsão geral (298.º/1); dirige-se primacialmente, às relações obrigacionais; é sempre imune à vontade das partes (300.º); tem, em regra, prazos longos; dispõe de normas gerais de suspensão (318.º ss.) e de interrupção (323.º ss.); tem, sempre, de ser invocada pelas partes.

26 A prescrição converte a obrigação civil em natural (304.º/2); a caducidade provoca a extinção da situação atingida. A caducidade estrita confere, em situações disponíveis, um direito potestativo de provocar a extinção da relação; nas indisponíveis, delimita, temporalmente, a situação envolvida.

27 17. A **sede legal** da caducidade consta, em geral, dos 328.º a 333.º. Além disso, encontramos previsões específicas quanto à locação (1051.º), à parceria pecuária (1123.º), ao comodato (1141.º) e ao mandato (1174.º). As regras especiais prevalecem sobre as gerais, havendo que recorrer, ao conjunto como auxiliar de interpretação.

III – Casos de caducidade

28 18. a) **Findo o prazo** estipulado ou estabelecido por lei[17]: a locação é essencialmente temporária (1022.º), não podendo ultrapassar os trinta anos (1025.º). As partes fixam o prazo nesse limite; nada dizendo, o prazo é igual à unidade de tempo a que corresponde a retribuição fixada: acordada uma renda anual de x, o prazo supletivo é de um ano (1026.º). No arrendamento para habitação, o prazo supletivo é de dois anos (1094.º/3).

29 A caducidade é, aqui, puramente potestativa: qualquer das partes pode torná-la efetiva através da oposição à renovação (1054.º/1). Há que lidar, ainda, com o regime transitório (26.º/4 da L 6/2006 de 27-fev., na redação dada pela L 31/2012, de 14-ago.): os contratos anteriores a 28-jun.-2006[18] passam a contratos para habitação, de duração indeterminada.

30 Na falta de oposição, o contrato renova-se por períodos sucessivos (1054.º/1), por prazos iguais ao do contrato, mas apenas de um ano se o prazo do contrato for mais longo (1054.º/2).

31 19. b) **Com a condição** a que as partes o subordinaram (resolutiva) ou tornando-se certo que não se pode verificar (suspensiva): aplica-se, aqui, o regime geral da condição (270.º ss.)[19].

32 À partida, a condicionalidade da locação não ofereceria dúvidas: ela resulta do 270.º e do próprio 1051.º, b). Todavia, no domínio do arrendamento urbano, formou-se uma opinião (quase) consensual em contrário, quanto à condição resolutiva[20]. Historicamente, o D 5:411 veio considerar nulas e de nenhum efeito as cláusulas que contrariem ou inutilizem as garantias concedidas aos senhorios, arrendatários e subarrendatários (3.º)[21]: entre elas estaria a cláusula-condição. Essa lógica manter-se-ia com o CC: apesar de não surgir uma regra similar ao 3.º do D 5:411, o 1095.º (versão original, que retirava ao senhorio o direito de denúncia, i. é, de oposição à renovação), impedia, pela sua imperatividade, a condição: esta possibilitaria, na prática, contornar o vinculismo, então imperativo.

---

[17] Fernando Cunha de Sá, *Caducidade* 1, 97 ss..
[18] Laurinda Gemas e outros, *Arrendamento*, 149, quanto à entrada em vigor da L 6/2006, de 27-fev..
[19] *Tratado* I/1, 3.ª ed., 713 ss..

[20] Fernando Cunha de Sá, *Caducidade* 1, 152-153; Pereira Coelho, *Arrendamento*, 94-95.
[21] DG I, n.º 80, de 17-abr.-1919, 653/II.

Já na época se afigurava possível outra interpretação: a condição resolutiva seria legalmente 33
impossível, tendo-se como não escrita (271.º/2), quando visasse bloquear o vinculismo. Mas
poder-se-iam conceber condições resolutivas razoáveis, não contrárias a princípios injuntivos e,
como tal, lícitas[22].

Hoje, a condicionalidade da locação, em geral, incluindo a do arrendamento para habitação, não 34
suscita dúvidas. A latitude do atual 1094.º/1 deixa uma total liberdade de condicionar o negócio.

20. c) A **cessação do direito** ou dos poderes legais de administração, com base nos quais o con- 35
trato foi celebrado, implicam a caducidade da locação: *nemo plus iuris ad alium transferre potest quam
ipse habet*[23]. A locação, enquanto ato de administração ordinária, é acessível a quem tenha um
direito de base que envolva o gozo (como o usufruto) ou àquele que disponha do poder de
administrar bens alheios. Mas não em termos que venham onerar o titular da coisa locada, para
além do âmbito temporal das situações referidas. Esta regra pode ser alargada à supressão retroativa do direito do locador. Cabe distinguir as três situações típicas que seguem[24]:

α) **Cessação do direito-base**: tal sucede, em especial, com a caducidade: da sublocação, quando 36
cesse a locação[25] e da locação dada por usufrutuário, com a morte deste[26]. Releva a extensão do
direito do locador, aquando da celebração da locação: o contrato não caduca se só depois desta
ele adquire a posição de usufrutuário[27].

A jurisprudência dominante entende ainda (e bem) que a presente caducidade é objetiva: 37
não fica prejudicada pelo facto de, aquando da locação, o locador ter omitido a sua qualidade de
(mero) usufrutuário, fazendo-se passar por senhorio[28], sem prejuízo de eventual responsabilidade
por *culpa in contrahendo*[29].

O problema punha-se diversamente, ao tempo em que o 1051.º tinha um número 2 que per- 38
mitia, ao arrendatário, opor-se à caducidade, no prazo de 180 dias após o seu conhecimento,
mediante notificação judicial onde comunicasse a pretensão de manter a sua posição contratual[30],
numa solução que o 66.º/2 do revogado RAU convolou para um direito a novo arrendamento[31].

A revogação desse dispositivo pela L 6/2006, de 27-fev., reconduziu o 1051.º, *c*), à sua 39
pureza dogmática.

β) **A cessação dos poderes** legais de administração, como causa de caducidade da loca- 40
ção, tem-se posto a propósito do termo das funções do cabeça-de-casal que nela haja outor-

---

[22] Nesse sentido, REv 25-fev.-1999 (Maria Laura Leonardo), CJ XXIV (1999) 1, 274-278 (276-277): um banco toma em arrendamento uma moradia para habitação do gerente, até dispor de instalações próprias para o efeito; entendeu-se (bem) que não se justifica, aqui, a tutela vinculística.

[23] Ninguém pode transferir para outrem mais direito do que o que tenha.

[24] Fernando Cunha de Sá, *Caducidade* 1, 163 ss., com outras indicações.

[25] RPt 22-abr.-1991 (Tomé de Carvalho), CJ XVI (1991) 2, 277-278 (278/I).

[26] STJ 27-abr.-1999 (Francisco Lourenço), CJ/Supremo VII (1999) 2, 71-76 (74/I), STJ 22-mai.-2001 (Azevedo Ramos), CJ/Supremo VIII (2001) 2, 96-100 (98/II), RLx 8-jan.-2008 (Rosário Gonçalves), Proc. 10174/07, RPt 31-jan.-2007 (Anabela Dias da Silva), Proc. 0626890, I: opera *ipso iure*, RLx 7-jun.-2011 (Pedro Brighton), Proc. 2892/08 (III) e RLx 27-out.-2011 (Ezagüy Martins), Proc. 1058/09.

[27] REv 16-nov.-2000 (Mário Manuel Pereira), CJ XXV (2000) 5, 267-268 (267/II), STJ 8-fev.-2007 (Pereira da Silva), Proc. 06B4297 e RLx 8-mar.-2007 (Manuela Gomes), Proc. 914/2007 (I).

[28] RLx 8-jan.-2008 (Rosário Gomes), Proc. 10174/07 e RLx 17-abr.-2008 (Olindo Geraldes), Proc. 2893/2008.6 (III).

[29] RPt 31-jun.-2007 (Anabela Dias da Silva), Proc. 0626890 (IV).

[30] *Supra*, anot. 15; *vide*, quanto ao problema, Guichard Alves/Agostinho Cardoso Guedes, com a concordância de Heinrich Ewald Hörster, *Acção de despejo, morte de usufrutuário, oposição à caducidade do arrendamento*, CJ XVI (1991), 81-87. A constitucionalidade do 1051.º/2 foi discutida, por a formalidade nele exigida para a oposição à caducidade bloquear, supostamente, o direito à habitação; TC 381/93, de 8-jun. (Bravo Serra), BMJ 428 (1993), 180-192 (192), decidiu pela constitucionalidade.

[31] RLx 26-mar.-1998 (Pessoa dos Santos), CJ XXIII (1998) 2, 107-111 (109) e RLx 17-abr.-2008 (Olindo Geraldes), Proc. 2893/2008, V.

gado[32], explicitando-se que ela sobrevém com a partilha dos bens e não com a morte da pessoa que exerceu as funções de cabeça-de-casal.

41   d) **Por morte** do locatário ou, tratando-se de pessoa coletiva, pela extinção desta, salvo convenção escrita em contrário. À partida, a relação locatícia é *intuitu personae*[33]: aquando da contratação, o locador guia-se pelas qualidades da contraparte, quer pessoais, quer patrimoniais. Por isso, o locatário não pode ceder a outrem o gozo da coisa, salvo permissão legal específica (como a do 1112.º, quanto ao trespasse) ou autorização do locador – 1038.º, *f*).

42   α) A locação extingue-se, por isso, pelo **decesso do locatário** – 1051.º, *d*) – não se transmitindo por morte.

43   Com duas exceções: (1) o arrendamento para habitação, que se transmite, pelo 1106.º, para o cônjuge com residência no locado, para unido de facto há mais de um ano ou para pessoa que com ele vivesse em economia comum há mais de um ano (1106.º/1); (2) o arrendamento não habitacional, que se transmite para os sucessores[34], ainda que estes possam renunciar à transmissão (1113.º/1).

44   β) O **ónus da prova** está distribuído em termos clássicos: verificada a morte, o contrato caduca, cabendo a eventuais interessados provar os pressupostos da sua transmissão[35]; o mero recebimento subsequente de rendas, sem vontade de renovar o contrato, não implica novo contrato[36]; tão-pouco é necessário pedir o reconhecimento da caducidade[37].

45   22. e) (Segue) A **extinção da pessoa coletiva** é assimilada a uma "morte". A lei não distingue: qualquer tipo de extinção a tanto conduz. Tecnicamente, o termo de uma pessoa coletiva é a sua dissolução, seguindo-se uma fase de liquidação: apenas com a conclusão desta há extinção[38]. As relações prosseguem até a esse momento final, com uma consequência relevante: mesmo na fase de liquidação, pode haver trespasse do estabelecimento que envolve o direito do arrendatário[39].

46   O efeito extintivo é *ope legis*: não cabe averiguar em que circunstâncias se deu a extinção e, designadamente, se a mesma é imputável ao locatário. No caso de insolvência do locatário, segue-se o 108.º do CIRE: o contrato mantém-se, podendo ser denunciado pelo administrador da insolvência, nos termos e com as demais condições e consequências aí previstas[40].

47   α) **Exceções legais**: (1) tratando-se da dissolução de pessoa coletiva de Direito público, com integração do património noutra pessoa, aplicam-se regras de Direito público e não o 1051.º, *d*)[41].

48   (2) as fusão, cisão ou transformação não são assimiláveis à extinção; assim: a fusão de sindicatos não envolve a caducidade do arrendamento que beneficiava um deles[42]; numa fusão, não é necessária a concordância do senhorio[43], embora ela lhe deva ser comunicada[44]; dúvidas quanto

---

[32] RCb 19-mar.-1996 (Eduardo Antunes), CJ XXI (1996) 2, 13-16 (16/I), perante o Código de Seabra, REv 17-set.-1998 (Armindo Ribeiro Luís), BMJ 479 (1998), 731 e REv 3-jun.-2003 (Maria Laura Leonardo), CJ XXVIII (2003) 3, 251-255 (254/I).

[33] *Supra*, 1038.º, anotação 20; *vide*, em geral, Fernando Cunha de Sá, *Caducidade* 1, 249 ss..

[34] Os quais devem provar essa qualidade: RGm 7-jul.-2011 (Maria da Conceição Saavedra), Proc. 772/10.

[35] REv 30-jan.-1997 (Mota Miranda), BMJ 463 (1997), 655 (o sumário).

[36] RLx 17-dez.-1988 (António Lopes Martins), BMJ 482 (1999), 291.

[37] RCb 6-dez.-2005 (Hélder Roque), CJ XXX (2005) 5, 34-37 (35/II).

[38] *Tratado* IV, 3.ª ed., 783 ss., quanto a associações e 812 ss., quanto a fundações; *vide Direito das sociedades* 1, 3.ª ed. (2011), 1143 ss., quanto a sociedades.

[39] REv 4-out.-2007 (Mário Serrano), Proc. 1121/07.

[40] Luís Menezes Leitão, *Código da insolvência anotado*, 4.ª ed. (2008), 147 ss.. Quanto ao arrendamento na insolvência: RCb 9-out.-2012 (Albertina Pedroso), Proc. 1734/10.

[41] STJ 7-Fev.-1995 (Fernando Fabião), BMJ 444 (1995), 579-585 (584-585).

[42] RCb 21-fev.-1995 (Virgílio de Oliveira), CJ XX (1995) 1, 46-49 (48).

[43] RLx 17-abr.-1997, CJ XXII (1997) 2, 105 (o sumário; o texto do acórdão pertence a outro aresto, havendo lapso); não se trata de verdadeira transmissão, diríamos nós.

[44] STJ 6-dez.-2006 (Oliveira Barros), Proc. 06B3458.

à necessidade de comunicação ao senhorio: ora sim[45]; ora não[46]. Deve, todavia, ser comunicada, por nada dispensar a aplicação do 1038.º, *g*).

β) **Perda da capacidade** de gozo é uma eventualidade que apenas pode sobrevir no caso de pessoas coletivas. Se uma sociedade comercial muda de tipo (passando, p. ex., a SGPS), sendo que esta nova forma não lhe permite, legalmente, ser locatária, o contrato caduca[47]: por aplicação extensiva do 1051.º, *d*).

γ) A **convenção em contrário**, permitida pelo final do 1051.º, *d*), inserida no contrato ou em instrumento a ele subsequente e concluída por escrito, poderá determinar que, nas eventualidades descritas da morte do locatário ou da sua extinção, sendo pessoa coletiva, o contrato não caduque, antes tendo outro qualquer destino. Recorde-se, todavia, o limite geral dos 30 anos, quanto à sua duração.

23. f) **Pela perda** da coisa locada: a caducidade é inevitável[48]: uma vez que sobrevém a impossibilidade de prosseguir a execução do contrato. Releva a perda total[49], assim se considerando aquela que torne impossível o gozo da coisa, de acordo com o fim estipulado[50] ou a natureza do arrendamento[51].

A caducidade por demolição do prédio ou determinação camarária nesse sentido[52], remonta ao momento em que o município declare a sua irrecuperabilidade[53]: a partir daí, o gozo é impossível, sendo mesmo proibido, pelo perigo que envolve[54].

Já se entendeu que a perda não podia, para provocar a caducidade, ser imputável ao senhorio[55]; todavia, torna-se ilógico admitir uma locação sem coisa ou sem coisa idónea: há caducidade, mas o locador que provoque a destruição da coisa constitui-se, nos termos gerais, no dever de indemnizar[56].

24. g) **Pela expropriação** por utilidade pública, extinguem-se os diversos direitos reais relativos à coisa. *A fortiori*, cessará a locação que a tenha por objeto, a menos que a expropriação se compadeça com a natureza do contrato[57]. Nessa eventualidade, a locação caduca logo que a entidade expropriante tome a posse da coisa[58].

25. h) Pela **cessação dos serviços** que determinaram a entrega da coisa locada: será o caso de um trabalhador ter recebido, nessa qualidade, o gozo da coisa[59], sem prejuízo de se renovar se ele

---

[45] RGm 8-jan.-2003 (Leonel Serôdio; vencida: Rosa Tching, no sentido de a comunicação não ser necessária), CJ XXVII (2003) 1, 277-279.
[46] RCb 24-jun.-1997 (Gil Roque), CJ XXII (1997) 3, 36-39, com indicações.
[47] STJ 29-set.-1998 (Ferreira Ramos), BMJ 479 (1998), 647-665 (664-665).
[48] Fernando Cunha de Sá, *Caducidade* 1, 281 ss..
[49] RLx 10-out.-1996 (Antunes Pina), CJ XXI (1996) 4, 126-129 (128/II) e RLx 12-jun.-1997 (Salvador da Costa), CJ XXII (1997) 3, 104-106 (106/I).
[50] RLx 12-jun.-1997 (Salvador da Costa), CJ XXII (1997) 3, 104-106 (106/I), RLx 21-out.-2003 (Pimentel Marcos; vencido: Santos Martins, CJ XXVIII (2003) 4, 111-117 (112-113), RPt 8-jul.-2008 (Cristina Coelho), Proc. 0822280 e RLx 20-jan.-2011 (Teresa Abuquerque), Proc. 241/04.
[51] REv 3-fev.-2005 (Fernando Conceição Bento), CJ XXX (2005) 1, 249-252 (251/I).
[52] RCb 18-mai.-1999 (Gil Roque), CJ XXIV (1999) 3, 20-21 (21/I) e RPt 27-out.-2011 (Pedro Lima da Costa), Proc. 1332/07.

[53] RLx 16-abr.-1996 (Pereira da Silva), CJ XXI (1996) 2, 92-94 (93/II); não havendo arrendamento não existe, também, o decorrente direito de preferência.
[54] RPt 5-jul.-2011 (Maria Cecília Agante), Proc. 9577/08 (II).
[55] STJ 7-jul.-1999 (Garcia Marques), BMJ 489 (1999), 311-315 (313/II).
[56] RLx 10-out.-1996 (Antunes Pina), CJ XXI (1996) 4, 126-129 (128-129), RGm 22-mar.-2011 (António Figueiredo de Almeida), Proc. 153/2001, RLx 26-mai.-2011 (Henrique Antunes), Proc. 1442/04, RCb 15-nov.-2011 (Arlindo Oliveira), Proc. 1434/07 e STJ 31-mai.-2012 (Pereira da Silva), Proc. 1332/07.
[57] STJ 9-set.-2008 (Urbano Dias), Proc. 08A2132, quanto à expropriação de um prédio em propriedade horizontal.
[58] RPt 8-fev.-2011 (Maria de Jesus Pereira), Proc. 8246/07.
[59] REv 11-jan.-1990 (Neto Parra), CJ XV (1990) 1, 280 e RLx 12-abr.-2005 (Pais do Amaral), CJ XXX (2005) 2, 90-92 (92/I).

permanecer no local por mais de um ano[60]. Na mesma linha, é válida a cláusula pela qual o arrendamento cessa quando o utente do local deixe de estar ao serviço do arrendatário[61].

56   Esta doutrina é particularmente útil para esclarecer o regime de contratos mistos, como o de porteiro. Este dispõe de habitação no prédio, mas por ser trabalhador e como forma de melhor executar a sua função. O termo da relação laboral envolve o do gozo da coisa[62].

IV – **Outros casos de caducidade**

57   26. **A tipicidade** dos casos de caducidade enunciados no 1051.º tem sido negada pela doutrina[63], embora surja esporadicamente admitida na jurisprudência[64]. Cumpre distinguir: (a) a lei pode criar, noutros lugares normativos, diversas formas de caducidade da locação; o 1051.º, conquanto que venerável, não é texto constitucional; e nem, de resto, ele tem uma redação que inculque a taxatividade; (b) as partes podem introduzir livremente causas de caducidade não previstas na lei, na precisa medida em que tenham autonomia para condicionar o negócio; (c) ressalvam-se, particularmente no arrendamento para habitação, as áreas que a lei regule de modo imperativo.

58   27. Nos **bens dados em garantia**, tem havido uma discussão viva: se alguém constituir hipoteca (ou penhor) sobre uma coisa e a dá em locação, caduca esta com a venda executiva? Na base, temos o 824.º/2 que, a propósito da venda em execução, dispõe:

> Os bens são transmitidos livres dos direitos de garantia que os onerarem, bem como dos demais direitos reais que não tenham registo anterior ao de qualquer arresto, penhora ou garantia, com exceção dos que, constituídos em data anterior, produzam efeitos em relação a terceiros independentemente de registo.

59   Perante esse preceito, a jurisprudência (limitando-nos aos últimos 20 anos) teve algumas flutuações. Com efeito, por via do 1057.º (*emptio non tollit locatum*), a venda executiva, como venda, não afetaria a locação anterior do bem alienado. O 824.º/2 poderia ser aplicável, ou não, consoante a locação se pudesse reconduzir à expressão "direitos reais", aí referida. À partida, surgiram as duas posições, quanto à solução: o arrendamento de imóvel constituído depois do registo de hipoteca caduca, nos termos do 824.º/2[65] e, não estando sujeito a registo, não caduca[66].

60   A discussão é influenciada por pormenores dos respetivos casos concretos. Mas em geral, podemos dizer que a maioria da doutrina se inclinou para a caducidade da locação, designadamente do arrendamento, no caso de ela se reportar a bens dados em garantia[67]. A jurisprudência minoritária veio considerar que o direito do locatário, não tendo natureza real, não se poderia subsumir no 824.º/2[68]; a maioritária optou por entender que, na expressão "direitos reais" do preceito se inclui, por analogia, o arrendamento[69].

---

[60] RPt 8-abr.-1997 (Lemos Jorge), CJ XVI (1991) 3, 171-174 (174/I).
[61] RLx 27-jun.-1991 (Nascimento Gomes), CJ XVI (1991) 3, 171-174 (174/I).
[62] Indicações em *Tratado* II/2, 222-223.
[63] Fernando Cunha de Sá, *Caducidade* 1, 90-91, Pedro Romano Martinez, *Da cessação*, 327 e Jorge Pinto Furtado, *Manual* 2, 5.ª ed., 878.
[64] RLx 15-mai.-1997 (Francisco Mangueijo), CJ XXII (1997) 3, 87-91 (90/I) e STJ 20-set.-2005 (Reis Figueira), CJ/Supremo XI (2005) 3, 29-33 (31/II).
[65] RCb 30-mar.-1993 (Barata Figueira), BMJ 425 (1993), 634 (o sumário).
[66] REv 19-jan.-1995 (Pita de Vasconcelos; vencido: Santos Carvalho), BMJ 443 (1995), 463 (o sumário).
[67] Oliveira Ascensão, *Locação de bens dados em garantia*, ROA 1985, 352-390 (361), Henrique Mesquita, *Obrigações reais e ónus reais* (1990), 138 ss. (140), nota 18, A. Luís Gonçalves, *Arrendamento de prédio hipotecado / Caducidade do arrendamento*, RDES XL (1999), 95-101, José Alberto Vieira, *Arrendamento de imóvel dado em garantia*, Est. Galvão Telles IV (2003), 437-480, Pedro Romano Martinez, *Da cessação*, 327 e Jorge Pinto Furtado, *Manual* 2, 5.ª ed., 879 ss..
[68] RLx 15-mai.-1997 (Francisco Mangueijo), CJ XXII (1997) 3, 87-91, RLx 2-nov.-2000 (Jorge Santos), CJ XXV (2000) 5, 78-81 (80/I), STJ 20-set.-2005 (Reis Figueira), CJ/Supremo XIII (2005) 3, 29-33 (32/I), STJ 27-mar.-2007 (Moreira Alves), CJ/Supremo XV (2007) 1, 146-151 (148-150), com alargada pesquisa sobre a natureza (não) real do arrendamento.
[69] STJ 3-dez.-1998 (Ferreira de Almeida), BMJ 482 (1999), 219-225 (224), STJ 6-jul.-2000 (Torres Paulo), BMJ 499

A discussão deve partir das valorações legais e da ponderação dos interesses em presença: 61
e não da prévia qualificação do direito do locatário como obrigacional ou como real, no que representaria uma aplicação serôdia da jurisprudência dos conceitos. Quando, de boa-fé, se dê uma coisa em garantia, está-se a reservar, para o credor, o valor do objeto em causa, caso necessário. Assim, constituir um penhor ou uma hipoteca e esvaziar, de seguida, o valor da coisa, através de uma locação, é prática que não pode ter a legitimação do ordenamento.

Paralelamente, não vemos como defender a natureza não-real do direito do locatário para, 62
depois, lhe vir conceder uma oponibilidade *erga omnes* superior à do direito de propriedade. O Direito tem uma harmonia interna que não se compadece com paradoxos.

Nesta base, podemos distinguir: (a) locação anterior à hipoteca (ou ao penhor), dotada da 63
publicidade inerente ao registo ou à posse: sobrevive à venda executiva[70]; (b) locação posterior ao registo da hipoteca: caduca com tal venda; (c) locação posterior à penhora: é, *ab initio*, ineficaz e caduca com a mesma venda. Em todos estes casos, fazemos uma aplicação extensiva ou, se necessário, analógica, do 824.º/2, aos direitos pessoais de gozo. Uma vez que estes conferem, ao titular, o gozo de uma coisa corpórea, a base para a aplicação extensiva (espírito da lei) ou para a analogia é evidente e pacífica.

28. A **supressão do direito do locador** faz caducar a locação que dele dependa: sempre que 64
ela ocorra retroativamente, de modo a desamparar um dos pólos da relação, precisamente no momento em que se constitua. Assim sucede quando o contrato de onde derive o direito do locador seja declarado nulo[71].

Artigo 1052.º (Exceções)

O contrato de locação não caduca:

a) Se for celebrado pelo usufrutuário e a propriedade se consolidar na sua mão;
b) Se o usufrutuário alienar o seu direito ou renunciar a ele, pois nestes casos o contrato só caduca pelo termo normal do usufruto;
c) Se for celebrado pelo cônjuge administrador.

Bibliografia: Pires de Lima/Antunes Varela, *Código anotado* 2, 4.ª ed., 394-396.

Índice

I – Origem e evolução
1. O anteprojeto Galvão Telles 1
2. As revisões ministeriais 3
3. Versão original 5
4. Reforma de 1977 6

II – O regime
5. Âmbito 7
6. Consolidação da propriedade 8
7. Cessação antecipada 9
8. Cônjuge administrador 10

(2000), 317-320 (320) = CJ/Supremo VIII (2000) 2, 150-152 (152/II), STJ 7-abr.-2005 (Pires da Rosa), CJ/Supremo XIII (2005) 2, 36-39 (38/II), RCb 14-nov.-2006 (Paulo Brandão), CJ XXXI (2006) 5, 24-25 (25/II), RLx 6-mar.-2007 (Arnaldo Silva), Proc. 85047/2006, STJ 15-nov.-2007 (Pereira da Silva), Proc. 07B3456, REv 19-jun.-2008 (Maria Alexandra Santos), Proc. 2652/07, RCb 21-out.-2008 (Hélder Roque), Proc.

699/06, STJ 5-fev.-2009 (João Bernardo), Proc. 08B4087, RGm 14-mai.-2009 (António Sobrinho), Proc. 683/03, RCb 1-jun.-2010 (Manuel Capelo), Proc. 3624/05, RLx 20-jan.-2011 (Catarina Arelo Manso), Proc. 764/04.

[70] REv 10-mar.-2010 (Ribeiro Cardoso), Proc. 16/09 e RCb 9-out.-2012 (Albertina Pedroso), Proc. 1734/10.
[71] RPt 7-jun.-1990 (Carlos Matias), CJ XV (1990) 3, 215-218 (216/I).

I – Origem e evolução

1. **1. O anteprojeto Galvão Telles** comportava a seguinte sugestão de preceito, sob a epígrafe "casos em que o contrato não caduca" (51.º)[1]:

> O contrato de locação, todavia, não caduca:
>
> 1.º – Se foi estipulado pelo enfiteuta ou usufrutuário e o domínio se consolida na sua mão ou ele abandona o seu direito, caso este último, o de abandono, em que o contrato só virá a caducar por efeito de algum dos factos previstos nos artigos ... (factos extintivos diferentes da confusão, abandono e não-uso);
> 2.º – Se foi celebrado pelo cônjuge administrador e a coisa locada não tem natureza dotal, porque, se possui esta natureza, o contrato caducará pela dissolução do casamento ou separação de pessoas e bens, ainda que a mulher haja outorgado ou consentido nele.

2 Estas regras surgiram, de certo modo, no 41.º/2 e no 42.º/2, da L 2:030, de 22-jun.-1948[2]:

> 2. A extinção do usufruto, por motivo de renúncia do usufrutuário ou por confusão do usufruto com a propriedade, não produz a resolução do contrato.
>
> 2. Exceptuam-se os arrendamentos feitos pelo cônjuge administrador dos bens do casal, salvo tratando-se de bens dotais.

3 **2. As revisões ministeriais** precisaram a matéria. Na 1.ª, o preceito está próximo do definitivo[3]:

> 1. O contrato de locação não caduca, porém:
>
> a) Se for celebrado pelo usufrutuário e a propriedade se consolidar na sua mão ou ele alienar ou renunciar ao seu direito: nestes dois últimos casos, o contrato só caduca pelo termo normal do usufruto;
> b) Se for celebrado pelo cônjuge administrador e a coisa locada não tiver natureza dotal.
>
> 2. Se a coisa locada for de natureza dotal, o contrato caduca pela dissolução do casamento ou pela separação de pessoas e bens, ainda que a mulher haja outorgado ou consentido nele.

4 Na 2.ª, surge o texto que figuraria no Código Civil[4] e de que damos conta, de seguida.
5 **3. A versão original** do 1052.º dispunha[5]:

> O contrato de locação não caduca:
>
> a) Se for celebrado pelo usufrutuário e a propriedade se consolidar na sua mão;
> b) Se o usufrutuário alienar o seu direito ou renunciar a ele, pois nestes casos o contrato só caduca pelo termo normal do usufruto;
> c) Se for celebrado pelo cônjuge administrador e a coisa locada não tiver natureza dotal.

6 **4. A reforma de 1977**, adotada pelo DL 496/77, de 25-nov., deu, ao preceito, a sua redação atual[6]. Tratou-se de suprimir a referência ao regime dotal, considerado contrário à ideia de igualdade entre os cônjuges.

II – O regime

7 **5. O âmbito** das "exceções" do 1052.º, mau grado o seu teor geral, é circunscrito: ele limita-se à causa de caducidade constante do 1051.º, c): quando cesse o direito ou findem os poderes legais de administração com base nos quais o contrato foi celebrado.

---

[1] *Contratos civis*, 229-230.
[2] DG I, n.º 148, de 22-jun.-1948, 533/I.
[3] BMJ 120 (1962), 95-96.
[4] Jacinto Rodrigues Bastos, *Dos contratos*, 89.
[5] DG I, n.º 274, de 25-nov.-1966, 1975/II.
[6] DR I, n.º 273 (supl.), de 25-nov.-1977, 2818-(14)/II.

6. A **consolidação da propriedade** na mão do usufrutuário [*a*)] determina a extinção do usufruto – 1476.º/1, *b*). Todavia, a locação dada pelo ex-usufrutuário não se extingue, uma vez que ele adquire o suplemento de legitimidade que permite a prossecução do contrato. Antunes Varela refere, a tal propósito, uma certa analogia com a convalidação da venda de coisa alheia (895.º)[7].   8

7. A **cessação antecipada** do usufruto, por alienação ou por renúncia do usufrutuário [*b*)], tão-pouco extingue a locação: em tais eventualidades, ela subsistirá até ao termo normal do usufruto. De outro modo, a consistência da locação ficaria sujeita ao puro arbítrio do locador, independentemente do que se houvesse contratado.   9

8. O **cônjuge administrador** [*c*)] pode dar em locação para além dos seus poderes de administração (*vide* 1678.º). De outra forma, fácil seria, por conluio entre os cônjuges, pôr termo a qualquer locação.   10

Artigo 1053.º (Despejo do prédio)

Em qualquer dos casos de caducidade previstos nas alíneas *b*) e seguintes do artigo 1051.º, a restituição do prédio, tratando-se de arrendamento, só pode ser exigida passados seis meses sobre a verificação do facto que determina a caducidade ou, sendo o arrendamento rural, no fim do ano agrícola em curso no termo do referido prazo.

Bibliografia: Laurinda Gemas e outros, *Arrendamento*, 258-259; Pires de Lima/Antunes Varela, *Código anotado* 2, 4.ª ed., 396-397.

Índice

I – **Origem e evolução**
1. A Lei n.º 2:030 1
2. O anteprojeto Galvão Telles 2
3. Revisões ministeriais 4
4. Redação definitiva 5
5. Reforma de 2006 6

II – **O regime**
6. Âmbito 8
7. A interpelação 9
8. Precisões jurisprudenciais 11

I – Origem e evolução

1. **A Lei n.º 2:030**, de 22-jun.-1948, no 43.º/4, a propósito do despejo por caducidade, dispunha: 1

> Em todos os casos, a acção caduca se não for intentada no prazo de um ano, a contar da resolução do arrendamento, e o despejo só pode tornar-se efectivo passados noventa dias sobre o aviso.

2. O **anteprojeto Galvão Telles** começava por definir "sentença de despejo" (54.º); seria a decisão judicial que, a pedido do senhorio, rescinde o arrendamento ou o declara revogado, caduco ou rescindido pelo arrendatário, e condene este na consequente restituição do prédio[1].   2

Nesse seguimento, sob a epígrafe "vencimento da obrigação de despejar o prédio em caso de caducidade" (55.º) propunha[2]:   3

---

[7] *Código anotado* 2, 4.ª ed., 395.
[1] *Contratos civis*, 230.
[2] *Idem*, 231.

§ 1.º – Em qualquer caso de caducidade do arrendamento, com excepção do previsto no n.º 1.º do art.º 51.º, a obrigação de despejar o prédio só se vence passados noventa dias sobre a interpelação do arrendatário.

§ 2 .º – Quando a caducidade deva ocorrer em data certa, a interpelação pode ser feita e a acção proposta antes dessa data, mas o despejo não se efectuará antes dela.

3. Nas **revisões ministeriais**, o texto foi modificado. Na 1.ª, após definir "sentença de despejo" (1045.º), propunha (1046.º)[3]:

> 1. Em qualquer caso de caducidade do arrendamento, com excepção do previsto na alínea a) do artigo 1 042.º, a obrigação de despejar o prédio só se vence passados noventa dias sobre a notificação do arrendatário.
>
> 2. Quando a caducidade deva ocorrer em data certa, a notificação pode ser feita e a acção proposta antes dessa data, mas o despejo não se efectuará antes dela.

4. A **redação definitiva** surge na 2.ª revisão ministerial[4]. Ela era em tudo idêntica à atual: só que, em vez de "passados seis meses", articulava "passados três meses"[5].

5. A **reforma de 2006**, adotada pela L 6/2006, de 27-fev., ampliou o prazo da restituição do prédio, após a caducidade, de 3 para 6 meses. Não há qualquer justificação para afastar a cifra dos 3 meses, vigente desde 1948 e que sobreviveu aos picos mais agudos do vinculismo: nem nenhuma foi, de resto, dada. Trata-se de uma das várias puerilidades que inutilizaram os efeitos benéficos que o NRAU de 2006 poderia ter tido: alongou-se o prazo de restituição sem vantagem, pois, na época, havia um superavit habitacional.

O RAU, codificando diplomas anteriores, admitia que o juiz, caso a caso, pudesse diferir a desocupação do prédio, por razões sociais imperiosas, até ao limite de um ano (102.º)[6]. Desta feita, o diferimento é cego, podendo beneficiar o locatário rico, à custa do locador pobre.

II – O regime

6. O **âmbito** do preceito é claro: aplica-se apenas ao arrendamento, como resulta do seu teor. A sua inserção na parte geral da locação é uma anomalia, a imputar à tradição e ao papel motor que o arrendamento exerce em todo este campo.

7. **A interpelação**, subsequente à caducidade, surge, necessária, salvo se a mesma sobrevier por expiração do prazo – 1051.º, a) – altura em que funcionam as regras da mora. Temos várias ordens de explicação: (a) há casos de caducidade que o locatário, de todo, desconhece; ora, só com o conhecimento ele pode tomar medidas para restituir a coisa; (b) o próprio locador pode preferir, quando juridicamente possível, manter a locação; (c) há que dar tempo para o locatário abandonar o local.

O arrendamento rural, que não é objeto da presente anotação, tem regras especiais.

8. **Precisões jurisprudenciais**: (a) o pagamento de rendas no período de dilação não é um facto concludente no sentido de que haja um novo arrendamento[7]; (b) o 1053.º não retarda a cessação do contrato mas, tão-só, o momento em que surge a mora, se o local não for restituído[8]; (c) a restituição é exigível e devida após o período de três (hoje: seis) meses após o facto determinante da caducidade[9].

---

[3] BMJ 120 (1962), 96-97.
[4] Jacinto Rodrigues Bastos, *Dos contratos*, 90.
[5] DG I, n.º 274, de 25-nov.-1966, 1975/II.
[6] Menezes Cordeiro/Castro Fraga, *RAU anotado*, 142-143.
[7] RPt 21-jul.-1987 (Metelo de Nápoles), CJ XII (1987) 4, 215-216 (216/I).
[8] REv 19-abr.-1990 (Sampaio da Silva), BMJ 396 (1990), 453 (o sumário).
[9] RLx 26-jun.-1990 (Hugo Amaral Barata), BMJ 398 (1990), 566-567 (567) (o sumário).

Artigo 1054.º (Renovação do contrato)

1. Findo o prazo do arrendamento, o contrato renova-se por períodos sucessivos se nenhuma das partes se tiver oposto à renovação no tempo e pela forma convencionados ou designados na lei.
2. O prazo da renovação é igual ao do contrato; mas é apenas de um ano, se o prazo do contrato for mais longo.

Bibliografia: Laurinda Gemas e outros, *Arrendamento*, 259-261; Pires de Lima/AntunesVarela, *Código anotado* 2, 4.ª ed., 397-398.

Índice

I – **Origem e evolução**
1. O Código de Seabra 1
2. O Decreto n.º 5:411 2
3. O anteprojeto Galvão Telles 4
4. Revisões ministeriais 7
5. A versão original 10
6. A reforma de 2006 11

II – **O regime**
7. Âmbito de aplicação 13

α) Aluguer 14
β) Demais caducidades 16
γ) Arrendamento habitacional 17
δ) Arrendamentos para vilegiatura 18
8. Oposição à renovação 20
9. Renovação 23
10. Prazo da renovação 25
11. A teoria da prorrogação 26

I – Origem e evolução

1. O Código de Seabra, no 1618.º, dispunha:　　　　　　　　　　　　　　　　　　　　1

> Se, depois de findar o arrendamento, o arrendatário continuar sem opposição na fruição do predio, presumir-se-há renovado o contrato nos predios rústicos, por um anno, e nos predios urbanos, por um anno ou por seis mezes, ou por menos tempo, conforme o costume da terra.

2. O Decreto n.º 5:411, de 17-abr.-1919, desenvolveu estes preceitos, nos seus 29.º e 30.º, assim　　2
redigidos[1]:

> Art. 29.º Presume-se renovado o contrato de arrendamento, se o arrendatário se não tiver despedido, ou o senhorio o não despedir, no tempo e pela forma designada na lei.
> (…)
> Art. 30.º A renovação será nos prédios rústicos por um ano e nos prédios urbanos por igual prazo quando o contrato tiver sido celebrado por um ano ou mais, ou por tanto tempo quanto seja aquele por que tenha sido celebrado o contrato.

Havia uma tradição sólida, assente no costume, de considerar o arrendamento como uma　3
fonte de relações duradouras. Deste modo, ainda que celebrado formalmente por prazos relativamente curtos, a intenção comum das partes seria a de o fazer perdurar no tempo. Donde o esquema das renovações automáticas.

3. O anteprojeto Galvão Telles veio preconizar, neste domínio, duas figuras distintas: a pror-　4
rogação (56.º) e a renovação (57.º). A prorrogação dizia respeito ao contrato que chegasse ao seu

---

[1] DG I, n.º 80, de 17-abr.-1919, 654-662.

termo e que, não obstante, as partes pretendessem manter em vida, não o denunciando; a renovação visava os contratos que houvessem cessado (por revogação, rescisão ou caducidade) mas cujos locatários se mantivessem no gozo da coisa, pelo lapso de um ano. A primeira está na origem do atual 1054.º; o segundo, no do, também atual, 1056.º, abaixo versado.

5 Vamos reter o 56.º do anteprojeto Galvão Telles, epigrafado "prorrogação do contrato"[2]:

> § 1.º – O contrato de locação prorroga-se sucessivamente se nenhuma das partes o denunciar.
> (...)
> § 3.º – A prorrogação é igual ao prazo por que tenha sido celebrado o contrato; mas será apenas de um ano se o dito prazo for mais longo.

6 Como se vê, a terminologia era a correta. O contrato prorroga-se sucessivamente: era o mesmo contrato. A forma tecnicamente correta de pôr termo às prorrogações era a denúncia: declaração unilateral, de uma parte à outrta, não retroativa e discricionária, tendente a pôr termo à relação duradoura.

7 4. Nas **revisões ministeriais**, o preceito básico de Galvão Telles começou por ser respeitado. Na 1.ª revisão, tínhamos a considerar o 1047.º (Prorrogação do contrato), que dispunha[3]:

> 1. O contrato de locação prorroga-se por períodos sucessivos se nenhuma das partes denunciar no tempo e pela forma designados no contrato ou na lei.
> (...)
> 3. O prazo da prorrogação é igual ao prazo do contrato; mas é apenas de um ano se o dito prazo for mais longo.

8 Na 2.ª revisão ministerial, foi instalada uma grave confusão: deixou de se falar em "prorrogação", a favor da "renovação"; mas manteve-se a "denúncia" que, a partir desse momento passou a significar não a cessação unilateral, não-retroativa e discricionária de uma relação duradoura, mas a oposição à renovação. Veio, então, a dizer o 1055.º[4]:

> 1. Findo o prazo do arrendamento, o contrato renova-se por períodos sucessivos, se nenhuma das partes o tiver denunciado no tempo e pela forma convencionados ou designados na lei.
> (...)
> 3. O prazo de renovação é igual ao prazo do contrato; mas é apenas de um ano, se este for mais longo.

9 Desconhecemos que razões terão levado os revisores ministeriais a perpetrar tal confusão de conceitos, que muito prejudicaria a dogmática das relações duradouras e o próprio ensino da matéria.

10 5. **A versão original** do CC, resultante, no fundo, da referida revisão ministerial, ficou assim concebida[5]:

> 1. Findo o prazo do arrendamento, o contrato renova-se por períodos sucessivos, se nenhuma das partes o tiver denunciado no tempo e pela forma convencionados ou designados na lei.
> 2. O prazo de renovação é igual ao do contrato; mas é apenas de um ano, se o prazo do contrato for mais longo.

11 6. **A reforma de 2006** visou corrigir o erro dogmático que consiste em chamar "denúncia" ao que, na realidade, é uma oposição à renovação. Essa correção tornou-se, de resto, conveniente porque essa mesma reforma veio acolher a figura dos contratos de duração indeterminada. E aí, sim, haveria que prever a denúncia *proprio sensu*. Deu, assim, azo ao texto em vigor[6].

---

[2] *Contratos civis*, 231.
[3] BMJ 120 (1962), 97.
[4] Jacinto Rodrigues Bastos, *Dos contratos*, 91.
[5] DG I, n.º 274, de 25-nov.-1966, 1975/II.
[6] DR I-A, n.º 41, de 27-fev.-2006, 1558/II.

Deve assinalar-se que, na preparação do falhado projeto de RNAU, de 2004, as hipóteses 12
de corrigir "denúncia" para "oposição à renovação" ou de substituir "renovação" por "prorrogação" foram ponderadas. Todavia, entendeu-se que não se fazem reformas só para corrigir aspetos conceituais, tanto mais que a doutrina já havia isolado, sem problemas de maior, a "denúncia comum" da "denúncia à oposição à renovação". O legislador de 2006 aproveitou e deu o passo (fácil) de corrigir a lei, nos termos explicados.

II – O regime
7. O **âmbito de aplicação** do 1054.° tem uma delimitação clara: opera no arrendamento 13
comum, quando o mesmo caduque pelo decurso do prazo. Pela negativa, ele não se aplica:

α) Ao **aluguer**: decorrido o prazo, o contrato cessa definitivamente; se o locatário continuar na 14
posse da coisa, estaremos, à partida, perante a violação do dever de restituição – 1038.°, i) –, nada sendo de exigir ao locador, para esse efeito, já que se trata de uma obrigação de prazo certo – 805.°/2, a).

Mantendo-se o locatário na posse da coisa com o consentimento do locador, haverá que 15
determinar, conforme as circunstâncias, se há mera tolerância – 1253.°, b) –, se existe nova locação ou se surge um comodato (1129.°). Nada se provando a não ser o conhecimento aquiescente: há tolerância, com detenção *nomine alieno*, que pode cessar a todo o tempo.

β) Às **demais caducidades** que não a do 1051.°, a) (decurso do prazo). Nos outros casos, quando 16
possível, funciona o 1056.° (outra causa de renovação), mas não o 1054.°[7].

γ) Ao **arrendamento habitacional**: aí aplicam-se os 1096.° a 1098.° e 1099.° a 1103.°, con- 17
soante haja, ou não, duração limitada.

δ) Os **arrendamentos para vilegiatura**, portanto, para habitação por curtos períodos, em praias, 18
termas ou outros lugares de vilegiatura, ou para outros fins especiais transitórios ou de casa habitada pelo senhorio, por período correspondente à ausência temporária deste, segundo as fórmulas do 1083.°/2, b) e c), na sua original e hoje revogada redação, levantam dúvidas: renovam-se ou não automaticamente[8]? O problema surge por via da uniformização levada a cabo pelo 1096.°/2, reforma de 2012, que só isenta da renovação automática os contratos celebrados por prazo não superior a 30 dias.

Afigura-se necessário fazer uma intepretação restritiva do 1054.°: quando o prazo do arren- 19
damento exprima uma transitoriedade substancial do arrendamento, designadamente por se tratar de um lugar de vilegiatura, de um arrendamento para fins especiais ou de casa habitada pelo locador, na ausência temporária deste, não há renovação[9].

8. A **oposição à renovação** toma corpo num ato jurídico unilateral, recipiendo e formal. Deve 20
ser realizado por escrito assinado pelo interessado e remetido à contraparte por carta registada com aviso de receção (9.°/1, da L 6/2006, de 27-fev.).

Quando dirigida ao arrendatário, na falta de indicação por escrito deste em contrário, a 21
declaração de oposição à renovação deve ser remetida para o local arrendado (9.°/2 da L 6/2006), pressupondo-se que tal locado tenha condições materiais para receber correspondência. Não sendo o caso e na falta de indicação escrita do arrendatário sobre o local para onde enviar a cor-

---

[7] *Vide* a anotação ao 1056.°.
[8] Não renovam: pelo Direito anterior, RPt 9-mar.-2006 (Teles de Menezes), CJ XXXI (2006) 2, 155-158 (157/I).
[9] *Vide* as anotações ao 1096.°. De referir TC 408/97, de 21-mai. (Luís Nunes de Almeida), que considera constitucionalmente admissíveis diferentes regimes de "denúncia",

consoante o tipo de contrato em causa. Além disso, a jurisprudência anterior, em face do vinculismo, já excluía, deste regime, arrendamentos de fins limitados, como o de uma garagem autónoma de qualquer habitação: RCb 1-jul.-1993 (Óscar Catrola), BMJ 429 (1993), 905.

respondência, ela deverá ser remetida para o domicílio ou sede do locatário, por bilateralização da regra do 9.º/4 da L 6/2006.

22   A oposição dirigida ao senhorio segue para o endereço constante do contrato de arrendamento ou da sua comunicação imediatamente anterior (9.º/3) ou, na sua falta, para o domicílio ou sede do mesmo senhorio (9.º/4, ambos da L 6/2006).

23   9. A **renovação**, quando ocorra, origina um novo contrato: em tudo idêntico ao anterior exceto, eventualmente, quanto ao prazo. A identidade entre os contratos não exclui diferenças nos elementos circundantes. Designadamente, quanto: (a) à boa ou má-fé dos contratantes: renovando-se o contrato, ela terá de ser aferida aquando de cada renovação; (b) à falta ou vícios da vontade: sendo inicial, ela deverá ser enquadrada à luz das condições existentes na renovação: p. ex., cessando a coação moral aquando da não-oposição à renovação, o vício fica sanado; (c) a certos fundamentos de resolução: estando a contraparte ciente deles e, não obstante, deixe renovar o contrato, a situação fica solucionada.

24   Nas situações referidas em (b) e em (c), há que distinguir a eventualidade de o interessado agir por cortesia ou por tolerância, sem intenção de abdicar de quaisquer direitos; nessas eventualidades, recomenda-se que o deixe expresso, comunicando-o à outra parte. Sem isso, a prova pode ser difícil, confrontando-se ainda o interessado com um eventual *venire contra factum proprium*.

25   10. O **prazo da renovação** resulta do 1054.º/2: é igual ao do contrato inicial, mas apenas de um ano, se o prazo do contrato for mais longo. Temos uma preocupação legislativa em não deixar derrapar, para além de uma expressa manifestação de vontade das partes, os prazos dos arrendamentos.

26   11. **A teoria da prorrogação**, mau grado as explicações dadas, ainda tem ilustres seguidores[10]. A prorrogação implicaria a continuação do mesmo contrato, com um termo mais dilatado. Aí, sim, faria sentido recorrer à denúncia, como forma de lhe pôr cobro. Era essa a construção proposta por Galvão Telles, no seu anteprojeto, acima referido. Mas como vimos[11], a 2.ª revisão ministerial veio, inopinadamente, substituir "prorrogação" por "renovação". Ora a esta reage-se pela oposição à renovação e não pela denúncia.

27   Se, pelas razões de tradição invocadas na preparação do RNAU de 2004, tivesse prevalecido a "denúncia" como "oposição à renovação", faria sentido convolar a "renovação" para a "prorrogação", ainda que à custa de muitas explicações dogmáticas. Mas perante o texto em vigor, que consagra a "oposição à renovação", a "renovação" é, mesmo, renovação e não prorrogação.

Artigo 1055.º (Oposição à renovação)

1. A oposição à renovação tem de ser comunicada ao outro contraente com a antecedência mínima seguinte:

a) **120 dias, se o prazo de duração inicial do contrato ou da sua renovação for igual ou superior a seis anos;**

b) **60 dias, se o prazo de duração inicial do contrato ou da sua renovação for igual ou superior a um ano e inferior a seis anos;**

c) **30 dias, se o prazo de duração inicial do contrato ou da sua renovação for igual ou superior a três meses e inferior a um ano;**

---

[10] Januário Gomes, *Breves notas sobre as "Disposições especiais do arrendamento para fins não habitacionais" no projeto do NRAU*, O Direito 137 (2005), 371-391 (379), apoiando-se em Galvão Telles e com o apoio de Laurinda Gemas e outros, *Arrendamento*, 260 (1054.º, anot. 2).

[11] *Supra*, anotação 8.

d) Um terço do prazo de duração inicial do contrato ou da sua renovação, tratando-se de prazo inferior a três meses.

2. A antecedência a que se refere o número anterior reporta-se ao termo do prazo de duração inicial do contrato ou da sua renovação.

Bibliografia: Laurinda Gemas e outros, *Arrendamento*, 261-262; Pires de Lima/Antunes Varela, *Código anotado* 2, 4.ª ed., 398-399.

Índice

I – Origem e evolução
1. Anteprojeto Galvão Telles 1
2. Revisões ministeriais 2
3. Versão original 5
4. A reforma de 2006 6
5. A reforma de 2012 7

II – O regime
6. Ideia básica 8
7. Os pré-avisos 9
8. A antecedência 11
9. Relevo prático 12
10. Evolução semântica 15

I – Origem e evolução

1. No **anteprojeto Galvão Telles**, o 56.º, relativo à prorrogação do contrato, dispunha[1]: 1

§ 2.º – A denúncia tem de ser comunicada ao outro contraente com uma antecedência mínima, em relação ao fim do prazo do contrato, de sessenta dias, trinta dias ou um terço do referido prazo, conforme este seja de um ano ou tempo superior, de três meses ou mais, até um ano, ou de menos de três meses.

As **revisões ministeriais** começaram por respeitar este esquema. Assim, no 1047.º da 1.ª revisão ministerial, propunha-se[2]: 2

A denúncia tem de ser comunicada ao outro contraente com a antecedência mínima, relativamente ao fim do prazo do contrato, de sessenta dias, trinta dias ou um terço do referido prazo, conforme este seja de um ano ou tempo superior, de três meses ou mais, até um ano, ou de menos de três meses.

A 2.ª revisão ministerial, sabidamente sem qualquer justificação de motivos, optou pela solução seguinte (1055.º)[3]: 3

2. A denúncia tem de ser comunicada ao outro contraente com a antecedência mínima seguinte, relativamente ao fim do prazo do contrato:

a) Seis meses, se o prazo for igual ou superior a seis anos;
b) Sessenta dias, se o prazo for de um a seis anos;
c) Trinta dias, se ele for de três meses a um ano;
d) Um terço do prazo do contrato, quando este for inferior a três meses.

Como referimos, a 2.ª revisão ministerial foi a responsável pela confusão entre "denúncia" 4
e "oposição à renovação": ao substituir, no preceito hoje correspondente ao 1054.º, "prorroga-se" por "renova-se", os revisores cometeram um erro que inquinaria, por quarenta anos, o Direito português relativo à cessação do contrato.

3. Na **versão original** do CC, resultante do projeto, o n.º 2 surge como preceito próprio, nos 5
termos seguintes, sob a epígrafe "denúncia"[4]:

---

[1] *Contratos civis*, 231.
[2] BMJ 120 (1962), 97.
[3] Jacinto Rodrigues Bastos, *Dos contratos*, 93.
[4] DG I, n.º 274, de 25-nov.-1966, 1975/II-1976/I.

1. A denúncia tem de ser comunicada ao outro contraente com a antecedência mínima seguinte:

a) Seis meses, se o prazo for igual ou superior a seis anos;
b) Sessenta dias, se o prazo for de um a seis anos;
c) Trinta dias, quando o prazo for de três meses a um ano;
d) Um terço do prazo, quando este for inferior a três meses.

2. A antecedência a que se refere o número anterior reporta-se ao fim do prazo do contrato ou da renovação.

6   4. **A reforma de 2006** substituiu "denúncia" por "oposição à renovação": 2.º da L 6/2006, de 27-fev.[5]. Finalmente e sob uma pressão doutrinária de décadas, pôs-se termo a um equívoco dispensável.

7   5. **A reforma de 2012** deu, ao preceito, a redação atual. A alteração cifrou-se em substituir o prazo da oposição à renovação fixado no n.º 1, a), que era de seis meses, por 120 dias. Com isso deu-se corpo à necessidade, assumida na L 31/2012, de agilizar o funcionamento do arrendamento.

II – O regime

8   6. A **ideia básica** do preceito foi a de prever um pré-aviso, para a oposição à renovação. Entendeu o legislador que o arrendamento tem uma vocação duradoura: a sua interrupção, mesmo que decorrente do expirar do seu prazo, deve ser comunicada com anterioridade. Além disso, pretende-se acautelar o interesse de ambas as partes: do arrendatário, que carecerá de algum tempo para encontrar outro local; do senhorio, que procurará um novo inquilino, para rendibilizar o seu investimento[6].

9   7. **Os pré-avisos.** As expectativas de continuidade são tanto mais fortes quanto maior a duração do contrato. Daí o escalonamento dos pré-avisos: 120, 60, 30 e 1/3 do prazo, consoante o prazo seja de seis ou mais anos, de um a seis anos, de três meses a um ano ou inferior a três meses, respetivamente. Mais precisamente: de seis anos completos ou mais, de um ano completo até (menos) de seis anos, de (menos de) um ano até três meses completos e de (menos) de três meses.

10   A ultrapassagem do prazo para a comunicação de não-renovação tem, como efeito prático, a prorrogação automática do contrato[7]. Recordamos que se trata de um prazo de caducidade: só é impedido pela prática do ato em causa (331.º/1) e, aqui, pela comunicação da oposição.

11   8. **A antecedência** do prazo da oposição à renovação reporta-se: (a) ao termo do prazo de duração inicial do contrato; (b) ao termo da sua renovação. Há que estar atento a este ponto: o prazo da renovação segue o 1054.º/2, sendo igual ao do contrato ou, apenas, de um ano, se o contrato previr um prazo mais longo.

12   9. O **relevo prático** do 1056.º é, hoje, muito limitado: quiçá nulo. Os contratos de arrendamento para habitação são de prazo certo ou de duração indeterminada (1094.º/1). No primeiro caso eles seguem regras de renovação automática (1096.º) e de oposição à renovação (1097.º e 1098.º) próprias, que divergem das do 1054.º e do 1055.º. No segundo, não se aplica a oposição à renovação, mas a denúncia, que tem também regras próprias (1099.º a 1103.º).

13   As regras da oposição à renovação próprias do arrendamento habitacional aplicam-se aos arrendamentos para fins não habitacionais, salvo estipulação em contrário (1110.º/1). Finalmente,

---

[5] DR I-A, n.º 41, de 27-fev.-2006, 1558. Na republicação, feita em anexo pela L 6/2006, o 1055.º substituiu "sessenta" e "trinta" (dias) por 60 e 30, respetivamente – DR I-A cit., 1580/II. Em rigor, a parte dispositiva da lei prevalece sobre as "republicações". A multiplicação de divergências deste tipo obriga a uma cuidada confrontação de diplomas.

[6] STJ 3-jul.-1997 (Mário Cancela), BMJ 469 (1997), 494-503 (500).
[7] REv 19-abr.-1990 (Sampaio da Silva), BMJ 396 (1990), 453-454 (o sumário): considera "ineficaz" a declaração que chegue ao outro contraente sem a antecedência exigida pelo 1055.º.

o arrendamento rural tem regras específicas de oposição à renovação: 19.º do DL 294/2009, de 13-out..

Só vemos uma margem de sobrevida: o 1055.º pode aplicar-se em arrendamentos não-habitacionais quando, pela interpretação do contrato, se conclua que as partes não pretenderam aplicar o regime (mais pesado) da oposição à renovação pelo senhorio habitacional (1097.º), mas quando nada mais tenham dito. Já quanto à oposição pelo arrendatário: o 1098.º/1 e 2 consome, por inteiro, o 1055.º. 14

10. A **evolução semântica** levada a cabo pela L 6/2006, substituindo "denúncia" por "oposição à renovação", não altera o sentido dos contratos anteriores. Aí, as locuções "denúncia" e "oposição à renovação" mantêm o sentido que tinham, à luz do Direito então vigente[8]. 15

Artigo 1056.º (Outra causa de renovação)

Se, não obstante a caducidade do arrendamento, o locatário se mantiver no gozo da coisa pelo lapso de um ano, sem oposição do locador, o contrato considera-se igualmente renovado nas condições do artigo 1054.º.

Bibliografia: Laurinda Gemas e outros, *Arrendamento*, 263-266; Pires de Lima/Antunes Varela, *Código anotado* 2, 4.ª ed., 399-400.

Índice

I – Origem
1. Lei n.º 2:030 1
2. Anteprojeto Galvão Telles 2
3. Nas revisões ministeriais 3

II – O regime
4. O âmbito 6
5. Fim da norma 8
6. Casos excluídos 10

7. Oposição do locador 12
   α) Forma 13
   β) Não-consentimento 14
   γ) Natureza recipienda 15
   δ) Prazo 16
   ε) Ónus da prova 17
8. Abuso do direito 18
9. Novo contrato 19

I – Origem

1. A **Lei n.º 2:030**, de 22-jun.-1948, que fazia confusão entre "resolução" e "caducidade" do arrendamento, usando ora uma ora outra, das duas expressões, versava, no 43.º, o despejo. Nessa ambiência dispunha, no n.º 4[1]: 1

> Em todos os casos, a acção caduca se não for intentada no prazo de um ano, a contar da resolução do arrendamento, e o despejo só pode tornar-se efetivo passados noventa dias sobre o aviso.

2. O **anteprojeto Galvão Telles** recuperava a ideia da L 2:030, substantivando-a (pois era puramente processual) e dando-lhe um afino técnico. Preconizava no 57.º, epigrafado "renovação do contrato"[2]: 2

---

[8] STJ 12-fev.-2009 (Paulo de Sá), Proc. 09A0033.
[1] DG I, n.º 148, de 22-jun.-1948, 533/I.
[2] BMJ 120 (1962), 19-168 (77).

Se, depois de revogado, rescindido ou caducado o contrato, o locatário se mantiver, ainda assim, no gozo da coisa, pelo lapso de um ano, sem oposição da outra parte, o contrato considerar-se-á de novo em vigor, como se não tivesse findado.

3. Nas **revisões ministeriais**, o preceito foi evoluindo. Na 1.ª, ocorria um preceito (o 1048.º: renovação do contrato)[3], que dispunha:

> Se, depois da revogação, rescisão ou caducidade do contrato, o locatário se mantiver ainda no gozo da coisa, pelo lapso de um ano, sem oposição da outra parte, o contrato considera-se de novo em vigor, como se não tivesse findado.

A epígrafe não estava tecnicamente conseguida: "como se não tivesse findado" inculca uma prorrogação do mesmo contrato e não uma renovação.

A 2.ª revisão ministerial deu, ao preceito, a redação definitiva[4], que é a atual[5]. Apenas, onde ficaria "artigo 1054.º", no final do preceito, constava "do artigo anterior".

II – O regime

4. **O âmbito** do 1056.º é delimitado, desde logo, pelo universo da caducidade: ao contrário dos ensaios feitos nos preparatórios, as "outras causas" de renovação limitam-se a casos de caducidade, diferentes do de decurso do prazo.

Percorrendo as causas de caducidade verifica-se que a renovação opera perante (pelas alíneas do 1051.º): (b) a verificação da condição resolutiva ou a certeza da não verificação da condição suspensiva e (c) a cessação do direito ou o fim dos poderes legais de administração em cuja base foi celebrado.

5. O **fim da norma** é importante para resolver casos de fronteira. Resulta do preceito que a lei procura proteger a confiança do locatário: se o locador, durante um ano, admite a ocupação do locado, nada fazendo para o recuperar, lógico é inferir que ele se compadece com a renovação.

A jurisprudência versa, por vezes, a tutela da confiança dispensada pelo 1056.º como um "acordo restaurador da relação contratual"[6] ou como uma presunção nesse sentido"[7]. Hoje, afigura-se mais adequado tratá-la como uma situação objetiva de confiança que a lei protege, desde que tenha durado um ano: em prol da segurança.

6. São **casos excluídos** da renovação: a caducidade por morte do locatário – 1051.º, c)[8] – mesmo que no local fique o cônjuge sobrevivo[9] e a caducidade por perda ou por expropriação da coisa – 1051.º, e) e f).

A lei atribui o *ius renovationis* ao locatário e não a qualquer outra pessoa; morrendo ele, não há outro beneficiário. E nas hipóteses de perda ou de expropriação da coisa, não pode haver renovação, *ex rerum natura*.

7. A **oposição do locador** obsta à renovação. A lei não exige que a oposição se manifeste numa concreta comunicação, pelo que já se defendeu poder ela surgir por qualquer forma séria, mesmo não recipienda[10]. E na mesma linha se posiciona a jurisprudência que imputa, ao locatário, o ónus de provar que não houve oposição do senhorio[11]. Todavia, a especial sensibilidade existente

---

[3] BMJ 120 (1962), 97.
[4] Jacinto Rodrigues Bastos, *Dos contratos*, 94.
[5] DG I, n.º 274, de 25-nov.-1966, 1976/I.
[6] REv 19-abr.-1990 (Sampaio da Silva), BMJ 396 (1990), 453, ponto IV do sumário.
[7] Laurinda Gemas e outros, *Arrendamento*, 264, ponto 6.
[8] RLx 14-nov.-1996 (Cunha Barbosa), CJ XXI (1996) 5, 88-93 (90/II), RLx 4-dez.-2006 (Farinha Alves), Proc.

5641/2006 (n.º 1) e RLx 6-fev.-2007 (Rui Vouga), Proc. 7797/2005 (I).
[9] RLx 29-out.-1998 (Domingos Gonçalves Rodrigues), BMJ 480 (1998), 526 (o sumário).
[10] REv 19-abr.-1990 (Sampaio da Silva), BMJ 396 (1990), 453 (o sumário).
[11] RPt 29-set.-2003 (Fernandes do Vale), CJ XXVIII (2003) 4, 170-173 (172/II), recordando o 516.º do CPC:

no arrendamento recomenda maiores cuidados de procedimento e de análise. Vamos, assim, distinguir os vários ângulos relativos à oposição do locador.

α) A **forma**: não se requer uma comunicação, a qual deveria então seguir o 9.º da L 6/2006; assim, valem como oposição: a instauração de uma ação de despejo com base na caducidade[12], a simples carta dirigida ao locatário[13] ou a mera conduta opositora.

β) O **nãoconsentimento** do locador é necessário; caso contrário, não há oposição. O simples facto de o locador receber rendas, após a caducidade, não implica o consentimento[14]: basta ver que os correspondentes pagamentos nem sequer são verdadeiras "rendas" mas, tão-só, indemnizações devidas pela ocupação do locado (1045.º/1). Por seu turno, o consentimento tácito tem de derivar, concludentemente, dos factos que se provem[15].

γ) A **natureza recipienda** da oposição não é exigida pela lei; todavia, alguma jurisprudência requere-a[16]. À partida, seríamos levados a não multiplicar requisitos não previstos na lei, para mais em pontos formais. *In casu*, particularmente tratando-se de arrendamento e com o fito de prevenir dúvidas e litígios, parece razoável exigir, ao locador, uma oposição clara, que chegue ao conhecimento do locatário. Por exemplo: colocar no local um letreiro de "arrenda-se", mandar mudar as chaves das portas de acesso ou mostrar querer ocupar o local.

δ) O **prazo** da oposição é fixado em um ano: é o que resulta do dispositivo do 1056.º. A jurisprudência, no caso de a oposição se manifestar numa ação de despejo, ora se contenta com a sua propositura, nesse prazo de um ano, independentemente do momento da citação[17], ora exige a citação no prazo em causa[18]. De facto, a oposição tem de ocorrer no prazo em questão, manifestando-se, física ou intelectualmente, de modo a ser percetível pelo locatário: só assim obsta à formação da confiança que, atingindo a duração de um ano, obtém a tutela legal.

ε) O **ónus da prova** da não-oposição cabe ao locatário[19]: trata-se de um facto constitutivo do seu direito à renovação (*vide* o 342.º/3: em caso de dúvida, o facto é constitutivo). Todavia, como a prova negativa é muito complexa, cabe ao senhorio, ao abrigo do princípio da cooperação processual, referir qualquer oposição que tenha deduzido, sob pena de o tribunal, dependendo das circunstâncias, daí retirar as adequadas ilações.

8. O **abuso do direito** do locador que, no prazo de um ano, pareça conformar-se com novo arrendamento mas, depois, se oponha, tem sido afastado pelos tribunais[20]. Com efeito, para prevenir litigiosidades excessivas, não há que penalizar a complacência do senhorio. Já assim não será se este, por qualquer modo que lhe seja imputável, gerar uma confiança legítima, no locatário, de que não haveria oposição, com isso levando ao investimento de confiança: a subsequente oposição constituiria, então, um *venire contra factum proprium*, contrário à boa-fé[21].

"A dúvida sobre a realidade de um facto e sobre a repartição do ónus da prova resolve-se contra a parte a quem o facto aproveita".

[12] REv 20-fev.-1992 (Pereira Cardigos), CJ XVII (1992) 2, 271 274 (272/I).

[13] RLx 16 mai. 1973 (s/ind. relator), 201 (o sumário) e RLx 30-mai.-1996 (Ruth Garcez), CJ XXO (1996) 3, 105 107 (106/II).

[14] STJ 19 jan. 1973 (Manuel José Fernandes Costa), BMJ 223 (1973), 209 214 (213), REv 20 fev. 1992 cit., CJ XVII, 2, 272/II, RLx 30 mai. 1996 cit., CJ XXI, 3, 106/II e STJ 31 out. 2006 (Paulo Sá), Proc. 06A2231; *vide* Adriano Vaz Serra, anot. STJ 9-fev.-1971 (José António Fernandes, RLJ 104 (1972), 380 382, *idem*, 382 384 (383/II).

[15] RLx 4 dez. 2006 (Farinha Alves), Proc. 5641/2006 (n.º 2).

[16] RLx 1-jul.-1993 (Almeida Valadas), CJ XVIII (1993) 3, 147 149 (148/II).

[17] REv 23-mai.-1996 (Mário Pereira), BMJ 457 (1996), 463 464 (463).

[18] RPt 10-mar.-2003 (Alves Velho), CJ XXVII (2003) 2, 163 164 (164/II).

[19] RPt 29-set.-2003 (Fernando do Vale), CJ XXVIII (2003) 4, 170-173.

[20] RPt 25-set.-2003 cit., CJ XXVIII, 4, 172-173 e REv 22-abr.-2004 (Ana Resende), CJ XXIX (2004) 2, 249-251 (250/II).

[21] Quanto aos pressupostos da tutela da confiança *ex bona fide* e do *venire*, *Tratado* I, 969 ss. e V, 290 ss..

19   9. Um **novo contrato** será a consequência da aplicação concreta do 1056.º. Trata-se de um contrato idêntico ao inicial, exceto: quanto ao prazo, que será de um ano se o inicial for mais longo e quanto a aspetos circundantes, nos termos acima analisados[22]. Tal se infere do 1056.º, *in fine*.

Secção V – Transmissão da posição contratual

Artigo 1057.º (Transmissão da posição do locador)

O adquirente do direito com base no qual foi celebrado o contrato sucede nos direitos e obrigações do locador, sem prejuízo das regras do registo.

Bibliografia: Laurinda Gemas e outros, *Arrendamento*, 266-277; Pires de Lima/Antunes Varela, *Código anotado 2*, 4.ª ed., 400-401; França Pitão, *NRAU anotado*, 2.ª ed. (2007), 467-469.

Índice

I – **Origem**
1. Código de Seabra 1
2. Decreto n.º 5:411 4
3. Anteprojeto Galvão Telles 6
4. As revisões ministeriais 8

II – **O regime**
5. Transmissão legal 10

6. Venda judicial 12
7. Oneração 14
8. Promessa de locação 15
9. A comunicação ao locatário 16

III – **Construção jurídica**
10. Fórmulas obrigacionistas 17
11. Direito pessoal de gozo 20

I – Origem

1   1. O **Código de Seabra** dispunha sobre a subsistência da locação em caso de transmissão do direito do locador, nos termos seguintes:

> 1619.º O contracto de arrendamento, cuja data for declarada em titulo authentico ou authenticado, não se rescinde por morte do senhorio nem do arrendatário, nem por transmissão da propriedade, quer por titulo universal, quer por titulo singular, salvo o que vae disposto nos artigos subsequentes.

2   O 1620.º regia para o caso de expropriação e o 1621.º para o de venda executiva.

3   Estas regras, correspondentes aos 1742.º e 1743.º do Código Napoleão, ocasionavam sérias dúvidas quanto à natureza do direito do locatário. Na verdade, tudo se passava como se tal direito onerasse diretamente a coisa objeto da locação, seguindo-a onde quer que ela se encontre: é a *emptio non tollit locatum*[1].

4   2. O **Decreto n.º 5:411**, de 17-abr.-1919, retomava, nos 34.º a 36.º, os 1619.º a 1621.º de Seabra[2]. Podemos considerar que, em todo esse período, a *emptio non tollit locatum* foi absorvida pela cultura jurídico-social: quem dê a sua coisa em arrendamento, nada mais pode transferir do que uma coisa onerada.

5   Perfilava-se um problema: a transmissibilidade *mortis causa* do direito do locatário contrariava a natureza *intuitu personae* dessa posição. Todavia, não incomodava: uma vez que o arrenda-

---

[22] *Vide* as anotações 23 e 24 ao 1054.º.
[1] O nosso *Da natureza do direito do locatário* (1980), 85 ss., com elementos.

[2] DG I, n.º 80, de 17-abr.-1919, 655/II.

mento não era vinculístico, o locador podia pôr-lhe cobro, a todo o tempo ou no curto prazo, quando não lhe agradasse o novo locatário, salvo se houvesse acordado prazos longos: sabia, nessa eventualidade e de antemão, ao que se sujeitava.

3. O **anteprojeto Galvão Telles** veio dissociar – como então se impunha, dado o vinculismo –, a transmissão da posição jurídica do locador da do locatário (60.º e 62.º): para a primeira, valia a *emptio non tollit locatum*, agora alargada ao aluguer; para a segunda, colocava-se uma regra de intransmissibilidade de princípio.

Dispunha o 60.º, epigrafado "transmissão da posição jurídica do locador"[3]:

§ 1.º O adquirente do direito a cuja sombra foi celebrado o contrato locativo sucede nos direitos e obrigações do locador, a partir do momento da aquisição, e ainda que esta se funde em prescrição[4], salvo se o contrato caducar, nos termos do n.º 4.º ou 7.º do art. 51.º [casos de inoponibilidade registal e de expropriação, respetivamente].

§ 2.º A dita sucessão também se dá a favor do proprietário, na hipótese de abandono a que se refere o art. 52.º, n.º 1 [abandono levado a cabo pelo enfiteuta ou pelo usufrutuário].

4. **As revisões ministeriais** deram, ao preceito, a sua feição atual. A 1.ª modernizou a linguagem e as remissões, nos termos seguintes (1050.º)[5]:

1. O adquirente do direito com base no qual foi celebrado o contrato locativo sucede nos direitos e obrigações do locador, a partir do momento da aquisição, e ainda que esta se funde em prescrição, salvo se o contrato caducar, nos termos da alínea *d*) ou *g*) do artigo 1042.º.

2. A dita sucessão também se dá a favor do proprietário, na hipótese de alienação ou renúncia a que se refere a alínea *a*) do artigo 1043.º.

Na 2.ª revisão ministerial surge o texto definitivo, hoje em vigor[6].

II – O regime

5. A **transmissão legal** da posição do locador inicial para o adquirente do direito na base do qual a locação foi celebrada não oferece dúvidas de maior[7]. O locador subsequente fica na precisa posição do seu antecessor, com os mesmos direitos e as mesmas obrigações. Entenda-se, porém: na precisa posição do locador inicial, enquanto locador. Assim, se o locador inicial se constituiu civilmente responsável, perante o locatário, por inobservância de deveres contratuais que lhe incumbissem, a obrigação indemnizatória não se transmite.

A transmissão legal em causa opera qualquer que seja o âmbito da locação. Deste modo, o arrendamento para a colocação de um letreiro sobrevive às subsequentes propriedade horizontal e aquisição pelos diversos condóminos[8].

6. Na **venda judicial**, houve alguma controvérsia, quanto a saber se a locação dos bens vendidos caduca, nos termos do 824.º/2[9]. Hoje, pode-se assentar no seguinte: a venda judicial, por si, não faz caducar a locação eventualmente existente; por via do 1057.º, o adquirente fica, automaticamente na posição de (novo) locador[10].

---

[3] *Contratos civis*, 229-230.
[4] Tratava-se da então dita "prescrição aquisitiva"; hoje: usucapião.
[5] BMJ 120 (1962), 98.
[6] Jacinto Rodrigues Bastos, *Dos contratos*, 95.
[7] RCb 13-mar.-2007 (Hélder Roque), Proc. 29/1997.
[8] STJ 23-nov.-1999 (Machado Soares), BMJ 491 (1999), 273-276 (275-276).
[9] *Vide* as anot. 58 a 63.º, ao 1051.º.
[10] STJ 27-mar.-2007 (Moreira Alves), CJ/Supremo XV (2007) 1, 146-151 (148-150); este aresto não é seguido pela jurisprudência maioritária na parte em que pretende afastar o 824.º/2 pela natureza alegadamente não real do direito do locatário: hoje entende-se que esse preceito se aplica aos direitos pessoais de gozo.

13   Só assim não será na eventualidade de a locação ter sido celebrada depois da penhora, altura em que é ineficaz em relação ao exequente (e ao adquirente) ou depois do registo de hipoteca, altura em que caduca com a venda[11].

14   7. **A oneração** do direito do locador deixa incólume a locação anterior. Assim sucede com a oneração com garantias, registadas após a locação[12]. Outro tanto ocorre com a subsequente constituição de um usufruto[13]: nessa eventualidade, o usufrutuário passará a receber a renda, na qualidade de senhorio superveniente.

15   8. **A promessa de locação** não cai sob a alçada do 1057.º[14]. Desta feita, falta um direito pessoal de gozo que possa, sequer, atingir a coisa.

16   9. **A comunicação ao locatário** é necessária, para que este possa passar, com segurança, a pagar a retribuição ao novo locador; tal comunicação deve ser acompanhada pela cópia do título de transmissão[15].

III – Construção jurídica

17   10. **Fórmulas obrigacionistas**. A *emptio non tollit locatum* ocasionou, como referido, um debate sobre a eventual natureza real do direito do locatário. Por razões histórico-culturais, não foi possível dar o passo em direção a essa natureza real[16]. Caberia, então, explicar, em termos obrigacionistas, a sobrevivência da locação, nas transmissões do bem locado[17].

18   Galvão Telles recorreu à transmissão da posição contratual ou do contrato: por força da lei, a alienação do direito do locador envolveria a transferência da posição contratual deste, para o adquirente[18]. Este mesmo Autor referiu, ainda, a hipótese de uma sucessão no contrato por força de lei[19].

19   Carlos Alberto Mota Pinto explicava a *emptio* com recurso à ideia de sub-rogação legal no contrato de locação[20]; com efeito, uma cessão da posição contratual exige três declarações de vontade concordantes (do cedente, do cedido e do cessionário) enquanto que, aqui, basta o acordo transmissivo, entre duas pessoas.

20   11. O **direito pessoal de gozo**, tomado como categoria hoje reconhecida na lei (407.º), na jurisprudência[21] e na doutrina[22], resolve o problema sem artifícios, sem forçar a lógica do Direito das obrigações e sem considerar real o direito do locatário. Com efeito, embora pessoal, o direito do locatário faculta o gozo protegido de uma coisa corpórea. Transmitida esta, o direito (pessoal) de gozo acompanha-a, numa comum manifestação de sequela[23].

---

[11] STJ 3-dez.-1998 (Ferreira de Almeida), BMJ 482 (1999), 219-225 (224), STJ 6-jul.-2000 (Torres Paulo), BMJ 499 (2000), 317-320 (320) = CJ/Supremo VIII (2000) 2, 150-152 (152/II), STJ 7-abr.-2005 (Pires da Rosa), CJ/Supremo XIII (2005) 2, 36-39 (38/II), RCb 14-nov.-2006 (Paulo Brandão), CJ XXXI (2006) 5, 24-25 (25/II), RLx 6-mar.-2007 (Arnaldo Silva), Proc. 85047/2006, STJ 15-nov.-2007 (Pereira da Silva), Proc. 07B3456, REv 19-jun.-2008 (Maria Alexandra Santos), Proc. 2652/07, RCb 21-out.-2008 (Hélder Roque), Proc. 699/06, STJ 5-fev.-2009 (João Bernardo), Proc. 08B4087, RGm 14-mai.-2009 (António Sobrinho), Proc. 683/03, RCb 1-jun.-2010 (Manuel Capelo), Proc. 3624/05, RLx 20-jan.-2011 (Catarina Arelo Manso), Proc. 764/04.
[12] *Vide* a nota anterior.
[13] RLx 8-mar.-2007 (Manuela Gomes), Proc. 914/2007.6.
[14] STJ 15-abr.-1993 (José Miranda Gusmão), ROA 53 (1993), 127-140 (139), anot. Menezes Cordeiro, concordante.
[15] REv 8-mar.-2007 (Sílvio Sousa), Proc. 1568/06.
[16] *Supra*, 1022.º, anot. 23.
[17] Outras indicações em Menezes Cordeiro, *Da natureza do direito do locatário*, 87 ss..
[18] Inocêncio Galvão Telles, *Arrendamento*, 307 e *Manual dos contratos em geral*, 3.ª ed. (1965), 368; também Pires de Lima, anot. STJ 4-mai.-1946 (Lencastre da Veiga), RLJ 89 (1957), 278-282 (280/I).
[19] *Contratos civis*, 178. Recordamos que Galvão Telles considerava "transmissão" e "sucessão" como equivalentes.
[20] *Cessão da posição contratual* (1970), 86 e 87.
[21] Por todos, com indicações, STJ 23-nov.-1999 (Machado Soares), BMJ 491 (1999), 273-276 (275).
[22] *Tratado* VI, 603 ss..
[23] RCb 13-mar.-2007 (Hélder Roque), Proc. 29/1997 (I).

Artigo 1058.º (Liberação ou cessão de rendas ou alugueres)

A liberação ou cessão de rendas ou alugueres não vencidos é inoponível ao sucessor entre vivos do locador, na medida em que tais rendas ou alugueres respeitem a períodos de tempo não decorridos à data da sucessão.

Bibliografia: Laurinda Gemas e outros, *Arrendamento*, 277; Pires de Lima/Antunes Varela, *Código anotado* 2, 4.ª ed., 401-402.

Índice

I – Origem
1. Anteprojeto Galvão Telles 1
2. Versão final 2

II – Regime
3. Objetivo 3
4. Créditos futuros 5
5. Natureza supletiva 7

I – Origem

1. O **anteprojeto Galvão Telles**, no 61.º, preconizava a regra seguinte[1]:

> A liberação ou cessão de rendas ou alugueres não vencidos é inoponível ao sucessor *inter vivos* do locador, na medida em que as mesmas rendas ou alugueres digam respeito a períodos de tempo ainda não decorridos à data da sucessão.

2. **Versão final**. O texto transcrito está muito próximo da versão final do CC, hoje em vigor. A 1.ª revisão ministerial introduziu alterações de pormenor (1051.º)[2], outro tanto fazendo a 2.ª (1058.º)[3].

II – Regime

3. **Objetivo**. O 1058.º visou completar o 1057.º, precisando – em termos, de resto, de lógica jurídica clara – o âmbito da posição assumida pelo adquirente. Trata-se de uma regra retomada do 821.º, para prevenir dúvidas. Além de prevenir dúvidas, o preceito evita fraudes: antes de alienar a coisa, o locador libera o locatário de rendas futuras, com isso prejudicando o adquirente e novo locador.

Relevam, para o efeito de inoponibilidade, as rendas ou alugueres respeitantes a períodos de tempo subsequentes à "sucessão".

4. A alienação de **créditos futuros** coloca um problema diverso. Tal alienação, feita pelo primeiro locador, é possível: ela em nada afeta o devedor. Este, porém, deverá pagá-las, no vencimento, ao novo locador.

A hipótese de, através da notificação prevista no 583.º/1 e feita ao locatário, tornar a alienação de créditos futuros oponível ao novo locador exige o acordo deste: dada a natureza da relação, ela envolve uma cessão, ainda que parcial, da posição contratual (424.º).

5. O 1058.º tem, por fim, **natureza supletiva**. Podem as pessoas envolvidas acordar, relativamente às rendas ou alugueres não-vencidos, qualquer outro regime que lhes convenha. Tratando-se de negócio gratuito, há que lhe respeitar os limites legais. A liberação de rendas ou alugueres futuros pode originar um comodato, em vez de uma locação.

---

[1] *Contratos civis*, 233.
[2] BMJ 120 (1962), 99.
[3] Jacinto Rodrigues Bastos, *Dos contratos*, 98.

Artigo 1059.º (Transmissão da posição do locatário)

1. A posição contratual do locatário é transmissível por morte dele ou, tratando-se de pessoa coletiva, pela extinção desta, se assim tiver sido convencionado por escrito.
2. A cessão da posição do locatário está sujeita ao regime geral dos artigos 424.º e seguintes, sem prejuízo das disposições especiais deste capítulo.

Bibliografia: Laurinda Gemas e outros, *Arrendamento*, 277-279; Pires de Lima/Antunes Varela, *Código anotado* 2, 4.ª ed., 401-403.

Índice

I – Origem
1. O Decreto n.º 5:411 1
2. Lei n.º 2:030 3
3. Anteprojeto Galvão Telles 5
4. Revisões ministeriais 8

II – O regime
5. Intransmissibilidade 9

6. Acordo escrito 11
7. Cessão da posição contratual 13

III – As transmissibilidades especiais
8. Enumeração 14
9. Vinculismo 15

I – Origem

1 **1. O Decreto n.º 5:411**, de 17-abr.-1919, dispunha, no seu 34.º[1]:

> O contrato de arrendamento, cuja data for declarada em título autêntico ou autenticado, não se rescinde por morte do senhorio ou do arrendatário, nem por transmissão da propriedade, quer por título universal quer por título singular, salvo o que vai disposto nos artigos subsequentes.

2 E os artigos subsequentes reportavam-se à "transmissão" resultando de expropriação por utilidade pública (35.º) e à transmissão procedente de execução (36.º). O 58.º do mesmo Decreto dispunha que o arrendamento de estabelecimentos comerciais e industriais subsistiria, não obstante a morte do senhorio ou do arrendatário.

3 **2. A Lei n.º 2:030**, de 22-jun.-1948, comportava, na sua parte V, um capítulo III intitulado "transmissão do direito ao arrendamento"[2]. Nesse capítulo, articulava: o direito ao arrendamento não se comunica ao cônjuge do arrendatário e caduca por morte, salvo nos casos indicados na lei (44.º); o regime de transmissão no caso de separação de pessoas e bens ou de divórcio (45.º); a transmissão por morte, do arrendamento para habitação (46.º).

4 Com dificuldade, foi-se fixando um esquema vinculístico também na transmissão por morte do direito do arrendatário. O sistema tornou-se complexo, numa evolução que o anteprojeto Galvão Telles procurou clarificar.

5 **3. O anteprojeto Galvão Telles** consagrava, ao tema da "transmissão dos direitos e obrigações do locatário", nada menos do que quatro artigos, agrupados numa subsecção a tanto dedicada. Vamos retê-los[3]:

---

[1] DG I, n.º 80, de 17-abr.-1919, 655/II.
[2] DG I, n.º 148, de 22-jun.-1948, 533.
[3] *Contratos civis*, 234-235.

62.º *Intransmissibilidade da posição jurídica de locatário.* A posição jurídica do locatário é intransmissível.

63.º *Casos de intransmissibilidade da posição jurídica de locatário.* § 1.º – A dita posição é porém transmissível, por morte ou entre vivos, a título universal ou singular, quando as partes tenham convencionado por escrito que o contrato não caducará pelo falecimento do locatário, ou pela sua extinção se se trata de pessoa colectiva. § 2.º – Fora do caso prevenido no parágrafo anterior, a cessão da posição jurídica de locatário também é válida se o locador a tiver autorizado por escrito.

64.º *Cessão não permitida por lei nem autorizada pelo locador.* A cessão não permitida por lei nem autorizada pelo locador valida-se se este reconhecer o cessionário como tal.

65.º *Oponibilidade da cessão.* § 1.º – A cessão só produz efeitos em relação ao locador e a terceiros a partir do momento em que seja comunicada ao locador, nos termos do art. 40.º, n.º 2, ou 49.º, ou a partir daquele em que o locador reconheça o cessionário como tal. § 2.º – A cessão, porém, produz desde logo os ditos efeitos quando se verifique a hipótese do art. 41.º.

Tínhamos, aqui, um subsistema alargado, relativo à transmissão do direito do locatário: partindo da regra da intransmissibilidade, ele ia permitindo transmissões previstas no contrato ou autorizadas pelo locador, bem como as posteriormente reconhecidas por este; regulava-se, ainda, o momento em que a cessão (lícita) produzia efeitos perante o locador: quando lhe fosse comunicada.

A intransmissibilidade de princípio era justificada, por Galvão Telles, pela natureza *intuitu personae* do direito do locatário[4].

4. Nas **revisões ministeriais**, os preceitos em jogo foram evoluindo. Na 1.ª revisão, ainda se mantinham os quatro artigos propostos (1052.º a 1055.º), agrupados em subsecção própria e com alterações formais[5]. Na 2.ª, eles foram condensados num único artigo (1059.º), o qual ainda sofreu alterações no projeto final[6]. Foi feita a aproximação à cessão de posição contratual (424.º), de modo a alijar todos os desenvolvimentos que, sem ela, se mostravam necessários.

II – O regime

5. A **intransmissibilidade** do direito do locatário, mau grado ter perdido a referência solene que lhe fazia o anteprojeto Galvão Telles, mantém-se como princípio. Segundo o 1051.º, *d*), o contrato caduca por morte do locatário ou pela sua extinção, sendo pessoa coletiva[7]; ora caducando, nada mais há a transmitir. Por outro lado, o 1038.º, *f*), proíbe o locatário de proporcionar a outrem o gozo da coisa locada, salvo permissão legal ou autorização do locador[8].

Essa intransmissibilidade de princípio, quer *mortis causa*, quer *inter vivos*, explica-se pela natureza *intuitu personae* da locação: ela é concluída, pelo prisma do locador, em função das características pessoais e patrimoniais do locatário. Logo, não é indiferente a presença, na posição deste, de outra pessoa.

6. O **acordo escrito** entre as partes, é a primeira delimitação à regra da intransmissibilidade (1059.º/1). Fica afastado o 1051.º, *d*): a locação já não caduca, pela morte do locatário ou, sendo ele pessoa coletiva, pela sua extinção. O acordo pode constar, como cláusula, do próprio contrato de locação ou surgir em instrumento autónomo, concomitante ou superveniente.

Esse acordo pode, ainda, ser explícito ou resultar, simplesmente, do afastamento da caducidade prevista no 1051.º, *d*). Deve, contudo, manter o contrato no limite máximo dos 30 anos (1025.º).

7. A **cessão da posição contratual**, prevista nos 424.º e seguintes, surge como a segunda delimitação possível (1059.º/2). A transmissão exige, nessa eventualidade, o acordo do locador, do

---

[4] *Contratos civis*, 154.
[5] BMJ 120 (1962), 99-100.
[6] Jacinto Rodrigues Bastos, *Dos contratos*, 100.
[7] *Supra*, 1051.º, anot. 41 a 50.
[8] *Supra*, 1038.º, anot. 19 a 22.

locatário e do transmissário da posição deste[9]. Todos esses requisitos devem ser provados pelo beneficiário da cessão que, dela, se queira prevalecer[10].

III – As transmissibilidades especiais

14   **8. Enumeração.** Para além das hipóteses previstas no 1059.º/1 e 2, as quais passam, todas, pelo acordo entre os intervenientes, a lei prevê outras situações, hoje menos relevantes. Assim: (a) no caso do arrendamento de prédios urbanos, o mesmo comunica-se ao cônjuge do locatário, nos termos gerais e de acordo com o regime de bens (1068.º); (b) a posição do arrendatário de casa de morada de família pode transmitir-se para o cônjuge, ou concentrar-se nele, no caso de divórcio ou de separação judicial de pessoas e bens (1105.º); (c) o arrendamento para fins não habitacionais é transmissível, sem autorização do senhorio, no caso de trespasse de estabelecimento comercial ou a pessoa que, no locado, continue a exercer a mesma profissão ou a sociedade profissional equivalente (1112.º/1); (d) esse mesmo arrendamento transmite-se por morte (1113.º). Remetemos para as anotações correspondentes a esses preceitos.

15   **9.** A multiplicação de situações de transmissibilidade constituem um sintoma de **vinculismo**. Através delas, estabelece-se uma ordem subdominial: os bens locados circulam à margem do domínio, numa ocorrência que perturba toda a lógica da apropriação, prejudicando claramente o tema das obras, entre outros. As recentes reformas procuram restringir este aspeto.

Secção VI – Sublocação

INTRODUÇÃO

Bibliografia: Laurinda Gemas e outros, *Arrendamento*, 279-281; Pires de Lima/Antunes Varela, *Código anotado 2*, 4.ª ed., 404-405; Pedro Romano Martinez, *O subcontrato* (1989); Estelita de Mendonça, *Da sublocação* (1972); Pinto de Mesquita/Polónio de Sampaio, *Legislação sobre arrendamentos* (1962).

Índice

I – O subcontrato em geral
1. Subcontrato 1
2. Requisitos 3
3. Figuras próximas 5
4. Modalidades 7
5. Natureza 9
6. Regime 10

II – A evolução da sublocação
7. História 12
8. Código de Seabra 13
9. Decreto n.º 5:411 14
10. A Lei n.º 1:662 15
11. A Lei n.º 2:030 17
12. Código Civil 18

I – O subcontrato em geral

1   **1. O subcontrato** é uma figura geral a que se pode reconduzir a sublocação. Descritivamente, no subcontrato surge quando um contratante, parte num primeiro contrato (o contrato principal) utiliza a posição daí derivada para concluir, com o terceiro (o subcontratante) um contrato de índole semelhante, sem fazer cessar o primeiro.

---

[9] STJ 30-jan.-1990 (José Domingues), BMJ 393 (1990), 594-602 (598 e 601).

[10] STJ 18-set.-2012 (Moreira Alves), Proc. 30-C/1998.

Para além da sublocação (1060.º), o CC refere o subarrendamento (1088.º), o subdepósito (1189.º e 1197.º) e a subempreitada (1213.º). Pressupõe, embora sem referir o termo, a subprocuração (264.º) e o submandato (1165.º), com regras próprias. Fora do CC, encontramos a subagência (5.º do DL 178/86, de 3-jul., alt. DL 118/93, de 13-abr.).

2. Requisitos. O subcontrato requer: (a) um contrato que origine relações duradouras; (b) uma posição contratual disponível; (c) a legitimidade de um dos contratantes para subcontratar.

À partida, as relações contratuais só são disponíveis com o consentimento de todos os envolvidos (424.º). Por isso, na generalidade dos subcontratos, ou há acordo ou autorização prévios, ou surge uma disposição legal permissiva.

3. Figuras próximas. O subcontrato não se confunde com a cessão da posição contratual: nesta, o contratante inicial deixa de o ser, passando a sua posição a ser ocupada pelo cedido; naquele, ambos os contratantes mantêm as suas posições; mas um deles subcontrata a sua posição, transferindo o exercício que lhe cabia, no todo ou em parte, para o subcontratado.

O subcontrato distingue-se, também, da simples contratação de auxiliares. Estes executam tarefas tendentes a facilitar o papel do contratante; mas não recebem, na sua esfera, uma parcela de poderes e deveres correspondentes ao contrato principal. Em termos de regime, isso traduz-se em não ser necessária, em princípio, qualquer autorização da contraparte para obter a colaboração de auxiliares.

4. Modalidades. O subcontrato pode ser total ou parcial: total quando envolva o conjunto dos direitos e dos deveres que, pelo contrato principal, cabiam ao subcontratante; parcial quando respeite, apenas, a uma parcela desses direitos e deveres. O subcontrato total distingue-se da cessão da posição contratual por conservar as relações entre os contratantes iniciais, enquanto o subcontratante apenas contracena com um deles.

O subcontrato ordena-se, naturalmente, em função do contrato que lhe sirva de base: sublocação, subdepósito, subempreitada e assim por diante.

5. Natureza. O subcontrato surge como contrato necessariamente coligado (ou em união) com o contrato principal, numa relação de hierarquia. Não é possível sem o principal e deve, em todas as circunstâncias, respeitar o principal.

6. O regime depende do tipo-base em jogo. Na construção tradicional, a situação jurídica do contratante isolado ficaria intacta quando a contraparte subcontratasse[1]. Não é assim. Desde logo, há feixes de deveres acessórios que, de imediato, ligam os três intervenientes: de segurança, de lealdade e de informação. A boa-fé obriga a que todos convivam no mesmo espaço jurídico, de acordo com os princípios fundamentais.

Além disso, a lei permite, em certas condições, relações fortes entre o contratante isolado e o subcontratante da outra parte, e vice-versa. A subcontratação acaba, assim, por representar um complexo contratual duradouro com três intervenientes.

II – A evolução da sublocação

7. Ao longo da **História**, a sublocação, em particular na vertente mais significativa do subarrendamento, veio a obter diversas valorações, por parte dos legisladores[2]. Os vetores em presença são claros e contrapostos: admitir sublocações equivale a tolerar, entre o dono da coisa e o seu utilizador final, um intermediário socialmente inútil, que punciona, sem justificação, uma parcela da

---
[1] Galvão Telles, *Contratos civis*, 155-157.
[2] A questão foi ainda discutida, historicamente, a propósito da subenfiteuse.

riqueza a distribuir. Mas na contraface: sendo titular legítimo de certas vantagens, porque não poderá o locatário geri-las e distribuí-las, de modo a ampliar a circulação de riqueza.

13   8. O **Código de Seabra**, em pleno liberalismo, dava uma grande abertura: permitia ao locatário sublocar livremente, sempre que, no contrato, não houvesse uma cláusula que o proibisse (1605.º). Todavia, o locatário mantinha-se responsável, perante o locador.

14   9. O **Decreto n.º 5:411**, de 17-abr.-1919, mantinha essa orientação (31.º), equiparando, à sublocação, a cessão do direito ao arrendamento (§ único). Multiplicava os deveres procedimentais, obrigando à notificação do senhorio (32.º) e atribuiu expressamente, ao sublocador, total ou parcial, os direitos concedidos ao senhorio, bem como as inerentes obrigações, no que tange às relações com o sublocatário (33.º).

15   10. **A Lei n.º 1:662**, de 4-set.-1924, operou a viragem. No seu 7.º, dispunha[3]:

> A sublocação é sempre proïbida, quando não seja autorizada por lei, por contrato ou por consentimento escrito do senhorio.
>
> § 1.º Fora dos casos mencionados neste artigo, a sublocação é sempre motivo para o despejo e pode ser verificada por qualquer meio de prova.
>
> § 2.º Na sublocação de todo ou parte do prédio, o locatário ou sublocatário só poderá receber uma renda proporcional àquela que paga ao senhorio, aumentada de 50 por cento.

16   Estas medidas são a contraface do vinculismo. Enquanto se ampliava a ligação do locatário à coisa, exaurindo a posição do senhorio pela depreciação monetária, o legislador combatia a presença de intermediários (o sublocador) que, sem uma função social útil, aproveitassem a desvalorização para receber mais-valias que deveriam caber ao senhorio. O 1605.º do Código de Seabra ficou, assim, implicitamente revogado.

17   11. **A Lei n.º 2:030**, de 22-jun.-1948, veio acumular as exigências formais de 1919, com o limite material de 1924, sempre como contrapeso (modesto) para o vinculismo. Aproveitou, ainda, para resolver dúvidas suscitadas pelo Direito anterior. Na sua parte V comportava um capítulo V, dedicado à sublocação[4]. Damos conta do 59.º:

> 1. A cláusula permissiva da sublocação não dispensa a notificação, que terá de ser requerida no prazo de quinze dias.
>
> É dispensado a notificação se o senhorio consentir expressamente em determinada sublocação ou reconhecer o sublocatário como tal.
>
> Não se considera reconhecimento o simples conhecimento de que o prédio foi sublocado.
>
> 2. Consideram-se ilegais as sublocações feitas posteriormente a esta lei, se a notificação delas, quando exigida, não for requerida no prazo do número anterior.

18   12. O **Código Civil**, herdeiro desta evolução, toma a opção inversa à de Seabra: a sublocação só é possível quando permitida por lei ou autorizada pelo locador – 1038.º, *f*).

19   Quanto à permissão por lei: ela ocorre no caso de locação do estabelecimento (1109.º).

Artigo 1060.º (Noção)

A locação diz-se «sublocação» quando o locador a celebra com base no direito de locatário que lhe advém de um precedente contrato locativo.

Bibliografia: *vide* a da introdução.

---

[3] DG I, n.º 200, de 4-set.-1924, 1242/II.   [4] DG I, n.º 143, de 22-jun.-1948, 535/I e II.

Índice

I – **Origem**
1. Anteprojeto Galvão Telles 1
2. Revisões ministeriais 2

II – **Alcance e regime**
3. Alcance 4
4. Modalidades 6
5. A hospedagem 7
6. Forma e prazo 9

7. Fins 10
8. Deveres das partes 11
9. Senhorio do sublocador 12
10. Caducidade 13

III – **Construção dogmática**
11. União de contratos 15
12. Primazia da materialidade 17

I – Origem

1. O **anteprojeto Galvão Telles** apresentava, sob a epígrafe "definição de sublocação", a fórmula seguinte (66.º)[1]:

> A locação diz-se sublocação quando o locador a celebra à sombra do direito de locatário que lhe deriva de um precedente contrato locativo.

2. **Revisões ministeriais**: na 1.ª, fez-se, sob a mesma epígrafe, uma tentativa similar (1056.º)[2]:

> A locação diz-se sublocação quando o locador a celebra com base no direito do locatário que lhe deriva de um precedente contrato locativo.

Na 2.ª (1060.º), manteve-se esse mesmo texto, advindo a fórmula final do projeto definitivo[3].

II – Alcance e regime

3. O **alcance** de uma definição legal é limitado: vale como norma de enquadramento, tendente a precisar o campo no qual o legislador vai estatuir. Do ponto de vista doutrinário, nada impede que as definições legais sejam melhoradas ou substituídas. No caso vertente, a definição do 1060.º mantém-se operacional[4]. Além disso, ele comporta indicações úteis, quanto ao regime.

A sublocação é, antes do mais, um contrato de locação; di-lo logo o início do preceito. Assim, são-lhe aplicáveis as diversas regras relativas à locação, com os desvios provenientes da natureza limitada do direito do sublocador, que lhe serve de base.

4. **Modalidades**. A sublocação diz-se subarrendamento ou subaluguer, consoante a natureza imóvel ou móvel do objeto (1023.º)[5]. O primeiro pode ser urbano ou rústico, habitacional ou não-habitacional e comum ou especial, conforme as circunstâncias.

5. **A hospedagem**, genericamente permitida pelo 1093.º/1, b), distingue-se da sublocação por ser um misto de sublocação e prestação de serviço: o locatário proporciona-lhe habitação e, além disso serviços relacionados com ela ou alimentos, mediante retribuição (1093.º/3)[6].

6. **Forma e prazo**. A sublocação segue a forma da correspondente locação. Sendo urbana, deve ser celebrada por escrito (1069.º).

Não pode ultrapassar os 30 anos (1025.º) seguindo, supletivamente, o esquema do 1026.º: tem-se por celebrada por um prazo igual à unidade de tempo a que corresponde a retribuição fixada. Todavia e em qualquer caso, não pode ultrapassar a duração da locação que lhe serve de base.

---

[1] *Contratos civis*, 235.
[2] BMJ 120 (1962), 100.
[3] Jacinto Rodrigues Bastos, *Dos contratos*, 102.
[4] *Vide* STJ 23-mai.-1995 (Ramiro Vidigal), CJ/Supremo III (1995) 2, 1034-106 (104/I e II).
[5] Na linguagem corrente fala-se, por vezes, em subaluguer, para significar o subarrendamento: RPt 24-out.-1989 (Dionísio de Pinho), BMJ 390 (1989) 465.
[6] *Vide* as competentes anotações.

10 7. **Fins**. A sublocação tem o fim que resulte do contrato e respetivas circunstâncias; nada resultando, o sublocatário pode aplicar a coisa a quaisquer fins lícitos, dentro da função normal das coisas de igual natureza (1027.º). Mas com um limite essencial: o fim da sublocação nunca pode transcender o da locação de base, nem divergir do desta última. O sublocador não pode conceder um tipo de gozo de que ele próprio não disponha.

11 8. Os **deveres das partes** são os típicos da locação. O sublocador observará, relativamente ao sublocatário, os 1031.º a 1037.º e o sublocatário, perante o sublocador, os 1038.º a 1046.º. De qualquer modo, cumpre sempre, caso a caso e norma a norma, verificar se a natureza subcontratual da figura em jogo obriga a alguma adaptação.

12 9. **Senhorio do sublocador**: uma figura possível e já documentada[7], que ocorre quando o sublocatário adquira, por compra ou por sucessão *mortis causa*, o local sublocado. Nessa eventualidade mantém-se quer a locação, quer a sublocação, uma vez que não opera a confusão.

13 10. **Caducidade**. A sublocação cessa, por caducidade, quando, a qualquer título, termine a locação que está na sua base – 1051.º, *c*)[8].

14   Todavia, nas hipóteses de cessação da locação por distrate ou por confusão das posições de locador e sublocatário, ela mantém-se, ocupando o primitivo locador a posição de locador simples e o sublocatário, a de locatário: o direito de sublocatário, legitimamente constituído, acompanha a coisa, nos termos do 1057.º. O locador, ao "adquirir" o direito do locatário (que por isso se extingue) recebe, com ele, a posição de sublocador e, logo, o sublocatário[9].

III – Construção dogmática

15 11. A **união de contratos** apresenta-se como a teoria que melhor explica a natureza da sublocação e, em geral, do subcontrato[10]. Com efeito, a sublocação está sempre ligada à locação de base, relacionando-se com esta por respeitar à mesma coisa (ou parte dela) e por apresentar um sujeito comum: o locatário, na locação de base, que, em simultâneo, é locador, na sublocação.

16   Trata-se, mais precisamente, de uma união interna (a sublocação está materialmente subordinada à locação), causal (a locação estabelece uma relação duradoura da qual depende a sublocação), funcional (os papéis respetivos são interdependentes), não-processual, homogénea, hierárquica e vertical ou em cascata[11].

17 12. A **primazia da materialidade** impõe-se: um contrato que reúna as qualidades substantivas do subarrendamento deve, como tal, ser havido, aplicando-lhe o competente regime. E isso sucede independentemente da designação que as partes lhe deem[12].

Artigo 1061.º (Efeitos)

A sublocação só produz efeitos em relação ao locador ou a terceiros a partir do seu reconhecimento pelo locador ou da comunicação a que se refere a alínea *g*) do artigo 1038.º.

---

[7] RPt 25-nov.-1980 (Joaquim Gonçalves), CJ VI (1981) 1, 299-300.
[8] RPt 19-set.-1989 (Lobo Mesquita), BMJ 389 (1989), 646 (o sumário) e RPt 22-abr.-1991 (Tomé de Carvalho), CJ XVI (1991) 2, 277-278 (278/II). *Vide* Antunes Varela, anot. STJ 10-dez.-1981 (Roseira de Figueiredo), RLJ 117 (1985), *idem*, 318-320 e 334-340 (335/II, nota 1).
[9] Esta solução resultava expressamente do 68.º do anteprojeto Galvão Telles e do 1058.º da 1.ª revisão ministerial; desapareceu por não ser necessária; *vide* as anotações ao artigo seguinte.
[10] Pedro Romano Martinez, *O subcontrato* (1989), 189 ss., especialmente 193 ss..
[11] *Tratado* II/2, 273-277.
[12] STJ 14-jan.-2010 (Álvaro Rodrigues), Proc. 541/09.4.

Bibliografia: Laurinda Gemas e outros, *Arrendamento*, 281-282; Pires de Lima/Antunes Varela, *Código anotado* 2, 4.ª ed., 405-406.

Índice

I – Origem
1. Decreto n.º 5:411 1
2. Lei n.º 2:030 3
3. Anteprojeto Galvão Telles 4
4. Revisões ministeriais 5

II – Regime
5. Comunicação 7
6. Falta 8
7. Reconhecimento 9

I – Origem

1. O **Decreto n.º 5:411**, de 17-abr.-1919, dispunha, no seu 32.º[1]:   1

> A sublocação de qualquer prédio urbano só produzirá efeito com relação ao senhorio, quando este haja consentido nela, ou quando lhe tenha sido notificada pelo arrendatário ou pelo sublocatário.
> § 1.º Esta notificação será requerida ao respectivo juiz de direito nos quinze dias seguintes ao contrato, nos termos dos artigos 645.º e 649.º do Código de Processo Civil.
> § 2.º O disposto neste artigo não prejudicará os direitos e obrigações recíprocas entre o arrendatário e o sublocatário, nem os direitos do senhorio em relação àquele, nos termos do artigo anterior.

Trata-se de um preceito que visava, com recurso a uma carga burocrática sobre o locatário ou o sublocatário, contrabalançar o regime vinculístico que se intensificava. Recorde-se, ainda, que nessa época e por via do Código de Seabra (1605.º), a sublocação era sempre livre: a menos que o contrato de locação o proibisse.   2

2. A **Lei n.º 2:030**, de 22-jun.-1948, esclareceu, no 59.º/1, primeira parte[2]:   3

> A cláusula permissiva de sublocação não dispensa a notificação, que terá de ser requerida no prazo de quinze dias.

3. O **anteprojeto Galvão Telles** não comportava um preceito específico que, havendo sublocação, obrigasse à sua comunicação ao locador. Todavia, o dever de comunicar, mesmo perante sublocações previamente permitidas, emergia de preceitos como os 40.º, 41.º e 49.º.   4

4. **Revisões ministeriais**. A 1.ª manteve a orientação de Galvão Telles. Apenas na 2.ª surge um texto prenunciador do atual (1061.º)[3]:   5

> A sublocação só produz efeitos em relação ao locador ou a terceiros a partir do seu reconhecimento pelo locador ou da comunicação a que a alínea g) do artigo 1038.º se refere.

O ajuste final ocorreu no projeto.   6

II – Regime

5. A **comunicação** da sublocação ao senhorio é referida pelo 1038.º, g): deve ser feita no prazo de 15 dias. Hoje, tal comunicação deve seguir as regras do 9.º da L 6/2006.   7

6. A **falta** de comunicação dá azo à resolução do contrato, como se infere do 1049.º. Este ponto exige atenção, uma vez que a resolução não requer a "culpa".   8

---

[1] DG I, n.º 80, de 17-abr.-1919, 655/I.
[2] DG I, n.º 143, de 22-jun.-1948, 535/I.
[3] Jacinto Rodrigues Bastos, *Dos contratos*, 109.

9   7. O **reconhecimento**, pelo locador, da qualidade de sublocatário legítimo equivale à comunicação (1061.º e 1049.º). Tal reconhecimento deve ser suficientemente explícito[4], mostrando não apenas "conhecimento" mas, ainda, a aquiescência.

Artigo 1062.º (Limite da renda ou aluguer)

O locatário não pode cobrar do sublocatário renda ou aluguer superior ou proporcionalmente superior ao que é devido pelo contrato de locação, aumentado de 20%, salvo se outra coisa tiver sido convencionada com o locador.

Bibliografia: Rui de Alarcão, *A limitação da renda no subarrendamento*, BFD XXXVIII (1962), 117-142; Laurinda Gemas e outros, *Arrendamento*, 282-284; Pires de Lima/Antunes Varela, *Código anotado* 2, 4.ª ed., 406-407; Estelita de Mendonça, *Da sublocação* (1972), 94.

Índice

I – Origem
1. Decreto n.º 5:411 1
2. Lei n.º 1:662 3
3. Anteprojeto Galvão Telles 5
4. Revisões ministeriais 6

II – Regime
5. Objetivo da lei 7
6. Limite 8
7. Sublocações sucessivas 10
8. Subrendas ilícitas 11

I – Origem

1   1. O **Decreto n.º 5:411**, de 17-abr.-1919, no seu 109.º, dispunha[1]:

> Nenhum locatário ou sublocatário poderá sublocar qualquer prédio destinado à habitação exigindo renda superior àquela que paga ao senhorio ou ao locador ou sublocador, e não poderá recusar qualquer contrato de sublocação por essa mesma renda, sob pena, em qualquer caso, de desobediência qualificada.

2   A questão punha-se por via do vinculismo. As rendas encontravam-se em degradação crescente e os locadores não podiam pôr termo aos contratos. Os locatários, a quem, na época, era permitida a sublocação, salvo cláusula em contrário, podiam dedicar-se a um rendoso negócio especulativo: o de sublocar por rendas elevadas, pagando, ao senhorio, pequenas cifras.

3   2. A **Lei n.º 1:662**, de 4-set.-1924, retomou o problema. No seu 7.º, § 2.º, dispunha[2]:

> Na sublocação de todo ou parte do prédio, o locatário ou sublocatário só poderá receber uma renda proporcional àquela que paga ao senhorio, aumentada de 50 por cento.

4   As rendas degradavam-se, na época, de modo acelerado, o que permitia, à lei, mais alguma abertura.

5   3. O **anteprojeto Galvão Telles** abordava o tema num preceito dedicado a "outras obrigações do locatário": o 40.º. Dispunha:

> O locatário tem ainda a obrigação de[3]: (...)
> 3.º Não cobrar do sublocatário renda ou aluguer superior ou proporcionalmente superior à que é devida pelo contrato de locação, aumentada de cinquenta por cento, salvo se no dito contrato se tiver convencionado outra coisa.

---

[4] Não basta, no tocante à cedência, que a mulher do procurador do senhorio tenha recebido uma renda: RCb 23-nov.-1993 (Nuno Pedro Vasconcelos Cameira), CJ XVIII (1993) 5, 42-45 (44/II).

[1] DG I, n.º 80, de 17-abr.-1919, 661/II.
[2] DG I, n.º 200, de 4-set.-1924, 1242/II.
[3] *Contratos civis*, 225.

4. **Revisões ministeriais**: o esquema de Galvão Telles foi mantido na 1.ª revisão ministerial – 1031.º, c) – embora com a percentagem-limite de vinte por cento[4]. A solução definitiva, hoje na lei, ocorreu na 2.ª revisão[5].

II – **O regime**

5. O **objetivo da lei**, historicamente determinado, é o de prevenir negócios especulativos, sem que qualquer função social o justifique. O locatário já tem, ao seu alcance, a hipótese da hospedagem, que não incorre no limite: não pode, à margem de qualquer papel útil, acaparar uma mais-valia.

6. O **limite** é fixado em 20%, como modo de prevenir dúvidas. A jurisprudência entende que, para esse efeito, vale como renda não só a parcela correspondente à habitação, mas ainda a paga a título de aluguer pela mobília[6].

No caso de uma locação parcial, há que fazer a proporção, para encontrar o limite dos 20%. A proporção deve operar na base do valor da parte arrendada (dado qualitativo) e não, apenas, na da área[7].

7. **Sublocações sucessivas** são possíveis. Nessa eventualidade, em cada uma delas pode operar o aumento, até aos 20%[8]. À medida que o termo do vinculismo permita o surgir de um mercado estável de arrendamento, essas eventualidades tornam-se remotas.

8. As **subrendas ilícitas** que, porventura, o sublocador receba, com violação do 1062.º, podem ser exigidas pelo senhorio, com base em enriquecimento sem causa[9].

Artigo 1063.º (Direitos do locador em relação ao sublocatário)

Se tanto o locatário como o sublocatário estiverem em mora quanto às respetivas dívidas de renda ou aluguer, é lícito ao locador exigir do sublocatário o que este dever, até ao montante do seu próprio crédito.

Bibliografia: *Tratado* II/4, 515 ss.; Laurinda Gemas e outros, *Arrendamento*, 284-285; Pires de Lima/Antunes Varela, *Código anotado* 2, 4.ª ed., 407-408; Inocêncio Galvão Telles, *Arrendamento*, n.º 109.

Índice

I – **Origem**
1. Anteprojeto Galvão Telles 1

I – **Natureza**
2. Inação do devedor 2
3. Ação oblíqua 3

4. Ação direta 6

II – **Natureza**
5. Pressupostos 8
6. Consequências 9

---

[4] BMJ 120 (1962), 91.
[5] Jacinto Rodrigues Bastos, *Dos contratos*, 110.
[6] RLx 17-out.-1978 (Augusto Vitor Coelho), CJ III (1978) 4, 1348-1349 (1349/II) e REv 4-jan.-1980 (Barros de Sequeiros), CJV (1980) 1, 190-192 (191/I), com indicações.
[7] Rui de Alarcão, *A limitação da renda*, 120-121 e Pires de Lima/Antunes Varela, *Código anotado* 2, 4.ª ed., 406-407.
[8] Rui de Alarcão, *A limitação da renda*, 120-121 e Pires de Lima/Antunes Varela, *Código anotado* 2, 4.ª ed., 407; contra, Estelita de Mendonça, *Da sublocação*, 94 ss..
[9] STJ 22-mai.-2001 (Silva Salazar), CJ/Supremo IX (2001) 2, 95-96 (96/I e II).

I – Origem

1. 1. O **anteprojeto Galvão Telles**, sob a epígrafe "ação sub-rogatória directa do locador contra o locatário", veio propor um preceito praticamente idêntico ao hoje em vigor (67.º)[1].

II – Natureza

2. 2. A **inação do devedor** pode prejudicar os credores dele. Pergunta-se, nessa eventualidade, se o credor pode atuar os direitos do devedor contra terceiro. Uma resposta positiva iria pôr em causa o princípio da relatividade dos contratos. Exige, por isso, regras específicas, a tanto destinadas.
3. 3. A **ação oblíqua** é uma primeira resposta: ela permite, ao credor, atuar os direitos do seu devedor contra terceiros, para melhor assegurar o próprio direito. Os valores que obtenha revertem para o património do devedor, de tal modo que aproveitam a todos os demais credores, de acordo com as regras de repartição do património do devedor.
4. Esta figura está hoje consagrada na lei civil[2]: segundo o 606.º: (a) perante uma obrigação efetivamente existente; (b) tendo o devedor direitos de conteúdo patrimonial que não exerça e cujo exercício não esteja reservado, pela lei, ao seu titular; (c) e sendo esse exercício essencial à satisfação ou à garantia do direito do credor, pode o credor exercer, contra terceiro, os direitos do devedor em causa. O CC chama, a esta figura, a ação sub-rogatória.
5. A sub-rogatória (ação oblíqua), exercida por um dos credores, aproveita aos demais (609.º), como foi dito.
6. 4. A **ação direta** distingue-se da oblíqua em dois pontos: não é genericamente concedida, pela lei, a todos os interessados e não aproveita ao conjunto dos credores: antes e tão-só à pessoa a quem ela seja concedida. No CC, a ação direta surge no 794.º ("commodum" da representação), no 803.º (*idem*) e no 1063.º, aqui em estudo.
7. A hipótese aberta pelo 1063.º não é, perante a terminologia atual, a de uma sub-rogatória mas, antes, de uma verdadeiras e própria ação direta. O locador recebe, diretamente, do sublocatário, a renda que este deve ao sublocador. De outro modo, todos os demais credores do sublocador iriam beneficiar com o gozo da coisa, pertença do locador.

III – Regime

8. 5. Os **pressupostos** da ação direta facultada pelo 1063.º são claros: (a) mora do locatário quanto às rendas ou alugueres; (b) mora do sublocatário, quanto às subrendas ou subalugueres. Não se requer que a ação contra o sublocatário seja essencial à satisfação da garantia do credor (como faz o 606.º/2): em mais uma diferença relativamente à sub-rogatória.
9. 6. **Consequências**. A ação direta contra o sublocatário não elimina a mora do locatário, nos aspetos que não tenham a ver com a precisa satisfação obtida. Assim, a resolução por não pagamento de rendas pode seguir, nos termos gerais.
10. Por seu turno, o sublocatário que pague, *ex* 1063.º, diretamente, ao locador, fica exonerado perante o sublocador.

---

[1] *Contratos civis*, 235; *vide* BMJ 120 (1962), 101, quanto à 1.ª revisão ministerial.   [2] *Tratado* II/4, 517 ss..

Secção VII – Arrendamento de prédios urbanos

INTRODUÇÃO

Bibliografia: Maria Olinda Garcia, *Arrendamento urbano anotado*; Laurinda Gemas e outros, *Arrendamento*, 285-289; Luís Menezes Leitão, *Arrendamento*, 6.ª ed.; José Alberto dos Reis, *Arrendamento rústico e arrendamento urbano*, RLJ 65 (1932), 177-179, 193-199.
Vide a bibliografia geral.

Índice

I – **Antecedentes**
1. Código de Seabra 1
2. Evolução subsequente 3

II – **O Código Civil**
3. Texto original 4
4. Termos sistemáticos 5

III – **A descodificação e a recodificação**
5. Arrendamento rural 7
6. Arrendamento urbano 9

IV – **Sistema atual**
7. Arrendamento urbano 12
8. Diplomas complementares 13

I – Antecedentes

1. O **Código de Seabra** consagrava uma secção ao arrendamento (1606.º a 1632.º). Aí, após uma subsecção I relativa aos direitos e obrigações dos senhorios e dos arrendatários (1606.º a 1622.º), isolava, em subsecção II, disposições especiais dos arrendamentos de prédios urbanos (1623.º a 1626.º), em subsecção III, *idem*, de prédios rústicos (1627.º a 1631.º) e em subsecção IV (1632.º), fazia uma referência à ação de despejo.

O arrendamento urbano contentava-se, então, com quatro simples preceitos: 1623.º, quanto ao termo do arrendamento não fixado no contrato; 1624.º, referente à renovação; 1625.º, sobre o uso de escritos, no caso de despedimento por iniciativa do arrendatário e 1626.º, para as terras onde não se usem escritos.

2. A **evolução subsequente** foi marcada por um grande desenvolvimento legislativo sobre o arrendamento urbano, tal como referido a propósito do vinculismo[1]. Especialmente marcantes foram o D 5:411, de 17-abr.-1919, a L 1:662, de 4-set.-1924 e a parte V da L 2:030, de 22-jun.-1948. Instalou-se uma complexidade acentuada não só pela profusão das fontes como, também, pelas relações confusas que se estabeleciam entre elas.

II – O Código Civil

3. O **texto original** do CC procurou codificar a matéria. Deve dizer-se que, no plano substantivo, as novidades foram escassas: manteve-se, intacto, o vinculismo anterior, enquanto o legislador se limitou, por vezes, a retranscrever, para o CC, regras constantes dos diplomas que o antecederam, mesmo com danos para a uniformidade de linguagem.

4. Em **termos sistemáticos**, o CC comportava, depois da secção VI, dedicada à sublocação (1060.º a 1063.º), uma secção VII, sobre arrendamento rural (1064.º a 1082.º) e uma secção VIII intitulada "arrendamento de prédios urbanos e arrendamento de prédios rústicos não abrangidos na secção precedente" (1083.º a 1120.º). Esta secção, por seu turno, abrangia oito subsecções: I – Disposições gerais (1083.º a 1092.º); II – Resolução do contrato (1093.º e 1094.º); III –

---

[1] *Supra*, introdução aos 1047.º a 1056.º, anotações 21 e seguintes.

Denúncia do contrato (1095.º a 1100.º); IV – Subarrendamento (1101.º a 1103.º);V – Atualização de rendas (1104.º a 1106.º);VI – Disposições gerais dos arrendamentos para habitação (1107.º a 1111.º);VII – Disposições gerais dos arrendamentos para comércio ou indústria (1112.º a 1116.º);VIII – Disposições gerais dos arrendamentos para exercício de profissões liberais (1119.º e 1120.º).

6 Este esquema resultou especialmente complicado. Qualquer questão aparentemente simples obrigava a pesquisar a área específica em jogo, as disposições gerais do arrendamento urbano e as disposições gerais da locação. A incapacidade denotada em apresentar uma verdadeira codificação, na área do arrendamento urbano, contribuiu, por certo, para a instabilidade subsequente.

III – **A descodificação e a recodificação**

7 5. O **arrendamento rural**. O CC não chegaria a completar, nesta área, os dez anos de vigência. Após 25-abr.-1974, iniciaram-se as mexidas no arrendamento rural. Assim; o DL 547/74, de 22-out., tomou medidas quanto a terras dadas em arrendamento na situação de incultas; o DL 573/74, de 31-out., prorrogou os prazos dos contratos, preparando a reforma subsequente; o DL 201/75, de 15-abr., adotou um novo regime para o arrendamento rural, revogando os originais 1064.º a 1082.º. Esse diploma foi ainda alterado pelo DL 733/75, de 23-dez. e pelo DL 414/76, de 27-mai..

8 A reforma seguinte adveio da L 76/77, de 29-set., que adotou novo regime, revogando o DL 201/75. Este diploma, após algumas alterações, foi substituído pelo DL 385/88, de 25-out.. De novo se multiplicaram as mexidas, designadamente as levadas a cabo pelo DL 524/99, de 10-dez.. O DL 294/2009, de 13-out., adotou outro regime – o quarto, desde 1974 – revogando o DL 385/88. A matéria parece, em definitivo, fora do CC.

9 6. O **arrendamento urbano**. Após inúmeras alterações[2], também o arrendamento urbano saiu do CC. Tal foi levado a cabo pelo DL 321-B/90, de 15-out., que aprovou o RAU e revogou os 1083.º a 1120.º.

10 Na sequência das sugestões feitas a propósito do projeto de RNAU, de 2004, a L 6/2006, de 27-fev., que aprovou o NRAU, repôs os 1064.º a 1113.º (3.º), mas agora, apenas, com a secção VII, dedicada ao arrendamento de prédios urbanos. Esta estrutura foi respeitada pela reforma adotada pela L 31/2012, de 14-ago..

11 O NRAU aproveitara, em 2006, o RAU, que procedera, ainda que fora do CC, a uma codificação das leis do arrendamento. Ao reintroduzir a matéria no CC, houve uma efetiva recodificação da matéria.

IV – **Sistema atual**

12 7. O **arrendamento urbano**, tal como resulta da secção VII do capítulo sobre a locação, reintroduzido pela L 6/2006 e alterado pela L 31/2012, arruma-se em oito subsecções: I – Disposições gerais (1064.º a 1068.º); II – Celebração (1069.º e 1070.º); III – Direitos e obrigações das partes (1071.º a 1078.º); IV – Cessação (1079.º a 1087.º);V – Subarrendamento (1088.º a 1090.º); VI – Direito de preferência (1091.º);VII – Disposições especiais do arrendamento para habitação (1092.º a 1107.º);VII – Disposições especiais do arrendamento para fins não habitacionais (1108.º a 1113.º).

13 8. **Diplomas complementares**. As regras civis sobre o arrendamento urbano devem ainda ser articuladas com o RNAU, constante da L 6/2006, alterada pela L 31/2012, de 14-ago.. Outros

---

[2] *Vide* o preâmbulo ao DL 321-B/90, de 15-out..

diplomas, como os DL 157/2006, de 8-ago., alterado e republicado pela L 30/2012, de 14-ago., relativo a obras em prédios urbanos e o DL 307/2009, de 23-out., alterado e republicado pela L 32/2012, também de 14-ago., e referente à reabilitação urbana, devem ser tidos em conta. Por isso os inserimos, anotados por especialistas, na presente publicação.

Subsecção I – Disposições gerais

Artigo 1064.º (Âmbito)

A presente secção aplica-se ao arrendamento, total ou parcial, de prédios urbanos e, ainda, a outras situações nela previstas.

Bibliografia: Francisco Manuel Pereira Coelho, *Arrendamento*, 37-38; José Dias Ferreira, *Código annotado* 3, 2.ª ed., 190-191; Luiz da Cunha Gonçalves, *Tratado* 8, 636 ss.; Pires de Lima/Antunes Varela, *Código anotado* 2, 4.ª ed., 344-345; Inocêncio Galvão Telles, *Arrendamento*, 6.

Vide a bibliografia geral, bem como a indicada no artigo anterior; quanto ao contrato de lojista, valem os elementos abaixo citados, no texto.

Índice

I – Origem
1. Anteprojeto Galvão Telles 1
2. Revisões ministeriais 2
3. Versão original 4
4. RAU 6
5. RNAU de 2004 8

II – O contrato de lojista
6. Generalidades 9
7. Esquema geral; a inaptidão do arrendamento ... 13
8. Um tipo autónomo 17
9. Natureza e regime 20

I – Origem

1. O **anteprojeto Galvão Telles** sentiu a necessidade de, a abrir a secção relativa ao arrendamento de prédios urbanos e de prédios rústicos como coisas não-produtivas, precisar o âmbito da sua aplicação. Propôs, sob a epígrafe "disposições aplicáveis" (86.º)[1]:

> Os arrendamentos de prédios urbanos e os arrendamentos de prédios rústico como coisas não-produtivas ficam sujeitos às disposições dos artigos seguintes, e também às das Secções I a VII no que não estiver em contradição com as primeiras.

2. Nas **revisões ministeriais**, a ideia foi aproveitada. Foi-se, todavia, bem mais longe: utilizou-se o preceito para proceder a delimitações e, até, a alguma regulamentação. Assim, logo na 1.ª, surge o texto seguinte (1078.º), epigrafado "disposições aplicáveis"[2]:

> 1. Os arrendamentos de prédios urbanos e os arrendamentos de prédios rústico não compreendidos no artigo 1059.º ficam sujeitos às disposições desta secção, e também às normas das secções I a VII no que não estejam em oposição com aquelas.
> 2. Exceptuam-se:

---

[1] *Contratos civis*, 242.   [2] BMJ 120 (1962), 110.

a) Os arrendamentos de prédios do Estado;
b) Os arrendamentos para habitação, por curtos períodos, em praias, termas ou outros lugares de vilegiatura;
c) Os arrendamentos de casa habitada pelo senhorio e arrendada por período correspondente à ausência temporária deste, até ao máximo de um ano;
d) Os arrendamentos sujeitos a legislação especial.

3. Aos arrendamentos referidos nas alíneas *a)*, *b)* e *c)* do número anterior não são aplicáveis as disposições desta secção, com excepção das contidas nos artigos 1079.º a 1089.º; aos referidos na alínea *d)* só são aplicáveis as disposições desta secção que não estejam em oposição com o regime particular desses arrendamentos.

3   A 2.ª revisão introduziu novas alterações, acabando a versão definitiva por ocorrer, apenas, no projeto[3].

4   3. Na **versão original** do CC, o preceito equivalente ao atual 1064.º era o 1083.º, epigrafado "disposições aplicáveis"; dispunha[4]:

1. Os arrendamentos de prédios urbanos e os arrendamentos de prédios rústico não compreendidos no artigo 1054.º ficam sujeitos às disposições desta secção, e também às normas das secções I a VI no que não estejam em oposição com as desta.
2. Exceptuam-se:

a) Os arrendamentos de prédios do Estado;
b) Os arrendamentos para habitação, por curtos períodos, em praias, termas ou outros lugares de vilegiatura, ou para outros fins especiais transitórios;
c) Os arrendamentos de casa habitada pelo senhorio, feitos por período correspondente à ausência temporária deste, até ao máximo de um ano;
d) Os arrendamentos sujeitos a legislação especial.

3. Aos arrendamentos referidos nas alíneas *a)*, *b)* e *c)* do número anterior são aplicáveis as disposições das secções I a VI e as contidas nos artigos 1084.º a 1092.º, 1101.º a 1103.º e 1107.º a 1111.º; aos referidos na alínea *d)* são aplicáveis igualmente as disposições daquelas secções, e também as desta, que não estejam, umas ou outras, em oposição com o regime especial desses arrendamentos.

5   O jogo de remissões fala por si. Mesmo os práticos mais experientes tinham dificuldade em orientar-se neste preceito e nas regras para que ele remetia.

6   4. O **RAU** de 1990 quebrou este enguiço. Optou por definir o arrendamento urbano como[5]:

(...) o contrato pelo qual uma das partes concede à outra o gozo temporário de um prédio urbano, no todo ou em parte, mediante retribuição.

7   A delimitação negativa era, depois, feita no 5.º[6].
8   5. O projeto do **RNAU de 2004** preconizou[7], para o 1064.º, a precisa redação que, hoje, por via do NRAU de 2006[8], está em vigor. Pôs-se cobro ao confuso 1083.º, versão original.

---

[3] Jacinto Rodrigues Bastos, *Dos contratos*, 138-139.
[4] DG I, n.º 274, de 25-nov.-1966, 1978/II.
[5] DR I, n.º 238 (supl.), de 15-out.-1990, 4286-(11).
Esta noção, que mais não fez do que, com elegância, retomar a fórmula neutra do § 535 do BGB e usada por Inocêncio Galvão Telles, *Arrendamento*, 6, obteve críticas de Antunes Varela, *Código anotado 2*, 4.ª ed., 479-480: se bem se percebe, por pôr em risco a natureza obrigacional do direito do arrendatário. Sem razão.
[6] Menezes Cordeiro/Castro Fraga, *RAU anotado*, 54-55.
[7] O Direito 136 (2004), 467-493 (478).
[8] DR I-A, n.º 41, de 27-fev.-2006, 1559/I.

II – **O contrato de lojista** em centro comercial
6. **Generalidades**. O principal problema que se suscitou no domínio do âmbito do arrendamento urbano teve a ver com o contrato de lojista em centro comercial.

No campo comercial, os contratos de organização podem implicar situações complexas, que envolvem teias de serviços e o desfrute de bens diversos, materiais e imateriais. Um bom exemplo é constituído pelo contrato de lojista em centro comercial. Trata-se de um tipo social, inicialmente apresentado como exótico, mas que hoje tem uma aplicação corrente alargada.

Com antecedentes nos anos 70 do século XX, verificou-se, a partir da década de oitenta desse século, a exploração crescente dos centros comerciais. Trata-se de uma particular técnica de comercializar todo o tipo de bens e de serviços, através da alocação de um espaço considerável, servido por garagens e parques de estacionamento, gerido sob uma marca de prestígio e com uma grande publicidade. Esse espaço (o centro comercial) alberga, depois, dezenas ou centenas de lojas que são entregues a lojistas para exploração individual. Os lojistas cultivam ramos diversos de negócio, devidamente planificados. As lojas são ordenadas de modo a cativar, ao máximo, os consumidores. Temos, por exemplo, "lojas-âncoras", em regra supermercados ou pontos de venda de alimentos, que provocam o afluxo dos consumidores; nas suas imediações são colocadas lojas, por exemplo, de perfumes ou de *underware*, que obtêm, assim, um *plus* de clientela.

O funcionamento correto de um centro comercial exige uma perfeita planificação do conjunto, com bons conhecimentos de *marketing*. A direção (o promotor) organiza serviços de publicidade, de animação, de limpeza, de segurança e de apoio de todo o tipo. Os lojistas devem manter elevados estalões de qualidade, respeitando o tempo de abertura: não pode haver lojas fechadas, o que afasta a clientela do centro.

7. **Esquema geral; a inaptidão do arrendamento**. Em termos contratuais, o lojista recebe o gozo da loja e das partes comuns e beneficia de todo o universo disponibilizado pelo promotor: isolada, a sua loja teria muito pouca (ou nenhuma) clientela, salvo as "lojas-âncoras". Em troca, ele paga, em regra, duas parcelas mensais: uma quantia fixa e uma percentagem sobre a faturação bruta que realize. Tudo isto pressupõe grande mobilidade e dinamismo: o lojista que não cumpra ou não tenha sorte sai, para dar lugar a empresários mais aptos. Além disso, a entidade promotora quer, sempre, ter o controlo total sobre quem é lojista no "seu" centro: a "intrusão" de lojistas marginais, não-recomendáveis ou ligados ao crime organizado, pode deitar tudo a perder.

Quando surgiram, os centros comerciais colocaram um problema jurídico muito delicado. Havendo uma cedência onerosa do gozo de uma loja, cairíamos no arrendamento comercial. Este tem um regime vinculístico muito violento para o senhorio, que seria o promotor: a cessação do contrato é difícil e exige uma ação de despejo que pode demorar anos; além disso, o arrendatário pode trespassar o seu estabelecimento ou ceder a sua exploração, sem o consentimento do senhorio, dando lugar a lojistas não aprovados pelo promotor do centro.

Todavia, era evidente que o centro comercial, dotado de uma lógica de escala e gerido como uma grande empresa global, não podia ficar dependente do vinculismo, aqui fora de qualquer justificação económica. Os primeiros "contratos de lojistas" foram de inspiração brasileira e procuravam realçar os aspetos não locatícios da situação. Por cautela, os promotores dotaram-se de "veículos": sociedades instrumentais arrendatárias que "subarrendavam" aos lojistas: sendo "necessário", estas sociedades dissolver-se-iam, fazendo caducar os contratos dos lojistas.

Mas havia que assumir a realidade: o contrato de lojista em centro comercial é um tipo social que recolhe, dos tipos legais, diversos elementos.

8. **Um tipo autónomo**. O tema do contrato de lojista em centros comerciais obteve o interesse dos jurisprudentes. Foram elaborados e publicados pareceres e anotações de, entre outros, Ino-

cêncio Galvão Telles[9], Pedro Paes de Vasconcelos[10], Oliveira Ascensão[11], Antunes Varela[12], Lebre de Freitas[13], Ana Afonso[14], Henrique Mesquita[15], Calvão da Silva[16] e Cassiano Santos[17]. Pedro Malta da Silveira dedicou-lhe uma monografia significativa[18] outro tanto sucedendo com Ana Isabel da Costa Afonso[19]. Foram, ainda, elaborados pareceres que, de certo modo, se projetaram na jurisprudência subsequente, inéditos: de Oliveira Ascensão[20] e nossos.

18 No início dos centros comerciais, na década de 80 do século XX, a doutrina e a jurisprudência dividiram-se quanto à qualificação das cedências do espaço para os lojistas[21]. Todavia, após o acórdão do Supremo de 12-jul.-1994 (caso Imaviz)[22] e o apoio da generalidade dos autores[23], passaram a ser qualificados como contratos atípicos e não como arrendamentos, assim se conseguindo afastar o regime vinculístico[24]. Vamos ver em que termos:

– STJ 6-dez.-1990: são contratos inominados e não de arrendamento; por isso, cabe processo comum para a restituição da loja e não ação de despejo[25];
– RLx 18-mar.-1993: a cedência de local a um lojista é um contrato atípico, com o regime jurídico que resultar das cláusulas convencionadas[26];
– STJ 26-abr.-1994: trata-se de um contrato atípico de âmbito muito mais vasto do que o do arrendamento comercial[27];
– STJ 1-fev.-1995: representa uma unidade nova e distinta, que não se compadece com o regime locatício[28];
– STJ 24-out.-1996: é um contrato atípico inominado, insuscetível de se espartilhar nos estreitos limites do contrato de locação[29];
– STJ 18-mar.-1997: um contrato atípico, não integrável na figura da cessão da exploração ou do arrendamento comercial; não exige forma especial[30];

---

[9] Inocêncio Galvão Telles, *Utilização de espaços nos "shopping centers"* /Parecer, CJ XV (1990) 2, 23-34 (33/II), propende para o arrendamento para comércio e indústria, perante o contrato de lojista; do mesmo Autor e na mesma linha, *Contratos de utilização de espaços nos centros comerciais*, O Direito 123 (1991), 521-534 e *Contratos de utilização de espaços nos centros comerciais*, em António Pinto Monteiro (coord.), *Contratos: actualidade e evolução* (1997), 241-255.
[10] Pedro Paes de Vasconcelos, *Contratos de utilização de lojas em centros comerciais: qualificação e forma*, ROA 1996, 535-549.
[11] José de Oliveira Ascensão, *Integração empresarial e centros comerciais*, RFDUL XXXII (1991), 29-70 e *Lojas em centros comerciais; integração empresarial; forma*: anot. a STJ 24-mar.-1992, ROA 1994, 819-842.
[12] Antunes Varela, anot. a STJ 24-mar.-1992 (Fernando Fabião), RLJ 128 (1996), 278-286, RLx 22-out.-1992 (António da Cruz), idem, 286-292, RLx 18-mar.-1993 (Eduardo Batista), idem, 292-302, STJ 26-abr.-1994 (Santos Monteiro), idem, 302-307 e STJ 1-fev.-1999 (Oliveira Branquinho), 307-315, idem, 315-320 e 368-373 e RLJ 129 (1996), 142-152 e 203-214.
[13] José Lebre de Freitas, *Da impenhorabilidade do direito de lojista de centro comercial*, ROA 59 (1999), 47-86.
[14] Ana Afonso, *Funcionamento de centro comercial em edifício submetido ao regime da propriedade horizontal*, anot. a STJ 9-mar.-2004, CDP 9 (2005), 61-75.
[15] STJ 9-mar.-2004 (Alves Velho), CJ/Supremo XII (2004) 1, 114-118 = CDP 9 (2005), 54-60.
[16] STJ 13-set.-2007 (Custódio Montes), RLJ 136 (2007), 329-359, anot. João Calvão da Silva, idem, 359-376.
[17] Filipe Cassiano Santos, *O contrato de instalação de lojista em centro comercial (e a aplicação do artigo 394.º do Código Civil), quando celebrado por adesão*, CDP 24 (2008), 3-20.
[18] Pedro Malta da Silveira, *A empresa nos centros comerciais e a pluralidade de estabelecimentos / os centros comerciais como realidade juridicamente relevante* (1999), 213 pp..
[19] Ana Afonso, *Os contratos de instalação de lojistas em centros comerciais / Qualificação e regime jurídico* (2003), 393 pp..
[20] Veja-se a referência feita por Antunes Varela, *Das obrigações em geral* 1, 10.ª ed. (2003), 299, nota 1.
[21] Veja-se o parecer de Galvão Telles referido *supra*, nota 9.
[22] STJ 12-jul.-1994 (Cardona Ferreira), CJ/Supremo II (1994) 2, 176-181 (179).
[23] Antunes Varela, *Centros comerciais, Shopping centers: natureza jurídica dos contratos de instalação de lojistas* (1995), 100 pp., separata da RLJ, chegando mesmo a publicar a sua intervenção sob a forma de livro.
[24] *Vide* a síntese de RPt 7-mai.-2002 (Cândido de Lemos), Proc. 0220459.
[25] STJ 6-dez.-1990 (Menéres Pimentel), Proc. 079450; *vide*, ainda, STJ 26-abr.-1984 (Magalhães Baião), RLJ 122 (1989), 59-62, anot. Antunes Varela, idem, 62-64.
[26] RLx 18-mar.-1993 (Eduardo Batista), CJ XVIII (1993) 2, 115-121 (118/II).
[27] STJ 26-abr.-1994 (Santos Monteiro), CJ/Supremo II (1994) 2, 59-62 (61/II-62/I).
[28] STJ 1-fev.-1995 (Oliveira Branquinho), CJ/Supremo III (1995) 1, 46-50 (50/I).
[29] STJ 24-out.-1996 (Almeida e Silva), BMJ 460 (1996), 742-751 (749).
[30] STJ 18-mar.-1997 (Fernandes Magalhães), CJ/Supremo V (1997) 2, 26-30 (29).

– STJ 14-out.-1997: mas já será mero arrendamento comercial se faltar o regime comum de constituição e de funcionamento[31];
– RLx 11-nov.-1997: um contrato atípico e inominado que não está sujeito a escritura pública[32];
– STJ 20-jan.-1998: é atípico e inominado, não sendo penhorável[33];
– STJ 9-jul.-1998: num contrato misto de arrendamento e prestação de serviço, em que não se possa estabelecer uma relação de prevalência, não se pode fazer funcionar a teoria da absorção; aplica-se, então, a teoria da combinação, sobressaindo a componente de serviços, com adaptações; todavia, a relação afasta quer o arrendamento, quer a prestação de serviço, sendo o contrato atípico[34];
– RPt 17-nov.-1998: atípico e inominado; rege-se pelas disposições gerais dos contratos e pelas disposições especiais, não excecionais, dos contratos com que aparente mais forte analogia[35];
– RPt 8-mai.-2000: é atípico ou inominado o contrato de instalação de lojistas em centros comerciais e não pode ser qualificado como de arrendamento ou de subarrendamento[36];
– STJ 28-set.-2000: ultrapassa o arrendamento e o misto de locação e prestação de serviços[37];
– STJ 11-abr.-2002: o contrato de utilização das lojas não é arrendamento mas contrato atípico e inominado, regulando-se, em primeira linha, pelas normas gerais dos contratos e só depois pelas do contrato mais próximo, que é aquele[38];
– STJ 14-mai.-2002: justifica-se a aplicação do regime jurídico dos centros comerciais às lojas que funcionem nos fundos de um hotel[39];
– STJ 9-mar.-2004: o regulamento do centro comercial tem natureza meramente obrigacional[40];
– RLx 20-jan.-2005: um contrato atípico e inominado; mas admite o trespasse[41];
– STJ 10-mai.-2005: maioritariamente tem-se entendido que se trata de contratos atípicos, inominados, celebrados ao abrigo da autonomia contratual; mas o afastamento do vinculismo pode envolver abuso do direito[42];
– STJ 23-jan.-2007: é uma nova figura contratual e que constitui um verdadeiro contrato atípico ou inominado[43];
– STJ 5-jul.-2007: é atípico ou inominado[44];
– STJ 13-set.-2007: é um contrato atípico; não é típico, de arrendamento, nem misto de arrendamento e de prestação de serviço[45];
– RLx 12-mar.-2009: é atípico; rege-se em primeira linha pelo estipulado pelas partes e, se necessário e onde puder recorrer-se à analogia do clausulado, pelos contratos típicos com afinidade[46];
– RLx 31-mar.-2009: o facto de o centro ainda não estar pronto não é incumprimento do promotor; essencial é que já se possa falar em Centro Comercial[47];
– RLx 16-abr.-2009: é um contrato atípico e inominado diverso de um contrato misto de arrendamento e de prestação de serviço[48];
– STJ 30-jun.-2009: não se confunde com o contrato de arrendamento, de carácter vinculístico, podendo ser resolvido, nos termos gerais, por incumprimento; mas não é lícita a consagração contratual da ação direta[49];

[31] STJ 14-out.-1997 (Agostinho Sousa Inês), CJ/Supremo V (1997) 3, 77-80 (79).
[32] RLx 11-nov.-1997 (José Azadinho Loureiro), BMJ 471 (1997), 445-446 (445, o sumário).
[33] STJ 20-jan.-1998 (Lopes Pinto), BMJ 473 (1998), 516-526 (524-525) = CJ/Supremo VI (1998) 1, 15-19 (18) = RLJ 131 (1998), 138-143, anot. Antunes Varela, *idem*, 143-147 e 373-378.
[34] STJ 9-jul.-1998 (Torres Paulo), Proc. 98A679.
[35] RPt 17-nov.-1998 (Durval Morais), BMJ 481 (1998), 539 (o sumário).
[36] RPt 8-mai.-2000 (Caimoto Jácome), Proc. 0050361.
[37] STJ 28-set.-2000 (Dionísio Correia), CJ/Supremo VIII (2000) 3, 49-52 (51), fazendo um largo apanhado doutrinário.
[38] STJ 11-abr.-2002 (Quirino Soares), Proc. 02B826.
[39] STJ 14-mai.-2002 (Silva Salazar), CJ/Supremo X (2002) 2, 60-63 (62): um cabeleireiro.
[40] STJ 9-mar.-2004 (Alves Velho), CJ/Supremo XII (2004) 1, 114-118 (116).
[41] RLx 20-jan.-2005 (Fernanda Isabel Pereira), CJ XXX (2005) 1, 91-93 (92-93).
[42] STJ 10-mai.-2005 (Pinto Monteiro), Proc. 05A198.
[43] STJ 23-jan.-2007 (Borges Soeiro), Proc. 06A4201.
[44] STJ 5-jul.-2007 (Sebastião Póvoas), Proc. 07A2107.
[45] STJ 13-set.-2007 (Custódio Montes), Proc. 07B1857.
[46] RLx 12-mar.-2009 (Granja da Fonseca), Proc. 251/2009-6.
[47] RLx 31-mar.-2009 (Rui Moura), Proc. 5646/2008-1; também RLx 31-mai.-2007 (Manuel Gonçalves), Proc. 861/2007-6.
[48] RLx 16-abr.-2009 (Carla Mendes), Proc. 8849/05.
[49] STJ 30-jun.-2009 (Cardoso de Albuquerque), Proc. 1398/03.

– STJ 1-jul.-2010: é hoje pacífica a doutrina e a jurisprudência no sentido de considerar como contrato atípico ou inominado a cedência de espaços ou a instalação de lojas em centros comerciais[50].

19 A jurisprudência mais recente lida com os contratos de lojistas em centros comerciais já sem necessidade de sublinhar a sua diferenciação, relativamente ao arrendamento urbano[51].

20 9. **Natureza e regime**. Os problemas relativos a lojistas têm-se posto, na prática, quase todos pelo prisma do gozo das lojas. Como este é retribuído temos, *prima facie*, um arrendamento comercial: o regime vinculístico teria, como foi dito, aplicação, desequilibrando o contrato.

21 A jurisprudência deparou com um problema de articulação valorativa: sendo o contrato de lojista em centro comercial um contrato misto e vingando, como quereria a doutrina maioritária, a teoria da combinação, aplicar-se-ia ao segmento "gozo da coisa", o regime do arrendamento: precisamente o que se queria evitar! A solução encontrada foi a radical: o contrato de lojista seria algo de totalmente atípico, de tal modo que se pudesse esconjurar o arrendamento. E por essa via, acaba-se nos princípios gerais e à doutrina de Schreiber: o recurso à analogia, mas só na medida do conveniente.

22 Homenageamos a jurisprudência que, mau grado a desfavorabilidade da lei estrita, apoiou, no sistema, soluções justas. Mas podemos ir mais longe. Na verdade, "contrato atípico" é, aqui, pouco. A construção que se impõe será outra: o centro comercial é, antes de mais, uma imensa teia de serviços organizados. Sem eles, não há comércio integrado pensável. O contrato de lojista, traduzindo embora uma organização comercial, deveria ser reconduzido ao universo dos serviços, devidamente filtrado pela Lei sobre as Cláusulas Contratuais Gerais. Isto teria a vantagem de sublinhar as obrigações do promotor. Os excessos do arrendamento, que levaram ao seu erradicar deste universo, deixaram os lojistas sem proteção. Também nem tanto. O trabalho de lojista, sem horários e sem garantias, é por vezes extenuante para pequenas empresas de base familiar. Na realidade de um grande centro, torna-se fácil impor uma ordem, à margem do contrato e da lei, sem que quedem vias de resposta; já se tentou, para o efeito, ressuscitar, por via constitucional, o vinculismo. O Tribunal Constitucional debruçou-se sobre o tema, produzindo o seguinte aresto:

– TC n.º 632/2005: (…) o artigo 405.º do Código Civil, quando interpretado no sentido de que o princípio da liberdade contratual abrange a liberdade de as partes optarem livremente pelo modelo contratual típico de arrendamento comercial ou pelo modelo contratual atípico comummente designado de contrato de instalação de lojista em centro comercial não é inconstitucional por violação do "princípio da confiança do cidadão, emanado do princípio do Estado de Direito Democrático na sua vertente de Estado de Direito, consagrado no artigo 2.º da Constituição"[52].

23 Tem toda a razão. Mas cabe ao Direito, com o conjunto dos instrumentos disponibilizados pela sua Ciência, encontrar, também neste domínio, um equilíbrio. O primeiro passo reside, como sempre, na divulgação universitária do tema. Isto dito: a jurisprudência, sempre fundamental, foi decisiva.

Artigo 1065.º (Imóveis mobilados e acessórios)

A locação de imóveis mobilados e seus acessórios presume-se unitária, originando uma única renda e submetendo-se à presente secção.

---

[50] STJ 1-jul.-2010 (Alberto Sobrinho), Proc. 4477/05.
[51] P. ex., RPt 19-dez.-2012 (Maria João Areias), Proc. 2279/08 e STJ 11-abr.-2013 (Tavares de Paiva), Proc. 2357/07.
[52] TC n.º 632/2005, de 15-nov.-2005 (Benjamim Rodrigues), DR II Série, n.º 247, de 29-dez.-2005, 18122-18126 (18126).

Bibliografia: António Menezes Cordeiro, *Tratado* III, 3.ª ed., 121-127; Laurinda Gemas e outros, *Arrendamento*, 285-289; Pires de Lima/Antunes Varela, *Código anotado* 2, 4.ª ed., 631-632.

Índice

I – Origem
1. O Decreto n.º 5:411 1
2. 1.ª revisão ministerial 3
3. Versão original 4
4. RAU 5

5. Projeto de RNAU 6
6. NRAU de 2006 9

II – O regime
7. Contrato misto 11

I – Origem

1. **O Decreto n.º 5:411**, de 17-abr.-1919 dispunha, no 112.º[1]:   1

> Nos arrendamentos de casas mobiladas considera-se, para os efeitos dêste decreto, como renda qualquer prestação estipulada pelo aluguer dos móveis.

A ideia do legislador era clara: em tempos de vinculismo, com congelamento de rendas, pretendia evitar-se que os senhorios, a coberto de alugarem a mobília, fizessem subir a prestação do arrendatário.   2

2. A **1.ª revisão ministerial** repescou este preceito, com a epígrafe "casas mobiladas" (1105.º)[2], em termos que, praticamente, passaram ao Código Civil. Prevaleceu o entendimento de, por razões políticas, não desarmar o vinculismo que vinha do Direito anterior. O anteprojeto Galvão Telles não comportava tal regra.   3

3. A **versão original** do CC, no seu 1107.º, a abrir a subsecção relativa às disposições especiais dos arrendamentos para habitação, dispunha[3]:   4

> Quando o arrendamento de prédio para habitação seja acompanhado do aluguer da respetiva mobília ao mesmo locatário, considera-se arrendamento urbano todo o contrato, e renda todo o preço locativo.

4. O **RAU** de 1990, que revogou este preceito (3.º), veio reintroduzi-lo, sem alterações, no seu 74.º[4].   5

5. O **projeto de RNAU**, de 2004, aproveitou essa norma para lhe dar uma feição diferente. A preocupação vinculística em impedir que, a coberto de aluguer pela mobília, o senhorio pudesse atualizar a renda, já não fazia sentido. Em compensação, surgiu outro problema, mais delicado: a locação de um imóvel mobilado, a que se poderiam acrescentar os acessórios (p. ex., numa casa à beira-mar, um barco a remos ou, numa de montanha, os trenós), era um misto de arrendamento com locação. Que regime aplicar?   6

Mercê da teoria da absorção (hoje dominante), o centro de gravidade repousaria no imóvel, o que levaria o contrato para o campo do arrendamento. Mas poderia prevalecer o raciocínio inverso: imagine-se o aluguer de uma obra de arte muito valiosa, acompanhado do arrendamento da sala blindada para a sua guarda; aí, o dominante seria o aluguer, que decidiria o regime do conjunto.   7

Por isso se propôs, na época, sob a epígrafe "imóveis mobilados e acessórios" (1065.º)[5]:   8

---

[1] DG I, n.º 80, de 17-abr.-1919, 661/II.
[2] BMJ 120 (1962), 122; tinha uma gralha: "locador" por "locatário", a qual foi definitivamente corrigida no 1107.º da 2.ª revisão ministerial. *Vide* Jacinto Rodrigues Bastos, *Dos contratos*, 182.
[3] DG I, n.º 274, de 25-nov.-1966, 1981/I.
[4] Menezes Cordeiro/Castro Fraga, *RAU anotado*, 119.
[5] O Direito 136 (2004), 467-493 (478).

Artigo 1066.º   *Capítulo IV – Locação*

        A locação de imóveis mobilados e seus acessórios presume-se unitária, dando azo a uma renda e submetendo-se à presente secção.

9   A mera presunção, possibilitada pelo fim do vinculismo[6], soluciona o problema.

10   6. **O NRAU de 2006** acolheu a ideia, substituindo "dando azo a uma renda" por "originando uma única renda" (3.º)[7]. E assim chegámos ao texto em vigor.

II – O regime

11   7. **O contrato misto**. O regime resultante do 1065.º deve ser procurado nas explicações do malogrado RNAU: trata-se de facilitar a aplicação do Direito, fixando uma presunção de que, no misto arrendamento/aluguer, prevalece o primeiro. Mas pode-se, *in concreto*, provar solução diversa. Além disso, pode ainda demonstrar-se que houve, na realidade, um arrendamento e um aluguer de móveis, como contratos distintos[8].

12   Além disso, o 1065.º supera o (infeliz) 210.º/2[9] que, contra a tradição românica, contra a doutrina e contra o Direito comparado, veio fixar a regra contrária ao princípio *accessorium sequitur principale*[10].

13   Finalmente: não há, hoje, dificuldade, quer pelo teor do preceito ("presume-se"), quer pela articulação dos princípios, em considerar que se trata de uma regra supletiva.

Artigo 1066.º (Arrendamentos mistos)

1. O arrendamento conjunto de uma parte urbana e de uma parte rústica é havido por urbano quando essa seja a vontade dos contratantes.

2. Na dúvida, atende-se, sucessivamente, ao fim principal do contrato e à renda que os contratantes tenham atribuído a cada uma delas.

3. Na falta ou insuficiência de qualquer dos critérios referidos no número anterior, o arrendamento tem-se por urbano.

Bibliografia: Laurinda Gemas e outros, *Arrendamento*, 290-292; Pires de Lima/Antunes Varela, *Código anotado* 2, 4.ª ed., 480-482.

Índice

I – **Origem e evolução**
1. O Decreto n.º 5:411 1
2. 1.ª revisão ministerial 3
3. Versão original 4
4. RAU 5
5. Projeto de RNAU 6
6. Versão atual 8

II – **Prédios rústicos e urbanos**
7. Código Civil 9
8. As teorias 11

III – **Arrendamentos mistos**
9. O contrato misto 13
10. Os critérios 15

---

[6] Luís Menezes Leitão, *Primeiras observações sobre as disposições preliminares do RNAU*, O Direito 136 (2004), 263-272 (268).
[7] DR I-A, n.º 41, de 27-fev.-2006, 1559/I.
[8] RPt 3-mar.-2011 (Deolinda Varão), Proc. 387/06.
[9] Manuel Carneiro da Frada, *O RNAU: nótula*, O Direito 136 (2004), 255-259 (256).
[10] *Tratado* III, 3.ª ed., 227-230.

I – **Origem e evolução**
1. O **Decreto n.º 5:411**, de 17-abr.-1919, no seu 1.º, depois de definir o contrato de arrenda- 1
mento, dispunha, em três parágrafos sucessivos[1]:

§ 1.º Entende-se por prédio urbano o edifício encorporado no solo e o terreno que lhe sirva de
logradouro e que não seja de valor superior; e por prédio rústico o solo ou terreno que não faz parte de
um prédio urbano, e os edifícios que nele estejam encorporados e que não sejam de valor superior.
§ 2.º O valor a que se refere o parágrafo antecedente será o que constar da matriz, e na falta ou insuficiência desta determinar-se há pela renda que os pactuantes, neste caso, são obrigados a atribuir à parte
urbana.
§ 3.º Quando, na falta ou insuficiência da matriz, os pactuantes não cumprirem o disposto no parágrafo antecedente, será o valor da parte rústica fixado por meio de avaliação.

Estas regras tinham acentuada importância prática, dadas as diferenças entre os regimes 2
aplicáveis ao arrendamento urbano e ao rústico. Mantiveram-se longamente em vigor; embora
não constassem do anteprojeto Galvão Telles sobre o contrato de locação, vieram a ser repescadas para o CC, aquando das revisões ministeriais.
2. A **1.ª revisão ministerial** introduziu, num 1079.º, o preceito que, sem alterações, passaria à 3
versão final do CC[2].
3. A **versão original** do CC comportava, no 1084.º, sob a epígrafe "arrendamentos mistos", o 4
preceito seguinte[3]:

1. Envolvendo o contrato uma parte urbana e uma parte rústica, só se considera como urbano o
arrendamento se a parte urbana for de valor superior à rústica.
2. Para efeitos do número anterior, atender-se-á ao valor que resulta da matriz ou, na falta ou deficiência desta, à renda que os contraentes tiverem atribuído a cada uma das partes; na falta de discriminação,
proceder-se-á a avaliação.

4. O **RAU** de 1990 acolheu o 1084.º, revogado pelo 3.º/1, a), do DL 321-B/90, de 15-out., no 5
seu 2.º: apenas alterou "proceder-se-á" por "procede-se", para respeitar a decisão da comissão
revisora do CC de usar o tempo dos verbos no presente[4]. O preceito emigrou para o início do
RAU: uma opção lógica, já que este diploma visava, apenas, o arrendamento urbano.
5. O **projeto de RNAU** de 2004 adotou uma filosofia diferente. No campo da autonomia pri- 6
vada, cabe às partes definir se o prédio, para efeitos de arrendamento, é rústico ou urbano. No silêncio das partes, a lei deve apontar critérios supletivos, que permitam reconstituir, na base de indícios
sérios, qual seria a vontade hipotética das partes. Falhando tudo, o arrendamento é urbano.
O RNAU propunha abandonar, de vez, as inaproveitáveis matrizes e afastava a hipótese 7
impraticável e encarecedora da avaliação. Na base destes raciocínios, propôs uma norma[5] que,
depois, seria em tudo aproveitada pelo NRAU de 2006, salvo no n.º 3, que dispunha:

3. Na falta ou insuficiência de qualquer dos apontados critérios, o arrendamento tem-se por urbano.

6. A **versão atual** do CC foi dada pelo NRAU, aprovado pela L 6/2006, de 27-fev. (3.º)[6]. Rela- 8
tivamente ao projeto de RNAU de 2004, a novidade cifrou-se em substituir "apontados critérios" por "critérios referidos no número anterior". Mal: "apontados critérios" abrangia o do n.º

---

[1] DG I, n.º 80, de 17-abr.-1919, 653/I e II.
[2] BMJ 120 (1962), 111; Jacinto Rodrigues Bastos, *Dos contratos*, 140.
[3] DG I, n.º 274, de 25-nov.-1966, 1978/II.

[4] Adriano Vaz Serra, *A revisão do Código Civil*, BMJ 2 (1947), 24-76 (34).
[5] *O Direito* 136 (2004), 467-493 (478).
[6] DR I-A, n.º 41, de 27-fev.-2006, 1559/I.

1 (a vontade das partes), que é justamente o mais importante; do n.º 2 constam, tão-só, critérios auxiliares subsidiários. Mas a interpretação permite superar o descuido legislativo.

II – **Prédios rústicos e urbanos**

9 7. **O Código Civil**, no 204.º/2, define prédio rústico e urbano. O rústico é "... uma parte delimitada do solo e as construções nele existentes que não tenham autonomia económica ...", enquanto o urbano surge como "... qualquer edifício incorporado no solo com os terrenos que lhe sirvam de logradouro". Ao contrário do que fez com a distinção entre móveis e imóveis, em que a lei apresenta estes últimos e, por defeito, preenche os primeiros, nos prédios rústicos e urbanos ela optou por descrições separadas. Daí resultam disfunções, com zonas de sombra.

10 Nos clássicos, o problema tinha solução fácil: o prédio rústico era o imóvel por natureza, enquanto o urbano o era por destinação do homem; a porção de terreno contígua a um prédio urbano e destinada ao serviço permanente dele não tinha individualidade própria, sendo apenas uma "pertença" ou "coisa acessória"[7]. Tais noções correspondiam a sociedades humanas estabilizadas, com um largo sector agrícola e uma urbanização incipiente. Com a fuga para as cidades, tudo basculou. A apetência de qualquer terreno era a construção. Onde traçar a fronteira?

11 8. **As teorias** foram surgindo. Temos quatro: (a) a do valor: o prédio será rústico ou urbano consoante a parcela que tenha mais valor (Castro Mendes)[8]; (b) a da afetação económica: vale o sentido geral, rústico ou urbano, dessa afetação (Carvalho Fernandes)[9]; (c) a do fracionamento: partindo da afetação, quando se verifique que as parcelas, rústicas ou urbanas, tenham autonomia, há, na realidade, dois prédios[10]; (d) a da consideração social: vale o que, na comunidade considerada, entenda o sentir geral das pessoas[11].

12 Hoje entendemos que estas teorias não são satisfatórias. Há que partir da noção legal, mas com um complemento: quando não seja possível concluir pela presença, como dado dominante, de uma construção, o prédio é rústico. Por defeito, os prédios são rústicos[12].

III – **Arrendamentos mistos**

13 9. **O conteúdo misto**. O 1066.º não vem bulir com os conceitos de prédios: rústico e urbano. Fazê-lo, equivaleria a multiplicar, no mesmo CC, os conceitos com nomes idênticos, o que não se presume (9.º/3). No domínio do arrendamento, valem as noções do 204.º/2.

14 O 1066.º fez um exercício muito diverso: na presença de um prédio com elementos rústicos e urbanos, teríamos uma apetência para dois contratos de locação: rústica e urbana. Mas sendo o arrendamento conjunto, há um único contrato, de tipo misto. A lei manda aplicar apenas um regime: ou rústico ou urbano. Domina, pois, a teoria da absorção[13], a favor de um deles. Mas qual?

15 10. **Os critérios**. O 1066.º fixa, como critério de base, a vontade das partes. Estas, perante um prédio com elementos rústicos e urbanos, podem optar pelo tipo de arrendamento que pretendam: expressa ou tacitamente (1066.º/1). O ponto de partida é o urbano, mas a disponibilidade mantém-se.

16 Na dúvida, a lei apresenta dois critérios auxiliares sucessivos, assentes igualmente na vontade das partes: (a) o do fim principal do contrato – p. ex., se o arrendamento de uma quinta visa

---

[7] Guilherme Moreira, *Instituições de Direito civil* 1 (1907), 343 e Manuel de Andrade, *Teoria geral da relação jurídica* 1 (1960), 231.
[8] João de Castro Mendes, *Direito civil (teoria geral)* 2 (1968), 116, invocando, precisamente, o 1084.º; hoje: 1065.º.
[9] Luís Alberto Carvalho Fernandes, *Teoria geral do Direito civil* 1, 3.ª ed. (2001), 684-685.
[10] Pires de Lima/Antunes Varela, *Código anotado* 1, 4.ª ed. (1987), 195-196, em parte.
[11] Vide os nossos *Direitos reais*, 274.
[12] *Tratado* III, 175-176.
[13] *Tratado* VII, 245 ss..

alojar o arrendatário ou propiciar uma cultura de legumes; (b) o da renda (ou parcela de renda): atribuindo as partes, expressa ou tacitamente, valores de renda à parte rústica e à urbana, o mais elevado determina a natureza do conjunto.

Por defeito, o arrendamento é urbano (1066.º/3). Por esta via, há sempre solução adequada, tanto mais que o fim do vinculismo torna o arrendamento um contrato equilibrado.

Artigo 1067.º (Fim do contrato)

1. O arrendamento urbano pode ter fim habitacional ou não habitacional.
2. Quando nada se estipule, o local arrendado pode ser gozado no âmbito das suas aptidões, tal como resultem da licença de utilização.
3. Na falta de licença de utilização, o arrendamento vale como habitacional se o local for habitável ou como não habitacional se o não for, salvo se outro destino lhe tiver vindo a ser dado.

Bibliografia: Laurinda Gemas e outros, *Arrendamento*, 292-298; Carla Amado Gomes, *Direito do arrendamento e vinculações jurídico-públicas. Uma aproximação*, Est. Oliveira Ascensão 2 (2008), 1049-1100; Pires de Lima/Antunes Varela, *Código anotado* 2, 4.ª ed., 482-484.

Vide as anotações ao 1108.º.

Índice

I – Origem e evolução
1. O Decreto n.º 5:411 1
2. O anteprojeto Galvão Telles............ 2
3. Revisões ministeriais............ 3
4. Versão original 5
5. RAU de 1990............ 6
6. RNAU de 2004............ 7
7. NRAU de 2006............ 10

II – O regime
8. As três normas 11
α) A dicotomia............ 12
β) Havendo licença 14
γ) Na falta de licença 17
9. Aplicação no tempo............ 21

I – Origem e evolução

1. O **Decreto n.º 5:411**, de 17-abr.-1919 já distinguia, nos arrendamentos urbanos, especialidades para os de estabelecimentos comerciais e industriais (52.º a 60.º). Ficava claro que o arrendamento urbano não era uniforme. Por seu turno, a L 2:030, de 22-jun.-1948, previa normas específicas para os arrendamentos comerciais: 37.º/1, *a*), quanto à forma e 66.º/1 e quanto à preferência, para os habitacionais: 44.º a 46.º, quanto à transmissão em vida e por morte e 48.º, quanto à atualização de rendas, como exemplos. Não havia, porém, uma sistematização clara da matéria.

2. O **anteprojeto Galvão Telles** dava um primeiro passo. Segundo o seu 88.º, epigrafado fim do contrato[1]:

> Se do contrato não resultar a fim ou fins a que se destina o prédio arrendado, e o prédio for urbano, o arrendatário só poderá utilizá-lo para habitação.

3. As **revisões ministeriais** aproveitaram o preceito que procedeu à classificação de diversos arrendamentos urbanos. Assim, a 1.ª revisão, no seu 1081.º, sempre sob a epígrafe "fim do contrato", propunha[2]:

---

[1] *Contratos civis*, 242.   [2] BMJ 120 (1962), 111-112.

1. O arrendamento pode convencionar-se para habitação, para comércio ou indústria, para o exercício de profissão liberal, ou para qualquer outro fim lícito.
2. Se do contrato não resultar o fim a que o prédio se destina e o prédio for urbano, o arrendatário só pode utilizá-lo para habitação.

4   A redação manteve-se, na 2.ª revisão (1086.°), recebendo a versão final no projeto[3].

5   4. A **versão original** do CC, na sequência da apontada evolução, veio dispor, no 1086.° (Fim do contrato)[4]:

1. O arrendamento pode ter como fim a habitação, a actividade comercial ou industrial, o exercício de profissão liberal ou outra aplicação lícita do prédio.
2. Se o prédio for urbano e do contrato não resultar o fim a que ele se destina, o arrendatário só pode utilizá-lo para habitação.

6   5. O **RAU de 1990** conservou este preceito, no seu 3.°. Alterou ligeiramente a redação, de modo a adaptá-lo ao sentido geral da lei, que visava, apenas, prédios urbanos. O n.° 2 passou a dispor[5]:

Quando nada se estipule, o arrendatário só pode utilizar o prédio para habitação.

7   6. O projeto de **RNAU de 2004** manteve a lógica do CC, distinguindo os quatro tipos de arrendamento urbano: (a) habitação; (b) comercial; (c) profissão liberal; (d) outros fins. Propunha a redação seguinte[6]:

1. O arrendamento pode ter como fim a habitação, a actividade comercial ou industrial, o exercício de profissão liberal ou outra aplicação lícita do prédio.
2. Quando nada se estipule, o local arrendado pode ser gozado no âmbito das suas aptidões, tal como resultem da licença de utilização.
3. Na falta de licença de utilização, o arrendamento vale como habitacional, ou, não sendo o local habitável, como visando outra aplicação lícita do prédio.

8   Como se vê, aproveitava-se o preceito para articular o tema do fim do arrendamento urbano com a licença de utilização. Esta condiciona, de facto, o uso lícito que se queira dar aos prédios urbanos, não sendo compagináveis arrendamentos que a não observem.

9   Deve esclarecer-se que, no âmbito da preparação do RNAU de 2004, foi ponderada a hipótese de simplificação consistente em contrapor, apenas os arrendamentos habitacionais aos não habitacionais. Tal hipótese operaria num pano de fundo de fim do vinculismo.

10 7. O **NRAU de 2006** adotou a versão em vigor[7]. Partindo do texto do RNAU, ele aproveitou a ideia (já formulada nos preparatórios do mesmo RNAU) de contrapor, simplesmente, os arrendamentos habitacionais aos restantes. A ideia, para ser coerente, exigiria, contudo, que se expurgassem, da lei, as regras específicas existentes para o arrendamento comercial e para o relativo ao exercício de profissões liberais. Isso não sucedeu, como abaixo será verificado.

II – O regime

11 8. **As três normas**. O 1067.° contém: (a) uma norma permissa de enquadramento (n.° 1); (b) o âmbito supletivo do gozo, havendo licença de utilização (n.° 2); (c) *idem*, na falta dessa licença (n.° 3). Estas normas operam como especialidade, para os arrendamentos urbanos, da regra geral do 1027.°, quanto ao fim do contrato.

---

[3] Jacinto Rodrigues Bastos, *Dos contratos*, 144.
[4] DG I, n.° 274, de 25-nov.-1975, 1978/II.
[5] DRI, n.° 238 (supl.), de 15-out.-1990, 4286-(11)/II.
[6] O Direito 136 (2004), 467-493 (478).
[7] DR I-A, n.° 41, de 27-fev.-2006, 1559/I e II.

α) **A dicotomia** habitacional e não habitacional corresponde ao enquadramento básico levado a cabo pelo 1067.º/1. Com isso, substitui-se a velha tetrapartição em arrendamentos para habitação, para o comércio, para profissões liberais e para outros fins (1086.º, versão original e 3.º do RAU). Em consequência, surgem disposições especiais para o arrendamento habitacional (1092.º a 1107.º) e para o não habitacional (1108.º a 1113.º).

Todavia, os 1109.º (locação de estabelecimento) e 1112.º (transmissão da posição de arrendatário) são claras disposições atinentes ao arrendamento comercial, sendo possível discernir, neste último – 1112.º/1, *b*) – os arrendamentos para o exercício de profissão liberal. A simplificação operada pelo 1067.º/1 foi, tão-só, nominal. E porque não corresponde à realidade, acaba por redundar numa complicação prática e pedagógica: continua-se a falar em arrendamentos comerciais sem, à partida, haver a correspondente facilidade linguística-conceitual.

β) **Havendo licença** de utilização e nada se dizendo no contrato, o local pode ser gozado dentro das suas aptidões, no âmbito dessa licença (1067.º/2).

A licença de utilização é passada pela câmara municipal, nos termos do RGEU, aprovado pelo DL 38 382, de 7-ago.-1951, sendo exigível, nos termos do seu 8.º, para as construções posteriores a 1952[8].

As "suas aptidões" devem ser aferidas à luz do 1027.º: dentro da função normal das coisas de igual natureza. Uma utilização "anormal", ainda que não implique maior desgaste para a coisa, implica uma especial convenção entre as partes ou, pelo menos, uma autorização subsequente do senhorio.

γ) **Na falta de licença**, o 1067.º/3 distingue entre locais habitáveis e não-habitáveis. O local pode ser licitamente habitado se for anterior a 1952, uma vez que a licença só é exigível para construções posteriores a 1951, por via do referido 8.º do DL 38 382, de 7-ago.-1951, que aprovou o RGEU. Mas a somar a isso, deverá ser habitável: além de razões de ordem pública, o interesse do senhorio assim o exige. Mal fica, a todos os títulos, que se venha habitar uma garagem ou outro logradouro sem condições.

Quanto aos locais não-habitáveis: o arrendamento será, necessariamente, não-habitacional. Não há, perante o 1067.º/1, *tertium genus*. O final do 1067.º/3 (... salvo se outro destino lhe tiver vindo a ser dado) só poderia significar "salvo se, não sendo habitável, todavia tiver vindo a ser habitado". Não é crível que o Direito aponte para tal solução ou, sequer, a admita.

Estamos perante mais um dos lapsos em que a reforma de 2006 foi fértil[9]. O legislador aproveitou o final do n.º 3, do projeto de RNAU o qual, não sendo o local habitável, remetia para "outra aplicação lícita do prédio". Isso fazia sentido perante a tetrapartição em habitação/comércio/profissão liberal/outros fins. Mas perante o passo dado, em 2006, a favor da mera bipartição habitacional/não-habitacional, não há "outro destino" fora dessa lógica.

Procurando, com recurso a uma interpretação aberta, dar um qualquer sentido útil ao final do 1067.º/3, encontramos o seguinte: o n.º 3, na sequência do n.º 2, diz-nos que, na falta de licença e sendo o local habitável ou não, o arrendatário pode gozá-lo (apenas) dentro das suas aptidões. Todas? Não, se outro destino lhe tiver vindo a ser dado. Ao arrendar, por exemplo, uma garagem (sem licença de utilização) usada para parqueamento de automóveis, o locatário não pode, sem habilitação contratual nesse sentido, destiná-la a restaurante, por cair no uso não-habitacional. Deve respeitar o destino que lhe tiver vindo a ser dado.

---

[8] *Vide* Soares Machado/Regina Santos Pereira, *Arrendamento urbano*, 83 e 93-94 e Carla Amado Gomes, *Direito do arrendamento e vinculações jurídico-públicas*, 1052 ss..

[9] O preceito tem obtido críticas mais ou menos comedidas, mas generalizadas; *vide* Carlos Lacerda Barata, *Celebração do contrato de arrendamento no novo regime do arrendamento urbano*, ROA 2006, 1267-1291 (1281), Menezes Cordeiro, *A aprovação do NRAU (Lei n.º 6/2006, de 27 de Fevereiro): primeiras notas*, O Direito 138 (2006), 229-242 (240) e Soares Machado/Regina Santos Pereira, *Arrendamento urbano*, 82.

21 **9. Aplicação no tempo.** Os números 2 e 3 deste preceito contêm normas assumidamente supletivas. Assim sendo, eles só se aplicam aos contratos celebrados após a entrada em vigor da L 6/2006, de 27-fev.: 5-jul.-2006 (65.º/2). Quanto a contratos anteriores, vale o RAU. Os arrendamentos comerciais de pretérito continuam a sê-lo, e assim por diante.

Artigo 1068.º (Comunicabilidade)

O direito do arrendatário comunica-se ao seu cônjuge, nos termos gerais e de acordo com o regime de bens vigente.

Bibliografia: Alberto Baltazar Coelho, *A incomunicabilidade na posição do arrendatário urbano, rural e florestal*, Scientia Iuridica 299 (2004), 287-322; idem, *O art. 1068.º do Código Civil segundo o NRAU*, Scientia Iuridica 317 (2009), 57-79; Laurinda Gemas e outros, *Arrendamento*, 298-304; Pires de Lima/Antunes Varela, *Código anotado* 2, 4.ª ed., 647-648; Rita Lobo Xavier, *O RNAU e a perspectiva do Direito da família*, O Direito 136 (2004), 315-334; idem, *"Concentração" ou transmissão do direito ao arrendamento habitacional em caso de divórcio ou morte*, Est. Oliveira Ascensão 2 (2008), 1015-1047 (1015-1027).

Índice

I – Origem e evolução
1. Lei n.º 2:030 1
2. Revisões ministeriais 5
3. Versão original 6
4. RAU de 1990 7
5. RNAU de 2004 8
6. NRAU de 2006 12

II – O regime
7. Os termos gerais 15
8. Regimes de bens 18
   α) Separação 19
   β) Comunhão de adquiridos ... 20
   γ) Comunhão geral 21
9. Recomendações 22

I – Origem e evolução

1 1. A **Lei n.º 2:030**, de 22-jun.-1948, introduziu formalmente no 44.º, o princípio da não-comunicabilidade, oposto ao que hoje surge no 1065.º. Dispunha[1]:

> O direito ao arrendamento, seja qual for o regime matrimonial, não se comunica ao cônjuge do arrendatário e caduca por sua morte, salvo nos casos indicados nesta lei e no artigo 58.º do decreto n.º 5:411, de 17 de Abril de 1919.

2 O 58.º do D 5:411 previa a transmissão, por morte, dos arrendamentos de estabelecimentos comerciais.

3 A regra da incomunicabilidade do arrendamento foi proposta pelo então deputado José Gualberto de Sá Carneiro[2] e apoiada pela Câmara Corporativa, em parecer de 4-fev.-1947[3].

---

[1] DG I, n.º 143, de 22-jun.-1948, 533/II.
[2] Projeto de Lei n.º 104, em DSess n.º 68, de 24-dez.-1946; o texto pode ser confrontado em Tito Arantes, *Inquilinato, Avaliações/Trabalhos preparatórios e primeiros comentários* (1949), 7-11. O texto relativo à incomunicabilidade constava do 4.º.
   Recordamos que o Projeto de Sá Carneiro esteve na base do longo e cuidado parecer da Câmara Corporativa, abaixo citado; esse parecer originou uma proposta do Governo, sobre a qual recaiu um segundo parecer; após longa discussão parlamentar, o texto viria a integrar a Lei n.º 2:030, de 22-jun.-1948.

[3] Parecer da CCorp n.º 15, ao Projeto de Lei n.º 104 (apresentado pelo deputado José Gualberto de Sá Carneiro), DSess n.º 83 (supl.), de 5-nov.-1947; o parecer pode ser confrontado em Tito Arantes, *Inquilinato*, 15-110; foi relatado por Fernando Pires de Lima e subscrito por dez outros procuradores, entre os quais José Gabriel Pinto Coelho, Paulo Cunha, Manuel Gomes da Silva, Ruy Ulrich e Fernando Emídio da Silva. *Vide*, aí, o n.º 14 e o n.º 15 (35-36).

Anteriormente, ela era controvertida[4]. Mas tinha boas razões de ser. Assim: (a) o vinculismo: perante ele, admitir transmissões entre cônjuges contribuiria, ainda mais, para perpetuar a situação arrendatícia; (b) a inadequação: um arrendamento para farmácia, para advocacia ou para consultório médico não se deveria comunicar ao cônjuge que não tivesse as inerentes habilitações; (c) a possibilidade, depois usada (*vide* o 45.º da L 2:030) de regular, em termos pensados, as situações de transmissibilidade entre cônjuges, por morte ou nos casos de separação de pessoas e bens ou de divórcio; (d) a resolução de fortes dúvidas anteriores, surgidas no âmbito da L 1:662, de 4-set.-1924[5].

É certo que a natureza *intuitu personae* da locação apontaria, só por si, para a incomunicabilidade; todavia, as dúvidas eram evidentes e inevitáveis, pelo que a boa política legislativa esteve do lado do legislador de 1948.

2. As **revisões ministeriais**, mau grado o silêncio do projeto Galvão Telles, retomaram o tema. Assim, a 1.ª revisão, no seu 1108.º, propunha[6]:

> A posição jurídica do arrendatário, seja qual for o regime matrimonial, não se comunica ao cônjuge deste e caduca por sua morte, salvo nos casos indicados neste Código.

A 2.ª revisão manteve esse preceito, mas colocou-o no n.º 1 (1110.º); os números 2, 3 e 4 acolhiam o destino do locado em caso de separação judicial de pessoas ou de divórcio: matéria que hoje consta do 1105.º. E essa redação passaria ao projeto[7] e à versão final, com pequenas alterações.

3. A **versão original** do CC, na parte aqui em causa, ficou assim concebida (1110.º/1)[8]:

> Seja qual for o regime matrimonial, a posição do arrendatário não se comunica ao cônjuge e caduca por sua morte, sem prejuízo do disposto no artigo seguinte.

4. O **RAU de 1990** acolheu o 1110.º/1, transferindo-o para 83.º[9]. Os restantes números do 1110.º, original, passaram para o 84.º: com efeito, tratava-se de normas distintas, que melhor ficavam em preceito separado.

5. Na preparação do **RNAU de 2004**, a questão foi profundamente debatida[10], tendo originado dúvidas difíceis de solucionar. À partida, recorda-se que Pereira Coelho e Guilherme de Oliveira haviam manifestado as maiores dúvidas, quanto à solução da incomunicabilidade[11]. Mas em sentido contrário pronunciou-se Rita Lobo Xavier, com argumentos que devem ser escutados[12]: (a) a natureza pessoal do arrendamento; (b) a proteção da casa de morada de família, que não se compadece com regimes de bens; (c) o estatuto patrimonial dos cônjuges; (d) são sempre neces-

---

A incomunicabilidade surgia no 10.º do texto proposto pela Câmara Corporativa (Tito Arantes, *Inquilinato*, 113).

Tito Arantes apresentou, em 10-mar.-1947, ao Instituto da Conferência da Ordem dos Advogados um relatório (*idem*, 127-151) no qual (135) se manifesta contra a incomunicabilidade. De todo o modo, a solução da incomunicabilidade passaria à subsequente proposta do Governo e, daí, à L 2:030.

[4] A solução da incomunicabilidade era, anteriormente, defendida por José Alberto dos Reis, *Transmissão do arrendamento (sobre o n.º 3 do § 1.º da lei n.º 1:662)*, RLJ 79 (1947), 385-391 e 401-408 e 80 (1947), 2-9, 17-23 e 33-38 (386 ss.). A seu favor depunham, além do próprio Alberto dos Reis, Sá Carneiro, Pinto Loureiro e Cunha Gonçalves; contra: Barbosa de Magalhães e Anselmo de Castro.

[5] A polémica pode ser seguida em Rita Lobo Xavier, *O RNAU e a perspectiva do Direito da família*, O Direito 136 (2004), 315-334 (324-325), com indicação das fontes e, anteriormente, em José Alberto dos Reis, cit. *supra*, nota 4.

[6] BMJ 120 (1962), 123.

[7] Jacinto Rodrigues Bastos, *Dos contratos*, 188-189.

[8] DG I, n.º 274, de 25-nov.-1966, 1981/I.

[9] Menezes Cordeiro/Castro Fraga, *RAU anotado*, 125.

[10] Foi pedido parecer a Rita Lobo Xavier; tal parecer, de elevado nível, foi publicado, em parte, com o artigo referido *supra*, nota 5.

[11] Francisco Pereira Coelho/Guilherme de Oliveira, *Curso de Direito da família* 1, 3.ª ed. (2003), 585-588; Pereira Coelho, anot. a STJ 2-abr.-1987 (Lima Cluny), RLJ 122 (1989), 118-120, *idem*, 120-121, 135-143 e 206-209 (139-143).

[12] Rita Lobo Xavier, *O RNAU e a perspectiva do Direito da família*, 325-327.

sárias regras de transmissão, p. ex., por divórcio ou por morte; (e) as dúvidas que se levantam quanto a arrendamentos comerciais ou para o exercício de profissão liberal.

10   Perante isso, o 1108.º, proposto pelo RNAU de 2004 veio, no n.º 1, optar pela solução da comunicabilidade nos termos gerais e de acordo com o regime de bens, mas ressalvando os 1682.º-B e 1793.º[13], relativos à proteção da casa de morada de família, em caso de disposição e de divórcio, respetivamente. O 1109.º propunha, depois, o esquema de transmissão por morte: útil, quanto ao cônjuge, nos casos em que, por força do regime de bens, a comunicação não operasse.

11   Na opção do RNAU pesaram, em especial, quatro pontos: (a) a natureza não-vinculística do arrendamento, que então se propunha, permitia uma certa latitude de movimento; (b) a comunicabilidade era limitada ao arrendamento habitacional; (c) os cônjuges moram, por definição, juntos: logo o *intuitu personae* alarga-se, *ex rerum natura*, ao casal, correndo o senhorio o risco da nupcialidade; (d) as regras sobre a tutela da morada de família eram expressamente ressalvadas.

12   6. O **NRAU de 2006**, na base de estudos ignotos, veio quebrar toda esta matéria. Com efeito, a regra de comunicabilidade, repescada do RNAU mas colocada completamente fora do contexto, passa, agora, a aplicar-se a todos os arrendamentos[14]. Ora não se compreende que um arrendamento para uma farmácia, um consultório médico ou um escritório de advogado se comunique (ou transmita) ao cônjuge do arrendatário, que poderá nem ter habilitações. Vai responder por rendas porquê e para quê?

13   Além disso, o dispositivo ficou valorativamente cerceado porque o NRAU, ao contrário do projeto do RNAU, acabou por manter o vinculismo. Para quê, em 2006, com todos os indicadores (ainda) favoráveis ao relançar do arrendamento, ampliar os poderes do arrendatário[15]?

14   O atual 1068.º tem origem num lapso ou na falta de estudo que esteve por detrás do apronotamento do RNAU. Apesar de oportunamente alertado[16], o legislador não corrigiu. Sabia tudo.

II – O regime

15   7. **Os termos gerais**, previstos no 1068.º, permitem alguma correção interpretativa, ainda que com todas as dúvidas daí derivadas. Trata-se dos "termos gerais" das dívidas dos cônjuges (1690.º ss.). Devemos ter presente que, hoje, o arrendamento tem uma feição profundamente diferente. Mercê do fim do vinculismo, em 2012 e da crise económica de 2007-2015, o arrendamento, sobretudo quando celebrado *ex novo*, é um fardo para quem o receba.

16   Não havendo acordo de ambos os cônjuges quanto ao arrendamento e não visando este a casa da família, o 1692.º, *a*), impede a comunicação referida no 1068.º.

17   Os "termos gerais" bloqueiam, ainda, a comunicação nos casos de arrendamentos reforçadamente *intuitu personae*: por exemplo, quando envolvam a prestação de serviços pessoais (v.g., contrato de porteiro) ou quando repousem sobre qualidades científicas ou pessoais de tipo individual.

18   8. Os **regimes de bens** são relevantes no caso de arrendamentos de puro conteúdo patrimonial, que não possam ser tomados como "dívidas contraídas". Em rigor, a ideia de "comunicação" do arrendamento significava "transmissão" e não "ingresso em comunhão". A aproximação feita pelo 1068.º ao regime de bens permite falar numa evolução semântica, em direção à comunhão. O panorama será, assim, o que segue[17].

---

[13] O Direito 136 (2004), 467-493 (489).
[14] RGm 6-abr.-2010 (Isabel Fonseca), Proc. 230/07, com indicações.
[15] *Vide* as reflexões de Soares Machado/Regina Santos Pereira, *Arrendamento urbano*, 84-86.

[16] Menezes Cordeiro, *O NRAU*, O Direito 2005, 317-336 (334).
[17] Laurinda Gemas e outros, *Arrendamento*, 300.

α) **Separação**: não há património comum, pelo que o arrendamento não se comunica (1735.°). 19
Ou os cônjuges outorgam juntos ou, tratando-se de arrendamento que dê corpo à casa de morada de família: operam os 1682.°-B e 1793.°, que permitem uma tutela especial. Esses preceitos são, de resto, dobrados pelo 1105.°, versão atual.
β) **Comunhão de adquiridos**: sendo o arrendamento concluído na constância do casamento, 20 há comunicação: 1724.°, *b*) e 1730.°, operando, no caso de dúvida, o 1730.°; já o arrendamento anterior ao casamento, concluído por algum dos cônjuges, não se comunica – 1722.°/1, *a*) – podendo operar o regime da casa de morada de família, se esse for o caso.
γ) **Comunhão geral**: o arrendamento comunica-se, ingressando no património comum (1732.°). 21
9. **Recomendações**, no caso de celebração de um contrato: fazer intervir ambos os cônjuges ou 22 deixar clara a natureza *intuitu personae*, que impeça comunicações futuras. Os inconvenientes do descuido legislativo de 2006 são hoje minorados pelo fim do vinculismo. De pé fica o imenso cuidado que se deve ter, quando se toque no CC.
10. **Aplicação no tempo**. O 1068.° aplica-se aos contratos de arrendamento celebrados após a 23 entrada em vigor do NRAU de 2006. Estamos, claramente, no domínio dos efeitos do contrato, pelo que funciona o 12.°/2, 1.ª parte[18]

Subsecção II – Celebração

Artigo 1069.° (Forma)

O contrato de arrendamento urbano deve ser celebrado por escrito.

Bibliografia: Carlos Lacerda Barata, *Formação do contrato de arrendamento urbano*, Est. Galvão Telles 2 (2002), 49-83 (55 ss.); Laurinda Gemas e outros, *Arrendamento*, 304-316; Manuel Januário da Costa Gomes, *Constituição da relação de arrendamento urbano / sua projecção na pendência e extinção da relação contratual* (1980) 84-97; Pires de Lima/Antunes Varela, *Código anotado* 2, 4.ª ed., 492-502.

Índice

I – **Origem e evolução**
1. Código de Seabra 1
2. Leis do vinculismo 2
3. Decreto n.° 5:411 6
4. Complexização subsequente 9
5. Lei n.° 2:030 12
6. Versão original do CC 14
7. Evolução pós-25-abr.-1974 16
8. RAU de 1990 18
9. RNAU de 2004 21

10. NRAU de 2006 22
11. Reforma de 2012 24

II – **Regime**
12. Forma escrita 25
13. Falta de forma 26
14. Razões de forma 27
15. Boa-fé 28
16. Cláusulas contratuais gerais 30

I – Origem e evolução

1. O Código de Seabra não previa uma forma específica para o arrendamento. Aplicava-se a 1 regra geral da consensualidade, consignada no seu 686.°.

---
[13] *Tratado* I, 855 ss..

2 2. As **leis do vinculismo** vieram, todavia, complicar a celebração do arrendamento urbano. Assim, um D de 12-nov.-1910[1], que adotou diversas medidas de proteção dos arrendatários, dispunha, no corpo do seu n.º 2.º[2]:

> O arrendamento dos predios urbanos deverá sempre constar de título autentico, ou autenticado nos termos do artigo 2436.º do Código Civil.

3 A solução seria boa, mas de difícil execução. Por isso, menos de uma semana volvida, um D de 18-nov.-1910[3], que veio "esclarecer dúvidas", dispôs (1.º)[4]:

> Em todos os arrendamentos de pequeno valor (...) o reconhecimento das assinaturas nos documentos autenticados pode também fazer-se pela simples apposição de carimbo de um comerciante, que seja uma das testemunhas do documento, nas capitaes de districto, ou pela apposição d'esse carimbo ou de carimbo do correio nas restantes terras (...)

4 O efémero D 4:499, de 27-jun.-1918 (Sidónio Pais)[5] veio retomar, no 2.º[6]:

> O contrato de arrendamento de predios urbanos constará sempre de título autenticado, ou autenticado nos termos do § único do artigo 2436.º do Código Civil; (...)

5 A lógica legislativa era fácil de seguir: dada a gravidade e a litigiosidade dos arrendamentos vinculísticos, havia que reforçar a forma (e as formalidades) da sua celebração, para defesa de todos.

6 3. O **Decreto n.º 5:411**, de 17-abr.-1919, prescrevia, quanto à forma dos arrendamentos urbanos, nos termos seguintes[7]:

> Art. 44.º O arrendamento será feito por escrito com a assinatura do senhorio e do inquilino.
> § único. Quando qualquer das partes não souber ou não puder escrever, será permitida a assinatura a rôgo.
> Art. 45.º Exceptuam-se da disposição do artigo antecedente os arrendamentos de quantia inferior a 2$50 cada mês, não sujeitos a registos, os quais poderão ser feitos verbalmente.

7 Seguiam-se seis artigos (até ao 51.º), com regras sobre o selo.
8 O intensificar do vinculismo recomendava, para defesa de todos, uma certa formalização do arrendamento. Não só havia que facilitar a sua prova como, também, que promover, junto das partes, alguma consciência da gravidade do ato que levavam a cabo.

9 4. A **complexização subsequente** das regras sobre a forma do arrendamento urbano ficou a dever-se à necessidade de proteger os inquilinos da multiplicação de invalidades que a exigência de forma suscitava. Logo a L 1:662, de 4-set.-1924, veio prever esta extraordinária regra (4.º)[8]:

> Art. 4.º Os arrendamentos de prédios urbanos serão, não obstante a falta de título escrito, reconhecidos em juízo, por qualquer outro meio de prova, quando se demonstre que a falta é imputável a negligência, coacção, dolo ou má fé do senhorio. A prova pode ser feita em qualquer estado da causa, antes de efectuado o despejo definitivo, a requerimento do réu, sendo ouvido o autor.

10 O DL 22:661, de 13-jun.-1933, veio resolver o desequilíbrio que esta norma provocava. Além disso, havia que solucionar a situação dos senhorios sem título, cujos inquilinos deixassem de pagar as rendas. Assim, veio dispor (1.º)[9]:

---

[1] COLP 1910, II (1911), 81-85 = DG I, n.º 34, de 14-nov.-1910, 398/III-400/II.
[2] COLP 1910, II, 81/I.
[3] COLP 1910, II (1911), 103-104.
[4] COLP 1910, II, 103/I.
[5] COLP 1918, I, 745-750.
[6] COLP 1918, I, 745/I.
[7] DG I, n.º 80, de 17-abr.-1919, 656/I.
[8] DG I, n.º 200, de 4-set.-1924, 1241/II.
[9] DG I, n.º 130, de 13-jun.-1933, 981/II.

Os arrendamentos de prédios urbanos serão não obstante a falta de título escrito, reconhecidos em juízo, por qualquer outro meio de prova, quando se demonstre que a falta é imputável ao senhorio ou ao arrendatário.
§ 1.º Nas acções em que o arrendatário for réu, a falta de título a que êste artigo se refere só pode ser alegada na contestação ou impugnação.
§ 2.º Ao senhorio é facultado usar da acção de despejo independentemente da apresentação de título de arrendamento, desde que alegue que a falta deste é imputável ao arrendatário, fazendo a respectiva prova por qualquer dos meios admissíveis em direito.

Este caminho tornou a exigência de forma escrita, decretada em 1919, numa longínqua (boa) intenção. O problema foi ponderado no âmbito da preparação da L 2:030, pela Câmara Corporativa[10] que, tudo visto, se pronunciou favoravelmente quanto ao "regresso à oralidade". 11
5. E assim, a **Lei n.º 2:030** de 22-jun.-1948, veio adotar o seguinte articulado, quanto à forma dos arrendamentos urbanos[11]: 12

Art. 36.º – 1. O contrato de arrendamento de prédios urbanos carece de ser reduzido a escrito; mas, na falta de título, o arrendatário só pode fazer a prova do contrato desde que exiba recibo de renda, assinado pelo proprietário ou por quem suas vezes fizer.
Equivale ao recibo o depósito feito dentro dos três meses posteriores ao vencimento da primeira renda, quando não seja impugnado ou a oposição improceda.
2. Na falta de título, entender-se-á que o prédio é arrendado para habitação e pelo prazo de seis meses.
3. Só podem provar-se por escrito as estipulações que importem alteração ao regime supletivo do contrato.

Art. 37º – 1. Devem constar de escritura pública:
a) Os arrendamentos sujeitos a registo;
b) Os arrendamentos para comércio, indústria ou exercício de profissão liberal.
2. A falta de escritura, no caso da alínea *a)*, não impede que o contrato subsista, para todos os efeitos, como semestral; no caso da alínea *b)*, o contrato será absolutamente nulo e não poderá ser admitido em juízo nem invocado perante qualquer autoridade ou repartição pública.

Art. 38.º O arrendamento reduzido a escrito só pode ser alterado por documento de igual força.

À distância, afigura-se que semelhante sistema só pode colher pela falta de consciência do vinculismo. Aparentemente, esse fenómeno cresceu de modo tão subreptício que os ilustres estudiosos, debruçados sobre a matéria, não se sensibilizaram pelo facto de um arrendamento, dado por um proprietário, significar uma autêntica alienação. Um arrendamento para habitação por seis meses era, de facto, perpétuo. Paralelamente, a exigência de escritura pública para os arrendamentos comerciais, com as severas cominações do 37.º/2, 2.ª parte, originou graves injustiças, que incluíram despejos determinados por vícios de forma do contrato, após trinta anos de vigência cumpridora do contrato. 13
6. A **versão original do CC** manteve o esquema da L 2:030. O 1029.º, apenas sujeitava a escritura pública os arrendamentos sujeitos a registo e os comerciais ou equiparados. Quanto ao arrendamento urbano o 1088.º, epigrafado "prova", vinha dispor[12]: 14

Se o arrendamento for válido independentemente de título escrito e este não existir, o arrendatário só pode provar o contrato desde que exiba recibo de renda.

---

[10] Câmara Corporativa, Parecer n.º 15, de 5-fev.-1947.
[11] DG I, n.º 143, de 22-jun.-1948, 532/II-533/I.
[12] DG I, n.º 274, de 25-nov.-1966, 1979/I. Quanto aos preparatórios deste preceito: Inocêncio Galvão Telles, *Contratos civis*, 242; 1.ª revisão ministerial, BM 120 (1962), 113; Jacinto Rodrigues Bastos, *Dos contratos*, 113.

15   Este sistema, aplaudido por alguns autores, é dogmaticamente artificioso. Se o arrendamento é consensual, para quê exigir um recibo de renda como meio (exclusivo) de prova? O argumento da confusão com o comodato não colhe: basta atentar no ónus da prova, a cargo de quem queira invocar o arrendamento.

16   7. A **evolução pós 25-abr.-1974** tocou em todas as teclas. O DL 445/74, de 12-set., no 14.º, determinava que, de futuro, os arrendamentos para habitação constariam de documento assinado por ambos os contratantes[13]. Na sua falta, deveria seguir-se a nulidade; todavia, o DL 188/76, de 12-mar., após repetir a regra de que o arrendamento para habitação devia ser sempre reduzido a escrito (sem explicitar se assinado), acrescentava que a falta de escrito se presumia imputável ao locador e a respetiva nulidade era só invocável pelo locatário; este poderia provar o contrato por qualquer meio admitido em Direito, desde que não tivesse invocado a nulidade (1.º/1, 2 e 3). Tal faculdade era aplicável aos arrendamentos já existentes, mesmo com ação pendente (!) (2.º/1)[14]. O diploma impôs ainda, ao locador o encargo de, no prazo de 180 dias, notificar o inquilino para reduzir a escrito o contrato, sob pena de perder as vantagens atribuídas pelo diploma.

17   Passados dez anos e, portanto, já depois da normalização constitucional, o DL 13/86, de 23-jan., retomou essas estranhas regras, repetindo-as, à letra, no seu 1.º[15]. Tudo isto teria sido evitado se o legislador do Estado Novo, evitando as "fraquezas de ânimo" ou a "preguiça intelectual" de que fala Antunes Varela[16], tivesse mantido a regra da forma escrita determinada, em 1919, pelo D 5:411. A forma escrita teria entrado, há muito, no hábito do Povo, prevenindo-se o carnaval jurídico apontado.

18   8. O **RAU de 1990** tentou inverter o processo[17]. O 7.º/1 proclamava a regra da sujeição do arrendamento urbano à forma escrita. Todavia (n.º 2), admitia que a sua falta pudesse ser suprida pela exibição do recibo de renda, determinando a aplicação do regime de renda condicionada, sem que, daí, pudesse resultar aumento de renda.

19   Estas regras não eram retroativas (*vide* o 6.º do DL 321-B/90, de 15-out.); nem se percebe como pretender outra solução: com uma Constituição em vigor e num Estado de Direito, não pode um diploma invalidar, por razões formais, contratos anteriores ou (o que dá no mesmo) alterar as consequências de invalidades perpetradas no passado.

20   Cumpre explicar que, nos anos 90 do século passado, o grande problema residia na atualização das rendas, que requeria cálculos complicados. Ora, sem contrato escrito, todas as operações ficavam comprometidas.

21   9. O projeto de **RNAU de 2004**, propôs (finalmente!) o regresso a 1919: o contrato de arrendamento urbano deve ser celebrado por escrito (1070.º)[18].

22   10. O **NRAU de 2006** voltaria a titubear. O 1069.º vinha dispor[19]:

> O contrato de arrendamento deve ser celebrado por escrito desde que tenha duração superior a seis meses.

23   Como um contrato de seis meses (ou menos) se renova automaticamente (1054.º)[20], regressámos às onerações dilatadas de imóveis, sem um (mero) suporte escrito.

24   11. A **reforma de 2012** repôs, passados quase cem anos, a solução correta de 1919. Há muito ela teria sido possível: a Nação está alfabetizada e a emissão de documentos surge como ritual diá-

---

[13] DG I, n.º 213, de 12-set.-1974, 1065/I.
[14] DG I, n.º 61, de 12-mar.-1976, 504/I.
[15] DR I, n.º 19, de 23-jan.-1986, 240/II.
[16] *Código anotado* 2, 4.ª ed., 496.
[17] Menezes Cordeiro/Castro Fraga, *RAU anotado*, 57-59.
[18] O Direito 136 (2004), 467-493 (479).
[19] DR I-A, n.º 41, de 27-fev.-2006, 1559/II.
[20] Pedro Romano Martinez, *Celebração e execução do arrendamento urbano segundo o NRAU*, O Direito 137 (2005), 337-357 (344), relativamente ao projeto.

rio, que a ninguém assusta. As cautelas políticas acabaram por redundar em interessantes exercícios dogmáticos, mormente na área das invalidades mistas: mas com evitáveis custos para o público.

II – Regime

12. A **forma escrita** passa, pois, a ser o meio exigido para a exteriorização das declarações de vontade: de dar em arrendamento (locador ou senhorio) e de receber em arrendamento (locatário, arrendatário ou inquilino). O contrato pode surgir por adesão, de ambas as partes, a um texto comum, proposto por uma delas à outra ou disponibilizado por terceiros.
13. Na **falta de forma**, o negócio é nulo (220.º). A lei atual (bem) não permite repescagens por via de nulidades mistas, pelo que se aplica o regime legal.
14. As **razões de forma** são as comuns: (a) solenidade: ocorre um fator de publicidade que torna o ato cognoscível do público; (b) reflexão: as partes não podem contratar sem um mínimo de compasso de espera, de modo a melhor poderem apreender a gravidade do ato; (c) provas: torna-se mais fácil demonstrar a existência do contrato e o seu conteúdo; (d) controlo público: o Estado e os municípios têm, no domínio do arrendamento, diversos poderes que requerem a cognoscibilidade objetiva do contratado.
15. A **boa-fé** pode, em casos muito particulares, permitir o (re)aproveitamento de arrendamentos nulos por falta de forma. Assim sucederá quando se mostrem reunidos os requisitos postos, pela jurisprudência, para as inalegabilidades formais[21], de tal modo que se jogue uma necessidade ético-jurídica forte de tutela da confiança da parte que não tenha originado a invalidade (334.º).

Em síntese, a falta de formação não pode ser invocada por uma das partes contra a outra nem, consequentemente, ser declarada de oficio pelo tribunal, quando: (a) exista uma situação de confiança na consistência do arrendamento; (b) justificada objetivamente; (c) originando um investimento de confiança; (d) sendo a confiança imputável à contraparte; (e) não sendo prejudicados terceiros de boa-fé; (f) sendo a imputação de confiança acompanhada por um juízo de censura; (g) e surgindo o investimento de confiança como sensível. Por esta via, consegue-se uma proteção paralela à que a usucapião poderia conseguir, se o direito do locatário fosse reconhecido como real.
16. A adesão a **cláusulas contratuais gerais** é ainda uma forma comum de concluir arrendamentos urbanos. Nessa eventualidade, há que aplicar o regime aprovado pelo DL 446/85, de 25-out.[22].

Artigo 1070.º (Requisitos de celebração)

1. O arrendamento urbano só pode recair sobre locais cuja aptidão para o fim do contrato seja atestada pelas entidades competentes, designadamente através de licença de utilização, quando exigível.

2. Diploma próprio regula o requisito previsto no número anterior e define os elementos que o contrato de arrendamento urbano deve conter.

---

[21] *Tratado* V, 299 ss. e 309 ss., com indicações jurisprudenciais; *vide supra*, as anotações ao revogado 1029.º.

[22] *Tratado* I/1, 3.ª ed., 613 ss..

Bibliografia: Laurinda Gemas e outros, *Arrendamento*, 304-316; Carla Amado Gomes, *Direito do arrendamento e vinculações jurídico-públicas. Uma aproximação*, Est. Oliveira Ascensão 2 (2008), 1049-1100; Pires de Lima/Antunes Varela, *Código anotado* 2, 4.ª ed., 492-502; Soares Machado/Regina Santos Pereira, *Arrendamento urbano*, 87-91; Pedro Romano Martinez, *Celebração e execução do contrato de arrendamento segundo o RNAU*, O Direito 136 (2004), 273-288.

Índice

I – Origem
1. Licença de utilização 1
2. Os Decretos-Leis n.º 329/81 e n.º 13/86 3
3. RAU de 1990 6
4. Projeto de RNAU 9
5. NRAU de 2006 10

II – O regime
6. Decreto-Lei n.º 160/2006 11
7. Falta de elementos 12
8. Falta de licença 13

I – Origem

1 1. A **licença de utilização** está prevista no 8.º do RGEU, aprovado pelo DL 38.382, de 7-ago.-1951, por último alterado pelo DL 220/2008, de 12-nov., embora não nesse preceito. Dispõe[1]:

> Art. 8.º A utilização de qualquer edificação nova, reconstruída, ampliada ou alterada, quando da alteração resultem modificações importantes nas suas características, carece de licença municipal.
>
> § 1.º As câmaras municipais só poderão conceder as licenças a que este artigo se refere em seguida à realização de vistoria nos termos do § 1.º do artigo 51.º do Código Administrativo, destinada a verificar se as obras obedeceram às condições da respectiva licença, ao projecto aprovado e às disposições legais e regulamentares aplicáveis.
>
> § 2.º A licença de utilização só pode ser concedida depois de decorrido sobre a conclusão das obras o prazo fixado nos regulamentos municipais, tendo em vista as exigências de salubridade relacionadas com a natureza da utilização.
>
> § 3.º O disposto neste artigo é aplicável à utilização das edificações existentes para fins diversos dos anteriormente autorizados, não podendo a licença para este efeito ser concedida sem que se verifique a sua conformidade com as disposições legais e regulamentares aplicáveis.

2 Este preceito aplica-se a construções ou alterações posteriores a 1951[2].

3 2. **Os Decretos-Leis n.º 329/81**, de 4-dez. **e n.º 13/86**, de 23-jun., vieram articular a licença de utilização com o arrendamento urbano. Na época, perfilavam-se dois problemas: o da fuga da propriedade urbana para o comércio e para os serviços, mais rentável do que o uso habitacional, em termos de rendas e a presença de construções clandestinas.

4 O DL 329/81 veio determinar[3]: (1.º) que só pudessem ser efetuadas escrituras de arrendamento para comércio, indústria ou profissão liberal mediante a apresentação, pelo locador, de licença camarária donde conste ser essa a finalidade do imóvel ou que autorize a mudança de finalidade; (2.º) não havendo escritura pública, a licença deveria ser exibida na repartição de finanças, aquando da participação do contrato; (4.º) na falta de tal exibição, a renda não poderia ser atualizada.

5 O DL 13/86 veio fixar (2.º) as menções obrigatórias do contrato de arrendamento para habitação, entre as quais (2.º/1)[4]:

> e) A data da licença de utilização, quando exigível, e o número de inscrição na matriz predial ou declaração de que o prédio se encontra omisso;

---

[1] DG I, n.º 166, de 7-ago.-1951, 717/II.
[2] Carla Amado Gomes, *Direito do arrendamento e vinculações jurídico-públicas*, 1052.
[3] DR I, n.º 279, de 8-dez.-1981, 3180/I.
[4] DR I, n.º 19, de 23-jan.-1986, 240/II.

3. O **RAU de 1990** procurou codificar tudo isto. No 8.º, quanto ao conteúdo do contrato, man- 6
dava que o mesmo mencionasse – n.º 2, c) – a existência de licença de utilização. E o 9.º previa
um esquema completo quanto à licença de utilização[5]:

    1. Só podem ser objecto de arrendamento urbano os edifícios ou suas fracções cuja aptidão para o fim pretendido pelo contrato seja atestado pela licença de utilização, passada pela autoridade municipal competente, mediante vistoria realizada menos de oito anos antes da celebração do contrato.
    2. Quando as partes aleguem urgência na celebração do contrato, a licença referida no número anterior pode ser substituída por documento comprovativo de a mesma ter sido requerida, em conformidade com o direito à utilização do prédio nos termos legais e com a antecedência mínima requerida por lei.
    3. A mudança de finalidade no sentido de permitir arrendamentos comerciais deve ser sempre previamente autorizada pela câmara municipal, seja através de nova licença, seja por averbamento à anterior.
    4. A existência da licença de utilização bastante ou, quando isso não seja possível, do documento comprovativo da mesma ter sido requerida, deve ser referida no próprio texto do contrato, nos termos do n.º 2, da alínea c), do artigo anterior, não podendo ser celebrada qualquer escritura pública de arrendamento sem essa menção.
    5. A inobservância do disposto nos n°s 1 a 3, por causa imputável ao senhorio, determina a sujeição do mesmo a uma coima não inferior a um ano de renda, observados os limites legais, salvo quando a falta de licença se fique a dever a atraso que não lhe seja imputável.
    6. Na situação prevista no número anterior, o arrendatário pode resolver o contrato, com direito a indemnização nos termos gerais, ou requerer a notificação do senhorio para a realização das obras necessárias, aplicando-se o regime dos artigos 14.º a 18.º e mantendo-se a renda inicialmente fixada, salvo o disposto no número seguinte.
    7. O arrendamento não habitacional de locais licenciados apenas para habitação é nulo, sem prejuízo, sendo esse o caso, da aplicação da sanção prevista no n.º 5 e do direito do arrendatário à indemnização.

    O transcrito 9.º/4 foi alterado pelo DL 64-A/2000, de 22-abr., para substituir a referên- 7
cia à escritura pública.
    A licença de utilização aqui em causa era precisamente a referida no 8.º do RGEU: não 8
havia outra[6]. Todavia, alguma prática entendeu que o RAU criara, aqui, uma nova licença, a pedir
pelos particulares às câmaras municipais. Estas nem sabiam do que se tratava, criando-se a maior
confusão[7]. Não sabemos como surgiu tal dúvida: na época, o RAU, então em projeto, foi cuidadosamente revisto, incluindo uma especial consulta a um núcleo de juspublicistas reputados, sem
que o problema tivesse sido apontado.
    4. O **projeto de RNAU**, de 2004, que preconizava o regresso da matéria ao CC, propôs que 9
toda a temática regulamentar constasse de diploma próprio. Assim, limitava-se a dispor[8]:

    Artigo 1071.º (Conteúdo do contrato) – O contrato de arrendamento urbano deve conter os elementos previstos em portaria.

    Artigo 1072.º (Licença de utilização e certificado de habitabilidade) – 1. O arrendamento urbano só pode recair sobre locais cuja aptidão, para o fim do contrato, seja atestada por licença de utilização ou por certificado de habitabilidade passados pelas entidades competentes.
    2. O regime da licença e do certificado referidos no número anterior consta de diploma próprio.

O **NRAU de 2006** adotou o texto em vigor, fundindo os dois transcritos preceitos do RNAU[9]. 10

---

[5] DR I, n.º 238 (supl.), de 15-out.-1990, 4286-(12)/II.
[6] Menezes Cordeiro/Castro Fraga, *RAU anotado*, 63.
[7] *Vide* Soares Machado/Regina Santos Pereira, *Arrendamento urbano*, 93-94.
[8] O Direito 136 (2004), 467-493 (479).
[9] DR I-A, n.º 41, de 27-fev.-2006, 1581/II.

II – O regime

11   6. O **Decreto-Lei n.º 160/2006**, de 8-ago., contém os elementos referidos no 1070.º/2. Vamos transcrevê-lo, para comodidade de consulta[10]:

> Artigo 1.º (Objecto) – O presente decreto-lei regula os elementos do contrato de arrendamento e os requisitos a que obedece a sua celebração, conforme previsto no n.º 2 do artigo 1070.º do Código Civil.
>
> Artigo 2.º (Conteúdo necessário) – Do contrato de arrendamento urbano, quando deva ser celebrado por escrito, deve constar:
>
> a) A identidade das partes, incluindo naturalidade, data de nascimento e estado civil;
> b) A identificação e localização do arrendado, ou da sua parte;
> c) O fim habitacional ou não habitacional do contrato, indicando, quando para habitação não permanente, o motivo da transitoriedade;
> d) A existência da licença de utilização, o seu número, a data e a entidade emitente, ou a referência a não ser aquela exigível, nos termos do artigo 5;
> e) O quantitativo da renda;
> f) A data da celebração.
>
> Artigo 3.º (Conteúdo eventual) – 1. O contrato de arrendamento urbano deve mencionar, quando aplicável:
>
> a) A identificação dos locais de uso privativo do arrendatário, dos de uso comum a que ele tenha acesso e dos anexos que sejam arrendados com o objecto principal do contrato;
> b) A natureza do direito do locador, sempre que o contrato seja celebrado com base num direito temporário ou em poderes de administração de bens alheios;
> c) O número de inscrição na matriz predial ou a declaração de o prédio se encontrar omisso;
> d) O regime da renda, ou da sua actualização;
> e) O prazo;
> f) A existência de regulamento da propriedade horizontal;
> g) Quaisquer outras cláusulas permitidas por lei e pretendidas pelas partes, directamente ou por remissão para regulamento anexo.
>
> 2. Devem ser anexados ao contrato e assinados pelas partes os regulamentos a que se referem as alíneas f) e g) do número anterior e um documento onde se descreva o estado de conservação do local e suas dependências, bem como do prédio, aplicando-se, na sua falta ou em caso de omissão ou dúvida, o disposto no n.º 2 do artigo 1043.º do Código Civil.
>
> Artigo 4.º (Omissão de elementos) – A falta de algum ou alguns dos elementos referidos nos artigos 2.º e 3.º não determina a invalidade ou a ineficácia do contrato, quando possam ser supridas nos termos gerais e desde que os motivos determinantes da forma se mostrem satisfeitos.
>
> Artigo 5.º (Licença de utilização) – 1. Só podem ser objecto de arrendamento urbano os edifícios ou suas fracções cuja aptidão para o fim pretendido pelo contrato seja atestada pela licença de utilização.
>
> 2. O disposto no número anterior não se aplica quando a construção do edifício seja anterior à entrada em vigor do Regulamento Geral das Edificações Urbanas, aprovado pelo Decreto-Lei n.º 38 382, de 7 de Agosto de 1951, caso em que deve ser anexado ao contrato documento autêntico que demonstre a data de construção.
>
> 3. Quando as partes aleguem urgência na celebração do contrato, a licença referida no n.º 1 pode ser substituída por documento comprovativo de a mesma ter sido requerida com a antecedência mínima prevista na lei.
>
> 4. A mudança de finalidade e o arrendamento para fim não habitacional de prédios ou fracções não licenciados devem ser sempre previamente autorizados pela câmara municipal.

---

[10] DR I, n.º 152, de 8-ago.-2006, 5653/II a 5654/I.

5. A inobservância do disposto nos n.ºs 1 a 4 por causa imputável ao senhorio determina a sujeição do mesmo a uma coima não inferior a um ano de renda, observados os limites legais estabelecidos pelo Decreto-Lei n.º 433/82, de 27 de Outubro, salvo quando a falta de licença se fique a dever a atraso que não lhe seja imputável.
6. A coima prevista no número anterior constitui receita do município, competindo a sua aplicação ao presidente da câmara municipal, com a faculdade de delegação em qualquer dos vereadores.
7. Na situação prevista no n.º 5, o arrendatário pode resolver o contrato, com direito a indemnização nos termos gerais.
8. O arrendamento para fim diverso do licenciado é nulo, sem prejuízo, sendo esse o caso, da aplicação da sanção prevista no n.º 5 e do direito do arrendatário à indemnização.
9. Não se aplica o disposto nos números anteriores aos arrendamentos que tenham por objecto espaços não habitáveis nem utilizáveis para comércio, indústria ou serviços, nomeadamente para afixação de publicidade ou outro fim limitado.

Artigo 6.º (Entrada em vigor) – O presente decreto-lei entra em vigor no dia seguinte ao da sua publicação.

7. A **falta de elementos** previstos nos 2.º e 3.º do DL 160/2006 não determina a invalidade ou a ineficácia do contrato, quando possa ser suprida, nos termos gerais e desde que os motivos determinantes de prova se mostrem satisfeitos (4.º). Em rigor, a falta de elementos essenciais, não suprível, conduz à nulidade por indeterminabilidade do objeto (280.º/1).

8. A **falta de licença** de utilização por causa imputável ao senhorio sujeita este ao pagamento de uma coima (5.º/5) e permite, ao arrendatário, resolver o contrato, com direito a indemnização (5.º/6)[11].

O arrendamento para fim diverso do licenciado é nulo, sem prejuízo da coima e do direito à indemnização do locatário (5.º/8). Todas essas regras não têm aplicação quanto a arrendamentos para publicidade ou outro fim limitado.

12

13

14

Subsecção III – Direitos e obrigações das partes

INTRODUÇÃO

Índice

I – **Sistema do Código Civil**
1. Regime geral 1
2. Arrendamento urbano 3

II – **Ordenação**
3. Critério básico 5

4. Posição do locatário 6
5. Posição do locador 8

III – **Lei n.º 6/2006, de 27-fev.**
6. A sistemática 10

I – Sistema do Código Civil

1. O **regime geral** dos direitos e obrigações das partes resulta dos 1031.º a 1046.º. Numa primeira secção (1031.º a 1037.º), temos as obrigações do locador, centradas na dupla ideia de

1

---

[11] Ela não gera nulidade; à luz do correspondente preceito do RAU: STJ 10-out.-2006 (Nuno Cameira), Proc. 06A2275, RCb 17-abr.-2007 (Garcia Calejo), Proc. 1234/04 e RPt 7-abr.-2008 (Fernandes do Vale), Proc. 0850725.

entrega da coisa ao locatário e no proporcionar, a este, o gozo da mesma coisa, para os fins a que ela se destina.

2 Por seu turno, numa segunda secção (1038.º a 1046.º), surgem as obrigações do locatário. Mais desenvolvidas, elas centram-se no eixo que vai do pagamento da renda ou aluguer à restituição da coisa no fim do contrato, passando por um uso adequado.

3 2. No **arrendamento urbano**, a lei veio densificar os direitos e obrigações das partes, dada a especial natureza do bem aí em jogo. Tal o sentido dos 1071.º a 1078.º. Esses preceitos aplicam-se cumulativamente com os 1031.º a 1046.º, prevalecendo sobre estes preceitos, no caso de conflito.

4 Encontramos, nesta área, alguns resquícios de linguagem militante das leis do arrendamento, aquando da existência, entre nós, do vinculismo. Ao passo que, na locação em geral, o Código refere apenas "obrigações", sejam elas do locador ou do locatário, temos, desta feita, na epígrafe da presente subsecção III, uma referência a "direitos". Todavia, no desenvolvimento subsequente, prevaleceu a tradição obrigacionista: a lei atém-se às "obrigações não pecuniárias" e à "renda e encargos".

II – Ordenação

5 3. O **critério básico** usado para ordenar a matéria assenta, formalmente, na natureza pecuniária ou não-pecuniária das obrigações em jogo. A lei não define a obrigação pecuniária: entra na matéria fixando o princípio nominalista (550.º). Cabe entender que acolhe o conceito comum: o de um vínculo cujo objeto corresponda a uma prestação em dinheiro[1]. A obrigação pecuniária não se confunde com a patrimonial: esta não é, necessariamente, pecuniária. Reporta-se, todavia, a um objeto que, tendo natureza económica, a lei permite seja trocado por dinheiro.

6 4. A **posição do locatário**, dentro das obrigações não-pecuniárias, é alcançada com recurso: (a) a limitações ao exercício do seu direito (1071.º); (b) ao dever de uso efetivo do locado; (c) ao direito de realizar pequenas deteriorações no prédio arrendado.

7 Quanto a obrigações pecuniárias temos, no essencial, a renda, arrumada em: (a) disposições gerais (1075.º); (b) antecipação da renda; (c) atualização de rendas. Segue-se o tema dos encargos e despesas (1078.º), distribuídos entre o locatário e o locador.

8 5. A **posição do locador**, quanto a obrigações não-pecuniárias, reconduz-se à obrigação das obras (1074.º). Estas podem, no entanto, competir (também) ao locatário, ainda que em certos termos.

9 As obrigações pecuniárias do locador reportam-se aos encargos e despesas (1078.º), repartidos, como foi dito, por ambas as partes.

III – A Lei n.º 6/2006, de 27-fev.

10 6. A **sistemática** das posições arrendatícias urbanas, constante do CC, adveio da L 6/2006[2]. Aprofundando a arrumação sugerida no projeto de RNAU de 2004[3], o legislador procedeu à ordenação anotanda. Para além da inevitável miscigenação apontada, a matéria ficou com mais fácil localização.

---

[1] *Tratado* VI, 691 ss..
[2] DR I-A, n.º 41, de 27-fev.-2006, 1559/II-1560/II.
[3] O Direito 136 (2004), 467-493 (478-481).

Divisão I – Obrigações não pecuniárias

Artigo 1071.º (Limitações ao exercício do direito)

Os arrendatários estão sujeitos às limitações impostas aos proprietários de coisas imóveis, tanto nas relações de vizinhança como nas relações entre arrendatários de partes de uma mesma coisa.

Bibliografia: Menezes Cordeiro, *Direitos reais* (1979), 409 ss.; Olinda Garcia, *A nova disciplina*, 16; Laurinda Gemas e outros, *Arrendamento*, 320-321; Luís Menezes Leitão, *Arrendamento*, 6.ª ed., 102-103; Soares Machado/Regina Santos Pereira, *Arrendamento urbano*, 95-96.

Índice

I – **Origem e natureza**
1. Lei n.º 6/2006 1
2. Natureza interpretativa 2

II – **As limitações *lato sensu***
3. Delimitação negativa 4
4. Limitações *stricto sensu* 6
   α) Limitações gerais 8
   β) Limitações especiais 11
5. As restrições 13
   α) Restrições independentes 14
   β) Restrições de vizinhança 15
   γ) Restrições de sobreposição 16

III – **As relações de vizinhança**
6. Vizinhança 17
7. Situações típicas 19
   α) Emissões 21
   β) Relevo prático 23
   γ) Cães 24
   δ) Obras 27
8. Situações atípicas 28

IV – **Partes da mesma coisa**
9. Arrendatários de partes 29
10. Regulamento do prédio 31
11. Regulamento do condomínio 33

I – Origem e natureza

1. **A Lei n.º 6/2006**, de 27 fev., introduziu *ex novo* este preceito (3.º)[1]. A novidade terá resultado de uma preocupação doutrinária em melhor situar a matéria e das vantagens teóricas e práticas de dar uma melhor base ao fundamento da resolução do contrato previsto no 1083.º/1, *a*): violação, pelo arrendatário, de regras de higiene, de sossego, de boa vizinhança ou de normas constantes do regulamento do condomínio.

2. **Natureza interpretativa**. Mau grado a aparente novidade, as regras constantes do 1071.º operavam já, anteriormente, por via de elementares princípios gerais[2]. Havendo – como há – limitações impostas aos proprietários de imóveis, elas não podem deixar de funcionar, *a fortiori*, perante os arrendatários. Por um lado, o locador-proprietário, sendo titular de uma posição "limitada", nada mais pode locar do que essa mesma situação, com a envolvência restritiva que a acompanhe. Por outro, todos os valores sociais e humanos que levam a lei a restringir o direito do proprietário operam perante quem, ainda que na base de um (mero) direito pessoal de gozo, tenha o uso do imóvel.

O 1071.º, na medida em que veio clarificar matéria já antes reconhecida pela Ciência do Direito, tem natureza materialmente interpretativa[3]. Ele aplica-se, diretamente, a situações futuras derivadas de contratos anteriores (12.º/2, 2.ª parte) e às próprias situações anteriores, salvo se já decididas com trânsito em julgado (13.º/1).

---

[1] DR I-A, n.º 41, de 27-fev.-2006, 1551/II.
[2] Laurinda Gemas e outros, *Arrendamento*, 320.
[3] *Tratado* I, 857 ss..

II – **As limitações *lato sensu***

4 3. A **delimitação negativa** (ou limitações *lato sensu*) dos direitos resulta de normas que retirem espaço à permissão de base que os constitua, isto é, ao seu conteúdo positivo. As condicionantes linguísticas existentes obrigam as fontes a retratar o conteúdo dos direitos com recurso a proposições permissivas e, depois, a recortes negativos derivados de proposições impositivas ou de proposições permissivas dirigidas a terceiros.

5 Os tipos de delimitações existentes, que cobrem toda a Ordem Jurídica, podem ser arrumados em limitações e em restrições: nas limitações (*stricto sensu*), a permissão de base é detida, em certa área, por regras de imposição; nas restrições, isso sucede por via de permissões que beneficiem terceiros; estes detêm, deste modo, posições ativas que contraditam, na sua área, o conteúdo do direito considerado.

6 4. As **limitações *stricto sensu*** são da ordem mais diversa. Podemos apontar limitações ambientais, económicas, culturais, de segurança, de higiene, de urbanização e fiscais. Tais limitações podem advir de normas de Direito público ou de Direito privado. Têm, depois, aplicação as diversas classificações de disciplinas jurídicas.

7 O direito do arrendatário tem um conteúdo (positivo) restrito: é o que advém do contrato de base, fixado pelo seu objeto, pelo seu fim e pelo clausulado que as partes tenham adotado. Mas isso não significa que, cumulativamente, não se apliquem as limitações dirigidas aos proprietários. Assim: um proprietário não pode construir sem as competentes licenças camarárias; o arrendatário tão-pouco o pode fazer: não só por o conteúdo do seu direito não se alargar à construção, mas também por se lhe aplicarem as limitações urbanísticas públicas. Perante a inação do proprietário, o arrendatário teria de se haver com o competente dispositivo sancionatório.

8 α) **Limitações gerais** são as que resultem de princípios omnipresentes. Pense-se nas regras do 334.º: os direitos devem ser exercidos dentro do facultado pela boa-fé, pelos bons costumes e pela função social e económica que presida à sua instituição. No âmbito do 1071.º, o 334.º releva na medida em que delimite o gozo facultado ao arrendatário.

9 As limitações gerais, além de fixarem balizas à atuação do locatário, orientam o intérprete-aplicador nas suas diversas funções de realização do Direito.

10 São, ainda, limitações gerais as que tenham a ver com a própria configuração do objeto do direito. Inscrevem-se, nesta área, os denominados limites materiais dos imóveis, fixados no 1344.º. Operacionais perante o proprietário, eles funcionam, por maioria de razão, em face do arrendatário.

11 β) **Limitações especiais** derivam de normas que, no caso considerado, tenham aplicação. Podemos, analiticamente, distinguir: a extinção do próprio direito, pela sua sujeição à expropriação por utilidade pública – 1051.º, *f*) –, a concessão de poderes de ingerência à Administração Pública e a cominação de obrigações de outra natureza[4].

12 Estão em causa cortes no direito de propriedade. Por isso, as limitações especiais devem resultar de lei formal, dotada de adequada cobertura constitucional.

13 5. **As restrições** podem, também, sofrer as mais diversas arrumações. De acordo com o seu papel, podemos distinguir: (a) restrições independentes; (b) restrições de vizinhança; (c) restrições de sobreposição.

14 α) Nas **restrições independentes**, determinadas pessoas, por via da particular situação em que se encontrem, ficam isentas do dever geral de respeito que protege os titulares de direitos reais e

---

[4] Carla Amado Gomes, *Direito do arrendamento e vinculações jurídico-públicas. Uma aproximação*, Est. Oliveira Ascensão 2 (2008), 1049-1100.

os de direitos pessoais de gozo. Assim sucede com o 1349.º (passagem forçada momentânea), 1384.º (atravessadores) e 1388.º/1 (requisições de águas).

β) As **restrições de vizinhança** visam solucionar os conflitos de interesses que, potencialmente, 15 ocorrem entre titulares de prédios vizinhos ou, sendo o caso, entre os respetivos arrendatários. O 1071.º faz-lhes uma referência expressa, pelo que as consideraremos em rubrica própria.

γ) As **restrições de sobreposição** têm a ver com a incidência, sobre a mesma coisa, de direitos 16 concorrentes. Assim sucede no co-arrendamento ou comunhão de arrendatários, no conflito hierárquico (arrendatário e sub-arrendatário) ou no conflito prevalente (arrendatário e hóspede). Em cada situação, há que proceder às competentes interpretação e integração dos contratos em presença.

III – As relações de vizinhança

6. A **vizinhança** resulta da contiguidade ou da proximidade de prédios, com titulares distintos. 17 O fenómeno tem dimensões sociológicas e culturais, sendo potencialmente conflituoso. Cabe ao Direito fixar regras claras de convívio, que se aplicam, também, às relações pessoais de gozo[5]. A ponderação da sua aplicabilidade deve ser feita caso a caso.

As relações de vizinhança, particularmente na jurisprudência, são reforçadas com considera- 18 ções sobre o conflito de direitos (335.º)[6] e sobre os direitos de personalidade[7]. Os valores ambientais dos nossos dias constituem, ainda, um importante tópico valorativo.

7. **Situações típicas** de vizinhança e dos inerentes potenciais conflitos são inseridas, no Código 19 Civil: 1346.º a 1402.º. Mais precisamente, em secções do capítulo III (propriedade de imóveis), do título II (direito de propriedade), do livro III: I, disposições gerais (1346.º a 1352.º); II, direito de demarcação (1353.º a 1355.º); III, direito de tapagem (1356.º a 1359.º); IV, construções e edificações (1360.º a 1365.º); V, plantação de árvores e de arbustos (1366.º a 1369.º) e VI, paredes e muros de meação (1370.º a 1375.º).

Algumas das referenciadas situações típicas de vizinhança têm um relevo remoto, para o 20 arrendamento. Caso a caso devem ser feitas as necessárias ponderações.

α) As **emissões** constituem uma área sensível, operacional perante o arrendamento. O 1346.º 21 permite ao proprietário de um imóvel opor-se è emissão de fumo, fuligem, vapores, cheiros, calor ou ruídos, bem como à produção de trepidações e outros factos semelhantes, provenientes de prédio vizinho: sempre que: (a) tais factos importem um prejuízo substancial para o uso do imóvel; (b) ou não resultem de utilização normal do prédio de onde emanam.

No tocante a ruídos, fica entendido que os mesmos podem ser proibidos sempre que pre- 22 judiciais, ainda que não excedam os limites legais[8].

β) O **relevo prático** de toda esta matéria é considerável e deve ser incentivado. A qualidade de 23 vida nos centros urbanos surge degradada pela incivilidade dos vizinhos. Normalmente, prevalecem a arrogância e as relações de força: idosos e pessoas sem meios sujeitam-se a tudo. Cabe ao Direito intervir, nos planos pedagógico, restitutivo e repressivo. Os tribunais não devem ser tímidos na aplicação da lei, nem benevolentes perante o sofrimento humano.

γ) Os **cães** e outros animais domésticos representam uma situação típica, fonte de emissões ilícitas, 24 que inquina muitas relações urbanas. A presença de cães barulhentos atenta contra o direito ao repouso (70.º), podendo ser proibida e indemnizada[9]; pode, ainda, traduzir grave falta de higiene.

---

[5] RLx 5-mai.-2011 (Ondina Carmo Alves), Proc. 5534/05.
[6] *Tratado* V, 314 ss., com indicações.
[7] RCb 16-mar.-2010 (Carvalho Martins), Proc. 216/06; outras indicações: *Tratado* IV, 83 ss.
[8] STJ 22-set.-2009 (Sebastião Póvoas), Proc. 161/05.
[9] REv 26-mar.-2004 (Alexandre Moura Santos), CJ XXIX (2004) 2, 244-247 (246/II).

25 A lei condiciona o alojamento de cães e gatos, em prédios urbanos, rústicos ou mistos, à existência de boas condições do mesmo e à ausência de riscos higio-sanitários relativamente à conspurcação ambiental e a doenças transmissíveis ao homem (3.º/1 do DL 314/2003, de 17-dez.). A mesma lei fixa, nos prédios urbanos, o máximo de três cães ou quatro gatos adultos por cada fogo, não podendo, no total, ser excedido o número de quatro animais (3.º/2)[10], podendo o regulamento de propriedade horizontal fixar limites inferiores (3.º/3) ou, até, proibir animais[11]. Estamos perante direitos disponíveis, sendo que ninguém é obrigado a ir habitar em lugar onde sejam proibidos animais. De toda a forma, a Lei é demasiado permissiva: três cães num apartamento é franco exagero. *De iure condendo*, esse número deve ser reduzido.

26 Deve ficar claro que, se o animal de companhia é social e humanamente útil, perante idosos ou pessoas sós, as situações de barulho e de falta de higiene têm, em regra, a ver com desamparo e maus tratos a animais: situação inaceitável, perante a atual sensibilidade cultural e ambiental.

27 A ideia de que o "direito" de ter cães e gatos em casa tem cobertura constitucional, por corresponder a uma expressão da personalidade (26.º/1 da CR) é totalmente artificiosa: qualquer desejo humano, seja ele qual for, teria essa mesma característica. De todo o modo, ele nunca poderia prevalecer sobre o direito à vida e à saúde dos vizinhos, que implica sossego e silêncio. A presença de animais domésticos que não incomodem é indiferente: o problema põe-se justamente quando prejudiquem terceiros.

28 δ) As **obras** constituem outro fator de grave perturbação de vizinhanças. Desde logo quando sejam ilícitas ou tirem, indevidamente, as vistas ao arrendatário[12]. Mas, sobretudo, quando provoquem ruído, trepidações ou estragos. São particularmente proibidas as obras fora de horas. Além disso, elas devem ser rápidas, vedando-se o uso, dentro de prédios, de martelos pneumáticos. Cabe à Administração Pública exercer os competentes poderes e, aos particulares, invocar o 1346.º e os direitos de personalidade.

29 8. **Situações atípicas**, no sentido de não retratadas, de modo expresso, por lei, podem resultar de princípios gerais[13] ou da própria vontade das partes. Neste último caso, cabe às partes, no próprio contrato de arrendamento, prever outras restrições de vizinhança. E também os regulamentos dos condomínios, de seguida referidos, podem intensificar as restrições legais: trata-se de conseguir um tratamento mais vantajoso para os vizinhos.

IV – **Partes da mesma coisa**

30 9. Os **arrendatários de partes** de uma mesma coisa ficam numa situação de vizinhança reforçada. Eles vêm autonomizados no final do 1071.º, por razões de clareza e pela frequência por que ocorrem as competentes situações. Têm aplicação as regras, acima referidas, sobre a vizinhança.

31 10. O **regulamento do prédio** pode ser um instrumento, aprontado pelo senhorio, para os casos em que não se tenha constituído a propriedade horizontal. O regulamento é elaborado unilateralmente. Mas a sua aplicabilidade aos diversos arrendatários advém de ele ser acolhido nos diversos contratos de arrendamento. Tem, pois, natureza negocial. O regulamento pode prever regras de vizinhança: não no sentido de alijar os esquemas legais, que fixam um *minimum* necessário ao convívio humano, mas no de tornar tais regras mais densas e rigorosas.

---

[10] Em TC 229/2007, de 28-mar. (Maria Fernanda Palma), DR II, n.º 99, de 23-mai.-2007, 13798-13800 (13800/II), decidiu-se que a competência para emitir o mandado de acesso ao local para remoção de animais em excesso cabe ao foro administrativo.

[11] RPt 10-fev.-2004 (Fernando Samões), Proc. 0326819; o administrador do condomínio tem legitimidade para fazer aplicar a regra.

[12] REv 21-mar.-2002 (Fernando da Conceição Bento), CJ XXVII (2002) 2, 270-272 (271).

[13] STJ 29-mar.-2012 (Abrantes Geraldes), Proc. 6150-06: os 1346.º e seguintes não esgotam as restrições e os deveres que impendem sobre os titulares de direitos sobre imóveis.

Pode, designadamente, o regulamento proibir animais domésticos, fixar a intensidade das   32
fontes sonoras (rádio, televisão e outras), regular as obras, vedar ou limitar as festas ou impor
regras de teor higiénico. Insistimos: neste século XXI, os tribunais não devem ser tímidos, antes
tendo coragem para aplicar a Lei.

11. O **regulamento do condomínio**, inserido no título constitutivo da propriedade horizontal   33
– 1418.º/2, b) – ou elaborado posteriormente (1429.º-A), pode fazer as opções acima indicadas para
o regulamento do prédio. Desta feita, ele aplicar-se-á aos condóminos (e seus arrendatários) não
(apenas) pela via contratual mas, ainda, pelo poder regulamentar que a lei lhe reconhece.

Artigo 1072.º (Uso efetivo do locado)

1. O arrendatário deve usar efetivamente a coisa para o fim contratado, não deixando de a utilizar por mais de um ano.

2. O não uso pelo arrendatário é lícito:

a) Em caso de força maior ou de doença;

b) Se a ausência, não perdurando há mais de dois anos, for devida ao cumprimento de deveres militares ou profissionais do próprio, do cônjuge ou de quem viva com o arrendatário em união de facto;

c) Se a utilização for mantida por quem, tendo direito a usar o locado, o fizesse há mais de um ano;

d) Se a ausência se dever à prestação de apoios continuados a pessoas com deficiência com grau de incapacidade superior a 60%, incluindo a familiares.

Bibliografia: Jorge Pinto Furtado, *Manual 2*, 5.ª ed., 1097-1117; Laurinda Gemas e outros, *Arrendamento*, 321-323; Januário da Costa Gomes, *Arrendamentos*, 240-254; Pires de Lima/Antunes 2, 4.ª ed., 604-609.

Índice

I – Origem e evolução		II – O regime vigente	
1. Lei n.º 1:662	1	9. A reforma de 2012	11
2. Lei n.º 2:030	3	10. O dever de usar	12
3. Preparatórios do Código Civil	4	11. Não-uso lícito	16
4. Código Civil	5	α) Força maior	17
5. RAU de 1990	7	β) Doença	19
6. RNAU de 2004	8	γ) Os deveres militares ou profissionais	23
7. NRAU de 2006	9	δ) A utilização por terceiros	25
8. Dever de usar	11	ε) A prestação de apoio	27
		12. Fundamento	30
		13. Natureza supletiva	33

I – Origem e evolução

1. A **Lei n.º 1:662**, de 4-set.-1924, dispunha (5.º, § 9.º)[1]:   1

> É também motivo de despejo o facto do inquilino conservar mais de um ano consecutivamente desabitado o prédio, se era destinado a habitação, ou encerrado, durante o mesmo prazo, se era destinado

---

[1] DG I, n.º 200, de 4-set.-1924, 1242/I.

ao comércio ou indústria, salvo sempre o caso de força maior ou encerramento do estabelecimento, durante o mesmo prazo, por decisão judicial.

2   No tocante ao arrendamento para habitação, esta norma era a contraface do vinculismo: não se justificava proteger uma posição habitacional com o congelamento das rendas e as prorrogações automáticas a que o senhorio não podia opor-se, quando, afinal, o arrendatário deixasse o lugar deserto. Quanto aos arrendamentos comerciais: além da dimensão vinculística, tínhamos, ainda, de ter em conta a desvalorização que sofre qualquer estabelecimento, quando permaneça longamente encerrado.

3   2. A **Lei n.º 2:030**, de 22-jun.-1948, veio densificar o preceito de 1924. Dispôs, no seu 69.º[2].

> Além dos casos actualmente previstos na lei, pode requerer-se o despejo para o fim do prazo do arrendamento ou da renovação pelos fundamentos seguintes:
>
> *a)* Destinar-se a casa a habitação e não ter nela o arrendatário, ao tempo da propositura da acção, residência permanente, viva ou não noutra casa, arrendada ou própria, ou tê-la desabitada há mais de um ano consecutivamente.
>
> Não tem aplicação este preceito:
> 1.º Em caso de força maior ou por motivo de doença;
> 2.º Se o arrendatário se ausentar por tempo não superior a dois anos, em cumprimento de deveres militares, no exercício de outras funções públicas, ou de serviço particular por conta de outrem, e ainda se a ausência resultar de comissão de serviço público, civil ou militar, por tempo determinado;
> 3.º Se permanecerem na casa as pessoas que constituem o agregado familiar do arrendatário.

4   3. A **preparatórios do CC** não revelaram, inicialmente, o aproveitamento destas regras. Elas não surgem no anteprojeto Galvão Telles. Mas logo a 1.ª revisão ministerial, a propósito da rescisão do contrato de arrendamento urbano, previa, como hipóteses que a tanto conduziam, o encerramento do local arrendado para comércio, indústria ou exercício de profissão liberal, por mais de um ano ou o não ter, no local arrendado para habitação, residência permanente, também há mais de um ano – 1089.º, *h)* e *i)*[3]. Esse preceito passou, depois, à segunda revisão ministerial e ao projeto final[4].

5   4. O **Código Civil**, versão original, veio acolher esta matéria, nos 1093.º/1, *h)* e *i)* e 1093.º/2, a propósito dos casos de resolução do contrato. Vamos recordar os textos em causa[5]:

> 1. O senhorio só pode resolver o contrato:
> (...)
> *h)* Se [o arrendatário] conservar encerrado por mais de um ano, consecutivamente, o prédio arrendado para comércio, indústria ou exercício de profissão liberal, salvo caso de força maior ou ausência forçada do arrendatário, que não se prolongue por mais de dois anos;
> *i)* Se conservar o prédio desabitado por mais de um ano, consecutivamente, ou, sendo o prédio destinado a habitação, não tiver nele residência permanente, habite ou não outra casa, própria ou alheia;
> (...)
> 2. Não tem aplicação o disposto na alínea *i)* do número anterior:
> *a)* Em caso de força maior ou de doença;
> *b)* Se o arrendatário se ausentar por tempo não superior a dois anos, em cumprimento de deveres militares, ou no exercício de outras funções públicas ou de serviço particular por conta de outrem, e bem assim, sem dependência de prazo, se a ausência resultar de comissão de serviço público, civil ou militar, por tempo determinado;
> *c)* Se permanecerem no prédio os familiares do arrendatário.

---

[2] DG I, n.º 143, de 28-jun.-1948, 536/I.
[3] BMJ 120 (1962), 115.
[4] Jacinto Rodrigues Bastos, *Dos contratos*, 153-155.
[5] DR I, n.º 274, de 25-nov.-1966, 1979/II.

Ao longo dos anos, este preceito veio a acumular uma volumosa casuística. Estávamos num regime vinculístico muito severo, pelo que as possíveis portas de cessação dos arrendamentos urbanos eram cuidadosamente aproveitadas pelos senhorios e defendidas pelos arrendatários[6].
5. O **RAU de 1990**, que revogou o 1093.º – 3.º/1, *a*) – acolheu o seu dispositivo no 64.º, com poucas alterações[7]. O legislador teve a preocupação de aproveitar toda a casuística entretanto surgida. Apenas eliminou o advérbio "consecutivamente", presente nas alíneas *h*) e *i*) do ex-1093.º/1 – depois 64.º/1 – e que muitas dúvidas levantara[8].
6. O **RNAU de 2004** preconizou uma alteração profunda da matéria: uma opção possibilitada pelo fim do vinculismo. A resolução do contrato deixou de depender de estritos casos tipificados na lei: ela foi possibilitada, nos termos gerais, com base em justa causa (1085.º), exemplificada, quanto à iniciativa do senhorio, nalgumas situações mais significativas (1086.º)[9]. Consequentemente, desapareceu a referência à (des)ocupação do prédio: matéria contratual, a regular livremente pelas partes.
7. O **NRAU de 2006**, que acabaria por manter o vinculismo, não conservou, todavia, a tipicidade dos casos de resolução do contrato, por iniciativa do senhorio. Antes optou pela cláusula geral de "justa causa", embora escamoteando essa locução consagrada (1083.º, em vigor).
Nessa consonância, (re)introduziu um preceito a obrigar o locatário ao uso efetivo da coisa e para o fim contratado: o atual 1072.º, hoje em vigor (3.º da L 6/2006, de 27-fev.).

II – O regime vigente

9. **A reforma de 2012** manteve a redação de 2006. Todavia, o 2.º da L 31/2012, de 14-ago., introduziu, no 1072.º/2, uma nova alínea: a atual *d*)[10]. Desta feita, emerge uma preocupação assistencialista, por parte do legislador.
10. O **dever de usar** a coisa arrendada para o fim contratado impende sobre o arrendatário. A Lei (1072.º/1, 2.ª parte) precisa, temporalmente, esse dever de uso: não deve deixar de utilizar a coisa por mais de um ano. Não explicita o *quantum* de uso satisfatório.
A Lei anterior – 64.º/1, *i*), do RAU – considerava fundamento de resolução pelo senhorio, quando o prédio se destinasse a habitação, o facto de o locatário não ter, nele, residência permanente. A jurisprudência concretizou a ideia, em dezenas de decisões. Assim, seria residência permanente o local onde o locatário tem a sua vida doméstica centrada, com estabilidade e de forma duradoura, onde pernoita, toma as refeições, recebe os amigos e familiares ou onde tem o lar[11]. A falta de habitação permanente deverá ser demonstrada pelo senhorio[12], cabendo ao arrendatário provar alguma das "justificações" do 1072.º/2.
Também a Lei anterior – 64.º/1, *h*), do RAU – tinha por fundado o despejo com base no encerramento, por mais de um ano, do prédio arrendado para comércio, indústria ou profissão liberal. A jurisprudência considera não-encerrado o estabelecimento onde se mantenha uma empregada da sociedade locatária[13]; mas estará encerrado aquele que apenas seja usado esporadicamente[14].
Hoje, apesar de o *acquis* jurisprudencial manter interesse, a solução reside simplesmente na concretização do 1083.º/2: o não-uso torna-se relevante quando, pela sua gravidade ou consequências, torne inexigível, ao senhorio, a manutenção do arrendamento. Admitimos, todavia e

---

[6] *Vide* Januário da Costa Gomes, *Arrendamentos*, 240 ss..
[7] DR I, n.º 238 (supl.), de 15-out.-1990, 4286-(17).
[8] Menezes Cordeiro/Castro Fraga, *RAU anotado*, 111.
[9] O Direito 136 (2004), 467-493 (483).
[10] DR 1.ª, n.º 157, de 14-ago.-2012, 4411/II-4412/I.
[11] REv 18-jan.-2007 (Tavares de Paiva), Proc. 2337/06; RLx 1-fev-2007 (Fernanda Isabel Pereira), Proc. 4645/2006-6; RLx 14-mai.-2009 (Nelson Borges Carneiro), Proc. 2994/06; RPt 20-set.-2012 (Pinto de Almeida), Proc. 1182/11.
[12] REv 30-abr.-2009 (Maria Alexandra Santos), Proc. 1148/2007.
[13] RLx 5-jun.-2007 (Ana Resende), Proc. 1148/2007.
[14] RCb 18-set.-2007 (Isaías Pádua), Proc. 324/2001.

salvo o que abaixo se dirá sobre a funcionalidade dos direitos[15], que a consagração legal do dever de usar o arrendado leva a uma presunção de que o seu incatamento tem "gravidade".

16 11. O **não-uso lícito** é facultado pelo 1072.º/2, em quatro alíneas, elas próprias, por vezes, de composição variada. Com base na jurisprudência, podemos distinguir cinco tipos de situações justificantes.

17 α) A **força maior** – 1072.º/2, a), 1.ª parte – equivale a uma eventualidade impossibilitante que escape ao controlo da pessoa considerada[16]. O tema teve, ao longo da História, diversas utilidades[17], conhecendo aplicações sectoriais mais precisas[18]. Tradicionalmente, a força-maior era assimilada a guerras, motins, tumultos, revoltas ou catástrofes naturais. Contrapor-se-ia ao "caso fortuito", mais direcionado para a situação concreta. Tomada em sentido amplo, a força-maior abrangeria todas as demais justificações para o não-uso, absorvendo o n.º 2.

18 A jurisprudência (e bem) veio a dar-lhe, todavia, um sentido mais preciso e, daí, mais útil. Assim, foram considerados força-maior justificante do não-uso: danos inesperados no arrendado, como a inundação de escritórios[19]; a ordem da autoridade sanitária, que imponha obras para a manutenção da atividade prevista no contrato[20]; o cumprimento, pelo locatário, de uma pena de prisão[21]. Os factos constitutivos da força maior devem ser alargados e provados pelo arrendatário[22].

19 β) A **doença** – 1072.º/2, a), 2.ª parte – relevante para justificar o não-uso do arrendado veio a ser precisada, ao longo de décadas, na base dos preceitos que antecederam o dispositivo hoje em vigor. Deve tratar-se de doença que impeça a habitação no local, mas que permita um futuro regresso[23].

20 Os requisitos de tal doença foram, depois, precisados[24]. Deve: (a) ser doença do locatário ou de quem com ele viva em economia comum; (b) que obrigue, para tratamento, à ausência do arrendado; (c) regressiva, isto é, com forte probabilidade de o tratamento ser decisivo para a recuperação da saúde; (d) não-crónica, que torne em definitivo o impedimento de regressar ao locado; (e) e sendo ela o único motivo que levou à ausência.

21 Paralelamente, não se considera justificada a doença que atinja um casal locatário, de 86 e 91 anos, levando ao seu internamento num lar[25], que implique um estado patológico que inviabilize a recuperação[26], que leve ao internamento num lar de repouso por mais de um ano, ficando familiares no local, sem haver perspetivas de regresso do locatário[27], que não surja transitória e tratável, com possibilidade de cura ou, sendo crónica, de recuperação[28], que implique um internamento num lar, para assistência e tratamento diários[29] ou que seja irreversível[30].

22 O ciclo de decisões que considera injustificada a não-ocupação do local arrendado para habitação, por parte de idosos internados em lares, deve ser muito bem ponderado. Em abstrato, o idoso internado num lar pode regressar a casa, desde que se criem condições para, aí, ser assistido e acompanhado. Nesse sentido, a situação é reversível. No concreto, há que optar pela deso-

---

[15] *Infra*, anot. 30.
[16] Vide *Da boa fé no Direito civil* (1984, 5.ª reimp., 2011), 910.
[17] RLx 17-mai.-2012 (Fátima Galante), Proc. 376/12.
[18] Assim, no arrendamento rural: STJ 10-out.-2012 (Azevedo Ramos), Proc. 1827/08 ou no fornecimento de energia: RPt 13-set.-2012 (Deolinda Varão), Proc. 47/10.
[19] RPt 10-set.-2007 (Sousa Lameira), Proc. 0753809.
[20] RPt 18-jun.-2008 (Marques de Castilho), Proc. 0726564.
[21] RLx 7-out.-2010 (Ana Paula Boularot), Proc. 3162/05.
[22] Ver 14-fev.-2008 (Bernardo Domingos), Proc. 2581/07.
[23] RCb 26-jan.-1982 (Fernando Ferreira Pinto), CJ VII (1982) 1, 89-93, indicando decisões anteriores; REv 21-abr.-1983 (Augusto Pereira Gouveia), CJ VIII (1983) 2, 297-298 e RLx 25-out.-1983 (Calixto Pires), CJ VIII (1983) 4, 148-150 (150/I).
[24] RLx 1-jun.-2006 (Silva Santos), Proc. 11236/2005.8; REv 21-fev.-2008 (Mário Serrano), Proc. 3132/07; RLx 21-jun.-2011 (Pedro Brighton), Proc. 1491/04.
[25] REv 11-dez.-2003 (Gaito das Neves), Proc. 1471/03.
[26] RLx 30-jun.-2005 (Pereira Rodrigues), Proc. 6901/2005.6.
[27] RLx 8-out.-2009 (Ezagüy Martins), Proc. 1957/08.
[28] REv 28-jan.-2010 (Fernando Bento), Proc. 631/07.
[29] RPt 7-set.-2010 (Ana Lucinda Cabral), Proc. 2273/06.
[30] REv 7-out.-2010 (Maria Alexandra Santos), Proc. 899/07.

cupação quando fique claro que o arrendamento não mais serve os interessados mas, apenas, terceiros, ainda que familiares.

γ) **Os deveres militares ou profissionais**, do próprio, do cônjuge ou do unido de facto justificam o não-uso, desde que originem uma ausência que não perdure há mais de dois anos. Trata-se de uma referência tradicional: hoje, com as facilidades de transporte, não se configuram ocorrências em que alguém, por dois anos, não possa regressar a casa.

O problema tem-se suscitado a propósito de emigrantes. Já se entendeu justificado o despejo de um emigrante que só regressa, de férias, ao arrendado[31]; mas também se considerou que o locador, sabendo, na contratação, que o locatário é emigrante, age com abuso do direito se, depois, invocar a resolução, por falta de residência permanente[32].

δ) **A utilização por terceiros** que hajam usado o locado há mais de um ano, tendo o direito de o fazer – 1072.º/2, c) –, corresponde à antiga justificação da ausência do locatário, pela presença de familiares no local. Nessa eventualidade, cabe ao arrendatário provar a não-desintegração definitiva do agregado familiar[33]. Deve ainda ficar claro que, mau grado a ausência, o local ainda traduz a residência permanente do locatário, que essa ausência é temporária e que existe, entre ele e os ocupantes, um vínculo de dependência económica[34].

Permanecendo, no local, pessoas que lá se encontrem há mais de um ano e que, legalmente, aí possam habitar com o locatário, não há, em rigor, "não-uso". A vocação do vínculo locatício para tutelar terceiros manifesta-se, aqui, como via de sentido duplo.

ε) **A prestação de apoio** continuado a pessoas com deficiência "com grau de incapacidade superior a 60%, incluindo familiares" – 1072.º/2, d) –, corresponde a uma inovação feliz de 2012. Pelo Direito anterior, decidiu-se, por exemplo, que não era justificado o não-uso motivado pela ausência da locatária que fora prestar assistência a sua mãe[35]. Ora, provando-se tal eventualidade, temos uma justificação social ponderosa hoje vertida, em lei.

Esta eventualidade transcende os "deveres profissionais" da alínea b), por duas razões: não tem de ser profissional e não sofre de limites de tempo, podendo ultrapassar os dois anos.

"Incluindo a familiares" significa prestar apoio a familiares de pessoas com deficiênca, com grau de incapacidade superior a 60%. Também aqui deparamos com ocorrências de relevante significado social, que podem levar o arrendatário a viver no local de prestação de apoio, mas sem perder a residência própria.

12. O **fundamento** do dever de usar o local deve ser procurado nos valores próprios do arrendamento tradicional. O vinculismo limita severamente o direito do proprietário. Só se justifica por ser julgado socialmente útil. O direito do arrendatário é fortemente funcionalizado. Tal fundamento surge atenuado no pós-vinculismo. Com efeito, na falta de severas justificações sociais, não há razões para funcionalizar o direito do arrendatário mais do que o do próprio dono. Se este não está obrigado (diretamente) a usar a sua coisa, para quê impor que o arrendatário o esteja?

Todavia, temos arrendamentos de pretérito nos quais o vinculismo ainda tem um papel. Aí, a tutela concedida ao arrendatário, à custa do senhorio, só se justifica se ele usar, efetivamente, o locado. Esta via conduz a que se considere injustificada a manutenção de um arrendamento permanente apenas para férias, quando se tenha outra residência[36] ou que uma locatária que viva no Norte, com 78 anos, conserve uma habitação arrendada em Lisboa, em sítio nobre, com oito divisões e uma renda de € 100: seria, mesmo, abuso do direito[37].

---

[31] RLx 18-jun.-2009 (Jorge Vilaça), Proc. 9027/08.
[32] REv 3-mai.-2005 (Acácio Neves), Proc. 2943/06.2.
[33] RLx 14-nov.-2006 (Graça Leal), Proc. 7479/2006.
[34] RPt 20-set.-2012 (Pinto de Almeida), Proc. 1182/11.
[35] RPt 15-abr.-2010 (António Amaral Ferreira), Proc. 2146/06.
[36] RLx 19-nov.-2009 (Teresa Prazeres Pais), Proc. 850/08.
[37] STJ 12-fev.-2009 (Sebastião Póvoas), Proc. 09A144.

32	Além disso, convimos em que um prédio (ou parte dele) patentemente abandonado, com o mau aspeto estético e social daí decorrente, perca os seus valor e atrativo.
33	13. A **natureza supletiva** do 1072.º não suscita dúvidas. As partes podem, contratualmente, seja reforçar o dever de usar, seja suprimi-lo, seja alterar as cláusulas que legitimam o não-uso, constantes do 1072.º/2.

Artigo 1073.º (Deteriorações lícitas)

**1. É lícito ao arrendatário realizar pequenas deteriorações no prédio arrendado quando elas se tornem necessárias para assegurar o seu conforto ou comodidade.
2. As deteriorações referidas no número anterior devem, no entanto, ser reparadas pelo arrendatário antes da restituição do prédio, salvo estipulação em contrário.**

Bibliografia: Menezes Cordeiro/Castro Fraga, *RAU anotado*, 53; Pires de Lima/Antunes Varela, *Código anotado 2*, 4.ª ed., 484-485.

Índice

I – **Origem e evolução**
1. Código de Seabra 1
2. Legislação da República 3
3. Decreto n.º 5:411 5
4. Anteprojeto Galvão Telles 6
5. Revisões ministeriais 8
6. Código Civil 10
7. RAU de 1990 11

8. NRAU de 2006 13

II – **O regime**
9. Modificação da coisa 14
10. Três tipos de deteriorações 15
11. Pequenas deteriorações 16
12. Dever de reparação 18
13. Natureza supletiva 19

I – Origem e evolução

1	1. O **Código de Seabra** previa, no seu 1068.º[1]:

> O arrendatário é obrigado:
> (...)
> 5.º A restituir a cousa, no fim do arrendamento, sem deteriorações, salvo as que forem inerentes ao seu uso ordinário.

2	Inferia-se, desse preceito, que o arrendatário podia provocar as deteriorações que fossem "inerentes ao seu uso ordinário".

3	2. A **legislação da República** veio precisar essa ideia. Assim, o D de 12-nov.-1910, explicitou[2]:

> Art. 8.º Para os efeitos do art. 1068.º, n.º 5, do Código Civil, não serão consideradas deteriorações inerentes ao uso ordinário do prédio, salva convenção em contrário, aquelas que forem causadas nos soalhos, tectos, ou paredes, com destino ao conforto do inquilino ou à decoração dos respectivos aposentos, e que o arrendatário não reparou até o momento de deixar a casa arrendada.
> § único. Se se provar que quaisquer deteriorações foram ocasionadas de propósito e má fé pelo inquilino, o senhorio gozará, até ser indemnizado devidamente, de privilégio imobiliário sôbre os móveis que o inquilino tiver no seu prédio, nos termos do art. 882.º, n.º 4, do Código Civil, não só enquanto os móveis aí se conservarem, mas durante os três meses seguintes à sua saída do respectivo prévio.

---

[1] José Dias Ferreira, *Codigo annotado* 3, 2.ª ed., 198.
[2] COLP 1910, II (1911) 81-85 = DG I, n.º 34, de 14-nov.-1910, 398/III-400/II (399/I e II).

Essa regra transitou para o 9.° do D 4:499, de 27-jun.-1918[3]. Afigura-se que o legislador, sob a pressão das circunstâncias práticas, veio admitir deteriorações (apenas) nas paredes: para colocação de pregos e similares. Os tetos e os soalhos deveriam ser restituídos no estado inicial, no termo do contrato.

3. O **Decreto n.° 5:411**, de 17-abr.-1919, retomou, no 22.°, o teor do 1608.°, n.° 5, do Código de Seabra[4]. Por seu turno, o 41.° condensou as regras anteriores, dispondo[5]:

> Para efeitos do n.° 5 do art. 22.° não são consideradas deteriorações inerentes ao ao uso ordinário do prédio, salvo convenção em contrário, as que forem causadas nos soalhos, tectos, ou paredes para conforto do inquilino e que este não reparar até o momento de deixar a casa arrendada.

4. O **anteprojeto Galvão Telles** visou simplificar os textos anteriores. O 93.°, epigrafado "deteriorações para conforto ou comodidade do inquilino", dispunha[6]:

> O inquilino pode causar na casa arrendada pequenas deteriorações para seu conforto ou comodidade, em harmonia com os usos; mas deve repará-las antes de desocupar a casa, salva estipulação em contrário.

A referência aos usos pareceria particularmente interessante; todavia, o legislador de 1966 não lhe deu qualquer seguimento, como abaixo veremos.

5. As **revisões ministeriais** foram afeiçoando o preceito. Na 1.ª, veio-se introduzir a referência à licitude, mantendo os usos (1088.°)[7]:

> É lícito ao inquilino realizar no prédio arrendado pequenas deteriorações para seu conforto ou comodidade, em harmonia com os usos; mas deve repará-las antes de desocupar o prédio, salva estipulação em contrário.

A 2.ª revisão suprimiu a referência aos usos, fixando a redação que passaria ao projeto e, daí, à versão final[8].

6. O **Código Civil**, na sua versão original, veio dispor, sob a epígrafe deteriorações lícitas (1092.°)[9]:

> É lícito ao inquilino realizar pequenas deteriorações no prédio arrendado, quando elas se tornem necessárias para assegurar o seu conforto ou comodidade; mas deve repará-las antes da restituição do prédio, salvo estipulação em contrário.

7. O **RAU de 1990**, cujo diploma preambular (o DL 321-B/90, de 15-out.), no seu 3.°/1, a), revogou o transcrito 1092.°[10], inseriu essa regra nos princípios gerais do arrendamento urbano, melhorando a redação. Na verdade, ela tem a ver com o gozo facultado ao arrendatário urbano, o qual envolve as denominadas "pequenas deteriorações". Veio dispor (4.°)[11]:

> 1. É lícito ao arrendatário realizar pequenas deteriorações no prédio arrendado, quando elas se tornem necessárias para assegurar o seu conforto ou comodidade.
> 2. As deteriorações referidas no número anterior devem, no entanto, ser reparadas pelo arrendatário antes da restituição do prédio, salvo estipulação em contrário.

---

[3] DG I, n.° 143, de 29-jun.-1918, 1018-1024.
[4] DG I, n.° 80, de 17-abr.-1919, 654/II.
[5] *Idem*, 655/II.
[6] *Contratos civis*, 244.
[7] BMJ 120 (1962), 114.
[8] Jacinto Rodrigues Bastos, *Dos contratos*, 150.
[9] DG I, n.° 274, de 25-nov.-1966, 1979/I.
[10] DR I, n.° 238 (supl.), de 15-out.-1990, 4286-(10)/I.
[11] *Idem*, 4286-(11)/II.

12   Na altura, explicou-se o sentido da sistematização adotada e referiram-se as melhorias de redação[12].
13   8. O **NRAU de 2006**, que revogou o RAU, recolocou o 4.º do RAU no CC, mantendo a sua redação[13]. O preceito não foi alterado pela reforma de 2012[14].

II – O regime

14   9. A **modificação da coisa** está, em princípio, vedada ao arrendatário. Com efeito, ela releva de um poder de transformação, que assiste ao proprietário. O gozo de um imóvel envolve, todavia, sempre uma ação humana sobre a coisa, pelo que é inevitável uma certa alteração da mesma.
15   10. A lei distingue **três tipos de deteriorações**: (a) as inerentes a uma prudente utilização da coisa, lícitas e que não obrigam a reparação (1043.º/1); (b) as que ultrapassem esse limite, ilícitas e que originam responsabilidade, isto é, a reparação e demais danos (1043.º/2); e (c) as deteriorações lícitas, mas que obrigam a reparação (1073.º). A tudo isso se contrapõem as obras, que têm regime próprio (1074.º).
16   11. As **pequenas deteriorações** (1073.º/1) são, na realidade, acomodações moderadas, que visem adaptar o arrendado às necessidades pessoais e familiares do locatário, dentro de uma lógica de utilização razoável e prudente. Tais necessidades são ajuizadas pelo próprio locatário, dentro da boa-fé e do bom uso. Devem ser facilmente reversíveis: ou estaremos perante alterações mais profundas, da esfera do dono.
17   No arrendamento tradicional, domina a ideia de permitir a personalização do lar, numa lógica de dignidade pessoal e familiar; no não-habitacional, visa-se facultar uma melhor adaptação da coisa aos fins do contrato.
18   12. O **dever de reparação**, fixado no 1073.º/2, vai até aos limites das deteriorações inerentes a uma prudente utilização (1043.º/1). A coisa deve ser restituída em bom estado, à luz da presunção do 1043.º/2: mas não, precisamente, nas condições iniciais. Uma vez que as pequenas deteriorações "são lícitas", não fica envolvida a responsabilidade civil, em tudo o que transcenda o eventual não-cumprimento do dever de reparar.
19   13. A **natureza supletiva** do 1073.º é expressamente afirmada, no final do n.º 2. Com alguma frequência, os contratos de arrendamento autorizam os arrendatários a proceder a alterações ou a benfeitorias, explicitando que, no termo do contrato, tudo reverte para o senhorio, sem indemnização. Tal cláusula isenta, no seu âmbito, o arrendatário de proceder às reparações previstas no 1073.º/2[15].

Artigo 1074.º (Obras)

1. Cabe ao senhorio executar todas as obras de conservação, ordinárias ou extraordinárias, requeridas pelas leis vigentes ou pelo fim do contrato, salvo estipulação em contrário.

2. O arrendatário apenas pode executar quaisquer obras quando o contrato o faculte ou quando seja autorizado, por escrito, pelo senhorio.

3. Excetuam-se do disposto no número anterior as situações previstas no artigo 1036.º, caso em que o arrendatário pode efetuar a compensação do crédito pelas despesas com a realização da obra com a obrigação de pagamento da renda.

---

[12] Menezes Cordeiro/Castro Fraga, *RAU anotado*, 53. Críticos, embora *pro forma*, Pires de Lima/Antunes Varela, *Código anotado* 2, 4.ª ed., 484-485.
[13] DR I-A, n.º 41, de 27-set.-2006, 1560/I.
[14] DR 1.ª, n.º 157, de 14-ago.-2012, 4432/II.
[15] STJ 6-dez.-2006 (Salvador da Costa), Proc. 06B4309.

4. O arrendatário que pretenda exercer o direito à compensação previsto no número anterior comunica essa intenção aquando do aviso da execução da obra e junta os comprovativos das despesas até à data do vencimento da renda seguinte.

5. Salvo estipulação em contrário, o arrendatário tem direito, no final do contrato, a compensação pelas obras licitamente feitas, nos termos aplicáveis às benfeitorias realizadas por possuidor de boa fé.

Bibliografia: António Menezes Cordeiro, *A aprovação do NRAU (Lei n.º 6/2006, de 27 de Fevereiro): primeiras notas*, O Direito 138 (2006), 229-242; Castro Fraga/Gouveia de Carvalho, *As normas transitórias*, O Direito 137 (2005), 407-436; Jorge Pinto Furtado, *Manual* 1, 5.ª ed., 498 ss.; Maria da Glória Garcia, *A utilização dos edifícios para fins habitacionais, a sua conservação e a certificação das condições mínimas de habitabilidade dos edifícios arrendados*, O Direito 136 (2004), 385-406; Carla Amado Gomes, *Direito do arrendamento e vinculações jurídico-públicas*, Est. Oliveira Ascensão 2 (2008), 1049-1100 (1067 ss.); Luiz da Cunha Gonçalves, *Tratado* 8, 636 ss.; *Tratado* 9 (1934), 5 ss; Luís Menezes Leitão, *Arrendamento*, 5.ª ed., 82-93; *idem*, *Deteriorações e obras no NRAU*, Est. Oliveira Ascensão 2 (2008), 921-936; Pires de Lima/Antunes Varela, *Código anotado* 2, 4.ª ed., 509-521; Pedro Romano Martinez/Ana Maria Taveira da Fonseca, *Da constitucionalidade da alienação forçada de imóveis arrendados por incumprimento, por parte do senhorio, do dever de realização de obras*, O Direito, 139 (2007), 35-87; António Pais de Sousa, *Obras no locado e sua repercussão nas rendas*, Est. Inocêncio Galvão Telles 3 (2002), 159-176.

Índice

I – Origem e evolução
1. Código de Seabra 1
2. Anteprojeto Galvão Telles 5
3. Arrendamento rural 6
4. Lei n.º 2030, de 22-jun.-1948 7
5. Código Civil 8
6. Lei n.º 46/85, de 20-set. 10
7. RAU de 1990 11
8. RNAU de 2004 19

II – O regime vigente
9. NRAU de 2006 21
10. Obras pelo senhorio (n.º 1) 24
11. Obras pelo arrendatário (n.º 3) 25
12. Obras pelo arrendatário (n.º 2) 28
13. Regime das benfeitorias (n.º 5) 29

III – Outras obrigações de realizar obras
14. No Código Civil 31
15. No Regime Jurídico de Urbanização e Edificações 34
16. Noutros diplomas 38

IV – Regime Jurídico das Obras em Prédios Arrendados (RJOPA)
17. Aspetos gerais 41
18. Tipos de obras 44

19. A iniciativa do município 46
  α) O realojamento 47
  β) Manutenção do contrato 49
  γ) Novos contratos 51
  δ) Reocupação 56
20. Expropriação do senhorio 57
  α) Procedimento 59
  β) (In)constitucionalidade 61
21. O nível de conservação 62

V – O Regime de Reabilitação Urbana (RJRA)
22. Aspetos gerais 64
23. Sanções 66
24. Autorização municipal 69

VI – Desenvolvimento jurisprudencial
25. O regime das obras nos tribunais 71
  α) Aspetos gerais 72
  β) Incumprimento 74
  γ) Liberdade de estipulação 76
  δ) Obras ilícitas 78
  ε) Obras pelo locatário 84
  ζ) Ruínas e obras estruturais 88
  η) Obras e renda; abuso do direito 92
  θ) Resolução do contrato 99
  ι) Compensação por benfeitorias 100

I – **Origem e evolução**
1. **Código de Seabra**, estabelecia, no 1606.º:

> O senhorio é obrigado:
>
> 1.º A entregar ao arrendatário o prédio arrendado com as suas pertenças, e em estado de prestar o uso para que foi destinado;
> 2.º A conservar a cousa arrendada no mesmo estado durante o arrendamento;
> 3.º A não estorvar, nem embaraçar por qualquer forma o uso da cousa arrendada, a não ser por causa de reparos urgentes e indispensáveis; nêste caso, porém, poderá o arrendatário exigir indemnização do prejuízo que padecer por não poder servir-se da cousa, como era direito seu; (...)

O 1606.º/2 do mesmo Código, conjugado com o 15.º do D 5:411, de 17-abr.-1919, estabelecia a obrigação do senhorio de conservar o prédio arrendado no mesmo estado durante o arrendamento, considerando-se que este mesmo estado seria o adequado a prosseguir os fins do contrato, aquando da respetiva celebração[1]. A conservação era configurada como uma obrigação contínua ou sucessiva, que perdurava até à extinção do arrendamento, da qual emanava não somente o dever de realizar as obras necessárias à manutenção do prédio, como também as obras que o colocassem em condições de servir o fim a que o mesmo era destinado[2]. Em contrapartida, o senhorio não estaria, todavia, obrigado a melhorar o prédio[3].

Segundo Cunha Gonçalves, a obrigação imposta legalmente ao senhorio era supletiva, nada obstando a que as partes atribuíssem ao arrendatário a realização das obras necessárias à manutenção do prédio[4].

Em caso de incumprimento, o 1611.º do Código de Seabra, bem como o 17.º do D 5:411, concediam, ao arrendatário, o direito de rescisão do contrato, podendo exigir perdas e danos, ou mandar fazer os reparos, por conta do senhorio, nos termos do 901.º do então CPC. Estabelecia ainda o 17.º do D 5:411 a obrigação de o senhorio pagar ao arrendatário as benfeitorias necessárias e úteis que este realizasse no prédio. Se tais obras houvessem sido autorizadas por escrito, pelo senhorio, era atribuído ao arrendatário o direito de retenção[5], *até haver a importância provada das ditas reparações* (25.º do D 5:411)[6].

2. O **anteprojeto Galvão Telles** endossa, ao locador, uma obrigação quase totalmente passiva. Segundo o Autor do projeto, o locador limitava-se a consentir que o locatário usasse ou fruísse o objeto, sendo a sua colaboração ativa circunscrita à obrigação de manter a coisa em condições de servir aos fins a que era destinada[7].

3. No **arrendamento rural**, pela sua especial natureza, prende-se com o tema dos melhoramentos e das benfeitorias. Assim, as bases XIV a XVII da L 2114, de 15-jun.-1962[8], prescreviam diversas regras, sobre o tema. Tais regras, através da 1.ª revisão ministerial (1067.º a 1069.º)[9], com alterações na 2.ª[10], vieram a ser inseridas nos 1072.º a 1074.º, versão original, do CC[11].

4. A **Lei n.º 2030, de 22-jun.-1948**, previa, no 69.º, c), a possibilidade de o senhorio requerer o despejo, para a realização de determinadas obras, no arrendado[12]. A matéria era complexa, vindo a obter uma regulamentação através da L 2088, de 3-jun.-1957[13].

---

[1] Neste sentido, Luiz da Cunha Gonçalves, *Tratado* 9, 11.
[2] Luiz da Cunha Gonçalves, *Tratado* 9, 11.
[3] Luiz da Cunha Gonçalves, *Tratado* 9, 12.
[4] Segundo Luiz da Cunha Gonçalves, *Tratado* 9, 50, tanto o direito de retenção, como a obrigação de indemnização das benfeitorias, poderiam ser excluídas por acordo.
[5] Todavia, à data, o direito de retenção possuía carácter meramente obrigacional, só sendo invocável contra o senhorio.
[6] Segundo Luiz da Cunha Gonçalves, *Tratado* 9, 12.
[7] Inocêncio Galvão Telles, *Contratos civis*, 143.
[8] DG I, n.º 136, de 15-jun.-1962, 821-824 (822-823).
[9] BMJ 120 (1962), 105-107.
[10] Jacinto Rodrigues Bastos, *Dos contratos*, 124-129.
[11] DG I, n.º 274, de 25-nov.-1966, 1977/II.
[12] DG I, n.º 143, de 22-jun.-1948, 536.
[13] DG I, n.º 128, de 3-jun.-1957, 565-567.

5. O **Código Civil**, para além das regras, acima referidas, sobre o arrendamento rural, nada referia quanto a obras; limitava-se a dispor, no 1100.º, que a denúncia para aumento de capacidade do prédio era objeto de legislação especial. A L 2088 manteve-se, pois, em vigor. 8

O surto vinculístico subsequente a 1974 levou o DL 155/75, de 25-mar., a suspender a faculdade de denúncia do arrendamento, para ampliação do prédio, solução que só cessou com o DL 293/77, de 20-jun., mediante uma série de medidas de tutela do inquilino, em ações de despejo. O tema das obras voltava ao ponto inicial. 9

6. A **Lei n.º 46/85, de 20-set.**, já integrada num difícil movimento de reconstrução do arrendamento, veio, finalmente, ocupar-se do tema das obras. A L 46/85 consagrou um capítulo inteiro às obras o qual, pelo relevo interpretativo que teria sobre toda a legislação subsequente, deve, aqui, ser consignado[14]: 10

CAPÍTULO III
Obras de conservação e beneficiação

Artigo 16.º
(**Conceito**)

1. São obras de conservação, a cargo do senhorio, as obras de reparação e limpeza geral do prédio e suas dependências e todas as intervenções que se destinem a manter ou a repor o prédio com um nível de habitabilidade idêntico ao existente à data da celebração do contrato e as impostas pela Administração, face aos regulamentos gerais ou locais aplicáveis, para lhe conferir as características habitacionais existentes ao tempo da concessão da licença de utilização, sem prejuízo do estabelecido nos artigos 1043.º e 1092.º do Código Civil.

2. Constituem obras de beneficiação todas as intervenções não referidas no número anterior nem determinadas por defeitos de construção, caso fortuito ou caso de força maior.

Artigo 17º
(**Realização de obras de beneficiação**)

1. Quando o senhorio seja compelido administrativamente a fazer obras de beneficiação tem direito a exigir do inquilino um ajustamento da renda para além do determinado pelas actualizações anuais e pela correcção extraordinária da renda previstas neste diploma.

2. Se o fogo se encontrar arrendado em regime de renda condicionada, o ajustamento referido no número anterior será calculado nos termos do disposto no artigo 3.º.

3. Se o fogo se encontrar arrendado em regime de renda livre, o ajustamento referido no n.º 1 será estabelecido por livre negociação entre as partes, devendo, na falta de acordo, ser calculado pela forma indicada no número anterior.

Artigo 18.º
(**Acordo para a realização de obras de beneficiação**)

1. Sempre que as obras de beneficiação sejam realizadas a pedido do inquilino ou por acordo das partes, haverá lugar ao ajustamento referido no artigo anterior.

2. O pedido e o acordo previstos no número anterior têm de constar de documento escrito, no qual se discriminarão as obras a realizar.

Artigo 19.º
(**Suspensão do regime de ajustamento**)

A requerimento do município interessado, o Ministério do Equipamento Social pode, por despacho, suspender a aplicação do disposto nos artigos 17.º e 18.º aos arrendamentos de prédios sujeitos a tra-

---

[14] DR I, n.º 217, de 20-set.-1985, 3043/II-3044/II.

balhos de renovação urbana, nos termos da alínea c) do n.º 2 do artigo 18.º do Decreto-Lei n.º 98/84, de 2 de Março, aplicando-se neste caso o que for especificamente determinado.

Artigo 20.º
(**Depósito da actualização**)

1. Se o senhorio, depois de notificado pela respectiva câmara municipal, não iniciar as obras de conservação que legalmente lhe competem dentro do prazo fixado na notificação, tem o inquilino direito a depositar na Caixa Geral de Depósitos, à ordem do senhorio, a parte da renda correspondente à actualização referida no artigo 6.º.
2. O depósito só pode ser levantado mediante apresentação de declaração municipal que confirme a conclusão das obras.
3. Os depósitos e levantamentos estão isentos de imposto do selo.

Artigo 21.º
(**Recusa de execução das obras**)

1. Quando o senhorio não executar as obras de conservação ou de beneficiação no prazo fixado pela câmara municipal, pode esta deliberar, por sua iniciativa ou a requerimento do inquilino, precedendo vistoria, ocupar o prédio, de harmonia com o Regulamento Geral das Edificações Urbanas, para o efeito de mandar proceder à sua execução imediata.
2. O pagamento das obras executadas pela câmara municipal nos termos dos números anteriores far-se-á em prestações mensais até ao valor de 70% da renda, durante o tempo necessário ao reembolso integral das despesas efectuadas e respectivos juros.
3. Na falta de pagamento voluntário das despesas com as obras realizadas nos termos do número anterior, a câmara municipal procederá à cobrança coerciva, servindo de título executivo certidão passada pelos serviços municipais donde conste o quantitativo global daquelas despesas.
4. Responde unicamente pela dívida, enquanto o fogo se encontrar arrendado, a totalidade das respectivas rendas já vencidas desde a data da notificação resultante do disposto no artigo 16.º, bem como as rendas vincendas, até ao seu reembolso integral e respectivos juros.
5. O inquilino pode, caso a câmara municipal não inicie as obras a que se refere o n.º 1 no prazo de 120 dias a contar da recepção do requerimento, proceder à sua execução, devendo, para o efeito, obter previamente da câmara municipal um orçamento do respectivo custo, que será comunicado ao senhorio por carta registada com aviso de recepção, que representa o valor máximo pelo qual este é responsável.
6. Nos prédios em que haja mais de dois inquilinos, o exercício da faculdade prevista no número anterior, relativamente às obras nas partes comuns, depende do acordo da maioria deles, ficando todos os outros obrigados ao pagamento das obras na respectiva proporção; se houver apenas dois, a decisão cabe a qualquer deles, vinculando o outro.
7. Na falta de pagamento voluntário pelo senhorio das despesas feitas com as obras realizadas nos termos dos n.ºs 5 e 6, o inquilino pode fazer-se pagar das despesas efectuadas e respectivos juros através de dedução na renda, até ao limite de 70% da mesma, durante o tempo necessário ao reembolso integral.
8. Para efeitos de reembolso das despesas feitas pelo inquilino ou pela câmara municipal, nos termos dos números anteriores, revertem a favor daqueles os depósitos efectuados ao abrigo do artigo 20.º.

11   7. O **RAU de 1990** veio regular a matéria das obras na Secção IV[15]. No fundamental, acolheu as regras da L 46/85, com certas correções.

12   O 11.º definia o conceito de obra, estabelecendo uma classificação tripartida entre obras de conservação ordinária, obras de conservação extraordinária e obras de beneficiação. O n.º 2 deste preceito concretizava que, por obras de conservação ordinária, se deveria entender:

---

[15] DR I, n.º 238 (supl.), de 15-out.-1990, 4286-(12)//II-4286-(13)/II.

a) A reparação e limpeza geral do prédio e suas dependências;
b) As obras impostas pela Administração Pública, nos termos da lei geral ou local aplicável, e que visem conferir ao prédio as características apresentadas aquando da concessão da licença de utilização;
c) Em geral, as obras destinadas a manter o prédio nas condições requeridas pelo fim do contrato e existentes à data da sua celebração.

Por seu turno, eram consideradas obras de conservação extraordinária as "ocasionadas por defeito de construção do prédio ou por caso fortuito ou de força maior, e, em geral, as que não sendo imputadas acções ou omissões ilícitas perpetradas pelo senhorio, ultrapassem, no ano em que se tornem necessárias, dois terços do rendimento líquido desse mesmo ano" (*vide* o 11.º/3).

Finalmente, obras de beneficiação seriam todas as que não estivessem abrangidas nos conceitos anteriores.

Incumbia ao senhorio a realização de obras de conservação ordinária, de acordo com o disposto no 12.º RAU, sem prejuízo do dever de prudência que impendia sobre o locatário relativamente à normal utilização do prédio, bem como à obrigação de o restituir no mesmo estado em que o recebeu, previsto no 1043.º CC.

Já as obras de conservação extraordinária e de beneficiação apenas ficavam a cargo do senhorio quando a sua execução fosse ordenada pela câmara municipal competente ou em caso de acordo escrito das partes nesse sentido da sua realização, o qual deveria incluir a discriminação das obras a efetuar (13.º/1, do RAU). Neste caso, a realização das obras dava lugar à atualização da renda.

Em caso de incumprimento, por parte do senhorio, da realização das obras de conservação ordinária dentro do prazo fixado na notificação, o arrendatário tinha o direito de depositar, à ordem deste, a parte da renda correspondente à respetiva atualização, de modo que o senhorio apenas poderia levantar este montante mediante a apresentação de documento no qual constasse uma declaração municipal que confirmasse a conclusão das obras (14.º RAU). Caso as obras fossem feitas pela câmara municipal ou pelo próprio inquilino, o depósito reverteria a seu favor.

O 15.º do RAU previa ainda a execução administrativa, sempre que o senhorio não executasse as obras de conservação ou de beneficiação que lhe competissem no prazo fixado pela câmara municipal. As obras apenas poderiam ter início depois de elaborado o respetivo orçamento, a comunicar por escrito ao senhorio, o qual deveria então proceder ao pagamento em prestações mensais até ao valor de 70% da renda, durante o tempo necessário ao reembolso integral. Outra alternativa consistia na substituição do arrendatário ao senhorio, prevista no 16.º do RAU, subsidiária relativamente à intervenção administrativa por parte da câmara municipal, sempre que esta não desse início às obras no prazo de 120 dias a contar da receção do requerimento formulado pelo arrendatário.

8. O **RNAU de 2004** adotou uma conceção diversa. Para o CC, propôs um preceito sintético, com as regras mais gerais: o 1069.º, epigrafado obras e assim concebido[16]:

1. Cabe ao senhorio executar todas as obras de conservação, ordinárias ou extraordinárias, requeridas pelas leis vigentes ou pelo fim do contrato, salvo estipulação em contrário.
2. O arrendatário apenas poderá executar quaisquer obras quando o contrato o faculte ou quando seja autorizado, por escrito, pelo senhorio.
3. Exceptua-se ao disposto no número anterior a hipótese de obras urgentes, destinadas a prevenir danos iminentes ou maiores danos, com pronta comunicação ao senhorio.

---

[15] O Direito 136 (2004), 467-493 (479).

20   Paralelamente, mas em legislação especial, seriam estabelecidas regras destinadas à reabilitação urbana, com apoio bancário.

II – O regime vigente

21   9. **O NRAU de 2006** reintroduziu, no CC, um 1074.º, agora consagrado ao arrendamento urbano[17]. Nos seus três primeiros números, acolheu a proposta do RNAU, com alterações no n.º 3, onde inseriu matéria diversa. Nos n°s 4 e 5, veio ocupar-se da compensação por obras lícitas, invertendo, no último, o sentido da regra geral do 1046.º. Trata-se de um preceito que não foi alterado na reforma de 2012.

22   O 1074.º, na versão atual, veio possibilitar às partes, no âmbito da respetiva autonomia privada, a possibilidade de atribuir ao arrendatário o dever de realizar obras de conservação do prédio[18]. A razão de ser da modificação terá sido a circunstância de, muitas vezes, se verificar a incapacidade económica do senhorio para a realização das obras, bem como a possibilidade de ser convencionado um valor de renda reduzido, em atenção à atribuição ao arrendatário do dever de realizar as obras[19]. Não obstante, a lei não comporta nenhum destes critérios como filtro de validade de tal convenção, o que pode criar o risco de alguma inversão do espírito da relação locatícia, atendendo a que a obrigação principal do locador consiste precisamente em proporcionar ao locatário o gozo da coisa – 1031.º, b) – obrigação esta que inclui, naturalmente, a realização das obras necessárias à habitabilidade do prédio[20] [21].

23   Para além disso, o regime do 1074.º contrasta com o que anteriormente se encontrava consagrado no RAU, em que apenas as obras de conservação ordinária competiam ao senhorio, sendo este obrigado a realizar obras de conservação extraordinária ou de beneficiação somente no caso de tal ser ordenado pela câmara municipal.

24   10. **Obras pelo senhorio (n.º 1)**. Na falta de acordo em contrário, o 1074.º/1 faz impender sobre o senhorio a realização de todas as obras, independentemente do seu carácter de conservação ordinário ou extraordinário, o que se justifica dada a obrigação de proporcionar ao arren-

---

[17] DR I-A, n.º 41, de 27-fev.-2006, 1560/II.
[18] Concordando em geral com a solução legal, Luís Menezes Leitão, *Arrendamento*, 5.ª ed., 78, salienta que tal se justifica especialmente nos casos em que o valor da renda é convencionado em atenção à obrigação de realizar as obras, não deixando todavia de manifestar alguns receios pela abertura conferida à liberdade contratual e concluindo que esta não poderá pôr em causa uma das obrigações principais do senhorio.
[19] António Menezes Cordeiro, *A aprovação do NRAU*, 236, afirma:
   A degradação dos centros urbanos, mercê do vinculismo e da insuficiência das rendas que dele decorre é, neste momento, além de uma evidência, económica, uma fatalidade jurídica. A razão é simples: não é possível exigir judicialmente a um senhorio, que receba uma renda baixa, a realização de obras de recuperação, de restauro ou de simples manutenção que requeiram o equivalente a anos de renda.
[20] Neste sentido, STJ 2-nov.-2010, Proc. 4882/06:
   A imposição legal constante da alínea b) do artigo 1031.º do Código Civil deve ser vista em termos amplos, não se limitando a mandar o senhorio entregar o imóvel ao inquilino, mas obrigando-o a outras prestações positivas em termos de que o uso normal do locado não fique impedido ou diminuído nem o locatário veja frustradas as expectativas que criou aquando da outorgado contrato", sendo assim que "Daí resulta o dever de proceder a obras de conservação ordinária (consistentes em manter o prédio em condições de higiene e salubridade mais fazendo reparações comuns de danos resultantes de infiltrações, salitre, bolores e desgaste, por apodrecimento de madeiras, soalhos e estuques; de obras impostas pela Administração Pública e de todas as outras reparações que o fim do contrato impõe (garantia de funcionamento das colunas de esgotos, de resíduos, gás, energia eléctrica e elevadores, tudo com segurança e continuidade e de tudo o que o arrendatário esperava dispor); de conservação extraordinária (vícios redibitórios ou aparentes de construção, ou resultantes de caso fortuito ou de força maior) e, se acordadas, de beneficiação.
[21] Luís Menezes Leitão, *Arrendamento*, 5.ª ed., 41 e 42, sublinha que se trata de uma obrigação de conteúdo positivo, ainda que, por via da regra, o seu cumprimento se baste com a mera abstenção de atos que possam impedir ou diminuir esse gozo, exceto em casos excecionais, nomeadamente quando seja necessário fazer reparações na coisa.

datário o gozo da coisa, nos termos do 1031.°, b)[22]. Este dever encontra o seu desenvolvimento no RJOPA – Regime Jurídico das Obras em Prédios Arrendados, aprovado pelo DL 157/2006, de 8-ago. e alterado e republicado pela L 30/2012, de 14-ago. e abaixo anotado[23].

11. **Obras pelo arrendatário (n.° 3)**. Este regime não prejudica a aplicação do disposto no 1036.°, nos termos do qual, em caso de mora do senhorio quanto à obrigação de fazer reparações urgentes, que não se compadeçam com as delongas do processo judicial, pode o arrendatário proceder à respetiva realização, com direito ao seu reembolso (vide n.os 3 e 4). Recorde-se que, de acordo com o disposto no 9.°/1 do NRAU,

> Salvo disposição da lei em contrário, as comunicações legalmente exigíveis entre as partes relativas a cessação do contrato de arrendamento, atualização da renda e obras são realizadas mediante escrito assinado pelo declarante e remetido por carta registada com aviso de receção.

De referir a este respeito é o disposto no 62.° da CR, que limita o direito de propriedade à sua função social, bem como o 65.°, que eleva à categoria de direito fundamental o direito à habitação[24][25].

Segundo a opinião generalizada na doutrina, a apreciação dos vícios do prédio deve ser aferida em sentido funcional, isto é, de acordo com o específico fim a que o mesmo se destina[26]. No entanto, não é necessário que esteja de todo impossibilitada a realização desse fim, considerando-se, ao invés, existir violação desta obrigação do locador caso o estado do bem não possibilite a *realização cabal* desse mesmo fim. Assim, dispõe o 1083.°/5:

> É fundamento de resolução pelo arrendatário, designadamente, a não realização pelo senhorio de obras que a este caibam, quando tal omissão comprometa a habitabilidade do locado e, em geral, a aptidão deste para o uso previsto no contrato.

12. **Obras pelo arrendatário (n.° 2)**. O n.° 2 estabeleceu ainda que a realização de obras pelo arrendatário apenas é lícita em caso de convenção contratual ou de autorização escrita do senhorio, excetuados os casos previstos no 1036.°, em que é permitido ao arrendatário efetuar a compensação do crédito pelas despesas com a realização da obra com a obrigação de pagamento da renda.

13. **Regime das benfeitorias (n.° 5)**. Em paralelo com o disposto no n.° 2, estabelece o n.° 5, a título supletivo, que no final do contrato o arrendatário tem direito a compensação pelas obras que tenham sido licitamente feitas, com expressa remissão para o regime das benfeitorias realizadas pelo possuidor de boa fé. A solução presente neste n.° 5 opõe-se ao regime geral da locação, previsto no 1046.°[27].

---

[22] Neste sentido, Luís Menezes Leitão, *Arrendamento*, 5.ª ed., 84.

[23] *Infra*, anotações 41 ss..

[24] 62.°/1: Todos têm direito, para si e para a sua família, a uma habitação de dimensão adequada, em condições de higiene e conforto e que preserve a intimidade pessoal e a privacidade familiar.

[25] Maria da Glória Garcia, *A utilização dos edifícios para fins habitacionais*, 400, onde considera que:
A linha de fronteira entre os interesses público e privados torna-se cada vez mais ténue. O legislador do arrendamento urbano habitacional fica espartilhado entre a concretização de um direito à habitação de conteúdo ambicioso, a realidade dependente do que economicamente for possível e a garantia de uma propriedade privada com conteúdo socialmente justo.

[26] Neste sentido, Januário da Costa Gomes, *Constituição da relação de arrendamento urbano* (1980), 343:
se num prédio arrendado para habitação, o inquilino vem a verificar que chove numa das suas dependências, é óbvio que tal se mostra impeditivo do fim que esse inquilino pretende levar a cabo, isto é, tal vício impede a "realização cabal" do fim a que o prédio é destinado (art.° 1032.° C.Civ.), já que, em rigor, esse simples facto não obsta a que o arrendatário viva no prédio.

[27] Sublinhando este ponto, António Menezes Cordeiro, *A aprovação do NRAU*, 240 e 241, onde chama também a atenção para a impropriedade da expressão compensação das benfeitorias, em confronto com a figura prevista no 847.°.

30   No que concerne à remissão para o regime das benfeitorias, é aplicável o disposto no 1273.º, relativamente à *indemnização* por benfeitorias necessárias e úteis. Já quanto ao 1275.º, respeitante às benfeitorias voluptuárias, pode entender-se que a sua aplicação dependerá da efetiva utilidade que tais obras apresentem para o locado[28].

III – Outras obrigações de realizar obras

31   **14. No Código Civil**. Outras disposições do CC reforçam o dever de o proprietário realizar as obras necessárias à manutenção do prédio. Neste âmbito, destaca-se o disposto no 1530.º, que impõe ao proprietário do imóvel o dever de realizar as obras que se revelem necessárias para o conservar e eliminar o perigo de ruína, ao estabelecer o direito do proprietário do prédio vizinho exigir a realização de tais providências e a ser indemnizado nos termos do 492.º.

32   O incumprimento do dever de conservação pode ainda assumir proporções tais que se torne suscetível de causar danos a terceiros, estranhos ao contrato de arrendamento. Assim, o 492.º cria um especial dever de tráfego para o proprietário ou possuidor, que deverá portanto adotar as diligências necessárias na construção e manutenção dos edifícios ou outras obras[29] [30].

33   De acordo com a decisão da RCb 9-nov.-2005[31],

> Face à presunção de culpa prevista naquele art.º 492.º, é o responsável pela construção ou conservação que deve genericamente demonstrar que não foi por culpa sua que ocorreu a ruína do edifício ou obra – nomeadamente pela prova da ausência de vícios de construção ou defeitos de conservação – ou que os danos continuariam a verificar-se, ainda que não houvesse culpa sua, uma vez que, salvo no caso de fenómenos extraordinários, como os terramotos, a ruína de um edifício ou obra é um facto quer indicia, só por si, o incumprimento de deveres relativos à sua construção ou conservação, não se justificando, por isso, que recaia sobre o lesado o ónus suplementar de demonstrar a forma como ocorreu esse incumprimento.

34   **15. No Regime Jurídico da Edificação e Urbanização**. O 89.º do RJUE (aprovado pelo DL 555/1999, de 16-dez.[32]) estabelece que os proprietários estão obrigados a realizar obras de conservação em cada período de oito anos[33], sem prejuízo do dever do proprietário de proceder a todas as obras que se revelem necessárias para a manutenção da segurança, salubridade e arranjo estético do prédio[34]. Contudo, as obras apenas são necessárias se estiver em causa a eliminação de quaisquer deficiências do prédio, justificando-se, assim, a sua caracterização como obras de conservação ordinária[35].

---

[28] Neste sentido, António Menezes Cordeiro, *A aprovação do NRAU*, 241, sugerindo uma interpretação corretiva do preceito.

[29] Maria da Glória Garcia, *A utilização dos edifícios para fins habitacionais*, 388, refere a este respeito a existência de um dever geral de conservação das edificações, a fim de que as mesmas mantenham os requisitos legais e regulamentares que permitam o licenciamento ou a autorização do uso a que estão ligados.

[30] Maria da Glória Garcia, *A utilização dos edifícios para fins habitacionais*, 394 e 395, questiona se, no conteúdo deste dever, se pode incluir o dever de o proprietário promover a demolição do prédio, caso este se encontre em estado de ruína, particularmente quando este estado seja a consequência do incumprimento do dever de conservação, parecendo concluir pela resposta afirmativa. A autora sugere ainda a aplicação, neste caso, do disposto nos 89.º/3 e 90.º do RJUE, sempre que o prédio se encontre arrendado, tendo como efeito a vistoria prévia e a determinação das obras a realizar, em consonância com o princípio da proporcionalidade, onde se poderá ter de proceder ao despejo do arrendatário, caso o prédio se encontre arrendado.

[31] RCb 9-nov.-2005 (Monteiro Casimiro), Proc. 2456/05.

[32] Sucessivamente modificado pelo DL 177/2001, de 4-jun., pelas L 15/2002, de 22-fev. e 4-A/2003, de 19-fev., pelo DL 157/2006, de 8-ago., pela L 60/2007, de 4-set., pelos DL 18/2008, de 29-jan., 116/2008, de 4-jul. e 26/2010, de 30-mar. e, finalmente, pela L 28/2010, de 2-set.

[33] Maria da Glória Garcia, *A utilização dos edifícios para fins habitacionais*, 388, justifica a fixação deste período com a circunstância de os edifícios se encontrarem sujeitos à poluição, à trepidação viária, ferroviária ou outra, bem como às intempéries, devendo assim ser realizadas as obras de conservação ordinária que se revelem necessárias.

[34] Obras essas que, nos termos do 89.º/2 do RJUE, podem ser determinadas pela câmara municipal.

[35] Destaca-se ainda que as obras de conservação ordinárias não dependem de licença ou autorização das autoridades municipais, conforme disposto no 6.º/1, *a*) do RJUE,

Já o 89.º/2 do RJUE estabelece a possibilidade de a câmara municipal ordenar a realização de obras de conservação extraordinária, caso se verifiquem más condições de segurança ou de salubridade, determinadas após vistoria. Assim, caso haja risco de segurança ou salubridade, a câmara municipal pode, oficiosamente ou a requerimento de qualquer interessado, determinar a execução de obras de conservação necessárias à correção dessas más condições, bem como ordenar a demolição total ou parcial das construções que ameacem ruína ou ofereçam perigo para a saúde pública e para a segurança das pessoas (89.º/3)[36].

Em caso de incumprimento por parte do proprietário, a câmara municipal pode tomar posse administrativa do imóvel para dar execução imediata às obras, nos termos dos 91.º e 107.º do RJUE[37]. De acordo com o disposto no n.º 7 deste último preceito, a posse administrativa do terreno e dos equipamentos mantém-se pelo período necessário à execução coerciva da respetiva medida de tutela da legalidade urbanística, caducando no termo do prazo fixado para a mesma. Relativamente às despesas de realização da obra coerciva, impõe o 108.º do RJUE que as mesmas incorrem pelo infrator, sendo que, não sendo as mesmas pagas voluntariamente no prazo de vinte dias a contar da notificação para o efeito, são cobradas judicialmente em processo de execução fiscal.

Há, pois, necessidade de articular a possibilidade concedida à câmara municipal de realizar, coercivamente, a obra, com a ordem de demolição em caso de perigo para a saúde pública e segurança das pessoas[38].

16. **Noutros diplomas**. O dever de realização de obras nos prédios decorre ainda, em casos especiais, dos seguintes diplomas: (i) DL 13/71, de 23-jan.[39], onde se estabelece, no 5.º/4, que

> Os edifícios e vedações de terrenos confinantes com a zona da estrada devem manter-se com bom aspecto e perfeito estado de conservação;

(ii) Regulamento Geral das Estradas e Caminhos Municipais, aprovado pela L 2110, de 19-ago.-1961[40], cujo 74.º determina que

> As câmaras municipais poderão intimar os proprietários ou usufrutuários dos edifícios ou vedações confinantes com as vias municipais que se apresentem com mau aspecto, em virtude de deficiente conservação ou imperfeita construção, a executarem, no prazo que lhes for fixado, de harmonia com a natureza da obra a realizar, as beneficiações, reparações ou limpezas necessárias;

---

devendo todavia o proprietário informar a câmara municipal das obras que realize no prédio.

[36] Maria da Glória Garcia, *A utilização dos edifícios para fins habitacionais*, 392, sublinha que a ameaça de ruína ou perigo para a saúde pública tanto podem advir de catástrofes naturais, como de erros de construção ou do incumprimento do dever de conservação, bem como de atividades desenvolvidas em prédios vizinhos ou desencadeadas por entidades públicas.

[37] Sem prejuízo da responsabilidade criminal que pode advir para o proprietário nos termos do 348.º do Código Penal, que estabelece o crime de desobediência.

[38] Em Espanha, o REAL DECRETO LEGISLATIVO 1/1992, de 26-jun., contém a *Ley sobre el Régimen del Suelo y Ordenación Urbana*, estabelecendo o 247.º que:
    Cuando alguna construcción parte de ella estuviere en estado ruinoso, el Ayuntamiento, de oficio o a. instância de cualquier interesado, declarará esta situación, y acordará la total o parcial demolición, previa audiencia del propietario y de los moradores, salvo inminente peligro que lo impidiera, sendo que o n.º 2 esclarece que será declarado en estado de ruína o edifício que preencha as condições aí definidas, nomeadamente:
    a) Cuando el coste de las obras necesarias sea superior al 50 por 100 del valor actual del edificio o plantas afectadas, excluido el valor del terreno;
    b) Cuando el edifício presente un agotamiento generalizado de sus elementos estructurales o fundamentales;
    c) Cuando se requiera la realización de obras que no pudieran ser autorizadas por encontrarse. el edificio en situación de fuera de ordenación.

[39] DG I, n.º 19, de 23-jan.-1971, 67/II.
[40] DG I, n.º 192, de 19-ago.-1961, 1038/I-II.

(iii) Lei de bases do património cultural, aprovada pela L 107/2001[41], de 8-set., em que o 21.º/1, b) impõe aos proprietários, possuidores e demais titulares de direitos reais sobre bens que tenham sido classificados ou inventariados o

> (...) dever de conservar, cuidar e proteger devidamente o bem, de forma a assegurar a sua integridade e a evitar a sua perda, destruição ou deterioração.

39   De realce é ainda o 37.º/3, do CPTA, que estabelece o direito de ação entre particulares, em caso de ofensa de um direito ou interesse em decorrência da violação de uma norma de direito administrativo[42].

40   Relevante mostra-se ainda o disposto na L 31/2012, de 14-ago., em particular o regime estabelecido para os contratos de arrendamento habitacionais celebrados antes da vigência do RAU e para os contratos não habitacionais celebrados antes da vigência do DL 257/95, de 30-set.[43]. Com efeito, nos termos do 29.º deste diploma,

> salvo estipulação em contrário, a cessação do contrato dá ao arrendatário direito a compensação pelas obras licitamente feitas, nos termos aplicáveis às benfeitorias realizadas por possuidor de boa fé.

IV – Regime Jurídico das Obras em Prédios Arrendados (RJOPA)

41   **17. Aspetos gerais.** A degradação dos edifícios arrendados, especialmente aqueles que têm contratos já muito antigos, tornou-se uma realidade com dimensões consideráveis. Com vista a solucionar este problema, foi adotado o RJOPA – Regime Jurídico das Obras em Prédios Arrendados, aprovado pelo DL 157/2006, de 8-ago.[44], que regula as obras efetuadas por iniciativa do senhorio, prevendo a suspensão do contrato ou a sua denúncia – 1.º/1, a) –, bem como as obras coercivas realizadas pelos municípios em prédios arrendados – b), do mesmo preceito. Através deste diploma, foi revogada a L 2088, de 3-jul.-1957, acima referida.

42   O RJOPA contém um regime especial para os contratos de arrendamento habitacionais celebrados antes da vigência do RAU, aprovado pelo DL 321-B/1990, de 15-out. (1.º/2), dada a possibilidade de o reduzido valor da renda ser suscetível de desincentivar a realização de obras pelos proprietários, conduzindo a um maior nível de degradação urbana. Em conformidade com o 1074.º/1, o 2.º do RJOPA atribui ao senhorio a obrigação de efetuar as obras necessárias à manutenção do estado de conservação do prédio arrendado, contendo ainda uma remissão para o disposto no regime jurídico da urbanização e da edificação e no regime jurídico da reabilitação urbana.

43   Em caso de incumprimento, o senhorio responde contratualmente perante o arrendatário, nos termos dos 798.º ss.. Dado o interesse público na conservação dos prédios, o 3.º do RJOPA determina, porém, que caso o senhorio não efetue as obras a que se encontra obrigado, podem o município ou a entidade gestora da operação de reabilitação urbana intimá-lo para que proceda às mesmas, ou, assim não sendo, proceder à realização coerciva da obra.

---

[41] DR I-A, n.º 209, de 8-set.-2001, 5821/I.
[42] Quando, sem fundamento em ato administrativo impugnável, particulares, nomeadamente concessionários, violem vínculos jurídico-administrativos decorrentes de normas, atos administrativos ou contratos, ou haja fundado receio de que os possam violar, sem que, solicitadas a fazê-lo, as autoridades competentes tenham adotado as medidas adequadas, qualquer pessoa ou entidade cujos direitos ou interesses sejam directamente ofendidos pode pedir ao tribunal que condene os mesmos a adoptaram ou a absterem-se de certo comportamento, por forma a assegurar o cumprimento dos vínculos em causa.
[43] DR I-A, n.º 227, de 30-set.-1995, 6070/I-6071/II.
[44] Sucessivamente alterado pela Ret. 68/2006, de 3-out. (DR I, n.º 191, de 3-out.-2006, 7109), pelo DL 306/2009, de 23-out. (DR, n.º 206, de 23-out.-2009, 7953/I-7956/I) e pela L 30/2012, de 14-ago. (DR I, n.º 157, de 14-ago.-2012, 4400/I-4410/II).

18. **Tipos de obras**. A obra é considerada de remodelação ou de restauro profundo sempre que a sua realização obrigue à desocupação do locado (4.º/1 do RJOPA).

No entanto, a L 30/2012 revogou o disposto no 4.º/2 e 3 do RJOPA, nos termos dos quais as obras de remodelação ou de restauro profundo podiam ser qualificadas como estruturais ou não estruturais, sendo consideradas estruturais as que originassem uma distribuição de fogos sem correspondência ou equivalência com a distribuição anterior e não estruturais as restantes.

19. **A iniciativa do município**. A subsecção II da Secção II do RJOPA regula as obras por iniciativa do município ou da entidade gestora da operação de reabilitação urbana, nos termos do regime jurídico da urbanização e da edificação e do regime jurídico da reabilitação urbana, respetivamente[45]. Qualquer destas entidades pode promover o despejo administrativo do prédio, total ou parcialmente, para efeitos de realização da obra, podendo ocupá-lo para esse fim durante as mesmas e até ao período de um ano após a sua conclusão. A partir desta data, a ocupação cessa imediatamente (13.º, *in fine*, do RJOPA), pelo que passa a mesma a ser considerada ilícita. Contudo, dispõe o 15.º que o despejo administrativo só pode ter lugar se, simultaneamente, for assegurado o realojamento temporário dos arrendatários em condições análogas às que estes detinham, quer quanto ao local, quer quanto ao valor da renda e encargos. É aqui aplicável o disposto no 6.º/3 a 5 do RJOPA, onde se considera realojamento em condições análogas o que seja situado na *área da mesma freguesia ou de freguesia limítrofe, em fogo em estado de conservação igual ou superior ao locado primitivo e adequado às necessidades do agregado familiar do arrendatário*, presumindo-se como tal aquele que se situe entre o mínimo e o máximo previstos no quadro constante deste preceito, de modo a não ocorrer sobreocupação. Quando se verifique a atuação oficiosa de uma destas entidades, é comunicado um orçamento do custo das obras ao senhorio, por escrito, antes do seu início (14.º/1 do RJOPA).

α) **O realojamento**. Do mesmo modo, deve o arrendatário ser notificado, por carta registada ou mediante afixação de edital na porta da casa e na sede da junta de freguesia e com uma antecedência não inferior a 30 dias, da data do despejo administrativo, do local de realojamento que lhe foi destinado, da obrigação de retirar todos os bens do local despejando, da duração previsível das obras e ainda da obrigação de depositar as rendas, conforme previsto no 16.º do RJOPA. Relembre-se, a este respeito, que uma das obrigações do locatário, prevista na alínea e) do 1038.º, consiste em *tolerar as reparações urgentes, bem como quaisquer obras ordenadas pela autoridade pública*.

Se no momento da ocupação forem encontrados bens, o 21.º do RJOPA determina o respetivo arrolamento, os quais ficam depositados à guarda da entidade promotora, sendo entregues ao seu dono, se este assim o requerer. As despesas do despejo correm por conta do arrendatário, mas o dono dos bens arrolados é quem responde pelas despesas resultantes do depósito e arrolamento.

β) **Manutenção do contrato**. Naturalmente que, sendo o arrendatário realojado, mantém-se a obrigação de pagamento da renda, que será depositada (15.º/2 e 19.º do RJOPA). Assim, embora o arrendatário não se encontre, de facto, a habitar o prédio arrendado, o contrato mantém-se, justificando-se o cumprimento da obrigação principal de pagamento da renda, a qual é, todavia, direcionada para o ressarcimento da entidade administrativa responsável pela realização da obra coerciva, bem como para o realojamento temporário (18.º do RJOPA). Contudo, é atribuído ao senhorio o direito de demonstrar que as rendas são indispensáveis para o sustento do seu agregado familiar ou, tratando-se de pessoa coletiva, para a sua sustentabilidade económica, caso em

---

[45] Maria da Glória Garcia, *A utilização dos edifícios para fins habitacionais*, 385-387, refere que, desde tempos imemoriais, os municípios possuem atribuições de polícia das edificações, destacando-se a competência para a atribuição de licença de utilização, que visam garantir a qualidade do prédio, bem como a segurança e salubridade.

que a entidade promotora pode autorizar o levantamento de metade do valor das rendas depositadas aquando do início das obras, acrescida das atualizações ordinárias anuais, no prazo de 10 dias após a apresentação do requerimento por parte do senhorio, acompanhado dos elementos de prova necessários. Por conseguinte, passa a competir à entidade administrativa o direito de recebimento da renda, afigurando-se poder esta recorrer aos meios coercivos concedidos ao senhorio em caso de incumprimento do arrendatário por forma a obter o respetivo pagamento. Não obstante, o recebimento do valor da renda assume duas finalidades precisas delineadas pela lei, que são, em primeiro lugar, o ressarcimento do custo das obras, e, em segunda instância, o custo do realojamento temporário do arrendatário.

50   Pode assim considerar-se que a entidade administrativa assume o lugar do senhorio no contrato de arrendamento, sendo esta *transmissão da posição contratual* caracterizada por quatro aspetos essenciais: (i) é imposta pela lei, (ii) temporária, (iii) limitada ao recebimento da renda e (iv) funcionalizada para o ressarcimento do custo das obras e o pagamento do realojamento temporário do arrendatário objeto de despejo.

51   γ) **Novos contratos**. De assinalar é o facto de a entidade promotora da obra ser titular do direito de celebrar novos contratos de arrendamento, caso existam fogos devolutos no prédio reabilitado (20.º/1 do RJOPA). Esta é já uma faculdade que se insere nos poderes do proprietário (1305.º). Todavia, a possibilidade de celebração de novos contratos apenas se aplica se o proprietário não arrendar, ele próprio, os fogos devolutos, por valor não inferior aos que resultam da aplicação dos critérios previstos no 35.º/2, *a)* e *b)*, do NRAU, no prazo de 4 meses após a ocupação do prédio pela entidade promotora ou após a conclusão das obras. De acordo com a alteração ao NRAU decorrente da L 31/2012, de 14-ago., o valor da renda não poderá ser inferior *ao valor anual correspondente a 1/15 do valor do locado*, considerando-se como tal *o* valor da avaliação realizada nos termos dos 38.º ss. do CIMI.

52   Muito embora o artigo não o refira expressamente, afigura-se que esta faculdade apenas poderá ter em vista o ressarcimento do custo da obra coerciva, não podendo assim a entidade promotora beneficiar diretamente dos valores pagos a título de renda. Por conseguinte, a possibilidade de se imiscuir no poder de fruição do proprietário terá como exclusivo intuito o ressarcimento de um crédito, decorrente da substituição operada na posição do proprietário e em face do incumprimento deste, situação esta que se aproxima, em certa medida, do instituto da sub-rogação previsto no 606.º.

53   Não se esclarece, no 20.º do RJOPA, o que acontece caso o proprietário celebre contrato de arrendamento por valor inferior ao resulta da aplicação dos critérios previstos no 35.º/2, *a)* e *b)*, do NRAU. Todavia, uma vez que resulta da interpretação dos n.ᵒˢ 1 e 3 deste preceito que a entidade promotora poderá, neste caso, arrendar o espaço por valor que exceda aquele limite, afigura-se que esta terá igualmente de ser titular do direito de cessar o contrato celebrado pelo proprietário. Não se esclarece, todavia, qualquer proteção para o arrendatário que veja o seu contrato, validamente celebrado, ser unilateralmente resolvido por um terceiro, neste caso a entidade promotora da obra.

54   O contrato celebrado pela entidade administrativa depende da realização de concurso público, devendo ser celebrado por dois anos, sendo renovável nos termos do 1096.º CC. Atendendo à eliminação do prazo mínimo de cinco anos, operada pela L 31/2012, de 14-ago., mostra-se pouco razoável a exigência de um prazo mínimo de dois anos, até porque pode acontecer que a obra em causa não se prolongue por todo este período.

55   A situação prevista no 20.º do RJOPA configura, assim, à primeira vista, um arrendamento de coisa alheia, expressamente permitido pela lei, por forma a possibilitar à entidade promotora obter os valores que se revelem necessários ao seu ressarcimento integral. Não obstante, o senho-

rio é, ainda, o proprietário, e não a entidade promotora, o que leva a concluir que esta última age na qualidade de representante legal do proprietário, porquanto a sua legitimidade para a celebração do contrato advém da competência para a decretação da obra coerciva. O facto de ser o proprietário o senhorio é comprovado pelo 20.º/2 do RJOPA, uma vez que este apenas se pode opor à renovação do contrato quando o fim do respetivo prazo se verifique após o ressarcimento integral da entidade promotora. Ainda assim, poderá o senhorio lançar mão do disposto no 18.º/2 do RJOPA, podendo levantar até metade do valor das rendas depositadas, mediante autorização da entidade promotora, caso esse montante se revele indispensável para o sustento do seu agregado familiar ou para a sustentabilidade económica da pessoa coletiva.

δ) **Reocupação**. Logo que as obras terminem, tem o arrendatário o direito de reocupar o imóvel, devendo para esse efeito a entidade promotora comunicar-lhe esse facto. Neste caso, o 17.º do RJOPA não estabelece o modo de comunicação, contrariamente ao previsto no 16.º, que exige a notificação mediante carta registada ou afixação de edital na porta da casa. Não obstante essa ausência, afigura-se que o meio de comunicação deverá ser idêntico. 56

20. A **expropriação do senhorio**. A L 30/2012, de 14-ago., revogou os 35.º a 46.º do DL 157/2006, de 8-ago., os quais, em conjugação com o 48.º/4, c), do NRAU, e, atendendo à incapacidade económica de muitos senhorios para a realização das obras necessárias, bem como, noutros casos, à falta de vontade de as levar a cabo, atribuíam ao arrendatário o direito de adquirir, pelo valor previsto no CIMI, os imóveis em estado de conservação classificado como mau ou péssimo. Nessa hipótese, ficava o novo proprietário obrigado a realizar as obras devidas, sendo o incumprimento desta obrigação fundamento para a reaquisição do prédio pelo antigo proprietário. 57

A razão de ser deste regime assentava não apenas nos direitos do arrendatário a habitar um prédio com condições mínimas, como igualmente o interesse de ordem pública na conservação dos prédios urbanos[46]. 58

α) **Procedimento**. Este direito existia quando o prédio fosse classificado com um nível de conservação inferior a 3 (mau ou péssimo), caso em que o arrendatário poderia intimar o senhorio à realização de obras (48.º/2 do NRAU), que, não sendo feitas, possibilitavam ao arrendatário três direitos (n.º 4 do mesmo preceito): (i) tomar a iniciativa de realização das obras, (ii) solicitar à câmara municipal a realização de obras coercivas ou (iii) comprar o locado pelo valor da avaliação feita nos termos do CIMI, com obrigação de realização das obras, sob pena de reversão. Este último direito estava regulado no 35.º RJOPA, não sendo alternativo, mas sim subsidiário em relação ao pedido efetuado ao município competente para realizar a obra coerciva, caso esta não viesse a ser iniciada no prazo de seis meses, ou ainda quando o senhorio ou o município houvessem suspenso a obra sem que a tivessem retomado no prazo de 90 dias a contar da suspensão, desde que, neste último caso, o arrendatário tivesse intimado para o reinício em prazo não superior a 30 dias. Além disso, não era atribuído o direito de aquisição do imóvel quando o não início da obra se devesse a motivo imputável à Administração Pública. 59

O exercício do direito de aquisição pelo arrendatário era regulado nos 36.º ss. do RJOPA, tendo de estar em causa um exercício judicial, em ação a intentar contra o senhorio e, quando não fosse a mesma pessoa, contra o proprietário, usufrutuário ou superficiário. Para o vencimento da ação, tinha o arrendatário de juntar à sua petição inicial a descrição das obras pretendidas, cor- 60

---

[46] Segundo Pedro Romano Martinez/Ana Maria Taveira da Fonseca, *Da constitucionalidade da alienação forçada de imóveis arrendados*, 38, justificavam a solução com base na necessidade de recuperar os centros históricos, "reabilitando em lugar de construir de novo".

respondentes pelo menos às indicadas na ficha de avaliação do estado de conservação necessárias para uma classificação de médio, bem como comprovativo de aprovação pelo município do projeto de arquitetura, quando exigível. Nesse caso, a propriedade era transmitida ao arrendatário por efeito da sentença, mas desde que estivesse integralmente pago o preço, determinado em função da avaliação feita nos termos do CIMI há menos de três anos, e satisfeitas as obrigações fiscais inerentes à transmissão. Além do mais, o novo proprietário estava obrigado a iniciar as obras no prazo de 120 dias a contar da aquisição, o que, não se verificando, determinava o direito à reaquisição por parte do anterior proprietário, pelo mesmo preço, a exercer judicialmente[47]. O mesmo se verificava ainda se o novo proprietário não mantivesse o estado de conservação médio ou superior no prazo de vinte anos após a aquisição, nos termos do então 41.º do RJOPA. De sublinhar também que este direito de aquisição se podia estender, no caso de prédio em regime de propriedade horizontal, a outras frações autónomas que fossem necessárias para a realização da obra, podendo mesmo adquirir a totalidade das frações[48].

61 β) **(In)constitucionalidade.** A constitucionalidade deste regime foi objeto de discussão, havendo opiniões no sentido da ofensa ao 62.º da CRP[49]. O entendimento contrário assentava[50], ao invés, na admissibilidade de restrições ao direito de propriedade, desde logo devido à consagração da possibilidade de expropriação por utilidade pública, bem como devido à existência de outras normas, no ordenamento jurídico, que conduziam a um resultado idêntico ao permitido pelo RJOPA[51]. Com efeito, atendendo à *função social da propriedade*, é de admitir a alienação forçada do direito de propriedade, uma vez que se tem em vista a realização das obras necessárias para que o estado de conservação do imóvel deixe de ser mau ou péssimo, protegendo assim em primeiro plano a segurança de todos os que possam vir a ser afetados pelo imóvel, e, apenas a título secundário, os interesses do arrendatário[52].

62 **20. O nível de conservação.** O conteúdo do dever de realizar as obras necessárias à manutenção do estado de conservação do prédio arrendado plasmado no 2.º do RJOPA deve ser rela-

---

[47] Segundo Pedro Romano Martinez/Ana Maria Taveira da Fonseca, Da constitucionalidade da alienação forçada de imóveis arrendados, 44, tratava-se de um ónus, sujeito a registo (41.º do RJOPA).
[48] Outra situação era ainda a prevista no então 43.º do RJOPA, nos termos do qual, não estando o edifício constituído em regime de propriedade horizontal, poderia o arrendatário solicitar a sua constituição por via judicial.
[49] Neste sentido, Castro Fraga/Gouveia de Carvalho, As normas transitórias, O Direito 137 (2005), 407-436. Por seu turno, António Menezes Cordeiro pronunciou-se pela inconstitucionalidade clara deste preceito, que não dava a mínima garantia nem do interesse público, nem da justa indemnização.
[50] Neste sentido, Pedro Romano Martinez/Ana Maria Taveira da Fonseca, Da constitucionalidade da alienação forçada de imóveis arrendados, 46.
[51] Pedro Romano Martinez/Ana Maria Taveira da Fonseca, Da constitucionalidade da alienação forçada de imóveis arrendados, 47 ss., onde enunciam os casos de (i) acessão industrial e da especificação, previstos nos 1333.º, 1339.º e 1336.º, em que uma pessoa pode adquirir o direito de propriedade de outra, mesmo contra a vontade desta, desde que pagando a respetiva indemnização e contanto que se encontre de boa fé; (ii) ocupação, em que os 1320.º a 1323.º admitem casos de aquisição, forçada, do direito de propriedade; (iii) usucapião, em que, contrariamente à acessão, a aquisição do direito real de gozo não se contrapõe ao pagamento do seu valor ao anterior proprietário; (iv) exercício do direito de preferência, atribuído pelo 1091.º; (v) direito de retenção, em que o credor poderá igualmente adquirir o direito real sobre a coisa retida, caso a obrigação garantida não seja cumprida; (vi) ação executiva, em que à penhora dos bens do devedor se segue a sua venda coerciva; (viii) execução específica do contrato-promessa de compra e venda; (ix) resolução do contrato; (x) aquisição de domínio total, prevista no 490.º CSC.
[52] Neste sentido, Pedro Romano Martinez/Ana Maria Taveira da Fonseca, Da constitucionalidade da alienação forçada de imóveis arrendados, 84. Os autores criticavam, todavia, a circunstância de aquisição atender ao valor da avaliação segundo o CIMI, por não corresponder necessariamente ao valor de mercado, bem como o prazo demasiado longo de vinte anos para a manutenção do estado médio, ou superior, de conservação do prédio, e ainda a circunstância de se permitir ao arrendatário impor a realização da obra, mesmo contra a maioria dos condóminos em sede de assembleia de condóminos e o direito de requerer a constituição judicial da propriedade horizontal, por a mesma se não afigurar indispensável à realização da obra.

cionado com o DL 266-B/2012, de 31-dez.⁵³, que estabelece o regime de determinação do nível de conservação dos prédios urbanos ou frações autónomas, arrendados ou não, para os efeitos previstos em matéria de arrendamento urbano, de reabilitação urbana e de conservação do edificado (1.º/2, do mesmo diploma). O 2.º do DL 266-B/2012 atribui à câmara municipal a competência para a determinação do nível de conservação, sendo esta realizada por arquiteto, engenheiro ou engenheiro técnico inscrito na respetiva ordem profissional (3.º). O nível de conservação é definido no 5.º como refletindo *o estado de conservação de um prédio urbano ou de uma fração autónoma e a existência, nesse prédio ou nessa fração, de infraestruturas básicas*, podendo ir de 1 a 5 (péssimo, mau, médio, bom excelente). Sendo determinado o nível de conservação, este vale pelo período de três anos (5.º/3).

Caso o prédio ou a fração apresente um nível de conservação péssimo ou mau, podem o proprietário, usufrutuário, superficiário ou arrendatário requerer à câmara municipal a descrição das obras necessárias para atingir o nível médio (6.º).

63

V – O regime de reabilitação urbana (RJRA)

22. Aspetos gerais. De referir ainda o disposto na L 32/2012, de 14-ago., que estabelece o regime jurídico da reabilitação urbana, e cujo 6.º dispõe:

64

> 1. Os proprietários de edifícios ou frações têm o dever de assegurar a sua reabilitação, nomeadamente realizando todas as obras necessárias à manutenção ou reposição da sua segurança, salubridade e arranjo estético, nos termos previstos no presente decreto-lei.
>
> 2. Os proprietários e os titulares de outros direitos, ónus e encargos sobre edifício ou frações não podem, dolosa ou negligentemente, provocar ou agravar uma situação de falta de segurança ou de salubridade, provocar a sua deterioração ou prejudicar o seu arranjo estético.

Acresce que, de acordo com o estabelecido no 57.º desta Lei,

65

> A entidade gestora pode ordenar a demolição de edifícios aos quais faltem os requisitos de segurança e salubridade indispensáveis ao fim a que se destinam e cuja reabilitação seja técnica ou economicamente inviável.

sendo que, o n.º 4 deste preceito determina que tal

> não prejudica, caso se trate de imóvel arrendado, a aplicação do Decreto-Lei n.º 157/2006, de 8 de agosto, alterado pelo Decreto-Lei n.º 306/2009, de 23 de outubro.

23. Sanção. O 59.º da L 32/2012 possibilita a celebração de um contrato de arrendamento forçado, caso se verifique que, após a conclusão das obras realizadas pela entidade gestora, o proprietário, no prazo máximo de quatro meses, não procedeu ao ressarcimento integral das despesas por esta incorridas, ou não deu de arrendamento o edifício ou fração por um prazo mínimo de cinco anos, afetando as rendas ao ressarcimento daquelas despesas. Neste caso, o arrendamento deve ser celebrado mediante concurso público, por um prazo de cinco anos, renovável. Afigura-se que este artigo carece de harmonização com a última alteração ao 1094.º, porquanto deixou de ser aplicável ao arrendamento o prazo mínimo de cinco anos, aplicando-se antes, e somente a título supletivo, o prazo de dois anos.

66

Caso os proprietários não cumpram a obrigação de reabilitar, ou não respondam à respetiva notificação, alegando que não podem ou não querem realizar as obras indicadas, o 62.º da L 32/2012 possibilita à entidade gestora, em alternativa à expropriação prevista no 61.º/2, a faculdade de

67

---

⁵³ Este diploma entrou em vigor no dia 1-jan.-2013.

proceder à venda do edifício ou fração em causa em hasta pública a quem oferecer melhor preço e se dispuser a cumprir a obrigação de reabilitação no prazo inicialmente estabelecido para o efeito.

68 Relevante é ainda o disposto no 73.º deste diploma, nos termos do qual

> Quem, de boa fé, habite em edifícios ou frações que sejam objeto de obras coercivas, nos termos do presente decreto-lei, tem direito a realojamento temporário, a expensas do proprietário, exceto se dispuser no mesmo concelho ou em concelho limítrofe de outra habitação que satisfaça adequadamente as necessidades de habitação do seu agregado,

sendo que, de acordo com o n.º 4 deste preceito, tal não prejudica os direitos dos arrendatários previstos na legislação aplicável.

69 24. **Autorização municipal.** Caso o cumprimento do dever de realizar todas as obras necessárias à manutenção do prédio, bem como à reposição da sua segurança, salubridade ou arranjo estético pressuponha a demolição, por o prédio não se mostrar já suscetível de reparação por meio de obras de conservação, a realização desta terá de ser precedida de autorização municipal, nos termos do 6.º/1, a), do Regime Jurídico da Urbanização e Edificação – RJUE.

70 A este respeito, determina o 37.º do DL 794/76, de 5-nov.[54], que estabelece a Lei dos Solos, que,

> nas sedes de distrito, nos aglomerados urbanos com mais de 25.000 habitantes e naqueles para os quais assim seja deliberado por portaria do membro do Governo competente na área da habitação, a demolição só pode ser autorizada quando os edifícios careçam dos requisitos de habitabilidade indispensáveis, designadamente falta de condições de solidez, segurança ou salubridade, e não se mostre aconselhável, sob o aspeto técnico ou económico, a respetiva beneficiação ou reparação,

sendo que, nos restantes aglomerados urbanos, a autorização para a demolição pode ser autorizada por *qualquer motivo socialmente justificado*[55].

VI – Desenvolvimento jurisprudencial

71 25. **O regime das obras nos tribunais.** A jurisprudência tem vindo a densificar o conceito de obras relevante para efeitos do cumprimento desta obrigação por parte do senhorio.

72 α) **Aspetos gerais.** De acordo com RPt 22-fev.-2011[56], é de considerar que *"As obras no telhado de um edifício arrendado são da conta do senhorio, por ser óbvio que a falta de conservação do telhado é um vício que impede a "realização cabal" do fim a que o prédio é destinado (art.º 1032.º C.Civ.)"*. Neste caso, o telhado apresentava-se deteriorado nas telhas, caleiras, cumes, calões e cumeeiras, dando origem à entrada de águas pluviais, causando bolores nas paredes do prédio e o apodrecimento dos tetos, que estavam em vias de cair. Após vistoria da Câmara Municipal, foi determinado que o senhorio deveria proceder à revisão da armação da cobertura, com substituição de todos os elementos de madeira e cerâmicos apodrecidos.

73 O tipo de obra a que o locador se encontra obrigado para cumprir a obrigação de proporcionar ao locatário o gozo da coisa foi igualmente objeto de controvérsia RPt 30-jun.-2009[57], no qual se discutia se as obras realizadas configuravam obras de conservação ordinária, ou cons-

---

[54] DR I, n.º 259, de 5-nov.-1976, 2521/II.
[55] De referir ainda o disposto no 42.º/1, b), da Lei dos Solos, nos termos do qual a delimitação de uma área crítica de recuperação e reconversão urbanística implica, com efeito direto e imediato, a faculdade de a Administração tomar posse de quaisquer imóveis situados na área, como meio destinado à demolição de edifícios que revista carácter urgente, em virtude de perigo para os respetivos ocupantes ou para o público, por carência de condições de solidez, segurança ou salubridade, que não possa ser evitado por meio de beneficiação ou reparação economicamente justificável.
[56] RPt 22-fev.-2011 (Vieira e Cunha), Proc. 5307/07.
[57] RPt 30-jun.-2009 (Maia Eiró), Proc. 0820737.

tituíam reparações que caíam no âmbito do 1043.°, sendo resultantes de uma habitação imprudente e desleixada. O Tribunal considerou que *"As obras de conservação ordinária são obras sem as quais o arrendatário fica impossibilitado de gozar o locado para habitação"*, sendo exemplo das mesmas *"a reparação ou substituição da caixa de esgotos de um prédio, substituição de soalhos e pavimentos ou canalizações, pintura geral das paredes"*. Estas obras encontram-se a cargo do senhorio, mas não se os estragos decorrerem da *falta de normal utilização do prédio*. Assim, deve entender-se que as obras de conservação competem ao senhorio, exceto quando resultem de uso imprudente do locatário.

β) **Incumprimento**. De um modo geral, entende-se que o incumprimento da obrigação de realização das obras necessárias ao fim a que a coisa se destina, por parte do senhorio, possibilita ao arrendatário o recurso à exceção de não cumprimento do contrato, nos termos do 428.°. Assim se decidiu em RLx 26-mar.-2009[58]: *"Muito embora a exceção de não cumprimento não possa ser, em regra, utilizada pelo arrendatário como justificação para a não liquidação da renda, quando o senhorio, por seu turno não realiza no locado as obras a que legalmente está vinculado, certo é que, em determinadas situações, quando tais obras são condição necessária e suficiente para proporcionar o gozo do imóvel ao respectivo inquilino, afigura-se-nos que pode e deve ser equacionada a possibilidade do arrendatário invocar a exceção de não cumprimento, com a não liquidação da renda"*[59]. 74

O mesmo Tribunal, voltando a afirmar a licitude da invocação da exceção de não cumprimento em caso de não realização, pelo senhorio, de obras que a este caibam, *quando tal omissão comprometa a habitação do locado*, concluiu que tal invocação não poderia ser considerada justificada com a *"simples falta de gás no local arrendado durante um curto período de tempo, ainda que por razões imputáveis ao senhorio"*[60]. 75

γ) **Liberdade de estipulação**. No que concerne à liberdade de estipulação permitida no 1074.°/1, considerou-se em RPt 5-jan.-2009[61], que é válida a cláusula *"em que as partes estipulam «todos os reparos de que o prédio arrendado carecer para a sua conservação e limpeza serão feitos à custa do inquilino»"*. Neste caso, demonstrara-se que, aquando da celebração do contrato de arrendamento para habitação, em 1970, o local se apresentava em normal estado. Posteriormente, o telhado apresentou-se com várias telhas partidas, tendo mesmo partes em que estas eram inexistentes, provocando o gotejamento de águas pluviais no interior e tornando-se necessário a colocação de bacias, havendo ainda o risco de desabamento do teto da cozinha, sendo que o locado não tinha casa de banho nem saneamento. Provou-se que, *"para evitar infiltrações é necessário, nomeadamente, colocar telhas onde estas faltam e substituir as que se encontram partidas; reparar o tecto do locado; picar os rebocos das paredes e tectos, colmatar as fissuras e buracos existentes; pintar todo o locado; substituir as madeiras dos rodapés; substituir as janelas de madeira"*, obras estas calculadas em cerca de catorze mil contos, sendo a renda mensal de cerca de 145,00 €. O Tribunal afastou a aplicação, ao caso, do 1030.°, considerando que a realização de obras não podia ser incluída no conceito de *encargos* previsto neste artigo, concluindo que a autonomia privada possibilitava às partes uma cláusula como a que fora convencionada no contrato em apreço, sendo que a mesma ia ao encontro do que atualmente se dispõe no 1074.°/1. Atendendo ao valor previsto para a obra, o Tribunal considerou tratar-se de obras de natureza extraordinária, pelo que os arrendatários teriam de ter dado cumprimento ao disposto no 13.° do RAU então em vigor, isto é, solicitar a intervenção da Câmara Municipal, uma vez que o senhorio apenas estava adstrito à obrigação de proceder à sua 76

---

[58] RLx 26-mar.-2009 (José Eduardo Sapateiro), Proc. 5983/06.4.
[59] Neste caso, todavia, a invocação de tal exceção não foi julgada procedente, porquanto o arrendatário não logrou demonstrar que estava impossibilitado o gozo da coisa.
[60] RLx 11-set.-2012 (Pimentel Marcos), Proc. 1069/09.8.
[61] RPt 5-jan.-2009 (António Eleutério), Proc. 0857429.

realização sob ordem dessa entidade ou se houvesse acordo escrito das partes nesse sentido. Assim, o pedido formulado pelos inquilinos não foi julgado procedente, quer devido à validade da estipulação negocial, quer ainda devido à inobservância deste procedimento[62].

77   Considerou-se igualmente válida a estipulação nos termos da qual o arrendatário se obriga *a realizar por sua conta e risco as obras respeitantes a rebocos, pinturas, beneficiação de instalação eléctrica e montagem de uma casa de banho*[63].

78   δ) **Obras ilícitas**. A realização ilícita de obras no prédio arrendado por parte do arrendatário constitui fundamento de resolução unilateral do contrato pelo senhorio, ao abrigo da cláusula geral estabelecida no 1083.º. Neste caso, presume-se o incumprimento contratual, de acordo com o 799.º, mas ainda assim apenas haverá direito de resolução caso se constate que tal incumprimento é objetivamente grave e que o mesmo, pela sua gravidade ou consequências, torna inexigível ao senhorio a continuação da relação de arrendamento.

79   Em RPt 7-mai.-2012[64] considerou-se que, *"Face ao disposto no art. 1083º, n. 2 do Código Civil, apesar de ter deixado de constituir fundamento autónomo de resolução do contrato de arrendamento, a realização de obras pelo arrendatário que não estão contempladas no contrato e sem autorização do senhorio constituem fundamento para resolução do contrato pelo senhorio, desde que o incumprimento pela sua gravidade ou consequências torne inexigível à outra parte a manutenção do arrendamento ou quando ocorra oposição pelo arrendatário à realização de obras ordenada por autoridade pública"*. Estava em causa uma situação em que o contrato apenas permitia determinada obra, proibindo todas as demais, tendo o arrendatário alterado a disposição dos compartimentos, aplicado cimento e tijolo na estrutura do prédio, tornando inamovíveis as divisórias, sem para tal obter autorização do senhorio, constituindo fundamento de resolução do contrato ao abrigo do 1083.º[65]. Aprofundando este tema, decidiu-se em RPt 16-jan.-2012[66] que *"Haverá sempre graves alterações que descaracterizam o imóvel, quando se verifique alteração significativa ou substancial da sua estrutura interna, como sucede quando são derrubadas paredes e alterada a compartimentação inicial, e quando sejam eliminados elementos construtivos caracterizadores de um determinado tipo de construção, como acontece com a eliminação da clarabóia."*, sendo que *"A reversibilidade das alterações não impede o efeito resolutivo"*, nem tão pouco *"o alegado aumento do valor do locado decorrente das benfeitorias realizadas não neutraliza o fundamento resolutivo decorrente da realização de obras não autorizadas pelo senhorio"*.

80   Em RPt 8-abr.-2010[67], apreciou-se o caso de um arrendamento para habitação, celebrado em 1980, relativamente a um prédio com cerca de um século, determinando o contrato que *"todas as obras exteriores de conservação e limpeza são a cargo do inquilino, bem como os telhados e as caleiras ..."*. Os arrendatários haviam removido as caixilharias em madeira existentes na fachada voltada para a rua, tendo em sua substituição colocado outras mas mantida a mesma expressão visual. Anteriormente, a fachada era revestida a azulejos, que tiveram de ser removidos, alterando o dese-

---

[62] De referir que o Tribunal acrescentou que, ainda que assim não fosse, não vingaria a pretensão dos inquilinos, porquanto haveria abuso de direito da sua parte, dado o montante da renda, o valor das obras a realizar no arrendado e a necessidade do réu ter de recorrer ao crédito bancário para o efeito do cumprimento da obrigação, verificando-se desproporcionalidade entre os valores em jogo, o que configuraria uma situação de quebra do princípio do equilíbrio das prestações previsto no 237.º do CC.
[63] RLx 12-jan.-2012 (Luís Correia de Mendonça), Proc. 316/09.0.
[64] RPt 7-mai.-2012 (Ana Paula Amorim), Proc. 655/07.5.

[65] No mesmo sentido, *vide* RPt 23-fev.-2012 (Amaral Ferreira), Proc. 1201/11.1, nos termos do qual:
    As obras não autorizadas que impliquem alterações substanciais do prédio arrendado, ainda que amovíveis e construídas no seu logradouro pelo inquilino, tornam inexigível ao senhorio a manutenção do arrendamento, pelo que justificam a declaração de resolução do contrato ao abrigo do NRAU.
[66] RPt 16-jan.-2012 (Maria Adelaide Domingos), Proc. 1890/10.4.
[67] RPt 8-abr.-2010 (Cruz Pereira), Proc. 523/09.6.

nho da luz nas linhas de sombra das caixilharias, sem consentimento escrito do senhorio. No entanto, demonstrado ficara que os azulejos estavam a cair para a via pública, constituindo um perigo para os transeuntes. O Tribunal considerou que as obras em causa extravasavam o conceito de *obras de conservação*, mas sim *obras de alteração*, havendo assim um incumprimento contratual da sua parte. Contudo, atendendo a que a sua realização competia ao senhorio, decidiu que tais obras *"não atingem um nível de gravidade nem geram consequências tais que tornem inexigível ao senhorio, de um ponto de vista objectivo, a manutenção do contrato de arrendamento"*.

Em RLx 2-mar.-2009[68] considerou-se que uma *construção nova, feita em blocos e cimento, acoplada à casa, nas traseiras do imóvel; uma entrada adicional na casa e um novo acesso da estrada à propriedade ... uma construção em blocos e cimento, em pleno jardim, que incluía um churrasco ... que ocupa grande parte do jardim e implica a redução de uma área primitivamente destinada a jardim e em nada respeita a traça arquitectónica característica, seguida pelos prédios adjacentes* implicava uma *"substancial alteração da estrutura externa do imóvel, com recurso a materiais não amovíveis, antes fixos e definitivos"*, justificando por isso o direito de resolução contratual por parte do senhorio. 81

Em sentido diverso, RLx 26-jan.-2010[69] recusou a resolução contratual por iniciativa do senhorio num caso em que a arrendatária, que no locado fazia funcionar uma escola, realizou obras no logradouro, com vista a possibilitar que os alunos o pudessem frequentar. A obra consistira em cimentar e alcatroar todo o terreno do logradouro e no fechamento do logradouro, que passou a estar rodeado com vedações metálicas, sendo acedido exclusivamente por uma porta colocada pelo arrendatário e de que apenas este tinha a chave. De acordo com o decidido pelo Tribunal, *"Estando o arrendatário limitado na sua capacidade de modificação do aspecto exterior do locado, não é qualquer obra que pode determinar a resolução dos contratos de arrendamento, devendo exigir-se, sobretudo no que respeita a alterações ocorridas não no edifício, mas no respectivo logradouro, uma especial gravidade face às circunstâncias do caso concreto"*. 82

Já em RLx 3-mai.-2011[70], foi reiterado que a realização pelo inquilino, de obras não autorizadas pelo senhorio, só constitui fundamento de resolução se puder ser enquadrada na cláusula geral prevista no 1083.º, fazendo alusão ao facto de constituir pressuposto de eficácia do incumprimento do devedor que, objectivamente considerado o interesse do credor, aquele incumprimento não revista um escasso relevo ou uma insignificante importância (802.º/2 e 808.º/2). Neste caso, o arrendatário procedera ao melhoramento do forro da sala por um outro de madeira e à montagem de um teto falso no corredor, tendo ainda forrado as paredes da sala com o mesmo material. Fizera ainda a estrutura do telhado da sala e o novo teto falso subir alguns centímetros, tendo retirado algumas vigas de madeira do teto da sala, sendo que o contrato vedava a realização de quaisquer obras, a menos que autorizadas por escrito pelo senhorio. O Tribunal considerou que se tratava de obras ilícitas, dado que o monopólio da sua execução incumbe ao senhorio, para de seguida questionar: *"Qual o nível da penosidade concreta ou das reais consequências nefastas, para a coisa ou para a esfera jurídica da senhoria, que tiveram lugar? Enquadram, essa penosidade ou consequências, a justa causa da resolução do contrato de arrendamento que une a autora e os réus?"*, concluindo, portanto, pela inexistência de penosidade ou qualquer efeito nefasto para o senhorio. 83

ε) **Obras pelo locatário.** Uma questão discutida é a de saber se, perante a inércia do senhorio, é legítimo ao arrendatário substituir-se a este na realização das obras necessárias à manutenção do prédio. 84

---

[68] RLx 2-mar.-2009 (Silva Santos), Proc. 10057/2008-8.
[69] RLx 26-jan.-2010 (Maria do Rosário Barbosa), Proc. 1768/05.3.
[70] RLx 3-mai.-2011 (Luís Lameiras), Proc. 1996/08.0.

85   Sobre este problema, o STA 5-mai.-2011[71], decidiu que, não realizando o locador as obras necessárias ao cumprimento da sua obrigação de assegurar o gozo da coisa para os fins a que ela se destina, *"o arrendatário pode fazê-las com direito ao reembolso do seu custo ou requerer a intervenção da Câmara Municipal tendo em vista a sua efectiva realização"*, ao abrigo do disposto no 89.º/2 RJUE, sempre que se trate de obras de conservação necessárias à correção de más condições de segurança ou salubridade. Trata-se, no entender do Tribunal, de um poder *discricionário, visto só poder ser exercido se ela* [Câmara Municipal] *considerar necessárias e indispensáveis as obras reclamadas pelos arrendatários*, concluindo que *"os sacrifícios que a Câmara pode impor ao locador só serão aceitáveis se tal imposição for indispensável ao correto cumprimento dos objectivos que a lei reservou à Administração e, além disso, se eles não se mostrarem desajustados, por desproporcionais, à contraprestação recebida das arrendatárias"*. No caso em apreço, *"Não estando em causa a segurança do prédio a Câmara só poderia exigir ao locador a realização de obras que fossem razoáveis e indispensáveis à sua habitabilidade"*[72].

86   A questão não se afigura, todavia, pacífica, na medida em que o STA 3-mar.-1998[73] considerou que *"As obras que, no uso dos poderes de polícia, as câmaras municipais ordenam aos proprietários dos imóveis, precedendo vistoria, nos termos do art.º 10.º do RGEU, para corrigir más condições de salubridade, solidez ou segurança contra o risco de incêndio, relevam a exclusivamente do interesse público"*, pelo que *"desinteressa saber se aqueles estão ou não arrendados e, em caso afirmativo, o montante da renda, para o cotejar com o custo da reparação em vista do apuramento de alegação de desvio de poder ou abuso de direito, este último, aliás, de natureza civilista."*.

87   O STA 9-fev.-1995[74] considerou que era válido e eficaz o despacho de vereador de uma câmara municipal *"que, na sequência de incêndio que danificou o telhado de imóvel arrendado, determinou a intimação das proprietárias do prédio para, no prazo de dez dias, iniciarem as obras de reconstrução total da cobertura do edifício em causa, incluindo reparação de todos os tectos danificados e revisão das respectivas instalações eléctricas, sob pena de a câmara proceder à execução dessas obras, a expensas das proprietárias."*, porquanto o custo de execução de tais obras era de fácil e preciso cálculo pecuniário, não podendo ser considerado de difícil reparação.

88   ζ) **Ruínas e obras estruturais.** Alguma doutrina considera que o perigo de ruína inclui o conceito técnico, sendo no entanto discutível o conceito económico, no sentido de que a recuperação do edifício comporta despesas demasiado avultadas[75].

---

[71] STA 5-mai.-2011 (Costa Reis), Proc. 0289/10.
[72] O arrendatário invocava a existência de más condições de salubridade ou estado de segurança do mesmo prédio, tendo os peritos efetuado vistoria e considerado que, no exterior, se constatava *"o mau estado de conservação do telhado, sendo permeável às águas pluviais"*, bem como que *"As portas, janelas e entablamento do beiral encontram-se apodrecidas"*, *"As caleiras, rufos de vedação e revestimento da empena poente encontram-se apodrecidos"*, que *"No interior constatou-se a infiltração de águas pluviais em tectos e paredes encontrando-se estes parcialmente ruídos, o soalho e a escada em madeira encontra-se apodrecido"* e, finalmente, que a instalação elétrica era deficiente. Face a tal parecer, o Presidente da Câmara Municipal considerara ser indispensável a realização de obras de reparação do telhado e da respetiva armação, dos rufos, caleiras e revestimento da empena poente, reparação ou substituição das portas e janelas em madeira, reparação dos tetos e paredes danificados, reparação do soalho, escada e respetivo travejamento, revisão da instalação elétrica, no prazo de 30 dias. A proprietária impugnou judicialmente esta ordem, invocando falta de fundamentação e que *"o prédio em causa tinha dois fogos que se encontravam arrendados há mais de 30 anos e que o rendimento desses arrendamentos não ia além de 10.622$00 mensais"*, sendo por isso a imposição de um encargo que violava os princípios da proporcionalidade e da justiça. O Tribunal concluiu que *"o auto de vistoria que precedeu a prolação do despacho recorrido não fez qualquer referência à segurança do prédio, o que nos leva a concluir que a mesma não estava em risco e que, por isso, a intervenção da Câmara não se destinou a precaver ou evitar a possibilidade do prédio ruir ou causar problemas de segurança mas apenas e tão só a de forçar a Recorrente a proporcionar às Recorridas Particulares uma habitação mais confortável e com melhores condições de habitabilidade"*.
[73] STA 3-mar.-1998 (Ferreira Neto), Proc. 042436, o sumário.
[74] STA 9-fev.-1995 (Mário Torres), Proc. 036888, o sumário.
[75] Maria da Glória Garcia, *A utilização dos edifícios para fins habitacionais*, 393, sublinhando ainda que, no que concerne ao *conceito urbanístico* de ruína, no sentido de desconformi-

Em RPt 27-out.2011[76] considerou-se que *"A necessidade de obras estruturais no locado não confere ao inquilino o direito de exigir a demolição administrativa e nova construção, nem estas pretensões podem ser opostas ao senhorio"*, sendo ainda referido que a *demolição do prédio arrendado, por intervenção oficiosa do município para impedir a sua ruína, determina a caducidade do contrato de arrendamento e esta inviabiliza a sua resolução pelo locatário.*

Neste caso, os arrendatários começaram a alertar o senhorio para a necessidade de obras em 2003, dado o progressivo estado de degradação do locado, consistente na existência de rachadelas com 3 a 4 centímetros na parede da casa de banho, entrada de chuva, formação de uma "barriga" na parede da loja aí instalada e de uma fenda nessa parede com cerca de 3 a 4 centímetros. A câmara municipal decidiu, face ao risco de desmoronamento, tomar de imediato a iniciativa para promover a demolição deste mesmo edifício, com o despejo sumário do inquilino, o que veio a ser concretizado em 26-abr.-2007, sendo que o arrendatário comunicou, no mês seguinte, ao senhorio, o exercício do seu direito de resolução do contrato de arrendamento por culpa imputável àquele. O Tribunal apreciou a questão, concluindo que a imposição coerciva de obras ao senhorio, dado o conteúdo do RAU e do RJUE então em vigor, apenas poderia ser imposto pela entidade administrativa responsável, e não também pelo próprio arrendatário, ao qual caberia, apenas, dar início ao procedimento administrativo. Assim, *"Provou-se que dentro do arrendado os autores e seus clientes corriam risco de vida e de saúde, mas tal circunstância não habilita os autores a pedirem a demolição em ordem à construção de sucedâneo. Só habilita os autores a afastarem-se fisicamente do arrendado".* Ora, *"Não existindo acordo entre senhorio e inquilino, o dever do senhorio de assegurar ao inquilino o gozo do arrendado para os fins a que se destina – citado art. 1031 al. b) – não o obriga a realizar obras de conservação extraordinárias que não sejam determinadas pela câmara municipal".*

Caso a realização da obra de conservação extraordinária imponha a necessidade de despejo, pode a câmara municipal determiná-lo, nos termos do 92.º RJUE, quer oficiosamente, quer a requerimento do proprietário. Nesta hipótese, o despejo deve executar-se no prazo de 45 dias a contar da notificação aos ocupantes, *salvo quando houver risco iminente de desmoronamento ou grave perigo para a saúde pública*, em que poderá executar-se imediatamente (92.º/3 RJUE). A redação originária do n.º 5 deste preceito determina, expressamente, que ficava garantido aos inquilinos *o direito à reocupação dos prédios, uma vez concluídas as obras realizadas, havendo lugar a aumento de renda nos termos gerais.* Atualmente, a norma remete esta questão para o disposto no RJOPA.

η) **Obras e renda; abuso do direito.** É relativamente pacífica na jurisprudência a existência de uma ligação entre o âmbito da obrigação de realização de obras e o montante da renda, de modo que, sendo o valor desta última diminuto, dificilmente poderão ser impostas ao senhorio obras de significativa dimensão e que apenas com vários anos de renda poderiam ficar compensadas.

Assim se entendeu em RLx 25-fev.-1986[77], onde se entendeu existir abuso do direito na exigência de obras de 80.000$00 a um senhorio que recebia uma renda de 500$00. Assim, *"não existe equivalência de atribuições patrimoniais se o arrendatário exige ao senhorio que faça obras, quando: a) - não existe qualquer equivalência entre o custo de obras pretendidas pelo arrendatário e a exigida da renda que paga; b) - o arrendatário não tomou a providência que poderia, pessoalmente, ter tomado para evitar, durante anos, o agravamento das deficiências e do custo de obras".*

No mesmo sentido se pronunciou RPt 1-jun.-1993[78]: *"Não é de exigir do locador a realização de obras no prédio arrendado quando o seu custo estiver em manifesta desproporção com o montante da*

---

dade da construção com o plano, o 60.º do RJUE protege as edificações construídas ao abrigo do direito anterior e respetivas utilizações, que não sejam afetadas por normas legais e regulamentares supervenientes.

[76] RPt 27-out.-2011 (Pedro Lima Costa), Proc. 1332/07.2.
[77] RLx 25-fev.-1986 (Cura Mariano), Proc. 0012668.
[78] RPt 1-jun.-1993 (Matos Fernandes), Proc. 9310036.

renda e a situação, verificada já na data da celebração do contrato de arrendamento, era do conhecimento do arrendatário". Situação idêntica ocorreu RPt 10-jul.-1997[79], nos termos do qual: *"Sendo a renda actual do locado apenas de 353$00 mensais, não pode deixar de concluir-se que, ao exigir obras no valor de cerca de 600 contos, a ré excede manifestamente os limites impostos pelos interesses socio-económicos que estão subjacentes ao direito de solicitar a recuperação do arrendado".*

95   Em RLx 17-fev.-1994[80], entendeu-se que *"Configura abuso de direito a pretensão do inquilino, invocando o art. 1031, al. b) do C. Civil, se o senhorio efectuar obras no arrendado, construído em 1934, sendo a renda de 850 escudos / mês, quando é certo que se o senhorio fosse administrativamente compelido a fazê-las, tal implicaria uma actualização da renda para um montante de algumas dezenas de contos".*

96   RLx 11-mai.-1995[81] considerou existir abuso do direito *"quando um arrendatário exige ao senhorio a realização de obras no valor de 5200000 escudos, quando paga de renda mensal a quantia de 14254 escudos"*, assim como, em RLx 18-mar.-2004[82], entendeu que tal abuso do direito era patente quando *"um arrendatário exige ao senhorio a realização de obras no valor de €7.851,08, quando paga de renda mensal a quantia de € 4,99".* Isto apesar de a vistoria realizada pela câmara municipal haver concluído que *"trata-se de uma casa de construção antiga e muito degradada, que necessita para corrigir más condições de solidez e salubridade das seguintes obras: a) substituição do vigamento de telhado que se encontra parte apodrecido e parte destruído e igualmente substituição de telhas partidas e porosas; b) reboco e pintura de paredes exteriores e interiores. Prazo para o início das obras trinta dias".* Assim, não obstante o Tribunal haver constatado que o locado padecia de graves anomalias, sendo necessárias obras de conservação extraordinária, na aceção do RAU, apelou ao abuso do direito e à imposição de equilíbrio nas prestações de contratos onerosos (334.° e 237.°, respetivamente) para considerar ilícita a pretensão de realização de obras.

97   Em STJ 28-nov.-2002[83], considerou-se também que, *"Não obstante ao arrendatário assista o direito de realizar as obras de conservação ordinária impostas pela Câmara Municipal ao locador e por este não realizadas, e de exigir judicialmente deste o reembolso da importância gasta, excede manifesta e largamente os limites impostos pelos interesses sócio-económicos subjacentes ao direito do arrendatário a exigir tais reparações, pretender-se que o senhorio gaste nessas obras uma importância correspondente a cerca de doze anos do que estava a receber, proveniente das rendas do locado".* Neste caso, demonstrou-se que o prédio locado apresentava infiltrações de águas pelo teto e paredes, paredes deterioradas, rebocos caídos, madeiramentos podres e instalações de água e eletricidade deterioradas, sendo que o custo das obras, à data da propositura da ação, estava orçamentado entre 1.870.000$00 e 2.100.0000$00. Segundo o Tribunal, *"o contrato de arrendamento urbano não é um contrato que vise a atribuição de vantagens desproporcionadas e unilaterais ao arrendatário, mas um contrato sinalagmático em que a renda deve representar uma equilibrada retribuição do gozo e fruição que o senhorio proporciona que o inquilino faça da coisa arrendada; A renda deverá ser, em princípio, de montante bastante para permitir ao senhorio pagar os vários encargos da propriedade, v.g., impostos, despesas comuns de condomínio (se estiverem a seu cargo), despesas de conservação, etc. e ainda restar uma importância, que lhe permita contrabalançar o investimento feito na aquisição da coisa locada, e que seja o benefício do senhorio emergente do contrato de arrendamento.".* Assim, considerando que as despesas que as obras exigidas pelo arrendatário ascendiam a um valor correspondente a cerca de 12 anos de renda, tal pedido excedia manifestamente os limites impostos pela boa fé.

---

[79] RPt 10-jul.-1997 (Azevedo Ramos), Proc. 9750433.
[80] RLx 17-fev.-1994 (Carvalho Pinheiro), Proc. 0082382.
[81] RLx 11-mai.-1995 (Eduardo Baptista), Proc. 0094592.

[82] RLx 18-mar.-2004 (Fátima Galante), Proc. 1275/2004.6.
[83] STJ 28-nov.-2002 (Eduardo Baptista), Proc. 02B3436.

Existem, ainda, dezenas de outras decisões, no mesmo sentido[84]. Além disso, pertence já ao senso comum que não é possível exigir obras dispendiosas, quando se paguem rendas diminutas. A linha jurisprudencial aqui apontada funciona como exemplo da possibilidade que, hoje em dia, através do sistema e da boa-fé, existe de paralisar normas injustas.

θ) **Resolução do contrato**. Em RCb 7-set.-2010[85], considerou-se que, *"Subjacente à resolução do contrato de arrendamento com base na realização de obras não autorizadas no locado está a ideia que se verificou um incumprimento tão grave dos deveres do inquilino de molde a entender-se ser razoável libertar o senhorio do ónus que impendia sobre o seu direito colocando termo ao vínculo contratual"*. Assim, a apreciação deverá ser casuisticamente efetuada, assentando na *relevância da obra sob o ponto de vista interno e externo* por forma a concluir pela existência, ou não, de uma violação do contrato. A este propósito, no caso em apreço, decidiu que *"Não constituem fundamento da resolução do contrato de arrendamento obras que se limitam a criar uma espécie de hall de resguardo à sala que constitui o cerne da fracção permitindo assim um melhor aproveitamento do espaço para os fins convencionados no contrato, o uso com escritório nomeadamente quando o referido hall se mostra exclusivamente criado com vãos de divisórias amovíveis o que permite que findo o contrato aquelas possam ser removidas sem deixar marcas pelo que a integridade do locado não fica atingida"*.

ι) **Compensação por benfeitorias**. RCb 1-abr.-2008[86], considerou que, *"Não se provando que o senhorio consentiu, expressamente, na realização das obras levadas a efeito pelo inquilino, tal não constitui «a cláusula de estipulação em contrário», prevista no n.º 1, do artigo 1046.º, do CC, que permite a equiparação do locatário ao possuidor de boa fé"*, acrescentando que, tratando-se de meras obras de adaptação, as mesmas constituem parte integrante da fração locada, *não conferindo ao inquilino, se impossibilitado de as levantar, sem detrimento da coisa, o direito a ser indemnizado pelo seu valor, calculado segundo as regras do enriquecimento sem causa*.

Ao arrendatário é, porém, lícita a realização das obras que se revelem necessárias para a adaptação do prédio arrendado aos fins convencionados para o arrendamento. Neste sentido se pronunciou RCb 27-abr.-2004[87], considerando ainda que, aquando da cessação do contrato, o arrendatário apenas teria o dever de reverter tais obras se tal resultasse das cláusulas do contrato.

Todavia, este entendimento não se afigura pacífica porquanto em RCb 13-mai.-2008[88] considerou-se que,

> Faltando a autorização expressa do senhorio quanto à realização, pelo inquilino, de obras de adaptação do locado para o exercício da actividade de restauração, a que, contratualmente, se destinava, apesar da sua execução lhe ter sido ordenada pela Câmara Municipal competente, substituindo-se este na feitura de algumas dessas obras, não goza do direito à indemnização pelo respectivo valor, calculado segundo as regras do enriquecimento sem causa, pelas despesas que com as mesmas desembolsou.

Assim, como ao arrendatário estaria vedado fazer obras no locado, sem autorização escrita do senhorio, as mesmas ficariam integradas no prédio, sem que pudesse ser exigida qualquer indemnização ao senhorio.

Mais recentemente, RCb 8.-mai.-2012[89] considerou que:

> Inexiste abuso de direito por parte do locatário, se o locador é condenado a pagar-lhe € 4.606,45 por despesas por ele tidas em obras de conservação do locado, e este tem recebido a renda desde há cerca de 58 anos, nunca fez obras apesar de para tal instado, e a renda, por um locado comercial de cerca de 80m², sito em Alcobaça, ascendia a cerca de 330 euros mensais.

---

[84] *Vide* as indicações em Menezes Cordeiro, *O NRAU: dezasseis meses depois, a ineficiência económica do Direito*, O Direito 139 (2007), 945 971 (948 949) e *Tratado* I, 4.ª ed. (2012), 779 781.
[85] RCb 7-set.-2010 (Távora Vítor), Proc. 4003/08.
[86] RCb 1-abr.-2008 (Hélder Roque), Proc. 275/05.
[87] RCb 27-abr.-2004 (Coelho de Mato), Proc. 4230/03.
[88] RCb 13-mai.-2008 (Hélder Roque), Proc. 497/04.
[89] RCb 8.-mai.-2012 (Carlos Moreira), Proc. 337/08.

Divisão II – Renda e encargos

Artigo 1075.º (Disposições gerais)

1. A renda corresponde a uma prestação pecuniária periódica.
2. Na falta de convenção em contrário, se as rendas estiverem em correspondência com os meses do calendário gregoriano, a primeira vencer-se-á no momento da celebração do contrato e cada uma das restantes no 1.º dia útil do mês imediatamente anterior àquele a que diga respeito.

Bibliografia: Fernando Araújo, *O problema económico do controlo das rendas no arrendamento para habitação*, Est. Galvão Telles 2 (2002), 177-236; Jorge Pinto Furtado, *Manual* 1, 5.ª ed., 542 ss.; Laurinda Gemas e outros, *Arrendamento*, 343-345; Luís Menezes Leitão, *Arrendamento*, 5.ª ed., 93-99; Pires de Lima/Antunes Varela, *Código anotado* 2, 4.ª ed., 521-524; Pedro Romano Martinez, *Contratos*, 191-201; Fernando de Gravato Morais, *Falta de pagamento de renda no arrendamento urbano* (2010); António Sequeira Ribeiro, *Renda e encargos no contrato de arrendamento urbano*, Est. Galvão Telles 2 (2002), 87-157.

Índice

I – Origem e evolução
1. Código de Seabra 1
2. As leis vinculísticas 3
3. Anteprojeto Galvão Telles 7
4. Revisões ministeriais 9
5. Código Civil 10
6. RAU de 1990 11
7. RNAU de 2004 12

II – O regime
8. A renda 13
9. A primeira renda 15
10. As rendas subsequentes 16
11. Fora do calendário 17
12. Natureza supletiva 18

I – Origem e evolução

1 1. O **Código de Seabra** dispunha, no 1603.º[1]:

> O preço da locação ou renda póde consistir em certa somma de dinheiro, ou em qualquer outra cousa que o valha, com tanto que seja certa e determinada.

2 Era o esquema clássico: a renda (no arrendamento) equivalia à retribuição pelo gozo da coisa; não tinha de assumir uma especial natureza.

3 2. **As leis vinculísticas** vieram alterar este estado de coisas. Logo após a proclamação da República, o Governo provisório, por D de 10-nov.-1910[2], veio tomar medidas de tutela dos inquilinos. O seu 6.º dispunha[3]:

> A renda dos predios urbanos será sempre paga em dinheiro e moeda portuguesa corrente à data do pagamento.

4 O D 4:499, de 27-jun.-1918, acolheu essa norma no seu 5.º, § 3.º[4]. O D 5:411, de 17-abr.-1919, que o veio substituir, limitou-se a dispor (37.º)[5]:

> O pagamento da renda deve efectuar-se em dinheiro no fim do prazo do arrendamento.

---

[1] José Dias Ferreira, *Codigo annotado* 3, 2.ª ed., 193.
[2] DG n.º 34, de 14-nov.-1910, 398/I-400/II.
[3] *Idem*, 399/I.
[4] DG n.º 143, de 29-jun.-1918, 1019/I.
[5] DG n.º 80, de 17-abr.-1919, 655/II.

Seguiu-se um período de acentuada depreciação da moeda. Os senhorios, aproveitando a abertura legal, acordavam na fixação de rendas em moeda estrangeira, no que foi tomado como "abuso". O legislador reagiu, através do D 9:496, de 14-mar.-1924[6]. Diz, no seu preâmbulo:

> Considerando que são repetidas e instantes as reclamações feitas contra vários abusos praticados à sombra da lei do inquilinato;
> Considerando que tais abusos, na sua quási totalidade, só podem ser constitucionalmente evitados com medidas promulgadas pelo Poder Legislativo;
> Considerando que os contratos de arrendamentos em que a renda é fixada em moeda estrangeira são justamente apontados como abusos prejudiciais à vida económica do país e contrários à letra e ao espírito da lei;
> Considerando que o artigo 6.º do decreto de 12 de Novembro de 1910 e o § 3.º do artigo 5.º do decreto nº 4:499, de 18 de Junho de 1918, expressamente determinavam que a renda devia ser sempre paga em moeda portuguesa corrente à data do pagamento;
> Considerando que o decreto n.º 5:411, nada determinando sôbre a natureza da moeda que deve representar o valor da renda, indica sempre a moeda portuguesa como única moeda reguladora de todas as relações jurídicas nele estabelecidas;
> Considerando que o decreto n.º 9:118, de 10 de Setembro de 1923, interpretativo e regulamentador do decreto n.º 5:411, nada estabeleceu a tal respeito;
> Considerando que o facto de se recorrer à moeda estrangeira para se estabelecer o valor da renda representa um artifício destinado a iludir as disposições dos artigos 107.º do decreto n.º 5:411 e 7.º do decreto n.º 9:118;
> Considerando ainda que o recurso dos contratos de arrendamentos com renda fixada em moeda estrangeira constitui um factor iniludível de desconfiança na moeda portuguesa, e, consequentemente, um motivo de agravamento cambial;
> Considerando que é urgente resolver as dúvidas suscitadas sobre a interpretação a dar no citado decreto n.º 5:411, na parte respeitante à moeda representativa do valor das rendas, de forma a evitar que o custo da vida ainda mais se agrave;
> Considerando que ao Governo cumpre, nos termos da lei n.º 1:545, adoptar todas as providências necessárias para evitar a desvalorização do escudo; (…)

Isto dito, veio dispor:

> Artigo 1.º O valor das rendas dos prédios urbanos deve ser sempre fixado em dinheiro e moeda portuguesa corrente à data do seu pagamento.
> Art. 2.º Não poderão, de futuro, ser recebidos em juízo, nem produzir quaisquer efeitos jurídicos os contratos de arrendamento que não estejam em harmonia com as disposições do artigo anterior.
> Art. 3.º As rendas dos actuais contratos, quando tenham sido fixadas em moeda estrangeira, deverão ser reduzidas a escudos e determinada a sua importância, em quantia certa, por forma que esta não exceda os limites marcados pelo artigo 7.º, seus números e parágrafos do decreto n.º 9:118 e se observe o disposto nos artigos 106.º a 108.º do decreto n.º 5:411.
> § único. Serão igualmente reduzidas a escudos as rendas expressas em moeda estrangeira nos contratos a que não for aplicável o disposto nos citados artigos dos decretos n.ºs 9:118 e 5:411, fixando-se desde já a sua importância, em quantia certa, determinada ao câmbio do dia da assinatura do respectivo contrato de arrendamento.
> Art. 4.º Nenhum proprietário ou inquilino de prédio urbano poderá, sob pena de desobediência qualificada, recusar-se a modificar, em harmonia com as disposições deste decreto, os actuais contratos de arrendamento quando nestes se tenha fixado o valor da renda em moeda estrangeira.
> Art. 5.º Fica revogada a legislação em contrário.

3. O **anteprojeto Galvão Telles** optou por conservar a tradição vinculística da I República e isso apesar de, na época, a moeda portuguesa estar estável. Propôs, no 90.º[7]:

---

[6] DG I, n.º 57, de 14-mar.-1924, 387/II-388/I   [7] *Contratos civis*, 243.

§ 1.º O quantitativo da renda tem de ser fixado em escudos.
§ 2.º É nula, sem prejuízo da validade do contrato, a cláusula pela qual se convencione que o quantitativo assim determinado será satisfeito em certa moeda.

Além disso, no 92.º, esclarecia[8]:

> No silêncio das partes, se as rendas estiverem em correspondência com os meses do calendário gregoriano, a primeira vencer-se-á no momento da celebração do contrato e cada uma das restantes no primeiro dia útil do mês imediatamente anterior àquele a que disser respeito.

4. Nas **revisões ministeriais** e no projeto, estas regras mantiveram-se, com alterações formais[9].

5. O **Código Civil**, na redação inicial, veio dispor[10]:

> 1089.º (Quantitativo da renda) O quantitativo da renda tem de ser fixado em escudos; é nula, sem prejuízo da validade do contrato, a cláusula pela qual se convencione o pagamento em moeda específica.

> 1090.º (Vencimento da renda) Na falta de convenção, se as rendas estiverem em correspondência com os meses do calendário gregoriano, a primeira vencer-se-á no momento da celebração do contrato, e cada uma das restantes no primeiro dia útil do mês imediatamente anterior àquele a que diga respeito.

6. O **RAU de 1990** acolheu estes preceitos nos 19.º e 20.º, respetivamente[11]. O segundo sem alterações; o primeiro, com correções de estilo e com a explicitação do regime aplicável[12]. Ficou assim concebido, sob a epígrafe "fixação em escudos":

> 1. O quantitativo da renda deve ser fixado em escudos.
> 2. Sem prejuízo da validade do contrato, é nula a cláusula pela qual se convencione o pagamento em moeda específica ou em moeda estrangeira.
> 3. O quantitativo da renda fixada em moeda estrangeira corresponde ao seu equivalente em escudos segundo o câmbio do dia e do lugar de celebração do contrato.

7. O projeto de **RNAU de 2004**, no seu 1073.º, pode adotar uma visão simplificada[13]. Desde logo, o termo do vinculismo deixava sem apoio a ideia de limitar a liberdade das partes. De seguida, a adesão ao euro pôs termo à depreciação monetária. Fundiram-se, num único preceito, os anteriores 19.º e 20.ª do RAU, correspondentes aos iniciais 1089.º e 1090.º, do CC. Propôs um texto que viria a ser integralmente acolhido, no atual 1075.º.

II – O regime

8. **A renda** corresponde a uma prestação pecuniária periódica (1075.º/1). No fundo, trata-se de uma concretização dos 1039.º a 1042.º, sobre o pagamento da renda ou aluguer. Não diz, de modo expresso e nestes últimos preceitos, que se trata de uma obrigação pecuniária: mas subentende-se. Tem, como objeto, uma prestação em dinheiro.

A lei vigente não impõe, ao contrário do que sucedia após 1924, a fixação e/ou o pagamento em moeda com curso legal, no País. Na verdade, não há, neste momento, razões de ordem social que o imponham: a moeda é estável e há excesso de oferta, no mercado do arrendamento. As partes são livres de pactuar rendas em moeda estrangeira ou em moeda específica.

9. **A primeira renda** vence-se no momento da celebração do contrato, quando as rendas estejam em correspondência com os meses do calendário gregoriano (1075.º/2, 1.ª parte). Trata-se do calendário oficial, fixado em 24-fev.-1582 pela bula *Inter Gravissimas*, do Papa Gregório XIII

---

[8] *Idem*, loc. cit..
[9] Jacinto Rodrigues Bastos, *Dos contratos*, 146-147.
[10] DG I, n.º 274, de 25-nov.-1966, 1979/I.
[11] DR I, n.º 238 (supl.), de 15-out.-1990, 4286-(13)/II.
[12] Menezes Cordeiro/Castro Fraga, *RAU anotado*, 73-74.
[13] O Direito 136 (2004), 467-493 (480).

(1502-1585), oficialmente adotado em Portugal no dia 4-out.-1582. Normalmente, esse calendário é o encarado pelas partes: acorda-se um arrendamento desde o dia 1 de certo mês, até ao termo de outro.

10. **As rendas subsequentes** vencem-se no 1.º dia útil do mês imediatamente anterior àquele a que diga respeito. Assim, a renda de Fevereiro vence no dia 2 de janeiro anterior. Em termos práticos, se o contrato for assinado a 20 de dezembro, para produzir efeitos a partir de 1 de janeiro, vence naquele momento, a renda de janeiro e, a 1 deste mês, a de Fevereiro. O senhorio tem sempre uma renda adiantada. Há, pois, uma alteração relativamente ao regime geral do 1039.º, que manda vencer a renda ou aluguer no último dia de vigência do contrato ou do período a que respeite: no sentido de beneficiar o senhorio, como compensação (histórica) pelo vinculismo.

11. Estando **fora do calendário** gregoriano, há que aplicar o regime comum do 1039.º[14]. Começando o contrato a vigorar a 15, a renda vence no último dia de vigência do contrato. Trata-se de uma eventualidade praticada em contratos de curta duração.

12. A **natureza supletiva** do 1075.º/2 é expressamente apontada.

Torna-se desejável que, nos contratos, as partes estipulem sobre o ritmo do pagamento da renda, sempre que o regime legal não lhes convenha.

Artigo 1076.º (Antecipação de rendas)

1. O pagamento da renda pode ser antecipado, havendo acordo escrito, por período não superior a três meses.

2. As partes podem caucionar, por qualquer das formas legalmente previstas, o cumprimento das obrigações respetivas.

Bibliografia: Laurinda Gemas e outros, *Arrendamento*, 345-352; Manuel Januário da Costa Gomes, *A fiança do arrendatário em face do NRAU*, Est. Oliveira Ascensão 2 (2008), 969-1014 e O Direito 139 (2007), 1073-1115; Pires de Lima/Antunes Varela, *Código anotado* 2, 4.ª ed., 525.

Vide as indicações dadas a propósito do 1075.º.

Índice

I – Origem e evolução
1. O Decreto n.º 5:411 1
2. Anteprojeto Galvão Telles 3
3. Revisões ministeriais 4
4. Código Civil 5
5. RAU de 1990 6
6. RNAU de 2004 7
7. Reforma de 2006 8

II – O regime
8. Antecipação de rendas 10
9. Ultrapassagem do limite 12
10. Caução 13
11. Revogação do artigo 655.º 17
12. Direito transitório 21
13. Âmbito da garantia 22

I – Origem e evolução

1. O **Decreto n.º 5:411**, de 17-abr.-1919, previa, no 37.º, § único[1]:

> Pode, todavia, convencionar-se, seja qual for o prazo do arrendamento, que haja antecipação de renda, uma vez que esta não exceda a renda correspondente ao mês, nem seja paga antes do primeiro dia útil do mês anterior àquele a que disser respeito.

---

[14] Pires de Lima/Antunes Varela, *Código anotado* 2, 4.ª ed., 524.

[1] DG I, n.º 80, de 17-abr.-1919, 655/II.

Na lógica do vinculismo, a limitação (severa) à antecipação de rendas visava sujeitar plenamente o senhorio ao risco da inflação, protegendo o inquilino de maiores esforços económicos.

2. O **anteprojeto Galvão Telles** acolheu esta orientação. No 91.º, sob a epígrafe antecipação de renda, propôs[2]:

> § 1.º Não pode estipular-se antecipação de renda superior à correspondente a um mês e por tempo também superior a um mês, relativamente ao início do período a que respeita.
> § 2.º O mês computar-se-á pelo calendário gregoriano quando as rendas estejam em correspondência com os meses do mesmo calendário; nas restantes hipóteses será de trinta dias.
> § 3.º A antecipação convencionada ficará reduzida aos limites marcados neste artigo todas as vezes que o exceda.

3. As **revisões ministeriais** introduziram poucas alterações. Na 1.ª, condensaram-se, num único número, os §§ 1.º e 3.º, de Galvão Telles (1087.º)[3]. Na 2.ª revisão, o preceito sofreu pequenas modificações, alcançando a redação final no projeto[4].

4. O **Código Civil**, na versão original do 1091.º, veio estabelecer[5]:

> 1091.º (Antecipação de renda) 1. Não é permitido às partes estipularem antecipação de renda superior à correspondente a um mês, nem por tempo superior a um mês, relativamente ao início do período a que respeita, ficando reduzida a estes limites sempre que os exceda.
> 2. O mês computar-se-á pelo calendário gregoriano, quando as rendas estejam em correspondência com os meses do mesmo calendário; nas restantes hipóteses, calcular-se-á em trinta dias.

5. O **RAU de 1990**, cujo diploma preambular revogou o 1091.º, acolheu a matéria deste, no 21.º[6].

6. O **RNAU de 2004** encarou essa temática à luz de uma perspetiva diversa. Por um lado, o fim do vinculismo tiraria sentido ao teor restritivo do 21.º do RAU (1091.º do CC), cujas origens remontam a 1919. Por outro, não se afigurava ajustada a complexa redação vigente. À luz destas considerações, propôs[7]:

> 1. As partes podem, mediante cláusula expressa ou acordo escrito subsequente, acordar a antecipação do pagamento da renda, sem ultrapassar o valor correspondente a seis meses.
> 2. As partes podem caucionar, por qualquer das formas previstas em Direito, o cumprimento das obrigações respetivas.

7. A **reforma de 2006**, mais precisamente, o 3.º da L 6/2006, de 27-fev., aproveitando o texto da proposta de 2004, aprovou o 1076.º, com a redação em vigor[8]. Ele não foi alterado pela L 31/2012, de 14-ago., que antes o republicou com esse mesmo teor[9].

A novidade cifrou-se em reduzir, para três meses, o período de antecipação admitido: o projeto de 2004 ia até aos seis.

II – O regime

8. A **antecipação de rendas** diz respeito, por definição, àquelas que ainda não se tenham vencido. Ela depende de acordo escrito: normalmente uma cláusula inserida no próprio contrato de arrendamento, sendo possível um acordo avulso subsequente. A falta de forma escrita determina, nos termos gerais, a nulidade da antecipação (219.º).

---

[2] *Contratos civis*, 243.
[3] BMJ 120 (1962), 114.
[4] Jacinto Rodrigues Bastos, *Dos contratos*, 149.
[5] DG I, n.º 274, de 25-nov.-1966, 1979/I.
[6] Menezes Cordeiro/Castro Fraga, *RAU anotado*, 75.
[7] O Direito 136 (2004), 467-493 (480).
[8] DR I-A, n.º 41, de 27-fev.-2006, 1560/I.
[9] DR 1.ª, n.º 157, de 14-ago.-2012, 4433/I.

A lei limita a antecipação ao máximo de três meses (1076.º/1). Em termos práticos, como 11
a primeira renda vence na assinatura e a segunda no primeiro dia do mês anterior àquele a que
diga respeito, é possível o senhorio receber, legal e antecipadamente, cinco meses de renda, Isso
permitir-lhe-á pagar a eventuais mediadores imobiliários, bem como realizar algumas obras preliminares, a que se tenha obrigado.

9. A **ultrapassagem do limite** legal das três rendas não é, hoje, objeto da redução legal antes existente: a de se considerar reduzida ao máximo permitido qualquer antecipação superior. Aplica-se, 12
assim, o regime geral da redução (292.º): o contrato vale com a antecipação reconduzida ao máximo
legal, salvo quando se mostre que ele não teria sido concluído sem a parte viciada.

10. A **caução**. As partes podem caucionar, por qualquer das formas previstas em Direito, o cum- 13
primento das obrigações respetivas (1076.º/2). Aparentemente inútil, esta regra visou deixar clara,
também neste ponto, a autonomia das partes.

A caução traduz qualquer garantia especial[10]. Assim, o 623.º/1 admite que ela seja prestada: 14

(...) por meio de depósito em dinheiro, títulos de crédito, pedras ou metais preciosos, ou por penhor, hipoteca ou fiança bancária.

E o 623.º/2 admite que, na impossibilidade de prestar tais garantias, a caução resulte de: 15

(...) outra espécie de fiança, desde que o fiador renuncie ao benefício da excussão.

Na prática dos arrendamentos comerciais ou similares, o locatário garante a renda através 16
de garantia bancária: habitualmente.

11. A **revogação do 655.º** foi levada a cabo pelo 2.º/1 da L 6/2006, de 27-fev.[11] Não são conhe- 17
cidos nem estudos nem explicações relativas a essa medida: uma ideia do legislador de 2006, sem
apoio nos estudos que levaram ao projeto de RNAU, de 2004. Dispunha o revogado preceito:

1. A fiança pelas obrigações do locatário abrange apenas, salvo estipulação em contrário, o período inicial de duração do contrato.
2. Obrigando-se o fiador relativamente aos períodos de renovação, sem se limitar o número destes, a fiança extingue-se, na falta de nova convenção, logo que haja alteração de renda ou decorra o prazo de cinco anos sobre o início da primeira prorrogação.

Este preceito visava, fundamentalmente, o arrendamento: no seu n.º 2, referia, mesmo, 18
"renda". Tinha ainda em vista o regime vigente em 1966, com as possíveis alterações quinquenais de renda[12]. Não obstante, ele mantinha-se útil: limitava a assunção fideijussória de dívidas
futuras, sem limites à vista.

O legislador de 2006 não se apercebeu de que o ex-655.º era um preceito próprio do 19
subsistema da fiança, aplicável diretamente ou por analogia a numerosas outras garantias. Ele
vinha na sequência do 654.º, relativo à fiança por obrigações futuras, fazendo todo o sentido: a
fiança, como qualquer garantia, é perigosa para quem a preste. Cabe ao Direito limar arestas e levar
as partes a uma melhor reflexão[13].

O desaparecimento do vinculismo tornava ainda mais premente a manutenção de um pre- 20
ceito como o ex-655.º: o fiador pode ser confrontado com obrigações que, de todo, não esperava, aquando da sua conclusão. Temos, pois, mais um lapso da apressada reforma de 2006.

---

[10] *Tratado* II/4, 537 ss.; Adriano Vaz Serra, *Responsabilidade patrimonial*, BMJ 175 (1958), 5-410 (127 ss.).
[11] DR I-A, n.º 41, de 27-fev.-2006, 1558/I.
[12] Em especial: Januário Gomes, *A fiança do arrendatário face ao NRAU*, 1073-1115, com muitos elementos.
[13] *Vide* Pires de Lima/Antunes Varela, *Código anotado* 1, 4.ª ed. (1989), 673-674, com elementos de Direito comparado. Para a aplicação desse preceito, como exemplo, RLx 12-jul.-2007 (Salazar Casanova), Proc. 4095/2007-8.

21 12. O **Direito transitório**, relativo à supressão do 655.º, é decisivo, embora se venha a atenuar com o tempo. Às fianças prestadas antes da entrada em vigor da L 6/2006 continua a aplicar-se esse preceito[14].

22 13. O **âmbito da garantia**, designadamente a da fiança, quando o fiador se obrigue como principal pagador, abrange os juros de mora que adstrinjam o arrendatário[15].

Artigo 1077.º (Atualização de rendas)

1. As partes estipulam, por escrito, a possibilidade de atualização da renda e o respetivo regime.

2. Na falta de estipulação, aplica-se o seguinte regime:

a) A renda pode ser atualizada anualmente, de acordo com os coeficientes de atualização vigentes;
b) A primeira atualização pode ser exigida um ano após o início da vigência do contrato e as seguintes, sucessivamente, um ano após a atualização anterior;
c) O senhorio comunica, por escrito e com a antecedência mínima de 30 dias, o coeficiente de atualização e a nova renda dele resultante;
d) A não atualização prejudica a recuperação dos aumentos não feitos, podendo, todavia, os coeficientes ser aplicados em anos posteriores, desde que não tenham passado mais de três anos sobre a data em que teria sido inicialmente possível a sua aplicação.

Bibliografia: Jorge Pinto Furtado, *Manual* 1, 5.ª ed., 187 ss.; Laurinda Gemas e outros, *Arrendamento*, 352-355; Pires de Lima/Antunes Varela, *Código anotado* 2, 4.ª ed., 535-543.
Vide as indicações relativas ao 1075.º.

Índice

I – **Origem e evolução**
1. Congelamento das rendas............................ 1
2. Leis da I República.................................... 3
3. Decreto n.º 5:411 6
4. Final da I República 8
5. A ditadura militar..................................... 12
6. O Estado Novo... 15
7. Lei n.º 2:030 18
8. Preparação do Código Civil........................ 21
9. O Código Civil 22
10. O período revolucionário 27
11. A reconstrução... 34

12. Lei n.º 46/85 39
13. Decreto-Lei n.º 321-B/90 42
14. Decreto-Lei n.º 257/95 43
15. Projeto de RNAU de 2004 44
16. NRAU de 2006 48

II – **O regime**
17. A regra geral 50
18. O regime supletivo 51
19. A não-atualização 52
20. O regime transitório 53

I – Origem e evolução

1 1. O **congelamento das rendas** representa um dos pilares do vinculismo. Ele pode implicar três vertentes, de crescente agravamento: (1) proibição de atualização, a propósito de cada renovação

---

[14] Laurinda Gemas e outros, *Arrendamento*, 347 ss., com indicações.

[15] RLx 15-fev.-2007 (Vaz Gomes), Proc. 10385/2006-2.

do contrato inicial; (2) invalidação de cláusulas que, direta ou indiretamente, visem a inflação; (3) obrigatoriedade de arrendar e, nos novos contratos, de manter as rendas dos anteriores. O congelamento surge e torna-se significativo em períodos de desvalorização monetária e de escassez de oferta de arrendamentos urbanos.

O congelamento das rendas dominou, durante mais de cem anos, toda a panorâmica nacional do arrendamento, sendo o responsável pela atual configuração das nossas cidades. Parece-nos importante, para a memória coletiva e para melhor aplicar o Direito, conhecer, ainda que sinteticamente, a evolução desta matéria. Deve-se ter presente que o vinculismo português foi, de entre os congéneres europeus, o mais intenso e o mais injusto. Inquilinos ricos espoliavam, com a tutela da lei e a bênção da política, senhorios pobres. Nalguns casos, as rendas nem davam para pagar os impostos e as taxas legais. A degradação que, com o tempo, isso provocou nos centros urbanos é, porventura, irreparável.

2. As **leis da I República** deram início ao fenómeno. Logo em 12-nov.-1910, um D do Governo Provisório veio dispor, no 9.º[1]:

> O senhorio de predios urbanos pode arrendá-los pelo preço que lhe convier; mas, durante um anno a contar da publicação d'este decreto, não poderá aumentar o preço da renda e, se tal fizer, presumir-se-há que quis contrariar as obrigações ou restricções impostas pelo decreto, incorrendo por isso na pena de desobediencia.

Estava iniciada, até com uma linguagem agressiva, uma orientação que traria os maiores problemas urbanísticos e que levaria mais de um século para ultrapassar.

O eclodir da Grande Guerra de 1914-1918 foi ensejo para novas e mais pesadas medidas. O D 1:079, de 21-nov.-1914, congelou as rendas na renovação dos contratos existentes (1.º), na celebração de novos contratos (2.º) e obrigou a arrendar os prédios anteriormente arrendados, salvo os de rendas mais elevadas (3.º)[2], tudo isso com severas cominações. A L 828, de 28-set.-1917, veio manter o D 1:079 e ampliar o limite superior, abaixo do qual ficavam congeladas as rendas (1.º a 4.º)[3]. O D 4:499, de 27-jun.-1918, dispôs, no corpo do seu 45.º[4]:

> Emquanto durar o actual estado de guerra e até um ano depois de assindo o tratado de paz, é expressamente proibido aos senhorios e aos sublocadores aumentar a importância das rendas constantes dos contratos celebrados até a publicação dêste decreto.

3. O **Decreto n.º 5:411**, de 17-abr.-1919, publicado já em período de paz, manteve, de modo agravado, os congelamentos de rendas[5]: nas renovações, mesmo com o consentimento dos inquilinos, sob pena de desobediência qualificada e salvo rendas muito elevadas (106.º), nos novos arrendamentos (107.º) e tudo isso apoiado numa obrigação de contratar, pelas rendas antigas (108.º). Estas regras poderiam ser revogadas pelo Governo, quando cessassem as circunstâncias económico-financeiras que motivaram o D 1:079, de 23-nov.-1914 (17.º).

Cumpre sublinhar que este período foi marcado por uma grande depreciação monetária, base de uma total erosão das rendas. Ora este tipo de medidas, como o futuro iria demonstrar, torna muito difícil a gestão política do problema. À medida que o tempo passa, cria-se uma classe imensa de inquilinos por baixas rendas, de nível médio mas em ascensão, cujo poder de intervenção nos governos das mais diversas cores (incluindo, mais tarde, os do Estado Novo) bloquearia quaisquer reformas sérias.

---

[1] DG n.º 34, de 14-nov.-1910, 399/II.
[2] DG I, n.º 219, de 23-nov.-1914, 1279.
[3] DG I, n.º 172, de 28-set.-1917, 935/I.
[4] DG I, n.º 143, de 29-jun.-1918, 1023/II.
[5] DG I, n.º 80, de 17-abr.-1919, 661/I e II.

8   4. As leis do **final da I República** tiveram uma pretensão modesta de tocar no problema. A L 1:368, de 21-set.-1922, que veio remodelar o regime tributário, a propósito da contribuição predial, depois de fixar uma atualização dos valores coletáveis inscritos nas matrizes, veio determinar (25.º, § 3.º)[6]:

> Não é permitido aos proprietários de prédios urbanos elevar as respetivas rendas, quanto a cada arrendatário, além do rendimento ilíquido correspondente ao respectivo rendimento colectável, calculado nos termos dêste artigo, ficando assim modificados, pelo que respeita ao quantitativo das rendas, os artigos 106.º, 107.º, 108.º e 115.º do decreto n.º 5:411, de 17 de Abril de 1919.

9   A completa degradação do escudo levou ao D 9:118, de 10-set.-1923, que facultou elevações de rendas (7.º)[7]: quanto a prédios inscritos na matriz antes de 21-nov.-1914, para habitação, até ao produto do rendimento ilíquido dela constante, pelo coeficiente de 2,5 e, para comércio, de 3,5; para os inscritos entre 21-nov.-1914 e 17-abr.-1919, por 1,5 e 2, respetivamente. Seguiu-se o D 9:496, de 14-mar.-1924, acima considerado[8], que proibiu rendas em moeda estrangeira, para melhor se assegurar dos congelamentos em curso.

10   O intensificar da depreciação do escudo conduziu, ainda antes do final de 1924, a novas medidas (tímidas) de atualização. A L 1:662, de 4-set.-1924 permitiu (10.º)[9] atualizações com base no rendimento ilíquido constante das matrizes, com coeficientes vários, que iam de 6 a 12, para as anteriores a 21-nov.-1914 e de 3 a 8 para os subsequentes, até 17-abr.-1919. O 10.º, § 3.º, obrigava à notificação judicial, para a elevação da renda: uma técnica vinculística que consiste em burocratizar os procedimentos, levando os interessados a desistir de exercer os seus direitos.

11   O 13.º da L 1:662 previa que as suas disposições restritivas, bem como as das leis em vigor sobre arrendamentos urbanos terminassem em 31-dez.-1925[10]. Em vão: o D 10:774, de 19-mai.-1926, invocando a necessidade de "manter a tranquilidade social", prorrogou esse prazo até 31-dez.-1926 (1.º)[11].

12   5. **A ditadura militar** (28-mai.-1926 a 10-abr.-1933), que derrubou a I República e preparou o advento da II República ou Estado Novo, manteve a mesma linha, no tocante às rendas. O D 12:617, de 6-nov.-1926, prorrogou novamente o prazo para o termo das medidas de excesso: agora até 31-dez.-1927 (1.º)[12] e o D 14:630, de 28-nov.-1927, fê-lo, pela terceira vez: agora indefinidamente (1.º)[13]. Estes dois diplomas não exararam, sequer, qualquer justificação.

13   O D 15:289, de 30-mar.-1928, novamente a propósito da contribuição predial urbana e pela técnica da aplicação de coeficientes aos rendimentos ilíquidos inscritos nas matrizes, permitiu, *a contrario*, a elevação das rendas, até às cifras daí resultantes (27.º)[14]. Todavia, permitia-se a livre elevação dos prédios que vagassem (29.º) e aceitavam-se elevações mais vincadas, para certos casos menos significativos, socialmente (30.º): uma medida suspensa pelo D 15:315, de 4-abr.-1928[15].

14   As atualizações permitidas eram, aparentemente, muito elevadas. Mas como a depreciação do escudo, no 1.º pós-guerra, fora bem superior e dado o estado de completa degradação das matrizes, o congelamento das rendas, em termos reais, mantinha-se[16]. Entre outras consequências, conta-se a da crescente litigiosidade do arrendamento urbano, alvo de sucessivas reformas processuais.

---

[6] DG I, n.º 197, de 21-set.-1922, 1022/II.
[7] DG I, n.º 195, de 10-set.-1923, 1034/I.
[8] *Supra*, anot. 5 ao 1075.º.
[9] DG I, n.º 200, de 4-set.-1924, 1242/II.
[10] *Idem*, 1243/I.
[11] DG I, n.º 109, de 19-mai.-1925, 547/II.
[12] DG I, n.º 250, de 6-nov.-1926, 1828/II.
[13] DG I, n.º 263, de 28-nov.-1927, 2259/II.
[14] DG I, n.º 74, de 30-mar.-1928, 634/I e II.
[15] DG I, n.º 78, de 4-abr.-1928, 752/I.
[16] Em 1949, Tito Arantes, *Inquilinato*, 521, estimava que enquanto os preços se multiplicaram por mais de 40, as maiores atualizações chegavam aos 14.

6. **O Estado Novo** ou II República (11-abr.-1933 a 24-abr.-1974) deu, no início, um (tímido) sinal de ultrapassar o problema. O D 22:661, de 13-jun.-1933, procurou tomar medidas que agilizassem os despejos por falta de pagamento das rendas. No seu preâmbulo, afirmou, ainda[17]:

> Causas acidentais (…) originaram a criação de um regime de privilégio em relação ao contrato de arrendamento e em favor dos inquilinos, tendo em vista assegurar a estabilidade da habitação.
> Não foi certamente objectivo da lei estender este regime a mais de uma habitação por cada inquilino, pois só em uma ele tem o seu domicílio efectivo (…)

Nesta linha, o 5.º do diploma veio limitar as disposições vigentes que restringem a liberdade contratual, incluindo as relativas à elevação de rendas e ao despejo por conveniência, à habitação permanente dos inquilinos[18].

A L 1:981, de 3-abr.-1940, veio prever, no caso de trespasse de estabelecimento comercial ou industrial, a possibilidade de o senhorio pedir a avaliação, nos termos do Código da Contribuição Predial e exigir, do novo inquilino, a renda fixada pela comissão avaliadora (4.º)[19]. Pouco ou nada se avançou, no sentido da superação do vinculismo.

7. A **Lei n.º 2:030**, de 22-jun.-1948, representou a maior reforma do arrendamento do Estado Novo. O problema da (des)atualização das rendas foi muito ponderado, particularmente no 1.º parecer da Câmara Corporativa, relatado pelo Prof. Pires de Lima[20]. Aí, após um retrato negro da situação a que se chegara, declara-se preferível o sistema de atualização "tradicional": o da correspondência entre o rendimento coletável e a renda[21].

As considerações feitas refletiram-se na Lei. Esta dedicou o capítulo IV da parte V à atualização de rendas. Damos nota de alguns preceitos elucidativos[22]:

> Art. 47.º – 1. Nos arrendamentos para habitação fora de Lisboa e Porto, as rendas convencionadas antes de 1 de Janeiro de 1943 e inferiores, na sua importância mensal, ao duodécimo do rendimento ilíquido inscrito na matriz em 1 de Janeiro de 1938, podem ser aumentadas até ao montante desse duodécimo pela forma seguinte: (…)
> 2. Nos arrendamentos a que se refere o número anterior, o senhorio pode requerer a avaliação fiscal, destinada a corrigir o rendimento ilíquido, seja este superior ou inferior à renda actual.
> 3. Feita a correcção do rendimento ilíquido, a actualização operar-se-á deste modo: (…)
> Art. 49.º – 1. Aos arrendamentos não destinados a habitação, anteriores a 1 de Janeiro de 1943, aplicar-se-á, em todo o País, o disposto no artigo 47.º, nos termos e com as modificações seguintes: (…)
> Art. 50.º Nos arrendamentos para habitação fora de Lisboa e Porto e nos que não forem destinados a habitação em todo o País, as rendas convencionadas posteriormente a 31 de Dezembro de 1942 ficam sujeitas ao regime dos artigos 47.º e 49.º; mas a avaliação só poderá ser requerida pelo senhorio passados cinco anos a contar da fixação da renda e nunca antes de 1 de Janeiro de 1950.

O diploma comportava múltiplos preceitos regulamentares. O 54.º/1 permitia que os aumentos facultados fossem exigíveis mediante aviso do senhorio, feito por qualquer forma. Mas um ponto, da maior gravidade, era incontornável: as (magras) atualizações possíveis não eram aplicáveis em Lisboa e no Porto, como logo à cabeça dispunha o 47.º/1. Uma limitação que não constava do texto proposto pela Câmara Corporativa.

8. Na **preparação do Código Civil**, as regras da L 2:030 foram recuperadas apenas na 1.ª revisão ministerial (1102.º a 1104.º)[23]. Houve, na época, alguns estudos sobre o problema das ren-

---

[17] DG I, n.º 130, de 18-jun.-1933, 981/II.
[18] Idem, 982/I.
[19] DG I, n.º 77, de 3-abr.-1940, 452/I.
[20] Confrontável em Tito Arantes, *Inquilinato*, 15-125 (41 ss.).
[21] *Idem*, 46 ss..
[22] DG I, n.º 143, de 22-jun.-1948, 534/I.
[23] BMJ 120 (1962), 120-121.

das[24], que ilustram moderadas correções levadas a cabo, à margem do previsto, pela lógica do mercado. A 2.ª revisão ministerial e o projeto final introduziram poucas alterações[25], tendo o texto transitado para o CC.

22   9. **O Código Civil**, versão original, dedicava à atualização das rendas os seus 1104.º a 1106.º. Vamos consignar o seu exato teor[26]:

Subsecção V
Actualização das rendas

Artigo 1104.º
(**Aumento da renda**)

1. Qualquer que seja a renda fixada no contrato, o senhorio tem o direito de exigir do arrendatário, decorridos cinco anos e não obstante cláusula em contrário, uma renda mensal correspondente ao duodécimo do rendimento ilíquido inscrito na matriz.

2. A nova renda é exigível, mediante aviso do senhorio, feito por qualquer modo, a partir do mês seguinte àquele em que tenha sido feita a comunicação.

3. O inquilino que não aceite a alteração tem a faculdade de resolver o contrato, contanto que o faça até quinze dias antes de findar o primeiro mês de vigência da nova renda; em tal caso, pagará pelo dito mês a renda antiga.

Artigo 1105°
(**Avaliação fiscal**)

1. O senhorio pode requerer a avaliação fiscal do prédio, destinada a corrigir o rendimento ilíquido inscrito na matriz.

2. Não pode requerer-se a avaliação sem que tenham decorrido cinco anos sobre a avaliação anterior ou sobre a fixação ou a alteração contratual da renda.

3. Exceptua-se a avaliação determinada por trespasse de estabelecimento comercial ou industrial ou por cessão de arrendamento para o exercício de profissão liberal, a qual pode realizar-se desde que tenha decorrido mais de um ano sobre os factos referidos no número anterior.

Artigo 1106°
(**Obras no prédio**)

Quando o senhorio seja compelido administrativamente a fazer obras não destinadas à conservação do prédio nem determinadas por defeitos de construção, caso fortuito ou de força maior, tem o direito de exigir do arrendatário um aumento de renda, na base do juro de cinco por cento sobre a quantia despendida.

23   A solução pareceria razoável. Mas colocava duas ordens de problemas: as matrizes estavam muito desatualizadas; e além disso, o sistema engendrado surgia à margem de qualquer mercado do arrendamento. Este, nos termos gerais, é definido pela oferta e pela procura e não pelas inscrições matriciais, que obedecem a outro tipo de lógica.

24   O esquema de atualizações, para além dessas reservas, foi, todavia, totalmente falseado pelo 10.º do DL 47 344, de 25-nov.-1966, que aprovou o CC. Segundo esse preceito, epigrafado "arrendamentos em Lisboa e Porto"[27],

---

[24] Manuel Gonçalves Pereira, *Arrendamentos urbanos em Lisboa e Porto. Rendas, Avaliações*, BMJ 167 (1967), 35-196 e Luís Vaz de Sequeira, *A situação das rendas de habitação em Lisboa – Referente a 31 de Dezembro de 1971*, BMJ 222 (1973), 47-277.

[25] Jacinto Rodrigues Bastos, *Dos contratos*, 176-181.
[26] DG I, n.º 274, de 25-nov.-1966, 1980/II.
[27] DR I, n.º 274, de 25-nov.-1966, 1884/I.

Enquanto não for revista a situação criada em Lisboa e Porto pela suspensão das avaliações fiscais para o efeito da actualização de rendas dos prédios destinados a habitação, mantém-se o regime excepcional da Lei n.º 2030, de 22 de Junho de 1948, quanto a esses arrendamentos.

Noutros termos: nos dois grandes centros urbanos do País, não havia atualizações. Esta medida foi tomada, na época, por cautelas políticas. Hoje, é possível reconhecer que o Estado Novo tinha, como base de apoio, uma classe média e média baixa, assente no pequeno comércio e no funcionalismo[28] e que beneficiava das rendas baixas. A "oportunidade política" da medida de 1966 foi considerada, aquando da apresentação do CC, pelo então Ministro da Justiça Antunes Varela, grande obreiro do diploma, como "muito discutível". 25

Uma exposição de Direito positivo sobre a atualização das rendas deve consignar as palavras de Antunes Varela sobre o tema, aquando da apresentação do projeto de Código Civil. Disse o ilustre civilista e revisor do Código[29]: 26

> Quanto à locação, há um ponto muito importante que convém esclarecer, a fim de prevenir conclusões precipitadas.
>
> O código não reproduz os preceitos da Lei nº 2030 que consagram um regime de excepção para os arrendamentos urbanos celebrados nas áreas de Lisboa e Porto e dos concelhos limítrofes. Não quer isto dizer que haja a intenção de revogar imediatamente semelhante regime. O que justifica a exclusão é o intuito de não consagrar no código normas de carácter local e a circunstância de as normas em causa constituírem, de facto, puro direito local.
>
> Deve reconhecer-se, em todo o caso, que este tratamento especial concedido pela nova lei do inquilinato dificilmente se explica à luz de critérios de justiça, sobretudo no que respeita aos concelhos limítrofes de Lisboa e do Porto. Na sua base estão puras razões de oportunidade política, cuja validade é, aliás, muito discutível.
>
> O facto de a renda não poder ser alterada, nos termos gerais em que a correcção é facultada nas restantes terras do País, vem sob vários aspectos a redundar em prejuízo da classe que especialmente se quis proteger.
>
> Além de se recusarem muitas vezes a realizar obras de conservação e reparação que, de outro modo, mais facilmente executariam, os senhorios contam já com a imutabilidade da renda para exigir, na altura do contrato, rendas que são excessivas, exorbitantes, mas se destinam a protegê-los da desvalorização subsequente da moeda, a que ficam permanentemente sujeitos.
>
> Esse é, porém, um problema que ao Governo e à Assembleia legislativa cumprirá rever no momento oportuno, mas de qualquer modo à margem do Código Civil.

10. O período revolucionário (25-abr.-1974 a 25-abr.-1976) ficou marcado por diversas iniciativas legislativas, levadas a cabo por sucessivos governos provisórios e pelo Conselho da Revolução. Retomaram-se caminhos já trilhados em 1914-1919, aparentemente sem conhecimento desse facto e sem consciência das consequências. Vamos recordar os principais passos então dados, no tocante às rendas. 27

O DL 217/74, de 27-mai., veio tomar várias medidas de natureza económica. Entre elas, o 9.º, que dispunha[30]: 28

> 1. São congeladas por trinta dias as rendas de prédios urbanos aos níveis praticados em 24 de Abril passado.
> 2. Excluem-se do disposto no número anterior os fogos para habitação por curtos períodos em praias, termas ou outros locais de vilegiatura.

---

[28] O Estado Novo veio a alienar essa base de apoio a partir dos finais da década de sessenta: as guerras de África, o excesso demográfico, a crise petrolífera de 1973, a apetência pelas liberdades políticas e a incapacidade de Marcello Caetano fazer evoluir o regime, a tanto conduziram.

[29] Antunes Varela, *Comunicação sobre o projecto de Código Civil*, BMJ 156 (1966), 8-65 (39).

[30] DG I, n.º 123, de 27-mai.-1974, 656/I.

3. O Governo promoverá, no prazo de trinta dias, a publicação do diploma destinado a evitar a especulação com rendas de habitação e com transacções de prédios urbanos.

29   Apenas quatro meses volvidos o Governo encararia o problema do arrendamento. O DL 445/74, de 12-set. (Vasco Gonçalves), explicou, no preâmbulo, tomar medidas que[31]:

(...) visam suster o processo de alta especulativa na oferta de habitações, patente sobretudo nas cidades e áreas metropolitanas, onde as crescentes necessidades de alojamento da população conduziram o sector imobiliário, nos últimos anos do regime deposto, à prática de preços que se sabe não acompanharem os custos reais de produção.

30   No que tange às rendas, esse diploma alargou a todo o País a suspensão das avaliações fiscais para efeitos de atualização das rendas (1.º). O 5.º previa, ainda, um regime de obrigatoriedade de arrendar, no prazo de 120 dias após a cessação de um arrendamento, obrigatoriedade essa que se alargava aos prédios construídos para venda, se não fossem vendidos no prazo de seis meses (7.º). As rendas dos futuros contratos eram tabeladas em função de coeficientes aplicados a rendas anteriores (15.º). Apenas os fogos arrendados pela primeira vez tinham liberdade de fixação de renda (17.º).

31   O DL 198-A/75, de 14-abr. (Vasco Gonçalves/Salgado Zenha), veio determinar a "legalização" de fogos ocupados, através da celebração de contratos de arrendamento, com rendas tabeladas, nos termos do DL 445/74[32].

32   O DL 232/75, de 15-mai. (Vasco Gonçalves/Salgado Zenha)[33], provavelmente o zénite do vinculismo revolucionário, veio tomar medidas quanto a casas sobreocupadas na zona do Porto: transformou sublocatários e hóspedes em arrendatários diretos, com manutenção de rendas (3.º e 4.º). Previa várias incriminações, designadamente a dos locadores que não denunciassem a situação: seriam punidos como encobridores (7.º/3).

33   Como curiosidade, data deste período o DL 539/75, de 27-set., que autorizou o Estado a "... promover *o aluguer* de casas destinadas a realojar famílias de modestos recursos ..." (1.º/1)[34]: uma deriva linguística eloquente, quanto ao nível técnico-jurídico dos gabinetes ministeriais.

34   11. **A reconstrução** do tema das rendas, possível sob a III República, foi lenta e complexa. O processo foi sinuoso e complicado, mercê de pruridos políticos e da força dos *lobbies* dos arrendatários. Vamos atermo-nos ao problema da atualização das rendas. O DL 294/77, de 20-jul., retomou o tema dos fogos ocupados, procurando incentivar à sua regularização através de contratos de arrendamento fixados, se necessário, pelo tribunal[35]. Nessa eventualidade, a renda seria determinada por avaliação (8.º/1).

35   O DL 148/81, de 4-jun. (Pinto Balsemão), veio manter a suspensão das avaliações fiscais, para efeitos de atualização de prédios destinados à habitação, em todo o País (14.º)[36]. Mas para os contratos a celebrar no futuro, admitiu dois regimes de renda (2.º/2 e 3): o de renda livre, no qual esta é livremente fixada no início, mas sem possibilidade de atualizações futuras e o de renda condicionada, na qual (3.º) a renda não pode exceder o duodécimo do produto resultante da aplicação da taxa de 7% ao ano sobre o valor do fogo. Tal valor era objeto de determinado cálculo (4.º e 5.º). A renda condicionada era atualizável em função de coeficientes a adotar, anualmente, por portaria do Governo (7.º).

---

[31] DG I, n.º 213, de 12-set.-1974, 1062/II.
[32] DG I, n.º 87 (supl.), de 14-abr.-1975, 556-(2)-556-(4).
[33] DG I, n.º 113, de 16-mai.-1975, 684-685.
[34] DG I, n.º 224, de 27-set.-1975, 1497-1498 (1497/II); o itálico é nosso; o preâmbulo falava em "casas alugadas" e o 5.º em "habitações alugadas".
[35] DR I, n.º 166, de 20-jul.-1977, 1797-1800.
[36] DR I, n.º 128, de 4-jun.-1981, 1280-1283 (1282/II).

O DL 330/81, de 4-dez. (Pinto Balsemão), veio admitir atualizações anuais das rendas nos 36
contratos para comércio, indústria e exercício de profissão liberal, de acordo com coeficientes
anuais publicados por portaria do Governo (1.º e 2.º)[37]. O seu 4.º/2 admitia uma avaliação fiscal extraordinária, sem mais pormenores[38]. O DL 330/81 foi acompanhado pelo DL 329/81, de
4-dez., destinado a impedir a recondução de prédios habitacionais para o campo comercial[39].
Os pormenores em falta foram adotados pelo DL 392/82, de 18-set., que, alterando o 4.º em
causa, remeteu para o valor de mercado, mas com uma graduação nos aumentos[40].

O DL 294/82, de 27-jul., tentou outra via[41]. O seu preâmbulo explica que a degradação 37
do parque habitacional devido à falta de obras tem vindo a acentuar-se gravemente, dada a impossibilidade legal de atualizar a grande maioria das rendas, "… tornadas irrisórias pela inflação …".
Veio permitir, em certos termos, a repercussão de tais obras nas rendas. As fórmulas desse diploma
foram alteradas pelo DL 449/83, de 26-dez., quando as obras fossem financiadas por empréstimos da CGD, do CPP, do MG ou do FAIH.

O DL 436/83, de 19-dez. (Mário Soares/Mota Pinto), regressou à atualização das rendas 38
comerciais. Mas como os coeficientes anuais incidiam, por vezes, sobre rendas muito degradadas,
perdendo significado, veio admitir aperfeiçoar "avaliação extraordinária" já prevista no Direito
anterior[42]. O Governo da época não se muniu da competente autorização parlamentar. Assim, o
TC 77/88, de 12-abr., veio declarar a inconstitucionalidade da maioria dos seus preceitos[43].

12. A **Lei n.º 46/85**, de 20-set.[44], constituiu o grande esforço para a atualização das rendas. 39
Diploma extenso (53 artigos e dois anexos) e complexo, ele veio admitir três tipos de renda: (a)
livre; (b) condicionada; (c) apoiada. A renda livre resulta de livre negociação entre as partes (1.º),
sendo anualmente atualizada em função de índices anuais aprovados pelo Governo. A renda condicionada não pode ultrapassar o duodécimo de 8% anuais do valor do fogo (3.º), também com
atualizações anuais. A renda apoiada, aplicável a prédios do Estado, de autarquias e de instituições
particulares de solidariedade social, é subsidiada pelo Estado (9.º). O 11.º admitia uma correção
extraordinária, para arrendamentos habitacionais anteriores a 1980, de acordo com tabelas anuais
a publicar pelo Governo (12.º).

Aprovada pelo bloco central (PS/PSD), a L 46/85 foi, na época, acolhida em termos apo- 40
calípticos, com apoio numa deriva de alguma comunicação social. Todavia, ela foi aplicada sem
problemas. A base de incidência dos coeficientes de atualização era muito baixa, pelo que os
aumentos, mesmo quando percentualmente elevados, não tinha significado absoluto.

O esquema de atualização, processualmente complicado, foi regulamentado pelo DL 13/86, 41
de 23-jan.[45], advindo as regras do subsídio de renda do DL 68/86, de 27-mar.[46]. A complexidade burocrática é um pilar do vinculismo: muitas rendas ficaram intactas, por os senhorios não
terem possibilidade de pôr em prática os complicados esquemas legais.

13. O **Decreto-Lei n.º 321-B/90**, de 15-out., que aprovou o RAU, ressalvou, nos seus 9.º a 13.º, 42
os esquemas de atualização anteriores[47]. O próprio RAU, nos seus 30.º a 39.º, procurou codificar diversas regras relativas à atualização das rendas. Houve alguma simplificação, mercê da uni-

---

[37] DR I, n.º 279, de 4-dez.-1981, 3180-3181 (3180/II)
[38] O DL 189/92, de 17-mai., esclareceu que o diploma era aplicável a todos os arrendamentos não habitacionais.
[39] DR I, n.º 279, de 4-dez.-1981, 3179-3180.
[40] DR I, n.º 217, de 18-set.-1982, 2949-2950.
[41] DR I, n.º 171, de 27-jul.-1982, 2235-2237.
[42] DR I, n.º 290, de 19-dez.-1983, 4073-4075.

[43] TC n.º 77/88, de 12-abr. (Cardoso da Costa), DR I, n.º 98, de 28-abr.-1988, 1698-1707 (1707).
[44] DR I, n.º 217, de 20-set.-1985, 3041-3050.
[45] DR I, n.º 19, de 23-jan.-1986, 240-243.
[46] DR I, n.º 72, de 27-mar.-1986, 727-732.
[47] DR I, n.º 238 (supl.), de 15-out.-1990, 4286-(2)--4286-(22) [4286-(10)-4286-(11)].

ficação das fontes[48]. O 77.º manteve, na habitação, a tripartição em renda livre, condicionada e apoiada, regulando a matéria (78.º a 82.º)[49].

43 14. O **DL 257/95**, de 30-set., relativo a arrendamentos para comércio e indústria, veio admitir a fixação, por contrato, do regime de atualização de rendas (119.º do RAU, versão alterada)[50].

44 15. O **projeto de RNAU**, de 2004, previu, nos 1076.º e 1077.º, a atualização das rendas. Eis os textos preconizados[51]:

Artigo 1076.º (**Actualização**)

1. Cabe às partes, no contrato ou em acordo escrito superveniente, fixar em termos claros o regime de actualização de renda, aplicando-se supletivamente os números seguintes.

2. Supletivamente, a renda é actualizável todos os anos, de acordo com coeficientes resultantes de portaria.

3. Não é válida a renúncia antecipada à actualização, salvo o disposto no n° 1.

Artigo 1077.º (**Nova renda**)

1. A primeira actualização pode ser exigida um ano após a data do início da vigência do contrato e as seguintes, sucessivamente, um ano após a actualização anterior.

2. O senhorio interessado deve comunicar por escrito, com a antecedência mínima de 30 dias, o coeficiente e o novo montante dele resultante.

3. A não actualização prejudica a recuperação dos aumentos não feitos, podendo, todavia, os coeficientes ser aplicados em anos posteriores.

45 Para o futuro, a matéria fica resolvida. Recordamos que este projeto punha termo ao vinculismo: o mercado funcionaria no sentido da contenção das rendas.

46 O grande problema residia nas rendas de pretérito. Aí, apesar de há mais de vinte anos se acumularem os cálculos, os coeficientes e os esquemas de atualização, não havia esquema que as aproximasse da lógica do mercado. Por isso, o projeto de diploma de transição[52] construiu um esquema assente na autonomia privada: o senhorio propunha uma renda (14.º); o arrendatário ou invocava poucos rendimentos ou mais de 65 anos (20.º), ou aceitava, ou não respondia (o que envolvia aceitação) ou recusava propondo outra renda (21.º/1). O senhorio ou aceitava, ou nada dizia, o que valia como aceitação (21.º/2 e 3) ou denunciava o contrato pagando três anos de renda ao valor médio das proposta e contraproposta (21.º/4).

47 Na ambiência, então existente, de *superavit* de oferta, este esquema permitiria, de uma vez por todas, deixar de lado os artificialismos na fixação de rendas, fazendo o mercado funcionar a favor de cifras contidas. As pessoas idosas ou de fracos recursos ficavam protegidas.

48 16. O **NRAU de 2006**, infelizmente e por razões que não se tornaram públicas, optou por conservar esquemas indexados: 30.º a 56.º da L 6/2006, de 27-fev.[53]. Resultou, daí, um sistema muito complexo, que quase não teve aplicação prática[54].

49 Já quanto ao CC: aceitando, ainda que com alterações essencialmente formais, que apenas tornaram o preceito mais pesado, a ideia do RNAU de 2004, o legislador adotou, no 1077.º, a fórmula que hoje está em vigor[55].

---

[48] Menezes Cordeiro/Castro Fraga, *RAU anotado*, 81-89.
[49] Menezes Cordeiro/Castro Fraga, *RAU anotado*, 121-124.
[50] DR I-A, n.º 227, de 30-set.-1995, 6070-6071 (6071/I).
[51] O Direito 136 (2004), 469-493 (480-481).
[52] O Direito 136 (2004), 495-514.
[53] DR I-A, n.º 41, de 27-fev.-2006, 1571-1575.
[54] António Menezes Cordeiro, *O novo regime do arrendamento urbano: dezasseis meses depois, a ineficiência económica do Direito*, O Direito 139 (2007), 945-975 (966-967).
[55] DR I-A, n.º 41, de 27-fev.-2006, 1560/I e II.

II – O regime

17. **A regra geral**, no tocante à atualização da renda, é a da sua sujeição à autonomia privada (1077.º/1). As partes podem combinar a matéria, sendo frequente que remetam para a evolução dos índices de preços, no consumidor. Infelizmente, a L 6/2006 não acolheu a sugestão do RNAU, que vedava a renúncia antecipada à atualização (1076.º/3): com o entusiasmo do momento, as partes podem ser levadas a fazê-lo engendrando, com isso, questões muito sérias, no futuro. Entendemos que tal renúncia antecipada não é possível, com base em princípios gerais[56]. Além disso, o termo do vinculismo torna o problema menos premente.

18. **O regime supletivo** (1077.º/2) é claro[57]: (a) a renda é atualizável anualmente, de acordo com coeficientes aprovados pelo Governo[58]; (b) a primeira atualização é exigível, pelo senhorio[59], um ano após o início da vigência do contrato e as seguintes, sucessivamente, um ano após a atualização anterior; (c) cabe ao senhorio, com a antecedência mínima de 30 dias, indicar o coeficiente de atualização e a nova renda que daí resulta.

19. **A não-atualização** – 1077.º/2, d) – prejudica a recuperação dos aumentos feitos. Todavia, os coeficientes "desaproveitados" podem ser aplicados em anos posteriores, desde que não tenham passado mais de três anos sobre a data em que teria sido inicialmente possível a sua aplicação.

20. **O regime transitório** foi fixado pela L 31/2012, de 14-ago., que reformulou o regime transitório da L 6/2006, dando nova redação aos seus 30.º a 37.º e 51.º a 54.º. Regressou-se, com alterações, à ideia do RNAU de 2004. Perderam-se, sem glória, seis anos: com a prosperidade então reinante, a situação habitacional poderia, hoje, ser bem diversa.

Artigo 1078.º (Encargos e despesas)

1. As partes estipulam, por escrito, o regime dos encargos e despesas, aplicando-se, na falta de estipulação em contrário, o disposto nos números seguintes.

2. Os encargos e despesas correntes respeitantes ao fornecimento de bens ou serviços relativos ao local arrendado correm por conta do arrendatário.

3. No arrendamento de fracção autónoma, os encargos e despesas referentes à administração, conservação e fruição de partes comuns do edifício, bem como o pagamento de serviços de interesse comum, correm por conta do senhorio.

4. Os encargos e despesas devem ser contratados em nome de quem for responsável pelo seu pagamento.

5. Sendo o arrendatário responsável por um encargo ou despesa contratado em nome do senhorio, este apresenta, no prazo de um mês, o comprovativo do pagamento feito.

6. No caso previsto no número anterior, a obrigação do arrendatário vence-se no final do mês seguinte ao da comunicação pelo senhorio, devendo ser cumprida simultaneamente com a renda subsequente.

7. Se as partes acordarem uma quantia fixa mensal a pagar por conta dos encargos e despesas, os acertos são feitos semestralmente.

---

[56] *Tratado* VI, 69 ss..
[57] STJ 20-nov.-2012 (Nuno Cameira), Proc. 2113/11.4, quanto a um estabelecimento comercial.
[58] Tais coeficientes são facilmente confrontáveis, na Net, *portal da habitação*; indicam-se, aí, as portarias e, depois, os avisos que os aprovaram.
[59] O qual deve fazer, efetivamente, a comunicação nesse sentido; não basta o contrato dizer que a renda é atualizável: RCb 12-jul.-2011 (Manuel Capelo), Proc. 1806/04.7.

Bibliografia: Laurinda Gemas e outros, *Arrendamento*, 356-357; Pires de Lima/Antunes Varela, *Código anotado* 2, 4.ª ed., 555-559; António Sequeira Ribeiro, *Renda e encargos no contrato de arrendamento urbano*, Est. Galvão Telles 2 (2002), 87-157 (148 ss.).
Vide a bibliografia indicada quanto ao 1030.º.

Índice

I – Origem e evolução
1. Código Civil................................... 1
2. RAU de 1990................................ 3
3. RNAU de 2004............................. 5

II – O regime
4. Encargos e despesas...................... 6
5. A repartição................................. 7
6. A contratação............................... 9
7. Quantia mensal............................. 10

I – Origem e evolução

1   1. **O Código Civil** comete, no 1030.º, os encargos da coisa locada ao locador. Era a solução que advinha do Código de Seabra e do D 5:411, de 17-abr.-1919[1]. A letra da lei não é totalmente clara: todavia, extrai-se dela e do contexto que se admitia cláusula em contrário.

2   Os esquemas imperativos de atualização das rendas, surgidos na década de oitenta do século passado, com relevo para a L 46/85, de 27-mar., vieram suscitar a dúvida: o assacar, ao arrendatário, despesas próprias do locado, não seria uma forma de contornar as limitações existentes quanto à atualização de rendas?

3   2. **O RAU de 1990**, procurando pôr termo a essas dúvidas e visando libertar a drenagem de valores existentes, na época, à custa do senhorio, veio fixar, em secção própria, um regime alargado quanto aos encargos. Vamos consignar o seu teor[2]:

Artigo 40.º (**Princípio geral**)

As despesas correntes necessárias à fruição das partes comuns do edifício e ao pagamento de serviços de interesse comum podem, por acordo entre as partes, ficar a cargo do arrendatário.

Artigo 41.º (**Requisitos**)

1. O acordo referido no artigo anterior deve, sob pena de nulidade:

   a) Constar do texto escrito do contrato ou de um aditamento, também escrito, e assinado pelo arrendatário;
   b) Reportar-se a edifícios cujas fracções autónomas se encontrem nas condições referidas no artigo 1415.º do Código Civil, devidamente constituídos em propriedade horizontal;
   c) Especificar, dentro dos limites do artigo 1424.º do Código Civil, quais as despesas a cargo do arrendatário.

2. A nulidade do acordo não prejudica a validade das restantes cláusulas do contrato.

Artigo 42.º (**Especificação**)

1. A especificação das despesas e dos encargos deve ser feita directamente ou por remissão para regulamento anexo ao contrato, nos termos n.º 3 do artigo 8.º.
2. A especificação compreende, designadamente, a natureza dos encargos, a forma de proceder ao cálculo ou determinação do seu montante, o seu limite máximo e, quando seja o caso, as fórmulas de revisão ou de actualização.

---

[1] *Vide* as anotações ao 1030.º.

[2] DR I, n.º 238 (supl.), de 15-out.-1990, 4286-(15)/II.

3. Para efeitos do disposto no número anterior, as partes podem fixar uma quantia a pagar mensalmente, sem prejuízo de eventuais acertos nos precisos termos definidos no contrato.

4. O senhorio deve comunicar ao arrendatário, com uma antecedência razoável, todas as informações necessárias para determinação e comprovação das despesas a cargo deste, incluindo deliberações da assembleia de condóminos, leituras de contadores ou quaisquer outras.

Artigo 43.º (**Norma supletiva**)

Salvo disposição contratual em contrário, as obrigações relativas aos encargos e despesas a cargo do arrendatário vencem-se no final do mês seguinte ao da comunicação pelo senhorio, devendo ser cumprida simultaneamente com a renda subsequente.

Este esquema funcionou, quanto sabemos, sem dúvidas nem problemas[3].

3. O **NRAU de 2004** preconizou a condensação dessas regras em dois preceitos: 1078.º e 1079.º[4]. Eles foram fundamentalmente aproveitados pelo legislador de 2006 que deu, ao 1078.º, a sua redação atual[5]: porventura um tanto pesada, para um preceito do CC.

II – O regime

4. **Encargos e despesas**. A lei não distingue entre essas duas realidades. Tendencialmente, são encargos os montantes que o dono de um imóvel deva suportar, pelo simples facto de o ser: condomínio, seguro obrigatório e taxas camarárias, como exemplo. E são despesas a contrapartida de bens ou de serviços que devam ser contratados, para a completa fruição do local: fornecimentos de água, eletricidade, gás ou energia térmica, telefone e ligação à net, segurança e limpeza, também como exemplos.

5. **A repartição** a fazer dos encargos e despesas depende do acordado pelas partes (1078.º/1). Nada dizendo, a lei prevê um regime supletivo. Os encargos propriamente ditos, cabem ao senhorio (1030.º).

As despesas relativas ao fornecimento de bens e serviços relativos ao local arrendado cabem ao arrendatário (1078.º/2). Havendo propriedade horizontal, as despesas concernentes à administração, conservação e fruição das partes comuns, bem como o pagamento de serviços de interesse comum correm pelo senhorio (1078.º/3).

6. **A contratação** dos encargos e despesas deve ser feita em nome de quem for responsável pelo seu pagamento (1078.º/4). Todavia, sendo o arrendatário responsável por uma despesa feita em nome do senhorio, cabe a este, no prazo de um mês, apresentar o comprovativo competente (1078.º/5): a obrigação do locatário vence-se, então, no final do mês seguinte à comunicação em causa, sendo cumprida com a renda subsequente (1078.º/6).

7. Podem as partes acordar numa **quantia mensal**, a pagar pelo arrendatário, por conta dos encargos e despesas que lhe compitam. Nessa eventualidade, os acertos são feitos semestralmente (1078.º/7).

---

[3] *Vide* Menezes Cordeiro/Castro Fraga, *RAU anotado*, 91-93, bem como a aplicação em STJ 18-nov.-2004 (Araújo Barros), Proc. 04B3344.

[4] O Direito 136 (2004), 467-493 (481).

[5] DR I-A, n.º 41, de 27-fev.-2006, 1560/II.

Subsecção IV – Cessação

Divisão I – Disposições comuns

Artigo 1079.º (Formas de cessação)

O arrendamento urbano cessa por acordo das partes, resolução, caducidade, denúncia ou outras causas previstas na lei.

Bibliografia: Luís Menezes Leitão, *Arrendamento*, 5.ª ed., 37 ss.; Pires de Lima/Antunes Varela, *Código anotado* 2, 4.ª ed., 572-574; Pedro Romano Martinez, *Contratos*, 217-232 e 267-276; *idem*, *Da cessação do contrato*, 2.ª ed. (2006), 315-359.
Vide a bibliografia à introdução aos 1047.º a 1056.º.

Índice

I – **Origem e evolução**
1. Versão original 1
2. RAU de 1990 2
3. Projeto de RNAU de 2004 4
4. NRAU de 2006 5

II – **O regime**
5. Norma de enquadramento 6
6. Formas de cessação 7

I – Origem e evolução

1 1. A **versão original** do CC, no domínio do arrendamento urbano, tratava a resolução (1093.º e 1094.º) e a denúncia (1095.º a 1100.º), que confundia, de resto, com a oposição à renovação. Nos 1047.º a 1056.º regulava, pelo prisma da locação em geral, a resolução e a caducidade. Não havia um quadro geral das formas de cessação do contrato. Além disso, a 2.ª revisão ministerial[1], ao trocar, inadvertidamente, "prorrogação" por "renovação", introduziu a já referida e gravíssima confusão entre denúncia e oposição à renovação.

2 O **RAU de 1990**, pretendendo pôr fim à trapalhada original do CC, inseriu, no 50.º[2], o antepassado direto do atual 1079.º:

> O arrendamento urbano pode cessar por acordo entre as partes, por resolução, por caducidade, por denúncia ou por outras causas determinadas por lei.

3 Trata-se de uma norma de enquadramento. Em rigor, é dispensável: mas não inútil[3].

4 3. O **projeto de RNAU de 2004**, no seu 1080.º, epigrafado "formas de cessação", propôs[4]:

> O arrendamento urbano pode cessar por acordo entre as partes, resolução, caducidade, denúncia ou outras causas determinadas na lei.

5 4. O **NRAU de 2006** aproveitou esse preceito, introduzindo-lhe pequenas alterações: todas más. Assim, substituiu "pode cessar" por "cessa": ora estamos perante eventualidades e não necessidades. Além disso, trocou "determinadas" por "previstas"; só que a "forma de extinção" não é uma previsão: antes o conjunto da previsão e do seu efeito.

---

[1] *Supra*, anotações 8 e 9 ao 1054.º.
[2] DR I, n.º 238 (supl.), de 15-out.-1990, 4286-(16)/II.
[3] Não acompanhamos as críticas de J. Varela, *Código anotado* 2, 4.ª ed., 572.
[4] O Direito 136 (2004), 467-493 (482).

II – O regime

5. O 1079.º é, como foi dito, uma **norma de enquadramento**. Não tem conteúdo dispositivo direto mas, tão só, um papel coordenador. Ele não é limitativo: surgem outras formas de cessação do arrendamento urbano, nele não referidas, como a confusão (868.º a 873.º) e a alteração das circunstâncias (437.º/1). Quanto à oposição à renovação: ela não é, *summo rigore*, uma forma de extinção do contrato, que irá cessar por caducidade e não pela oposição; mas extingue, de facto, a relação complexa que se conserva, ao longo das sucessivas renovações.

6. As **formas de cessação** referidas no 1079.º são: a revogação ou cessação por acordo, depois versada no 1082.º; a resolução ou cessação unilateral, baseada em causa adequada e, designadamente, no incumprimento pela outra parte (1083.º a 1087.º); a caducidade, que encontre regras no campo da habitação, a propósito dos contratos com prazo certo (1095.º a 1098.º); a denúncia, presente nos contratos de duração indeterminada (1099.º a 1104.º).

Quanto à resolução e à caducidade, em tudo quanto, nos preceitos subsequentes, seja diferentemente estatuído, aplicam-se os 1047.º a 1050.º e 1051.º a 1056.º, respetivamente.

Artigo 1080.º (Imperatividade)

As normas sobre a resolução, a caducidade e a denúncia do arrendamento urbano têm natureza imperativa, salvo disposição legal em contrário.

Bibliografia: Maria Olinda Garcia, *Arrendamento urbano anotado*, 27-28; Laurinda Gemas e outros, *Arrendamento*, 360-361; Pires de Lima/Antunes Varela, *Código anotado* 2, 4.ª ed., 574-575.

Índice

1. RAU de 1990 1
2. RNAU de 2004 3
3. NRAU de 2006 4
4. Reforma de 2012 7

1. O **RAU de 1990** comportava, no 51.º, já epigrafado "imperatividade", a norma seguinte[1]:

> O disposto neste diploma sobre a resolução, a caducidade e a denúncia do arrendamento tem natureza imperativa.

Na época, a norma visou esclarecer o que já resultava de numerosos princípios. Além disso, ficava claro que não se tratava de normas de mínimos, capazes de ser substituídas por outras, mais favoráveis ao locatário: jogava-se, antes, uma ideia de estabilidade do arrendamento urbano[2]. Muito menos era possível fixar regimes mais pesados para o arrendatário[3]:

2. O **RNAU de 2004** propôs uma fórmula equivalente, mas mais ligeira (1081.º)[4]:

> O disposto nesta subsecção sobre a resolução, a caducidade e a denúncia do arrendamento tem natureza imperativa, salvo disposição em contrário.

---

[1] DR I, n.º 238 (supl.), de 15-out.-1990, 4286-(16)/II.
[2] Menezes Cordeiro/Castro Fraga, *RAU anotado*, 99-100.
[3] Como, por exemplo, uma cláusula penal, para o arrendatário que optasse pela denúncia: RLx 4-dez.-2006 (Ana Resende), Proc. 9414/2006.7.
[4] O Direito 136 (2004), 467-493 (482).

4   3. O **NRAU de 2006** optou por uma solução de maior rigidez. O 1080.º ficou com a seguinte configuração[5]:

> O disposto nesta subsecção tem natureza imperativa, salvo disposição legal em contrário.

5   A feição geral do Direito do arrendamento urbano, de cariz protecionista relativamente ao locatário, leva alguns autores a defender tratar-se de uma imperatividade de mínimos[6]. As leis mais cuidadosas, quando impõem regras injuntivas, distinguem entre a imperatividade absoluta, que não admite nenhuma convenção em contrário e a imperatividade relativa, que autoriza convenções mais favoráveis, relativamente ao sujeito que se queira proteger[7].

6   No caso do arrendamento urbano atual, isso não é claro. Lidamos com a ordenação de imóveis. A lei não admite vinculações perpétuas ou demasiado intensas, sendo inconveniente admitir que o locador renuncie, antecipadamente, aos poderes que a lei lhe reconhece. Assim, a imperatividade é, de princípio, absoluta: caso a caso haverá que verificar se a norma em jogo pode ser afastada num sentido (aparentemente) mais favorável ao locatário.

7   4. A **reforma de 2012** introduziu a redação atual (2.º da L 31/2012, de 14-ago.)[8]. Tratou-se, claramente, de flexibilizar a matéria, limitando a injuntividade à resolução, à caducidade e à denúncia do arrendamento urbano. Foi concedida mais autonomia às partes, relativamente às outras formas de cessação do arrendamento[9].

8   Já não se nos afigura adequado considerar que foi (erradamente) dada liberdade às partes quanto à oposição à renovação[10]: a forma de extinção aqui em causa é a caducidade, cujas normas são imperativas.

Artigo 1081.º (Efeitos da cessação)

1. A cessação do contrato torna imediatamente exigível, salvo se outro for o momento legalmente fixado ou acordado pelas partes, a desocupação do local e a sua entrega, com as reparações que incumbam ao arrendatário.

2. Com antecedência não superior a três meses sobre a obrigação de desocupação do local, o senhorio pode exigir ao arrendatário a colocação de escritos, quando correspondam aos usos da terra.

3. O arrendatário deve, em qualquer caso, mostrar o local a quem o pretender tomar de arrendamento durante os três meses anteriores à desocupação, em horário acordado com o senhorio.

4. Na falta de acordo, o horário é, nos dias úteis, das 17 horas e 30 minutos às 19 horas e 30 minutos e, aos sábados e domingos, das 15 às 19 horas.

Bibliografia: Laurinda Gemas e outros, *Arrendamento*, 361-362; Luís Menezes Leitão, *Arrendamento*, 5.ª ed., 137-138; Pires de Lima/Antunes Varela, *Código anotado 2*, 4.ª ed., 576-578.

---

[5] DR I, n.º 41, de 27-fev.-2006, 1560/II.
[6] Laurinda Gemas e outros, *Arrendamento*, 361.
[7] *Vide* os 12.º e 13.º da LCS, aprovada pelo DL 72/2008.
[8] DR 1.ª, n.º 157, de 14-ago.-2012, 4411/I e 4412/I.
[9] Amadeu Colaço, *Reforma do NRAU*, 4.ª ed. (2012), 250.
[10] Olinda Garcia, *Arrendamento urbano anotado*, 28.

Índice

I – Origem
1. Código de Seabra 1
2. As leis subsequentes 4
3. Leis da I República 7
4. II República 9
5. RAU de 1990 10
6. Interpelação 11
7. RNAU de 2004 13
8. NRAU de 2006 14

II – O regime
9. Restituição 15
  α) Desocupação do local 16
  β) Reparações 17
  γ) Entrega 18
10. Diferimento 19
11. Escritos e outros 21

I – Origem

1. O **Código de Seabra**, dispunha, no 1625.º[1]:

> Nas terras onde se usarem escriptos, haver-se-ha por despedido o arrendatario que os pozer, e será obrigado a mostrar o interior da casa, a quem pretender vê-la.

Explicava Dias Ferreira que, nas terras onde se usassem escritos, o arrendatário não carecia de avisar o senhorio da sua decisão de deixar a casa; mas este deveria avisar o inquilino para o dar por despedido.

O uso ordinário era o de pôr os escritos, um mês antes de findar o arrendamento[2]. Não havendo o costume dos escritos, o senhorio deveria ser avisado com quarenta dias de antecedência (1626.º). A colocação de escritos é, por via consuetudinária e por consagração direta no Código de Seabra, uma obrigação civil; apenas pelas confusões subsequentes, com consequências até há pouco tempo, veio a mesma a ser inserida em leis de processo.

2. **As leis subsequentes** vieram multiplicar as regras sobre o modo de cessação do arrendamento urbano. Subjacente esteve uma ideia de burocratização e de judicialização, que constituiria um pilar do vinculismo. Assim, o 495.º do CPC de 1876, veio dispor[3]:

> O senhorio a quem não convier a continuação do arrendamento além do praso estipulado ou além d'aquelle por que a lei o presume feito, despedirá o arrendatario fazendo-o citar para effectuar o despejo no fim do arrendamento.
>
> § 1.º Nos arrendamentos de prédios urbanos deverá a citação effectuar-se até ao dia em que se deverem pôr os escriptos nas terras onde eles se usarem, ou quarenta dias antes de findar o arrendamento onde não houver aquelle uso; (...)
>
> § 2.º Nas terras onde se usarem escriptos, o arrendatario será citado, não só para despejar, mas tambem para pôr os escriptos no dia competente, sob pena de serem postos á sua custa.

A L de 21-mai.-1896[4] aprovou normas relativas ao despejo de prédios arrendados ao mês ou por menos de seis meses. O senhorio que não quisesse a renovação do contrato avisaria, na presença de testemunhas, o arrendatário para pôr escritos, seis dias antes do termo do prazo (2.º), seguindo-se meios processuais.

O D de 30-ago.-1907, no 5.º, § 1.º, previa[5]:

> No despejo de prédios urbanos será o réu também condenado, sob a mesma pena, a pôr escritos no prazo de três dias a contar da intimação da sentença, nas terras onde se usarem (...)

---

[1] José Dias Ferreira, *Codigo annotado* 4, 1.ª ed., 81.
[2] *Idem*, 81.
[3] José Dias Ferreira, *Codigo de Processo Civil Annotado* 2 (1888), 50-52; este Autor reconhece estar-se, em parte, perante a transcrição de preceitos civis.
[4] DG n.º 114, de 22-mai.-1896, reproduzido em *Arrendamento (inquilinato)*, 4.ª ed. Procural (1946), 12-14 (13).
[5] DG n.º 200, de 7-set.-1907, *idem*, 18-24 (20).

7   3. As **leis da I República** mantiveram e multiplicaram as normas relativas à cessação do arrendamento urbano. Surgiram como leis de emergência, viradas para efeitos práticos imediatos, pelo que não curaram de separar as regras processuais das substantivas. Assim, o D de 12-nov.-1910, que regulava o despejo de prédios urbanos, por conveniência do senhorio, exigia logo uma petição ao juiz, com múltiplas regras subsequentes (11.º)[6].

8   O D 5:411, de 17-abr.-1919, admitia que fosse dispensado o processo judicial, quando o senhorio e o arrendatário concordassem com o despedimento ou quando o mandatário pusesse escritos (29.º, § 1.º)[7]. Não sendo o caso, o senhorio deveria requerer a citação do arrendatário para efetivar o despejo, no fim do contrato (70.º)[8], seguindo-se todo um processo. O D 9:118, de 10-set.-1923, regulou o anterior, fixando novas regras processuais, para a cessação do arrendamento, juntando regras civis e processuais[9].

9   4. A **II República** foi a época do processo civil. O CPC de 1939, aprovado pelo DL 29:637, de 28-mai.-1939, dedicou o capítulo II dos processos especiais à cessação do arrendamento e da parceria agrícola: 970.º a 998.º, preceitos, por vezes, de longa extensão[10]. Aí surgiam, de mistura, regras processuais e substantivas, sendo patente, em obediência ao vinculismo então reinante, um adjetivar de regras civis. Esta orientação manteve-se no CPC de 1961, aprovado pelo DL 44 129, de 28-dez.-1961 (964.º a 968.º)[11], com as alterações introduzidas pelo DL 47 690, de 11-mai.-1967[12]. Os 964.º e 982.º, relativos à "denúncia" pelo senhorio e pelo arrendatário, respetivamente, referiam muito claramente os "avisos" que, para o efeito, deveriam fazer um ao outro. Trata-se de típicas interpelações civis.

10 5. O **RAU de 1990**, que retirou o arrendamento urbano do CC, aproveitou para pôr termo à (confusa) colocação de regras civis no CPC, inserindo-as em divisão própria, relativa à interpelação como forma normal de fazer cessar o correspondente contrato. Vamos recordar os competentes preceitos[13]:

> Artigo 53.º (**Interpelação**) – 1. Quando o senhorio ou arrendatário pretendam fazer cessar o arrendamento, nos casos em que a lei o permita, devem interpelar a outra parte com a antecedência legalmente prescrita.
> 2. A interpelação faz-se pela citação, quando seja exigida acção judicial, ou extrajudicialmente, por comunicação escrita, nos restantes casos.
> 3. Produz, ainda, os efeitos da interpelação o reconhecimento, pelo arrendatário, do facto jurídico que conduz à cessação do arrendamento, seja pela aposição de escritos, seja por documento por ele assinado.

> Artigo 54.º (**Efeitos da interpelação**) – 1. A interpelação feita pelo senhorio, quando efectuada na forma prevista pela lei, torna exigível, a partir do momento legalmente fixado, a desocupação do local e a sua entrega com as reparações que incumbem ao arrendatário.
> 2. Com a interpelação, o senhorio pode exigir ao arrendatário a colocação de escritos, quando correspondam ao uso da terra.
> 3. O arrendatário deve, em qualquer caso, mostrar o local a quem pretender tomá-lo de arrendamento, em horário acordado com o senhorio.
> 4. Na falta do acordo referido no número anterior, o arrendatário deve mostrar o local nos dias úteis, das 17 horas e 30 minutos às 19 horas e 30 minutos e aos sábados e domingos, das 15 às 19 horas, respectivamente.

11 6. Diz-se **interpelação**, em Direito civil, a comunicação, feita por uma parte à outra, com o fito de exigir o cumprimento de uma obrigação. Quanto à estrutura, é uma declaração unilateral

---

[6] DG n.º 34, de 14-nov.-1910, 399/II e 399/III.
[7] DG n.º 80, de 17-abr.-1919, 655/I.
[8] Idem, 657/II.
[9] DG n.º 195, de 10-set.-1923, 1033/II-1034/I

[10] DG I, n.º 123, de 28-mai.-1939, 497-499.
[11] DG I, n.º 299, de 28-dez.-1961, 1900-1904.
[12] DG I, n.º 112, de 11-mai.-1967, 1002-1004.
[13] DG I, n.º 238 (supl.), de 15-out.-1990, 4286-(16)/II.

recipienda e, quanto à função, um ato enunciativo. No tocante à forma, a interpelação pode ser judicial ou extra-judicial, consoante ocorra através do tribunal, normalmente por notificação judicial ou pela citação ou por simples comunicação particular. Trata-se do esquema resultante diretamente do 805.º do CC, acolhido, de modo pacífico, pela doutrina[14].

O RAU de 1990 nada mais fez do que repescar normas patentemente civis (algumas, como a dos escritos, vinham já do Código de Seabra) que, pelos sortilégios do vinculismo, vieram parar ao CPC e colocá-las no sítio[15]. São deslocadas as considerações de Antunes Varela, acusando o texto do RAU de obscuridade e detetando, nele, uma promiscuidade entre regras civis e processuais. Não se respondeu, na altura, a esse Autor (de resto: ilustre) por se afigurar tratar-se de (má) disposição e não de tema científico[16].

7. O **RNAU de 2004** sintetizou as regras do RAU, propondo o seu regresso ao CC, com o texto que segue[17]:

Artigo 1082.º (**Meios de cessação do arrendamento**)

1. A cessação do arrendamento ou a sua não renovação operam por interpelação à outra parte, mediante carta registada, dirigida para o respectivo domicílio contratual, da qual conste, com clareza, o enunciado dos factos que conduzam à cessação ou à não renovação e o propósito de dar o contrato como findo.
2. Quando a carta referida no número anterior seja devolvida, cabe ao remetente enviar, com uma dilação não inferior a um mês, nova carta registada para o domicílio contratual, tendo-se, então e para todos os efeitos legais, a interpelação como efectuada.
3. Para a restituição do local, o senhorio dispõe ainda, conforme os casos e quando necessário, ou de um título executivo ou da acção de despejo.

Artigo 1083.º (**Efeitos da interpelação**)

1. A interpelação feita pelo senhorio, na forma legal, torna exigível, a partir do momento legalmente fixado, a desocupação do local e a sua entrega, com as reparações que incumbam ao arrendatário.
2. Com a interpelação, o senhorio pode exigir ao arrendatário a colocação de escritos, quando correspondam aos usos da terra.
3. O arrendatário deve, em qualquer caso, mostrar o local a quem pretender tomá-lo de arrendamento, em horário acordado com o senhorio.
4. Na falta de acordo, o horário será, nos dias úteis, das 17 horas e 30 minutos às 19 horas e 30 minutos e, aos sábados e domingos, das 15 às 19 horas.

8. O **NRAU de 2006** veio ficar-se pelo 1083.º, agora renumerado 1081.º[18], com um teor que não foi alterado pela reforma de 2012. O legislador evitou uma fórmula genérica sobre os meios de cessação do arrendamento, limitando-se a regular alguns efeitos da cessação.

II – O regime

9. A **restituição** do local é imediatamente exigível, com a cessação do contrato (1081.º/1, 1.ª parte). Trata-se de uma concretização óbvia do 1038.º, i), tornada necessária por via das várias exceções historicamente surgidas, mercê do vinculismo. A restituição envolve:

α) A **desocupação do local**: este deve ser entregue ao senhorio, desembaraçado de pessoas e de bens. A presença de pessoas, ainda que estranhas ao locatário, pode envolver a responsabilida-

---

[14] Fernando Pessoa Jorge, *Lições de Direito das obrigações* 1 (1967), 283-284; Pires de Lima/Antunes Varela, *Código anotado* 2, 4.ª ed., 63-64.
[15] Menezes Cordeiro/Castro Fraga, *RAU anotado*, 101-102.
[16] Pires de Lima/Antunes Varela, *Código anotado* 2, 4.ª ed., 576-578. A 578, lê-se mesmo que a interpelação não pode-

ria resultar de citação ou de notificação (!; *vide* o 805.º/1), que a interpelação seria não-negocial, ao contrário do aviso, verdadeiro negócio jurídico (!) e que a citação não seria interpelação, por ser judicial (!). Não damos fé.
[17] O Direito 136 (2004), 467-493 (482).
[18] DR n.º 41-A, de 27-fev.-2006, 1561/I.

deste, designadamente por haver proporcionado o (sub)gozo indevido do locado ou por não ter informado devidamente o senhorio de que tais pessoas se arrogavam o direito à presença no local. Quanto a bens: não fazendo os mesmos parte do arrendamento, impõe-se a sua remoção, por conta do arrendatário.

17 β) As **reparações** que devam ter lugar, particularmente as correspondentes às deteriorações lícitas, previstas no 1073.°/1 e mandadas efetuar pelo n.° 2 desse preceito. Elas devem-se mostrar efetuadas com a antecedência necessária para que tudo esteja pronto no momento da entrega.

18 γ) A **entrega** propriamente dita, normalmente consubstanciada na tradição das chaves ou na sua colocação em local combinado – p. ex., junto do porteiro.

19 10. O **diferimento** da desocupação pode ser requerido ao juiz, no quadro da oposição ao procedimento especial de despejo, nos termos do 15.°-N da L 6/2006, de 27-fev., na redação dada pela L 31/2012, de 14-ago., por razões sociais imperiosas, explicitadas nesse preceito. É decidido nos termos do 15.°-O do mesmo diploma[19].

20 Além disso, temos os seguintes momentos legalmente fixados, posteriores à cessação em si: um mês após a resolução, se outro prazo não for judicialmente fixado ou acordado pelas partes (1087.°); dois anos após a denúncia do contrato de duração indeterminada, por conveniência – 1101.°, c); seis meses, no mínimo, em caso de morte do arrendatário (1106.°/3). Recomenda-se que, na prática, se consulte sempre um advogado habilitado.

21 11. **Escritos e outros**. O 1081.°, de acordo com a tradição portuguesa, prevê alguns deveres instrumentais prévios à desocupação e, daí, pelo menos em parte, à cessação do contrato. Eles envolvem: (a) a colocação de escritos com uma antecedência não superior a três meses sobre a desocupação, quando correspondam aos usos da terra (1081.°/2); os escritos correspondem à colagem, a meio dos vidros das janelas do local para arrendar, de metade ou de um quarto de folhas de papel em branco, de modo visível do exterior, assinalando ao público que o local está disponível para novo arrendamento; (b) a disponibilidade para, nesses três meses, mostrar o local a quem pretenda tomá-lo de arrendamento, em horário acordado com o senhorio (1081.°/3); (c) sendo esse horário fixado supletivamente, em dias úteis, das 17.30 às 19.30 e, aos sábados e domingos, das 15 às 19 horas.

Divisão II – Cessação por acordo entre as partes

Artigo 1082.° (Revogação)

1. As partes podem, a todo o tempo, revogar o contrato, mediante acordo a tanto dirigido.

2. O acordo referido no número anterior é celebrado por escrito quando não seja imediatamente executado ou quando contenha cláusulas compensatórias ou outras cláusulas acessórias.

Bibliografia: Jorge Pinto Furtado, *Manual 2*, 5.ª ed., 919-923; Pires de Lima/Antunes Varela, *Código anotado 2*, 4.ª ed., 590-592.

---

[19] *Vide* as anotações aos competentes preceitos.

Índice

I – Origem e evolução
1. RAU de 1990 1

II – O regime
2. Revogação 2

3. Forma 4
4. Cláusulas compensatórias 6
5. Consentimento conjugal 9
6. Ónus da prova 10

I – Origem e evolução

1. O **RAU de 1990** continha, no 62.º, uma norma praticamente idêntica à que hoje consta do 1082.º[1]. Essa regra passou ao 1084.º do projeto de RNAU, de 2004[2] e, daí, ao preceito em vigor, por via do 3.º da L 6/2006, de 27-fev.[3].

II – O regime

2. A **revogação**, também dita distrate ou acordo revogatório, consiste na cessação de um contrato, por acordo das partes. Em regra, não tem eficácia retroativa e não depende de quaisquer justificações. A revogação é, no campo dos direitos disponíveis, consabidamente sempre possível, como de resto se infere do 406.º/1.

No caso do arrendamento urbano e em pleno vinculismo, como sucedia em 1990, o preceito tinha, todavia, utilidade[4]. Com efeito: (a) afastava dúvidas; o inquilino que concordasse com o termo do contrato poderia, depois, arrepender-se; ora não constando tal eventualidade dos fundamentos expressos de resolução do contrato, por iniciativa do senhorio, surgiriam problemas de exequibilidade; (b) enquadrava a forma: o 221.º/2 não esclarece sobre "as razões de exigência especial da lei"; ainda que, *in casu*, haja bons argumentos no sentido de dizer que as mesmas razões que impõem a forma do arrendamento se aplicam à sua revogação (reflexão das partes; solenidade e prova; publicidade), não havia segurança, a qual, em área tão litigiosa, é importante; (c) confirmava a admissibilidade de acordos complementares; (d) opera como título executivo[5].

3. A **forma** da revogação depende: se for obrigacional, impõe-se a forma escrita[6]; se for real[7], isto é, acompanhada pela desocupação do local, não depende de forma alguma. A desocupação pode operar por tradição simbólica, através da remessa das chaves ao senhorio[8].

A justificação para a forma escrita já acima foi explicada. Mal fica insistir: a decisão de abandonar a sua casa pode ser da maior gravidade, não se justificando a displicência do Direito, neste ponto. Havendo abandono real, o inquilino apercebe-se do que faz. Não sendo esse o caso, o escrito é o mínimo exigível. Na sua falta, quando requerida, a revogação é nula[9]. Além disso, o acordo pode ser tácito, nos termos gerais[10].

4. As **cláusulas compensatórias** ou outras cláusulas acessórias podem ter todo o conteúdo que as partes entendam e que a lei não proíba. Podem, como exemplo, respeitar: (a) a uma retribuição (pura e dura) pelo distrate, normalmente a pagar ao inquilino; (b) à compensação por ben-

---

[1] DR I, n.º 238, de 15-out.-1990, 4286-(17)/I e II.
[2] O Direito 136 (2004), 467-493 (483).
[3] DR I-A, n.º 41, de 27-fev.-2006, 1561/I.
[4] Menezes Cordeiro/Castro Fraga, *RAU anotado*, 108.
[5] RLx 30-nov.-2010 (Tomé Gomes), Proc. 5170/07.4.
[6] Já se defendeu que, antes da entrada em vigor do RAU, a revogação não estava sujeita a qualquer forma específica; dado o teor do 221.º/2, a matéria é, no mínimo, duvidosa.
[7] RPt 27-jan.-1981 (Joaquim Gonçalves), CJ VI (1981) 1, 143-145 (144/II), REv 17-set.-1992 (Araújo dos Anjos),

CJ XVII (1992) 4, 302-304 (304/I) e Rev 1-fev.-1996 (António Manuel Pereira), CJ XXI (1996) 1, 281-282 (282/I).
[8] STJ 6-dez.-2006 (Salvador da Costa), Proc. 06B4309; a revogação real depende, então, de receção das chaves.
[9] RCb 2-mai.-2005 (Cardoso de Albuquerque), BMJ 497 (2005), 447/II; a nulidade é de conhecimento oficioso.
[10] *Vide* os casos discutidos e decididos em RCb 22--mai.-2005 (Coelho de Matos), Proc. 2578/04 e em RLx 6-mar.-2008 (Olindo Geraldes), Proc. 1784/2008.

feitorias; (c) à obtenção de outro local, para a habitação do inquilino, a título de arrendamento ou outro; (d) ao pagamento de despesas de embalagem ou de mudança; (e) a deveres de reencaminhar correio ou similares.

7   Perante o RAU, pôs-se a dúvida de saber se a retribuição paga ao inquilino pelo distrate não seria crime de especulação, em face do 14.º do DL 321-B/90, de 15-out.: o inquilino receberia uma quantia que não lhe seria devida, pela desocupação do local arrendado. Mas não: havendo revogação legítima com a cláusula retributiva, a respetiva importância passava a ser devida[11].

8   Pinto Furtado considera o pagamento de tal retribuição como "luva", que se manteria "repugnante", não obstante o "branqueamento" levado a cabo pela revogação do 14.º do DL 321-B/90[12]. Cabe distinguir. Havendo uma causa de cessação operacional (caducidade, revogação ou denúncia) ou ocorrendo uma oposição à renovação, o vir exigir dinheiro para abandonar o local é inaceitável. Um acordo conseguido na base da ameaça de não sair, provocando despesas e demoras será, provavelmente, nulo por contrariedade aos bons costumes (280.º/1). Já uma resolução transparente pode justificar a retribuição: o senhorio fará (por hipótese) um bom negócio, arrendando, por exemplo, o local por um bom preço, enquanto o inquilino tem de se realojar nalgum lado. A presença de um acordo escrito, com incidências tributárias, nos termos gerais, será, sem dúvida, a saída mais leal e transparente.

9   5. O **consentimento conjugal** é necessário para a revogação do arrendamento relativo à casa de morada de família – 1682.º-B, b).

10   6. O **ónus da prova** da existência de revogação implica o de provar os factos alegados pela pessoa que, dela, se queira prevalecer: nos termos gerais[13].

Divisão III – Resolução

Artigo 1083.º (Fundamento da resolução)

    1. Qualquer das partes pode resolver o contrato, nos termos gerais de direito, com base em incumprimento pela outra parte.

    2. É fundamento de resolução o incumprimento que, pela sua gravidade ou consequências, torne inexigível à outra parte a manutenção do arrendamento, designadamente quanto à resolução pelo senhorio:

    a) **A violação de regras de higiene, de sossego, de boa vizinhança ou de normas constantes do regulamento do condomínio;**

    b) **A utilização do prédio contrária à lei, aos bons costumes ou à ordem pública;**

    c) **O uso do prédio para fim diverso daquele a que se destina, ainda que a alteração do uso não implique maior desgaste ou desvalorização para o prédio;**

    d) **O não uso do locado por mais de um ano, salvo nos casos previstos no n.º 2 do artigo 1072.º;**

    e) **A cessão, total ou parcial, temporária ou permanente e onerosa ou gratuita, do gozo do prédio, quando ilícita, inválida ou ineficaz perante o senhorio.**

---

[11] *Vide*, quanto a este ponto, Menezes Cordeiro/Castro Fraga, *RAU anotado*, 109 e Pinto Furtado, *Manual* 2, 5.ª ed., 922-923. A constitucionalidade do preceito foi sindicada pelo TC 450/2002, de 29-out. (Guilherme da Fonseca);

DR II, n.º 287, de 12-dez.-2002, 20 297-20 298.
[12] Pinto Furtado, *Manual* 2, 5.ª ed., 923.
[13] STJ 19-set.-2006 (Sebastião Póvoas), Proc. 06A2597.

3. É inexigível ao senhorio a manutenção do arrendamento em caso de mora igual ou superior a dois meses no pagamento da renda, encargos ou despesas que corram por conta do arrendatário ou de oposição por este à realização de obra ordenada por autoridade pública, sem prejuízo do disposto nos n.ºs 3 a 5 do artigo seguinte.

4. É ainda inexigível ao senhorio a manutenção do arrendamento no caso de o arrendatário se constituir em mora superior a oito dias, no pagamento da renda, por mais de quatro vezes, seguidas ou interpoladas, num período de 12 meses, com referência a cada contrato, não sendo aplicável o disposto nos n.ºs 3 e 4 do artigo seguinte.

5. É fundamento de resolução pelo arrendatário, designadamente, a não realização pelo senhorio de obras que a este caibam, quando tal omissão comprometa a habitabilidade do locado e, em geral, a aptidão deste para o uso previsto no contrato.

Bibliografia: Jorge Pinto Furtado, *Manual 2*, 5.ª ed., 1035-1062; Maria Olinda Garcia, *A nova disciplina*, 22-23; idem, *Arrendamento urbano anotado*, 27-36; Laurinda Gemas e outros, *Arrendamento*, 362-365; Luís Menezes Leitão, *Arrendamento*, 5.ª ed., 139-155; Pires de Lima/Antunes Varela, *Código anotado 2*, 4.ª ed., 592-611; David Magalhães, *A resolução do contrato de arrendamento urbano* (2007), 369 pp.; Manteigas Martins e outros, *NRAU/Anotado e comentado*, 121-124; Fernando Baptista de Oliveira, *A resolução do contrato de arrendamento no NRAU/Causas de resolução e questões conexas (em especial a cláusula geral resolutiva do n.º 2 do art. 1083.º do CC)* (2007), 589 pp.; Isabel Rocha/Paulo Estima, *NRAU/Notas práticas* (2012), 109-112; Ana Sardinha/Francisco Cabral Metello, *NRAU/Anotado e comentado/Lei n.º 6/2006, de 27 de Fevereiro* (2007), 187-192.

Índice

I – Origem e evolução
1. Ordenações Filipinas 1
2. Código de Seabra 3
3. 1.ª República 5
4. 2.ª República 9
5. Anteprojeto Galvão Telles 10
6. Revisões ministeriais 11
7. Código Civil 12
8. RNAU de 2004 15
9. NRAU de 2006 17
10. Reforma de 2011 18

II – O regime geral
11. O sistema 19
12. O incumprimento 23
13. A gravidade 26
14. As consequências 28
15. A inexigibilidade 29
16. A relação 30
  α) Teoria da interação 31
  β) Teoria da independência 32
  γ) Teoria da presunção 33
  δ) Teoria da ponderação móvel 34

III – A concretização do 1083.º/2
17. O 1083.º/2, *a*) 39

α) Regras de higiene 41
β) Regras de sossego 43
  αα) Ruído 45
  ββ) Animais 49
  γγ) Relações de vizinhança 51
γ) Condomínio 52
18. O 1083.º/2, *b*) 55
  α) A contrariedade à lei 56
    αα) Obras não autorizadas 57
    ββ) Deteriorações consideráveis 58
    γγ) Hospedagem 59
    δδ) Subrenda excessiva 60
  β) A contrariedade aos bons costumes 61
  γ) A contrariedade à ordem pública 63
19. O 1083.º/2, *c*) 64
20. O 1083.º/2, *d*) 66
21. O 1083.º/2, *e*) 68

IV – A concretização do 1083.º/3 e 4
22. O 1083.º/3, 1.ª parte (mora na renda) 71
23. *Idem* (mora nos encargos) 75
24. O 1083.º/3, 2.ª parte (oposição a obras) 77
25. O 1083.º/4 (moras repetidas) 79

V – Outras causas
26. Legais 82

27. Contratuais 84
VI – **A resolução pelo arrendatário**
28. Regime geral 85
29. Falta de obras 87

VII – **Aplicação no tempo**
30. O princípio geral 89
31. Os fundamentos duradouros 90

I – **Origem e evolução**

1 1. **As Ordenações Filipinas** retomando leis romanas confirmadas por D. Afonso V[1], determinavam[2]:

> A pessoa que dér de aluguer alguma casa á outrem por certo preço e á certo tempo, não a poderá lançar fóra della, durando o dito tempo, senão em quatro casos.
> O primeiro he, se o alugador não pagar a pensão, ao tempo que promettéu, ou no tempo; que fôr costume da terra pagarem-se as pensões.
> O segundo caso he, quando o alugador usa mal da casa, assi como danificando-a ou usando nella de alguns actos illicitos e deshonestos, ou danosos á casa.
> O terceiro he, quando o senhor a quer renovar, ou repairar de adubios necessarios, que se não poderão fazer convenientemente, morando o alugador nella; e acabado o repairo e adubio, lhe tornará a casa, até se acabar o tempo do aluguer, e descontar-se-ha da pensão, soldo á livra, o tempo, que não morou nella por causa do repairo.
> O quarto he, quando o senhor da casa por algum caso, que de novo lhe sobreveio, a ha mister para morar nella, ou para algum seu filho, filha, irmão ou irmã, porque nestes casos poderá lanlar ao alugador fóra, durando o tempo do aluguer, pois lhe he tão necessaria polo caso, que de novo lhe sobreveio, de que não tinha razão de cuidar ao tempo, que a alugou.

2 Pertence, pois, ao acervo tradicional a fixação, por lei, dos casos precisos em que se pode proceder à resolução do arrendamento, designadamente por iniciativa do senhorio.

3 2. O **Código de Seabra** restringiu os casos de resolução pelo senhorio[3]. Dispunha o seu 1607.°:

> O senhorio poderá, contudo, despedir o arrendatario, antes de o arrendamento acabar, nos casos seguintes:
> 1.° Se o arrendatario não pagar a renda nos prasos convencionados;
> 2.° Se o arrendatario usar do predio para fim diverso d'aquelle que lhe é proprio, ou para que foi arrendado.

4 O 1611.° permitia a rescisão, pelo arrendatário, se o senhorio, sendo requerido, não fizesse, no prédio arrendado, os reparos necessários[4].

5 3. A **1.ª República** deu azo ao vinculismo, que já anteriormente manifestara alguns sintomas. Um dos pontos característicos do vinculismo foi o da prorrogação automática dos contratos e, nalguns picos, a obrigação de celebrar, com terceiros, novos contratos, idênticos aos anteriores[5]. Como contrapartida, as leis vieram prever novos casos nos quais se permitia a resolução, por iniciativa do senhorio.

6 A L 826, de 28-set.-1917, proibiu os despejos de conveniência, admitindo-os, todavia, nos casos de (2.°/5, § 1.°)[6]:

---

[1] *Ordenações Afonsinas*, Liv. IV, tit. LXXIIII = Ed. Gulbenkian IV, 261-264.
[2] *Ordenações Filipinas*, Liv. IV, tit. XXIV, corpo = Ed. Gulbenkian IV-IV, 804-805.
[3] José Dias Ferreira, *Codigo annotado* 1, 1.ª ed., 64-65.

[4] *Idem*, 74-75.
[5] 3.° do DL n.° 1:076, de 23-nov.-1914; *vide* DG I, n.° 219, de 23-nov.-1914, 1279/I.
[6] DG I, n.° 172, de 28-set.-1917, 935/I.

(...) obras indispensáveis para o prédio ser habitado, a má vizinhança manifestamente inconveniente ou prejudicial, os estragos propositadamente causados ou que provenham evidentemente de incúria, ou ainda quando o inquilino não concorde nos aumentos de renda permitidos por esta lei.

O D 5:411, de 17-abr.-1919 parecia manter os fundamentos de resolução constantes do 1607.º/2, do Código de Seabra (77.º/4.º). No seu 21.º, admitia que o senhorio pudesse despedir o arrendatário, antes de o arrendamento acabar, se ele não pagasse a renda (1.º), se usasse o prédio para fim diverso do pactuado (2.º) ou se tivesse de realizar obras, no prédio, que exigissem a desocupação (3.º)[7].

A densificação subsequente foi levada a cabo pela L 1:662, de 4-set.-1924. Esta veio suspender todas as ações e execuções de sentença de despejo de prédios urbanos, com as exceções seguintes (5.º): falta de pagamento de renda (§ 1.º); aplicação do prédio a fins ilícitos ou desonestos ou a fim diverso do previsto (§ 7.º); prédio desabitado ou encerrado por mais de um ano (§ 9.º); sublocação não autorizada (7.º, § 1.º)[8].

4. A **2.ª República**, pela L 2:030, de 22-jun.-1948, manteve os fundamentos de resolução anteriores e aditou-lhe, para além de casos de caducidade, o de o arrendatário dar hospedagem a mais pessoas, salvo determinados familiares – 67.º, b)[9].

5. O **anteprojeto Galvão Telles**, através de um jogo de remissões, só permitia a rescisão, pelo senhorio (95.º), em sete situações: não pagamento de renda; aplicação a fim diverso; utilização imprudente da coisa; não permitir reparações urgentes (25.º, 1.º a 4.º); proporcionar a outrem o gozo total ou parcial da coisa, sem autorização; não-comunicação ao senhorio da cedência da coisa, quando autorizada; e cobrar, ao sublocatário, renda superior ao permitido (40.º)[10].

6. Nas **revisões ministeriais**, optou-se por reunir, num preceito, as diversas causas de resolução, de mistura com algumas de caducidade. Na 1.ª, o 1089.º chegava às dez alíneas[11], prenunciando já o CC. Na 2.ª e no projeto final, foram ainda feitos ajustes[12].

7. O **Código Civil**, versão original, veio regular a matéria no 1093.º, epigrafado "casos de resolução". Dispunha[13]:

Artigo 1093° (**Casos de resolução**)

1. O senhorio só pode resolver o contrato:

a) Se o arrendatário não pagar a renda no tempo e lugar próprios nem fizer depósito liberatório;
b) Se usar ou consentir que outrem use o prédio arrendado para fim ou ramo de negócio diverso daquele ou daqueles a que se destina;
c) Se aplicar o prédio, reiterada ou habitualmente, a práticas ilícitas, imorais ou desonestas;
d) Se fizer no prédio, sem consentimento escrito do senhorio, obras que alterem substancialmente a sua estrutura externa ou a disposição interna das suas divisões, ou praticar quaisquer actos que nele causem deteriorações consideráveis, igualmente não consentidas e que não possam justificar-se nas termos dos artigos 1043° ou 1092.°;
e) Se der hospedagem a mais de três pessoas das mencionadas no nº 3 do artigo 1109°, quando não seja esse o fim para que o prédio foi arrendado;
f) Se subarrendar ou emprestar, total ou parcialmente, o prédio arrendado, ou ceder a sua posição contratual, nos casos em que estes actos são ilícitos, inválidos por falta de forma ou ineficazes em relação ao senhorio, salvo o disposto no artigo 1049°;
g) Se cobrar do sublocatário renda superior à que é permitida nos termos do artigo 1082°;

---

[7] DG I, n.º 80, de 17-abr.-1919, 654/II.
[8] DG I, n.º 200, de 4-set.-1924, 1241/II, 1242/I e 1242/II.
[9] DG I, n.º 143, de 22-jun.-1948, 536/I.
[10] *Contratos civis*, 241, 220 e 225, respetivamente.
[11] BMJ 120 (1962), 114-115.
[12] Jacinto Rodrigues Bastos, *Dos contratos*, 153-154.
[13] DG n.º 274, de 25-nov.-1966, 1979/I e II.

Artigo 1083.º   *Capítulo IV – Locação*

    h) Se conservar encerrado por mais de um ano, consecutivamente, o prédio arrendado para comércio, indústria ou exercício de profissão liberal, salvo caso de força maior ou ausência forçada do arrendatário, que não se prolongue por mais de dois anos;
    i) Se conservar o prédio desabitado por mais de um ano, consecutivamente, ou, sendo o prédio destinado a habitação, não tiver nele residência permanente, habite ou não outra casa, própria ou alheia;
    j) Se deixar de prestar ao proprietário ou ao senhorio os serviços pessoais que determinaram a ocupação do prédio.

2. Não tem aplicação o disposto na alínea *i)* do número anterior:

    a) Em caso de força maior ou de doença;
    b) Se o arrendatário se ausentar por tempo não superior a dois anos, em cumprimento de deveres militares, ou no exercício de outras funções públicas ou de serviço particular por conta de outrem, e bem assim, sem dependência de prazo, se a ausência resultar de comissão de serviço público, civil ou militar, por tempo determinado;
    c) Se permanecerem no prédio os familiares do arrendatário.

13   Durante muitos anos, as diversas alíneas do 1093.º, que eram taxativas, foram buriladas pela jurisprudência, pelos comentadores e pela doutrina. Com o tempo, algumas questões foram encontrando um ponto de equilíbrio, enquanto outras se mantiveram em aberto. As especiais características da nossa jurisprudência[14] levaram a que, por vezes, questões que pareciam arrumadas, fosse reabertas por algum julgador[15].

14   Independentemente do âmbito real das discussões em aberto, o RAU, para não instabilizar uma matéria cravada de especialidades, optou por, no seu 64.º, acolher, praticamente sem alterações, o 1093.º[16].

15   8. O **RNAU de 2004** veio propor uma orientação totalmente diferente. Cumpre ter presente que esse projeto visava pôr termo ao vinculismo. Ora, numa ambiência contratual comum, não há que encerrar as causas de resolução de um contrato no colete de forças de uma enumeração taxativa. Por um lado, os contratos perdem a perpetuidade tendencial: salvo situações muito ponderosas, as partes não se lançam num litígio tendente a uma problemática resolução. Quando descontentes com o decurso de um contrato, elas recorrerão à denúncia ou à oposição à renovação, conforme os casos. Por outro, desaparece o apego do locatário ao imóvel. Desde que o mercado funcione, ele encontrará o equivalente, em novo arrendamento.

16   Foram propostos três artigos, que são os antepassados do 1083.º, hoje em vigor[17]:

Artigo 1085.º (**Resolução**)
    1. Qualquer das partes pode resolver o contrato, nos termos gerais de direito, com base em justa causa.
    2. A justa causa corresponde a uma circunstância que, pela sua gravidade ou consequências, torne inexigível, à outra parte, a manutenção do arrendamento.

Artigo 1086.º (**Resolução pelo senhorio**)
    Pode constituir, designadamente, justa causa de resolução do contrato pelo senhorio o comportamento do arrendatário que, com referência ao arrendamento considerado, traduza, implique ou faculte:
    a) A mora no pagamento da renda;
    b) A violação reiterada e grave de regras de higiene, de sossego, de boa vizinhança ou de normas constantes do regulamento do condomínio;

---

[14] *Tratado* I, 619 ss..
[15] Jorge Pinto Furtado, *Manual* 2, 5.ª ed., 1042, sustenta que as questões não eram "infindáveis".
[16] DR I, n.º 238 (supl.), de 15-out.-1990, 4287-(17)/II.
[17] O Direito 136 (2004), 467-493 (483-484).

c) A utilização do prédio contrária ao contrato, à lei, aos bons costumes ou à ordem pública;
d) A cessão, total ou parcial, temporária ou permanente e onerosa ou gratuita, quando ilícita, inválida ou ineficaz perante o senhorio.

Artigo 1087.º (**Resolução pelo arrendatário**)

Constituem, designadamente, justas causas de resolução pelo arrendatário, os eventos seguintes, imputáveis ou não ao senhorio:

a) A não-realização, em tempo útil, das obras determinadas pelas autoridades competentes ou requeridas pela utilização contratualmente prevista do prédio;
b) A degradação material, ambiental ou social do prédio, ou do bairro ou zona onde ele se situe;
c) A perda ou mudança do emprego do arrendatário ou a alteração do seu estado civil, familiar ou pessoal, da sua fortuna ou de qualquer outro factor relevante que haja justificado o arrendamento.

9. O **NRAU de 2006** aproveitou o esquema preconizado no projeto de 2004 para construir o 1083.º[18]. Na versão então dada a esse preceito, consignamos os pontos que foram modificados em 2012.

10. A **reforma de 2012** introduziu alterações que ganham sentido quando confrontadas com a redação de 2006. Por isso, damos o apontamento comparativo:

2006	2012
1083.º	1083.º
1. Qualquer das partes pode resolver o contrato, nos termos gerais de direito, com base em incumprimento pela outra parte.	1. [*idêntico*]
2. É fundamento de resolução o incumprimento que, pela sua gravidade ou consequências, torne inexigível à outra parte a manutenção do arrendamento, designadamente, quanto à resolução pelo senhorio:	2. [*idêntico*]
a) A violação reiterada e grave de regras de higiene, de sossego, de boa vizinhança ou de normas constantes do regulamento do condomínio;	a) A violação de regras de higiene, de sossego, de boa vizinhança ou de normas constantes do regulamento do condomínio;
b) A utilização do prédio contrária à lei, aos bons costumes ou à ordem pública;	b) [*idêntico*]
c) O uso do prédio para fim diverso daquele a que se destina;	c) O uso do prédio para fim diverso daquele a que se destina, ainda que a alteração do uso não implique maior desgaste ou desvalorização para o prédio;
d) O não uso do locado por mais de um ano, salvo nos casos previstos no n.º 2 do artigo 1072.º;	d) [*idêntico*]
e) A cessão, total ou parcial, temporária ou permanente e onerosa ou gratuita, quando ilícita, inválida ou ineficaz perante o senhorio.	e) A cessão, total ou parcial, temporária ou permanente e onerosa ou gratuita, do gozo do prédio, quando ilícita, inválida ou ineficaz perante o senhorio.
3. É inexigível ao senhorio a manutenção do arrendamento em caso de mora superior a três meses no pagamento da renda, encargos ou despesas, ou de oposição pelo arrendatário à realização de obra ordenada por autoridade pública, sem prejuízo do disposto nos n.ºs 3 e 4 do artigo seguinte.	3. É inexigível ao senhorio a manutenção do arrendamento em caso de mora igual ou superior a dois meses no pagamento da renda, encargos ou despesas que corram por conta do arrendatário ou de oposição por este à realização de obra ordenada por autoridade pública, sem prejuízo do disposto nos n.ºs 3 a 5 do artigo seguinte.
4. É fundamento de resolução pelo arrendatário, designadamente, a não realização pelo senhorio de	4. É ainda inexigível ao senhorio a manutenção do arrendamento no caso de o arrendatário se constituir em mora superior a oito dias, no pagamento da renda, por mais de quatro vezes, seguidas ou interpoladas, num período de 12 meses, com referência a cada contrato, não sendo aplicável o disposto nos n.ºs 3 e 4 do artigo seguinte.

---

[18] DR I-A, n.º 41, de 27-fev.-2006, 1561/I e II.

obras que a este caibam, quando tal omissão comprometa a habitabilidade do locado.

5. É fundamento de resolução pelo arrendatário, designadamente, a não realização pelo senhorio de obras que a este caibam, quando tal omissão comprometa a habitabilidade do locado e, em geral, a aptidão deste para o uso previsto no contrato.

II – O regime geral

19 11. **O sistema** do 1083.º consistiu em substituir o elenco taxativo dos anteriores 64.º do RAU e 1093.º, versão original, do CC, por uma cláusula geral de resolução, seguida de várias pequenas cláusulas exemplificativas de fundamentos resolutivos (1082.º/2) e de duas cláusulas típicas rígidas, concretizadoras desses mesmos fundamentos (1082.º/3 e 4). A cláusula geral, todavia, ficou coxa. Ela foi retirada do projeto de RNAU, de 2004, o qual, seguindo a tradição jurídica portuguesa e os esquemas comuns da lei civil, firmava o fundamento da resolução no conceito de justa causa[19]. E era esta justa causa que, como se viu, era composta com elementos que, pela sua gravidade ou consequências e ponderados no seu conjunto, tornavam inexigível a manutenção do arrendamento, justificando a resolução (1085.º). Feito este enquadramento, o projeto de RNAU, de 2004, exemplificava justas causas para a resolução pelo senhorio (1086.º) e pelo arrendatário (1087.º). Cumpre consignar que as redações em jogo foram validadas pelos mais reputados especialistas do País.

20 O NRAU de 2006, por razões desconhecidas, removeu as referências à justa causa. Com isso, o preceito ficou sem objeto. Diz o 1083.º/1 que qualquer das partes pode resolver o contrato, nos termos gerais, com base em incumprimento. Só que não há, na lei civil, nenhum preceito que permita, pura e simplesmente, resolver um contrato com base em incumprimento. Pelo contrário: no regime da compra e venda, aplicável aos demais contratos onerosos (939.º), o não pagamento do preço (prestação principal) não permite, em regra, a resolução (886.º). Os termos gerais eram os da justa causa, pois não há outros.

21 Tal como saiu da pena do legislador de 2006, o 1083.º/1 entra logo em contradição com o n.º 2[20]: afinal, não é nos "termos gerais de Direito" (que não existem), que se permite a resolução, mas à luz de uma ideia, não nomeada, mas que será a da boa e velha "justa causa": a do incumprimento que, pela sua gravidade ou consequências, torne inexigível a manutenção do arrendamento.

22 Antes de abordar o tema controverso das relações entre a cláusula geral do 1083.º/2, corpo e as pequenas cláusulas do 1083.º/2, alíneas *a*) a *e*) do 1083.º/3 e 4, quanto ao senhorio e 1083.º/5, quanto ao arrendatário, cumpre esclarecer o alcance da própria cláusula geral.

23 12. O **incumprimento (objetivo)** de deveres contratuais ou legais é o primeiro ponto constitutivo do direito potestativo de resolução. Em primeira linha surge a inobservância dos deveres contratuais típicos: 1031.º, do locador e 1038.º, do locatário. Seguem-se os deveres contratuais eventualmente aditados pelas partes. Temos, depois, deveres de tipo legal, particularmente intensos no domínio do arrendamento urbano, como os atinentes às relações de vizinhança (1071.º), ao uso efetivo do locado (1072.º), ao limite das deteriorações (1073.º) e às obras (1074.º). A violação de deveres acessórios, nas suas múltiplas dimensões, incluindo a vertente de proteção de terceiros é, para todos os efeitos incluindo o da resolução, um incumprimento (762.º/2). Por fim, cumpre referir os deveres gerais de respeito.

---

[19] A ideia de justa causa provém do mandato (1170.º/2), de onde passou ao Direito do trabalho (hoje: 351.º do CT), ao Direito das sociedades (257.º/6 e 403.º/4) e, implicitamente, à agência (30.º do DL 178/86, de 3-jul.). A ideia básica é a mesma, fazendo todo o sentido usá-la na locação.
[20] Jorge Pinto Furtado, *Manual* 2, 4.ª ed., 1038.

A lei não exige um incumprimento culposo. É certo que, perante deveres específicos, qual- 24
quer incumprimento se presume culposo (799.º/1). Há, aqui, um ponto importante: o 1083.º/2
não cura da responsabilidade civil. Esta exige culpa, acoplada, na responsabilidade contratual, à ilicitude. Mas a resolução não comporta tal requisito. Quer isso dizer que qualquer circunstância
que pela sua gravidade ou consequências torne a manutenção do contrato inexigível, constitui
fundamento de resolução, independentemente de ser imputável, a título de culpa, à outra parte.
A culpa só será requerida para uma eventual responsabilidade conexa.

Tivera a lei mantido a referência à "justa causa" que vinha do projeto de RNAU de 2004, 25
e fácil seria distinguir justas causas objetivas (sem culpa) e subjetivas (culposas). A perda da justa
causa não veio, todavia, bulir com a estrutura do sistema, que vinha já do Direito anterior e que
o legislador claramente manteve e ampliou.

13. **A gravidade** surge quando a conduta considerada entre em oposição clara com os valores 26
do arrendamento ou com a confiança legítima do senhorio. Ela é independente das consequências. Assim, tem uma gravidade que justifica a resolução pelo senhorio a efetivação, pelo arrendatário, sem autorização, de obras que alterem substancialmente a estrutura externa do locado
ou a disposição interna das suas divisões ou os atos que provoquem deteriorações ilícitas consideráveis [64.º/1, d), do RAU, hoje revogado]. A resolução justifica-se ainda que tais factos sejam
reversíveis[21] e, portanto: mesmo que não tenham consequências danosas. E isso sucede por eles
porem em crise a ordem dominial dos bens, ordem essa que reserva, para o proprietário, o poder
de transformação. Perante um direto atentado à ordenação dominial em que assenta o próprio
arrendamento, a correspondente relação torna-se inexigível. Outro exemplo seria o de um arrendatário pintar de verde uma casa alentejana: uma grave violação da ordem cultural e dominial da
terra.

Um atentado à confiança legítima, de gravidade resolutiva, ocorreria, por exemplo, caso o 27
locatário, contra a normal expectativa do senhorio e mesmo no silêncio do contrato, viesse mon-
tar, no locado, um estabelecimento que fizesse concorrência direta ao mesmo senhorio ou que
ferisse, gratuitamente, os seus sentimentos religiosos: um talho de carne de porco à porta de uma
mesquita ou de uma sinagoga ou uma *sex shop* ao lado de uma igreja. Cabe ao juiz, interpretando
os valores sociais pertinentes, dar corpo à gravidade requerida pela lei.

14. **As consequências** prendem-se com a projeção, direta ou indireta, da conduta do arrenda- 28
tário, no valor do locado ou com os incómodos que o senhorio possa vir a sentir. A ponderação
é mais fácil, ainda que nem sempre se possa desligar da gravidade.

15. **A inexigibilidade** em si é aferida perante os valores básicos do ordenamento, reportados atra- 29
vés da ideia de boa-fé. Digamos que pode haver resolução quando a exigência, à contraparte, da
manutenção de certo arrendamento ultrapasse a margem dos *incommoda* máximos aceitáveis por
via do arrendamento, sendo contrária à boa-fé.

16. **A relação** do corpo do 1083.º/2 com as alíneas a) e e), originou quatro teorias: (a) a da inte- 30
ração; (b) a da independência; (c) a da presunção; (d) a da ponderação móvel.

α) Pela **teoria da interação**, o preenchimento das previsões de alguma dessas alíneas seria, só 31
por si, insuficiente para justificar a resolução pelo senhorio; teria de se mostrar que, além do facto
previsto nalguma delas, a situação ainda assumiria uma gravidade ou umas consequências que tor-
nassem inexigível a manutenção do contrato. Trata-se da posição de Pinto Monteiro e Videira
Henriques, à luz do projeto de RNAU de 2004, particularmente adequada por, aí, se exigir (sem-

---

[21] RPt 16-jan.-2012 (Maria Adelaide Domingos), Proc. 1890/10.4.

pre) justa causa[22]. Essa opção foi retomada, perante o NRAU de 2006, por Sousa Ribeiro[23], por Olinda Garcia[24] e por Baptista de Oliveira[25], sendo sufragada por ilustres anotadores, antes[26] e depois da reforma de 2012[27]. Teve, ainda, um acolhimento jurisprudencial significativo[28].

32 β) A **teoria da independência** sustenta que o preenchimento de alguma das alíneas do 1083.º/2 permite a resolução; o senhorio ficaria dispensado de provar factos indiciadores da gravidade ou das consequências, exigidos pelo corpo do preceito: é a posição de Soares Machado[29] e de Pinto Furtado[30], sufragada por alguma jurisprudência[31].

33 γ) A **teoria da presunção**, de cunho marcadamente pragmático e operacional e surgida na jurisprudência, entende que, perante a verificação de um facto integrado nalguma das alíneas do 1083.º/2, se presumiria a inexigibilidade da continuação do contrato, por via da gravidade ou das consequências[32].

34 δ) A **teoria da ponderação móvel**, já presente em autores como Sousa Ribeiro[33] e David Magalhães[34], sustenta que as diversas alíneas solicitem, em grau diverso, as exigências do corpo do 1083.º/2. Afigura-se a via correta, cabendo aprofundá-la. O corpo do 1083.º/2 é auto-suficiente: abrange qualquer eventualidade que integre um incumprimento objetivo (independente de culpa), cuja gravidade ou consequências tornem inexigível a manutenção do contrato.

35 As cinco alíneas do 1083.º/2 correspondem a situações típicas de incumprimento, particularmente aptas a preencher o *quantum* necessário de gravidade e de consequências, para ditar a inexigibilidade. Por um lado, elas auxiliam o intérprete-aplicador a melhor conhecer o corpo do 1083.º/2, uma vez que dão exemplos normativamente relevantes. Por outro, elas solicitam esse mesmo corpo, no sentido de, dele, obter a necessária configuração valorativa. Noutros termos: o 1083.º/2, no seu corpo e nas suas alíneas, interpreta-se e aplica-se em conjunto.

36 Todavia, o grau de densidade de cada uma dessas alíneas é diverso. Podemos mesmo considerar que o seu alinhamento vai no sentido de uma densidade crescente, a qual varia na razão inversa da solicitação a fazer ao corpo do preceito. A violação das regras de higiene e outras (a), particularmente após a reforma de 2012, tem uma densidade mínima, devendo ponderar-se a sua gravidade ou consequências. A utilização contrária à lei, aos bons costumes e à ordem pública (b) é, *a priori*, grave; a ponderação é menor. O uso para fim diverso (c), o não-uso (d) e a cessão não autorizada (e) têm um conteúdo valorativo crescentemente tão negativo, que a sua gravidade se torna apriorística.

37 Em termos práticos, podemos ainda apelar à teoria da presunção: quando o locador demonstre factos integrativos de alguma das alíneas do 1083.º/2, infere-se, à partida, um suficiente grau de gravidade ou de consequências. Caberá ao arrendatário opositor alegar factos (e prová-los) que permitam, ao julgador, minimizar o juízo daí resultante.

---

[22] António Pinto Monteiro/Paulo Videira Henriques, *A cessação do contrato no RNAU*, O Direito 136 (2004), 289-313 (292 ss., 294).
[23] Joaquim de Sousa Ribeiro, *O NRAU: contributos para uma análise*, CDP 14 (2006), 3-24 (20-21).
[24] Maria Olinda Garcia, *A nova disciplina*, 23.
[25] Fernando Baptista de Oliveira, *A resolução do contrato no NRAU* (2007), 29-30.
[26] Laurinda Gemas e outros, *Arrendamento*, 368-369.
[27] Manteigas Martins e outros, *NRAU anotado e comentado*, 123 e Maria Olinda Garcia, *Arrendamento urbano anotado*, 31.
[28] RLx 15-out.-2009 (Neto Alves), Proc. 613/08.2; RGm 11-nov.-2010 (Manuel Bargado), Proc. 1140/08.3; RPt 16-nov.-2010 (Guerra Banha), Proc. 1547/07.3; RLx 12-mai.-2011 (Márcia Portela), Proc. 2741/08.5; RPt 20-nov.-2012 (Maria Cecília Agante), Proc. 2017/11.
[29] Soares Machado/Regina Santos Pereira, *NRAU comentado e anotado*, 125.
[30] Jorge Pinto Furtado, *Manual 2*, 5.ª ed., 1039.
[31] RLx 8-out.-2009 (Ezagüy Martins), Proc. 1957/08.2; RGm 22-fev.-2011 (Raquel Rêgo), proc. 2784/08.7 e RLx 1-mar.-2012 (Aguiar Pereira), Proc. 18056/09.9.
[32] RCb 17-nov.-2009 (Artur Dias), Proc. 1737/06.6 e RPt 3-nov.-2010 (Joana Salinas), Proc. 3077/07.4; esta opção aflora noutras decisões, acima referidas.
[33] Joaquim de Sousa Ribeiro, *O NRAU*, 21, nota 32.
[34] David Magalhães, *A resolução*, 166.

Quanto às cláusulas de resolução do 1083.º/3 e 4: elas são independentes e auto-suficientes. Perante elas, independentemente de juízos de gravidade ou de consequências, bem como de qualquer ponderação de inexigibilidade, procede a resolução.

III – A concretização do 1083.º/2

17. O **1083.º/2, a)**, constitui uma inovação da L 6/2006, de 27-fev., tendo sido retirada do 1086.º, b), do projeto de RNAU de 2004[35]. A reforma de 2012 suprimiu, do texto inicial, a expressão: "... reiterada e grave ..."; com isso reforçou a necessidade de ponderação móvel com o corpo do 1083.º/2, evitando a repetição de locuções com esse mesmo preceito. A inovação visou o reforço da dimensão social do arrendamento urbano. Este não se limita a dar corpo a um contrato entre duas partes: antes conduz à inserção do locatário numa comunidade habitacional, com direitos e deveres de tipo sociológico, que o Direito do século XXI não pode deixar de reconhecer[36].

A ideia pode ainda ser acompanhada dizendo-se que não faria sentido, nem moral nem jurídico, permitir, ao locatário, aquilo que não se admite ao próprio dono. Os arrendatários sujeitam-se, assim e designadamente, às limitações impostas aos proprietários, tanto em relações de vizinhança como nas relações entre titulares de partes da mesma coisa (1071.º).

α) As **regras de higiene** têm a ver com normas de conduta a observar nos campos da salubridade, do asseio e da idoneidade de comportamentos. Podemos distinguir três áreas: (a) dentro do próprio arrendado, não deve o locatário demonstrar um tal desmazelo que esse facto seja percetível do exterior, chocando a comunidade, desvalorizando o local ou atingindo a honra do dono[37]; (b) nas áreas comuns, quando exista propriedade horizontal; (c) na via pública, mas com relação ao locado: lixos fora do local adequado, dejetos de cães, despejos pelas janelas e práticas equivalentes.

Em certos casos (extremos), as regras de higiene podem resultar de regulamentos policiais ou de posturas municipais. Mas em regra, elas derivam do ordenamento tendo, tecnicamente, a natureza de deveres acessórios ou, no limite, de deveres do tráfego.

β) As **regras de sossego**, particularmente em prédios de andares, estejam ou não em propriedade horizontal, implicam um uso civilizado do locado. Entre a meia-noite e as oito da manhã, impõe-se o silêncio. E durante todo o dia, há que manter um uso cordato e razoável. Festas a desoras, música em altos brados, cães a ladrar, cenas domésticas, portas, passos, banhos barulhentos, ensaios musicais, obras, batuques e outras práticas devem ser banidas[38].

Estão em causa direitos de personalidade e, até, direitos fundamentais, já documentados em vasta jurisprudência: o direito ao repouso é uma decorrência do direito à vida. A qualidade de vida dos meios suburbanos cai vertiginosamente pela inobservância destas regras, sendo principais vítimas os idosos e, em geral, as pessoas sem defesa, que não imponham respeito. Os tri-

---

[35] O Direito 136 (2004), 467-493 (483).
[36] Em especial: Fernando Baptista de Oliveira, *A resolução*, 42-52.
[37] Em RGm 11-nov.-2010 (Manuel Bargado), Proc. 1140/08, apurou-se que a locatária-ré (...) armazenou no arrendado garrafas e garrafões de bebidas e embalagens de todo o tipo próprias para bebidas, encontrando-se o respetivo espaço e a mercadoria nele guardada votados ao abandono, com as garrafas, garrafões e embalagens em péssimo estado de conservação, numa total desarrumação, caídas pelo chão, amontoando-se no pátio das traseiras do arrendado vidros e grades partidas (...). Mais se apurou que as aberturas do arrendado têm as grades enferrujadas e sem tinta, com os vidros partidos, sendo a maior parte tapada com papelões já apodrecidos, a porta da entrada encontra-se enferrujada, cheia de mazelas, sem tinta e com os vidros partidos, revelando um arrendado total desmazelo por parte da ré, encontrando-se degradado e com lixo acumulado, o que provoca prejuízo para a estética, salubridade e condições de habitabilidade da parte restante do prédio". Perante isto, a 1.ª instância, e bem, decretou a resolução, com base no 1083.º/2, a). A RGm, mal, entendeu que não se provara suficiente gravidade e revogou a sentença. *Res ipsa loquitur*. Torna-se difícil encontrar exemplos, mesmo imaginados, mais flagrantes de casos que preencham a alínea em causa, com clara sindicância do corpo do 1083.º/2. Cabe aos tribunais a coragem para decidir.
[38] *Vide supra*, a anotação ao 1071.º.

bunais devem ter a coragem de agir, provados os factos: a alteração proposta em 2004, acolhida em 2006 e reforçada em 2012 visou, precisamente, esta problemática, à luz das modernas coordenadas ambientais.

45 αα) O **ruído**. Põe-se a questão de saber qual a relevância de leis e regulamentos públicos que proíbam determinadas práticas incómodas. O DL 9/2007, de 17-jan., aprovou o Regulamento Geral do Ruído[39]. Este aplica ao ruído de vizinhança (2.º/2), definido como – 3.º, r):

> (...) o ruído associado ao uso habitacional e às atividades que lhe são inerentes, produzido diretamente por alguém ou por intermédio de outrem, por coisa à sua guarda ou animal colocado sob a sua responsabilidade, que, pela sua duração, repetição ou intensidade, seja suscetível de afetar a saúde pública ou a tranquilidade da vizinhança;

46 A exposição ao ruído tem limites máximos variáveis (11.º), podendo ser requeridas certas licenças. Na proximidade de habitações, são proibidas atividades ruidosas aos sábados e domingos e nos dias úteis entre as 20 e as 8 horas – 14.º, a): uma regra que se aplica às obras dentro dos edifícios (16.º/1). As atividades ruidosas temporárias e as obras nos edifícios podem ser suspensas pelas autoridades policiais, quando desrespeitem os 14.º e 16.º do Regulamento (18.º). E as mesmas autoridades policiais podem ordenar, ao produtor de ruído de vizinhança, produzido entre as 23.00 e as 7.00 a adoção de medidas imediatas para fazer cessar imediatamente a incomodidade ou, se necessário, fixar-lhe prazo (24.º). O Regulamento prevê múltiplas sanções.

47 A violação do Regulamento Geral do Ruído é ilícita, nos termos gerais. Ela traduz um uso do locado contrário à lei, pelo que cai no 1083.º/2, b). O preenchimento deste preceito torna mais leve a (re)ponderação à luz do corpo do 1083.º/2: é evidente que se trata de matéria grave, tanto mais que se joga o direito ao repouso e, daí, o direito à vida. A exigência civil de sossego, subjacente ao 1083.º/2, a), é mais exigente do que as medidas administrativas e policiais, previstas no Regulamento do Ruído.

48 Por isso, demonstrados os factos e apurada a sua gravidade ou consequências, há fundamento de resolução, mesmo que não se mostre violado o Regulamento Geral do Ruído. Se este for violado, a resolução impõe-se por via do 1083.º/2, a) e b), sendo que esta última alínea é mais expedita e não solicita tanto as valorações do corpo do 1083.º/2[40].

49 ββ) Os **animais** são regulados pelo DL 312/2003[41], quanto a animais perigosos, pelo DL 313/2003[42], quanto à identificação de canídeos e felídeos e pelo DL 314/2003[43], todos de 17--dez., quanto à raiva e outras doenças e que limita o número de animais por cada habitação (3.º)[44].

50 A presença de animais em alojamento humano é uma fonte potencial de desassossego e de falta de higiene. A inobservância dos regulamentos aplicáveis conduz à ilicitude no uso do locado, caindo no 1083.º/2, b): implica uma gravidade de raiz. Mas mesmo quando não se chegue a extremos, a quebra do sossego pode integrar o 1083.º/2, a), sempre que se mostre gravidade ou consequências que tornem inexigível a continuação do contrato.

51 γγ) As **relações de vizinhança** em geral têm, aqui, aplicação[45]. A violação das regras previstas no CC, particularmente as proibições resultantes do 1346.º, podem reforçar a perturbação do sossego, com gravidade ou consequências que justifiquem a resolução. Além disso, elas são ilícitas caindo no 1083.º/2, b), de mais fácil funcionamento.

---

[39] DR I, n.º 12, de 17-jan.-2007, 389-398.
[40] Vide Carla Amado Gomes, *Direito do arrendamento e vinculações jurídico-públicas. Uma aproximação*, Est. Oliveira Ascensão 2 (2008), 1049-1100 (1062 ss.).
[41] DR I-A, n.º 290, de 17-dez.-2003, 8436-8440.
[42] *Idem*, 8440-8444.
[43] *Idem*, 8444-8449.
[44] *Supra*, 1071.º, anotações 24 a 26.
[45] *Supra*, as anotações ao 1071.º.

γ) O **condomínio** postula um regulamento que discipline o uso, a fruição e a conservação, quer 52
das partes comuns, quer das frações autónomas. Pode constar do título constitutivo – 1418.º/2, b)
– ou resultar, para as partes comuns, de feitura da assembleia ou do administrador – 1429.º-A/2.
Havendo locação de fração autónoma, a existência de regulamento do condomínio deve constar do contrato – 3.º/1, f) – sendo o seu texto anexado ao do contrato – 3.º/2, ambos do DL 160/2006, de 8-ago.. O regulamento pode fixar regras de higiene e de sossego, proibindo, por exemplo, animais domésticos ou fixando horário para certas atividades.

É desejável, até com fitos pedagógicos, que os regulamentos do condomínio disciplinem 53
as questões típicas entre os utilizadores de partes de um prédio.

Finalmente, o título de aplicação, a locatários, do regulamento do condomínio, reside no 54
próprio contrato, quando este o contenha em anexo, ou diretamente na lei, por via dos 1071.º e 1083.º/1, a).

20. **O 1083.º/2, b)** prevê como causa de resolução a utilização do prédio contrária à lei, aos bons 55
costumes ou à ordem pública. Este preceito absorve os anteriores 64.º/1, c) [aplicar o prédio, reiterada ou habitualmente, a práticas ilícitas, imorais ou desonestas], d) [obras não consentidas ou deteriorações consideráveis], e) [hospedagem a mais de três pessoas] e g) [excesso de subrenda][46]. Mas vai mais além: qualquer outra violação da lei *lato sensu*, de modo a abranger o próprio contrato, os bons costumes e a ordem pública pode agora, quando pela sua gravidade ou consequências torne inexigível a manutenção do contrato, justificar a resolução.

α) **A contrariedade à lei** pode implicar a violação de norma imperativa ou de norma supletiva mas, ao caso, aplicável. Podemos incluir, aqui, a violação de cláusulas contratuais: traduz-se 56
na inobservância do 406.º/1. Mas essa violação sempre cairia no corpo do 1083.º/2. Em qualquer caso, basta o facto de violação (a ilicitude). Não se exige a culpa, salvo se se quiser invocar a responsabilidade civil e apenas quanto a esta. Entre as múltiplas atuações contrárias à lei cabe, desde logo, recordar as que, pela lei anterior, estavam tipificadas e que, *a fortiori* (pois a lei atual facilita a resolução), mantém aplicação[47]. São elas:

αα) **Obras não autorizadas**, designadamente as que alterem a estrutura externa ou a disposi- 57
ção interna das divisões [ex-64.º/1, d), 1.ª parte, do RAU] mas, ainda, quaisquer outras[48]: tais obras violam o 1074.º/2, quando não forem autorizadas por escrito. Como referido, as obras inovatórias traduzem uma perturbação de ordem dominial: apenas o dono tem o poder de transformação[49]. Trata-se de um incumprimento *a priori* grave, mesmo quando reversível[50]. Só por si justifica a resolução: passa, com facilidade, na sindicância do corpo do 1083.º/2.

ββ) **Deteriorações consideráveis** não consentidas e não justificadas pela lei [ex-64.º/1, d), 2.ª 58
parte, do RAU]: traduzem a inobservância do 1073.º/1, que apenas faculta "pequenas deteriorações". Além disso, está em jogo o 1038.º, d), que veda utilizações imprudentes do arrendado.

---

[46] A antiga alínea f) [deixar de prestar os serviços pessoais que determinaram a ocupação do prédio] passou (e bem) a causa de caducidade e não de resolução: 1051.º, g).

[47] A jurisprudência anterior, formada sobre o revogado RAU e, antes dele, sobre os preceitos originais do CC mantém, nestes termos, a sua utilidade, enquanto auxiliar de interpretação.

[48] Ou seja: o 1083.º/2, b), de modo implícito, alargou claramente o círculo de obras que, a não serem autorizadas, permitem a resolução; *vide* Menezes Leitão, *Arrendamento*, 5.ª ed., 148 e David Magalhães, *A resolução*, 325, ambos com indicações.

[49] Pelo Direito anterior, aqui confluente: Menezes Cor-

deiro, *Acção de despejo, obras sem autorização do senhorio e exercício do direito de resolução*, O Direito 120 (1988), 203-241; Oliveira Ascensão/Menezes Leitão, *Resolução do arrendamento com fundamento na realização de obras não autorizadas*, O Direito 125 (1993), 417-438 (428); Manuel Januário da Costa Gomes, *Resolução do contrato de arrendamento em consequência da feitura de obras que alteram substancialmente a disposição interna das divisões do prédio*, O Direito 125 (1993), 439-478 (450 ss.).

[50] RPt 16-jan.-2012 (Maria Adelaide Domingos), Proc. 1890/10 e RPt 7-mai.-2012 (Ana Paula Amorim), Proc. 655/07.

Também aqui há acentuada gravidade e claras consequências negativas. O contrato torna-se, ainda, de manutenção inexigível porque as deteriorações ilícitas implicam a quebra da confiança: o que não poderá, o locatário, fazer de seguida?

59 γγ) **Hospedagem** a mais de três pessoas [*ex*-64.º/1, *e*), do RAU]: implica o desrespeito pelo 1083.º/1, *b*) que fixa, em três, o máximo de hóspedes. Também esta situação envolve gravidade: invade a ordem dominial, traduz um uso imprudente – 1038.º, *d*) – e faculta cessões do uso não permitidas por lei ou pelo contrato – 1038.º, *f*). O corpo do 1083.º/2, confirma o fundamento[51].

60 δδ) **Subrenda excessiva**, isto é, que ultrapasse o máximo legal [*ex*-64.º/1, *g*)]: está em causa a inobservância do 1062.º. Também aqui há uma gravidade de raiz: o sublocador funciona como uma entidade parasitária, indiferente à função social do arrendamento.

61 β) **A contrariedade aos bons costumes** absorve a *ex*-64.º/1, *c*), do RAU [aplicar o prédio, reiterada ou habitualmente, a práticas ilícitas, imorais ou desonestas], indo mais além. Os bons costumes têm, hoje, uma dupla concretização: regras de conduta sexual e familiar respeitadas na sociedade considerada e deontologias próprias de certo sector[52]. As regras de conduta sexual têm vindo a sofrer uma certa erosão: mas não desapareceram. Assim sucede sempre que estejam em causa crimes sexuais (pense-se no lenocínio ou na pedofilia) ou práticas indecorosas, ainda que não incrimináveis: a degradação social do locado atinge o senhorio, em termos facilmente testáveis pelo corpo do 1083.º/2.

62 Quanto à deontologia, recordamos os corpos aplicáveis a profissões como a de médico, a de advogado ou a de jornalista. O uso do locado como clínica clandestina ou para a prática de atos médicos ilícitos ou proibidos pela Ordem dos Médicos, como local de exercício ilegal da advocacia ou como centro de composição de notícias falsas é causa de resolução, certamente confirmada pelo 1083.º/2, corpo.

63 γ) **A contrariedade à ordem pública** envolve a desconsideração por princípios que não possam ser afastados pelas próprias partes, mesmo por acordo[53]. Sobressaiem, desde logo, usos do locado para a prática de crimes: tráfego de drogas, terrorismo, conspirações ou contrafação, como exemplos. Mas o atentado a princípios civis, como o direito à vida ou o direito ao repouso podem, também, aqui ser incluídos. Novamente o 1083.º/2 facilmente confirmará a inexigibilidade do contrato confrontado com tais eventos.

64 19. **O 1083.º/2, *c*)**, refere, como fundamento de resolução, o uso do prédio para fim diverso daquele a que se destina, acrescentando, após a reforma de 2012, "ainda que a alteração do uso não implique maior desgaste ou desvalorização do prédio". Este preceito corresponde, em termos mais incisivos, ao *ex*-64/1, *b*) do RAU.

65 O desvio do uso contunde com o 1038.º, *c*) e com o 1067.º/2. É seguramente muito grave: invade a ordem dominial, implica a quebra da confiança e traduz um risco potencial para a coisa. As consequências não relevam, para mais após a reforma de 2012. A resolução procede mesmo quando o desvio do uso seja pequeno ou reversível. A passagem pelo corpo do 1083.º/2 surge como pura cautela.

66 20. **O 1083.º/2, *d*)**, elenca, para a resolução, o não-uso do locado por mais de um ano, salvo o 1072.º/2. O uso efetivo do arrendado constitui um dever legal específico, que recai sobre o arrendatário (1072.º). Concentra-se, assim, o disposto no *ex*-64.º/1, *h*) e *i*) e 64.º/2, do RAU. Tal dever justifica-se por claras razões sociais e económicas: não faz sentido bloquear uma habitação que

---

[51] RPt 14-jun.-2012 (Pedro Lima Costa), Proc. 469/11. [53] *Idem*, 710.
[52] *Tratado* I/1, 3.ª ed., 699 ss..

não sirva para nada; além disso, o abandono de um local potencialmente produtivo faz baixar o valor[54]. Poderá haver justificações: mas só se admitem as elencadas no 1072.º/2[55].

O não-uso do locado por mais de um ano, salvo o 1072.º, constitui um fundamento pra- 67
ticamente fechado, de resolução. Dada a previsão da lei, não há mais que provar, no sentido da gravidade ou das consequências. De outro modo, esvair-se-ia a intenção normativa, clara ao indicar o prazo de um ano. Bastaria referir o não-uso, cabendo ao tribunal determinar, caso a caso, a sua duração, para se alcançar a "gravidade" ou as "consequências": precisamente o que a lei, aqui, não quis[56].

21. **O 1083.º/2, e)** (*cessão ilícita*) refere a cessão do locado: ilícita, inválida ou ineficaz perante o 68
senhorio, seja ela total ou parcial, temporária ou permanente e onerosa ou gratuita. Corresponde, em termos mais simples, ao *ex*-64.º/1, *f)* do RAU. O locatário não pode ceder a sua posição, a nenhum título, salvo quando a lei o permita ou o locador o autorize – 1038.º, *f)*. E quando a cedência seja possível, tem 15 dias para a comunicar ao locador – 1038.º, *g)*. Reforçando essa regra, o 1061.º manda que a sublocação só produza efeitos em relação ao locador ou a terceiros após a sua comunicação ao mesmo locador ou o seu reconhecimento por ele (1061.º); o 1088.º/1 requer que a autorização para subarrendar seja dada, pelo senhorio, por escrito; o 1107.º fixa regras quanto à comunicação, ao senhorio, da transmissão do arrendamento por morte.

Estas regras são estruturantes. A locação tem uma dimensão *intuitu personae* e requer uma 69
relação de confiança: não é indiferente a pessoa do arrendatário. Além disso, admitir uma circulação do direito do arrendatário, à margem do senhorio, seria instituir uma ordem subdominial, proibida pela Constituição (96.º/2), quando vedou o aforamento.

Para evitar dúvidas, o legislador fixou regras claras, firmes e rígidas[57]. A provar-se factuali- 70
dade que caia sob o 1083.º/2, *e)*, o juiz pode decretar a resolução: a própria lei confirma a gravidade sobeja para que o contrato se torne inexigível. Cabe às partes ter o maior cuidado nas transações que impliquem o direito ao arrendamento, sendo sempre aconselhável a consulta a um advogado experiente.

IV – A concretização do 1083.º/3 e 4

22. **O 1083/3, 1.ª parte (mora na renda)** considera inexigível a manutenção do arrenda- 71
mento em caso de mora igual ou superior a dois meses no pagamento da renda ou despesas que corram pelo arrendatário. Trata-se de uma precisão do *ex*-64.º/1, *a)*, do RAU.

O pagamento da renda ou do aluguer é a primeira e mais relevante obrigação do locatá- 72
rio – 1038.º, *a)*. A sua não-execução priva o locador do conteúdo económico do seu direito. Mas ela dá azo a uma situação ainda mais grave: quebra a confiança, uma vez que o locador nunca mais saberá se a mora se prolonga, por quanto tempo e se ela se irá ou não repetir; provoca inúmeros incómodos ao mesmo locador, que se verá constrangido a contratar um advogado, para todos os passos subsequentes.

A lei exige, apenas, uma mora de dois meses: a reforma de 2012 encurtou o prazo da lei 73
anterior, que era de três meses. Não se impõe nenhum número especial de rendas em mora: basta uma[58]. Há ainda que articular esta matéria com o 1041.º[59] e com o 1084.º/2, 3 e 4[60].

---

[54] *Vide supra* as anotações ao 1072.º.
[55] *Idem*, as anotações 17 a 30 ao referido 1072.º.
[56] O que não impede que o Tribunal de, para além de constatar o encerramento, complete o quadro apontado as consequências; assim, RGm 22-fev.-2011 (Isabel Rocha), CJ XXXVI (2011) 1, 308-310.
[57] Assim, STJ 24-mai.-2011 (João Bernardo), Proc. 475//04-9, decidiu que, fazendo-se a cessão não-autorizada a favor de uma sociedade cujos sócios eram os arrendatários, procede a resolução, sem margem para a desconsideração da responsabilidade coletiva.
[58] Laurinda Gemas e outros, *Arrendamento*, 376-377.
[59] *Supra*, as anotações ao 1041.º.
[60] *Infra*, as anotações ao 1084.º.

74 A mora de dois meses, na renda, é auto-suficiente, enquanto fundamento de despejo. A lei proclama, perante a sua eventualidade, inexigível a manutenção do arrendamento. Não há lugar a uma autónoma ponderação sobre a sua gravidade ou as suas consequências. Em situações-limite, apenas é possível o controlo pelo abuso do direito[61].

75 23. **Idem (mora nos encargos)**. O 1083.º/2, 1.ª parte, considera ainda fundamento de resolução, pelo senhorio, a mora igual ou superior a dois meses no pagamento de encargos ou despesas que corram por conta do arrendatário, matéria regulada no 1078.º[62] e equiparada, para efeitos de mora, à renda (1048.º/3) e 1084.º/3).

76 O preceito tem em vista os encargos e as despesas que, correndo por conta do arrendatário (1078.º/2), sejam, não obstante, contestados e pagos pelo senhorio (1078.º/5), *ex lege* e *ex contractu*[63]. A *ratio legis* é clara: os encargos ou despesas que, cabendo ao arrendatário, sejam pagos pelo senhorio, representam um peso patrimonial para este, retirando-lhe as vantagens económicas do contrato. Além da quebra do sinalagma, funcionam as mesmas razões de tutela da confiança e de proteção pessoal do senhorio que justificam a resolução, perante a mora na renda.

77 24. **O 1083.º/3, 2.ª parte (oposição a obras)** faculta a resolução quando o arrendatário se oponha à realização de obra ordenada por entidade pública. O 1038.º, *e*), considera obrigação do locatário o tolerar as reparações urgentes, bem como quaisquer obras ordenadas pela autoridade pública. Quando se trate de obras decididas pelo senhorio e havendo oposição do locatário, há que ponderar, à luz do corpo do 1083.º/2, se a gravidade ou as consequências da ocorrência justificam a inexigibilidade e a resolução.

78 Mas perante obras decididas pela autoridade pública, a oposição do arrendatário traduz uma tal rebelião contra o ordenamento e o funcionar das instituições que se considera, sem mais ponderações, haver a inexigibilidade legitimadora da resolução.

79 25. **O 1083.º/4 (moras repetidas)** tem por inexigível o arrendamento cujo arrendatário se constitua em mora superior a oito dias, no pagamento da renda, por mais de quatro vezes, seguidas ou interpoladas, num período de 12 meses, com referência a cada contrato, Não se aplica o esquema de *purgatio*, referido no 1084.º/3 e 4.

80 Este preceito foi acrescentado pela reforma de 2012. Visou enfrentar o abuso no esquema de purgação de moras, traduzido no pagamento irregular das rendas, mas sem que chegue a formar-se um atraso de dois meses que permita a resolução. Ora a irregularidade no pagamento das rendas pode ser demolidora para o senhorio: quebra a confiança e implica múltiplos incómodos: descobertos em contas, quebras de tesouraria e falta dos meios esperados.

81 Visando prevenir dúvidas, a lei optou por quantificar precisamente as "pequenas moras" admissíveis: até quatro, seguidas ou interpoladas, no prazo de 12 meses. Ultrapassada essa marca, a resolução é possível, sem necessidade de ponderação, à luz do corpo do 1083.º/2. Aquém dessa marca, a resolução também é possível, mas por via do 1083.º/2, corpo: impõe-se, nessa altura, uma ponderação judicial que constate a gravidade ou as consequências do ocorrido, em ordem ao juízo de inexigibilidade da manutenção do contrato.

V – **Outras causas**

82 26. **Legais**. O 1083.º/2, 3 e 4 não é exaustivo, na indicação de causas que permitem a resolução pelo senhorio. Desde logo, o 1083.º/2 é, hoje, uma cláusula aberta, suscetível de albergar quais-

---

[61] Laurinda Gemas e outros, *Arrendamento*, 372. Foi, de facto, o que sucedeu em RGm 6-jan.-2011 (Isabel Rocha), CJ XXXVI (2011) 1, 293-297 (296-297), aparentemente mal sumariado.

[62] *Supra*, as anotações ao 1078.º.

[63] Laurinda Gemas e outros, *Arrendamento*, 378.

quer tipos de incumprimento, ainda que atípicos, que concitem o juízo de gravidade ou de consequências suficientemente poderoso para facultar a resolução. Além disso, a própria lei prevê outras situações resolutivas.

O 1090.º/1 permite a resolução no caso de subarrendamento total: o senhorio substituiu-se, então, ao arrendatário. O 437.º/1, relativo à resolução por alteração de circunstâncias, tem aplicação ao arrendamento.

27. **Contratuais**. O 1083.º/1, ao remeter para os "termos gerais de direito" terá, pelo menos, o mérito de acolher o 432.º. Podem as partes prever, no contrato, incumprimentos aos quais corresponda o direito (potestativo) de resolução e fixar-lhes os contornos. Quando não o façam, tem aplicação o 1083.º/2, corpo.

VI – A resolução pelo arrendatário

28. O **regime geral** da resolução pelo arrendatário deve ser procurado no 1083.º/1. Como referido, ao contrário do que terá pensado o legislador, ao suprimir a referência à "justa causa", não há um regime geral expresso quanto à resolução por incumprimento. Torna-se possível, com cautelas, formular essas regras com recurso ao 801.º/2: impossibilidade culposa imputável ao devedor.

A resolução do contrato pelo arrendatário não tinha, sob o vinculismo, grande margem prática. O arrendamento era, sempre, uma vantagem para o inquilino. Quando algo lhe desagradasse, bastaria opor-se à renovação do contrato ou, sem litígios, entregar as chaves ao senhorio. O termo do vinculismo e a queda das rendas, motivada pelo excesso de oferta e pela crise económica, levam a que seja o senhorio, perante contratos cujo prazo seja confortável, a pretender "prender" o arrendatário. A possibilidade deste invocar a resolução ganha alcance prático.

29. A **falta de obras** que incumbam ao senhorio, quando comprometam a habitabilidade do locado e – após a reforma de 2012 –, em geral, a sua aptidão para o uso previsto no contrato, foi autonomizada como exemplo legal de fundamento de resolução pelo arrendatário (1083.º/5). Estamos, com efeito, perante um claro não-cumprimento do dever de assegurar o gozo da coisa para os fins a que ela se destina – 1031.º, b).

Todavia, o arrendatário que pretenda resolver o contrato com tal fundamento não pode manter-se no uso da coisa; ou deverá pagar a renda, pelo menos na parcela em que corresponda o gozo em jogo.[64]

VII – Aplicação no tempo

30. **O princípio geral** decorre do 12.º/1 e 2. Os fundamentos de resolução foram muito alterados, pela L 6/2006. Tecnicamente, a sujeição à resolução insere-se no conteúdo da relação de arrendamento (12.º/2, 1.ª parte). Por isso, mesmo a contratos anteriores, é aplicável a lei nova, quando o fundamento de resolução surja sob a vigência desta, também, por via do 59.º/1 da L 6/2006, de 27-fev., após 28-jun.-2006. Esse mesmo preceito manda aplicar o NRAU aos contratos celebrados após a sua entrada em vigor e às relações contratuais já constituídas, que subsistam nessa data, em sintonia com o 12.º[65].

31. **Os fundamentos duradouros** que hajam decorrido integralmente sob a lei velha, regem-se por esta[66]. Quando se iniciem sob a lei velha e se concluam sob a nova, aplica-se a nova[67]: apenas com a conclusão se dá a modificação resolutiva, na relação pré-existente.

---

[64] RCb 22-mai.-2012 (Fonte Ramos), CJ XXXVII (2012) 3, 18-21 (19/II).
[65] Vide Tratado I, 844 ss..
[66] RLx 23-mar.-2012 (Aguiar Pereira), Proc. 374/1995.
[67] RLx 12-mai.-2011 (Márcia Portela), Proc. 2741/08.5, n.º 4 e RLx 12-jul.-2012 (Conceição Saavedra), Proc. 1730/10.4.

Artigo 1084.º (Modo de operar)

1. A resolução pelo senhorio com fundamento numa das causas previstas no n.º 2 do artigo anterior é decretada nos termos da lei de processo.
2. A resolução pelo senhorio quando fundada em causa prevista nos n.ºs 3 e 4 do artigo anterior bem como a resolução pelo arrendatário operam por comunicação à contraparte onde fundamentadamente se invoque a obrigação incumprida.
3. A resolução pelo senhorio, quando opere por comunicação à contraparte e se funde na falta de pagamento da renda, encargos ou despesas que corram por conta do arrendatário, nos termos do n.º 3 do artigo anterior, fica sem efeito se o arrendatário puser fim à mora no prazo de um mês.
4. O arrendatário só pode fazer uso da faculdade referida no número anterior uma única vez, com referência a cada contrato.
5. Fica sem efeito a resolução fundada na oposição pelo arrendatário à realização de obra ordenada por autoridade pública se, no prazo de um mês, cessar essa oposição.

Bibliografia: Laurinda Gemas e outros, *Arrendamento*, 407-419.
Vide as indicações ao 1081.º.

Índice

I – Origem e evolução
1. Regime vinculístico 1
2. RNAU de 2004 5
3. NRAU de 2006 7
4. A reforma de 2012 9

II – O regime vigente
5. Ação de despejo 10
6. *Idem*, por não pagamento de renda 11
7. A comunicação 17
8. A eficácia 20
9. A purgação da mora 21
10. A oposição a obras 23

I – Origem e evolução

1   1. O **regime vinculístico** tinha, como pilar, menos aparente mas muito eficaz, o da extrema burocratização e judicialização do arrendamento urbano, particularmente nas suas vicissitudes[1]. Recolhendo toda a tradição já referida[2], o 63.º/2 do RAU dispunha:

> A resolução do contrato fundada na falta de cumprimento por parte do arrendatário tem de ser decretada pelo tribunal.

2   Esta judicialização bloqueava, no terreno e com uma frequência que as estatísticas oficiais silenciam, a atuação dos senhorios. Particularmente visados são os senhorios com poucas posses: por vezes, ao nível da sobrevivência. Não é de esperar que venham promover um processo judicial de muitos anos, com advogados constituídos e inúmeras ratoeiras probatórias, para recuperar um imóvel que apenas irá dar despesas. Mas também senhorios abastados e cultos são levados a desistir de recuperar velhos bens de família arrendados, perante a barreira processual que se lhes opõe.

---

[1] *Vide supra* as anotações ao 1081.º.

[2] *Supra*, anotações 28 e 29 da Introdução aos 1047.º a 1056.º.

Finalmente: nos casos em que, assumindo despesas e dificuldades, os senhorios decidissem agir, deparam-se-lhes um procedimento longo, complexo, dispendioso e sempre aleatório, que fazia subir fortemente os custos de transação de uma operação que, em qualquer país comum, operaria com naturalidade e eficácia.

Deve ainda ter-se em conta que os protelamentos processuais contribuem para aumentar a litigiosidade das situações, pessoalizando divergências que mais não seriam do que comuns dissonâncias de pontos de vista, a ultrapassar, de modo ritualizado, com a ajuda do Estado.

2. O **RNAU de 2004**, feito o diagnóstico e obtida a orientação política, propôs-se pôr termo à desmesurada judicialização das vicissitudes do arrendamento. Assim, o 1082.º (meios de cessação do arrendamento) propôs, logo no seu n.º 1[3]:

> A cessação do arrendamento ou a sua não renovação operam por interpelação à outra parte, mediante carta registada, dirigida para o respectivo domicílio contratual, da qual conste, com clareza, o enunciado dos factos que conduzam à cessação ou à não renovação e o propósito de dar o contrato como findo.

A resolução passa, assim, a ser extrajudicial: uma simples aproximação ao regime geral, previsto no 436.º/1. É evidente: se o arrendatário não aceitasse a declaração de resolução, a matéria teria de ser dirimida em juízo, ainda que na fase executiva. Mas isso sucedia apenas nos casos em que o arrendatário tivesse um mínimo de razões para apresentar, distribuindo-se, por ambas as partes, os ónus e os encargos processuais.

3. O **NRAU de 2006** perdeu a oportunidade histórica para pôr termo à singularidade histórica do nosso arrendamento. Veio admitir que a resolução, pelo senhorio, quando fundada no não pagamento de rendas, fosse extrajudicial; nos restantes casos, remetia-a para as leis de processo. Tudo isso resultava de normas embricadas, que passamos a considerar[4]:

> Artigo 1084.º (**Modo de operar**)
>
> 1. A resolução pelo senhorio quando fundada em causa prevista no n.º 3 do artigo anterior bem como a resolução pelo arrendatário operam por comunicação à contraparte, onde fundamentalmente se invoque a obrigação incumprida.
> 2. A resolução pelo senhorio com fundamento numa das causas previstas no n.º 2 do artigo anterior é decretada nos termos da lei de processo.
> 3. A resolução pelo senhorio, quando opere por comunicação à contraparte e se funde na falta de pagamento da renda, fica sem efeito se o arrendatário puser fim à mora no prazo de três meses.
> 4. Fica igualmente sem efeito a resolução fundada na oposição pelo arrendatário à realização de obra ordenada por autoridade pública se no prazo de três meses cessar essa oposição.

O preceito permitia ainda, em certas condições, ao arrendatário, bloquear a resolução baseada no não-pagamento de rendas ou na oposição a obra determinada pela autoridade pública: fazendo cessar as respetivas causas.

4. **A reforma de 2012** manteve (e foi pena) o esquema de 2006. Aperfeiçoou a arrumação interna do preceito, completou as duas hipóteses de não pagamento de renda que a lei atual reconhece e encurtou os prazos concedidos ao arrendatário para, em situações de mora nas rendas ou de oposição a obras decididas pela autoridade pública, bloquear as competentes resoluções.

II – O regime vigente

5. A **ação de despejo** é o meio processual destinado a fazer cessar a situação jurídica do arrendamento (14.º/1 da L 6/2006, de 27-fev., na redação dada pela L 31/2012, de 14-ago.). Será o meio a usar quando a resolução opere invocando o 1083.º/2.

---

[3] O Direito 136 (2004), 478-493 (482).   [4] DR I-A, n.º 41, de 27-fev.-2006, 1561/II.

11 6. **Idem, por não pagamento de renda**. Pergunta-se, nos restantes casos – falta de pagamento de rendas e oposição a obras decretadas pela autoridade pública, segundo o 1083.º/3 e 4 – o senhorio pode lançar mão da ação de despejo, ainda que ela não seja obrigatória. Olinda Garcia responde pela negativa: a ação de despejo não poderia usar-se quando o arrendamento já houver cessado por outro meio, meio esse que seria, naqueles casos, o da comunicação extrajudicial[5]. Contra, depõem Laurinda Gema e outros[6], Gravato Morais[7], Soares Machado[8], David Magalhães[9] e Soares do Nascimento[10].

12 A jurisprudência dividiu-se: enquanto algumas decisões rejeitaram, liminarmente, a ação de despejo ou ação declarativa, nos casos em que a lei prevê a resolução por comunicação extrajudicial[11], outras, hoje dominantes, admitem a tal ação como estando sempre ao alcance do senhorio, de acordo com uma opção que a este cabe efetuar[12].

13 De acordo com os princípios civis, as exigências de forma são requisitos mínimos. As partes podem sempre usar uma forma dotada de maior solenidade. Ora se a lei se contenta com uma comunicação, mais satisfeita ficará com a citação para uma ação. A hipótese de usar uma comunicação extrajudicial configura-se como uma faculdade[13], que o senhorio usa, ou não, conforme o seu juízo.

14 É certo que, no sentido oposto, se pode invocar que o recurso desnecessário a uma ação judicial vai complicar a posição do arrendatário, sobrecarregando os tribunais com matéria inútil[14].

15 Todavia, a ação tem, sempre, a sua utilidade. Laurinda Gemas e outros enumeram[15]: (a) evitar a espera dos (hoje) dois meses, previstos no 1083.º/3; (b) evitar o (hoje) um mês, durante o qual o arrendatário pode pôr fim à mora (1084.º/3); (c) prevenir as múltiplas complicações possíveis para a execução da comunicação ao arrendatário, prevista no 9.º/7 da L 6/2006, incluindo a do desconhecimento do paradeiro do locatário; (d) prevenir que, passando-se à fase executiva, opere a suspensão da execução, por via do 930.º-B, do CPC; (e) evitar o risco de responsabilização do senhorio, *ex vi* 930.º-E, do CPC, caso se apure que foram causados danos culposos ao executado; (f) cumular vários fundamentos para a resolução ou esta com uma denúncia e, em

---

[5] Maria Olinda Garcia, *A acção executiva para entrega de imóvel arrendado*, 2.ª ed. (2008), 28 ss.. Luís Menezes Leitão, que já defendeu essa opção em *Arrendamento urbano*, 3.ª ed. (2007), 164, nota 168, parece, hoje, entender que a resolução por comunicação seja, apenas, uma possibilidade do senhorio: *idem*, 6.ª ed. (2013), 154-155.
[6] Laurinda Gemas e outros, *Arrendamento*, 409-410.
[7] Fernando de Gravato Morais, *Novo regime do arrendamento comercial*, 3.ª ed. (2011), 249 ss..
[8] Soares Machado/Regina Santos Pereira, *Arrendamento urbano*, 133-134.
[9] David Magalhães, *A resolução do contrato de arrendamento urbano* (2007), 216-217.
[10] Paulo Soares do Nascimento, *O incumprimento da obrigação de pagamento de renda ao abrigo do NRAU. Resolução do contrato e acção de cumprimento*, Est. Galvão Telles 90 (2007), 1009-1022 (1016 ss.).
[11] RLx 8-nov.-2007 (José Eduardo Sapateiro), Proc. 7685/2007-8; RCb 15-abr.-2008 (Isaías Pádua), Proc. 937.07-6; RLx 14-mai.-2009 (Maria José Mouro), Proc. 8639/08; RPt 27-out.-2009 (Vieira e Cunha), Proc. 2269/08 e RLx 31-mar.-2011 (Ascensão Lopes), Proc. 634/08.5.

[12] RGm 29-nov.-2007 (Conceição Bucho), Proc. 2205/07-1; RPt 20-jan.-2008 (Madeira Pinto), Proc. 0736573; RLx 11-mar.-2008 (José Gabriel Silva), Proc. 543/2008-1; RLx 13-mar.-2008 (Fernanda Isabel Pereira), Proc. 1154/2008-6; RGm 10-jul.-2008 (Gomes da Silva), Proc. 1432/08-2; RPt 19-Fev.-2009 (Amaral Ferreira), CJ XXXIV (2009) 1, 232-236 (236/I); RLx 31-mar.-2009 (Ana Resende), CJ XXXIV (2009) 2, 105-107 (106/II) = Proc. 2150/08.6; RPt 20-abr.-2009 (Deolinda Varão), Proc. 0837636; RLx 28-mai.-2009 (Neto Neves), Proc. 3896/07-2; RLx 2-jul.-2009 (Nelson Borges Carneiro), Proc. 1927/08.7; STJ 6-mai.-2010 (Custódio Montes), Proc. 438/08.5; RCb 2-nov.-2010 (Judite Pires), Proc. 715/08.5; RLx 27-jan.-2011 (Caetano Duarte), Proc. 528/10.4; REv 17-mai.-2012 (Canelas Brás), Proc. 695/11.0 e RPt 25-out.-2012 (José Manuel de Araújo Barros), Proc. 1867/11.2.
[13] RLx 13-mar.-2008 cit..
[14] RCb 15-abr.-2008 cit..
[15] Laurinda Gemas e outros, *Arrendamento*, 409-410; atualizamos a matéria perante a L 31/2012, de 14-ago..

qualquer caso, com pedidos de indemnização; (g) permitir que o arrendatário deduza logo, em reconvenção, qualquer pedido por benfeitorias e pelo eventual direito de retenção delas emergente, em vez de ir discutir tudo isso em sede de oposição à execução; (h) provocar uma purgação mais rápida da mora, a qual, em fase executiva, só pode ser usada uma vez (1048.º/2); (i) permitir o incidente do despejo imediato caso, na pendência da ação, deixem de ser pagas ou depositadas as rendas (14.º/4 e 5, da L 6/2006).

Seja pelas apontadas razões substantivas – é sempre possível, quando a lei fixe uma forma para um ato, recorrer a uma forma superior –seja pelas numerosas razões adjetivas – há múltiplos interesses em agir – a hipótese de resolver um contrato de arrendamento por simples comunicação ao locatário pode ser sempre substituída por ação judicial, designadamente pelo despejo. 16

7. **A comunicação**, feita pelo senhorio ao arrendatário, constitui modo de resolução do contrato, nos casos de mora igual ou superior a dois meses, no pagamento de renda, de oposição a obra ordenada pela autoridade pública (1083.º/3) ou de pagamento irregular da renda (1083.º/4): 1084.º/2. 17

A comunicação, feita ao arrendatário, deve indicar, fundamentadamente, a obrigação não-cumprida (1084.º/2). Segundo o 9.º/7 da L 6/2006, de 27-fev.[16], alterado pelo 4.º da L 31/2012, de 14-ago.[17], ela pode ser efetuada mediante: 18

a) Notificação avulsa;
b) Contacto pessoal de advogado, solicitador ou agente de execução, sendo feita na pessoa do notificando, com entrega de duplicado da comunicação e cópia dos documentos que a acompanhem, devendo o notificando assinar o original;
c) Escrito assinado e remetido pelo senhorio nos termos do n.º 1, nos contratos celebrados por escrito em que tenha sido convencionado o domicílio, caso em que é inoponível ao senhorio qualquer alteração do local, salvo se este tiver autorizado a modificação.

A L 31/2012, que acrescentou o correspondente à alínea *c*), veio facilitar, no terreno, a comunicação. 19

8. **A eficácia** da resolução dá-se quando a comunicação seja efetivada, nalgum dos apontados termos, chegando ao conhecimento do arrendatário. Com isso, ele deve desocupar e restituir o local, nos termos do 1043.º e do 1081.º, dispondo, todavia, de prazo supletivo de um mês (1087.º). 20

9. **A purgação da mora**, pelo arrendatário, perante a comunicação do senhorio, é possível, se este lhe puser termo no prazo de um mês: pagando as rendas em atraso, acrescidas dos 50% previstos no 1041.º/1 (1084.º/3). Este prazo corre em simultâneo com o do 1087.º. A L 31/2012 encurtou ambos esses prazos: de três meses para um. Parece bem: há que moralizar esse campo, uma vez por todas. Para situações socialmente sensíveis, funciona o diferimento previsto no 15.º-N da L 6/2006, revista pela L 31/2012. 21

Essa purgação só é possível uma única vez, com referência a cada contrato (1084.º/4): um preceito introduzido pela L 31/2012, também com o fito de prevenir desatenções sucessivas e, quiçá, chicanas. 22

10. **A oposição a obras** pode ser purgada se cessar no prazo de um mês (1084.º/5): um termo encurtado pela L 31/2012, já que a lei anterior fixava três meses. A lei mantém-se generosa: uma oposição, pelo locatário, a obras determinadas pela autoridade pública reveste-se de uma gravidade que mal se compadeceria com arrependimentos. 23

---

[16] DR I-A, n.º 41, de 27-fev.-2006, 1567/II-1568/I.   [17] DR 1.ª, n.º 157, de 14-ago.-2012, 4415/II.

Artigo 1085.º (Caducidade do direito de resolução)

1. A resolução deve ser efetivada dentro do prazo de um ano a contar do conhecimento do facto que lhe serve de fundamento, sob pena de caducidade.
2. O prazo referido no número anterior é reduzido para três meses quando o fundamento da resolução seja o previsto nos n.ºs 3 ou 4 do artigo 1083.º.
3. Quando se trate de facto continuado ou duradouro, o prazo não se completa antes de decorrido um ano da sua cessação.

Bibliografia: Laurinda Gemas e outros, *Arrendamento*, 419-421; Pires de Lima/Antunes Varela, *Código anotado* 2, 4.ª ed., 611-616; Fernando Baptista de Oliveira, *A resolução do contrato no NRAU* (2007), 163-166.

Índice

I – Origem e evolução
1. Lei n.º 1:662... 1
2. Lei n.º 2:030... 5
3. Nos preparatórios do CC............................. 6
4. O Código Civil... 7
5. O assento de 3-mai.-1984........................... 10
6. Lei n.º 24/89... 12
7. RAU de 1990... 13
8. RNAU de 2004.. 14

9. NRAU de 2006.. 15
10. A reforma de 2012..................................... 17

II – O regime
11. O encargo... 18
12. A invocação... 19
13. A contagem.. 20
14. O abuso do direito..................................... 21

I – Origem e evolução

1   1. A **Lei n.º 1:662**, de 4-set.-1924, depois de prever ações de despejo quando o prédio arrendado fosse aplicado, a fins ilícitos ou desonestos ou caso houvesse desvio de fim, vinha acrescentar (5.º, § 8.º):

> O direito do senhorio intentar acção de despejo pelos fundamentos mencionados no parágrafo anterior pescreve no fim de seis meses, contados da data em que o senhorio tiver, por qualquer meio, notícia da transgressão.

2   Esta regra tinha um alcance vinculístico. Muitos despejos ficaram por instaurar: seis meses, para pessoas comuns, é um prazo curto para conhecer a lei, apreender os factos, tomar uma decisão de litígio, encontrar um advogado, muni-lo de todos os elementos necessários, reunir o dinheiro e intentar a ação.

3   A "prescrição" introduzida pela L 1:662 foi criticada. Designadamente, veio-se dizer que fácil seria, ao inquilino, iniciar uma transgressão discreta, ao ponto de o senhorio não ter, da mesma, prova segura. E quando a transgressão se agudizasse, igualmente fácil seria, ao inquilino, provar que há muito ela se iniciara tendo, o senhorio, da mesma, pleno conhecimento.

4   A Câmara Corporativa, no parecer que recaiu sobre o que viria a ser a L 2:030, deu voz a estas observações e propôs a revogação do preceito ou o alargamento do prazo, aí referido, para os dois anos[1].

5   2. A **Lei n.º 2:030**, de 22-jun.-1948, firme no vinculismo, acabou por fixar prazos de um ano para a caducidade do direito do senhorio de resolver o contrato ou de invocar a sua caducidade: 41.º/4 e 82.º. O seu 68.º revogou os prazos estabelecidos no 5.º da L 1:662[2].

---

[1] Tito Arantes, *Inquilinato*, 83.

[2] DR I, n.º 144, de 22-jun.-1948, 536/I.

3. **Nos preparatórios do CC**, essas regras acabariam por ser repescadas (apenas) na 2.ª revisão ministerial[3], surgindo, nela, com a redação que assumiriam na versão final.
4. **O Código Civil**, no original do 1094.º, previa[4]:

> A acção de resolução deve ser proposta dentro de um ano, a contar do conhecimento do facto que lhe serve de fundamento, sob pena de caducidade.

O legislador apurou a linguagem: era de caducidade que se tratava e não de prescrição. Quanto ao vinculismo: por um lado, atenuou-o, prorrogando para um ano um prazo que, antes, era de seis meses; por outro, agravou-o, uma vez que alargou a caducidade da ação de resolução a todos os fundamentos previstos, na lei.

A redação do 1094.º, original, deu lugar a uma dúvida séria, de interpretação: quando estivesse em causa um facto duradouro, o prazo começaria a correr desde o conhecimento inicial ou, apenas, quando ele cessasse? A doutrina e a jurisprudência dividiram-se[5].

5. **O assento de 3-mai.-1984**, por maioria, optou pela saída seguinte[6]:

> Seja instantâneo ou continuado o facto violador do contrato de arrendamento, é a partir do seu conhecimento inicial pelo senhorio que se conta o prazo de caducidade estabelecido no artigo 1094.º do Código Civil.

O assento foi muito criticado. Confrontado com um fundamento de resolução, o senhorio teria de, imediatamente, iniciar uma ação de despejo. E nessa eventualidade, ele seria ainda confrontado com a verdadeira data do início da prevaricação, data essa que o inquilino, *ex rerum natura*, conheceria e poderia facilmente provar, dificultando a tarefa do locador: a de provar que só mais tarde se apercebeu do facto. Como alternativa, o senhorio pacifista, que não encarasse logo o despejo, correria o risco de deixar passar o prazo para o fazer. Em suma: insegurança e litigiosidade acrescidas: eis o resultado do assento.

6. **A Lei n.º 24/89**, de 1-ago., reagindo contra o assento de 3-mai.-1984, veio fixar a solução inversa. Deu, ao 1094.º, o teor seguinte (1.º)[7]:

> 1. A acção de resolução deve ser proposta dentro de um ano a contar do conhecimento do facto que lhe serve de fundamento, sob pena de caducidade.
> 2. O prazo de caducidade previsto no número anterior, quando se trate de facto continuado ou duradouro, conta-se a partir da data em que o facto tiver cessado.

7. O **RAU de 1990**, como lhe competia, acolheu, no seu 65.º[8], o 1094.º, tal como saiu da pena do legislador de 1989[9].

8. O **RNAU de 2004** manteve a orientação da L 24/89. Mas alterou a redação: a resolução já não exigiria o recurso a uma ação judicial, podendo aligeirar-se o n.º 2. Propôs a fórmula seguinte[10]:

---

[3] Jacinto Rodrigues Bastos, *Dos contratos*, 163.
[4] DG I, n.º 274, de 25-nov.-1966, 1979/II.
[5] A lista dos autores e dos acórdãos apontados ora para uma, ora para a outra, das duas opções, pode ser confrontada, no Parecer do MP (Júlio de Castro Lobo), BMJ 337 (1984), 161-169 (164-167). Uma terceira via foi ensaiada por Antunes Varela, *Código anotado* 2, 2.ª ed. (1981), 510 ss.: consistia em distinguir fundamentos de interesse público e de interesse do senhorio: no primeiro caso, o prazo de caducidade contar-se-ia a partir do conhecimento da sua cessação; no segundo, do conhecimento do facto. A solução seria interessante, mas suscitaria múltiplos problemas de fronteira, só sendo viável perante uma alteração legislativa.
[6] STJ(P) 3-mai.-1984 (Amaral Aguiar, com vários votos de vencido), DR I, n.º 152, de 3-jul.-1984, 2010-2012 (1012/I) = BMJ 337 (1984), 182-188 (187).
[7] DR I, n.º 175, de 1-ago.-1989, 2996/I. O 2.º determinou que a nova redação do 1094.º não se aplicasse às ações pendentes: a solução correta, uma vez que, perante o assento, o novo regime surge, efetivamente, inovador.
[8] DR I, n.º 238 (supl.), de 15-out.-1990, 4286-(17)/II.
[9] Menezes Cordeiro/Castro Fraga, *RAU anotado*, 111-112.
[10] *O Direito* 136 (2004), 467-493 (484).

1. A resolução deve ser efectivada dentro do prazo de um ano a contar do conhecimento do facto que lhe serve de fundamento, sob pena de caducidade.
2. Quando se trate de facto continuado ou duradouro, o decurso do prazo inicia-se na data da sua cessação.

9. O **NRAU de 2006** acolheu a fórmula. Todavia, entendeu dar uma redação diversa, ao número 2[11]:

> Quando se trate de facto continuado ou duradouro, o prazo não se completa antes de decorrido um ano da sua cessação.

Mau Direito e mau português: "o prazo não se completa" sugere que, tendo-se iniciado, ele sofra um alongamento na sua duração, de modo a esticar o tal ano; não é "não se completa" mas, não se inicia; quanto a um "ano da sua cessação": mais correto seria "um ano da cessação dele". Porque não se manteve a redação preparada pelo RNAU?

10. **A reforma de 2012** conservou o n.º 1 da de 2006, bem como o (menos feliz) n.º 2, renumerado como n.º 3. Aditou-lhe um (novo) n.º 2, que encurtou para três meses a caducidade da resolução motivada pelo não pagamento de rendas ou pela oposição a obras determinadas pelas autoridades públicas. O legislador terá pretendido acelerar o processo de regularização do arrendamento. Mas veio, no fundo, prejudicar os senhorios de menores posses ou com menos capacidade de movimentação jurídica.

II – **O regime**

11. **O encargo** da resolução equivale a uma posição passiva[12], na esfera do senhorio: a de promover a resolução do contrato em certo prazo – o de um ano – "sob pena" de ver extinguir o inerente direito potestativo, por caducidade. A lei pretende que as situações dúbias ou pré-litigiosas se desenlacem, rapidamente, de modo a evitar, entre outros aspetos, que o arrendatário fique, indefinidamente, nas mãos do senhorio.

12. **A invocação** da caducidade da resolução é decisiva: estamos no campo de direitos disponíveis, pelo que ela não pode ser conhecida *ex officio*, pelo tribunal[13]. A invocação só pode ser feita na contestação da ação em que se faça valer a resolução: não em alegações de recurso[14]. Também não se aceita a invocação feita camufladamente, a título de impugnação[15].

13. **A contagem**, após a L 24/89, não levanta problemas. A jurisprudência precisa que o conhecimento do facto que justifica a resolução é tomado em sentido jurídico; assim, se o fundamento do despejo constitui crime, o prazo começa a correr no momento da decisão que, em processo-crime, o conheça[16].

14. **O abuso do direito**, quando se mostrem os pressupostos respetivos, exerce sempre um controlo, sobre situações de caducidade. Assim, o senhorio que, durante mais de vinte anos, conheça e admita um fundamento de resolução e nada faça, não pode, depois, invocá-lo. Apesar de não ter ocorrido caducidade, por o facto continuado prosseguir, a sua invocação é contrária à boa-fé[17], num fenómeno de *suppressio*.

---

[11] DR I-A, n.º 41, de 27-fev.-2006, 1561/II.
[12] *Tratado* I, 918 ss..
[13] RPt 17-dez.-2008 (Canelas Brás), Proc. 0821786.
[14] RLx 18-jun.-2009 (Jorge Vilaça), Proc. 9027/08.2.
[15] STJ 5-jul.-2012 (Lopes da Rego), Proc. 628/03.
[16] RPt 4-dez.-2006 (Fonseca Ramos), Proc. 0656424.
[17] RLx 19-jan.-2010 (Rijo Ferreira), Proc. 9470/07.

Artigo 1086.º (Cumulações)

1. A resolução é cumulável com a denúncia ou com a oposição à renovação, podendo prosseguir a discussão a ela atinente mesmo depois da cessação do contrato, com a finalidade de apurar as consequências que ao caso caibam.
2. A resolução é igualmente cumulável com a responsabilidade civil.

Bibliografia: Laurinda Gemas e outros, *Arrendamento*, 421.

Índice

I – Origem e evolução
1. RNAU de 2004 1
2. NRAU de 2006 2

II – O regime
3. A cumulação 3

I – Origem e evolução

1. O **RNAU de** 2004, visando solucionar dúvidas processuais denotadas ao abrigo da lei anterior, propôs um preceito (1089.º) praticamente idêntico ao hoje em vigor; apenas acrescentava, no final do n.º 2 e após "responsabilidade civil", "sempre que se verifiquem os seus pressupostos[1].
2. O **NRAU de 2006** acolheu o preceito, com a redação atual[2]: não foi tocado pela reforma de 2012[3].

II – O regime

3. **A cumulação** (re)afirmada pelo 1086.º/1 era especialmente duvidosa, perante a existência de diversas formas processuais. Hoje, a aproximação é mais fácil. É ainda importante o facto de, agora sem vacilações, ficar claro que a discussão relativa a um pedido de resolução poder operar, mesmo após a cessação do contrato por denúncia ou por oposição à renovação.

A cumulação com a responsabilidade civil surge reforçada no 1086.º/2: necessário é que a parte demandante não tenha o receio de exigir os seus direitos[4].

Artigo 1087.º (Desocupação)

A desocupação do locado, nos termos do artigo 1081.º, é exigível após o decurso de um mês a contar da resolução se outro prazo não for judicialmente fixado ou acordado pelas partes.

Bibliografia: Fernando Baptista de Oliveira, *A resolução do contrato no NRAU* (2007), 167-172.

---

[1] O Direito 136 (2004), 467-493 (484). O n.º 2 teve algum antecedente no 56.º/2 e 3 do RAU; *vide* Menezes Cordeiro/Castro Fraga, *RAU anotado*, 103 e Pires de Lima/Antunes Varela, *Código anotado* 2, 4.ª ed., 582-583.

[2] DR I-A, n.º 41, de 27-fev.-2006, 1561/II.
[3] DR 1.ª, n.º 157, de 14-ago.-2012, 4434/I e II.
[4] *Vide* RLx 28-mai.-2009 (Neto Neves), Proc. 3896/07-1.

Índice

I – Origem
1. Lei n.º 2:030 1
2. O Código Civil 2
3. NRAU de 2004 4
4. Lei n.º 31/2012 5

II – O regime
5. A desocupação 6
3. Forma 4
4. Cláusulas compensatórias 6
5. Consentimento conjugal 9
6. Ónus da prova 10

I – Origem

1   1. **A Lei n.º 2:030**, de 22-jun.-1948, previa, no 70.º/1, que havendo denúncia do arrendamento para habitação própria do senhorio, a mesma devia ser feita com uma antecedência de seis meses, a menos que faltasse menos tempo para a renovação do contrato: altura em que este não esperaria[1]. Havia uma preocupação clara de proteger o inquilino, diferindo, por esta via, o dever de restituir a coisa.

2   2. **O Código Civil**, na sequência de uma ideia surgida na 1.ª revisão ministerial (1094.º)[2], depois aperfeiçoada na 2.ª revisão ministerial e no projeto[3], veio dispor, a propósito da forma e do prazo de "denúncia" (isto é: da oposição à renovação)[4]:

> A denúncia do senhorio deve ser feita em acção judicial, com a antecedência mínima de seis meses relativamente ao fim do prazo do contrato, mas não obriga ao despejo enquanto não decorrerem três meses sobre a decisão definitiva.

3   O preceito passaria, sem quaisquer alterações, ao 70.º do RAU de 1990[5]. A preocupação em dar, ao arrendatário, um suplemento de tutela era evidente.

4   3. O **NRAU de 2006** veio acolher a ideia, aplicando-a à desocupação motivada pela resolução. Segundo o 1087.º, resultante da L 6/2006, de 27-fev.[6],

> A desocupação do locado, nos termos do artigo 1081.º, é exigível no final do 3.º mês seguinte à resolução, se outro prazo não for judicialmente fixado ou acordado pelas partes.

5   4. A **Lei n.º 31/2012**, de 14-ago.-2012, veio reduzir, para um mês, o prazo resultante da reforma de 2006, dando azo à versão em vigor. O legislador pretendeu aproximar a desocupação do momento da cessação do contrato. Não deixou, todavia, de dar ao inquilino uma margem mínima para ele reorganizar a sua vida. Em ambiência não vinculística e na presença de um mercado de arrendamento, um mês foi entendido como suficiente. Para situações socialmente sensíveis queda, sempre, o diferimento previsto no 15.º-N, da L 6/2006, na redação dada pela L 31/2012.

II – O regime

6   5. **A desocupação** do locado equivale à restituição da coisa, findo o contrato. Tal restituição é, pela lei como pela natureza das coisas, uma obrigação básica do locatário – 1038.º, *i*) e 1045.º. Tratando-se, todavia, da restituição de um imóvel, cujo contrato termine por resolução, a lei deu um mês suplementar ao locatário: a entrega só é exigível, após um mês.

7   Prevaleceu a ideia de que o locatário pode, de algum modo, ser surpreendido pela resolução: mas não tanto como pela caducidade, quando a mesma advenha da verificação de condição resolutiva ou de se tornar certo que a condição suspensiva não se pode verificar – 1051.º, *b*) –,

---

[1] DG I, n.º 143, de 22-jun.-1948, 536/II.
[2] BMJ 120 (1962), 117.
[3] Jacinto Rodrigues Bastos, *Dos contratos*, 168.
[4] DG I, n.º 274, de 25-nov.-1966, 1980/I.
[5] DR I, n.º 238 (supl.), de 15-out.-1990, 4286-(18)/I.
[6] DR I-A, n.º 41, de 27-fev.-2006, 1561/II.

altura em que a entrega só pode ser exigida passados seis meses. E para enfrentar a surpresa, surge o mês suplementar.

Subsecção V – Subarrendamento

Artigo 1088.º (Autorização do senhorio)

1. A autorização para subarrendar o prédio deve ser dada por escrito.
2. O subarrendamento não autorizado considera-se, todavia, ratificado pelo senhorio se ele reconhecer o subarrendatário como tal.

Bibliografia: *Vide* introdução aos 1060.º a 1063.º. José de Oliveira Ascensão, *Subarrendamento e direitos de preferência no novo RAU*, ROA 1991, 45-73 (45 ss.); Laurinda Gemas e outros, *Arrendamento*, 422-425; Pires de Lima/Antunes Varela, *Código anotado* 2, 4.ª ed., 560-561; Pedro Romano Martinez, *Subarrendamento*, Est. Galvão Telles 3 (2002), 237-247.

Índice

I – **Origem e evolução**
1. Código de Seabra 1
2. Decreto n.º 5:411 2
3. Lei n.º 1:662 5
4. Lei n.º 2:030 6
5. Preparatórios do Código Civil 7
6. Código Civil 9
7. RAU de 1990 10
8. Supressão da escritura pública 11
9. RNAU de 2004 13

II – **O regime**
10. A autorização 14
11. O reconhecimento 15
12. A comunicação 16
13. Ónus da prova 18

I – Origem e evolução

1. O **Código de Seabra** não referia, expressamente, o subarrendamento: reportava, antes, a sublocação em geral, a qual era permitida, sempre que, no contrato, ela não fosse proibida.

2. O **Decreto n.º 5:411**, de 17-abr.-1919, dedicou, à sublocação e à transmissão do estabelecimento, uma secção (31.º a 36.º). Mas visava, desta feita, o subarrendamento. Segundo o corpo do 31.º[1]:

> Se no contrato não houver cláusula alguma proibitiva de sublocação, o arrendatário poderá sublocar livremente, ficando porém, sempre responsável para com o senhorio pelo pagamento de renda e mais obrigações derivadas do arrendamento.

Esta aparente liberdade era limitada, por via procedimental, pelo 32.º, que dispunha[2]:

> A sublocação de qualquer prédio urbano só produzirá efeito com relação ao senhorio, quando êste haja consentido nela, ou quando lhe tenha sido notificada pelo arrendatário ou sublocatário.
>
> § 1.º Esta notificação será requerida ao respectivo juiz de direito nos quinze dias seguintes ao contrato, nos termos dos artigos 645.º e 649.º do Código de Processo Civil.
>
> § 2.º O disposto neste artigo não prejudicará os direitos e obrigações recíprocas entre o arrendatário e o sublocatário, nem os direitos do senhorio em relação àquele, nos termos do artigo anterior.

---

[1] DG I, n.º 80, de 17-abr.-1919, 655/I.   [2] *Idem*.

4   Num ambiente crescentemente vinculístico, com uma forte desvalorização monetária, o subarrendamento apresentava-se, de modo crescente, como um excelente negócio: o sublocador recebia, sem risco nem investimento, a mais-valia correspondente à diferença entre a renda e a subrenda, que poderia ser considerável.

5   3. A **Lei n.º 1:662**, de 4-set.-1924, dando corpo às críticas crescentes, motivadas pelos subarrendamentos especulativos, assumiu uma viragem, na permissão de subarrendar, revogando, implicitamente e em parte, o 1605.º do Código de Seabra. Retemos o seu 7.º[3]:

> A sublocação é sempre proïbida, quando não seja autorizada por lei, por contrato ou por consentimento escrito do senhorio.
> § 1.º Fora dos casos mencionados neste artigo, a sublocação é sempre motivo para o despejo e pode ser verificada por qualquer meio de prova.
> § 2.º Na sublocação de todo ou parte do prédio, o locatário ou sublocatário só poderá receber uma renda proporcional àquela que paga ao senhorio, aumentada de 50 por cento.

6   4. A **Lei n.º 2:030**, de 22-jun.-1948, veio cumular as exigências procedimentais de 1919, com os limites materiais de 1924, aproveitando para resolver dúvidas manifestadas aquando da aplicação das leis anteriores. Dispunha o 59.º[4]:

> 1. A cláusula permissiva da sublocação não dispensa a notificação, que terá de ser requerida no prazo de quinze dias.
> É dispensada a notificação se o senhorio consentir expressamente em determinada sublocação ou reconhecer o sublocatário como tal.
> Não se considera reconhecimento o simples conhecimento de que o prédio foi sublocado.
> 2. Consideram-se ilegais as sublocações feitas posteriormente a esta lei, se a notificação delas, quando exigida, não for requerida no prazo do número anterior.

7   5. Nos **preparatórios do Código Civil**, o subarrendamento começou por não ser considerado: o projeto Galvão Telles bastou-se com a referência à sublocação[5]. A matéria do subarrendamento foi introduzida, no universo da preparação do CC, pela 1.ª revisão ministerial, cujo 1097.º dispunha[6]:

> 1. O subarrendamento total ou parcial só é lícito quando autorizado por escrito pelo senhorio, no contrato ou posteriormente.
> 2. A autorização deve ser dada em escritura pública quando seja essa a forma exigida para o contrato.
> 3. O subarrendamento não autorizado considera-se ratificado pelo senhorio, ainda que seja exigida escritura pública, se este reconhecer o subarrendatário como tal.

8   A 2.ª revisão ministerial introduziu alterações. Suprimiu, designadamente, o n.º 1, uma vez que a necessidade de autorização passou para o preceito relativo aos deveres do locatário – o atual 1038.º, *f)*. Novos retoques foram dados ao projeto[7].

9   6. O **Código Civil** consignou, no 1101.º, versão original[8]:

> 1. A autorização para subarrendar o prédio deve ser dada em escritura pública quando seja essa a forma exigida para o contrato.
> 2. O subarrendamento não autorizado considera-se, todavia, ratificado pelo senhorio, ainda que falte a escritura pública, se ele reconhecer o subarrendatário como tal.

---

[3] DG I, n.º 200, de 4-set.-1924, 1242/II.
[4] DG I, n.º 143, de 22-jun.-1948, 535/I e II.
[5] *Vide supra*, o 1060.º e suas anotações.
[6] BMJ 120 (1962), 118-119.
[7] Jacinto Rodrigues Bastos, *Dos contratos*, 173-174; *Projecto de Código Civil* (1966), 322-323.
[8] DG I, n.º 274, de 25-nov.-1966, 1980/I e II.

7. O **RAU de 1990** acolheu o texto do CC, inserindo-o no 44.º. Como, todavia, prescrevera a forma escrita para o arrendamento urbano, teve de alterá-lo, em função de coordenadas formais. Veio dispor[9]:

> 1. A autorização para subarrendar o prédio deve ser dada por escrito ou em escritura pública consoante a forma exigida para o contrato.
> 2. O subarrendamento não autorizado considera-se, todavia, ratificado pelo senhorio, se ele reconhecer o subarrendatário como tal.

8. A **supressão da escritura** pública foi levada a cabo pelo DL 64-A/2000, de 22-abr.[10]. Este diploma revogou (2.º) as alíneas *l*) e *m*) do 80.º/2 do CNot, aprovado pelo DL 207/95, de 14-ago.[11], e aditados pelo DL 40/96, de 7-mai.[12], e que submetiam a escritura pública os arrendamentos para comércio, indústria ou profissão liberal e os arrendamentos sujeitos a registo, bem como o trespasse e a locação de estabelecimento.

Esse diploma não modificou – como se imporia – nem o 1029.º do CC (exigência de escritura pública), nem o 44.º do RAU (que a pressupunha). Todavia, ambos os preceitos se podiam considerar implicitamente derrogados, pelo referido DL 64-A/2000[13].

9. O **RNAU de 2004**, pondo termo a dúvidas e a normas deixadas em branco pela supressão da escritura pública, propôs um preceito idêntico (o 1093.º)[14] ao que, finalmente, seria adotado pelo NRAU de 2006 e que, hoje, está em vigor[15].

II – O regime

10. **A autorização** para subarrendar é uma regra geral fixada no 1038, *f*), para a locação em geral. Tratando-se de arrendamento urbano, para o qual se requer a forma escrita (1069.º), natural é que, também ela, deva ser dada por escrito (1088.º/1). O subarrendamento pode ser autorizado logo no próprio contrato, como cláusula a tanto destinada ou em documento escrito posterior. A autorização pode ser geral ou específica, isto é, válida apenas para certo ou certos subarrendatários ou, ainda, limitada a determinados horizontes.

11. **O reconhecimento**, pelo senhorio, do subarrendatário, enquanto tal, implica a ratificação do subarrendamento (1088.º/2)[16]. Resulta da lei; mas além disso, sempre seria uma decorrência do princípio da boa-fé. O reconhecimento pode ser expresso ou tácito, nos termos gerais[17]. Mas não se considera "reconhecimento" o mero conhecimento da situação (*vide* o 59.º/1, 3.ª parte, da L 2:030). Reconhecimento, como o próprio termo indica, implica uma aquiescência com a realidade considerada. Admite-se, todavia, que um conhecimento prolongado e sem reação possa envolver um reconhecimento.

12. **A comunicação** do subarrendamento, no prazo de 15 dias é sempre necessária – 1038.º, *g*). Ela não se confunde com a autorização ou com o reconhecimento embora, sobretudo neste último caso, ela possa resultar do mesmo ato ou conjunto de atos.

Recorde-se que a sublocação – envolvendo o subarrendamento – só produz efeitos em relação ao locador ou a terceiros a partir do seu reconhecimento pelo locador ou da sua comunicação (1061.º). E o subarrendamento ilícito ou não eficaz perante o senhorio é causa de reso-

---

[9] DR I, n.º 238 (supl.), de 15-out.-1990, 4286-(16)/I.
[10] DR I-A, n.º 95 (supl.), de 22-abr.-2000, 1708-(2).
[11] DR I-A, n.º 187, de 14-ago.-1995, 5047-5080 (5063/II).
[12] DR I-A, n.º 106, de 7-mai.-1996, 1046.
[13] *Vide supra*, anot. 6 ao 1029.º.
[14] O Direito 136 (2004), 467-493 (485).
[15] DR I-A, n.º 41, de 27-ago.-2006, 1561/II.
[16] REv 9-dez.-1993 (Óscar Catrola), BMJ 432 (1994), 455 (o sumário).
[17] RPt 8-nov.-1994 (Lemos Jorge), Proc. 9430385.

lução do contrato, pelo senhorio – 1083.º/1, *e*). Todavia, a comunicação pode ser contratualmente dispensada[18].

18 13. O **ónus da prova**, relativo ao subarrendamento, cabe ao subarrendatário, nos termos gerais[19]. Mas já se decidiu que caberia ao senhorio provar a não-autorização, quando esta fosse fundamento da resolução por ele invocada[20].

Artigo 1089.º (Caducidade)

O subarrendamento caduca com a extinção, por qualquer causa, do contrato de arrendamento, sem prejuízo da responsabilidade do sublocador para com o sublocatário, quando o motivo da extinção lhe seja imputável.

Bibliografia: Laurinda Gemas e outros, *Arrendamento*, 426-428; Pires de Lima/Antunes Varela, *Código anotado* 2, 4.ª ed., 561-562.

Índice

I – Origem e evolução		II – O regime	
1. Lei n.º 2:030	1	4. A caducidade	4
2. Preparatórios do Código Civil	2	5. A responsabilidade	6
3. Código Civil	3	α) Violação do subarrendamento	7
		β) Violação da confiança	9
		6. A cessação imputável	10

I – Origem e evolução

1 1. A **Lei n.º 2:030**, de 22-jun.-1948, previa, no seu 61.º/1[1]:

> A sublocação caduca com a extinção, por qualquer causa, do arrendamento, sem prejuízo da responsabilidade do sublocador para com o sublocatário, quando aquele der motivo ao despejo ou distratar o arrendamento.

2 2. Nos **preparatórios do Código Civil**, este preceito surgiu, com alterações formais, na 1.ª revisão ministerial (1099.º)[2], adquirindo, na 2.ª, a redação definitiva[3].

3 3. O **Código Civil**, no 1102.º, acolheu o preceito hoje em vigor[4]. Sem alterações, ele passaria ao 45.º do RAU de 1990[5] e, daí, ao 1094.º do projeto de RNAU, de 2004[6]. Regressou ao CC, na numeração atual, mercê da L 6/2006, de 27-fev.[7].

II – O regime

4 4. **A caducidade** do subarrendamento, pela cessação do arrendamento que lhe serve de base, é uma imposição de lógica jurídica: não pode o arrendatário subarrendar mais (ou por mais tempo)

---

[18] RPt 3-mai.-2011 (Fernando Samões), Proc. 1663/09.
[19] RPt 25-out.-1994 (Gonçalves Vilar), Proc. 9421234 e RCb 3-mai.-2005 (Helder Roque), Proc. 910/05.
[20] REv 7-nov.-1997 (Rodrigues dos Santos), BMJ 461 (1997), 539 (o sumário) e RCb 28-jun.-2011 (Jorge Arcanjo), Proc. 3945/08.6.
[1] DG I, n.º 143, de 22-jun.-1948, 535/I.

[2] BMJ 120 (1962), 119.
[3] Jacinto Rodrigues Bastos, *Dos contratos*, 174.
[4] DG I, n.º 274, de 25-nov.-1966, 1980/II.
[5] DR I, n.º 238 (supl.), de 15-out.-1990, 4286-(16)/I.
[6] O Direito 136 (2004), 467-493 (485).
[7] DR I-A, n.º 41, de 27-fev.-2006, 1562/I.

do que aquilo que, a ele próprio, compita: *nemo plus iuris ad alium transferre potest quam ipse habet*. Esta regra já resultava do 1051.º, *c*)[8].

O legislador sentiu a necessidade de reafirmar esta matéria, já pacífica e assimilada (1089.º, 1.ª parte): ao longo do dilatado período do vinculismo, poderia surgir a ideia de que o subarrendatário adquirira, ele próprio, uma tal ligação à coisa, que ficaria superado o direito-base.

5. **A responsabilidade** do sublocador para com o sublocatário, quando a cessação do arrendamento, com a consequente queda do subarrendamento, lhe seja imputável, é decorrência dos princípios gerais[9]. Chegamos lá por duas vias:

α) Pela **violação do subarrendamento**: o sublocador, ao contratar a sublocação, pode fixar prazos de duração que, depois, não sejam observados; presume-se, quando tal suceda, a culpa do sublocador (799.º/1). Temos uma pura responsabilidade contratual, que comporta danos emergentes, maiores despesas e lucros cessantes.

No tempo das renovações automáticas ilimitadas, sem possibilidade de oposição, por parte do senhorio, a pretensão indemnizatória seria, por tal via, mais considerável. Hoje, bastará acertar o dano pelo período de vigência contratualmente fixado.

β) Pela **violação da confiança**: o sublocador, ao fazer cair o direito-base e, por aí, o subarrendamento, pode contundir com a confiança legítima, criada no espírito do sublocatário, na seriedade e na consistência da situação. O sublocatário pode, nessa base, ser levado a realizar despesas ou a contrair obrigações. A violação inopinada dessa confiança leva ao dever de indemnizar: 762.º/2 e, no limite, o próprio 334.º.

6. A **cessação imputável** ao sublocador pode ser direta ou indireta. Ela é direta quando o sublocador distrate o contrato, o denuncie, o resolva ou se oponha à sua renovação. É indireta quando ele dê azo a uma resolução pelo senhorio ou não tome medidas possíveis para evitar a sua caducidade.

Artigo 1090.º (Direitos do senhorio em relação ao subarrendatário)

1. Sendo total o subarrendamento, o senhorio pode substituir-se ao arrendatário, mediante notificação judicial, considerando-se resolvido o primitivo arrendamento e passando o subarrendatário a arrendatário direto.

2. Se o senhorio receber alguma renda do subarrendatário e lhe passar recibo depois da extinção do arrendamento, é o subarrendatário havido como arrendatário direto.

Bibliografia: Laurinda Gemas e outros, *Arrendamento*, 428-429; Pires de Lima/Antunes Varela, *Código anotado* 2, 4.ª ed., 562-565.

Índice

I – **Origem e evolução**
1. Lei n.º 2:030 1
2. Preparatórios do Código Civil 4
3. Código Civil 5

II – **O regime**
4. A substituição 6
5. *Ratio legis* 8
6. Recebimento de subrenda 10

---

[8] *Supra*, anot. 35 a 39 ao 1051.º; *vide* REv 28-jun.-2000 (Esteves Araújo), CJ XXV (2000) 3, 268-273 (270/I), RPt 23-out.-2008 (Luís Espírito Santo), Proc. 0835422 e REv 17-mar.-2010 (Mata Ribeiro), Proc. 1030/06.4.

[9] Não há responsabilidade do senhorio para com o subarrendatário; este nem tem de ser demandado, em princípio, no despejo contra o sublocador; *vide* RPt 18-jan.-2000 (Emérico Soares), CJ XXV (2000) 1, 190-192 (192/I); RLx 22-fev.-2001 (Salazar Casanova), CJ XXVI (2001) 1, 129-130 (128/II).

I – Origem e evolução

1. **A Lei n.º 2:030**, de 22-jun.-1948, está na origem deste preceito. Ela fixou um pequeno subsistema regulativo atinente ao subarrendamento, que perduraria, no Direito português.

Vamos reter os preceitos agora em causa; o 61.º/2 a 5 e o 62.º. Dispunha o 61.º[1]:

> 2. Se o proprietário receber alguma renda do sublocatário e lhe passar recibo depois da extinção do arrendamento, será o sublocatário considerado arrendatário directo.
> 3. O sublocatário só poderá usar dos meios possessórios ou dos do artigo 987.º, alínea b), do Código de Processo Civil, se provar por documento que a sublocação foi notificada ao senhorio no prazo de quinze dias ou que o senhorio a autorizou especialmente ou reconheceu o sublocatário corno tal.
> 4. No caso de sublocação total, quando seja decretado o despejo ou distratado o arrendamento, o principal sublocatário nas condições do número anterior pode, por meio de notificação judicial, vindicar, relativamente ao senhorio, o direito de se substituir ao arrendatário, assumindo as obrigações que este tinha para com aquele no momento do despejo ou distrate e ficando constituído para com o senhorio nas obrigações que tinha para com o sublocador.
> 5. O disposto no número anterior aplica-se às sublocações parciais que abranjam a parte do prédio com maior valor locativo; mas o senhorio pode requerer avaliação fiscal para determinação da renda a pagar pelo sublocatário.

Prosseguia o 62.º[2]:

> Em todos os casos de sublocação total, anteriores ou posteriores à entrada em vigor desta lei, o senhorio tem a faculdade de, mediante notificação judicial, se substituir ao arrendatário, considerando-se rescindido o primitivo arrendamento e passando o sublocatário ou sublocatários a arrendatários directos. Para se tornar efectiva a substituição no fim do prazo do arrendamento ou da renovação, a notificação deve ser feita ao arrendatário e sublocatário nos prazos do artigo 970.º do Código de Processo Civil.

2. Nos **preparatórios do Código Civil**, os preceitos transcritos foram recuperados, aquando da 1.ª revisão ministerial. Esta simplificou a matéria e reconduziu-a a um único preceito (o 1100.º), já próximo da redação final[3]. Houve retoques na 2.ª revisão e no projeto final[4].

3. O **Código Civil**, na versão original do 1103.º, acolheu o texto em vigor[5]. Daí, ele passou, sem alterações, ao 46.º do RAU[6], regressando, incólume, através do 1095.º do projeto de RNAU de 2004[7], ao CC, numa solução levada à lei por via da L 6/2006[8]: agora como 1090.º.

II – O regime

4. **A substituição** do arrendatário pelo senhorio, passando o subarrendatário a arrendatário direto, é possível, em três condições: (a) tratar-se de um subarrendamento total, isto é, que abranja a totalidade do arrendado (1090.º/1, 1.ª parte); (b) usando-se uma notificação judicial (1090.º/1, meio)[9], cabendo esclarecer que tal notificação há de ser dirigida ao arrendatário (para que saiba da sua situação e deixe de pagar rendas) e ao subarrendatário, para que conheça o sucedido e passe a pagar a renda ao senhorio; (c) sem que exista cláusula ou acordo em contrário.

Existe cláusula em contrário sempre que o senhorio tenha autorizado o subarrendamento total: nessa eventualidade, o uso do poder de substituição fica logicamente prejudicado; no limite, seria mesmo um *venire contra factum proprium*.

---

[1] DG I, n.º 143, de 22-jun.-1948, 534/I e II.
[2] *Idem*, 534/II.
[3] BMJ 120 (1962), 119-120.
[4] Jacinto Rodrigues Bastos, *Dos contratos*, 175; *Projecto de Código Civil* (1966), 323.
[5] DG I, n.º 274, de 25-nov.-1966, 1980/II.
[6] DR I, n.º 238 (supl.), de 15-out.-1990, 4286-(16)/I.
[7] O Direito 136 (2004), 467-493 (485).
[8] DR I-A, n.º 41, de 27-fev.-2006, 1562/I.
[9] RLx 10-abr.-2008 (Jorge Leitão Leal), Proc. 1137/2008--2.

5. A *ratio legis* do poder de substituição decorre do parecer da Câmara Corporativa, relativo ao projeto que viria a transformar-se na L 2:030: trata-se de pôr termo a "situações imorais e especulativas"[10], decorrentes do vinculismo: o senhorio receberia rendas baixas, não podendo pôr termo ao contrato, enquanto o arrendatário se locupletava com a mais-valia, socialmente injustificada e derivada da diferença entre a renda e a subrenda.

Todavia, particularmente em regime não-vinculístico, pode não ser esse o caso: basta imaginar que o locatário tenha valorizado o local, através de obras ou de atividades promocionais e que, pela subrenda, ele venha amortizar despesas e realizar um lucro justo: temos uma situação socialmente vantajosa, autorizada pelo senhorio e que permite dar uma utilidade económico-social à coisa que, de outro modo, ela não teria. O poder de substituição torna-se, nessa eventualidade, contrário à boa-fé, não podendo ser atuado.

6. O **recebimento de subrenda**, pelo senhorio, ou seja, de alguma renda, paga pelo subarrendatário, passando-lhe recibo, depois da extinção do arrendamento, implica a passagem do subarrendatário a arrendatário direto (1090.º/2). Esta regra, tradicional desde a L 2:030, deve ser devidamente interpretada.

Em primeiro lugar, ela advém de uma época em que o arrendamento se podia provar por simples recibo de renda. Ora, a partir da L 6/2006, essa faculdade desapareceu: o arrendamento é celebrado por escrito. A "legitimação" do subarrendatário, através de (mero) recibo de renda, deveria ter sido corrigida, nessa ocasião. Mas o legislador não a teve em conta.

Seguidamente, é mister que o senhorio, ao receber a renda e ao passar o recibo, esteja consciente de que o arrendamento cessou, de que o subarrendamento caducou e de que, ao receber e recibar a renda do ex-sublocatário, está, de facto, a concluir com este um novo arrendamento. O Direito civil não é um jogo de armadilhas e de habilidades.

Subsecção VI – Direito de preferência

Artigo 1091.º (Regra geral)

1. O arrendatário tem direito de preferência:

a) Na compra e venda ou dação em cumprimento do local arrendado há mais de três anos;
b) Na celebração de novo contrato de arrendamento, em caso de caducidade do seu contrato por ter cessado o direito ou terem findado os poderes legais de administração com base nos quais o contrato fora celebrado.

2. O direito previsto na alínea b) existe enquanto não for exigível a restituição do prédio, nos termos do artigo 1053.º.

3. O direito de preferência do arrendatário é graduado imediatamente acima do direito de preferência conferido ao proprietário do solo pelo artigo 1535.º.

4. É aplicável, com as necessárias adaptações, o disposto nos artigos 416.º a 418.º e 1410.º.

---

[10] Parecer de 4-fev.-1947, relat. Fernando Pires de Lima, confrontável em Tito Arantes, *Inquilinato*, 71.

Bibliografia: Oliveira Ascensão, *Direito de preferência do arrendatário*, Est. Galvão Telles 3 (2002), 249-273; *idem*, *Subarrendamento e direitos de preferência no novo RAU*, ROA 1991, 45-73 (55 ss.); José Gualberto de Sá Carneiro, *Revista dos tribunais* 46 (1928), 177-179; Laurinda Gemas e outros, *Arrendamento*, 430-452; Agostinho Cardoso Guedes, *O exercício do direito de preferência* (2006), 172-208; Luís Menezes Leitão, *Arrendamento*, 5.ª ed., 92-93; Pires de Lima/Antunes Varela, *Código anotado* 2, 4.ª ed., 565-570; José Carlos Brandão Proença, *Para uma leitura restritiva da norma (artigo 1091.º do Código Civil) relativa ao direito de preferência do arrendatário*, Est. Oliveira Ascensão 2 (2008), 937-968.

Elementos gerais sobre a preferência: Menezes Cordeiro, *Tratado* VII, 461-536, com indicações nacionais e estrangeiras.

Índice

I – Origem e evolução
1. Código de Seabra 1
2. Lei n.º 1:662, de 4-set. 2
3. Lei n.º 2:030 4
4. Nos preparatórios 7
5. Código Civil 9
6. O "direito a novo arrendamento" 10
7. Lei n.º 63/77, de 25-ago. 13
8. RAU de 1990 14
9. RNAU de 2004 16
10. NRAU de 2006 17

II – A preferência na venda ou dação
11. Requisitos 18
12. Arrendamento 19
13. A venda ou dação 20
14. Do local arrendado 23
15. Parte de um prédio 24
    α) Letra da lei 26
    β) Elemento teleológico 27
    γ) Ponderação das consequências 28
16. Há mais de três anos 29
17. Graduação 30

III – A preferência em novo arrendamento
18. Requisitos 31
    α) Caducidade 32
    β) Intenção de arrendar 33
    γ) Prazo de 6 meses 34
19. Óbices sistemáticos 35

IV – O funcionamento da preferência
20. A comunicação ao preferente 37
    α) Quem deve comunicar 40
    β) A quem comunicar 41
    γ) O que comunicar 42
    δ) Como deve comunicar 44
    ε) Quando deve comunicar 46
21. A resposta do preferente 47
22. O contrato definitivo 52
23. A notificação judicial 54
24. Venda conjunta 58
25. Prestação acessória 66
26. Uniões e contratos mistos 69
27. Pluralidade de preferentes 73
28. Eficácia real 77
29. Ação de preferência 78
    α) Âmbito da ação 83
    β) Legitimidade passiva 84
    γ) Prazo 92
    δ) Depósito do preço 93

V – A preferência e a simulação
30. O problema 96
31. Requisitos da simulação 97
32. Tipos 99
33. Figuras afins 100
34. A posição dos terceiros 101
35. Invocação pelos simuladores 104
36. Doutrina da confiança 108
37. Simulações inversas 110
38. A prova da simulação 111

I – Origem e evolução

1 **1. O Código de Seabra**, recolhendo tradições e leis antigas de várias origens, admitiu o direito de preferência no domínio da enfiteuse (1678.º) e no da compropriedade (1566.º). Em ambos os casos, tratava-se de sólidas situações jurídicas reais, marcadas por alguma instabilidade potencial e às quais o legislador decidiu pôr um possível termo, facilitando a aquisição, por um dos figurantes, da posição jurídica do outro. A locação, pela sua natureza, temporária e limitada, não originaria nenhum conflito que pudesse justificar essa medida.

2. A **Lei n.º 1:662**, de 4-set., em plena escalada do vinculismo, veio introduzir direitos de preferência no arrendamento comercial. O 9.º, § único, fê-lo, a favor do senhorio e na eventualidade de trespasse do estabelecimento comercial; o 11.º, a favor do principal locatário comercial ou industrial ou, não podendo ou querendo este usá-lo, a favor de qualquer outro dos locatários, por ordem decrescente de rendas[1].

Este direito de preferência tinha a virtualidade de, na área particularmente sensível e conflituosa do arrendamento comercial, permitir, a propósito de cada transação que envolvesse seja a posição jurídica do locador, seja a do locatário, pôr-lhe cobro, facultando a sua aquisição pela contraparte.

3. A **Lei n.º 2:030**, de 22-jun.-1948, concedeu um capítulo – o VI – ao direito de preferência, composto, embora, apenas por um artigo: o 66.º. Dispunha[2]:

> 1. Na venda ou dação em pagamento de prédios arrendados para comércio, indústria ou exercício de profissão liberal, os arrendatários têm direito de preferência, graduado em último lugar, sucessivamente e por ordem decrescente das rendas.
> Não tem esse direito o arrendatário que não exercer no prédio, há mais de um ano, comércio, indústria ou profissão liberal.
> 2. Na regulamentação da propriedade horizontal, prever-se-á a preferência no andar ocupado por cada arrendatário nas condições do número anterior.
> 3. É extensivo às preferências prescritas neste artigo, na parte aplicável, o disposto no artigo 2309°, §§ 4.º e 5.º, do Código Civil.

O legislador, na base do estudo feito na Câmara Corporativa[3], manteve a preferência apenas no campo comercial e retirou-a aos senhorios. Prevaleceu a ideia de que esta última abriria a porta ao desmantelamento de estabelecimentos ou, pelo menos, de que ela permitiria uma vantagem a não-comerciantes.

O D 43 525, de 7-mar.-1961, que aprovou o regime do arrendamento urbano para o Ultramar, instituiu, em termos paralelos, o direito de preferência do arrendatário comercial ou equiparado, na venda ou dação em pagamento do prédio arrendado[4].

4. **Nos preparatórios** do CC, o legislador hesitou. *De iure condendo*, a preferência legal é muito questionável: implica um congelamento de riqueza, dificulta os investimentos e instila, na sociedade civil, uma enorme litigiosidade. Vaz Serra assinalou a multiplicação excessiva dos direitos legais de preferência[5]: ela ultrapassa, no Direito português, qualquer outro sistema jurídico conhecido e desafia a imaginação[6].

Apenas na 1.ª revisão ministerial surge uma preferência a favor de arrendatários comerciais (1115.º)[7], num preceito complementado na 2.ª revisão (1117.º) e aperfeiçoado no projeto definitivo[8].

5. O **Código Civil** acolheu o direito de preferência do arrendatário comercial (1117.º), nos termos seguintes[9]:

---

[1] DG I, n.º 200, de 4-set.-1924, 1242/II e 1243/I, respetivamente.
[2] DG I, n.º 143, de 22-jun.-1948, 535/II-536/I.
[3] Parecer da Câmara Corporativa de 4-fev.-1947 (Pires de Lima), confrontável em Tito Arantes, *Inquilinato, avaliações* (1949), 15-125 (74-79).
[4] DG I, n.º 54, de 7-mar.-1961, 242/I.
[5] Adriano Vaz Serra, *Obrigação de preferência*, BMJ 76 (1958), 131-289 (149).
[6] Vide *Tratado* II/2, 477 ss.; temos, no CC, 9 preferências legais; nas leis avulsas, é de contar com mais de uma dezena; Oliveira Ascensão, *Subarrendamento e direitos de preferência* cit., 58, fala em "recorde mundial das preferências".
[7] BMJ 120 (1962), 126.
[8] Jacinto Rodrigues Bastos, *Dos contratos*, 204-205; *Projecto de Código Civil* (1966), 328-329.
[9] DG I, n.º 274, de 25-nov.-1966, 1982/I.

1. Na venda, dação em cumprimento ou aforamento do prédio arrendado, os arrendatários que nele exerçam o comércio ou indústria há mais de um ano têm direito de preferência, sucessivamente e por ordem decrescente das rendas.
2. É aplicável, neste caso, com as necessárias adaptações, o disposto nos artigos 416.º a 418.º e 1410.º.
3. O direito de preferência do arrendatário é graduado imediatamente acima dos direitos de preferência conferidos ao senhorio directo e ao proprietário do solo na alínea c) do artigo 1499.º e no artigo 1535.º.
4. Sendo dois ou mais os preferentes, abrir-se-á entre eles licitação, revertendo o excesso para o alienante.

10   O 1119.º mandava aplicar esse dispositivo aos arrendamentos para o exercício de profissões liberais.

11   6. O **"direito a novo arrendamento"** foi uma figura correspondente ao vinculismo revolucionário, desenvolvido à sombra do direito de preferência. Na origem, temos o DL 420/76, de 28-mai., ainda do 6.º Governo provisório, que pretendeu "garantir o direito à habitação" de certas pessoas que convivessem com um arrendatário que falecesse, fazendo caducar o arrendamento. Esse diploma atribuía, aos conviventes em causa, um "direito de preferência", em termos ambíguos. Ele veio a ser interpretado como um verdadeiro direito a um novo arrendamento, tendo sido desenvolvido em legislação subsequente.

12   De facto, estava-se perante um esquema vinculístico destinado a proporcionar uma transmissão de arrendamentos *mortis causa*. Será considerado a tal propósito[10].

13   7. A **Lei n.º 63/77, de 25-ago.**, explicando que, pela Constituição, cabe ao Estado adotar uma política de acesso à habitação própria, veio dispor[11]:

Artigo 1.º – 1. O locatário habitacional de imóvel urbano tem o direito de preferência na compra e venda ou dação em cumprimento do mesmo.
2. O locatário habitacional de fracção autónoma de imóvel urbano também goza do direito de preferência na compra e venda ou dação em cumprimento da respectiva fracção.

Artigo 2.º – 1. Quando mais de um locatário habitacional exercer o direito de preferência, abrir-se-á entre eles licitação, revertendo o excesso para o alienante.
2. Quando num imóvel urbano existirem um ou mais locatários habitacionais e um ou outros de diferente natureza, também com direito de preferência, proceder-se-á nos termos do número anterior.

(...)

14   8. O **RAU de 1990**, confrontado com o facto de ter passado a haver, no domínio do arrendamento urbano, preferências comerciais e habitacionais dotadas de regimes não coincidentes, veio uniformizar a matéria, em secção própria, nos termos seguintes[12]:

Artigo 47.º (Direito de preferência)
1. O arrendatário de prédio urbano ou de sua fracção autónoma tem o direito de preferência na compra e venda ou na dação em cumprimento do local arrendado há mais de um ano.
2. Sendo dois ou mais os preferentes, abre-se entre eles licitação, revertendo o excesso para o alienante.

---

[10] *Infra*, intr. aos 1105.º a 1107.º, anotações 11 a 24; adiantamos que o DL 420/76, mau grado a sua singularidade, ainda tem aplicação 34 anos depois: RLx 18-mar.-2010 (Carlos Valverde), Proc. 102/2002.

[11] DR I, n.º 196, de 25-ago.-1977, 2045/I.
[12] DR I, n.º 238 (supl.), 4286-(16)/I.

Artigo 48.º (Graduação)
O direito de preferência do arrendatário é graduado imediatamente acima do direito de preferência conferido ao proprietário do solo pelo artigo 1535º do Código Civil.

Artigo 49.º (Regime)
Ao direito de preferência do arrendatário é aplicável, com as necessárias adaptações, o disposto nos artigos 416º a 418º e 1410º do Código Civil.

O legislador pretendeu ainda resolver uma inabilidade do original 1117.º do CC, que atribuía a preferência a arrendatários que, no local, (...) exerçam o comércio ou indústria há mais de um ano (...). Exerçam a que título? Os trabalhadores que arrendassem poderiam juntar, para perfazer o ano, o tempo de exercício do comércio anterior ao arrendamento? Ficou claro, com o RAU, que deve haver um arrendamento há mais de um ano, operando, nos termos gerais, a *accessio temporis*.

9. O **RNAU de 2004** pretendeu pôr cobro às preferências dos arrendatários (1096.º)[13]. Ponderaram-se, aquando da sua preparação[14], os muitos inconvenientes derivados da preferência dos locatários. Designadamente: (a) a sua natureza vinculística; (b) o seu uso meramente especulativo: em situações vinculísticas, o valor de mercado de um local arrendado é muito baixo: pretendendo vender (designadamente: por necessidade), o senhorio só obtinha preços simbólicos; o locatário preferia e vendia, depois, no mercado livre, devidamente desembaraçado, com lucros astronómicos; (c) o erro de base de pretender resolver o problema da habitação com a compra de casa própria e os subsequentes endividamentos das famílias e bloqueio na mobilidade; (d) a constituição de uma ordem subdominial; (e) a imensa litigiosidade das preferências.

10. O **NRAU de 2006**, sem mais explicações, manteve quer a preferência do arrendatário na compra, quer a do ex-arrendatário (?) na celebração de novo arrendamento, em certos tipos de caducidade. Apenas tornou mais restritivo o seu surgimento[15]. A reforma de 2012 não alterou esse esquema.

II – A preferência na venda ou dação

11. **Requisitos**. Decorre do 1091.º/1, *a*), que o arrendatário tem preferência na compra e venda ou dação em cumprimento do local arrendado há mais de três anos. Requer-se, portanto:

12. **O arrendamento** urbano em vigor: no momento em que se vão realizar a venda ou a dação e, ainda, no momento em que o arrendatário tenha conhecimento dos elementos relativos a essas operações, por forma a poder exercer o seu direito[16]; a preferência é possível se, havendo resolução do arrendamento proferida depois da alienação, os factos que a justifiquem forem posteriores, uma vez que o direito do preferente retroge à data da alienação em causa[17]

13. **A compra e venda ou dação**: a preferência pressupõe um negócio em que uma das partes (a adquirente, que paga o preço) possa ser substituída por outra, sem prejuízo para o vendedor. Tratando-se de uma troca ou de um negócio atípico, tal já não será possível. No caso de a compra e venda ou a dação serem acompanhadas por uma prestação acessória que o titular do direito de preferência não possa satisfazer, aplica-se o 416.º.

---

[13] O Direito 136 (2004), 467-493 (485).
[14] Menezes Cordeiro, *A modernização do Direito português do arrendamento urbano*, O Direito 136 (2004), 235-253 (251).
[15] DR I-A, n.º 41, de 27-fev.-2006, 1562/I.
[16] STJ 4-fev.-2010 (Lopes do Rego), Proc. 3370/05.
[17] STJ 23-nov.-2010 (Sousa Leite), Proc. 1117/2000.

21 A compra e venda ou a dação são projetadas. Se tiverem lugar sem a prévia comunicação ao preferente (416.º/1), há violação da preferência, ficando abertas as portas à competente ação (1410.º).

22 Na hipótese de venda judicial, o arrendatário é notificado para exercer o seu direito, querendo, na altura em que surja um comprador e pelas condições que este oferecer; não sendo avisado, pode depois exercer a ação de preferência[18].

23 14. **Do local arrendado**: a lei reporta-se, em primeira linha, à propriedade do respetivo local; já se entendeu que, sendo tal local alienado em usufruto, caberia lugar para a preferência[19]. Propendemos para a negativa: a preferência do arrendatário visa proteger a propriedade e não o arrendamento[20], isto é, procura fazer aceder o locatário à propriedade do local onde habite ou que use para fins profissionais e não perpetuar situações potencialmente conflituosas. Ora o arrendatário que "prefira num usufruto" passará a não pagar renda, enquanto durar esse direito, mas manter-se-á arrendatário, perante o nú-proprietário, numa situação confusa, que não pode ter sido querida, pelo legislador.

24 15. Coloca-se o problema de o local arrendado ser apenas **parte de um prédio**, que não esteja em propriedade horizontal. A jurisprudência divide-se: nuns casos, entende-se que o locatário de parte do prédio tem o direito a preferir na compra do conjunto[21], havendo vários direitos de preferência concorrentes, na hipótese de surgirem diversos arrendatários dos distintos fogos do prédio[22] (teoria expansionista); noutros, decidiu-se que a preferência só operava perante o concreto "local arrendado", ficando afastada caso tal local não pudesse ser autonomamente transacionado[23] (teoria do local).

25 Esta última posição, perante as coordenadas atuais (pós-L 31/2012) do arrendamento urbano é a preferível[24]. Vamos ver.

26 α) A **letra da lei**: o 1117.º, versão original, dava preferência na venda do "prédio arrendado", retomando o 66.º/1 da L 2:030; ora o RAU de 1990 (47.º) limitou a preferência à venda "do local arrendado", numa locução mantida pela L 6/2006, vertida no 1091.º, hoje em vigor. Ora devemos presumir que o legislador escolheu as suas palavras com critério, dizendo o que quis dizer (9.º/3): designadamente o de 2006, que já conhecia o alcance prático da polémica.

27 β) O **elemento teleológico**, sempre decisivo, diz-nos que a lei, ao atribuir a preferência aos arrendatários, visou facultar-lhes o acesso à habitação ou a instalações próprias, pondo termo ao arrendamento. Ora, admitir a preferência para além do local arrendado é interferir no mercado, dando uma vantagem ao arrendatário que transcende o fim da lei. Transformar o inquilino de um fogo em dono do prédio (só) porque este não estava em propriedade horizontal, é uma operação de todo fora do objetivo legal, que apenas visaria lucrativos negócios imobiliários.

28 γ) A **ponderação das consequências** mostra que a tese expansionista pode conduzir a resultados inaceitáveis. A multinacional que arrende um telhado para nele instalar um painel publicitário adquire, por isso, uma preferência na venda do edifício? Nenhuma valoração arrendatícia justificaria, jamais, semelhante resultado: a teoria expansionista é inconveniente.

29 16. **Há mais de três anos**: a L 6/2006 ampliou o requisito da prévia duração do arrendamento que era, antes, de um ano. Temos um sinal restritivo que sublinha o valor da estabilidade, na liga-

---

[18] RPt 27-mai.-2010 (José Ferraz), Proc. 5499/06.
[19] STJ 4-fev.-2010 (Lopes do Rego), Proc. 3370/05.
[20] RLx 14-dez.-2010 (Ana Resende), Proc. 181/2001.
[21] STJ 12-jan.-2012 (Orlando Afonso), Proc. 72/2001.
[22] STJ 25-mar.-2010 (Hélder Roque), Proc. 5541/03;

haveria que lançar mão, nessa eventualidade, do 1459.º-B, do CPC.
[23] RLx 14-set.-2010 (José Augusto Ramos), Proc. 72//2001.
[24] Brandão Proença, *Para uma leitura restritiva*.

ção ao local. Os três anos contam-se a partir do início do contrato considerado ou da sua renovação. Assim, decorrendo um contrato e havendo cessão da posição de arrendatário, devidamente autorizada e comunicada, o novo arrendatário pode chamar a si o tempo de contrato decorrido sob o arrendatário anterior (*accessio temporis*), dentro das regras gerais relativas à contagem de prazos desse tipo.

17. **Graduação**. Havendo vários direitos de preferência de distintas origens, há que fixar uma ordem de prevalência. O 1091.º/3 graduou a preferência do arrendatário imediatamente acima do do fundeiro (1091.º/3), o qual fora graduado em último lugar (1535.º/1). Fica, pois, em penúltimo lugar, sendo batido, designadamente, pelo do comproprietário, que ocupa o primeiro lugar (1409.º/1).

III – A preferência em novo arrendamento

18. **Requisitos**. A preferência do arrendatário na celebração de um novo arrendamento é uma herdeira tardia do (acima referido) direito ao novo arrendamento, estabelecido no pico do vinculismo subsequente a 1975. Ela ocorre quando:

α) Haja **caducidade** de um anterior arrendamento, por via do 1051.º, *c*), ou seja: cesse o direito de base ou findem os poderes legais de administração com base nos quais o contrato foi celebrado. Sobrevindo uma caducidade por quaisquer outras razões ou ocorrendo outro tipo de cessação do contrato, o proprietário ex-senhorio poderá locar a quem muito bem entender. Aparentemente, o legislador decidiu valorar os casos de caducidade, previstos no 1051.º, *c*), em termos menos impressivos do que os restantes.

β) Exista **intenção de arrendar**, por parte do ex-senhorio. Ao contrário do que sucedeu historicamente, através do DL 420/76 e, ainda, dos 90.º a 96.º do RAU em que se previa, em certos casos, um verdadeiro direito a um novo arrendamento, com uma consequente obrigação, a cargo do senhorio, de o celebrar, o 1091.º/1, *b*), apenas consagrou uma verdadeira preferência: querendo arrendar, o visado fá-lo-á, preferencialmente, com o ex-arrendatário.

γ) No **prazo de 6 meses**: é o que resulta do 1091.º/2, que limita a preferência em novo arrendamento ao período em que o 1053.º declara não exigível a restituição do local: um período excessivo, mas que consta da lei.

19. **Óbices sistemáticos**. A consagração da preferência em novo arrendamento comporta, ainda que de modo atenuado, parte dos problemas sistemáticos e constitucionais que o direito ao novo arrendamento ocasionava. Vamos supor um arrendamento contratado por um usufrutuário. Cessa o usufruto: caduca o arrendamento, por via do 1051.º, *c*). O titular da raiz, agora proprietário pleno, não só tem de suportar um contrato para o qual não foi tido nem achado, durante mais 6 meses (1053.º), como ainda fica com o seu direito onerado com uma preferência para novo arrendamento. O ex-usufrutuário dispôs, de facto, de um direito que não era dele, pondo em causa a garantia constitucional da propriedade. Num ambiente não-vinculístico, não há justificação possível.

Também não fica claro por que conceder o direito de preferência a novo arrendamento apenas no caso da caducidade ex-1051.º, *c*). De todo o modo, fácil será ao proprietário que não pretenda contratar com o ex-inquilino, evitá-lo: basta que não intente arrendá-lo no prazo de seis meses, após a cessação do arrendamento anterior.

IV – O funcionamento da preferência

20. **A comunicação ao preferente**. O direito de preferência mostra as suas potencialidades quando o obrigado à preferência obtenha uma proposta (ou uma aquiescência) firme, por parte de um terceiro. Nessa altura, entramos num procedimento, isto é, num conjunto articulado de

atos, que poderá levar ao exercício da preferência. Tal proposta será, em regra, formulada pelo terceiro; poderá ter sido iniciativa do obrigado à preferência, obtendo a concordância do terceiro mas sem que, daí, derive um contrato: ou estaríamos, já, perante a violação da preferência. Não chegam, pois, nem negociações, nem meros convites à contratação. Requer-se uma proposta firme e completa[25], de modo que, uma vez dada a forma exigida, uma aceitação (simples) faça surgir o contrato.

38   Na posse dessa proposta, o senhorio obrigado à preferência deve comunicá-la ao arrendatário. Dispõe o 416.º/1[26]:

> Querendo vender a coisa que é objeto do pacto, o obrigado deve comunicar ao titular do direito o projeto de venda e as cláusulas do respetivo contrato.

39   Ficam claros os dois requisitos: a proposta (projeto) de negócio e a intenção do senhorio de celebrar, com base nela, o contrato. Temos, de seguida, uma série de pontos para retomar e esclarecer, e que podemos escalonar da forma que segue.

40   α) **Quem deve comunicar**. A comunicação deve ser feita pelo senhorio ou por alguém que, com poderes bastantes, o represente[27]. Tecnicamente, pelo seguinte: o preferente, caso aceite, fecha, de imediato, um contrato ou, pelo menos, o contrato-promessa equivalente; isso só é possível se o comunicante tiver legitimidade para contratar. Praticamente: a comunicação feita por um terceiro sem poderes não é vinculativa: todo o processo soçobraria na confusão.

41   β) **A quem comunicar**. A comunicação deve ser feita ao arrendatário. Pode haver vários arrendatários: a comunicação para preferência deve, então, ser feita a todos. Tal sucede, designadamente perante cônjuges, quando os dois sejam arrendatários: ambos devem ser avisados[28]. Ainda no caso dos cônjuges, mesmo quando só um seja o preferente mas não possa, sozinho, dispor do direito (por exemplo, por se tratar da casa de morada de família), a comunicação também deve seguir para os dois[29]. A pluralidade de preferentes é ainda frequente nos casos de arrendamento de fogos num edifício que não esteja em propriedade horizontal: os locatários podem ser vários, cabendo, a todos, receber a comunicação[30].

42   γ) **O que comunicar**: deve ser comunicado o projeto de negócio existente, nos seguintes termos: (a) a proposta, devidamente caracterizada enquanto tal e sobre a qual exista um acordo de princípio[31], embora, não o contrato; não chegam nem intenções não definitivas nem projetos hipotéticos; (b) com o clausulado completo ou, pelo menos, com todos os elementos essenciais que relevem para a formação da vontade de preferir ou não preferir[32]; a falta de fatores relevan-

---

[25] Quanto aos requisitos da proposta, *Tratado* II, 318 ss.; em rigor, só não haverá, para efeitos do processo de preferência, uma proposta, por falta de forma exigível para o contrato em jogo; mas deve haver uma proposição completa e firme. A lei fala em "projeto".

[26] No anteprojeto de Vaz Serra, *Direito das obrigações*, sep. BMJ (1960), 592.º/1 (487), usava-se a seguinte fórmula:
> O obrigado à preferência, se receber do terceiro propostas que o satisfaçam, deve avisá-lo disso, comunicando-lhe as cláusulas do projectado contrato, e convidá-lo a declarar se quer preferir.

[27] RCb 28-jan.-1992 (Pereira da Graça), BMJ 413 (1992), 623.

[28] RCb 9-jan.-1990 (Augusto Vieira), BMJ 393 (1990), 675; RPt 6-mar.-1990 (Pereira da Silva), BMJ 395 (1990), 681; RPt 27-mai.-1993 (Augusto Alves), BMJ 427 (1993), 582.

[29] RCb 3-jun.-1997 (Gregório de Jesus), CJ XXII (1997) 3, 28-30 (30/II).

[30] Antunes Varela/Prazeres Beleza, *Direitos de preferência / Processo de notificação*, CJ XV (1990) 3, 31-39 e STJ 15-jun.-1989 (Eliseu Figueira), BMJ 388 (1989), 479-485 (484-485). Mas *vide supra*, anot. 24 a 29.

[31] Não chega a informação de que foi recebida determinada proposta por certo preço – RCb 21-nov.-1989 (Roger Lopes), BMJ 391 (1989), 710 – ou de que o obrigado tem a intenção de vender o prédio e de que existem vários possíveis compradores: RCb 28-fev.-1990 (Castanheira da Costa), BMJ 394 (1990), 542; *vide*, ainda, RCb 5-abr.-2005 (Artur Dias), CJ XXX (2005) 2, 11-13; REv 26-set.-1991 (Manuel Pereira), BMJ 409 (1991), 889; RPt 3-nov.-1992 (Matos Fernandes), CJ XVII (1992) 5, 205-209.

[32] STJ 11-mar.-1992 (Vassanta Tambá), BMJ 415 (1992),

tes ou o facto de, depois da comunicação, se concluir o negócio com o terceiro, mas em condições diferentes, invalida a comunicação feita³³; (c) identificando a pessoa do terceiro interessado, nessa qualidade³⁴; também aqui a comunicação será ineficaz se, depois, o negócio definitivo for celebrado com pessoa diferente da indicada na comunicação³⁵; (d) pedindo uma resposta, quanto ao exercício do direito de preferência: de outro modo, poderá passar por uma mera informação³⁶: (e) e chegando a comunicação ao conhecimento efetivo do preferente³⁷. Apenas se admite que, na comunicação, não seja desde logo inserida a data da escritura, uma vez que esta depende da colaboração entre os contratantes.

A comunicação da **identidade do terceiro** interessado³⁸ tem levantado algumas dúvidas, 43 embora a jurisprudência tenha estabilizado no bom sentido, sendo, em geral, acompanhada pela doutrina³⁹. As dúvidas advêm de a lei, expressamente, a não exigir⁴⁰ ou de se procurarem distinguir as situações em que, pela presença de especiais vínculos entre os envolvidos, essa indicação poderia ter relevância⁴¹. Há que repor a perspetiva privatística do problema. A decisão do preferente é puramente subjetiva: ele decidirá, como entender, na base de raciocínios económicos, estéticos, sociais ou outros. Muitas vezes o próprio, mesmo culto e informado, não poderá explicar o porquê último dos seus atos. Não vemos como o obrigado à preferência se possa arvorar em juiz do interesse "objetivo" do preferente. Se, a este, for indiferente a identidade do terceiro interessado, ele decidirá sem ter isso em conta. Isto dito, uma das funções históricas da preferência é, justamente, o poder de exclusão de (certos) terceiros das relações negociais. Além disso, sem se indicar o terceiro interessado, não é possível configurar uma proposta concreta nem, muito menos, sindicá-la. Assim, quer pela gestão intrinsecamente privada (e logo subjetiva) dos interesses em jogo, quer pelas funções histórico-sociais da preferência, quer, finalmente, pelas necessidades de controlo objetivo do processo, a identificação do terceiro interessado é sempre necessária.

δ) **Como deve comunicar**. A comunicação não está sujeita, por lei expressa, a nenhuma forma: 44 e assim já se entendeu que podia ser mesmo verbal⁴². Tratando-se de uma comunicação relativa

---

569-573 (572); REv 28-abr.-1994 (Geraldes de Carvalho), CJ XIX (1994) 2, 269-270; RCb 23-abr.-1996 (Silva Graça), BMJ 456 (1996), 511; STJ 28-mai.-1996 (Figueiredo de Sousa), CJ/Supremo IV (1996) 2, 93-95; STJ 22-abr.-1995 (Torres Paulo), BMJ 466 (1997), 491-498 (496-497); RCb 12-out.-1998 (Gil Roque), BMJ 490 (1998), 327/2 = CJ XXIV (1999) 4, 30-32.

³³ RCb 16-jan.-1990 (Vassanta Tambá), BMJ 393 (1990), 675; RCb 16-out.-1990 (Ruy Varela), BMJ 400 (1990), 744; RCb 26-fev.-1991 (Vítor Rocha), BMJ 404 (1991), 524.

³⁴ STJ 15-mai.-1984 (Magalhães Baião), BMJ 337 (1984), 348-351 (351); REv 27-set.-1990 (Matos Canas), BMJ 399 (1990), 600; RLx 13-out.-1994 (Santos Bernardino), CJ XIX (1994) 4, 110-114 (112/II); RPt 6-jul.-2000 (Eurico Seabra), BMJ 499 (2000), 382/II; STJ 19-nov.-2002 (Silva Paixão), CJ/Supremo X (2002) 3, 133-135 (135/I); contra: STJ 23-jan.-1992 (Manuel Oliveira Matos), BMJ 413 (1992), 542-547 (546), acolhendo-se (mal) à obrigação legal de informação, que aqui não se aplica.

³⁵ STJ 19-nov.-2002 cit., CJ/Supremo X, 3, 135; RCb 6-nov.-1990 (Pires de Lima), BMJ 401 (1990), 649. Em STJ 16-mar.-2011 (Moreira Alves), Proc. 1113/06, entendeu-se que, perante o 416.º/1, nem sempre seria necessário indicar a identidade do comprador; todavia,

afigura-se-nos decisiva essa indicação, nunca sendo indiferente, para o arrendatário, a pessoa do senhorio.

³⁶ STJ 8-nov.-1994 (Machado Soares), BMJ 441 (1994), 250-259 (253-254).

³⁷ RLx 15-dez.-1993 (Martins Ramires), CJ XVIII (1993) 5, 161-163.

³⁸ Já em *Direito das obrigações* 1 (1980), 492.

³⁹ Inocêncio Galvão Telles, *Direito das obrigações*, 7.ª ed. (1997), 167, nota 1 e Luís Menezes Leitão. *Direito das obrigações* 1, 10.ª ed. (2013), 229.

⁴⁰ Oliveira Ascensão, *Preferência do arrendatário habitacional, notificação, caducidade, renúncia*, anot. STJ 23-jun.-1992 (Rui Azevedo de Brito), ROA 1993, 673-682, idem, 683-708 (691 ss.).

⁴¹ Pires de Lima/Antunes Varela, *Código anotado* 1, 4.ª ed. (1989), 392 (nota 8), que defendem a necessidade de indicação nas preferências do comproprietário e do arrendatário, nada dizendo quanto ao pacto de preferência e Carlos Lacerda Barata, *Da obrigação de preferência* (2002, reimp.), 121-127 (126-127), que admite o dever de comunicar a identidade quando o preferente tenha um interesse objetivo nesse conhecimento, quando tal interesse seja objetivamente cognoscível ou quando a boa-fé o exija.

⁴² RPt 27-jun.-1991 (Augusto Alves), CJ XVI (1991) 3, 267-269 (168/II) e STJ 18-nov.-1993 (Sá Couto),

a um contrato definitivo para que a lei exija documento, quer autêntico, quer particular, como sucede no arrendamento, exige-se forma escrita, por aplicação do 410.º/2: a comunicação, a ser aceite pelo preferente, gera um dever (contratual) de contratar, a que se aplicam as regras do contrato-promessa. Além disso, uma comunicação verbal irá, em regra, colocar grandes dúvidas de prova, sendo que caberá, depois, ao obrigado à preferência, fazer a prova da existência efetiva de uma comunicação completa. Independentemente da discussão básica, recomenda-se sempre, aos obrigados à preferência, que recorram, pelo menos, à forma escrita.

45   A comunicação pode, ainda, seguir a forma de notificação judicial. Observar-se-á, nessa altura, o disposto no 1028.º (ex-1458.º), do Código de Processo Civil. Pelo seu relevo prático faremos, abaixo, um breve excurso sobre o tema[43].

46   ε) **Quando deve comunicar**. Finalmente, a comunicação deve ser feita quando exista uma proposta contratual eficaz e enquanto tal eficácia se mantiver ou, pelo menos, na presença de um projeto de contrato firme e sério. A não se verificarem tais requisitos, uma de duas: (a) ou o arrendatário prefere, convicto de que, se o não fizer, o terceiro ficará com o negócio: e estará enganado, já que o terceiro não celebraria tal contrato; (b) ou o arrendatário rejeita, deixando o negócio para o terceiro que, afinal, não o quer. A lei fixa um prazo curto para que o terceiro se pronuncie (oito dias: 426.º/2): justamente para se assegurar de que a proposta ou o projeto mantêm a sua atualidade.

47   21. **A resposta do preferente**. Recebida a comunicação para preferência, manda o 416.º/2:

> (…) deve o titular exercer o seu direito dentro do prazo de oito dias, sob pena de caducidade, salvo se estiver vinculado a prazo mais curto ou o obrigado lhe assinar prazo mais longo.

48   *A fortiori*, pode suceder que se tenha pactuado um prazo mais longo, altura em que este será o observável. Como se vê, o legislador pretende que a pendência aqui em jogo, pela instabilidade que representa quer para o obrigado, quer para o preferente, quer para o terceiro, seja o mais curta possível.

49   Podemos apresentar o seguinte quadro das possíveis atitudes do arrendatário: (a) ou exerce a preferência, o que significa a aceitação pura e simples do contrato, com o conteúdo indicado pelo senhorio; (b) ou renuncia à preferência, declarando que não está interessado; (c) ou nada faz e o seu direito extingue-se por caducidade.

50   A renúncia genérica antecipada não é válida (809.º/1): apenas perante uma concreta situação de preferência, já formada e em face de todos os elementos da comunicação, é possível, ao preferente, renunciar. Assim, tal renúncia só é eficaz quando referida a uma transação concreta[44], quando, ao preferente, tiver sido dado conhecimento do projeto de venda e das cláusulas do contrato[45] e quando o preferente seja inequívoco e claro[46]. Isto dito, ela pode ser tácita, nos termos gerais[47]. Na mesma linha, o prazo para a caducidade prevista no 416.º/2, só começa a correr perante uma comunicação completa e legitimamente feita e endereçada.

51   A "aceitação" da comunicação para preferência, com alterações, modificações ou reticências, envolve, de pleno direito, a renúncia, por parte do preferente, à sua posição. Qualquer outra

---

CJ/Supremo I (1993) 3, 140-142 (141/II). Nós próprios já defendemos a necessidade de forma escrita; hoje, abandonamos essa exigência, embora seja altamente recomendável, ao obrigado à preferência, recorrer à forma escrita; de outro modo, em caso de litígio, terá graves dificuldades probatórias.
[43] *Infra*, anotações 54 a 57.
[44] STJ 24-abr.-1991 (Cabral de Andrade), BMJ 406 (1991), 595-600 (599).

[45] RCb 7-jan.-1992 (Cardoso Albuquerque), BMJ 413 (1992), 624, STJ 8-nov.-1994 cit., BMJ 441, 255-256 e STJ 13-fev.-1996 (Miranda Gusmão), BMJ 454 (1996), 706-713 (713).
[46] REv 1-abr.-1993 (Manuel Pereira), BMJ 426 (1993), 548.
[47] STJ 19-mai.-2011 (Tavares de Paiva), Proc. 5326/06.

solução já implicaria um acordo, fora do direito de preferência em causa. Além disso, vale a primeira parte do 233.º.

22. O contrato definitivo. Havendo aceitação da comunicação de preferência, perfila-se o contrato definitivo, isto é, o contrato visualizado pela preferência legal do arrendatário e que, por opção deste, se vem mesmo a concluir na sua esfera. Temos, agora, três sub-hipóteses[48]: (a) ou estão reunidas, pela comunicação/aceitação, os requisitos formais do contrato definitivo, altura em que o mesmo se deve ter por concluído de imediato[49]; (b) ou tal não sucede, mas por haver forma escrita, considera-se perfeito um contrato-promessa relativo ao definitivo, cabendo a ambas as partes seguir os seus trâmites; (c) ou falta esse circunstancialismo e então, por via da boa-fé negocial e dos competentes deveres acessórios, caberá às partes formalizar o definitivo, sob pena, por parte do obrigado, de violar a preferência e, do preferente, de violar os deveres acessórios ao mesmo ligados.

Havendo contrato-promessa, a sua execução específica não oferece dúvidas, se for necessária[50]: devemos evitar a transformação do Direito civil num labirinto burocrático, a pretexto de formalismos.

23. A notificação judicial para preferência. A comunicação para efeitos do exercício da preferência é um momento delicado, quer quanto à substância, quer quanto à forma, quer quanto à prova. Recordamos que se trata de matéria intrinsecamente litigiosa e que, se não for bem conduzida, pode originar uma acentuada destruição de riqueza para todos os envolvidos. Por isso, os 1028.º a 1038.º (ex-1458.º a ex-1466.º), do CPC, disponibilizam um processo de jurisdição voluntária, que os obrigados podem utilizar: o da notificação judicial para preferência.

Quando se pretenda que alguém seja notificado para exercer o direito de preferência, faz-se o competente requerimento ao juiz, onde se especificam o preço, as restantes cláusulas do contrato, a prazo para a resposta e, embora a lei não o diga, a identidade do terceiro interessado (1028.º/1 do CPC).

O arrendatário, se quiser preferir, deve declará-lo, dentro do prazo, por requerimento ou termo no processo. Posto o que (1028.º/2 do CPC): (a) há 20 dias para celebrar o contrato definitivo; (b) se este não ocorrer, o preferente deve requerer, nos 10 dias subsequentes, que se designe dia e hora para a parte contrária receber o preço, por termo no processo, sob pena de ser depositado; (c) passados os 10 dias, se a parte contrária não comparecer ou se recusar a receber o preço, o preferente pode depositá-lo, sendo-lhe os bens adjudicados (1028.º/2 e 4); (d) não seguindo esta tramitação, o preferente perde o seu direito (1028.º/3).

---

[48] *Direito das obrigações* 1, 493, distinguindo apenas duas delas; Carlos Lacerda Barata, *Da obrigação de preferência*, 143 ss. e Luís Menezes Leitão, *Direito das obrigações*, 230, com as três. Trata-se da solução consignada no § 464/II, do BGB.
[49] Além das obras referidas na nota anterior, Carlos Lima, *Direitos legais de preferência*, ROA, 2005, 599-624 (609).
[50] STJ 21-fev.-2006 (Custódio Montes), CJ/Supremo XIV (2006) 1, 78-80; todavia contra: RLx 26-nov.-1998 (Ponce de Leão), CJ XXIII (1998) 5, 107-109 (109/I), com uma linguagem superior à substância argumentativa.
Na doutrina, favorável à execução específica, além do nosso *Direito das obrigações* 1, 257-258, *vide* Henrique Mesquita, *Obrigações reais e ónus reais* (1990), 213-214, nota 137. Aparentemente contra, Agostinho Cardoso Guedes, *Efeitos da declaração de preferência / Anotação ao acórdão do STJ, de 13 de Dezembro de 2000*, nos Estudos dedicados ao Prof.

Almeida Costa (2002), 17-48 (27 ss.) e em *O exercício do direito de preferência*, 553 ss., invocando que o preferente, ao recusar-se celebrar o definitivo depois de ter exercido a preferência faria caducar o seu direito (557), violando (quando muito) o princípio da boa-fé (560). Não nos parece e por duas razões fundamentais: (a) é verdade que o direito de preferência é potestativo; mas ao ser exercido, faz nascer direitos e deveres nas esferas de ambas as partes, incluindo o próprio preferente: a situação, daí resultante, já não é potestativa e deve ser respeitada, não podendo caducar *ad nutum*, por facto de uma das partes; (b) é fortemente injusto que o preferente possa obstacular a um negócio projetado e, depois, se retire sem celebrar o contrato, com uma (vaga) ameaça de *culpa in contrahendo*: o Direito civil deve ser reto e sério, imputando às pessoas as consequências dos seus atos.

57   O arrendatário-preferente não se pode opor à notificação invocando vícios no contrato: só o pode fazer pelos meios comuns (1028.º/5). Perante situações potencialmente litigiosas, recomenda-se a opção pela notificação judicial. A lei civil não regula, precisamente, os passos a dar, após a eventual aceitação da comunicação pelo que, a não haver entendimento entre os interessados, o procedimento subsequente pode naufragar. O CPC trata outras possíveis vicissitudes ligadas à preferência. Vê-las-emos em sede própria.
58   24. **Venda conjunta**. O 417.º/1 prevê a hipótese de venda da coisa juntamente com outras. Dispõe:

> Se o obrigado quiser vender a coisa juntamente com outra ou outras, por um preço global, pode o direito ser exercido em relação àquela pelo preço que proporcionalmente lhe for atribuído, sendo lícito, porém, ao obrigado exigir que a preferência abranja todas as restantes, se estas não forem separáveis sem prejuízo apreciável.

59   O n.º 2 tem uma precisão muito importante: a regra aplica-se mesmo quando o direito do preferente considerado tenha eficácia real, o que sucede com o do arrendatário. A sequência será a seguinte: (a) o senhorio faz a comunicação da venda da coisa conjuntamente com outras; não se considera como tal a hipótese de vendas simultâneas com valores individualizados[51], o que nem sempre será exato: depende da vontade das partes e da substância económica do negócio[52]; (b) recebida a comunicação, o arrendatário pode exercer o seu direito em relação ao locado, pelo preço que proporcionalmente lhe caiba: quando este esteja indicado, não há problema[53], embora se possa mostrar que não é ele o valor venal[54]; não sendo esse o caso, o locatário depositará (se houver lugar a depósito) o valor que, perante a boa-fé, achar razoável, fazendo depois os ajustes decididos pelo tribunal[55], ou fazendo-se uma proporção simples e relegando para execução de sentença o valor a pagar[56]; (c) caso entenda que a separação lhe traz um prejuízo considerável[57], o que terá de provar[58], pode o senhorio exigir que a preferência abranja todo o conjunto: a discordância do locatário envolve oposição ao projeto e renúncia à preferência[59].
60   Tudo isto perdeu importância prática, perante a recente evolução que nega a preferência do arrendatário de uma parte de um prédio, na venda deste. Mas mantém-a quando o senhorio negoceie a venda conjunta de diversas frações autónomas, relativamente aos locatários de cada uma delas.
61   Apesar de todo o esforço doutrinário e jurisprudencial dos últimos cinquenta anos, não é possível dar respostas inteiramente precisas às diversas questões práticas que se levantam. Designadamente, não há indicação de prazos, para as comunicações e respostas. Propomos a aplicação do prazo de oito dias, fixado no 416.º/2, para a efetivação das diversas comunicações e respostas: é o único disponível e parece razoável. Mas haverá, inevitavelmente, outras opiniões. Devemos ter presente que o exercício da preferência, para mais quando vá bulir com a vida económica, com a iniciativa privada e com a livre formação dos contratos é, sempre, potencialmente litigioso.

---

[51] STJ 17-fev.-1997 (Nascimento Costa), CJ/Supremo V (1997) 1, 104-107 (107/II).
[52] Por exemplo, pode tratar-se de vários prédios necessários para uma urbanização; desinserir um deles do contexto pode desvalorizar totalmente o conjunto; o facto de se discriminar cada um deles, com o preço, não pode impedir a exigência de venda conjunta.
[53] RPt 9-out.-2001 (Roque Nogueira), CJ XXVI (2001) 4, 119-120 (120).
[54] STJ 21-jun.-1988 (Gama Prazeres), BMJ 378 (1988), 691-695 (694).

[55] RLx 26-jan.-1995 (Santos Bernardino), CJ XX (1995) 1, 106-109 (109/I).
[56] STJ 30-jan.-2001 (Aragão Seia), CJ IX (2001) 1, 84-85 (85).
[57] O prejuízo, aqui, terá de ser objetivamente determinável, ou seria o fim das preferências legais: RLx 9-out.-2001 (Roque Nogueira), CJ XXVI (2001) 4, 119-120 (120/I).
[58] RLx 24-abr.-1996 (Cabral Amaral), CJ XXI (1996) 2, 128-131 (130/I)
[59] RPt 25-set.-1990 (Tato Marinho), BMJ 399 (1990), 573, em parte.

Uma saída pode residir na adoção do esquema de notificação judicial. Aplica-se, então, o 62
1029.º (preferência limitada) do CPC, que fixa, em síntese, o seguinte: (a) quando o projetado contrato abranja, além da visada, outras coisas, por um preço global, pode o notificado preferente declarar que quer exercer a sua preferência só em relação a esta; (b) altura em que requer logo a determinação do preço proporcional, aplicando-se a fixação judicial prevista no 1429.º (1029.º/1); (c) a parte contrária pode deduzir oposição invocando que a coisa preferida não pode ser separada sem prejuízo apreciável (1029.º/2); (d) o juiz decide; se a oposição proceder, o preferente perde o seu direito, a menos que prefira pelo conjunto (1029.º/3, 1.ª parte); se improceder, segue-se o esquema comum, cabendo 20 dias para celebrar o definitivo, após o trânsito da sentença (1029.º/3, 2.ª parte, todos do Código de Processo Civil).

No campo processual e quanto a prazos, aplica-se a regra geral do 149.º (ex-153.º) do 63
CPC: dez dias.

Questão complexa será a generalização do 417.º. Nós próprios admitimos que esse preceito 64
e o 418.º visassem as uniões de contratos e os contratos mistos que pudessem envolver elementos sujeitos a preferência[60]. Menezes Leitão retomou a ideia, indo mais longe: o 417.º visaria as uniões de contratos e o 418.º os contratos mistos[61]. Receamos, porém, que o problema seja diverso. Vamos ponderá-lo, depois de conhecer o regime da prestação acessória.

No seu conjunto, impõe-se concluir que o regime da venda de coisa conjuntamente com 65
outras é bastante desfavorável para o senhorio. Ele perde a capacidade de negociar em conjunto e retrai, inevitavelmente, os potenciais adquirentes, desejáveis de evitar toda a possível litigiosidade subsequente, que é péssima para os negócios. Hoje em dia e no campo imobiliário, os grandes conjuntos preponderam, sempre, em relação às pequenas parcelas. Cabe, todavia, sublinhar que o legislador optou pela primazia dos interesses do arrendatário, em relação aos senhorio e de terceiros. Impõe-se, aqui, sempre uma sindicância, no sentido de verificar se os valores prosseguidos pela lei estão a ser concretizados no terreno, ou se há abuso do direito de preferir.

25. Prestação acessória. O obrigado à preferência pode, no âmbito do negócio que pretenda 66
celebrar com o terceiro, acordar uma prestação acessória (aliás: secundária) que o preferente não possa satisfazer (418.º/1, 1.ª parte): por exemplo, um serviço pessoal não-fungível ou a transmissão de uma coisa única ou com valor estimativo ou a reserva para habitação ou para arrendamento no prédio vendido[62]. Observar-se-á, então, o seguinte (418.º/1): (a) a prestação deve ser compensada em dinheiro; (b) não sendo avaliável em dinheiro, é excluída a preferência; (c) a menos que seja "lícito presumir" que a venda seria efetuada mesmo sem a prestação estipulada; (d) ou que ela foi convencionada para afastar a preferência: neste último caso, mesmo quando avaliável em dinheiro, o preferente não é obrigado a satisfazê-la.

Nos termos da lei, a prestação acessória não avaliável afasta, de facto, a preferência. Logo, a 67
prova de que ela foi feita (apenas) com essa finalidade é muito difícil, salvo completa chicana do obrigado e do terceiro. Deve-se, pois, partir da regra (de resto, pacífica) de que tudo é avaliável em dinheiro e de que o ónus da pessoalidade isenta compete ao obrigado à preferência: ou esta poderá nunca funcionar.

O 1030.º, do CPC, pode facilitar os aspetos práticos uma vez que, havendo notificação 68
para preferência, regula o modo de proceder, quando haja prestação acessória. Também aqui será uma solução recomendável, quando se desenhem litígios.

26. Uniões e contratos mistos: como ordená-los perante os 417.º e 418.º? Uma venda de 69
coisas em conjunto tanto pode traduzir uma união de contratos como um único contrato rela-

---

[60] *Direito das obrigações* 1, 494.
[61] Luís Menezes Leitão, *Direito das obrigações*, 231.
[62] Pires de Lima/Antunes Varela, *Código anotado* 1, 4.ª ed., 395.

tivo a várias coisas: não há, no nosso Direito da compra e venda, nenhum princípio de especialidade. De todo o modo, o contrato será seguramente único, quando se reporte a uma universalidade. As valorações subjacentes ao 417.º apontam, antes, para outras coordenadas: (a) o contrato (ou a união) que inclua um locado preferível é, ou não, divisível?; (b) e não sendo divisível, pode, ou não, o inquilino satisfazê-lo?

70   A primeira valoração tanto abrange as uniões de contratos, como os contratos mistos. Dependendo das circunstâncias, podem umas e outros ser desagregados, sem prejuízo para o interessado. Nessa altura, as valorações do 417.º permitem a divisão, de modo que o preferente exerça o seu direito, no que lhe competia. À partida, os negócios (e as uniões) não são divisíveis, pelo que há, aqui, um *beneficium divisionis*, a favor do locatário. Não pode é prejudicar o senhorio, sendo o critério o comum, do valor ou da perda do valor. O regime legal é simples e claro: sendo o negócio divisível, procede-se à desarticulação e ao exercício da preferência na parcela respetiva; não o sendo, o locatário ou desiste ou prefere no conjunto. Há um fenómeno de expansão da preferência.

71   A segunda valoração tem a ver com a fungibilidade do negócio projetado. Saindo do estrito plano da preferência e, portanto, quando esta recaia em objeto ou em conteúdo inseridos em negócio mais vasto e não sendo eles divisíveis, o exercício do direito do locatário-preferente sobre o conjunto implica que o mesmo seja fungível. Sendo-o, caímos na hipótese anterior: ele preferirá, ou não, sobre o conjunto, consoante a decisão jurídico-económica que possa ou entenda tomar.

72   Não sendo fungível, a lei permite: (a) ou a conversão da parte não-fungível em dinheiro; (b) ou o afastamento da preferência, quando isso não seja possível; (c) ou o afastamento da parte não-fungível, quando não seja essencial ou quando tenha fins fraudulentos. O 418.º, mau grado a sua epígrafe, contém doutrina que não se limita aos contratos complementares: antes se deve estender a todo o universo das uniões de contratos e dos contratos mistos, quando não sejam desagregáveis e se apresentem não-fungíveis.

73   **27. Pluralidade de preferentes.** O 419.º soluciona, à luz dos princípios gerais[63], as hipóteses de pluralidade de titulares do direito de preferência. Temos três possibilidades básicas, que abrem sempre na indivisibilidade dos direitos – ou cada um exerceria a sua parte: (a) preferências conjuntas: só podem ser exercidas por todos os preferentes, em bloco e o obrigado só perante todos eles se exonera (419.º/1, 1.ª parte); mas se o direito se extinguir em relação a algum deles ou ele não o quiser exercer, acresce aos restantes (419.º/1, 2.ª parte): é o que ocorre, por exemplo, na comunhão e, *in casu*, no coarrendamento; (b) preferências disjuntas: só um deles pode exercer o direito, afastando, com isso, os restantes: não havendo processo de escolha, abre-se licitação, revertendo o excesso para o senhorio (419.º/2)[64]; (c) preferências sucessivas: existe uma ordem de prevalência entre os diversos preferentes, designadamente nas preferências legais (*vide*, por exemplo, os 1409.º/1 e 1535.º/1): o direito é submetido ao primeiro, passando ao segundo se ele não quiser exercê-lo e assim sucessivamente; hoje, o direito do arrendatário entra pela ordem fixada no 1091.º/3.

74   A comunicação deve ser feita, sempre, a todos os locatários-preferentes, só depois se abrindo o processo de escolha entre eles. E na mesma linha: não pode um locatário exercer validamente o seu direito se não mostrar que todos os outros foram avisados e que não quiseram ou não puderam preferir. Quando muito, entender-se-á que, nas preferências sucessivas, preferindo o de grau superior, não há que indagar de comunicações aos restantes.

---

[63] *Tratado* VI, 745 ss..

[64] Tal solução resultava do 47.º/2 do revogado RAU; hoje, ela impõe-se por via do 419.º/2.

O modo de colocar, na prática, todas estas regras e as respetivas bifurcações é complexa. De novo se recomenda o recurso ao processo de notificação previsto no CPC, onde tudo isto vem regulamentado:

1031.º – Direito de preferência a exercer simultaneamente por vários titulares;
1032.º – Direitos de preferência alternativos;
1033.º – Direito de preferência sucessivo;
1034.º – Direito de preferência pertencente a herança;
1035.º – Direito de preferência pertencente aos cônjuges;
1036.º – Direitos de preferência concorrentes;
1037.º – Exercício da preferência quando a alienação já tenha sido efetuada e o direito caiba a várias pessoas.

Perante a pluralidade de preferentes, recomenda-se, de novo, que a matéria seja seguida por um advogado experiente.

28. Havendo **eficácia real**, a preferência produz efeitos perante os terceiros adquirentes da coisa em jogo, através de uma ação a tanto destinada: a ação de preferência. É esse o sentido da remissão para o 1410.º, feita no 1091.º/4, *in fine*. E porque esta faculdade é atribuída a todos os arrendatários urbanos, resta concluir que a preferência do inquilino tem eficácia real, sendo oponível a terceiros, independentemente de registo[65].

29. A **ação de preferência** permite, ao preferente, em caso de violação de uma preferência real, fazer seu o negócio faltoso, isto é: afastar o terceiro adquirente e subingressar na posição dele. O 1410.º/1, redação atual[66], dispõe:

> O comproprietário a quem se não dê conhecimento da venda ou da dação em cumprimento tem o direito de haver para si a quota alienada, contanto que o requeira dentro do prazo de seis meses, a contar da data em que teve conhecimento dos elementos essenciais da alienação, e deposite o preço devido nos 15 dias seguintes à propositura da ação.

Na versão original, o depósito devia ser feito:

> (...) nos 8 dias seguintes ao despacho que ordene a citação dos réus.

Esse preceito, que causava, de resto, confusão pelo emprego do plural "réus", foi substituído no âmbito da reforma processual de 1995/1996, que aboliu genericamente o despacho em causa. Há que estar atento a alterações deste tipo: na época, foram perdidas ações de preferência por não se ter atentado no seu alcance e se ter ficado à espera de um despacho, para fazer o depósito. Registe-se que, para a ação de preferência ter um efetivo papel, ela não é prejudicada, bem como o direito de preferência que vise realizar, pela modificação ou distrate da alienação faltosa, ainda que resultantes de confissão ou transação judicial (1410.º/2). De outro modo, nenhuma ação de preferência teria um sentido útil, esvaziando-se o conteúdo da preferência real[67].

A ação de preferência coloca uma série de questões, que podemos sintetizar nos pontos seguintes:

α) O **âmbito da ação**: embora o preceito legal fale em "comproprietário" e "quota alienada", estamos em face de uma efetiva figura de âmbito geral. Assim, ela aplica-se aos diversos direitos de preferência real e perante qualquer contrato preferível; para o caso, à preferência do arrendatário urbano.

---

[65] STJ 29-abr.-2010 (Hélder Roque), Proc. 81/05.
[66] Dada pelo Decreto-Lei n.º 68/96, de 31 de maio.
[67] STJ 17-jun.-1998 (Nascimento Costa), BMJ 478 (1998).

373-378 (377); e como aí bem se afirma, esse dispositivo não visa impedir que prevaleça o preço real, quando superior ao declarado.

84 β) A **legitimidade passiva** responde à questão de saber contra quem deve ser intentada a ação. Duas opiniões: (a) a de Antunes Varela, segundo a qual ela devia ser intentada contra o adquirente e o alienante faltoso, em litisconsórcio[68]; (b) a da restante doutrina, que propende para a necessidade de se demandar, apenas, o terceiro adquirente ou, melhor, o possuidor atual da coisa[69].

85 A opção de Antunes Varela, assentava no emprego, na versão original do Código Civil, do plural "citação dos réus", plural esse que, pelos preparatórios, se teria destinado a impor o litisconsórcio passivo, para resolver dúvidas anteriores: fraco argumento, pelo seu formalismo; de resto, ele desapareceu com a reforma de 1996. Mais interessante é a ideia, por ele expressa, de que a ação de preferência reage a uma violação perpetrada pelo alienante (obrigado a dar preferência), pelo que este não poderia deixar de estar em juízo.

86 A melhor opinião mantém-se a contrária. A menos que se pretenda aproveitar a ação de preferência para demandar o alienante em indemnização ou que se queira suscitar o problema de uma simulação relativa, normalmente de preço, no negócio faltoso[70], o alienante não tem interesse efetivo em contradizer: tanto se lhe dá, objetivamente, que a coisa-objeto caiba ao locatário-preferente ou ao terceiro. Antes de ponderar mais detidamente os argumentos técnicos envolvidos e de referir a numerosa jurisprudência existente, devemos sublinhar o essencial. Questões deste tipo não se devem resolver com declarações abstratas de conformidade com doutrinas ou construções: devemos, no terreno e pela experiência, ter a sensibilidade necessária para ponderar as consequências do que se defenda. Como foi referido, as situações de preferência contam-se entre as que maior litigiosidade suscitam, entre nós. Muita riqueza se perde em anos de discussões judiciais inglórias. O intérprete-aplicador tem o dever de ponderar as soluções mais simples e eficazes. Não é indiferente demandar uma pessoa ou duas: neste último caso haverá, em regra, duplicação de contestações, com dois advogados na defesa e toda uma complicação suplementar nos vários aspetos processuais subsequentes, incluindo a audiência de julgamento e os recursos. Ora se ao alienante nada for pedido, qual o seu papel em juízo? E se tiver havido várias alienações intercalares: o preferente tem de demandar todos os intervenientes? Só o conseguir uma citação é, por vezes, um calvário. O terceiro judicialmente convencido, tendo recuperado o preço pago, ficar-se-á, em regra, por aí: não há que abrir mais uma frente contra o alienante. Só assim não será se, a este, se pedir uma indemnização ou se for invocada uma simulação em que ele tenha participado.

87 Finalmente: o facto de o obrigado à preferência não ser parte na ação de preferência até podia facilitar a descoberta da verdade: ele podia depor como testemunha, num aspeto menos relevante, perante o CPC de 2013. Nunca – designadamente no domínio da preferência – se devem multiplicar as exigências processuais injustificadas: encarecem o processo, demoram a justiça, dificultam o apuramento da verdade e ampliam a litigiosidade social dos problemas.

88 Quanto à questão de fundo: é um erro de perspetiva ver, na ação de preferência, uma reação a um incumprimento da obrigação de preferência, por parte do obrigado e, para o caso, do senhorio. Trata-se de uma miragem derivada do facto de a lei regular a matéria a propósito do pacto de preferência[71] quando, na verdade, se vão discutir, em tribunal, situações absolutas, de base

---

[68] Antunes Varela, *Das obrigações em geral* 1, 10.ª ed. (2000), 384-387 e *Exercício do direito de preferência*, RLJ 100 (1967), 209-212, 225-227 e 241-243 (241-242); também Pires de Lima/Antunes Varela, *Código anotado* 3, 2.ª ed. (1984), 378-380; a esta posição viria a aderir Luís Menezes Leitão, *Direito das obrigações*, 233-234.

[69] *Direito das obrigações* 1, 498-499; Mota Pinto, *Direito das obrigações* (1973), 277-278; Galvão Telles, *Direito das obriga-* ções, 169; Almeida Costa, *Direito das obrigações*, 11.ª ed. (2011), 455-456; Ribeiro de Faria, *Direito das obrigações* 1 (1981), 293, nota 1.

[70] REv 19-abr.-1990 (Sampaio da Silva), BMJ 396 (1990), 452.

[71] Na prática das ações de preferência surgem, sempre, preferências legais (portanto: sem pacto de preferência) e não pactos de preferência com eficácia real.

legal. Na preferência real, o locatário adquire potestativamente a coisa e vai reclamá-la a quem for o seu possuidor. As vicissitudes anteriores são-lhe indiferentes ou não estaríamos já perante uma verdadeira eficácia real. Só assim não será, como foi dito, se se pedirem indemnizações ao alienante ou se for invocada a simulação.

Quanto à jurisprudência: aquando da aprovação e entrada em vigor do Código Vaz Serra, 89 mau grado as imediatas tomadas de posição de Antunes Varela, o Supremo Tribunal de Justiça manteve que bastava demandar o terceiro, adquirente e possuidor da coisa: STJ 18-dez.-1970[72], STJ 20-mai.-1975[73], STJ 1-fev.1979[74], STJ 7-jun.-1979[75] e STJ 26-nov.-1980[76]. O problema parecia resolvido.

Mais tarde, seja pelo individualismo dos julgadores, seja pelo peso das insistências do Prof. 90 Antunes Varela, de justo prestígio e que vieram a subir de tom, surgiram decisões contrárias, a exigir o litisconsórcio passivo entre alienante e adquirente, mesmo que não se colocassem questões de indemnização ou de simulação de preço: RPt 9-jan.-1990[77], RCb 20-jun.-1990[78], RPt 2-out.-1990[79], STJ 14-mai.-1991[80] e STJ 24-out.-1991[81]. Contra, depôs RCb 7-fev.-1991[82]; mas logo voltaram ao litisconsórcio passivo necessário: RPt 7-mai.-1991[83] e STJ 15-jan.-1992[84]. Por pouco tempo: RCb 6-jan.-1994[85] opta pela boa solução, mas RPt 15-nov.-2001[86] regressa ao litisconsórcio.

Como seria de esperar: a partir daqui, nenhum advogado conscencioso vai correr o risco 91 de sofrer uma absolvição da instância contra o preferente, por preterição de litisconsórcio obrigatório passivo[87]: as preferências são, por cautela, intentadas contra o alienante e o preferente. Este episódio ilustra mais um discutível serviço prestado à justiça do nosso País e aos interesses privados que, nela, se debatem.

γ) O **prazo** suscita dúvidas. Segundo o 1410.º/1, a ação de preferência deve ser intentada no 92 prazo de seis meses a contar da data em que o preferente teve conhecimento "dos elementos essenciais da alienação". O preceito parece claro. Não basta, para se iniciar o decurso desse prazo, o conhecimento genérico de que houve uma transmissão: o locatário-preferente tem de ter acesso ao objeto do contrato, ao preço e à identidade do adquirente[88]. Em termos processuais, o

---

[72] STJ 18-dez.-1970 (Adriano de Campos Carvalho), BMJ 202 (1970), 208-211 (209-210).
[73] STJ 20-mai.-1975 (Oliveira Carvalho), BMJ 247 (1975), 155-156.
[74] STJ 1-fev.1979 (Octávio Dias Garcia), BMJ 284 (1979), 146-148 (148).
[75] STJ 7-jun.-1979 (Costa Soares), BMJ 288 (1979), 307-313 (310-312), com muitas indicações.
[76] STJ 26-nov.-1980 (Joaquim Figueiredo), BMJ 301 (1980), 433-436 (435) = RLJ 115 (1982), 28-31, anot. Vaz Serra, idem, 31-32.
[77] RPt 9-jan.-1990 (Matos Fernandes), CJ XV (1990) 1, 222-225 (223/II).
[78] RCb 20-jun.-1990 (Pires de Lima), BMJ 398 (1990), 588.
[79] RPt 2-out.-1990 (Mário Ribeiro), BMJ 400 (1990), 725.
[80] STJ 14-mai.-1991 (Vassanta Tambá), RLJ 126 (1994), 330-336 (336), anot. Antunes Varela, idem, 336-339 e 362-374, favorável.
[81] STJ 24-out.-1991 (Pereira da Silva), BMJ 410 (1991), 719-724 (721 ss.).
[82] RCb 7-fev.-1991 (Matos Canas), BMJ 404 (1991), 528.

[83] RPt 7-mai.-1991 (Metello de Nápoles), BMJ 407 (1991), 619.
[84] STJ 15-jan.-1992 (Ricardo da Velha), BMJ 413 (1992), 557-560 (559-560).
[85] RCb 6-jan.-1994 (Silva Freitas), BMJ 433 (1994), 624.
[86] RPt 15-nov.-2001 (Pinto de Almeida), CJ XXVI (2001) 5, 186-190 (187).
[87] Em RCb 4-fev.-1992 (Cardoso Albuquerque), CJ XVII (1992) 1, 95-97, entendeu-se que, absolvidos da instância os réus compradores, por estarem desacompanhados dos vendedores e requerida a intervenção principal destes no prazo de 30 dias, no mesmo processo, não haveria caducidade do direito de preferir, apesar dos vendedores serem chamados à ação para além do prazo de seis meses. Um paliativo e um enorme risco para a parte demandante!
[88] STJ 3-jul.-1984 (Joaquim Figueiredo), BMJ 339 (1984), 383-386; RPt 25-jun.-1991 (Almeida e Silva), BMJ 408 (1991), 645; RPt 1-jul.-1991 (Guimarães Dias), CJ XVI (1991) 4, 229-231 (230/II); REv 23-abr.-1992 (Araújo dos Anjos), BMJ 416 (1992), 728; STJ 19-nov.-2002 (Silva Paixão), CJ/Supremo X (2002) 3, 133-135; RCb 5-abr.-2005 (Artur Dias), CJ XXX (2005) 2, 11-13; RCb 13-fev.-2007 (Isaías Pádua), CJ XXXII (2007) 1, 22-25.

preferente, quando intente ação passados os seis meses sobre a alienação faltosa, sujeitar-se-á a que lhe seja levantada a exceção da caducidade; caber-lhe-á, então, demonstrar o momento em que teve conhecimento das condições essenciais da venda ou, pelo menos, que dele não teve conhecimento há mais de seis meses sobre a data da ação. O prazo de seis meses é assaz confortável para permitir, ao locatário, preparar a ação e reunir os fundos necessários para fazer o depósito do preço.

93 δ) O **depósito do preço** devido é exigido pelo 1410.º/1, na redação atual: "nos 15 dias seguintes à propositura da ação". Quanto ao preço, surgiram dois entendimentos: (a) o de Antunes Varela, segundo o qual o "preço" abrangeria outras despesas suportadas necessariamente pelo adquirente, como os custos de escritura e a sisa (hoje, IMT)[89]; (b) o predominante na jurisprudência, segundo o qual estaria em causa o preço estrito, isto é, a quantia paga ao alienante[90].

94 Para além de argumentos formais, retirados da expressão "preço" e da consideração de que as outras despesas terão, no final, de se mostrar pagas, como é óbvio[91], há que atentar nos aspetos básicos. Está aqui em causa não a totalidade do que o preferente deva pagar, mas apenas um depósito inicial, para que a ação possa prosseguir. Esse depósito equivale, de resto, a um preço pago *ad nutum*, enquanto o terceiro adquirente, provavelmente, teria podido fracioná-lo. Mas o essencial reside noutro ponto: a ser necessário depositar o valor de outras despesas: que despesas? Qual o seu preciso montante? Tudo isso depende de regimes fiscais imponderáveis e de contas notariais ignotas. Basta que o notário se tenha deslocado à residência do interessado para diverso ser o custo da escritura. Em suma: teríamos, aqui, mais um fator de incerteza e de litigiosidade, sem vantagens. Bem anda a jurisprudência em cortar cerce o problema: o depósito inicial reporta-se ao preço *proprio sensu*. Depois se vai ao resto.

95 O preço deve ser depositado em dinheiro ou poderá, em vez disso, oferecer-se uma garantia bancária, designadamente: à primeira solicitação? A jurisprudência tem respondido pela negativa, exigindo o dinheiro[92]. A razão deve ser procurada no terreno prático: admitir uma garantia bancária exigiria que a outra parte se pronunciasse sobre a sua idoneidade e que, sobre a matéria, fosse produzida prova. Nunca mais se sairia da fase inicial do processo. Tanto basta para aplaudir a jurisprudência prevalente.

---

[89] Pires de Lima/Antunes Varela, *Código anotado* 3, 2.ª ed. (1984), 374-375 e Antunes Varela, anot. a STJ 25-mai.-1982 (Moreira da Silva), RLJ 119 (1986), 92-95, *idem*, 95-96 e 105-112 (111). *Vide* com elementos anteriores, Ribeiro de Faria, *Direito das obrigações* cit., 1, 291-292, nota 1. Ao entendimento lato do preço aderiu também Eridano de Abreu, anot. STJ 25-mai.-1982 (Moreira da Silva), agora em ROA 43 (1983), 463-467, *idem*, 468-479 (477-478) e, segundo parece, Almeida Costa, *Direito das obrigações* 11.ª ed. cit., 459, em rodapé.

[90] STJ 15-fev.-1972 (João Moura), BMJ 222 (1972), 402-406; RCb 27-mar.-1973 (s/ind. relator), BMJ 227 (1973), 223; RCb 8-jun.-1973 (s/ind. relator), BMJ 230 (1973), 160; RPt 19-abr.-1974 (s/ind. relator), BMJ 236 (1974), 193; RPt 7-nov.-1978 (Jorge Fugas), BMJ 282 (1978), 247; RCb 2-out.-1979 (Ferreira Pinto), BMJ 292 (1979), 434; STJ 25-mai.-1982 (Moreira da Silva), BMJ 317 (1982), 269-273 = RLJ 119 (1986), 92-95 = ROA 43 (1983), 463-467; STJ 27-jun.-1985 (João Solano Viana), BMJ 343 (1985), 422-426; RCb 19-set.-1990 (Ruy Varela), BMJ 399 (1990), 84; REv 13-dez.-1990 (Sampaio da Silva), BMJ 402 (1990), 688; RCb 9-abr.-1991 (Carlindo Costa), BMJ 406 (1991), 729; STJ 2-mai.-1991 (Figueiredo de Sousa), BMJ 407 (1991), 385-392; RCb 19-fev.-1992 (Ruy Varela), BMJ 414 (1992), 640; STJ 17-mar.-1993 (Figueiredo de Sousa), BMJ 425 (1993), 564-572; RCb 20-abr.-1993 (Silva Freitas), BMJ 426 (1993), 531; RCb 7-jun.-1994 (Pereira da Graça), BMJ 438 (1994), 558; RCb 18-out.-1994 (Silva Graça), BMJ 440 (1994), 553; RPt 17-jan.-2000 (Paiva Gonçalves), BMJ 493 (2000), 416/I; STJ 22-fev.-2005 (Moreira Alves), CJ/Supremo XIII (2005) 1, 92-95; STJ 10-jan.-2008 (Santos Bernardino), Proc. 07B3588; STJ 11-jan.-2011 (Sousa Leite), Proc. 1204/07; discrepante: RCb 25-out.-1994 (Santos Lourenço), BMJ 440 (1994), 552.

Em RCb 11-mar.-1998 (Serra Baptista), BMJ 475 (1998), 779, decidiu-se que seria abuso do direito invocar a falta de uma pequena quantia, relativa à escritura.

[91] *Vide* RLx 15-dez.-1993 (Martins Ramires), CJ XVIII (1993) 5, 161-163 (163/I).

[92] REv 8-out.-1992 (Raúl Mateus), BMJ 420 (1992), 666; STJ 17-jun.-1999 (Dionísio Correia), CJ/Supremo VII (1999) 2, 150-152; RGm 5-mai.-2004 (António Gonçalves), CJ XXIX (2004) 3, 275-277 = Proc. 784/04-2.

V – A preferência e a simulação

30. O problema. A preferência com eficácia real e a daí derivada ação de preferência colocam um problema complicado, quando a alienação feita pelo obrigado à preferência, a um terceiro, assente num contrato simulado. Várias situações são configuráveis, das quais, uma, algo frequente: a de se estar perante uma simulação relativa na qual, para poupar no IMT (antiga sisa) e, ainda, no IRS ou IRC (antigo imposto sobre as mais-valias), se declare um preço inferior ao real. Vamos começar por recordar os pontos básicos da simulação[93].

31. Requisitos da simulação. Segundo o 240.º, há simulação quando se reúnam três requisitos[94]: (a) um acordo entre o declarante e o declaratário[95]; (b) no sentido de uma divergência entre a declaração e a vontade das partes; (c) com o intuito de enganar terceiros. Estes elementos devem ser invocados e provados por quem pretenda prevalecer-se da simulação ou de aspetos do seu regime[96].

O acordo entre as partes é importante, para prevenir a confusão com o erro ou a reserva mental; a divergência entre a vontade e a declaração surge como dado existencial da simulação; o intuito de enganar terceiros – a não confundir com a intenção de os prejudicar – prende-se com a atuação (logo: voluntária) de criar uma aparência[97]. "Terceiros" será qualquer pessoa alheia ao conluio ou acordo simulatório: não necessariamente ao contrato simulado[98].

32. Tipos. A simulação diz-se fraudulenta ou inocente consoante vise prejudicar alguém – portanto, assuma *animus nocendi* ou *animus decipiendi* – ou não tenha tal escopo. No âmbito do Código de Seabra (1031.º), apenas relevava a simulação fraudulenta. Trata-se de uma regra que, hoje, não vigora. A simulação é absoluta quando as partes não pretendam celebrar qualquer negócio; é relativa sempre que, sob simulação, se esconda um negócio verdadeiramente pretendido: o negócio dissimulado[99]. A simulação diz-se objetiva quando a divergência voluntária recaia sobre o objeto do negócio ou sobre o seu conteúdo; é subjetiva sempre que ela incida sobre as próprias partes[100]. Neste último caso, temos a interposição fictícia de pessoas: A vende a B e ambos combinam que se declare vender a C.

33. Figuras afins. A simulação não se confunde: (a) com a pura e simples falsidade: na simulação, o documento que exare o contrato não é falso ou forjado; ele apenas exprime uma declaração, divergente da vontade, mas efetivamente exarada pelas partes; (b) com o negócio indireto: recorre-se, neste, a um tipo contratual fora da sua função normal ou habitual[101]; o negócio indireto surge "em fraude à lei" quando prossiga um fim proibido sendo, então, nulo; (c) com a fidúcia: nesta, um contrato tem ínsita uma cláusula pela qual o beneficiário só poderá exercer a sua

---

[93] Matéria exposta no *Tratado* II, 875 ss..
[94] RPt 8-mar.-1990 (Fernandes Magalhães), CJ XV (1990) 2, 206-208 (207/II), RLx 23-mar.-2000 (Salvador da Costa), CJ XXV (2000) 2, 110-115 (112/II) e STJ 29-jun.-2004 (Azevedo Ramos), CJ/Supremo XII (2004) 2, 116-119 (118/I).
[95] Ou *pactum simulationis*: STJ 22-jun.-2004 (Alves Velho), CJ XXIX (2004) 2, 102-106 (105/II).
[96] RCb 17-abr.-1990 (Manuel Pereira da Silva), CJ XI (1990) 2, 66-70 (69/II), STJ 4-jun.-1996 (Martins da Costa), CJ/Supremo IV (1996) 2, 102-105 (104/II) e RLx 6-out.-1998 (Silva Paixão), CJ/Supremo VI (1998) 3, 55-57 (57/I).
[97] Na falta desse intuito não há simulação: RCb 12-out.-1999 (Soares Ramos), CJ XXIV (1999) 5, 5-8 (7/II). Quanto à criação da aparência: STJ 9-out.-2003 (Oliveira Barros), CJ/Supremo XI (2003) 3, 93-99 (96/II), muito bem documentado. Quanto à distinção STJ 9-out.-2003 cit., CJ/Supremo XI, 3, 95/II.
[98] STJ 27-jun.-2000 (Ribeiro Coelho), CJ/Supremo VIII (2000) 2, 135-137 (137/II): o terceiro era, aqui, o representado.
[99] As partes fingem uma venda, quando não pretenderam qualquer transmissão do domínio: a simulação é absoluta; elas declaram uma venda quando pretendem uma doação: há simulação relativa. O negócio dissimulado será, neste exemplo, a doação.
[100] RPt 5-jun.-1997 (Custódio Montes), CJ XXII (1997) 3, 208-212 (211/II).
[101] RCb 10-nov.-1992 (Francisco Lourenço), CJ XVII (1992) 5, 47-51 (50/I e II): distingue simulação relativa, negócio indireto e negócio misto.

posição num determinado sentido[102]; (d) com a interposição real de pessoas, seja ela fiduciária ou seja assente em mandato sem representação: uma pessoa contrata com outra (apenas) para que esta, depois, transfira para o verdadeiro destinatário da operação aquilo que adquiriu: aqui é vontade das partes percorrer todo este circuito, não havendo divergências[103]; (e) com a simulação processual: duas partes fingem um litígio que não existe, para obter uma sentença que proporcione um resultado proibido por lei ou o engano de terceiros[104].

101   34. **A posição dos terceiros**. O 240.º/2 considera, lapidarmente, o negócio simulado como nulo[105]. Não obstante, não se trata de verdadeira nulidade, uma vez que, visto o disposto nos 242.º e 243.º, ela não pode – contra o 286.º[106] – ser invocada por qualquer interessado nem – *a fortiori* – ser declarada oficiosamente pelo tribunal. Fica, todavia, a ideia de que o negócio simulado não produz efeitos entre as partes e perante terceiros que conheçam ou devessem conhecer a simulação: os terceiros de "má-fé", em termos abaixo explicitados.

102   O 241.º/1 tem uma regra da maior importância prática: a simulação não prejudica a validade do negócio dissimulado[107]. Apenas se dispõe que, quando tenha natureza formal, ele só seja válido se houver sido observada a forma exigida pela lei[108]. Esta exigência não pode ser tomada no sentido de todos os elementos do contrato simulado constarem da lei, ou não haveria aproveitamento possível. Por exemplo: havendo doação dissimulada, não faria sentido pretender ver o *animus donandi* na escritura de venda[109]. Os interessados no negócio dissimulado devem invocá-lo e prová-lo: não pode o tribunal, pedida uma declaração de simulação absoluta, passar à relativa[110].

103   O 242.º/1 dá legitimidade aos próprios simuladores, mesmo na simulação fraudulenta[111], para arguirem a simulação. Trata-se de um preceito que visa ladear a eventual invocação do *tu quoque*: ninguém poderia prevalecer-se de ilícito próprio. O 242.º/2 confere uma legitimidade particular aos interessados prejudicados, nos seus direitos legitimários, pela sucessão. Sendo – mau grado os apontados desvios – o contrato nulo, a nulidade pode ainda ser invocada por qualquer terceiro interessado, nos termos gerais do 286.º[112], contra os simuladores ou os seus herdeiros[113].

---

[102] *Tratado* VII, 255 ss..
[103] Já na interposição fictícia poderá haver simulação; cf. RLx 23-mar.-2000 cit., CJ XXV, 2, 112/I.
[104] RLx 23-mar.-2004 (Maria Amélia Ribeiro), CJ XXIX (2004) 2, 96-99 (97/I).
[105] A nulidade, quando deva ser judicialmente colocada, pode invocar-se, nos termos gerais, por ação ou por exceção; neste último caso, não há que chamar à ação todos os outros contratantes, se se pretender, apenas, uma defesa e não uma decisão *erga omnes*; vide RLx 7-jul.-1992 (Almeida Valadas), CJ XVII (1992) 4, 192-193 (193/I).
[106] O 243.º/1 informa o 286.º: STJ 25-mar.-2003 (Afonso Correia), CJ/Supremo XI (2003) 1, 133-137 (135/II).
[107] Assim: RPt 8-mar.-1990 (Fernandes Magalhães), CJ XV (1990) 2, 206-208 (208/I): uma venda dissimulada sob uma doação, para enganar preferentes; RCb 24-jan.-1995 (Francisco Lourenço), CJ XX (1995) 1, 35-39: simulação de preço para enganar o fisco; RLx 9-mar.-1995 (Flores Ribeiro), CJ XX (1995) 2, 65-67 (66/II): doação com reserva de usufruto dissimulada sob uma compra e venda, numa situação bizarra que foi considerada inoponível a terceiros; STJ 20-jun.-1996 (Loureiro Pipa), CJ/Supremo IV (1996) 2, 278-280 (279/II): contrato de comissão dissimulado sob um contrato de trabalho, para conseguir privilé-

gios da segurança social; STJ 20-jan.-1998 (César Marques), CJ/Supremo VI (1998) 1, 19-23 (22/I): simulação do preço numa cessão de quotas.
[108] RPt 21-fev.-2002 (João Bernardo), CJ XXVII (2002) 1, 212-214 (213/II).
[109] STJ 17-jun.-2003 (Ribeiro de Almeida), CJ/Supremo XI (2003) 2, 112-115 (114/II).
[110] REv 16-fev.-1996 (António Manuel Pereira), CJ XX (1995) 1, 281-283 (282/I e II).
[111] Esta especificação destinou-se a acolher a doutrina do assento do STJ(P), 10-mai.-1950 (Roberto Martins), BMJ 19 (1950), 310-315 (314): "os próprios simuladores podem invocar em juízo, um contra o outro, a simulação embora fraudulenta".
[112] RCb 18-nov.-1997 (Cardoso Albuquerque), CJ XXII (1997) 5, 20-23 (21/II) = BMJ 471 (1997), 472 (o sumário): o cônjuge mandante em nome do qual e contra cuja vontade o outro cônjuge, simuladamente, efetuou a venda de bens do casal é terceiro, para efeitos de poder pedir a declaração de nulidade do negócio simulado.
[113] RLx 18-dez.-2001 (Tomé Gomes), CJ XXVI (2001) 5, 119-124 (124/I) e STJ 9-mai.-2002 (Neves Ribeiro), CJ/Supremo X (2002/2), 45-48 (47/II).

35. O ponto candente é o da **invocação** da simulação **pelos** próprios **simuladores** e contra terceiros. O 243.º/1 impede tal invocação perante terceiros[114] de boa-fé, ou seja: contra o terceiro que desconheça, sem culpa, a simulação[115]. O n.º 2 desse preceito veio dar uma definição incompleta de boa-fé subjetiva: sabemos, todavia, pelas coordenadas jurídico-científicas gerais e pela interpretação sistemática e teleológica, que se trata de uma boa-fé subjetiva ética: não faz qualquer sentido vir sustentar que a tutela é dispensada a quem, *com culpa* – portanto: violando concretos deveres de indagação ou de conhecimento que ao caso caibam – desconheça o que devia conhecer[116]. O 242.º/3 determina a má-fé perante o registo da ação de simulação. É evidente: havendo registo, qualquer interessado em conhecer a realidade tem o dever de se inteirar do seu teor.

A regra da inoponibilidade da simulação a terceiros de boa-fé suscita um delicado problema de justiça, no confronto com as preferências dotadas de eficácia real. Com efeito, uma das simulações mais frequentes é, na prática, a venda por um preço declarado inferior ao real, para defraudar o fisco: vende-se por 500.000 euros mas, para não pagar tanto IMT e tanto IRS ou IRC[117], declara-se, na escritura, apenas o preço de 50.000 euros. Nessa altura, se tiver sido preterido um preferente que disponha de eficácia real, este pode mover uma ação de preferência, pagando os 50.000 euros, apenas; e se os simuladores explicarem – e provarem – que o preço fora, na realidade, o de 500.000 euros, poderá o preferente escudar-se com o 243.º/1: os simuladores não podem arguir a simulação contra terceiros de boa-fé. O preferente teria um enriquecimento escandaloso.

A injustiça dessa situação levou Manuel de Andrade, ainda no âmbito do Código de Seabra, a sustentar que só seriam terceiros, para efeitos de tutela da boa-fé na simulação, as pessoas prejudicadas com a invalidação do negócio simulado; não aquelas que apenas lucrariam com ele[118]. Na linha desta argumentação, Rui de Alarcão propôs, no seu anteprojeto, um preceito deste teor[119]:

> A nulidade do negócio simulado não pode ser arguida pelos simuladores contra terceiros que não estejam de má-fé e cujos direitos seriam prejudicados se tal negócio não subsistisse como válido.

No entanto, esse Autor procedeu, depois, a dubitativas explicações[120], que tiraram impacto à solução proposta. Nas subsequentes revisões ministeriais, o preceito foi suprimido, assim se che-

---

[114] Assim, a nulidade do contrato simulado que constitua fundamento de despejo não pode ser oposta aos senhorios: STJ 28-abr.-1998 (Costa Soares), CJ/Supremo VI (1998) 2, 66-68 (67/II).

[115] São terceiros, para efeitos do 243.º, não apenas os subadquirentes do adquirente simulado, mas também os credores do adquirente fictício: STJ 30-abr.-2002 (Azevedo Ramos), CJ/Supremo X (2002) 2, 40-42 (42/I).

[116] O saudoso Prof. Carvalho Fernandes, *Simulação e tutela de terceiros*, em *Estudos em memória do Prof. Doutor Paulo Cunha* (1989), 407-519 (452), vem defender, aqui, uma boa-fé puramente psicológica; baseia-se, porém, apenas na letra da lei e em (reduzidos) antecedentes imediatos do preceito; além disso, e salvo o devido respeito, confunde a cognoscibilidade da simulação com o dever de a conhecer. Não se entende como proteger a "boa-fé" de alguém que, só por ter violado voluntária e censuravelmente uma norma jurídica – isto é: com culpa –, esteja em situação de desconhecimento. Apenas insistimos neste ponto pelo seguinte: foram necessárias quase dois séculos de pesquisas e de paciência para firmar a boa-fé subjetiva ética; esta traduz um valor personalista, de raiz canónica e hoje apanágio de todo o Ocidente, sendo pacífica na Alemanha e em Itália; é uma pena que, sem um estudo aprofundado da matéria, se queira pôr em crise toda uma linha sofrida de progresso científico e cultural. É muito mais fácil fazer passar uma noção puramente psicológica da boa-fé do que apelar ao próprio sistema: RLx 9-mar.-1995 (Flores Ribeiro), CJ XX (1995) 2, 65-67 (66/II), que, aliás, teria chegado à mesma decisão, através da boa-fé subjetiva ética.

[117] Hoje, a simulação quanto ao preço é, em regra, "imposta" pelos vendedores, para fugir ao IRS ou ao IRC e não pelos compradores, para fugir ao IMT (ex-sisa), como sucedia antigamente: maior a injustiça!

[118] Manuel de Andrade, *Teoria geral da relação jurídica* (1960, reimp., 1972), 2, 207.

[119] Rui de Alarcão, *Simulação/Anteprojecto para o novo Código Civil*, BMJ 84 (1959), 305-328 (317).

[120] *Idem*, ob. cit., *maxime* 320, onde se conclui deste jeito:
> Preferível é talvez, portanto, falar apenas, como se faz no § 1.º, em terceiros (de boa-fé) *prejudicados*. Ou até mesmo excluir essa referência, e aludir somente à inoponibilidade da simulação a terceiros de boa-fé.

gando à redação atual. Nessa base, Castro Mendes[121] e Antunes Varela[122] vieram defender que a simulação era, em qualquer caso, inoponível a terceiros de boa-fé. Em sentido diverso vieram depor Mota Pinto[123] e Almeida Costa[124]: o objetivo da lei, perante os interesses em presença, nunca poderia ser o de facultar o enriquecimento do preferente. Nós próprios[125] – bem como Carvalho Fernandes[126] – subscrevemos, também, esta última posição, sufragada pela generalidade da jurisprudência, a qual representa argumentos variados: por haver abuso do direito ao preferir-se por um valor muito inferior ao real[127]; por as partes terem retificado o preço, inserindo o verdadeiro[128]; por, mau grado a simulação, se ter indicado previamente o verdadeiro preço ao preferente[129]; por, ponderados os interesses em presença, dever prevalecer o preço real[130]; por, finalmente, se verificar um enriquecimento sem causa que excede os bons costumes e constitui abuso do direito, numa convincente superabundância de argumentos[131].

36. A **doutrina da confiança**. O Direito civil português podia hoje considerar-se estabilizado: os terceiros preferentes não podem invocar "boa-fé" para optarem por um preço inferior ao real; isso equivaleria a um enriquecimento estranho ao espírito legislativo[132]. Mas se a sensibilidade jurídica torna essa opção razoável, só recentemente o aprofundamento da doutrina da confiança permite apresentar uma explicação técnica e sistemática: a tutela da confiança só se justifica quando haja um investimento de confiança, isto é: quando o confiante adira à aparência e, nessa base, erga um edifício jurídico e social que não possa ser ignorado sem dano injusto. Ora o preferente por valor simulado inferior ao real não fez qualquer investimento de confiança. A sua posição não pode invocar a tutela dispensada, à aparência, pela boa-fé.

A simulação pode, nos termos gerais, ser constatada na própria ação de preferência: aí será, então, declarada a competente nulidade, de modo a poder preferir-se pelo preço real. Só na hipótese de ter surgido uma ação de simulação autónoma será necessário, ao preferente, aguardar pelo trânsito em julgado da decisão que declare a nulidade, para preferir por esse preço, podendo, em alternativa, preferir desde logo pelo preço real[133].

37. Também podem ocorrer **simulações inversas**: justamente para afastar o preferente, as partes declaram um preço superior ao efetivamente combinado e praticado. Quando isso suceda, não

---

[121] Castro Mendes, *Direito civil (Teoria geral)* (1968), 3, 290 ss., impressionado pela evolução dos preparatórios.
[122] Pires de Lima/Antunes Varela, *Código anotado* 1, 4.ª ed., 229-230 (a 1.ª ed. é anterior ao escrito de Castro Mendes) e Antunes Varela, *Das obrigações em geral*, 383, nota 1.
[123] Mota Pinto, *Teoria geral do Direito civil*, 4.ª ed. (2005), 482, dizendo "...dado o fim do artigo 243.º (proteger a confiança dos terceiros), a solução mais acertada é a que impede que a invocação da simulação possa causar prejuízos e não já a que vai ao ponto de, por essa causa, originar vantagens ou lucros que nada legitima".
[124] Almeida Costa, *Direito das obrigações*, 457-458, nota 3, com indicações bibliográficas completas; ambos estes autores defenderam, inicialmente, as suas posições antes de 1978.
[125] *Direito das obrigações* cit., 1, 500 ss..
[126] Carvalho Fernandes, *Teoria geral do Direito civil* 2, 5.ª ed. (2010), 333-335 e *Simulação e tutela de terceiros*, 456 ss..
[127] STJ 25-nov.-1986 (Alcides de Almeida), BMJ 361 (1986), 534-543 (541); RPt 20-set.-2012 (Leonel Gentil Serôdio), Proc. 363/04.

[128] RPt 21-mai.-1991 (Sampaio da Nóvoa), CJ XVI (1991) 2, 243-245 (244/I) e RPt 24-nov.-2005 (Ataíde das Neves), CJ XXX (2005) 5, 201-205.
[129] STJ 18-nov.-1993 (Sá Couto), CJ/Supremo I (1993) 3, 140-142 (141/I-142/II).
[130] RCb 24-jan.-1995 (Francisco Lourenço), CJ XX (1995) 1, 35-39 (39/I, citando jurisprudência vária).
[131] STJ 4-mar.-1997 (Pais de Sousa), CJ/Supremo V (1997) 1, 121-125 (125/I): preferir por 1.200 c. na aquisição dum bem que valia 7.000 c..
[132] Em RLx 23-out.-2001 (Rua Dias), CJ XXVI (2001) 4, 123-125 (125/I), entendeu-se que a preferência devia operar pelo preço declarado uma vez que as partes nem invocaram que o terceiro tinha conhecimento da simulação aquando da escritura. Há um mínimo de ónus processuais a satisfazer.
[133] STJ 2-jul.-1998 (Fernando Fabião), BMJ 479 (1998), 566-570 (569).

oferece dúvidas de que o preferente pode invocar a nulidade do negócio simulado e preferir pelo preço real. Na mesma linha, pode o preferente invocar a nulidade de uma doação, quando esta vise encobrir uma compra e venda dissimulada, tendo-se recorrido a tal esquema justamente para afastar a preferência[134]. Outra hipótese de simulação é a decidida em STJ 13-out.-2009[135]: simulara-se uma declaração de onde adviria um arrendamento rural de facto inexistente; a preferência (do arrendatário) não pode proceder, dada a nulidade do negócio (240.º).

38. **A prova da simulação.** Esta temática deve ser articulada com o tema da prova da simulação. Na verdade, o 394.º/2 parece proibir a prova testemunhal do acordo simulatório e do negócio dissimulado, quando invocados pelos simuladores[136]. Trata-se de uma regra que remonta ao Direito napoleónico e que visava dificultar a declaração de nulidade dos atos[137]. Ainda hoje ela vem sendo justificada com o objetivo de esconjurar os "perigos" que a prova testemunhal poderia provocar: qualquer ato sujeitar-se-ia a ser contraditado.

Todavia, a simulação é, só por si, difícil de provar. Impedir a prova testemunhal equivale, muitas vezes, a restringir, de modo indireto, a prescrição do 240.º/2, quanto à nulidade da simulação. Recordamos que a confiança de terceiros de boa-fé está, sempre, devidamente acautelada pelo 243.º, do CC. Assim, tem vindo a ser defendido um entendimento restritivo do 394.º/2[138]: visa-se, no fundo, fazer prevalecer a verdade dos factos[139].

A jurisprudência acolhe essa interpretação restritiva. Havendo um princípio de prova escrita, é admissível complementá-la através de testemunhas[140]. Os próprios simuladores podem ser ouvidos sobre a simulação, em depoimento de parte[141]. Em termos práticos, admite-se, como princípio de prova escrita, uma escritura de retificação[142]. Esta evolução jurisprudencial constitui um bom exemplo de adaptação do sistema a novas exigências ético-normativas. Além disso, nenhuma dificuldade existe em, perante as dificuldades de prova sempre suscitadas pela simulação, invocar outros remédios com ela concorrentes[143].

Contra este entendimento veio manifestar-se Luís Menezes Leitão, referindo doutrina do âmbito do Código de Seabra[144] e, sobretudo, recordando o objetivo da lei: o de evitar que, com base numa prova testemunhal de "conteúdo altamente duvidoso, se venha pôr em causa, a fiabilidade do documento autêntico"[145]. Tem a sua razão: só com muita cautela o juiz poderá validar factos derivados de depoimentos e desde que, como foi dito, haja um início de prova documental minimamente consistente. Como se sabe, vigora o princípio da livre apreciação da prova testemunhal, pelo que o juiz tem toda a margem para não se deixar convencer. Mas um Direito

---

[134] RPt 8-mar.-1990 (Fernandes Magalhães), CJ XV (1990) 2, 206-208.
[135] STJ 13-out.-2009 (Salazar Casanova), Proc. 721/05.
[136] STJ 15-abr.-1993 (Miranda Gusmão), CJ/Supremo I (1993) 2, 61-62 (62/1): o juiz não poderia considerar respostas aos quesitos na base de depoimentos de testemunhas, na simulação invocada pelos simuladores.
[137] José Beleza dos Santos, *A simulação/Estudos de Direito civil* 2 (1921), 146 ss..
[138] Quanto à origem deste preceito, *vide* Vaz Serra, *Provas (Direito probatório material)*, BMJ 110 (1961), 61-256, 111 (1961), 5-194 e 112 (1961), 33-299 (BMJ 112, 194-199).
[139] Mota Pinto/Pinto Monteiro, *Arguição da simulação pelos simuladores/Prova testemunhal*, CJ X (1985) 3, 9-15 e Luís Carvalho Fernandes, *A prova da simulação pelos simuladores*, O Direito 124 (1992), 593-616.

[140] RPt 15-jul.-1991 (Azevedo Ramos), CJ XVI (1991) 4, 237-241 (239/II) e REv 16-jun.-1994 (Armindo Luís), CJ XIX (1994) 4, 259-261 (261/I).
[141] RLx 9-jul.-1992 (António da Cruz), CJ XVII (1992) 4, 136-140 (138/II).
[142] RCb 24-jan.-1995 (Francisco Lourenço), CJ XX (1995) 1, 35-39 (39/I).
[143] STJ 14-jan.-1997 (Torres Paulo), BMJ 463 (1997), 464-470 (470): um negócio simulado que também incorra nos requisitos da ação pauliana pode ser atacado por esta última via.
[144] Luís Menezes Leitão, *Direito das obrigações*, 1, 10.ª ed., 236-237.
[145] *Idem*, 263; quanto ao depoimento de parte, as suas limitações, enquanto meio de prova, são conhecidas.

contemporâneo deve ser transparente e leal quanto às suas soluções: quando queira impor uma saída deve fazê-lo, diretamente e não recorrendo a circunlóquios de limitar *a priori* as vias para descobrir a verdade.

115   No que já não podemos acompanhar este Autor é na passagem do 394.º/2 para a inoponibilidade da simulação aos preferentes. Não está em causa a punição dos simuladores a qual, de toda a forma, teria (num Direito moderno) de passar pela medida da culpa de cada um deles. Está sim, a de saber se a necessária proteção de terceiros vai ao ponto de lhes proporcionar um enriquecimento escandaloso, que podem ficar a dever ao puro acaso. Não estamos a falar de "pequenas simulações", mas de saltos vertiginosos, que se documentam nos tribunais, em que prédios vendidos por 10.000 são declarados por 1.000[146]. Nem o preferente acreditará, jamais, na veracidade deste último valor. Por isso mantemos que nenhum investimento de confiança pode ser feito na base de semelhantes discrepâncias. De toda a maneira, as despesas e demais danos causados ao preferente, quando ele próprio esteja de boa-fé, devem ser ressarcidos.

Subsecção VII – Disposições especiais do arrendamento para habitação

INTRODUÇÃO

Índice

I – **Origem e evolução**
1. Código de Seabra 1
2. Vinculismo 2
3. Lei n.º 2:030 6
4. Nos preparatórios 7
5. Código Civil 9
6. Vinculismo revolucionário 12
7. III República 13
8. RAU de 1990 14

9. RNAU de 2004 15
10. NRAU de 2006 16

II – **O regime vigente**
11. A reforma de 2012 17
12. Princípios específicos 18
     α) Estabilidade 19
     β) Dimensão familiar 21
13. O papel matricial 22

I – Origem e evolução

1   1. No **Código de Seabra**, distinguia-prédios rústicos (1627.º a 1631.º). Torna-se possível localizar, nele, alguns dispositivos que visavam, fundamentalmente a habitação (p. ex., 1625.º, que refere o "interior da casa"). Mas a realidade económico-social não exigia, ainda, uma diferenciação de regras.

2   2. O **vinculismo** conduziu, progressivamente, à fixação de regras destinadas a proteger o inquilino habitacional. O processo foi moroso, sendo de sublinhar a natureza dispersa e quase casuística das diversas normas relevantes.

3   O D 5:411, de 17-abr.-1919, autonomizou o arrendamento de estabelecimentos comerciais e industriais (52.º a 60.º). *A contrario*, os demais arrendamentos urbanos visariam, no fundamental, o inquilinato habitacional, grande motor do vinculismo. Mas nessa base, não era possível estabelecer especialidades. Elas surgiram, todavia, disseminadas no texto do diploma: diretas ou

---

[146] P. ex., em RPt 20-set.-2011 (Leonel Gentil Seródio), Proc. 363/04: pretendia-se preferir por € 1.500 o que fora vendido por € 100.000; o tribunal bloqueou (e bem!) tal "preferência", por abuso do direito.

indiretas. Tais eram os casos do 23.º (renda paga no domicílio do arrendatário), do 26.º (privilégio mobiliário sobre os móveis que servem para uso ou habitação), do 41.º (deteriorações para conforto do inquilino), do 82.º, § 1.º (sobreestar no despejo em caso de doença grave do inquilino, de alguma pessoa de sua família ou de seu serviço, quando habitem no prédio), do 109.º (limitação de renda para habitação), do 110.º (proibição, nos arrendamentos para habitação, de receber outras importâncias, além da renda) e 112.º (arrendamento de casas mobiladas).

A L 1:662, de 4-set.-1924, veio reforçar as especificidades habitacionais. Assim o 1.º, §§ 1.º e 3.º, facultava a transmissão do arrendamento, por morte do inquilino, quando lhe sobreviva cônjuge ou herdeiro legitimário que com ele habitasse há mais de seis meses; o 3.º assegurava ao proprietário do local onde habitasse que, por inventário ou divisão judicial, deixasse de ser dono, o direito a aí permanecer, a título de arrendatário; o 5.º, § 7.º, a), que permitia o despejo de prédios arrendados para habitação, quando fossem aplicados a fins ilícitos ou desonestos ou ao comércio e indústria; o 5.º, § 9.º, que concedia o despejo do prédio que, sendo arrendado para habitação, ficasse desabitado por mais de um ano. 4

O vinculismo operava, nos arrendamentos para habitação, por uma via dupla: por um lado, 5 concedia mais poderes ao inquilino habitacional, de modo a sedimentar a sua ligação à coisa; por outro, introduzia certas restrições, de modo a assegurar-se de que os privilégios concedidos serviam, de facto, os valores habitacionais.

3. A **Lei n.º 2:030**, de 22-jun.-1948, manteve e reformulou algumas especialidades habitacionais. Assim e nesse domínio: o 46.º curava da transmissão por morte do arrendamento; o 47.º e o 49.º ocupavam-se da atualização das rendas; o 63.º presumia sublocação perante certas pessoas que residissem na casa locada; o 67.º referia, como fundamentos de despejo, o deixar de prestar os serviços que justificaram a cedência do local para habitação ou o dar hospedagem a mais de três pessoas; o 69.º fazia outro tanto, perante a falta de residência permanente no local arrendado para habitação, seguindo-se múltiplas exceções. 6

4. **Nos preparatórios** do CC, a ideia de dedicar uma subsecção a disposições especiais dos 7 arrendamentos para habitação surgiu, apenas, na 1.ª revisão ministerial (1105.º a 1111.º)[1]. Procedeu-se, nessa ocasião, à recolha de preceitos habitacionais provenientes de leis anteriores: o 1107.º (casas mobiladas) veio do 112.º do D 5:411; o 1109.º (pessoas que podem residir no prédio), dos 63.º e 67.º; o 1110.º (incomunicabilidade) dos 44.º e 45.º; e o 1111.º, do 46.º, todos da L 2:030. O 1108.º (indústrias domésticas) surge como desenvolvimento novo.

A matéria foi revista, a nível de redação, na 2.ª revisão ministerial e no projeto final[2], assim 8 se chegando ao Código Civil.

5. O **Código Civil**, na sequência dos apontados preparatórios, dedicou uma subsecção – a VI – 9 aos arrendamentos para habitação (1107.º a 1111.º). Aí versou, sucessivamente, as casas mobiladas (1107.º), as indústrias domésticas (1108.º), as pessoas que podem residir no prédio (1109.º), a incomunicabilidade do arrendamento (1110.º) e a transmissão por morte do arrendatário (1111.º).

Além disso, fora da aludida subsecção, encontramos preceitos alusivos aos familiares do 10 locatário, o que sugere a habitação (1040.º e 1050.º), a referência à habitação como fim possível do arrendamento, o qual, de resto, se presume, perante prédios urbanos (1086.º/1 e 2), a permissão, reconhecida ao locatário, de realizar pequenas deteriorações, para seu conforto (1092.º), o excesso de hóspedes e o deixar o local desabitado, como causas de resolução [1093.º/1, e) e i) e o

---

[1] BMJ 120 (1962), 122-124.

[2] Jacinto Rodrigues Bastos, *Dos contratos*, 182-193, com os textos em causa.

1093.º/2] e a denúncia para habitação própria do senhorio [1096.º/1, a), 1098.º e 1099.º], o que pressupõe um arrendamento prévio, para habitação.

11 Todos estes elementos podem ser úteis auxiliares de interpretação. Além disso, eles funcionam, em conjunto, como um subsistema consequente de locação habitacional.

12 6. O **vinculismo revolucionário** foi muito criativo, no tocante a normas dirigidas ao arrendamento para habitação. O DL 445/74, de 12-set., suspendeu as avaliações fiscais para a atualização de rendas habitacionais (1.º/1), obrigou ao arrendamento de prédios construídos para habitação (7.º), limitou as rendas habitacionais futuras de prédios já antes arrendados para habitação (15.º) e criou serviços de arrendamento desse tipo, nas câmaras municipais (22.º). O DL 6/75 de 7-jan., suspendeu os despejos relativos a certos arrendamentos para habitação que houvessem caducado (1.º) bem como de determinados despejos na região do Porto (2.º); o DL 155/75, de 25-mar., suspendeu os despejos para habitação própria do senhorio (1.º); o DL 198-A/75, de 14-abr., previu arrendamentos habitacionais compulsivos, para legalizar a ocupação de fogos (1.º); o DL 232/75, de 16-mai., tomou medidas quanto a prédios arrendados para habitação em situação de sobreocupação; o DL 539/75, de 27-set., regulou arrendamentos para alojar famílias de modestos recursos; o DL 188/76, de 12-mar., adotou esquemas relativos à forma e à prova de arrendamentos para habitação; o DL 420/76, de 28-mai., fixou uma "preferência" em novo arrendamento para habitação, a favor de pessoas que habitassem no local antes da morte do arrendatário.

13 7. Na **III República**, a série continuou. O DL 293/77, de 20-jul., ditou medidas de proteção do locatário habitacional, em caso de despejo, facultando suspensões e diferimentos; o DL 294/77, de 20-jul., ocupou-se de prédios para habitação, através de arrendamentos compulsórios; a L 63/77, de 25-ago., atribuiu um direito de preferência ao inquilino habitacional; a L 55/79, de 15-set., veio limitar a denúncia do arrendamento para habitação do senhorio; o DL 148/81, de 4-jun., fixou regimes de rendas para os prédios arrendados para habitação; o DL 328/81, de 4-dez., ocupou-se da transmissão por morte de arrendamentos para habitação e direito a novo arrendamento, também para habitação; a L 46/85, de 20-set., versou o regime das rendas e a sua atualização, nos arrendamentos habitacionais; o DL 13/86, de 23-jan., veio reger a forma e o conteúdo dos contratos de arrendamento para habitação, apurando, ainda, regras sobre a atualização de rendas; o DL 68/86, de 27-mar., atribuiu subsídios de renda.

14 8. O **RAU de 1990** intentou codificar a vasta legislação que o antecedeu, expurgando a ordem jurídica portuguesa das singularidades mais vincadas, entretanto produzidas. Versando apenas o arrendamento urbano, o RAU consagrou regras gerais que tinham, na mira e fundamentalmente, a habitação. Não obstante, havia ainda numerosas regras, recebidas do Direito imediatamente anterior e que cumpria acantonar na habitação. Tal o papel do capítulo II – Do arrendamento urbano para habitação (74.º a 109.º). E nessa área foi introduzida a grande novidade do diploma: a possibilidade de celebrar contratos com um prazo efetivo (98.º a 101.º).

15 9. O **RNAU de 2004** preconizou, para o futuro, um sistema não-vinculístico. Isso permitiu alijar fortemente o dispositivo habitacional (1097.º a 1110.º): 13 artigos contra 35 do RAU. E boa parte desta matéria era preenchida com o tema da duração do contrato (1099.º a 1107.º).

16 10. O **NRAU de 2006** acolheu a ideia (1092.º a 1107.º), mau grado a recaída num vinculismo tardio.

II – O regime vigente

17 11. **A reforma de 2012** veio atingir, no CC, os 1094.º, 1095.º, 1096.º, 1097.º, 1099.º, 1100.º, 1101.º, 1102.º, 1103.º e 1106.º: dez dos quinze artigos dotados de regras específicas para o arrendamento habitacional. Sem introduzir uma mudança de paradigma, podemos considerar que, no seu conjunto, eles traduzem um esbater do vinculismo.

12. **Princípios específicos**. O arrendamento urbano para habitação ganhou autonomia, ao longo da história, por razões vinculísticas. Todavia, cumpre reconhecer que, para além delas, impõe-se uma diferenciação relativamente a arrendamentos urbanos com outros fins: está em causa uma habitação, dotada de tutela constitucional (65.º da CR), confirmada e precisada por diversas decisões do TC[3]. Tudo isto pode, perante a evolução histórica e a atual consignação no CC, ser sintetizado em dois princípios básicos: estabilidade e dimensão familiar.

α) **Estabilidade**: o arrendamento para habitação já teve uma clara vocação para a perpetuidade; hoje, o capítulo vinculístico parece encerrado, dadas as atuais condições demográficas, sociais, económicas e políticas. Todavia, mantém-se uma vocação para a estabilidade, através de regras relativas à duração indeterminada (1099.º) ou à renovação automática dos contratos com prazo certo (1096.º), complementadas por normas cuidadas sobre a oposição à renovação (1097.º e 1098.º).

O regime da locação fica, ainda, marcado por regras que permitem purgar a mora do locatário (1041.º/2 e 1042.º) ou retardar a entrega da coisa, havendo caducidade (1053.º) ou resolução (1087.º), para além dos incidentes da suspensão da desocupação do locado (15.º-M) e do diferimento dessa desocupação (15.º-N e 15.º-O, todos da L 6/2006, na redação dada pela L 31/2012), bem como pela atribuição do direito de preferência ao arrendatário: tudo isto visa estabilizar a relação entre o locatário e o locado habitacional.

β) A **dimensão familiar** introduz uma vertente inabitual, no Direito das obrigações. Desde logo, a locação protege terceiros e pressupõe condutas destes e, designadamente, familiares (*lato sensu*) que habitem com o locatário [1040.º, 1050.º e 1072.º, *b*), *c*) e *d*)]. De seguida, temos a possibilidade de exercer, no local habitado, indústrias domésticas (1092.º) e de, aí, acolher todos os que vivam, com o locatário, em economia comum e até três hóspedes (1093.º). As regras sobre a transmissão do arrendado habitacional têm a ver com a família (1105.º a 1107.º), o mesmo sucedendo com a disposição do direito ao arrendamento da casa de morada de família (1682.º-B).

13. **O papel matricial**. Designadamente após as reformas de 2006 e de 2012, o arrendamento para habitação veio a acolher um papel matricial. Diversas regras relativas ao arrendamento em geral e à própria locação foram, historicamente, moldadas sobre o inquilinato habitacional. Além disso, a matéria crucial da duração, da denúncia e da oposição à renovação, fixada quanto ao arrendamento para habitação, aplica-se, supletivamente, ao arrendamento para fins não habitacionais. As regras gerais sobre a locação não se aplicam, deste modo e praticamente, ao arrendamento urbano.

Resta ainda acrescentar que muita da jurisprudência prolatada sobre temas do arrendamento tem a ver com temas habitacionais. Aí se cruzam os acórdãos liderantes e os exemplares, as grandes correntes explicativas e o essencial da doutrina especializada.

Divisão I – Âmbito do contrato

Artigo 1092.º (Indústrias domésticas)

1. No uso residencial do prédio arrendado inclui-se, salvo cláusula em contrário, o exercício de qualquer indústria doméstica, ainda que tributada.

2. É havida como doméstica a indústria explorada na residência do arrendatário que não ocupe mais de três auxiliares assalariados.

---

[3] Podem ser confrontadas em Jorge Miranda/Rui Medeiros, *Constituição Portuguesa Anotada* 1, 2.ª ed. (2010), 1325.

Artigo 1092.º   *Capítulo IV – Locação*

Bibliografia: Jorge Pinto Furtado, *Manual* 1, 5.ª ed., 291-303; Laurinda Gemas e outros, *Arrendamento*, 453-454; Pires de Lima/Antunes Varela, *Código anotado* 2, 4.ª ed., 632-638; António Pais de Sousa, *Extinção do arrendamento urbano: fundamentos, meios processuais*, 2.ª ed. (1985), 228-231.

Índice

I – Origem e evolução
1. 1.ª revisão ministerial 1
2. Código Civil 3
3. RNAU de 2004 5
4. NRAU de 2006 7

II – O regime
5. Indústria doméstica 9
6. Casuística 10
7. A reforma de 2006 14
8. Atividades ilícitas 16

I – Origem e evolução

1   1. A **1.ª revisão ministerial** do anteprojeto de CC introduziu um preceito (o 1106.º), muito semelhante ao atual 1092.º, relativo a indústrias domésticas[1]. Pretendeu-se, com ele, resolver dúvidas suscitadas na doutrina e na jurisprudência anteriores, perante situações de modistas, costureiras e sapateiros que exerciam as profissões respetivas em casa arrendada para habitação[2]:

2   A doutrina e a jurisprudência eram, de um modo geral, permissivas, não vendo, nessa orientação, um uso indevido do arrendado. Também não se objetava relativamente ao exercício de profissões liberais, no locado habitacional[3], ainda que o ponto não fosse pacífico. Todavia, surgiam zonas de fronteira, que cabia aclarar: donde o referido preceito da 1.ª revisão ministerial, ligeiramente alterado na 2.ª, donde passaria à versão final do CC[4].

3   2. O **Código Civil**, na versão original, consagrou o preceito com a redação seguinte (1108.º)[5]:

> 1. No uso residencial de prédio arrendado inclui-se o exercício de qualquer indústria doméstica, ainda que tributada.
> 2. É indústria doméstica a explorada na sua residência pelo arrendatário ou pelos seus familiares, contanto que não ocupe mais de três auxiliares assalariados.
> 3. Consideram-se familiares as pessoas designadas no n.º 8 do artigo 1040.º.

4   O preceito passou, sem alterações, ao RAU de 1990: 75.º[6].

5   3. O **RNAU de 2004** preconizou uma orientação diversa. Embora admitindo a inclusão de indústrias domésticas no uso residencial do arrendado, fê-las depender de uma cláusula nesse sentido. Segundo o 1097.º/1, do projeto em causa[7]:

> No uso residencial de prédio arrendado pode incluir-se, mediante cláusula expressa ou por acordo escrito superveniente, o exercício de qualquer indústria doméstica, ainda que tributada.

6   Adotou-se esse entendimento restritivo por várias razões. Assim: (a) nos princípios do século XXI, desapareceu a pequena classe das costureiras, modistas e sapateiros, substituídos por empresas de médio e de grande porte; (b) o *superavit* habitacional hoje existente e a quebra demográfica não justificavam já a sobreexploração dos arrendados habitacionais; (c) a denominada indústria doméstica é a via usada para explorar o trabalho infantil e a mão-de-obra imigrante

---

[1] BMJ 120 (1962), 122.
[2] *Vide* as indicações de Cunha Gonçalves, *Tratado* 9 (1934), 108-109.
[3] Além de Cunha Gonçalves, loc. cit., *vide* Pires de Lima/Antunes Varela, *Código anotado* 2, 4.ª ed., 633.
[4] Jacinto Rodrigues Bastos, *Dos contratos*, 183.
[5] DG I, n.º 274, de 25-nov.-1966, 1981/I.

[6] DR I, n.º 238 (supl.), de 15-out.-1990, 4286-(18)/II.
[7] O Direito 136 (2004), 467-493 (486). Pinto Furtado, *Manual* 1, 5.ª ed.., 292 ss., já havia defendido (e bem) que mesmo perante o Direito anterior, a norma era supletiva. De facto, certos locais arrendados para habitação nem poderiam, pelas suas características, comportar indústrias domésticas.

não-legalizada; (d) o trabalho "doméstico" passa nas malhas das regras laborais (incluindo higiene e condições de trabalho), das regras fiscais e das regras da segurança social; (e) A "domesticação" de certas indústrias permitia contornar o conteúdo das licenças de utilização.

4. O **NRAU de 2006**, apesar de terem sido prestados os competentes esclarecimentos, não ponderou estes aspetos. Adotou o texto que hoje está em vigor[8], no qual sobressaem, como novidades: (a) a inclusão de indústrias domésticas no uso residencial é possível, desde que não afastada por cláusulas em contrário: inverteu-se, pois, o sentido da regra proposta em 2004; (b) abdicou-se do requisito de o próprio arrendatário ou seus familiares deverem ser exploradores de indústria: agora é possível, pura e simplesmente, ceder o local para assalariados, limitando-se o locatário a viver dos proveitos do trabalho destes.

O NRAU, convicto, porventura, de tomar medidas progressistas, promoveu, deste modo, um retrocesso sócio-laboral que não encontra precedente, sequer, nas leis do Estado Novo.

II – O regime

5. A **indústria doméstica** facultada pelo 1092.º era, ao abrigo dos 1108.º, versão original, do CC e 75.º do RAU, tomada em sentido estrito: a norma que a autorizava tinha natureza excecional[9]. Assim, não era possível alargar a permissão, por analogia, ao comércio[10]. Além disso, a noção de "indústria doméstica" não podia ser tão ampla, que tudo lhe pudesse ser reconduzido, salvo o comércio[11].

6. A **casuística** era muito extensa. Assim, não era permitido, a título de indústria doméstica, ministrar ensino primário a numerosas crianças[12], tomar conta de seis a sete crianças, até aos 3 ou 4 anos[13] ou reparar e vender motorizadas[14]. Mas já seria admissível, a título de indústria doméstica, cortar a barba e o cabelo a interessados, aos fins de semana[15], tomar conta de três crianças[16], confecionar cintos de segurança, mesmo com uma máquina industrial[17], reparar automóveis[18] ou prestar serviço de ama de crianças[19]

Para efeitos de determinação de uma indústria doméstica, não interessaria a quantidade de bens produzidos[20]. Mas ela não poderia ser exercida por outra pessoa, sem envolver o arrendatário (ao abrigo da lei anterior)[21], nem operar a tempo inteiro: apenas como complemento de rendimento[22].

A leitura da jurisprudência existente mostra delicados exemplos de fronteira, com flutuações difíceis de entender[23]. A indústria, mesmo doméstica, pressupõe uma produção de bens ou de serviços que terão de ser colocados no mercado, isto é, comercializados. Por isso, excluir *ad nutum* o comércio deixa uma zona de sombra. Quando muito, poder-se-ia dizer que extravasa a

---

[8] DR I-A, n.º 41, de 27-fev.-2006, 1562/I.
[9] Pereira Coelho, *Arrendamento*, 196; Jorge Aragão Seia, *Arrendamento urbano*, 543.
[10] STJ 27-abr.-1999 (Pais de Sousa), BMJ 486 (1999), 296-300 (299/I) = CJ/Supremo VII (1999 2, 66-68 (67/II) e RPt 2-dez.-2010 (Fernando Samões), Proc. 0325357
[11] RCb 4-abr.-2000 (Monteiro Casimiro), CJ XXV (2000) 2, 33-40 (49/I) = BMJ 496 (2000), 313 (o sumário) = Proc. 311/00.
[12] RLx 6-jun.-1973 (s/ind. relator), BMJ 228 (1973), 263 (o sumário).
[13] RCb 4-abr.-2000, cit. *supra*, nota 11.
[14] RPt 4-mai.-1999 (Hélder Almeida), CJ XXIV (1999) 3, 177-180 (179) = Proc. 9720205.
[15] RPt 11-mai.-1989 (Fernandes Magalhães), CJ XV (1989) 3, 195-196 (196).
[16] RLx 29-set.-1994 (Diniz Nunes), Proc. 0083041.
[17] RCb 2-dez.-1997 (Távora Vitor), CJ XXII (1997) 5, 30-32 (32/I) = BMJ 472 (1998), 570 (o sumário).
[18] RPt 9-fev.-1999 (Ferreira de Seabra), Proc. 9821367.
[19] RLx 11-dez.-2003 (Granja da Fonseca), Proc. 10114/2003.
[20] RPt 30-jan.-1986 (António Pais de Sousa), CJ XI (1986) 1, 184-185 (185/I).
[21] RPt 25-set.-1997 (Manuel Ramalho), Proc. 9630934.
[22] RPt 31-mai.-1999 (Antero Ribeiro), Proc. 9950573.
[23] *Vide*, nessa linha, os exemplos dados por Jorge Pinto Furtado, *Manual* 1, 5.ª ed., 294.

permissão legal o uso do arrendado que implique uma sua abertura ao público: a situação típica do comércio. Mas não tem sido aprofundada tal via.

13 Quanto a profissões liberais: elas não têm sido consideradas "indústria", pelo que não seriam permitidas. Todavia, nada impede que o locatário, em casa arrendada, estude processos e prepare peças judiciais, efetue relatórios clínicos ou elabore projetos de arquitetura. De novo se nos afigura que a via relevante deveria consistir na abertura ao público, isto é, a um número indeterminado de pessoas.

14 7. **A reforma de 2006** descaracterizou o preceito, uma vez que admite indústrias que não tenham a ver com a atividade do locatário. Em rigor, já não são "domésticas".

15 Além disso, o preceito deixou de ser imperativo e perdeu impacto por se ter assistido à flexibilização do regime da resolução. Todavia, o 1092.º continua a ser claramente excecional: ultrapassa a ideia de habitação. Por isso, não comporta aplicações analógicas. Isto dito: o exercício não permitido de atividades industriais num local arrendado para habitação constitui uma clara inobservância do fim do contrato, justificando a resolução.

16 8. **Atividades ilícitas** nunca poderiam ser legitimadas pelo 1092.º, a pretexto de serem domésticas. Assim, indústrias perigosas (pirotecnia) ou atividades prosseguidas com inobservância de regras de segurança, de regras laborais ou de normas imperativas traduzem, sempre, um fundamento de resolução do contrato.

Artigo 1093.º (Pessoas que podem residir no local arrendado)

1. Nos arrendamentos para habitação podem residir no prédio, além do arrendatário:

a) **Todos os que vivam com ele em economia comum;**
b) **Um máximo de três hóspedes, salvo cláusula em contrário.**

2. Consideram-se sempre como vivendo com o arrendatário em economia comum a pessoa que com ele viva em união de facto, os seus parentes ou afins na linha reta ou até ao 3.º grau da linha colateral, ainda que paguem alguma retribuição, e bem assim as pessoas relativamente às quais, por força da lei ou de negócio jurídico que não respeite diretamente à habitação, haja obrigação de convivência ou de alimentos.

3. Consideram-se «hóspedes» as pessoas a quem o arrendatário proporcione habitação e preste habitualmente serviços relacionados com esta, ou forneça alimentos, mediante retribuição.

Bibliografia: Menezes Cordeiro, *Contrato de albergaria a favor de terceiro* / anot. STJ 22-jan.-1990, O Direito 123 (1991), 661-689; Jorge Pinto Furtado, *Manual* 1, 4.ª ed., 303-307; Laurinda Gemas e outros, *Arrendamento*, 454-455; Pires de Lima/Antunes Varela, *Código anotado* 2, 4.ª ed., 636-638; Antunes Varela, anot. STJ 30-jan.-1981, RLJ 115 (1982), 242-250.

Índice

I – **Origem e evolução**
1. Lei n.º 2:030 1
2. Anteprojeto Galvão Telles 3
3. 1.ª revisão ministerial 4
4. Código Civil 6
5. RAU de 1990 7

6. NRAU de 2006... 10
II – O regime
7. Economia comum 12
8. Enumeração legal.. 14
   α) União de facto 16
   β) Parentesco 17
γ) Afinidade 19
δ) Obrigados à convivência........................... 20
ε) Obrigados a alimentos 21
ζ) Outras situações.. 22
9. Hospedagem... 23
10) Aptidão do local 27

I – Origem e evolução

1. A **Lei n.º 2:030**, de 22948, previa, no 67.º, b), como fundamento de despejo imediato, o facto de o arrendatário dar hospedagem a mais de três pessoas, salvo as indicadas no 63.º/1. Este preceito, por seu turno, dispunha[1]:

> Presume-se que há sublocação quando, durante mais de três meses, residam na casa arrendada, simultânea ou sucessivamente, pessoa ou pessoas que não fossem viver com o arrendatário no início do arrendamento e não sejam seus parentes ou afins, na linha recta ou até ao 3.º grau da linha colateral, ou pessoas relativamente às quais haja obrigação de convivência resultante da lei ou de contrato de prestação de serviços.

Este preceito articulava-se com o D 18:222, de 19-abr.-1930, que procedia a uma classificação de atividades económicas, incluindo, no seu n.º 108, as casas de hóspedes como aquelas que alojassem mais de três e menos de dez pessoas[2]

2. O **anteprojeto Galvão Telles**, sob a epígrafe "pessoas que podem residir na casa arrendada para habitação", propôs (94.º)[3]:

> § 1.º – Se o arrendamento se destina à habitação, podem residir na casa arrendada, além do arrendatário, e não obstante diverso acordo:
> 1.º – Todos os que vivam em economia comum com ele;
> 2.º – Um máximo de três hóspedes.
> § 2.º – Dizem-se hóspedes os indivíduos a quem se proporciona habitação e se prestam habitualmente serviços relacionados com esta ou se fornece a alimentação normal, mediante retribuição.

3. A **1.ª revisão ministerial** completou o preceito. Desta feita, com o título "pessoas que podem residir no prédio", propôs-se (1107.º)[4]:

> 1. Nos arrendamentos para habitação podem residir no prédio, além do arrendatário, e não obstante cláusula em contrário:
> a) Todos os que vivam com ele em economia comum;
> b) Um máximo de três hóspedes.
> 2. Consideram-se como vivendo com o arrendatário em economia comum, ainda que o façam retributivamente, os seus parentes ou afins na linha recta ou até o terceiro grau da linha colateral.
> 3. Consideram-se hóspedes os indivíduos a quem o arrendatário proporcione habitação e preste habitualmente serviços relacionados com esta ou forneça a alimentação normal, mediante retribuição.

A 2.ª revisão ministerial e o projeto fizeram, ainda, pequenas modificações[5].

4. O **Código Civil**, na versão original, consagrou um texto próximo (1109.º). Era ele[6]:

---

[1] DG I, n.º 143, de 22-jun.-1948, 535/II.
[2] DG I, n.º 90, de 19-abr.-1930, 700/II.
[3] *Contratos civis*, 244.
[4] BMJ 120 (1962), 122-123.
[5] Jacinto Rodrigues Bastos, *Dos contratos*, 184-185.
[6] DG I, n.º 274, de 25-nov.-1966, 1981/I.

1. Nos arrendamentos para habitação podem residir no prédio, além do arrendatário, não obstante cláusula em contrário:

   a) Todos os que vivam com ele em economia comum;
   c) Um máximo de três hóspedes.

2. Consideram-se sempre como vivendo com o arrendatário em economia comum os seus parentes ou afins na linha recta ou até ao 3.º grau da linha colateral, ainda que paguem alguma retribuição, e bem assim as pessoas relativamente às quais, por força da lei ou de negócio jurídico que não respeite directamente à habitação, haja obrigação de convivência ou de alimentos.

3. Apenas se consideram hóspedes os indivíduos a quem o arrendatário proporcione habitação e preste habitualmente serviços relacionados com esta, ou forneça alimentos mediante retribuição.

5. O **RAU de 1990** conservou este preceito, agora como 76.º. Mas no n.º 1, introduziu alterações significativas. Dispunha[7]:

1. Nos arrendamentos para habitação podem residir no prédio, além do arrendatário:

   a) Todos os que vivam com ele em economia comum;
   c) Um máximo de três hóspedes, salvo cláusula em contrário.

Além disso, substituiu, no n.º 3, o termo policial "indivíduos" por pessoas: naturalmente.

Quer isso dizer que a possibilidade de introduzir, até três hóspedes, no arrendado para habitação, que antes era vinculativa, passou a supletiva: o senhorio pode acautelar o uso mais moderado do locado, propondo uma cláusula impeditiva da hospedagem ou limitando os hóspedes a menos de três.

6. O **NRAU de 2006** deu, ao preceito, a redação atual. A novidade cifrou-se em introduzir, como vivendo em economia comum, a pessoa que, com o arrendatário, viva em união de facto. A preocupação do politicamente correto é dispensável, no Direito civil: é óbvio que a pessoa unida de facto vive em economia comum, ficando abrangida pelo preceito, já pelo Direito anterior: a enumeração do 1093.º/2, bem como as dos seus antecessores, era exemplificativa[8].

Em compensação, o retoque legislativo foi, formalmente, pouco conseguido. Repete, em linhas consecutivas, "vivendo" e "viva", o que é mau português. E refere "os seus parentes", parecendo que se trata dos parentes do unido de facto e não dos do arrendatário. Estamos em pleno Código Civil!

II – O regime

7. **Economia comum**: todos os que nela vivam, com o arrendatário, podem residir no local. Esta regra básica geral deve ser temperada com as características do arrendado e com os deveres de utilização prudente: 1038.º, c). A sobreocupação do locado habitacional surge, pela natureza das coisas, como desgastante para o prédio arrendado. Além disso, não pode merecer a proteção do Direito. A regra do 1093.º/1, a), não é absoluta nem ilimitada.

Isto dito: diz-se haver economia comum, relativamente às pessoas que compartilhem a mesma casa, no sentido sócio-cultural do termo: refeições em conjunto, serviços domésticos partilhados, convívio regular e suportação conjunta dos custos, seja pela repartição das despesas, seja pela divisão de funções. A economia comum pode ser mais ou menos densa: mas é facilmente detetável, em termos intuitivos. O modelo básico é o da família nuclear: cônjuges e filhos. Mas ele pode ser alargado a parentes, amigos e pessoal doméstico.

---

[7] DR I, n.º 238 (supl.), de 15-out.-1990, 4286-(18)/II. [8] Pires de Lima/Antunes Varela, *Código anotado* 2, 4.ª ed., 637.

8. A **enumeração legal**, feita no 1093.º/2, de pessoas vivendo em economia comum é exemplificativa. Não cabe à lei – muito menos à do arrendamento – prescrever quem possa viver em economia comum: essa é uma decisão pessoal dos envolvidos, que o Direito respeita. A economia comum integra-se na previsão da norma: não na sua estatuição.

A locução legal "consideram-se sempre" aponta para uma presunção. Nos termos gerais, apesar do "sempre", a presunção é ilidível: pode o senhorio provar que alguém, apesar de se integrar formalmente na enumeração legal, não vive, de facto, em economia comum, pretendendo-se, tão-só, contornar a lei. Vamos seguir a enumeração legal.

α) A **união de facto** surge, curiosamente, como a primeira situação típica de economia comum: ainda antes do parentesco, que inclui os filhos ou do próprio casamento, que nem surge explícito. Deve entender-se que a lei visou a noção legal de união de facto, resultante da L 7/2001, de 11-mai., na redação da L 23/2010, de 30-ago., ou seja a situação decorrente de duas pessoas viverem, há mais de dois anos, *more uxoris*. A união de facto prova-se nos termos do 2.º-A da L 7/2001: por qualquer meio admissível mas, em princípio, por declaração da junta de freguesia, acompanhado de declaração de honra dos unidos de facto de que assim vivem há mais de dois anos (n.º 2), com punição de falsas declarações (n.º 5).

β) O **parentesco** é, tecnicamente, o vínculo que une duas pessoas, em consequência de uma delas descender de outra ou de ambas procederem de um progenitor comum (1578.º). Vale qualquer parentesco na linha reta (pais/filhos; avós/netos; bisavós/bisnetos) e até ao 3.º grau na linha colateral (tios/sobrinhos). Para parentes mais afastados, a economia comum é relevante, quando exista, seja pela cláusula geral do 1093.º/1, a) – altura em que deve ser alegada e provada – seja por alguma das outras cláusulas exemplificativas, que têm um papel presuntivo.

O facto de os parentes envolvidos pagarem alguma retribuição – leia-se: contribuírem, com dinheiro, para a economia comum – não prejudica a aplicação do 1093.º.

γ) A **afinidade** surge como o vínculo que liga cada um dos cônjuges aos parentes do outro (1584.º). Funciona o cômputo de graus aplicável ao parentesco (1585.º), o que significa operar ela, sempre, na linha reta e até ao 2.º grau, na linha colateral (cônjuge do tio ou do sobrinho). Também aqui, o facto de haver "alguma retribuição" não prejudica.

δ) **Obrigados à convivência**, por lei ou por negócio que não respeite diretamente à habitação: são, fundamentalmente, os cônjuges (1672.º) e, em certos moldes, os filhos menores (1887.º/1) os quais, todavia, já vinham abrangidos pela cláusula do parentesco.

ε) **Obrigados a alimentos**: estes podem ser prestados através da casa e de companhia (2005.º/2).

ζ) **Outras situações** típicas, admitidas por lei, podem ser reconduzidas ao universo presuntivo do 1093.º/2. Desde logo, os adotados e os adotantes: não são, tecnicamente, nem parentes nem afins, mas aplicam-se-lhes as regras da filiação (1586.º).

9. A **hospedagem** é, hoje, um contrato nominado, misto e socialmente típico. Nele, uma pessoa (hospedeiro) obriga-se a ceder a outra (hóspede), um espaço habitacional e a prestar-lhe serviços conexos (refeições, limpeza e fornecimentos comuns), contra uma retribuição[9]. Surge: nominado, por ser referido na lei, pelo *nomen iuris* [735.º, b), 1093.º/1, b) e 3, com elementos]; misto por, não dispondo de um regime legal, reunir elementos da locação e da prestação de serviço; socialmente típico por equivaler a um modelo contratual conhecido e praticado na sociedade, independentemente de não ter regime fixado na lei.

---

[9] RCb 21-mar.-2006 (Cura Mariano), Proc. 299/06. Na falta de retribuição, não há hospedagem: RGm 4-dez.-2002 (Silva Rato), Proc. 1093/02-1; tão-pouco ela se verifica se não houver serviços: RPt 5-nov.-2002 (Emídio Costa), Proc. 0221053.

24   No Código de Seabra, o contrato de albergaria ou de pousada tinha assento legal (1419.º a 1423.º). Era definido (1419.º, corpo) nestes termos:

> Dá-se contrato de albergaria quando alguém presta a outrem albergue e alimento, ou só albergue, mediante a retribuição ajustada ou do costume.

25   Os 1420.º, 1421.º e 1422.º regulavam diversos aspetos de responsabilidade do albergueiro, enquanto o 1423.º versava contendas sobre a retribuição. A albergaria perdeu relevo com o desenvolvimento da indústria hoteleira: dotada de uma organização empresarial, ela permite prestar melhor e mais barato. Todavia, em certas áreas sociais, como a do abrigo de estudantes e noutras, a albergaria ou hospedagem mantém atualidade[10].

26   A lei permite que possam residir, no arrendado, até três hóspedes. A medida é discutível, uma vez que atribui, ao inquilino, uma vantagem de fruição, à custa do senhorio e que pode assumir contornos de grave injustiça: o caso de inquilino que paga € 34 de renda e percebe € 350 dos seus hóspedes[11]. As situações sociais justificativas eram as de viúvas ou reformados que completavam as suas pensões com a cedência de quartos e a prestação de alguns serviços. Hoje, estão em regressão. As situações de hospedagem em locais arrendados sujeitam-se, como todas as demais, à sindicância do abuso do direito.

27   10. **Aptidão do local.** Como referido a propósito do 1092.º, também o 1093.º deve ser aferido em face das concretas aptidões do local arrendado. Tratando-se de um T0, torna-se quimérico pretender instalar, nele, diversas pessoas em economia comum e, ainda, três hóspedes. O dever de utilização prudente – 1038.º, d) e 1043.º/1 – prevalece sobre as possibilidades do 1093.º, cabendo ainda salientar a necessidade, por parte do arrendatário, de respeitar as regras de higiene – 1083.º/2, a) – e dos bons costumes e ordem pública – 1083.º/2, b) – as quais limitam o universo das pessoas alojáveis, em função das características do locado.

Divisão II – Duração

Artigo 1094.º (Tipos de contratos)

1. O contrato de arrendamento urbano para habitação pode celebrar-se com prazo certo ou por duração indeterminada.

2. No contrato com prazo certo pode convencionar-se que, após a primeira renovação, o arrendamento tenha duração indeterminada.

3. No silêncio das partes, o contrato considera-se celebrado com prazo certo, pelo período de dois anos.

Bibliografia: Laurinda Gemas e outros, *Arrendamento*, 455-456.

---

[10] *Vide* STJ 7-jan.-1992 (Cura Mariano), BMJ 413 (1992), 479-485 (482-483), STJ 5-mai.-1992 (Rui Azevedo de Brito), BMJ 417 (1992), 672-682 (680), RCb 9-fev.-1999 (Varela Rodrigues), CJ XXIV (1999) 1, 36-37 (37/I), RPt 20-jun.-2000 (Marques de Castilho), Proc. 9921517 e RPt 5-fev.-2001 (Couto Pereira), CJ XXVI (2001) 1, 202-205 (203/II), onde pode ser confrontada jurisprudência anterior.

[11] Jorge Pinto Furtado, *Manual 2*, 5.ª ed., 306. De facto, ao contrário do que sucede com a sublocação, a retribuição por hospedagem não tem limites máximos: STJ 15-mai.-2003 (Salvador da Costa), Proc. 02B2754.

Índice

I – **Origem e evolução**
1. Regime vinculístico 1
2. Lei n.º 46/85 3
3. RAU de 1990 5
4. RNAU de 2004 8
5. NRAU de 2006 9

6. Reforma de 2012 10

II – **O regime**
7. Norma de enquadramento 11
8. Duração mista 13
9. Regime supletivo 14

I – Origem e evolução

1. O **regime vinculístico**, implantado e reforçado ao longo do século XX, superou a regra romana da temporalidade da locação. Tratando-se de arrendamento urbano e independentemente do prazo que nele fosse aposto pelas partes, assistir-se-ia, de modo inevitável, à renovação do contrato, em termos em que apenas o arrendatário se poderia opor (vide o 1095.º, versão original, do CC). Nem o máximo de 30 anos tinha significado.

Estava-se perante uma verdadeira pantomina: o arrendamento urbano era, de facto, um contrato tendencialmente perpétuo, sendo a técnica das "renovações" relevante apenas para aspetos marginais. As consequências são conhecidas: erosão das rendas, degradação dos imóveis, má qualidade de vida, urbanismo distorcido, trânsito demente e degradação ambiental, entre outros. O reverter da situação, por evidentes razões políticas às quais todos os quadrantes são sensíveis, foi difícil e delicado.

2. A **Lei n.º 46/85**, de 20-set., deu os primeiros e tímidos passos no sentido de instituir, ao lado dos arrendamentos tradicionais, tendencialmente perpétuos, arrendamentos efetivamente limitados, no tempo. O seu 31.º previa arrendamentos para habitação relativos a locais aptos que, antes, nunca tivessem sido arrendados. Quanto a estes, dispunha o 32.º[1]:

> No arrendamento de prédios referidos no artigo anterior, o senhorio pode efectivar a denúncia do contrato para o termo do respetivo prazo quando a duração convencionada do mesmo for igual ou superior a 5 anos.

Os 33.º e 34.º regulavam a denúncia e tornavam-na efetiva.

3. O **RAU de 1990** aprofundou esta via. O seu 98.º permitiu, agora em geral, a estipulação de prazos efetivos para os arrendamentos habitacionais, nos termos seguintes[2]:

> 1. As partes podem estipular um prazo para a duração efectiva dos arrendamentos urbanos para habitação desde que a respectiva cláusula seja inserida no texto escrito do contrato, assinado pelas partes.
> 2. O prazo referido no número anterior não pode, contudo, ser inferior a cinco anos.
> (…)

Tais contratos renovar-se-iam por períodos de três anos, mas isso poderia não suceder se houvesse oposição ("denúncia") de alguma das partes (100.º/1). Este esquema foi alargado, pelo 117.º do RAU, na redação dada pelo DL 257/95, de 30-set., aos arrendamentos comerciais equivalentes[3].

Por razões claras de tradição e inércia, passou a haver dois tipos de arrendamentos: os "comuns", dotados de um prazo não-efetivo, isto é, de um prazo que não impedia a renovação perpétua do contrato, se o arrendatário assim o desejasse e os "limitados", cujo prazo seria efe-

---

[1] DR I, n.º 217, de 20-set.-1985, 3046/II.
[2] DR I, n.º 238 (supl.), de 15-out.-1990, 4286-(21)/I.
[3] DR I-A, n.º 227, de 30-set.-1995, 6070/II-6071/I.

tivo, embora em termos restritivos. Mal ficou vir-se insistir em que o arrendamento já antes era temporário, quando todos sabiam que essa temporariedade era, tão-só, aparente.

8 4. O **RNAU de 2004** intentou pôr cobro a essa anomalia dogmática e linguística. Por isso, propôs distinguir entre "prazo certo" e "duração indeterminada": no primeiro caso, os contratos de arrendamento cessariam, efetivamente, no termo acordado, renovando-se apenas se nenhuma das partes a isso se opusesse; no segundo, eles vigorariam indefinidamente, salvo denúncia (1099.° a 1107.°)[4]. Os constrangimentos políticos que então se manifestaram não permitiram evitar uma série de regras procedimentais e outras restrições.

9 5. O **NRAU de 2006** acolheu a ideia, embora multiplicasse as regras restritivas. O 1094.°, então adotado, corresponde, nos seus n.° 1 e n.° 2, ao texto hoje em vigor; o n.° 3, todavia, dispunha[5]:

No silêncio das partes, o contrato tem-se como celebrado por duração indeterminada.

10 6. A **reforma de 2012** alterou o transcrito n.° 3: supletivamente, passa agora a vigorar um prazo de dois anos[6]. Foi restituída ao arrendamento, a sua natureza estruturalmente temporária.

II – O regime

11 7. O 1094.° é, antes do mais, uma **norma de enquadramento**. Ele contrapõe contratos de prazo certo a contratos de duração ilimitada (n.° 1), como modo de introdução à regulação subsequente.

12 A locução "prazo certo" não é rigorosa: deveria ser "termo certo". Todavia, foi preocupação legislativa a de fazer alguma pedagogia, explicando às partes a efetiva limitação temporal do contrato, de modo a não contrariar expectativas.

13 8. A **duração mista**, possível ao abrigo das regras gerais (405.°/1), foi expressamente referida no 1094.°/2: as partes podem, num contrato com prazo certo, convencionar que, após a primeira renovação, ele passe a duração indeterminada. Faz todo o sentido: há como que um período experimental, que permite, às partes, optar pela sedimentação do contrato.

14 9. O **regime supletivo** é, agora, o do prazo certo de dois anos: aplicável quando as partes nada digam (1094.°/3). Com isso, inverteu-se a solução do NRAU de 2006 que mandava, supletivamente, aplicar a duração indeterminada.

Subdivisão I – Contrato com prazo certo

Artigo 1095.° (Estipulação de prazo certo)

1. O prazo deve constar de cláusula inserida no contrato.

2. O prazo referido no número anterior não pode ser superior a 30 anos, considerando-se automaticamente reduzido ao referido limite quando o ultrapasse.

3. *(Revogado)*

Bibliografia: Laurinda Gemas e outros, *Arrendamento*, 456-457; Luís Menezes Leitão, *Arrendamento*, 5.ª ed., 174-175; Luís de Lima Pinheiro, *Arrendamentos de duração limitada*, Est. Galvão Telles 2 (2002), 391-405.

---

[4] O Direito 136 (2004), 467-493 (486-488).
[5] DR I-A, n.° 41, de 27-fev.-2006, 1584/II.
[6] DR 1.ª, n.° 157, de 14-ago.-2012, 4412/II.

Índice

I – Origem e evolução
1. RAU de 1990 1
2. RNAU de 2004 2
3. NRAU de 2006 5
4. Reforma de 2012 7

II – O regime
5. Cláusula do prazo 8
6. Limites 9

I – Origem e evolução

1. O **RAU de 1990** previa, no já transcrito 98.°/1, que o prazo de duração efetiva do contrato constasse de cláusula inserida no texto escrito do contrato. Esta fórmula, algo anómala, resultava do facto de o mesmo RAU, no 7.°, apesar de impor a forma escrita para o arrendamento urbano (n.° 1), admitir que a sua inobservância pudesse ser suprida pela exibição do recibo de renda (n.° 3). Ora, entendera-se que a efetiva limitação temporal do arrendamento, no ambiente então reinante, exigia sempre a forma escrita: seja por razões de prova, seja para a reflexão e a consciência das partes.

2. O **RNAU de 2004**, por razões de ordem semelhante, referiu que (1100.°)[1]:

> 1. O prazo deve constar de cláusula expressa inserida no contrato.

Já não se justificava dizer "texto escrito" porque, doravante, todos os arrendamentos deveriam seguir essa forma.

O RNAU preconizou, ainda, que o prazo não pudesse ser inferior a três anos (1100.°/2): reduziu, assim, a imposição do RAU, que era de cinco anos. Mantinha-se o limite máximo dos trinta anos.

3. O **NRAU de 2006** optou, todavia, por um regresso a soluções mais restritivas. Dispõe o 1095.°, em texto cujo n.° 1 se mantém em vigor, ao contrário de dois outros números, de que damos conta[2]:

> 2. O prazo referido no número anterior não pode, contudo, ser inferior a 5 nem superior a 30 anos, considerando-se automaticamente ampliado ou reduzido aos referidos limites mínimo e máximo quando, respectivamente, fique aquém do primeiro ou ultrapasse o segundo.
>
> 3. O limite mínimo previsto no número anterior não se aplica aos contratos para habitação não permanente ou para fins especiais transitórios, designadamente por motivos profissionais, de educação e formação ou turísticos, neles exarados.

A exceção do n.° 3 justificava-se, em face da imposição do prazo mínimo de cinco anos.

4. A **reforma de 2012** deu, ao preceito, a sua redação atual[3]. Estamos perante uma opção mais liberal, que tira partido do *superavit* de habitações e da própria crise económica, que têm provocado a queda das rendas. Curiosamente, é hoje frequente os senhorios insistirem na aposição de prazos confortáveis ou, mesmo, longos (até aos trinta anos!), enquanto os inquilinos tentam negociar prazos mais curtos, para aproveitarem novas quedas nas rendas. A crise demográfica mais acentua estas vertentes, impensáveis até aos finais do século XX.

II – O regime

5. A **cláusula do prazo** deve constar do contrato (1095.°/1), necessariamente escrito (1069.°). Na sua ausência, cai-se no prazo supletivo dos dois anos (1094.°/3). Não há razão para excluir a

---

[1] O Direito 136 (2004), 467-493 (487).
[2] DR I-A, n.° 41, de 27-fev.-2006, 1584/II.
[3] DR 1.ª, n.° 157, de 14-ago.-2012, 4412/II.

aposição superveniente de um prazo, por acordo das partes destinado a modificar o contrato inicialmente celebrado: acordo escrito.

9 6. Os **limites** estão, hoje, reduzidos ao máximo: 30 anos (1095.º/2). Nenhum inconveniente existe em que as partes acordem os mínimos que entenderem. Por isso, foi revogada a exceção dos arrendamentos para habitação não permanente ou para fins especiais transitórios. O termo do vinculismo permite entregar este tema às partes.

10 Os contratos de curta duração (até 30 dias) mantiveram, contudo, uma referência normativa: segundo o 1096.º/2 não há, quanto a eles e salvo estipulação em contrário, renovação automática.

Artigo 1096.º (Renovação automática)

1. Salvo estipulação em contrário, o contrato celebrado com prazo certo renova-se automaticamente no seu termo e por períodos sucessivos de igual duração, sem prejuízo do disposto no número seguinte.

2 Salvo estipulação em contrário, não há lugar a renovação automática nos contratos celebrados por prazo não superior a 30 dias.

3. Qualquer das partes pode opor-se à renovação, nos termos dos artigos seguintes.

Bibliografia: Laurinda Gemas e outros, *Arrendamento*, 458-459; Pires de Lima/Antunes Varela, *Código anotado 2*, 4.ª ed., 684-686.

Vide as indicações dadas ao 1054.º.

Índice

I – Origem e evolução
1. RAU de 1990 1
2. RNAU de 2004 3
3. NRAU de 2006 4
4. Reforma de 2012 6

II – O regime
5. Renovação 7
6. Curta duração 8
7. Oposição à renovação 11
5. Consentimento conjugal 9
6. Ónus da prova 10

I – Origem e evolução

1 1. O **RAU de 1990**, após introduzir os contratos de duração limitada, previu as suas renovação automática, denúncia e revogação. O seu 100.º/1 dispunha[1]:

> Os contratos de duração limitada celebrados nos termos do artigo 98.º renovam-se, automaticamente, no fim do prazo e por períodos mínimos de três anos, se outro não estiver especialmente previsto, quando não sejam denunciados por qualquer das partes.

2 Ficava vincado o princípio da renovação automática e a possibilidade de oposição à renovação, dita "denúncia": expressão incorreta, cuja origem já foi referida e que apenas se manteve pelo peso da tradição.

3 2. O **RNAU de 2004** procurou pôr cobro a essa anomalia linguística. Propôs (1101.º)[2]:

---

[1] DR I, n.º 238 (supl.), de 15-out.-1990, 4286-(21)/I.   [2] O Direito 136 (2004), 467-493 (487).

1. O contrato celebrado com prazo certo renova-se automaticamente no seu termo e por períodos mínimos sucessivos de três anos, se outros não estiverem contratualmente previstos.
2. Qualquer das partes pode opor-se à renovação nos termos dos artigos seguintes.

3. O **NRAU de 2006** recuperou este preceito. Tornou-o, todavia, mais pesado e inelegante e deu-lhe uma feição restritiva. Eis o 1096.º, versão 2006[3]:

Artigo 1096.º
Renovação automática

1. Excepto se celebrado para habitação não permanente ou para fim especial transitório, o contrato celebrado com prazo certo renova-se automaticamente no seu termo e por períodos mínimos sucessivos de três anos, se outros não estiverem contratualmente previstos.
2. Qualquer das partes se pode opor à renovação, nos termos dos artigos seguintes.

Na verdade, não se principia um preceito legal pela exceção ("excepto se celebrado para …"), não se repetem palavras na mesma frase ("celebrado" e "celebrado") e não se usam brasileirismos ("se pode opor" por pode opor-se). Quanto à restritividade: impunha-se a renovação por períodos mínimos de três anos, numa demonstração de vinculismo serôdio.

4. A **reforma de 2012** corrigiu a redação do preceito, retirou-lhe a limitação dos três anos, ressalvou, à renovação, os contratos de prazo não superior a 30 dias e manteve a possibilidade de oposição à renovação, agora concedida a ambas as partes[4]. Daí resultou o texto em vigor.

II – O regime

5. A **renovação** automática dos contratos de arrendamento, quando o contrato chegue ao seu termo e nenhuma das partes a ela se oponha, já resultava do 1054.º/1. O mesmo preceito especificava, no n.º 2, que o prazo da renovação é igual ao do contrato, sendo apenas de um ano se for superior. O 1096.º/1 mais não faz do que repetir essa regra, com três particularidades: (a) deixa claro que a renovação é supletiva; (b) fixa renovações iguais ao prazo inicial do contrato, não as limitando a um ano; (c) prepara a exceção (supletiva) do 1096.º/2: contratos de duração não superior a trinta dias.

6. A **curta duração** do contrato, fixada pela lei em "prazo não superior a 30 dias", bloqueia a renovação automática do arrendamento. Esse preceito é o herdeiro do velho 1083.º/1, b), do CC, que excecionava ao vinculismo[5]:

Os arrendamentos para habitação, por curtos períodos, em praias, termas ou outros lugares de vilegiatura, ou para outros fins especiais transitórios; (…)

A regra transcrita passou ao 5.º/2, b), do RAU, justificando-se por evidentes razões sociais e de praticabilidade. Todavia, obrigava a provar o "curto período" (que não era precisado) ou os "outros fins".

A lei vigente, findo o vinculismo, regista apenas que, havendo curta duração e salvo cláusula em contrário, as partes manifestaram uma vontade negocial em não fazer durar a sua relação locatícia. Não se justifica, pois, a renovação. E para não haver dúvidas, a curta duração foi fixada no máximo de 30 dias.

7. A **oposição à renovação**, agora definitivamente afastada da denúncia, vem desde logo ressalvada (1096.º/3), sendo remetida para os artigos seguintes.

---

[3] DR I-A, n.º 41, de 3 27-fev.-2006, 1584/II-1585/I.
[4] DR 1.ª, n.º 157, de 14-ago.-2012, 4412/II.
[5] DG I, n.º 274, de 25-nov.-1966, 1978/II.

Artigo 1097.º (Oposição à renovação deduzida pelo senhorio)

1. O senhorio pode impedir a renovação automática do contrato mediante comunicação ao arrendatário com a antecedência mínima seguinte:

   a) 240 dias, se o prazo de duração inicial do contrato ou da sua renovação for igual ou superior a seis anos;
   b) 120 dias, se o prazo de duração inicial do contrato ou da sua renovação for igual ou superior a um ano e inferior a seis anos;
   c) 60 dias, se o prazo de duração inicial do contrato ou da sua renovação for igual ou superior a seis meses e inferior a um ano;
   d) Um terço do prazo de duração inicial do contrato ou da sua renovação, tratando-se de prazo inferior a seis meses.

2. A antecedência a que se refere o número anterior reporta-se ao termo do prazo de duração inicial do contrato ou da sua renovação.

Bibliografia: Jorge Pinto Furtado, *Manual 2*, 4.ª ed., 924-939; Laurinda Gemas e outros, *Arrendamento*, 459-461; Pires de Lima/Antunes Varela, *Código anotado 2*, 4.ª ed., 684-686; António João Sequeira Ribeiro, *Sobre a denúncia no contrato de arrendamento urbano para habitação* (1996), 125 pp..
Vide as indicações ao 1055.º.

Índice

I – Origem e evolução
1. Código Civil 1
2. RAU de 1990 4
3. RNAU de 2004 6
4. NRAU de 2006 8

5. Reforma de 2012 11

II – O regime
6. Comunicação 13
7. Prazos 14

I – Origem e evolução

1 1. O **Código Civil**, dentro da lógica vinculística, só muito limitadamente admitia que o senhorio se pudesse opor à renovação do contrato, chamando-lhe "denúncia". No fundo, tal só era possível quando ele necessitasse da casa para habitação própria, ou para obras de ampliação (1096.º) e, ainda então, com múltiplas restrições (1098.º a 1100.º), dobradas por leis especiais.

2 Além disso, o dispositivo vinculístico era complementado pela judicialização da oposição ("denúncia") e por dilações à cabeça. Recordamos o 1097.º, versão original, do CC, sob a epígrafe "forma e prazo da denúncia"[1]:

> A denúncia do senhorio deve ser feita em acção judicial, com a antecedência mínima de seis meses relativamente ao fim do prazo do contrato, mas não obriga ao despejo enquanto não decorrerem três meses sobre a decisão definitiva.

3 Na prática, a oposição à renovação era uma operação delicada, cara, demorada e incerta.
4 2. O **RAU de 1990** manteve essa "denúncia" judicial, para os arrendamentos comuns, isto é, perpetuamente renováveis, sem possibilidade de oposição do senhorio (70.º). Mas quanto aos contratos de duração limitada, aligeirou o procedimento. Segundo o seu 100.º/2[2]:

---

[1] DG I, n.º 274, de 25-nov.-1966, 1980/I.   [2] DR I, n.º 238 (supl.), de 15-out.-1990, 4286-(21)/I.

A denúncia referida no número anterior deve ser feita pelo senhorio mediante notificação judicial avulsa do inquilino, requerida com um ano de antecedência sobre o fim do prazo do arrendamento.

Mantinham-se prazos longos, bem como alguma solenidade. Mas o sistema era funcionalizado e tornava-se previsível.
3. O **RNAU de 2004** intentou aprofundar esta via. Segundo o seu 1102.º[3]:

> O senhorio pode impedir a renovação automática mediante interpelação remetida ao arrendatário com uma antecedência não inferior a um ano do termo do contrato ou da sua renovação.

Nos termos gerais desse projeto (1082.º), a interpelação era feita por carta registada.
4. O **NRAU de 2006** aproveitou a deixa, fixando, no 1097.º[4]:

> O senhorio pode impedir a renovação automática mediante comunicação ao arrendatário com uma antecedência não inferior a um ano do termo do contrato.

A oposição à renovação equivale à antiga denúncia[5]: mas em termos tecnicamente mais corretos. Por força da inércia, as partes podem, em novos contratos, usar "denúncia", quando queriam dizer oposição[6]

O 9.º da L 6/2006 fixava, como regra geral, a da efetivação das comunicações através de carta registada com aviso de receção.

Deve esclarecer-se que o prazo de um ano se justificaria pelo período longo de vigência dos contratos (mínimo de 5 anos, com prorrogações mínimas de 3): havia que conceder tempo ao arrendatário para procurar nova habitação, dada, para mais a ambiência vinculística que presidiu ao NRAU de 2006.
5. A **reforma de 2012**, que deu ao 1097.º a sua feição atual[7], moveu-se, já, em circunstâncias distintas. Os contratos perderam os prazos mínimos, o vinculismo foi superado e o *superavit* habitacional torna fácil localizar novas habitações.

II – O regime

6. A **comunicação** de não renovação, a fazer pelo senhorio, segue a forma geral do 9.º/1 da L 6/2006, de 27-fev., na redação da L 31/2012, de 14-ago.: carta registada com aviso de receção ou entrega em mão (9.º/6). Ela torna-se eficaz quando recebida pelo arrendatário (224.º/1): o senhorio deve, pois, enviá-la com a antecedência necessária, para precaver o respeito pelos prazos.
7. Os **prazos** para a comunicação reportam-se ao termo do prazo de duração inicial do contrato ou da sua renovação (1097.º/2). Eles estão escalonados: (a) 240 dias, se a duração inicial do contrato ou da sua renovação for igual ou superior a seis anos; (b) 120, se igual ou superior a um ano e inferior a seis anos; (c) 60, se igual ou superior a seis meses e inferior a um ano; (d) um terço do prazo, se inferior a seis meses.

Quanto maior for a duração do contrato, maiores expectativas se geram quanto à sua continuação. Além disso, o arrendatário deve providenciar modificações na sua vida que requerem tempo. Donde a ideia, já seguida na locação em geral (1055.º) e noutros diplomas[8], de indexar a antecedência da oposição à duração do contrato.

---

[3] O Direito 136 (2004), 467-493 (487).
[4] DR I-A, n.º 41, de 27-fev.-2006, 1585/I.
[5] RPt 22-set.-2009 (Marques Castilho), Proc. 2140/07.
[6] RLx 27-jan.-2011 (Teresa Albuquerque), Proc. 25192//09. *Vide*, também, RLx 3-mar.-2011 (Teresa Albuquerque), Proc. 4498/06.

[7] DR 1.ª, n.º 157, de 14-ago.-2012, 4412/II-4413/I.
[8] Assim no 28.º do DL 178/86, de 3-jul., alterado pelo DL 118/93, de 13-abr., relativo à agência; *vide* António Pinto Monteiro, *Contrato de agência*, 7.ª ed. (2010), 126 ss..

Artigo 1098.º (Oposição à renovação ou denúncia pelo arrendatário)

1. O arrendatário pode impedir a renovação automática do contrato mediante comunicação ao senhorio com a antecedência mínima seguinte:

   a) 120 dias, se o prazo de duração inicial do contrato ou da sua renovação for igual ou superior a seis anos;
   b) 90 dias, se o prazo de duração inicial do contrato ou da sua renovação for igual ou superior a um ano e inferior a seis anos;
   c) 60 dias, se o prazo de duração inicial do contrato ou da sua renovação for igual ou superior a seis meses e inferior a um ano;
   d) Um terço do prazo de duração inicial do contrato ou da sua renovação, tratando-se de prazo inferior a seis meses.

2. A antecedência a que se refere o número anterior reporta-se ao termo do prazo de duração inicial do contrato ou da sua renovação.

3. Sem prejuízo do disposto no número seguinte, decorrido um terço do prazo de duração inicial do contrato ou da sua renovação, o arrendatário pode denunciá-lo a todo o tempo, mediante comunicação ao senhorio com a antecedência mínima seguinte:

   a) 120 dias do termo pretendido do contrato, se o prazo deste for igual ou superior a um ano;
   b) 60 dias do termo pretendido do contrato, se o prazo deste for inferior a um ano.

4. Quando o senhorio impedir a renovação automática do contrato, nos termos do artigo anterior, o arrendatário pode denunciá-lo a todo o tempo, mediante comunicação ao senhorio com uma antecedência não inferior a 30 dias do termo pretendido do contrato.

5. A denúncia do contrato, nos termos dos n.ºs 3 e 4, produz efeitos no final de um mês do calendário gregoriano, a contar da comunicação.

6. A inobservância da antecedência prevista nos números anteriores não obsta à cessação do contrato mas obriga ao pagamento das rendas correspondentes ao período de pré-aviso em falta.

Bibliografia: Laurinda Gemas e outros, *Arrendamento*, 461-464.
Vide a bibliografia indicada no artigo anterior.

Índice

I – Origem e evolução
1. Código Civil 1
2. RAU de 1990 2
3. RNAU de 2004 6
4. NRAU de 2006 7
5. Reforma de 2012 8

II – O regime
6. Oposição à renovação 10
7. Denúncia 11
8. Denúncia breve 13
9. Eficácia 14
10. Inobservância 15
11. Termos práticos 16

I – **Origem e evolução**
1. O **Código Civil**, no seu 1055.º, previa a oposição à renovação (a "denúncia"), em geral, para a locação[1]. Esse preceito era aplicável ao arrendatário urbano, nos termos do 1095.º, versão original.
2. O **RAU de 1990** enfrentou um problema diverso. Tendo o contrato de arrendamento sido celebrado com uma duração limitada efetiva, seria de o deixar ir até ao fim. Só que o legislador fixou um prazo mínimo muito longo: cinco anos. O arrendatário ficaria preso ao local, ainda que este já não lhe interessasse: por ter mudado de emprego, por ter casado ou, simplesmente, por não ter dinheiro para a renda. O 1055.º do CC já não era funcional, podendo conduzir a situações inconvenientes ou inadequadas.

Assim, o 100.º/4 fixou a regra seguinte[2]:

> O arrendatário pode denunciar nos termos do n.º 1, bem como revogar o contrato, a todo o tempo, mediante comunicação escrita a enviar ao senhorio, com a antecedência mínima de 90 dias sobre a data em que se operam os seus efeitos.

A ideia era simples: o arrendatário pode opor-se à renovação, tal como o pode fazer o senhorio; simplesmente, porque a posição de ambos não é igual, não faria sentido manter um locatário vinculado a um contrato de cinco anos quando, por exemplo, ele já não tivesse dinheiro para o pagar ou quando fosse viver para outra cidade, incorrendo, de resto, em fundamentos de despejo, por resolução do senhorio. Logo, havia que lhe facultar uma forma *ad hoc* de pôr termo ao contrato, dotado de um prazo longo. Esse esquema, seria a revogação com a antecedência de 90 dias.

Afastam-se, assim, as dúvidas de Antunes Varela[3], cabendo explicar que, em 1990, houve que chamar, a esta figura, "revogação" e não "denúncia" porque "denúncia", pela (má) terminologia do CC, era modo para exprimir a oposição à renovação. Mas não fora o lapso do Código Civil e a designação indicada seria, de facto, "denúncia"[4].

3. O **RNAU de 2004**, que se propunha mexer no CC, já podia corrigir a terminologia e afeiçoar o sistema. Propôs, assim, o 1103.º, epigrafado "oposição à renovação ou denúncia pelo arrendatário havendo prazo certo"[5]:

> 1. A oposição à renovação do contrato deduzida pelo arrendatário faz-se nos termos do artigo anterior, com as necessárias adaptações.
> 2. O arrendatário, após seis meses de duração efectiva do contrato, pode denunciar o contrato a todo o tempo, mediante carta registada remetida ao senhorio com uma antecedência não inferior a cento e oitenta dias do termo pretendido do contrato, se outro não for estipulado.
> 3. A inobservância da referida antecedência não invalida a denúncia, mas obriga o arrendatário a pagar as rendas correspondentes ao período em falta.

4. O **NRAU de 2006** introduziu, no projeto de RNAU, algumas alterações aparentemente no sentido de favorecer o arrendatário, no jogo da cessação do contrato. Dispõe o 1098.º, por ele adotado[6]:

> 1. O arrendatário pode impedir a renovação automática mediante comunicação ao senhorio com uma antecedência não inferior a 120 dias do termo do contrato.

---

[1] *Supra*, 1055.º.
[2] DR I, n.º 238 (supl.), de 15-out.-1990, 4286-(21)/I.
[3] Pires de Lima/Antunes Varela, *Código anotado* 2, 4.ª ed., 686.
[4] RLx 8-out.-2009 (Carlos Valverde), Proc. 1251/08.
[5] O Direito 136 (2004), 467-493 (487).
[6] DR I-A, n.º 41, de 27-fev.-2006, 1585/I.

2. Após seis meses de duração efectiva do contrato, o arrendatário pode denunciá-lo a todo o tempo, mediante comunicação ao senhorio com uma antecedência não inferior a 120 dias do termo pretendido do contrato, produzindo essa denúncia efeitos no final de um mês do calendário gregoriano.
3. A inobservância da antecedência prevista nos números anteriores não obsta à cessação do contrato, mas obriga ao pagamento das rendas correspondentes ao período de pré-aviso em falta.

8 5. A **reforma de 2012** remodelou, totalmente, o 1098.°[7], dando-lhe a feição hoje em vigor. As alterações cifraram-se, *grosso modo*, no seguinte: (a) diferenciou os pré-avisos de não-renovação, pelo arrendatário, em função da duração do contrato; (b) precisou e diferenciou os pré-avisos de denúncia, pelo mesmo arrendatário; (c) atribuiu, a este, um direito de denúncia com pré-aviso curto, perante a não-renovação, pelo senhorio.

9 A solução é de aplaudir. Diferenciam-se situações que, não sendo idênticas, carecem de regimes diferentes: não faz sentido obrigar alguém a habitar num local, contra vontade. Além disso, procede-se a uma mais adequada modelação dos interesses em presença. O preceito, todavia, resultou demasiado longo. Compreende-se, todavia, a opção (correta) de não alterar (novamente) a numeração dos artigos.

II – O regime

10 6. A **oposição à renovação**, pelo arrendatário, aproxima-se um tanto do 1055.°, embora se mantenha diferente dele. A antecedência da competente comunicação, contada do termo do prazo inicial ou da sua renovação (1098.°/2), varia em função da duração do contrato, sendo, nas várias modalidades, mais curta do que o requerido para o senhorio. Temos (1098.°/1): 120 dias, quando o prazo de duração inicial do contrato ou da sua renovação for igual ou superior a seis anos; 90, se igual ou superior a um ano e inferior a seis; 60, se igual ou superior a seis meses e inferior a um ano; um terço da duração inicial, se inferior a seis meses.

11 7. A **denúncia**: decorrido um terço do prazo de duração inicial do contrato ou da sua renovação, o arrendatário pode denunciá-lo a todo o tempo, com a antecedência mínima seguinte (1098.°/3): (a) 120 dias do termo pretendido se o prazo for igual ou superior a um ano; (b) 60 dias do mesmo tempo, se for inferior[8].

12 Como temos vindo a explicar, esta aparente desigualdade, perante o senhorio, justifica-se por não ser possível impor, ao arrendatário, uma habitação que este não possa ou não queira manter, sendo injusto, na falta de gozo da coisa, obrigá-lo, longamente, à renda.

13 8. A **denúncia breve**, na disponibilidade do locatário, intervém quando o senhorio impeça a renovação automática (1098.°/4): o arrendatário pode, então, denunciar o contrato com antecedência não inferior a 30 dias do termo pretendido. Compreende-se: sabendo que o contrato não será renovado, o arrendatário iniciará, de imediato, a busca de um novo local para habitar; caso o encontre, seria injusto manter o pagamento do anterior.

14 9. A **eficácia** da denúncia, comum ou breve, pelo arrendatário, é remetida para o final do mês[9], a contar da comunicação ao senhorio. Pretende-se, com isso, acertar as contas, com mais facilidade.

15 10. A **inobservância** da antecedência prevista para as denúncias não as prejudica; mas obriga ao pagamento das rendas correspondentes ao período do pré-aviso em falta.

16 11. Em **termos práticos**, a atual conjuntura alterou profundamente os esquemas clássicos do arrendamento urbano. Estes assentavam numa lógica em que, para o senhorio, era sempre vantajosa a cessação do contrato: facilmente arranjaria outro arrendamento, em melhores condições ou

---

[7] DR 1.ª, n.° 157, de 14-ago.-2012, 4413/I.
[8] RPt 15-dez.-2010 (Carlos Portela), CJ XXXV (2010) 5, 214-217 (216).

[9] "Gregoriano"; não é comum reportar-se essa qualidade aos meses que, por sinal, são julianos.

venderia a casa devoluta, com grandes mais-valias. E paralelamente, a cessação era perniciosa, para o arrendatário: teria de arrendar novo local, em piores circunstâncias, ou de adquirir casa própria, cara. Hoje, as rendas caem e há um *superavit* habitacional. Os preços de aquisição baixam, embora esse ponto seja contrabalançado pelas dificuldades de acesso ao crédito bancário e pelos juros muito elevados. De todo o modo convém, muitas vezes, aos arrendatários (em contratos recentes), pôr termo ao contrato.

Tudo isso deve ser pensado, aquando da contratação. E como o 1098.º é imperativo (1080.º), recomenda-se que o prazo do contrato seja devidamente calibrado, em função das conveniências das partes. Recomenda-se, também aqui, a prévia consulta a um advogado experiente. 17

Subdivisão II – Contrato de duração indeterminada

Artigo 1099.º (Princípio geral)

O contrato de duração indeterminada cessa por denúncia de uma das partes, nos termos dos artigos seguintes.

Bibliografia: Manuel Januário da Costa Gomes, *Sobre a (vera e própria) denúncia do contrato de arrendamento. Considerações gerais*, O Direito 143 (2011), 9-32; Fernando de Gravato Morais, *Denúncia imotivada do contrato de arrendamento urbano*, Est. Heinrich Ewald Hörster (2012), 241-259.

Vide as indicações dadas no artigo anterior.

Índice

1. Origem e a evolução 1
2. Denúncia 2
3. Forma 4

1. **A origem e a evolução** dos contratos de arrendamento de duração indeterminada foram acima indicadas, a propósito do 1094.º. O 1099.º, introduzido pela L 6/2006, de 27-fev.[1] e mantido intacto pela reforma levada a cabo pela L 31/2012, de 14-ago., funciona, aqui, como uma norma de enquadramento, subsequente ao mencionado 1094.º. 1

2. A **denúncia** é a forma típica de fazer cessar uma relação complexa, de duração indeterminada. Desembaraçado da infeliz confusão entre denúncia e oposição à renovação, o CC pode, agora, usar aquele termo em sentido próprio. Ao contrário da resolução, a denúncia dispensa, em rigor, qualquer justificação, sendo discricionária. 2

As particularidades do arrendamento para habitação levaram, todavia, o legislador a exigir "justificação", para certas denúncias levadas a cabo pelo senhorio (1101.º a 1103.º). 3

3. A **forma** do contrato de duração indeterminada não suscita, hoje, dúvidas: deve ser celebrado por escrito (1069.º, na redação dada pela L 31/2012, de 14-ago.). Todavia, ao tempo da L 6/2006, que apenas requeria tal forma para o arrendamento de duração superior a seis meses, punha-se o problema: qual a forma dos contratos de duração indeterminada? O problema nem se deveria ter posto: ao legislador cabia cumular tão óbvia lacuna. Dada a vocação para uma duração alongada, a jurisprudência optou, e bem, pela aplicação da forma escrita[2]. Hoje, a questão está resolvida, com natureza interpretativa e, logo, retroativa. 4

---

[1] DR I-A, n.º 41, de 27-fev.-2006, 1585/I.
[2] REv 22-jan.-2009 (Fernando Conceição Bento), CJ XXXIV (2009) 1, 269-271; também Olinda Garcia, *Arrendamentos para comércio e fins equiparados* (2006), 35.

Quanto à hipótese de converter um contrato de duração indeterminada, celebrado à luz da L 6/2006, sem forma escrita, num contrato de seis meses: depende dos requisitos do 293.º do CC. Tratar-se-ia, com efeito, de uma verdadeira conversão (e não de uma redução), uma vez que o contrato de duração indeterminada, pelo regime geral que suscita (e, designadamente, a sujeição à denúncia, com regras bem diferenciadas: 1099.º a 1103.º) é estruturalmente diferente do contrato com prazo certo.

Artigo 1100.º (Denúncia pelo arrendatário)

1. Sem prejuízo do disposto no número seguinte, após seis meses de duração efetiva do contrato, o arrendatário pode denunciá-lo, independentemente de qualquer justificação, mediante comunicação ao senhorio com a antecedência mínima seguinte:

a) **120 dias do termo pretendido do contrato, se, à data da comunicação, este tiver um ano ou mais de duração efetiva;**

b) **60 dias do termo pretendido do contrato, se, à data da comunicação, este tiver até um ano de duração efetiva.**

2. Quando o senhorio denunciar o contrato nos termos da alínea c) do artigo seguinte, o arrendatário pode denunciá-lo, independentemente de qualquer justificação, mediante comunicação ao senhorio com antecedência não inferior a 30 dias do termo pretendido do contrato.

3. A denúncia do contrato, nos termos dos números anteriores, produz efeitos no final de um mês do calendário gregoriano, a contar da comunicação.

4. À denúncia pelo arrendatário é aplicável, com as necessárias adaptações, o disposto no n.º 6 do artigo 1098.º.

Bibliografia: Laurinda Gemas e outros, *Arrendamento*, 465-466; Manuel Januário da Costa Gomes, *Sobre a (vera e própria) denúncia do contrato de arrendamento. Considerações gerais*, O Direito 143 (2011), 9-32 (12 ss.); Luís Menezes Leitão, *Arrendamento*, 5.ª ed., 168-169.

Índice

I – Origem e evolução
1. RNAU de 2004 1
2. NRAU de 2006 2
3. Reforma de 2012 4

II – O regime
4. Denúncia comum 6
5. Denúncia breve 9
6. Efeitos 12
7. Inobservância 13

I – Origem e evolução

1. O **RNAU de 2004**, tendo preconizado contratos de arrendamento para habitação de duração indeterminada, estava em condições de introduzir a denúncia *proprio sensu*. Quando levada a cabo pelo arrendatário, ele limitou-se a remetê-la para a denúncia facultada ao arrendatário nos contratos com prazo certo, após seis meses de duração efetiva (1107.º)[1].

2. O **NRAU de 2006** alargou as regras. Dispôs, no 1100.º[2]

---

[1] O Direito 136 (2004), 467-493 (488).

[2] DR I-A, n.º 41, de 27-fev.-2006, 1585/I.

1. O arrendatário pode denunciar o contrato, independentemente de qualquer justificação, mediante comunicação ao senhorio com antecedência não inferior a 120 dias sobre a data em que pretenda a cessação, produzindo essa denúncia efeitos no final de um mês do calendário gregoriano.
2. À denúncia pelo arrendatário é aplicável, com as necessárias adaptações, o disposto no n.º 3 do artigo 1098.º.

No fundo, o legislador de 2006 fixava, para a denúncia, pelo arrendatário, dos contratos de duração indeterminada, as regras próprias da denúncia que lhe era facultada após seis meses de duração efetiva do contrato, havendo prazo.

3. A **reforma de 2012** manteve essa mesma ideia básica, que advinha já do projeto de RNAU, de 2004. Aproximou a denúncia aqui regulada da do 1098.º/3 (1100.º/1). Além disso, e tal como fez perante a oposição à renovação pelo senhorio (1098.º/4), previu uma denúncia breve, em reação à denúncia pelo senhorio (1100.º/2)[3].

Note-se que o 1100.º/2 resultou da DR n.º 59-A/2012, de 12-out.[4].

II – O regime

4. A **denúncia comum**, pelo arrendatário, é possível, nos contratos de duração indeterminada, sem "qualquer justificação", após seis meses de duração efetiva (1100.º/1, corpo). Ela opera por comunicação ao senhorio, a efetivar nos termos do 9.º da L 6/2006, com a redação em vigor.

O 1100.º/1 prevê pré-avisos, variáveis em função da duração efetiva do contrato: (a) 120 dias do termo pretendido, se à data da comunicação, ela for de um ano ou mais; (b) 60 dias, se ela for inferior a um ano. Entendeu o legislador que, acima de um ano, o senhorio teria expectativas de estabilidade que justificariam um pré-aviso mais prolongado.

A lei especificou que a denúncia aqui em causa dispensa qualquer justificação. Em rigor, a denúncia é sempre discricionária. Como, todavia, se previram, para o senhorio, denúncias justificadas (1101.º a 1103.º), pareceu adequado clarificar, especificando que, para o arrendatário, tal não sucede.

5. A **denúncia breve**, já introduzida, no 1098.º/4, para a hipótese de o senhorio impedir a renovação automática do contrato, foi de novo aqui consagrada pela lei, para a hipótese de o senhorio denunciar o contrato nos termos do 1101.º, c). Não vemos porque não admiti-la também nos casos das alíneas a) e b) desse mesmo preceito: funciona a mesma *ratio legis*.

Entendeu o legislador, afigura-se que bem, que tendo o senhorio recorrido à denúncia, nenhuma razão se perfila para obrigar o arrendatário a manter o contrato até à produção dos efeitos extintivos, por ele desencadeados. Provavelmente o arrendatário procurará, assim que tiver conhecimento da declaração de denúncia, solucionar diversamente o seu problema habitacional. Assim que obtenha uma solução, mal se entenderia que ele devesse pagar rendas, por um local que, sem culpa sua, já não usa.

A denúncia breve atua por comunicação ao senhorio com antecedência não inferior a 30 dias do termo pretendido (1100.º/2, *in fine*).

6. Os **efeitos** da denúncia produzem-se no final do mês do calendário, a contar da comunicação (1100.º/2, *in fine*). Quer isso dizer que o pré-aviso efetivo pode ser superior a um mês. Esta regra visa facilitar os aspetos contabilísticos da renda, dando uma ligeira vantagem ao senhorio.

7. A **inobservância** das antecedências fixadas no 1100.º/1 e 2 não impede a eficácia da denúncia; mas obriga o arrendatário a pagar as rendas referentes ao pré-aviso em falta. Tal a solução do 1098.º/6, aqui aplicável por remissão do 1100.º/4.

---

[3] DR 1.ª, n.º 157, de 14-ago.-2012, 4413/I e II.

[4] DR 1.ª, n.º 198 (supl.), de 12-out.-2012, 5862-(2)-5862--(5) [5862-(3)/II].

Artigo 1101.º (Denúncia pelo senhorio)

O senhorio pode denunciar o contrato de duração indeterminada nos casos seguintes:

a) Necessidade de habitação pelo próprio ou pelos seus descendentes em 1.º grau;
b) Para demolição ou realização de obra de remodelação ou restauro profundos que obriguem à desocupação do locado;
c) Mediante comunicação ao arrendatário com antecedência não inferior a dois anos sobre a data em que pretenda a cessação.

Bibliografia: Tito Arantes, *Inquilinato*, 86-89; Amadeu Colaço, *Reforma do NRAU*, 6.ª ed. (2013); António Menezes Cordeiro, *A aprovação do NRAU (Lei n.º 6/2006, de 27 de Fevereiro): primeiras notas*, em O Direito 138 (2006), 229-242; idem, *O Novo Regime do Arrendamento Urbano*, O Direito 139 (2007), 945-971; Jorge Pinto Furtado, *Manual 2*, 5.ª ed., 949-992; Maria da Glória Garcia, *A utilização dos edifícios para fins habitacionais, a sua conservação e a certificação das condições mínimas de habitabilidade dos edifícios arrendados*, O Direito, 136 (2004), 385-406; Laurinda Gemas e outros, *Arrendamento*, 466-476; Manuel Januário da Costa Gomes, *Sobre a (vera e própria) denúncia do contrato de arrendamento. Considerações gerais*, O Direito 143 (2011), 9-32 (12 ss.); Luís Menezes Leitão, *Arrendamento*, 5.ª ed., 169-175; idem, *Deteriorações e obras no Novo Regime do Arrendamento Urbano (NRAU)*, Est. Oliveira Ascensão 2 (2008), 921-936; Pires de Lima/Antunes Varela, *Código anotado 2*, 4.ª ed., 620-624; Luís Gonçalves da Silva, *Cessação do contrato de arrendamento para aumento de capacidade do prédio*, Est. Galvão Telles 3 (2002), 537-571.

Índice

I – Origem e evolução
1. Código de Seabra 1
2. Decreto. n.º 5:411, de 17-abr.-1919 3
3. Diplomas especiais sobre demolições 9
4. Lei n.º 1:662 15
5. Lei n.º 2:030 16
6. Anteprojeto Galvão Telles 20
7. Preparatórios do Código Civil 22
8. Código Civil 23
9. Lei n.º 2088, de 3-jun.-1957 27
10. Leis pós-25 de abril 33
11. RAU de 1990 35
12. RNAU de 2004 41
13. NRAU de 2006 43
14. Reforma de 2012 49

II – O regime; aspetos gerais
15. Habitação própria 50
16. Obras 53
17. Denúncia livre 55

III – Segue; desenvolvimento
18. Pressuposto básico 58

19. O RJOPA 59
20. Despejo administrativo 65
21. Posição do proprietário 66

IV – RJOPA – Regime Jurídico das Obras em Prédios Arrendados
22. Decreto-Lei n.º 157/2006, de 8-ago. 68
23. Decreto-Lei n.º 306/2009, de 23-out. 73
24. Lei n.º 30/2012, de 14-ago. 77

V – Regime Jurídico da Reabilitação Urbana – RJRA
25. Decreto-Lei n.º 307/2009, de 23-out. 84

VI – Regime transitório
26. Contratos antigos 89
27. Na vigência do RAU 91
28. Antes da vigência do RAU 94

VII – Desenvolvimento jurisprudencial
29. Destino do contrato 102
30. Limitação imposta ao senhorio 107
31. Regime transitório 108

I – **Origem e evolução**
1. **Código de Seabra**. Em sede de disposições especiais dos arrendamentos de prédios urbanos, o 1624.º do Código de Seabra estabelecia:

> Presume-se renovado o contrato, se o arrendatário se não tiver despedido, ou o senhorio o não despedir ao tempo e pela forma costumados na terra.

Nos termos do 1600.º deste Código, a locação podia ser feita *pelo tempo que aprouver aos estipulantes*, com restrições apenas ao nível dos contratos celebrados por administradores de bens dotais, usufrutuários vitalícios ou fideicomissários (1601.º) e ainda no caso de arrendamentos de bens de menores e interditos (1602.º). No entanto, no âmbito do arrendamento urbano, o contrato tinha, necessariamente, de ter um prazo, que poderia ser fixado pelas partes, aplicando-se, na falta deste critério, o constante do 1625.º: *entender-se-á que o dito arrendamento foi feito por semestre ou por ano, ou por menos tempo, conforme o costume da terra*.

2. O **D 5:411, de 17-abr.-1919** veio, no seu 21.º/3, dispor que podia ter lugar o *despedimento sem culpa do arrendatário* quando houvesse necessidade de fazer no prédio arrendado obras indispensáveis e urgentes para a sua conservação e que não pudessem ser feitas sem que o prédio fosse desocupado[1]. Neste caso, podia então o senhorio proceder à *rescisão*, antes do termo do contrato[2]. Todavia, para tal fim, a situação teria de ser devidamente constatada por documento emitido pela câmara municipal, do qual constasse a aprovação da respetiva planta.

Em contrapartida, caso a obra resultasse de intimação da câmara municipal, esta poderia ser desde logo dirigida ao senhorio, quanto à realização da obra, e ao arrendatário, quanto à desocupação do prédio ou de parte dele. Se, pelo contrário, a iniciativa da obra fosse do senhorio, podia este realizar a intimação, por via judicial. Em caso de recusa pelo arrendatário, era lavrado auto e remetido ao magistrado do Ministério Público do respetivo tribunal, podendo o senhorio intentar de imediato a competente ação de despejo. À data, a desobediência por parte do arrendatário não constituía infração criminal[3].

A vistoria administrativa era levada a cabo por peritos, sendo um nomeado pelo senhorio, outro pelo arrendatário e o terceiro pela câmara municipal. Não obstante, a emissão do documento de aprovação da planta não impedia o arrendatário da respetiva impugnação, designadamente podendo contestar, quer a necessidade da obra, quer a circunstância de a mesma exigir a desocupação.

Caso o senhorio não levasse a cabo a obra e arrendasse entretanto o prédio, ficava obrigado a pagar uma indemnização ao anterior arrendatário, igual à renda de dois anos (21.º, § 1).

Ao invés, se a obra causasse um mero impedimento transitório ao arrendamento, não havia lugar à *rescisão* por parte do senhorio, havendo antes lugar à redução da renda proporcionalmente à privação do gozo e fruição do prédio.

Podia ainda acontecer que o prédio arrendado se encontrasse em perigo de ruína, situação que igualmente justificava a *rescisão* por parte do senhorio, com vista à demolição do locado, nos termos daquele preceito.

3. **Diplomas especiais sobre demolições**. Aquando da vigência do Código de Seabra, era significativa a legislação avulsa que atribuía a entidades administrativas ou policiais a competência para ordenar a desocupação do prédio arrendado. A razão de ser da atribuição de tal competência prendia-se com a circunstância de, na maioria dos casos, o interesse público se não compadecer com as delongas de um processo judicial, enquanto noutros se teria tido precisamente

---

[1] DR I, n.º 80, de 17-abr.-1919, 654/II.
[2] José Pinto Loureiro, *Tratado* 2, 96.
[3] *Idem*, 112.

em vista subtrair o conhecimento de tal matéria ao órgão judicial[4]. Assim sucedia com a necessidade de proceder à realização de obras por razões estéticas, caso em que era atribuído ao arrendatário o direito de reocupar o prédio após a sua realização. Este era, todavia, um caso excecional, porquanto, nos demais, o contrato simplesmente caducava, sem possibilidade de reocupação após a conclusão da obra.

10   A primeira situação consistia no despejo dos ocupantes de prédio que se encontrasse em ruína ou que oferecesse perigo para a saúde pública, facto que constituía o proprietário na obrigação de o demolir no prazo fixado pela câmara municipal. Dispunha o 48.º do D de 31-dez.-1864[5]:

> Todos os proprietarios de edificações que ameacem ruína são obrigados a demoli-las no praso fixado pela camara municipal. Se os proprietarios não obedecerem á intimação que para este fim lhes deva ser feita pelos empregados da camara, ordenará esta que, sem mais aviso nem processo, aquellas edificações sejam demolidas á custa dos proprietarios sob a direcção do engenheiro do municipio.

11   Esta regra foi mantida pelo 2.º da L 1:670, de 15-set.-1924, que, todavia, impunha uma vistoria prévia e certas vias de recurso[6]. De referir que era considerada ilegal a deliberação da câmara municipal que ordenasse a desocupação do prédio sem ter sido previamente realizada a vistoria, bem como a que determinasse tal ordem sem que se verificasse, pela vistoria, a existência de perigo para a saúde pública ou que as obras se não podiam realizar com a permanência do arrendatário[7].

12   De acordo com o entendimento dos tribunais, o arrendatário não tinha, após a conclusão da obra ordenada administrativamente, o direito de pedir a reocupação, *porque nenhuma lei lhe reconhece esse direito, não sendo o decreto 20.221, de 15-Agosto-1931, aplicável a essa hipótese, nem ainda com o fundamento de subsistência do arrendamento, porque o despejo administrativo tem como efeito a rescisão do contrato*[8].

13   A segunda situação consistia no despejo sumário dos inquilinos ou outras pessoas de certas casas construídas sem licença ou com inobservância dela, nos termos do 4.º do D 14.268, de 13-set.-1927, que atribuía às câmaras municipais a competência para, após vistoria, deliberar a respetiva demolição[9]. Nos termos do D 34.472, de 31-mar.-1945, a câmara municipal podia também ordenar o despejo sumário de prédios ou partes de prédios que se encontrassem habitados mas não tivessem a necessária licença para habitação, ou que o estivessem com inobservância dos termos da licença (1.º)[10].

14   Por sua vez, em terceiro lugar, o 5.º, *a*), da L 438, de 15-set.-1915[11], fixava, aos inquilinos comerciais de um prédio a expropriar, um prazo de noventa dias para o despejarem; o mesmo diploma explicitava o direito à indemnização que lhes cabia (2.º e 1.º). A utilidade pública justificativa da expropriação podia advir de razões estéticas ou de não conformidade com os regulamentos (5.º). A L 438 era complementada pelo D 20.034, de 8-jul.-1931[12], nos termos do qual, sempre que as obras não se pudessem executar com o prédio ocupado, sendo tal impossibilidade verificada por técnico habilitado, o inquilino seria intimado pela polícia de segurança pública a despejá-lo, a requisição da câmara municipal. Neste caso, porém, o D 20.221, de 15-ago.-1931

---

[4] José Pinto Loureiro, *Tratado* 3, 329.
[5] Collecção Oficial 1864, 1048.
[6] DG I, n.º 208, de 15-set.-1924, 1315/II.
[7] Neste sentido, José Pinto Loureiro, *Tratado* 3, 333, fazendo referência aos Acórdãos do Supremo Tribunal Administrativo de 2 de Julho de 1943 e de 29 de Maio de 1942, respetivamente.
[8] José Pinto Loureiro, *Tratado* 3, 333, onde cita o Acórdão do Supremo Tribunal de Justiça de 21 de Dezembro de 1937.
[9] José Pinto Loureiro, *Tratado* 3, 336.
[10] DG I, n.º 68, de 31-mar.-1945, 214/I.
[11] DG I, n.º 186, de 15-set.-1915, 996/I.
[12] DG I, n.º 156, de 8-jul.-1931, 1414/I.

estabeleceu ainda que, após a conclusão das obras, era garantido ao arrendatário o direito de reocupar o prédio, pela renda que viesse a ser então fixada[13]. De acordo com José Pinto Loureiro, este direito de reocupação deveria ser considerado excecional, precisamente por apenas se encontrar consagrado nesta situação[14].

4. A **Lei n.º 1:662**, de 4-set.-1924, em plena ascensão do vinculismo, previa no seu 6.º[15]:

> Às associações de socorros mútuos, hospitais, misericórdias, asilos e outros institutos de beneficência legalmente reconhecidos, existentes à data desta lei e actualmente instalados em edifício próprio, é permitido, quando tenham parte dêsse edifício arrendado, despedir o inquilino no fim do prazo do arrendamento, desde que careçam da parte arrendada para ampliação das suas instalações.

5. A **Lei n.º 2:030**, de 22-jun.-1948, suscitou preparatórios prolongados, que incluíram dois pareceres da Câmara Corporativa. No primeiro, de 4-fev.-1947, relatado por Fernando Pires de Lima[16], foi debatida a sugestão de ampliar a ideia de 1924, facultando a não prorrogação do arrendamento, quando o senhorio necessitasse da casa arrendada para sua habitação ou de sua família ou para proceder à ampliação do prédio[17]. Recordou-se, aí, a tradição das Ordenações, as quais, a propósito dos casos em que (…) *poderá o senhor da casa lançar fóra o alugador*, previam[18]:

> (…) quando o senhor da casa por algum caso, que de novo lhe sobreveio, a ha mister para morar nella, ou para algum seu filho, filha, irmão, porque nestes casos poderá lançar o alugador fóra, durante o tempo do aluguer, pois lhe he tão necessaria polo caso, que de novo lhe sobreveio, de que não tinha razão de cuidar ao tempo, que a alugou.

Ponderando o tema, a Câmara Corporativa entendeu que era de justiça, em caso de necessidade habitacional do senhorio ou de sua família, facultar-lhe recuperar o locado no termo do contrato, em detrimento das renovações tendencialmente perpétuas.

Além disso, a Câmara Corporativa sugeriu um outro fundamento para a não-renovação: o de o senhorio se propor efetuar obras de ampliação. Apoiou-se em considerações urbanísticas e no Direito comparado.

Nessa sequência, a L 2:030 veio admitir o despejo quando o senhorio necessitasse da casa para sua habitação ou se propusesse ampliar ou substituir o prédio – 69.º, *b*) e *c*) – em condições que abaixo serão referidas. A cessação para obras veio a ser regulada pela L 2088, de 2-jun.-1957, também abaixo melhor referida.

6. O **Anteprojeto Galvão Telles** adotou a perspetiva de que o arrendamento de prédios urbanos contemplava um regime excecional, resultante da circunstância de apenas o arrendatário ter liberdade de se opor à prorrogação do contrato: *deriva do facto, contrário ao livre mecanismo contratual, de o senhorio não poder obstar a que a sua duração se prorrogue legalmente. Assim, O contrato, de sua natureza temporário, prolonga-se indefinidamente, quase se perpetua, ao saber da exclusiva vontade do arrendatário*[19]. A razão de ser associada a esta opção emanava da escassez de casas, tornando-se por isso particularmente importante a proteção da posição do arrendatário[20].

Contudo, já nessa data, o Autor aventava: *É possível, e até provável, que o princípio, aceite a título excepcional e provisório, venha a perpetuar-se, enraizando-se na legislação, mesmo para além do desaparecimento das circunstâncias de ordem económica e social que lhe deram origem*[21]. Por essa razão, ou seja, por

---

[13] DG I, n.º 189, de 15-ago.-1935, 1885/II.
[14] José Pinto Loureiro, *Tratado* 3, 342.
[15] DG I, n.º 200, de 4-set.-1924, 1242/I.
[16] Confrontável em Tito Arantes, *Inquilinato*, 15-125.
[17] Idem, 86-89.
[18] *Ordenações Filipinas*, liv. IV, tit. XXIV, corpo, 5.º § = ed. Gulbenkian, IV-V, 805/I.
[19] Inocêncio Galvão Telles, *Contratos civis*, BMJ 83 (1959), 158, onde sublinha a *"grande desigualdade nas posições dos contraentes, livre o arrendatário de se desvincular do contrato, sujeito o senhorio a permanecer preso indefinidamente nos seus laços"*.
[20] Assim, Inocêncio Galvão Telles, *Contratos civis*, 158.
[21] Assim, Inocêncio Galvão Telles, *Contratos civis*, 158 e 159.

se tratar de situação excecional, o Anteprojeto optava por não incluir nos seus termos a prorrogação obrigatória do contrato, propondo antes a manutenção em vigor da legislação avulsa sobre esta matéria[22], designadamente a que resultava do D 5:411, de 17-abr.-1919 e da L 2:030, de 22-jun.-1948.

22   7. Nos **preparatórios do Código Civil**, o esquema do 69.º, *b*) e *c*) da L 2:030 veio a ser recuperado apenas na 1.ª revisão ministerial (1092.º)[23]: um preceito pesado, repartido por vários artigos, na versão final[24]. Houve, pois, uma inversão, perante o esquema de Galvão Telles.

23   8. O **Código Civil**, no 1096.º, versão original (equivalente ao atual 1101.º), apresentado como exceções à proibição de "denúncia" do contrato (leia-se: de oposição à renovação), pelo senhorio, veio dispor[25]:

> 1. O senhorio pode, porém, denunciar o contrato, para o termo do prazo ou da renovação, nos casos seguintes:
>
>> *a*) Quando necessite do prédio para sua habitação ou para nele construir a sua residência;
>> *b*) Quando se proponha ampliar o prédio ou construir novos edifícios em termos de aumentar o número de locais arrendáveis.
>
> 2. O disposto neste artigo não é aplicável às casas de saúde nem aos estabelecimentos de ensino oficial ou particular.

24   Deve explicitar-se que quer a L 2:030, quer o Código Civil, versão original, assumiram, neste domínio, um teor mais restritivo do que o preconizado, em 1947, pela circunspecta Câmara Corporativa. O vinculismo foi, com efeito, fortemente apoiado pelo Estado Novo.

25   Deve-se, contudo, atender ao facto de o CC, na versão original, ter mantido em vigor grande parte da legislação avulsa anterior, salvaguardada, desde logo, pelo 1083.º/2, *d*). Encontravam-se abrangidos por esta ressalva os seguintes diplomas: (i) D 20.285, de 7-set.-1931, nos termos de cujo 10.º os arrendamentos de bens que fossem propriedade de qualquer estabelecimento de assistência pública e que fossem desnecessários aos respetivos serviços poderiam, a todo o tempo, ser *rescindidos pelo senhorio*, desde que o prédio voltasse a ser necessário àqueles serviços; de referir que este regime era extensível às Misericórdias, desde que a necessidade do prédio fosse justificada perante a Direção Geral de Assistência; (ii) D 20.944, de 27-fev.-1932, cujo 33.º conferia às associações de socorros mútuos instaladas em edifício próprio o direito de *despedir qualquer dos seus inquilinos* no fim do prazo do arrendamento, quando necessitassem da parte arrendada para ampliação das suas instalações; (iii) DL 23.465, de 18-jan.-1934, que permitia ao Estado *despedir os arrendatários antes de o arrendamento acabar*, quando isso lhe conviesse; (iv) L 1.884, de 16-mar.-1935, por via da qual as instituições de previdência dos organismos corporativos e as caixas de reforma ou de previdência, quando instaladas em edifício próprio, podiam *despedir, no fim do arrendamento, qualquer dos seus inquilinos*, em caso de necessidade da parte por eles ocupada; a mesma faculdade era, exatamente nos mesmos termos, conferida às caixas de reforma ou de previdência pelo Decreto n.º 28.321, de 27 de Dezembro de 1937, bem como às caixas sindicais e de previdência, pela Lei n.º 2.115, de 18 de Junho de 1962.

26   Caso pretendesse fazer uso da faculdade de *denúncia*, prevista no 1096.º, versão original, o senhorio deveria intentar uma ação judicial, com a antecedência mínima de seis meses em rela-

---

[22] Assim, Inocêncio Galvão Telles, *Contratos civis*, 159, considera que inserir no Código Civil uma solução *"anómala e transitória"* seria como *"dar solidez ao que ainda não se sabe de certeza se virá a ser definitivo"*.

[23] BMJ 120 (1962), 116-117.
[24] Jacinto Rodrigues Bastos, *Dos contratos*, 166-167.
[25] DR I, n.º 274, de 25-nov.-1966, 1979/II-1980/I.

ção ao fim do contrato, sendo que tal decisão não obrigava ao despejo enquanto não decorressem três meses sobre a decisão definitiva (1097.º). A denúncia para aumento de capacidade do prédio era, em consonância com o 1100.º, objeto de legislação especial, a qual era igualmente ressalvada pelo 3.º do DL 47.344, de 25-nov.-1966. Correspondia esta legislação especial à L 2.088, de 3-jun.-1957[26].

9. A **Lei n.º 2088, de 3-jun.-1957** permitia (1.º) ao senhorio requerer o despejo para o fim do prazo do arrendamento com fundamento na *execução de obras que permitissem o aumento do número de arrendatários*, devendo para esse objetivo obter, previamente, a aprovação do projeto pela câmara municipal. Tratando-se de prédio urbano, a obra poderia ter como finalidade tanto a ampliação como a alteração ou a substituição do prédio. Esta iniciativa do senhorio podia ter lugar em relação a qualquer arrendamento urbano, independentemente do seu fim, com exceção das casas de saúde e estabelecimentos de ensino oficial ou particular (2.º, em consonância com o 1096.º/2). Todavia, para que o despejo pudesse ter lugar, seria necessário observar os requisitos exigidos no 3.º deste diploma, nomeadamente: (i) o número de locais arrendados ou arrendáveis deveria aumentar num mínimo de metade, não podendo ser inferior a sete em Lisboa e a quatro no restante País, não se contando para esse efeito os locais de tipo apartamento; (ii) o edifício novo ou alterado deveria conter locais destinados aos antigos inquilinos, correspondendo aproximadamente aos ocupados anteriormente, devendo os locais destinados aos arrendatários ser identificados no projeto[27]; (iii) em caso de ampliação ou alteração do edifício, deveria estar certificado pela câmara municipal, com prévia vistoria, a impossibilidade de o inquilino permanecer no prédio durante a execução da obra. 27

De acrescentar que, nos termos do 3.º, § 1.º da L 2088, em caso de *risco iminente de desmoronamento ou perigo para a saúde pública*, o despejo poderia ser imediatamente ordenado. Ao invés, no caso de *simples reparações ou de beneficiação*, o despejo só poderia ser ordenado se, de acordo com o parecer dos peritos, tal se revelasse *indispensável para a execução das respetivas obras e para a própria segurança e comodidade dos ocupantes* (§ 2.º). 28

Por último, o 2.º, § 3.º da L 2088 consagrava o direito do inquilino à reocupação do prédio após as obras de reparação ou beneficiação, havendo nesse caso lugar ao aumento de renda[28]. Este direito encontrava-se regulamentado no 5.º da L 2088, que atribuía ao arrendatário a opção entre[29]: (i) reocupação das dependências que tinha no edifício simplesmente ampliado ou ocupação das dependências que lhe eram destinadas no edifício alterado ou reconstruído[30], com 29

---

[26] Sendo que este fundamento estava, anteriormente, consagrado no artigo 69.º, alínea b), da Lei n.º 2.030.

[27] No entanto, a disposição ressalvava a hipótese de tal ser economicamente inviável, caso em que o inquilino poderia ocupar até dois locais no edifício, ou receber a indemnização estabelecida no diploma, acrescida de percentagem, a fixar pelo tribunal, não superior a 50%. Segundo Rui Vieira Miller, *Arrendamento*, 161 e 162, tratava-se de um direito alternativo concedido ao arrendatário.

[28] Que obedecia ao disposto no artigo 7.º da Lei n.º 2088, nos termos do qual, em caso de mera ampliação do edifício, o inquilino continuava sujeito à renda ao tempo do despejo. Nos restantes casos, as rendas seriam fixadas antecipadamente pela Comissão Permanente de Avaliação. Todavia, de acordo com o § 1 deste preceito, o antigo inquilino que ocupasse o prédio alterado ou reconstruído não poderia ser obrigado a pagar, *de começo, renda superior à vigente à data do despejo, acrescida, no máximo, de 50 por cento*, sendo que se a renda fixada fosse de montante superior, o excesso seria pago por *sucessivos aumentos de 20 por cento em cada um dos semestres seguintes*.

[29] Sendo que o artigo 10.º da Lei n.º 2088 considerava que, na falta de apresentação ao senhorio da opção por carta registada no prazo de oito dias depois do trânsito em julgado da sentença de despejo, o inquilino optava pela segunda modalidade, ou seja, resolução do contrato. Após o termo do prazo de oito dias, o senhorio dispunha de quinze dias para proceder ao pagamento da primeira metade da indemnização (artigo 11.º), havendo lugar ao pagamento dos juros moratórios em caso de incumprimento.

[30] Caso o senhorio não facultasse ao inquilino a reocupação do prédio no prazo de até doze meses após o despejo, tinha este direito a uma indemnização complementar, nos

direito a receber, em qualquer dos casos, uma indemnização pela suspensão do arrendamento[31]; (ii) recebimento de uma indemnização pela resolução do arrendamento[32].

30   De salientar que ambas as indemnizações gozavam de privilégio creditório imobiliário, graduado em quarto lugar nos termos do 887.º do Código de Seabra, garantia esta que deixou de se verificar com a entrada em vigor do CC de 1966[33].

31   Após ser efetuado o pagamento de metade da indemnização devida, o arrendatário dispunha de três ou seis meses para desocupar o prédio, consoante se tratasse, respetivamente, de arrendamento para habitação ou para comércio, indústria ou profissão liberal (12.º da L 2088).Todavia, o § 2 deste preceito conferia ao inquilino o direito de se manter no prédio enquanto não lhe fosse paga a indemnização remanescente.

32   Após o despejo efetivo de todos os arrendatários, o senhorio dispunha de três meses para iniciar as obras, salvo caso fortuito ou de força maior, sendo o prazo alargado para seis meses caso nenhum inquilino declarasse pretender reocupar o prédio após a obra (13.º). Em caso de incumprimento do senhorio, perdia este o direito à execução das obras (14.º), sendo que, ainda que o inquilino houvesse optado pela resolução, podia agora reocupar imediatamente o prédio, *nas condições vigentes à data do despejo, sem a obrigação de restituir a indemnização recebida*. Havia, assim, o *renascimento* do contrato que entretanto cessara por efeito da resolução por iniciativa do arrendatário, o que constituía sem dúvida uma forma de penalizar o senhorio por ter, indevidamente, recorrido a este mecanismo.

33   10. As **leis pós-25-abril**-1974 vieram restringir fortemente o dispositivo do CC. Recordando as regras mais significativas, então surgidas: o DL 445/74, de 12-set., suspendeu o "direito de demolição" do senhorio (2.º/1), com cuidadas exceções; o DL 155/75, de 25-mar., suspendeu todas as ações e execuções de despejo baseadas nos 1096.º a 1098.º, do CC (1.º); o DL 583/76, de 22-jun., fez cessar a suspensão dos despejos para habitação, mas apenas quando fossem exequentes retornados ou emigrantes que pretendam ocupar casa própria, reformados ou aposentados ou trabalhadores que deixem de beneficiar de habitação fornecida pela entidade patronal.

34   Sob a normalização constitucional, o DL 293/77, de 20-jul., revogou os diplomas de exceção (34.º), repondo em funcionamento o CC. Mas logo a L 55/79, de 15-set., veio limitar fortemente a possibilidade de denúncia para habitação própria, designadamente quando o inquilino tivesse 65 ou mais anos de idade, ou se mantivesse, há mais de 20 anos, na unidade predial (2.º): medidas que não ponderavam nem a idade do senhorio, nem o grau de necessidade em que ele se encontrasse.

35   11. O **RAU de 1990** acolheu o dispositivo do 1096.º do CC, ampliando a sua alínea *a*) (69.º)[34]: a "denúncia" (oposição à renovação) passou a ser possível não apenas para a habitação própria do

---

termos do artigo 15.º da Lei n.º 2.088, o qual era também garantido por privilégio creditório imobiliário.

[31] Correspondente a uma ou duas vezes a renda anual à data da sentença de despejo, conforme se tratasse de arrendamento para habitação ou para comércio, indústria ou profissão liberal, respetivamente. De salientar que a Lei n.º 46/85, de 20 de Setembro, unificou o critério de cálculo da indemnização para duas vezes a renda anual, independentemente do fim do arrendamento. Ao montante da indemnização acrescia, por força do § 3 do artigo 5.º, um vigésimo por cada ano completo de duração do contrato até à sentença de despejo, com o limite de vinte anos.

[32] No valor de cinco ou dez vezes a renda anual à data da sentença de despejo, conforme se tratasse de arrendamento para habitação ou para comércio, indústria ou profissão liberal, respetivamente. De igual modo, a Lei n.º 46/85, de 20 de Setembro unificou o critério de cálculo da indemnização para dez vezes a renda anual, independentemente do fim do arrendamento. Ao montante da indemnização acrescia, por força do § 3 do artigo 5.º, um vigésimo por cada ano completo de duração do contrato até à sentença de despejo, com o limite de vinte anos.

[33] Por efeito do artigo 8.º da Lei Preambular, nos termos do qual *não são reconhecidos para o futuro, salvo em ações pendentes, os privilégios e hipotecas legais que não sejam concedidos no novo Código Civil, mesmo quando conferidos em legislação especial*.

[34] DR I, n.º 238 (supl.), de 15-out.-990, 4286-(18)/I.

senhorio mas, também, para a dos seus descendentes em 1.º grau. Foram mantidas, todavia, restrições importadas da L 55/79 (106.º a 108.º), ligeiramente aliviadas. Vamos dar conta do seu conteúdo.

A Subsecção V do RAU contemplava a matéria da denúncia, nos seus 68.º e seguintes. 36 Enquanto o arrendatário podia a todo o tempo denunciar o contrato (68.º/1 RAU e 1055.º CC), a denúncia por iniciativa do senhorio só era possível nos casos previstos na lei. Eram estes os contemplados no artigo 69.º do RAU, em que o senhorio podia denunciar o contrato para o termo do prazo ou da sua renovação, nomeadamente: (i) em caso de necessidade do prédio para sua habitação, ou dos seus descendentes em 1.º grau, ou para nele construir a sua residência; (ii) caso o senhorio se propusesse ampliar o prédio ou construir novos edifícios em termos de aumentar o número de locais arrendáveis. A norma era, assim, idêntica ao artigo 1096.º da redação originária do CC[35], excluindo, tal como este, as casas de saúde e os estabelecimentos de ensino oficial ou particular.

A possibilidade de denúncia para a realização de obras era, contudo, a esta data, alvo de 37 alguma crítica por parte da doutrina, devido aos frequentes abusos a que dava lugar, sem prejuízo das enormes vantagens que lhe eram reconhecidas[36].

Do mesmo modo, o 70.º RAU impunha a denúncia mediante ação judicial, nos mesmos 38 moldes que a redação originária do 1097.º do CC. O 73.º, referente à denúncia para aumento de capacidade do prédio, limitava-se a remeter a questão para legislação especial, constituída ainda pela Lei n.º 2088, de 3-jun.-1957.

De referir ainda que, de acordo com o disposto nos artigos 38.º e seguintes do RAU, caso 39 o senhorio fosse compelido, administrativamente, a realizar obras de conservação extraordinária ou de beneficiação (11.º do RAU), poderia exigir do arrendatário um *aumento de renda correspondente, por mês, a um duodécimo do produto resultante da aplicação da taxa referida no artigo 79.º*[37] *ao custo total das obras*. Por outro lado, em caso de realização de obras por acordo entre as partes, podia ser convencionado, por escrito, um *aumento de renda compensatório*, nos termos do 39.º do RAU.

O RAU manteve em vigor a Lei n.º 2.088, que apenas viu a sua vigência afetada com o 40 Decreto-Lei n.º 445/74, de 12 de Setembro, cujo artigo 2.º suspendeu o exercício do direito de demolição, nos termos referidos. Essa suspensão veio a ser revogada pelo 64.º do DL 794/76, de 5-nov. e pela regulação pós-25-abr. subsequente.

12. O **RNAU de 2004**, dentro de uma lógica não-vinculística e perante um panorama habita- 41 cional totalmente diferente do reinante até aos finais do século XX, veio reposicionar o problema. Desde logo, veio limitar a figura aos contratos de duração indeterminada: para os dotados de prazo efetivo, bastaria a comum oposição à renovação. De seguida, aproveitou a tradição anterior e enriqueceu-a com a denúncia *proprio sensu*. Daí resultou um preceito "duplo", assim concebido[38]:

---

[35] Neste sentido, Pires de Lima/Antunes Varela, *Código anotado* 2, 3.ª ed. (1986), 620.

[36] Pires de Lima/Antunes Varela, *Código anotado* 2, 3.ª ed., 623, referem a sessão da Assembleia Nacional, de 26 de Março de 1957, em que o Deputado Tito Arantes se terá referido a esta questão do seguinte modo: *"O preceito da alínea c) do artigo 69.º da Lei n.º 2.030 revelou-se duma utilidade e dum alcance que nunca é demais encarecer Pode dizer-se que é graças a ele que em parte se está resolvendo o problema habitacio-*

nal de Lisboa, como é graças a ele que o aspecto arquitectónico da nossa capital a pouco e pouco se tem vindo transformando, pela substituição progressiva de casebres, de velhas barracas, de prédios provincianos, por edifícios modernos, amplos e higiénicos (…)".

[37] Tratava-se, nos termos do n.º 2 deste artigo, da taxa de rendas condicionadas, fixada por portaria dos Ministros das Finanças e das Obras Públicas, Transportes e Comunicações.

[38] O Direito 136 (2004), 467-493 (487-488).

Artigo 1101.º *Capítulo IV – Locação*

> 1. O senhorio pode denunciar o contrato de duração indeterminada nos casos seguintes:
>
>   a) Necessidade de utilização pelo próprio, pelo cônjuge ou por qualquer parente ou afim na linha recta;
>   b) Intenção concreta de demolição ou realização de obras de restauro profundo ou de remodelação;
>   c) Independentemente de qualquer justificação, mediante um pré-aviso de três anos.
>
> 2. O senhorio que haja invocado o fundamento referido na alínea a) do número anterior não pode arrendar ou vender o local durante os dois anos subsequentes ao da cessação do arrendamento, sob pena de responder por todas as despesas e demais danos, patrimoniais e não patrimoniais, ocasionados ao arrendatário.
> 3. A denúncia com a finalidade de obter um aumento de renda é nula.

42   De facto e em rigor, as alíneas *a)* e *b)* do n.º 1 traduzem uma "denúncia justificada" que não é verdadeira denúncia: antes uma resolução com fundamento objetivo. Já a alínea *c)* implica uma cessação unilateral e discricionária: aí, sim, uma efetiva denúncia.

43   13. O **NRAU de 2006** aproveitou o texto proposto, mas deu-lhe uma feição mais estreita. O 1101.º do CC passou a dispor[39]:

> O senhorio pode denunciar o contrato de duração indeterminada nos casos seguintes:
>
> a) Necessidade de habitação pelo próprio ou pelos seus descendentes em 1.º grau;
> b) Para demolição ou realização de obra de remodelação ou restauro profundos;
> c) Mediante comunicação ao arrendatário com antecedência não inferior a cinco anos sobre a data em que pretenda a cessação.

44   Os resquícios do vinculismo eram claros; numa época em que já não se justificaria.
45   O 1099.º consagrou, como vimos, o princípio geral de que *o contrato de duração indeterminada cessa por denúncia de uma das partes, nos termos dos artigos seguintes*[40].
46   O 1101.º admitia, como atualmente, a denúncia para *demolição ou realização de obra de remodelação ou restauro profundos*, sendo o respetivo exercício regulado nos 1103.º e 1104.º. A denúncia deveria assim ser exercida judicialmente, com antecedência não inferior a seis meses em relação à data em que o senhorio pretendia a desocupação. O 1103.º/3 estabelecia que o senhorio ficava obrigado, em alternativa: (i) a pagar todas as *despesas e danos, patrimoniais e não patrimoniais, suportados pelo arrendatário, não podendo o valor da indemnização ser inferior ao de dois anos de renda*; (ii) ou *garantir o realojamento do arrendatário no mesmo concelho, em condições análogas às que este já detinha*; ou (iii) ou ainda a *assegurar o realojamento temporário do arrendatário no mesmo concelho com vista a permitir a reocupação do prédio, em condições análogas às que este já detinha*, sendo que, na falta de acordo, era aplicável a primeira solução, devendo a indemnização ser paga no mês seguinte ao trânsito em julgado da decisão que a determine (1103.º/5).

47   Se o senhorio, uma vez desocupado o prédio, não desse início à obra no prazo de seis meses, seria responsável por *todas as despesas e demais danos, patrimoniais e não patrimoniais, ocasionados ao arrendatário, não podendo o valor da indemnização ser inferior ao de dois anos de renda, e confere ao arrendatário o direito à reocupação do locado* (1103.º/6). De todo o modo, a denúncia com este fundamento não poderia em caso algum ser eficaz antes do decurso de cinco anos de vigência do contrato (1103.º/7).

---

[39] DR I-A, n.º 41, de 27-fev.-2006, 1585/I.
[40] Manuel Januário da Costa Gomes, *Sobre a (vera e própria) denúncia do contrato de arrendamento*, 10 e 11, salienta que se trata de um princípio aplicável a todos os tipos de arrendamento urbano e não apenas ao arrendamento para habitação, consubstanciando um verdadeiro *princípio de ordem pública contratual*.

O 1103.º/8 ressalvava o disposto em legislação especial quanto à *denúncia do contrato para demolição ou realização de obra de remodelação ou restauro profundos*. Tratava-se ainda da L 2088, de 3-jun.-1957, que apenas foi revogada pelo 49.º do DL 157/2006, de 8-ago., que aprovou o Regime Jurídico das Obras em Prédios Arrendados – RJOPA.

14. A **reforma de 2012** alterou as alíneas *b*) e *c*) do 1101.º, dando-lhes a redação atual[41]. Significativo é, sobretudo, o encurtamento do pré-aviso de denúncia *proprio sensu*: de cinco para dois anos. Em termos práticos, as duas outras alíneas perdem utilidade.

II – O regime; aspetos gerais

15. A necessidade de **habitação própria**, do senhorio ou de um seu descendente em primeiro grau, constitui fundamento de denúncia do contrato, de duração indeterminada – 1101.º, *a*). Trata-se de uma evolução do antigo despejo para habitação própria do senhorio, com as seguintes particularidades: (a) não opera, ao contrário do que sucedia na versão original do CC e no RAU, como oposição à renovação, uma vez que só é possível nos contratos de duração indeterminada; (b) assenta na necessidade de habitação do próprio ou, escolhendo o alargamento do RAU, de filho seu; (c) não é uma denúncia pura, uma vez que exige um fundamento (a necessidade de habitação) e o comprovar dos factos que o sustentem.

A necessidade de habitação própria implica uma ponderação entre os interesses do senhorio e os do inquilino. A marcha do vinculismo levou à judicialização do processo e do acastelar de requisitos, para o senhorio e de defesas, para o inquilino: o zénite foi atingido pela L 55/79, de 15-set., cujo dispositivo básico ainda transitou para o RAU, de 1990. A constitucionalidade desta solução, que num conflito de "direitos à habitação" deu primazia ao do senhorio, foi repetidamente afirmado pelo TC[42].

A matéria foi simplificada pelo NRAU de 2006 e pela reforma de 2012. Todavia, ainda surgem o 1102.º e o 1103.º/1, como resquícios das anteriores soluções vinculísticas.

16. As **obras** de demolição, de remodelação e de restauro profundos, que obriguem à desocupação do locado, como causa de cessação do contrato têm – 1101.º, *b*) – também e como vimos, uma forte carga histórico-valorativa. Tem as particularidades que seguem, em parte semelhantes à denúncia para habitação própria: (a) não funciona como oposição à renovação, visto acudir nos contratos de duração indeterminada; (b) requer a necessidade de desocupação, para obras legítimas; (c) não surge como denúncia pura, visto exigir fundamento (a necessidade de desocupação, para obras legítimas), a comprovar pelo interessado.

Os antecedentes vinculísticos deram, a este fundamento, uma assinalável dificuldade burocrática e substancial. Herdeira de tudo isso, a versão atual do CC conserva numerosas regras regulamentares, inseridas no 1103.º/2 a 11: o preceito mais longo da lei civil fundamental.

17. A **denúncia livre**, proposta pelo RNAU de 2004, acolhida pelo NRAU de 2006 e facilitada pela reforma de 2012 consta, hoje, do 1101.º, *c*). Ela exige: (a) um contrato de duração ilimitada; (b) uma comunicação ao arrendatário, de acordo com as regras do 9.º da L 6/2006; (c) um pré-aviso de dois anos, no mínimo, sobre a data pretendida para a cessação do contrato.

Desta feita, estamos perante uma verdadeira denúncia, porquanto discricionária. Não tem requisitos de maior, sendo de sublinhar que o pré-aviso, fixado em cinco anos pelo NRAU de 2006, baixou, em 2012, para dois.

---

[41] DR 1.ª, n.º 157, de 14-ago.-2012, 4413/II.

[42] TC 131/92, de 1-abr. (Alves Correia), n.º 6 e n.º 7 e TC 151/92, de 8-abr. (Messias Bento), n.º 7 a n.º 12.

57   Na prática, como já adiantámos, esta modalidade de denúncia, pelo senhorio, que não obriga nem a comprovações, nem a indemnizações, vai retirar interesse às demais: caras e potencialmente litigiosas. O senhorio que careça da casa para habitação própria ou para obras terá, muitas vezes, vantagem em acolher-se ao 1101.°, c), do que em desencadear os processos justificativos que permitiriam ganhar algum tempo. E pelo prisma do arrendatário: dois anos é, hoje, um lapso razoável para encontrar alternativas condignas. A conflitualidade não é vantajosa para ninguém.

III – Segue; desenvolvimento

58 **18. Pressuposto básico**. O atual 1101.°, b) concede ao senhorio o direito de denunciar o contrato de arrendamento urbano com duração indeterminada com fundamento na *demolição do prédio* ou para a *realização de obra de remodelação ou restauro profundos*. Esta denúncia configura, em bom rigor, uma resolução do contrato, na medida em que assenta na invocação de uma *justa causa* para a cessação, unilateral, por parte do senhorio[43]. Com efeito, a denúncia é, por natureza, uma forma de extinção própria dos contratos de duração indeterminada, que não carece da invocação de qualquer fundamento, nem confere à contraparte o direito a indemnização. Ao invés, no caso da *denúncia* do contrato de arrendamento pelo senhorio constante do 1101.°, a) e b) prevê-se quer a exigência de *justa causa*, quer o pagamento de uma indemnização ao arrendatário[44]. De considerar que se trata de regime jurídico imperativo (1081.°).

59 **19. O RJOPA**. Os conceitos de demolição, bem como de obra de remodelação ou restauro profundos, são objeto de concretização em legislação especial, consubstanciada no RJOPA – Regime Jurídico das Obras em Prédios Arrendados. Com efeito, se a Reforma protagonizada pela L 31/2012, de 14-ago., não alterou a redação do 1101.°, b), há que salientar, em contrapartida, que o conteúdo deste preceito se tornou significativamente mais amplo, devido às modificações ocorridas no RJOPA.

60   Quanto às condições do prédio no momento da celebração do contrato, tenha-se em consideração a necessidade de licença de utilização, sendo que o arrendamento para fim diverso do licenciado é nulo, nos termos do 5.° do DL 160/2006, de 8-ago.[45]. Estas condições são essenciais para garantir, por um lado, o cumprimento das normas urbanísticas, e, por outro, a segurança e salubridade do prédio, que terão justificado o licenciamento de um anterior projeto de obras[46].

61   De notar que, se o prédio não possuir autorização de utilização, bem como se a utilização dada ao prédio for diversa da autorizada, o 109.° do RJUE – Regime Jurídico da Urbanização e Edificação (aprovado pelo DL 555/99, de 16-dez.), concede ao presidente da câmara municipal a competência para ordenar e fixar prazo para a cessação da utilização de edifícios ou de fração autónoma. Caso tal não seja cumprido dentro do prazo fixado, pode a câmara municipal determinar o despejo administrativo[47].

---

[43] Pires de Lima/Antunes Varela, *Código anotado* 2, 3.ª ed., 619, salientam a *diversidade de regime* a que obedece a *denúncia do contrato*, consoante a iniciativa provenha do arrendatário ou do senhorio.

[44] Sobre a questão, Manuel Januário da Costa Gomes, *Constituição da relação de arrendamento urbano* (1980), *Sobre a* (vera e própria) *denúncia do contrato de arrendamento*, 9-32, em especial as pp. 19 e 20.

[45] Sobre a licença de utilização, consultar Maria da Glória Garcia, *A utilização dos edifícios para fins habitacionais, a sua conservação e a certificação das condições mínimas de habitabilidade dos edifícios arrendados*, O Direito 136 (2004), 385 e 386.

[46] Neste sentido, Maria da Glória Garcia, *A utilização dos edifícios para fins habitacionais*, 387.

[47] Apenas é excecionado, no n.° 3 do artigo 109.°, o caso de o edifício ou a fração serem utilizados para habitação e o ocupante mostre, por atestado médico, que a execução do mesmo põe em risco de vida, por razão de doença aguda, a pessoa que se encontre no local, caso em que a câmara municipal terá de providenciar pelo realojamento desta pessoa, a expensas do responsável pela utilização indevida.

Em simultâneo ao dever geral de conservação[48] das edificações imposto ao proprietário no 89.º do RJUE (para mais pormenores, *vide* a anotação ao 1074.º), é atribuído às autoridades urbanísticas o poder de controlo da manutenção das condições e requisitos inicialmente exigidos para o uso das edificações, no 89.º/2 e 3 do RJUE. Assim, *a câmara municipal pode a todo o tempo, oficiosamente ou a requerimento de qualquer interessado, determinar a execução de obras de conservação necessárias à correção de más condições de segurança ou de salubridade ou à melhoria do arranjo estético*. Pode, do mesmo modo, *ordenar a demolição total ou parcial das construções que ameacem ruína ou ofereçam perigo para a saúde pública e para a segurança das pessoas*[49]. Em ambos os casos, o ato é eficaz a partir da sua notificação ao proprietário (n.º 4)[50].

A competência atribuída pelo 89.º/2 do RJUE à câmara municipal tem em vista a realização de *obras de conservação extraordinária*, já que as mesmas são configuradas em termos independentes relativamente ao dever geral de conservação previsto no n.º 1[51]. Podem, assim, ser ordenadas na sequência de um temporal, ao qual o proprietário será totalmente alheio, não ficando ainda assim eximido do dever de realizar a obra em questão.

A existência de *más condições de segurança ou de salubridade* que carecem de correção, bem como a necessidade de melhorar o *arranjo estético* são, obrigatoriamente, precedidas de vistoria, nos termos dos 90.º e 91.º do RJUE.

20. Pode ainda haver lugar a **despejo administrativo**, nos termos do 92.º do RJUE, ordenado pela câmara municipal, oficiosamente ou a requerimento do proprietário, *sempre que tal se mostre necessário à execução das obras de conservação extraordinária*. Nesse caso, dispõe o n.º 4 deste preceito que o despejo se deve executar no prazo de 45 dias a contar da sua notificação aos ocupantes, *salvo quando houver risco iminente de desmoronamento ou grave perigo para a saúde pública, em que poderá executar-se imediatamente*. Tratando-se de ocupante titular de contrato de arrendamento, o n.º 5 determina a aplicação do disposto no DL 157/2006, de 8-ago.[52]

21. **Posição do proprietário**. Se o proprietário não realizar a obra ordenada, ou se iniciar mas não levar a mesma ao seu termo, o 91.º do RJUE determina a posse administrativa do imóvel e a execução coerciva da obra, às custas daquele (108.º do RJUE), havendo ainda lugar a responsabilidade criminal por desobediência.

Pretendendo o proprietário proceder à demolição do prédio, a qual resulta das más condições do mesmo, deverá ainda assim solicitar a respetiva autorização municipal, nos termos do 4.º/3, *e*) do RJUE. Todavia, tratando-se de prédio arrendado, Maria Olinda Garcia pronuncia-se no sentido de ser observado o procedimento previsto nos artigos 89.º/3 e 90.º, por forma a

---

[48] No entanto, António Menezes Cordeiro, *A aprovação do NRAU (Lei n.º 6/2006, de 27 de Fevereiro): primeiras notas*, O Direito 138 (2006), 236 a 238, citando jurisprudência abundante a este respeito, sublinha a inviabilidade, por via da proibição do abuso do direito, da exigência da realização de obras de recuperação, de restauro, ou de simples manutenção, a um senhorio que receba, em contrapartida, uma renda baixa.

[49] Maria da Glória Garcia, *A utilização dos edifícios para fins habitacionais*, 392, salienta que as graves deficiências apresentadas tanto podem resultar de catástrofes naturais, como de erros de construção, do incumprimento do dever de conservação, atividades privadas desenvolvidas em prédios vizinhos ou atividades desenvolvidas por autoridades públicas.

[50] Segundo Maria da Glória Garcia, *A utilização dos edifícios para fins habitacionais*, 394, não existe um dever legal imposto ao proprietário de empreender obras de demolição total ou parcial do imóvel, ainda que se verifiquem estes pressupostos de facto, resultando o mesmo antes do disposto no artigo 492.º do CC. A Autora debate esta questão, sublinhando que o artigo 4.º, n.º 3, do RJUE, obriga à obtenção de licença ou autorização municipal com vista à demolição.

[51] Neste sentido, Maria da Glória Garcia, *A utilização dos edifícios para fins habitacionais*, 389.

[52] Note-se que a redação originária deste diploma conferia ao inquilino *o direito à reocupação dos prédios, uma vez concluídas as obras realizadas, havendo lugar a aumento de renda nos termos gerais*.

garantir o contraditório e a proporcionalidade da medida[53], em atenção à caducidade do contrato em consequência da demolição, nos termos do 1051.º, e)[54].

IV – RJOPA – Regime Jurídico das Obras em Prédios Arrendados

68   22. O RJOPA foi aprovado pelo **Decreto-Lei n.º 157/2006, de 8-ago.**[55], sendo que, na sua redação originária, o 4.º/1 classificava como obras de remodelação ou restauro profundos aquelas que obrigassem, para a sua realização, *à desocupação do locado*. Porém, no n.º 2 deste artigo concretizava-se que tais obras poderiam ser qualificadas como *estruturais* ou *não estruturais*, sendo estruturais quando originassem uma *distribuição de fogos sem correspondência com a distribuição anterior*.

69   O 5.º de então atribuía ao senhorio que pretendesse realizar obras de remodelação ou restauro profundo uma dupla alternativa: (i) denúncia do contrato; (ii) suspensão do contrato. Todavia, o 5.º/2 determinava a obrigatoriedade da suspensão quando se tratasse de obras não estruturais, ou de obras estruturais em que fosse prevista a existência de local com características equivalentes às do locado após a obra. A solução consagrada na lei era, assim, tendencialmente, a de conservação do contrato, ainda que este pudesse sofrer os constrangimentos resultantes da duração da obra. O regime da suspensão constava dos 9.º e 10.º, nos termos dos quais competia ao senhorio assegurar o realojamento do arrendatário durante a realização das obras. A comunicação ao arrendatário podia ser feita extrajudicialmente, mas era conferido ao arrendatário o direito de, em alternativa, denunciar o contrato, no prazo de 30 dias. No mesmo prazo, podia também o inquilino discordar das condições propostas pelo senhorio, ou da suscetibilidade de suspensão, caso em que o deveria comunicar ao senhorio, que poderia recorrer à CAM. O contrato apenas se suspendia com a desocupação efetiva do locado (10.º/6), sendo que, uma vez concluídas as obras, o senhorio devia comunicar ao arrendatário tal facto, devendo este reocupar o locado no prazo de três meses, salvo justo impedimento, sob pena de caducidade do contrato de arrendamento (10.º/7).

70   Caso houvesse lugar à denúncia, o artigo 6.º da redação originária do RJOPA concedia ao arrendatário os seguintes direitos, em alternativa: (i) pagamento de todas as despesas e danos, patrimoniais e não patrimoniais, em valor não inferior a dois anos de renda, a qual deveria ter em consideração o valor das benfeitorias realizadas e dos investimentos efetuados em função do locado; (ii) realojamento por período não inferior a cinco anos, no mesmo concelho e em condições análogas às que aquele já detinha, quer quanto ao local quer quanto ao valor da renda e encargos. A solução aplicável pela lei na falta de acordo era, porém, o pagamento da indemnização.

71   Na hipótese de demolição do prédio, o senhorio tinha o direito de denúncia, de acordo com o 7.º, sendo atribuídos ao arrendatário os mesmos direitos que em caso de realização de obra de remodelação ou restauro profundo, exceto se esta fosse necessária por força da degradação do prédio, incompatível tecnicamente com a sua reabilitação e geradora de risco para os respetivos ocupantes, sendo tal atestado pelo município, ouvida a comissão arbitral municipal.

---

[53] Em caso de demolição de edifício destinado a habitação, o artigo 37.º do Decreto-Lei n.º 794/76, de 5 de Novembro, alterado pelo Decreto-Lei n.º 313/80, de 19 de Agosto, estabelece que, *nas sedes de distrito, nos aglomerados urbanos com mais de 25.000 habitantes e naqueles para os quais assim seja deliberado por portaria do membro do Governo competente na área da habitação, a demolição só pode ser autorizada se os mesmos carecerem dos requisitos de habitabilidade indispensáveis e não se mostre aconselhável, sob o aspeto técnico ou económico, a respetiva beneficiação ou reparação.*

[54] Maria da Glória Garcia, *A utilização dos edifícios para fins habitacionais*, 395: *"A conclusão sobre o estado de ruína do edifício deve, por isso, revestir-se de especiais garantias, quer em razão da responsabilidade civil do senhorio pelos danos causados pelo desmoronamento, quer em razão do direito à habitação dos inquilinos, que não podem estar sujeitos ao arbítrio do senhorio, quer ainda em razão da responsabilidade civil municipal por incumprimento, também, de um seu eventual dever de ordenar a demolição".*

[55] Sobre a redação originária do RJOPA, cfr. Luís Menezes Leitão, *Deteriorações e obras no Novo Regime do Arrendamento Urbano (NRAU)*, Est. Oliveira Ascensão 2 (2008), 926 a 928 e 929 a 931.

De todo o modo, a denúncia por parte do senhorio carecia de exercício judicial (8.º), devendo o senhorio proceder no prazo de 15 dias após a propositura da ação ao depósito do valor correspondente a dois anos de renda, quando não pretendesse assegurar o realojamento.

23. O RJOPA sofreu a sua primeira alteração com o **Decreto-Lei n.º 306/2009, de 23-out.**. Não foi, contudo, alterado o conceito de remodelação ou restauro profundo constante do 4.º. Apenas se acrescentou um n.º 4 a este preceito, nos termos do qual *As obras referidas nos números anteriores podem decorrer de intervenções urbanísticas realizadas em área de reabilitação urbana, no âmbito do regime jurídico da reabilitação urbana*.

O 5.º sofreu, ao invés, ligeiras alterações, nomeadamente a nível da imposição da suspensão do contrato nos casos então previstos no seu n.º 2: (i) obras não estruturais que impliquem a inexistência de condições de habitabilidade no locado durante a obra; (ii) obras estruturais que prevejam a existência de local com características equivalentes às do locado após a obra.

O novo diploma manteve os direitos do arrendatário no caso de denúncia no 6.º. Todavia, o n.º 6 deste regime salvaguardava que, tratando-se de obra realizada no âmbito do regime da reabilitação urbana, seria de aplicar o disposto no 73.º daquele regime.

Relativamente ao realojamento do arrendatário na sequência de suspensão, o 9.º/2 remetia para o disposto no n.º 1, b) e no 6.º/5 ou, se fosse o caso, para o 73.º do regime jurídico da reabilitação urbana. Nos mesmos termos, o 7.º, referente à denúncia para demolição, esclareceu que o arrendatário não teria direito nem a indemnização, nem a realojamento, quando a demolição decorresse de plano de pormenor de reabilitação urbana.

24. A **Lei n.º 30/2012, de 14-Ago.** (retificada pela DecRet 59-B/2012, de 12 de Out.) trouxe um novo significado à denúncia para demolição ou obras. Com efeito, o 4.º/1 deste diploma estabelece agora que *As obras, nomeadamente de conservação e reconstrução, que obrigam, para a sua realização, à desocupação do locado são consideradas, para efeitos do presente decreto-lei, obras de remodelação ou restauro profundos*. Acrescenta o n.º 4 que tais obras podem resultar de intervenções urbanísticas realizadas em áreas de reabilitação urbana, no âmbito do Regime Jurídico da Reabilitação Urbana, aprovado pelo DL 307/2009, de 23-out., recentemente alterado pela L 30/2012, de 14-ago..

Constata-se assim a eliminação da referência, anteriormente contida no 4.º/2, às obras *estruturais* e *não estruturais*, sendo estruturais as que originavam uma *distribuição de fogos sem correspondência com a distribuição anterior*, sendo agora consideradas obras de remodelação ou de restauro profundo todas aquelas cuja realização obriguem à desocupação do locado. Poderá estar em causa tanto uma obra de conservação, como de reconstrução, tal como é agora expressamente afirmado no 1.º/1.

A evolução legislativa parece assim ser a favor de um certo *alargamento* dos casos em que é concedida ao senhorio a faculdade de cessação unilateral do contrato, o que pode justificar-se em atenção à exigência de pagamento de uma indemnização ao arrendatário que veja o seu contrato cessado com este fundamento. Não obstante, não se poderá, a nosso ver, ignorar a caracterização que era e continua a ser adotada, quer na alínea b) do artigo 1101.º do CC, quer no n.º 1 do artigo 1.º do RJOPA, correspondente a *obra de remodelação ou restauro profundo*. Assim, deverá entender-se que o senhorio pode denunciar o contrato desde que: (i) pretenda proceder à demolição do prédio, ou à realização de obra de remodelação ou de restauro profundo; (ii) sendo que, em caso de realização de obra de remodelação ou de restauro profundo, será considerada como tal aquela cuja realização obrigue à desocupação do locado.

Nestes termos, não bastará o preenchimento do segundo requisito para justificar a *denúncia* contratual do senhorio. Por hipótese, supondo que se trata do envernizamento do pavimento, cuja realização obriga à desocupação do locado, por motivos de saúde, ainda que se preencha este segundo requisito, o primeiro não se preencherá, não se admitindo, nesse caso, a denúncia. Ou seja, pese embora se haja eliminado a referência às obras estruturais e não estruturais, não poderá a obra em questão ser insignificante, ou dela resultar uma desocupação meramente temporária, de curta duração: em atenção à primazia da materialidade subjacente e ao princípio da boa fé, será essencial que se trate de obra de alteração substancial do locado e que obrigue à desocupação, por período de tempo razoável, do locado.

81   A terminologia legal mostra assim uma diferenciação entre, por um lado, *obras de conservação ordinária e extraordinária*, previstas no 1074.º/1 do CC, e, por outro, obras de remodelação ou restauro profundo, conforme disposto no 1101.º, *b)* do CC e no 1.º/1, do RJOPA. A falta de sintonia parece ter-se agravado com a alteração decorrente da L 30/2012, que eliminou o conceito de obras estruturais e não estruturais. É, assim, legítimo questionar se uma obra de conservação, ordinária ou extraordinária, pode ou não corresponder, simultaneamente, a uma obra de remodelação ou restauro profundo, para efeitos de denúncia do contrato de arrendamento. Parece-nos que a tal não obsta o enquadramento jurídico atual, nem no âmbito do Código Civil, nem no RJOPA, contanto que da obra em questão resulte a necessidade de desocupação do locado, sendo ainda necessário, conforme sustentado supra, que se trate de obra de significativa monta, atendendo ao qualificativo de *profundo* constante da lei. A favor desta interpretação encontra-se ainda o disposto no 2.º do RJOPA, que remete para o disposto nos 1074.º e 1111.º do CC.

82   A reforma protagonizada pela L 30/2012 revogou o 5.º do RJOPA, que estabelecia a possibilidade de suspensão do contrato em caso de remodelação, restauro ou demolição do locado. Este é, quanto a nós, um claro argumento a favor da necessidade de se estar diante de uma obra de significativa dimensão, que se revela incompatível até com a mera suspensão do contrato, propendendo antes para a sua cessação. A situação difere do caso de obra ordenada por iniciativa do município ou da entidade gestora da operação de reabilitação urbana, em que os 12.º e seguintes do RJOPA estabelecem a possibilidade de se proceder ao despejo administrativo do prédio, podendo este ser ocupado até ao período de um ano após a data da conclusão das obras, devendo no entanto ser assegurado o realojamento temporário dos arrendatários existentes, os quais têm direito à reocupação após o fim das obras.

83   Sobre os direitos do arrendatário em caso de denúncia para a realização de obra de remodelação ou restauro profundo, ou para a demolição do locado, *vide* a anotação ao 1103.º.

V – Regime Jurídico da Reabilitação Urbana – RJRA

84   25. O RJRA, aprovado pelo **Decreto-Lei n.º 307/2009, de 23-out.**, alterado pela L 32/2012, de 14-ago., estabelece, no seu artigo 65.º, a possibilidade de a entidade gestora requerer a determinação do nível de conservação de um prédio urbano, ou de uma fração, sendo que, caso seja atribuído um nível de conservação 1 ou 2, se prevê um agravamento da taxa do imposto municipal sobre imóveis. Pretende-se, assim, incentivar a reabilitação, penalizando os proprietários que não tomem as diligências necessárias a evitar a degradação dos prédios.

85   Assim, o 55.º do RJRA impõe ao proprietário a obrigação de reabilitar o edifício ou fração, sempre que a este seja atribuído um nível de conservação 1 ou 2, obrigação esta que pode ser coercivamente imposta pela entidade gestora, que poderá, inclusivamente, determinar a *realização e o prazo para a conclusão das obras ou trabalhos necessários à restituição das suas características de desempenho e segurança funcional, estrutural e construtiva, de acordo com critérios de necessidade, adequação e proporcionalidade*.

86   Em caso de incumprimento do proprietário, o 55.º/2 do RJRA concede à entidade gestora a possibilidade de tomar posse administrativa dos edifícios ou frações, com vista à execução imediata das obras determinadas, nos termos dos 107.º e 108.º do RJUE. De acordo com o preceituado neste regime, o presidente da câmara pode determinar a posse administrativa do imó-

vel, pelo período necessário à execução coerciva da obra, que deverá ser executada no mesmo prazo que havia sido concedido para o efeito ao seu destinatário, correndo as respetivas despesas por conta deste.

Pode também ser ordenada a demolição de *edifícios aos quais faltem os requisitos de segurança e salubridade indispensáveis ao fim a que se destinam e cuja reabilitação seja técnica ou economicamente inviável*, nos termos do 57.º do RJRA, sendo que, tratando-se de imóvel arrendado, será aplicável o disposto no RJOPA. 87

Prevê-se ainda no 59.º do RJRA a possibilidade de, após a conclusão das obras coercivas e em caso de incumprimento do proprietário da obrigação de ressarcimento de todos os danos e despesas, ou de o arrendar pelo período mínimo de cinco anos, no prazo máximo de quatro meses, a entidade gestora o arrendar, mediante concurso público, por um prazo de cinco anos, renovável nos termos do 1096.º do CC. 88

VI – Regime transitório

26. A existência de **contratos antigos** torna necessária a consagração de regimes especiais e transitórios a nível de obras[56]. Tal foi desde logo a opção estabelecida na L 6/2006, de 27-fev., através da aprovação do NRAU, a qual foi mantida pela L 31/2012, de 14-ago.. 89

Por conseguinte, no que respeita aos contratos de arrendamento urbano anteriores ao RAU, há que distinguir entre: (i) contratos habitacionais celebrados na vigência do RAU e contratos de arrendamento não habitacionais celebrados na vigência do DL 257/95, de 30-set., cujo regime se encontra consagrado no 26.º do NRAU; (ii) contratos habitacionais celebrados antes da vigência do RAU e contratos de arrendamento não habitacionais celebrados antes da vigência do DL 257/95, de 30-set., cujo regime se encontra consagrado nos 27.º a 29.º do NRAU. 90

27. No que concerne aos contratos habitacionais celebrados **na vigência do RAU** e contratos de arrendamento não habitacionais celebrados na vigência do DL 257/95, de 30-set., o 26.º/4, do NRAU estabeleceu a sua *conversão* em contratos de duração indeterminada, sendo assim aplicável a estes contratos o regime constante dos 1099.º a 1104.º do CC[57]. Esta solução contribuiu para uma minimização do vinculismo associado a estes contratos antigos[58]. 91

De acordo com o disposto no 26.º/4, *a)* a *c)* do NRAU, na redação que lhe foi conferida pela L 31/2012, de 14-agosto, há especificidades que se mantêm em relação aos contratos habitacionais celebrados na vigência do RAU e aos contratos não habitacionais celebrados na vigência do DL 257/95, de 30-set., que são as seguintes: (a) mantém-se em vigor a aplicação do artigo 67.º do RAU, nos termos do qual o senhorio vê o seu direito de denúncia limitado nos seguintes casos: (i) ter o arrendatário 65 ou mais anos de idade ou, independentemente desta, se encontrar em situação de reforma por invalidez absoluta ou, não beneficiando de pensão de invalidez, sofra de incapacidade total para o trabalho; (ii) manter-se o arrendatário no local arrendado, há 30 ou mais anos, nessa qualidade. De referir porém que esta limitação não se aplica em caso de transmissão por morte de arrendamento habitacional para filho ou enteado ocorrida após 12-nov.-2012, isto é, a data de entrada em vigor do novo regime (*vide* 26.º/5 do NRAU); (b) caso o senhorio exerça o direito de denúncia para habitação ou para demolição ou realização de obras de remodelação ou restauro profundos, *o valor da renda para efeitos da indemnização devida é calcu-* 92

---

[56] Neste sentido, Luís Menezes Leitão, *Deteriorações e obras*, 932.
[57] Neste sentido, Manuel Januário da Costa Gomes, *Constituição da relação de arrendamento urbano*, 13 e 15, criticando no entanto a formulação do preceito, ao referir os *contratos sem duração limitada*, na medida em que todos os contratos celebrados na vigência do RAU tinham, à partida, um prazo máximo, decorrente do regime jurídico da locação.
[58] Manuel Januário da Costa Gomes, *Constituição da relação de arrendamento urbano*, 14.

lado nos termos do 35.º/2, a) e b) do NRAU, ou seja, 1/15 do valor do locado de acordo com a avaliação efetuada nos termos do CIMI, Contudo, também aqui esta regra não se aplica em caso de transmissão por morte de arrendamento habitacional para filho ou enteado ocorrida após 12-nov.-2012 (vide 26.º/5 do NRAU); (c) finalmente, o disposto no 1101.º, c) não se aplica em caso de arrendatário com idade igual ou superior a 65 anos ou deficiência com grau comprovado de incapacidade superior a 60%.

93 Uma vez que nenhuma das especificidades constantes destas alíneas se refere à denúncia do arrendatário, há que concluir que estes contratos podem ser livremente denunciados pelo arrendatário, a todo o tempo, com a antecedência mínima prevista no 1100.º do CC.

94 28. Relativamente aos contratos habitacionais celebrados **antes da vigência do RAU** e aos contratos de arrendamento não habitacionais celebrados antes da vigência do DL 257/95, de 30-set., o 28.º/1 do NRAU remete para o disposto no 26.º, donde resulta igualmente a aplicação do regime dos contratos de duração indeterminada, previsto no CC, ainda que com algumas especialidades.

95 Assim, aplicam-se também a estes contratos as especificidades previstas no 26.º/4 do NRAU, o que significa que, pretendendo o senhorio denunciar o contrato nos termos do 1101.º do CC, não o poderá fazer se se verificar uma das situações previstas no 107.º do RAU. Por outro lado, havendo denúncia nos termos do 1101.º, b), *o valor da renda para efeitos da indemnização devida será calculado nos termos do 35.º/2, a) e b) do NRAU*, ou seja, 1/15 do valor do locado de acordo com a avaliação efetuada nos termos do CIMI, Contudo, também aqui esta regra não se aplica em caso de transmissão por morte de arrendamento habitacional para filho ou enteado ocorrida após 12-nov.-2012 (26.º/5, do NRAU, aplicável *ex vi* 28.º/1, do NRAU). Acresce ainda que, de acordo com o disposto no 28.º/5 do NRAU, a denúncia para a realização de obras de remodelação ou de restauro profundos, ou para demolição, no caso em que o arrendatário tenha idade igual ou superior a 65 anos ou deficiência com grau comprovado de incapacidade superior a 60%, obriga o senhorio a, na falta de acordo, *garantir o realojamento do arrendatário em condições análogas às que este já detinha, quer quanto ao local, quer quanto ao valor da renda e encargos.*

96 Digno de referência é ainda o disposto no 29.º do NRAU, na medida em que, salvo estipulação em contrário, a cessação do contrato dá ao arrendatário o direito a compensação pelas obras licitamente feitas, nos termos aplicáveis às benfeitorias realizadas por possuidor de boa fé (1273.º a 1275.º do CC).

97 O RJOPA contém igualmente um regime transitório, aplicável aos contratos de arrendamento para habitação celebrados antes da vigência do RAU, constante dos seus 23.º e seguintes.

98 De acordo com este regime, o senhorio só pode demolir o prédio se se verificar uma das situações previstas no 7.º/2 (*vide* 24.º do RJOPA), ou seja, (i) quando esta seja ordenada nos termos do 89.º/3 do RJUE ou do 57.º do RJRA, (ii) quando seja necessária por força da degradação do prédio, a atestar pelo município e (iii) quando decorra de plano de pormenor de reabilitação urbana, ou ainda quando, nos termos do 24.º/2 do RJOPA, a demolição seja considerada pelo município como a *solução tecnicamente mais adequada* ou *seja necessária à execução de plano municipal de ordenamento do território ou aprovação de área de reabilitação urbana.*

99 No que concerne à denúncia do contrato por iniciativa do senhorio para a realização de obras de remodelação ou restauro profundos, nos termos do 1101.º, b), o 25.º do RJOPA estabelece que, caso o arrendatário tenha idade igual ou superior a 65 anos, ou deficiência com grau comprovado de incapacidade superior a 60%, fica o senhorio obrigado a, na falta de acordo, garantir o *realojamento do arrendatário em condições análogas às que este já detinha,* quer quanto ao local, quer quanto ao valor da renda (*vide* 25.º/1 e 6.º/3 a 6, do RJOPA), sendo que o local deverá ser classificado em estado de conservação médio ou superior. A opção caberá, todavia, ao arrenda-

tário, que poderá optar por receber a indemnização prevista no n.º 3 deste preceito. Caso opte pelo realojamento, poderá o arrendatário invocar e comprovar um Rendimento Anual Bruto Corrigido – RABC do seu agregado familiar inferior a cinco retribuições mínimas mensais, caso em que o senhorio poderá, em alternativa, optar por suspender o contrato durante o período de realização das obras, ficando obrigado a assegurar o realojamento do arrendatário (vide 25.º/5). Havendo realojamento[59], deve ser celebrado um *novo contrato, de duração indeterminada*, ao qual não se aplicará, todavia, a faculdade de denúncia imotivada prevista no 1101.º, c) (vide 25.º/9). Acresce que a renda que o arrendatário terá de pagar nos termos deste novo contrato será regida pelo critério definido no 35.º/2, a) e b) do NRAU, ou seja, o valor anual não pode exceder 1/15 da avaliação do locado nos termos do CIMI. Caso o arrendatário demonstre que o RABD do seu agregado familiar é inferior a cinco retribuições mínimas, o critério será o previsto no 36.º/7, 9 e 10 do NRAU.

Em contrapartida, ocorrendo a morte do arrendatário, produzir-se-á a extinção do contrato por caducidade (vide 25.º/11, do RJOPA).

Relativamente a estes contratos mais antigos, o RJOPA manteve a possibilidade de suspensão do contrato durante o período de realização da obra, de acordo com o disposto no 26.º. Durante a suspensão, compete ao senhorio providenciar pelo realojamento do arrendatário, mantendo-se este todavia obrigado a pagar a renda. Após a conclusão das obras, o senhorio deve comunicar ao arrendatário que poderá regressar ao locado, o qual dispõe de três meses para esse efeito, sob pena de se considerar caducado o contrato, salvo havendo justo impedimento do arrendatário.

VII – Desenvolvimento jurisprudencial

29. Um dos problemas que tem ocupado a jurisprudência a respeito do **destino do contrato** de arrendamento em caso de demolição do prédio reside na identificação dos casos que conduzem à cessação do contrato por denúncia do senhorio, em contrapartida daqueles outros em que haverá lugar à caducidade, nos termos do 1051.º, e). Com efeito, enquanto na primeira hipótese o arrendatário terá direito a uma indemnização pela cessação do contrato, na segunda esta caducará *ipso facto*, sem qualquer contrapartida.

A este respeito, considerou RPt 27-out.-2001[60], que *"A demolição do prédio arrendado, por intervenção oficiosa do município para impedir a sua ruína, determina a caducidade do contrato de arrendamento e esta inviabiliza a sua resolução pelo locatário"*. Entendeu-se ainda que a necessidade de obras estruturais no locado não atribuía ao inquilino o direito de exigir a demolição administrativa e nova construção. Portanto, neste caso, pese embora seja obrigação do senhorio realizar as obras necessárias à conservação do prédio, entendeu-se que não estava na disponibilidade do arrendatário o direito de exigir a realização das mesmas, sendo que, caso a demolição fosse ordenada pela entidade administrativa, o contrato caducaria. A demolição operou nos termos do 89.º/3, do RJUE, tendo o Tribunal considerado que a entidade municipal teria inviabilizado quaisquer obras, ainda que o proprietário as pretendesse realizar (o que não acontecera). Assim, a circunstância de tais obras não terem sido realizadas conduziu à ordem coerciva de demolição, originando a caducidade do arrendamento, situação que se afigura de certo modo criticável, porquanto parece constituir um incentivo ao incumprimento da obrigação de realizar as obras necessárias à conservação do prédio.

---

[59] De referir que o realojamento só é obrigatório quando o arrendatário tenha a sua residência permanente no locado, ou quando a falta desta se deva a caso de força maior ou doença, nos termos do n.º 12 do artigo 25.º do RJOPA.

[60] RPt 27-out.-2001 (Pedro Lima da Costa), Proc. 1332/07.

104 A questão foi aprofundada em STJ 26-jun.-2008[61], em que se entendeu que a caducidade do contrato ocorria sempre que se verificasse a perda da coisa locada, independentemente de a destruição desta decorrer ou não de ação ou inação culposa do locador. Assim, existe caducidade ainda que o prédio seja destruído por o senhorio *não realizar as obras necessárias para evitar a ruína do edifício*, na medida em que neste caso a culpa do senhorio relevará somente para atribuição de uma indemnização ao arrendatário. O Tribunal entendeu ainda que a caducidade se verifica aquando da execução da ordem administrativa de despejo (no caso em apreço, resultante da intervenção da Polícia Municipal e dos Bombeiros, determinada pelos serviços camarários), ainda que a demolição apenas tivesse ocorrido efetivamente dois meses depois. Deste modo, pese embora se haja considerado extinto o contrato por caducidade, foi atribuído ao arrendatário o direito a indemnização, nos termos do 566.º, acrescentando que o montante desta deveria atender a diversos fatores, tais como *o montante das rendas à data da caducidade dos contratos, o estado de conservação dos andares locados, a degradação geral do imóvel, a sua idade e estado de vetustez, a idade dos locatários e a esperança de vida destes, e os preços do mercado habitacional, naquela data, no tocante a arrendamentos de andares idênticos*, havendo ainda direito a indemnização pelos danos não patrimoniais.

105 Em caso de perda da coisa, as partes não podem obstar, por acordo, à extinção do contrato por caducidade, conforme se decidiu em STJ 4-mar.-2008[62]. Sublinhando que se está diante de um caso de *impossibilidade superveniente quanto ao próprio objecto do contrato*, o Tribunal considerou que o contrato caducava com a demolição do edifício que se encontrava em avançado estado de ruína e em relação ao qual houvera uma ordem de demolição compulsiva, ainda que estivesse prevista a construção de novo prédio no lugar daquele e senhorio e arrendatário houvessem acordado que durante o período de construção o estabelecimento que funcionava antes no locado passaria a funcionar num *contentor colocado no passeio público em frente à obra, sem pagamento de qualquer renda, ficando depois da obra concluída instalado no local assinalado* pelas partes, considerando que haveria aqui, quanto muito, uma promessa de arrendamento.

106 Por sua vez, em RLx 17-mai.-2012[63], considerou-se que, tendo o senhorio comunicado ao arrendatário a cessação do contrato devido à realização de obras e demolição do prédio, seria de aplicar este mesmo regime, com direito à respetiva indemnização, não podendo mais tarde o senhorio alegar a caducidade do contrato devido à demolição do prédio, ainda que esta tivesse resultado de ordem administrativa.

107 30. Relativamente à **limitação imposta ao senhorio** no que concerne à denúncia de contratos anteriores à L 6/2006, de 27-fev., por força do disposto nos 26.º e 28.º do NRAU (que, neste ponto, se manteve com a L 31/2013, de 14-ago.), considerou-se em RLx 17-nov.-2009[64] não existir qualquer constrangimento constitucional ao disposto no 107.º do RAU. Assim, o impedimento à denúncia sempre que o arrendatário tenha 65 ou mais anos de idade não é inconstitucional, uma vez que se trata de uma diferenciação fundada, razoável e racional.

108 31. No âmbito do **regime transitório** estabelecido no RJOPA para os arrendamentos anteriores ao RAU, pronunciou-se o RLx 15-dez.-2011[65], que este regime pretendia, de forma clara, limitar a faculdade de denúncia do senhorio para demolição aos casos previstos no 7.º/2 e no 24.º/2 do RJOPA. Assim, apenas em caso de demolição necessária em virtude de degradação do imóvel incompatível com a sua reabilitação e geradora de risco para os ocupantes, atestada pelo Município, ou quando a demolição fosse considerada tecnicamente mais adequada e necessária

---

[61] STJ 26-jun.-2008 (Santos Bernardino), Proc. 08B628.
[62] STJ 4-mar.-2008 (Cardoso de Albuquerque), Proc. 07A4347.
[63] RLx 17-mai.-2012 (Gilberto Jorge), Proc. 91/09.
[64] RLx 17-nov.-2009 (Pires Robalo), Proc. 48/09.
[65] RLx 15-dez.-2011 (Luís Espírito Santo), Proc. 63/09.

à execução de plano municipal de ordenamento do território. Assim, mesmo que o senhorio pretendesse demolir o prédio para de seguida construir novo edifício, a denúncia apenas poderia ter lugar se, não se preenchendo nenhuma das situações enumeradas no 7.º/2, se demonstrasse que não se justificava, nem técnica, nem economicamente, *a beneficiação ou reparação do prédio*.

Artigo 1102.º (Denúncia para habitação)

1. O direito de denúncia para habitação do senhorio depende do pagamento do montante equivalente a um ano de renda e da verificação dos seguintes requisitos:

a) Ser o senhorio proprietário, comproprietário ou usufrutuário do prédio há mais de dois anos ou, independentemente deste prazo, se o tiver adquirido por sucessão;

b) Não ter o senhorio, há mais de um ano, na área dos concelhos de Lisboa ou do Porto e seus limítrofes ou no respetivo concelho quanto ao resto do País casa própria que satisfaça as necessidades de habitação própria ou dos seus descendentes em 1.º grau.

2. *(Revogado.)*
3. O direito de denúncia para habitação do descendente está sujeito à verificação do requisito previsto na alínea *a)* do n.º 1 relativamente ao senhorio e do da alínea *b)* do mesmo número para o descendente.

Bibliografia: Laurinda Gemas e outros, *Arrendamento*, 476-477; Pires de Lima/Antunes Varela, *Código civil anotado 2*, 4.ª ed., 626-630; TC 131/92 (Alves Correia); TC 151/92 (Messias Bento).
Vide as indicações dadas nas anotações do artigo anterior.

Índice

I – Origem e evolução
1. Código Civil.. 1
2. Lei n.º 55/79, de 15-set. 2
3. RAU de 1990 3
4. RNAU de 2004 5
5. NRAU de 2006 6
6. Reforma de 2012....................................... 8

II – O regime
7. Requisitos.. 10
 α) Pagamento ao inquilino 11
 β) Proprietário há dois anos 12
 γ) Não ter casa própria.............................. 13
8. Habitação de descendentes..................... 14
9. Procedimento 15

I – Origem e evolução

1. O **Código Civil**, com os antecedentes acima apontados[1], desenvolveu a matéria hoje inserida, no 1102.º, em dois circunstanciados artigos, que vamos consignar[2]: 1

Artigo 1098.º (**Denúncia para habitação**)

1. O direito de denúncia para habitação do senhorio depende, em relação a ele, da verificação dos seguintes requisitos:

a) Ser proprietário, comproprietário ou usufrutuário do prédio há mais de cinco anos, ou independentemente deste prazo se o tiver adquirido por sucessão;

---

[1] *Vide* as anotações ao 1100.º.   [2] DG I, n.º 274, de 25 nov. 1966, 1980/I.

        b) Não ter, na área das comarcas de Lisboa e Porto e suas limítrofes, ou na respectiva localidade quanto ao resto do País, casa própria ou arrendada há mais de um ano;
        c) Não ter usado ainda desta faculdade.

    2. O senhorio que tiver diversos prédios arrendados só pode denunciar o contrato relativamente àquele que, satisfazendo às necessidades de habitação própria e da família, esteja arrendado há menos tempo.

Artigo 1099.º (**Indemnização e reocupação do prédio**)

    1. É devida ao arrendatário, pela desocupação do prédio para habitação do senhorio, uma indemnização correspondente a dois anos e meio de renda à data do despejo.
    2. Se o senhorio, desocupado o prédio, não o for habitar dentro de sessenta dias, ou o tiver devoluto durante mais de um ano sem motivo de força maior, ou não permanecer nele durante três anos, e bem assim se ele não tiver feito dentro deste mesmo prazo a obra justificativa da denúncia, o arrendatário despedido tem direito, além da indemnização fixada no número anterior, à importância correspondente a dois anos de renda, e pode reocupar o prédio, salva, em qualquer dos casos mencionados, a ocorrência de morte ou deslocação forçada do senhorio, não prevista à data do despejo.

2   2. A **Lei n.º 55/79, de 15-set.**, veio densificar a matéria, fixando contra-requisitos, por banda do inquilino. Este poderia deter a denúncia, pelo senhorio, mostrando ter mais de 65 anos ou manter-se, no local, há mais de 20.

3   3. O **RAU de 1990** acolheu, nos 71.º e 72.º, com algumas alterações, os transcritos 1098.º e 1099.º. Quanto ao dispositivo da L 55/79: ele encontrou guarida nos 1.º07.º a 109.º.

4   Ao longo dos muitos anos de vigência destes dispositivos, a litigiosidade foi intensa. Contam-se inúmeros acórdãos sobre o tema, incluindo declarações de inconstitucionalidade, com força obrigatória geral, relativamente a regras do RAU. Hoje, esta matéria tem relevo histórico. Permite, todavia, documentar uma das vertentes menos referidas mas mais eficaz do vinculismo: a judicialização, agravada pela multiplicação de incidentes e indutora de lapsos processuais. As saídas tornam-se imprevisíveis e as iniciativas locatícias ficam reservadas aos senhorios que tenham a possibilidade de litigar durante anos.

5   4. O **RNAU de 2004** propôs uma simplificação radical de toda esta matéria, no 1104.º, acima transcrito[3].

6   5. O **NRAU de 2006**, não obstante, optou por recuperar parte dos anteriores complexos normativos. Levou, ao CC, um 1102.º, epigrafado denúncia para habitação, com o teor seguinte[4]:

    1. O direito de denúncia para habitação do senhorio depende do pagamento do montante equivalente a um ano de renda e da verificação dos seguintes requisitos:

        a) Ser o senhorio comproprietário ou usufrutuário do prédio há mais de cinco anos ou, independentemente deste prazo, se o tiver adquirido por sucessão;
        b) Não ter o senhorio, há mais de um ano, na área dos concelhos de Lisboa ou do Porto e seus limítrofes, ou no respectivo concelho quanto ao resto do País, casa própria ou arrendada que satisfaça as necessidades de habitação própria ou dos seus descendentes em 1.º grau.

    2. O senhorio que tiver diversos prédios arrendados só pode denunciar o contrato relativamente àquele que, satisfazendo as necessidades de habitação própria e da família, esteja arrendado há menos tempo.
    3. O direito de denúncia para habitação do descendente está sujeito à verificação do requisito previsto na alínea *a)* do n.º 1 relativamente ao senhorio e o da alínea *b)* do mesmo número para o descendente.

7   Aparentemente, reunira-se um máximo de requisitos num mínimo de espaço, numa leitura que se entende perante os antecedentes históricos e em face da vontade política de não reti-

---

[3] Anot. 41 ao 1101.º.   [4] DR I A, n.º 41, de 27 fev. 2006, 1585/II.

rar a armadura vinculística. Cumpre ter presente que, em termos político-sociais, o facto de, para os arrendamentos novos, não se colocar o problema da adequação das rendas. E paralelamente: o *superavit* habitacional e a quebra demográfica facilitam o tema do alojamento. A forte confrontação de interesses habitacionais, que o CC, versão original e toda a evolução subsequente procuraram ultrapassar, através de complicados pesos e contrapesos, perdeu o sentido.

6. A **reforma de 2012** aproveitou o texto de 2006, mas com as alterações seguintes[5]: (a) baixou de cinco para dois anos o lapso de tempo pelo qual o senhorio teria de ser proprietário, comproprietário ou usufrutuário do prédio, para poder desencadear a denúncia para habitação; (b) eliminou, entre os requisitos negativos, o facto de o senhorio ter casa arrendada, nos locais referidos, que satisfaça as suas necessidades; agora, só releva casa própria; (c) revogou a norma que obrigava o senhorio locador de várias casas bastantes, a denunciar o contrato mais recente.

O sentido geral das alterações é, claramente, o de facilitar a denúncia para habitação própria do senhorio, em detrimento da anterior preocupação protetora do inquilino. Nas condições atuais, parece adequado.

II – **O regime**

7. Os **requisitos** da denúncia para habitação própria do senhorio são três:
α) **Pagamento ao inquilino**, de um montante equivalente a um ano de renda (1102.º/1, corpo). Esta cifra veio a baixar, ao longo das reformas; inicialmente, ela era baixa, dado o estado de degradação das rendas; perante arrendamentos novos, ela atinge uma cifra muito considerável, que permite ao inquilino procurar uma alternativa condigna e custear a instalação. Perante senhorios de poucas posses, a denúncia fica inviabilizada: resta-lhes recorrer à denúncia livre, com o pré-aviso de dois anos.

β) Ser **proprietário há dois anos** ou, ainda, comproprietário, usufrutuário, ou, independentemente desse prazo, sucessor. A lei pretende prevenir situações oportunísticas em que uma pessoa, com posses, "escolha" uma habitação, comprando a, provavelmente, por baixo preço, por estar arrendada e, de seguida, desencadeie o processo de denúncia.

γ) **Não ter casa própria**, há mais de um ano, na área dos concelhos de Lisboa ou do Porto e seus limítrofes ou no respetivo concelho quanto ao resto do País, casa própria que satisfaça as suas necessidades habitacionais ou dos seus descendentes no 1.º grau. Desta feita, a lei procede a uma ponderação de interesses habitacionais, entre o senhorio e o inquilino.

8. A **habitação de descendentes em primeiro grau** – portanto: filhos – justifica a denúncia. Para o efeito, o senhorio terá de ser proprietário ou equivalente há mais de dois anos ou, independentemente desse prazo, sucessor. Além disso, o descendente beneficiário não poderá ter casa própria em Lisboa, Porto e respetivos concelhos limítrofes ou no concelho, quanto ao resto do País: é o que resulta da remissão do 1102.º/3.

9. O *procedimento* consta do artigo 1103.º, a seguir anotado. Adiantamos que ele se faz por comunicação ao arrendatário: (a) com antecedência não inferior a seis meses sobre a data pretendida para a desocupação; (b) da qual conste, de modo expresso sob pena de ineficácia, o fundamento da denúncia.

---

[5] DR 1.ª, n.º 157, de 14 ago. 2012, 4413/II.

Artigo 1103.º (Denúncia justificada)

1. A denúncia pelo senhorio com qualquer dos fundamentos previstos nas alíneas *a*) e *b*) do artigo 1101.º é feita mediante comunicação ao arrendatário com antecedência não inferior a seis meses sobre a data pretendida para a desocupação e da qual conste de forma expressa, sob pena de ineficácia, o fundamento da denúncia.

2. Quando a denúncia tiver o fundamento previsto na alínea *b*) do artigo 1101.º, a comunicação referida no número anterior é acompanhada, sob pena de ineficácia da denúncia:

   a) De comprovativo de que foi iniciado, junto da entidade competente, procedimento de controlo prévio da operação urbanística a efetuar no locado, bem como de termo de responsabilidade do técnico autor do projeto legalmente habilitado que declare que a operação urbanística obriga à desocupação do locado, quando se trate de operação urbanística sujeita a controlo prévio; ou
   b) De descritivo da operação urbanística a efetuar no locado, indicando que a operação urbanística está isenta de controlo prévio e as razões pelas quais a mesma obriga à desocupação do locado, quando se trate de operação urbanística isenta de controlo prévio.

3. Estando a operação urbanística a efetuar no locado sujeita a procedimento de controlo prévio, a denúncia a que se referem os números anteriores é confirmada, sob pena de ineficácia, mediante comunicação ao arrendatário, acompanhada de comprovativo de deferimento do correspondente pedido, no caso de operação urbanística sujeita a licença administrativa, ou de que a pretensão não foi rejeitada, no caso de operação urbanística sujeita a comunicação prévia.

4. Na situação prevista no número anterior, a desocupação tem lugar no prazo de 15 dias contados da receção da confirmação, salvo se não se encontrar decorrido o prazo previsto no n.º 1, caso em que a desocupação tem lugar até ao termo do último dos prazos.

5. O senhorio que haja invocado o fundamento referido na alínea *a*) do artigo 1101.º deve dar ao local a utilização invocada no prazo de três meses e por um período mínimo de dois anos.

6. A invocação do disposto na alínea *b*) do artigo 1101.º obriga o senhorio, mediante acordo e em alternativa:

   a) Ao pagamento de uma indemnização correspondente a um ano de renda;
   b) A garantir o realojamento do arrendatário em condições análogas às que este já detinha, quer quanto ao local quer quanto ao valor da renda e encargos.

7. Caso as partes não cheguem a acordo no prazo de 30 dias a contar da receção da comunicação prevista no n.º 1, aplica-se o disposto na alínea *a*) do número anterior.

8. A indemnização devida pela denúncia deve ser paga no momento da entrega do locado, sob pena de ineficácia da denúncia.

9. Salvo motivo não imputável ao senhorio, o não cumprimento do disposto no n.º 5, bem como o não início da obra no prazo de seis meses contados da desocupação do locado, obriga o senhorio ao pagamento de uma indemnização correspondente a 10 anos de renda.

10. Da denúncia pelo senhorio não pode resultar uma duração total do contrato inferior a dois anos.
11. A denúncia do contrato para demolição ou realização de obra de remodelação ou restauro profundos é objeto de legislação especial.

Bibliografia: António Menezes Cordeiro, *A modernização do Direito Português do arrendamento urbano*, O Direito 136 (2004), 235-253; idem, *A aprovação do NRAU (Lei n.º 6/2006, de 27 de Fevereiro): primeiras notas*, O Direito 138 (2006), 229-242; Maria da Glória Garcia, *A utilização dos edifícios para fins habitacionais, a sua conservação e a certificação das condições mínimas de habitabilidade dos edifícios arrendados*, O Direito 136 (2004), 385-406; Laurinda Gemas e outros, *Arrendamento*, 478-479; Manuel Januário da Costa Gomes, *Constituição da relação de arrendamento urbano* (1980); idem, *Sobre a (vera e própria) denúncia do contrato de arrendamento: considerações gerais*, O Direito 143 (2011), 9-32; Luiz da Cunha Gonçalves, *Tratado* 8 (1934), 636 ss.; idem, *Tratado* 9 (1934), 5 ss; Luís Menezes Leitão, *Arrendamento Urbano*, 5..ª ed. (2012), 171-173; Pires de Lima/Antunes Varela, *Código anotado*, 4.ª ed., 620-630.

Índice

I – Origem e evolução
1. O Código de Seabra 1
2. Código Civil de 1966 2
3. O RAU de 1990 9
4. O NRAU de 2006 12

II – O regime vigente
5. Código Civil (2012) 17
6. O RJOPA 22

I – Origem e evolução
1. O Código de Seabra não continha um regime de denúncia do contrato de arrendamento 1 urbano semelhante ao que se encontra atualmente no Código Civil, encontrando-se esta matéria regulada pelo D 5.411, de 17-abr.-1919 (*vide supra*, anotação ao 1101.º).
2. Código Civil de 1966. Na redação originária, o 1103.º nada tinha que ver com a matéria da 2 cessação do contrato por denúncia do senhorio. Em 1966, o 1103.º era dedicado ao regime do subarrendamento total, conferindo ao senhorio a faculdade de se substituir ao arrendatário, mediante notificação judicial, considerando-se então resolvido o primitivo arrendamento e passando o subarrendatário a arrendatário direto. No que respeitava à denúncia do contrato para aumento do número de locais arrendáveis, em causa no atual 1103.º, a mesma era objeto de legislação especial, conforme estabelecido no 1100.º, correspondente à L 2.088, de 3-jun.-1957[1].

De acordo com o 1.º da L 2.088, o senhorio podia requerer o despejo para o fim do prazo 3 do arrendamento com fundamento na *execução de obras que permitissem o aumento do número de arrendatários*, com aprovação prévia do projeto pela câmara municipal, tendo em vista a ampliação, a alteração ou a substituição do prédio. Para que o despejo pudesse ter lugar, seria necessário observar os requisitos exigidos no artigo 3.º deste diploma, nomeadamente: (i) o número de locais arrendados ou arrendáveis deveria aumentar num mínimo de metade, não podendo ser inferior a sete em Lisboa e a quatro no restante País, não se contando para esse efeito os locais de tipo apartamento; (ii) o edifício novo ou alterado deveria conter locais destinados aos antigos inquilinos, correspondendo aproximadamente aos ocupados anteriormente, devendo os locais destinados aos arrendatários ser identificados no projeto[2]; (iii) em caso de ampliação ou altera-

---

[1] DG I, n.º 128, de 3-jun.-1957, 565-567.
[2] No entanto, a disposição ressalvava a hipótese de tal ser economicamente inviável, caso em que o inquilino poderia ocupar até dois locais no edifício, ou receber a indemnização estabelecida no diploma, acrescida de percentagem, a fixar pelo tribunal, não superior a 50%. Segundo Rui Vieira Miller, *Arrendamento*, 161 e 162, tratava-se de um direito alternativo concedido ao arrendatário.

ção do edifício, deveria estar certificado pela câmara municipal, com prévia vistoria, a impossibilidade de o inquilino permanecer no prédio durante a execução da obra.

4   Nos termos do 3.º/§ 1.º, da L 2.088, em caso de *risco iminente de desmoronamento ou perigo para a saúde pública*, o despejo poderia ser imediatamente ordenado. Ao invés, no caso de *simples reparações ou de beneficiação*, o despejo só poderia ser ordenado se, de acordo com o parecer dos peritos, tal se revelasse *indispensável para a execução das respetivas obras e para a própria segurança e comodidade dos ocupantes* (§ 2.º).

5   O arrendatário tinha direito a reocupar o prédio após as obras, com aumento de renda (*vide* 2.º/§ 3.º e 5.º da L 2.088)[3]. Cabia-lhe assim optar entre[4]: (i) reocupar as dependências que tinha no edifício simplesmente ampliado ou ocupar as dependências que lhe eram destinadas no edifício alterado ou reconstruído[5], com direito a indemnização pela suspensão do arrendamento[6]; (ii) receber uma indemnização pela resolução do arrendamento[7].

6   Estas indemnizações gozavam de privilégio creditório imobiliário, graduado em quarto lugar nos termos do 887.º do Código de Seabra, garantia esta que deixou de se verificar com a entrada em vigor do Código Civil de 1966[8].

7   Após ser efetuado o pagamento de metade da indemnização devida, o arrendatário dispunha de três ou seis meses para desocupar prédio, consoante se tratasse de arrendamento para habitação ou para comércio, indústria ou profissão liberal, respetivamente (12.º da L 2.088). Todavia, o § 2.º deste preceito conferia ao inquilino o direito de se manter no prédio enquanto não lhe fosse paga a indemnização remanescente.

8   Depois do despejo efetivo de todos os arrendatários, o senhorio dispunha de três meses para iniciar as obras, salvo caso fortuito ou de força maior, sendo o prazo alargado para seis meses caso nenhum inquilino declarasse pretender reocupar o prédio após a obra (13.º). Em caso de incumprimento do senhorio, perdia este o direito à execução das obras (14.º), sendo que, ainda que o

---

[3] Que obedecia ao disposto no artigo 7.º da Lei n.º 2088, nos termos do qual, em caso de mera ampliação do edifício, o inquilino continuava sujeito à renda ao tempo do despejo. Nos restantes casos, as rendas seriam fixadas antecipadamente pela Comissão Permanente de Avaliação. Todavia, de acordo com o § 1 deste preceito, o antigo inquilino que ocupasse o prédio alterado ou reconstruído não poderia ser obrigado a pagar, *de começo, renda superior à vigente à data do despejo, acrescida, no máximo, de 50 por cento*, sendo que se a renda fixada fosse de montante superior, o excesso seria pago por *sucessivos aumentos de 20 por cento em cada um dos semestres seguintes*.

[4] Sendo que o artigo 10.º da Lei n.º 2088 considerava que, na falta de apresentação ao senhorio da opção por carta registada no prazo de oito dias depois do trânsito em julgado da sentença de despejo, o inquilino optava pela segunda modalidade, ou seja, resolução do contrato. Após o termo do prazo de oito dias, o senhorio dispunha de quinze dias para proceder ao pagamento da primeira metade da indemnização (artigo 11.º), havendo lugar ao pagamento dos juros moratórios em caso de incumprimento.

[5] Caso o senhorio não facultasse ao inquilino a reocupação do prédio no prazo de até doze meses após o despejo, tinha este direito a uma indemnização complementar, nos termos do artigo 15.º da Lei n.º 2.088, o qual era também garantido por privilégio creditório imobiliário.

[6] Correspondente a uma ou duas vezes a renda anual à data da sentença de despejo, conforme se tratasse de arrendamento para habitação ou para comércio, indústria ou profissão liberal, respetivamente. De salientar que a Lei n.º 46/85, de 20 de Setembro, unificou o critério de cálculo da indemnização para duas vezes a renda anual, independentemente do fim do arrendamento. Ao montante da indemnização acrescia, por força do § 3 do artigo 5.º, um vigésimo por cada ano completo de duração do contrato até à sentença de despejo, com o limite de vinte anos.

[7] No valor de cinco ou dez vezes a renda anual à data da sentença de despejo, conforme se tratasse de arrendamento para habitação ou para comércio, indústria ou profissão liberal, respetivamente. De igual modo, a Lei n.º 46/85, de 20 de Setembro unificou o critério de cálculo da indemnização para dez vezes a renda anual, independentemente do fim do arrendamento. Ao montante da indemnização acrescia, por força do § 3 do artigo 5.º, um vigésimo por cada ano completo de duração do contrato até à sentença de despejo, com o limite de vinte anos.

[8] Por efeito do artigo 8.º da Lei Preambular, nos termos do qual *não são reconhecidos para o futuro, salvo em ações pendentes, os privilégios e hipotecas legais que não sejam concedidos no novo Código Civil, mesmo quando conferidos em legislação especial*.

inquilino houvesse optado pela resolução, podia agora reocupar imediatamente o prédio, *nas condições vigentes à data do despejo, sem a obrigação de restituir a indemnização recebida*. Havia, assim, o *renascimento* do contrato que entretanto cessara por efeito da resolução por iniciativa do arrendatário, o que constituía sem dúvida uma forma de penalizar o senhorio por ter, indevidamente, recorrido a este mecanismo.

3. **O RAU de 1990** revogaria os 1096.º e 1097.º do CC. Após limitar a denúncia do senhorio aos casos previstos na lei (68.º/2, do RAU), estabelecia o 69.º que o senhorio gozava deste direito (i) em caso de necessidade do prédio para sua habitação, ou dos seus descendentes em 1.º grau, ou para nele construir a sua residência e (ii) quando pretendesse ampliar o prédio ou construir novos edifícios em termos de aumentar o número de locais arrendáveis. Manteve-se, portanto, o regime anteriormente previsto, excluindo igualmente a denúncia em relação a casas de saúde e a estabelecimentos de ensino oficial ou particular. Porém, relativamente à denúncia para aumento de capacidade do prédio, o artigo 73.º do RAU continuava a remeter a matéria para legislação especial.

O 70.º do RAU impunha ainda o exercício judicial da denúncia, nos mesmos moldes que a redação originária do 1097.º do CC.

O RAU manteve assim em vigor a L 2.088, de 3-jun.-1957, a qual que apenas viu a sua vigência afetada com o DL 445/74, de 12-set., cujo 2.º suspendeu o exercício do direito de demolição, suspensão esta que foi posteriormente revogada pelo 64.º do DL 794/76, de 5.-nov.. O 1.º do DL 155/75, de 25-mar., suspendeu a aplicação de todas as ações e execuções de despejo baseadas em denúncia nos termos dos 1096.º a 1098.º do CC e no 1.º da L 2.088. Este diploma foi revogado pelo DL 293/77, de 20-jul., momento a partir do qual voltou a ser admissível a denúncia do senhorio para a realização de obras ou demolição do prédio, a realizar nos termos da L 55/79, de 15-set..

4. **O NRAU de 2006**, aprovado pela L 6/2006, de 27-fev., recolocou os preceitos em estudo no CC, nos 1099.º ss.. Nesta medida, consagrou-se, no 1101.º, a denúncia do senhorio para *demolição ou realização de obra de remodelação ou restauro profundos*, sendo o respetivo exercício regulado nos 1103.º e 1104.º. A denúncia carece de exercício judicial com antecedência mínima de seis meses em relação à data pretendida para a desocupação.

Nos termos do 1103.º/3, a denúncia com este fundamento impunha ao senhorio, em alternativa: (i) a obrigação de pagar todas as *despesas e danos, patrimoniais e não patrimoniais, suportados pelo arrendatário, não podendo o valor da indemnização ser inferior ao de dois anos de renda*; (ii) ou a obrigação de *garantir o realojamento do arrendatário no mesmo concelho, em condições análogas às que este já detinha*; (iii) ou ainda a obrigação de *assegurar o realojamento temporário do arrendatário no mesmo concelho com vista a permitir a reocupação do prédio, em condições análogas às que este já detinha*. Não havendo acordo entre senhorio e arrendatário seria aplicável, a título supletivo, a obrigação de indemnização. De todo o modo, a indemnização teria de ser paga no mês seguinte ao trânsito em julgado da decisão que a determinasse (*vide* 1103.º/5).

Se o senhorio, uma vez desocupado o prédio, não desse início à obra no prazo de seis meses, seria responsável por *todas as despesas e demais danos, patrimoniais e não patrimoniais, ocasionados ao arrendatário, não podendo o valor da indemnização ser inferior ao de dois anos de renda*, e confere ao arrendatário o direito à reocupação do locado (*vide* 1103.º/6).

Por outro lado, a denúncia com este fundamento não poderia em caso algum ser eficaz antes do decurso de cinco anos de vigência do contrato (1103.º/7). O estabelecimento deste prazo mínimo era consonante com o período mínimo de duração do contrato de arrendamento urbano, fixado no 1095.º/2, na redação conferida pela L 6/2006, de 27-fev..

16 O 1103.º/8 ressalvava o disposto em legislação especial quanto à *denúncia do contrato para demolição ou realização de obra de remodelação ou restauro profundos*. Manteve-se, assim, em vigor a L 2.088, de 3-jun.-1957, que apenas foi revogada pelo 49.º do DL 157/2006, de 8-ago., que aprovou o Regime Jurídico das Obras em Prédios Arrendados – RJOPA.

II – **O regime vigente**
17 5. **O Código Civil (2012)**. A redação atual do 1103.º, resultante da L 31/2012, de 14-ago., estabelece as condições de exercício da denúncia justificada por parte do senhorio, que, como se salientou, consubstancia, do ponto de vista material, uma resolução contratual. Este preceito contém um conjunto de limitações constrangedoras da autonomia privada e que, pese embora a sua progressiva minimização, têm contribuído para a manutenção de traços vinculísticos no arrendamento urbano[9]. Com efeito, a limitação da denúncia do contrato à prévia existência de determinado fundamento, bem como a imposição ao denunciante da obrigação de indemnizar a contraparte consubstanciam, na perspetiva de Menezes Cordeiro, um *vinculismo*[10] *imperfeito*[11].
18 O 1103.º/1 estabelece que a denúncia é feita mediante comunicação ao arrendatário, a qual deve ser feita com a antecedência mínima de seis meses sobre a data em que o senhorio pretende ver o prédio desocupado. Esta declaração terá de indicar, de forma expressa, fundamento da denúncia, caso contrário não produzirá quaisquer efeitos. Justifica-se a exigência de declaração expressa, porquanto, atualmente, a denúncia não tem de ser exercida judicialmente, sendo então necessário um reforço da segurança jurídica.
19 A comunicação obedece ao formalismo consagrado no 9.º do NRAU, na redação que lhe foi conferida pela L 31/2012, de 14-ago.. O n.º 1 deste preceito determina que, tratando-se de comunicação que visa a cessação do arrendamento, deve a mesma ser enviada por meio de carta registada com aviso de receção, em princípio para o local arrendado, salvo indicação escrita em contrário (nos termos do n.º 2). A comunicação deve ainda conter o endereço completo da parte que a subscreve. A carta poderá ainda ser entregue em mão, nos termos do n.º 6, devendo o destinatário apor numa cópia a sua assinatura e fazer uma nota de receção da missiva.
20 Havendo mais do que um arrendatário, a comunicação deverá ser remetida ao arrendatário que figurar em primeiro lugar no contrato, salvo havendo estipulação em contrário (11.º/3, do NRAU). Todavia, caso o prédio arrendado seja casa de morada de família, o 12.º do NRAU determina que a comunicação deve ser dirigida a cada um dos cônjuges.
21 A comunicação considera-se eficaz quando conhecida ou recebida pelo declaratário (224.º, do CC). No entanto, o 10.º/1, do NRAU, acrescenta que a comunicação se considera realizada, ainda que a carta registada com aviso de receção seja devolvida por não ter sido levantada no prazo previsto, bem como caso o aviso de receção seja assinado por pessoa diversa do destinatário.
22 6. **O RJOPA**. A declaração de denúncia deve demonstrar que a obra obriga à desocupação do locado, devendo assim observar os requisitos previstos no 1103.º/2 a 4, os quais se encontram repetidos, desnecessariamente, no 8.º do RJOPA. Resulta destes preceitos que o senhorio terá o ónus de demonstrar que se verifica essa necessidade de demolição ou de realização de obra de remodelação ou restauro profundo, nos seguintes termos: (i) em caso de operação urbanística sujeita a controlo prévio, a comunicação de denúncia terá de ser acompanha de comprovativo de

---

[9] António Menezes Cordeiro, *O Novo Regime do Arrendamento Urbano*, O Direito 139 (2007), 82, considera que as condições em que a denúncia é permitida são desincentivadoras da celebração do contrato por tempo indeterminado.
[10] Sobre o vinculismo, cfr. António Menezes Cordeiro, *A modernização do Direito português do arrendamento urbano*, 235 a 239.
[11] António Menezes Cordeiro, *O Novo Regime do Arrendamento Urbano*, 85, criticando particularmente o prazo de cinco anos para a denúncia imotivada.

que foi iniciado, junto da entidade competente, procedimento de controlo prévio da operação urbanística, bem como termo de responsabilidade do técnico autor do projeto legalmente habilitado e que declare que a operação urbanística obriga à desocupação do locado; acresce que, logo que a obra seja aprovada, e sob pena de ineficácia da denúncia, o senhorio deve comunicar o comprovativo do deferimento, devendo a desocupação ocorrer no prazo de 15 dias, se já tiver decorrido o prazo mínimo de 6 meses (1103.º/3 e 4); (ii) em caso de operação urbanística isenta de controlo prévio, a comunicação de denúncia deve ser acompanhada de um descritivo da operação urbanística a realizar, bem como da indicação de que esta se encontra isenta de controlo prévio, e ainda as razões pelas quais a obra obriga à desocupação do locado.

No primeiro caso, a necessidade da obra terá, portanto, de ser atestada por um profissional. Já no segundo, parece que bastará uma declaração do próprio senhorio, uma vez que outra exigência não é feita. Não obstante, como se sublinhou na anotação ao 1101.º, b), não poderá este fundamento ser utilizado como forma de defraudar as limitações à cessação unilateral do contrato por iniciativa do senhorio.

O 1103.º (em similitude com o 6.º do RJOPA) estabelece ainda os direitos do arrendatário caso se verifique a denúncia com fundamento no 1101.º, b). Neste ponto, porém, notam-se diferenças significativas face à redação anterior à L 31/2012. Com efeito, era então o senhorio obrigado a (i) pagar todas as despesas e danos suportados pelo arrendatário, em valor não inferior a dois anos de renda, solução esta que seria aplicável no caso de não haver acordo; (ii) garantir o realojamento do arrendatário no mesmo concelho e em condições análogas; (iii) assegurar o realojamento temporário do arrendatário no mesmo concelho, com vista a permitir a reocupação do prédio, em condições análogas às que detinha, solução esta que era aplicável ao caso de suspensão do contrato.

Ao invés, estabelece a redação atual do 1103.º/6 (bem como o disposto no 6.º RJOPA) que a denúncia com este fundamento obriga o senhorio a uma das seguintes alternativas: (i) pagamento de uma indemnização correspondente a um ano de renda, solução que é aplicável em caso de falta de acordo, a qual deve ser paga no momento da entrega do locado, sob pena de ineficácia da denúncia (1103.º/8); (ii) garantir o realojamento do arrendatário por período não inferior a dois anos, em condições análogas às que aquele detinha, quanto ao local, ao valor da renda e encargos.

Considera-se realojamento em condições análogas quanto ao local o realojamento do arrendatário na área da mesma freguesia ou de freguesia limítrofe, em fogo de estado de conservação igual ou superior ao do locado e adequado às necessidades do agregado familiar do arrendatário, presumindo-se adequado o fogo cujo tipo se situe entre um mínimo e um máximo previstos, de modo a não haver sobreocupação. Esta definição não se encontra, todavia, no CC, mas antes no 6.º/4 e 5, do RJOPA.

Por conseguinte, a inovação que resulta da Lei n.º 31/2012 traduz-se, por um lado, na redução do montante da indemnização, sendo que, em vez do valor mínimo de dois anos de renda, se estabelece agora um ano de renda, tendo ainda desaparecido a referência ao pagamento de todas as despesas e danos, patrimoniais e não patrimoniais suportados pelo arrendatário; e, por outro, na eliminação da alternativa, anteriormente prevista no 1103.º/3, c), correspondente ao realojamento temporário do arrendatário, com vista a permitir a posterior reocupação do prédio. A razão de ser terá sido a modificação ocorrida no RJOPA, designadamente a revogação do 5.º, no qual anteriormente se permitia a suspensão do contrato em caso de remodelação, restauro ou demolição.

Torna-se ainda necessário conjugar a denúncia para demolição com o disposto no 7.º do RJOPA, porquanto o 1103.º do CC é omisso a este respeito, limitando-se o seu n.º 11 a remeter para legislação especial. Nessa hipótese, o 7.° determina que será aplicável o mesmo regime que em caso de realização de obra de remodelação ou restauro profundo, exceto em três casos: (i) quando a demolição seja ordenada nos termos do 89.°/3, do RJUE ou do 57.° do Regime Jurídico da Reabilitação Urbana; (ii) quando a demolição seja necessária por força da degradação do prédio, incompatível tecnicamente com a sua reabilitação e geradora de risco para os respetivos ocupantes, o que deverá ser certificado pelo município; (iii) e finalmente quando a demolição decorra de plano de pormenor de reabilitação urbana. Contudo, nos dois primeiros casos, havendo culpa do proprietário ou de terceiro, o arrendatário tem direito a indemnização.

29 A seriedade deste fundamento de denúncia é comprovada pelo 1103.°/9, nos termos do qual, se o senhorio não der início à obra no prazo de seis meses a contar da desocupação, será obrigado a pagar ao arrendatário uma indemnização no montante de dez anos de renda, exceto quando tal se deva a motivo que não lhe seja imputável. Neste ponto, nota-se que a redação atual aumenta o valor da indemnização, de dois para dez anos de renda. Porém, foi alargado o fundamento da exclusão de responsabilidade do senhorio, pois anteriormente este apenas poderia invocar caso de força maior, sendo que agora se refere a possibilidade de existir *motivo não imputável ao senhorio*.

30 O 1103.°/10 determina que da denúncia não pode resultar uma duração total do contrato de arrendamento inferior a dois anos. A L 31/2012 reduziu, assim, o prazo mínimo de vigência de cinco para dois anos, em similitude com a modificação operada no 1095.°. Com efeito, deixou de se estabelecer um prazo de duração mínima para o contrato, mantendo-se apenas o prazo máximo de trinta anos (*vide* 1095.°/2). Acresce que o 1094.°/3 estabelece que, no silêncio das partes, o contrato se considera celebrado pelo prazo certo de dois anos.

Artigo 1104.° (Confirmação da denúncia)

No caso previsto na alínea c) do artigo 1101.°, a denúncia deve ser confirmada, sob pena de ineficácia, por comunicação com a antecedência máxima de 15 meses e mínima de um ano relativamente à data da sua efectivação.

(revogado pelo 13.° da L 31/2012, de 14-ago.)

Índice

I – Origem		2. NRAU de 2006	2
1. RNAU de 2004	1	3. Reforma de 2012	3

I – Origem

1 1. O **RNAU de 204**, que propôs a introdução da denúncia livre pelo senhorio, com pré-aviso, no caso de arrendamentos de duração limitada, previa: (a) um pré-aviso de três anos; (b) uma confirmação da denúncia, por carta remetida com a antecedência máxima de quinze meses e mínima de um ano (1106.°)[1]. Pretendia-se, com isso e dado o grande prazo de pré-aviso, evitar que o inquilino esquecesse o avizinhar do termo do contrato.

2 2. O **NRAU de 2006** acolheu a ideia, consagrando-a no 1104.°, acima transcrito[2]. De facto, tendo essa reforma elevado o pré-aviso para cinco anos, mais se justificaria o lembrete previsto na lei.

---

[1] *O Direito* 136 (2004), 467-493 (488).   [2] *DR* I-A, n.° 41, de 27-fev.-2006, 1586/I.

3. *A reforma de 2012* revogou o preceito (13.º)³. Tendo baixado o pré-aviso para dois anos, já não se afigurava necessária a confirmação. Além disso, a medida insere-se na política de desburocratização do arrendamento. 3

Divisão III – Transmissão

INTRODUÇÃO

Bibliografia: Tito Arantes, *Inquilinato* (1949), 35-41; Luiz da Cunha Gonçalves, *Tratado* 9 (1934), 133-142; Luís Menezes Leitão, *Direito a novo arrendamento*, Est. Galvão Telles 3 (2002), 373-389; Pires de Lima/Antunes Varela 2, 4.ª ed., 647-679; Rita Lobo Xavier, *"Concentração" ou transmissão do direito ao arrendamento habitacional em caso de divórcio ou morte*, Est. Oliveira Ascensão 2 (2008), 1015-1047.

Índice

I – **Antecedentes históricos**
1. Código de Seabra 1
2. O Decreto n.º 5:411 4
3. Lei n.º 1:662 6
4. Preparatórios da Lei n.º 2:030 8
5. Preparatórios do Código Civil 10

II – **O "direito a novo arrendamento"**
6. Evolução pós-1974 11

7. Decreto-Lei n.º 420/76, de 28-mai. 12
8. Decreto-Lei n.º 328/81, de 4-dez. 19
9. RAU de 1990 21
10. RNAU de 2004 23
11. NRAU de 2006 24

III – **A transmissão**
12. Código Civil 25

I – **Antecedentes históricos**
1. O **Código de Seabra**, no 1619.º, dispunha: 1

> O contrato de arrendamento, cuja data for declarada em titulo authentico ou authenticado, não se rescinde por morte do senhorio nem do arrendatario, nem por transmissão da propriedade, quer por titulo universal, quer por titulo singular, salvo o que vai disposto nos artigos subsequentes.

Pelo lado do senhorio, temos aqui o princípio *emptio non tollit locatum*, hoje presente no 1057.º e aí examinado[1]. Pelo do arrendatário, surgia a ideia geral da transmissibilidade da sua posição aos seus herdeiros, desde que ele constasse de documento autêntico ou autenticado[2]. 2

A regra do referido 1619.º correspondia ao princípio do 703.º, de Seabra, que assegurava a transmissão dos direitos e obrigações resultantes dos contratos, por morte. Mas era, na prática, muito restritiva: os arrendamentos, designadamente os habitacionais, não eram, normalmente, celebrados em título autêntico. Daí que, falecido o inquilino, fosse certa a ação de despejo[3]. Além disso, como não havia vinculismo, o senhorio sempre poderia deixar chegar, ao seu fim, um contrato que não lhe conviesse. 3

2. O **Decreto n.º 5:411**, de 17-abr.-1919, no seu 34.º, veio repetir o transcrito 1619.º, do Código de Seabra[4]. No 58.º, beneficiava os arrendamentos comerciais[5]: 4

---

[3] *DR* 1.ª, n.º 157, de 27-fev.-2006, 4427/I.
[1] *Vide* as anotações ao 1057.º.
[2] José Dias Ferreira, *Codigo annotado* 4, 1.ª ed., 80.

[3] Luiz da Cunha Gonçalves, *Tratado* 9, 134.
[4] *DG* I, n.º 80, de 17-abr.-1919, 655/II.
[5] *Idem*, 657/I.

O arrendamento de estabelecimentos comerciais e industriais subsistirá, não obstante a morte do senhorio ou do arrendatário e ainda havendo transmissão, salvo o único caso de expropriação por utilidade pública.

5 O vinculismo nascente exigia, porém, a proteção dos sucessores do inquilino habitacional.
6 3. A **Lei n.º 1:662**, de 4-set.-1924, deu o passo seguinte. Logo o seu 1.º, dispunha[6]:

> A contar de 6 de Dezembro de 1923, inclusive, o contrato de arrendamento de prédios urbanos, quer tenha sido feito antes, quer depois daquela data e embora não conste de titulo autêntico ou autenticado, não se considera rescindido nem pela morte do senhorio ou arrendatário, nem pela transmissão do prédio (...)
>
> § 1.º Exceptuam-se: (...)
> § 3.º A transmissão, por morte do arrendatário, quando a este não sobreviva cônjuge ou qualquer herdeiro legitimário, que com êle estivesse habitando há mais de seis meses. (...)

7 De facto, com uma linguagem rebuscada, assegurava-se a transmissão *mortis causa* do direito do arrendatário urbano, a favor de cônjuge ou de qualquer legitimário que com ele habitasse há mais de seis meses[7].

8 4. Nos **preparatórios da Lei n.º 2:030**, de 22-jun.-1948, a transmissão do direito ao arrendamento foi discutida. O parecer da Câmara Corporativa (Pires de Lima) ponderou os vários aspetos: a incomunicabilidade entre cônjuges, os cônjuges divorciados ou separados, os arrendamentos para comércio e indústria e a transmissão *mortis causa* dos arrendamentos para habitação[8]. Preconizaram-se ajustamentos, que teriam acolhimento.

9 A L 2:030 regulou a transmissão do direito ao arrendamento em capítulo próprio: o III (44.º a 46.º). Fixou o princípio da não comunicabilidade do arrendamento (44.º); regulou a transferência no caso de separação de pessoas e bens e de divórcio (45.º); e versou a transmissão do arrendamento habitacional por morte do arrendatário (46.º). Referiremos mais detidamente estes preceitos a propósito dos artigos atuais que lhes correspondam.

10 5. Nos **preparatórios do Código Civil**, a matéria da transmissão do direito do arrendatário, versada nos 44.º a 46.º da L 2:030, veio a ser introduzida aquando da 1.ª revisão ministerial (1108.º a 1110.º)[9]. Daí, após diversas alterações[10], passaria aos 1110.º e 1111.º da versão final[11]. Vê-los-emos a propósito dos preceitos em vigor.

II – O "direito a novo arrendamento"

11 6. A **evolução pós-1974** reforçou o vinculismo em vários níveis. O 1111.º do CC foi retocado pelo DL 293/77, de 20-jul., pelo DL 328/81, de 4-dez. e pela L 46/85, de 20-set., antes de chegarmos ao RAU de 1990. Adiante veremos as alterações[12], cabendo assinalar que, de um modo geral, elas reforçaram a estabilidade vinculística do direito do arrendatário.

12 7. O **Decreto-Lei n.º 420/76, de 28-mai.**, embora de modo inábil, deu um passo decisivo para o vinculismo subdominial, através de uma denominada preferência a novo arrendamento. Vamos reter o seu preâmbulo, decisivo para entender o problema subjacente[13]:

---

[6] DG I, de 4-set.-1924, 1241/I e II.
[7] As discussões havidas, na época, sobre a interpretação deste preceito podem ser seguidas em Luiz da Cunha Gonçalves, *Tratado* 9, 135-136.
[8] Parecer da Câmara Corporativa de 4-fev.-1947 (Fernando Pires de Lima), confrontável em Tito Arantes, *Inquilinato*, 15-125 (35-39).
[9] BM 120 (1962), 123-124.
[10] Jacinto Rodrigues Bastos, *Dos contratos*, 188-193.
[11] DG I, n.º 274, de 25-nov.-1966, 1981/I e II.
[12] *Infra*, anot. ao 1106.º.
[13] DR I, n.º 125, de 28-mai.-1976, 1210/I e II.

A caducidade dos arrendamentos para habitação, resultante da morte do arrendatário, conduz frequentemente ao despejo de pessoas que, vivendo na habitação arrendada, por vezes há vários anos, se defrontam com insuperáveis dificuldades de realojamento.

Situações deste tipo são particularmente agudas para as camadas da população de menores recursos económicos e dão origem a graves tensões sociais, que importa reduzir.

Com o presente diploma visa-se garantir o direito à habitação dessas pessoas, com obediência a princípios de justiça, estabelecendo-se o direito de preferência das mesmas relativamente a novos arrendamentos.

Afigura-se uma clara contradição: um mero direito de preferência, dependente de o senhorio pretender arrendar, não garantiria a habitação aos conviventes do falecido arrendatário. O 1.º desse diploma, dispunha[14]:

> 1. Gozam do direito de preferência relativamente a novo arrendamento para habitação, no caso de caducidade do anterior por morte do respectivo titular, ainda que não fosse o primitivo arrendatário, e sucessivamente:
>
> *a)* O subarrendatário;
> *b)* As pessoas a que se refere o artigo 1109.º do Código Civil, desde que coabitem com o titular do arrendamento caducado há mais de cinco anos.
>
> 2. Sendo várias as pessoas nas condições referidas na alínea *b)* do número anterior, o direito de preferência caberá, em primeiro lugar, às que viviam com o arrendatário em economia comum e, dentro de cada categoria, às que com ele viviam ou coabitavam há mais tempo.
> (…)

O DL 293/77, de 20-jul., alterou (28.º)[15] o transcrito 1.º/1 do DL 420/76, de modo a atribuir o direito "de preferência", aí concedido, também em casos de resolução com fundamento no então 1093.º do CC, *a)*, *d)* a *g)* e *j)*: praticamente tudo.

O DL 420/76 incorria numa evidente contradição entre o articulado e os propósitos denotados no seu preâmbulo. Este pressupunha um direito a uma habitação dos conviventes, reforçado pelo 2.º do diploma que suspendia as ações de despejo pendentes, por 30 dias, para permitir o exercício da "preferência"; o 1.º fixava uma (mera) preferência, a qual depende, nos termos gerais, de o senhorio querer arrendar e de o inquilino cobrir a proposta de terceiros. Em boa técnica interpretativa, o 1.º prevaleceria; haveria, aqui e tão só, um direito de preferência[16]. Todavia, apoiada no preâmbulo do DL 420/76 e na sua conjugação com o DL 445/74, também se entendeu que surgiria, antes, um verdadeiro direito (potestativo) a um novo arrendamento[17].

Com efeito, o 5.º/1 do DL 445/74 previa uma obrigação de arrendar prédios que já tivessem sido arrendados, sendo a renda tabelada nos termos do 15.º. Ora tendo estas regras aplicação, o direito de preferência redundaria na adesão a algo de prefixado. Por esta via, acabou por ser lavrado assento, assim concebido[18]:

---

[14] *Idem*, 1210/II.
[15] DR I, n.º 166, de 20-jul.-1977, 1797/I.
[16] Entre muitos: STJ 1-jun.-1979 (Abel de Campos), BMJ 288 (1979), 387-392 (390), RPt 9-nov.-1982 (Machado Costa), Proc. 0001515 e STJ 25-out.-1984 (Flamínio Martins), Proc. 071830.
[17] Também entre muitos: STJ 22-mai.-1980 (Jacinto Rodrigues Bastos), BMJ 297 (1980), 338-341 (340), STJ 12-fev.-1981 (Mário de Brito), BMJ 304 (1981), 418-423 (421), STJ 14-jan.-1982 (Aníbal Aquilino Ribeiro), BMJ 313 (1982), 314-316 (315), tirado pelas duas secções cíveis, STJ 27-jul.-1982 (Aníbal Aquilino Ribeiro), BMJ 319 (1982), 286-292 (289), STJ 18-nov.-1982 (Mário de Brito), BMJ 321 (1982), 398-403 (399-400), STJ 14-dez.-1982 (Joaquim Figueiredo), BMJ 322 (1983), 328-331 (330) e STJ 5-mai.-1983 (Pedro Lima Cluny), BMJ 327 (1983), 629-635 (633); a generalidade dos acórdãos envolvidos tem operosos votos de vencido.
[18] STJ (P) 16-out.-1984 (Ruy Corte Real), DR I, n.º 250, de 27-out.-1984, 3321-3324 (3323/II) = BMJ 340 (1984), 151-156 (155) = RLJ 119 (1986), 151-154, anot. Antunes Varela, *idem*, 155-160 e 170-172, crítico = Proc. 070434; houve diversos votos de vencido.

Na vigência do Decreto-Lei n.º 420/76, de 28 de Maio, com as alterações do Decreto-Lei n.º 293/77, de 20 de Julho, em caso de caducidade do contrato de arrendamento ou morte do locatário, o titular do direito referido no artigo 1.º, n.º 1, daquele decreto, aí apelidado de preferência, podia obrigar o senhorio a celebrar com ele novo contrato de arrendamento, se aquele não alegasse e provasse qualquer das excepções do artigo 5.º, n.º 4, do Decreto-Lei n.º 445/74, de 12 de Setembro, sendo legítima a sua ocupação do fogo até à celebração desse contrato ou decisão final sobre o destino do fogo.

18 A jurisprudência delimitou o âmbito de aplicação do DL 420/76. Entendeu-se, designadamente, que ele não seria aplicável ao sublocatário cuja posição fosse inoponível ao senhorio[19] e que o direito nele previsto não operaria, no período em que o diploma em causa, desde o DL 148/81, de 25-mai.[20], vigorou sem o DL 445/74, de 12-set.[21].

19 8. O **Decreto-Lei n.º 328/81, de 4-dez.**, substituiu o DL 420/76, revogando-o. Admitiu, agora sem dificuldades, o direito a um novo arrendamento, delimitando-o e fixando os casos em que devia ser reconhecida, aos senhorios, a faculdade de recusar tais situações[22].

20 Este diploma foi, por seu turno, revogado pela L 46/85, de 20-set., lei essa que veio aperfeiçoar o direito a novo arrendamento (28.º) e a cessação desse mesmo direito (29.º).

21 9. O **RAU de 1990**, fiel ao seu papel codificador, acolheu os dois referidos preceitos da L 46/85: nos 90.º e 93.º[23]. Além disso, procurou melhorar a matéria (91.º, 95.º e 96.º). Adotou, ainda, uma regra da maior importância: o contrato resultante do exercício do direito a novo arrendamento seria, necessariamente, de duração limitada (92.º): evitava-se, deste modo, suprimir a posição do senhorio, para além do necessário.

22 A figura do "direito a novo arrendamento" traduz um pico do vinculismo. Pretende-se, aí, proteger não apenas o inquilino mas ainda outras pessoas que, a ele, possam estar ligadas. Simultaneamente, desincentiva-se o senhorio de exercer os seus direitos: pois se alguém continuará na posse do local, para que invocar caducidades ou resoluções?

23 10. O **RNAU de 2004** preconizou a abolição desta figura: ficaria totalmente deslocada, numa panorâmica não vinculística. Recordamos que esse projeto, em preceito que não seria retido, se propunha, de resto, acabar com as preferências que surgem no campo do arrendamento.

24 11. O **NRAU de 2006** não acolheu esta indicação: manteve o direito de preferência do arrendatário (1091.º/1). Mas além de uma preferência na compra e venda ou na dação do local arrendado – a) – consignou, também, uma preferência na celebração de novo arrendamento – b). Esta – agora verdadeira – preferência é a herdeira de uma aventura vinculística de 30 anos: a do direito a novo arrendamento, nascido pela mão do DL 420/76, de 28-mai. e falecido pela revogação do RAU, levada a cabo pelo 60.º/1 da L 6/2006, de 27-fev..

III – A transmissão

25 12. O **Código Civil**, na versão subsequente à L 6/2006, veio reabrir o tema da transmissão do direito do arrendatário. Fê-lo com alguma parcimónia e dentro de uma lógica de tutela da família e, por essa via, de uma (certa) estabilidade do arrendamento.

---

[19] STJ 22-jan.-1979 (Abel de Campos), Proc. 067346, STJ 7-jul.-1983 (Magalhães Baião), Proc. 070686, STJ 20-nov.-1984 (Santos Carvalho), Proc. 071853 e STJ 24-abr.-1985 (Pedro Lima Cluny), BMJ 346 (1985), 235-243 (241-242).
[20] RLx 20-nov.-1984 (Menezes Falcão), Proc. 0011195.
[21] O 16.º do DL 148/81, de 25-mai., revogou, efetivamente, o DL 445/74.

[22] DR I, n.º 279, de 4-dez.-1981, 3178-3179.
[23] Menezes Cordeiro/Castro Fraga, *RAU anotado*, 131-135; Pires de Lima/Antunes Varela, *Código anotado* 2, 4.ª ed., 667-679; Luís Menezes Leitão, *Direito a novo arrendamento*, 378 ss..

Cumpre ter presente que a transmissibilidade do direito do arrendatário, à margem do que 26
possa suceder com a propriedade, implica o instituir de uma ordem subdominial semelhante, historicamente, à proporcionada pela enfiteuse. Ora tal saída está vedada pela própria Constituição (96.º/1): historicamente, traduz fórmulas pré-liberais da ordenação de bens, de natureza pouco produtiva e, no caso de propriedade urbana: incapazes de assegurar as obras necessárias e a renovação habitacional.

Artigo 1105.º (Comunicabilidade e transmissão em vida para o cônjuge)

1. Incidindo o arrendamento sobre casa de morada de família, o seu destino é, em caso de divórcio ou de separação judicial de pessoas e bens, decidido por acordo dos cônjuges, podendo estes optar pela transmissão ou pela concentração a favor de um deles.
2. Na falta de acordo, cabe ao tribunal decidir, tendo em conta a necessidade de cada um, os interesses dos filhos e outros fatores relevantes.
3. A transferência ou a concentração acordadas e homologadas pelo juiz ou pelo conservador do registo civil ou a decisão judicial a elas relativa são notificadas oficiosamente ao senhorio.

Bibliografia: Nuno de Salter Cid, *A protecção da casa de morada de família no Direito português* (1996), XVI + 534 pp.; *idem*, *Alteração do acordo sobre o destino da casa de morada de família*, em *Comemorações dos 35 anos do Código Civil* 1 (2004), 275-318 (280 ss.); Francisco Pereira Coelho/Guilherme de Oliveira, *Curso de Direito da família* 1, 3.ª ed. (2003), 719-735; Laurinda Gemas e outros, *Arrendamento*, 480-485; Jorge Duarte Pinheiro, *O Direito de família contemporâneo* (2010), 663; Rita Lobo Xavier, *"Concentração" ou transmissão do direito ao arrendamento habitacional em caso de divórcio ou morte*, Est. Oliveira Ascensão 2 (2008), 1015-1047.

Vide as indicações dadas no 1068.º.

Índice

I – Origem e evolução	α) Decisão provisória.................................... 18
1. Lei n.º 2:030 1	β) Tribunal competente 20
2. Revisões ministeriais................................ 4	γ) Jurisdição voluntária 21
3. Código Civil... 6	δ) Critérios de atribuição 22
4. RAU de 1990.. 8	ε) Arrendamento compulsivo 24
5. Decreto-Lei n.º 163/95 9	ζ) Ónus da prova 25
6. NRAU de 2006... 10	η) União de facto 26
	11. Casa arrendada.. 27
II – O regime	12. Destino do local....................................... 20
7. Generalidades 11	α) Havendo acordo.. 30
8. Casa de morada de família........................ 14	β) Decisão do tribunal 31
9. Divórcio e separação 16	γ) Notificação oficiosa 33
10. Casa própria 17	13. Uniões de facto 34

I – Origem e evolução

1. A **Lei n.º 2:030**, de 22-jun.-1948, veio ocupar-se do destino da posição do arrendatário, no 1
caso de sobrevir separação de pessoas e bens ou o divórcio, então permitido apenas quando o casamento não fosse canónico. Dispunha o seu 45.º[1]:

---

[1] DG I, n.º 148, de 22-jun.-1948, 533/II.

1. Requerida a separação de pessoas e bens ou o divórcio, podem os cônjuges acordar em que o direito ao arrendamento para habitação fique pertencendo ao não arrendatário. Na falta de acordo, o juiz, a requerimento de qualquer dos interessados, decidirá na sentença, tendo em conta a sua situação patrimonial, as circunstâncias de facto relativas à ocupação da casa, o interesse dos filhos, a culpa do arrendatário na separação ou divórcio e o facto de o arrendamento ser anterior ou posterior ao casamento.
2. Se houver filhos e o processo tiver de ser remetido ao tribunal de menores, a este competirá decidir.
3. A transmissão do direito ao arrendamento para o cônjuge do arrendatário, por acordo ou decisão judicial, só produzirá efeitos em relação ao senhorio, se for requerida a sua notificação dentro de trinta dias, a contar do trânsito em julgado da sentença da separação ou divórcio, ou da decisão proferida pelo tribunal de menores.

2   Esse preceito resultou de uma sugestão da Câmara Corporativa[2]. Vale a pena recordar o competente troço, de que foi autor material o Prof. Pires de Lima[3]:

15. Cônjuges divorciados ou separados. – Entre os interesses atendíveis dos cônjuges estão, em primeiro lugar, os dos cônjuges divorciados ou separados. É matéria que não foi prevista no projecto, talvez porque o seu autor entendesse que, na impossibilidade de atribuir aos dois o mesmo direito, o devia atribuir ao cônjuge arrendatário, e talvez ainda porque, tratando-se de um desvio das regras normais exigido pelas necessidades de habitação, não eram de proteger situações anormais como as do divórcio ou separação.

Entende a Câmara Corporativa que não deve ser aceita essa doutrina. Já num ponto de vista familiar é discutível a tese, porque, podendo a separação ou o divórcio ser decretados por culpa tanto do cônjuge arrendatário como do outro, acontecerá em muitos casos que se venha a conceder protecção precisamente àquele dos cônjuges que a não merecia, e sòmente pela razão, muitas vezes puramente formal, de ter outorgado no contrato como chefe da família e administrador dos bens.

O que se pretende com estas medidas excepcionais em matéria de arrendamentos é proteger o facto da habitação, e portanto, em princípio, deverá atribuir-se o direito aos dois, e não apenas ao que figura corno arrendatário, visto o contrato ser normalmente celebrado em benefício do agregado familiar e não de um cônjuge apenas. Como, porém, isto é impossível desde que seja decretado o divórcio ou a separação, parece indicado que acima de um critério, muitas vezes puramente ocasional, como é o da outorga do contrato, se atenda efectivamente às necessidades de habitação de cada um dos cônjuges, facultando-se-lhes um acordo, e atribuindo ao juiz, na falta dele, o poder de dirimir o conflito, conferindo a posse da casa a quem melhor direito invoque, baseado na culpa do outro cônjuge, na situação patrimonial de cada um, no interesse dos filhos, etc.

Trata-se, de resto, da resolução de um problema que para o senhorio é, na generalidade dos casos, indiferente, pois, tendo de ocupar um dos cônjuges a posição de arreeniatário, pouco ou nada lhe deve interessar que essa posição seja conferida ao marido ou à mulher. O que é essencial é que ele saiba que houve uma transmissão e que de certo momento em diante deixou de ser arrendatário o que outorgou no contrato, por ter transmitido essa situação ao seu cônjuge ou ex-cônjuge. E deve também notar-se que a solução do projecto deixaria quase sempre a mulher desprotegida, por ser normalmente o marido o administrador do património conjugal, e portanto a pessoa indicada para tomar prédios de arrendamento, direito que à mulher nem sequer é facultado.

Em harmonia com estas considerações se propõe adiante o seguinte sistema: requerida a separação ou o divórcio, podem desde logo os cônjuges acordar que o direito ao arrendamento fique pertencendo ao que figura como arrendatário no contrato ou ao outro. Se não chegarem a acordo, o juiz decidirá na sentença, a requerimento de qualquer dos interessados, tendo em atenção a sua situação patrimonial, as circunstâncias de facto relativas à ocupação da casa, o interesse dos filhos, a culpa do arrendatário na separação ou no divórcio e o de o arrendamento ser anterior ou posterior à celebração do casamento. Havendo, porém, filhos e devendo a situação destes ser fixada pelo tribunal de menores, deve transmitir-se para este tribunal a competência para decidir, visto um dos principais factores atendíveis ser o interesse dos filhos. Feito o acordo ou proferida a decisão judicial, se o direito ao arrendamento for atribuído ao que figura no contrato como arrendatário, não é preciso levar o acordo ou a decisão ao conhecimento do senhorio. Noutro caso, é necessário notificá-lo, dentro do prazo de trinta dias, para que tome conhecimento da transferência do direito.

---

[2] *Vide* a nota 3 ao 1068.º.

[3] Confrontável em Tito Arantes, *Inquilinato*, 35-36.

Recordamos ainda que o 44.º da L 2:030 fixava a regra da não-comunicabilidade do direito do arrendatário ao cônjuge, regra essa que foi invertida, em circunstâncias bizarras, pelo NRAU de 2006[4].

2. Revisões ministeriais. O regime do 45.º da L 2:030 foi retomado, com o do 44.º, pelas revisões ministeriais que presidiram à preparação do CC. A 1.ª revisão acolheu o 44.º no seu 1108.º (incomunicabilidade do arrendamento). E, no 1109.º (divórcio ou separação dos cônjuges), com sensíveis melhorias de redação, surgia o 45.º[5].

A 2.ª revisão fundiu, num único preceito (o 1110.º, epigrafado incomunicabilidade do arrendamento), os dois normativos[6]. Com danos para a sistemática e a nitidez da lei, uma vez que se trata, claramente, de regras distintas.

3. O **Código Civil**, na versão inicial, dispunha, no 1110.º, epigrafado incomunicabilidade do arrendamento[7]:

> 1. Seja qual for o regime matrimonial, a posição do arrendatário não se comunica ao cônjuge e caduca por sua morte, sem prejuízo do disposto no artigo seguinte.
> 2. Obtido o divórcio ou a separação judicial de pessoas e bens, podem os cônjuges acordar em que a posição de arrendatário fique pertencendo a qualquer deles.
> 3. Na falta de acordo, cabe ao tribunal decidir, tendo em conta a situação patrimonial dos cônjuges, as circunstâncias de facto relativas à ocupação da casa, o interesse dos filhos, a culpa imputada ao arrendatário na separação ou divórcio, o facto de ser o arrendamento anterior ou posterior ao casamento, e quaisquer outras razões atendíveis; estando o processo pendente no tribunal de menores, cabe a este a decisão.
> 4. A transferência do direito ao arrendamento para o cônjuge do arrendatário, por efeito de acordo ou decisão judicial, deve ser notificada oficiosamente ao senhorio.

A lógica do preceito, que remonta à L 2:030, é clara: primeiro fixa-se a regra da incomunicabilidade; depois, estabelece-se um quadro de exceções, nos casos de divórcio ou de separação judicial de pessoas e bens.

4. O **RAU de 1990** acolheu o 1110.º do CC, versão original, desdobrando-o, na linha da L 2:030 e do anteprojeto resultante da 1.ª revisão ministerial: o 83.º (incomunicabilidade) acolheu o 1110.º/1 e o 84.º (transmissão por divórcio) os números 2, 3 e 4 desse mesmo preceito[8]. Estavam em jogo, efetivamente, normas distintas, ainda que intimamente relacionadas[9].

5. O **DL 163/95**, de 13-jul., na sequência do Código de Registo Civil de 1995[10], que instituiu um procedimento de divórcio, a decorrer na conservatória do registo civil (271.º e seguintes), alterou (3.º) o 84.º/4 do RAU – idêntico ao antigo 1110.º/4, do CC – dando-lhe o teor seguinte[11]:

> A transferência do direito ao arrendamento para o cônjuge do arrendatário, por efeito de acordo homologado pelo juiz ou pelo conservador do registo civil, consoante os casos, ou por decisão judicial, deve ser notificada oficiosamente ao senhorio.

6. O **NRAU de 2006** conferiu, ao 1105.º, a redação atual[12]. Como foi observado[13], caiu em enorme confusão ao separar a matéria da incomunicabilidade (1068.º) das suas exceções (1105.º) e ao alargar, *ad nutum*, a comunicabilidade a todos os arrendamentos (*idem*, 1068.º).

---

[4] *Vide supra* as anotações ao 1068.º.
[5] BMJ 120 (1962), 123-124.
[6] Jacinto Rodrigues Bastos, *Dos contratos*, 188-189
[7] DG I, n.º 274, de 25-nov.-1966, 1981/I.
[8] DR I, n.º 238, de 15-out.-1990, 4286-(19)/I e II.
[9] Menezes Cordeiro/Castro Fraga, *RAU anotado*, 124.
[10] Aprovado pelo DL 131/95, de 6-jun., por último alterado pelo DL 209/2012, de 19-set..
[11] DR I-A, n.º 160, de 13-jul.-1005, 4432/II.
[12] DR I-A, n.º 41, de 27-fev.-2006, 1586/I.
[13] *Supra*, anotações ao 1068.º.

II – O regime

11 **7. Generalidades.** O 1105.º, cuja origem remonta à década de 40 do século passado, visou proteger a casa de família. Antecipou, sem a referir, essa noção: apenas formalizada, na lei portuguesa, com a reforma do CC, de 1977. Entende o legislador que, no arrendamento habitacional e destinando-se o locado à residência dos cônjuges – e, consequentemente, dos filhos – havia que prever especiais regras de transmissão do direito do arrendatário, no caso de sobrevir divórcio ou separação judicial de pessoas e bens. As puras regras da locação seriam insuficientes, para proteger a família.

12 A proteção da família alojada em local arrendado constitui, fatalmente, um ónus a cargo do senhorio[14]. Este, ao decidir arrendar para habitação, assume voluntariamente o risco de o local ser elevado a casa de família, com a subsequente aplicação de certas regras de tutela. Dada a natureza dos bens em jogo, afigura-se que esta realidade deve manter-se separada do puro vinculismo. Há, pois, que interpretá-la à luz dos valores subscritos pela lei, sem especiais preocupações restritivas.

13 O CC, na sequência da reforma de 1977, abaixo referida, instituiu a casa de morada de família e dispensou-lhe regras especiais. Tais regras ocorrem na hipótese de a casa de morada de família pertencer a um dos cônjuges ou aos dois (1793.º). Não é o caso previsto no 1105.º, que antes lida com a casa meramente arrendada. Todavia, é a propósito da casa própria dos cônjuges ou de um deles, que a lei fixa as regras gerais sobre a casa de família. E é ainda a propósito da casa própria que surgem mais litígios e mais decisões judiciais. Como os parâmetros decisórios de tal problemática relevam, também, na hipótese de casa arrendada, vamos desenvolver, de seguida, essa situação.

14 **8. A casa de morada** de família foi uma noção introduzida no 1673.º, na redação dada pelo DL 496/77, de 25-nov.[15] Anteriormente, a mulher devia adotar a residência do marido (1672.º, versão original). O princípio da igualdade dos cônjuges levou o legislador de 1977 a consignar a residência da família, a escolher por acordo entre ambos ou, na falta dele, pelo tribunal (1673.º/1 e 2)[16]; posto isso e salvo ponderosos motivos em contrário, os cônjuges devem adotar a residência da família (1673.º/2)[17].

15 A casa de morada de família traduz um valor familiar que transcende o do mero local em causa: ponto de encontro onde deve ocorrer a coabitação do casal e primeira residência dos filhos. Por isso, o CC prevê diversas regras específicas: a necessidade de consentimento dos dois cônjuges para a sua alienação, oneração, arrendamento ou constituição de outros direitos pessoais de gozo, independentemente de quem seja o titular (1682.º-A/2) e exigência desse mesmo consentimento para a disposição do arrendamento que dê corpo à morada em causa (1682.º-B). Cumpre reter o teor deste preceito:

> Relativamente à casa de morada de família, carecem do consentimento de ambos os cônjuges:
>
> a) A resolução, a oposição à renovação ou a denúncia do contrato de arrendamento pelo arrendatário;
> b) A revogação do arrendamento por mútuo consentimento;

---

[14] Pode, ainda, funcionar contra outras pessoas. Assim, havendo expropriação da casa de família, a justa indemnização deve computar, também, as despesas decorrentes da mudança de habitação daí decorrente: RGm 13-fev.-2012 (Fernando Fernandes Freitas), Proc. 6087/04.

[15] Nuno de Salter Cid, *A proteção da casa de morada*, 206 ss.; Francisco Pereira Coelho/Guilherme de Oliveira, *Curso de Direito da família*, n.º 279 (720), explicam que se trata de uma ideia de origem francesa.

[16] Seguindo-se, nessa pouco animadora eventualidade, o previsto no 991.º (ex-1415.º), do CPC.

[17] Leonor Beleza, *Os efeitos do casamento*, em *Reforma do Código Civil* (1981), 91-135 (113-115) e Pires de Lima/Antunes Varela, *Código anotado* 4, 2.ª ed. (1992), 259-262.

c) A cessão da posição de arrendatário;
d) O subarrendamento ou o empréstimo, total ou parcial.

9. O **divórcio e a separação** judicial de pessoas e bens põem termo ao dever de coabitação dos cônjuges: o primeiro por implicar a dissolução do casamento (1788.º) e o segundo por visar, no plano pessoal, precisamente a extinção desse dever (1795.º-A). Além disso, ambos esses eventos fazem cessar a comunhão de bens, quando exista. Cabe, pois, providenciar quanto à casa de morada de família.

10. **Casa própria**, de um ou de ambos: não havendo acordo, pode o tribunal dá-la de arrendamento a qualquer dos cônjuges ou ex-cônjuges, a seu pedido, quer ela seja comum, quer seja própria do outro e isso considerando, nomeadamente, as necessidades de cada um dos cônjuges ou da família (1793.º/1). Esse preceito veio preencher uma lacuna deixada em aberto pelo Direito anterior, que apenas dispunha sobre o destino da casa de morada de família arrendada[18]. Vamos passar em revista as questões suscitadas por esse preceito, no plano prático, sendo conveniente consignar o seu exato teor:

> 1. Pode o tribunal dar de arrendamento a qualquer dos cônjuges, a seu pedido, a casa de morada da família, quer essa seja comum quer própria de outro, considerando, nomeadamente, as necessidades de cada um dos cônjuges e o interesse dos filhos do casal.

α) O destino da casa de morada de família pode exigir uma **decisão provisória**: caso estejam em jogo interesses que requeiram medidas imediatas e, designadamente, os dos filhos do casal. O juiz pode, por iniciativa própria ou a pedido de alguma das partes e ordenando, eventualmente, as diligências que entenda necessárias, conhecer e decidir provisoriamente sobre o assunto 1407.º/7, do CPC)[19].

A título provisório, pode o juiz optar por alguma das soluções previstas no 1793.º[20]. A decisão provisória vale até que transite a definitiva[21]; além disso, o acordo provisório não caduca, por si, transitando em julgado a decisão final que não o contradiga, tão-pouco havendo lugar a enriquecimento sem causa[22].

β) O **tribunal competente** é o de família e menores[23], numa lógica que deve alargar-se, por analogia, à cessação das uniões de facto juridicamente relevantes[24], embora haja decisões divergentes[25]. A primeira posição afigura-se preferível: devemos entender que tribunais de família estão melhor apetrechados para decidir, designadamente, questões que envolvam menores: estes não têm culpa da irreflexão dos pais.

γ) Opera, aqui, uma **jurisdição voluntária** (1409.º e seguintes, do CPC). O tribunal não fica sujeito a uma legalidade formal estrita[26], tendo poderes inquisitórios[27] e havendo lugar, se conveniente, a inspeção judicial[28]. A decisão tomada pode sofrer alterações, se conveniente[29].

---

[18] STJ 14-mai.-1991 (Cura Mariano), BMJ 407 (1991), 536-539 (538); vide Francisco Pereira Coelho, em Ordem dos Advogados, *Reforma do Código Civil* (1981), 25-53 (49-51).
[19] RLx 5-fev.-2009 (José Eduardo Sapateiro), Proc. 10102/2008-6.
[20] STJ 26-abr.-2012 (Serra Baptista), Proc. 33/08 e RPt 5-fev.-2013 (M. Pinto dos Santos), Proc. 1164/10.
[21] RPt 14-mai.-2012 (António Eleutério), Proc. 3853/08.
[22] STJ 17-jan.-2013 (Abrantes Geraldes), Proc. 2324/07.
[23] STJ 7-jun.-2011 (Salazar Casanova), Proc. 4162/09, RPt 1-mar.-2012 (Mário Fernandes), Proc. 1546/11.
[24] RCb 17-nov.-2009 (Teresa Pardal), Proc. 1649/09, RLx 18-jun.-2009 (Nelson Borges Carneiro), Proc. 1779/04, RLx 20-mai.-2010 (Catarina Melo Manso), Proc. 336/09, RLx 13-jul.-2010 (Aguiar Pereira), Proc. 403/09, RPt 24-jan.-2012 (Vieira da Cunha), Proc. 67/11.
[25] RLx 14-set.-2010 (Graça Amaral), Proc. 113/10 e RLx 9-fev.-2012 (Olindo Geraldes), Proc. 239/11.
[26] RLx 23-abr.-2009 (Catarina Melo Manso), Proc. 348--A/2000.
[27] RLx 24-jun.-2010 (Márcio Portela), Proc. 461/09 e RGm 25-mai.-2010 (Pereira da Rocha), Proc. 3554/95.
[28] RGm 12-out.-2010 (Pereira da Rocha), Proc. 74-D//2002.
[29] RPt 1-fev.-2011 (Maria Cecília Agante), Proc. 298/06.

22 δ) Os **critérios de atribuição** constam do 1793.°/1[30]: as necessidades dos cônjuges[31] e o interesse dos filhos, o qual, naturalmente, deve prevalecer. Os mecanismos que permitem, ao juiz, atribuir a (apenas) um dos ex-cônjuges a casa de morada de família em arrendamento só funcionam se a casa: (a) for do outro; (b) for património comum; (c) for arrendada[32]. Isto dito, não cabe atribuir a casa ao ex-cônjuge que disponha de outra habitação capaz[33].

23 Na hipótese de não ser possível decidir na base das necessidades dos envolvidos ou do interesse dos filhos, há que atender a outros critérios, como o da culpa dos envolvidos, na separação ou no divórcio ou o da titularidade do imóvel[34].

24 ε) A lei prevê o **arrendamento compulsivo** a favor do cônjuge ou ex-cônjuge, da casa comum ou do outro (1793°/1): um regime excecional, justificado pelos valores em jogo. A renda fixada pode ficar fora das regras do mercado[35], sob pena de se inviabilizar o sentido prático da decisão[36]: deve ter em conta a situação económica de ambos[37]. Em rigor, não se trata de impor o arrendamento a um dos parceiros (embora isso acabe por suceder), mas de o constituir a favor do outro[38].

25 ζ) O **ónus da prova** da necessidade da casa de morada de família compete, nos termos gerais, àquele que dela se queira prevalecer[39].

26 η) Havendo **união de facto**, o 1793.° aplica-se, aos ex-unidos, por via da L 7/2001, de 11-mai., alterada pela L 23/2010, de 30-ago.: 4.°.

27 11. **Casa arrendada**: o 1105.°, com os antecedentes indicados e a interpretar em conjunto com o 1793.°, dispõe sobre essa eventualidade, havendo divórcio ou separação judicial de pessoas e bens e estando em jogo a casa de morada de família. A epígrafe do preceito, herdada de versões anteriores, não tem hoje razão de ser: o preceito dispõe sobre a transmissão ou sobre a concentração do arrendamento, em vida, a favor do cônjuge ou do ex-cônjuge.

28 O 1105.°/1 prevê que o arrendamento "incida" sobre a casa de morada de família: fórmula incorreta, uma vez que a casa de morada de família é que recai sobre local arrendado. A natureza de casa de morada de família deve ser alegada e provada por quem queira prevalecer-se do regime legal. Uma vez que se trata de uma situação oponível ao senhorio, não basta que ambos os cônjuges ou ex-cônjuges venham declarar a natureza "familiar" da casa.

29 12. O **destino do local** arrendado pode consistir: (a) na transmissão do direito do arrendatário para o outro cônjuge ou ex-cônjuge, nos casos (muito apertados), em que, mau grado o 1068.°, ambos os cônjuges não fossem arrendatários; (b) na concentração, em apenas um deles, do direito que, antes, assistisse a ambos.

30 α) **Havendo acordo** quanto ao destino, é o mesmo homologado, pelo juiz ou pelo conservador do registo civil, consoante a entidade perante a qual se desenrolem o divórcio ou a separação (1105.°/3, 1.ª parte).

31 β) Na falta dele, cabe **decisão do tribunal** (1105.°/2), tomada tendo em conta: (a) a necessidade de cada um; (b) os interesses dos filhos; (c) outros fatores relevantes. Pode, aqui, ser convocada a jurisprudência produzida em torno do 1793.° e acima sumariada.

32 Mau grado a ordenação legal, deve entender-se que prevalecem os interesses dos filhos. Designadamente, o local deverá ser atribuído ao progenitor que detenha a custódia dos meno-

---

[30] RLx 18-jun.-2009 (Nelson Borges Carneiro), Proc. 1779/04.
[31] RPt 1-fev.-20112 (Maria Cecília Agante), Proc. 298/06, RGm 17-mai.-2011 (Ana Cristina Duarte), Proc. 33/08 e RPt 7-dez.-2011 (Pedro Lima Costa), Proc. 10814/09.
[32] RLx 24-abr.-2010 (João Aveiro Pereira), Proc. 2596/03.
[33] RPt 21-jun.-2012 (Deolinda Varão), Proc. 3023/09.
[34] RLx 25-mar.-2010 (Manuel Gonçalves), Proc. 2042/03, RPt 7-out.-2010 (Amaral Ferreira), Proc. 90/05 e RPt 1-fev.-2011 (Maria Cecília Agante), Proc. 298/06.
[35] RLx 16-jul.-2009 (Roque Nogueira), Proc. 1087/03 e RGm 17-mai.-2011 (Ana Cristina Duarte), Proc. 33/08.
[36] RGm 3-dez.-2009 (Isabel Rocha), Proc. 4738/03.
[37] RGm 19-jan.-2012 (Helena Melo), Proc. 17/10.
[38] RLx 29-abr.-2012 (Pimentel Marcos), Proc. 2249/09.
[39] RLx 24-jun.-2010 (Márcia Portela), Proc. 461/09.

res, de modo a evitar maiores sobressaltos: mudança de escola, afastamento de amigos e vizinhos e desenraizamentos desnecessários. Mas tudo dependerá, sempre, do caso concreto.

γ) A **notificação oficiosa** do acordo que venha a ser homologado pelo juiz ou pelo conservador ou a decisão judicial que venha a ser tomada, na falta de acordo, é feita ao senhorio. Temos uma situação de eficácia externa de situações relativas, contrária ao 406.º, e que assenta num ato de soberania do Estado.   33

13. **Uniões de facto**. Perante a L 7/2001, de 11-mai., com as alterações introduzidas pela L 23/2010, de 30-ago., a união de facto relevante (portanto: que dure há mais de dois anos, 1.º/2) permite, em caso de rutura, a aplicação do 1105.º, a favor dos ex-unidos.   34

Artigo 1106.º (Transmissão por morte)

1. O arrendamento para habitação não caduca por morte do arrendatário quando lhe sobreviva:

   a) Cônjuge com residência no locado;
   b) Pessoa que com ele vivesse em união de facto há mais de um ano;
   c) Pessoa que com ele vivesse em economia comum há mais de um ano.

2. Nos casos previstos nas alíneas b) e c) do número anterior, a transmissão da posição de arrendatário depende de, à data da morte do arrendatário, o transmissário residir no locado há mais de um ano.

3. Havendo várias pessoas com direito à transmissão, a posição do arrendatário transmite-se, em igualdade de circunstâncias, sucessivamente para o cônjuge sobrevivo ou pessoa que com o falecido vivesse em união de facto, para o parente ou afim mais próximo ou, de entre estes, para o mais velho ou para a mais velha de entre as restantes pessoas que com ele residissem em economia comum.

4. O direito à transmissão previsto nos números anteriores não se verifica se, à data da morte do arrendatário, o titular desse direito tiver outra casa, própria ou arrendada, na área dos concelhos de Lisboa ou do Porto e seus limítrofes ou no respetivo concelho quanto ao resto do País.

5. A morte do arrendatário nos seis meses anteriores à data da cessação do contrato dá ao transmissário o direito de permanecer no local por período não inferior a seis meses a contar do decesso.

Bibliografia: José Diogo Falcão, *A transmissão do arrendamento para habitação por morte do arrendatário no NRAU*, ROA 2007, 1163-1194; João Menezes Leitão, *Morte do arrendatário habitacional e sorte do contrato*, Est. Galvão Telles 3 (2002), 275-371; Rita Lobo Xavier, *"Concentração" ou transmissão do direito ao arrendamento habitacional em caso de divórcio ou morte*, Est. Oliveira Ascensão 2 (2008), 1015-1047.

Índice

I – **Origem e evolução**
1. As Ordenações 1
2. Código de Seabra 3
3. Leis da República 5
4. Lei n.º 2:030 10
5. Preparatórios 12
6. Código Civil (original) 13

7. Alterações sucessivas 14
8. RAU de 1990 18
9. RNAU de 2004 25
10. NRAU de 2006 26
11. Os problemas 27
    α) A ordem subdominial 28
    β) Ponderação de interesses 29

γ) Prazo de um ano 30
12. Reforma de 2012 33

II – O regime
13. Cônjuge 36

14. Unido de facto 38
15. Economia comum 40
16. Precedências 41
17. Afastamento.. 42

I – Origem e evolução

1 1. **As Ordenações** já previam situações de não-caducidade da locação, mau grado a morte do locatário. Nas Afonsinas (1446-1447) o Liv. IV, Título LXXVI, depois de firmar o princípio da caducidade da parceria agrícola por morte de alguma das partes, admitia exceções[1]. Assim: (a) tendo a terra sido já adubada, lavrada ou a vinha plantada, o contrato duraria, perante os herdeiros, por mais um ano; (b) havendo ajuste de dez anos ou mais[2]:

> em tal caso passará esse contrauto os herdeiros; porque tal contrauto assy feito nom segue as natura e condiçom do contrauto da parçaria, mais passa em outra especia de contrauto, que se chama em direito infitiotico.

(c) e noutras situações[3]

> E em todo caso, honde o Senhor da vinha, ou herdade a desse de renda por certa quantidade de pam, vinho, azeite, ou dinheiros, em tal caso sempre esse contrauto passará aos herdeiros; polrque o contrauto de parçaria, e por tanto per guisa com razons deve seer julgado.

2 Os Reis de Portugal reconheciam as vantagens em não interromper os empreendimentos agrícolas, por via da morte do arrendatário ou equivalente. De notar, ainda, a confusão com a enfiteuse. As regras transcritas passaram ao Liv. IV, Tit. LX, das Ordenações Manuelinas (1512-1514)[4]
3 e ao Liv. IV, Tit. XLV, das Filipinas (1603)[5].

2. O **Código de Seabra** generalizou a regra. Segundo o seu 1619.º[6],

> O contracto de arrendamento, cuja data for declarada em titulo authentico ou authenticado, não se rescinde por morte do senhorio nem do arrendatario (...)

4 A subsistência do direito do locatário, perante a morte deste e a sua passagem aos sucessores dependia, pois, da existência de um título autêntico ou autenticado. Sublinhe-se, ainda, que dada a inexistência do vinculismo, a transmissão, por morte, do arrendamento não implicava uma perpetuação do direito do arrendatário.

5 3. As **leis da República** foram confrontadas com o facto de raramente se recorrer, quanto ao arrendamento, a formas autênticas ou autenticadas. Além disso, a progressiva imposição do vinculismo dava uma dimensão social ao problema.

6 O D de 12-nov.-1910 veio obrigar o arrendamento de prédios urbanos a constar sempre de título autêntico ou autenticado (2.º)[7]: uma regra pouco ou nada observada.

7 O D 5:411, de 17-abr.-1919, no 58.º, ressalvou a posição dos arrendamentos comerciais[8]:

> O arrendamento de estabelecimentos comerciais e industriais subsistirá, não obstante a morte do senhorio ou do arrendatário e ainda havendo transmissão, salvo o único caso de expropriação por utilidade pública.

---

[1] *Ord. Af.*, Liv. IV, Tit. LXXVI = ed. Gulbenkian, IV, 268-269
[2] *Ord. Af.*, Liv. IV, Tit. LXXV, § 2.
[3] *Idem*, § 3.
[4] *Ord. Man.*, Liv. IV, Tit. LX = ed. Gulbenkian, IV, 146-147.
[5] *Ord. Fil.*, Liv. IV, Tit. XLV = ed. Gulbenkian, IV-V, 831;

estas últimas já evitam a referência ao *contrauto enfitiotico*, para designar parcerias de duração igual ou superior a dez anos.
[6] José Dias Ferreira, *Codigo annotado* 2, 2.ª ed. (1898), 206.
[7] DG n.º 34, de 14-nov.-1910, 898/III.
[8] DG I, n.º 80, de 17-abr.-1919, 657/I.

A L 1:662, de 4-set.-1924, dedicou uma especial atenção ao tema[9]: 8

    Artigo 1.º A contar de 6 de Dezembro de 1923, inclusive, o contrato de arrendamento de prédios urbanos, quer tenha sido feito antes, quer depois daquela data, e embora não conste de título autêntico ou autenticado, não se considera rescindido nem pela morte do senhorio ou arrendatário, nem pela transmissão do prédio, seja qual for a natureza desta transmissão, salvo o disposto no artigo 36.º, § 1.º, do decreto n.º 5:411, de 17 de Abril de 1919.
    § 1.º Exceptuam-se:
    1.º A expropriação por utilidade pública;
    2.º A transmissão do prédio por título gratuito, a favor de escolas, bibliotecas, museus ou institutos scientíficos, literários ou de beneficência, que dele careçam para as suas instalações;
    3.º A transmissão, por morte do arrendatário, quando a êste não sobreviva cônjuge ou qualquer herdeiro legitimário, que com êle estivesse habitando há mais de seis meses.
    § 2.º O inquilino não terá direito a qualquer indemnização, salvo tratando-se de estabelecimento comercial ou industrial, em que se aplicará o disposto no artigo 53.º e seus parágrafos do decreto n.º 5:411, de 17 de Abril de 1919.

Sob uma fórmula complexa, a L 1:662 permitia a transmissão do arrendamento, por morte 9 do arrendatário, quando a este sobrevivesse cônjuge ou qualquer herdeiro legitimário, que com ele, habitasse há mais de seis meses. O preceito surge, num primeiro momento, favorável à transmissão, uma vez que dispensa a exigência de título autêntico. Restringe-a, depois, fixando a caducidade por morte do arrendatário, mas não quando lhe sobreviva cônjuge ou legitimário com mais de seis meses de coabitação.

4. A **Lei n.º 2:030**, de 22-jun.-1948, após cuidada ponderação na Câmara Corporativa[10], deli- 10 mitando a matéria ao arrendamento para habitação, fixou o preceito seguinte (46.º)[11]:

    1. O arrendamento para habitação não caduca por morte do primitivo arrendatário, se lhe sobreviver cônjuge não separado de pessoas e bens ou de facto, ou descendente ou ascendente que com ele vivesse pelo menos há um ano.
    2. A transmissão do direito ao arrendamento estabelecida no número anterior defere-se pela ordem seguinte:
    a) Ao cônjuge sobrevivo;
    b) Aos descendentes, preferindo os mais próximos;
    c) Aos ascendentes, preferindo igualmente os mais próximos.
    3. A transmissão a favor dos descendentes ou ascendentes do primitivo arrendatário também se verifica por morte do cônjuge deste, quando, nos termos do presente artigo ou do anterior, lhe tenha sido transmitido o direito ao arrendamento. Esta segunda transmissão só pode dar-se em favor de pessoas que viverem com o cônjuge do primitivo arrendatário pelo menos há um ano.
    4. Quando o arrendatário não residir no prédio e nele viver o seu cônjuge, descendentes ou ascendentes, o arrendamento não caduca por morte do arrendatário, e transmite-se nos termos dos n.ºˢ 1 e 2 deste artigo.
    (...)

Cabe recordar o contexto: o de um vinculismo extremo, em que o arrendamento tendia 11 para um desmembramento da propriedade. Por isso, o legislador, fixando o princípio da caducidade do arrendamento habitacional por morte do arrendatário admitia a transmissão *mortis causa*, desde que: (a) se tratasse da morte do primitivo arrendatário; (b) se sobrevivesse cônjuge não

---

[9] DG I, n.º 200, de 4-set.-1924, 1242/I e II.
[10] Parecer da CCorp n.º 15, ao Projeto de Lei n.º 104, DSess n.º 83 (supl.), de 5-nov.-1947 (Fernando Pires de Lima) = Tito Arantes, *Inquilinato*, 15-110 (37-39).
[11] DG I, n.º 143, de 22-jun.-1948, 533/II.

separado de pessoas e bens ou descendente ou ascendente que com ele vivesse há, pelo menos, um ano. Além disso, admitia uma segunda transmissão quando, tendo a primeira operado a favor do cônjuge do primitivo arrendatário, também aquele falecesse; a transmissão só operaria a favor de descendentes ou ascendentes que tivessem vivido com o primitivo arrendatário há, pelo menos, um ano.

12   5. Nos **preparatórios**, o dispositivo do 46.º da L 2:030, com alterações formais, foi recuperado na 1.ª revisão ministerial[12]. Daí, salvo pormenores, passaria à 2.ª revisão, ao projeto e ao Código[13].

13   6. O **Código Civil (original)** acolheu a matéria no 1110.º, epigrafado transmissão por morte do arrendatário, nos termos seguintes[14]:

> 1. O arrendamento não caduca por morte do primitivo arrendatário ou daquele a quem tiver sido cedida a sua posição contratual, se lhe sobreviver cônjuge não separado judicialmente de pessoas e bens ou de facto, ou deixar parentes ou afins na linha recta que com ele vivessem, pelo menos, há um ano; mas os sucessores podem renunciar à transmissão, comunicando a renúncia ao senhorio no prazo de trinta dias.
> 2. A transmissão da posição do inquilino, estabelecida no número anterior defere-se pela ordem seguinte:
>
> *a)* Ao cônjuge sobrevivo;
> *b)* Aos parentes ou afins da linha recta, preferindo os primeiros aos segundos, os descendentes aos ascendentes e os de grau mais próximo aos de grau ulterior.
>
> 3. A transmissão a favor dos parentes ou afins também se verifica por morte do cônjuge sobrevivo quando, nos termos deste artigo, lhe tenha sido transmitido o direito ao arrendamento.

14   7. **Alterações sucessivas** atingiram, depois, o 1111.º. O DL 293/77, de 20-jul., que veio tomar diversas medidas de proteção dos inquilinos, alterou o 1111.º/1 (27.º), retirando-lhe o adjetivo "primitivo"[15]. Com o seguinte efeito: a partir daí, o direito do arrendatário passaria a transmitir-se indefinidamente, por morte, assim se conservando uma ordem subdominial: precisamente aquilo que o legislador de 1948, com base no estudo da Câmara Corporativa, pretendeu evitar[16].

15   Seguiu-se-lhe o DL 328/81, de 4-dez., em cujo preâmbulo se lê[17]:

> O Decreto-Lei n.º 293/77, de 20 de Julho, ao regular a sucessão no arrendamento, alargou-o em termos de permitir transmissões sucessivas e praticamente ilimitadas, impondo, desse modo, injustificados sacrifícios aos senhorios, se tivermos sobretudo em conta o congelamento das rendas, que continua a vigorar para os contratos antigos.
>
> Preferiu-se, assim, voltar ao regime inicialmente adotado pelo legislador do Código Civil e que tem uma certa tradição no nosso direito, embora se consagrem algumas alterações no domínio da fixação de rendas nas transmissões realizadas a favor dos descendentes.

16   O 1111.º/1 foi alterado (1.º), no sentido de se restaurar o *primitivo* arrendatário. Além disso, o naipe dos beneficiários foi alargado, de modo a abranger parentes ou afins com menos de um ano[18]: logicamente, não poderiam viver com o falecido arrendatário, há mais de um ano.

17   Isto posto, sobreveio a L 46/85, de 20-set., relativa aos regimes de renda. Este diploma alterou (40.º), pela terceira vez, o 1111.º, de modo a contemplar o unido de facto, há mais de cinco anos e a impor um dever de comunicação da morte do primitivo inquilino ou do cônjuge sobrevivo, no prazo de 180 dias, ao senhorio, por carta registada com aviso de receção, acompanhada pela documentação comprovativa do seu direito[19].

---

[12] BMJ 120 (1962), 77-127 (124).
[13] Jacinto Rodrigues Bastos, *Dos contratos*, 192-193.
[14] DG I, n.º 274, de 25-nov.-1966, 1981/II.
[15] DR I, n.º 166, de 20-jul.-1977, 1797/I.
[16] Moitinho de Almeida, *Inquilinato urbano post 25 de Abril* (1982), 252 pp., 88 e Pires de Lima/Antunes Varela, *Código anotado* 2, 4.ª ed., 655.
[17] DR I, n.º 279, de 4-dez.-1981, 3178/I.
[18] *Idem*, 3178/II.
[19] DR I, n.º 217, de 20-set.-1985, 3047/II-3048/I.

8. O **RAU de 1990** retomou o preceito, procedendo a uma rearrumação do seu conteúdo e explicitando soluções mais diferenciadas. Vale o seu 85.º, que dispunha[20]:

> 1. O arrendamento para habitação não caduca por morte do primitivo arrendatário ou daquele a quem tiver sido cedida a sua posição contratual, se lhe sobreviver:
>
> a) Cônjuge não separado judicialmente de pessoas e bens ou de facto;
> b) Descendente com menos de um ano de idade ou que com ele convivessem há mais de um ano;
> c) Ascendente que com ele convivessem há mais de um ano;
> d) Afim na linha recta, nas condições referidas nas alíneas b) e c);
> e) Pessoa que com ele viva há mais de cinco anos em condições análogas às dos cônjuges, quando o arrendatário não seja casado ou esteja separado judicialmente de pessoas e bens.
>
> 2. Nos casos do número anterior, a posição do arrendatário transmite-se, pela ordem das respectivas alíneas, às pessoas nele referidas, preferindo, em igualdade de condições, sucessivamente, o parente ou afim mais próximo e mais idoso.
>
> 3. A transmissão a favor dos parentes ou afins também se verifica por morte do cônjuge sobrevivo quando, nos termos deste artigo, lhe tenha sido transmitido o direito ao arrendamento.

O preceito parece claro, não se impondo, aqui e agora, o seu estudo[21]. Mas não houve quietude.

A L 135/99, de 20-ago., relativa a uniões de facto, reduziu (5.º), para dois, o prazo do 85.º/1, e) e veio explicitar, no n.º 2, a posição do unido de facto[22].

A L 6/2001, de 11-mai., que adotou medidas de proteção das pessoas, que vivam em economia comum, a entender (2.º) como a situação de pessoas que vivam em comunhão de mesa e habitação há mais de dois anos e tenham estabelecido uma vivência em comum de entreajuda ou partilha de recursos. Essa lei acrescentou, ao 85.º/1, do RAU, uma nova alínea, a *f*), assim redigida[23]:

> *f*) Pessoas que com ele vivessem em economia comum há mais de dois anos.

Temos, aqui, uma manifestação serôdia de vinculismo: a lei fez, sem qualquer compensação, incidir mais um encargo sobre os senhorios, para ser generosa com terceiros.

No mesmo dia, a L 7/2001, de 11-mai., com medidas de proteção das uniões de facto, alterou novamente o 85.º/1, do RAU. Acrescentou-se uma nova alínea *c*), em substituição da alínea *e*) inicial; as originais *c*) e *d*) passaram a *d*) e *e*), respetivamente. Dispõe a nova alínea *c*)[24]:

> *c*) Pessoa que com ele viva em união de facto há mais de dois anos, quando o arrendatário não seja casado ou esteja separado judicialmente de pessoas e bens;

Foi, ainda, alterado o 85.º/2 do RAU, que passou a dispor:

> 2. Caso ao arrendatário não sobrevivam pessoas na situação prevista na alínea *b*) do n.º 1, ou estas não pretendam a transmissão, é equiparada ao cônjuge a pessoa que com ele vivesse em união de facto.

9. O **RNAU de 2004** preconizou uma abordagem totalmente distinta do preceito, o qual voltaria ao CC. Com efeito, a reforma propendia para o fim do vinculismo: seria, assim, possível regressar ao sistema do Código de Seabra: o direito do arrendatário transmite-se, com facilidade; o senhorio, se não lhe convier, põe termo ao contrato, através da denúncia. Além disso, suprimia-se

---

[20] DR I, n.º 238 (supl.), de 15-out.-1990, 4286-(19)/II.
[21] *Vide* Menezes Cordeiro/Castro Fraga, *RAU anotado*, 127.
[22] DR I-A, n.º 201, de 28-ago.-1999, 5948/II.
[23] DR I-A, n.º 109, de 11-mai.-2001, 2796/I.
[24] DR I-A, n.º 109, de 11-mai.-2001, 2797/II-2798/I.

a transmissão, algo anómala, a quem residisse, com o falecido, em economia comum. O preceito proposto (o 1109.º) dispunha[25]:

> 1. O arrendamento para habitação não caduca por morte do arrendatário quando lhe sobreviva o cônjuge não separado judicialmente de pessoas e bens ou de facto ou pessoa que com ele residisse, nos termos do artigo 1098.º e há mais de um ano.
> 2. No caso referido no número anterior, a posição do arrendatário transmite-se, em igualdade de circunstâncias, sucessivamente para o cônjuge sobrevivo ou pessoa que, com o falecido, vivesse em união de facto, para o parente ou afim mais próximo ou para o mais idoso.
> 3. Ocorrendo transmissão por morte, o pré-aviso de denúncia, pelo senhorio, é acrescido de seis meses.

26 10. O **NRAU de 2006** aproveitou parte da ideia, mas para a aplicar em pressupostos diferentes, uma vez que não pôs termo ao vinculismo. Eis a redação dada ao preceito, agora como 1106.º[26]:

> 1. O arrendamento para habitação não caduca por morte do arrendatário quando lhe sobreviva:
>
> a) Cônjuge com residência no locado ou pessoa que com o arrendatário vivesse no locado em união de facto e há mais de um ano;
> b) Pessoa que com ele residisse em economia comum e há mais de um ano.
>
> 2. No caso referido no número anterior, a posição do arrendatário transmite-se, em igualdade de circunstâncias, sucessivamente para o cônjuge sobrevivo ou pessoa que, com o falecido, vivesse em união de facto, para o parente ou afim mais próximo ou de entre estes para o mais velho ou para o mais velho de entre as restantes pessoas que com ele residissem em economia comum há mais de um ano.
> 3. A morte do arrendatário nos seis meses anteriores à data da cessação do contrato dá ao transmissário o direito de permanecer no local por período não inferior a seis meses a contar do decesso.

27 11. **Os problemas**, quer de política legislativa, quer de pura interpretação da lei, causados pela descuidada reforma de 2006, foram vários.

28 α) **A ordem subdominial** resultante da supressão da referência ao "primitivo" arrendatário fora estabelecida pelo DL 293/77, no pinco do vinculismo, mas logo suprimida pelo DL 328/81, com os justos motivos explicados no seu preâmbulo[27]. É certo que o projeto de RNAU de 2004 suprimiu essa referência, mas porque pôs cobro ao vinculismo, altura em que se tornaria inofensivo: a perpetuação de um arrendamento dependeria da vontade das partes. Ora o legislador de 2006 em nada atinou: (re)tomou o rumo surrealista de 1977, uma vez que manteve, no essencial, o vinculismo.

29 β) A **ponderação de interesses** deficiente: o 86.º do RAU obstava à transmissão, quando o beneficiário tivesse residência alternativa; o 87.º facultava, em certos casos, regimes de renda mais favorável. O RNAU de 2004 propôs a supressão dessas cautelas, porque acabava com o vinculismo. O NRAU de 2006 manteve-o, mas sem reparar que, com isso, tirava base às simplificações propostas.

30 γ) O **prazo de um ano**, referido no 1106.º/1, a), 2.ª parte, é ambíguo: para poder beneficiar do regime, exige mais de um ano ou uma vivência de unido sobrevivente, no locado, há mais de um

---

[25] O Direito 136 (2004), 467-493 (489). Nessa linha, escrevemos, efetivamente, em *A modernização do Direito Português do arrendamento urbano*, O Direito 136 (2004), 235-253 (253):
> Esconjurado o vinculismo, nenhuma razão há para limitar a transmissão às hipóteses de morte do primitivo arrendatário. Estando as partes satisfeitas, poderá perfeitamente haver "dinastias" de inquilinos.

Laurinda Gemas e outros, *Arrendamento*, 490, nota 2, referem esse troço sem explicar que ele não visava o Direito vigente, resultante da L 6/2006, mas antes o malogrado projeto de RNAU; este, pondo termo ao vinculismo, justificaria a generosidade legislativa.

[26] DR I-A, n.º 41, de 21-fev.-2006, 1564/I.

[27] *Supra*, anot. 13 e 14.

ano? O mesmo quanto ao 1106.°/1, *b*): economia comum há mais de um ano ou presença do "acompanhante", no locado, há mais de um ano?

Semelhante confusão, totalmente evitável, deu azo a cinco teorias: (a) a união de facto e a residência no locado devem, ambas, durar mais de um ano[28]; (b) apenas se exige uma união de facto há mais de um ano[29]; (c) a união de facto deve durar sempre dois anos, para ser relevante, segundo a L 7/2001, de 11-mai.; mas além disso, há que computar mais um ano de residência comum no locado, assim se chegando aos três anos[30]; (d) a lei geral requer dois anos para que a união de facto releve; a partir daí, a lei do arrendamento exige um ano de permanência no locado: bastam, pois, dois anos de união, dos quais um, no locado[31]; (e) a lei do arrendamento encurtou, para os seus próprios efeito, de dois para um ano, o período de vida em comum, para a união de facto relevar; logo, apenas se exige um ano de união, independentemente de ela ocorrer, ou não, no locado[32].

Impressiona, salvo o devido respeito, que não se ponderem os interesses do senhorio: tudo se traduz numa proteção às uniões de facto que, com apenas um ano, podem não ser mais do que passageiras, sem se atentar que isso é feito, sem compensação, à custa de terceiros, para além das hipóteses de fraude que ficam permitidas; tão-pouco visualizamos porquê ser mais facilitista quanto a uniões de facto, havendo arrendamento. Propenderíamos, pois, para a solução (c); quando muito, para a (d).

12. A **reforma de 2012** deu, ao martirizado 1106.°, a sua redação atual. Visando atenuar as inconsequências do 1106.°/1, no tocante a exigência de uma união de facto ou de uma economia comum de apenas um ano, foi introduzido um novo n.° 2: a transmissão depende de esses beneficiários (leia-se: além do ano exigido pelo n.° 1) viverem (com o locatário falecido), há, pelo menos, um ano. Chega-se, assim, aos "mais de dois anos" exigidos pelo 1.°/1 e 1.°/2, das L 6/2001 e 7/2001, ambas de 11-mai., respetivamente.

Procurando, igualmente, dar um sentido social ao sacrifício imposto ao senhorio, foi aditado o novo n.° 4: a transmissão não opera quando o beneficiário disponha de outra casa, própria ou arrendada, nas áreas dos concelhos de Lisboa ou do Porto e seus limítrofes ou no respetivo concelho, quanto ao resto do País.

As alterações de 2012 atenuaram algumas inconsequências de 2006. Mas os preceitos daí resultantes mantêm-se confusos, a exigir especiais cuidados intepretativos.

II – O regime

13. O **cônjuge** era, desde a L 1:662, de 4-set.-1924, o primeiro e tradicional beneficiário da transmissão, por morte, do direito do arrendatário. Hoje, para que a transmissão opere, basta que ele resida no locado, no momento do decesso – 1106.°/1, *a*). Esta medida tem pouco relevo prático, uma vez que, em regra, o cônjuge do arrendatário é, ele próprio, também arrendatário, por via do 1068.°[33].

O preceito deve ser entendido com uma ligeira restrição: só há transmissão quando o locado seja residência da família. Não sendo esse o caso, não se justifica o sacrifício imposto ao senhorio.

---

[28] Cunha de Sá/Leonor Coutinho, *Arrendamento urbano 2006*, 103.
[29] Maria Olinda Garcia, *A nova disciplina*, 41 (a 1.ª ed. é de 2006), Luís Menezes Leitão, *Arrendamento urbano*, 4.ª ed., 118, nota 107, Joaquim de Sousa Ribeiro, *O novo regime do arrendamento urbano*, CDP 14 (2006), 3-24 (15) e José Diogo Falcão, *A transmissão do arrendamento*, 1172.
[30] Soares Machado/Regina Santos Pereira, *Arrendamento urbano*, 175-176.

[31] Jorge Pinto Furtado, *Manual 2*, 5.ª ed., 639-641; Francisco Pereira Coelho/Guilherme de Oliveira, *Curso de Direito da família* 1, 4.ª ed. (2011, reimp.), 86-87 e Jorge Duarte Pinheiro, *O Direito da família contemporâneo*, 3.ª ed. (2.ª reimp., revista, 2012), 738-739.
[32] Laurinda Gemas e outros, *Arrendamento*, 493-494.
[33] *Vide supra*, anot. 15 a 21 ao 1068.°; verificam-se, aí, os casos em que não há comunicação do arrendamento.

38 14. **Unido de facto** deve, em nome da unidade da ordem jurídica, ser entendido à luz da L 7/2001, de 11-mai., alterada pela L 23/2010, de 30-ago.. Como referido a propósito dos problemas suscitados pela descuidada reforma de 2006, essa integração sistemática não foi tida em conta pelo legislador, daí resultando as dúvidas interpretativas já mencionadas[34].
39 Uma interpretação direta diz-nos que releva a união de facto que dure há, pelo menos, um ano – 1106.°/1, b). Além disso, a transmissão só opera se o unido residir (com o falecido), há mais de um ano, no locado (1106.°/2): chegamos, deste modo, a uma união que dure há mais de dois anos, assim se perfazendo o requisito do 1.°/2 da L 7/2001. E se o transmissário viver numa residência secundária, que não seja a do falecido, não se justifica a proteção legal.
40 15. A **economia comum**, a entender nos termos da L 6/2011, de 11-mai., permite a transferência, para o convivente com o arrendatário falecido, desde que exista há mais de um ano – 1106.°/1, c) – e, além disso, ambos vivam no locado há mais de um ano – 1106.°/2. Assim se ultrapassam os dois anos previstos no 1.°/1 da L 6/2001, de 11-mai..
41 16. **Precedências**. Havendo várias pessoas em condições de poder beneficiar da transmissão, esta defere-se (1106.°/3): (a) ao cônjuge; (b) ao unido de facto; (c) ao parente ou afim mais próximo, preferindo, havendo vários, o mais velho; (d) ao convivente em economia comum, preferindo, havendo vários, o mais velho.
42 17. O **afastamento** da transmissão dá-se quando, à data da morte do arrendatário, o beneficiário tenha outra casa, própria ou arrendada, nas áreas dos concelhos de Lisboa ou do Porto e seus limítrofes ou no respetivo concelho, quanto ao resto do País (1106.°/4).
43 Esta medida, que se compreende, derivada da reforma de 2012, pode ser gravosa para o cônjuge ou os filhos, visto destruir a casa de família. Dada a comunicabilidade prevista no 1068.°, os seus inconvenientes ficam atenuados.

Artigo 1107.° (Comunicação)

1. Por morte do arrendatário, a transmissão do arrendamento, ou a sua concentração no cônjuge sobrevivo, deve ser comunicada ao senhorio, com cópia dos documentos comprovativos e no prazo de três meses a contar da ocorrência.

2. A inobservância do disposto no número anterior obriga o transmissário faltoso a indemnizar por todos os danos derivados da omissão.

Bibliografia: Menezes Cordeiro, *O dever de comunicar a morte do arrendatário: o artigo 1111.°, n.° 5, do Código Civil*, Tribuna da Justiça, 1989, 1, 29-38; Menezes Cordeiro/Castro Fraga, *RAU anotado*, 129-130; Laurinda Gemas e outros, *Arrendamento*, 502-504; Pires de Lima/Antunes Varela, *Código anotado* 2, 4.ª ed., 660-661.

Índice

I – **Origem e evolução**
1. A Lei n.° 46/85, de 20-set. 1
2. A controvérsia 5
3. O RAU de 1990 7
4. O Decreto-Lei n.° 278/93, de 10-ago. 9
5. O NRAU de 2006 10

II – **O regime vigente**
6. O dever de comunicar 11
  α) A forma 12
  β) O prazo 13
  γ) Os documentos 14
7. O incumprimento 15
8. A caducidade 18

---

[34] *Supra*, anot. 30 a 32.

I – Origem e evolução

1. **A Lei n.º 46/85, de 20-set.**, conhecida como lei das rendas, introduziu diversas alterações no CC e, em geral, no Direito do arrendamento urbano. O destino do arrendamento ganhou em complexidade, designadamente no caso de morte do senhorio. Daí derivou a necessidade de informar devidamente o senhorio: afinal, este tem o maior interesse em saber quem é o arrendatário; além disso, cabe-lhe sindicar a regularidade de qualquer invocada transmissão. De resto, tal necessidade já se perfilava perante a versão original do CC, que era omissa: havia uma lacuna.

Nessa ordem de ideias, a L 46/85 introduziu, no então 1111.º do CC, um novo n.º 5[1]:

> A morte do primitivo inquilino ou do cônjuge sobrevivo deve ser comunicada ao senhorio no prazo de 180 dias, por meio de carta registada com aviso de recepção, pela pessoa ou pessoas a quem o arrendamento se transmitir, acompanhada dos documentos autênticos que comprovem os seus direitos.

O DL 13/86, de 23-jan., veio dar uma maior densidade ao preceito: no seu 2.º/4 previa que[2]:

> Sempre que o arrendamento se transmita nos termos do artigo 1111.º do Código Civil, deverá ser feito um aditamento ao contrato mencionando esse facto e o nome ou nomes do transmissário ou transmissários, devendo os recibos de renda ser obrigatoriamente emitidos em nome destes.

Esta regra não poderia ser cumprida se não se comunicasse, ao senhorio, a ocorrência do falecimento do antigo arrendatário.

2. **A controvérsia** relativa às consequências do não-cumprimento do 1111.º/5, isto é, da não-comunicação atempada, ao senhorio, não se fez esperar: o preceito nada dispunha quanto a sanções. Daí resultou grande confusão. As teorias foram três: (a) a omissão não teria quaisquer consequências[3], sendo o 1111.º/5 uma norma imperfeita; (b) a não-comunicação implicaria a caducidade do direito à aquisição *mortis causa* do direito do arrendatário[4]; (c) a inobservância implicaria um dever de indemnizar[5].

A caducidade era, claramente, a solução correta: basta ver que o arrendamento caducava por morte do arrendatário – 1051.º, *e*) – devendo, em qualquer caso, o inquilino comunicar, ao senhorio, a cedência da coisa – 1038.º, *g*) – sob pena, de resto, de resolução – 1093.º/1, *f*), tudo nas redações originais do Código. Apenas a preocupação do "politicamente correto" pôde explicar a brandura, relativamente ao inquilino, das demais doutrinas.

3. **O RAU de 1990** veio dispor, sobre a matéria, nos 88.º e 89.º, que substituíram o 1111.º/5. Nos termos seguintes[6]:

> Artigo 88.º (Renúncia)
>
> O direito à transmissão é renunciável mediante comunicação feita ao senhorio nos 30 dias subsequentes à morte do arrendatário, sem prejuízo do disposto no artigo seguinte.

> Artigo 89.º (Comunicação ao senhorio)
>
> 1. O transmissário não renunciante deve comunicar ao senhorio, por escrito, a morte do primitivo arrendatário ou do cônjuge sobrevivo, a enviar nos 180 dias posteriores à ocorrência.
>
> 2. A comunicação referida no número anterior deve ser acompanhada dos documentos autênticos ou autenticados que comprovem os direitos do transmissário.
>
> 3. A inobservância do disposto nos números anteriores não prejudica a transmissão do contrato mas obriga o transmissário faltoso a indemnizar por todos os danos derivados da omissão.

---

[1] DR I, n.º 217, de 20-set.-1985, 3048/I.
[2] DR I, n.º 19, de 23-jan.-1986, 240/II.
[3] Pires de Lima/Antunes Varela, *Código anotado* 2, 3.ª ed. (1986), 631 e RCb 10-mai.-1988 (José Nunes da Cruz), CJ XIII (1988) 3, 69-70 (70/I).
[4] Abílio Neto, *Leis do inquilinato/Notas e comentários*, 6.ª ed. (1988), 250; Menezes Cordeiro, *O dever de comunicar a morte do arrendatário*, 35 ss., com outras indicações.
[5] Januário Gomes, Tribuna da Justiça, 24 (Dez. 1986), 1-4, acrescentando ainda que, em geral, não haveria danos.
[6] DR I, n.º 238 (supl.), de 15-out.-1990, 4286-(20)/I.

8   Como se vê, o novo diploma, que revogou o 1111.º do CC, flexibilizou a forma dos documentos que devem acompanhar a transmissão (n.º 2) e consagrou, para o não-cumprimento, a saída indemnizatória: mal, de iure condendo[7].

9   **4. O Decreto-Lei n.º 278/93, de 10-ago.**, voltou à matéria. Alterou (1.º) o 89.º do RAU[8]: a comunicação ao senhorio passou a fazer-se por carta registada com aviso de receção e foi revogado o n.º 3. Por seu turno, o 89.º-D, introduzido por esse diploma, previu que o não cumprimento dos prazos fixados na secção importa a caducidade do direito[9]. A doutrina correta logrou espaço na lei.

10   **5. O NRAU de 2006** deu, ao preceito, agora reconduzido ao CC como 1107.º, a sua redação atual[10]. Transcreveu, com uma (má) correção no n.º 2, o anteprojeto de RNAU, de 2004[11]. Abaixo veremos com que consequências.

II – O regime vigente

11   **6. O dever de comunicar** hoje previsto abrange duas eventualidades: (a) a transmissão do arrendamento, por morte do arrendatário; (b) a sua concentração no cônjuge sobrevivo.

12   α) **A forma** da comunicação observa o 9.º da L 6/2006, de 27-fev.: escrito assinado pelo declarante e remetido por carta registada com aviso de receção. Por isso, a atual redação do 1107.º nada diz, quanto ao modo de comunicação.

13   β) **O prazo** da comunicação é de 3 meses: reduziu-se, e bem, o anterior prazo de 180 dias, que era exagerado; mas mal, usou-se "3 meses", em vez de 90 dias. Pela interpretação, é esta última cifra que prevalece.

14   γ) **Os documentos** que devem acompanhar a comunicação equivalem a cópias dos comprovativos: do falecimento do anterior arrendatário e dos títulos que habilitem o declarante, como novo arrendatário. A lei não exige cópias autenticadas.

15   **7. O incumprimento** do dever de comunicar não tem consequências claras[12]. Efetivamente, suprimiu-se, perante o 89.º/3 do RAU, antes em vigor, a referência a (…) *a inobservância do disposto nos números anteriores não prejudica a transmissão do contrato*. Logo, fica-se sem saber se há caducidade ou se tudo fica pela indemnização. Porquê tal estrago legislativo?

16   A explicação tem a ver com o estranho procedimento legislativo de 2005/2006. O autor material do diploma adotou o 1110.º do anteprojeto de RNAU, de 2004. Esse texto dispunha, no n.º 2:

> A inobservância do disposto no número anterior determina a caducidade do arrendamento, nos termos gerais.

17   Por certo que, perante essa solução, que vinha já de 1993, a transmissão ficava mesmo prejudicada, razão por que se retirou a locução (…) *não prejudica* (…). Só que, na linha populista então adotada, decidiu-se substituir (…) *determina a caducidade do arrendamento, nos termos gerais*, por (…) *obriga o transmissário faltoso a indemnizar por todos os danos derivados da omissão*. E não se reparou que, com isso, fazia falta o (…) *não prejudica* (…). Malhas que o império tece.

18   **8. A caducidade** corresponde à saída técnica e cientificamente correta. A transmissão do arrendamento, por morte do anterior arrendatário não é uma comum sucessão *mortis causa*. Ela antes

---

[7] Menezes Cordeiro/Castro Fraga, *RAU anotado*, 130 e Soares Machado/Regina Santos Pereira, *Arrendamento urbano*, 179-180.
[8] DR I-A, n.º 186, de 10-ago.-1993, 4263-4264.
[9] António Pais de Sousa, *Anotação ao RAU*, 4.ª ed. (s/d, mas 1996), 247-248.
[10] DR I-A, n.º 41, de 27-fev.-2006, 1586/I e II.
[11] O Direito 136 (2004), 467-493 (489).
[12] Nesse sentido, Soares Machado/Regina Santos Pereira, *Arrendamento urbano*, 180 (1107.º, anot. 3).

se configura como o produto do exercício de um direito potestativo que os beneficiários elencados no 1106.º têm de encaminhar, para eles, o direito de arrendatário. Podem não querer exercer esse direito: basta ver que, quando o façam, passam a responder pela renda. Ora não é aceitável que o local se mantenha ocupado, após a morte do arrendatário, sem que se saiba quem detém essa posição. Não faz sentido impor, ao senhorio, o ónus de apurar falecimentos; e não é aceitável que, no local do ex-inquilino, se mantenha um *pool* de pessoas, potenciais sucessores, sem que se diga, ao senhorio, quem é quem.

Parece claro que a mera indemnização, nada resolve: como provar danos? A não se aceitar a caducidade haveria, pelo menos que, nos termos gerais, permitir ao senhorio uma ação de simples apreciação, destinada a pôr termo à indefinição. Mas como nada impõe tal solução, queda a regra geral da caducidade. 19

Subsecção VIII – Disposições especiais do arrendamento para fins não habitacionais

Artigo 1108.º (Âmbito)

As regras da presente subsecção aplicam-se aos arrendamentos urbanos para fins não habitacionais, bem como, com as necessárias adaptações e em conjunto com o regime geral da locação civil, aos arrendamentos rústicos não sujeitos a regimes especiais.

Índice

I – Origem e evolução		β) O projeto de RNAU de 2004	8
1. Os tipos de arrendamentos	1	γ) O NRAU de 2006	9
2. O Código Civil	5	4. Crítica	10
3. A evolução subsequente	6	5. A prática	13
α) O RAU de 1990	7	6. O 1108.º	14

I – Origem e evolução

1. Os tipos de arrendamentos evoluíram, ao longo da história recente, desse instituto. 1
O Código de Seabra fixava regras gerais para o arrendamento (1:606.º a 1:662.º); posto o que continha disposições especiais para os prédios urbanos (1:623.º a 1626.º) e para os prédios rústicos (1:627.º a 1631.º).

O D de 12-nov.-1910, que lançou alicerces vinculísticos, fixou, nos 32.º a 38.º, regras específicas para "estabelecimentos comerciaes e industriaes"[1]. Estava em curso a autonomização de um novo tipo de arrendamentos: os comerciais. 2

A subsequente legislação vinculística reforçou as especialidades desses arrendamentos. 3
O D 5:411, de 17-abr.-1919 reservou uma subsecção para arrendamentos de estabelecimentos comerciais e industriais (52.º a 60.º), contemplando, também, os prédios rústicos (61.º a 66.º)[2].
A 1:662, de 4-set.-1924, introduziu novas regras diferenciadoras, para estabelecimentos comerciais (5.º, § 9 e 9.º)[3].

---

[1] DG n.º 34, de 14-nov.-1910, 400/II.
[2] DG I, n.º 80, de 17-abr.-1919, 656/II a 657/II.
[3] DG I, n.º 200, de 4-set.-1924, 1242/I e II.

4   A L 2:030, de 22-jun.-1948 reforçou algumas regras próprias dos arrendamentos comerciais, deles aproximando o arrendamento de prédios destinados ao exercício de profissões liberais (64.º e 66.º)[4]. Com isso surge um novo tipo de arrendamento.

5   **2. O Código Civil**, na versão original, intentou sistematizar os diversos tipos de arrendamento. Apurou: o arrendamento rural (1064.º a 1082.º) e o arrendamento de prédios urbanos e de prédios rústicos não abrangidos pela secção precedente: a do arrendamento rural (1083.º a 1120.º). E dentro deste, predispunha regras especiais para os arrendamentos para habitação (1107.º a 1111.º), para comércio e indústria (1112.º a 1118.º) e para o exercício de profissões liberais (1119.º e 1120.º).

6   **3. A evolução subsequente** conduziu a que os arrendamentos rurais deixassem o Código: DL 201/75, de 15 abr., ao qual sucederam os regimes adotados pela L 76/77, de 29 set., pelo DL 365/88, de 25 out., pelo DL 524/99, de 10 dez. e pelo DL 294/2009, de 13 out., em vigor.

7   α) **O RAU de 1990** clarificou a matéria, um tanto confusa, do CC. Distinguiu, no arrendamento urbano, quatro tipos: para habitação, para atividade comercial ou industrial, para o exercício de profissão liberal e para outra aplicação lícita (3.º/1). Posto isto, dedicou o capítulo I, ao arrendamento urbano em geral (1.º a 73.º), o II, ao arrendamento para habitação (74.º a 109.º), o III, ao arrendamento para comércio ou indústria (110.º a 116.º) e o IV, ao arrendamento para exercício de profissões liberais (117.º e 118.º).

8   β) **O projeto de RNAU de 2004** manteve essa arrumação, há muito ancorada na nossa cultura. Foi mesmo até ao fim, preconizando uma rubrica de disposições gerais (1064.º a 1096.º) e, depois, quatro tipos especializados: para habitação (1097.º a 1110.º), para comércio e indústria (1111.º a 1117.º), para exercício de profissão liberal (1118.º e 1119.º) e para outros fins (1120.º).

9   γ) **O NRAU de 2006** optou por um esquema formalmente diverso: dentro da locação, inseriu, como uma rubrica entre outras, o arrendamento de prédios urbanos (1064.º a 1113.º) e, dentro destes, inseriu disposições especiais do arrendamento para habitação (1092.º a 1107.º) e para fins não habitacionais (1108.º a 1113.º).

10 **4. Crítica.** A bipartição de 2006, ao que constou com o mero fito político de simular simplicidade, não foi conseguida, tendo obtido críticas generalizadas[5]. Desde logo, ela visou apenas a sistematização, uma vez que manteve os dois pilares do arrendamento comercial, aplicáveis, apenas, a estabelecimentos comerciais: a locação de estabelecimento (1109.º) e o trespasse [1112.º/1, *a*) e 1112.º/2]. Também os arrendamentos para o exercício de profissão liberal não desapareceram: 1112.º/1, *b*) e 1112.º/5.

11 De seguida, vieram complicar o manuseio da lei, ignorando a presença, no Código Civil, de regras comerciais. O Direito aperfeiçoa-se diferenciando soluções. É óbvio que, entre os arrendamentos não-habitacionais, há várias situações típicas possíveis: não apenas uma.

12 Por fim, desbaratou-se um património científico e cultural construído ao longo de quase um século, património esse que, com soluções próprias, ia ao encontro das lições de Direito comparado.

13 **5. A prática** tem mantido a referência a arrendamentos comerciais e a arrendamentos para o exercício de profissão liberal. Mesmo linguisticamente, não é pensável formatar uma grande categoria de arrendamentos para fins não-habitacionais e que englobaria desde a cedência onerosa de um telhado para inserção de publicidade, até o clássico estabelecimento, ao escritório de advogado ou à locação de espaços em centros comerciais.

---

[4] DG I, n.º 143, de 22-jun.-1948, 535/II.
[5] Fernando de Gravato Morais, *Novo regime do arrendamento comercial*, 3.ª ed. (2011), 24-25, Menezes Cordeiro, *O novo regime do arrendamento urbano*, O Direito 137 (2005), 317-336 (334).

6. O 1108.º fica, assim, deslocado. Da leitura dos 1108.º a 1113.º, é evidente a sua não-aplicabi- 14
lidade geral a arrendamentos para fins não-habitacionais: os 1109.º e 1112.º funcionam, apenas,
nos arrendamentos comerciais e o 1112.º, em parte, nos arrendamentos para profissão liberal.

A referência aos arrendamentos rústicos não sujeitos a regimes especiais é surrealista: apela 15
a uma aplicação, com as necessárias adaptações, das regras subsequentes que só podem ser os
1110.º e 1113.º, marcadamente supletivos e nada adaptáveis, quanto ao resto. Também o apelo ao
regime geral da locação civil é deslocado: tal regime seria, sempre, aplicável.

Artigo 1109.º (Locação de estabelecimento)

1. A transferência temporária e onerosa do gozo de um prédio ou de parte dele, em conjunto com a exploração de um estabelecimento comercial ou industrial nele instalado, rege-se pelas regras da presente subsecção, com as necessárias adaptações.

2. A transferência temporária e onerosa de estabelecimento instalado em local arrendado não carece de autorização do senhorio mas deve ser-lhe comunicada no prazo de um mês.

Bibliografia: José de Oliveira Ascensão/António Menezes Cordeiro, *Cessão de exploração de estabelecimento comercial, arrendamento e nulidade formal*, ROA 47 (1987), 845-927; Orlando de Carvalho, *Critério e estrutura do estabelecimento comercial 1 – O problema da empresa como objecto de negócios* (1967), 212 ss.; idem, *Alguns aspectos da negociação do estabelecimento*, RLJ 114 (1982), 360-363, 115 (1982), 9-14, 164-170, 231-235, 297-301, 117 (1984), 233-236, 329-333 e 118 (1985), 229-233, republicado em *Direito das empresas*, coord. Francisco Liberal Fernandes, Maria Raquel Guimarães e Maria Regina Redinha (2012), 99-175; António Menezes Cordeiro, *Direito comercial*, 3.ª ed. (2012), 343 ss.; António Ferrer Correia, *Contrato de locação de estabelecimento, contrato de arrendamento de prédio rústico para fins comerciais, contrato inominado/Parecer*, ROA 47 (1987), 785-820; idem, *Estabelecimento comercial e arrendamento*, Est. Galvão Telles 3 (2002), 407-428; António Ferrer Correia/Maria Ângela Coelho, *Locação de estabelecimento e seu objecto*, RDE 10/11 (1984/1985), 251-304; Avelino Faria, *O contrato de exploração de estabelecimento comercial*, RT 77 (1959), 66-70; José Lebre de Freitas, *A penhora do direito ao arrendamento e trespasse*, Est. Galvão Telles 3 (2002), 477-491; Jorge Pinto Furtado, *Manual 2*, 4.ª ed., 778-787; Maria Olinda Garcia, *Arrendamentos para comércio e fins equiparados* (2006), 237 pp.; Januário da Costa Gomes, *Arrendamentos comerciais*, 2.ª ed. (1991), 61 ss.; Pires de Lima/Antunes Varela, *Código anotado 2*, 4.ª ed., 701-705; João Baptista Machado, *Contrato de locação de estabelecimento comercial/Denúncia e resolução* CJ XIV (1989) 2, 21-30; José Manuel V. Barbosa de Magalhães, *Do estabelecimento comercial/Estudo de Direito privado*, 2.ª ed. (1964), 166 ss.; A. Carvalho Martins, *Sobre a locação de estabelecimento ou cessão de exploração (Um problema da empresa como objecto de negócios)* (1989), 42 pp.; Fernando de Gravato Morais, *Novo regime do arrendamento comercial*, 3.ª ed. (2011), 351 ss.; João Espírito Santo, *Especificidades dos arrendamentos para comércio e indústria*, Est. Galvão Telles 3 (2002), 429-475; João Antunes Varela, *Anot. STJ 18-Jul.-1985*, RLJ 123 (1991), 343-352 e 356-366; idem, *Cessão de exploração de um estabelecimento comercial em formação*, ROA 47 (1987), 821-843; Vasco da Gama Lobo Xavier, *Locação de estabelecimento comercial e arrendamento/Parecer*, ROA 47 (1987), 759-783.

Índice

I – Origem e evolução
1. Estabelecimento comercial 1
2. Origem jurisprudencial 3
3. As dificuldades legislativas 5
4. Preparatórios 7
5. Código Civil 9
6. Críticas 10
7. RAU de 1990 12
8. RNAU de 2004 13
9. NRAU de 2006 14

II – O regime
10. Estabelecimento 15
    α) *Ratio legis* 16

β) Efetividade 17	12. Forma 21
γ) Continuidade 18	13. Comunicação ao senhorio 22
11. Falta de requisitos 19	14. Estabelecimento incompleto 25

I – Origem e evolução

1   1. O **estabelecimento comercial** foi definido pelo 52.º do D 5:411, de 17-abr.-1919. Hoje, ele pode ser apresentado como um conjunto de coisas corpóreas e incorpóreas, devidamente organizado para a prática do comércio[1]. Equivale à ideia de empresa, mas sem o elemento humano e de direção.

2   As suas origens, evolução e natureza serão aprofundadas em anotação ao 1112.º, para a qual se remete.

3   2. **Origem jurisprudencial.** A lei previu, desde o D 5:411, a figura do trespasse do estabelecimento, isto é: a transmissão do direito do arrendatário de imóvel, sem autorização do senhorio, desde que feita em conjunto com o estabelecimento em que ele se integrasse[2]. Mas nada dizia quanto à cessão temporária e onerosa de um estabelecimento, que envolvesse um arrendamento, isto é: à locação de estabelecimento. Tratava-se de uma lacuna, colmatada, noutros ordenamentos, através da figura da locação de coisa produtiva (*Pacht* ou *afitto*).

4   Na falta de um regime explícito, a locação de estabelecimento poderia cair nas malhas de um subarrendamento: exigiria a autorização do senhorio e, uma vez celebrada, cairia no regime vinculístico. Confrontados com o problema, os tribunais, sob a decisão pioneira de STJ 8-fev.-1935[3], entenderam, sem grandes explicações, que (…) *a concessão de imóvel e móveis e maquinismos para exploração de espectáculos não está sujeita às regras excepcionais do inquilinato*[4]. Seguiram-se outros arestos, no mesmo sentido[5].

5   3. **As dificuldades legislativas** não tardariam. Curiosamente, a primeira reação legislativa foi no sentido de contrariar a autonomia da locação de estabelecimento, reconduzindo-a a um puro arrendamento. O D 43 525, de 7-mar.-1961, que aprovou o regime do arrendamento urbano no Ultramar, veio dizer, no 3.º/1[6]:

> Será havido exclusivamente como arrendamento o contrato pelo qual o locador, que no prédio ou em parte dele, explore indústria, comércio ou outra actividade lucrativa, transfere temporária e onerosamente para o locatário, justamente com a fruição do imóvel, ou daquela sua parte, a dos móveis, utensílios, alfaias, aparelhos ou maquinismos nele existentes com vista a essa exploração e que para tal efeito constituam com o prédio, ou com a dita parte dele, uma unidade económica.

6   Ou seja: vedava-se a criação jurisprudencial, que tão boa conta deu de si, sem que, ainda hoje, se conheçam os motivos.

7   4. **Preparatórios.** Na preparação do CC, voltaram a manifestar-se as dificuldades legislativas em admitir a locação do estabelecimento. Na 1.ª revisão ministerial, surgia um preceito inserido nos princípios gerais relativos ao arrendamento de prédios urbanos e arrendamento de prédios rústicos não abrangidos pela secção precedente: o 1080.º, epigrafado *arrendamento de prédio juntamente com cessão de exploração industrial ou comercial*, assim redigido[7]:

---

[1] Barbosa de Magalhães, *Do estabelecimento comercial*, 13 e Menezes Cordeiro, *Direito comercial*, 3.ª ed., 333.
[2] *Infra*, anot. 37 e ss. ao 1112.º.
[3] STJ 8-fev.-1935 (Pires Soares), COF 34 (1935), 42-43 = RT 53 (1935), 116-117.
[4] RT 53 (1935), 117/II.
[5] Podem ser confrontados em Orlando de Carvalho, *Critério e estrutura do estabelecimento comercial* 1 (1967), 268 ss..
[6] DG I, n.º 54, de 7-mar.-1961, 234/I. *Vide* STJ 6-mai.- -1998 (Miranda Gusmão), BMJ 477 (1998), 428-437 (433).
[7] BMJ 120 (1962), 111.

1. É havido como arrendamento o contrato pelo qual o locador transfere temporária e onerosamente para o locatário, juntamente com a fruição do prédio, qualquer indústria, comércio ou outra actividade lucrativa explorada no mesmo prédio.
2. Não obsta à natureza locativa do contrato a cedência temporária dos móveis, utensílios, alfaias, aparelhos ou maquinismo existentes no prédio com vista à sua exploração, nem a transferência de coisas fungíveis ou produtos consumíveis, naturais ou transformados, a explorar, nem o ser a renda constituída, no todo ou em parte, por uma prestação variável segundo critérios objectivamente fixados.

Desconhecemos as razões de tão radical opção. Na 2.ª revisão ministerial, o tema foi reconsiderado, optando-se pela solução oposta, em termos que passariam, depois, ao CC[8].

5. O **Código Civil**, na versão original, manteve o preceito nas disposições de prédios urbanos e prédios rústicos não regulados especialmente. Nos termos seguintes[9]:

Artigo 1085.º (**Estabelecimento comercial**)

1. Não é havido como arrendamento de prédio urbano ou rústico o contrato pelo qual alguém transfere temporária e onerosamente para outrem, juntamente com a fruição do prédio, a exploração de um estabelecimento comercial ou industrial nele instalado.
2. Se, porém, ocorrer alguma das circunstâncias previstas no nº 2 do artigo 1118º, o contrato passa a ser havido como arrendamento do prédio.

6. **Críticas**. Mercê da sua atormentada origem, o preceito ficou menos claro e algo deslocado. Em vez de, para ele, estabelecer um regime claro não-vinculístico, o Código limitou-se a dispor: "não é havido como arrendamento urbano". Seguidamente, o preceito foi inserido fora do contexto: deveria, como seria de lógica elementar, constar da subsecção VII (1112.º e seguintes, versão original), relativa a arrendamentos para comércio ou indústria. Finalmente: ficou em aberto a questão magna de saber se era ou não exigível a autorização do senhorio.

A prática e a teoria não tiveram, contudo, quaisquer dificuldades em reconhecer, aqui, uma locação de estabelecimento, dotada de um regime locatício não vinculístico. Foi uma significativa válvula de escape, ainda que montada com total ignorância da posição do senhorio. Relativamente a este e mau grado o silêncio do legislador, a doutrina e a jurisprudência maioritárias acabaram por entender que, por maioria de razão dado o regime do trespasse, tal autorização era dispensável[10].

7. O **RAU de 1990** evitou alterar a redação que vinha do CC. Inseriu o preceito, como 111.º, no capítulo do arrendamento para comércio e indústria, pondo termo à anomalia sistemática de 1966. Além disso, limitou-se a substituir "fruição" por "gozo": obviamente, uma vez que está em causa, também, o uso[11].

8. O **RNAU de 2004** procurou ir mais longe. Por um lado, pôs de parte a locução "cessão de estabelecimento", pudicamente destinada a esconder a "locação" do mesmo: é de locação que se trata. De seguida, assumiu o essencial do regime: a dispensa de autorização do senhorio, quando esteja em causa um estabelecimento comercial. Propôs, como 1112.º e sob a epígrafe "locação de estabelecimento"[12]:

---

[8] Jacinto Rodrigues Bastos, *Dos contratos*, 141.
[9] DR I, n.º 274, de 25-nov.-1966, 1978/II.
[10] Orlando de Carvalho, *Critério e estrutura do estabelecimento comercial*, 603 e Januário Gomes, *Arrendamentos comerciais*, 77 ss., onde podem ser confrontados outros elementos. Subsequentemente: RPt 8-jan.-1998 (Oliveira Vasconcelos), CJ XXIII (1998) 1, 184-188, REv 29-Jan.-1998 (Gomes da Silva), CJ XXIII (1998) 1, 262-263 (263/II), STJ 2-Jun.-1998 (Tomé de Carvalho), CJ/Supremo VI (1998) 2, 102-105 (104/I), sublinhando que se trata de um *minus* em relação ao trespasse e RCb 20-Mar.-2001 (Gil Roque), CJ XXVI (2001) 2, 29-31 (31/I).
[11] Menezes Cordeiro/Castro Fraga, *RAU anotado*, 149-150.
[12] O Direito 136 (2004), 467-493 (490).

1. A transferência temporária e onerosa do gozo de um prédio ou de parte dele, em conjunto com a exploração de um estabelecimento comercial ou industrial nele instalado, rege-se pelas regras do arrendamento urbano para comércio ou indústria, com as necessárias adaptações.
2. Quando a transferência recaia sobre estabelecimento instalado em local arrendado, é dispensável a autorização do senhorio.

14 9. O **NRAU de 2006** deu, ao 1109.º, a redação atual[13]. Trabalhou com o projeto de RNAU, introduzindo-lhe as seguintes alterações: (a) suprimiu a referência a regras do arrendamento urbano para comércio ou indústria, substituindo-as por regras da presente subsecção, visto que pretendeu suprimir, na forma, os arrendamentos comerciais; (b) repetiu, no n.º 2, a fórmula inicial do n.º 1, numa demonstração de *inelegantia* legislativa; (c) determinou que a cessão fosse comunicada ao senhorio no prazo de um mês, ampliando, por razões desconhecidas, o prazo geral de 15 dias, fixado no 1038.º, *g*).

II – O regime

15 10. O **estabelecimento**, consistente e efetivo, é o primeiro requisito de aplicação do 1109.º. A lei atual não remete para o perfil de estabelecimento fixado a propósito do trespasse (hoje: 1112.º/2); deve, no entanto e por razões elementares de interpretação sistemática, entender-se que se requer o "mesmo" estabelecimento.

16 α) A *ratio legis* reside na opção legislativa de tutelar o estabelecimento e a mais-valia económica e social que ele representa. Essas dimensões justificam, do ponto de vista do legislador, a dispensa de autorização do senhorio e a compressão dos direitos deste: em regra, a locação de um estabelecimento conduz a uma subdominialidade e implica um maior desgaste do imóvel. Mas assim sendo, requer-se: (a) um estabelecimento efetivo; (b) uma continuidade no funcionamento desse estabelecimento. Vamos ver.

17 β) A **efetividade** do estabelecimento implica que a cedência temporária do gozo não recaia apenas sobre o imóvel, mas antes abranja a totalidade dos meios, corpóreos e incorpóreos, que permitam a exploração lucrativa. Impõe-se, aqui, um juízo de razoabilidade: se parece admissível que se retirem, do estabelecimento, algumas coisas, designadamente de tipo pessoal, não se pode ir tão longe que, após a cedência, o estabelecimento já não possa funcionar a não ser com novas e substanciais aportações. Vale, aqui, a jurisprudência firmada quanto aos trespasses.

18 γ) A **continuidade** no funcionamento implica que, nele, se conserve o mesmo tipo de atividade. Uma alteração neste campo iria exprimir uma falsa locação de estabelecimento: antes ocorreria uma cedência do arrendamento do local, à margem do senhorio. Podemos admitir uma certa evolução: a modernização de um cabeleireiro, a passagem de parte de um café a *snack* ou o melhoramento de uma sala de teatro. De fora ficará a mudança de ramo. Em nome da *ratio* do instituto, caberá indagar, no caso concreto: a mais-valia representada pelo concreto estabelecimento mantém-se? Ou trata-se, apenas, da mais-valia resultante do imóvel, da sua localização e das condições do arrendamento existente? Neste último caso, a autorização do senhorio é incontornável.

19 11. A **falta de requisitos** do estabelecimento, a sua não-cedência cabal ou a mudança de ramo implicam que não haja verdadeira locação de estabelecimento[14]. Estaremos perante um contrato atípico, cabendo, no concreto, construir o regime aplicável.

20 Num ponto da maior importância: não havendo locação de estabelecimento, não funciona o 1109.º/2: a autorização do senhorio torna-se necessária caso, naturalmente, o estabelecimento considerado funcione em local arrendado.

---

[13] DR I-A, n.º 41, de 27-fev.-2006, 1586/II.
[14] RLx 16-jul.-2009 (Graça Amaral), Proc. 572/03, STJ 29-nov.-2011 (Gabriel Catarino), Proc. 1072/07 e STJ 20-mar.-2012 (Gregório Silva Jesus), Proc. 1903/06.

12. A **forma** da locação de estabelecimento segue, hoje, o regime geral do 1069.°: deve ser celebrada por escrito. Anteriormente e até à reforma de 2000, exigia-se escritura pública[15].
13. A **comunicação ao senhorio** deve ser feita no prazo de um mês a contar da celebração do contrato de locação (1109.°/2). Com isso, o legislador de 2006 veio resolver uma controvérsia. Perfilavam-se três teorias[16]: (a) o arrendatário só poderia ceder o estabelecimento que funcionasse em local arrendado com autorização do senhorio: uma posição que, embora com ilustres defensores, tendeu a ser abandonada[17]; (b) a autorização era dispensável, mas era necessária a comunicação[18]; (c) não é necessária nem a autorização, nem a comunicação[19].

A dispensabilidade da autorização assentava na ideia de que, na locação do estabelecimento, aquilo que se cedia era ... o próprio estabelecimento e não o local arrendado onde ele estivesse instalado. Salvo a devida vénia, a justificação é meramente vocabular: o cessionário vai receber o gozo do imóvel, com estabelecimento ou sem ele. Logo, a comunicação era sempre necessária, por via do 1038.°, *g*). Não se trata de mera formalidade despicienda: o senhorio tem todo o interesse em saber quem tem o gozo da coisa locada; além disso, as "cessões de exploração" encobriam, por vezes, puras cedências do locado: o senhorio tinha todo o direito de avaliar a situação, a qual, também por isso, não podia deixar de lhe ser comunicada.

A necessidade de comunicação, agora expressamente exigida pelo 1009.°/2, indo ao encontro de uma interpretação já antes defendida, na doutrina e na jurisprudência, é interpretativa: tem eficácia retroativa[20].

14. O **estabelecimento incompleto** suscita dúvidas. A gestão moderna dos negócios leva a uma especialização: há empresas especialistas em aprontar e em promover estabelecimentos, mas não em explorá-los. Por isso, podem preparar um negócio e cedê-lo, em locação, mas ainda antes de completo: ao explorador caberá dar o retoque final. É admissível, aqui, uma locação? A questão foi debatida, nos anos oitenta do século passado[21].

Hoje, podemos entender que, estando um estabelecimento em preparação avançada, de modo a comportar a mais-valia própria do negócio, é admissível a sua locação, com aplicação do regime próprio do estabelecimento[22]: funciona a mesma *ratio legis*.

15. A **natureza** da locação de estabelecimento já foi discutida. Defendeu-se a presença, nela, de um contrato misto ou de um contrato atípico. Hoje, trata-se de um subtipo de locação, legalmente consignado: precisamente no artigo em anotação.

Tem natureza objetivamente comercial, embora conste do CC. Todavia, já se tem exigido, para a aplicação de juros comerciais, que o próprio senhorio seja, também ele, comerciante[23].

---

[15] A escritura era exigida pelo 89.°, *k*), do CNot de 1967; *vide* RLx 4-jun.-1998 (Proença Fouto), CJ XXII (1998) 3, 122-123. A regra desapareceu do CNot vigente, vindo o DL 64-A/2000, de 22-abr., introduzir no 111.° do RAU a regra de que a cessão de exploração deve constar de documento escrito. *Vide*, ainda, STJ 17-jun.-2010 (Urbano Dias), Proc. 118/03.

[16] *Vide* a sua exposição, com indicações, em RCb 9-dez.-1997 (Serra Batista), CJ XXII (1997) 5, 32-36 (35/I).

[17] *Supra*, anot. 13.

[18] Januário Gomes, *Arrendamentos comerciais*, 77; Jorge Pinto Furtado, *Manual* 2, 4.ª ed., 791-792; António Pais de Sousa, *Anotação ao regime do RAU*, 4.ª ed. (s/d, mas 1996), 295; RLx 5-mai.-1987 (Zeferino Faria), CJ XII (1987) 3, 73-74 (74/I), em *obter dictum*, STJ 20-out.-1992 (Fernando Fabião), BMJ 420 (1992), 524-530 (529), RPt 27-jan.-1997 (Reis Figueira), CJ XXII (1997) 1, 214-219 (218-219) e RLx 18-abr.-2002 (Olindo Geraldes), Proc. 0013216.

[19] RCb 9-dez.-1997 (Serra Batista), CJ XXII (1997) 5, 32-36 (35/I), com muitas indicações.

[20] STJ 24-jan.-2012 (Sousa Leite), Proc. 466/06.

[21] *Vide* STJ 18-jul.-1985 (Luís Franqueira), ROA 47 (1987), 517-540.

[22] STJ 19-abr.-2012 (Granja da Fonseca), Proc. 5527/04.

[23] RPt 7-jan.-2013 (José Aurélio Almeida), Proc. 776/11.

Artigo 1110.º (Duração, denúncia ou oposição à renovação)

1. As regras relativas à duração, denúncia e oposição à renovação dos contratos de arrendamento para fins não habitacionais são livremente estabelecidas pelas partes, aplicando-se, na falta de estipulação, o disposto quanto ao arrendamento para habitação.

2. Na falta de estipulação, o contrato considera-se celebrado com prazo certo, pelo período de cinco anos, não podendo o arrendatário denunciá-lo com antecedência inferior a um ano.

Bibliografia: Laurinda Gemas e outros, *Arrendamento*, 520-521; Soares Machado/Regina Santos Pereira, *Arrendamento urbano*, 183-185; Isabel Rocha/Paulo Estima, *NRAU/Notas práticas* (2012), 134-135.

Índice

I – Origem e evolução
1. A tradição vinculística 1
2. O RAU de 1990 3
3. A reforma de 1995 4
4. O RNAU de 2004 6
5. O NRAU de 2006 8
6. A reforma de 2012 10

II – O regime
7. A liberdade de estipulação 11

8. Acordos supervenientes 14
9. A forma 15
10. O regime supletivo 16
11. A duração 17
12. Aspetos práticos 18
  α) Havendo acordo 30
  β) Decisão do tribunal 31
  γ) Notificação oficiosa 33
13. Uniões de facto 34

I – Origem e evolução

1. **A tradição vinculística** levou, ao longo do século XX, a uma especial proteção do arrendatário comercial, na hipótese de cessação do arrendamento. No CC de 1966, versão original, surgiam diversos preceitos de tutela, que vamos consignar[1]:

Artigo 1114.º (**Cessação por caducidade ou por denúncia do senhorio**)

1. Salvo no caso de perda da coisa, se o arrendamento cessar por motivo de caducidade ou por denúncia do senhorio, o arrendatário tem direito, sem prejuízo da indemnização referida no artigo 1099.º, a uma compensação em dinheiro, sempre que por facto seu o prédio arrendado tenha aumentado de valor locativo.

2. A importância da compensação é fixada pelo tribunal, segundo juízos de equidade, mas não pode exceder dez vezes a renda anual.

Artigo 1115.º (**Caducidade por expropriação**)

1. Caducando o contrato em consequência de expropriação por utilidade pública, o arrendamento é considerado como encargo autónomo para o efeito de o arrendatário ser indemnizado pelo expropriante.

2. A indemnização não excederá quarenta por cento do valor o prédio ou da parte do prédio ocupada pelo arrendatário, se a ocupação tiver durado mais de cinco anos, e trinta ou vinte por cento, respectivamente, se a ocupação tiver durado mais de três anos ou mais de um ano; se a ocupação tiver durado menos de um ano, a indemnização limitar-se-á ao valor das obras feitas pelo arrendatário.

---

[1] DG I, n.º 274, de 25-nov.-1966, 1981/II e 1982/I.

Artigo 1116.º (**Desocupação do prédio**)

1. Quando o arrendamento tiver durado um ou mais anos e cessar pelos motivos referidos no artigo 1114º, o arrendatário só é obrigado a desocupar o prédio decorrido um ano após o termo do contrato ou da renovação.
2. Se o arrendamento tiver durado dez ou mais anos, o prazo para a desocupação é de dois anos.

Todas estas regras tinham, como pressuposto, a aplicabilidade, ao arrendamento comercial, do regime geral sobre a cessação ou a não renovação do contrato.

2. **O RAU de 1990** começou por acolher, nos 113.º e 114.º, os 1114.º e 1116.º do CC[2]. O 1115.º passou para a sua sede própria: as leis sobre expropriações. As regras sobre cessação mantinham-se incólumes.

3. **A reforma de 1995**, mais concretamente a levada a cabo pelo DL 257/95, de 30-set., veio liberalizar o regime de duração e de cessação dos arrendamentos comerciais. Para tanto, introduziu os novos 117.º e 118.º do RAU, assim concebidos[3]:

Artigo 117.º (**Estipulação de prazo de duração efectiva**)

1. As partes podem convencionar um prazo para a duração efectiva dos arrendamentos urbanos para comércio ou indústria, desde que a respectiva cláusula seja inequivocamente prevista no texto do contrato, assinado pelas partes.
2. Aos contratos para comércio ou indústria de duração limitada, celebrados nos termos do número anterior, aplica-se, com as necessárias adaptações, o regime dos artigos 98º a 101.º, salvo o disposto no artigo seguinte.

Artigo 118.º (**Renovação e denúncia**)

1. Os contratos de arrendamento a que se refere o artigo anterior renovam-se automaticamente no fim do prazo, por igual período, se outro não estiver expressamente estipulado, quando não sejam denunciados por qualquer das partes.
2. As partes podem livremente convencionar um prazo para a denúncia do contrato pelo senhorio, desde que a respectiva cláusula seja reduzida a escrito.

Mantinham-se regras: mas praticamente supletivas. Dada a natureza empresarial dos interesses em jogo, cabia às partes fixar o melhor regime.

4. **O RNAU de 2004** consignou, no 1113.º, um lato regime de liberdade relativo à cessação do contrato e às obras. Ei-lo[4]:

Artigo 1113.º
(Duração, denúncia ou oposição à renovação)

1. As regras relativas à duração, denúncia, oposição à renovação dos contratos de arrendamento para comércio ou indústria, bem como as relativas à responsabilidade pela realização de todas as obras de conservação, ordinária ou extraordinária, requeridas por lei ou pelo fim do contrato, são livremente estabelecidas pelas partes, complementadas, quando necessário, pelo disposto quanto ao arrendamento para habitação.
2. Na falta de estipulação, o contrato considera-se celebrado com prazo certo, pelo período de três anos, aplicando-se, então, o disposto nos artigos 1101.º a 1103.º.
3. Se as partes nada convencionarem quanto à responsabilidade pela realização das obras referidas no número 1, aplica-se o regime geral, considerando-se, no entanto, que o arrendatário está autorizado a realizá-las, desde que exigidas por lei ou requeridas pelo fim do contrato.

---

[2] Menezes Cordeiro/Castro Fraga, *RAU anotado*, 151.
[3] DR I-A, n.º 227, de 30-set.-1995, 6070/II-6071/I.
[4] O Direito 136 (2004), 467-493 (490).

7   Ainda o projetado RNAU conservava, no 1116.º, normas relativas à compensação por aumento de valor, devida ao arrendatário no termo do contrato e, no 1117.º, um prazo alargado para a desocupação do prédio.

8   5. **O NRAU de 2006**, tendo suprimido a categoria dos arrendamentos comerciais, viu-se impelido a revogar as normas que previa, a compensação ao arrendatário e o suplemento de prazo para a desocupação. Perderam-se normas úteis e justas.

9   Quanto à liberdade das partes, a L 6/2006, de 27-fev.-2006, veio consagrar, em preceitos separados, a cessação do contrato (1110.º) e o regime das obras (1111.º). No que toca à cessação – portanto duração, denúncia ou oposição à renovação – adotou-se um texto praticamente idêntico ao vigente: mas com um prazo supletivo de dez anos, no 1110.º/2[5].

10 6. **A reforma de 2012**, levada a cabo pela L 31/2012, de 14-ago., deu, ao 1110.º/2, a redação atual (2.º): precisamente reduzindo, para cinco, o aludido prazo supletivo[6].

II – **O regime**

11 7. **A liberdade de estipulação** das partes, no tocante à duração, denúncia e oposição à renovação dos arrendamentos habitacionais, é fixada, no 1110.º/1, sem limites. Ressalvadas ficam, todavia, regras gerais, como a do 1025.º, que fixa em 30 anos a duração máxima da locação.

12 As partes podem ocupar-se, apenas, de algum dos aspetos em jogo: da duração, da denúncia ou da oposição à renovação. Nessa altura e no omisso, cai-se no regime supletivo.

13 Podendo dispor sobre a duração, podem as partes, *a fortiori*, fixar novos pressupostos ou consequências para a resolução. No fundo, trata-se de um *minus* relativamente à duração ou à denúncia, uma vez que exige um fundamento.

14 8. **Acordos supervenientes** quanto à duração, denúncia e oposição à renovação são logicamente possíveis. Eles integrar-se-ão no contrato inicial, sem mais problemas.

15 9. **A forma** aplicável às cláusulas sobre a cessação do contrato é a mesma exigida para o próprio contrato: a forma escrita (1069.º). Perante elas, funcionam as razões de exigência de forma que se manifestam perante o próprio arrendamento (221.º/2, do CC).

16 10. **O regime supletivo** é o arrendamento para habitação. Teremos contratos com termo certo (1095.º a 1098.º) ou de duração indeterminada (1099.º a 1104.º), denúncias pelo arrendatário (1100.º) ou pelo senhorio (1101.º) e oposições a renovação deduzidas pelo senhorio (1097.º) ou pelo arrendatário (1098.º).

17 11. **A duração** tem uma regra supletiva especial: em vez de, na falta de estipulação, se concluir pela presença de um contrato celebrado com prazo certo, pelo período de dois anos (1094.º/3), a lei fixa cinco anos, não podendo o arrendatário denunciá-lo com antecedência inferior a um ano. Curiosamente, estamos perante normas de proteção aos senhorios.

18 12. **Aspetos práticos**. Na atualidade, modificaram-se profundamente as circunstâncias que, ao longo do século XX, vieram instituir e agravar o vinculismo. A ideia de que o arrendamento é sempre bom para o arrendatário, traduzindo um encargo para o senhorio, já não se verifica. A crise imobiliária, a quebra na economia, o *superavit* de imóveis e a crise demográfica levam a uma pressão contínua no sentido do abaixamento de rendas. Prazos longos são – ou podem ser – calamitosos para os inquilinos.

19 Por isso, recomenda-se vivamente, em especial nos arrendamentos comerciais ou equiparados, que se proceda a uma cuidada ponderação de interesses, fixando por contrato as condições da sua cessação. Na dúvida, há que privilegiar prazos curtos, remetendo-se, no mais, para o regime supletivo, bastante equilibrado, atualmente.

---

[5] DR I-A, n.º 41, de 27-fev.-2006, 1586/II.

[6] DR I, n.º 157, de 14-ago.-2012, 4414/II.

Artigo 1111.º (Obras)

1. As regras relativas à responsabilidade pela realização das obras de conservação ordinária ou extraordinária, requeridas por lei ou pelo fim do contrato, são livremente estabelecidas pelas partes.
2. Se as partes nada convencionarem, cabe ao senhorio executar as obras de conservação, considerando-se o arrendatário autorizado a realizar as obras exigidas por lei ou requeridas pelo fim do contrato.

Bibliografia: António Menezes Cordeiro, *Da natureza do direito do locatário* (1980), 7 ss. e *Tratado* VI, 580 ss.; *A aprovação do NRAU (Lei n.º 6/2006, de 27 de Fevereiro): primeiras notas*, O Direito 138 (2006), 229-242; Manuel Januário da Costa Gomes, *Constituição da relação de arrendamento urbano* (1980); Luiz da Cunha Gonçalves, *Tratado* 8, 636 ss.; idem, *Tratado* 9 (1934), 5 ss; idem, *Dos contratos em especial* (1953); Luís Menezes Leitão, *Arrendamento*, 5..ª ed.; idem, *Deteriorações e obras no Novo Regime do Arrendamento Urbano (NRAU)*, Est. Oliveira Ascensão 2 (2008), 921-936; Pires de Lima/Antunes Varela, *Código anotado* 2, 4.ª ed., 479 ss.; José Pinto Loureiro, *Tratado* 3; Rui Vieira Miller, *Arrendamento*; Inocêncio Galvão Telles, *Arrendamento*, 83 ss. e *Contratos civis*, 114-282.

Índice

I – Antecedentes e evolução
1. Código de Seabra 1
2. Decreto n.º 5:411 4
3. Anteprojeto Galvão Telles 11
4. Código Civil de 1966 16
5. Regime do Arrendamento Urbano 21
6. Decreto-Lei n.º 257/95, de 30-set. 23

II – O regime vigente
7. NRAU de 2006 27
8. Regime transitório 31
9. RJOPA 35
10. RJRA 43
11. Desenvolvimento jurisprudencial 44

I – Antecedentes e evolução

1. Código de Seabra. Aquando da elaboração do Código de Seabra, era pouco relevante a diferenciação do arrendamento quanto ao seu fim, na medida em que tal dado apenas podia relevar para aferir do efetivo cumprimento da obrigação, imposta ao locatário, de usar a coisa apenas para o fim convencionado[1]. Assim, o artigo 1596.º limitava-se a classificar o contrato como arrendamento ou aluguer, consoante versasse, respetivamente, sobre coisa imóvel ou móvel.

A importância do destino do arrendamento, particularmente quando o prédio era utilizado para o funcionamento de estabelecimentos comerciais ou industriais, apenas foi adquirida com o passar dos anos e com a generalização deste fenómeno, o que aconteceu a partir do momento em que o D 5:411, de 17-abr.-1919 dedicou uma inteira subsecção a esta nova *categoria jurídica*[2], que designava de *Especialidades dos arrendamentos de estabelecimentos comerciais e industriais*[3]-[4]. Tal

---

[1] Neste sentido, Luiz da Cunha Gonçalves, *Tratado* 8, 655 e *Dos contratos em especial* (1953), 302.

[2] Luiz da Cunha Gonçalves, *Tratado* 8, 656.

[3] Luiz da Cunha Gonçalves, *Dos contratos em especial*, 303 e 304, considerando que haviam sido criadas *"vantagens exorbitantes a favor de estabelecimentos comerciais e industriais"*. Tratava-se, designadamente, dos seguintes *"privilégios"*: (i) indemnização nalguns casos de despejo por iniciativa do senhorio; (ii) indemnização especial no caso de expropriação por utilidade pública; (iii) dispensa de autorização do senhorio para o trespasse do estabelecimento; (iv) limitação do direito do senhorio a elevar a renda; (v) adiamento do despejo em certos casos, em função da duração do contrato; (vi) subsistência do arrendamento nos casos de transmissão por morte ou alienação; (vii) sujeição à jurisdição dos tribunais de comércio. Outros *privilégios* foram posteriormente criados pela Lei n.º 1662: (i) direito a indemnização no caso de rescisão do arrendamento por morte do senhorio; (ii) direito de opção a favor do comerciante ou industrial, em caso de venda do prédio.

[4] José Pinto Loureiro, *Tratado* 3, 134, destaca no entanto as desvantagens associadas a este regime, designadamente o dever de suportar aumentos periódicos de renda.

novidade justificava-se em razão do aparecimento de uma nova coisa, com um valor que, jurídica e economicamente, era diverso do que existia anteriormente[5]. De acordo com o artigo 52.º deste diploma[6], era considerado estabelecimento comercial ou industrial, para efeitos de locação, *todo o prédio urbano ou parte dele, que o comerciante ou industrial tomou de arrendamento para o exercício da sua profissão*[7].

3   O 1606.º/§ 2 do Código de Seabra impunha, ao senhorio, em relação a qualquer contrato, a obrigação de *conservar a cousa arrendada no mesmo estado durante o arrendamento*. Por conseguinte, competia ao senhorio praticar os atos necessários à conservação do prédio[8].

4   **2. O Decreto n.º 5:411** consagrava, também, o dever do senhorio de conservar o prédio arrendado *no mesmo estado* durante o arrendamento (15.º)[9], o que pressupunha um prévio estado de adequação do prédio à utilização da coisa[10]. Não havia, neste momento, qualquer diferenciação quanto à solução aplicável ao arrendamento para fins não habitacionais.

5   A doutrina era unânime em considerar que a obrigação de realizar obras e reparações poderia ficar a cargo do locatário[11], por meio de acordo expresso ou tácito nesse sentido[12]. Podia igualmente o senhorio autorizar o arrendatário a realizar as obras de conservação ou reparação ordinárias e obrigar-se a pagar a respetiva despesa[13].

6   Ao invés, caso o arrendatário realizasse a obra sem autorização, podia ainda exigir o seu valor, nos termos do regime aplicável às benfeitorias necessárias, de acordo com o 65.º do D 5:411[14]. Tratava-se aqui da imposição ao senhorio do dever de cumprir todas as obrigações a que se sujeitara no contrato e que não fossem contrárias a quaisquer disposições legais (15.º/6 do D 5:411). De referir, todavia, que o pagamento das benfeitorias se não aplicava em caso de benfeitorias voluptuárias, que o arrendatário apenas podia levantar (500.º do Código de Seabra). Quanto às restantes, o seu regime variava em função da respetiva natureza e da existência ou não de autorização, por escrito ou não, do senhorio, nos seguintes moldes: (i) Em caso de benfeitorias autorizadas[15] [16] por escrito pelo senhorio, ou realizadas ao abrigo do 17.º do D 5:411[17], podia o arrendatário reter o prédio até ao reembolso do respetivo valor, que devia, no entanto, provar[18], a

---

[5] *Vide*, ainda, Luiz da Cunha Gonçalves, *Tratado* 8, 656.

[6] A L 1.503, de 1 de Dezembro de 1923 estabelecia que os estabelecimentos comerciais ou industriais que funcionassem em prédio rústico gozavam de todos os privilégios e garantias concedidos pelo D 5:411 aos estabelecimentos comerciais e industriais que funcionassem em prédios urbanos.

[7] José Pinto Loureiro, *Tratado da locação* 3, 121, assinala que esta aceção é dada no estrito termo de *"prédio ou parte de prédio arrendado para o exercício de uma profissão comercial ou industrial"*, e não na de universalidade de coisas.

[8] O que, segundo Luiz da Cunha Gonçalves, *Tratado* 9, 12, incluía quer as reparações ordinárias, quer as extraordinárias.

[9] O que não se confunde com as *reparações locativas*, enunciadas por Luiz da Cunha Gonçalves, *Tratado* 9, 11 e 12, que são as provenientes do mau uso do prédio pelo locatário.

[10] Neste sentido, Luiz da Cunha Gonçalves, *Tratado* 9, 11, sublinhando que, caso o prédio fosse arrendado em *mau estado*, o senhorio tinha também a obrigação de realizar as reparações necessárias em ordem a que se tornasse adequado ao respetivo fim.

[11] Neste sentido, José Pinto Loureiro, *Tratado* 3, 9.

[12] Luiz da Cunha Gonçalves, *Tratado* 9, 12 referia a este respeito precisamente *"as reparações interiores e exteriores dum estabelecimento comercial"*, que são, *"em geral, feitas pelo locatário, tanto mais que só êste sabe o que lhe convém, para atrair a clientela"*.

[13] Luiz da Cunha Gonçalves, *Tratado* 9, 12.

[14] Luiz da Cunha Gonçalves, *Tratado* 9, 12.

[15] Luiz da Cunha Gonçalves, *Tratado* 9, 51, sublinhava não constituir tal autorização a cláusula nos termos da qual *o arrendatário podia realizar quaisquer construções ou benfeitorias por sua conta e risco*, considerando que tal configurava uma recusa do senhorio ao seu pagamento e até o direito de exigir a respetiva demolição no fim do contrato, dada a *atribuição do risco* ao inquilino.

[16] Ainda que de benfeitorias voluptuárias se tratasse, como sublinha José Pinto Loureiro, *Tratado* 3, 61 e 62.

[17] Preceito este que permitia ao inquilino, dentro de certos requisitos, pagar-se das benfeitorias necessárias ou despesas de conservação ou reparação mediante desconto nas rendas.

[18] Podendo a prova ser feita por qualquer meio, ainda que não documental, como salienta José Pinto Loureiro, *Tratado* 3, 14. Sobre as benfeitorias, *vide* também as pp. 60 ss..

menos que o contrato houvesse expressamente excluído esta possibilidade[19]; por outro lado, mesmo havendo direito de retenção, tinha este carácter *meramente obrigacional*, podendo unicamente ser invocado contra o senhorio[20]; (ii) Caso tais benfeitorias fossem autorizadas, tendo o senhorio declarado que *não as queria para si*, ficava o arrendatário obrigado à sua demolição aquando do termo do contrato[21].

O inquilino tinha direito a reter o prédio, até que lhe fosse pago o valor das despesas feitas (25.º do D 5:411).   7

Se o senhorio, sendo interpelado pelo arrendatário à realização de obra de conservação do prédio necessária ao fim a que o mesmo se destina, a não realizasse, o 17.º do D 5:411 possibilitava ao arrendatário duas alternativas: (i) rescindir o contrato, com direito a indemnização e (ii) mandar fazer as reparações por conta do senhorio. Aquando da aprovação do Código de Seabra, tal dependia de citação prévia do senhorio para este efeito, que podia então deduzir a sua oposição[22], mas tal deixou de ser possível com o D 5:411.   8

Nesta data, a realização de obras não configurava apenas uma obrigação do senhorio, mas também e em sentido próprio um direito[23], nos termos do 2.228.º e do 21.º/§ 3, do D 5:411, possibilitando-lhe inclusivamente despejar o prédio caso tal fosse necessário para as mesmas.   9

Todavia, neste ponto havia uma especialidade: no âmbito do regime consagrado pelo D 5.411, o 53.º/§ 3, caso o senhorio procedesse à cessação do contrato com fundamento na necessidade de realizar obras necessárias à conservação do prédio e que obrigavam à sua total desocupação, e se neste se encontrasse instalado um estabelecimento comercial ou industrial, haveria que pagar uma indemnização, a fixar conforme as circunstâncias, não podendo exceder o décuplo da renda anual. Todavia, a jurisprudência de então considerava que esta indemnização não seria devida quando o despejo decorresse de imposição da câmara municipal para a realização da obra[24].   10

3. O **Anteprojeto Galvão Telles** diferenciava, por um lado, a *locação de coisas produtivas* (Secção VIII) e, por outro, o arrendamento de prédios urbanos e o arrendamento de prédios rústicos como coisas não produtivas (Secção IX)[25]. Assim, no primeiro caso, a coisa objeto do contrato produzia, ela mesma, frutos naturais ou industriais, possibilitando-se ao arrendatário não somente o uso, como igualmente a respetiva fruição. No segundo, tratava-se o arrendamento de prédio urbano, para diversos fins, e o arrendamento de prédio rústico, quando destinado a fim não produtivo.   11

De acordo com o Autor do Anteprojeto, o arrendamento urbano era, à data, objeto de um *"regime excepcional"* e contrário ao livre mecanismo contratual, dadas as limitações ao direito de o senhorio fazer cessar, unilateralmente, o contrato[26].   12

Os 86.º a 95.º do Anteprojeto não continham, todavia, qualquer regime específico sobre a matéria no âmbito dos arrendamentos não habitacionais, aplicando-se assim a estes contratos o regime geral do contrato de locação, bem como as regras constantes do D 5:411. Destacava-se, no   13

---

[19] Luiz da Cunha Gonçalves, *Tratado* 9, 50, salientando que neste caso, mesmo tratando-se de benfeitoria voluptuária, ficaria a mesma a pertencer ao senhorio.
[20] Luiz da Cunha Gonçalves, *Tratado* 9, 50 e 51, argumentando que o direito de retenção era uma *"garantia sem sequência"*, que *"não acompanha o prédio, quando êste passa a mãos de terceiro"*.
[21] Luiz da Cunha Gonçalves, *Tratado* 9, 52.
[22] Na sequência da citação, efetuada de acordo com o 901.º

CPC e, posteriormente, do 182.º do D 21.287, podia o senhorio deduzir embargo e justificar os motivos por que considerava não estar obrigado à realização da obra.
[23] Neste sentido, José Pinto Loureiro, *Tratado* 3, 8.
[24] José Pinto Loureiro, *Tratado* 2, 113, citando STJ 4-nov.-1919.
[25] Inocêncio Galvão Telles, *Contratos civis*, 157 a 159.
[26] Inocêncio Galvão Telles, *Contratos civis*, 159.

regime geral, a obrigação do locador, consagrada no 16.º, de assegurar ao locatário o gozo da coisa para o fim ou fins a que esta era destinada, bem como a possibilidade, conferida ao locatário pelo 23.º, de, mediante certos pressupostos, realizar na coisa as reparações ou despesas urgentes.

14   A nível de benfeitorias, o 39.º negava ao locatário o direito ao seu reembolso, a menos que se tratasse de despesas ou reparações urgentes, na aceção do 23.º, ou que tal tivesse sido convencionado no contrato. Todavia, em sede de arrendamento urbano, o D 5:411 estabelecia, como se viu supra, solução diversa.

15   Em caso de autorização escrita do locador, ficava este obrigado a indemnizar o locatário pela benfeitoria, *igual ao seu custo ou ao benefício que representasse no momento da restituição da coisa, conforme fosse menor a primeira ou a segunda destas importâncias*. O preceito concedia também ao locatário o direito de levantar as benfeitorias, ainda que não autorizadas pelo locador, desde que o fizesse sem detrimento da coisa e contanto que o senhorio as não preferisse reter, caso em que deveria, não obstante, pagar ao locatário uma indemnização.

16   4. **Código Civil de 1966.** A redação originária do CC contemplava as disposições especiais dos arrendamentos para comércio ou indústria nos seus 1112.º e seguintes, estabelecendo o primeiro destes preceitos que se considerava como tal *o arrendamento de prédios urbanos ou rústicos tomados para fins directamente relacionados com uma actividade comercial ou industrial*. Neste domínio não se continha, porém, qualquer regime específico em sede de obras ou reparações realizadas na coisa[27].

17   Em sede de contrato de locação, a matéria em apreço resultava da obrigação do locador de assegurar ao locatário o gozo da coisa para os fins a que esta era destinada, constante do 1031.º, *b*)[28]. Nesta data, dispunha já o artigo 1046.º que, com exceção dos casos previstos no 1036.º, referentes a obras e reparações urgentes, e salvo estipulação em contrário, era o locatário equiparado ao possuidor de má fé quanto a benfeitorias que houvesse realizado na coisa.

18   Assim, enquanto no regime do D 5:411, assim como no Anteprojeto Galvão Teles, o direito do locatário ao custo das benfeitorias se encontrava dependente de acordo escrito do senhorio, tal exigência foi eliminada do CC de 1966, na medida em que o regime estabelecido em sede de benfeitorias realizadas pelo possuidor de má fé, constante então dos 1273.º e 1274.º, admitia indemnização pelas benfeitorias necessárias e o levantamento das benfeitorias úteis, sem detrimento da coisa, sendo que, caso tal detrimento se verificasse, o locador seria obrigado a satisfazer o seu valor ao locatário.

19   Tal como no 25.º do D 5:411, era atribuído ao locatário direito de retenção, agora nos termos dos 754.º, 758.º e 759.º.

20   De acrescentar que o conteúdo da redação originária do artigo 1111.º nada tinha que ver com a matéria das obras, destinando-se antes a regular a transmissão, por morte do arrendatário, do contrato de arrendamento para fins não habitacionais, situação que se manteve com a alterações protagonizadas pelos DL 293/77, de 20-jul. e 328/81, de 4-dez..

21   5. **Regime do Arrendamento Urbano**. O RAU revogou as disposições especiais de arrendamentos para fins não habitacionais constantes da redação originária do CC, nas quais se incluía o 1111.º. Esta matéria passou a constar dos 110.º e seguintes do RAU, que contemplavam disposições relativas ao arrendamento para comércio ou indústria. Por sua vez, relativamente ao arrendamento para o exercício de profissões liberais, o 117.º do RAU remetia para o disposto nos 110.º a 116.º.

---

[27] Sobre o disposto nestes artigos, Rui Vieira Miller, *Arrendamento*, 210 ss..

[28] Donde resulta, como sublinha Rui Vieira Miller, *Arrendamento*, 42, a obrigação de o locador fazer as reparações indispensáveis.

No que concerne ao tema das obras, nada se dispunha no DL 321-B/90 de específico em relação a estes arrendamentos. O regime aplicável era, assim, o previsto no arrendamento urbano para habitação, designadamente o então consagrado nos 11.º e seguintes do RAU, nos termos dos quais as obras de conservação ordinária estavam a cargo do senhorio (12.º), bem como as de conservação extraordinária e de beneficiação, quando, nos termos das leis administrativas em vigor, a sua execução fosse ordenada pela câmara municipal competente ou ainda em caso de acordo escrito das partes nesse sentido, com discriminação das obras a efetuar (13.º) (vide, sobre esta matéria, a anotação ao 1074.º, supra)[29].

6. O **Decreto-Lei n.º 257/95, de 30-set.**, modificou este estado de coisas. O referido DL veio rever o regime do arrendamento urbano para o exercício de comércio, indústria profissões liberais e outros fins lícitos não habitacionais, cujo 2.º aditou ao RAU um 120.º, com o seguinte conteúdo:

Artigo 120.º (**Regime das obras**)

1. As partes podem convencionar, por escrito, que qualquer dos tipos de obras a que se refere o artigo 11.º do presente diploma fique, total ou parcialmente, a cargo do arrendatário.
2. A realização de obras determinadas pelas autoridades administrativas em função do fim específico constante do contrato, quando devam ser suportadas pelo arrendatário, não carece de autorização do senhorio.
3. Salvo cláusula em contrário, quando o arrendatário suporte o custo das obras, deve o senhorio indemnizá-lo, no termo do contrato, de acordo com as regras do enriquecimento sem causa.

Este regime era somente aplicável aos contratos celebrados a partir da entrada em vigor deste diploma (6.º), uma vez que consubstanciava a criação de um *regime especial*, dado que neste tipo de arrendamento, em atenção à exploração da atividade negocial realizada no imóvel, existia um carácter de urgência especial das obras[30]. O regime era extensível ao arrendamento para o exercício de profissão liberal (vide o disposto nos 121.º e 123.º).

Assim, passou a admitir-se a convenção, por escrito, nos termos da qual o arrendatário fosse incumbido da realização de quaisquer obras, independentemente da sua natureza de obras de reparação ordinária, extraordinária, ou de beneficiação. Esta cláusula passou, assim, a ser considerada inteiramente lícita[31], mas somente quanto a estes tipos de arrendamento.

O n.º 2 dispensava, todavia, a autorização do senhorio, em caso de obras determinadas pelas autoridades administrativas, em atenção ao fim específico constante do contrato, que devessem ser suportadas pelo arrendatário[32]. Por último, o n.º 3 determinava, a título supletivo, a obrigação de o senhorio indemnizar o arrendatário pelas obras realizadas, de acordo com o regime do enriquecimento sem causa.

II – O regime vigente

7. O **NRAU de 2006** conferiu ao 1111.º a redação que ainda hoje se mantém. As L 31/2012 e 32/2012, de 14-ago., não alteraram o disposto no 1111.º, que manteve, assim, a redação que lhe fora atribuída pelo NRAU. Por conseguinte, cabe às partes, no âmbito da sua liberdade negocial, estipular o regime de realização das obras de conservação ordinária e extraordinária, requeridas pela lei ou pelo fim do contrato. Deste modo, a remissão do regime das obras para estipulação das partes, já anunciada no 1074.º/1, é expressamente assumida no 1111.º[33].

---

[29] Sobre o tema, cfr. Pires de Lima/Antunes Varela, *Código anotado* 2, 4.ª ed., 719 ss.
[30] Neste sentido, Pires de Lima/Antunes Varela, *Código anotado* 2, 4.ª ed., 720.
[31] Pires de Lima/Antunes Varela, *Código anotado* 2, 4.ª ed., 720.

[32] Pires de Lima/Antunes Varela, *Código anotado* 2, 4.ª ed., 720, esclarecem que a dispensa de autorização se refere tanto ao *modo* de realização da obra, como ao *momento* de realização da obra.
[33] Luís Menezes Leitão, *Deteriorações e obras no Novo Regime do Arrendamento Urbano*, 926.

28   Assim, tratando-se de arrendamentos para fins não habitacionais, é inteiramente deixado à disponibilidade das partes a liberdade de determinar a quem compete a realização de obras de conservação ordinária ou extraordinária, requeridas pela lei ou pelo fim do contrato (*vide* o disposto no n.º 1). No silêncio das partes, o n.º 2 deste preceito incumbe o senhorio do dever de realizar as obras de conservação, considerando-se, em contrapartida, o arrendatário autorizado a realizar as obras exigidas por lei ou requeridas pelo fim do contrato.

29   Assinala-se, todavia, que a liberdade de estipulação decorrente do 1111.º/1 não pode, a nosso ver, derrogar as obrigações essenciais que para o senhorio decorrem da celebração do contrato, designadamente a prevista no 1031.º, *b*), isto é, de assegurar ao locatário o gozo da coisa para os fins a que esta se destina. Assim sendo, parece-nos que as obras que, por força deste regime, podem ser atribuídas ao arrendatário, serão obras que extravasem o âmbito daquela obrigação do senhorio.

30   É ainda de assinalar o âmbito de aplicação deste regime, decorrente do disposto no 59.º do NRAU, cujo n.º 1 estabelece a sua aplicabilidade aos contratos celebrados após a sua entrada em vigor, bem como às relações contratuais constituídas que subsistam nessa data, sem prejuízo do previsto nas normas transitórias. No que concerne à matéria das obras, o n.º 3 deste preceito determina que *"As normas supletivas contidas no NRAU só se aplicam aos contratos celebrados antes da entrada em vigor da presente lei quando não sejam em sentido oposto ao de norma supletiva vigente aquando da celebração, caso em que é essa a norma aplicável"*.

31   **8. Regime transitório.** A L 31/2012, de 14-ago., estabeleceu uma especificidade relativamente às obras da iniciativa do arrendatário, em caso de arrendamentos habitacionais celebrados antes da vigência do RAU e de arrendamentos não habitacionais celebrados antes da vigência do DL 257/95, de 30-set.. Trata-se do novo regime de compensação das benfeitorias, agora consagrado no 30.º do NRAU, nos termos de cujo n.º 1, a título supletivo, se determina que a cessação do contrato concede ao arrendatário o direito a ser compensado pelas obras licitamente feitas no prédio, nos termos aplicáveis às benfeitorias de boa-fé.

32   Tal como tem sido pacificamente admitido, as obras são lícitas quando permitidas pela lei (caso do 1111.º/2), autorizadas, de forma expressa ou tácita, pelo senhorio, bem como quando, não tendo este autorizado, as tenha posteriormente reconhecido ou aceite, gerando no inquilino uma confiança legítima e digna de tutela.

33   Acrescenta o 29.º/2 do NRAU que a denúncia do contrato de arrendamento nos termos do 31.º/3, *d*) e do 51.º/3, *d*), atribui ao arrendatário o direito a compensação pelas obras licitamente feitas, nos termos aplicáveis às benfeitorias realizadas por possuidor de boa fé, *independentemente do estipulado no contrato de arrendamento*. Destina-se esta disposição a inutilizar as cláusulas negociais em que as partes convencionavam que, sendo realizadas obras pelo inquilino, pertenciam estas sempre ao senhorio, sem que aquele tivesse qualquer direito a compensação pela sua realização. No entanto, tal apenas se verifica em caso de denúncia do contrato, por iniciativa do arrendatário, na sequência do processo iniciado pelo senhorio com vista à atualização da renda e à transição do contrato para o NRAU.

34   Finalmente, o 29.º/3 determina que o arrendatário não habitacional tem igualmente direito a ser compensado pelas obras licitamente feitas, nos termos aplicáveis às benfeitorias realizadas por possuidor de boa fé, *independentemente do estipulado no contrato de arrendamento*, no caso de o contrato cessar nos termos do 28.º/3, ou seja, quando o senhorio proceda à denúncia, com a antecedência mínima de cinco anos, (i) em caso de trespasse, locação do estabelecimento ou cessão do arrendamento para o exercício de profissão liberal e (ii) em caso de, sendo o arrendatário uma sociedade, se verificar a transmissão *inter vivos* de posição ou posições sociais que determine a alteração da titularidade em mais de 50%.

9. O **RJOPA** (Regime Jurídico das Obras em Prédios Arrendados)[34]. Em consonância com o disposto no CC, o 2.º do RJOPA determina que compete ao senhorio efetuar as obras necessárias à manutenção do estado de conservação do prédio arrendado, sendo que, não o fazendo, o município ou a entidade gestora da operação de reabilitação urbana o podem intimar à sua realização, bem como realizar, coercivamente, a obra (3.º).

O senhorio poderá denunciar o contrato com vista à realização de obras de remodelação ou restauro profundo, ou ainda com a finalidade de demolição do prédio, conforme previsto no 1101.º, *b*) e nos 4.º a 8.º do RJOPA (*vide*, *supra*, a anotação aos 1101.º e 1103.º).

Caso se verifique a realização coerciva da obra, por iniciativa do município ou da entidade gestora da operação de reabilitação urbana, pode esta entidade proceder ao despejo administrativo do prédio (13.º do RJOPA), sendo o valor das obras previamente orçamento e competindo o seu pagamento ao senhorio (14.º do RJOPA). Todavia, o despejo administrativo só pode ter lugar se, em simultâneo, a entidade providenciar pelo realojamento temporário dos arrendatários existentes, em condições idênticas, quer quanto ao local, quer quanto ao valor da renda e encargos (15.º/1 e 6.º/3 a 5, do RJOPA). Durante o realojamento, o arrendatário continua obrigado ao pagamento pontual da renda (15.º/2, do RJOPA).

Há, no entanto, uma especificidade relativamente ao arrendamento não habitacional, consagrada no 15.º/3 do RJOPA: neste caso, não sendo possível o realojamento, ou no caso de o arrendatário não concordar com as condições oferecidas, a entidade promotora das obras coercivas deve indemnizá-lo, nos termos do 6.º/1, *a*), ou seja, em valor não inferior a um ano de renda. Assinala-se que o pagamento da indemnização é expressamente imposto pela lei à entidade promotora da obra, e não ao senhorio, pese embora seja este a pessoa que está incumbida de realizar a obra e que se encontra, inclusivamente, em situação de incumprimento. Não obstante, note-se que esta entidade poderá, de seguida, arrendar o local após as obras, nos termos do 20.º do RJOPA, a fim de se ressarcir do valor da indemnização. Este regime é ainda aplicável à realização de obras em prédios arrendados por outra entidade à qual a lei atribua esse direito, nomeadamente sociedades de reabilitação urbana, fundos de investimento imobiliário e fundos de pensões (22.º do RJOPA).

Pode também acontecer que seja o arrendatário a tomar a iniciativa da obra, nos termos dos 29.º e seguintes do RJOPA, contanto que se trate de obras de conservação que não estejam a seu cargo (salvo quando se trate de obras a realizar noutras partes do prédio, como por exemplo partes comuns) e que a degradação do prédio se não deva a atuação ilícita do arrendatário (29.º do RJOPA).

Tendo sido atribuído ao prédio um nível de conservação mau ou péssimo[35], o arrendatário pode intimar o senhorio, por escrito, a realizar as *obras necessárias à obtenção de um nível médio ou superior* (30.º/1 e 4, do RJOPA). Não se iniciando as obras no prazo de seis meses, ou caso o senhorio declare que as não pretende fazer, pode o arrendatário solicitar ao município competente a sua realização, a título coercivo, ou tomar ele mesmo essa iniciativa (30.º/2, do RJOPA). Todavia, tal não é admissível quando a não realização da obra se deva a *motivo imputável à Administração Pública*, nomeadamente por demora no licenciamento da obra ou na decisão sobre a atribuição de apoio à reabilitação do prédio (30.º/3, do RJOPA).

O arrendatário pode igualmente realizar ele mesmo a obra quando o senhorio seja intimado, pelo município, à sua realização, e a tal não proceda no prazo estabelecido (31.º/1, do

---

[34] Aprovado pelo DL 157/2006, de 8-ago. e alterado pelo DL 306/2009, de 23-out. e pela L 30/2012, de 14-ago..

[35] Esta matéria encontra-se atualmente prevista no DL 266-B/2012, de 31-dez..

RJOPA). Por outro lado, se o senhorio der início à obra, mas a suspender sem que as retome no prazo de 90 dias, pode também o arrendatário realizar a obra, desde que previamente intime o senhorio a fazê-lo, em prazo não inferior a 30 dias, e desde que tal interrupção se não deva a *motivo imputável à Administração Pública* (31.º/2, do RJOPA). O arrendatário apenas se encontra autorizado a realizar as obras necessárias a atingir o nível de conservação médio (31.º/4, do RJOPA). Em qualquer caso, antes de iniciar a obra, o arrendatário encontra-se obrigado a comunicar tal facto, por escrito, ao senhorio, com antecedência mínima de um mês (32.º do RJOPA).

42 Realizando a obra por sua iniciativa nos termos assinalados, pode o arrendatário compensar o valor despendido com o valor da renda, a partir do momento em que dê início à obra (33.º/1, do RJOPA), determinando a lei que *"O valor das obras a ter em conta para efeitos de compensação é o correspondente às despesas efetuadas e orçamentadas e respetivos juros, acrescidos de 5% destinados a despesas de administração"*. Assim, enquanto esta obrigação subsistir, o senhorio tem apenas direito a receber 50% da renda vigente aquando do início das obras, acrescida das atualizações ordinárias anuais.

43 10. **RJRA** (Regime Jurídico da Reabilitação Urbana e RJUE – Regime Jurídico da Urbanização e Edificação) (remissão). Relativamente às obras em prédio arrendado realizadas ou impostas nos termos do RJRA e do RJUE, *vide*, *supra*, as anotações ao 1074.º.

44 11. **Desenvolvimento jurisprudencial.** A jurisprudência tem sublinhado que a realização ilícita de obras, pelo arrendatário, constitui por si só justa causa de resolução do contrato por iniciativa do senhorio, nos termos do 1083.º/2. Com efeito, o arrendatário é apenas titular de um direito de gozar a coisa, não sendo titular do poder de transformação, a menos que a lei ou o contrato estabeleçam o contrário.

45 Neste sentido, veja-se o Acórdão RPt 12-nov.-2009[36], onde se decidiu que *"a realização de obras, de conservação ordinária ou extraordinária, no arrendado, sem que o respectivo contrato de arrendamento o permita e sem autorização por escrito do senhorio, é ilícita e corresponde a um incumprimento contratual, susceptível de, à luz do que, actualmente, dispõe o art. 1083.º, n.ᵒˢ 1 e 2 do CC, na redacção que lhe foi introduzida pelo NRAU (Lei n.º 6/06, de 27.02), determinar a resolução do contrato, desde que esse incumprimento se revista de gravidade ou tenha consequências tais que tornem inexigível ao senhorio a manutenção do arrendamento"*. Neste caso, provara-se que o arrendatário havia procedido à substituição do material dos pavimentos e dos materiais de revestimento das paredes, colocando tijoleira cerâmica nos pavimentos e paredes do estabelecimento e azulejos na casa de banho, assim como à colocação de tetos falsos. Do mesmo modo, havia demolido um piso existente na parte posterior do estabelecimento, tipo varandim.

46 O ponto de partida do Tribunal foi a obrigação imposta ao senhorio de *executar todas as obras no arrendado (tanto as ordinárias, destinadas a manter o prédio em bom estado de preservação e em condições exigidas pelo fim do contrato, existentes à data da sua celebração), como as extraordinárias (as que inesperadamente se vierem a revelar, nomeadamente por defeito de construção ou ocorrência de caso fortuito ou força maior, também necessárias a repor o prédio nas condições exigíveis pelo fim ou objecto do contrato)*, nos termos do 1031.º, *b*), CC, preceito apenas excecionado nos 1036.º, 1074.º e 1111.º.

47 O arrendatário realizara obras num estabelecimento destinado a comércio de carnes verdes e salchicharia (vulgo talho), as quais visaram a adequação às *condições higiénico-sanitárias e técnicas impostas* por um ofício camarário, que impunha o dever de corrigir as deficiências no prazo de 60 dias. Contudo, tratava-se de obras que o senhorio não autorizou, sendo, assim, ilícitas.

---

[36] RPt 12-nov.-2009 (Teixeira Ribeiro), Proc. 234/07.

O Tribunal concluiu pela existência de uma *alteração substancial da estrutura interna* do prédio, em consequência da ação do arrendatário. No entanto, considerou que, em face das preocupações de higiene e sanitárias, era compreensível a atuação do arrendatário, ao adequar o estabelecimento às exigências formuladas pelo município, ao que acrescia a circunstância de, anos antes, o senhorio ter autorizado o anterior arrendatário e trespassante a fazer todas as obras que entendesse necessárias à beneficiação do estabelecimento. Assim, sendo ilícitas, não consubstanciariam um incumprimento contratual bastante para fundamentar a resolução, até porque o local não ficara desvalorizado, antes pelo contrário. 48

À mesma conclusão se chegou num caso idêntico, decidido em RPt 14-jul.-2010 (Processo n.º 1451/09.0TJPRT.P1, Relator Guerra Banha)[37]: *"Tratando-se de um contrato de arrendamento iniciado em 1950, (...) compreendendo as actividades de restauração e bebidas, a realização de obras pelo locatário sem autorização do senhorio, no interior do locado, que implicaram o derrube de paredes interiores e a construção de outras, bem como a tapagem de portas existentes e a abertura de novas portas, sem atingir 'as paredes exteriores, estruturas divisórias ou partilhadas com outras fracções ou com partes comuns do edifício" e sem afectar "as paredes-mestras, vigas, placas de tecto ou outras estruturas de suporte do edifício", obras impostas pelas entidades que fiscalizam aquela actividade visando ampliar a zona da cozinha para separar a copa limpa da copa suja, a isolar a cozinha dos lavabos e sanitários e a tornar estes mais funcionais e mais higiénicos, não revestem gravidade nem alteram o equilíbrio da relação locatícia para justificar a resolução do contrato"*. 49

Relativamente à livre estipulação negocial das partes, decidiu-se, em RPt 16-nov.-2010[38], que era plenamente válida a cláusula, estipulada num contrato de arrendamento celebrado em 1-jan.-2006 para o exercício da atividade de lavandaria, nos termos da qual *"o arrendatário "fica desde já autorizado a proceder à realização de todas as obras indispensáveis ao exercício da sua actividade"*. Naquele caso, considerou-se que o exercício *normal* da atividade de lavandaria pressupunha *"a instalação de máquinas de lavar e secar e a colocação de tubos de escoamento para o exterior dos vapores saídos das máquinas; por sua vez, a utilização das máquinas provoca trepidação e implica o uso de produtos químicos que, naturalmente, libertam gases tóxicos e maus cheiros"*, não havendo assim *"nenhuma anormalidade"* na atuação do inquilino. O estipulado obedecia, assim, ao disposto no 120.º do DL 257/95, de 30-set., justificando-se desse modo a decisão. 50

Relativamente à evolução legislativa e à aplicabilidade do novo regime aos contratos antigos, decidiu-se em RLx 21-out.-2008[39], que *"O disposto na 2.ª parte do n.º 2 do artigo 1111.º do CC, na redacção dada pelo Lei n.º 6/2006, de 27-2, contém uma norma supletiva que não é aplicável aos contratos de arrendamento para comércio e indústria celebrados sob a vigência do CC de 1966, na sua redacção originária, porquanto a norma supletiva era então a da exigência do consentimento escrito do senhorio, mormente quanto à realização das obras a que se referia a alínea d) do n.º 1 do artigo 1093.º daquele Código."*. Assim, pese embora a nova lei tenha vindo a estabelecer o regime inverso, tratando-se de contrato celebrado ao abrigo da redação originária do Código Civil, estava vedado ao arrendatário a realização da obra, a menos que obtivesse autorização do senhorio para esse efeito. 51

Artigo 1112.º (Transmissão da posição do arrendatário)

1. É permitida a transmissão por ato entre vivos da posição do arrendatário, sem dependência da autorização do senhorio:

---

[37] RPt 14-jul.-2010 (Guerra Banha), Proc. 1451/09.
[38] RPt 16-nov.-2010 (Guerra Banha), Proc. 1547/07.
[39] RLx 21-out.-2008 (Tomé Gomes), Proc. 8169/2008.

a) No caso de trespasse de estabelecimento comercial ou industrial;
b) A pessoa que no prédio arrendado continue a exercer a mesma profissão liberal ou a sociedade profissional de objeto equivalente.

2. Não há trespasse:
a) Quando a transmissão não seja acompanhada de transferência, em conjunto, das instalações, utensílios, mercadorias ou outros elementos que integram o estabelecimento;
b) Quando a transmissão vise o exercício, no prédio, de outro ramo de comércio ou indústria ou, de um modo geral, a sua afetação a outro destino.

3. A transmissão deve ser celebrada por escrito e comunicada ao senhorio.

4. O senhorio tem direito de preferência no trespasse por venda ou dação em cumprimento, salvo convenção em contrário.

5. Quando, após a transmissão, seja dado outro destino ao prédio, ou o transmissário não continue o exercício da mesma profissão liberal, o senhorio pode resolver o contrato.

Bibliografia: Rui de Alarcão, *Sobre a transferência da posição do arrendatário no caso de trespasse*, BFD 47 (1971), 21-54; Orlando de Carvalho, *Critério e estrutura do estabelecimento comercial 1 – O problema da empresa com objecto de negócios* (1967), 183 ss. e 261 ss.; Francisco Pereira Coelho, *Arrendamento*, 212-213; António Menezes Cordeiro, *Direito comercial*, 3.ª ed. (2012), 327 ss. e 338 ss.; António Ferrer Correia, *Direito comercial 1* (1973), 201 ss.; Ricardo Costa, *O NRAU e os negócios sobre a empresa*, em *Nos 20 anos do CSC 1* (2007), 479-524; Vasco Taborda Ferreira, *Sublocação e trespasse: elementos para a definição do trespasse*, RDES 9 (1956), 97-112; Jorge Pinto Furtado, *Manual 2*, 4.ª ed., 739 ss.; Maria Olinda Garcia, *Arrendamentos para comércio e fins equiparados* (2006); Januário da Costa Gomes, *Arrendamentos comerciais*, 2.ª ed. (1991), 157 ss.; Pires de Lima/Antunes Varela, *Código anotado 2*, 4.ª ed., 709-713; José Manuel V. Barbosa de Magalhães, *Do estabelecimento comercial / Estudos de Direito privado*, 2.ª ed. (1964), 213 ss.; Fernando de Gravato Morais, *Novo regime do arrendamento comercial*, 3.ª ed. (2011), 342 ss.; Fernando Olavo, *Direito comercial 1*, 2.ª ed. (1979), 259 ss.; Joaquim de Sousa Ribeiro, *O NRAU: contributos para uma análise*, Est. António Mota Veiga (2007), 749-783 (771 ss.); Eduardo Santos Júnior, *Sobre o trespasse e a cessão de exploração do estabelecimento comercial*, em *Operações comerciais* (1988), 423-467; Inocêncio Galvão Telles, *Arrendamento*, 226 ss..

Índice

I – **Origem e evolução**
1. No século XIX 1
2. Decreto de 12-nov.-1910 5
3. Decreto n.º 4:499, de 18-jun.-1918 7
4. Decreto n.º 5:411, de 17-abr.-1919 9
5. Efeitos do vinculismo 10
6. Lei n.º 2:030, de 22-jun.-1948 13
7. Os preparatórios 14
8. Código Civil 15
9. O RAU de 1990 17
10. Decreto-Lei n.º 64-A/2000, de 13-abr. 20
11. O RNAU de 2004 21
12. O NRAU de 2006 22

II – **O estabelecimento comercial**
13. Empresa e estabelecimento 24

14. Aceções de estabelecimento 25
15. Elementos do estabelecimento 28
    α) Coisas corpóreas 29
    β) Coisas incorpóreas 30
    γ) O aviamento e a clientela 32
16. O critério 33
17. Regime específico 34

III – **A negociação unitária; o trespasse**
18. Negociação unitária 37
19. Trespasse 40
    α) A forma 41
    β) Estabelecimento efetivo 42
    γ) A estabilidade 45
20. Efeitos internos e externos 46
21. O negócio de base 47

IV – **A preferência do senhorio**
22. Artigo 1112.º/4 48
23. Evolução e justificação 49
24. Requisitos 51

V – **A não-concorrência**
25. Dever de não-concorrência 52

VI – **Defesa e natureza**
26. A reivindicação e as defesas possessórias 54
27. A natureza; teorias 57
28. Construção adotada 65

I – **Origem e evolução**
1. **No século XIX**, o estabelecimento comercial implantou-se, na prática negocial portuguesa, justamente pela sua aptidão de operar como objeto unitário de negócios e, designadamente, de compra e venda[1]. Assim, a RLd 3-jul.-1889, diz[2]:

> (...) a venda ou trespasse do estabelecimento commercial de aggravado estava perfeita, e o comprador, o aggravante, obrigado ao cumprimento de tudo aquillo que se havia estipulado no referido contracto.

Por seu turno, a RPt 31-ago.-1894, afirma[3]:

> É muito frequente fazer-se por escritura a cessão, o trespasse de estabelecimento e até de heranças em cujo activo se comprehendem dividas commerciaes por letras, ou de outra proveniencia.

A inclusão no estabelecimento a alienar (a trespassar), de um direito de arrendatário, não colocava problemas de maior: não havendo cláusula proibitiva, o locatário podia "sublocar livremente" (1:605.º do Código de Seabra), o que, na linguagem da época, englobava a cessão. Apenas se matinha a garantia da renda, pelo cedente, o que podia ser negociado com o senhorio, desde que o trespassário fosse pessoa de confiança.

O problema dos estabelecimentos punha-se, inicialmente, em torno das expropriações por utilidade pública: na falta de lei, a indemnização ignorava o estabelecimento e a mais-valia que ele representava. Daí derivaram diversas iniciativas tendentes a dotar o instituto de leis adequadas, nesse ponto[4].

2. O **Decreto de 12-nov.-1910** veio autonomizar o estabelecimento. Fê-lo por vir instituir medidas vinculísticas, designadamente congelando rendas e regulando os despejos por conveniência. A partir daí, os senhorios tinham um interesse em obstar a renovações e em evitar transmissões subdominiais. Por isso, esse diploma, veio atribuir uma indemnização ao arrendatário quando, no termo do contrato e mercê da clientela alcançada, o local tivesse conhecido um incremento de valor (33.º). Além disso (33.º, § 4.º)[5]:

> Os predios ou estabelecimentos a que se refere este artigo podem ser sublocados sem autorização do senhorio, mas só em caso de trespasse do mesmo negocio, passando então para o sublocatario os direitos do arrendatario, e ficando este solidariamente adstricto ás suas obrigações.

Recordamos que a "sublocação" abrangia a "cessão". A medida, equivalente à de Seabra, evitava a cláusula em contrário. E ela foi tornada necessária para prevenir efeitos nefastos do vinculismo, então nascente.

---

[1] Orlando de Carvalho, *Critério e estrutura do estabelecimento comercial*, 261 ss..
[2] RLd 3-jul.-1889 (Ferreira Botelho), RT 9 (1891), 170/I e II.
[3] RPt 31-ago.-1894 (Pinto Osorio), RT 13 (1895), 249--251 (250/II).
[4] Orlando de Carvalho, *Critério e estrutura do estabelecimento comercial*, 263, nota 75.
[5] DG n.º 34, de 14-nov.-1910, 400/II.

7   3. O **Decreto n.º 4:499, de 18-jun.-1918** veio retomar a regra, tornando-a mais clara. Vamos reter o seu 32.º[6]:

> Não é permitido ao arrendatário sublocar a casa arrendada, no todo ou em parte, sem autorização do senhorio, devendo esta constar do título da sublocação, para o que nela intervirá o senhorio; e consequentemente a respectiva acção de despejo só poderá ser proposta contra o sublocatário.
> § único. Tratando-se de sublocação de casa onde exista algum estabelecimento comercial ou industrial ou de prédio nele compreendido, não poderá o senhorio recusar a autorização quando haja traspasse do mesmo negócio, com tudo o que a êste lhe respeita.

8   A referência a trespasse do mesmo negócio, com tudo que a este respeita, deixava já entender que o regime de liberdade transmissiva exigia um verdadeiro estabelecimento comercial.

9   4. O **Decreto n.º 5:411, de 17-abr.-1919** codificou os vários preceitos vinculísticos, produzidos durante a Grande Guerra de 1914-1918. Protegia, em diversos planos, o arrendatário comercial e previa, no seu 55.º[7]:

> Em caso de trespasse de estabelecimento comercial ou industrial, considera-se nele compreendida a sublocação do prédio ou parte do prédio em que êsse estabelecimento esteja instalado, sem necessidade de autorização do senhorio.

10 5. Os **efeitos do vinculismo** vieram incidir fortemente sobre os trespasses, conferindo-lhes um enorme valor. Com efeito, à Grande Guerra de 1914-1918 seguiu-se um período de grave inflação, que corroeu fortemente o valor do escudo. A partir daí, os estabelecimentos instalados em locais arrendados viam subir o seu valor de mercado, na razão inversa do abaixamento, via inflação, das rendas.

11 A lei teve tímidas intervenções, para moralizar esse fenómeno. Assim, a L 1:662, de 4-set.-1924, veio, no seu 9.º, dispor[8]:

> Os trespasses de estabelecimentos comerciais ou industriais só terão validade quando reduzidos a escritura pública, devendo nela especificar-se o preço do trespasse.
> § único. O senhorio terá sempre o direito de opção, nos termos da legislação geral.

12 Não só se publicitavam os trespasses como se permitia, pelo direito de preferência, uma recuperação ou, pelo menos, um controlo, por parte do senhorio.

13 6. A **Lei n.º 2:030, de 22-jun.-1948**, veio tocar em dois pontos. Por um lado, assegurou-se de que os trespasses – entretanto transformados num negócio lucrativo e generalizado – o eram, efectivamente; por outro, alargou o privilégio aos locais destinados ao exercício de profissões liberais. Além disso – e foi pena – pôs cobro à preferência do senhorio. Vamos reter o 64.º da L 2:030[9]:

> 1. Pode fazer-se, sem autorização do senhorio, a cessão do direito ao arrendamento de prédios destinados ao exercício de profissões liberais, quando continuarem a ser aplicados à mesma profissão.
> 2. A cessão do direito ao arrendamento comercial ou industrial sem autorização escrita do senhorio só pode verificar-se no caso de traspasse.
> Entende-se que há sublocação ou cessão do direito ao arrendamento:
> a) Quando no local passar a exercer-se outro ramo de comércio ou indústria e, em geral, se lhe for dado novo destino;
> b) Se a transmissão do local não foi acompanhada da transferência, em conjunto, das instalações, utensílios, mercadorias ou outros elementos que caracterizem o estabelecimento.

---

[6] DG n.º 143, de 29-jun.-1918, 1022/I.
[7] DG n.º 80, de 17-abr.-1919, 656/II.
[8] DG I, n.º 200, de 4-set.-1924, 1242/II.
[9] DG I, n.º 143, de 22-jun.-1948, 533/II.

7. **Os preparatórios** do CC apenas retomaram esta matéria na 1.ª revisão ministerial (1116.º)[10]. Com pequenas alterações na 2.ª revisão (1118.º) e no projeto (1118.º)[11], ela alcançou, neste, a redação definitiva.
8. O **Código Civil** acolheu o texto do projeto. A redação era a seguinte (versão original):

> Artigo 1118.º (**Trespasse de estabelecimento comereial ou industrial**)
>
> 1. É permitida a transmissão por acto entre vivos da posição do arrendatário, sem dependência de autorização do senhorio, em caso de trespasse do estabelecimento comercial ou industrial.
> 2. Não há trespasse:
>
> *a)* Quando, transmitida a fruição do prédio, passe a exercer-se nele outro ramo de comércio ou indústria, ou quando, de um modo geral, lhe seja dado outro destino;
> *b)* Quando a transmissão não seja acompanhada de transferência, em conjunto, das instalações, utensílios, mercadorias ou outros e1emento que integram o estabelecimento.
>
> 3. O trespasse só é válido se for celebrado por escritura pública.

Quanto à transmissão de escritórios e de consultórios, havia que evitar a contaminação comercial. Por isso, como "cessão", previu-se um preceito separado:

> Artigo 1120.º (**Cessão da posição de arrendatário**)
>
> 1. A posição do arrendatário é transmissível por acto entre vivos, sem autorização do senhor, a pessoas que no prédio arrendado continuem a exercer a mesma profissão.
> 2. A cessão só é válida se for celebrada por escritura pública.

9. **O RAU de 1990** acolheu, com pequenas modificações, o 1118.º do CC (115.º). Com efeito, o trespasse dependia de dois pontos: (a) a identidade do ramo de comércio ou indústria a exercer ou do destino; (b) dos elementos que devem integrar o estabelecimento. Ora, ao longo dos anos, formara-se uma extensa jurisprudência sobre o tema, jurisprudência essa que interessava preservar[12]. Vamos reter o preceito relevante[13]:

> Artigo 115° (**Trespasse do estabelecimento comercial ou industrial**)
>
> 1. É permitida a transmissão por acto entre vivos da posição do arrendatário, sem dependência da autorização do senhorio, no caso de trespasse do estabelecimento comercial ou industrial.
> 2. Não há trespasse:
>
> *a)* Quando a transmissão não seja acompanhada de transferência, cm conjunto, das instalações, utensílios, mercadorias ou outros elementos que integram o estabelecimento;
> *b)* Quando, transmitido o gozo do prédio, passe a exercer-se nele outro ramo de comércio ou indústria ou quando, de um modo geral, lhe seja dado outro destino.
>
> 3. O trespasse deve ser celebrado por escritura pública.

As alíneas *a)* e *b)* foram colocadas pela sua ordem natural; além disso, substituiu-se "fruição" por "gozo", de modo a corrigir um lapso evidente do legislador de 1966.

O 118.º manteve o 1120.º do CC, relativo à cessão da posição do arrendatário profissional liberal. Por seu turno, o 116.º do RAU restabeleceu o importante direito de preferência do senhorio, nos trespasses de estabelecimentos, também aplicável aos dos escritórios (117.º): foi a

---

[10] BMJ 120 (1962), 126.
[11] Jacinto Rodrigues Bastos, *Dos contratos*, 206-207, onde podem ser confrontados os respetivos textos.
[12] Menezes Cordeiro/Castro Fraga, *RAU anotado*, 152.
[13] DR I, n.º 238 (supl.), de 15-out.-1990, 4286-(22)/II.

única forma, então politicamente possível, de pôr algum travão no negócio dos trespasses, à margem da ordem dominial dos bens.

20 10. O **Decreto-Lei n.º 64-A/2000, de 22-abr.**, veio desformalizar os arrendamentos antes sujeitos a escritura pública, bem como os negócios conexos. Alterou, assim, o 115.º/3 e o 112.º/2, do RAU, no sentido de substituir "escritura pública": passou a "por escrito"[14]

21 11. **O RNAU de 2004** preconizou a manutenção do texto vindo do 115.º do RAU, na versão de 2000[15]. Este projeto preconizou a supressão de todas as preferências, há muito criticadas, *de iura condendo*, pela litigiosidade que implicam e pela desvalorização da riqueza que acarretam.

22 12. **O NRAU de 2006** deu, ao preceito, a sua redação atual[16]. O n.º 1 explica-se pela supressão formal dos arrendamentos comerciais e para o exercício de profissões liberais. Logo, houve que ressuscitar, nas suas duas alíneas, esses dois tipos de arrendamento, supostamente banidos, dentro da categoria geral de arrendamentos urbanos não-habitacionais.

23   O n.º 2 manteve as alíneas do 115.º/2, do RAU, embora com um certo desdobrar, no n.º 5. O n.º 3 mantém a exigência de forma escrita, enquanto o 1112.º/4 conservou a preferência do senhorio, ainda que a título supletivo.

II – O estabelecimento comercial

24 13. **Empresa e estabelecimento**. A empresa pode ser entendida como um conjunto concatenado de meios humanos e materiais, dotados de uma especial organização e de uma direção, de modo a desenvolver uma atividade segundo regras de racionalidade económica[17]. Ela opera como um conceito-quadro, permitindo, nas suas margens, albergar realidades diversas, independentemente de estarem, ou não, personalizadas.

25 14. **Aceções de estabelecimento**. Assim tomada, a empresa é menos adequada para transmitir regimes jurídicos concretos. O Direito elaborou, por isso, a seu lado, um outro conceito particularmente apto para traduzir o objeto unitário de determinados negócios: o de estabelecimento. Este comporta, hoje, uma conformação e um regime precisos.

26   No CCom, o estabelecimento surge em duas aceções[18]: (a) como armazém ou loja: artigos 95.º, 2.º[19] e 263.º, § único[20]; (b) como conjunto de coisas materiais ou corpóreas: artigo 425.º[21-22]. Curiosamente, a noção geral adotada de estabelecimento já não se encontra no Código Comercial[23], aflorando noutros lugares normativos, com relevo para o Código Civil. Assim, cum-

---

[14] DR I-A, n.º 95 (supl.), de 22-abr.-2000, 1708-(2)/II.
[15] O Direito 136 (2004), 467-493.
[16] DR I-A, n.º 41, de 27-fev.-2006, 1586/II-1587/I.
[17] Menezes Cordeiro, *Direito comercial*, 322.
[18] Fernando Olavo, *Direito comercial*, 259-260 e José Pinto Loureiro, *Manual* 2, 99-100, nota 1. Barbosa de Magalhães, *Do estabelecimento comercial*, 13 ss., aponta cinco aceções. Na exemplificação realizada, retemos apenas, do Código Comercial, os preceitos que não se mostrem revogados.
[19] Segundo esse preceito, considerar-se-ão como armazéns ou lojas de venda abertos ao público,
2.º Os que estabelecerem os comerciantes não matriculados, toda a vez que tais estabelecimentos se conservem abertos ao público (...)
[20] Dispõe o preceito em causa:
O caixeiro despedido terá o direito ao salário correspondente a esse mês, e o patrão não será obrigado a conservá-lo no estabelecimento nem no exercício das suas funções.

[21] Segundo o qual:
Todos os seguros, com exceção dos mútuos, serão comerciais a respeito do segurador, qualquer que seja o seu objeto; e relativamente aos outros contratantes, quando recaírem sobre géneros ou mercadorias destinados a qualquer ato de comércio, ou sobre estabelecimento mercantil.
[22] O DL 462/99, de 5-nov., relativo ao denominado cadastro comercial, dá, no seu 3.º/1, uma definição ainda mais restrita de estabelecimento: apenas abrange determinadas instalações, de carácter fixo e permanente.
[23] Ele surgia no hoje revogado 24.º, assim redigido:
O novo adquirente de um estabelecimento comercial pode continuar a geri-lo sob a mesma firma, se os interessados nisso concordarem, aditando-lhe a declaração de nele haver sucedido, e salvas as disposições dos artigos precedentes.

pre relevar, todos do Código Civil: 316.°: prescrevem em seis meses os créditos dos estabelecimentos de alojamento, comidas ou bebidas, pelos créditos respetivos; 317.°: prescrevem em dois anos, alínea *a*), os créditos dos estabelecimentos que forneçam alojamento ou alojamento e alimentação a estudantes, bem como os créditos dos estabelecimentos de ensino, educação, assistência ou tratamento, relativamente aos serviços prestados; 495.°/2: no caso de morte ou de lesão corporal, têm direito a indemnização aqueles que socorrerem o lesado, bem como os estabelecimentos hospitalares, médicos ou outras pessoas ou entidades que tenham contribuído para o tratamento ou assistência de vítima; 1559.°: a servidão legal de presa assiste a determinados proprietários e aos donos de estabelecimentos industriais; 1560.°/1, *a*): a servidão legal de presa para o aproveitamento de águas públicas só pode ser imposta coercivamente perante proprietários ou donos de estabelecimentos industriais que reúnam certas características aí definidas; 1682-A/1, *b*): carece do consentimento de ambos os cônjuges, salvo se entre eles vigorar o regime de separação de bens, a alienação, oneração ou locação de estabelecimento comercial, próprio ou comum; 1938.°/1, *f*): o tutor necessita de autorização do tribunal para continuar a exploração do estabelecimento comercial ou industrial que o menor haja recebido por sucessão ou doação; 1940.°: o tutor que continue a explorar, sem autorização, o estabelecimento comercial ou industrial do pupilo é pessoalmente responsável por todos os danos; 1962.°/1: quando não exista pessoa em condições de exercer a tutela, o menor é confiado à assistência pública, nos termos da respetiva legislação, exercendo as funções de tutor o diretor do estabelecimento público ou particular, onde tenha sido internado. Esta aceção ocorria ainda nos 111.°, 115.° e 116.° do RAU: trata-se de regras antes incluídas no CC e, após 2006, de novo nele inseridas: 1109.° e 1112.°.

O estabelecimento traduz, aí, um conjunto de coisas corpóreas e incorpóreas devidamente organizado para a prática do comércio[24]. Digamos que corresponde *grosso modo* a uma ideia de empresa, sem o elemento humano e de direção[25]. 27

15. **Elementos do estabelecimento**: são variados. Em comum, têm apenas o facto de se encontrarem interligados para a prática do comércio. Seguindo uma técnica contabilística, pode distinguir-se, no estabelecimento, o ativo e o passivo[26]: o ativo compreende o conjunto de direitos e outras posições equiparáveis, afetas ao exercício do comércio; o passivo corresponde às adstrições ou obrigações contraídas pelo comerciante, por esse mesmo exercício. À partida, o passivo inclui-se no estabelecimento embora seja frequente, em negócios de transmissão, limitá-los ao ativo. No respeitante ao ativo, o estabelecimento abrange[27]: (a) coisas corpóreas; (b) coisas incorpóreas; (c) aviamento e clientela. 28

α) No que tange a **coisas corpóreas**, ficam abarcados os direitos relativos a imóveis, particularmente: os direitos reais de gozo, como a propriedade ou o usufruto e os direitos pessoais de gozo, como o direito ao arrendamento. Seguems aos móveis: mercadorias, matérias-primas, maquinaria, mobília e instrumentos de trabalho ou auxiliares, escrituração, computadores, livros, documentos, ficheiros e títulos de crédito. Ficam, pois, abrangidas quaisquer coisas que, estando no comércio, sejam, pelo comerciante, afetas a esse exercício. 29

β) No tocante a **coisas incorpóreas**, distinguimos[28]: as obras literárias ou artísticas que se incluam no estabelecimento, os inventos (portanto: as patentes) e as marcas. Podemos ainda acres- 30

---

[24] Barbosa de Magalhães, *Do estabelecimento comercial*, 13.
[25] O problema não se põe para os autores que, como Coutinho de Abreu, *Curso de Direito comercial* 1, 8.ª ed. (2011), 212 ss., não distingam entre empresa e estabelecimento.
[26] Barbosa de Magalhães, *Do estabelecimento comercial*, 37 e 73 ss..

[27] Para diversas enumerações entre nós *vide* Fernando Olavo, *Direito comercial*, 263 ss., Ferrer Correia, *Direito comercial*, 202 ss. = *Reprint* cit., 117 ss. e *Reivindicação do estabelecimento comercial como unidade jurídica* (1957), em *Estudos jurídicos*, 2 (1969), 255-276 (255 ss.).
[28] *Tratado* III, 158 ss..

centar o direito à firma ou nome do estabelecimento[29] e outros aspetos que, embora à partida não-patrimoniais, consintam todavia uma comercialidade limitada. Desde meados do século XX, a nossa doutrina põe em relevo esta dimensão do estabelecimento. E bem: aquando da negociação de um estabelecimento, é evidente que os referidos fatores incorpóreos poderão ser determinantes para encontrar um valor. Há estabelecimentos que valem, sobretudo, pelo nome que tenham ou pelas marcas ou patentes que acarretem.

31 Também quanto a coisas incorpóreas, há que incluir os direitos a prestações provenientes de posições contratuais. Assim sucede, desde logo, com os contratos de trabalho; seguem-se-lhe outros contratos de prestação de serviço, contratos com fornecedores, contratos de distribuição, de publicidade, de concessão comercial, de agência, de franquia e mesmo contratos relativos a bens vitais: água, eletricidade, telefone, ligação à *internet* e gás.

32 γ) Encontramos, depois, **o aviamento e a clientela**: o primeiro é particularmente querido aos italianos e o segundo, aos franceses. O aviamento corresponde, *grosso modo*, à mais-valia que o estabelecimento representa em relação à soma dos elementos que o componham, isoladamente tomados[30]: ele traduziria, deste modo, a aptidão funcional e produtiva do estabelecimento. A clientela, por seu turno, equivale ao conjunto, real ou potencial, de pessoas dispostas a contratar com o estabelecimento considerado, nele adquirindo bens ou serviços. O aviamento e a clientela não constituem, como tais, objeto de direitos subjetivos. Eles correspondem, não obstante, a posições ativas e são objeto de regras de tutela. Pense-se, por exemplo, na indemnização de clientela prevista na hipótese de cessação do contrato de agência e aplicável a outros negócios de distribuição. Ambos estes fatores influenciam ou podem influenciar, decisivamente, o valor do estabelecimento e, sendo este transmitido, vão com ele.

33 16. **O critério**. Perante o enunciado de elementos, acima efetuado, pergunta-se qual o critério da sua inclusão no estabelecimento. A questão é importante; não obstante, repousa em construções doutrinárias, ainda que com bases legais dispersas e consagração jurisprudencial. O critério do estabelecimento assenta em duas ordens de fatores: (a) um fator funcional; (b) um fator jurídico. O fator funcional apela ao realismo exigido pela própria vida do comércio. Sob pena de nos perdermos em inúteis abstrações, devemos, pela observação, verificar como se organiza efetivamente um estabelecimento e como ele funciona. Procurar reduzi-lo a coisas corpóreas, por muito que isso depois facilite o seu regime, é escamotear a realidade: o estabelecimento existe e é autonomizado pelo comércio e pelo Direito precisamente por organizar as coisas corpóreas, em conjunto com as incorpóreas, num todo coerente para conseguir angariar clientela e, daí, lucro. A análise dos factos diz-nos que, em regra, o estabelecimento gira sob um nome, tem insígnias, usa marcas e patentes, disfruta de colaboradores, etc.. A dimensão jurídica explica-nos que, em homenagem a essa realidade que ele traduz, o Direito concede, ao conjunto dos elementos referidos, um regime especial, inaplicável *in solo*. Insere-se, aqui, a possibilidade de negociação unitária, subjacente ao trespasse.

34 17. Do **regime específico** do estabelecimento, destacamos: (a) o direito ao arrendamento, quando se inclua no estabelecimento, pode ser transmitido, em conjunto com este, independentemente de autorização do senhorio (1112.º)[31]; (b) a transmissão de firma só é possível em conjunto com o estabelecimento a que ela se achar ligada (44.º do RNPC); (c) o trespasse do

---

[29] O qual, todavia, segue o regime da firma; *vide* RCb 24-set.-2002 (Artur Dias), CJ XXVII (2002) 4, 10-13, RLx 16-jan.-2003 (António Valente), CJ XXVIII (2003) 1, 63-64 (64/I) e STJ 20-jun.-2006 (Fernandes Magalhães), Proc. 05A1454.

[30] Barbosa de Magalhães, *Do estabelecimento comercial*, 58 ss..
[31] Versão da L 6/2006, de 27-fev..

estabelecimento fazia presumir a transmissão do pedido de registo ou de propriedade da marca (211.º/1 do CPI de 1995); no CPI vigente, desaparece a presunção mas mantém-se o regime. Dispõe o 297.º deste último diploma:

> Na transmissão do registo do nome ou da insígnia devem observar-se as formalidades legais exigidas para a transmissão do estabelecimento de que são acessórios.

(d) a transmissão do estabelecimento implica a transferência da posição jurídica de empregador para o novo adquirente, relativamente aos contratos de trabalho dos trabalhadores a ele afetos (285.º/1, do CT[32]; anteriormente: 318.º/1, do CT de 2003 e 37.º da LCT)[33]; (e) essa mesma transmissão implica a transferência dos seguros a ele associados (95.º/5 da LCS)[34]; (f) no caso de expropriação por utilidade pública que envolva um estabelecimento, há que ter em conta o valor deste.

O sistema parece claro. O estabelecimento, para além de direitos reais relativos a coisas corpóreas, envolve posições contratuais, como o direito ao arrendamento, ou o contrato de trabalho e posições incorpóreas, como o direito à firma e a marca ou o pedido do seu registo. Além disso, o aviamento e a clientela são valorados, para efeitos de expropriação por utilidade pública, prova de que existem e são tidos em conta pelo Direito.

É certo que alguns destes elementos – e muitos outros, com destaque para o passivo e para os contratos que, por definição, impliquem uma prestação do comerciante e logo, a esse nível, um passivo – só se transmitem plenamente com o consentimento do terceiro cedido: trata-se do regime que emerge dos artigos 424.º/1 e 595.º, do Código Civil. Essa necessidade não prejudica a especificidade – que sempre é alguma – dos regimes acima apontados. Tão-pouco ela põe em crise os aspetos funcionais ou o tipo social que representa a transmissão, em bloco, de todos os elementos integrantes do estabelecimento. Finalmente: o aviamento e a clientela valem, insofismavelmente, para efeitos indemnizatórios. Logo existem e são valorados pelo Direito.

III. A negociação unitária; o trespasse

18. A negociação unitária é o ponto mais significativo do regime do estabelecimento. Em princípio, perante um conjunto de situações jurídicas distintas, funciona a regra da especialidade: cada uma delas, para ser transmitida, vai exigir um negócio jurídico autónomo. Estando em causa um acervo de bens e direitos, a lei e a prática consagradas admitem que a transferência se faça unitariamente. Trata-se de um aspeto que abrange não apenas as coisas corpóreas articuladas, suscetíveis de negociação conjunta através das normas próprias das universalidades de facto (206.º) mas, também, todas as realidades envolvidas, incluindo o passivo.

Repare-se: não deixa de haver transmissão unitária pelo facto de, para a perfeita transferência de alguns dos elementos envolvidos, se exigir o consentimento de terceiros. É o que vimos suceder com o passivo, com os contratos de prestações recíprocas e é o que sucede, como veremos, com a própria firma. O trespasse do estabelecimento que tudo englobe continua a fazer-se por um único negócio, com todas as facilidades que isso envolve[35].

É certo que, perante a relativa indefinição legal e dada a exigência das tais autorizações, a negociação unitária clássica tem vindo a perder terreno, a favor de esquemas societários. O comer-

---

[32] O 318.º/1 mistura "estabelecimento" e "empresa"; a confusão deve-se à transposição da Diretriz n.º 2001/ /23/CE, de 12-mar., que se viu constrangida a usar terminologia latina (estabelecimento) e alemã (empresa). Em Portugal, dever-se-ia ter mantido "estabelecimento". Optou-se, porém, pela confusão que consta da lei. Quanto ao preceito *vide* Joana Vasconcelos, em Pedro Romano Martinez, *Código do Trabalho Anotado*, 9.ª ed. (2013), 624 ss..

[33] Menezes Cordeiro, *Manual de Direito do trabalho* (1994), 773 ss..

[34] Menezes Cordeiro, *Direito dos seguros* (2013), 710.

[35] RPt 25-out.-2011 (Ramos Lopes), Proc. 11887/08.

ciante que pretenda fundar um estabelecimento constituirá uma sociedade comercial mais ou menos (des)capitalizada, que irá encabeçar o acervo de bens e de deveres a inserir no estabelecimento. Querendo negociar a sua posição, o comerciante em causa, muito simplesmente, transferirá as suas posições sociais — quotas ou ações — para o adquirente. Formalmente, não há qualquer modificação, a nível do sujeito. Este fenómeno apenas documenta uma certa perda de importância relativa que o velho Direito comercial vem a acusar, a favor dos ramos comerciais mais novos, como o Direito das sociedades. Não obstante, e designadamente ao nível do pequeno comércio, a transferência do estabelecimento, enquanto tal, continua a apresentar um interesse marcado: basta ver a multiplicidade de casos judicialmente decididos[36].

40   19. O **trespasse** é uma manifestação de negócio unitário sobre um estabelecimento, que se traduz na sua transmissão definitiva. Vamos ver os seus requisitos.

41   α) **A forma**. O trespasse do estabelecimento, mormente para ter eficácia no ponto nevrálgico do arrendamento, devia ser celebrado por escritura pública (115.º/3 do revogado RAU, na sua versão inicial)[37]. Todavia, o DL 64–A/2000, de 22-abr., alterou esta regra tradicional: passou a bastar a forma escrita, explicitando (inutilmente) o novo n.º 3 daquele preceito: "sob pena de nulidade". O atual 1112.º/3 já não contém esse insólito.

42   β) Deve tratar-se de um **estabelecimento efetivo**, isto é: que compreenda todos os elementos necessários para funcionar e que, além disso, opere, em termos comerciais. O 1112.º/2 exprime essa ideia pela negativa; não haverá trespasse:

   a) Quando a transmissão não seja acompanhada de transferência, em conjunto, das instalações, utensílios, mercadorias ou outros elementos que integram o estabelecimento;
   b) Quando, transmitido o gozo do prédio, passe a exercer-se nele outro ramo de comércio ou indústria ou quando, de um modo geral, lhe seja dado outro destino.

43   O trespasse exige, pois, uma transmissão do estabelecimento no seu todo ou como universalidade[38]: é insuficiente aquela que incida sobre apenas alguns dos seus elementos[39]. Por certo que as partes, ao abrigo da sua autonomia privada, poderão, do estabelecimento, retirar os elementos que entenderem. O trespasse não deixará de o ser, até ao limite de o conjunto transmitido ficar de tal modo descaracterizado que já não possa considerar-se um "estabelecimento" em condições de funcionar[40].

44   A lei especifica, a propósito da transmissão do arrendamento, que o trespasse deve abarcar "instalações", "utensílios", "mercadorias" e "outros elementos". Não oferecerá dúvidas reportar que, como vimos, "outros elementos" abrangerá os fatores incorpóreos, com relevo para diversos direitos de crédito, nome, patentes e marcas.

45   γ) **A estabilidade**. Além da transmissão, o estabelecimento deve manter-se como tal. Daí o não poder passar-se a exercer, no local, comércio diferente[41].

46   20. **Efeitos internos e externos**. Perante um trespasse de âmbito máximo, que englobe, pois, o passivo, teremos de distinguir os seus efeitos internos dos externos[42]. Quanto aos internos, o

---

[36] RPt 1-jul.-1999 (Oliveira Vasconcelos), CJ XXIV (1999) 4, 189-190.
[37] Uma vez que podem ser abrangidos elementos muito diversos, a exigência da forma limitava-se ao seu cerne: STJ 28-mar.-2000 (Francisco Lourenço), CJ/Supremo VIII (2000) 1, 148-152 (151/I).
[38] STJ 9-out.-2006 (Sebastião Póvoas), Proc. 06A2868.
[39] STJ 25-mar.-1999 (Herculano Namora), CJ/Supremo VII (1999) 2, 38-40 (39).

[40] Trata-se do chamado estabelecimento incompleto: Oliveira Ascensão/Menezes Cordeiro, *Cessão de exploração de estabelecimento comercial, arrendamento e nulidade formal/Parecer*, ROA 1987, 845-927 (882 ss.).
[41] Pode, todavia, passar a exercer-se no local uma atividade anteriormente acessória: RLx 10-mai.-2001 (Salazar Casanova), CJ XXVI (2001) 3, 87-92 (92/I).
[42] STJ 28-mar.-2000 cit., CJ/Supremo VIII, 1, 150/I.

trespassário adquirente fica adstrito, perante o trespassante, a pagar aos terceiros o que este lhes devia. Quanto aos externos: o alienante só ficará liberto se os terceiros, nos termos aplicáveis à assunção de dívidas e à cessão da posição contratual, o exonerarem ou derem acordo bastante.
21. **O negócio de base**. O "trespasse" é, apenas, uma transmissão definitiva do estabelecimento[43]. Só por si, não nos diz a que título[44]. Quer isso dizer que o trespasse pode operar por via de qualquer contrato, típico ou atípico, que assuma eficácia transmissiva: compra e venda, dação em pagamento, sociedade, doação ou outras figuras diversas. O regime do trespasse dependerá do contrato que, concretamente, estiver na sua base. Para o tema aqui em causa, releva apenas o seu efeito transmissivo de um estabelecimento.

IV – A preferência do senhorio

22. O 1112.º/4, retomando o 116.º do RAU, atribui ao senhorio um direito de preferência, na hipótese de trespasse por venda ou dação em cumprimento. Tem aplicação, em tudo o que a lei comercial não prescreva diretamente, o regime geral das preferências legais[45]. Designadamente: salvo situações de abuso do direito, a preferência não funciona quando o estabelecimento seja usado para a realização de capital social[46].
23. **Evolução e justificação**. A preferência do senhorio fora instituída pela L 1.662, de 4-set.-1924 (9.º, § único) vindo, mais tarde, a desaparecer. O RAU restabeleceu-a e isso com duas finalidades essenciais[47]: (a) permitir ao senhorio uma vantagem potencial, aquando da transmissão do estabelecimento instalado no objeto da sua propriedade[48]; (b) facultar um certo controlo da sociedade civil sobre as simulações operadas, no tocante a trespasses. A preferência em causa, após a reforma de 2006, encontrou guarida no novo 1112.º/4, ainda que a título supletivo[49].
    Não é exata a asserção de que, ao reintroduzir a preferência hoje presente no 1112.º/4, no conflito entre a propriedade fundiária e a propriedade comercial, o RAU tenha dado a primazia à primeira. O direito de preferência conferido ao senhorio não é um direito de resgate da coisa, de modo a conseguir desmantelar o estabelecimento, só para reaver o objeto da sua propriedade. Trata-se de uma preferência na venda ou dação em cumprimento do estabelecimento. O senhorio interessado não pode agir na hipótese de qualquer trespasse mas, apenas, na de venda ou dação. Além disso, ele terá de adquirir todo o estabelecimento, mantendo-o em funções, nas precisas condições em que o faria o trespassário interessado[50].
24. **Requisitos**. Resulta ainda, daí, que a preferência do senhorio só seja possível quando, este próprio, esteja em condições de, licitamente, adquirir o estabelecimento. Tratando-se de uma farmácia, exige-se que o senhorio seja farmacêutico[51]; estando em jogo um estabelecimento para

---

[43] STJ 29-set.-1998 (Ferreira Ramos), CJ/Supremo VI (1998) 3, 38-44 (41/I). O trespasse não tinha, no início, um sentido unívoco; vide Barbosa de Magalhães, *Estabelecimento comercial* cit., 213 ss.; Taborda Ferreira, *Sublocação e trespasse; elementos para a definição do trespasse*, RDES 9 (1956), 97-112 (97 ss.) e Rui de Alarcão, *Sobre a transferência da posição do arrendatário no caso de trespasse*, BFD 47 (1971), 21-54 (22 ss.).
[44] Coutinho de Abreu, *Curso de Direito comercial*, 289 ss..
[45] Vide *Tratado* II/2, 495 ss., bem como as aplicações feitas em STJ 16-mar.-2011 (Moreira Alves), Proc. 1113/06 e em RLx 24-mai.-2011 (Gouveia de Barros), Proc. 726/05.2.
[46] RPt 28-abr.-2011 (Maria Catarina), Proc. 1156/09.2.
[47] Menezes Cordeiro/Castro Fraga, *RAU anotado*, 152. Vide Januário Gomes, *Cessão da posição do arrendatário e direito de preferência do senhorio*, Est. Galvão Telles 3 (2002), 493-536.
[48] A preferência funciona no arrendamento comercial; não no arrendamento para o exercício de profissões liberais; vide TC n.º 421/99, de 30-jun. (Paulo Mota Pinto), Proc. 93/98. Em sentido contrário, STJ 12-jun.-1996 (Metelo de Nápoles), CJ/Supremo IV (1996) 2, 122-124, sob a ideia de que se visa extinguir o arrendamento.
[49] Fernando de Gravato Morais, *Novo regime do arrendamento comercial*, 144.
[50] RLx 18-nov.-1993 (Lopes Pinto), BMJ 431 (1993), 538 (o sumário).
[51] STJ 15-jun.-1994 (Roger Lopes), CJ/Supremo II (1994) 2, 146-148 (148).

o exercício de profissão liberal[52], o senhorio deverá ter as habilitações necessárias para prosseguir essa exploração[53]. Além disso, não cabe preferência no caso de integração, com o estabelecimento, de quota social: em princípio não há, aqui, venda ou dação em pagamento[54], ficando todavia ressalvada a hipótese de abuso do direito.

V – A não-concorrência

25. O **dever de não-concorrência** do trespassante perante o trespassário, quando não seja expressamente pactuado, poderá ser uma exigência da boa-fé[55]. Vamos supor que um comerciante conhecido angaria larga clientela. Trespassa, depois, por bom lucro, o seu estabelecimento e vai, de seguida, abrir um novo estabelecimento semelhante, mesmo em frente. É evidente que a clientela, que já o conhece, irá segui-lo: o trespassário adquire algo que, sem clientela, pouco ou nada vale.

Impõe-se, *ex bona fide* e como dever pós-eficaz[56], uma obrigação de não-concorrência[57], a qual apenas pode ser ponderada caso a caso[58]. A sua violação pode acarretar deveres de cessar a concorrência indevida e de indemnizar o lesado, reconstruindo a situação que existiria se não fosse a violação perpetrada.

VI – Defesa e natureza

26. **A reivindicação e as defesas possessórias.** O estabelecimento não é composto apenas por coisas corpóreas. Não obstante, estas, para além de poderem ter um papel dominante, emprestam, ao conjunto, um teor característico. Basta ver que o estabelecimento, na multiplicidade dos seus elementos, surge como algo de percetível pelos sentidos, enquanto o exercício de poderes sobre ele comporta, por si, uma publicidade espontânea. Deste modo, apesar de múltiplas hesitações pontuais, a doutrina e a jurisprudência têm-se inclinado para a aplicabilidade, ao estabelecimento, das defesas reais[59].

Em primeiro lugar, o estabelecimento pode ser reivindicado. Embora se trate de uma ação primacialmente dirigida a efetivar o direito de propriedade sobre os elementos corpóreos, os restantes fatores acompanharão, automaticamente, os primeiros.

De seguida, temos as ações possessórias[60]. Estas assistem ao seu titular. Mas também o trespassário poderá utilizá-las para tornar efetiva a posse que tenha recebido por via contratual[61]. Vale o afirmado quanto à completude do estabelecimento e quanto à possibilidade de atingir, por essa via, elementos não corpóreos.

---

[52] Em princípio, já não será, então, um estabelecimento comercial; aplicam-se-lhe, todavia, as mesmas regras; estaremos, então, perante uma "pessoa semelhante a comerciante".

[53] RLx 29-jun.-1995 (Silva Salazar), CJ XX (1995) 3, 142-146 (145).

[54] RLx 26-fev.-2002 (Vaz das Neves), CJ XXVII (2002) 1, 116-119 (118/I).

[55] Em geral: Nuno Aureliano, *A obrigação de não concorrência do trespassante de estabelecimento comercial no Direito português*, Est. Galvão Telles 4 (2002), 717-815.

[56] Menezes Cordeiro, *Da pós-eficácia das obrigações*, em Estudos de Direito civil (1991, reimp.), 143-197.

[57] O Supremo já sancionou uma situação deste tipo, a propósito do trespasse de uma agência funerária: o trespassante foi abrir outra mesmo ao pé, conservando, com isso, a clientela que era suposto ter deixado ao trespassário; em STJ 17-fev.-1998 (Torres Paulo), CJ/Supremo VI (1998) 1, 79-84 = BMJ 474 (1998), 502-515 (509 ss.), entendeu-se haver concorrência desleal. Prefeririamos a via que figura no texto, embora as soluções se aproximem.

[58] RPt 15-out.-2004 (João Bernardo), CJ XXIX (2004) 4, 190-192 (191/I).

[59] RLx 13-mar.-2008 (Ezagüy Martins), Proc. 9186/ /2007.2.

[60] *Vide*, com indicações de opções diversas, REv 12-jan.- -1997 (Rodrigues dos Santos), CJ XXII (1997) 3, 272-277 (274/II e 275/I); *vide* Menezes Cordeiro, *A posse/Perspectivas dogmáticas actuais*, 3.ª ed. (2000), 79 ss..

[61] RPt 4-fev.-1999 (João Vaz), CJ XXIV (1999) 1, 213-216 (215/I).

27. **A natureza; teorias.** A questão da natureza do estabelecimento comercial tem-se prestado, 57
na História e no Direito comparado, a uma especulação donde resultam inúmeras teorias[62]. Se
— como agora compete — colocarmos o problema perante o Direito positivo português, a questão resulta grandemente simplificada.

À partida, devemos entender que o estabelecimento não se confunde com a empresa. Esta, 58
corresponde a um conceito-quadro que ora se reporta a um sujeito de direitos, ora abrange uma
organização produtiva, com a sua direção. Não há qualquer dogmática unitária para a empresa: é
justamente esse o grande trunfo explicativo do seu êxito. Já o estabelecimento surge, no Direito
português, como um conceito jurídico mais preciso, dotado de regras próprias, dimanadas pelo
legislador e cuidadosamente aperfeiçoadas pela jurisprudência e pela doutrina.

O estabelecimento é, no Direito português, objeto de negócios e de direitos. Demons- 59
tra-o todo o desenvolvimento, acima efetuado e referente ao seu regime. Tanto basta para afastar
as teorias que intentem a sua personificação.

Mais delicada surge a recondução do estabelecimento à categoria de património autó- 60
nomo ou de afetação: a unidade surgiria apenas perante determinados negócios ou ações, sendo
impensável fora deles. Trata-se de uma construção que deve ser reconduzida à particular concepção que, de personalidade coletiva, nos deixou Brinz. Segundo esta orientação, a própria ideia de
personalidade coletiva deveria ser substituída pela de património de afetação[63], razão pela qual,
quando aplicada ao estabelecimento, não é diferenciadora.

Os primeiros dogmáticos da empresa descobriram, na titularidade desta, um direito global 61
autónomo. Aplicada ao estabelecimento, esta doutrina redundaria em apresentá-lo como o objeto
de um específico direito subjetivo: o direito ao estabelecimento. Vem esta orientação contraditada
pelo Direito positivo, pelo menos em parte: dado o princípio da especialidade, as diversas situações
jurídicas incluídas no estabelecimento não perdem a sua autonomia. Temos, seguramente, uma multiplicidade de direitos, ainda que, sobre o conjunto, surja algo que cumpre explicar.

As dificuldades encontradas por estas tentativas de explicação mais elaboradas levaram a 62
doutrina, particularmente a italiana[64], a reconduzir o estabelecimento ao universo das coisas: mais
precisamente às coisas compostas ou universalidades, discutindo-se, dentro destas, se se trata de
universalidade de facto ou de universalidade de direito[65].

Apelando às regras jurídico-positivas já apuradas, parece fácil avançar: o Direito civil por- 63
tuguês actual não admite — de resto à semelhança do italiano —, a figura das universalidades de
direito[66]; por outro lado, o estabelecimento não pode dar corpo a uma universalidade de facto[67],
por duas razões, qualquer delas definitiva: (a) abrange ou pode abranger o passivo; (b) abrange ou
pode abranger coisas incorpóreas.

O Direito dispensa um tratamento unitário às coisas compostas ou universalidades de facto, 64
sem prejuízo de se conservarem direitos autónomos a cada uma das coisas simples que as componham. Este regime, embora corresponda a um desvio ao denominado princípio da especiali-

---

[62] Na nossa literatura domina, ainda hoje, o lato desenvolvimento de Barbosa de Magalhães, *Do estabelecimento comercial*, 77 ss..
[63] *Vide* Menezes Cordeiro, *O levantamento da personalidade colectiva* (2000), 49 ss..
[64] *Vide* as numerosas indicações dadas por Barbosa de Magalhães, *Do estabelecimento comercial*, 82 ss..
[65] A enumeração dos Autores portugueses que aderem a cada uma dessas orientações pode ser seguida em Barbosa de Magalhães, *Do estabelecimento comercial*, 90 ss.; o próprio

Barbosa de Magalhães defendera inicialmente que se tratava de uma universalidade de facto vindo, depois, a aderir à tese da universalidade de direito; cf. ob. cit., 91-92.
[66] *Tratado* III, 218 ss..
[67] Contra, Oliveira Ascensão, *Direito comercial* 1 (1998/99), 110-111, que considera, como se referiu, o estabelecimento como uma coisa só, corpórea e universalidade de facto; para justificar tal conceptualização, viu-se obrigado a alijar do estabelecimento todos os elementos incorpóreos, o que contradiz o regime aplicável.

dade, não deve ser considerado como de absoluta exceção. Outras leis poderão, em certos casos, determinar tratamentos unitários para elementos que, de outra forma, andariam dispersos. E a própria autonomia privada, respeitados os limites injuntivos, poderá fazer outro tanto: recorde-se que estamos em pleno Direito privado. Recordemos a herança: deriva da esfera jurídica patrimonial do falecido, incluindo todo o tipo de direitos e de obrigações, e que tem um tratamento unitário: pode ser alienada – artigos 2024.º e seguintes do Código Civil – ou "reivindicada", no seu conjunto – artigos 2075.º, do mesmo Código.

65   28. **Construção adotada**. O estabelecimento comercial é uma autêntica esfera jurídica e não, apenas, um património: inclui ou pode incluir o passivo e toda uma série de posições contratuais recíprocas. Trata-se, todavia, de uma esfera jurídica afeta ao comércio ou a determinado exercício comercial. Tem, pois, a natureza de esfera jurídica de afetação, sendo delimitada pelo seu titular em função do escopo jurídico-comercial em jogo.

66   Teremos, assim, de admitir, ao lado dos patrimónios especiais há muito conquistados pela doutrina[68], a ideia de esferas jurídicas especiais, de modo a incluir o passivo. A unificação poderá dar-se em função de qualquer ponto de vista unitário – pense-se na herança! Não é necessário que a esfera de afetação implique um regime preferencial de responsabilidade por dívidas: há outros fatores possíveis de unificação. Em qualquer dos casos, é inaceitável qualquer opção que, querendo reconduzir o estabelecimento comercial a conceitos mais rígidos, proceda, para o efeito, a uma amputação de todos os elementos que perturbem a geometria ambicionada. Teremos, aí, uma flagrante inversão conceitualista e não uma busca, ainda que atormentada, de esquemas explicativos reais.

Artigo 1113.º (Morte do arrendatário)

1. O arrendamento não caduca por morte do arrendatário, mas os sucessores podem renunciar à transmissão, comunicando a renúncia ao senhorio no prazo de três meses, com cópia dos documentos comprovativos da ocorrência.
2. É aplicável o disposto no artigo 1107.º, com as necessárias adaptações.

Bibliografia: Jorge Pinto Furtado, *Manual* 2, 4.ª ed., 896-905; Laurinda Gemas e outros, *Arrendamento*, 536--540; Pires de Lima/Antunes Varela, *Código anotado* 2, 4.ª ed., 705-707; Fernando de Gravato Morais, *Novo regime do arrendamento comercial*, 3.ª ed. (2011), 312-313; João Espírito Santo, *Especificidades dos arrendamentos para comércio e indústria*, Est. Galvão Telles 3 (2002), 429-475 (449 ss.).
Vide a bibliografia indicada para o 1106.º.

Índice

I – Origem e evolução	6. NRAU de 2006 7
1. Ordenações e Seabra 1	
2. Decreto n.º 5:411, de 17-abr.-1919 3	**II – O regime**
3. O Código Civil 4	7. As regras gerais 8
4. RAU de 1990 5	8. Pessoas coletivas 11
5. RNAU de 2004 6	

---

[68] *Tratado* III, 243 ss..

I – Origem e evolução

1. **Ordenações e Seabra**. A regra da não-caducidade da locação, por morte do locatário, remonta às Ordenações e ficou consignada no 1619.º do Código de Seabra[1]. Havia uma preocupação conceptual em não desmantelar, em especial, as unidades produtivas, aquando do falecimento do arrendatário: a situação continuaria nos sucessores.

Acrescente-se, ainda, que não havendo vinculismo, esta regra não prejudicava os senhorios: poderiam libertar-se do contrato no seu terno ou, em qualquer caso, pôr-lhe fim, nos moldes gerais. O advento e a radicação do vinculismo levou, todavia, à necessidade de medidas legislativas mais explícitas.

2. O **Decreto n.º 5:411, de 17-abr.-1919**, justamente por institucionalizar regras vinculísticas antes adotadas, veio dispor (58.º)[2]:

> O arrendamento de estabelecimentos comerciais ou industriais subsistirá, não obstante a morte do senhorio ou do arrendatário e ainda havendo transmissão, salvo o único caso de expropriação por utilidade pública.

3. **O Código Civil**, através da 1.ª revisão ministerial que recuperou o texto de 1919[3], adotou a regra, aperfeiçoando-a. Dispôs[4]:

> Artigo 1113.º (**Morte do arrendatário**)
>
> O arrendamento não caduca por morte do arrendatário, mas os sucessores podem renunciar à transmissão, comunicando a renúncia ao senhorio no prazo de trinta dias.

4. O **RAU de 1990** procurou conservar esta norma. Mas teve de completá-la com os elementos exigíveis, no caso de morte do arrendatário não-comercial, previstos no seu 89.º, por via do 1111.º/5 do CC, aditado à redação original desse preceito pela L 46/85, de 20-set.[5]. Assim surgiu, no RAU, o preceito seguinte[6]:

> Artigo 112.º (**Morte do arrendatário**)
>
> 1. O arrendamento não caduca por morte do arrendatário, mas os sucessores podem renunciar à transmissão, comunicando a renúncia ao senhorio no prazo de 30 dias.
>
> 2. O sucessor não renunciante deve comunicar, por escrito, ao senhorio a morte do arrendatário, a enviar nos 180 dias posteriores à ocorrência e da qual constem os documentos autênticos ou autenticados que comprovem os seus direitos.
>
> 3. O arrendatário não pode prevalecer-se do não cumprimento dos deveres de comunicação estabelecidos neste artigo e deve indemnizar o senhorio por todos os danos derivados da omissão.

5. O **RNAU de 2004**, simplificando, propôs o texto seguinte (1114.º)[7]:

> 1. O arrendamento não caduca por morte do arrendatário, mas os sucessores podem renunciar à transmissão, comunicando a renúncia ao senhorio no prazo de três meses, por carta registada.
> 2. Tem aplicação o disposto no artigo 1110.º, com as necessárias adaptações.

6. O **NRAU de 2006**, aproveitando o texto do RNAU de 2004, introduziu nele algumas alterações: com isso deu azo ao atual 1113.º[8], já que a reforma de 2012 o deixou incólume.

---

[1] *Vide* as anotações 1 a 4, ao 1106.º.
[2] DG I, n.º 80, de 17-abr.-1919, 657/I.
[3] No 1112.º: BMJ 120 (1962), 125.
[4] DG I, n.º 274, de 25-nov.-1966, 1981/II.
[5] Menezes Cordeiro/Castro Fraga, *RAU anotado*, 150 e 129.
[6] DR I, n.º 238 (supl.), de 15-out.-1990, 4286-(22)/I.
[7] O Direito 136 (2004), 467-493 (490).
[8] DR I-A, n.º 41, de 27-fev.-2006, 1587/I.

II – O regime

8 **7. As regras gerais** da transmissão por morte são, aqui, aplicáveis[9]. Ao contrário do que sucede com a transmissão por morte do arrendamento habitacional, que obedece às regras complexas do 1106.º, uma vez que se visa proteger o direito à habitação dos beneficiários, nos arrendamentos não-habitacionais lida-se com puras realidades patrimoniais.

9 O legislador de 2006 generalizou, aos arrendamentos não-habitacionais, regras historicamente surgidas para os arrendamentos comerciais. Ora, nestes últimos, havia um valor a proteger: o do estabelecimento comercial. E esse valor justificava que se postergasse a natureza *intuitu personae* do arrendamento, natureza essa que conduziria à caducidade do arrendamento, nos termos do 1051.º, *d*).

10 Há, pois, que operar uma interpretação restritiva, de resto permitida pelo teor do 2025.º/1: certos arrendamentos não-habitacionais não subsistem, pela sua natureza, perante a morte do arrendatário.

11 **8. Pessoas coletivas.** O 1113.º reporta-se à morte do arrendatário. Aplica-se, também, à extinção de pessoas coletivas? A doutrina maioritária responde pela positiva[10], especialmente impressionada pela referência a "morte". Mas alguma doutrina vigorosa tem a opinião inversa[11].

12 Perante o atual regime geral do arrendamento urbano, os argumentos em presença ganham pesos diversos. Na falta de vinculismo, o senhorio não tem de suportar um contrato *ad aeternum*, uma vez que tem vários caminhos para o fazer cessar. Pode-se, pois, proteger o estabelecimento, com os seus valores económicos e sociais, incluindo postos de trabalho, que ele representa.

13 A extinção da pessoa coletiva não determina o desmantelamento do estabelecimento. Este pode conservar-se, sendo adquirido por terceiros, inclusive no âmbito de um plano de insolvência. Logo, o arrendamento comercial mantém-se, passando à esfera de quem for dono do estabelecimento. O 1113.º aplica-se, por interpretação extensiva e com as necessárias adaptações, às pessoas coletivas.

---

[9] STJ 25-jan.-2000 (Pinto Monteiro), Proc. 99A963.
[10] Pires de Lima/Antunes Varela, *Código anotado* 2, 4.ª ed., 707; Aragão Seia, *Arrendamento urbano*, 669; Pedro Romano Martinez, *Contratos*, 292; João Espírito Santo, *Especificidades*, 457; Laurinda Gemas e outros, *Arrendamento*, 538; Gravato Morais, *Novo regime do arrendamento comercial*, 313; Jorge Pinto Furtado, *Manual* 2, 5.ª ed., 898 ss., com indicações.

[11] José Alberto dos Reis, *Jurisprudência crítica sobre processo civil*, RLJ 81 (1949), 326-332 (330/II); Isidro de Matos, *Arrendamento e aluguer*, 295 ss.; Januário Gomes, *Arrendamentos*, 269-273.

Lei n.º 6/2006, de 27 de fevereiro, na redação dada pela Lei n.º 31/2012, de 14 de agosto (NRAU)

Título I – Novo Regime do Arrendamento Urbano
Capítulo II – Disposições gerais

Secção III – Despejo

Subsecção I – Ações judiciais

Artigo 14.º (Ação de despejo)

1. A ação de despejo destina-se a fazer cessar a situação jurídica do arrendamento sempre que a lei imponha o recurso à via judicial para promover tal cessação e segue a forma de processo comum declarativo.

2. Quando o pedido de despejo tiver por fundamento a falta de residência permanente do arrendatário e quando este tenha na área dos concelhos de Lisboa ou do Porto e seus limítrofes ou no respetivo concelho quanto ao resto do País outra residência ou a propriedade de imóvel para habitação adquirido após o início da relação de arrendamento, com exceção dos casos de sucessão *mortis causa*, pode o senhorio, simultaneamente, pedir uma indemnização igual ao valor da renda determinada de acordo com os critérios previstos nas alíneas a) e b) do n.º 2 do artigo 35.º desde o termo do prazo para contestar até à entrega efetiva da habitação.

3. Na pendência da ação de despejo, as rendas que se forem vencendo devem ser pagas ou depositadas, nos termos gerais.

4. Se as rendas, encargos ou despesas vencidos por um período igual ou superior a dois meses não forem pagos ou depositados, o arrendatário é notificado para, em 10 dias, proceder ao seu pagamento ou depósito e ainda da importância da indemnização devida, juntando prova aos autos, sendo, no entanto, condenado nas custas do incidente e nas despesas de levantamento do depósito, que são contadas a final.

5. Em caso de incumprimento pelo arrendatário do disposto no número anterior, o senhorio pode requerer o despejo imediato, aplicando-se, em caso de deferimento do requerimento, com as necessárias adaptações, o disposto no n.º 7 do artigo 15.º e nos artigos 15.º-J, 15.º-L e 15.º-M a 15.º-O*.

Bibliografia: Maria Olinda Garcia, *Arrendamento Urbano Anotado*, 2.ª ed., 186-193; Luís Menezes Leitão, *Arrendamento*, 5.ª ed., 211-214; Fernando de Gravato Morais, *Falta de pagamento de rendas no arrendamento urbano* (2010), 155-202 e 221-236; Miguel Teixeira de Sousa, *A acção de despejo*, 2.ª ed. (1995).

---

* Redação da Declaração de Retificação 59-A/2012, de 12-out..

Índice

I – Enquadramento geral
1. Evolução histórica 1
2. Natureza da ação.. 7
3. Natureza do processo 8
4. Valor da ação 9

II – Âmbito de aplicação
5. Âmbito temporal 11
6. Âmbito material 12
   α) Necessidade da via judicial 12
   β) Dispensa da via judicial 16
   γ) Resolução do contrato.............................. 19
   δ) Desocupação do prédio 25
7. Âmbito subjetivo 26

III – Aspetos do regime
8. Prazo de propositura 27
   α) Regime geral.. 27
   β) Efeitos duplos.. 30
9. Tribunal competente................................... 31
10. Legitimidade *ad causam* 33
   α) Subarrendamento..................................... 33
   β) Casamento e união de facto 34
   γ) Compropriedade 36
   δ) Associações representativas...................... 38

   ε) Outras situações....................................... 40
11. Interesse processual 42
   α) Generalidades 42
   β) Falta de interesse processual.................... 43
   γ) Resolução do contrato.............................. 48
   δ) Conclusões.. 53
12. Patrocínio judiciário obrigatório 54
13. Concurso de causas de pedir 55
   α) Generalidades 55
   β) Regime processual 59
14. Cumulação aparente 61
15. Cumulação de pedidos.............................. 65
   α) Rendas vencidas 65
   β) Responsabilidade civil............................. 66
   γ) Indemnização especial............................. 67
   δ) Deteriorações lícitas 71
   ε) Rendas vincendas 72
16. Despejo imediato...................................... 73
   α) Generalidades 73
   β) Notificação 78
   γ) Execução 82
   δ) Exclusão 86
17. Pedido reconvencional 87
18. Regime dos recursos................................. 88

I – Enquadramento geral

1 **1. Evolução histórica.** A ação de despejo já se encontrava regulada nas Ordenações Manuelinas (4, 58) e Filipinas (4, 24): em qualquer dos respetivos regimes, era o Alcaide da Vila a entidade competente para apreciar o fundamento invocado pelo senhorio e para proceder ao despejo.

2 Os 498.º a 507.º do CPC de 1876 regulavam a ação de despejo num ambiente jurisdicional, tanto no que se refere à fase declarativa, como no que respeita à fase executiva. Uma carta de lei de 21-mai.-1896 (publicada no DG de 22-mai.-1896) regulava o despejo de prédios urbanos arrendados entre um mês e seis meses ou entre seis e doze meses, quando o seu preço não fosse superior a 50$000 reis. O decreto de 30-Ag.-1907 (publicado no DG de 7-set-1907) reformulou o regime do despejo de prédios urbanos e rústicos. Já depois da implantação do regime republicano, o decreto de 10-nov.-1910 (publicado no DG de 14-nov.-1910) instituiu um novo regime do despejo.

3 O CPC de 1939 regulava a ação despejo nos 970.º a 983.º (fase declarativa) e 986.º a 992.º (fase executiva), que passaram a ser, respetivamente, os 964.º a 982.º e 985.º a 990.º do CPC de 1961. Na versão do CPC decorrente do DL 47690, de 11-mai.-1967, a ação de despejo encontrava-se regulada nos 964.º a 981.º e 985.º a 990.º.

4 O DL 321-B/90, de 15-out., introduziu na ordem jurídica portuguesa o RAU, do qual constava uma nova regulamentação da ação de despejo (55.º a 61.º). A L 6/2006, de 27-fev., aprovou o NRAU, cujo 14.º regula alguns aspetos da ação de despejo, e introduziu no CPC um regime específico relativo à execução para entrega de coisa imóvel arrendada (930.º-A a 930.º-E). A L 31/2012, de 14-ag., manteve, no fundamental, este regime, tendo-lhe acrescentado,

no entanto, um procedimento especial de despejo, destinado a efetivar a cessação do arrendamento quando o arrendatário não desocupe o locado na data prevista na lei ou na data fixada por convenção entre as partes (15.º/1 do NRAU).

Os 930.º-A a 930.º-E do anterior CPC transitaram, embora com alterações de importância diversa, para o novo CPC aprovado pela L 41/2013, de 26-jun.: são agora os 862.º a 866.º do CPC.

O 4.º da L 31/2012 deu nova redação aos números 2 a 5 do 14.º, sendo algo distinta a importância das alterações: (a) A nova redação do número 2 comporta apenas alterações formais numa remissão legal; (b) A nova formulação do número 3 substitui a expressão "rendas vencidas" por "rendas que se forem vencendo", o que impõe o dever de pagamento dessas rendas pelo arrendatário mesmo durante a pendência da ação de despejo; (c) A nova redação do número 4 reduz para dois meses (em vez dos anteriores três meses) o prazo de mora do arrendatário que possibilita a sua notificação pelo senhorio para proceder ao pagamento ou depósito das rendas, encargos ou despesas e da importância da indemnização que seja devida.

2. **Natureza da ação.** A ação de despejo visa fazer cessar a situação jurídica do arrendamento (*vide* 14.º/1) e obter a condenação do arrendatário na desocupação do locado. Isto significa que a ação de despejo tem uma natureza mista: é uma ação constitutiva, porque tem por finalidade provocar uma alteração na ordem jurídica existente [10.º/3, *c*) do CPC], e, simultaneamente, uma ação condenatória, porque visa exigir a desocupação do imóvel [10.º/3, *b*) do CPC] e, consequentemente, a constituição de um título executivo para a entrega de uma coisa [703.º/1, *a*) do CPC].

3. **Natureza do processo.** A ação de despejo segue a forma do processo comum declarativo (14.º/1). Isto significa que à ação de despejo não corresponde nenhum processo especial, pelo que esta é apenas um *nomen iuris* para descrever uma ação que tem por objeto fazer cessar uma situação jurídica de arrendamento.

4. **Valor da ação.** O valor da ação de despejo determina-se nos termos do disposto no 298.º/1 do CPC: o valor da ação é o da renda de dois anos e meio, acrescido do valor das rendas em dívida ou da indemnização requerida, consoante o que for superior. O critério para a aferição do valor da ação de despejo orienta-se pelo da cumulação simples de pedidos (297.º/2 do CPC), mas com uma importante especialidade: ainda que o autor da ação peça, em cumulação com o despejo, o pagamento das rendas em dívida e uma indemnização (*vide*, *v. g.*, 14.º/2 e 1086.º/2 do CC), o valor da ação é apenas o que resultar da soma de dois anos e meio de rendas com o montante respeitantes às rendas em atraso ou com a indemnização pedida pelo demandante, consoante aquele que for mais elevado. Isto significa que, para a determinação do valor da ação de despejo, se contabilizam apenas dois fatores: ao valor correspondente a dois anos e meio de rendas soma-se o valor das rendas em atraso ou o da indemnização requerida pelo demandante.

A determinação do valor da ação de despejo tem, atualmente, uma importância muito relativa, dado que o novo CPC estabelece uma forma única para o processo comum de declaração (548.º do CPC) e porque é sempre admissível recurso para a Relação nas ações em que se aprecia a validade, a subsistência ou a cessação de contratos de arrendamento, com exceção dos arrendamentos para habitação não permanente ou para fins especiais transitórios [629.º/3, *a*) do CPC]. Em todo o caso, aquele valor serve para aferir se a ação de despejo é, em 1.ª instância, da competência da secção cível da instância central [*vide* 117.º/1, *a*) da L 62/2013, de 26-ago.] ou da secção de competência genérica da instância local [*vide* 130.º/1, *a*) da L 62/2013] e para determinar se a ação admite, nos termos gerais, recurso para o Supremo Tribunal de Justiça (*vide* 629.º/1 do CPC).

II – Âmbito de aplicação

11 **5. Âmbito temporal.** O novo regime da ação de despejo é aplicável mesmo aos arrendamentos constituídos antes da entrada em vigor da L 31/2012, de 14-ag.. Trata-se de um regime que é imediatamente aplicável nos termos do 12.º/1 do CC, pelo que abrange todos os arrendamentos que subsistam à data da entrada em vigor da L 31/2012.

12 **6. Âmbito material.** α) **Necessidade da via judicial.** O âmbito de aplicação material da ação de despejo coincide com o do contrato de arrendamento urbano. Pode assim concluir-se que a ação de despejo é aplicável em referência a contratos de arrendamento urbano, independentemente de estes terem um fim habitacional ou não habitacional (*vide* 1067.º/1 do CC).

13 Segundo o disposto no 14.º/1, a ação de despejo destina-se a fazer cessar a situação jurídica do arrendamento, sempre que a lei imponha o recurso à via judicial para promover tal cessação. Importa, portanto, determinar quando é que a lei impõe que a cessação do contrato de arrendamento ocorra através de uma ação e de uma decisão de um tribunal.

14 De acordo com o estabelecido no 1079.º do CC, constituem causas de cessação do contrato de arrendamento urbano: (a) O acordo das partes (1082.º do CC), ou melhor, a revogação por acordo dessas partes; (b) A resolução (1083.º a 1085.º do CC), que, aliás, pode ser da iniciativa do senhorio ou do arrendatário; (c) A caducidade (1051.º a 1054.º do CC); (d) A denúncia (1098.º e 1099.º a 1103.º do CC), que também pode ser efetuada pelo arrendatário ou pelo senhorio.

15 Apesar de ser uma forma de impor a caducidade do contrato de arrendamento urbano depois de ter findado o prazo estipulado pelas partes ou estabelecido na lei e de, portanto, não ter autonomia perante esta causa de cessação do contrato de arrendamento, convém autonomizar ainda a oposição à renovação do contrato com prazo certo, que também pode ser deduzida tanto pelo senhorio (1097.º do CC), como pelo arrendatário (1098.º do CC).

16 β) **Dispensa da via judicial.** Destas várias causas de cessação do contrato de arrendamento, o acordo das partes e a caducidade são insuscetíveis de justificar uma ação de despejo, isto é, uma ação cujo objeto (necessário, embora não exclusivo) é a cessação do arrendamento. A justificação é algo distinta: (a) Quanto ao acordo das partes, releva o facto de a revogação do contrato operar pela vontade das partes, pelo que não é necessária nenhuma ação para fazer cessar o contrato de arrendamento; (b) Quanto à caducidade, releva a circunstância de esta operar *ipso iure* logo que esteja verificado algum dos factos ou alguma das situações enunciadas no 1051.º do CC, pelo que também não requer nenhuma ação para fazer cessar o arrendamento; dito de outro modo: a caducidade não requer uma ação destinada a fazer cessar o contrato de arrendamento, porque a verificação de qualquer dos factos ou das situações enumeradas no 1051.º do CC implica a extinção do contrato; isto não significa, no entanto, que não seja admissível uma ação na qual se discute a caducidade do contrato de arrendamento (baseada, por exemplo, na verificação de uma condição resolutiva ou na cessação dos serviços que determinaram a entrega da coisa locada [1051.º, *b*) e *g*) do CC]); o que acontece é que essa ação não é uma ação de despejo.

17 A oposição à renovação deduzida pelo senhorio realiza-se mediante comunicação ao arrendatário com uma certa antecedência mínima (1097.º/1 do CC). Portanto, também este meio de cessação do contrato de arrendamento dispensa o recurso aos meios judiciais.

18 Resta analisar o problema da denúncia pelo senhorio do contrato de arrendamento de duração indeterminada. Teoricamente, seria possível exigir que essa denúncia tivesse de seguir a via judicial: era esse, aliás, o regime que constava do 70.º do RAU. O regime atualmente vigente é, no entanto, distinto, dado que a denúncia pelo senhorio pode ser realizada extrajudicialmente – ou seja, mediante comunicação ao arrendatário –, quer na situação prevista no 1101.º, *c*) do CC – que é aquela em que o senhorio pretende simplesmente denunciar o contrato de arrenda-

mento –, quer nas demais situações que estão previstas nesse preceito e que, segundo o estabelecido no 1103.º/1 do CC, também requerem apenas a comunicação ao arrendatário. São elas as seguintes: (a) A denúncia com fundamento no facto de o senhorio ou algum seu descendente em 1.º grau ter necessidade da habitação [1101.º, *a*) do CC]; (b) A demolição do prédio ou a realização de obra de remodelação ou restauro profundos que obriguem à desocupação do locado [1101.º, *b*) do CC].

γ) **Resolução do contrato**. Verificado que o acordo das partes, a caducidade do contrato de arrendamento, a oposição à renovação de contrato com prazo certo e a denúncia deste contrato pelo senhorio não justificam o recurso à via judicial, poder-se-ia ser levado a pensar que a outra causa de cessação do arrendamento – a resolução – exigiria o recurso a essa via. A verdade é que nem sempre é assim. 19

Há um caso em que a resolução do contrato de arrendamento opera sempre através da ação de despejo: quando o senhorio pretenda impugnar o depósito da renda efetuado pelo locatário e resolver o contrato de arrendamento, a ação de despejo é a única via admissível para realizar essa impugnação e obter aquela resolução (21.º/2). Mas a resolução do contrato de arrendamento pelo senhorio nem sempre tem de ser judicial. 20

A resolução do contrato por iniciativa do senhorio pode ser extrajudicial nas seguintes situações: (a) Quando o arrendatário se encontre em mora igual ou superior a dois meses no pagamento de renda, encargos ou despesas que corram por conta do arrendatário ou de oposição por este à realização de obra ordenada por autoridade pública (1083.º/3 e 1084.º/2 do CC); (b) Quando o arrendatário se constituir em mora superior a oito dias no pagamento da renda, por mais de quatro vezes, seguidas ou interpoladas, num período de doze meses (1083.º/4 e 1084.º/2 do CC; sobre a forma como, neste caso, se pode proceder à comunicação a realizar pelo senhorio, *vide* 9.º/7). 21

Destes regimes decorre que a resolução por parte do senhorio pode ser extrajudicial fundamentalmente quando o arrendatário se encontrar em mora quanto ao cumprimento da obrigação do pagamento das rendas. Dado que a mora é determinada por critérios temporais e objetivos, não se justifica exigir um controlo judicial da sua verificação. É, aliás, este regime que dá especial expressão prática ao procedimento especial de despejo regulado nos 15.º a 15.º-S, pois que é a este procedimento que o senhorio deverá recorrer sempre que o arrendatário se encontrar em mora quanto ao pagamento de rendas. 22

Em contrapartida, como se dispõe no 1084.º/1 do CC, a resolução tem de ser realizada pelo senhorio através da ação de despejo sempre que a cessação do contrato se fundamente numa das situações previstas no 1083.º/2 do CC. É o caso da violação pelo arrendatário das regras de higiene, de sossego, de boa vizinhança ou de normas constantes do regulamento do condomínio [1083.º/2, *a*) do CC], da utilização do prédio contrária à lei, aos bons costumes ou à ordem pública [1083.º/2, *b*) do CC], do uso do prédio para fim diverso a que ele se destina [1083.º/2, *c*) do CC], do não uso do locado por mais de um ano [1083.º/2, *d*) do CC] e da cessão, total ou parcial, temporária ou permanente e onerosa ou gratuita, do gozo do prédio, quando ilícita, inválida ou ineficaz perante o senhorio [1083.º/2, *e*) do CC]. Compreende-se que, em qualquer destas hipóteses, a resolução tenha de ser judicial, dado que a configuração de qualquer delas como causa de resolução depende da sua gravidade ou das suas consequências (1083.º/2 *caput* do CC). 23

Quando a resolução do contrato de arrendamento urbano tem de ser realizada *ope iudicii*, não é possível provocar essa resolução por nenhum outro meio[1]. Esta conclusão é uma conse- 24

---

[1] RGm 4-jun.-2013 (Maria da Purificação Carvalho), Proc. 7747.

quência da imperatividade do regime relativo à resolução do contrato de arrendamento estabelecida no 1080.º.

25 δ) **Desocupação do prédio**. Poder-se-ia perguntar se, apesar de não ser necessária para fazer cessar o arrendamento, não se justifica recorrer à ação de despejo para obter a desocupação efetiva do locado quando, na sequência do acordo das partes, da caducidade do arrendamento, da oposição à renovação do contrato ou da denúncia do contrato, o arrendatário não o desocupe voluntariamente. Quanto a este aspeto, verifica-se uma diferença entre o RAU e o NRAU (aliás, logo na versão original deste último): (a) O 55.º/2 RAU dispunha que "a ação de despejo é, ainda, o meio processual idóneo para efetivar a cessação do arrendamento quando o arrendatário não aceite ou não execute o despedimento resultante de qualquer outra causa", isto é, de qualquer causa de cessação do arrendamento que não exija, *per se*, a via judicial; (b) O 14.º/1 restringe o objeto da ação de despejo à cessação do arrendamento, pelo que não constitui um objeto possível dessa ação a condenação do arrendatário na desocupação efetiva do imóvel; em concreto, na eventualidade de esse arrendatário não desocupar o locado na sequência do acordo das partes, da caducidade pelo decurso do prazo, da oposição à renovação ou de denúncia, o senhorio pode recorrer ao procedimento especial de despejo [*vide* 15.º/2, *a*), *b*), *c*) e *d*)].

26 7. **Âmbito subjetivo**. A ação de despejo só pode decorrer entre as partes do contrato de arrendamento ou entre os respetivos sucessores (entre os quais se inclui o cabeça-de-casal) ou entre um contraente e um administrador de insolvência. Assim, se os ocupantes do imóvel arrendado forem pessoas alheias ao arrendatário e não tiver havido transmissão por morte ou direito a novo arrendamento, a ação própria para reaver o imóvel arrendado é a de reivindicação[2].

III – **Aspetos do regime**

27 8. **Prazo de propositura**. α) **Regime geral**. A ação de despejo (através da qual o senhorio pretende obter a resolução do contrato de arrendamento) deve ser proposta dentro do prazo de um ano a contar do conhecimento do facto que lhe serve de fundamento (1085.º/1 do CC). O prazo é reduzido para três meses, se a resolução se fundamentar na mora do arrendatário quanto ao pagamento da renda (1085.º/2 do CC). O sentido deste último preceito é o de estabelecer que a ação de despejo tem de ser proposta nos três meses subsequentes, não ao início da mora do arrendatário, mas à eventual cessação dessa mora através da retoma do pagamento das rendas. Como é evidente, a ação de despejo não pode caducar enquanto o arrendatário se mantiver em mora quanto ao pagamento das rendas.

28 Se o fundamento da resolução for um facto continuado ou duradouro, o prazo para a propositura da ação de despejo não se completa antes de decorrido um ano após a sua cessação (1085.º/3 do CC). O disposto no 1085.º/2 do CC – que ressalva o estabelecido no 1083.º/3 e 4 do CC – permite concluir que, embora a falta de pagamento de rendas possa ser considerada um facto continuado ou duradouro, a ação de despejo que tenha como fundamento essa falta não está sujeita ao disposto no 1085.º/3 do CC.

29 O arrendatário pode proceder, verificadas certas condições, ao depósito da renda (17.º/1). Se o senhorio pretender resolver judicialmente o contrato pelo não pagamento da renda, a impugnação do depósito deve ser efetuada em ação de despejo a intentar no prazo de 20 dias contados da comunicação da realização do depósito (21.º/2).

30 β) **Efeitos duplos**. Do disposto no 1086.º/1 do CC – que, após estabelecer que a resolução do contrato de arrendamento é cumulável com a denúncia ou com a oposição à renovação, dispõe

---

[2] RLx 8-out.-2009 (Carlos Valverde), Proc. 2332/08.

que a discussão atinente à resolução pode prosseguir mesmo depois da cessação daquele contrato – decorre que a ação de despejo pode ser proposta mesmo depois de ter ocorrido a cessação deste contrato por qualquer daquelas causas. Trata-se, portanto, de um exemplo dos chamados efeitos duplos: mesmo depois de o contrato de arrendamento ter cessado é possível fazer valer uma outra causa de cessação desse contrato.

9. **Tribunal competente**. A ação de despejo não pertence à competência de nenhum tribunal de competência territorial alargada (entre os quais se inclui o tribunal da propriedade intelectual, o tribunal de concorrência, regulação e supervisão e o tribunal marítimo: 83.º/3 da L 62/2013), pelo que, em 1.ª instância, essa ação é, em função da matéria, da competência dos seguintes tribunais: se o valor da causa for superior a € 50000, a ação é da competência da secção cível da instância central [81.º/2, a) e 117.º, a) da L 62/2013); se o valor da ação de despejo for inferior a € 50 000, a ação pertence à competência das secções de competência genérica da instância local (130.º/1 da L 62/2013). 31

No plano da competência internacional, há que considerar o disposto no 22.º/1, § 1.º do Reg. 44/2001 (ou no 24.º/1, § 1.º do Reg. 1215/2012[3]): para as ações relativas a arrendamento de imóveis são competentes os tribunais do Estado-Membro onde o imóvel arrendado se encontre situado. Todavia, em matéria de contratos de arrendamento de imóveis celebrados para uso pessoal temporário por um período máximo de seis meses consecutivos, são igualmente competentes os tribunais do Estado-Membro onde o requerido tiver domicílio, desde que o arrendatário seja uma pessoa singular e o proprietário e o arrendatário tenham domicílio no mesmo Estado-Membro (22.º/1, § 2.º do Reg. 44/2001; 24.º/1, § 2.º do Reg. 1215/2012). 32

10. **Legitimidade** *ad causam*. α) **Subarrendamento**. Se tiver havido sublocação do imóvel arrendado, há que considerar, quanto à legitimidade para a ação de despejo, duas hipóteses: se o subarrendamento não for oponível ao senhorio – porque este contraente não autorizou nem ratificou o subarrendamento (1088.º do CC) –, a ação de despejo só deve ser instaurada contra o arrendatário; se o subarrendamento é oponível ao senhorio, a ação de despejo deve ser proposta contra o arrendatário e o subarrendatário. 33

β) **Casamento e união de facto**. Mesmo que apenas um dos cônjuges seja o arrendatário, a ação de despejo relativa à casa de morada de família deve ser instaurada contra ambos os cônjuges (34.º/1 do CPC). Aliás, como a resolução, a oposição à renovação ou a denúncia do contrato de arrendamento da casa de morada de família carece do consentimento de ambos os cônjuges [1682.º-B, a) do CC], teria sempre de ser instaurada contra ambos uma ação de que pudesse resultar um desses efeitos. 34

O regime é distinto para a casa de morada de família de dois membros de uma união de facto. Na hipótese de apenas um dos membros da união de facto ser o arrendatário, a lei não estabelece nenhum regime do qual resulte que a ação de despejo tem de ser proposta contra ambos os membros dessa união. A união de facto não é um "casamento especial", pelo que não se justifica aplicar, como regime geral, o disposto no 1682.º-B/a do CC quanto ao casamento. 35

γ) **Compropriedade**. Se o imóvel arrendado pertencer a vários comproprietários, tem legitimidade para propor a ação de despejo o comproprietário que tenha poderes de administração (1405.º/1 e 985.º/1 do CC). Na falta de convenção em contrário, qualquer dos comproprietários tem esses poderes de administração (1405.º/1 e 985.º/1 do CC), pelo que qualquer deles tem legitimidade para propor a ação de despejo[4]. Ao comproprietário pode ser equiparado o co-herdeiro[5]. 36

---

[3] O Reg. 1215/2012 substitui, a partir de 10-jan.-2015, o Reg. 44/2001 (66.º/1 Reg. 1215/2012).

[4] RLx 24-jun.-1999 (Urbano Dias), Proc. 0032866; RCb 30-mar.-2004 (Rui Barreiros), Proc. 325/04.

[5] STJ 24-mai.-2005 (Ferreira de Almeida), Proc. 05B1057.

37   Se a administração do imóvel pertencer a todos os comproprietários ou a alguns deles, qualquer dos administradores pode opor-se ao ato que outro pretenda realizar, cabendo à maioria deles decidir sobre o mérito da oposição (1405.º/1 e 985.º/2 do CC). Isto demonstra que a administração do imóvel é, em regra, disjunta (qualquer dos comproprietários administradores pode intentar a ação de despejo), mas também mostra que a maioria dos comproprietários administradores pode opor-se à instauração dessa ação por um dos comproprietários administradores. Verificando-se esta oposição, falta um pressuposto para a propositura da ação: a não oposição dos demais comproprietários administradores à propositura da ação de despejo. A falta daquele pressuposto para a prática do ato de propositura da ação de despejo afeta necessariamente todo o processo, dado que não é pensável um processo em que a própria propositura da ação está viciada. Em concreto, como a oposição à propositura da ação é equivalente à não autorização para a sua propositura, a oposição dos demais administradores à instauração da ação de despejo por um deles constitui a exceção dilatória prevista no 577.º, d) do CPC (falta de autorização ou deliberação que o autor devesse obter para a propositura da ação).

38   δ) **Associações representativas**. O 13.º/1, dispõe que as associações representativas das partes, quando expressamente autorizadas pelos interessados, gozam de legitimidade para assegurar a defesa judicial dos seus membros em questões relativas ao arrendamento. A legitimidade que é concedida a certas associações de proprietários, de inquilinos e de comerciantes depende da autorização do próprio interessado (pelo que constitui exemplo de uma substituição processual voluntária) e destina-se a assegurar a defesa dos interesses de seus associados.

39   Estas duas características demonstram que a legitimidade atribuída às associações acima referidas não se confunde com a legitimidade popular que pode ser igualmente reconhecida a essas mesmas associações para a defesa dos interesses difusos dos proprietários, dos inquilinos ou dos comerciantes. Na verdade, esta legitimidade popular não depende de nenhuma autorização dos interessados (14.º da L 83/95, de 31-ago.) e não se circunscreve à defesa dos interesses de membros das associações, precisamente porque essa legitimidade não é atribuída para a tutela dos interesses individuais de titulares determinados, mas para a tutela dos interesses difusos de todos os membros pertencentes a uma classe ou a um grupo.

40   ε) **Outras situações**. O cabeça-de-casal tem legitimidade para, desacompanhado dos restantes herdeiros, intentar uma ação de despejo relativamente a um imóvel arrendado pelo falecido[6].

41   O administrador da insolvência tem legitimidade para demandar e ser demandado, em representação da massa insolvente, numa ação de despejo[7].

42   11. **Interesse processual.** α) **Generalidades.** Perante o âmbito de aplicação material da ação de despejo, coloca-se o problema de saber se o senhorio, em vez de comunicar extrajudicialmente a oposição à renovação, a denúncia ou a resolução do contrato de arrendamento, pode recorrer à ação de despejo. O que se pergunta é se, podendo o senhorio provocar a cessação do contrato de arrendamento através de uma comunicação extrajudicial, ainda assim pode optar por intentar uma ação de despejo. As respostas possíveis são as seguintes: (a) O senhorio pode optar entre a via extrajudicial e a via judicial, pelo que estas vias são alternativas entre si e constituem um concurso de meios de tutela; (b) O senhorio não pode escolher a via judicial, pois que para

---

[6] RPt 1-out.-1992 (Fernandes Magalhães), Proc. 9240403; RPt 22-abr.-1993 (Sousa Leite), Proc. 9210033; RCb 22-jun.-1999 (Gil Roque), Proc. 1539/99; RLx 8-out.-2001 (Nunes Ricardo), Proc. 0086532; RCb 4-out.-2005 (Jaime Ferreira), Proc. 2376/05); RLx 27-abr.-2006 (Manuela Gomes), Proc. 1567/2006-6; RCb 3-out.-2006 (Barateiro Martins), Proc. 642/05.

[7] Quanto à legitimidade passiva, *vide* RPt 3-dez.-2009 (Teles de Menezes), Proc. 826/09; RPt 8-abr.-2010 (Teles de Menezes), Proc. 2715/08.

tal lhe falta o necessário interesse processual, dado que a via extrajudicial implica o dispêndio de menos recursos e não sobrecarrega o sistema judiciário (sendo preciso não esquecer que a administração da justiça é um bem escasso que não deve ser exaurido na obtenção de resultados idênticos àqueles que podem ser conseguidos através de meios extrajudiciais).

β) **Falta de interesse processual.** Antes da reformulação do NRAU pela L 31/2012, a jurisprudência maioritária pronunciava-se, no âmbito da resolução do contrato de arrendamento, no sentido da alternatividade dos meios e da possibilidade de escolha pelo senhorio da via extrajudicial ou judicial[8]. Segundo a orientação dessa jurisprudência, o disposto no 1047.º do CC – que estabelece que a resolução do contrato de locação pode ser feita judicial ou extrajudicialmente – atribui ao senhorio uma opção entre a via judicial e extrajudicial[9].

Note-se que alguns dos argumentos apresentados por essa jurisprudência deixaram de ser válidos perante a redação que a L 31/2012 forneceu a alguns preceitos legais. Invocava-se, nomeadamente, que, em função da anterior redação do 1048.º/2 do CC, apenas na ação de despejo se encontrava a limitação de que o arrendatário só uma vez podia fazer uso da faculdade de impor a caducidade do direito à resolução do senhorio pagando as somas em dívida[10]. Todavia, o argumento deixou de ser válido, dado que, segundo o agora disposto no 1084.º/4 do CC, essa faculdade também só pode ser usada uma vez para impor a caducidade de uma resolução que tenha operado por comunicação do senhorio ao arrendatário. Portanto, hoje em dia, há, quanto a este aspeto, uma total igualdade entre a resolução *ope iudicii* e *ope extraiudicii*[11].

Acresce que a nova redação dada ao 1084.º/1 e 2 do CC quanto ao modo de fazer valer os diferentes fundamentos da resolução do contrato por parte do senhorio indicia claramente que a ação de despejo e a comunicação extrajudicial são alternativas entre si, não em função da opção do senhorio, mas dos fundamentos invocados por este. O 1084.º/1 e 2 do CC reparte o *modus operandi* da resolução segundo os seus fundamentos: alguns requerem a ação de despejo, outros bastam-se com a comunicação extrajudicial.

A estas circunstâncias acresce uma outra de um âmbito bastante mais geral. É indispensável não esquecer que a L 31/2012 introduziu no NRAU um procedimento especial que dá sequência à cessação do contrato de arrendamento obtida através da comunicação do senhorio ao arrendatário: é o procedimento especial de despejo regulado nos 15.º a 15.º-S, que, em certas condições, conduz à formação de um título para a desocupação do locado (15.º-E)[12].

---

[8] *Vide*, por exemplo, RLx 23-out.-2007 (Roque Nogueira), CDP 22 (2008), 59 (com anotação concordante de Gravato Morais); RLx 25-fev.-2008 (Graça Amaral), Proc. 469/2008-7; RPt 26-fev.-2008 (Cândido Lemos), Proc. 0820751; RLx 13-mar.-2008 (Fernanda Isabel Pereira), Proc. 1154/2008-6; RLx 17-abr.-2008 (Lúcia Sousa), Proc. 2308/08-2; RGm 30-abr.-2009 (Manso Rainho), Proc. 5967/08; RPt 2-mar.2010 (Pinto dos Santos), Proc. 552/08; STJ 6-mai.-2010 (Custódio Montes), Proc. 438/08; RCb 22-jun.-2010 (Fonte Ramos), Proc. 1280/09; RCb 2-nov.-2010 (Judite Pires), Proc. 715/08; RLx 15-mar.-2011 (Luís Espírito Santo), Proc. 2858/10; RPt 13-dez.-2011 (Henrique Araújo), Proc. 4894/09; RGm 31.-mai.-2012 (Maria Luísa Ramos), Proc. 6856/11; RLx 13-set.-2012 (Maria de Deus Correia), Proc. 459/11; RGm 25-out.-2012 (Maria Luísa Ramos), Proc. 481/11; RPt 25-out.-2012 (Araújo Barros), Proc. 1867/11; contra a opção concedida ao senhorio, RCb 15-abr.-2008 (Isaías Pádua), CDP 24 (2008), 65 (com anotação concordante de Olinda Garcia); RPt 27-out.-2010 (Vieira e Cunha), Proc. 2269/08; RLx 31-mar.-2011 (Ascensão Lopes), Proc. 634/08; na doutrina, Olinda Garcia, *A acção executiva para entrega de imóvel arrendado segundo a Lei n.º 6/2006, de 27 de Fevereiro*, 2.ª ed. (2008), 31 ss.; sobre a temática, também com interesse, REv 31-jan.-2013 (Maria Isabel Silva), Proc. 4086/11.

[9] RPt 17-out.-2013 (Rodrigues de Almeida), Proc. 2541/11.

[10] RLx 23-out.-2007 (Roque Nogueira), CDP 22 (2008), 59 (62); RPt 2-mar.-2010 (Pinto dos Santos), Proc. 552/08; STJ 6-mai.-2010 (Custódio Montes), Proc. 438/08; RCb 22-jun.-2010 (Fonte Ramos), Proc. 1280/09; RGm 31-mai.-2012 (Maria Luísa Ramos), Proc. 6856/11; RLx 13-set.-2012 (Maria de Deus Correia), Proc. 459/11.

[11] *Vide* também Olinda Garcia, *Arrendamento urbano anotado*, 2.ª ed. (2013), 189.

[12] *Vide* Menezes Leitão, *Arrendamento urbano*, 5.ª ed. (2012), 212 n. 190.

47 Isto significa que o conjunto constituído pela comunicação extrajudicial do senhorio e pelo procedimento especial de despejo pode fornecer o mesmo que uma ação de despejo: um título executivo destinado a obter a desocupação do imóvel. Esta conclusão é suficiente para que se possa concluir que, sempre que estejam verificadas as condições que permitem uma cessação do contrato de arrendamento através de uma comunicação do senhorio ao arrendatário, falta àquele senhorio o interesse processual para instaurar a ação de despejo. O que esse senhorio pode obter através desta ação também pode conseguir, com menos custos para as partes e sem sobrecarregar o sistema judiciário, através da comunicação extrajudicial, completada, eventualmente, com o procedimento especial de despejo.

48 γ) **Resolução do contrato**. A conclusão anterior assenta na premissa de que, para resultados equivalentes, há que escolher o meio que implique o menor dispêndio de custos. Esta afirmação pressupõe naturalmente que os meios sejam realmente alternativos e que o senhorio possa, na situação concreta, escolher qualquer deles, sem diferenças substanciais quanto às condições da sua utilização e quanto aos efeitos deles decorrentes. Há assim que determinar se há alguma situação em que a comunicação extrajudicial do senhorio seja, para esta parte contratual, menos vantajosa do que a ação de despejo.

49 Quanto à oposição à renovação do contrato com prazo certo e quanto à denúncia do contrato com duração indeterminada, parece difícil poder concluir-se que o senhorio necessite da ação de despejo para a sua efetivação. A oposição à renovação do contrato de arrendamento tem apenas de observar uma certa antecedência temporal definida em função da duração do contrato (1097.º/1 do CC) e a denúncia do contrato de duração indeterminada é possível sempre que estejam verificadas determinadas condições (1101.º do CC). Salvo situações raramente verificáveis, não se vislumbra que o senhorio necessite da ação de despejo para promover a cessação do contrato de arrendamento através da oposição à renovação ou da denúncia.

50 A situação é diferente quanto à resolução do contrato de arrendamento, dado que, quanto a esta causa de cessação, são pensáveis situações em que o recurso à ação de despejo pode ser vantajoso (ou mesmo indispensável) para o senhorio. Para além de se poder entender que a ação de despejo com fundamento na resolução do contrato pode ser instaurada antes de decorridos os dois meses de mora do arrendatário que, nos termos do 1083.º/2 do CC, são necessários para a comunicação extrajudicial ao arrendatário[13], há um conjunto de outras situações que podem justificar a preferência pela ação de despejo em detrimento daquela comunicação extrajudicial. Respigando alguns casos referidos pela jurisprudência, podem referir-se os seguintes: (a) É possível que o arrendatário se encontre em paradeiro desconhecido, situação em que não está aberta a via da comunicação extrajudicial, nomeadamente porque, devendo usar-se para essa comunicação qualquer das vias estabelecidas no 9.º/7, ela estará sempre votada ao insucesso[14]; (b) Nas hipóteses em que o contrato de arrendamento não se encontra reduzido a escrito não é possível satisfazer as condições exigidas pelo 15.º/2 e, por isso, não é possível recorrer ao procedimento especial de despejo[15]; (c) Há situações em que, para além da falta de pagamento de rendas, o senhorio pode pretender cumular outro pedido, como, por exemplo, o de indemnização pelo arrendatário nos termos gerais da responsabilidade civil (1086.º/2 do CC), ou demandar também o fiador que é responsável pelo pagamento das rendas em atraso[16].

---

[13] RLx 23-out.-2007 (Roque Nogueira), CDP 22 (2008), 59 (61); RPt 19-fev.-2009 (Amaral Ferreira), Proc. 459/08; vide também Gravato Morais, CDP 22 (2008), 68 s.
[14] RLx 23-out.-2007 (Roque Nogueira), CDP 22 (2008), 59 (61); STJ 6-mai.-2010 (Custódio Montes), Proc. 438/08; na doutrina, vide Olinda Garcia, *A acção executiva para entrega de imóvel arrendado*, 2.ª ed., 32.
[15] STJ 6-mai.-2010 (Custódio Montes), Proc. 438/08; RC 22-jun.-2010 (Fonte Ramos), Proc. 1280/09.
[16] RLx 23-out.-2007 (Roque Nogueira), CDP 22 (2008),

A estes casos há que acrescentar ainda um outro. Apesar de o 14.º-A estabelecer que o contrato de arrendamento, quando acompanhado do comprovativo da comunicação ao arrendatário do montante da dívida, é título executivo para a execução para pagamento de quantia certa correspondente às rendas, nada impede que, apesar de haver esse título executivo, a ação de despejo tenha por fundamento a falta de pagamento dessas rendas. A consequência é apenas que o senhorio demandante, ainda que obtenha ganho de causa, fica responsável pelo pagamento das custas se o arrendatário não contestar a ação [vide 535.º/1 e 2, c) do CPC].

Deste regime decorre *a fortiori* que é sempre possível fundamentar a ação de despejo na falta de pagamento de rendas. Se é admissível intentar uma ação de despejo com base na falta de pagamento de rendas mesmo quando há um título executivo respeitante ao seu pagamento, então há que concluir que, não havendo esse título, nada pode impedir que a ação tenha esse mesmo fundamento.

δ) **Conclusões**. Do exposto podem ser retiradas as seguintes conclusões: (a) O senhorio não tem interesse processual para instaurar uma ação de despejo quando a causa de cessação do contrato de arrendamento seja a oposição à renovação e a denúncia; (b) O senhorio tem interesse processual para propor uma ação de despejo antes de estarem verificadas as condições que permitem a comunicação extrajudicial da resolução do contrato de arrendamento, ou seja, antes de estarem preenchidas as condições estabelecidas no 1083.º/3 do CC; (c) Em regra, o senhorio não tem interesse processual para propor uma ação de despejo sempre que o fundamento seja a resolução do contrato de arrendamento e estejam preenchidas as condições que permitem o uso da comunicação extrajudicial, isto é, sempre que esteja preenchida a previsão das regras constantes do 1083.º/3 do CC; se estiverem satisfeitas as condições para que a resolução possa operar extrajudicialmente, não há interesse processual que justifique a propositura de uma ação de despejo, pelo que, neste caso, não cabe ao senhorio a escolha da via judicial da ação de despejo ou da via extrajudicial da comunicação à contraparte[17]; (d) Excecionalmente, ainda que estejam previstas as condições referidas no 1083.º/3 do CC, pode ser justificado, em função da situação de facto concreta, o recurso à ação de despejo com fundamento na resolução do contrato de arrendamento; (e) É sempre admissível uma ação de despejo fundamentada na falta do pagamento de rendas pelo arrendatário; se já houver título executivo para obter esse pagamento e se o arrendatário não deduzir oposição, a consequência é que, apesar da falta de interesse processual do senhorio, este demandante fica responsável pelo pagamento das custas da ação.

12. **Patrocínio judiciário obrigatório.** Qualquer que seja o valor da ação de despejo, em 1.ª instância o patrocínio judiciário é sempre obrigatório [40.º/1, a) do CPC], dado que na ação de despejo é sempre admissível recurso para a 2.ª instância [629.º/3, a) do CPC].

13. **Concurso de causas de pedir.** α) **Generalidades**. O 1086.º/1 do CC dispõe que a resolução é cumulável com a denúncia ou com a oposição à renovação. O que realmente se estabelece naquele preceito é um concurso de causas de pedir, dado que a cessação do contrato de arrendamento pode fundamentar-se quer na resolução, quer na denúncia, quer ainda na oposição à renovação. A particularidade deste regime é que nem a denúncia, nem a oposição à renovação justificariam, por si sós, o recurso à ação de despejo, dada a falta de interesse processual do

---

59 (62); RLx 8-nov.-2007 (José Eduardo Sapateiro), Proc. 7685/2007; RLx 31-mar.-2009 (Ana Resende), Proc. 2150/08; STJ 6-mai.-2010 (Custódio Montes), Proc. 438/08; RCb 22-jun.-2010 (Fonte Ramos), Proc. 1280/09; RLx 14-dez.-2010 (Tomé Gomes), Proc. 1072/10.

[17] Diferentemente, RLx 23-out.-2007 (Roque Nogueira), CDP 22 (2008), 59 (61); RPt 14-mar.-2013 (Deolinda Varão), Proc. 799/09.9TJPRT.P2.

senhorio para a propor. No entanto, devendo ser proposta uma ação de despejo destinada a provocar a resolução do contrato de arrendamento, nada justifica que o seu objeto não possa abranger outras causas de cessação desse mesmo contrato.

56   Pode perguntar-se por que motivo o 1086.º/1 do CC não se refere a outras causas de cessação do contrato de arrendamento, como, por exemplo, a caducidade. A circunstância de a caducidade não necessitar da via judicial para operar não constitui certamente argumento para a sua não inclusão na previsão do 1086.º/1 do CC, dado que isso também sucede com a denúncia e com a oposição à renovação. A razão parece ser outra: o 1086.º do CC só regula a situação em que o autor da ação de despejo pretende provocar a extinção do contrato de arrendamento por resolução, denúncia ou oposição à renovação; nesta ótica, o preceito não pode incluir a caducidade do contrato de arrendamento, porque esta, fora do caso da oposição à renovação, só pode operar com base em facto ou situação independente da vontade do senhorio (1051.º do CC).

57   Seja como for, não é o facto de o 1086.º/1 do CC não se referir à caducidade do contrato de arrendamento que obsta a que esta possa ser alegada em conjunto com a resolução desse contrato. Não havendo nenhum problema quanto à competência do tribunal e à forma do processo (recorde-se que a ação de despejo segue a forma do processo comum declarativo: 14.º/1), nada pode impedir que o autor de uma ação cumule um pedido relativo à desocupação do imóvel locado com fundamento na caducidade do contrato de arrendamento com um pedido de cessação desse contrato com fundamento numa das causas da sua resolução (pedido que constitui o objeto possível de uma ação de desejo e que é, por isso, um pedido de despejo). Uma ação na qual sejam cumulados estes pedidos não é apenas uma ação de despejo, mas é também uma ação de despejo, pelo que se lhe aplica o regime que consta do 14.º/2 a 5.

58   A forma como os vários pedidos podem ser formulados pelo autor da ação de despejo depende da situação concreta: (a) Se o senhorio pretende invocar uma denúncia, uma oposição à renovação ou uma caducidade que já fizeram cessar o contrato de arrendamento antes da propositura da ação e, em simultâneo, pretende produzir a extinção judicial deste contrato através da resolução, os vários pedidos são incompatíveis entre si, porque não se pode pedir o reconhecimento da extinção de um contrato de arrendamento e, em simultâneo, provocar a extinção desse contrato por resolução[18]; nesta hipótese, o autor deve pedir, a título principal, o reconhecimento da extinção do contrato por denúncia, oposição à renovação ou caducidade e, a título subsidiário, a extinção do contrato por resolução; (b) Se o senhorio pretende provocar a extinção do contrato de arrendamento por denúncia, oposição à renovação ou resolução, todos estes pedidos são compatíveis entre si, pelo que o autor pode apresentá-los como alternativos; não se inclui nesta hipótese a caducidade do contrato de arrendamento, porque esta caducidade, fora da hipótese da oposição à renovação, opera por causas independentes da vontade do senhorio.

59   β) **Regime processual.** Se o autor alegar, na ação de despejo, várias causas de cessação do contrato de arrendamento, o tribunal não tem de apreciar todas essas causas, se a ação houver de proceder por aquela que fundamenta o pedido principal ou por qualquer dos vários fundamentos alternativos: se o pedido principal ou qualquer dos pedidos alternativos for procedente, não há que apreciar os pedidos subsidiários ou os demais pedidos alternativos. No entanto, a ação não pode ser julgada improcedente sem que o tribunal aprecie todas as várias causas de pedir concorrentes e todos os pedidos a elas respeitantes.

60   A invocação de várias causas de pedir concorrentes origina uma situação especial na fase do recurso, que deve ser sumariamente referida. Suponha-se, por exemplo, que o autor invocou,

---

[18] STJ 21-nov.-2006 (Faria Antunes), Proc. 06A3636.

como fundamento do pedido de despejo, a denúncia e a resolução do contrato de arrendamento; o tribunal julgou a ação improcedente quanto à denúncia e procedente quanto à resolução; o réu recorreu desta procedência parcial da ação; o disposto no 636.º/1 do CPC permite que o autor vencedor requeira a apreciação da denúncia do contrato de arrendamento, de molde a impor que a Relação, no caso de considerar improcedente o pedido fundamentado na resolução do contrato, tenha de se pronunciar igualmente sobre a denúncia desse contrato. O regime estabelecido no 636.º/1 do CPC destina-se a garantir que a Relação tenha o mesmo âmbito do conhecimento do tribunal de 1.ª instância e, em especial, a assegurar que os fundamentos concorrentes alegados pelo autor (ainda que numa relação de subsidiariedade) possam ser apreciados por aquele tribunal *ad quem*.

14. **Cumulação aparente**. Na ação de despejo, o autor formula, normalmente, dois pedidos: o da cessação do contrato de arrendamento e o da restituição do imóvel arrendado. Numa perspetiva económica, estes dois pedidos não correspondem a uma utilidade distinta. Tanto se pode dizer que o autor pretende obter a desocupação do imóvel com base na cessação do contrato de arrendamento, como afirmar que o autor quer provocar a cessação do contrato para conseguir a desocupação do arrendado. Isto permite concluir que a formulação dos dois referidos pedidos não corresponde a uma cumulação real, mas antes a uma cumulação aparente. Uma das consequências desta verificação é que, apesar de serem formulados dois pedidos, não se aplica o disposto no 297.º/2 do CPC quanto à determinação do valor da causa.

A circunstância de a cumulação do pedido de cessação do contrato de arrendamento com o pedido de desocupação do locado constituir uma cumulação aparente produz ainda uma outra consequência muito relevante. O problema consiste no seguinte: importa determinar se, não tendo o autor formulado o pedido de desocupação do imóvel, o tribunal, ainda assim, pode condenar o réu nessa desocupação, bem como se, perante aquela mesma omissão, o autor que tiver obtido ganho de causa (apenas) quanto à cessação do contrato de arrendamento pode instaurar uma ação executiva para obter aquela desocupação (o que pressupõe que haja título executivo contra o ex-arrendatário).

A resposta a qualquer destas questões deve ser afirmativa por uma dupla razão. Uma delas é precisamente a falta de utilidade económica própria do pedido de desocupação do imóvel perante o pedido de cessação do contrato de arrendamento. Assim, se, apesar de não ter sido formulado o pedido de desocupação do imóvel, o tribunal condenar na restituição do locado ou se o autor instaurar uma ação executiva para obter essa restituição, nem o tribunal, nem a parte exorbitam da utilidade económica que decorre da procedência do pedido relativo à cessação do contrato de arrendamento.

A outra razão decorre da circunstância de a desocupação do imóvel constituir um efeito legal necessário da cessação do contrato de arrendamento (*vide* 1081.º/1 do CC e, especificamente quanto à resolução, 1087.º do CC). Vale, quanto a este aspeto, a doutrina do STJ fixada para um lugar paralelo: quando o tribunal conhecer oficiosamente da nulidade de um negócio jurídico invocado no pressuposto da sua validade e quando na ação tiverem sido fixados os necessários factos materiais, a parte deve ser condenada, *ex officio*, na restituição do recebido em cumprimento desse negócio, com fundamento no disposto no 289.º/1 do CC[19].

15. **Cumulação de pedidos.** α) **Rendas vencidas**. É possível cumular na ação de despejo o pedido de pagamento das rendas em atraso, se esse for o fundamento da resolução do contrato

---

[19] Assento 4/95, de 17-mai. (Miguel Montenegro) (DR I-A, n.º 114, de 17-mai.-1995).

de arrendamento (vide 1083.º/3 do CC). Tal é admissível mesmo que haja quanto a esse pagamento um título executivo (vide 14.º-A), dado que a única consequência é, na hipótese de o réu não contestar esse pedido, a responsabilidade do senhorio pelas respetivas custas [535.º/1 e 2, c) do CPC].

66 β) **Responsabilidade civil.** Na ação de despejo, também é possível cumular os pedidos relativos à cessação do contrato de arrendamento e de desocupação do imóvel com um pedido fundado na responsabilidade civil do locatário (1086.º/2 do CC). Na ação de despejo, o senhorio pode pedir, nos termos gerais (vide 483.º/1 do CC), o ressarcimento dos danos decorrentes do próprio fundamento da resolução do contrato de arrendamento (vide 1083.º do CC).

67 γ) **Indemnização especial.** Quando o pedido de despejo tiver por fundamento a falta de residência permanente do arrendatário e quando esta parte tenha, exceto se com fundamento em sucessão *mortis causa*, na área dos concelhos de Lisboa ou do Porto e seus limítrofes ou no respetivo concelho quanto ao resto do País outra residência ou a propriedade de imóvel para habitação adquirido após o início da relação de arrendamento, o senhorio pode, em cumulação com o pedido de despejo, formular o pedido de uma indemnização igual ao valor da renda desde o termo do prazo para contestar até à entrega efetiva da habitação (14.º/2). A concretização do conceito indeterminado de falta de residência permanente referida no preceito deve ser realizada com apoio no disposto no 1083.º/2, d) do CC: aquela falta de residência verifica-se quando o arrendatário não usar o locado por mais de um ano[20].

68 Segundo o estabelecido no 14.º/2, para a determinação do valor da renda procede-se à atualização da renda de acordo com os critérios que constam do 35.º/2, a) e b), pelo que se considera que o valor atualizado da renda tem como limite máximo o valor anual correspondente a 1/15 do valor do locado, sendo este último o valor da avaliação realizada nos termos do CIMI.

69 Não é claro o motivo que faz depender a indemnização por falta de residência permanente da circunstância de o arrendatário ter uma residência ou a propriedade de um imóvel num local próximo do imóvel arrendado, dado que o que devia relevar era, naturalmente, apenas a falta de residência permanente do arrendatário no imóvel arrendado. Tal como o preceito se encontra redigido pode mesmo perguntar-se se, para que a indemnização seja devida ao senhorio, é necessário que o arrendatário esteja efetivamente a residir na habitação situada no mesmo concelho ou num concelho limítrofe dos de Lisboa e Porto. Para não aumentar a desrazoabilidade do preceito e a desproteção do senhorio, deve entender-se que essa circunstância é irrelevante e que o que conta é que o arrendatário tenha, nas condições referidas no 14.º/2, uma residência ou a propriedade de um imóvel para habitação.

70 Em contrapartida, compreende-se facilmente que a faculdade de cumulação do pedido de despejo com o pedido de indemnização por falta de pagamento de rendas que é concedida ao senhorio tem um claro intuito sancionatório do arrendatário que manteve um arrendamento de que não necessitava, como é comprovado pelo facto de não residir no locado.

71 δ) **Deteriorações ilícitas.** O senhorio pode formular igualmente, na ação despejo por ele instaurada, o pedido relativo à condenação do arrendatário na reparação das deteriorações lícitas realizadas no prédio arrendado (vide 1073.º/2 do CC).

72 ε) **Rendas vincendas.** É dispensável formular na ação de despejo o pedido de pagamento das rendas que se vencerem durante a pendência desta ação. A obrigação do pagamento destas rendas é uma obrigação legal, cujo incumprimento por mais de um mês pode ser sancionado com o despejo imediato do arrendatário (14.º/4).

---

[20] RLx 21-jun.-2011 (Pedro Brighton), Proc. 1491/04.

16. **Despejo imediato. α) Generalidades**. Na pendência da ação de despejo, as rendas que se forem vencendo – e não, como se dizia na anterior versão do preceito, as rendas vencidas – devem ser pagas ou depositadas, nos termos gerais (14.º/3). O mesmo vale, como mostra o 14.º/4, para os encargos e as despesas que se tenham vencido na pendência da ação.

A falta de pagamento ou depósito das rendas vencidas por um período igual ou superior a dois meses – prazo que coincide com o estabelecido no 1083.º/3 do CC – permite que o senhorio notifique o arrendatário para, em 10 dias, proceder ao seu pagamento ou depósito, montante a que acresce a importância da indemnização devida (14.º/4). Esta indemnização corresponde a 50% da quantia sobre a qual se verificar a mora do arrendatário (1041.º/1 do CC).

O pagamento ou depósito das rendas e da indemnização pelo arrendatário tem o efeito de impedir que o senhorio possa resolver o contrato de arrendamento e pedir o despejo imediato. É o que se pode inferir do disposto no 1041.º/1 do CC, dado que deste preceito decorre que o senhorio não tem direito à indemnização quando pretenda resolver o contrato com fundamento na falta de pagamento de rendas. Assim, o pagamento ou depósito das rendas e da indemnização bloqueia – potestativamente, pode dizer-se – a resolução do contrato de arrendamento pelo senhorio com fundamento na mora quanto às rendas.

Deste regime também decorre que, se o arrendatário pagar ou depositar as rendas, mas não a indemnização, o senhorio pode requerer o despejo imediato[21]: de outra forma não se compreenderia a exigência do pagamento ou depósito dessa indemnização. A conclusão pode parecer estranha, porque as rendas em dívida foram entretanto pagas, mas, pelo menos em certa medida, está de acordo com os parâmetros gerais: nos termos dos 1041.º/1 e 1084.º/3 do CC, a mora quanto às rendas só se considera purgada com o pagamento ou o depósito das rendas e da indemnização. Em todo o caso, não deixa de ser discutível que o senhorio possa obter o despejo imediato com fundamento na falta de pagamento ou depósito da indemnização, dado que, se pedir a resolução do contrato de arrendamento com base na falta de pagamento de rendas, não tem direito a essa indemnização (*vide* 1041.º/1 do CC). Quer dizer: o que o senhorio não pode pedir em simultâneo com a resolução do contrato de arrendamento – isto é, o pagamento da indemnização pelo arrendatário – é precisamente o que constitui fundamento para o pedido de despejo imediato.

A circunstância de se estabelecer que a notificação do arrendatário pode ocorrer depois de se encontrar vencido mais de um mês de rendas mostra que está na disponibilidade do senhorio requerer, em qualquer altura depois desse momento, o pagamento ou depósito das rendas que se venceram durante a pendência da ação de despejo. É claro que, quanto mais o senhorio deixar acumular as rendas em atraso, maior será a dificuldade de o arrendatário saldar a respetiva importância (eventualmente acrescida da indemnização que seja devida). Mas também é claro que isso não significa que possa ser assacado algum abuso de direito ao senhorio, porque as rendas não pagas são aquelas que deveriam ter sido solvidas pelo arrendatário em cumprimento do contrato de arrendamento.

β) Se o arrendatário não pagar ou depositar as rendas em atraso, o senhorio pode requerer a **notificação** daquele contraente para proceder ao pagamento ou depósito da respetiva quantia, bem como da indemnização devida (14.º/5). Este requerimento dá início a um incidente que é processado nos próprios autos da ação de despejo[22].

---

[21] Diferentemente, RLx 30-nov.-2011 (Maria José Mouro), Proc. 4422/07.

[22] RLx 4-mar.-2004 (Farinha Alves), Proc. 10806/2003.

79   Perante a notificação para o pagamento ou o depósito das rendas em mora e da indemnização, o arrendatário deve juntar aos autos prova desse pagamento ou depósito (14.º/5). No entanto, não se pode entender que a única opção concedida ao arrendatário é demonstrar, até ao termo do prazo para a sua resposta, que procedeu a esse pagamento ou depósito. Este entendimento é incompatível com a proibição da indefesa que está ínsita no processo equitativo exigido pelo 20.º/4 da CRP[23]. Nada pode impedir, por exemplo, que o arrendatário demandado queira discutir a qualidade de senhorio do demandante[24], o dever de pagar as rendas[25] ou mesmo a validade do contrato de arrendamento[26] ou pretenda invocar a mora do senhorio[27].

80   Se o arrendatário não fizer prova do pagamento ou depósito das rendas e da indemnização, nem deduzir nenhuma outra oposição à notificação para proceder a esse pagamento ou depósito, o senhorio pode requerer o despejo imediato (14.º/5). Se o arrendatário deduzir alguma oposição a essa notificação, o senhorio pode contestar os fundamentos da oposição e, na sequência, formular o pedido de despejo imediato.

81   O decretamento do despejo imediato implica a inutilidade superveniente da ação de despejo, quando nesta tenha sido pedido apenas o próprio despejo. A situação é distinta quando o senhorio tenha cumulado outros pedidos, como, por exemplo, o pedido de pagamento das rendas vencidas antes da propositura da ação[28].

82   γ) A **execução** da decisão de despejo imediato segue os termos do procedimento especial de despejo (14.º/5) – e não, portanto, os da execução para entrega de coisa certa –, o que justifica que, nessa decisão, o juiz tenha de se pronunciar, mesmo *ex officio*, sobre a autorização de entrada no domicílio do arrendatário (15.º/7). Perante o dever de o juiz se pronunciar sobre esta autorização, a remissão realizada pelo 14.º/5 para o 15.º-L – que regula a obtenção de autorização judicial para entrada imediata no domicílio – só parece ter efeito útil quanto ao disposto no 15.º-L/3: antes de decretar a autorização, o juiz pode ouvir o arrendatário[29].

83   A decisão que decreta o despejo imediato constitui título para a desocupação do locado segundo o procedimento especial de despejo (15.º-J/1). A aplicação deste regime especial prevalece sobre o regime geral da execução para entrega de coisa certa, pelo que se verifica um erro na forma do processo se o senhorio recorrer a esta ação executiva.

84   A decisão de despejo imediato também constitui título executivo para a execução relativa ao pagamento das rendas que o arrendatário não pagou nem depositou (15.º-J/5). Neste caso aplica-se o regime da execução para pagamento de quantia certa baseada em injunção (15.º-J/5). Esta execução segue a forma sumária [550.º/2, b) do CPC], mas não admite embargos à execução (15.º/6).

85   De acordo com a remissão que é efetuada pelo 14.º/5, a desocupação do locado pode ser suspensa (15.º-M) ou, no caso de se tratar de imóvel arrendado para habitação, pode ser diferida (15.º-N e 15.º-O).

---

[23] TC 673/2005, de 6-dez.-2005 (Mário Torres), DR II, n.º 25, de 3-fev.-2006; *vide* também RGm 24-mai.-2006 (Espinheira Baltar), Proc. 673/06-2; RGm 12-jan-2010 (Figueiredo de Almeida), Proc. 6/07; diferentemente, STJ 2-mai.-2006 (Coelho da Rocha), Proc. 9630364; STJ 28-fev.-2002 (Neves Ribeiro), Proc. 01B1907; STJ 5-dez.-1996 (João Camilo), Proc. 06A2299; RGm 29-nov.-2007 (Antero Veiga), Proc. 2276/07.
[24] RPt 14-fev.-1991 (Fernandes Magalhães), Proc. 0409737; RGm 12-jan-2010 (Figueiredo de Almeida), Proc. 6/07.

[25] RGm 24-mai.-2006 (Espinheira Baltar), Proc. 673/06; RCb 17-out.-2010 (Távora Vítor), Proc. 1552/05; RLx 29-abr.-2008 (Arnaldo Silva), Proc. 6112/2007.
[26] RLx 17-Mai.-2007 (Jorge Leal), Proc. 1657/2007.
[27] STJ 12-mai.-1998 (Ribeiro Coelho), Proc. 98A197.
[28] RPt 15-mar.-1994 (Matos Fernandes), Proc. 9330731.
[29] Assim, Olinda Garcia, *Arrendamento urbano anotado*, 2.ª ed., 192.

δ) **Exclusão**. O despejo imediato só pode ser requerido quando o arrendatário não pague ou 86
não deposite as rendas que se forem vencendo durante a pendência da ação de despejo (14.º/3
a 5). Isto significa que, se a resolução do contrato de arrendamento se fundar na falta de pagamento de rendas (1083.º/1 e 3 do CC) ou nos sucessivos atrasos no seu pagamento (1083.º/4
do CC), na ação de despejo que, nas condições especiais que acima foram referidas, venha a ser
instaurada não é admissível formular nenhum pedido de despejo imediato[30]. De outra forma,
verificar-se-ia a possibilidade de convolar uma ação de despejo num incidente de despejo imediato.

10. **Pedido reconvencional**. Os 1074.º/5 do CC e 29.º/1 permitem a compensação do arren- 87
datário pelas obras licitamente feitas, nos termos aplicáveis às benfeitorias realizadas pelo possuidor de boa fé (*vide* 1273.º do CC). Este direito à compensação pelas benfeitorias pode ser feito
valer na própria ação de despejo através de um pedido reconvencional deduzido pelo arrendatário [*vide* 266.º/2, *b*) do CPC].

11. **Regime dos recursos**. Segundo o disposto no 629.º/3, *a*) do CPC, o recurso para a Rela- 88
ção da decisão proferida na ação de despejo é admissível independentemente do valor da causa
e da sucumbência, exceto se a ação se referir a um arrendamento não permanente ou para fins
especiais transitórios. O recurso interposto para a Relação tem efeito suspensivo [647.º/3, *b*) do
CPC], pelo que não é admissível a execução provisória da decisão condenatória do arrendatário
(*vide* 704.º/1 do CPC).

A admissibilidade do recurso para o Supremo tribunal de Justiça fica dependente, nos ter- 89
mos gerais, da relação do valor da causa com a alçada da Relação e do montante da sucumbência da parte vencida (*vide* 629.º/1 do CPC).

Artigo 14.º-A (Título para pagamento de rendas, encargos ou despesas)

O contrato de arrendamento, quando acompanhado do comprovativo de comunicação ao arrendatário do montante em dívida, é título executivo para a execução para pagamento de quantia certa correspondente às rendas, aos encargos ou às despesas que corram por conta do arrendatário.

Bibliografia: José Dias Ferreira, *Codigo Civil portuguez annotado* III, 2ª ed. (1898), 190-191; Luiz da Cunha Gonçalves, *Tratado* 8 (1934), 636 ss.; Inocêncio Galvão Telles, *Arrendamento* (1946), 6; Pires de Lima/Antunes Varela, *Código civil anotado*, II, 4ª ed. (1997), 344-345; Francisco Manuel Pereira Coelho, *Arrendamento* (1988), 37-38.

Índice

1. Enquadramento geral 1   2. Aspetos do regime 4

1. **Enquadramento geral**. O preceito alarga o que se encontrava estabelecido no 15.º/2, na ver- 1
são da L 6/2006, de 27-fev., que estabelecia que o contrato de arrendamento era título execu-

---

[30] RLx 19-mar.-2009 (Carlos Valverde), Proc. 10706/03;
diferentemente, RLx 25-mai.-2004 (Pimentel Marcos),
Proc. 4503/2003.

tivo para a ação de pagamento de renda quando acompanhado do comprovativo de comunicação ao arrendatário do montante em dívida. Segundo o novo 14.º-A, a possibilidade de formação do título executivo é maior: também constitui título executivo o conjunto formado pelo contrato de arrendamento e pelo comprovativo da comunicação ao arrendatário quando referido a rendas, a encargos e a despesas que corram por conta do arrendatário (sobre o regime dos encargos e despesas, *vide* 1078.º do CC).

2   O preceito apenas admite que comunicação seja realizada ao arrendatário, certamente porque somente esta parte está em condições de controlar a veracidade do seu conteúdo e de deduzir alguma eventual oposição. Por isso, o título executivo só se pode formar contra o próprio arrendatário, o que significa que o mesmo não se estende ao fiador que seja responsável pelo pagamento das rendas em dívida[1].

3   As comunicações previstas no 14.º-A devem observar o regime estabelecido nos 9.º a 12.º. A inobservância de qualquer aspeto deste regime torna a comunicação ineficaz e, portanto, implica que esta seja insuscetível de integrar a base para a constituição do título executivo.

4   **2. Aspetos do regime.** O título executivo constituído pelo contrato de arrendamento e pelo comprovativo da comunicação realizada ao arrendatário permite que o senhorio instaure a respetiva ação executiva para pagamento de quantia certa, sem ter de propor previamente qualquer ação condenatória daquele arrendatário.

5   Sob um ponto de vista dogmático, a propositura de uma ação condenatória do arrendatário, em vez da imediata instauração de uma ação executiva, constitui exemplo da falta de interesse processual, pelo que deveria conduzir à absolvição do réu da instância [*vide* 576.º/2 e 278.º/1, *e*) do CPC]. Outra é, no entanto, a solução do direito português quando o réu não conteste a ação: neste caso, apesar de faltar o interesse processual, a ação pode ser julgada procedente, embora o autor fique responsável pelo pagamento das custas [535.º/1 e 2, *c*) do CPC].

---

[1] RLx 8-nov.-2007 (José Eduardo Sapateiro), Proc. 7685/2007-6; RLx 17-jun.-2010 (Fátima Galante), Proc. 1194/09; diferentemente, RCb 21-abr.-2009 (Sílvia Pires), Proc. 7864/07; RPt 23-jun.-2009 (Cândido Lemos), Proc. 2378/07; RPt 16-mai.-2011 (Rui Mora), Proc. 515/10; RPt 18-out.-2011 (Maria Cecília Agante), Proc. 8436/09.

**Lei n.º 6/2006, de 27 de fevereiro,
na redação dada pela Lei n.º 31/2012,
de 14 de agosto (NRAU)**

Título I – Novo Regime de Arrendamento Urbano
Capítulo II – Disposições gerais
Subsecção II – Procedimento Especial de Despejo

(PED)

Subsecção II – Procedimento especial de despejo

Introdução

Bibliografia: Amâncio Ferreira, *Curso de Processo de Execução*, 6.ª ed. (2004), 443 e 446 e 13.ª ed. (2010), 428-429, 431, 435-438; Cardona Ferreira, *Breves apontamentos acerca de alguns aspectos da acção de despejo urbano*, Est. Galvão Telles III (2003), 593-611; António José Fialho, *Da teoria à prática. Algumas dificuldades na aplicação do novo regime da acção executiva*, SJ 29, out./dez. 2004, 77; Lebre de Freitas, *A acção executiva*, 5.ª ed. (2009) 373-374; Lebre de Freitas/Ribeiro Mendes, *Código de Processo Civil anotado* III (2003), 645; Pinto Furtado, *Manual do Arrendamento Urbano* II, 5.ª ed. (2011), 1123; Maria Olinda Garcia, *A acção executiva para entrega de imóvel arrendado. Segundo a Lei n.º 6/2006, de 27 de* Fevereiro, 2.ª ed. (2008), 11 ss., 19, 44-53, 57-59, 61 ss., 90, *A Nova Disciplina do Arrendamento Urbano. NRAU Anotado*, 2.ª ed. (2006), 100-101, e *Arrendamento Urbano Anotado. Regime Substantivo e Processual (Alterações Introduzidas pela Lei N.º 31 de 2012)* (2012), 33, 55; Laurinda Gemas/Albertina Pedroso/João Caldeira Jorge, *Arrendamento urbano. Novo regime anotado e legislação complementar*, 2.ª ed. (2007), 37, 50-52; Menezes Leitão, *Arrendamento Urbano*, 4.ª ed. (2010), 207-218; Castro Mendes, *Direito Processual Civil* III, 501; Rui Pinto, *O novo regime processual do despejo* (2012), 7-94; Aragão Seia, *Arrendamento Urbano*, 7.ª ed. (2003), 175 ss. e 341; Pais de Sousa, *Extinção do arrendamento urbano. Fundamentos. Meios processuais*, 2.ª ed. (1985), 388 ss. e *Anotações ao Regime do Arrendamento Urbano (R.A.U.)*, 6.ª ed. (2001), 70 ss., 165, 178 ss.; Pais de Sousa/Cardona Ferreira/Jorge Lemos, *Arrendamento Urbano, Notas Práticas* (1995), 202; Teixeira de Sousa, *A acção de despejo*, 2.ª ed. (1995), 10, 87 ss. e *Acção executiva singular*, 1998, 169, 173 e 189.

Índice

I – **A reforma processual do despejo**
1. Aprovação, entrada em vigor e pacote legislativo avulso 1
2. Alterações normativas 3
3. Alteração aos títulos executivos de despejo 4
4. Diferenciação processual 5

II – **O sistema processual do despejo**
A) **Aspetos gerais**
5. Conceito de despejo. A obrigação exequenda   7
6. Exigibilidade da obrigação exequenda. A purga da mora 8

B) **Execução da sentença de despejo**
7. Necessidade de condenação expressa 15
8. Modelo executivo: execução autónoma 17
9. Especialidades; direito aplicável..................... 19
10. Pressupostos processuais 23
11. Procedimento: requerimento executivo 28
12. Segue; controle liminar e citação 30
13. Segue; oposição à execução 32

14. Segue; inovação do direito a direito a benfeitorias 38
15. Segue; incidente de deferimento da desocupação (remissão) 48
16. Segue; apreensão e entrega 49
17. Segue; incidente de suspensão precária da desocupação (remissão) 57
18. Segue; incidente geral de oposição à apreensão 59
19. Segue; embargos de terceiro 61
20. Segue; ação de reivindicação 71
21. Segue; execução sucedânea 72
22. Segue; extinção 74

C) **Execução da certidão para despejo imediato**
23. Título executivo: delimitação e natureza........ 76
24. Procedimento: requerimento de execução..... 79
25. Segue; atos executivos 84

D) **Processo especial de despejo**................. 86

III – **Jurisprudência**... 87

I – A reforma processual do despejo

1. **1. Aprovação, entrada em vigor e pacote legislativo avulso**. O regime jurídico do Procedimento Especial de Despejo (PED) foi aditado à L 6/2006, de 27-fev. (Novo Regime do Arrendamento Urbano = NRAU), pela L 31/2012, de 14-ago., em vigor desde 12-nov.-2012. Trata-se de uma reforma de âmbito *universal, abrangendo todo e qualquer contrato* de arrendamento urbano para fins habitacionais e não habitacionais, tanto os celebrados após 12-nov.-2012, como os contratos que existiam nessa data.

2. Adicionalmente, foi publicado um pacote de legislação complementar, como previsto no 15.°-S/9. A saber: (a) DL 1/2013, de 7-jan. (*Instalação e definição das regras do funcionamento do BNA e do procedimento especial de despejo*); (b) Port 7/2013, de 7-jan. (*Composição do mapa de pessoal do balcão nacional do arrendamento*); (c) Port 9/2013, de 10-jan. (*Regulamenta vários aspetos do procedimento especial de despejo*).

3. **2. Alterações normativas**. No plano adjetivo, a L 31/2012, de 14-ago. veio, entre outros aspetos: (a) modificar o regime das comunicações (*vide* 9.°/7 e 10.°/2 e 5), alguns pontos do 14.° NRAU (*acção de despejo*) e dos 930.°-C e 930.°-D do Código de Processo Civil (CPC) (*execução para entrega de coisa certa imóvel arrendada*); (b) acrescentar um novo 14.°-A (*título para pagamento de rendas, encargos ou despesas*) em substituição do anterior 15.°/2; (c) retirar aos títulos do 15.°/1 a força executiva, passando a servir de base ao PED em sede do novo 15.°/2; (d) criar o referido Procedimento Especial de Despejo nos 15.° a 15.°-S; e) prever um novo Balcão Nacional do Arrendamento com competência para tramitar o Procedimento Especial de Despejo. Por outro lado, o aditamento dos artigos referentes ao Procedimento Especial de Despejo implicou que a Secção III (*Despejo*) do Capítulo II do Título I da L 6/2006, de 27-fev. fosse dividida em Subsecção I com a epígrafe *Ações judiciais*, composta pelos 14.° e 14.°-A, e em Subsecção II com a epígrafe *Procedimento especial de despejo*, composta pelos 15.° a 15.°-T.

4. **3. Alteração aos títulos executivos de despejo**. Antes da reforma de 2012, constituíam título para a execução para entrega do locado a *sentença de despejo*, conforme o 14.°/1, a *certidão judicial* emitida no termo do incidente do despejo imediato previsto no 14.°/4 e 5 e os *documentos privados* produzidos ao abrigo do 15.°/1. A partir de 12-nov.-2012, com a criação do PED e a perda de valor executivo imediato dos documentos do anterior 15.°/1 NRAU = 15.°/2 NRAU/2012 passaram a ser duas as fontes de títulos executivos: a acção de despejo, incluindo o seu incidente de despejo imediato, e o Procedimento Especial de Despejo. Assim, os títulos executivos de despejo passaram a ser os seguintes, arrumados por categorias: a) como títulos judiciais, a *sentença de despejo* (*vide* 14.°/1) e a *decisão judicial para desocupação do locado*, nos termos dos 15.°-I/10 e 15.°-J/1; b) como títulos judiciais impróprios a *certidão judicial* para despejo imediato (*vide* 14.°/5) e o *requerimento de despejo convertido em título para desocupação do locado*, conforme o 15.°-E/1.

5. **4. Diferenciação processual**. No direito do NRAU todos os títulos executivos para despejo eram executados na *execução para entrega de coisa certa*, prevista e regulada nos 928.° ss. do CPC. No direito do NRAU/2012 tem lugar uma especialização procedimental da execução do despejo, pois abrem-se diferentes vias, assentes, novamente, no dualismo ação de despejo/procedimento especial de despejo.

6. Assim, se o título executivo for algum dos produzidos em sede de fase injuntória (*requerimento de despejo convertido em título para desocupação do locado*) ou declarativa (*decisão judicial para desocupação do locado*) do procedimento especial de despejo, a respetiva execução é objecto da fase executiva deste último, nos termos dos 15.°-J a 15.°-Q. Também se o título for a *certidão negativa de pagamento ou depósito*, em sede de despejo imediato, passa a ser objecto da mesma fase executiva do PED, com adaptações, nos termos dos 15.°-J, 15.°-L, 15.°-M, 15.°-N e 15.°-O do

NRAU/2012. Apenas residualmente, se o título executivo for a *sentença de despejo* deve ser seguida a execução para entrega de coisa certa, prevista e regulada nos 859.° ss. do nCPC.

II – O sistema processual do despejo
A) Aspetos gerais
5. Conceito de despejo. A obrigação exequenda. O despejo pode ser definido como o complexo de actos de apreensão e entrega de coisa imóvel arrendada, em realização coativa da obrigação de restituição do locado, por termo do contrato. Tal decorre do enunciado no 1081.°/1, em linha com o 1038.°, *i*), ambos do CC: "A cessação do contrato torna imediatamente exigível, salvo se outro for o momento legalmente fixado ou acordado pelas partes, a desocupação do local e a sua entrega, com as reparações que incumbam ao arrendatário".

6. Exigibilidade da obrigação exequenda. A purga da mora. Em princípio, a obrigação de restituição do locado chega à execução como certa, líquida e exigível.

Contudo, em caso de cessação do arrendamento por resolução (*vide* 1083.° ss. do CC) a desocupação do locado é exigível apenas "no final do 3.° mês seguinte à resolução", segundo o 1087.° do CC anterior, ou "após o decurso de um mês a contar da resolução", para o 1087.° do CC reformado, se outro prazo não for judicialmente fixado ou acordado pelas partes.

No NRAU pretérito discutia-se se no despejo fundado em mora no pagamento da renda, encargos ou despesas *superior a três meses* (*vide* 1083.°/3 e 1084.°/3 do CC; *vide* ainda o 1048.°/1, primeira parte, residual perante os anteriores artigos), o senhorio estaria obrigado a esperar, antes da execução, pelo termo dos três meses que o 1083.°/2 dava ao inquilino para *purgar* a mora. Esta purga consiste em a resolução ficar sem efeito se o inquilino, nos termos dos 1048.°/1, *in fine*, e 1084.°/3, ambos do CC, pagar as *rendas devidas* e a *indemnização referida* no 1041.°/1 do CC, *i.e.*, 50% do valor das rendas. A ser assim, somente depois da espera do termo dos três meses que é que o senhorio poderia instaurar a execução para entrega de coisa certa.

A questão, permanece, com alterações, em sede de Código Civil reformado pela L 31/2012, de 14-ago., nos casos previstos no 1083.°/3 do CC (já não no caso previsto no respetivo número 4, onde *in fine* se exclui expressamente a faculdade da purga da mora): ocorrendo mora *igual ou superior a dois meses* para constituição de direito à resolução, dispõe o inquilino de *um mês*, ao abrigo do 1084.°/3, para purgar a mora, contado desde a comunicação de resolução.

Parece-nos que a resposta adequada é a de que o direito à resolução por falta de pagamento rendas *constitui-se* pelo decurso dos dois meses de mora; *i.e.*, esse decurso temporal constitui, juntamente com a própria mora, pressuposto do direito à resolução; antes disso o senhorio não tem esse direito. Constituído o direito potestativo, o senhorio poderá, depois, *exercê-lo* pela comunicação prevista no 1084.°/1 do CC = 1084.°/2 do CC, depois da L 31/2012. Feita a comunicação, *operou-se a resolução* pelo senhorio e fica o inquilino está obrigado à restituição do locado. Portanto, não é na "mora (...) que se baseia o título dado à execução"[1], mas sim no direito à restituição do locado. O senhorio poderá, querendo, *iniciar a execução*, com base no 15.°/1, *e*) do NRAU = 15.°/2, *e*) do NRAU/2012, mas o inquilino tem a faculdade de pagar ou depositar os valores para *purgar a mora*. Se o fizer a resolução fica retroativamente sem efeito.

Por conseguinte, a resolução prevista no 1083.°/3 do CC opera sob condição resolutiva, não sendo rigoroso falar em *caducidade* do direito à resolução[2], pois ele já foi exercido

---

[1] RLx 2-nov.-2010 (Ana Resende), Proc. 23239/08.   [2] Assim, RLx 2-nov.-2010 cit..

14   Deste modo, o expurgo da mora pelo inquilino constitui uma excepção peremptória extintiva[3] pois reporta-se aos efeitos de um direito material (à resolução), não consubstanciando uma excepção dilatória inominada em sede de acção de despejo (contra, qualificando-a como excepção dilatória inominada de conhecimento oficiosamente pelo tribunal, RPt 31-jan.-2008, CJ XXXIII/1, 185).

B) Execução da sentença de despejo

15   **7. Necessidade de condenação expressa.** No direito pretérito do 55.°/2 do RAU a função da acção de despejo tanto podia ser *constitutiva*, quando por ela se viesse a por termo ao contrato, como poderia ser somente *condenatória* no cumprimento da obrigação de entrega do locado [*vide* 1038.°, *i*) do CC], com fundamento em *prévia* cessação do arrendamento por interpelação (55.°/2 do RAU) .

     Actualmente, o pedido de uma acção de despejo admitido pelo 14.°/1 é *constitutivo extintivo* ("*fazer cessar a situação jurídica do arrendamento*") pelo que será *conveniente* o senhorio pedir também a *condenação* na desocupação do local e, ainda, a sua entrega com as reparações que incumbem ao arrendatário (*vide* 1081.°/1 do CC). Obterá, assim, título executivo nos termos do 703.°/1, *a*), do nCPC.

16   Se o senhorio deduzir *apenas* um pedido de extinção do contrato não virá a obter um titulo suficiente para o despejo. Pois, não deve entender-se que basta um único pedido constitutivo para que o juiz possa condenar no cumprimento da obrigação de restituição do imóvel ou que, mesmo na ausência dessa condenação, se possa instaurar uma execução de mandado de despejo (*mandato de despejo implícito*). Qualquer entendimento nesse sentido redundaria numa violação do princípio dispositivo já que, recorde-se, o objecto delimitado pelo autor da acção de despejo é tão só e apenas "*fazer cessar a situação jurídica do arrendamento*" (14.°/1 do NRAU/2012). Ao mesmo tempo, postergar-se-ia o princípio do contraditório pois imputar-se-ia à decisão final um efeito em relação ao qual o réu não tivera oportunidade de se defender.

17   **8. Modelo executivo: execução autónoma.** No direito pretérito à Lei 6/2006 a acção de despejo tinha natureza mista declarativa-executiva[4], correspondente a duas fases: uma fase declarativa de conhecimento do direito do senhorio à resolução e de condenação na desocupação; uma fase executiva da desocupação. Esta que seria uma "simples continuação do mesmo processo" (Cardona Ferreira)[5], constituindo formalmente um incidente *enxertado*[6] à primeira, tendo por título a sentença condenatória e correndo sem citação prévia do inquilino[7], nos próprios autos[8], após emissão de mandado de despejo pelo juiz, de acordo com o 59.°/1 do RAU = 985.° ss. do CPC/61

18   Com o NRAU passou-se deste modelo sincrético para um modelo de compartimentação processual em que após o trânsito em julgado da sentença se tem de iniciar nova acção autónoma, agora executiva. Essa ação é a comum *execução para entrega de coisa certa*, prevista e regulada nos 859.° ss. do nCPC.

19   **9. Especialidades; direito aplicável.** No entanto, o 862.° do nCPC manda aplicar à "execução para entrega de coisa imóvel arrendada" as *especialidades* constantes dos 863.° a 866.° do nCPC. Deste modo, a sentença de despejo acaba por correr numa execução especial, vulgarizada sob a sigla EPECIA, correspondente àquela designação operada no 862.°[9] do nCPC.

---

[3] STJ 13-mai.-2003 (Moreira Camilo), Proc. 02A4707.
[4] RLx de 20-out.-2005 (Fernanda Isabel Pereira), Proc. 9095/2005-6.
[5] *Breves apontamentos* cit., 596,
[6] RPt 30-set.-2004 (Mário Fernandes), Proc. 0434118.
[7] RPt 11-dez.-2006 (Pinto Ferreira), Proc. 0656016.
[8] RPt 19-fev.-2004 (Caimoto Jácome), Proc. 0450539.
[9] Maria Olinda Garcia, *A acção*, 2.ª ed. cit., 11 ss.

Trata-se de especialidades que supõem uma prévia existência de uma relação arrendatícia, pelo que se pode dizer que o âmbito da EPECIA coincide com o âmbito da ação de despejo.

Por essa razão, os 863.º a 866.º do nCPC não se aplicam a qualquer outra execução para entrega de coisa imóvel em que não se imponha forçadamente o direito à restituição por termo do arrendamento – *maxime*, uma condenação por nulidade do contrato de arrendamento ou por procedência de uma reivindicação sobre terceiro. Nesses casos a execução do título executivo corre também, nos termos dos 859.º ss. do nCPC, mas *sem aquelas sobreditas especialidades*. É que se o arrendamento for declarado nulo não somente *não se está perante coisa imóvel "arrendada"*, como se lê no 930.º-A do CPC, como ainda, e mais importante, *não há razões substantivas* para a especial tutela do arrendatário constantes dos referidos 863.º a 866.º do nCPC. Por maioria de razão, muito menos esse regime se poderá aplicar se *nunca chegou sequer a existir uma aparência de contrato*, como pode suceder nos fundamentos que conduzem a uma acção de reivindicação.

Apesar de conhecer as especialidades constantes dos 863.º a 866.º do nCPC, a EPECIA segue a tramitação comum da execução para entrega de coisa certa (*fase introdutória, apreensão e entrega, extinção*) dos 859.º ss, do nCPC, com potencial uso subsidiário dos 703.º ss., 85.º ss., 342.º ss., 712 ss do nCPC, por força da normas remissoras do 551.º do nCPC.

10. Pressupostos processuais. Os pressupostos processuais da EPECIA não conhecem regras próprias. Importa, apenas fazer notar como essa regras operam nessa execução.

Assim, o tribunal territorialmente *competente* para a execução será, nos termos do 90.º/1 do CPC, o tribunal do lugar em que a causa foi julgada, correndo a execução por apenso, salvo se houver juízos de execução.

A *legitimidade* é aferida nos termos do 53.º do nCPC, donde resulta que *apenas senhorio e arrendatário* podem ser exequente e executado. *Ex.*: a aquisição por arrematação da posição de inquilino na pendência de acção de despejo contra o primeiro arrendatário coloca aquele na situação jurídica deste último, o qual deve promover a sua habilitação[10].

O *patrocínio judiciário* será obrigatório ou não consoante o valor da execução, nos termos do 58.º do nCPC.

Finalmente, passou com o 710.º do nCPC a ser possível cumular a execução do despejo com a execução da condenação no pagamento de rendas, ao contrário do que antes impedia o 53.º/1, *b*), do CPC = 709.º/1, *b*) do CPC.

11. Procedimento: requerimento executivo. O *requerimento executivo* deve obedecer, no que for aplicável, ao disposto no 724.º do nCPC . Nos termos do 144.º do nCPC o requerimento executivo deve ser enviado pelo sistema informático CITIUS, regulado pela Port n.º 280/2013, de 26 de Agosto, salvo **se trate de causa que não importe a constituição de mandatário, e a parte não esteja patrocinada**. A data de apresentação do requerimento dependerá da via utilizada, conforme se conclui da leitura das várias alínea do 144.º/7 do nCPC. Sendo a via electrónica, vale como data do requerimento a da respectiva expedição, conforme o respetivo n.º 1.

A data de apresentação do requerimento dependerá da via utilizada, conforme se conclui da leitura das várias alínea do 150.º/2 do CPC. Sendo a via electrónica, vale como data do requerimento a da respectiva expedição.

12. Segue; controle liminar e citação. No novo Código de Processo Civil, a sentença de despejo é executada com *despacho liminar* mas sem *citação prévia*, por força dos n.ºˢ 1 e 3 do 626.º do nCPC. Na verdade, só **"feita a entrega, o executado é notificado para deduzir oposição,**

---

[10] STJ 19-mar.-1992 (Miguel Montenegro), Proc. 081853.

seguindo-se, com as necessárias adaptações, o disposto nos artigos 860.° e seguintes". Esta solução é a mais coerente, no plano histórico: idêntica despensa de citação prévia existia tanto na execução do mandado de despejo do 59.° do RAU[11], como na execução para entrega de coisa certa fundada em sentença em sede de 925.° do CPC anterior à reforma processual de 2003, aplicável por força do 928.°/2 do CPC. No entanto, não era a **que tinha** mais apoio em sede geral de execução para entrega de coisa certa, pugnando Lebre de Freitas e Ribeiro Mendes pela única via da citação prévia aos actos de apreensão e entrega[12], o que também parecia ser o entendimento de Maria Olinda Garcia e Menezes Leitão[13].

31 13. **Segue; oposição à execução**. No pretérito regime da execução do mandado de despejo (*vide* 59.° ss. do RAU) não se previa a possibilidade de embargos de executado[14], não sendo aplicável a regra subsidiária do 929.°/1 do CPC[15]. Mesmo para fundamentos supervenientes, o recurso de agravo seria a via processualmente adequada[16].

32 Atualmente, a lei permite que o inquilino possa *deduzir oposição à execução* em 20 dias após a citação, a qual tem lugar depois da entrega do locado, nos termos *comuns* dos 728.°/1 e 626.° n.° 3 do nCPC e demais regime respetivo.

33 Os *efeitos do recebimento* da oposição à execução resultarão da regra subsidiária do 733.° do CPC, com as devidas adaptaçõe[17].

34 No NRAU anterior à L 31/2012, de 14-ago., havia ainda uma especialidade na execução de título executivo extrajudicial do 15.°/1 do NRAU: mandava o 930.°-B/1, *a*), do CPC, que fosse *suspensa* a execução, uma vez recebida. Mas a solução foi naturalmente revogada pelo 13.°, *b*), da mesma L 31/2012, de 14-ago., em resultado da extinção daqueles títulos.

35 Quanto aos *fundamentos*, estabelece o 859.° do nCPC que o **"executado pode deduzir oposição à execução pelos motivos especificados nos artigos 729.° a 731.°, na parte aplicável, e com fundamento em benfeitorias a que tenha direito"**. É essencial ter em conta o título executivo: *in casu*, sendo a *sentença de despejo*, são os fundamentos constantes do 729.° do nCPC.

36 Por outro lado, nos termos gerais do regime da oposição à execução é *o inquilino que tem o ónus de alegar e provar os factos impeditivos ou extintivos* do direito que o exequente se arroga.

37 A *procedência da oposição* à execução determinará a extinção desta, nos termos do 732.° n.° 4 do nCPC. No despejo sem citação prévia ficarão sem efeito os actos executivos e será o inquilino restituído no gozo do locado [*vide* 839.°/1, *a*), do nCPC].

38 14. **Segue; inovação do direito a direito a benfeitorias**. A oposição à EPECIA pode ainda apresentar um outro fundamento que está apenas previsto no 860.°/1, *in fine*, do nCPC: a compensação por "benfeitorias a que tenha direito", consideradas à face da lei do tempo da celebração do arrendamento[18]. Trata-se de fundamento assaz relevante tendo em linha de conta os 1074.°/3 do CC e 29.°/2 do NRAU (direito a compensação por obras ou despesas urgentes

---

[11] Assim, RLx 29-fev.-1996 (Santos Bernardino), Proc. 0009362.
[12] *CPC Anotado* III cit., 645.
[13] Respetivamente, *A acção* cit., 80 e *Arrendamento*, 4.ª ed. cit., 212.
[14] Nesse sentido, RLx 14-jan.-1976 (Alves Branco), Proc. 0016875, STJ 2-mar.-1989 (Baltazar Coelho), Proc. 077217, RLx 29-fev.-1996 (Santos Bernardino), Proc. 0009362, STJ 13-out.-1998 (Torres Paulo), Proc. 98A931, STJ 27-abr.-1999 (Lopes Pinto), Proc. 99A266 e REv 19-abr.-2007 (Acácio Neves), Proc. 2028/06-3.

[15] RLx 26-jun.-1995 (Quinta Gomes), Proc. 0095051 e RLx 11-mai.-1999 (Barros Caldeira), Proc. 0009061. Contra, Teixeira de Sousa, *Acção* cit., 87 e 91 e Amâncio Ferreira, *Curso*, 6.ª ed. cit., 443; ainda, RLx 16-nov.-1999, CJ XXIV/5, 91.
[16] RLx 14-jan.-1976 (Alves Branco), Proc. 0016875.
[17] RPt 25-set.-2008 (Pinto de Almeida), Proc. 0834141.
[18] RPt 29-mai.-1979 (Senra Malgueiro), Proc. 0013646.

feitas ao abrigo do 1036.º do CC ou obras feitas licitamente) e os 1074.º/5 do CC e 29.º/1 do NRAU (direito às benfeitorias por obras feitas de boa fé). *Ex.:* dada à execução para entrega de coisa certa a sentença que condenou o réu a pagar ao autor, a título de indemnização por benfeitorias realizadas num prédio e contra a entrega deste, determinada quantia, acrescida da que se liquidar em execução, relativa à plantação de árvores efectuada, é lícito ao executado opor-se por embargos, para ser reembolsado do valor das benfeitorias, quer estas confiram o direito de retenção, quer não[19].

Ora, determina o 860.º/3 do nCPC que esta "oposição com fundamento em benfeitorias não é admitida, quando, baseando-se a execução em sentença condenatória, o executado não haja oportunamente feito valer o seu direito a elas". Isto significa que após a L 31/2012, de 14-ago. na EPECIA deixou de ser admissível, *em regra* a alegação deste direito nesta sede executiva. Porquê? Porque o título executivo apenas pode, justamente, ser a sentença de despejo pelo que aquele direito deveria ter sido feito valer a título de reconvenção ou a título de excepção no respetivo processo declarativo [*vide* 274.º/2, al. b) e 493.º/1 e 3, ambos do CPC]. Não tendo o inquilino feito uso destas vias processuais, não o pode fazer no momento de execução da sentença de despejo. *Ex.:* é de indeferir liminarmente o requerimento de embargos de executado fundados no direito de retenção daquele imóvel enquanto não forem pagas benfeitorias cuja existência e valor só naqueles embargos são apontados pela primeira vez[20].

Apenas assim não sucederá se o direito às benfeitorias se tiver constituído *depois* do encerramento da audiência de discussão e julgamento da causa [*vide* 729.º, h), do nCPC], o que pode ser raro.

Ainda assim, os pressupostos e efeitos processuais desta alegação processual de direito a benfeitorias colocam algumas dúvidas.

A lei não distingue as benfeitorias alegáveis: "benfeitorias a que tenha direito", continua a ler-se, como em 1961, no 860.º/1, *in fine*. Assim sendo, parece ser de aceitar que podem ser opostas *quaisquer benfeitorias* como facto constitutivo de um contracrédito, como decorre do direito civil[21]. O que varia, porém, é o *objecto* do contracrédito – a entrega do valor das benfeitorias ou o seu levantamento – e os *efeitos* processuais. Se, decorre *a contrario* do 861.º/2 don CPC que a invocação do direito a benfeitorias suspende *sempre*[22] a marcha da execução salvo se exequente prestar caução, todavia nem sempre esta prestação é admissível.

Assim se o executado *invocar o direito ao valor*, o seu objectivo será obter a condenação do exequente no pagamento?

No passado Castro Mendes[23] via aqui um *pedido* de *reconvenção* em acção executiva, próxima daqueloutra do 266.º/2, b), do nCPC. Tal como aí, o executado não poderia visar, *prima facie*, evitar em *definitivo* a entrega da coisa, nem a sua suspensão enquanto o exequente não lhe pagasse

---

[19] STJ 26-mai.-1993 (José Magalhães), Proc. 083706.
[20] RPt 2-abr.-1998 (Norberto Brandão), Proc. 9830348.
[21] Diversamente, Amâncio Ferreira, *Curso*, 13.ª ed. cit., 431: apenas o possuidor de boa fé pode invocar o direito a benfeitorias, porquanto apenas ele goza de direito de retenção; já não o possuidor de má fé, que deverá usar acção autónoma para pedir o respetivo valor.
[22] Assim, Teixeira de Sousa, *Acção executiva* cit., 173 e 189. Diversamente, para Lebre de Freitas/Ribeiro Mendes, *CPC anotado* III cit., 648 a invocação das benfeitorias não teria efeito suspensivo automático ainda que *o executado tivesse direito de retenção* sobre o imóvel, o que é a regra em face do 754.º do CC, pois deve ser protegido o interesse do exequente, exigindo-se caução ao executado: vale, por isso, a regra geral do 733.º/1, sendo necessário prestar caução para se obter tal suspensão. No entanto, se não for prestada caução pelo executado, para Lebre de Freitas/Ribeiro Mendes, *ob. e loc. cits.*, valeria ainda uma regra semelhante à do 733.º/4, *a contrario*: o exequente não poderia obter a satisfação do seu direito, pelo que a marcha do processo não se suspende mas a coisa é apreendida mas só entregue no termo da oposição à execução que seja, naturalmente, improcedente.
[23] *DPC* III cit., 501.

as benfeitorias, mas, sim, a *condenação* no pagamento do valor destas[24]. E assim, poderia o executado deduzir contra o exequente execução para pagamento de quantia certa, por *apenso* à própria execução para entrega de coisa certa[25].

45   Em visão diversa, poder-se-ia defender que o executado pretenderia é que o contracrédito fosse declarado funcionando, no dizer de Teixeira de Sousa, como um *facto modificativo* do pedido de entrega: não se procede à entrega da coisa *sem* o pagamento das benfeitorias[26]. *Ex.:* sendo ordenada a entrega judicial de imóvel a quem, em processo de inventário, sobre o mesmo tinha o direito ao usufruto, e no qual haviam sido efectuadas benfeitorias devidamente autorizadas, gozam os autores destas do direito de retenção sobre aquele imóvel devendo suspender-se a execução até ao reembolso da importância correspondente ao valor das benfeitorias, salvo se o exequente a depositar ou caucionar[27]. Portanto, a sua invocação configuraria uma *excepção peremptória*, que cessaria com o pagamento da indemnização por benfeitorias e que nunca poderia ser executada acessoriamente à execução para entrega de coisa certa[28], visto que será apreciada sem valor de julgado (*vide* 91.º/2 do nCPC). Por isso, acrescenta Amâncio Ferreira que terá o executado de colocar uma acção *autónoma* para obter a condenação do exequente naquele valor[29].

46   Com o devido respeito, a retenção da entrega não é o principal objectivo desta oposição: se assim fosse quando o exequente prestasse caução para a evitar, ao abrigo do 861.º/2 do nCPC, teria de ser imediatamente levantada a oposição. Ora, assim não sucede: caucionado o valor a execução pode prosseguir e a coisa, entretanto, entregue ao exequente. Manifestamente, o objectivo é *impor ao exequente que solva o crédito por benfeitorias,* ainda que isso não obste ao sucesso imediato da execução deste. Seguimos, por isso, a posição de Castro Mendes: o executado *pede* uma quantia, como, aliás, decorre da própria letra do 861.º/2, do nCPC. Daí a conclusão do Supremo[30] de que a "petição de embargos de executado contra execução para entrega de coisa certa, com base em benfeitorias não levantáveis e direito de retenção, deve inserir pedido de pagamento do respectivo valor".

47   Já se o executado *invocar o direito ao levantamento das obras,* o exequente não tem valor para caucionar, pelo que não pode evitar a suspensão do prosseguimento da execução. O executado pretenderá que o seu direito será *reconhecido* na oposição à execução em ordem a levantar as benfeitorias, caso ainda o não tenha logrado na pendência da suspensão.

48   **15. Segue; incidente de deferimento da desocupação (remissão).** No *prazo de oposição à execução (i.e.,* em 20 dias após a citação, conforme o 813.º/1 do CPC) o inquilino pode requerer que seja diferida a desocupação do local arrendado para fim habitacional, nos termos do 930.º-C do CPC, por *razões sociais imperiosas.* A sua conjugação com o n.º 3 do 626.º (que consagra a regra da apreensão prévia) revela-se difícil. Os seus fundamentos e regime serão abordados mais adiante em sede de anotação ao 15.º-N dada a identidade da letra e da função dos preceitos.

49   **16. Segue; apreensão e entrega.** A sujeição do despejo ao regime geral da execução significou, entre outras coisas, a clara passagem para o agente de execução da competência para proceder ao despejo.

---

[24] Daí a conclusão de STJ 14-dez.-1994 (Cardona Ferreira), Proc. 086013, de que a "petição de embargos de executado contra execução para entrega de coisa certa, com base em benfeitorias não levantáveis e direito de retenção, deve inserir pedido de pagamento do respectivo valor".
[25] Castro Mendes, *DPC* III cit., 501.
[26] *Acção executiva* cit., 169.
[27] RPt 8-fev.-1994 (Metello de Nápoles), Proc. 9340776.
[28] Lebre de Freiras, *A acção executiva,* 5.ª ed. cit., 373-374 e Amâncio Ferreira, *Curso,* 13.ª ed. cit., 431
[29] Amâncio Ferreira, *Curso,* 13.ª ed. cit., 431.
[30] STJ 14-dez.-1994 (Cardona Ferreira), Proc. 086013.

Por força das regras da subsidiariedade da execução para pagamento de quantia certa ante a execução para entrega de coisa certa, a apreensão sujeita-se, naquilo que for aplicável, às regras da realização da penhora de coisas imóveis, como se determina no 861.º/1 do nCPC.

Assim, terá de ser lavrado *auto de despejo* e do mesmo despejo terão de *ser notificados* o arrendatário e o senhorio. As horas desse ato e o eventual recurso às autoridades policiais estão regulados no 757.º do nCPC.

Por outro lado, quando "quando seja oposta alguma resistência, o agente de execução pode solicitar directamente o auxílio das autoridades policiais" (840.º/2 do CPC) e pode ainda deduzir um requerimento fundamentado ao juiz solicitando o "auxílio das autoridades policiais nos casos em que as portas estejam fechadas ou haja receio justificado de oposição de resistência arrombando-se aquelas, se necessário, e lavrando-se auto da ocorrência." (840.º/3 do CPC).

O despejo deve efectuar-se "entre as 7 e as 21 horas, devendo o agente de execução entregar cópia do auto de [despejo] a quem tiver a disponibilidade do lugar em que a diligência se realiza, o qual pode assistir à diligência e fazer-se acompanhar ou substituir por pessoa da sua confiança que, sem delonga, se apresente no local" (840.º/4 do CPC).

A entrega do imóvel será feita nos termos estabelecidos no 861.º/3 do CPC: por investidura do "exequente na posse, entregando-lhe [o agente de execução] os documentos e as chaves, se os houver" e notificando depois o executado.

Os bens móveis *não levantados* pelo arrendatário devem ser depositados, como sucede com os bens móveis não sujeitos a registo que sejam penhorados, ou devem ser colocados na rua ou, ainda, guardados pelo senhorio?

Uma resposta é a de que eles ficam à guarda do agente de execução, a título de depositário (*vide* 756.º/1 do nCPC), que os removerá nos termos do 764.º do nCPC[31]. Só que, em boa verdade, não há título contra o executado que legitime a apreensão, ainda que em custódia, desses bens. A melhor solução é a preconizada por Menezes Leitão[32]: identificação dos bens no auto do despejo e sua devolução ao inquilino pelo senhorio, que poderá usar da consignação em depósito em caso de impossibilidade ou recusa do arrendatário. No entanto, se correr simultaneamente uma acção executiva para pagamento de renda ou indemnização, esse recheio da casa pode ser objecto de penhora.

17. Segue; incidente de suspensão precária da desocupação (remissão). Os atos executivos do despejo podem ser suspensos pelo próprio agente de execução, após oposição ao ato por inquilino ou de terceiro[33], nos termos do 863.º/2 e 3, do nCPC. O executor não pode suspender o despejo sem a oposição do interessado.

Os seus fundamentos e regime serão abordados mais adiante em sede de anotação ao 15.º--M dada a identidade da letra e da função dos preceitos.

18. Segue; incidente geral de oposição à apreensão. No direito do RAU estava assente que o executado só poderá suscitar oposição ao despejo nas situações previstas nos 60.º e 61.º do RAU[34]. Actualmente deve admitir-se que, quer a integração do despejo no quadro maior da execução para entrega de coisa certa, quer a garantia de direito de defesa implicam que o inqui-

---

[31] Neste sentido, Maria Olinda Garcia, *A acção*, 2.ª ed. cit., 95
[32] *Arrendamento*, 4.ª ed. cit., 218.
[33] Apenas neste sentido, se pode dizer que o "desencadeamento do incidente de suspensão da execução do mandado de despejo não depende de requerimento [*i.e.*, de ato foral] do detentor do prédio despejando mas da constatação" [RLx 7-jul.-1993 (Guilherme Igreja), Proc. 0066371]. Na verdade, o executor não pode suspender o despejo sem a oposição do interessado.
[34] REv 19-abr.-2007 (Acácio Neves), Proc. 2028/06-3.

lino deve ter um meio para opor à apreensão ilegal, incluindo de coisas móveis encontradas no locado. *Ex.*: se o executado quiser impedir que no despejo de um lugar de garagem, seja também desocupado outro lugar de garagem que detém mesmo ao lado daquele, deverá deduzir oposição à apreensão.

60 Esse meio será moldado pela tramitação da oposição à penhora (*vide* 785.º do nCPC), não pelos seus fundamentos.

61 **19. Segue; embargos de terceiro.** Enquanto os atos de despejo não se tiverem consumado[35], terceiros à causa executiva, poderão embargar, nos termos do 342.º ss. do nCPC[36] mesmo a título preventivo (*vide* 350.º do nCPC), com fundamento na titularidade de *direito* ou *posse* incompatível, desde que constituído antes do facto causal da resolução. *Ex.*: o terceiro não pode ser abrangido pela autoridade do caso julgado formado na acção de despejo, se o direito ao arrendamento não lhe foi transmitido pelo réu contra quem foi proposta a acção de despejo, podendo, por isso, deduzir embargos de terceiro[37].

62 Os embargos de terceiro estão vedados ao mero detentor. *Ex.*: um filho do arrendatário e de sua mulher, ainda que viva no arrendado, nenhum direito real tem sobre ele, não sendo sequer seu possuidor em nome alheio; não lhe é, portanto, lícito deduzir embargos de terceiro ou despejo do locado[38].

63 Mas já permitirão tutela ao terceiro que invoque direito fundado em título de arrendamento, subarrendamento ou cessão da posição contratual[39], para o cessionário. Recorde-se que o incidente de suspensão precária da desocupação do 930.º-B/2, *b*) do CPC não exclui o acesso a um meio de tutela apto a produzir caso julgado material – o que a suspensão precária não dá – além de que o terceiro pode nem sequer ter título para apresentar em sede do 863.º-B/2, *b*) do nCPC. O caso julgado resolutório da sentença de despejo não se estende aos transmissários *autorizados* pelo senhorio como decorreria do 581.º/2 do nCPC e por isso, apresentam um direito oponível por embargos de terceiro[40]. *Ex.*: o sublocatário se não tiver documento comprovativo ter sido notificada ao senhorio a sublocação ou de este a ter autorizado ou o ter reconhecido como sublocatário não poder pedir a suspensão, mas pode recorrer aos embargos de terceiro[41].

64 Mais genericamente pode surgir um terceiro que invoque um direito real de gozo legítimo do prédio, *maxime* a propriedade. *Ex.*: o adquirente por arrematação em hasta pública do direito ao trespasse e arrendamento de um estabelecimento comercial cujas chaves lhe foram entregues pode embargar de terceiro[42].

65 No passado discutiu-se, ainda, se o cônjuge do arrendatário não demandado na acção de despejo, poderia, na respectiva execução, deduzir embargos de terceiro. Alguma jurisprudência e doutrina respondiam afirmativamente, invocando, sobretudo em tempos mais recentes, uma "especial protecção da casa de morada de família na linha do direito constitucional à habitação – 65 da CRP – e à protecção da família"[43]. No plano da legitimidade, em face da tutela que o 34.º/3 do nCPC *in fine* dá à casa de morada de família, admitir-se que o cônjuge possa embargar de terceiro constituía uma "integração de uma lacuna da lei, exigida pelo espírito, coerência

---

[35] RLx 2-fev.-1994 (Pais do Amaral), Proc. 0072751.
[36] STJ 22-nov.-1988 (Soares Tomé), Proc. 076700, e STJ 2-fev.-1993 (Martins da Fonseca), Proc. 083403.
[37] STJ 9-jun.-1992 (Santos Monteiro), Proc. 082202.
[38] STJ 17-fev.-1994 (Faria de Sousa), Proc. 084996.
[39] RLx 8-nov.-1990 (António Abranches Martins, Proc. 0024332.
[40] *Vide* RPt 8-mar.-1990 (Augusto Alves), Proc. 0123651.
[41] RLx 29-nov.-1990 (Ribeiro Coelho), Proc. 0014566.
[42] RPt 15-abr.-1991 (Miranda Gusmão), Proc. 9150033.
[43] RLx 13-nov.-1981 (Garcia da Fonseca), Proc. 0009406, STJ 24-jan.-1985 (Lima Cluny), Proc. 072230, STJ 28-jan.-1997 (Torres Paulo), Proc. 96A737, STJ 17-jun.-1997 (César Marques), 96A864, RLx 2-jul.-1998 (Dário Raínho), Proc. 0008332, RPt 3-dez.-2001 (Fonseca Ramos), Proc. 0151709 e STJ 27-abr.-2004 (Azevedo Ramos), Proc. 04A992. *Vide* Pais de Sousa/Cardona Ferreira/Jorge Lemos, *Arrendamento Urbano* cit., 202.

e unidade do sistema jurídico, por não fazer sentido que este, depois de impor o dever de demandar ambos os cônjuges, vede uma reacção posterior do cônjuge não demandado contra a violação desse dever"[44].

Todavia, outros negavam esse direito ao cônjuge já que a apreensão afectava apenas um direito próprio do arrendatário e não um direito comum dos cônjuges, pois "o artigo 1682.º-B do Código Civil não investe o cônjuge do arrendatário na titularidade do direito ao arrendamento", não derivando posse para o cônjuge[45]. 66

Actualmente, no quadro do reformado 1068.º do CC o direito ao arrendamento comunica-se ao cônjuge do inquilino, nos termos gerais e de acordo com o regime de bens em vigor. Por isso, o cônjuge[46] já pode embargar de terceiro sempre que o direito ao arrendamento seja um bem comum nos termos admitidos pelo regime matrimonial de comunhão geral (vide 1732.º do CC) ou de comunhão de adquiridos (vide 1721.º do CC). 67

O valor processual dos embargos de terceiro deduzidos pelo pretenso locatário contra o locador é o da respectiva acção de despejo (vide 298.º/1 do nCPC)[47]. 68

Dada a sua natureza incidental e materialmente especial, é duvidoso que, pese embora o reenvio para as normas procedimentais comuns (vide 348.º/1 do nCPC) possa o terceiro deduzir pedir reconvencional, ao abrigo do 266.º do nCPC. *Ex.*: o terceiro não pode cumular os embargos com o pedido de condenação do senhorio a pagar-lhe uma indemnização por alegadas benfeitorias[48]. 69

O despacho que decrete o recebimento dos embargos, determinará a suspensão dos termos do processo de despejo, nos termos gerais do 347.º do CPC[49]. 70

20. Segue; ação de reivindicação. Terceiros com direitos reais de gozo ofendidos pela apreensão e entrega do imóvel podem, nos termos comuns, instaurar uma acção de reivindicação, conforme o 1311.º do CC. Na verdade, esse será o único meio processual que restará ao terceiro que queira reagir já depois dos atos de despejo tiverem sido integralmente executados. 71

21. Segue; execução sucedânea. Declara o 867.º/1 do nCPC que quando "não seja encontrada a coisa que o exequente devia receber, este pode, no mesmo processo, fazer liquidar o seu valor e o prejuízo resultante da falta da entrega". Dir-se-ia que tal preceito seria inaplicável à execução para despejo, mas não é correcto um tal entendimento. É que por força do 1043.º/1 do CC o "locatário é obrigado a manter e restituir a coisa no estado em que a recebeu, ressalvadas as deteriorações inerentes a uma prudente utilização, em conformidade com os fins do contrato". Deste modo ele está, obviamente, obrigado a não retirar as coisas móveis que integrem o equipamento do imóvel, nem coisas acessórias do imóvel e, muito menos, partes componentes. *Ex.*: mobiliário, armários, candeeiros, electrodomésticos, janelas, interruptores. 72

Por isso, se essas coisas estiverem desaparecidas no momento da apreensão do imóvel pode o senhorio fazer liquidar o valor e o prejuízo respectivos, para depois se seguir a sucessiva execução para pagamento desses valores (vide 867.º/1 do nCPC)[50]. 73

---

[44] STJ 27-abr.-2004 (Azevedo Ramos), Proc. 04A992.
[45] RPt 17-mai.-1979 (Oliveira Domingues), Proc. 0013871e RPt 18-mar.-1980 (Joaquim Gonçalves), Proc. 0215318; identicamente, STJ 29-jun.-1989 (Baltazar Coelho), Proc. 077460, RLx 20-dez.-1990 (Pires Salpico), Proc. 0021806, STJ 2-fev.-1993 (Eduardo Martins), Proc. 083026, RLx 14-dez.-1993 (Joaquim Dias), Proc. 0077281, RLx 14-mar.-1995 (Lopes Bento), Proc. 0088871, RPt 13--jun.-1996 (Cesário de Matos), Proc. 9630115 e RPt 6--abr.-2000 (Oliveira Barros), Proc. 0030361.

[46] E o mesmo se diga quanto ao sujeito que beneficie do estatuto legal de unido de facto: RLx 14-jul.-1987 (Eliseu Figueira), Proc. 0024775.
[47] STJ 8-jul.-1997 (Martins da Costa), Proc. 96A923.
[48] RLx 11-out.-1990 (Carvalho Pinheiro), Proc. 0036112.
[49] RLx 28-fev.-1991 (Duarte Soares), Proc. 0027386.
[50] Neste sentido, Maria Olinda Garcia, *A acção*, 2..ª ed. cit., 19 defende que "em certas hipóteses, não sendo encontrado equipamentos do imóvel, possa haver conversão parcial".

74   **22. Segue; extinção.** Entregue o locado, a causa normal de extinção da execução do despejo será a liquidação do valor de custas e honorários pelo inquilino, conforme o 849.º/1, *b*) do nCPC.
75   Essa extinção será notificada pelo agente de execução às partes.

C) Execução da certidão para despejo imediato

76   **23. Título executivo: delimitação e natureza.** Da natureza e formação da certidão de despejo imediato como título executivo, escreveu-se na anotação ao 14.º. É esta *certidão negativa do facto do não pagamento dos valores em dívida* que constitui o título executivo para a desocupação do locado. Porém, a certidão não serve de título executivo para pagamento forçado às rendas em mora e à indemnização devidas.

77   Qual é a natureza deste título executivo? Supomos que se deve distinguir, conforme o modo como foi expresso o direito de defesa. *Se o inquilino apenas não se opôs à notificação para pagamento* a mera emissão da certidão negativa não pode constituir (ou, pelo menos, *ser equiparada* a uma) sentença declarativa, pois o respetivo procedimento não ofereceu nem as garantias processuais plenas, nem a qualidade de caso julgado material. O que se está é perante um *título de natureza injuntória* ou *título judicial impróprio*[51]: tal como na injunção a formação do título assenta num cumprimento processual negativo, qual a seja, a falta de prova do pagamento ou depósito dos montantes em mora.

78   *Se houve oposição* ao abrigo do 293.º/2 do nCPC (o que é controvertido na doutrina e jurisprudência), o juiz proferirá despacho judicial fundamentado. Neste caso, se a oposição não for procedente, a formação do título assenta num reconhecimento judicial da falta de pagamento dos montantes em mora, mas sem valor de caso material, o que não é suficiente para ser *equiparado* a uma decisão judicial, salvo quanto aos efeitos de preclusão e à força executiva. Também aqui constitui um *título judicial impróprio, embora formado de modo não injuntório*.

79   **24. Procedimento: requerimento de execução.** O senhorio deve requerer a emissão da certidão perante a *secretaria judicial*, sem a qual não pode avançar para a execução.

80   Nesta execução devemos distinguir dois momentos processuais: o *requerimento* de execução de despejo imediato e a *execução* do despejo imediato, propriamente dita; ambos em sede de procedimento especial de despejo, mas devidamente adaptado.

81   O primeiro momento destina-se a dar *impulso processual executivo*, cumprindo o princípio dispositivo: o senhorio *requer a execução imediata* do seu direito à entrega do locado, ao abrigo do 14.º/5 primeira parte, porque para tal já dispõe de título executivo. Portanto, ao contrário do PED comum que comporta uma fase injuntória para produção de título executivo, nesta variante o procedimento assenta já na existência de um prévio título executivo. O requerimento deve ir estar acompanhado da *certidão dos autos relativa* aos factos da notificação e do não pagamento de rendas, encargos ou despesas por período igual ou superior de 2 meses, previamente obtida.

82   A competência para decidir do requerimento executivo é a do juiz da execução especial, dos 15.º ss. (ver anotação ao artigo seguinte). Isso decorre da remissão para o 15.º/7 pelo 14.º/5.

83   No mesmo despacho o juiz irá pronunciar-se sobre a autorização de entrada no domicílio, nos termos do 15.º/7 segunda parte.

84   **25. Segue; atos executivos.** Deferido o requerimento, iniciam-se os *actos executivos* próprios da fase executiva do PED. Desse regime o 14.º/5, segunda parte, dita, como se viu, serem aplicáveis os seguintes artigos: *15.º-J* e 15.º L reguladores dos actos executivos: diligências de desocupação

---

[51] Identicamente, Maria Olinda Garcia, *A acção*, 2.ª ed. cit., 44.

do locado, de pagamento das rendas em atraso e de autorização judicial para entrada imediata no domicílio; *15.º-M* e *15.º-N* e *15.º-O* relativos à defesa contra os actos executivos: suspensão da desocupação do locado, diferimento da desocupação de imóvel arrendado para habitação e termos do diferimento da desocupação.

Por conseguinte, porque o título executivo já está formado, *não há lugar a nova* oposição *do* 85 *inquilino*, nomeadamente à impugnação do título para desocupação do locado prevista no 15.º--P (ver a respetiva anotação). Tal é muito diverso do pretérito regime do NRAU que ao sujeitar a execução do despejo imediato às regras gerais dos 859.º ss. do nCPC, admitia oposição do inquilino em sede de 860.º do CPC.

D) **Processo especial de despejo**. A L 31/2012, de 14-ago. veio criar um *processo especial sin-* 86 *crético*, *i.e.*, declarativo e executivo, nos 15.º a 15.º-S do NRAU/2012. A execução da pretensão de despejo faz-se após a conversão do *requerimento de despejo em título para desocupação do locado*, conforme o 15.º-E/1 do NRAU/2012 ou após o proferimento de *decisão judicial para desocupação do locado*, nos termos dos 15.º-I/10 e 15.º-J/1 do NRAU/2012. É esse o objeto principal da nossa anotação.

III – **Jurisprudência**: STJ 14-jul.-1967 (Torres Paulo), Proc. 061915; RLx 14-jan.-1976 87 (Alves Branco), Proc. 0016875; RPt 17-mai.-1979 (Oliveira Domingues), Proc. 0013871; RPt 29-mai.-1979 (Senra Malgueiro), Proc. 0013646; RLx 12-jun.-1979 (Farinha Ribeiras), Proc. 0008381; RPt 18-mar.-1980 (Joaquim Gonçalves), Proc. 0215318; STJ 24-jan.-1985 (Lima Cluny), Proc. 072230; RLx 14-jul.-1987 (Eliseu Figueira), Proc. 0024775; STJ 22--nov.-1988 (Soares Tomé), Proc. 076700; STJ 2-mar.-1989 (Baltazar Coelho), Proc. 077217; RPt 8-mar.-1990 (Augusto Alves), Proc. 0123651; STJ 29-jun.-1989 (Baltazar Coelho), Proc. 077460; RLx 11-out.-1990 (Carvalho Pinheiro), Proc. 0036112; RLx 8-nov.-1990 (António Abranches Martins), Proc. 0024332; RLx 29-nov.-1990 (Ribeiro Coelho), Proc. 0014866; RLx 20-dez.-1990 (Pires Salpico), Proc. 0021806; RLx 20-dez.-1990 (Almeida Valadas), Proc. 0021156; RLx 28-fev.-1991 (Duarte Soares), Proc. 0027386; RPt 15-abr.-1991 (Miranda Gusmão), Proc. 9150033; STJ 20-fev.-1992 (Tato Marinho), Proc. 080608; STJ 19-mar.-1992 (Miguel Montenegro), Proc. 081853; STJ 9-jun.-1992 (Santos Monteiro), Proc. 082202; STJ 2-fev.-1993 (Eduardo Martins), Proc. 083026; STJ 2-fev.-1993 (Martins da Fonseca), Proc. 083403; RLx 7-jul.-1993 (Guilherme Igreja), Proc. 0066371; RLx 14--dez.-1993 (Joaquim Dias), Proc. 0077281; RLx 2-fev.-1994 (Pais do Amaral), Proc. 0072751; RPt 8-fev.-1994 (Cardoso Lopes), Proc. 9320929; STJ 17-fev.-1994 (Faria de Sousa), Proc. 084996; RLx 14-mar.-1995 (Lopes Bento), Proc. 0088871; RLx 26-jun.-1995 (Quinta Gomes), Proc. 0095051; RLx 29-fev.-1996 (Santos Bernardino), 0009362; RPt 13-jun.-1996 (Cesário de Matos), Proc. 9630115; STJ 28-jan.-1997 (Torres Paulo), Proc. 96A737; STJ 8--mai.-1997 (Costa Soares), Proc. 96B295; RPt 12-jun.-1997 (Coelho da Rocha), Proc. 9730485; STJ 17-jun.-1997 (César Marques), Proc. 96A864; STJ 8-jul.-1997 (Martins da Costa), Proc. 96A923; RLx 2-jul.-1998 (Dário Raínho), Proc. 0008332; STJ 13-out.-1998 (Torres Paulo), Proc. 98A931; STJ 27-abr.-1999 (Lopes Pinto), Proc. 99A266; RLx 11-mai.--1999 (Barros Caldeira), Proc. 0009061; RPt 6-abr.-2000 (Oliveira Barros), Proc. 0030361; RPt 13-jul.-2000 (Moreira Alves), Proc. 0030558; RPt 3-dez.-2001 (Fonseca Ramos), Proc. 0151709; RPt 25-fev.-2002 (Fernandes do Vale), Proc. 0151859; STJ 13-mai.-2003 (Moreira Camilo), Proc. 02A4707; STJ 19-fev.-2004 (Silva Salazar), Proc. 04A127; STJ 27-abr.-2004 (Azevedo Ramos), Proc. 04A992; REv 28-jun.-2005 (Bernardo Domingos), Proc. 1090/05--3; RPt 10-out.-2006 (Henrique Araújo), Proc. 0623816; REv 19-abr.-2007 (Acácio Neves),

Proc. 2028/06-3; RLx 12-jun.-2008 (Granja da Fonseca), Proc. 4457/2008-6; RPt 25-set.--2008 (Pinto de Almeida), Proc. 0834141; RLx 14-out.-2008 (Rui Vouga), Proc. 3870/2008--1; RPt 27-nov.-2008 (José Ferraz), Proc. 0836256; RLx14-mai.-2009 (Maria José Mouro), Proc. 8639/08; RLx 20-mai.-2010 (José Eduardo Sapateiro), Proc. 52/08; RLx 17-jun.-2010 (Fátima Galante), Proc. 1194/09; RLx 2-nov.-2010 (Ana Resende), Proc. 23239/08; STJ 17-fev.-2011 (Sérgio Poças), Proc. 522/08; RLx 16-fev.-2012 (Gerónimo Freitas), Proc. 4067/11.

Artigo 15.º (Procedimento especial de despejo)

1. O procedimento especial de despejo é um meio processual que se destina a efetivar a cessação do arrendamento, independentemente do fim a que este se destina, quando o arrendatário não desocupe o locado na data prevista na lei ou na data fixada por convenção entre as partes.

2. Apenas podem servir de base ao procedimento especial de despejo independentemente do fim a que se destina o arrendamento:

   a) Em caso de revogação, o contrato de arrendamento, acompanhado do acordo previsto no n.º 2 do artigo 1082.º do Código Civil;
   b) Em caso de caducidade pelo decurso do prazo, não sendo o contrato renovável o contrato escrito do qual conste a fixação desse prazo;
   c) Em caso de cessação por oposição à renovação, o contrato de arrendamento acompanhado do comprovativo da comunicação prevista no n.º 1 do artigo 1097.º ou no n.º 1 do artigo 1098.º do Código Civil;
   d) Em caso de denúncia por comunicação pelo senhorio, o contrato de arrendamento, acompanhado do comprovativo da comunicação prevista na alínea c) do artigo 1101.º ou no n.º 1 do artigo 1103.º do Código Civil;
   e) Em caso de resolução por comunicação, o contrato de arrendamento, acompanhado do comprovativo da comunicação prevista no n.º 2 do artigo 1084.º do Código Civil, bem como, quando aplicável, do comprovativo, emitido pela autoridade competente, da oposição à realização da obra;
   f) Em caso de denúncia pelo arrendatário, nos termos dos n.ºs 3 e 4 do artigo 1098.º do Código Civil e dos artigos 34.º e 53.º da presente lei, o comprovativo da comunicação da iniciativa do senhorio e o documento de resposta do arrendatário.

3. Para efeitos do disposto na alínea d) do número anterior, o comprovativo da comunicação prevista no n.º 1 do artigo 1103.º do Código Civil é acompanhado dos documentos referidos no n.º 2 do mesmo artigo ou, sendo caso disso, de cópia da certidão a que se refere o n.º 7 do artigo 8.º do Decreto-Lei n.º 157/2006, de 8 de agosto, que aprova o regime jurídico das obras em prédios arrendados.

4. O procedimento especial de despejo previsto na presente subsecção apenas pode ser utilizado relativamente a contratos de arrendamento cujo imposto do selo tenha sido liquidado.

Artigo 15.º PED (Procedimento Especial de Despejo)

5. Quando haja lugar a procedimento especial de despejo, o pedido de pagamento de rendas, encargos ou despesas que corram por conta do arrendatário pode ser deduzido cumulativamente com o pedido de despejo no âmbito do referido procedimento desde que tenha sido comunicado ao arrendatário o montante em dívida, salvo se previamente tiver sido intentada ação executiva para os efeitos previstos no artigo anterior.

6. No caso de desistência do pedido de pagamento de rendas, encargos ou despesas, o procedimento especial de despejo segue os demais trâmites legalmente previstos quanto ao pedido de desocupação do locado.

7. Sempre que os autos sejam distribuídos, o juiz deve pronunciar-se sobre todas as questões suscitadas e, independentemente de ter sido requerida, sobre a autorização de entrada no domicílio.

8. As rendas que se forem vencendo na pendência do procedimento especial de despejo devem ser pagas ou depositadas, nos termos gerais.

Bibliografia: Laurinda Gemas e outros, *Arrendamento*, 2.ª ed. (2007), 33; Rui Pinto, *O novo regime processual do despejo* (2012), 97-111.

Índice

I – Objeto
1. Pedido de despejo 1
2. Cumulação com pedido de pagamento de rendas 2
3. Distinção do artigo 14.º-A 7
4. A posição do fiador 11

II – Os documentos privados do artigo 15.º/2 do NRAU
5. Função 15
6. Arrumação 19

III – Repartição de competências
7. Balcão Nacional do Arrendamento 21
8. Executor: quem pode ser; designação 22
9. Segue; substituição 27
10. Juiz: competência 32
11. Segue; natureza urgente dos atos; comunicação das decisões finais 36

IV – O procedimento
12. Estrutura 38
13. Caráter eletrónico 41
14. Atos. Remissão 47

V – Jurisprudência 48

I – Objeto

1. **Pedido de despejo.** O número 1 define o PED como "meio processual que se destina a *efetivar a cessação do arrendamento*, independentemente do fim a que este se destina, quando o arrendatário não desocupe o locado na data prevista na lei ou na data fixada por convenção entre as partes". A *efetivação da cessação do arrendamento* corresponde ao pedido de despejo do locado, como está afirmado no número 5, ou seja, ao pedido *de realização de actos de apreensão e entrega de coisa imóvel arrendada, em realização coativa da obrigação de restituição do locado*, por termo do contrato.

2. **Cumulação com pedido de pagamento de rendas.** O número 5, confirmado pelo 15.º-B/2, g), permite que "o pedido de pagamento de *rendas, encargos ou despesas* que corram por conta do arrendatário pode ser deduzido *cumulativamente* com o pedido de despejo no âmbito do referido procedimento desde que tenha sido comunicado ao arrendatário o montante em dívida".

Na verdade, "as rendas que se forem vencendo na pendência do procedimento especial de despejo devem ser pagas ou depositadas, nos termos gerais" segundo o 15.º/8 do NRAU/2012.

3   A *contrario*, não há procedimento especial de despejo apenas para se pedir de pagamento de *rendas, encargos ou despesas*. Trata-se de uma pretensão *acessória* que apenas se admite quando deduzida *cumulativamente* e que apenas é procedente de modo prejudicial; *i.e.*, apenas se obtem título para pagamento de rendas se se obtiver título para desocupação do locado.

4   Por isso, determina o número 6 que no caso de desistência do pedido de pagamento de rendas, encargos ou despesas, o procedimento especial de despejo segue, aindaa assim, os demais trâmites legalmente previstos quanto ao pedido de desocupação do locado.

5   O pedido de pagamento de rendas, encargos ou despesa deve ser também deduzido contra ambos cônjuges tratando-se de arrendamento de casa de morada de família, dita o 7.º do DL 1/2013, de 7-jan.. Isto é: pretende formar-se título contra marido e mulher, em litisconsórcio necessário.

6   No plano das formalidade a cumprir, aquele mesmo número 5 (e, bem assim, o 5.º/2 do DL 1/2013, de 7-jan.) exige que tenha havido *prévia comunicação ao arrendatário do montante em dívida*, o que deve ser comprovado. A sua falta determina a recusa de recebimento do requerimento e não apenas da parte relativa ao pedido de pagamento das rendas, *ex vi* 5.º/2 do DL 1/2013, de 7-jan..

7   **3. Distinção do artigo 14.º-A.** Não se pode confundir esta possibilidade de cumulação com o disposto no 14.º-A do NRAU/2012, correspondente ao anterior 15.º/2 do NRAU.

8   Este permite a formação privada de um título executivo para a subsequente execução para pagamento de quantia certa nos termos gerais do Código de Processo Civil, abrangendo rendas, encargos ou as despesas que corram por conta do arrendatário. Essa *execução* pode pode ser cumulada com uma execução para entrega de coisa imóvel arrendada baseada em sentença de despejo do 710,º do nCPC.

9   Ora, se o senhorio não puder, por facto que não lhe é imputável, formar o título do 14.º--A do NRAU/2012 tanto poderá instaurar *ação autónoma de condenação na dívida*, como pedir *a condenação na acção de despejo* (pode colocar-se ação de despejo contra inquilino e fiador, pedido o despejo e a condenação no pagamento das rendas[1]), como, precisamente, em sede de Procedimento Especial de Despejo, deduzir, em *cumulação* com o pedido de desocupação do locado, um pedido de pagamento da renda e demais valores, ao abrigo do número 5 do artigo em anotação.

10 Todavia, se já estiver pendente execução para para pagamento de quantia certa, ao abrigo do 14.º-A, não se pode repetir, em sede de PED, esse pedido executivo.

11 **4. A posição do fiador**. Pode ser convencionada uma fiança em garantia pessoal do crédito de rendas [*vide* 1038.º, *a*) do CC], respondendo após o esgotamento dos bens do inquilino, nos termos do 638.º/1 do CC. Todavia, se renunciar contratualmente a esse benefício da excussão prévia ou se tiver assumido a obrigação de principal pagador [*vide* 640.º, *a*) do CC], posiciona-se como co-devedor solidário da integralidade da dívida (*vide* 634.º do CC)[2]. A posição do fiador releva, por conseguinte, para a questão das rendas, ou seja das *dívidas* de qual ele está constituído como garante pessoal.

12 Ora, pergunta-se se este pedido de pagamento de rendas em sede de PED poderá ser deduzido contra o fiador.

---

[1] RLx 31-mar.-2009 (Ana Resende), Proc. 2150/08.

[2] Nesse sentido, RLx 15-fev.-2007 (Vaz Gomes), Proc. 10385/2006-2.

Em sede de 15.º/2 do NRAU = 14.º-A do NRAU/2012, tem-se colocado a mesma questão, visto este não fazer referência literal ao fiador: alude-se a "comunicação ao *arrendatário*". Quanto a este último, alguns Autores defendem que o fiador pode ser notificado e contra ele formado título executivo no termos do preceito[3]. Trata-se de entendimento que tem contra si a natureza restritiva das normas que prevêem categorias de títulos executivos, limitadora de uma interpretação não literal, mas a favor a vantagem de evitar uma acção de condenação ao senhorio (*vide* a jurisprudência que dispensa mesmo a notificação ao fiador, por entender que "não resulta do n.º 2 do artigo 15.º do NRAU que lhe devesse ser comunicado o montante em dívida, nem se torna necessário que seja interpelada para o seu pagamento"[4]. No entanto, temos dúvidas da bondade deste último entendimento, pois não é curial com o 10.º/5 do nCPC, nem com o 53.º/1 do nCPC que a execução ao abrigo do 14.º-A do NRAU/2012 seja dirigida contra quem não consta do título executivo. Este é, note-se, de "feição complexa, integrado por dois elementos corpóreos"[5], não se reduzindo apenas ao contrato de arrendamento. Aliás, a não alteração pela L 31/2012, de 14-ago., da expressão "comunicação ao *arrendatário*" confirma uma vontade legislativa de não abranger outrem no âmbito subjectivo do título. Devemos, pois, entender que, para efeitos desse 14.º-A, "arrendatário" não abrange a pessoa que garante as dívidas do arrendatário.

Ora, também para efeitos de PED o 7.º do DL 1/2013, de 7-jan., vem dispor que o pedido de pagamento de rendas, encargos ou despesas em atraso "só pode ser deduzido contra os arrendatários". A obtenção de título passará por condenação judicial do fiador.

II – Os documentos privados do artigo 15.º/2 do NRAU

5. Função. O NRAU no seu 15.º/1 admitia que o senhorio pudesse instaurar a EPECIA com base em títulos *extrajudiciais*[6] privados, nele arrolados. A partir de 12-nov.-2012, os documentos e comunicações privados enunciados no 15.º/1 do NRAU passaram a conter-se no 15.º/2 mas *perderam,* o valor de títulos executivos autónomos e imediatos.

Desde então, passam a "servir de base" ao requerimento de instauração do PED, conforme se lê no número 2 do artigo em anotação e devem, obrigatoriamente, acompanhá-lo, nos termos do 15.º-B/2, *e*), segunda parte. A sua falta é causa de recusa de recebimento do requerimento, conforme o 15.º-C/1, *b*), segunda parte.

A exigência desta base documental cria a aparência de direito do senhorio suficiente para intentar o procedimento especial. Se ela não existisse bem poderia o senhorio (ainda que putativo) intentar o procedimento especial, abusando do direito de ação. É essa aparência de titularidade do direito cumprida pelos documentos do 15.º/2 que permite que o inquilino seja notificado para desocupar *voluntariamente* o locado ainda sem título executivo, *i.e.*, documento que *certifique judicialmente* a existência da pretensão exequenda.

Portanto, os documentos do 15.º/1 do NRAU = 15.º/2 do NRAU/2012 delimitam *o objeto deste despejo* ao cumprirem um valor de *justificação* pelo senhorio dos fundamentos do pedido de despejo[7].

---

[3] Assim, Laurinda Gemas e outros, *Arrendamento*, 2.ª ed. cit., 33, "Apesar de o preceito em anotação (15.º/2) apenas referir a comunicação ao arrendatário entendemos, por maioria de razão, que a execução também poderá ser instaurada contra o fiador, desde que o senhorio proceda à necessária comunicação".

[4] RLx 12-dez.-2008 (Tomé Gomes), Proc. 10790/2008-7.

[5] RLx 12-dez.-2008 cit. nota anterior.

[6] RPt 8-fev.-2011 (Maria Cecília Agante), Proc. 1703/09.0.

[7] Esta aparência não cumpre, pois, uma função *probatória*. Isto porque a eventual prova apenas será necessária para a

19 6. **Arrumação.** Esse leque de documentos foi recebido, com alterações e pode arrumar-se do seguinte modo: (a) *contrato de arrendamento* – não o recibo de pagamento da renda[8] – acompanhado de: (*i*) acordo previsto no número 2 do 1082.º do CC, em caso de *cessação* [15.º/1, *a*) do NRAU = 15.º/2, *a*)], (*ii*) comprovativo da comunicação prevista no 1097.º do do CC (= "no n.º 1 do artigo 1097.º ou no n.º 1 do artigo 1098.º do Código Civil" na versão do NRAU/2012), em caso de cessação por *oposição à renovação* [15.º/1, *c*) do NRAU = 15.º/2, *c*)], (*iii*) comprovativos das comunicações previstas no 1101.º, *c*) do CC e no 1104.º do CC (= "no no n.º 1 do artigo 1103.º do Código Civil" na versão do NRAU/2012), em caso de *denúncia por comunicação* [15.º/1, *d*) do NRAU = 15.º/2, *d*)], acrescentando-se no número 3 que "para efeitos do disposto na alínea *d*) do número anterior, o comprovativo da comunicação prevista no n.º 1 do artigo 1103.º do Código Civil é acompanhado dos documentos referidos no n.º 2 do mesmo artigo ou, sendo caso disso, de cópia da certidão a que se refere o n.º 7 do artigo 8.º do Decreto-Lei n.º 157/2006, de 8 de agosto, que aprova o regime jurídico das obras em prédios arrendados", (*iv*) comprovativo da comunicação prevista no 1084.º/1 do CC[9] (= "n.º 2 do artigo 1084.º do Código Civil" na versão do NRAU/2012) bem como, quando aplicável, o comprovativo, emitido pela autoridade competente, da oposição à realização da obra, em caso de *resolução por comunicação* [15.º/1, *e*) do NRAU = 15.º/2, *e*); *vide* 9.º/7][10]; (b) *contrato escrito donde conste a fixação do prazo*, em caso de *caducidade pelo decurso do prazo*, não sendo o contrato renovável [15.º/1, *b*) do NRAU = 15.º/2, *b*)]; (c) *comprovativo da comunicação da iniciativa do senhorio* e o *documento de resposta do arrendatário* em caso de *denúncia pelo arrendatário*, nos termos do 37.º/5 ou do 43.º /5 (= "nos termos dos n.ᵒˢ 3 e 4 do artigo 1098.º do Código Civil e dos 34.º e 53.º da presente lei", na versão do NRAU/2012) [15.º/1, *f*) do NRAU = 15.º/2, *f*)].

20 Enquanto o título do 15.º/1, *b*) do NRAU = 15.º/1, *b*) é *simples*, cada um dos documentos do 15.º/1, *a*), *c*), *d*) e *e*) do NRAU = 15.º/2, *a*), *c*) *d*) e *e*), é "*complexo* [porquanto] é composto por dois elementos"[11]; *por ex.*, no caso do 15.º/1, e) do NRAU = artigo 15.º/2, e), é composto por contrato de arrendamento e comprovativo da notificação. Por isso, "faltando um deles, não terá a natureza de título", concluía, bem, o mesmo RLx 6-abr.-2010 em sede de direito pretérito.

III – Repartição de competências

21 7. **Balcão Nacional do Arrendamento.** No plano orgânico, repartem competências neste procedimento o Balcão Nacional do Arrendamento, o executor e o juiz. Sobre o primeiro veja-se a anotação ao 15.º-A.

---

instrução após a convolação do procedimento em fase contenciosa. Aí terá de ser apresentada prova em audiência (15.º-I/4 e 6), que poderá ser aqueles documentos ou outros. Pelo contrário, na falta de oposição do inquilino nem sequer se processegue para a instrução.

[8] "Integra o conceito de " contrato de arrendamento ", para efeito de título executivo a que alude a redacção do 15°/2 do NRAU (mas também do respetivo número 1, por unidade conceptual) o documento escrito relativo ao acordo de vontades para arrendamento celebrado entre senhorio e arrendatário, não equivalendo a tal a exibição da cópia de recibo de renda" [RGm 6-nov.-2008 (António Sobrinho), Proc. 2116/08-2].

[9] Quanto à resolução nos termos gerais dos 1083°/1 e 1047° CC a lei permitirá ao senhorio optar por utilizar a acção de despejo ou por utilizar a via da comunicação, nos termos dos 9°/1 e 7, devendo entender-se que o respectivo comprovativo cabe na teleologia do 15°/1, *e*), do NRAU = 15°/2, *e*), quando alude a "resolução por comunicação".

[10] "Decretada a resolução extrajudicial desse contrato, por notificação avulsa do subarrendatário, nos termos do 1083°/3, do CC, o documento em que o mesmo foi exarado, em conjugação com a referida notificação, constitui título executivo para obter a entrega judicial da fracção, nos termos do 15°/1, *e*), do NRAU" [RLx 15-abr.-2008 (Abrantes Geraldes), Proc. 2115/2008-7.

[11] RLx 6-abr.-2010 (Rosário Gonçalves), Proc. 19815/09.

8. Executor: quem pode ser; designação. Os atos executivos de desocupação e entrega do locado são da competência de um *executor*. O executor pode ser um agente de execução ou um notário que tenham manifestado essa vontade junto da Câmara dos Solicitadores ou da Ordem dos Notários, respetivamente, e que cumpram os requisitos de localização geográfica do 22.°/2 da Port 9/2013, de 10-jan., conforme o 15.°-J/1 e o 19.° do DL 1/2013, de 7-jan..

O executor deve ser designado pelo senhorio no requerimento para despejo [*vide* 15.°-B/2, *j*), do NRAU/2012] ou este deve solicitar que a designação seja realizada de modo automático pelo BNA, nos termos dos 12.°, 24.°/3 e 5 e 25.° da Port 9/2013, de 10-jan.. A mesma designação pelo BNA terá lugar se a designação efetuada pelo requerente não for válida, nomeadamente em virtude de impossibilidade superveniente do executor designado.

A designação é efetuada pelo BNA no momento prévio à disponibilização ao executor do título ou da decisão judicial para desocupação do locado, por meios eletrónicos, de acordo com as regras previstas no 24.° da Port 9/2013, de 10-jan., e notificada ao requerente nos termos do 22.°/6.° do mesmo diploma.

O executor também pode ser oficial de justiça, na falta daqueles ou sempre que a lei lhe atribua essa competência (*vide* 15.°.-J/1 e 19.° do DL 1/2013, de 7-jan.).

Se também for pedida execução para pagamento das rendas, encargos ou despesas em atraso terá o senhorio de designar um executor no requerimento de despejo, nos termos do 15.°-B, *j*) e *k*) e do 13.°/1 do DL 1/2013, de 7-jan. e dos 23.°, 24.° e 25.° da Port 9/2013, de 10-jan.. Se foi designado agente de execução para proceder à desocupação do locado, fica também designado para proceder à execução para pagamento das rendas, encargos ou despesas; se foi designado notário para proceder à desocupação do locado, deve ser designado agente de execução para proceder à execução para pagamento das rendas, encargos ou despesas.

9. Segue; substituição. Nos termos do 26.° da Port 9/2013, de 10-jan., o executor pode ser *substituído pelo requerente*, até à efetivação do despejo, devendo expor o motivo da substituição. A substituição pelo requerente deve ser apresentada pelo meio previsto no 11.°, em especial o seu número 1, *f*), da Port 9/2013, de 10-jan., e produz efeitos na data da comunicação ao executor. O executor é notificado da substituição promovida pelo requerente através do sistema informático de suporte à atividade respetiva, de agente de execução ou de notário. A substituição implica necessariamente a designação de agente de execução ou de notário substituto, de entre os constantes na lista prevista no 25.° e nos termos do 22.°, ambos da Port 9/2013, de 10-jan., o qual será notificado através do sistema informático de suporte à atividade respetiva.

O executor pode ser pode, ainda, ser *substituído pela Câmara dos Solicitadores ou a Ordem dos Notários*, consoante o caso, sempre que estas tiverem conhecimento da morte, da incapacidade definitiva ou da cessação das funções do agente de execução ou do notário (*vide* 27.°/1 da Port 9/2013, de 10-jan.). Tal é feito mediante notificação ao requerente, preferencialmente por via eletrónica, e comunicada ao BNA, por via eletrónica.

Também os *órgãos com poderes disciplinares* sobre os agentes de execução e notários, podem aplicar pena de suspensão por período superior a 10 dias, de destituição ou de expulsão ao agente de execução ou ao notário, do que deverão notificar o requerente, preferencialmente por via eletrónica, e comunicar ao BNA (27.°/2 da Port 9/2013, de 10-jan.).

Tratando-se de destituição do agente de execução ou notário, pelo respetivo órgão com competência disciplinar, com fundamento em atuação processual dolosa ou negligente ou em violação grave de dever que lhe seja imposto, efetua-se de acordo com o previsto no 7.° da Port 2/2012, de 2-jan., com as necessárias adaptações (*vide* 27.°/5 da Port 9/2012, de 10-jan.).

31   Se o requerente não proceder à designação no prazo de 20 dias a contar da receção da notificação pelo BNA, a designação do executor substituto é efetuada pelo BNA nos termos do 24.º da Port 9/2013, de 10-jan.), o qual será notificado através do sistema informático de suporte à atividade respetiva.

32   10. **Juiz: competência.** Os autos são apresentados à distribuição para juiz sempre que *se suscite questão sujeita a decisão judicial*, conforme o 15.º-H/4 e o 11.º/4 da Port 9/2013, de 10-jan.. Sempre que os autos sejam distribuídos, o juiz deve pronunciar-se sobre todas as questões suscitadas e, independentemente de ter sido requerida, sobre a autorização de entrada no domicílio (ver anotação ao 15.º-L).

33   Em especial, é da competência do juiz: conhecer do processo, em fase contenciosa, após sua convolação por dedução de oposição do executado ao requerimento de despejo (*vide* 15.º-H/1); autorizar a entrada imediata no domicílio (*vide* 15.º-L); decretar a suspensão da desocupação do locado (*vide* 15.º-M); despachar o diferimento da desocupação de imóvel arrendado para habitação (*vide* 15.º-N e 15.º-O); conhecer da impugnação do título para desocupação do locado (*vide* 15.º-P).

34   O 11.º/4 da Port 9/2013, de 10-jan., garante que para todas as questões será sempre o mesmo juiz a apreciar. O respetivo número 5 determina ainda que o processo corre em tribunal desde que é requerida ou decorra da lei a prática de ato da competência do juiz até à prática do mesmo.

35   O tribunal competente para todas as questões suscitadas no âmbito do PED, contenciosas ou executivas, é o da situação do locado, por força do 15.º-S/7 e do 15.º-P/2.11.

36   11. **Segue; natureza urgente dos atos; comunicação das decisões finais.** Os atos a praticar pelo juiz no âmbito do procedimento especial de despejo assumem carácter urgente, conforme o 15.º-S/8 do NRAU/2012.

37   Das decisões judiciais suscetíveis de pôr termo ao respetivo processo, *maxime*, que determinem efetivação do despejo, ainda que recorríveis, bem como da interposição dos respetivos recursos e decisões que ponham termo a esses recursos deve ser dada comunicação pelo tribunal ao BNA (*vide* 17.º/1 e 2 do DL 1/2013, de 7-jan.). A disponibilização dessas decisões judiciais ao executor será efetuada pelo BNA, nos termos do 15.º-E/3 do NRAU/2012.

IV – O procedimento

38   12. **Estrutura.** O Procedimento Especial de Despejo tem uma estrutura *sincrética*: numa mesma instância processual, desenvolvem-se diferentes fases processuais, correspondentes a outras tantas funções. A *fase injuntória* inicia-se com a apresentação do requerimento de despejo (*vide* 15.º-B) e termina com a entrega voluntária do locado ou com a constituição de título para a desocupação do locado (*vide* 15.º-E);

39   A *fase contenciosa* inicia-se com a apresentação da oposição ao despejo (*vide* 15.º-F) e termina com o trânsito em julgado da sentença (passível de recurso nos termos do 15.º-Q) eventualmente para a desocupação do locado (*vide* 15.º-I). Uma e outra têm por função a constituição do título executivo, em caso de não cumprimento voluntário, sem prejuízo do contraditório: na primeira, de natureza administrativa, o título forma-se por inversão do contraditório perante um Balcão Nacional de Injunções (BNA); na segunda há um processo judicial, iniciado após *convolação* da instância em caso de oposição do requerido, e corre perante um juiz a quem os autos serão distribuídos.

40   Por seu turno, a *fase executiva*, destina-se à realização coativa do direito à entrega do locado, tendo lugar após a formação de título executivo no interior do próprio PED, injuntório ou judicial, consoante as fases a que pôs termo. Compreende os atos de desocupação do locado e pagamento das rendas em atraso (*vide* 15.º-J), se necessário com entrada imediata em domicilio (*vide*

15.°-L) e inclui diversos modos de exercício do direito de defesa pelo inquilino e por terceiros (*vide* 15.°- M a 15.°-P)

13. **Caráter eletrónico**. O procedimento especial de despejo é um processo eletrónico na sua 41 *tramitação*, conforme o 17.°/1 do DL 1/2013, de 7-jan., nos termos definidos pelo 16.°/2 Port 9/2013, de 10-jan..

Assim, o *título para desocupação do locado* é disponibilizado ao requerente por via eletrónica, 42 nos termos do 19.° e 20.° da Port 9/2013, de 10-jan., sem prejuízo de poder ser disponibilizado pelo BNA em suporte de papel, sujeito a pagamento, pelo requerente, da taxa de justiça no valor de 1/3 de UC.

São ainda efetuadas por via eletrónica, nos termos da mesma Portaria, as *notificações e assi-* 43 *naturas* efetuadas pelo BNA (*vide* 15.° Port 9/2013, de 10-jan.) e as *comunicações entre o BNA, os tribunais, os mandatários e os agentes de execução, notários ou oficiais de justiça* (*vide* 16.°/1 Port 9/2013, de 10-jan.).

Também pelo 16.°/3 e 4 da Port 9/2013, de 10-jan., os *executores devem proceder ao registo* 44 *da prática de todos os atos no processo* no sistema informático de suporte à respetiva atividade, de modo que permita identificar o ato, cópia dos documentos respeitantes à efetivação do mesmo, e sendo caso disso, cópia dos documentos que o acompanham. Esse registo dispensa a junção aos autos dos documentos comprovativos da efetivação dos mesmos, sem prejuízo do dever de exibição dos originais dos documentos comprovativos de qualquer ato sempre que tal seja solicitado pelo BNA ou por juiz.

O processo pode ser *consultado* por via eletrónica pelo requerente detentor de cartão do 45 cidadão, através da página eletrónica do BNA e pelo mandatário, através do sistema informático *Citius*, nos termos do capítulo VI da Port 114/2008, de 6-fev..

Também a *Câmara dos Solicitadores, Ordem dos Notários* e os órgãos com poderes discipli- 46 nares sobre agentes de execução e notários têm acesso à informação disponível nos sistemas de informação de suporte à atividade do BNA e dos tribunais, bem como nos sistemas de informação de suporte à atividade dos agentes de execução e dos notários, mas para efeitos exclusivamente do exercício das suas competências e com as adaptações que se revelem necessárias nos termos previstos para as entidades com competências semelhantes no regime do processo executivo, nomeadamente no Código de Processo Civil, na Port 282/2013, de 29-ago., e na Port 12/2012, de 2-jan. (37.° da Port 9/2013, de 10-jan.). O mesmo se diga quanto à prática de atos nesses sistemas informação aí por parte dessas entidades.

14. **Atos. Remissão**. Os atos processuais que compõem este procedimento, a respetiva sequên- 47 cia e os seus efeitos, estão regulado nos artigos seguintes.

V – **Jurisprudência**: RLx 15-fev.-2007 (Vaz Gomes), Proc. 10385/2006-2; RLx 15-abr.-2008 48 (Abrantes Geraldes), Proc. 2115/2008-7; RGm 6-nov.-2008 (António Sobrinho), Proc. 2116/08- -2; RLx 12-dez.-2008 (Tomé Gomes), Proc. 10790/2008-7; RLx 31-mar.-2009 (Ana Resende), Proc. 2150/08; RLx 6-abr.-2010 (Rosário Gonçalves), Proc. 19815/09; RPt 8-fev.-2011 (Maria Cecília Agante), Proc. 1703/09.

Artigo 15.°-A (Balcão Nacional do Arrendamento)

1. É criado, junto da Direção-Geral da Administração da Justiça, o Balcão Nacional do Arrendamento (BNA), destinado a assegurar a tramitação do procedimento especial de despejo.

2. O BNA tem competência em todo o território nacional para a tramitação do procedimento especial de despejo.

Bibliografia: Rui Pinto, *O novo regime processual do despejo* (2012), 110.

Índice

1. Instalação 1
2. Competência 2
3. Receitas 3

1 1. **Instalação.** Sem prejuízo do disposto neste artigo apenas pelo 2.º do DL 1/2013, de 7-jan., é que se declarou instalado o BNA e se definiu este pelo seu objeto e função: "*secretaria judicial com competência exclusiva para a tramitação do procedimento especial de despejo em todo o território nacional*". O mapa de pessoal respetivo consta da Port 7/2013, de 10-jan..

2 2. **Competência.** As competências de tramitação do Balcão Nacional de Injunções são as definidas em geral no NRAU/2012 e em especial no DL 1/2013, de 7-jan.: recebimento do requerimento de despejo, notificações, gestão do processo, designação do executor, entre outras. A competência territorial nacional assenta na natureza tendencialmente eletrónica do PED (ver anotação ao 15.º).

3 3. **Receitas.** Determina o 4.º do DL 1/2013, de 7-jan., que cabe ao Instituto de Gestão Financeira e Equipamentos da Justiça, I.P. (IGFEJ, I.P.), arrecadar e administrar as verbas provenientes das taxas de justiça e multas, bem como de outro tipo de receita, respeitantes ao BNA.

Artigo 15.º-B (Apresentação, forma e conteúdo do requerimento de despejo)

1. O requerimento de despejo é apresentado, em modelo próprio, no BNA.
2. No requerimento deve o requerente:

a) Identificar as partes, indicando os seus nomes e domicílios, bem como os respetivos números de identificação civil;
b) Indicar o seu endereço de correio eletrónico se pretender receber comunicações por meios eletrónicos;
c) Indicar o tribunal competente para apreciação dos autos se forem apresentados à distribuição;
d) Indicar o lugar onde deve ser feita a notificação, o qual, na falta de domicílio convencionado por escrito, deve ser o local arrendado;
e) Indicar o fundamento do despejo e juntar os documentos previstos no n.º 2 do artigo 15.º;
f) Indicar o valor da renda;
g) Formular o pedido e, no caso de pedido para pagamento de rendas, encargos ou despesas, discriminar o valor do capital, juros vencidos e outras quantias devidas;
h) Juntar comprovativo do pagamento do imposto do selo;
i) Indicar que pretende proceder ao pagamento da taxa devida ou, sendo o caso, indicar a modalidade de apoio judiciário concedido, bem como juntar docu-

mento comprovativo da respetiva concessão, sem prejuízo do disposto no n.º 7;
j) Designar o agente de execução ou o notário competente para proceder à desocupação do locado;
k) Designar agente de execução para proceder à execução para pagamento das rendas, encargos ou despesas em atraso, nos casos em que seja designado notário para proceder à desocupação do locado ou este venha a ser competente;
l) Assinar o requerimento.

3. Havendo pluralidade de arrendatários ou constituindo o local arrendado casa de morada de família, o requerente deve ainda identificar os nomes e domicílios de todos os arrendatários e de ambos os cônjuges, consoante o caso.

4. Sem prejuízo do disposto no n.º 6 do artigo 15.º, durante o procedimento especial de despejo não é permitida a alteração dos elementos constantes do requerimento, designadamente do pedido formulado.

5. A entrega do requerimento de despejo por advogado ou solicitador é efetuada apenas por via eletrónica, com menção da existência do mandato e do domicílio profissional do mandatário.

6. O requerente que, sendo representado por advogado ou solicitador, não cumprir o disposto no número anterior fica sujeito ao pagamento imediato de uma multa no valor de 2 unidades de conta processuais.

7. Faltando, à data da apresentação do requerimento, menos de 30 dias para o termo do prazo de prescrição ou de caducidade, ou ocorrendo outra causa de urgência, deve o requerente apresentar documento comprovativo do pedido de apoio judiciário requerido, mas ainda não concedido.

8. O procedimento considera-se iniciado na data do pagamento da taxa devida ou na data da junção do documento comprovativo do pedido ou da concessão de apoio judiciário, na modalidade de dispensa ou pagamento faseado da taxa de justiça e dos demais encargos com o processo.

Bibliografia: Rui Pinto, *O novo regime processual do despejo* (2012), 111-114.

Índice

1. Ónus de uso do PED 1
2. Conveniência do prévio esgotamento do prazo de purga da mora 3
3. Proibição de cumulação de pedidos de despejo 5
4. Uso de modelo 8
5. Documentos a anexar 9
6. Apresentação por mandatário 10
7. Segue. Apresentação pelo requerente 13
8. Valor do procedimento 15
9. Taxa de justiça: valor 16
10. Segue; pagamento 19
11. Honorários do executor 21
12. Apoio judiciário 22
13. Pendência 23
14. Jurisprudência 24

1. **Ónus de uso do PED**. O âmbito *restrito* do 14.º/1 conduz à conclusão de que o senhorio tem *o ónus de constituir a base documental* prevista no 15.º/2 e de *fazer uso do PED*. Uma posição

que fosse no sentido da admissibilidade de acção de despejo como alternativa ao PED conduziria, na prática, à desconsideração da reserva funcional literalmente afirmada no 14.º/1 do NRAU: ou a acção de despejo serviria para fazer cessar a situação jurídica do arrendamento em casos em que *a lei não impõe o recurso à via judicial* para promover tal cessação (*por ex.*: nos casos de resolução nos termos do 1083.º/3 do CC [*vide* 1084.º/1 do CC, correspondentes ao 15.º/2, *e*)] ou a causa extintiva do contrato já teria operado [*por ex.*, 15.º/2, *b*) do NRAU/2012] e a acção de despejo retornaria ao "antigo" modelo previsto no 55.º/2 do RAU: uma acção de *condenação* na entrega do locado.

2 O uso da ação de despejo pelo senhorio implica o pagamento das custas respetivas – *vide* 535.º/2, *c*) do nCPC –, salvo se estiver impossibilitado de formar o complexo documental do 15.º/2 do NRAU/2012 ou, ainda, no caso previsto no 15.º/4 do NRAU/2012. Todavia, essa condenação em custas *não retira ao juiz o dever de proferir decisão de mérito na ação de despejo* (*cf. o lugar paralelo do 610.º/1 do nCPC*). O entendimento de que o inquilino deverá nessa eventualidade ser absolvido da instância constituiria uma inaceitável preponderância de uma questão de forma sobre o fundo da causa, desconforme ao 20.º/1 CRP.

3 **2. Conveniência do prévio esgotamento do prazo de purga da mora**. Nos casos de PED baseado na mora por falta de pagamento de rendas superior a dois meses [*vide* 15.º/2, *e*) e 1083.º/3 e 1084.º/2 do CC reformado], a sua abertura não impede o inquilino de proceder à purga da mora, ao abrigo 1084.º/3 do CC reformado, de modo a que a resolução fique sem efeito, faculdade que só pode usar uma vez com referência a cada contrato (*vide* 1084.º/4 do CC reformado). Por isso, será aconselhável ao senhor deixar transcorrer mais de um mês após a data da comunicação antes de deduzir o requerimento de despejo.

4 Se tiver sido requerido o despejo, o senhorio verá caducado o direito à resolução e sobrevirá inutilidade superveniente da lide [*vide* 277.º, *e*), do nCPC], imputável à Ré, para efeitos de custas, nos termos do 536.º/3, segunda parte, do nCPC[1]. Recorde-se que foi a mora do inquilino que deu causa à resolução, sendo a purga da mora um facto extintivo e não um facto impeditivo.

5 **3. Proibição de cumulação de pedidos de despejo**. O 8.º do DL 1/2013, de 7-jan., determina que em cada procedimento especial de despejo apenas pode ser requerida a desocupação de um imóvel.

6 Excecionalmente, pode ser requerida a desocupação de um conjunto de bens imóveis se: estes se encontrarem no mesmo concelho, ou existir uma dependência funcional entre eles, designadamente quando se trate de imóvel para habitação e de garagem ou arrecadação descritos em frações autónomas distintas, ou as partes contratuais forem as mesmas.

7 Nestas eventualidades, o requerente deve identificar no requerimento apenas o imóvel principal, constando a informação relativa aos restantes bens dos contratos de arrendamento, os quais devem ser juntos ao requerimento. Por outro lado, a renda indicada no requerimento de despejo deve corresponder à soma das rendas dos diversos imóveis.

8 **4. Uso de modelo**. O requerimento de despejo deve ser apresentado, em modelo próprio (*vide* 15.º-B/1 do NRAU/2012 e 5.º/1 do DL 1/2013, de 7-jan.), no Balcão Nacional do Arrendamento. Esse modelo em suporte de papel consta do anexo à Port 9/2013, de 10-jan. e é ainda divulgado na página eletrónica do Balcão Nacional do Arrendamento (www.bna.mj.pt) e no Portal Citius (www.citius.mj.pt).

---

[1] RLx 20-mai.-2010 (José Eduardo Sapateiro), Proc. 52/08.

5. Documentos a anexar. O requerimento deve ser acompanhado dos documentos previstos no 15.º/2 e 3, da comunicação prevista no respetivo número 5 (apenas quando se peça o pagamento de renda e valores em mora) e do comprovativo do pagamento do imposto do selo (*vide* o número 2, *b*) do artigo em anotação e o 5.º/2 do DL 1/2013, de 7-jan.).

6. Apresentação por mandatário. A entrega do requerimento de despejo pode ser feita por *mandatário* ou pelo *requerente* (3.º da Port 9/2013, de 10-jan.). Portanto, não é obrigatório o patrocínio.

A apresentação feita por *advogado ou solicitador* deve ser efetuada apenas por via eletrónica, através do preenchimento e envio de formulário eletrónico disponível no sistema informático CITIUS, juntamente com versão eletrónica dos documentos necessários, aplicando-se com as necessárias adaptações os artigos do Capítulo II da Port 114/2008, de 6-fev.. No formulário deve ser feita menção da existência do mandato e do domicílio profissional do mandatário,

A apresentação por outra forma, implica o pagamento imediato, pelo requerente, de uma multa no valor de 2 UCs, paga juntamente com a taxa de justiça devida (*vide* número 6 do artigo em anotação e o 4.º/2 da Port 9/2013, de 10-jan.).

7. Segue. Apresentação pelo requerente. A apresentação pelo *requerente* pode ser feita por uma das seguintes formas, previstas no 5.º/1 da Port 9/2013, de 10-jan.: (a) *preenchimento e envio de formulário eletrónico* do requerimento de despejo disponível na página informática do BNA, juntamente com os documentos que pretende juntar em suporte eletrónico e procedendo à assinatura digital do requerimento no final[2]; ou sendo-lhe atribuído no final do preenchimento um número de referência do requerimento, com o qual se deve dirigir, no prazo de 10 dias, a uma secretaria judicial competente[3] para rececionar o requerimento de modo a concluir a apresentação do mesmo, fazendo acompanhar-se da versão em papel dos documentos que devem ser apresentados com o requerimento[4]; (b) *entrega do requerimento, em papel*, por qualquer dos meios do 144.º/7 do nCPC, devidamente preenchido e assinado, juntamente com a versão em papel de todos os documentos que o devem acompanhar, numa das secretarias judiciais competentes para rececionar o requerimento[5].

Nos dois últimos casos, o mesmo 5.º/6 da Port 9/2013, de 10 de janeiro, autoriza a que o requerimento remetido pela secretaria judicial ao BNA não venha assinado pelo requerente, sendo remetido apenas com a identificação do funcionário judicial que procedeu ao envio. Con-

---

[2] Com recurso à assinatura digital constante do cartão de cidadão.

[3] São competentes para receber o requerimento de despejo as secretarias judiciais definidas por despacho do diretor-geral da Direção-Geral da Administração da Justiça (DGAJ), disponibilizado nas páginas eletrónicas da DGAJ, do BNA e no Portal Citius.

[4] Neste caso a secretaria judicial, com base na referência do requerimento disponibilizado pelo requerente, acede à versão eletrónica do requerimento constante da aplicação informática do BNA, procede à junção dos documentos em suporte eletrónico, e, após comprovar a identidade do apresentante e confirmar que corresponde ao requerente identificado no requerimento, procede à remessa deste, por via eletrónica, para o BNA. Após o requerente ter assinado declaração de concordância com o requerimento enviado, a secretaria judicial entrega-lhe comprovativo, juntamente com os dados necessários para proceder ao pagamento da taxa de justiça.

[5] Neste caso a secretaria judicial preenche o formulário do requerimento de despejo constante da aplicação informática do BNA com a informação constante da versão em papel do requerimento apresentado pelo requerente, procede à junção dos documentos que devem acompanhar o requerimento em suporte eletrónico, e, após comprovar a identidade do apresentante e confirmar que corresponde ao requerente identificado no requerimento, procede à remessa do requerimento, por via eletrónica, para o BNA. Remetido o requerimento, a secretaria judicial, entrega ao requerente o comprovativo do envio do requerimento, juntamente com os dados necessários para proceder ao pagamento da taxa de justiça.

sidera-se, então, verificado o requisito previsto no 15.°-B/2, *l*), da L 6/2006, de 27-fev. (*i.e.*, a assinatura do requerente), com a assinatura da declaração de concordância prevista no mesmo 5.°/3 ou da versão em papel do requerimento.

15   8. **Valor do procedimento**. O valor do procedimento especial de despejo corresponde ao valor da renda de dois anos e meio, acrescido do valor das rendas em dívida, como dispõe o 26.° do DL 1/2013, de 7-jan.. Trata-se, afinal, do mesmo critério estabelecido no 298.°/1 do nCPC.

16   9. **Taxa de justiça: valor**. Ao procedimento especial de despejo, quer quando esteja a correr no BNA, quer quando esteja a correr no tribunal, aplica-se o Regulamento das Custas Processuais, aprovado pelo DL 34/2008, de 26-fev., *ex vi* 21.° do DL 1/2013, de 7-jan., com algumas especialidades previstas nos 22.° a 25.° deste diploma.

17   Nos termos do 22.°/1 do DL 1/2013, de 7-jan. a taxa de justiça devida pela apresentação do requerimento de despejo corresponde à taxa de justiça prevista na tabela II do Regulamento das Custas Processuais para as execuções em que as diligências de execução não sejam realizadas por oficial de justiça. *Por ex.*, se o PED tiver um valor de 15.000 euros a taxa de justiça será de 0,25 UC.

18   No entanto, o 25.°/1 do DL 1/2013, de 7-jan., determina que nos casos em que seja designado oficial de justiça para proceder à desocupação do locado, é ainda devido o pagamento de uma *taxa de justiça adicional* – 1,75 UC, quando o procedimento tenha valor inferior a □□30.000 ou 3,5 UC, quando o procedimento tenha valor igual ou superior a □□30.000 –, logo que o requerente seja notificado para o seu pagamento ou com a notificação do BNA a informar o requerente de ter remetido para o oficial de justiça a decisão judicial de desocupação do locado.

19   10. **Segue; pagamento**. Após preenchimento e envio para o BNA do requerimento de despejo, é disponibilizado ao requerente, pela aplicação informática do BNA, a referência necessária para efetuar o pagamento da taxa de justiça. O seu pagamento deve ser feito pelos meios previstos no 8.°/1 da Port 9/2013, de 10-jan.[6], em 10 dias, quando por meios eletrónicos,

20   O pagamento da taxa adicional é comprovado por junção ao processo do respetivo documento comprovativo e, enquanto tal não suceder, o oficial de justiça não prossegue com os atos necessários à efetivação da desocupação.

21   11. **Honorários do executor**. É devido ao agente de execução ou notário o pagamento de honorários pelos serviços prestados no âmbito do procedimento especial de despejo, bem como das despesas realizadas no mesmo, desde que devidamente comprovadas. O respetivo regime consta dos 28.° a 32.° da Port 9/2013, de 10-jan..

22   12. **Apoio judiciário**. A dedução do requerimento de despejo goza do regime da L 34/2004, de 29-jul. (Lei de Acesso ao Direito e aos Tribunais) com as especialidades constantes do 15.°-S/1 e 2, e sem prejuízo do número 7 do presente artigo.

23   13. **Pendência**. Sobre o início da pendência do procedimento e as vicissitudes do respetivo objeto, a que se referem os números 4 e 8 deste artigo, veja-se a anotação aos 15.°-C e 15.°-G.

24   14. **Jurisprudência**: RLx 20-mai.-2010 (José Eduardo Sapateiro), Proc. 52/08.

---

[6] Através dos meios eletrónicos disponíveis, Multibanco e Homebanking ou junto das entidades bancárias indicadas pela Agência da Gestão da Tesouraria e da Dívida Pública – IGCP, E.P.E., constantes da informação a divulgar por circular conjunta da DGAJ e do Instituto de Gestão Financeira e Equipamentos da Justiça, IP (IGFEJ), publicada no endereço eletrónico *www.citius.mj.pt*.

Artigo 15.º-C (Recusa do requerimento)

1. O requerimento só pode ser recusado se:

a) Não estiver endereçado ao BNA;
b) Não indicar o fundamento do despejo ou não for acompanhado dos documentos previstos no n.º 2 do artigo 15.º;
c) Não estiver indicado o valor da renda;
d) Não estiver indicada a modalidade de apoio judiciário requerida ou concedida, bem como se não estiver junto o documento comprovativo do pedido ou da concessão do benefício do apoio judiciário;
e) Omitir a identificação das partes, o domicílio do requerente, os números de identificação civil ou o lugar da notificação do requerido;
f) Não estiver assinado;
g) Não constar do modelo a que se refere o n.º 1 do artigo anterior;
h) Não se mostrarem pagos a taxa e o imposto do selo;
i) O pedido não se ajustar à finalidade do procedimento.

2. Nos casos em que haja recusa, o requerente pode apresentar outro requerimento no prazo de 10 dias subsequentes à notificação daquela, considerando-se o procedimento iniciado na data em que teve lugar o pagamento da taxa devida pela apresentação do primeiro requerimento ou a junção do documento comprovativo do pedido ou da concessão do benefício do apoio judiciário na modalidade de dispensa ou de pagamento faseado da taxa de justiça e dos demais encargos com o processo.

Bibliografia: Rui Pinto, *O novo regime processual do despejo* (2012), 114-116.

Índice

1. Recusa 1
2. Inadmissibilidade de reclamação 3
3. Recebimento; pendência 4

1. **Recusa**. O *Balcão Nacional do Arrendamento* pode recusar o recebimento do requerimento do senhorio por algum ou alguns dos fundamentos do número 1 do artigo. Esta enumeração é taxativa, como decorre da letra do corpo do mesmo número 1.

Já quanto à omissão do número de identificação civil do requerido o 8.º/4 do DL 1/2013, de 7-jan. vem esclarecer que quando o requerido seja pessoa singular, a mesma não constitui motivo de recusa do requerimento sempre que *o requerente declare que desconhece aquele número*.

2. **Inadmissibilidade de reclamação**. Da recusa não cabe reclamação judicial. O que requerente pode fazer é apresentar outro requerimento no prazo de 10 dias subsequentes à notificação daquela, considerando-se o procedimento iniciado na data referida no 15.º-B/8.

3. **Recebimento; pendência**. Recebido o requerimento pelo BNA o procedimento considera-se iniciado na *data do pagamento da taxa* devida ou na *data da junção do documento comprovativo do pedido ou da concessão* de apoio judiciário, na modalidade de dispensa ou pagamento faseado da taxa de justiça e dos demais encargos com o processo (*vide* número 8 do artigo anterior e o 7.º da Port 9/2013, de 10-jan.).

Artigo 15.º-D (Finalidade, conteúdo e efeito da notificação)

1. O BNA expede imediatamente notificação para o requerido, por carta registada com aviso de receção, para, em 15 dias, este:

a) Desocupar o locado e, sendo caso disso, pagar ao requerente a quantia pedida, acrescida da taxa por ele liquidada;

b) Deduzir oposição à pretensão e ou requerer o diferimento da desocupação do locado, nos termos do disposto nos artigos 15.º-N e 15.º-O.

2. Havendo vários requeridos, a notificação é expedida para todos eles, nos termos e para os efeitos previstos no número anterior.

3. A notificação é expedida para o local indicado no requerimento de despejo, aplicando-se, com as necessárias adaptações, o disposto no artigo 236.º, nos n.ºs 3 a 5 do artigo 237.º-A e no n.º 2 do artigo 238.º do Código de Processo Civil, não havendo lugar à advertência prevista no artigo 241.º do mesmo Código.

4. O ato de notificação deve conter:

a) Os elementos referidos nas alíneas *a)* a *h)* do n.º 2 do artigo 15.º-B e, se for caso disso, no n.º 3 do mesmo artigo;

b) A indicação do prazo para a oposição e a respetiva forma de contagem;

c) A indicação de que, na falta de desocupação do locado, de oposição dentro do prazo legal ou do pagamento ou depósito das rendas que se venceram na pendência do procedimento especial de despejo, será constituído título para desocupação do locado com a faculdade de o requerente a efetivar imediatamente;

d) Nos casos de pedido de pagamento das rendas, encargos ou despesas em atraso, a indicação de que, na falta de pagamento da quantia pedida e da taxa liquidada pelo requerente, são ainda devidos juros de mora desde a data da apresentação do requerimento;

e) A indicação de que a dedução de oposição cuja falta de fundamento o requerido não deva ignorar o responsabiliza pelos danos que causar ao requerente e determina a condenação em multa de valor não inferior a 10 vezes a taxa devida.

5. A notificação efetuada nos termos do presente artigo interrompe a prescrição, nos termos do disposto no artigo 323.º do Código Civil.

Bibliografia: Rui Pinto, *O novo regime processual do despejo* (2012), 116-119.

Índice

1. Destinatários da notificação 1
2. Local, data e meio de notificação 2
3. Regime da notificação: sem convenção de domicílio 3
4. Segue; com convenção de domicílio 8
5. Efeitos da notificação 12

Artigo 15.º-D   *PED (Procedimento Especial de Despejo)*

1. **Destinatários da notificação.** Depois de recebido o requerimento de despejo pelo BNA, este expede imediatamente notificação para o requerido ou requeridos, havendo vários, e para o seu cônjuge, quando o local arrendado seja casa de morada de família e este não seja parte do contrato de arrendamento (*vide* 6.º/1 e 2 do DL 1/2013, de 7-jan.).

2. **Local, data e meio de notificação.** Conforme o disposto no número 3 a notificação é expedida para o *local indicado no requerimento* de despejo, por *carta registada com aviso de receção*, considerando-se realizada na pessoa do notificando, no *dia em que o aviso de recepção for assinado* (*vide* 230.º/1 conjugado com o 228.º, ambos do nCPC).

3. **Regime da notificação: sem convenção de domicílio.** Importa distinguir se foi convencionado domicílio ou não.

    Se *não foi convencionado domicílio*, aplica-se, com as necessárias adaptações, o disposto no 228.º do nCPC quanto à citação *postal*. Assim, a citação postal considera-se realizada na *pessoa do citando*, no dia em que o aviso de recepção for *assinado*: (a) pelo *citando* na sua *pessoa física* ou, sendo *pessoa coletiva*, na pessoa do seu *legal representante* ou de qualquer *empregado ao seu serviço* que se encontrem na sede ou local onde funciona normalmente a administração; ou (b) por *terceiro*, sendo pessoa *singular* – qualquer pessoa que se encontre na sua residência ou local de trabalho e que declare encontrar-se em condições de a entregar prontamente ao citando – presumindo-se, salvo demonstração em contrário, que a carta foi oportunamente entregue ao destinatário [*vide* 188.º/1, *e*), do nCPC].

    Antes da assinatura do aviso de recepção, o distribuidor do serviço postal *procederá à identificação* do citando ou do terceiro a quem a carta seja entregue, anotando os elementos constantes de documento oficial que permita a identificação. Sendo entregue a terceiro, o distribuidor adverti-lo-á *expressamente* do dever de pronta entrega ao citando, *i.e.*, logo que possível, e da consequência do não cumprimento desse dever – incorrer em responsabilidade, em termos equiparados aos da litigância de má fé (*vide* 542.º do CPC). Porém, não é necessária a advertência do 233.º do nCPC (*vide* o número 3, *in fine*, do presente artigo).

    Se o notificando (*pessoa física* ou *representante/empregado* da pessoa coletiva) ou o terceiro, se *recusarem à assinatura do aviso de recepção ou de recebimento* da carta, o distribuidor do serviço postal lavrará nota do incidente, antes de a devolver.

    Não sendo possível a entrega da carta, por essa ou por outra razão, será deixado aviso ao destinatário, identificando-se que provém do BNA e o processo a que respeita, averbando-se os motivos da impossibilidade de entrega e permanecendo a carta durante oito dias à sua disposição em estabelecimento postal devidamente identificado. Neste caso de frustração da notificação por via postal, não se passa à notificação por contacto pessoal, nem com hora certa, como resulta da *não remissão* em sede do 15.º-D/3 para os 231.º e 232.º do nCPC. Este regime vale tanto para pessoas singulares, como coletivas.

4. **Segue; com convenção de domicílio.** Se *foi convencionado domicílio*, aplicam-se, com as necessárias adaptações, o disposto nos 229.º/3 a 5 e 230.º/2 do nCPC.

    Faz-se, por conseguinte, a notificação por carta registada com aviso de receção no domicílio convencionado directamente e apenas para o inquilino e se este *se recusar à assinatura* do aviso de recepção ou o *recebimento da carta,* o distribuidor postal lavrará nota do incidente antes de a devolver. Mas neste caso a *notificação considera-se efetuada* face à certificação da ocorrência.

    Quando *o expediente for devolvido é repetida a citação*, mediante: a) carta registada com aviso de recepção ao citando, em modelo oficial, contendo cópia de todos os elementos referidos no número 4, acompanhada da advertência de que a citação se considera efetuada na data certificada pelo distribuidor do serviço postal ou, no caso de ter sido deixado o aviso, no 8.º dia posterior a essa data, presumindo-se que o destinatário teve oportuno conhecimento dos elementos que lhe foram deixados.

11   Deverá, então, o distribuidor do serviço postal certificar *a data e o local exato em que depositou o expediente e remeter* de imediato a certidão ao tribunal; ou não sendo possível o depósito da carta na caixa do correio do citando, deixar um aviso ao destinatário, identificando-se que provém do BNA e o processo a que respeita, averbando-se os motivos da impossibilidade de entrega. A carta permanecerá durante oito dias à sua disposição em estabelecimento postal devidamente identificado.

12   **5. Efeitos da notificação.** A notificação assim efetuada interrompe a prescrição, nos termos do disposto no 323.º do CC. Não há razão de direito substantivo para obstar ao entendimento de que esta notificação faz cessar a boa fé do possuidor, à semelhança do que sucede em sede de citação no 564.º, *a*), do CPC.

Artigo 15.º-E (Constituição de título para desocupação do locado)

1. O BNA converte o requerimento de despejo em título para desocupação do locado se:

a) **Depois de notificado, o requerido não deduzir oposição no respetivo prazo;**
b) **A oposição se tiver por não deduzida nos termos do disposto no n.º 4 do artigo seguinte;**
c) **Na pendência do procedimento especial de despejo, o requerido não proceder ao pagamento ou depósito das rendas que se forem vencendo, nos termos previstos no n.º 8 do artigo 15.º**

2. O título de desocupação do locado é autenticado com recurso a assinatura eletrónica.

3. Constituído o título de desocupação do locado, o BNA disponibiliza o requerimento de despejo no qual tenha sido colocada a fórmula de título para desocupação do locado ao requerente e ao agente de execução, notário ou oficial de justiça designado, consoante os casos, nos termos definidos por portaria do membro do Governo responsável pela área da justiça.

Bibliografia: Rui Pinto, *O novo regime processual do despejo* (2012), 119-121

Índice

1. Atitudes processuais do inquilino 1
2. Conversão do requerimento em título executivo 2
3. Disponibilização do título executivo ao requerente 6
4. Prossecução da fase contenciosa havendo oposição sem pagamento ou depósito das rendas que se forem vencendo 8

1   **1. Atitudes processuais do inquilino.** Feita a notificação, o inquilino pode tomar diferentes atitudes processuais: (a) *desocupar voluntariamente o locado*, caso em se extingue o procedimento (ver anotação ao 15.º-G); (b) *deduzir oposição* em 15 dias a contar da notificação [*vide* o número 1, *a*) e o 15.º-F/1; ainda, 15.º-D/4, *c*) segunda parte] *procedendo ao pagamento* ou *depósito* das rendas que

Artigo 15.º-F *PED (Procedimento Especial de Despejo)*

se forem vencendo, nos termos previstos no 15.º/8, o que conduz à convolação do procedimento para a fase contenciosa; (c) *nada fazer*, ou *opor-se sem proceder ao pagamento ou depósito das rendas* que se forem vencendo, ou *opor-se mas a oposição ter-se por não deduzida por não se mostrar paga a taxa de justiça e de caução* [*vide* número 1, *b*) e o 15.º-F/3 e 4].

2. **Conversão do requerimento em título executivo**. Neste último grupo de hipóteses o BNA *converte o requerimento de despejo* em *título para desocupação do locado* mediante aposição de fórmula de título para desocupação do locado, com autenticação mediante assinatura eletrónica.

Por força, do 15.º-J/5 este título para desocupação do locado constitui, também, título executivo para pagamento de quantia certa.

Deste modo, o título executivo forma-se, na previsão do 15.º-E/1, *a*), como consequência do requerimento de despejo *não contestado*, à semelhança do que sucede com o requerimento de injunção não contestado, em sede de 14.º/1 do anexo ao DL 269/98, de 1-set.. Já no caso do 15.º-E/1, *c*), forma-se como decorrência da manifesta *probabilidade de procedência* do requerimento por falta de pagamento ou depósito de rendas.

Trata-se de um título injuntório: enuncia *um comando ou injunção de cumprimento de uma obrigação pelo devedor* – desocupação do locado e (sendo o caso) de pagamento de valores – *sem valor de caso julgado material* no quadro de um procedimento – procedimento de especial de despejo – não jurisdicional. É *injunção documental* pois o requerente tem o ónus de alegar e provar os factos, mediante junção dos documentos referidos no 15.º/2.

3. **Disponibilização do título executivo ao requerente**. O título executivo será depois disponibilizado ao requerente e por este a terceiros por via eletrónica, nos termos dos 19.º e 20.º da Port 9/2013, de 10-jan..

A sua disponibilização em suporte de papel é possível, mas sujeita a pagamento pelo requerente de taxa de justiça no valor de 1/3 de UC, conforme o 21.º da mesma Portaria.

4. **Prossecução da fase contenciosa havendo oposição sem pagamento ou depósito das rendas que se forem vencendo**. Se foi deduzida tempestivamente oposição mas sem o requerido *proceder ao pagamento ou depósito das rendas vencidas*, a conversão do requerimento em título para desocupação imposta pelo número 1/ *c*) do presente artigo não impede que o PED se convole para conhecimento da oposição ao requerimento de despejo, nos termos dos 15.º-F e 15.º-H.

Nesta eventualidade, a oposição pode vir a obter sucesso, a despeito da formação antecipada do título executivo, em termos semelhantes ao do despejo imediato, do artigo 14.º/4 e 5. Eventualmente, tal procedência ditará que a desocupação fique sem efeito quando o fundamento do requerimento haja sido, justamente, a falta de pagamento de rendas [*vide* 15.º/2, *e*), conjugado com os 1083.º/3 e 1084.º/2 do CC].

Artigo 15.º-F (Oposição)

1. O requerido pode opor-se à pretensão de despejo no prazo de 15 dias a contar da sua notificação.

2. A oposição não carece de forma articulada e, devendo ser apresentada no BNA apenas por via eletrónica, com menção da existência do mandato e do domicílio profissional do mandatário, sob pena de pagamento imediato de uma multa no valor de 2 unidades de conta processuais.

3. Com a oposição, deve o requerido proceder à junção do documento comprovativo do pagamento da taxa de justiça devida e, nos casos previstos nos n.ᵒˢ 3 e 4 do artigo 1083.º do Código Civil, ao pagamento de uma caução no valor das ren-

das, encargos ou despesas em atraso, até ao valor máximo correspondente a seis rendas, salvo nos casos de apoio judiciário, em que está isento, nos termos a definir por portaria do membro do Governo responsável pela área da justiça.

4. Não se mostrando paga a taxa ou a caução previstas no número anterior, a oposição tem-se por não deduzida.

5. A oposição tem-se igualmente por não deduzida quando o requerido não efetue o pagamento da taxa devida no prazo de cinco dias a contar da data da notificação da decisão definitiva de indeferimento do pedido de apoio judiciário, na modalidade de dispensa ou de pagamento faseado da taxa e dos demais encargos com o processo.

Bibliografia: Rui Pinto, *O novo regime processual do despejo* (2012), 121-125.

Índice

1. Momento e ónus de concentração da defesa.... 1	5. Taxa de justiça 12
2. Conteúdo da oposição. Admissibilidade de pedido reconvencional 3	6. Apoio judiciário............................... 14
	7. Purga da mora................................. 15
3. Forma e apresentação da oposição 5	8. Diferimento da desocupação do locado 18
4. Documentos a anexar. Prestação de caução...... 8	9. Obrigatoriedade de patrocínio judiciário......... 19

1 1. **Momento e ónus de concentração da defesa**. O requerido pode *deduzir oposição* ao(s) pedido(s) de desocupação (e de pagamento de rendas, encargos ou despesas) em 15 dias a contar da notificação.

2 Toda a defesa deve ser deduzida neste ato processual, exceptuados os incidentes que a lei admite em separado como o pedido de diferimento da desocupação (15.°-N e 15.°-O). Depois da oposição apenas pode ser deduzido o meios de defesa do 15.°-P.

3 2. **Conteúdo da oposição. Admissibilidade de pedido reconvencional**. Dado ainda não ter corrido prévio processo judicial, deve entender-se que a garantia de direito de defesa determina que o conteúdo da oposição sejam *quaisquer fundamentos que possam ser invocados no processo de declaração*. Note-se nesta *ampla defesa*, alguma semelhança com a oposição à execução em sede de EPECIA, *i.e.*, que também apresentava a amplitude permitida no 731.° do nCPC, *ex vi* 860.°/1 do nCPC – recorde-se que antes da L 13/2012, de 14-ago., os títulos privados do 15.°/1 do NRAU eram executados em sede de 928.° ss. do CPC = 859.° ss. do nCPC.

4 Portanto, pode ser oposta impugnação e excepção e, bem assim, fazer-se valer o direito a benfeitorias em reconvenção. Se tal era admissível em sede de 929.°/1 do CPC = 860.°/1 do nCPC, da EPECIA, não deixar de ser permitido, sob pena de violação do direito á tutela jurisdicional efetiva da posição material do inquilino. Tanto poderá o inquilino pedir a condenação do senhorio no pagamento do valor das benfeitorias, como o reconhecimento do direito a levantá-las.

5 3. **Forma e apresentação da oposição**. A oposição não carece de forma articulada e pode apresentada no BNA segundo alguma das formas previstas no 9.°/1 da Port 9/2013, de 10-jan.. A saber: (a) por *via eletrónica*, com menção da existência do mandato e do domicílio profissional do mandatário, através do preenchimento e envio de formulário eletrónico, juntamente com os documentos necessários em suporte eletrónico; (b) em *suporte de papel no BNA*, juntamente com

a versão em papel de todos os documentos que a devam acompanhar; (c) *em suporte de papel por remessa pelo correio*, sob registo, para o BNA, juntamente com a versão em papel de todos os documentos que a devam acompanhar.

As datas da prática do ato da oposição serão, respetivamente, as da expedição, entrega ou efetivação do respetivo registo postal.

Sendo utilizada a via do suporte de papel, haverá lugar ao pagamento imediato de uma multa no valor de 2 UC cujo comprovativo acompanhará a oposição (*vide* 15.º-F/2 do NRAU e 9.º/2 da Port 9/2013, de 10-jan.).

4. Documentos a anexar. Prestação de caução. Com a oposição, deve o requerido proceder à junção de d*ocumento comprovativo do pagamento da taxa de justiça* devida e efetuar o *pagamento de uma caução* no valor das rendas, encargos ou despesas em atraso, até ao valor máximo correspondente a seis rendas, nos casos previstos nos números 3 (mora superior a dois meses no pagamento da renda, encargos ou despesas, ou oposição pelo arrendatário à realização de obra ordenada por autoridade pública) e 4 (inexigibilidade ao senhorio da manutenção do arrendamento no caso de o arrendatário se constituir em mora superior a oito dias, no pagamento da renda, por mais de quatro vezes, seguidas ou interpoladas, num período de 12 meses, com referência a cada contrato) do 1083.º do Código Civil, abrangidos pelo 15.º/2, *e*).

A prestação de caução não se confunde com a purga da mora. Esta determina a extinção da execução; aquela garante a posição do senhorio.

Procedimentalmente, a prestação de caução é condição de admissibilidade da oposição: na sua falta, a oposição tem-se por *não deduzida*, comina o mesmo 15.º-F/4 NAR/2012[1]. Portanto, ao contrário da purga da mora, a prestação de causa não tange o fundo da questão, *i.e.*, o direito à resolução.

Estabelece o 10.º da Port 9/2013, de 10-jan., que o pagamento da caução é efetuado através dos meios eletrónicos de pagamento previstos no 17.º da Port 419-A/2009, de 17-abr., após a emissão do respetivo documento único de cobrança. O respetivo documento comprovativo deve ser apresentado juntamente com a oposição, independentemente de ter sido concedido apoio judiciário ao arrendatário, segundo o mesmo 10.º.

5. Taxa de justiça. Nos termos do 22.º/2 do DL 1/2013, de 7-jan., a taxa de justiça devida pela apresentação da oposição ao requerimento de despejo corresponde à taxa de justiça prevista na tabela II do Regulamento das Custas Processuais para a oposição à execução ou à penhora. *Ex.:* se o PED tiver um valor de 15.000 euros a taxa de justiça será de 3 UC.

O seu pagamento, conforme o 24.º do DL 1/2013, de 7-jan., é efetuado através da emissão de documento único de cobrança (DUC) nos termos do Regulamento das Custas Processuais e da respetiva regulamentação, ficando comprovado pela junção do respetivo documento comprovativo à peça processual da oposição ao requerimento de despejo.

6. Apoio judiciário. O inquilino está isento destes pagamentos (taxa de justiça e caução) nos casos de apoio judiciário.

7. Purga da mora. Nos casos de PED fundado no 15.º/2, *e*), conjugado com os 1083.º/3 e 1084.º/2 do CC, o inquilino requerido, uma vez notificado pelo BNA, pode fazer prova do pagamento ou depósito dos valores em mora e das indemnizações exigidas pelo 1041.º/1 do CC.

Essa purga não está limitada pelo prazo dos 15 dias a contar da notificação do 15.º-F/1, do NRAU/2012, mas tão só pelo prazo substantivo de um mês a contar da comunicação do senho-

---

[1] Despacho negativo, a proferir pelo juiz, nos termos do 9º/2 do DL 1/2013, de 7-jan..

rio, conforme o 1084.º/3, *in fine*, do CC reformado. Na realidade, ela pode ter lugar independentemente da notificação.

17   Purgada a mora, caduca o direito à resolução, com inutilidade superveniente da lide, nos termos já referidos.

18   8. **Diferimento da desocupação do locado.** No mesmo prazo de 15 dias a contar da notificação o inquilino pode requerer que seja diferida a desocupação do local arrendado para fim habitacional por razões sociais imperiosas, nos termos dos 15.º-N e 15.º-O (ver anotação respetiva).

19   9. **Obrigatoriedade de patrocínio judiciário.** É obrigatória a constituição de advogado para a dedução de oposição ao requerimento de despejo (mas não para promover a purga da mora, nem para requerer o diferimento da desocupação), conforme o disposto no 15.º-S/3 do NRAU/2012.

Artigo 15.º-G (Extinção do procedimento)

1. O procedimento especial de despejo extingue-se pela desocupação do locado, por desistência e por morte do requerente ou do requerido.

2. O requerente pode desistir do procedimento especial de despejo até à dedução da oposição ou, na sua falta, até ao termo do prazo de oposição.

3. Nos casos previstos nos números anteriores, o BNA devolve a pedido do requerente o expediente respeitante ao procedimento especial de despejo e notifica o requerido daquele facto se este já tiver sido notificado do requerimento de despejo.

Bibliografia: Rui Pinto, *O novo regime processual do despejo* (2012), 115-116.

Índice

1. Princípio da estabilidade da instância 1	3. Segue; extinção da instância por desocupação .. 5
2. Vicissitudes: desistência da instância; desistência do pedido 2	4. Segue; extinção da instância por morte 7

1   1. **Princípio da estabilidade da instância.** Durante o procedimento especial de despejo *não é permitida a alteração dos* elementos *constantes do requerimento*, designadamente do pedido. Tal decorre do 15.º-B/4, enunciando o princípio da estabilidade da instância.

2   2. **Vicissitudes: desistência da instância; desistência do pedido.** Todavia, o senhorio pode sempre *desistir da instância*, nos termos definidos no 9.º/1 da Port 9/2013, de 10-jan. [*vide* 11.º/1, *e*), da mesma Port), até à dedução da oposição ou, na sua falta, até ao termo do prazo de oposição. No plano literal, tanto a leitura do número 2 ("desistir do procedimento especial"), como a sua contraposição ao 15.º/6 ("caso de desistência do pedido de pagamento de rendas, encargos ou despesas") confirmam que não se trata de *desistência do pedido* de despejo. Como tal, novo PED poderá ser intentado posteriormente, pois não se extinguiu o direito à desocupação (*vide*, 295.º do CC).

Operada a desistência da instância, extingue-se, então, o procedimento, conforme o número 1 do artigo, devolvendo o BNA, a pedido do requerente, o expediente respeitante ao PED e notificando o requerido daquele facto se este já tiver sido notificado do requerimento de despejo.

Mas o senhorio pode *desistir apenas do pedido de pagamento* de rendas, encargos ou despesas, ao abrigo do 15.º/6 do NRAU, por ser secundário e prejudicado perante o pedido principal. Naturalmente que, nesse casos, o PED prosseguirá os demais trâmites legalmente previstos quanto ao pedido de desocupação do locado

3. Segue; extinção da instância por desocupação. Consumada a desocupação (voluntária ou forçada) do locado eextingue-se o procedimento.

Aparentemente isso sucederá mesmo que fique por *pagar ao requerente a quantia pedida* (renda, encargo ou despesa). No entanto, se a desocupação for posterior à constituição de título executivo (injuntório ou judicial), esta dívida poderá ainda ser executada autonomamente, nos termos do 15.º-J/5 do NRAU, pois, recorde-se, o pedido de pagamento de rendas ficará abrangido pela força daqueles.

4. Segue; extinção da instância por morte. Também por *morte* do requerente ou do requerido se extingue o procedimento, mesmo que haja transmissão *mortis causa* da respetiva posição contratual.

Artigo 15.º-H (Distribuição e termos posteriores)

1. Deduzida oposição, o BNA apresenta os autos à distribuição e remete ao requerente cópia da oposição.

2. Recebidos os autos, o juiz pode convidar as partes para, no prazo de 5 dias, aperfeiçoarem as peças processuais, ou, no prazo de 10 dias, apresentarem novo articulado sempre que seja necessário garantir o contraditório.

3. Não julgando logo procedente alguma exceção dilatória ou nulidade que lhe cumpra conhecer ou não decidindo logo do mérito da causa, o juiz ordena a notificação das partes da data da audiência de julgamento.

4. Os autos são igualmente apresentados à distribuição sempre que se suscite questão sujeita a decisão judicial.

Bibliografia: Rui Pinto, *O novo regime processual do despejo* (2012), 125-126.

Índice

1. Apresentação dos autos à distribuição	1	3. Despacho liminar	6
2. Convolação	4	4. Admissibilidade de novo articulado	10

1. Apresentação dos autos à distribuição. Se houver oposição do inquilino, sem mora no pagamento de rendas que se forem vencendo (*vide* 15.º/8), não se forma título executivo injuntório, como decorre do 15.º-E/1, *a*) e *c*), *a contrario*.

A oposição não será apreciada pelo BNA e também, como esclarece o 9.º/2 do DL 1/2013, de 7-jan., não será de sua competência verificar se o inquilino comprovou ter pago a taxa ou a caução previstas no 15.º-F/3. Tal irá caber exclusivamente ao tribunal designado pelo requerente para efeitos de apresentação à distribuição [*vide* 15.º-B/2, *c*) e 9.º/3 da Port 9/2013, de 10-jan.]

para onde será remetido todo o processo por via eletrónica, para ulterior distribuição. Sobre o tribunal competente ver a anotação ao 15.º.

3   Ao mesmo tempo, o BNA remeterá ao requerente cópia da oposição (*vide* o número 1 do artigo e ainda o 9.º/3 da Port 9/2013, de 10-jan.). Correndo o procedimento especial de despejo contra mais do que um requerido, o BNA só remete o processo para tribunal após recebida a última oposição ou após o termo do prazo para a sua dedução, segundo o 9.º/4 da Port 9/2013, de 10-jan..

4   2. **Convolação**. Tem, então, início – à semelhança da injunção, nos 16.º ss. do anexo ao DL 269/98, de 1-set. – uma fase declarativa pura perante um juiz, regulada nos 15.º-F, 15.º-H e 15.º-I e com autonomia processual. Trata-se, pois, de um *processo declarativo especial*: como tal, nos termos do 549.º/1 do nCPC, naquilo em que não esteja especialmente regulado valem as *regras gerais e comuns do Código de Processo Civil* e em tudo quanto não estiver prevenido numas e noutras, observar-se-á o que se acha estabelecido para o *processo comum de declaração*.

5   As partes terão de passar a se fazer representar por advogado nos atos processuais subsequentes à distribuição no procedimento especial de despejo, por força do 15.º-S/4.

6   3. **Despacho liminar**. Recebidos os autos, o juiz deve proferir despacho liminar. No despacho o juiz deve decidir das exceção dilatórias ou nulidades que lhe cumpra conhecer oficiosamente. Deve ainda verificar se o inquilino fez junção de documento comprovativo do pagamento da taxa de justiça e do documento comprovativo do pagamento da caução exigida pelo 15.º-F/3. O juiz deve ainda pronunciar-se sobre a autorização de entrada no domicílio (*vide* 15.º/7 do NRAU/2012).

7   Sem prejuízo das excepções e nulidade insanáveis, podem *as partes ser convidadas* para, no prazo de 5 dias, *aperfeiçoarem as peças processuais e suprir a falta de pressupostos processuais ou outras irregularidades*. E manda o 6.º/2 do nCPC (e o lugar paralelo do 550.º/3 do nCPC) que, na sua falta, seja convidado o inquilino a juntar os já referidos documentos comprovativos do pagamento da taxa de justiça (ou de que está pendente pedido de apoio judiciário) ou do pagamento da caução.

8   Havendo vício insanável as partes serão *absolvidas da instância*, mas se faltarem aqueles documentos a oposição tem-se por *não deduzida*, como comina o 15.º-F/4[1].

9   Se não poder decidir de imediato do fundo da causa, o juiz ordena a notificação das partes da data da *audiência de julgamento*, nos termos do 15.º-H/3 do NRAU/2012.

10   4. **Admissibilidade de novo articulado**. Havendo o processo de prosseguir, o juiz pode convidar as partes a, no prazo de 10 dias, apresentarem *novo articulado* sempre que seja necessário garantir o contraditório. Assim, se o inquilino deduziu alguma *excepção perentória* ou um *pedido reconvencional* deve o tribunal notificar o senhorio para, querendo, apresentar a conveniente resposta.

11   Em conformidade, o 22.º/2 do DL 1/2013, de 7-jan., determina que a taxa de justiça devida pela apresentação da "resposta" à oposição corresponde à taxa de justiça prevista na tabela II do Regulamento das Custas Processuais para a oposição à execução ou à penhora. *Ex*.: se o PED tiver um valor de 15.000 euros a taxa de justiça da resposta será de 3 UC.

12   O seu pagamento, conforme o 24.º do DL 1/2013, de 7-jan., é efetuado através da emissão de documento único de cobrança (DUC) nos termos do Regulamento das Custas Processuais e da respetiva regulamentação e comprovado pela junção do respetivo documento comprovativo à peça processual da resposta à oposição.

---

[1] A oposição tem-se igualmente por não deduzida quando o requerido não efetue o pagamento da taxa devida no prazo de cinco dias a contar da data da notificação da decisão definitiva de indeferimento do pedido de apoio judiciário, na modalidade de dispensa ou de pagamento faseado da taxa e dos demais encargos com o processo (15º-F/5 do NRAU/2012).

Artigo 15.º-I (Audiência de julgamento e sentença)

1. A audiência de julgamento realiza-se no prazo de 20 dias a contar da distribuição.
2. Não é motivo de adiamento da audiência a falta de qualquer das partes ou dos seus mandatários, salvo nos casos de justo impedimento.
3. Se as partes estiverem presentes ou representadas na audiência, o juiz procura conciliá-las.
4. Frustrando-se a conciliação, produzem-se as provas que ao caso couber.
5. Qualquer das partes pode requerer a gravação da audiência.
6. As provas são oferecidas na audiência, podendo cada parte apresentar até três testemunhas.
7. A prova pericial é sempre realizada por um único perito.
8. Se considerar indispensável para a boa decisão da causa que se proceda a alguma diligência de prova, o juiz pode suspender a audiência no momento que reputar mais conveniente e marcar logo dia para a sua continuação, devendo o julgamento concluir-se no prazo de 10 dias.
9. Finda a produção de prova, pode cada um dos mandatários fazer uma breve alegação oral.
10. A sentença, sucintamente fundamentada, é logo ditada para a ata.

Bibliografia: Rui Pinto, *O novo regime processual do despejo* (2012), 126-127.

Índice

1. Prazo de realização da audiência. Gravação	1	3. Sentença	6
2. Atos	2	4. Recorribilidade	8

1. **Prazo de realização da audiência. Gravação.** A audiência de julgamento realiza-se no prazo de 20 dias a contar da distribuição. Não constitui motivo de adiamento da audiência a falta de qualquer das partes ou dos seus mandatários, salvo nos casos de justo impedimento. Qualquer das partes pode requerer a gravação da audiência.

2. **Atos.** O primeiro ato de audiência é a tentativa de conciliação, se as partes estiverem presentes ou representadas na audiência.

Frustrando-se a conciliação, produzem-se as provas que ao caso couber, podendo cada parte apresentar até três testemunhas. A prova pericial é sempre realizada por um único perito.

Se considerar indispensável para a boa decisão da causa que se proceda a alguma diligência de prova, o juiz pode suspender a audiência no momento que reputar mais conveniente e marcar logo dia para a sua continuação, devendo o julgamento concluir-se no prazo de 10 dias.

Finda a produção de prova, pode cada um dos mandatários fazer uma breve alegação oral.

3. **Sentença.** No termo da fase contenciosa será proferida sentença sucintamente fundamentada e logo ditada para a ata.

Se a sentença for de procedência do pedido do senhorio constituirá o que no 15.º-J/1 do NRAU/2012 se designa como "decisão judicial para desocupação do locado", dotada de força executiva (*vide* 15.º-J/1 do NRAU/2012). Graças ao 15.º-J/5 esta decisão para *desocupação do locado* constitui, também, título executivo para *pagamento de quantia certa*, nos termos do 15.º-E/1 do NRAU/2012.

4. **Recorribilidade.** Sobre a recorribilidade veja-se a anotação ao 15.º-Q.

Artigo 15.º-J (Desocupação do locado e pagamento das rendas em atraso)

1. Havendo título ou decisão judicial para desocupação do locado, o agente de execução, o notário ou, na falta destes ou sempre que lei lhe atribua essa competência, o oficial de justiça desloca-se imediatamente ao locado para tomar a posse do imóvel, lavrando auto da diligência.

2. O senhorio e o arrendatário podem acordar num prazo para a desocupação do locado com remoção de todos os bens móveis, sendo lavrado auto pelo agente de execução, notário ou oficial de justiça.

3. O agente de execução, o notário ou o oficial de justiça podem solicitar diretamente o auxílio das autoridades policiais sempre que seja necessário o arrombamento da porta e a substituição da fechadura para efetivar a posse do imóvel, aplicando-se, com as necessárias adaptações, o disposto no n.º 5 do artigo 840.º do Código de Processo Civil.

4. Quando a desocupação do locado deva efetuar-se em domicílio, a mesma só pode realizar-se entre as 7 e as 21 horas, devendo o agente de execução, o notário ou o oficial de justiça entregar cópia do título ou decisão judicial a quem tiver a disponibilidade do lugar em que a diligência se realiza, o qual pode assistir à diligência e fazer-se acompanhar ou substituir por pessoa da sua confiança que, sem delonga, se apresente no local.

5. O título para desocupação do locado, quando tenha sido efetuado o pedido de pagamento das rendas, encargos ou despesas em atraso, e a decisão judicial que condene o requerido no pagamento daqueles constituem título executivo para pagamento de quantia certa, aplicando-se, com as necessárias adaptações, os termos previstos no Código de Processo Civil para a execução para pagamento de quantia certa baseada em injunção.

6. Nos casos previstos no número anterior não há lugar a oposição à execução.

Bibliografia: Rui Pinto, *O novo regime processual do despejo* (2012), 127-129.

Índice

1. Vias de execução 1	rente; constituição de mandatário; designação do agente de execução 11
2. Desocupação do locado 3	5. Segue; remessa do requerimento para o tribunal competente 15
3. Uso da força pública e entrada forçada em domicílio; remissão 9	6. Segue; tramitação da execução para pagamento de quantia certa 18
4. Pagamento das rendas em atraso: disponibilização do título executivo e notificação ao reque-	

1. **Vias de execução.** Constituído o título executivo, injuntório ou judicial, de desocupação do locado (e, quando pedido pelo senhorio, também para o pagamento de rendas, encargos ou despesas), passa-se à fase executiva.

A pretensão de *despejo* será cumprida nos termos dos 15.º-J e ss., enquanto a pretensão de pagamento de *quantia certa* será executada autonomamente, nos termos previstos no Código de Processo Civil para a execução para pagamento de quantia certa, para onde remete o número 5 do presente artigo.

2. **Desocupação do locado.** Determina o número 1 que havendo título executivo o executor desloca-se imediatamente ao locado para tomar a posse do imóvel, lavrando auto da diligência.

No entanto, o momento da desocupação pode ser deferido caso senhorio e inquilino acordem num prazo para a desocupação do locado com remoção de todos os bens móveis, sendo lavrado auto pelo executor, ao abrigo do número 2.

A desocupação do locado que deva efetuar-se em domicílio, só pode realizar-se entre as 7 e as 21 horas, em termos próximos aos do 757.º/5 do nCPC.

O executor deverá entregar cópia do título ou decisão judicial a quem tiver a disponibilidade do lugar em que a diligência se realiza, o qual pode assistir à diligência e fazer-se acompanhar ou substituir por pessoa da sua confiança que, sem delonga, se apresente no local.

Ocupado o imóvel, o executor investe o requerente na posse, da totalidade ou quota-parte, entregando-lhe os documentos e as chaves, se os houver, e notifica os requeridos e quaisquer detentores para que respeitem e reconheçam o direito do requerente (*vide* 15.º/1 do DL 1/2013, de 7-jan., vem, dispensar a autorização judicial).

Tratando-se da casa de habitação principal do requerido, sempre que se suscitem sérias dificuldades no realojamento do despejado, o executor comunica antecipadamente o facto à câmara municipal e às entidades assistenciais competentes.

3. Uso da força pública e entrada forçada em domicílio; remissão. O executor pode solicitar diretamente o auxílio das autoridades policiais sempre que seja necessário o *arrombamento da porta e a substituição da fechadura* para efetivar a posse do imóvel ou, em geral, sempre que *seja oposta alguma resistência ou haja justificado receio de oposição de resistência* aplicando-se, com as necessárias adaptações. Nesse caso vale o disposto no 757.º/6 do nCPC correspondente ao anterior 840.º/5 do CPC para onde o artigo em anotação faz remissão (*vide* o número 3 e o 14.º/5 do DL 1/2013, de 7-jan.).

Se o arrendatário *não desocupar o domicílio de livre vontade* ou *incumprir o acordo* previsto no 15.º-J/2 (acordo de prazo para a desocupação) é necessário *despacho judicial autorizativo de entrada forçada em domicílio*, como exigem os 15.º-B/7 e 15.º-L, e o 14.º/1 do DL 1/2013, de 7-jan.. O regime respetivo será por nós anotado em sede do 15.º-L.

4. Pagamento das rendas em atraso: disponibilização do título executivo e notificação ao requerente; constituição de mandatário; designação do agente de execução. Para efeitos da execução das rendas, encargos ou despesas, o BNA, feita a conversão do requerimento de despejo em título para desocupação do locado ou proferida decisão judicial para desocupação do locado, deve, por força do 12.º/1 do DL 1/2013, de 7-jan.: (a) *disponibilizar o título ou a decisão judicial* nos termos do 15.º-E/3; (b) *notificar o requerente* para em 10 dias juntar ao processo o comprovativo de pagamento da taxa de justiça respeitante à nova execução, indicar mandatário judicial, caso ainda não o tenha feito e o pretenda fazer, ou, caso o mandatário ainda não se tenha associado ao processo através do sistema informático CITIUS, juntar a respetiva procuração.

Se o requerente já constituiu mandatário no âmbito do PED presume-se que o mesmo mantém o mandato para a execução para pagamento de quantia certa (12.º/6 do DL 1/2013, de 7-jan.).

A não apresentação, no prazo de 10 dias, do documento comprovativo do pagamento da taxa de justiça é havida como *desistência do pedido de pagamento de rendas, encargos ou despesas*, não prosseguindo o BNA com os trâmites necessários à execução para pagamento de quantia certa. Trata-se de uma cominação inconstitucional, por desproporcionada, pois, como se sabe, a desistência do pedido importa a extinção dos créditos que se queria fazer valer, por força do 285.º/1, do nCPC. Bastaria que o efeito fosse a desistência da instância (*vide* número 2 do mesmo artigo).

Recebidos os elementos por parte do requerente, o Balcão procederá, à *designação eletrónica e automática do agente de execução*, de acordo com as regras para a designação do agente de execução ou notário referidas na anotação ao 15.º, quando o requerente não o tenha feito no requerimento de despejo, ou essa designação não seja válida, após análise do BNA.

15 5. **Segue; remessa do requerimento para o tribunal competente.** Só depois, o Balcão Nacional de Arrendamento procederá, eletronicamente, à remessa do *requerimento de despejo para o tribunal* nele indicado, juntamente com o *título ou a decisão judicial para desocupação do locado*, o *documento comprovativo do pagamento da taxa de justiça* ou da concessão de apoio judiciário e, se for caso disso, a *procuração do mandatário*.

16 Desta remessa deverá o Balcão *enviar ao requerente* comprovativo, juntamente com as referências necessárias para efetuar o pagamento dos honorários devidos ao agente de execução designado e, caso a designação do agente de execução tenha sido efetuada pelo BNA, os elementos de identificação e de contacto do agente de execução.

17 O *conjunto daqueles documentos* vale como *requerimento executivo* idóneo a iniciar a execução para pagamento de quantia certa, conforme o 12.º/3 *in fine* do DL 1/2013, de 7-jan..

18 6. **Segue; tramitação da execução para pagamento de quantia certa.** A *execução para pagamento das* rendas, encargos ou despesas correrá, então, nos termos gerais dos 724.º ss. e mas como se fora execução baseada em injunção (*vide* número 5, segunda parte).

19 Deste modo, haverá lugar a dispensa de citação prévia, nos termos do 855.º e 856.º do nCPC.

20 Nela também não caberá oposição à execução, *ex vi* número 6 do artigo em anotação.

21 O tribunal competente será, consoante o título, o do lugar em que a causa foi julgada, *ex vi* 85.º/1 do nCPC – logo o da situação do locado (*vide* 15.º-S/7 do NRAU/2012) – ou do domícilio do executado, nos termos do 89.º/1 do nCPC

22 O agente de execução respetivo será o designado pelo senhorio no requerimento de despejo, nos termos atrás vistos na anotação ao 15.º.

Artigo 15.º-K (Destino dos bens)

1. O agente de execução, o notário ou o oficial de justiça procede ao arrolamento dos bens encontrados no locado.

2. O arrendatário deve, no prazo de 30 dias após a tomada da posse do imóvel, remover todos os seus bens móveis, sob pena de estes serem considerados abandonados.

Bibliografia: Rui Pinto, O *novo regime processual do despejo* (2012), 129.

Índice

1. Arrolamento dos bens e prazo para remoção ... 1   2. Guarda dos bens... 2

1 1. **Arrolamento dos bens e prazo para remoção.** No ato de despejo o executor deverá proceder ao arrolamento dos bens encontrados no locado e notificará o arrendatário para, no prazo de 30 dias (salvo acordo entre o senhorio e o inquilino, nos termos do 15.º-J/2) após a tomada da posse do imóvel, remover todos os seus bens móveis, sob pena de estes serem considerados abandonados. Se não for possível proceder à notificação do requerido o executor afixará, na data em que procede ao arrolamento dos bens encontrados, a notificação na porta do imóvel, considerando-se o requerido notificado (17.º do DL 1/2013, de 7-jan.).

2 2. **Guarda dos bens.** Arrolados os bens parece que eles ficam à guarda do senhorio pelos 30 dias referidos, como sucede na EPECIA 930.º/3, do CPC (ver anotação ao 15.º).

Artigo 15.º-L (Autorização judicial para entrada imediata no domicílio)

1. Caso o arrendatário não desocupe o domicílio de livre vontade ou incumpra o acordo previsto no n.º 2 do artigo 15.º-J e o procedimento especial de despejo não tenha sido distribuído a juiz, o agente de execução, o notário ou o oficial de justiça apresenta requerimento no tribunal judicial da situação do locado para, no prazo de cinco dias, ser autorizada a entrada imediata no domicílio.

2. O requerimento previsto no número anterior assume caráter de urgência e deve ser instruído com:

   a) O título para desocupação do locado;
   b) O documento comprovativo do pagamento da taxa de justiça devida.

3. Se a considerar necessária, o juiz procede à audição do arrendatário.

4. São motivos de recusa do requerimento de autorização para entrada no domicílio, designadamente:

   a) Não ter sido utilizado o modelo de requerimento ou este não estar devidamente preenchido;
   b) O requerimento não estar instruído com os documentos referidos no n.º 2;
   c) A violação do disposto nos artigos 9.º, 10.º e 15.º-D.

5. Conferida autorização judicial para entrada no domicílio, o agente de execução, o notário ou o oficial de justiça desloca-se imediatamente ao locado para tomar a posse do imóvel, aplicando-se o disposto nos n.ºs 2 a 4 do artigo 15.º-J e no artigo anterior.

6. O disposto nos números anteriores é aplicável, com as necessárias adaptações, aos casos em que a entrada no locado dependa de autorização judicial nos termos da lei.

Bibliografia: Rui Pinto, *O novo regime processual do despejo* (2012), 129-130.

Índice

1. Procedimento já distribuído a juiz 1	3. Segue; recusa liminar; decisão 7
2. Procedimento ainda não distribuído a juiz: apresentação do requerimento 3	4. Dispensa de autorização judicial 10

1. Procedimento já distribuído a juiz. No regime do despacho judicial autorizativo de entrada forçada em domicílio, exigido pelos 15.º-B/7 e 15.º-L, e 14.º/1 do DL 1/2013, de 7-jan., importa distinguir o estado do procedimento.

Se o procedimento *fora já distribuído a juiz*, *i.e.*, se a fase injuntória fora convolada para fase contencioso, o juiz, "independentemente de ter sido requerido", já se pronunciara liminar e necessariamente sobre a entrada no domicílio (*vide* 15.º/7). Portanto, esse despacho pré-existe ao início de diligência de desocupação.

2. Procedimento ainda não distribuído a juiz: apresentação do requerimento. Se *o procedimento estiver a correr sem distribuição a juiz* (*i.e.*, não houve fase contraditória), então o número 1 prevê que o notário ou o oficial de justiça apresentem requerimento no tribunal judicial da situação do locado para, no prazo de cinco dias, ser autorizada a entrada imediata no domicílio. Esse regime é aplicável, com as necessárias adaptações, aos casos em que a entrada no locado dependa de autorização judicial nos termos da lei.

4   O requerimento de autorização segue o modelo constante da página eletrónica do BNA (*vide* 12.º da Port 9/2013, de 10-jan.) e assume caráter de urgência.

5   Decorre do número 2 do presente artigo e do 14.º/1 da Port 9/2013, que o requerimento deve ser instruído com: (a) o *título para desocupação do locado*; (b) *os documentos previstos* nos 9.º, 10.º e 15.º-D do NRAU/2012 (*i.e.*, relativos às comunicações para cessação do arrendamento e à notificação para o PED); (c) o *documento comprovativo do pagamento da taxa de justiça* – 0,2 UC conforme o 22.º/3 do DL 1/2013, de 7-jan. – após a respetiva emissão de DUC (*vide* 24.º do mesmo DL).

6   A apresentação do requerimento é feita pelo executor nos termos definidos no 9.º/1 da Port 9/2013, de 10-jan. [*vide* 11.º/1, *a*), da mesma Port], mas só depois de o executor ter recebido do requerente o documento comprovativo do pagamento da taxa de justiça devida.

7   3. **Segue; recusa liminar; decisão.** O requerimento de autorização para entrada no domicílio, pode ser objeto de recusa liminar do designadamente, pelo motivos listados, de modo não taxativo, no número 4.

8   Se a considerar necessária, o juiz procede à audição do arrendatário.

9   Se for conferida a autorização judicial para entrada no domicílio, o executor desloca-se imediatamente ao locado para tomar a posse do imóvel

10   4. **Dispensa de autorização judicial.** No entanto, o 14.º/2 e 4 do DL 1/2013, de 7-jan., vem, dispensar a autorização judicial nos despejos de arrendamentos para fins habitacionais em que o executor verifique, *cumulativamente*, que: (a) no imóvel arrendado não se encontram pessoas; (b) existem indícios de que o mesmo se encontra abandonado, os quais deverão, ser pelo menos, duas das seguintes circunstâncias – o fornecimento de água ou de eletricidade encontrar-se interrompido há mais de dois meses, o receptáculo postal encontrar-se cheio, o imóvel encontrar-se devoluto, sendo tal situação confirmada por pessoa residente na área do locado e com conhecimento direto.

11   O executor afixará no local *aviso com dia e hora para entrada no imóvel, com antecedência não inferior a 20 dias*, e confirmará a *existência de indícios* de abandono. De uma e outra diligência, *lavrará auto*.

12   Só depois de passado aquele prazo mínimo é que o executor poderá entrar no imóvel arrendado.

Artigo 15.º-M (Suspensão da desocupação do locado)

1. O agente de execução, o notário ou o oficial de justiça suspende as diligências para desocupação do locado sempre que o detentor da coisa, ao qual não tenha sido dada a oportunidade de intervir no procedimento especial de despejo, exibir algum dos seguintes títulos, com data anterior ao início daquele procedimento:

a) **Título de arrendamento ou de outro gozo legítimo do prédio, emanado do senhorio;**

b) **Título de subarrendamento ou de cessão da posição contratual, emanado do arrendatário, e documento comprovativo de haver sido requerida no prazo de 15 dias a respetiva notificação ao senhorio ou de este ter especialmente autorizado o subarrendamento ou a cessão ou, ainda, de ter reconhecido o subarrendatário ou cessionário como tal.**

2. Tratando-se de arrendamento para habitação, o agente de execução, o notário ou o oficial de justiça suspende as diligências executórias quando se mostre, por atestado médico que indique fundamentadamente o prazo durante o qual se deve suspender a execução, que a diligência põe em risco de vida a pessoa que se encontra no local, por razões de doença aguda.
3. Nos casos referidos nos números anteriores, o agente de execução, o notário ou o oficial de justiça lavra certidão das ocorrências, junta os documentos exibidos e adverte o detentor, ou a pessoa que se encontra no local, de que as diligências para a desocupação do locado prosseguem, salvo se, no prazo de 10 dias, requerer ao juiz do tribunal judicial da situação do locado a confirmação da suspensão, juntando ao requerimento os documentos disponíveis, dando do facto imediato conhecimento ao senhorio ou ao seu representante.
4. Ouvido o senhorio, o juiz do tribunal judicial da situação do locado, no prazo de cinco dias, decide manter suspensas as diligências para a desocupação ou ordena o levantamento da suspensão e a imediata prossecução daquelas.

Bibliografia: Rui Pinto, *O novo regime processual do despejo* (2012), 86-90 e 130-131

Índice

1. Justificação e identidade com o regime do artigo 930.º-B/2 a 5 do CPC.................. 1
2. Fundamentos: titularidade de direito incompatível 3
3. Segue: risco de vida 8
4. Procedimento 12
5. Jurisprudência 17

1. Justificação e identidade com o regime do artigo 863.º/2 a 5 do nCPC. Em termos semelhantes ao estatuído no 863.º/2 a 5 do nCPC (e no passado nos 60.º e 61.º do RAU), admite-se neste artigo que os atos executivos de desocupação possam ser provisoriamente suspensos pela entidade que executa o despejo, carecendo de confirmação judicial para se puder manter. O seu escopo é evitar a violação de direitos de terceiro, seja direitos ao gozo do locado oponíveis à pretensão do senhorio, seja de direitos de personalidade.

Seguiu-se, assim, a boa doutrina de Maria Olinda Garcia[1] quanto ao âmbito de aplicação da solução do 863.º do nCPC, anterior 930.º-B do CPC: se o legislador considera que direitos de terceiros devem ser acautelados na acção executiva quando teve lugar prévia acção judicial, por maioria de razão assim deve ser quando a não houve.

2. Fundamentos: titularidade de direito incompatível. Os números 1 e 2 correspondem aos números 2 e 3 do 863.º do nCPC e estabelecem os fundamentos para que o executor suspenda as diligências para desocupação do locado, aos quais correspondem distintas legitimidades.

O *primeiro fundamento* é a titularidade de *direito incompatível* por terceiro detentor que *não tenha sido ouvido e convencido na acção declarativa – ex*.: decretada a resolução do contrato de arrendamento por facto anterior à adjudicação, em execução fiscal, do direito ao trespasse e arrendamento do estabelecimento sito no locado, esta é inoponível à execução do mandado de despejo[2]. Para

---

[1] *A acção* cit., 90, nota 22.
[2] RLx 9-jul.-1992 (Cruz Broco), Proc. 0046826.

tal deve esse terceiro exibir algum dos seguintes títulos, com *data anterior ao início da execução*: (a) título de arrendamento ou de outro gozo legítimo do prédio, emanado do exequente – *ex*.: verifica-se esta hipótese "quando o exequente é o herdeiro do primitivo senhorio"[3]; (b) título de subarrendamento ou de cessão da posição contratual, emanado do executado, e documento comprovativo de haver sido requerida no prazo de 15 dias a respectiva notificação ao exequente, ou de o exequente ter especialmente autorizado o subarrendamento ou a cessão, ou de o exequente ter conhecido o subarrendatário ou cessionário como tal – *ex*.: haverá sustação do mandado de despejo se o detentor do locado não foi ouvido na acção que decretou o despejo e exibe título válido de cessão da posição contratual ou se o senhorio tiver reconhecido o cessionário como tal, independentemente da causa ou fundamento da sentença que decretou o despejo[4]; já não se verifica esta hipótese "quando o título exibido diz respeito ao trespasse do estabelecimento instalado no prédio despejando"[5].

5 Note-se que, pelo menos no caso do número 1, b), não basta o direito estar *titulado* antes da execução: mister é ainda que se tenha *constituído* antes do momento que marca a eficácia extintiva retroativa da sentença de despejo: *i.e.*, antes do facto que deu causa à resolução do arrendamento. Depois desse momento, o terceiro não apresenta um direito fundado de senhorio ou arrendatário, enquanto tais.

6 Por outro lado, a oponibilidade dos direitos pelos subarrendatários ou cessionários significa que o caso julgado resolutório da sentença de despejo não se estende aos transmissários *autorizados* pelo senhorio[6], quando o contrário decorreria do 581.º/2 do nCPC. A aceitação pelo senhorio quebra o nexo de "identidade sob o ponto de vista da sua jurídica", relevado por este último artigo.

7 Os sujeitos cuja situação jurídica não caiba nestas alíneas ou que não possam apresentar os títulos exigidos pelo número 1 podem usar de embargos de terceiro[7] e, sendo o caso, acção de reivindicação.

8 **3. Segue: risco de vida.** O *segundo fundamento* é privativo do arrendamento para fim habitacional: *a diligência colocar em risco de vida a pessoa que se encontra no local, por razões de doença aguda*. Visa-se, deste modo, a "preservação de valores humanistas insuperáveis, como a saúde e a vida, e ainda que à custa de drástica limitação do direito de propriedade privada"[8].

9 Essa "pessoa" tanto pode ser o *arrendatário*, como *familiares* com ele conviventes em comunhão de mesa e de habitação, ou, ainda, *outras pessoas* que, igualmente, residam consigo em economia comum[9].

10 A expressão "doença aguda" significa *doença súbita e inesperada* por contraposição a *doença crónica*, que é de longa duração[10]. *Ex*.: a execução do mandado de despejo *deve ser suspensa*, sempre que atestados médicos comprovem sofrer o inquilino de *doença do foro nosológico* podendo a sua vida perigar com a efectivação daquele[11]; a *esquizofrenia* do filho do executado *não constitui* uma "doença aguda", pelo que, tratando-se de uma doença crónica de um ocupante da casa cuja entrega se requer, mesmo que possa pôr em risco a vida do doente por uma sua ansiedade agudizante, não é justificativo da suspensão da execução[12]; também *não é justificativa da sustação* do despejo a *"ansiedade agudizante"* do ocupante[13]) ou a *necessidade "conceder prazo para "preparação psi-*

---

[3] RCb 2-jun.-1967, JR 13, 610.
[4] RPt 12-jun.-1997 (Coelho da Rocha), Proc. 9730485.
[5] RCb 2-jun.-1967 cit..
[6] RPt 8-mar.-1990 (Augusto Alves), Proc. 0123651.
[7] STJ 14-jul.-1967 (Torres Paulo), Proc. 061915, STJ 10-dez.-1981, BMJ 312, 255, RLx 29-nov.-1990 (Ribeiro Coelho), Proc. 0014866 e STJ 20-fev.-1992 (Tato Marinho), Proc. 080608.
[8] RLx 20-fev.-1980) CJV/1, 257.
[9] RLx 12-jun.-2008 (Granja da Fonseca), Proc. 4457/2008-6.
[10] RLx 12-jun.-2008 (Granja da Fonseca) cit..
[11] RLx 20-dez.-1990 (Almeida Valadas), Proc. 0021156.
[12] RLx 12-jun.-2008 (Granja da Fonseca) cit..
[13] RLx 29-jun.-1982, CJ VII/3, 132.

quiátrica" da executada, acontecidos já vários impasses e ultrapassado o prazo de perigo de vida previsto em atestado médico"[14].

O risco de vida deve ser demonstrado pelo opoente, que tanto pode ser o inquilino como o terceiro, mediante atestado médico que indique fundamentadamente o prazo durante o qual se deve suspender a execução[15]. Na indicação desse prazo "basta que se refira à duração provável da crise, ainda que por simples menção às características da doença e sua normal evolução de que a duração se infira"[16].

4. Procedimento. Estamos perante de um incidente declarativo inominado[17] e dividido em duas fases: uma fase de *suspensão liminar* pelo agente de execução e uma fase de *apreciação* para confirmação pelo juiz da causa.

O incidente inicia-se com um *acto de oposição à apreensão* acompanhada de prova escrita e deduzido antes da conclusão das diligências de apreensão. Se ficar convencido da procedência da oposição o agente de execução *suspende os actos de apreensão* de imediato. Lavra, então, de seguida, *certidão das ocorrências, junta* os documentos exibidos e *adverte* o detentor, ou a pessoa que se encontra no local, de que as diligências para a desocupação do locado prosseguem, salvo se, no prazo de 10 dias, requerer ao juiz do tribunal judicial da situação do locado a confirmação da suspensão, *dando do facto imediato conhecimento* ao senhorio ou ao seu representante.

O requerimento de confirmação judicial poderá ser apresentado em 10 dias, acompanhado dos documentos disponíveis[18], e por algumas das formas definidas no 9.º/1 da Port 9/2013, de 10-jan. [*vide* 11.º/1, b), da mesma Port], sendo devida uma taxa de justiça calculada nos termos previstos na tabela II do Regulamento das Custas Processuais para os «outros incidentes" [22.º/4, a), do DL 1/2013, de 7-jan.), paga por DUC, nos termos do 24.º do mesmo diploma. *Ex*.: num PED com o valor de 15.000 a taxa de justiça será de 0, 5 UC.

Ouvido o senhorio (cuja resposta escrita está sujeita uma taxa de justiça semelhante à que onera o requerimento, *ex vi* 22.º/4, a) do DL 1/2013, de 7-jan.), o juiz, no prazo de cinco dias, decidirá manter suspensas as diligências para a desocupação se, de acordo com a *livre convicção*, quanto à prova produzida, e fazendo *uso da equidade*[19], quanto ao critério decisório, resultar uma séria aparência da situação invocada susceptível de esclarecimento definitivo em acção declarativa própria[20]. No caso contrário, ordenará o levantamento da suspensão e a imediata prossecução das diligências de desocupação – *ex*., a doença crónica do ocupante de uma casa, mesmo que possa pôr em risco a vida do doente por uma sua ansiedade agudizante *não é justificativa* da sustação da execução de um mandado de despejo, por a lei só prever a situação de risco de vida relacionada com uma doença *aguda* desse ocupante[21]; o mesmo se diga quanto ao agravamento de tendências suicidas[22].

Da decisão do juiz, incluindo a de indeferimento liminar, caberá, parece recurso imediato de apelação[23], ao abrigo do 644.º/1, a) do nCPC, porquanto refere-se a incidente processado autonomamente (no direito anterior, tratar-se-ia do 691.º/2, f), do CPC, cumpridos os pressupostos recursais devidos.

---

[14] REv 12-mai.-1982, CJ VII/3, 289.
[15] RPt 25-fev.-2002 (Fernandes do Vale), Proc. 0151859 e RLx 12-jun.-2008 (Granja da Fonseca) cit..
[16] RLx 20-fev.-1980, CJ V/1, 257.
[17] STJ 8-mai.-1997 (Costa Soares), Proc. 96B295.
[18] No direito pretérito era "de admitir qualquer espécie de prova, ainda que testemunhal" [RLx 12-jun.-1979 (Farinha Ribeiras), Proc. 0008381].
[19] "O juiz decidirá, sempre, "como lhe parecer humano" critério que parece ir além do de simples conveniência e oportunidade na mira da preservação de valores humanistas insuperáveis, como a saúde e a vida, e ainda que à custa de drástica limitação do direito de propriedade privada" (RLx 20-fev.-1980, CJ V/1, 257).
[20] RLx 12-jun.-1979 (Farinha Ribeiras) cit..
[21] RLx 14-out.-2008 (Rui Vouga), Proc. 3870/2008-1.
[22] RLx 30-jan.-1997, CJ XXI/1, 111.
[23] STJ 8-mai.-1997 (Costa Soares), Proc. 96B295, em sede de CPC.

17 5. **Jurisprudência**: STJ 14-jul.-1967 (Torres Paulo), Proc. 061915; RLx 12-jun.-1979 (Farinha Ribeiras), Proc. 0008381; RPt 8-mar.-1990 (Augusto Alves), Proc. 0123651; RLx 29-nov.-1990 (Ribeiro Coelho), Proc. 0014866; RLx 20-dez.-1990 (Almeida Valadas), Proc. 0021156; RLx 9-jul.-1992 (Cruz Broco), Proc. 0046826; STJ 20-fev.-1992 (Tato Marinho), Proc. 080608; STJ 8-mai.-1997 (Costa Soares), Proc. 96B295; RPt 12-jun.-1997 (Coelho da Rocha), Proc. 9730485; RPt 25-fev.-2002 (Fernandes do Vale), 0151859; RLx 12-jun.-2008 (Granja da Fonseca), Proc. 4457/2008-6; RLx 14-out.-2008 (Rui Vouga), Proc. 3870/2008-1.

Artigo 15.º-N (Diferimento da desocupação de imóvel arrendado para habitação)

1. No caso de imóvel arrendado para habitação, dentro do prazo para a oposição ao procedimento especial de despejo, o arrendatário pode requerer ao juiz do tribunal judicial da situação do locado o diferimento da desocupação, por razões sociais imperiosas, devendo logo oferecer as provas disponíveis e indicar as testemunhas a apresentar, até ao limite de três.

2. O diferimento de desocupação do locado para habitação é decidido de acordo com o prudente arbítrio do tribunal, devendo o juiz ter em consideração as exigências da boa fé, a circunstância de o arrendatário não dispor imediatamente de outra habitação, o número de pessoas que habitam com o arrendatário, a sua idade, o seu estado de saúde e, em geral, a situação económica e social das pessoas envolvidas, só podendo ser concedido desde que se verifique algum dos seguintes fundamentos:

a) Que, tratando-se de resolução por não pagamento de rendas, a falta do mesmo se deve a carência de meios do arrendatário, o que se presume relativamente ao beneficiário de subsídio de desemprego, de valor igual ou inferior à retribuição mínima mensal garantida, ou de rendimento social de inserção;

b) Que o arrendatário é portador de deficiência com grau comprovado de incapacidade superior a 60%.

3. No caso de diferimento decidido com base na alínea a) do número anterior, cabe ao Fundo de Socorro Social do Instituto de Gestão Financeira da Segurança Social pagar ao senhorio as rendas correspondentes ao período de diferimento, ficando aquele sub-rogado nos direitos deste.

Bibliografia: Rui Pinto, O novo regime processual do despejo (2012), 82-85 e 123-124.

Índice

1. Justificação e identidade com o regime dos artigos 930.º-C e 930.º-D do nCPC ... 1	6. Decisão ... 7
2. Fundamentos ... 2	7. Comunicação ao Fundo de Socorro Social do Instituto de Gestão Financeira da Segurança Social ... 11
3. Requerimento ... 3	
4. Despacho liminar ... 5	8. Proibição de repetição de diferimento ... 14
5. Contestação ... 6	9. Jurisprudência ... 15

1. **Justificação e identidade com o regime dos artigos 864.º e 865.º do nCPC.** Em termos semelhantes ao estatuído nos 864.º e 865.º do nCPC, prevê-se nos 15.º-N e 15.º-O que no prazo de oposição do requerimento de despejo, *i.e.*, em 15 dias após a notificação (*vide* 15.º-F/1) o inquilino de locado para fim habitacional possa requerer que seja diferida a desocupação por razões sociais imperiosas. Trata-se de conciliar o direito ao despejo do senhorio com direitos de personalidade fundamentais por parte do inquilino.

2. **Fundamentos.** Os fundamentos relevantes constam do número 2 do artigo e devem existir à data do requerimento de diferimento e não antes, à data da formação da respetiva base documental prevista nas alíneas do 15.º/2[1]. Antes da L 31/2012, previa-se no 930.º-C/2, *a*), do CPC um outro fundamento que aquela suprimiu e que correspondentemente também já não se acha neste número 2: a desocupação imediata do local causar ao executado um prejuízo muito superior à vantagem conferida ao exequente;

3. **Requerimento.** O requerimento de deferimento da desocupação apenas pode ser apresentado pelo arrendatário, devendo ser instruído com as provas disponíveis e rol de testemunhas, até ao limite de três, sendo processado com carácter de urgência.

Não é obrigatória a constituição de advogado.

4. **Despacho liminar.** Estatui o número 1 do artigo seguinte que o requerimento será *indeferido* liminarmente quando tiver sido deduzida fora do prazo, o fundamento não se ajustar a algum dos referidos no número 2 ou for manifestamente improcedente.

5. **Contestação.** Se a petição for *recebida*, o exequente é notificado para contestar, dentro do prazo de 10 dias, devendo logo oferecer as provas disponíveis e indicar as testemunhas a apresentar, até ao limite de três.

6. **Decisão.** O juiz deve decidir do pedido de diferimento da desocupação no prazo máximo de 20 dias a contar da sua apresentação do pedido.

Na sua decisão, o juiz deve, além dos factos alegados pelo requerente, ter ainda em conta as exigências da boa fé, a circunstância de o executado não dispor imediatamente de outra habitação, o número de pessoas que habitam com o executado, a sua idade, o seu estado de saúde e, em geral, a situação económica e social das pessoas envolvidas.

Fá-lo usando sempre de um "prudente arbítrio", ou seja, balanceando os interesses em conflito, de inquilino e senhorio decorrente dos elementos de facto concretos, balizando pelos critérios normativos do número 2 do artigo.

Qualquer diferimento não pode exceder o prazo de 5 meses a contar da data do trânsito em julgado da decisão que o conceder (15.º-O/4).

7. **Comunicação ao Fundo de Socorro Social do Instituto de Gestão Financeira da Segurança Social.** Se o tribunal deferir o requerimento fundado em falta de pagamento por carência *de meios do executado* [fundamento do número 2, *a*)] a decisão será oficiosamente comunicada, com a sua fundamentação, ao Fundo de Socorro Social do Instituto de Gestão Financeira da Segurança Social. Essa notificação não está expressamente prevista, mas não pode deixar de ter lugar para se poder cumprir o n.º 2: o Fundo **pagar ao senhorio as rendas correspondentes ao período de diferimento, ficando sub-rogado nos direitos deste.** Portanto, vale aqui o princípio do (865.º/3, segunda parte, do nCPC

Deste modo, o Fundo "não é (...) citado para tomar posição nos autos"[2] sobre o deferimento da desocupação do prédio mas, sim, como simples destinatário passivo daquela comunicação. Feita a comunicação, o Fundo fica com o dever legal de pagar ao senhorio as rendas

---

[1] RLx 30-jun.-2009 (Rosário Gonçalves), Proc. 14090/07.
[2] RPt 13-jul.-2000 (Moreira Alves), Proc. 0030558.
[3] RPt 10-out.-2006 (Henrique Araújo), Proc. 0623816.

correspondentes ao período de diferimento (*i.e.*, as rendas vencidas "durante a moratória imposta ao senhorio"[3], ficando sub-rogado nos direitos deste e *evitando* a mora no seu pagamento que iria resultar do não pagamento pelo inquilino.

13   Se o Fundo não pagar atempadamente as rendas vencidas no período diferido de desocupação "incorre em mora e terá de pagar os respectivos juros", esclarece o mesmo acórdão[4].

14   **8. Proibição de repetição de diferimento.** Ao contrário do que se dispunha no anterior 930.°-C/4 do CPC reformado pela L 31/2012, de 14-ago., nem no 864.° do nCPC, nem aqui em sede de PED se prevê que "o diferimento da desocupação do local arrendado para habitação por razões sociais *imperiosas não pode ser novamente peticionado pelo executado ou qualquer elemento do seu agregado familiar que com ele coabite antes de decorridos cinco anos* sobre anterior decisão favorável". Aparentemente isso decorreria do facto de o PED ser uma única instância que depois se extingue, mas na verdade tal também sucede com a EPECIA. No entanto, não pode deixar de o inquilino de estar sujeito ao mesmo impedimento, seja ele invocado em EPECIA, seja em PED.

15   **9. Jurisprudência:** RPt 13-jul.-2000 (Moreira Alves), Proc. 0030558; RPt 10-out.-2006 (Henrique Araújo), Proc. 0623816; RLx 30-jun.-2009 (Rosário Gonçalves), Proc. 14090/07.

Artigo 15.°-O (Termos do diferimento da desocupação)

1. O requerimento de diferimento da desocupação assume carácter de urgência e é indeferido liminarmente quando:

a) **Tiver sido apresentado fora do prazo;**
b) **O fundamento não se ajustar a algum dos referidos no artigo anterior;**
c) **For manifestamente improcedente.**

2. Se o requerimento for recebido, o senhorio é notificado para contestar, dentro do prazo de 10 dias, devendo logo oferecer as provas disponíveis e indicar as testemunhas a apresentar, até ao limite de três.

3. O juiz deve decidir o pedido de diferimento da desocupação por razões sociais no prazo máximo de 20 dias a contar da sua apresentação, sendo, no caso previsto na alínea *a*) do n.° 2 do artigo anterior, a decisão oficiosamente comunicada, com a sua fundamentação, ao Fundo de Socorro Social do Instituto de Gestão Financeira da Segurança Social.

4. O diferimento não pode exceder o prazo de cinco meses a contar da data do trânsito em julgado da decisão que o conceder.

Remissão: *Vide* a anotação ao artigo anterior.

Artigo 15.°-P (Impugnação do título para desocupação do locado)

1. O arrendatário só pode impugnar o título para desocupação do locado com fundamento na violação do disposto nos artigos 9.°, 10.° e 15.°-D.

2. A impugnação prevista no número anterior é apresentada ao juiz do tribunal judicial da situação do locado, no prazo de 10 dias a contar da deslocação do agente de execução, do notário ou do oficial de justiça ao imóvel para a sua desocupação, ou do momento em que o arrendatário teve conhecimento de ter sido efe-

---

[4] RPt 13-jul.-2000 (Moreira Alves) cit..

tuada a sua desocupação, podendo ser acompanhada de cópia do título para desocupação do locado.

3. A impugnação observa as seguintes regras:

a) A prova é oferecida com o requerimento;
b) A parte requerida é notificada para, em 10 dias, se opor à impugnação e oferecer prova;
c) A impugnação tem sempre efeito meramente devolutivo, seguindo, com as necessárias adaptações, a tramitação do recurso de apelação, nos termos do Código de Processo Civil.

Bibliografia: Rui Pinto, *O novo regime processual do despejo* (2012), 132.

Índice

1. Fundamento restrito da impugnação. Justificação 1
2. Objeto da impugnação: título injuntório 3
3. Momento e dedução da oposição 4
4. Notificação do senhorio 7
5. Tramitação ulterior 9

1. **Fundamento restrito da impugnação. Justificação.** Vimos atrás que toda a defesa do inquilino deve, em regra, ser deduzida na oposição ao requerimento de desocupação do locado (ver anotação ao 15.º-F). Por isso, apenas em termos restritos se vem admitir nova impugnação já na fase de execução do título para desocupação.

   Assim, o inquilino só pode opor-se à execução mediante impugnação do título para desocupação com fundamento em *nulidade do documento que serviu de base* ao PED [*i.e.*, violação do disposto nos 9.º e 10.º do NRAU/2012 (regime de comunicações)], ou por *falta ou nulidade da notificação* [*i.e.*, violação do disposto no 15.º-D do NRAU/2012 (notificação ao inquilino)].

2. **Objeto da impugnação: título injuntório**. Resulta da letra do preceito (*vide* por exemplo a contraposição entre "*título* ou *decisão judicial* para desocupação do locado" feita no 15.º-J/1) que o título impugnável por este meio é apenas o *título injuntório* constituído pelo BNA, nos termos do 15.º-E. A impugnação da *decisão judicial* de desocupação do locado pode ser lugar em sede de recurso, nos termos do 15.º-Q

3. **Momento e dedução da oposição**. O inquilino dispõe para de um prazo de 10 dias a contar da *deslocação* do executor ao imóvel para a sua desocupação, ou do *momento em que o arrendatário teve conhecimento* de ter sido efetuada a sua desocupação.

   O requerimento de impugnação deverá ser dirigido ao juiz do tribunal judicial da situação do locado, acompanhado da respetiva prova e, facultativamente, da cópia do título para desocupação do locado. A apresentação cumprirá os termos definidos no 9.º/1 da Port 9/2013, de 10-jan. [*vide* 11.º/1, *d*), da mesma Port).

   É devida uma taxa de justiça calculada nos termos previstos na tabela II do Regulamento das Custas Processuais para os «outros incidentes" [22.º/4, *c*), do DL 1/2013, de 7-jan.), paga após emissão de DUC, conforme o 24.º do DL 1/2013, de 7-jan., e comprovada pela junção do respetivo documento comprovativo à peça processual do requerimento

4. **Notificação do senhorio**. A parte requerida é notificada para, em 10 dias, se opor à impugnação e oferecer prova, tendo de, para o efeito, de pagar taxa de justiça de montante idêntico àquela, *ex vi* 22.º/4, *c*), do DL 1/2013, de 7-jan..

8   A forma da respetiva apresentação será a comum, nos termos do 144.º do nCPC e da legislação complementar quanto à apresentação das peças processuais, conforme o 11.º/3 da Port 9/2013, de 10-jan..

9   **5. Tramitação ulterior.** A impugnação tem sempre efeito meramente devolutivo, ou seja, não suspende a desocupação, seguindo-se, com as necessárias adaptações, a tramitação do recurso de apelação. Esta equiparação assenta na natureza desta impugnação de meio de anulação de um ato processual final, como seja a conversão em do requerimento em título executivo.

Artigo 15.º-Q (Recurso da decisão judicial para desocupação do locado)

Independentemente do valor da causa e da sucumbência, da decisão judicial para desocupação do locado cabe sempre recurso de apelação, nos termos do Código de Processo Civil, o qual tem sempre efeito meramente devolutivo.

Índice

1. Recorribilidade.................................... 1   2. Efeito... 2

1   **1. Recorribilidade.** A solução legal enunciada neste artigo de garantia de recurso para a Relação tem paralelo nos 629.º/3, *a*) do nCPC.

2   **2. Efeito.** Como se atribui à apelação efeito meramente *devolutivo* pode proceder-se à execução provisória da decisão judicial para desocupação do locado. Em sede de 647.º/3, *b*) do nCPC, aplicável à sentença de despejo, a regra seria a oposta: efeito suspensivo

Artigo 15.º-R (Uso indevido ou abusivo do procedimento)

1. Aquele que fizer uso indevido do procedimento especial de despejo do locado incorre em responsabilidade nos termos da lei.
2. Se o senhorio ou o arrendatário usarem meios cuja falta de fundamento não devessem ignorar ou fizerem uso manifestamente reprovável do procedimento especial de despejo, respondem pelos danos que culposamente causarem à outra parte e incorrem em multa de valor não inferior a 10 vezes a taxa de justiça devida.
3. O disposto no número anterior é ainda aplicável ao detentor do locado ou a qualquer outro interveniente no procedimento especial de despejo que, injustificadamente, obste à efetivação da desocupação do locado.
4. Incorre na prática do crime de desobediência qualificada quem infrinja a decisão judicial de desocupação do locado.

Bibliografia: Rui Pinto, *O novo regime processual do despejo* (2012), 116 e 127.

Índice

1. Responsabilidade civil.................................... 1   2. Responsabilidade penal............................. 5

1. **Responsabilidade civil.** Atentas a celeridade e, bem assim, a sumariedade probatória deste 1
meio, o 15.º-R/1 e 2 do NRAU/2012 comina a parte que faça uso indevido do procedimento
especial de despejo do locado com responsabilidade processual agravada.

Assim, se o senhorio fizer uso de meios (*maxime*, dedução de requerimento de despejo, jun- 2
ção de documentos) cuja falta de fundamento não devesse ignorar ou fizer uso manifestamente
reprovável do procedimento especial de despejo, responderá pelos danos que culposamente causar causar ao inquilino e incorre em multa de valor não inferior a 10 vezes a taxa de justiça devida.

O mesmo se diga para hipótese inversa de improcedência da oposição do inquilino, caso se 3
apure que o inquilino se opôs à injunção de desocupação quando sabia que não deveria ignorar
a respetiva falta de fundamento.

Finalmente, também o terceiro detentor pode responder seja pelo abuso do meio previsto 4
no 15.º-M, quer por obstáculo à efetivação da desocupação.

2. **Responsabilidade penal.** Quando o título executivo é a decisão judicial de desocupação, e 5
o inquilino não desocupa o locado pode incorrer na prática do crime de desobediência qualificada, previsto no art.348.º/2 do Código Penal.

Artigo 15.º-S (Disposições finais)

1. Ao procedimento especial de despejo aplica-se o regime de acesso ao direito
e aos tribunais, com as necessárias adaptações e as seguintes especificidades:

   a) O prazo previsto no n.º 1 do artigo 33.º da Lei n.º 34/2004, de 29 de julho,
   é reduzido para 10 dias;

   b) Não se aplica o disposto no n.º 2 do artigo 33.º da Lei n.º 34/2004, de 29 de
   julho;

   c) Sendo requerido apoio judiciário para dispensa de pagamento ou pagamento
   faseado das taxas e demais encargos equivale ao pagamento da taxa a que
   alude o n.º 7 do artigo 15.º-B a junção do documento comprovativo da apresentação do respetivo pedido.

2. Em caso de indeferimento do pedido de apoio judiciário na modalidade de
dispensa ou de pagamento faseado de taxa e demais encargos com o processo, o
requerente deve efetuar o pagamento da taxa devida no prazo de 5 dias a contar da
data da notificação da decisão definitiva de indeferimento, sob pena de extinção do
procedimento ou, caso já tenha sido constituído título para desocupação do locado,
de pagamento do valor igual a 10 vezes o valor da taxa devida.

3. No procedimento especial de despejo, é obrigatória a constituição de advogado para a dedução de oposição ao requerimento de despejo.

4. As partes têm de se fazer representar por advogado nos atos processuais subsequentes à distribuição no procedimento especial de despejo.

5. Aos prazos do procedimento especial de despejo aplicam-se as regras previstas no Código de Processo Civil, não havendo lugar à sua suspensão durante as
férias judiciais nem a qualquer dilação.

6. Estão sujeitos a distribuição a autorização judicial para entrada imediata no
domicílio, a suspensão da desocupação do locado e o diferimento da desocupação
de imóvel arrendado para habitação, previstos nos artigos 15.º-L a 15.º-O, bem como
os demais atos que careçam de despacho judicial.

7. O tribunal competente para todas as questões suscitadas no âmbito do procedimento especial de despejo é o da situação do locado.
8. Os atos a praticar pelo juiz no âmbito do procedimento especial de despejo assumem carácter urgente.
9. Compete ao membro do Governo responsável pela área da justiça regulamentar o procedimento especial de despejo, nomeadamente, nas seguintes matérias:

   a) Aprovação do modelo de requerimento de despejo;
   b) Forma de apresentação dos requerimentos de despejo, oposição, autorização judicial para entrada imediata no domicílio, suspensão da desocupação do locado e diferimento da desocupação de imóvel arrendado para habitação;
   c) Forma de apresentação da impugnação do título para desocupação do locado e da oposição à mesma;
   d) Forma de pagamento da caução devida pela dedução de oposição à desocupação do locado;
   e) Forma de apresentação da contestação do pedido de diferimento da desocupação;
   f) Modo de designação, substituição e destituição do agente de execução, notário ou oficial de justiça;
   g) Forma de disponibilização do título de desocupação do locado;
   h) Comunicações e notificações;
   i) Fixação de taxas e forma de pagamento;
   j) Remuneração do agente de execução ou notário ou pagamento de taxa no caso de intervenção de oficial de justiça.

Índice

1. Regime de acesso ao direito 1
2. Patrocínio judiciário 4
3. Remissão para o Código de Processo Civil 5
4. Pedidos sujeitos a despacho judicial 6
5. Legislação complementar 7

1   1. **Regime de acesso ao direito.** A L 34/2004, de 29-jul. (Lei de Acesso ao Direito e aos Tribunais) aplica-se ao PED, com as adaptações que sejam necessárias, e várias especialidades.

2   Se foi requerido apoio judiciário para *nomeação e pagamento de honorários de patrono*, há uma redução de 30 para 10 dias do prazo, a contar da notificação da nomeação, para o patrono nomeado deduzir o requerimento de despejo, não podendo requerer à Ordem dos Advogados a prorrogação desse prazo.

3   Se foi requerido apoio judiciário para *dispensa de pagamento ou pagamento faseado das taxas e demais encargos* equivale ao pagamento da taxa de justiça a junção do documento comprovativo da apresentação do respetivo pedido, em conformidade com o 15.º-B/7. Em caso de indeferimento do pedido de apoio judiciário o requerente deve efetuar o pagamento da taxa devida no prazo de 5 dias a contar da data da notificação da decisão definitiva de indeferimento, sob pena de extinção do procedimento ou, caso já tenha sido constituído título para desocupação do locado, de pagamento do valor igual a 10 vezes o valor da taxa devida.

4   2. **Patrocínio judiciário.** Já sabemos que não é obrigatória a constituição de advogado para a dedução do *requerimento de despejo* pelo senhorio. Pelo contrário, ela é obrigatória para a dedu-

ção de *oposição ao requerimento* de despejo pelo inquilino e para ambas as partes nos *atos processuais subsequentes à distribuição* no procedimento especial de despejo.

3. **Remissão para o Código de Processo Civil.** Aos prazos do PED irão aplicar-se as regras previstas no Código de Processo Civil, mas *não há lugar à sua suspensão durante as férias judiciais* (vide a regra geral oposta, do 138.º/1 do nCPC), nem a qualquer dilação. Por outro lado, os atos a praticar pelo juiz assumem carácter urgente. 5

4. **Pedidos sujeitos a despacho judicial.** O número 6 reserva para o juiz vários pedidos incidentais: a autorização judicial para entrada imediata no domicílio, a suspensão da desocupação do locado e o diferimento da desocupação de imóvel arrendado para habitação (ver, respetivamente, as anotações aos 15.º-L, 15.º-M e 15.º-N),e demais atos que careçam de despacho judicial (*por ex.*,conhecer da impugnação do título para desocupação do locado; *vide* 15.º-P). 6

5. **Legislação complementar.** O número 8 remete para um pacote de legislação complementar à L 31, de 14-ago.. Este concretizou-se no DL 1/2013, de 7-jan. (*Instalação e definição das regras do funcionamento do BNA e do procedimento especial de despejo*) e na Port 9/2013, de 10-jan. (*Regulamenta vários aspetos do procedimento especial de despejo*). 7

Lei n.º 6/2006, de 27 de fevereiro, na redação dada pela Lei n.º 31/2012, de 14 de agosto

Título II – Normas transitórias
Título III – Normas finais

Título II – Normas transitórias*

Introdução

Bibliografia geral: Francisco Pereira Coelho, *Breves notas ao Regime do Arrendamento Urbano*, RLJ 126 (1994) e 131 (1998); Amadeu Colaço, *Reforma do Novo Regime*; António Menezes Cordeiro, *O dever de comunicar a morte do arrendatário: o art. 1111.º n.º 5, do C. Civil*, Tribuna da Justiça, dezembro de 1989; António Menezes Cordeiro/Francisco Castro Fraga, *Novo Regime do Arrendamento Urbano* (1990); José Diogo Falcão, *A transmissão do arrendamento para habitação por morte do arrendatário no NRAU*, ROA, ano 67, 2007, III, 1163; Francisco Castro Fraga/Cristina Gouveia de Carvalho, *O regime transitório*, O Direito 136 (2004); *idem*, *As normas transitórias*, O Direito 137 (2005); Jorge Henrique da Cruz Pinto Furtado, *Manual* 2, 5.ª ed.; Maria Olinda Garcia, *Arrendamentos para comércio e fins equiparados* (2006); *idem, A nova disciplina*; *idem, Arrendamento urbano anotado*, 2.ª ed.; Laurinda Gemas e outros, *Arrendamento*; Manuel Januário da Costa Gomes, *Arrendamentos para habitação*, 2.ª ed., 1996; João Sérgio Teles de Menezes Correia Leitão, *Morte do arrendatário e sorte do contrato*, Estudos Galvão Teles 3; Luís Menezes Leitão, *Arrendamento*, 4.ª ed.; *idem, Arrendamento*, 6.ª ed.; Pires de Lima/Antunes Varela, *Código anotado* 2, 3.ª ed.; Manteigas Martins, *Reforma do arrendamento urbano na transmissão dos arrendamentos não habitacionais*, Boletim da Ordem dos Advogados, n.º 41, março-abril de 2006; Manteigas Martins e outros, *NRAU/Anotado e comentado*; Manteigas Martins/Raposo Subtil/Luís Filipe Carvalho, *O Novo Regime do Arrendamento Urbano* (2006); Fernando de Gravato Morais, *Arrendamento para habitação, Regime transitório*, (2007); *idem, Novo Regime do Arrendamento Comercial*, 3.ª ed. (2011); *idem, As normas transitórias e o Novo Regime do Arrendamento Urbano*, Revista Julgar, n.º 3 (2007); *idem, As novas regras transitórias na reforma do NRAU (Lei 31/2012)*, Revista Julgar, n.º 19 (2013).

Índice

1. Enquadramento 1
2. Evolução política e legislativa 3
3. Reforma de 2004 4
4. Reforma de 2006 5
5. Reforma de 2012 6

1. **Enquadramento**. O Título II contém um conjunto de normas que estabelecem o regime aplicável aos contratos de arrendamento celebrados anteriormente à entrada em vigor da L 6/2006 de 27-fev., ocorrida no dia 28-jun.-2006. Divide-se em dois capítulos: o primeiro regula os contratos mais recentes (habitacionais celebrados na vigência da RAU[1] e não habita-

---

* O autor da parte desta obra, relativa ao Regime Transitório, presta aqui a sua homenagem e agradecimento à Sr.ª Dr.ª. Lourença Rita – ilustre advogada, com experiência e sólidos conhecimentos em matéria de arrendamento urbano – que colaborou ativamente na sua revisão e correção, sugerindo diversas e úteis alterações, que foram aceites e em muito a valorizaram.

[1] O RAU – Regime do Arrendamento Urbano – foi aprovado pelo DL 321-B/90, de 15-out. e entrou em vigor em 18-nov.-1990.

cionais celebrados na vigência do DL 257/95[2]); o segundo regula os mais antigos (habitacionais pré-RAU[3] e não habitacionais pré-DL 257/95).

2   O estabelecimento destas marcas temporais justifica-se pelo facto de terem sido esses os diplomas que introduziram os contratos de duração limitada, respetivamente nos contratos habitacionais e não habitacionais. Neles passou a ser conferida, ao senhorio, a possibilidade de se opor efetivamente à sua renovação (ao contrário do que anteriormente sucedia em que, na prática, só ao inquilino era atribuída essa faculdade[4]). A partir de então, as partes puderam optar pela celebração de contratos com termo efetivo predeterminado – sendo que a grande maioria passou, naturalmente, a revestir essa modalidade: foram os primeiros contratos não vinculísticos após muitas décadas em que a sua celebração esteve legalmente impedida.

3   2. **Evolução política e legislativa**. O arrendamento urbano foi objeto de três reformas no curto espaço de oito anos. A primeira data de 2004[5] e não chegou a entrar em vigor, muito embora tenha chegado a ser aprovada na Assembleia da República, sob a forma de lei de autorização legislativa[6]. A segunda entrou em vigor em 2006[7] e compõe-se de um conjunto de nove diplomas legais (uma lei – 6/2006 – seis decretos-leis e duas portarias). A terceira é a de 2012[8] e é formada por três leis (30, 31, e 32, de 14-ago.); três decretos-leis (266-B, 266-C, ambos de 31-dez.-2012, e 1/2013, de 10-jan.) e três portarias (7 e 9, ambas de 10-jan.-2013; e 226/2013, de 12-jul.).

4   3. Na **reforma de 2004**, a matéria referente ao regime transitório seria regulada em diploma próprio – *maxime* nos seus 4.º e 5.º – estando subordinada aos princípios seguintes: (a) os contratos de duração limitada celebrados ao abrigo do RAU passariam a regular-se pelo novo regime, após a sua renovação operada já na vigência deste; (b) os outros contratos celebrados ao abrigo do RAU passariam a regular-se pelo novo regime decorridos três anos após a sua entrada em vigor, considerando-se celebrados por tempo indeterminado; (c) os contratos anteriores ao RAU continuariam a reger-se por esse diploma; (d) era criado um regime transitório que facultava e, por vezes, impunha a transição para o novo regime, sempre por iniciativa do senhorio e verificados que estivessem alguns condicionalismos[9].

5   4. A **reforma de 2006**, muito embora inspirada técnica e sistematicamente na de 2004, dela se afastou radicalmente quanto aos seus princípios fundamentais: todos os contratos passaram a ser regulados pelo novo regime, tendo sido revogada a grande maioria das normas do RAU. Mas isso não implicou progresso, e muito menos substancial, na ultrapassagem do vinculismo quanto aos contratos de pretérito, mormente nos mais antigos – habitacionais pré-RAU e não habitacionais pré-DL 257/95 – que mantiveram, quase intocável, essa característica, designadamente quanto ao seu elemento fundamental: a sua duração muito para além do prazo estipulado, sem ou mesmo contra a vontade do senhorio. É certo que facultava uma atualização extraordinária das rendas, com base no valor patrimonial atribuído ao locado nos termos do CIMI[10]; mas o sistema preconizado aliava a complexidade burocrática à baixa compensação obtida. Os resultados estão à

---

[2] O DL 257/95, de 30-set., entrou em vigor no dia 5-out.-1995.
[3] Usar-se-ão as expressões contratos habitacionais pré e pós-RAU e contratos não habitacionais pré e pós-DL 257/95 para se referirem, respetivamente, os contratos mais antigos e mais recentes.
[4] Então legalmente denominada denúncia – *vide* 68.º do RAU.
[5] Foi preparada por dois Governos PSD/CDS (Durão Barroso e Santana Lopes) e aprovada neste último.
[6] A proposta de lei de autorização legislativa correspondia ao D 208/IX; a razão para não ter entrado em vigor prende-se com a queda do Governo Santana Lopes e subsequente dissolução da Assembleia da República.
[7] Foi preparada e aprovada no primeiro Governo Sócrates, de maioria absoluta PS.
[8] Foi preparada e aprovada no Governo Passos Coelho de maioria PSD/CDS.
[9] Este regime, previsto na reforma de 2004, serviu, claramente, de inspiração à reforma de 2012.
[10] Código do Imposto Municipal Sobre Imóveis.

vista: de um universo de cerca de quatrocentos mil fogos com rendas degradadas apenas alguns milhares foram objeto de atualização[11].

5. O regime estabelecido pela **Reforma de 2012** inspirou-se nas duas anteriores, mas com prevalência na de 2004: por iniciativa do senhorio, os contratos mais antigos poderão passar ao regime não vinculístico, decorrido um prazo que pode variar entre cinco e sete anos; excecionam-se, apenas, alguns habitacionais (quando os inquilinos tenham mais de 65 anos e/ou incapacidade superior a 60%): mas, uns e outros, até à transição para o novo regime – ou até ao seu termo, por qualquer causa, se se encontrarem no conjunto daqueles que não chegarão a transitar – estarão sujeitos a uma atualização extraordinária de rendas baseada no valor patrimonial do locado.

Com esta reforma pretendeu o legislador dinamizar o contrato de arrendamento [1.º, a) da L 31/2012],

> Alterando o regime transitório dos contratos de arrendamento celebrados antes da entrada em vigor da Lei n.º 6/2006, de 27 de fevereiro, reforçando a negociação entre as partes e facilitando a transição dos referidos contratos para o novo regime, num curto espaço de tempo.

São, assim, três os objetivos da Reforma de 2012: reforçar a negociação das partes, facilitar a transição dos contratos para o novo regime (não vinculístico) e tudo isto num curto espaço de tempo.

Das regras estabelecidas em sede de regime transitório, podem retirar-se alguns princípios fundamentais: (a) reforço da autonomia das partes, com supressão de normas injuntivas; (b) desjudicialização e simplificação de procedimentos; (c) atribuição generalizada de valor declarativo ao silêncio; (d) proteção dos idosos, portadores de deficiência, menores, estudantes e pessoas economicamente carenciadas; (e) limitações às transmissões *inter vivos* ou *mortis causa* da posição contratual do locatário.

A consciência da existência destes princípios ajudará na interpretação das normas aplicáveis e, também, na integração de eventuais lacunas.

Capítulo I – Contratos habitacionais celebrados na vigência do Regime do Arrendamento Urbano e contratos não habitacionais celebrados depois do Decreto-Lei n.º 257/95, de 30 de setembro

Artigo 26.º (Regime)

1. Os contratos para fins habitacionais celebrados na vigência do Regime do Arrendamento Urbano (RAU), aprovado pelo Decreto-Lei n.º 321-B/90, de 15 de outubro, bem como os contratos para fins não habitacionais celebrados na vigência do Decreto-Lei n.º 257/95, de 30 de setembro, passam a estar submetidos ao NRAU, com as especificidades dos números seguintes.

2. À transmissão por morte aplica-se o disposto nos artigos 57.º e 58.º

3. Quando não sejam denunciados por qualquer das partes, os contratos de duração limitada renovam-se automaticamente no fim do prazo pelo qual foram celebrados, pelo período de dois anos, se outro superior não tiver sido previsto.

---

[11] *Vide* alguns números em António Menezes Cordeiro, *O NRAU: dezasseis meses depois, a insuficiência económica do Direito*, O Direito 139 (2007), 945-971.

4. Os contratos sem duração limitada regem-se pelas regras aplicáveis aos contratos de duração indeterminada, com as seguintes especificidades:

a) Continua a aplicar-se o disposto na alínea *a*) do n.º 1 do artigo 107.º do RAU;
b) Para efeitos das indemnizações previstas no n.º 1 do artigo 1102.º e na alínea *a*) do n.º 6 e no n.º 9 do artigo 1103.º do Código Civil, a renda é calculada de acordo com os critérios previstos nas alíneas *a)* e *b)* do n.º 2 do artigo 35.º da presente lei;
c) O disposto na alínea *c*) do artigo 1101.º do Código Civil não se aplica se o arrendatário tiver idade igual ou superior a 65 anos ou deficiência com grau comprovado de incapacidade superior a 60%.

5. Em relação aos arrendamentos para habitação, cessa o disposto nas alíneas *a*) e *b*) do número anterior após transmissão por morte para filho ou enteado ocorrida depois da entrada em vigor da presente lei.

6. *(Revogado)*

Bibliografia: Amadeu Colaço, *Reforma do Novo Regime*; Laurinda Gemas e outros, *Arrendamento*; Luís Menezes Leitão, *Arrendamento*, 6.ª ed.; Pires de Lima/Antunes Varela, *Código anotado* 2, 3.ª ed.; Fernando de Gravato Morais, *As normas transitórias e o Novo Regime do Arrendamento Urbano*, Revista Julgar, n.º 3 (2007); *idem*, *As novas regras transitórias na reforma do NRAU* (Lei 31/2012), Revista Julgar, n.º 19 (2013).

Índice

I – Origem e evolução
1. Âmbito de aplicação 1
2. Alterações legislativas 3

II – O regime
3. Contratos com prazo certo 6
   α) Renovação 7
   β) Problemas/questões 11
4. Contratos de duração indeterminada 13

α) Limites à denúncia 19
β) Cálculo da indemnização 26
γ) Denúncia injustificada 28
δ) Efeitos da transmissão por morte 31
ε) Revogação do anterior n.º 6 32
ζ) Atualização extraordinária das rendas 34
η) Regime jurídico aplicável aos contratos sem duração limitada 35

I – Origem e evolução

1   1. **Âmbito de aplicação**. O 26.º e os dois seguintes constituem a base geral da aplicação do novo regime do arrendamento urbano aos contratos celebrados anteriormente à sua entrada em vigor[1], havendo, no entanto, diferenças substanciais entre os regimes[2] estabelecidos: (a) para os contratos habitacionais celebrados antes ou depois da entrada em vigor do RAU; (b) para os contratos não habitacionais celebrados antes ou depois da entrada em vigor do DL 257/95.

2   A epígrafe do Capítulo I contém uma deficiência técnica evidente: quando refere os

(…) contratos não habitacionais celebrados depois do Decreto-Lei n.º 257/95, de 30 de Setembro

teve em vista, naturalmente, os celebrados após a sua entrada em vigor; a nova redação do 26.º/1 não deixa a este respeito, quaisquer dúvidas. Pena foi que o legislador de 2012 não tivesse feito a correção.

---

[1] Entenda-se: da entrada em vigor da Lei 6/2006, que ocorreu em 28-jun.-2006 (*vide* 65.º). A L 31/2012 nada estabelece quanto ao regime aplicável aos contratos celebrados na vigência da Lei 6/2006; assim sendo, há que atender ao regime previsto no 12.º do CC.

[2] A justificação para a diferença de regimes tendo como marcos as datas da entrada em vigor do RAU e do DL 257/95 vem referida na anotação 2 ao Título II.

2. **Alterações legislativas**. A alteração do 26.º/1, face à redação anterior, consistiu no aditamento da frase

> bem como os contratos para fins não habitacionais celebrados na vigência do Decreto-Lei n.º 257/95, de 30 de Setembro

corrigindo a discrepância daquela com o texto dos capítulos I e II e com o disposto no 27.º, sendo certo que de todos eles se concluía já – embora sem apoio na letra daquele número 1 – que as normas do Capítulo I (26.º) se aplicavam quer aos contratos habitacionais pós-RAU quer aos não habitacionais pós-DL 257/95. Não há, pois, qualquer alteração substancial de regime.

II – O regime

O número 2, que manteve a redação inicial, remete para o disposto nos 57.º e 58.º a regulamentação das transmissões por morte[3]. Daqui decorre que há regras especiais para essas transmissões, diferentes das regras gerais constantes dos 1106.º e 1113.º do CC – estas aplicam-se apenas aos arrendamentos celebrados após a entrada em vigor da L 6/2006.

A técnica legislativa adotada neste número 2 é claramente deficiente; na verdade, ele remete para normas inseridas no âmbito do Capítulo II[4], que regulamenta os contratos mais antigos, sendo certo, no entanto, que o 28.º/1 determina a aplicação, a esses contratos, do regime estabelecido no 26.º! A inserção sistemática correta dos 57.º e 58.º seria neste Capítulo I.

3. **Contratos com prazo certo**. Nos números 3 e 4, são referidas as categorias "*contratos de duração limitada*" e "*contratos sem duração limitada*". A primeira abrange os contratos assim denominados pelo RAU (98.º a 101.º e 115.º): são aqueles em que era conferida, ao senhorio, a faculdade de oposição à renovação[5], para o termo do contrato. Na segunda categoria incluem-se os contratos vinculísticos: muito embora celebrados com prazo certo (normalmente seis meses ou um ano), na prática eram de duração indeterminada, porque sujeitos a renovação obrigatória para o senhorio. É a eles que o legislador se pretende referir, quando utiliza a expressão "*contratos sem duração limitada*" – aliás manifestamente infeliz.

α) **Renovação**. A alteração do n.º 3 consistiu no estabelecimento do prazo único de dois anos, "*se outro superior não tiver sido previsto*", para a oposição à renovação nos contratos de duração limitada – simplificando o regime previsto na redação inicial[6]. Não pode deixar de se lamentar,

---

[3] *Vide* as notas aos 57.º e 58.º onde se demonstra que nem todos os arrendamentos habitacionais pós-RAU e não habitacionais pós DL 257/95 estão submetidos às regras neles estabelecidas – é o caso dos arrendamentos não vinculísticos (de duração limitada).
[4] Secção IV desse Capítulo II, com a epígrafe "*Transmissão*".
[5] Então denominada denúncia.
[6] Era a seguinte a redação do 26.º:
  1. Os contratos celebrados na vigência do Regime do Arrendamento Urbano (RAU), aprovado pelo Decreto-Lei n.º 321-B/90, de 15 de Outubro, passam a estar submetidos ao NRAU, com as especificidades dos números seguintes.
  2. À transmissão por morte aplica-se o disposto nos artigos 57.º e 58.º.
  3. Os contratos de duração limitada renovam-se automaticamente, quando não sejam denunciados por qualquer das partes, no fim do prazo pelo qual foram celebrados, pelo período de três anos, se outro superior não tiver sido previsto, sendo a primeira renovação pelo período de cinco anos no caso de arrendamento para fim não habitacional.
  4. Os contratos sem duração limitada regem-se pelas regras aplicáveis aos contratos de duração indeterminada, com as seguintes especificidades:
  a) Continua a aplicar-se o artigo 107.º do RAU;
  b) O montante previsto no n.º 1 do artigo 1102.º do Código Civil não pode ser inferior a um ano de renda, calculada nos termos dos artigos 30.º e 31.º;
  c) Não se aplica a alínea *c*) do artigo 1101.º do Código Civil.
  5. Em relação aos arrendamentos para habitação, cessa o disposto nas alíneas *a*) e *b*) do número anterior após transmissão por morte para filho ou enteado ocorrida depois da entrada em vigor da presente lei.
  6. Em relação aos arrendamentos para fins habitacionais, cessa o disposto na alínea *c*) do n.º 4 quando:
  a) Ocorra trespasse ou locação do estabelecimento após a entrada em vigor da presente lei;

quer a opção legislativa subjacente a ambas as versões – a de 2006 e a de 2012 – quer a deficiência técnica da redação.

8   Tratando-se de contratos a termo certo, se não houver oposição à sua renovação, a melhor solução seria a constante da reforma de 2004: passariam a regular-se pelo novo regime com a primeira renovação operada no seu âmbito.

9   Na verdade e com o regime estabelecido, três hipóteses se podem colocar: (a) o prazo de renovação estipulado pelas partes é idêntico ao consagrado legislativamente: a inutilidade deste é evidente; (b) o prazo de renovação convencionado é superior: a inutilidade é também evidente (*vide* última parte do n.º 3); (c) o prazo de renovação convencionado é inferior (o que só poderia suceder nos arrendamentos não habitacionais – *vide* 1108.º por contraposição no 1098.º/1, ambos do CC, na redação da L 6/2006) e não se compreende que razão pode ter levado o legislador a aumentá-lo, contra a vontade expressa das partes.

10   Mas será que esta norma tem natureza supletiva, como defendem alguns autores[7]? Se assim for, isso só reforça a sua inutilidade e aumenta a perplexidade na sua interpretação – até porque conflitua com outras normas supletivas (1096.º/1 e 1110.º/1, do CC na redação de 2006).

11   β) **Problemas/questões**. Face ao que ficou referido – e uma vez que a disposição do número 3 só poderá ter aplicação aos contratos não habitacionais com prazo de prorrogação estipulado inferior a dois anos – crê-se que a norma é de, pelo menos duvidosa constitucionalidade, porque se sobrepõe à vontade das partes, sem qualquer justificação plausível, violando assim o princípio da autonomia da vontade e da confiança.

12   Convém salientar, ainda, a evidente deficiência técnica da sua redação pois, tendo em vista a *"oposição à renovação"*, usa o termo *"denúncia"* – sendo certo que, nos contratos de duração limitada, não é conferida ao senhorio a faculdade de denúncia (1098.º do CC)[8].

13   4. O número 4 foi profundamente alterado, face à redação inicial, em todas as suas alíneas. Na alínea *a*), limita-se, agora, a aplicação do 107.º do RAU ao seu número 1, *a*) – que impede a denúncia dos **contratos de duração indeterminada**, pelo senhorio, para sua habitação e dos seus descendentes, quando o arrendatário tiver 65 ou mais anos de idade, for reformado por invalidez absoluta ou sofrer de incapacidade total para o trabalho – ficando, pois, excluída a situação da alínea *b*) (manter-se o arrendatário no local arrendado há 30 ou mais anos nessa qualidade)[9].

14   De salientar que o corpo do 107.º/1 do RAU remete para o 69.º/1 do mesmo diploma, que se encontra revogado. Pese embora a evidente deficiência técnica, deverá entender-se esta remissão feita para o 1101.º/1, *a*) e 1102.º do CC – o que aliás é confirmado pelo teor do número 4, *b*).

15   Esta alínea *a*) aplica-se a todos os contratos, quer habitacionais quer não habitacionais? A resposta a esta pergunta depende, em primeira linha, da resposta a uma outra: os contratos não habitacionais podem ser denunciados para habitação[10]?

---

b) Sendo o arrendatário uma sociedade, ocorra transmissão inter vivos de posição ou posições sociais que determine a alteração da titularidade em mais de 50% face à situação existente aquando da entrada em vigor da presente lei.

[7] Laurinda Gemas e outros, *Arrendamento*, 88; Fernando de Gravato Morais, *As normas transitórias*, 227.

[8] Neste mesmo sentido, Fernando de Gravato Morais, *As novas regras transitórias*, 19.

[9] Luis Menezes Leitão, *Arrendamento*, 6.ª ed., 194, chama a atenção para o facto de, não tendo sido mantida em vigor a norma do 108.º do RAU, os emigrantes com mais de 10 anos de permanência no estrangeiro e regressados há menos de 1 ano ao País, deixarem de beneficiar da limitação à denúncia pelo senhorio para habitação própria.

[10] De notar que são muitos os casos de espaços habitacionais arrendados para fins não habitacionais, em especial para o exercício de profissões liberais. Mas o raciocínio pode ser estendido também a espaços desde sempre destinados para fins não habitacionais – desde que a Câmara Municipal autorize a mudança de finalidade.

As normas dos 1101.º a 1103.º do CC inserem-se na subsecção VII, com a epígrafe *"Disposições especiais do arrendamento para habitação"* – aplicáveis, porém, aos arrendamentos para fins não habitacionais pelo 1110.º/1 do CC. No entanto: das três alíneas do 1101.º, a *a*) parece, a uma primeira leitura, circunscrever-se, apenas, aos arrendamentos habitacionais.

Não é esta, porém, a posição mais correta: nada impede que possa ser denunciado, para habitação, um contrato não habitacional. Já assim se entendia no âmbito dos diplomas anteriores que regulavam esta matéria e nada indica que o legislador de 2006 e de 2012 queira ter decidido de maneira diferente.

Na verdade, quer no CC, na sua versão original, quer no RAU, as normas que regulavam a denúncia, quer para habitação própria, quer para ampliação do prédio ou para construção de novos edifícios, inseriam-se em sede de regulamentação geral do arrendamento urbano e não no âmbito das normas específicas do arrendamento para habitação. A propósito daquele, dizem Pires de Lima e Antunes Varela, em comentário ao 1096.º[11]:

> Em face do Código Civil, porém, tornou-se claro que a denúncia nesse caso se tornou extensiva aos arrendamentos para comércio, indústria ou exercício de profissão liberal, não só porque a lei irmanou os casos previstos nas alíneas *a*) e *b*) do n.º 1, mas também porque no artigo 1114.º (hoje revogado, mas substituído pelo artigo 113.º do RAU), relativo aos arrendamentos para comércio ou indústria, se previa claramente a possibilidade de a denúncia do contrato ter por fundamento a necessidade do prédio para habitação do senhorio, ao mesmo tempo que se fixava uma compensação especial para o arrendamento comercial – regime tornado extensivo ao arrendamento para o exercício de profissões liberais pelo preceituado no artigo 1119.º do Código Civil (hoje também revogado pelo artigo 3.º do diploma preambular do RAU, mas cuja doutrina se encontra repetida no artigo 121.º deste regime).

α) **Limites à denúncia**. É certo que, na atual redação do Código Civil, as normas que regulam a denúncia estão inseridas na subsecção que contém as *"Disposições especiais do arrendamento para habitação"*; no entanto, como se referiu, o 1110.º/1 determina a sua aplicação, embora supletiva (*"na falta de estipulação"*) aos arrendamentos não habitacionais.

Finalmente: não se antevê qualquer razão substancial para um tratamento diferenciado em razão da finalidade do arrendamento, desde que o locado satisfaça os requisitos necessários para ser habitável – aliás, como é sabido, são muitos os locais construídos para habitação mas arrendados para outros fins (comércio ou exercício de profissões liberais).

Mas, nesse caso, o inquilino não habitacional pode invocar a sua idade e/ou incapacidade para obstar à denúncia?

Diz-se a este respeito, na Exposição de Motivos que antecede a Proposta de L 38/12, que esteve na origem da L 31/2012:

> Nesta medida, quanto aos contratos habitacionais celebrados na vigência do RAU e aos contratos não habitacionais celebrados depois do Decreto-Lei n.º 257/95, de 30 de setembro, passa a prever-se a possibilidade de livre denúncia, pelo senhorio, dos contratos celebrados por duração indeterminada nos mesmos termos aplicáveis aos novos contratos. Esta regra apenas é excecionada quando o arrendatário tenha idade igual ou superior a 65 anos ou deficiência com grau de incapacidade superior a 60%, em consonância com idêntica proteção já conferida, e que se mantém, relativamente à denúncia para habitação do senhorio.

A intenção parece, pois, ter sido a de estender a exceção a todos os contratos, habitacionais ou não habitacionais (nestes, apenas quando o inquilino é uma pessoa individual).

---

[11] Pires de Lima/Antunes Varela, *Código anotado* 2, 3.ª ed..

24   No entanto, as razões que subjazem à manutenção dos arrendamentos mais antigos, impedindo a sua *"transição para o NRAU"*, prendem-se, segundo a mesma exposição de motivos,

> a razões de mobilidade associadas à idade (...) não pode(ndo) ocorrer a cessação do contrato ou a alteração do tipo de contrato. As razões de mobilidade associadas à idade justificam também que, pretendendo proceder à demolição ou à realização de obra de remodelação ou restauro profundos que impliquem a desocupação do locado, o senhorio possa denunciar o contrato de arrendamento celebrado por duração indeterminada por mera comunicação, mas, no caso de arrendatário com idade igual ou superior a 65 anos ou deficiência com grau comprovado de incapacidade superior a 60%, assegurando o respetivo realojamento no mesmo concelho, em condições análogas às que aquele detinha.

25   Ora essas razões de mobilidade parecem não se estender, pelo menos com a mesma força, ao inquilino não habitacional. Apesar disso e atenta a letra da lei, parece que a solução consagrada pelo legislador foi a de aplicar a exceção a todos os contratos, habitacionais ou não habitacionais, quando o inquilino for uma pessoa singular.

26   β) **Cálculo da indemnização**. A alteração ao número 4, *b*) é de natureza formal – remetendo para as novas disposições que regulam a denúncia do contrato pelo senhorio para habitação própria e de descendentes e para a realização de obras, bem como o cálculo da atualização de renda – mas também material (esta decorrente, essencialmente, da alteração destas disposições). Remete-se, pois, para as anotações aos 1102.º e 1103.º do CC e 35.º da L 6/2006.

27   Nas situações de denúncia do contrato de arrendamento, pelo senhorio, para habitação própria ou dos descendentes; ou para demolição ou realização de obras que impliquem o despejo do locado; ou ainda quando, denunciado o contrato, sejam ultrapassados os prazos para a reocupação do prédio[12] ou para a realização de obras, tem o inquilino direito a uma indemnização calculada com base no valor da renda. A alínea *b*) determina que, nos contratos anteriores à entrada em vigor da L 6/2006, o valor da renda a ter em conta seja o que resultar da sua atualização extraordinária, calculado nos termos do 35.º, *a*) e *b*).

28   γ) Da nova redação do número 4, *c*), resulta a mais relevante inovação que a Reforma de 2012 introduziu neste 26.º: a atribuição, ao senhorio, da faculdade de **denúncia injustificada**, nos termos do 1101.º, *c*) do CC, mas com exclusão das situações em que o inquilino tenha idade igual ou superior a 65 anos ou deficiência com grau comprovado de incapacidade superior a 60%. É que, na versão de 2006, a denúncia *ad nutum* nos contratos em causa (habitacionais pós-RAU e não habitacionais pós-DL 257/95) estava totalmente vedada ao senhorio[13].

29   Também aqui se coloca a questão de saber se esta regra se aplica a todos os contratos, habitacionais ou não habitacionais, ou apenas àqueles, sendo certo que, do extrato da exposição de motivos transcrito *supra*, na anotação 22, parece poder-se concluir que o legislador pretendeu estender esta exclusão aos não habitacionais – mas, obviamente, apenas quando o inquilino for uma pessoa singular. Sendo pessoa coletiva, a faculdade de denúncia injustificada é sempre admitida[14].

30   De salientar a diferença, terminológica mas não só, entre o 107.º/1, *a*) do RAU (reforma por invalidez absoluta ou incapacidade total para o trabalho) e o 26.º/4, *c*) da L 6/2006. Esta

---

[12] Pelo senhorio ou descendentes.
[13] Fernando de Gravato Morais, *As novas regras transitórias*, 16, chama a atenção para o facto de os beneficiários da exceção (idade superior a 65 anos) serem protegidos independentemente do seu rendimento o que não é *"coerente com o regime estabelecido para os contratos celebrados antes do RAU, onde o fator 'rendimento' é destacado"*.
[14] Neste sentido, Amadeu Colaço, *Reforma do Novo Regime*, 87.

diferença afigura-se totalmente injustificada[15] e bem poderia – e deveria – ter sido evitada pelo legislador.

δ) **Efeitos da transmissão por morte.** Também o n.º 5 se manteve inalterado: transmitindo-se, por morte, a posição de locatário habitacional para filho ou enteado – nos termos do 57.º/1, *d*) e *e*) – se o senhorio utilizar a faculdade de denúncia justificada[16] do contrato, ao (novo) inquilino é vedado socorrer-se da exceção prevista no 107.º/1, *a*) do RAU; e o montante da renda, para efeito do cálculo da indemnização, é o que estiver em vigor, sem qualquer atualização[17].

ε) **Revogação do anterior número 6**. O número 6 foi revogado, mas vai reaparecer no 28.º/3. Donde se conclui que, aos arrendamentos não habitacionais *"sem duração limitada"* pós-DL 257/95, se aplica, de imediato, o novo regime constante do CC, mormente no que se refere à faculdade de denúncia injustificada, atribuída ao senhorio [1101.º, *c*) do CC].

Porém, face à interpretação[18] dada ao número 4, *c*), deve concluir-se que o senhorio não goza dessa faculdade nos contratos não habitacionais em que o inquilino seja uma pessoa singular, com idade igual ou superior a 65 anos ou deficiência com grau comprovado de incapacidade superior a 60%.

ζ) A **atualização extraordinária das rendas** está prevista nos 30.º e seguintes, para os arrendamentos habitacionais pré-RAU e 50.º e seguintes, para os não habitacionais pré-DL 257/95 – donde se conclui que, nos contratos celebrados[19] depois dessa data, mesmo que celebrados *"sem duração determinada"*, ao senhorio não assiste a faculdade de a exigir. Muito embora seja diminuto o número desses contratos e as rendas não sejam das mais degradadas, afigura-se criticável esta solução legislativa – até porque a duração do contrato se pode prolongar por um período dilatado de tempo.

η) Das considerações e comentários que acabam de ser referidos, podem extrair-se conclusões quanto ao **regime jurídico aplicável aos contratos sem duração limitada** (vinculísticos) regidos por este 26.º: (a) todos eles passam a reger-se pelo NRAU, mas com especificidades; (b) nos contratos habitacionais pós-RAU, as especificidades são: (b1) à transmissão por morte aplica-se o disposto no 57.º; (b2) o inquilino pode obstar à denúncia para habitação do senhorio ou descendentes invocando idade superior a 65 anos, invalidez absoluta ou incapacidade total para o trabalho; (b3) na denúncia para habitação própria e para demolição ou obras, a indemnização é calculada com base em rendas atualizadas; (b4) o referido em b2 e b3 deixa de aplicar-se após transmissão por morte para filho ou enteado; (b5) ao senhorio não é conferida a faculdade de denuncia *ad nutum* se o inquilino tiver idade igual ou superior a 65 anos ou deficiência com grau comprovado de incapacidade superior a 60%; (b6) o senhorio não pode socorrer-se do disposto nos 30.º a 37.º (atualização extraordinária das rendas ou denúncia do contrato); (c) nos contratos não habitacionais pós-DL 257/95, em que o inquilino seja uma pessoa singular, as especificidades são: (c1) à transmissão por morte aplica-se o disposto no 58.º; (c2) o inquilino pode obstar à denúncia para habitação do senhorio ou descendentes, invocando idade superior a 65 anos, invalidez absoluta ou incapacidade total para o trabalho; (c3) na denúncia para habi-

---

[15] Esta diferença terminológica pode levar a situações de flagrante injustiça, como salienta Fernando de Gravato Morais (*As novas regras transitórias*, 17 e 18).

[16] Para habitação própria ou de descendentes, para demolição ou obras – 1101.º, *a*) e *b*) do CC.

[17] Neste sentido, Amadeu Colaço, *Reforma do Novo Regime*, 86.

[18] *Supra*, anotação 28.

[19] Nem sempre há coincidência entre a data da celebração do contrato de arrendamento e a da sua entrada em vigor, levantando-se a questão de saber qual o regime aplicável, se for diferente. O marco a ter em conta deverá ser o da entrada em vigor, ainda que a celebração do contrato seja anterior ou posterior. Mas a interpretação de cada contrato poderá conduzir a conclusões diversas.

tação própria e para demolição ou obras, a indemnização é calculada com base em rendas atualizadas; (c4) ao senhorio não é conferida a faculdade de denuncia *ad nutum* se o inquilino tiver idade igual ou superior a 65 anos ou deficiência com grau comprovado de incapacidade superior a 60%; (c5) o senhorio não pode socorrer-se do disposto nos 30.º a 37.º (atualização extraordinária das rendas ou denúncia do contrato, no seguimento da resposta do inquilino); (d) nos contratos não habitacionais, em que o inquilino seja uma pessoa coletiva: (d1) na denúncia para habitação própria e para demolição ou obras, a indemnização é calculada com base em rendas atualizadas; (d2) o senhorio não pode socorrer-se do disposto nos 30.º a 37.º (atualização extraordinária das rendas ou denúncia do contrato, no seguimento da resposta do inquilino).

Ver Ret. 59-A/2012, de 12-out..

Capítulo II – Contratos habitacionais celebrados antes da vigência do RAU e contratos não habitacionais celebrados antes do Decreto-Lei n.º 257/95, de 30 de setembro

Secção I – Disposições gerais

Artigo 27.º (Âmbito)

As normas do presente capítulo aplicam-se aos contratos de arrendamento para habitação celebrados antes da entrada em vigor do RAU, aprovado pelo Decreto-Lei n.º 321-B/90, de 15 de outubro, bem como aos contratos para fins não habitacionais celebrados antes da entrada em vigor do Decreto-Lei n.º 257/95, de 30 de setembro.

Índice

1. Remissão 1   2. Análise crítica 2

1. **Remissão.** *Vide* anotações ao 26.º.
2. **Análise crítica.** A epígrafe do Capítulo II contém uma deficiência técnica semelhante à do Capítulo I: quando se refere aos

(…) contratos não habitacionais celebrados antes do Decreto-Lei n.º 257/95, de 30 de Setembro

teve-se em vista, naturalmente, os celebrados[1] anteriormente à sua entrada em vigor; a redação do 26.º/1 não deixa a este respeito, quaisquer dúvidas. Pena foi que, também aqui, o legislador não tivesse feito a correção.

Regulados no capítulo anterior os contratos habitacionais pós-RAU e não habitacionais pós-DL 257/95, é agora a altura de o fazer em relação aos contratos mais antigos, anteriores à entrada em vigor desses diplomas

Como se verá pela análise do 28.º – e ao contrário do que sucedia na redação de 2006 – há diferenças substanciais na regulamentação dos contratos mais antigos e dos mais recentes. Nes-

---

[1] Cfr. *supra* nota n.º 21.

tes, quando se trate de contratos sem duração limitada, a regra é a aplicação imediata do 1101.º, c) do CC (que faculta a denúncia *ad nutum* ou injustificada, com a antecedência de dois anos sobre o termo pretendido do contrato). Nos contratos mais antigos a regra é exatamente a oposta.

Artigo 28.º (Regime)

1. Aos contratos a que se refere o artigo anterior aplica-se, com as necessárias adaptações, o disposto no artigo 26.º, com as especificidades constantes dos números seguintes e dos artigos 30.º a 37.º e 50.º a 54.º

2. Aos contratos referidos no número anterior não se aplica o disposto na alínea c) do artigo 1101.º do Código Civil.

3. Em relação aos arrendamentos para fins não habitacionais, a antecedência a que se refere a alínea c) do artigo 1101.º do Código Civil é elevada para cinco anos quando:

  a) Ocorra trespasse, locação do estabelecimento ou cessão do arrendamento para o exercício de profissão liberal;
  b) Sendo o arrendatário uma sociedade, ocorra transmissão *inter vivos* de posição ou posições sociais que determine a alteração da titularidade em mais de 50%.

4. O disposto no n.º 3 apenas é aplicável quando as situações referidas nas respetivas alíneas *a)* e *b)* ocorram após a entrada em vigor da presente lei.

5. Se o arrendatário tiver idade igual ou superior a 65 anos ou deficiência com grau comprovado de incapacidade superior a 60%, a invocação do disposto na alínea *b)* do artigo 1101.º do Código Civil obriga o senhorio, na falta de acordo entre as partes, a garantir o realojamento do arrendatário, em condições análogas às que este já detinha, quer quanto ao local quer quanto ao valor da renda e encargos.

Bibliografia: Amadeu Colaço, *Reforma do Novo Regime*; Francisco Castro Fraga/Cristina Gouveia de Carvalho, *O regime transitório*, O Direito 136 (2004); Maria Olinda Garcia, *Arrendamentos para comércio e fins equiparados* (2006); Laurinda Gemas e outros, *Arrendamento*; Luís Menezes Leitão, *Arrendamento*, 6.ª ed.; Manteigas Martins, *Reforma do arrendamento urbano na transmissão dos arrendamentos não habitacionais*, Boletim da Ordem dos Advogados, n.º 41, março-abril de 2006; Fernando de Gravato Morais, *Novo regime do arrendamento comercial*, 3.ª ed. (2011); idem, *As normas transitórias e o Novo Regime do Arrendamento Urbano*, Revista Julgar, n.º 3 (2007);

Índice

I – **Âmbito de aplicação**
1. Contratos abrangidos 1
II – **Arrendamentos não habitacionais**
2. Denúncia injustificada 5
  α) Transmissão do gozo do locado 8
  β) Transmissão *inter vivos* de posição ou posições sociais 10
  γ) Atual relevância 16
3. Denúncia para obras 17
  α) Âmbito de aplicação 18
  β) Problemáticas 19
4. Regime aplicável 22

I – Âmbito de aplicação

1 **1. Contratos abrangidos.** Este 28.º vem estabelecer as regras aplicáveis aos *contratos de pretérito mais antigos*: os habitacionais pré-RAU e não habitacionais pré-DL 257/95.

2 A regra geral contém-se no número 1: a estes contratos aplica-se o disposto no 26.º. Mas esta aplicação faz-se com algumas especificidades: (a) as constantes dos números seguintes desse mesmo art. 28.º (referentes à regulamentação da denúncia pelo senhorio); (b) as constantes dos 30.º a 37.º (transição para o NRAU e atualização da renda nos contratos habitacionais); (c) as constantes dos 50.º a 54.º (transição para o NRAU e atualização da renda nos contratos não habitacionais).

3 O número 2 estabelece a principal norma – aplicável aos arrendamentos mais antigos, vinculísticos, que a lei denomina *"contratos sem duração limitada"*[1] – e que postula as demais especificidades: não é conferida ao senhorio a faculdade de denúncia injustificada, prevista no 1101.º, *c)* do CC.

4 Muito embora o texto legal não o refira, parece evidente a inaplicabilidade deste número 2 aos contratos não sujeitos, ao tempo da sua celebração, à renovação obrigatória – e que são os referidos no 5.º do RAU e, anteriormente, no 1083.º do CC, na sua versão original. A redução teleológica impõe-se. Atento o carácter transitório da maioria das situações aí previstas, hoje só subsistirão duas categorias – os arrendamentos de prédios do Estado e os arrendamentos de espaços não habitáveis, para afixação de publicidade, armazenagem, parqueamento de viaturas ou outros fins limitados.

II – Arrendamentos não habitacionais

5 2. O número 3 corresponde ao 26.º/6 da L 6/2006, na sua versão original: apesar das diferenças de redação, o conteúdo é, fundamentalmente, o mesmo. Ao senhorio em contrato de arrendamento não habitacional, é conferida a faculdade de **denúncia injustificada**, mas com a antecedência de cinco anos sobre o termo pretendido do contrato[2], nos casos de trespasse, locação do estabelecimento ou cessão do arrendamento para o exercício de profissão liberal; ou, sendo o arrendatário uma sociedade, quando ocorra transmissão *inter vivos* de posição ou posições sociais que determine a alteração da titularidade em mais de 50%.

6 De salientar, porém, a incorreção da redação deste número 3, face ao disposto no número 2: afinal, há situações em que é conferida, ao senhorio, a faculdade de denúncia injustificada[3]. A sua interpretação literal poderia até conduzir à conclusão de que todos os contratos não habitacionais, seriam suscetíveis desse tipo de denúncia, sendo que, nas situações referidas no número 3 a antecedência face ao termo pretendido do contrato seria estendida de dois para cinco anos. Mas não é, manifestamente, essa a intenção legislativa.

7 No número 3, *a)* nota-se uma diferença em relação à redação primitiva[4]: foi acrescentada a hipótese de *"cessão do arrendamento para o exercício de profissão liberal"*. De salientar, porém, que a doutrina[5] se dividia quanto à interpretação extensiva da norma, por forma a incluir esta situa-

---

[1] *Vide* anotação 6 ao 26.º.
[2] E não dois, como prevê o 1101.º, *c)* do CC.
[3] Apontando também esta incorreção mas em termos algo diferentes, Amadeu Colaço, *Reforma do Novo Regime*, 89.
[4] Era a seguinte a redação inicial do 28.º (Regime):
Aos contratos a que se refere o presente capítulo aplica-se, com as devidas adaptações, o previsto no artigo 26.º.

[5] *Vide* em sentido positivo, Luís Menezes Leitão, *Arrendamento*, 2.ª ed, nota 172; Fernando de Gravato Morais, *As normas transitórias*, 216, nota 9; em sentido negativo, Maria Olinda Garcia, *Arrendamento para comércio*, 107-108; Manteigas Martins, *Reforma do arrendamento urbano*, 6-7; e Laurinda Gemas e outros, *Arrendamento*, 90.

ção. O legislador veio sufragar a posição da doutrina afirmativa – afastando dúvidas de interpretação. A aplicação retroativa da disposição impõe-se: 13.º/1 do CC.

α) Outra questão se levanta: o regime previsto na alínea a) abrange diferentes situações em que há **transmissão do gozo do locado** – v.g. locação financeira em que seja exercida a opção de compra, aquisição em venda executiva, dação em cumprimento? A doutrina[6] tem defendido que, sendo a pedra de toque a alteração, temporária ou definitiva do titular do gozo do locado, se justifica ir além da letra da lei, aplicando-a a todas essas situações. Corretamente.

Para que esta disposição opere os seus efeitos, é necessário que o ato do qual resulta a transmissão do gozo do locado seja posterior à entrada em vigor *"da presente lei"* – o legislador teve o cuidado de o referir expressamente no n.º 4[7] mas levanta-se uma dúvida: L 6/2006 ou L 31/2012? Crê-se que a solução será esta última, até por aplicação do 12.º/2, primeira parte, do CC, uma vez que se trata da regulamentação dos efeitos de determinados atos jurídicos.

β) O número 3, b) corresponde ao 26.º/6, b) da L 6/2006, na sua versão primitiva. As alterações são meramente formais. A faculdade de denúncia injustificada, atribuída ao senhorio, ocorre sempre que houver uma **transmissão *inter vivos* de posição ou posições sociais** que determine a alteração da titularidade em mais de 50%. Mas esta norma, de conteúdo aparentemente simples, levanta dúvidas de interpretação e perplexidades.

Começando por estas. O 58.º/1 da L 6/2006 estabelece que

> O arrendamento para fins não habitacionais termina com a morte do primitivo arrendatário, salvo existindo sucessor que, há mais de três anos, explore, em comum com o arrendatário primitivo, estabelecimento a funcionar no local.

O legislador penalizou, pois, a transmissão *mortis causa* nos arrendamentos em que o inquilino seja uma pessoa física. Porém, tratando-se de sociedades, a transmissão a esse título das partes sociais sai beneficiada – já que a norma em análise limita expressamente a sua aplicação às transmissões *inter vivos*. Não se consegue descobrir qualquer razão substancial para esta diferença de regimes. A desigualdade injustificada ressalta à vista – e pode ter consequências ao nível da constitucionalidade – até porque, pelo menos em teoria, quem merecerá maior proteção será o inquilino individual e os seus sucessores[8].

Quanto às dúvidas de interpretação: a primeira relaciona-se com aquilo que deve entender-se por transmissão de "posição ou posições sociais". Parece correto defender-se que é *"tanto aquela que se realiza num único ato como a que foi fracionada no tempo, sob pena de facilmente se frustrar o fim pretendido pela norma"*[9].

A segunda refere-se à situação das sociedades anónimas: na verdade, inexistindo qualquer obrigação de comunicação de transmissão de ações ao portador, o senhorio só em situações limite (v.g. em ofertas públicas de aquisição) poderá certificar-se de que ela envolve mais de 50% do capital social. Ora esta situação, na prática, vem proteger as sociedades normalmente conotadas com maior poder económico – criando, também aqui, uma situação de desigualdade, pelo menos materialmente injustificada.

---

[6] Fernando de Gravato Morais, *As normas transitórias*, 33; Laurinda Gemas e outros, *Arrendamento*, 91; Maria Olinda Garcia, *Arrendamentos para comércio*, 134.

[7] Este número 4 corresponde à última parte do 26.º/6, a) e b), da L 6/2006, na sua primitiva redação – que deles foi retirada e integrada em número autónomo: trata-se de uma alteração meramente formal.

[8] *Vide* a este respeito Francisco Castro Fraga/Cristina Gouveia de Carvalho, *O regime transitório*.

[9] Laurinda Gemas e outros, *Arrendamento*, 91. *Vide* também e no mesmo sentido Fernando de Gravato Morais, *Novo Regime do Arrendamento Comercial*, 67.

15 A terceira dúvida relaciona-se com a integração, no conceito, legal de "*outros negócios que alterem a estrutura societária*" – concordando-se com a posição que defende essa integração, quando se trate de "*atos de disposição (definitiva ou temporária) do gozo do locado no qual está sediado o estabelecimento que não carecem de consentimento do senhorio (…)*"[10].

16 γ) **Atual relevância**. No âmbito da reforma de 2006, a faculdade de denúncia *ad nutum*, atribuída ao senhorio nos casos de trespasse e semelhantes, constituiu uma importante exceção à regra geral da não aplicabilidade, a todos os contratos vinculísticos, do disposto no 1101.º, *c*) do CC. Hoje, porém, em face do regime estabelecido para os arrendamentos não habitacionais nos 50.º e seguintes, serão raras as situações em que os senhorios tenham vantagens em socorrer-se dessa faculdade – uma vez que poderão obter o despejo do locado em prazo igual ou pouco superior (cinco ou sete anos), sem correrem o risco de verem aplicado, em matéria de benfeitorias, o regime mais gravoso constante do 29.º/2 – salvo se for o inquilino a denunciar o contrato no seguimento da iniciativa do senhorio para atualização de rendas.

17 3. O n.º 5 contém uma importante exceção ao estabelecido nos n.ºs 6 e 7 do art. 1103.º do CC, aplicável à **denúncia do contrato pelo senhorio para realização de** "*obras de remodelação ou restauro profundos, que obriguem à desocupação do locado*". No regime geral, as partes podem optar por uma de duas obrigações, a cargo do senhorio: indemnização correspondente a um ano de renda – calculada de acordo com os critérios previstos no 35.º/2, *a*) e *b*) da presente lei [26.º/4, *c*)]; garantia de realojamento do arrendatário em condições análogas às que este já detinha, quer quanto ao local quer quanto ao valor da renda e encargo. Na falta de acordo, a regra geral é a do pagamento da indemnização. Na exceção, sucede precisamente o inverso: obrigação de realojamento.

18 α) **Âmbito de aplicação**. Qual o âmbito de aplicação do número 5? Atenta a epígrafe do Cap. II, o disposto no 27.º e no 28.º/1, nele estarão incluídos todos os contratos habitacionais pré-RAU e os não habitacionais pré-DL 257/95. No entanto, a previsão normativa exclui, desde logo, os arrendatários que não sejam pessoas singulares: só eles poderão ter idade igual ou superior a 65 anos e incapacidade superior a 60%.

19 β) **Problemáticas**. Mas estarão abrangidos todos os arrendamentos em que o inquilino seja pessoa singular e esteja numa ou em ambas destas situações? Se, quanto aos habitacionais, não se levantam dúvidas, o mesmo já não sucede com os não habitacionais – por um lado, por ser duvidosa a identidade e/ou a intensidade das razões de (falta de) mobilidade que subjazem a uns e outros; e, por outro, pela regulamentação constante do Regime Jurídico das Obras em Prédios Arrendados (RJOPA) – do DL 157/2006, de 8-ago., com as alterações da L 30/2012, de 14-ago..

20 Este diploma está previsto no 1103.º/1 do CC, que remete para legislação especial "*A denúncia para demolição ou realização de obra de remodelação ou restauro profundos*". A sua Secção III estabelece um Regime Especial Transitório, aplicável apenas aos arrendamentos habitacionais pré-RAU (23.º), sendo que, no seu 25.º, regula

> A denúncia do contrato de duração indeterminada para demolição ou realização de obra de remodelação ou restauro profundos, nos termos da alínea *b*) do artigo 1101.º do Código Civil, quando o arrendatário tiver idade igual ou superior a 65 anos ou deficiência com grau comprovado de incapacidade superior a 60%

---

[10] Cfr. Laurinda Gemas e Outros, *Arrendamento*, 91, e demais doutrina citada na nota (1) dessa mesma página.

estabelecendo que, na falta de acordo das partes, o senhorio é obrigado

> a garantir o realojamento do arrendatário em condições análogas às que este já detinha, nos termos previstos nos n.ºs 3 a 5 do artigo 6.º, devendo o local a tal destinado encontrar-se em estado de conservação médio ou superior.

A ligação entre todas estas disposições afigura-se evidente: o 1106.º/6 e 7 do CC estabelece a regra geral (na falta de acordo, há lugar a indemnização correspondente a um ano de renda); o 28.º/5 da L 6/2006 cria a exceção (na falta de acordo, o realojamento); o 25.º do DL 157/2006 regula a exceção. Ora: se a regulamentação se cinge aos arrendamentos habitacionais, isto significa que só a eles se aplica a exceção.

4. De tudo o que ficou referido, podem extrair-se conclusões quanto ao **regime aplicável** aos contratos mais antigos (sem duração limitada ou vinculísticos): (a) todos eles passam a reger-se pelo NRAU, mas com especificidades; (b) nos contratos habitacionais (pré-RAU) as especificidades são as seguintes: (b1) à transmissão por morte aplica-se o disposto no 57.º; (b2) o inquilino pode obstar à denúncia para habitação do senhorio ou descendentes invocando idade superior a 65 anos, invalidez absoluta ou incapacidade total para o trabalho; (b3) na denúncia para habitação própria e para demolição ou obras, a indemnização é calculada com base em rendas atualizadas; (b4) se o inquilino tiver mais de 65 anos ou incapacidade superior a 60%, a denúncia do contrato para demolição ou obras obriga o senhorio a garantir o realojamento do inquilino, em condições análogas às que já detinha, quer quanto ao local, quer quanto ao valor da renda e encargos; (b5) o referido em b2 e b3 deixa de se aplicar após transmissão por morte para filho ou enteado; (b5) ao senhorio não é conferida a faculdade de denúncia *ad nutum*, mas pode socorrer-se do disposto nos artigos 30.º a 37.º (atualização extraordinária das rendas, ou denúncia do contrato no seguimento da resposta à sua iniciativa); (b6) há um regime especial de indemnização por benfeitorias; (c) nos contratos não habitacionais (pré-DL 257/95) em que o inquilino seja uma pessoa singular, as especificações são as seguintes: (c1) à transmissão por morte aplica-se o disposto no 57.º; (c2) na denúncia para habitação própria e para demolição ou obras, a indemnização é calculada com base em rendas atualizadas; (c3) o inquilino pode obstar à denúncia para habitação do senhorio ou descendentes invocando idade superior a 65 anos, invalidez absoluta ou incapacidade total para o trabalho; (c4) ao senhorio não é conferida a faculdade de denúncia *ad nutum*, mas pode socorrer-se do disposto nos 30.º a 37.º (atualização extraordinária das rendas, ou denúncia do contrato no seguimento da resposta à sua iniciativa); (c5) havendo trespasse, locação de estabelecimento ou cessão de arrendamento para o exercício de profissão liberal, ao senhorio é conferida a faculdade de denúncia injustificada mas com cinco anos de antecedência; (c6) há um regime de indemnização por benfeitorias; (d) nos contratos não habitacionais (pré-DL 257/95) em que o inquilino seja uma pessoa coletiva: (d1) na denúncia para habitação própria e para demolição ou obras, a indemnização é calculada com base em rendas atualizadas; (d2) o senhorio não pode invocar a denúncia injustificada, mas pode socorrer-se do disposto nos 30.º a 37.º (atualização extraordinária da renda ou denúncia do contrato); (d3) sendo o arrendatário uma sociedade, ao senhorio é conferida a faculdade de denúncia injustificada, mas com cinco anos de antecedência, ocorrendo transmissão *inter vivos* de posição ou posições sociais que determine a alteração da titularidade em mais de 50%; (d4) há um regime especial de indemnização por benfeitorias.

Ver Ret. 59-A/2012, de 12-out..

Artigo 29.º (Benfeitorias)

1. Salvo estipulação em contrário, a cessação do contrato dá ao arrendatário direito a compensação pelas obras licitamente feitas, nos termos aplicáveis às benfeitorias realizadas por possuidor de boa-fé.
2. A denúncia do contrato de arrendamento nos termos da alínea d) do n.º 3 do artigo 31.º e da alínea d) do n.º 3 do artigo 51.º confere ao arrendatário o direito a compensação pelas obras licitamente feitas, nos termos aplicáveis às benfeitorias realizadas por possuidor de boa-fé, independentemente do estipulado no contrato de arrendamento.
3. O disposto no número anterior aplica-se aos arrendamentos para fins não habitacionais quando o contrato cesse em consequência da aplicação do disposto no n.º 3 do artigo anterior.

Bibliografia: Francisco Castro Fraga/Cristina Gouveia de Carvalho, *O regime transitório*, O Direito 136 (2004); idem, *As normas transitórias*, O Direito 137 (2005); Maria Olinda Garcia, *Arrendamento urbano anotado*, 2.ª ed.; Laurinda Gemas e outros, *Arrendamento*; Luís Menezes Leitão, *Arrendamento*, 4.ª ed.; idem, *Arrendamento*, 6.ª ed.; Manteigas Martins/Raposo Subtil/Luís Filipe Carvalho, *O Novo Regime do Arrendamento Urbano* (2006).

Índice

1. Origem 1
2. Reforma de 2006 2
3. Regime vigente 3
α) Conceito de obras lícitas 4
β) Direito a compensação 6

1 1. Teve esta norma **origem** na Proposta de Lei 140/IX-GOV, que esteve na base da abortada reforma de 2004. Nela se referia que, nas situações de denúncia do contrato de arrendamento feitas no âmbito do regime transitório, a indemnização por obras licitamente feitas teria lugar ainda que o inquilino a ela tivesse renunciado[1].

2 2. **Reforma de 2006.** O *legislador de 2006* foi mais além, alterando o regime de indemnização por benfeitorias em todos os casos de cessação dos contratos de arrendamento: no 29.º/1, remete-se para o regime do possuidor de boa-fé, no seguimento do estipulado no 1074.º/5 do CC, mas ao contrário do estabelecido no 1046.º do CC, em sede de locação, que equipara o locador ao possuidor de má-fé. Temos, assim, um regime diferente para a indemnização por benfeitorias em sede de locação e outro em sede de arrendamento – sendo certo que o 29.º/1, face ao texto daquela disposição legal, se afigura manifestamente inútil.

3 3. **Regime vigente.** De salientar, no entanto, que em face do disposto nos 1273.º e 1275.º do CC, a diferença de regimes se circunscreve ao das benfeitorias voluptuárias: ao possuidor de boa-fé assiste o direito de as levantar, se o puder fazer sem detrimento para a coisa; ao possuidor de má-fé não assiste esse direito[2].

4 α) **Conceito de obras lícitas.** As únicas *obras lícitas* feitas pelo inquilino são: (a) as previstas nos 1036.º do CC e 16.º do RAU – obras essas que configuram benfeitorias necessárias, pois têm

---

[1] Francisco Castro Fraga/Cristina Gouveia de Carvalho, *O regime transitório*, 379.

[2] Francisco Castro Fraga/Cristina Gouveia de Carvalho, *As normas transitórias*, 415.

por fim evitar a perda, destruição ou deterioração da coisa (216.º do CC); e (b) as autorizadas pelo senhorio.

É, pois, muito reduzido o número de situações a que a norma do número 1 tem aplicação efetiva e que traduz alteração face ao regime geral da locação – apenas aquelas em que estão em causa as obras licitamente feitas porque autorizadas pelo senhorio, a cuja indemnização o inquilino não tenha renunciado no contrato de arrendamento[3] e que se integrem na categoria de benfeitorias voluptuárias.

β) **Direito a compensação.** Ao contrário do que sucede com o número 1, os números 2 e 3 contêm normas com conteúdo útil e de aplicação efetiva a um número considerável de situações: (a) as que implicam a cessação de contratos habitacionais pré-RAU e não habitacionais pré-DL 257/95, por denúncia[4] do arrendatário, no seguimento da iniciativa do senhorio com vista à transição do contrato para o NRAU e atualização da renda (30.º, 31.º, 50.º e 51.º da L 6/2006); (b) as que implicam a cessação de contratos não habitacionais pré-DL 257/95, por denúncia injustificada do senhorio, aplicável após a ocorrência das situações previstas no 28.º/3[5].

Nestas situações, é conferido, ao inquilino, o *direito a compensação* por obras licitamente feitas, independentemente do estipulado no contrato – ou seja: ainda que nele tenha sido estipulada a renúncia, pelo arrendatário, a essa mesma compensação. Trata-se de uma solução excecional e perfeitamente justificada para os casos em que o inquilino fez obras no locado, com a perspetiva da manutenção do arrendamento, vinculístico, por um longo período de tempo e com uma renda diminuta; a alteração legislativa implica a alteração das circunstâncias existentes à data da celebração das obras. Se o inquilino pudesse prever que o contrato viria a cessar a curto ou médio prazo, possível ou provavelmente, não as teria feito[6].

Em face da redação anterior, o número 2 contém uma novidade – o enquadramento legal da regulamentação do direito do arrendatário a compensação por obras licitamente feitas no regime das benfeitorias realizadas por possuidor de boa-fé. Muito embora a doutrina já entendesse que era esse o regime aplicável[7], o esclarecimento é oportuno – pois a letra da lei poderia sugerir o contrário, ou seja, que a compensação corresponderia ao custo das obras, independentemente do acréscimo de valor que elas tenham trazido ao prédio (ou, até, de lhe terem provocado prejuízos). Tratando-se de um esclarecimento da lei anterior – ou seja: de uma lei interpretativa – ela é de aplicação retroativa: 13.º/1 do CC.

No cálculo do montante a receber pelo inquilino, devem entrar em conta benefícios por este recebidos, do senhorio, relacionados com essas obras, como por exemplo o não pagamento ou o não pagamento total de rendas durante certo período[8].

O número 3 mantém a redação anterior, apenas com a alteração derivada da remissão para o atual 28.º/3 do disposto no 26.º/6, na redação primitiva.

---

[3] Sendo certo que a quase totalidade dos contratos inclui uma cláusula de renúncia pelo inquilino a indemnização por obras.

[4] De salientar que a faculdade prevista no número 2 não se aplica a todas as situações de denúncia previstas no regime transitório, estando dela excluída a denúncia pelo senhorio prevista no 33.º/5, a) (o que se compreende porque, nessa situação, o senhorio vê-se obrigado a indemnizar o inquilino com o montante correspondente a cinco anos de renda correspondente ao valor médio das propostas formuladas pelo senhorio e pelo arrendatário).

[5] Há, assim, uma restrição do âmbito de aplicação do número 3 face à redação de 2006, que abrangia também os contratos não habitacionais vinculísticos pós-DL 257/95 – Maria Olinda Garcia, *Arrendamento urbano anotado*, 2.ª ed., 135.

[6] Francisco Castro Fraga/Cristina Gouveia de Carvalho, *O regime transitório*, 379; Luís Menezes Leitão, *Arrendamento*, 6.ª ed.; Manteigas Martins e outros, *O Novo Regime do Arrendamento Urbano*, 40.

[7] Luís Menezes Leitão, *Arrendamento*, 4.ª ed., 196; Laurinda Gemas e outros, *Arrendamento*, 97.

[8] Neste sentido, Maria Olinda Garcia, *Arrendamento urbano anotado*, 2.ª ed., 135.

Secção II – Arrendamento para habitação

Artigo 30.º (Iniciativa do senhorio)

A transição para o NRAU e a atualização da renda dependem de iniciativa do senhorio, que deve comunicar a sua intenção ao arrendatário, indicando:

a) O valor da renda, o tipo e a duração do contrato propostos;
b) O valor do locado, avaliado nos termos dos artigos 38.º e seguintes do Código do Imposto Municipal sobre Imóveis (CIMI), constante da caderneta predial urbana;
c) Cópia da caderneta predial urbana.

Bibliografia: Maria Olinda Garcia, *Arrendamento urbano anotado*, 2.ª ed..

Índice

I – **Génese**
1. Objetivos do legislador 1
2. Apreciação crítica 4

II – **Regime vigente**
3. Iniciativa do senhorio 8
4. Comunicação 9

α) Requisitos 10
β) Inobservância 13
5. Processo negocial 15
α) Reforma de 2004 16
β) Reforma de 2006 17
γ) Reforma de 2012 18

I – Génese

1 **1. Objetivos do legislador.** Define o 1.º, b), da L 31/12, de 14-ago., um dos principais objetivos desta: aprovar medidas destinadas a dinamizar o mercado de arrendamento urbano, nomeadamente:

> Alterando o regime transitório dos contratos de arrendamento celebrados antes da entrada em vigor da Lei n.º 6/2006, de 27 de fevereiro, reforçando a negociação entre as partes e facilitando a transição dos referidos contratos para o novo regime, num curto espaço de tempo.

2 Nos 26.º a 29.º, ficou estabelecido o regime aplicável aos contratos de pretérito – celebrados antes da entrada em vigor da L 6/2006 – seja aos mais antigos (habitacionais pré-RAU e não habitacionais pré-DL 257/95), seja aos mais recentes (habitacionais pós-RAU e não habitacionais pós-DL 257/95).

3 Da análise dessas disposições pode concluir-se que a regra geral é a de que, a todos os contratos existentes na data da entrada em vigor da L 6/2006, se aplica o NRAU, muito embora com as especificidades aí mencionadas. Assim sendo, é à primeira vista estranho[1] que, neste 30.º se aluda à "*transição*" para o NRAU[2].

4 **2. Apreciação crítica.** A justificação para esta redação poderá estar na já por diversas vezes mencionada reforma de 2004, que serviu claramente de inspiração à reforma de 2012, *maxime* no que respeita ao regime transitório. Acontece que aquela reforma previa que o novo regime do arrendamento urbano (NRAU) – a ser inserido no Código Civil – só teria aplicação imediata aos con-

---

[1] No mesmo sentido, Maria Olinda Garcia, *Arrendamento urbano anotado*, 2.ª ed., 137, nota 69.

[2] E em diversos outros: 31.º/7, 35.º/6, 36.º/9, b) – embora com a expressão "*fica submetido ao NRAU*" – 50.º e 54.º/6.

tratos futuros, criando-se um regime transitório que facultaria ou imporia a transição para o novo regime. Nos contratos pré-RAU, a transição dependeria, sempre, da iniciativa do senhorio, seguindo-se uma negociação obrigatória entre ele e o inquilino, com a faculdade de denúncia por parte daquele e indemnização em termos basicamente semelhantes aos previstos nesta Secção II e na III.

Havendo esta dicotomia de regimes, compreende-se que, no diploma que regularia o regime transitório, os seus 4.º e 5.º previssem a aplicação do novo regime aos contratos de pretérito. Tal aplicação seria em bloco, deixando os contratos de se regularem pelo RAU e passando a sê-lo pelo NRAU (inserido no CC). Mas, pelas mesmas razões, não parece correto falar-se, na atual lei, na transição para o NRAU – uma vez que este é, desde logo, aplicável a todos os contratos de pretérito, embora com "*especificidades*".

A interpretação a dar à expressão "*transição para o NRAU*" está, necessariamente, ligada a essas "*especificidades*" – transmissão por morte, oposição à renovação, denúncia justificada e indemnizações, denúncia injustificada, benfeitorias – com o sentido de deixarem de ser aplicáveis ao contrato em causa[3].

A expressão "*atualização de renda*" também merece alguma atenção – já que ela não tem em vista a que vem regulada no 1077.º do CC (estipulada pelas partes ou, supletivamente, com periodicidade anual, de acordo com os coeficientes de atualização correspondentes à variação de preços no consumidor, sem habitação – 24.º desta Lei) mas uma correção ou atualização extraordinária que não se confunde e se sobrepõe a ela. Pena foi que o legislador não tivesse optado por uma destas expressões, que evitaria confusões terminológicas e chamaria desde logo a atenção para a diferente natureza de uma e outra. Por isso mesmo, nas anotações que se seguem, adotar-se-á a designação de "*atualização extraordinária*".

II – Regime vigente

6. A regra geral que resulta do 30.º é a de que não há "*transição para o NRAU*" nem "*atualização extraordinária*" de renda sem **iniciativa do senhorio**: na sua ausência, o contrato rege-se pelo NRAU, mas com as especificidades constantes dos 28.º e 29.º e a renda só poderá sofrer as atualizações anuais. Até quando? Até à sua cessação, por qualquer causa.

4. A iniciativa do senhorio traduz-se numa **comunicação** escrita, dirigida ao inquilino e remetida por carta registada com aviso de receção para o local arrendado[4], salvo convenção em contrário (9.º/1 e 2) – e que deverá ser também dirigida ao cônjuge (carta individualizada para cada um), se o locado constituir casa de morada de família (12.º). Deve, ainda, tomar-se em atenção o art. 10.º – que regula as vicissitudes na receção da carta – e o 11.º – que regula o que sucede nos arrendamentos com pluralidade de senhorios e/ou inquilinos – bem como as notas respetivas.

α) **Requisitos**. Materialmente, a comunicação deve conter, desde logo, o valor da renda pretendido pelo senhorio – que não está sujeito a quaisquer limites. No entanto, ele (senhorio) poderá ser fortemente penalizado se pedir um montante exagerado – pois é com base nesse montante e no oferecido pelo inquilino que será fixada a indemnização a pagar a este, em caso de denúncia do contrato por aquele (33.º/5).

---

[3] As "*especificidades*" constam dos 26.º, 27.º e 28.º – remete-se para as anotações a esses artigos.

[4] A carta pode também ser entregue em mão, desde que o inquilino aponha "*em cópia a sua assinatura, com nota de receção*" – 9.º/6.

11   Para além do valor da renda, o senhorio deverá completar a sua proposta com "*o tipo e a duração do contrato*". Como só há dois tipos de contratos de arrendamento urbano – a prazo certo e de duração indeterminada: *vide* 1094.º/1 do CC – ele deverá optar por um deles, sendo que, se escolher aquele, deverá também indicar o prazo de duração, sem limite mínimo, mas com limite máximo não superior a 30 anos (1095.º/2 do CC).

12   Da comunicação, deverá ainda constar "*o valor do locado, avaliado nos termos dos arts. 38.º e seguintes do (…) CIMI[5], constante da caderneta predial urbana*", bem como cópia desta. A razão de ser desta exigência prende-se com a possibilidade de esse valor vir a ser determinante no cálculo da renda, nas situações previstas nos 33.º/5, b), 35.º/2 e 36.º/6 e 9.

13   β) **Inobservância**. A consequência para a falta dos requisitos materiais, constantes deste 30.º, é a ineficácia da comunicação: tudo se passará como se ela não tivesse sido feita e/ou comunicada ao senhor. A mesma sanção é aplicável para o não cumprimento das regras relativas à forma e destinatário da comunicação (9.º a 12.º).

14   Como exceção a essa regra aponta-se, apenas, os *lapsus calami*, erros de escrita "*revelados no próprio contrato da declaração*" que poderão ser retificados a todo o tempo (24.º do CC).

15   5. A iniciativa do senhorio constitui como que uma petição inicial de um processo a que se seguirão, naturalmente, a contestação (resposta do arrendatário) e a réplica (contra-resposta do senhorio). O conjunto das três comunicações configura um **processo negocial** obrigatório, com regras que foram claramente inspiradas no processo civil – como se pode constatar pelos desenvolvimentos que se seguem. A comparação com as regras processuais ajuda a compreender as soluções legislativas adotadas (e, desde logo, o cuidado posto na receção, pelo arrendatário, da comunicação do senhorio, regulamentando-a quase como se se tratasse da citação para uma ação judicial).

16   α) Como acima se referiu, o 30.º e os que se lhe seguem foram claramente inspirados na já várias vezes mencionada **Reforma de 2004** (14.º, 15.º e 18.º e seguintes do diploma que regularia o Regime Transitório) notando-se um claro aperfeiçoamento e algumas divergências nas soluções preconizadas – designadamente a que se refere ao estado de conservação do locado: ao contrário do que então sucedia, a iniciativa do senhorio não depende, hoje, desse estado, podendo, pois, ser aplicável mesmo em relação a edifícios degradados.

17   β) A **Reforma de 2006**, no que se referia aos arrendamentos habitacionais mais antigos[6], apenas concedia ao senhorio a faculdade de atualização extraordinária das rendas e só se o nível de conservação do prédio não fosse inferior a três (numa escala de 1 a 5), correspondente ao grau médio. Ao senhorio não era nunca concedida a faculdade de denúncia injustificada do contrato

---

[5] Pode suceder que, da avaliação dos prédios ou frações, nos termos do CIMI, resulte um imposto superior ao valor das rendas recebidas. Para salvaguarda dessa situação,
  (…) a Lei n.º 60-A/2011, de 30 de novembro, prevê um regime especial para os prédios ou partes de prédio urbanos abrangidos pela avaliação geral que estejam arrendados por contrato de arrendamento para habitação celebrado antes da entrada em vigor do Regime de Arrendamento Urbano, aprovado pelo Decreto-Lei n.º 321-B/90, de 15 de outubro, ou por contrato de arrendamento para fins não habitacionais celebrado antes da entrada em vigor do Decreto-Lei n.º 257/95, de 30 de setembro.
  Nestes casos, sempre que o resultado da avaliação geral for superior ao valor que resultar da capitalização da renda anual através da aplicação do fator 15, será este último o valor patrimonial tributário relevante para efeitos, exclusivamente, da liquidação do IMI.
  Para beneficiar deste regime especial, os sujeitos passivos do IMI devem apresentar uma participação de rendas, acompanhada de cópia autenticada do contrato ou, na sua falta, recorrendo a outros meios de prova idóneos. como se refere no preâmbulo da Portaria n.º 240/2012, de 10-ago.. O prazo de entrega das participações terminou em 31-out.-2012.

[6] Habitacionais pré-RAU e não habitacionais pré-DL 257/95.

[26.º/4, c), 28.º e 30.º e seguintes da L 6/2006, na sua versão original]. Quer porque o aumento da renda não era suficientemente apelativo, quer pela exigência e complexidade formal do processo de atualização, o certo é que a atualização se aplicou a um diminuto número de rendas degradadas[7].

γ) **Reforma de 2012**. Como refere Maria Olinda Garcia[8] "*O novo regime do aumento de rendas, introduzido pela Lei n.º 31/2012, não teve por consequência a imediata inaplicabilidade do regime de renda aumentos faseados (em 2, 5 ou 10 anos)*" (destacado nosso), mesmo na hipótese de "*o senhorio já ter iniciado a atualização da renda ou de se verificarem os pressupostos para esse efeito*" na data da sua entrada em vigor. *Vide* 11.º desse diploma legal e 1.º/2, c), ponto *ii*), do DL 158/2006. 18

Artigo 31.º (Resposta do arrendatário)

1. O prazo para a resposta do arrendatário é de 30 dias a contar da receção da comunicação prevista no artigo anterior.

2. Quando termine em dias diferentes o prazo de vários sujeitos, a resposta pode ser oferecida até ao termo do prazo que começou a correr em último lugar.

3. O arrendatário, na sua resposta, pode:

   a) Aceitar o valor da renda proposto pelo senhorio;
   b) Opor-se ao valor da renda proposto pelo senhorio, propondo um novo valor, nos termos e para os efeitos previstos no artigo 33.º;
   c) Em qualquer dos casos previstos nas alíneas anteriores, pronunciar-se quanto ao tipo e à duração do contrato propostos pelo senhorio;
   d) Denunciar o contrato de arrendamento, nos termos e para os efeitos previstos no artigo 34.º

4. Se for caso disso, o arrendatário deve ainda, na sua resposta, invocar, isolada ou cumulativamente, as seguintes circunstâncias:

   a) Rendimento anual bruto corrigido (RABC) do seu agregado familiar inferior a cinco retribuições mínimas nacionais anuais (RMNA), nos termos e para os efeitos previstos nos artigos 35.º e 36.º;
   b) Idade igual ou superior a 65 anos ou deficiência com grau comprovado de incapacidade superior a 60%, nos termos e para os efeitos previstos no artigo 36.º

5. As circunstâncias previstas nas alíneas do número anterior só podem ser invocadas quando o arrendatário tenha no locado a sua residência permanente ou quando a falta de residência permanente for devida a caso de força maior ou doença.

6. A falta de resposta do arrendatário vale como aceitação da renda, bem como do tipo e da duração do contrato propostos pelo senhorio, ficando o contrato submetido ao NRAU a partir do 1.º dia do 2.º mês seguinte ao do termo do prazo previsto nos n.ºs 1 e 2.

7. Caso o arrendatário aceite o valor da renda proposto pelo senhorio, o contrato fica submetido ao NRAU a partir do 1.º dia do 2.º mês seguinte ao da receção da resposta:

---

[7] *Vide supra* anotação 4 à Introdução ao Título II.

[8] *Arrendamento urbano anotado*, 2.ª ed., 139, nota 70.

a) De acordo com o tipo e a duração acordados;
b) No silêncio ou na falta de acordo das partes acerca do tipo ou da duração do contrato, este considera-se celebrado com prazo certo, pelo período de cinco anos.

8. O RABC é definido em diploma próprio.

Bibliografia: Laurinda Gemas e outros, *Arrendamento*; Luís Menezes Leitão, *Arrendamento*, 6.ª ed..

Índice

I – **Da resposta do arrendatário**
1. Relevância 1
2. Receção da comunicação 2
3. Prazo 3
4. Requisitos formais 4
5. Requisitos materiais 8

II – **Possibilidades de resposta**
6. Conteúdo da resposta 9

α) Aceitação 11
β) Oposição 13
γ) Invocação de circunstâncias 15
δ) Denúncia do contrato 17
ε) Problemática 18
7. Limitação à faculdade de invocação das circunstâncias 19
8. Determinação do Rendimento Anual Bruto Corrigido (RABC) 21

I – Da resposta do arrendatário

1. **Relevância**. Funcionando a iniciativa do senhorio como uma petição inicial de uma ação, a resposta do inquilino assemelha-se à contestação, que terá de ser feita dentro do prazo de trinta dias – adiantando-se desde já que o silêncio vale como aceitação da proposta do senhorio. Atento este efeito cominatório – do qual podem resultar consequências graves para o arrendatário – há que determinar, com precisão o *momento em que a comunicação se considera recebida*.

2. **Receção da comunicação**. Da análise dos 9.º a 14.º, relativos às comunicações e do 32.º/2, podem extrair-se conclusões quanto a esse momento: (a) na data constante do aviso de receção, se tiver sido assinado pelo arrendatário; (b) no 10.º dia posterior ao envio da segunda carta, se tanto a primeira como a segunda cartas tiverem sido devolvidas, por recusa de recebimento pelo destinatário ou não levantamento junto dos serviços postais; (c) na data constante do aviso de receção da segunda carta[1], se o aviso de receção da primeira tiver sido assinado por pessoa diferente do arrendatário[2]; (d) quando a iniciativa do senhorio se dever concretizar por mais do que uma comunicação (por pluralidade de arrendatários ou porque o arrendatário é casado[3] e o locado constitui casa de morada de família) a data da receção a ter em conta é a que ocorreu em último lugar[4].

3. O **prazo** para a resposta é de trinta dias[5]. Sobre a forma de contagem do prazo, *vide* o 279.º aplicável por força do 296.º, ambos do CC.

4. **Requisitos formais**. A *forma da resposta* é a comunicação escrita e remetida por carta registada com aviso de receção (9.º/1); é dirigida ao senhorio (ou, no caso de pluralidade de senho-

---

[1] Neste sentido, Laurinda Gemas e outros, *Arrendamento*, 44.
[2] Ou assinada por pessoa diferente do destinatário, ainda que não seja o arrendatário: cabeça de casal de herança indivisa, representante voluntário ou legal, etc.)
[3] A situação da união de facto levanta dúvidas a este respeito: o unido deve comparar-se ao cônjuge?
[4] À semelhança do que acontece no processo civil – *vide* 569.º/2 do CPC (486.º/2 do anterior CPC).
[5] Dias seguidos, não contando, pois, apenas os dias úteis.

rios: ao representante de todos eles; ou a quem, na comunicação/iniciativa, tenha sido designado para receber a resposta do arrendatário; ou, finalmente e na falta desta designação, ao primeiro signatário – 11.º/1 e 2); deve ser enviada para o endereço do remetente constante da carta/iniciativa do senhorio.

No caso de arrendamento com pluralidade de inquilinos, a carta de resposta deverá ser assinada por todos? E, em caso afirmativo, quais as consequências no caso de ela ser assinada apenas por algum ou alguns? A resposta a estas questões não se afigura fácil. Sem prejuízo de uma mais madura reflexão sobre o assunto, entende-se que: (a) se a pluralidade de inquilinos tiver origem contratual (o senhorio deu de arrendamento a diversas pessoas), todos eles deverão subscrever a resposta – ou enviar diversas respostas mas com o mesmo conteúdo; a resposta por parte de apenas algum ou alguns deles é ineficaz – uma vez que só uma posição conjunta pode obrigar a todos[6]; (b) no caso de a locatária ser uma herança indivisa, a assinatura do cabeça de casal será suficiente, tendo em consideração os seus poderes de administração (2079.º do CC), a classificação da locação como um ato de administração ordinária[7] e o disposto no 11.º/5.

No caso de haver respostas diversas e diferentes, por parte dos inquilinos em arrendamento plural, a solução é a equivalência ao silêncio: tudo se passa como se não houvesse resposta – 11.º/8.

Se o locado constituir casa de morada de família, a resposta deverá ser assinada por ambos os cônjuges, se se traduzir na denúncia do contrato – 12.º/3. Caso contrário, as comunicações podem ser assinadas por qualquer um dos cônjuges[8]. *Quid iuris*, se houver respostas díspares, de sentido diverso? Tudo se passará como se não tivesse havido resposta, à semelhança do que sucede com o arrendamento com pluralidade de inquilinos? Ou deverá a divergência conjugal ser suprida pelo tribunal, nos termos do 1682.º-B do CC[9]? Esta última solução afigurar-se-ia a mais razoável se não fosse a questão do prazo para a resposta (30 dias) que não se compadece com a intervenção judicial – sendo certo que o senhorio não pode ser prejudicado com as delongas do processo decorrentes da divergência conjugal[10].

5. **Requisitos materiais.** Tal como sucede com a iniciativa do senhorio, *a resposta do arrendatário tem conteúdo obrigatório*: ele deve, para além de tomar posição sobre a proposta do senhorio (nos seus diversos pontos: renda, tipo de contrato, prazo), invocar, em seu benefício, determinadas circunstâncias (rendimentos, idade, deficiência) que poderão influenciar quer a *"transição para o NRAU"* quer o montante da renda.

II – **Possibilidades de resposta**

6. **Conteúdo da resposta.** A falta de resposta do inquilino corresponde à revelia, no âmbito do processo civil: tendo sido ou devendo considerar-se notificado regularmente, na sua própria pessoa, da carta/iniciativa do senhorio, mas não respondendo, funciona o efeito cominatório: o silêncio *"vale como aceitação da renda, bem como do tipo e da duração do contrato propostos pelo senhorio"*,

---

[6] Assim: a denúncia do contrato ou a formulação de uma contraproposta só serão vinculativas para todos os inquilinos se eles, unanimemente, a subscreverem. De outra maneira: como seria possível ao senhorio obrigar os não subscritores ao pagamento da renda que resultar da média entre a proposta e a contra proposta? Ou existir a entrega do locado em caso de denúncia?

[7] Muito embora essa disposição se refira ao locador, deve ser estendida, por maioria de razão, ao locatário.

[8] Esta solução legal afigura-se como muito duvidosa: qual a legitimidade do cônjuge não locatário para subscrever a carta de resposta ao senhorio, designadamente quando, atento o regime de bens, a posição contratual, nos termos do 1068.º do CC, não se lhe comunicou?

[9] Neste sentido Laurinda Gemas e Outros, *Arrendamento*, 46.

[10] Real ou simulada.

ficando o contrato submetido ao NRAU a partir do 1.º dia do 2.º mês seguinte ao do termo do prazo para a resposta – 33.º/6.

10   O *conteúdo da resposta* mantém a semelhança com o processo civil; assim e recorrendo aos termos aí utilizados, pode dizer-se que o arrendatário pode: (a) defender-se por impugnação (opõe-se ao valor da renda e ao tipo contratual); (b) defender-se por exceção (invoca circunstâncias que podem impedir a *"transição para o NRAU"* ou influenciar a fixação da renda); (c) deduzir reconvenção (contrapropõe outros montantes de renda, tipo de contrato e prazo; ou denuncia o contrato).

11   α) **Aceitação**. Mas o arrendatário pode, também, *concordar*, parcial ou globalmente, com a proposta do senhorio: neste último caso, o contrato passa a ficar *"submetido ao NRAU"* a partir do 1.º dia do 2.º mês seguinte ao da receção da resposta, com a renda, tipo e duração constantes da proposta [número 7, *a*)].

12   No entanto: se ele concordar com a renda mas não com o tipo e a duração constantes da proposta, o contrato considera-se celebrado com prazo certo, pelo período de cinco anos.

13   β) **Oposição**. Se o arrendatário *não concordar* com a renda, deve dizê-lo e contrapropor outra – sendo certo que, se não quantificar a contraproposta (isto é: se não indicar o montante da renda que oferece), considera-se que *"vale como proposta de manutenção do valor da renda em vigor à data da comunicação do senhorio"*, como vem referido no 33.º/2. Como se verá no comentário a ele correspondente, deste facto pode resultar uma diminuição substancial da indemnização, em caso de denúncia do contrato pelo senhorio.

14   Simultaneamente com a oposição ao montante da renda, o arrendatário deve pronunciar-se quanto ao tipo e duração do contrato – mas, neste caso, a omissão não lhe trará quaisquer consequências uma vez que *"no silêncio ou na falta de acordo das partes acerca do tipo ou da duração do contrato, este considera-se celebrado com prazo certo, pelo período de cinco anos"* – vide número 7, *b*). Assim sendo: estando em desacordo com o senhorio quanto a estes elementos, o silêncio ou a pronúncia, por parte do inquilino, têm a mesma consequência.

15   γ) **Invocação de circunstâncias**. As opções do locatário constantes das alíneas anteriores constituem a sua *"defesa por impugnação"* e *"reconvenção"*; mas, como se referiu, ele pode também *"defender-se por exceção"*, *invocando determinadas circunstâncias* que podem a impedir a "transição para o NRAU" ou influenciar a fixação da renda. São elas: rendimento anual bruto corrigido (RABC) do seu agregado familiar inferior a cinco retribuições mínimas nacionais anuais (RMNA); idade igual ou superior a 65 anos ou a deficiência com grau comprovado de incapacidade superior a 60%.

16   A invocação destas circunstâncias deve acrescer à pronúncia do locatário sobre a renda e o tipo de contrato – sendo certo que, mesmo invocando a primeira (RABC inferior a cinco RMNA) ele pode acordar na submissão imediata ao NRAU (35.º/1) e, invocando a segunda (idade ou deficiência), pode acordar no montante da renda proposto pelo senhorio ou contrapropor um outro (36.º/2 a 6).

17   δ) **Denúncia do contrato**. O locatário pode, ainda, *denunciar*[1] o contrato, nos termos do 31.º/3, *d*). A regulamentação dos seus efeitos contém-se no 34.º, para cujas notas se remete. De salientar, porém e desde já, que é esta a única situação em que ele pode beneficiar do regime especial de indemnização por benfeitorias previsto no 29.º/2[12].

---

[11] Poderá, ainda, em qualquer altura, denunciá-lo nos termos do 1100.º do CC – aplicável *ex vi* dos 26.º/1 e 28.º/1 – desde que respeite a antecedência aí prevista.

[12] Isto quanto ao locatário habitacional, já que o não habitacional pode ainda beneficiar deste regime nas situações previstas no 28.º/3.

ε) **Problemática.** *Quid iuris* se o locatário não se pronunciar sobre o montante da renda e o tipo de contrato, mas invocar aquelas circunstâncias? A simples invocação deve interpretar-se como oposição quer à renda, quer ao tipo e ao prazo contratuais propostos pelo senhorio. Mas, mais do que isso: deve entender-se como pretendendo beneficiar das circunstâncias que daí podem resultar – designadamente o deferimento do prazo da *"transição para o NRAU"* (35.º/1) ou a não transição para ele (36.º/1). Assim sendo, a tomada de posição do locatário sobre o tipo e prazo do contrato seria sempre irrelevante; e, quanto à renda, a omissão fica suprida nos termos do 33.º/2: entende-se que ele propõe a manutenção da vigente à data da iniciativa do senhorio.

7. O 31.º/5 estabelece uma **limitação à faculdade de invocação das circunstâncias**, dela excluindo o arrendatário que não tenha, no locado, a sua residência permanente, salvo se devida a caso de força maior ou a doença. Muito embora se reconheça a justiça desta norma, crê-se que ela será de reduzida aplicação, já que a falta de residência permanente constitui fundamento para a resolução do contrato – 1083.º/2, *d*) do CC. Ora, estando em causa arrendamentos vinculísticos com rendas degradadas, o senhorio que dele tivesse conhecimento[13] por certo não teria deixado de propor a ação de despejo.

Se o locatário não residente invocar as circunstâncias, o senhorio deve, na carta de resposta à comunicação daquele, levantar essa objeção. Se, apesar disso, o inquilino persistir na sua posição, terá de ser o tribunal a decidir.

8. O DL 158/2006, de 8-out., alterado pelo DL 266-C, de 31-dez., regula a **determinação do Rendimento Anual Bruto Corrigido** (RABC)[14].

A redação deste 31.º é a que resulta da Ret. 59-A/2012, de 12-out..

Artigo 32.º (Comprovação da alegação)

1. O arrendatário que invoque a circunstância prevista na alínea *a*) do n.º 4 do artigo anterior faz acompanhar a sua resposta de documento comprovativo emitido pelo serviço de finanças competente, do qual conste o valor do RABC do seu agregado familiar.

2. O arrendatário que não disponha, à data da sua resposta, do documento referido no número anterior faz acompanhar a resposta do comprovativo de ter o mesmo sido já requerido, devendo juntá-lo no prazo de 15 dias após a sua obtenção.

3. O RABC refere-se ao ano civil anterior ao da comunicação.

4. O arrendatário que invoque as circunstâncias previstas na alínea *b*) do n.º 4 do artigo anterior faz acompanhar a sua resposta, conforme os casos, de documento comprovativo de ter completado 65 anos ou de documento comprovativo da deficiência alegada, sob pena de não poder prevalecer-se das referidas circunstâncias.

Bibliografia: Maria Olinda Garcia, *Arrendamento urbano anotado*, 2.ª ed..

---

[13] E provas que o sustentem.

[14] *Vide* uma súmula do regime de cálculo do RABC em Luís Menezes Leitão, *Arrendamento*, 6.ª ed., 198, nota 179.

Índice

1. Necessidade de prova 1
2. RABC inferior a 5 RMNA 2
3. Problemáticas 4
4. Idade ou portador de deficiência 10

1. **Necessidade de prova.** Ao locatário não basta invocar as circunstâncias referidas no 31.º/4, *a)* e *b*): terá, também, de as *demonstrar documentalmente*.

2. Assim, se invocar as circunstâncias da alínea a) – **RABC inferior a cinco RMNA**: (a) deve juntar um documento, emitido pelo serviço de finanças competente, que comprove o rendimento do agregado familiar, com referência ao ano civil anterior ao da comunicação; (b) se dele não dispuser na data da resposta, juntará a esta comprovativo de já o ter requerido; e, quando o obtiver (c) deve remetê-lo ao senhorio no prazo de quinze dias, contados da data da obtenção.

De salientar a situação prevista no 19.º-A/2 do DL 158/2006, de 8-ago. (na versão atual, introduzida pelo DL 266-C/2012, de 31-dez.): o arrendatário dispõe do prazo de 60 dias, contados da notificação de liquidação de IRS emitida pelos Serviços de Finanças, para remeter, ao senhorio, o documento comprovativo do RABC, sob pena de não poder prevalecer-se do regime que lhe seja favorável, decorrente da invocação dessa circunstância.

3. **Problemáticas.** O funcionamento do sistema preconizado para a invocação da circunstância da alínea *a)* depende, por inteiro, da capacidade de resposta dos serviços de finanças – ele bloqueará se estes não forem eficazes. De qualquer maneira: o senhorio, na posse do comprovativo do requerimento apresentado pelo inquilino, pode – e deve – inquirir as finanças sobre o seu andamento, se a resposta tardar.

O ano de referência do RABC é *"o ano civil anterior ao da comunicação"*. Que comunicação? O 19.º/1 do DL 266-C/2012, de 31-dez., esclarece[1] que se trata do ano anterior ao da *"invocação, pelo arrendatário junto do senhorio, de que o RABC do seu agregado familiar é inferior a cinco RMNA"* – já que, por definição, só depois de terminado o ano se pode saber, com segurança, qual o rendimento auferido pelo agregado familiar do inquilino.

Esta solução implica situações de flagrante injustiça: como é o *"serviço de finanças competente"* que certifica o RABC, há que tomar em consideração a data, a partir da qual, ele o pode fazer – sendo certo que isso depende do momento em que as pessoas singulares estão obrigadas a declararem os seus rendimentos. Ora, segundo o calendário fiscal do Portal das Finanças[2] a entrega das declarações para efeito de liquidação de IRS estende-se pelos meses de março, abril e maio – pelo que, só depois disso, poderá ser certificado o RABC.

Assim sendo, quando a iniciativa do senhorio tiver lugar nos primeiros meses do ano, o rendimento a ter em conta deveria ser, não o do ano anterior mas o do ano que antecede este – até porque obriga o senhorio a esperar até junho ou julho pela certidão do serviço de finanças competente.

É isso mesmo, aliás, o que sucede no decurso deste ano de 2013, em que só a partir do mês de julho os serviços de finanças começaram a emitir as declarações certificativas do RABC, quer relativas aos pedidos feitos neste ano quer aos de 2012[3].

---

[1] Algo contraditoriamente, aliás.
[2] Info.portaldasfinancas.gov.pt ou www.portaldasfinancas.gov.pt.
[3] *Vide*, a este respeito, as disposições transitórias constante do 11.º/4 da L 6/2006, versão de 2012 e dos 1.º/2 e 19.º/2 do DL 266-C/2012, de 31-dez., que facultam que a determinação do RABC durante o ano de 2012 deve ter em conta os rendimentos auferidos nesse ano (com a suspensão do pagamento de subsídios de férias e de Natal). *Vide* também as considerações feitas sobre esta matéria – e a tentativa de superação das evidentes contradições legislativas – por Maria Olinda Garcia, *Arrendamento urbano anotado*, 144 ss..

Quid iuris se a certidão emitida pelo serviço de finanças não confirmar ou infirmar a alegação do inquilino, quanto ao RABC do seu agregado familiar? Não restam dúvidas de que a alegação fica sem efeito, tudo se passando como se a especificidade não tivesse sido invocada – pelo que o processo iniciado com a iniciativa do senhorio deve prosseguir com a aplicação integral do art. 33.º. Para tal, o prazo de 30 dias para a comunicação (contra resposta) do senhorio reiniciar-se-á, para que ele possa, se o desejar, optar por uma das soluções previstas no n.º 5. No entanto: o prazo referido na alínea b) desse n.º 5 deverá reportar-se à data da comunicação anterior do senhorio nos termos do n.º 1: outra qualquer solução seria injusta (porque o lapso de tempo entretanto decorrido beneficiaria injustificadamente o inquilino, que se tornou infrator ao invocar uma circunstância não verdadeira)[4].

4. **Idade ou portador de deficiência.** Se o locatário invocar as circunstâncias da alínea b), deve juntar: (a) documento comprovativo de ter completado *65 anos de idade* (cópia do cartão do cidadão ou do bilhete de identidade; certidão de nascimento); (b) documento comprovativo da *incapacidade superior a 60%*.

Qual o momento de referência para se fixar a idade e para ser determinada a incapacidade do inquilino? A lei não o estabelece mas parece dever entender-se que é a data da receção da comunicação/iniciativa do senhorio – ou da data em que essa comunicação se deve ter por recebida[5].

Dispõe a última parte do 32.º/4 que, se o inquilino não juntar à sua resposta documento comprovativo da idade ou deficiência, não pode prevalecer-se dessas circunstâncias. Segundo se crê, esta mesma solução deve aplicar-se à situação do número 4, a) do artigo anterior, no caso de ausência total de comprovação do RABC ou do facto de ter sido requerida[6]. Não se compreenderia a existência de soluções diferentes para situações idênticas. Aliás: se assim não fosse, o que poderia fazer o senhorio, em face da invocação do inquilino? Notificá-lo para juntar o documento? Em que prazo e com que fundamento? Aguardar que ele o junte? Até quando?

Artigo 33.º (Oposição pelo arrendatário e denúncia pelo senhorio)

1. Sem prejuízo do disposto nos artigos 35.º e 36.º, caso o arrendatário se oponha ao valor da renda, ao tipo ou à duração do contrato propostos pelo senhorio, propondo outros, o senhorio, no prazo de 30 dias contados da receção da resposta daquele, deve comunicar ao arrendatário se aceita ou não a proposta.

2. A oposição do arrendatário ao valor da renda proposto pelo senhorio não acompanhada de proposta de um novo valor vale como proposta de manutenção do valor da renda em vigor à data da comunicação do senhorio.

3. A falta de resposta do senhorio vale como aceitação da renda, bem como do tipo e da duração do contrato propostos pelo arrendatário.

4. Se o senhorio aceitar o valor da renda proposto pelo arrendatário ou verificando-se o disposto no número anterior, o contrato fica submetido ao NRAU a partir do 1.º dia do 2.º mês seguinte ao da receção, pelo arrendatário, da comunicação prevista no n.º 1 ou do termo do prazo aí previsto:

---

[4] Anotações ao 35.º.
[5] Anotação 2 ao 31.º.

[6] Ou, no limite, a data da resposta do inquilino, desde que se contenha dentro do prazo legal de trinta dias.

a) De acordo com o tipo e a duração acordados;
b) No silêncio ou na falta de acordo das partes acerca do tipo ou da duração do contrato, este considera-se celebrado com prazo certo, pelo período de cinco anos.

5. Se o senhorio não aceitar o valor de renda proposto pelo arrendatário, pode, na comunicação a que se refere o n.º 1:

a) Denunciar o contrato de arrendamento, pagando ao arrendatário uma indemnização equivalente a cinco anos de renda resultante do valor médio das propostas formuladas pelo senhorio e pelo arrendatário;
b) Atualizar a renda de acordo com os critérios previstos nas alíneas *a*) e *b*) do n.º 2 do artigo 35.º, considerando-se o contrato celebrado com prazo certo, pelo período de cinco anos a contar da referida comunicação.

6. A indemnização a que se refere a alínea *a*) do número anterior é agravada para o dobro ou em 50% se a renda oferecida pelo arrendatário não for inferior à proposta pelo senhorio em mais de 10% ou de 20%, respetivamente.

7. Sem prejuízo do disposto no número seguinte, a denúncia prevista na alínea *a*) do n.º 5 produz efeitos no prazo de seis meses a contar da receção da correspondente comunicação, devendo então o arrendatário desocupar o locado e entregá-lo ao senhorio no prazo de 30 dias.

8. No caso de arrendatário que tenha a seu cargo filho ou enteado menor de idade ou que, tendo idade inferior a 26 anos, frequente o 11.º ou o 12.º ano de escolaridade ou cursos de ensino pós-secundário não superior ou de ensino superior, a denúncia prevista na alínea *a*) do n.º 5 produz efeitos no prazo de um ano, devendo então o arrendatário desocupar o locado e entregá-lo ao senhorio no prazo de 30 dias.

9. A indemnização prevista na alínea *a*) do n.º 5 e no n.º 6 é paga no momento da entrega do locado ao senhorio.

10. No período compreendido entre a receção da comunicação pela qual o senhorio denuncia o contrato e a produção de efeitos da denúncia, nos termos dos n.ºs 7 e 8, vigora a renda antiga ou a renda proposta pelo arrendatário, consoante a que for mais elevada.

Bibliografia: Amadeu Colaço, *Reforma do Novo Regime*.

Índice

1. Oposição do arrendatário 1	α) Aceitação 10
2. Contra resposta do senhorio 2	β) Não aceitação 11
α) Prazo 3	γ) Denúncia 12
β) Forma 4	δ) Atualização extraordinária da renda 18
3. Teor da contra resposta do senhorio 9	4. Questões............... 19

1. **Oposição do arrendatário.** Assim como, no processo civil, à contestação se segue a réplica, no processo de negociação obrigatório previsto nos 31.º a 36.º, à *oposição do locatário* à iniciativa

do senhorio, segue-se a resposta[1] deste. A *"réplica"* tem, porém, natureza e finalidade diferentes, consoante tenha havido, ou não, *"defesa por exceção"*, com invocação das especificidades constantes das duas alíneas do 31.º/4. O 33.º regula a sub-hipótese da sua não invocação. Os 35.º e 36.º regulam as outras duas sub-hipóteses: RABC inferior a cinco RMNA; idade superior a 65 anos ou incapacidade superior a 60%.

2. **Contra resposta do senhorio**. Se a comunicação do locatário contiver, para além da oposição ao *"valor de renda, ao tipo ou a duração do contrato propostos pelo senhorio"*, a formulação de uma *contraproposta* (que pode envolver todos ou parte desses elementos contratuais[2]), o senhorio deve pronunciar-se sobre ela, comunicando *"se aceita ou não a contraproposta"* (aceitação que pode, também, envolver todos ou parte desses elementos).

α) O **prazo** para a contra resposta do senhorio é de trinta dias, a contar da receção da resposta do locatário, correspondente à data constante do aviso de receção. De notar que aqui não se colocam questões idênticas às levantadas quanto à *"citação"* do arrendatário, mesmo no caso de se tratar de arrendamento plural. A comunicação feita pelo locatário é, em princípio, uma só[3] e dirigida a uma só pessoa: o representante dos diversos titulares da posição de senhorio[4].

β) A **forma** da contra resposta é a de comunicação escrita, remetida ao locatário por carta registada com aviso de receção (9.º/1)[5]. No caso de pluralidade de locatários, parece dever ser dirigida apenas ao que figurar em primeiro lugar no contrato, salvo indicação em contrário; essa indicação deve constar da comunicação anterior exceto se, previamente, o senhorio tiver sido informado de quem é o representante de todos os inquilinos, e/ou a quem devem ser feitas as comunicações[6].

A razão desta dúvida prende-se com as situações em que a comunicação tenha, por conteúdo, a denúncia do contrato pelo senhorio, prevista no número 5, *a*). O 11.º/4 refere que, havendo pluralidade de arrendatários, a comunicação do senhorio dever ser dirigida a todos eles, nos casos previstos no 10.º/2 – cuja alínea *b*) menciona as cartas que integrem títulos que *"possam servir de base ao procedimento especial de despejo"*, nos termos do 15.º. Ora, na relação das situações jurídicas que podem ser submetidas a esse procedimento, consta a denúncia por comunicação do senhorio – mas as comunicações que configuram esses títulos, são apenas as referidas as previstas *"na alínea c) do art. 1101.º ou no n.º 1 do artigo do artigo 1103.º do Código Civil"*.

Muito embora a omissão da referência à denúncia pelo senhorio, prevista no 33.º/5, *a*) – aplicável aos arrendamentos não habitacionais por força do 52.º – pareça injustificada[7], a verdade é que ela é real. E só poderá ser ultrapassada por via da analogia – o que se afigura discutível quando estejam em causa títulos executivos ou que sirvam de base ao procedimento especial de despejo[8].

De qualquer maneira, das duas uma: (a) ou a denúncia pelo senhorio referida neste 33.º/5, *a*) é suscetível de integrar as situações passíveis de serem objeto do procedimento especial de

---

[1] Ou melhor: contra resposta.
[2] Sendo certo que a oposição ao valor de renda proposto pelo senhorio, sem indicação de um novo valor, equivale à proposta de manutenção do vigente à data da iniciativa do senhorio – 33.º/2 e anotação 13 ao 31.º.
[3] Ou várias com conteúdos idênticos? Parece que tal será legalmente possível (11.º/6, *a contrario*). Se os conteúdos forem diferentes, as comunicações anulam-se reciprocamente e tudo se passa como se nenhuma existisse – *vide* anotação 6 ao 31.º. Havendo diversas comunicações tempestivas, subscritas por diversos locatários, mas de conteúdo idêntico, o prazo para a resposta do senhorio deverá contar-se da última – 31.º/2 aplicável por analogia.
[4] *Supra* anotações 5, 6, e 7 ao 31.º.
[5] A carta pode também ser entregue em mão, desde que o inquilino aponha a sua assinatura numa cópia, com nota de receção.
[6] O representante ou o destinatário das comunicações pode até ser um terceiro.
[7] E, até, devida a mero lapso do legislador.
[8] A natureza de uns e de outros é, aliás, semelhante.

despejo previsto nos 15.º e seguintes – e, então, a comunicação do senhorio deve, em caso de arrendamento plural, ser dirigida a todos os arrendatários; (b) ou tal denúncia está excluída desse âmbito – e, a comunicação pode ser feita ao arrendatário que figurar em primeiro lugar ou ao representante de todos; mas o senhorio terá de recorrer à ação declarativa para obter o despejo, se os locatários não entregarem o imóvel no prazo legal.

8   O que acaba de se referir aplica-se, *mutatis mutandis*, à situação em que o locado constitua casa de morada de família – já que o 12.º/1 obriga a que as comunicações previstas no número 10 se dirijam a ambos os cônjuges; e o número 3 apenas tem em vista as comunicações feitas pelo arrendatário (e, obrigatoriamente, também pelo seu cônjuge).

9   **3. Teor da contra resposta do senhorio.** A regulamentação do conteúdo da contra resposta do senhorio contém semelhanças com a das comunicações anteriores – desde logo no que se refere ao efeito cominatório: a sua resposta *"vale como aceitação da renda, bem como do tipo e da duração do contrato propostos pelo arrendatário"*. Ou seja: a contra proposta retira qualquer eficácia à proposta constante da iniciativa do senhorio, a não ser naquilo em que ambas as partes já estiverem de acordo; por exemplo: no caso de o inquilino não concordar com a renda mas aceitar o tipo e a duração do contrato, estes ficam assentes e não têm de ser objeto de posteriores comunicações[9].

10 α) **Aceitação**. O senhorio pode declarar expressamente que *aceita* a proposta do locatário: nesse caso – e no da falta de resposta – tudo se passa como na situação prevista no 31.º/7: o contrato fica *"submetido ao NRAU"* a partir do 1.º dia do mês seguinte ao da receção, pelo arrendatário, da comunicação do senhorio ou, na falta dela, do termo do prazo de trinta dias, com a renda tipo e duração acordados; na falta de acordo sobre estes pontos, o contrato considera-se celebrado por prazo certo, pelo período de cinco anos[10].

11 β) **Não aceitação**. Se o senhorio *não aceitar* o valor da renda proposta pelo arrendatário deverá comunicá-lo ao locatário e, simultaneamente, tomar uma de duas opções: denunciar o contrato ou atualizar extraordinariamente a renda.

12 γ) A **denúncia** do contrato implica o pagamento de *"uma indemnização equivalente a cinco anos de renda resultante do valor médio das propostas formuladas pelo senhorio e pelo arrendatário"* sendo certo que, no caso de ausência desta, o valor a ter em conta é o da renda em vigor à data da comunicação do senhorio (número 2)[11].

13 No caso de a proposta do arrendatário se aproximar da do senhorio, a indemnização a pagar por este é agravada: para o dobro (10 anos de renda) se a diferença for igual ou inferior a 10%; em 50% (7 anos e 6 meses de renda) se for igual ou inferior a 20%.

14 A denúncia está submetida às seguintes regras: (a) regra geral quanto ao prazo: produz efeitos no prazo de seis meses, a contar da receção da comunicação do senhorio (que transmita a opção pela denúncia); (b) regra especial quanto ao prazo: produz efeitos no prazo de um ano, quando o arrendatário tenha, a seu cargo, filho ou enteado menor de idade ou que, tendo idade inferior a 26 anos, frequente o 11.º ou 12.º ano de escolaridade, ou cursos de ensino pós-secundário não superior ou de ensino superior[12]; (c) regras aplicáveis a todas as situações: (1) O arrendatário deverá desocupar o locado e entregá-lo ao senhorio no prazo de 30 dias após a produção

---

[9] Podem é ser ou não aplicáveis ao caso concreto: nas situações do exemplo, o acordo pode não ter aplicação se o senhorio denunciar o contrato no seguimento da não aceitação do valor da renda proposta pelo locatário.
[10] Anotação 11 ao 31.º.
[11] Anotação 13 ao 31.º.
[12] A lei não refere quando e como deve o arrendatário alegar estas circunstâncias; no seguimento de Amadeu Colaço, *Reforma do Novo Regime*, 103 e nota 145, tal deverá ser feito antes de decorrido o prazo de seis meses previsto no 33.º/7. A forma será a comunicação escrita, por carta registada com aviso de receção (9.º/1), acompanhada de documento comprovativo da circunstância alegada.

de efeitos da denúncia; (2) a indemnização deverá ser paga pelo senhorio no momento (e contra a entrega) do locado; (3) no período compreendido entre a receção da comunicação da denúncia e a sua produção de efeitos vigora a renda antiga ou a proposta pelo arrendatário, consoante a que for mais elevada.

A fixação de uma indemnização com base nas propostas feitas por ambas as partes conduz, necessariamente, à sua moderação: o senhorio naturalmente quererá uma renda elevada, mas limitará a sua proposta ao razoável, se quiser vir a denunciar o contrato. Raciocínio semelhante, mas de sinal contrário, para o inquilino que desejará uma renda baixa: mas, perante a ameaça da denúncia, elevará o valor da sua proposta, para aumentar o valor da indemnização. Aliás: se a proposta do senhorio for razoável, ele terá todo o interesse em aproximar dela a sua ou para se manter no locado ou para receber uma indemnização agravada. 15

Os prazos para a entrega do locado no seguimento da denúncia afiguram-se razoáveis – quer o da regra geral, quer o da especial (esta tendo em atenção a necessidade de evitar mudanças de residência no decurso do ano escolar, quando morem, no locado, filhos ou enteados do inquilino que se encontrem nessa situação). 16

Mas já não se afigura correta a solução do pagamento da indemnização contra a entrega do locado. Na verdade: por um lado, o inquilino poderá necessitar do dinheiro da indemnização para fazer face às despesas da mudança – e, normalmente, será isso mesmo que acontece. Por outro lado – e a agravar a situação – pode acontecer que o senhorio, na data aprazada para a entrega, não pague a indemnização. Ora, nessa situação, de pouco valerá ao inquilino o benefício da retenção do locado – até porque nessa data estará vazio! Na reforma de 2004, previa-se a faculdade de o inquilino poder exigir do senhorio uma caução (9.º do diploma que regularia o regime transitório). Na ausência de qualquer garantia, o inquilino, mesmo que não lhe repugne a hipótese da denúncia, poderá sucumbir à tentação de não proceder à entrega, aguardando calmamente o desfecho da ação declarativa que o senhorio se verá obrigado a propor ... 17

δ) Em alternativa à denúncia, o senhorio pode optar pela **atualização extraordinária da renda** – a calcular nos termos e com os critérios previstos no 35.º/2, a) e b). Essa opção não tem implicações apenas no montante da renda, antes se estendendo também ao tipo e duração do contrato: considera-se celebrado com prazo certo, pelo período de cinco anos a contar da comunicação do senhorio. Isto significa que, se o senhorio se opuser à sua renovação[13], ele caducará com o decurso do prazo: 1097.º do CC[14]. 18

4. **Questões**. *Quid iuris* se senhorio e arrendatário tiverem acordado no tipo e duração contratual, mas não quanto ao montante da renda? Terá sempre aplicação a última parte do 33.º/5, b)? Ou seja: o contrato considerar-se-á sempre celebrado com aquele tipo e prazo contratuais, apesar de contrários à vontade de ambas as partes? A norma é injuntiva? Crê-se que não, até porque não se antevê qualquer razão plausível para que a autonomia das partes não seja respeitada; aliás: ainda que assim se não entendesse, nada as impediria de, logo de seguida, acordarem na alteração dessas ou de outras cláusulas do contrato. 19

---

[13] Qual a antecedência mínima para a comunicação do senhorio para oposição à renovação? Sendo o prazo do contrato de cinco anos, parece que ela será de 120 dias – 1097.º/1, b). No entanto: aquele prazo não é, nem o inicial nem o de qualquer renovação. Mas, apesar disso, ele é o aplicável. De qualquer maneira: por mera cautela, o senhorio poderá fazer a comunicação com a antecedência superior a 240 dias e, assim, estará prevenido contra todas as hipóteses ...

[14] E quais os prazos para a oposição à renovação e para a denúncia pelo locatário? Em princípio os estabelecidos no 1098.º do CC. Entende, porém, Fernando de Gravato Morais que o prazo de "*não denúncia*" referido no número 3 não deve ser aplicável ao inquilino atenta a transformação *ex lege* do contrato a este imposta. Apesar das razões expostas, a solução afigura-se, pelo menos, duvidosa – atenta a faculdade conferida ao inquilino no 34.º.

20 Se o senhorio, na sua comunicação, transmitir ao inquilino a sua discordância com o montante da renda por ele proposto, mas não optar por nenhuma das faculdades previstas no n.º 6 (denúncia do contrato ou atualização extraordinária da renda), o processo de *"transição para o NRAU"* torna-se ineficaz, mantendo-se o contrato em vigor como se nada tivesse sucedido. Porém, o senhorio pode reiniciar o processo, tomando de novo a iniciativa prevista no 30.º. É certo que ele, já sabendo da posição do inquilino, pode disso aproveitar-se para tentar melhorar, a seu favor, a *"negociação obrigatória"* que se lhe segue. Se tal suceder, no limite, a sua atuação pode considerar-se abusiva, com as consequências daí derivadas (334.º do CC).

Artigo 34.º (Denúncia pelo arrendatário)

1. Caso o arrendatário denuncie o contrato, a denúncia produz efeitos no prazo de dois meses a contar da receção pelo senhorio da resposta prevista na alínea *d*) do n.º 3 do artigo 31.º, devendo então o arrendatário desocupar o locado e entregá-lo ao senhorio no prazo de 30 dias.

2. No caso previsto no número anterior não há lugar a atualização da renda.

Índice

1. Regime vigente 1   2. Indemnização por obras 4

1 **1. Regime vigente.** O 31.º/3, *d*), confere, ao arrendatário, a faculdade de, na resposta à iniciativa do senhorio, optar pela denúncia do contrato, que opera no prazo de dois meses a contar da receção, por este, da comunicação respetiva, ficando obrigado a *"desocupar o locado e entregá-lo ao senhorio no prazo de 30 dias"*, contados do termo daquele prazo. Até à entrega do locado, deverá pagar a renda, mas sem atualização extraordinária.

2 Como, em parte, já se referiu na anotação 17 ao 31.º (e nota de rodapé 12), o arrendatário pode denunciar o contrato: (a) antes da transição para o NRAU, em qualquer altura, respeitados que sejam os prazos previstos no 1100.º do CC – aplicável *ex vi* dos 26.º/1 e 28.º/1; (b) após a transição para o NRAU, nas mesmas circunstâncias, se as partes tiverem acordado em que o contrato seja celebrado por tempo indeterminado; (c) após a transição para o NRAU e se o contrato for celebrado com prazo certo, nos termos do 1098.º/3 do CC.

3 Assim sendo – e também pela vantagem do inquilino em manter o arrendamento já com longa duração e com renda de valor inferior à do mercado – as situações a que este art. 34.º virá a aplicar-se serão, provavelmente, poucas.

4 **2.** Há, no entanto, um atrativo para o inquilino: a denúncia prevista neste 34.º é a única que lhe confere direito a uma **indemnização por obras** licitamente feitas, independentemente do estipulado no contrato – 29.º/2. Assim, se tiver realizado este tipo de obras, deverá ponderar qual a melhor opção, já que, se ela for a da manutenção do arrendamento, o seu direito à indemnização por benfeitorias será o do número 1 desse mesmo artigo, muito menos favorável.

Artigo 35.º (Arrendatário com RABC inferior a cinco RMNA)

1. Caso o arrendatário invoque e comprove que o RABC do seu agregado familiar é inferior a cinco RMNA, o contrato só fica submetido ao NRAU mediante acordo entre as partes ou, na falta deste, no prazo de cinco anos a contar da receção, pelo senhorio, da resposta do arrendatário nos termos da alínea *a*) do n.º 4 do artigo 31.º

2. No período de cinco anos referido no número anterior, a renda pode ser atualizada nos seguintes termos:

   a) O valor atualizado da renda tem como limite máximo o valor anual correspondente a 1/15 do valor do locado;
   b) O valor do locado corresponde ao valor da avaliação realizada nos termos dos artigos 38.º e seguintes do CIMI;
   c) O valor atualizado da renda corresponde, até à aprovação dos mecanismos de proteção e compensação social:

   i) A um máximo de 25% do RABC do agregado familiar do arrendatário, com o limite previsto na alínea *a*);
   ii) A um máximo de 17% do RABC do agregado familiar do arrendatário, com o limite previsto na alínea *a*), no caso de o rendimento do agregado familiar ser inferior a € 1500 mensais;
   iii) A um máximo de 10% do RABC do agregado familiar do arrendatário, com o limite previsto na alínea *a*), no caso de o rendimento do agregado familiar ser inferior a € 500 mensais.

3. Quando for atualizada, a renda é devida no 1.º dia do 2.º mês seguinte ao da receção, pelo arrendatário, da comunicação com o respetivo valor.

4. Sem prejuízo do disposto no número seguinte, o valor atualizado da renda, no período de cinco anos referido no n.º 1, corresponde ao valor da primeira renda devida.

5. No mês correspondente àquele em que foi feita a invocação da circunstância regulada no presente artigo e pela mesma forma, o arrendatário faz prova anual do rendimento perante o senhorio, sob pena de não poder prevalecer-se da mesma.

6. Findo o período de cinco anos referido no n.º 1, o senhorio pode promover a transição do contrato para o NRAU, aplicando-se, com as necessárias adaptações, o disposto nos artigos 30.º e seguintes, com as seguintes especificidades:

   a) O arrendatário não pode invocar as circunstâncias previstas nas alíneas do n.º 4 do artigo 31.º;
   b) No silêncio ou na falta de acordo das partes acerca do tipo ou da duração do contrato, este considera-se celebrado com prazo certo, pelo período de dois anos.

Bibliografia: António Menezes Cordeiro/Francisco Castro Fraga, *Novo Regime do Arrendamento Urbano*; Maria Olinda Garcia, *Arrendamento urbano anotado*, 2.ª ed..

Índice

1. Alegação e prova 1
2. Consequências 3
3. Valor do locado 4
4. Período de 5 anos 13
α) Cálculo valor da renda 15
β) RABC 17
5. Decorrido o período de cinco anos 25
6. Atualização anual 28

1 1. **Alegação e prova**. O 35.º estabelece o regime a que ficam sujeitos os contratos de arrendamento habitacionais celebrados antes da entrada em vigor do RAU quando, na resposta à iniciativa do senhorio, o arrendatário *invoque e comprove* que o RABC do seu agregado familiar é inferior a cinco RMNA. De salientar: para que este regime tenha aplicação, ao inquilino não basta invocar – terá, também de demonstrar. Sobre a *"comprovação da alegação"*. Vide 32.º /1 e 2 e suas anotações.

2 Estabelecem-se, pois, nesta disposição as consequências da alegação e da demonstração de uma das possíveis *"exceções"* que o arrendatário pode invocar na sua *"defesa"*.

3 2. Alegado e demonstrado o rendimento invocado pelo inquilino, três **consequências** resultam: (a) o contrato só fica *"submetido ao NRAU"* passados cinco anos, período durante o qual o senhorio não pode denunciá-lo ad nutum[1]; (b) durante esse prazo, a renda anual terá, como limites máximos, 1/15 do valor do locado e 25%, 17% ou 10% do RABC do agregado familiar do locatário, se ele for igual ou superior a 1.500 €, inferior a 1.500 € mas igual ou superior a 500 €, ou inferior a 500 €, respetivamente[2]; (c) findo o período de cinco anos, o senhorio pode tomar (nova) iniciativa de *"transição para o NRAU"*, sem que o inquilino possa invocar, quer o RABC inferior a cinco RMNA, quer a idade superior a 65 anos.

4 3. O **valor do locado** é o que resulta da avaliação fiscal, efetivada nos termos dos 38.º e seguintes do CIMI, aí denominado valor patrimonial tributário. A sua determinação resulta da aplicação de uma fórmula matemática, que tem em conta diversos fatores: valor base dos prédios edificados, área bruta de construção mais a área excedente à área de implantação, coeficiente de afetação, coeficiente de localização, coeficiente de qualidade conforto e coeficiente de vetustez.

5 Ao senhorio – normalmente o proprietário e, como tal, o sujeito passivo do imposto – assiste o direito de reclamar e de impugnar judicialmente estes valores: 76.º e 78.º do CIMI.

6 Na reforma de 2006, a lei atribuía, ao inquilino, a faculdade de, no seguimento da iniciativa do senhorio para atualização extraordinária de rendas, *"requerer nova avaliação do prédio ao serviço de finanças competente"* – 37.º/6 da L 6/2006, na sua versão original. Mas esta norma não transitou para a reforma de 2012.

7 *Quid iuris*, então, se o inquilino detetar erros na avaliação, com reflexos no valor do locado e, consequentemente, no montante da renda? Não podem restar dúvidas de que lhe assistirá o direito de a impugnar: mas elas renascem quanto ao tempo e ao modo como deve ser feita a impugnação – já que o legislador nada refere a esse respeito.

8 Crê-se que o deverá fazer na resposta à iniciativa do senhorio, aí invocando os erros que detetou e o seu reflexo no valor atribuído ao locado.

9 Se o senhorio, na contra resposta, concordar com a posição do inquilino, o problema fica ultrapassado. Se não concordar, a questão terá de ser resolvida em sede judicial, já que o inquilino – que não é sujeito passivo de Imposto Municipal sobre Imóveis – não tem legitimidade para

---

[1] Vide 28.º/2.
[2] Ambos os limites (1/15 do valor do locado e percentagens do RABC) são aplicáveis até *"à aprovação dos mecanismos de proteção e compensação social"*; a partir do momento em que estes existam, o único limite será o de 1/15.

reclamar do valor tributável perante os serviços de finanças ou de o impugnar nos tribunais fiscais[3].

Situação semelhante a esta sucede com o valor do RABC – o que acontece se o senhorio detetar que o agregado familiar do inquilino usufruiu de rendimentos superiores aos que constam da certidão emitida pelos serviços de finanças? Ou que há erro no cálculo por estes feito[4]? 10

Também aqui, não restam dúvidas quanto ao direito à impugnação. No que se refere ao *modus operandi*, crê-se que o senhorio, na contra resposta à carta do inquilino que invoque um RABC inferior a cinco RMNA, deverá alegar os erros e omissões detetados e o seu reflexo quer no rendimento do agregado familiar, quer no cálculo do valor da renda. 11

Na falta de acordo do inquilino, a questão deverá ser resolvida em sede judicial. 12

4. Como já se referiu, ao contrário do que, à primeira vista, se possa supor, durante o **período de cinco anos** em que, em face da letra da lei, o contrato não fica submetido ao NRAU, ele, de facto, rege-se já por esse diploma[5]. Mas essa aplicação faz-se com algumas *"especificidades"* – 26.º/1 e 28.º/1 e anotações 1 a 6 ao 30.º. 13

O período de cinco anos inicia-se com a receção, pelo senhorio, da resposta do arrendatário (previsto no art. 31.º) à iniciativa daquele (referida no art. 30.º)[6]. 14

α) **Cálculo do valor da renda**. Para vigorar durante esse período, a renda pode sofrer uma *"atualização extraordinária"*, nos termos e com os limites já referidos. Compete, ao senhorio, fazer o cálculo com base no valor do locado[7] e nos elementos facultados pelo inquilino na sua resposta[8], comunicando-lhe o resultado[9]. 15

A renda assim atualizada é devida no primeiro dia do segundo mês seguinte ao da receção dessa comunicação. 16

β) Decorre da letra do 35.º/4 e 5 que, durante todo o período dos cinco anos, a nova renda manter-se-á a mesma[10], salvo se o arrendatário não fizer prova anual[11], do **RABC** do seu agregado familiar, no mesmo mês da sua resposta à iniciativa do senhorio em que invocou a circunstância de ser inferior a 5 RMNA[12]. 17

Neste último caso e uma vez que o arrendatário não pode prevalecer-se dessa circunstância, isso significa, desde logo, que deixam de vigorar os limites ao valor da renda previstos no 35.º/2, c). Mas deverá ir-se mais além: o senhorio poderá exigir a aplicação integral do disposto no 33.º, incluindo a faculdade de denúncia do contrato[13]: no entanto, o montante da indemnização deverá ter como base não os cinco anos, mas esse período deduzido do número de anos ocorridos desde a data prevista no 35.º/3. Na verdade, não será justo que o inquilino beneficie 18

---

[3] Em http://www.oa.pt/Conteudos/Artigos/detalhe_artigo.aspx?idc=31623&idsc=31624&ida=124288 referem-se diversas posições sobre esta matéria, sendo certo que algumas delas atribuem ao inquilino a faculdade de impugnar a avaliação fiscal dos imóveis, socorrendo-se de disposições constitucionais (20.º e 268.º), administrativas (9.º/1 do Código de Procedimento Administrativo) e fiscais (130.º/1 e 3); e outras defendem o contrário – segue-se esta última posição.
[4] O DL 266-B/2012, de 31-dez., não atribui ao senhorio legitimidade ou qualquer meio de impugnar o RABC do agregado familiar do inquilino.
[5] O que já sucede, aliás, desde a entrada em vigor da L 6/2006, que aprovou o NRAU.
[6] Sobre a resposta (ou respostas) dos inquilinos, no caso de arrendamentos plurais e dos cônjuges, quando o locado constitui casa de morada de família, anotações 6 e 7 ao 31.º.
[7] Que ele transmitiu ao locatário na sua comunicação/iniciativa – 30.º, b) e c).
[8] *vide* 31.º/4, a).
[9] Por carta registada com aviso de receção – 9.º/1.
[10] Sem prejuízo das atualizações anuais, previstas no 1077.º do CC. No entanto, esta opinião não é pacífica face à letra do 35.º/4.
[11] Pela mesma forma em que o fez na resposta à iniciativa do senhorio, ou seja, por carta registada com aviso de receção acompanhada da certidão emitida pelo serviço de finanças competente ou prova de ela já ter sido requerida – 31.º/4, a) e 32.º/1 e 2.
[12] Anotação 9 ao 32.º.
[13] Previsto no número 5, a).

da totalidade da indemnização quando é certo que, durante algum tempo, beneficiou de uma renda inferior quer à pretendida pelo senhorio, quer à que resulta do valor do locado, calculada nos termos do CLMI.

19   *Quid iuris* se o inquilino comunicar ao senhorio, pontual e anualmente, o comprovativo do RABC do seu agregado familiar e o seu montante não sendo o mesmo, a diferença implicar mudança de escalão? Se o RABC subir para valor superior a 5 RMNA, aplicar-se-á, com as necessárias adaptações, o referido na anotação anterior: de facto, não faria sentido que se continuasse a aplicar o regime protecionista do 35.º quando o inquilino passou a beneficiar de um rendimento superior ao que justifica a proteção.

20   O que acontece, porém, se o RABC passar a escalão superior mas ficar abaixo de 5 RMNA? Ou se diminuir, passando a escalão inferior? O 35.º/4 parece inculcar a ideia de que a alteração de rendimento não é relevante, pelo que "... *o valor atualizado da renda, no período de 5 anos referido no n.º 1. corresponde ao valor da primeira renda devida*". Não é, no entanto, essa a melhor interpretação da norma. Desde logo pela injustiça da situação: o rendimento de um ano, apesar de poder não ser constante, marcaria imutavelmente a renda de cinco anos, com prejuízos injustificados para uma ou outra parte. Por outro lado: (a) a 1.ª parte do 35.º/4 ressalva o número seguinte que alude à "prova anual do rendimento perante o senhorio" - e não à simples demonstração da circunstância RABC é inferior a 5 RMNA; (b) quando o inquilino se prevalece dessa circunstância, fá-lo em toda a sua amplitude – designadamente quanto ao valor máximo decorrente das regras estabelecidas no 35.º/2 e 3 – e sempre que faz prova do seu rendimento.

21   Assim (a) se houver mudança para escalão superior, o senhorio poderá reclamar o correspondente aumento de renda, no 1.º dia do segundo mês seguinte ao da receção pelo arrendatário da comunicação que aquele lhe faça, exigindo-o; (b) se houver mudança para escalão inferior, o arrendatário, na sua comunicação poderá exigir a diminuição na renda – sendo a alteração exigível no 1.º dia do segundo mês seguinte ao da sua receção pelo senhorio[14].

22   A comunicação anual do inquilino ao senhorio configura, pois, uma nova oposição à iniciativa deste, mas limitada à invocação da *"exceção"* de RABC inferior a cinco RMNA. Daí que a omissão da comunicação deva ser equiparada à não invocação – a expressão legal *"não pode prevalecer-se da mesma"* é, a este respeito, inequívoca.

23   Mas, assim sendo, há que daí extrair todas as consequências, referidas nas anotações anteriores – designadamente no que se refere ao cálculo do montante da renda que vigorará no ano seguinte ao da comunicação do inquilino e que aumentará, se o rendimento do seu agregado familiar for superior ou diminuirá se for inferior.

24   E, no limite, se o RABC, ultrapassar os cinco RMNA, então perderá eficácia a invocação feita aquando da resposta à iniciativa do senhorio - este poderá, então, optar por uma das faculdades que lhe confere o 33.º/5, mas apenas se o inquilino não tiver invocado a exceção da idade ou da incapacidade[15].

25   5. **Decorrido o período de cinco anos**, o contrato pode *"transitar para o NRAU"*, mediante nova iniciativa do senhorio, em tudo semelhante à prevista no 30.º e com o regime estabelecido nesse e nos artigos seguintes.

---

[14] Em sentido contrário, Maria Olinda Garcia, *Arrendamento urbano anotado*, 2.ª ed., 158, com o argumento de que "o propósito geral da alteração legislativa foi precisamente o aumento das rendas antigas", invocando, ainda, o disposto no 37.º. Estes argumentos não se afiguram convincentes: a desproporção entre o montante da renda e o RABC só será ultrapassado após cinco anos, passando, então, o inquilino a *"ter direito a uma resposta social"* (36.º/10); o 37.º compara o valor da atualização extraordinária da renda com o da atualização anual: regula, pois, uma situação diferente e não assimilável à da diminuição do RABC no decurso do prazo dos cinco anos,

[15] Em sentido algo diferente, Maria Olinda Garcia, *Arrendamento urbano anotado*, 2.ª ed., 157.

Porém, ao arrendatário não é facultado voltar a invocar o RABC do seu agregado familiar inferior a 5 RMNA; e não poderá invocar, também, idade superior a 65 anos ou incapacidade superior a 60%, que tenham, entretanto, sobrevindo. Ou seja: a idade e a incapacidade relevantes para aplicação dos 35.º e 36.º são as existentes à data da receção, pelo locatário, da comunicação/ iniciativa do senhorio.

O contrato considera-se celebrado com prazo certo, pelo período de dois anos[16], no silêncio ou na falta de acordo das partes. Isto significa que, decorridos sete anos após a iniciativa do senhorio, o contrato, se ele o desejar, cessa por caducidade. A diferença face ao regime geral limita-se, pois, ao prazo para que a cessação opere – (cinco anos num caso, sete anos noutro) e à renda praticada (15% do valor do locado num caso; limite adicional por percentagem do RABC, noutro).

6. A atualização extraordinária das rendas não prejudica a **atualização anual**, prevista no 1077.º do CC e 24.º e 25.º da L 6/2006 – uma vez que esta traduz, apenas, uma correção baseada na desvalorização monetária[17].

Esta solução não levanta quaisquer dúvidas, se a nova renda se contiver dentro dos limites previstos no 35.º/2. *Quid iuris* se, os ultrapassar? Crê-se que, mesmo assim, a atualização ordinária é aplicável – até porque se baseia numa mera correção monetária e o montante em excesso será sempre diminuto.

Artigo 36.º (Arrendatário com idade igual ou superior a 65 anos ou com deficiência com grau de incapacidade superior a 60%

1. Caso o arrendatário invoque e comprove que tem idade igual ou superior a 65 anos ou deficiência com grau comprovado de incapacidade superior a 60%, o contrato só fica submetido ao NRAU mediante acordo entre as partes, aplicando-se no que respeita ao valor da renda o disposto nos números seguintes.

2. Se o arrendatário aceitar o valor da renda proposto pelo senhorio, a nova renda é devida no 1.º dia do 2.º mês seguinte ao da receção, pelo senhorio, da resposta.

3. Se o arrendatário se opuser ao valor da renda proposto pelo senhorio, propondo um novo valor, o senhorio, no prazo de 30 dias contados da receção da resposta do arrendatário, deve comunicar-lhe se aceita ou não a renda proposta.

4. A falta de resposta do senhorio vale como aceitação da renda proposta pelo arrendatário.

5. Se o senhorio aceitar o valor da renda proposto pelo arrendatário, ou verificando-se o disposto no número anterior, a nova renda é devida no 1.º dia do 2.º mês seguinte ao da receção, pelo senhorio, da resposta ou do termo do prazo para esta, consoante os casos.

6. Se o senhorio não aceitar o valor da renda proposto pelo arrendatário, o contrato mantém-se em vigor sem alteração do regime que lhe é aplicável, sendo o valor da renda apurado nos termos das alíneas *a*) e *b*) do n.º 2 do artigo anterior, sem prejuízo do disposto no número seguinte.

7. Se o arrendatário invocar e comprovar que o RABC do seu agregado familiar é inferior a cinco RMNA:

---

[16] Foi, assim, reduzido para dois anos, o prazo de cinco anos previsto no 31.º/7, *b*) e no 33.º/5, *b*).

[17] De salientar que o âmbito da aplicação destas normas se cinge aos contratos habitacionais pré-RAU, onde não era possível a livre estipulação de actualização das rendas – *vide* a este propósito, António Menezes Cordeiro/Francisco Castro Fraga, *Novo Regime do Arrendamento Urbano*, 81.

    a) O valor da renda é apurado nos termos dos n.ºs 2 e 3 do artigo anterior;
    b) O valor da renda vigora por um período de cinco anos, correspondendo ao valor da primeira renda devida;
    c) É aplicável o disposto no n.º 6 do artigo anterior.

8. Quando for atualizada, a renda é devida no 1.º dia do 2.º mês seguinte ao da receção, pelo arrendatário, da comunicação com o respetivo valor.

9. Findo o período de cinco anos a que se refere a alínea *b)* do n.º 7:

    a) O valor da renda pode ser atualizado por iniciativa do senhorio, aplicando-se, com as necessárias adaptações, o disposto nos artigos 30.º e seguintes, não podendo o arrendatário invocar a circunstância prevista na alínea *a)* do n.º 4 do artigo 31.º;
    b) O contrato só fica submetido ao NRAU mediante acordo entre as partes.

10. No caso previsto no número anterior, o arrendatário pode ter direito a uma resposta social, nomeadamente através de subsídio de renda, de habitação social ou de mercado social de arrendamento, nos termos e condições a definir em diploma próprio.

Índice

1. Alegação e prova 1	4. Carência económica 9
2. Efeitos 3	5. Nova atualização extraordinária 11
3. Atualização extraordinária da renda 5	

1   1. **Alegação e prova**. O 36.º regula a segunda das *"exceções"* que o arrendatário pode invocar, em sua *"defesa"*, na resposta à iniciativa do senhorio: idade superior a 65 anos e/ou deficiência com grau de incapacidade superior a 60%. Recorde-se que estamos no âmbito dos arrendamentos habitacionais celebrados anteriormente à data da entrada em vigor do RAU.

2   Para que possa beneficiar do regime aqui estabelecido e que o favorece, ao arrendatário não basta invocar os factos que integram a *"exceção"*: terá, também, de os demonstrar. Sobre a *"comprovação da alegação"* vide o 32.º/4 e suas anotações.

3   2. **Efeitos**. Alegada e demonstrada a idade e/ou a incapacidade do arrendatário, resulta desde logo uma primeira consequência: o contrato só fica *"submetido ao NRAU"* mediante acordo das partes. Esta é a grande diferença, em face do regime estabelecido no 35.º para a situação de RABC inferior a 5 RMNA: na ausência desse acordo, a situação de *"não submissão ao NRAU"* apenas se mantém pelo prazo de cinco anos.

4   Isto significa que, aos contratos referidos neste 36.º, se continuam a aplicar, até ao seu termo, as especificidades constantes dos 26.º a 29.º.

5   3. A não *"submissão"* do contrato ao NRAU não impede que haja lugar à **atualização extraordinária da renda**, cujo montante pode ser: (a) o proposto pelo senhorio na sua comunicação/iniciativa, desde que aceite pelo arrendatário; (b) o contraproposto pelo arrendatário na sua resposta à iniciativa do senhorio, desde que aceite por este (expressamente ou pelo seu silêncio em face da comunicação daquele); (c) o correspondente a 1/15 do valor do locado.

---

[1] Esse acordo pode abranger todo o conteúdo do contrato e, mesmo, a sua *"transição para o NRAU"* – vide 30.º/1 (e também o 35.º/1). O acordo pode até ser celebrado sem necessidade de recurso às comunicações entre senhorio e arrendatário ou posteriormente a elas; como único requisito a sua celebração por escrito.

As hipóteses das alíneas *a)* e *b)* traduzem, no fundo, um acordo entre senhorio e arrendatário quanto ao montante da renda[1], resultante das comunicações entre eles. De salientar que, na sua comunicação de resposta à iniciativa daquele, o locatário que não concorde com a proposta pelo senhorio pode não apresentar uma contraproposta[2], sem que, daí, surjam consequências negativas, uma vez que: (a) a falta de contraproposta *"vale como proposta de manutenção do valor da renda em vigor à data da comunicação do senhorio"* – 33.º/2; (b) não tem aqui aplicação o disposto no 33.º/2 e 5, *b*): o senhorio não pode denunciar o contrato, não havendo, pois, lugar a pagamento de qualquer indemnização, calculada com base na renda proposta por ele e na contraproposta pelo inquilino.

Havendo acordo quanto ao montante da renda, ela será devida, consoante os casos, no 1.º dia do 2.º mês seguinte: (a) ao da receção pelo senhorio, da resposta de aceitação do arrendatário da sua proposta; ou (b) ao da receção, pelo senhorio, da resposta do arrendatário à sua iniciativa; ou (c) do termo do prazo para esta[3].

Havendo desacordo – ou seja: se o locatário não concordar com o montante da renda proposta pelo senhorio e se este não concordar com o proposto por aquele – a nova renda (anual) será fixada em 1/15 do valor do locado avaliado nos termos dos 38.º e seguintes do CIMI. E será este o valor da renda a manter até ao termo do contrato, isto sem prejuízo das atualizações ordinárias, anuais, nos termos dos 1077.º do CC e 24.º e 25.º da L 6/2006[4] e sem prejuízo, também, do que se irá referir na nota seguinte.

4. **Carência económica**. Se o arrendatário, para além da idade igual ou superior a 65 anos e/ou deficiência com incapacidade superior a 60%, tiver invocado e provado um *RABC inferior a cinco RMNA*, o valor da renda, durante cinco anos, fica limitado ao máximo de 25%, 17% ou 10% do RABC do agregado familiar do locatário, se ele for igual ou superior a 1.500 €, inferior a 1.500 € mas igual ou superior a 500 €, ou inferior a 500 €, respetivamente[5].

Para poder exigir, do inquilino, a atualização extraordinária da renda, o senhorio terá de proceder a uma nova comunicação ao arrendatário com o montante pretendido, calculado com base no valor do locado e nos elementos por este facultados[6]. A nova renda será exigível no 1.º dia do 2.º mês seguinte ao da receção pelo locatário dessa comunicação, contando-se a partir dessa data o período de cinco anos.

5. Terminado esse período, a renda poderá sofrer **nova atualização extraordinária**, cabendo ao senhorio promovê-la.

Para esse efeito, o senhorio deve tomar nova iniciativa, comunicando ao inquilino, nos termos do 30.º, o montante da renda pretendida – mas não, necessariamente, o tipo e duração do contrato, uma vez que ele, salvo o acordo das partes, continuará *"submetido ao NRAU"*.

Na sua resposta, o inquilino deve pronunciar-se sobre a iniciativa do senhorio, sendo certo que o seu silêncio vale como aceitação da renda proposta. Porém, se o senhorio tiver incluído um *"tipo e duração do contrato"* diferente do existente[7] o inquilino pode, também, pronunciar-se

---

[2] Mas deverá também referir expressamente a sua discordância com o valor proposto pelo senhorio, sob pena de se considerar que o aceita? Da palavra *"ainda"*, inserida no 31.º/4, parece concluir-se que sim. Mas do 33.º/1 parece concluir-se o contrário. Em face da dúvida e ainda que por mera cautela, o inquilino deve incluir, na sua carta de resposta à iniciativa do senhorio, para além da alegação das circunstâncias referidas no 31.º/4, *a*) e *b*), a sua oposição à renda proposta.

[3] Estas regras não impedem que as partes possam acordar outras datas para a entrada em vigor da nova renda.
[4] Anotação 26 ao 35.º.
[5] À semelhança do que acontece nas situações previstas no 35.º/1 e 2.
[6] Anotações 15 ss. ao 35.º.
[7] Contrato não submetido ao NRAU, por tempo indeterminado e com as especificidades dos 26.º a 28.º.

sobre ela: mas, aqui, o seu silêncio não vale como aceitação da proposta do senhorio; e esse silêncio e/ou a oposição não terá as consequências previstas no 31.º/7, b)[8].

14 Na sua resposta, o inquilino não pode invocar a especificidade do 31.º/4, a) – RABC do agregado familiar inferior a cinco RMNA. Ou, se o fizer, essa invocação não produz quaisquer efeitos: ter-se-á por não escrita.

15 E não terá, também de invocar a idade ou incapacidade superior a 60%, uma vez que já o fez anteriormente – e dela já resultaram as consequências legais: não *"submissão ao NRAU"*, salvo acordo das partes.

16 Na falta de acordo quanto ao montante da renda, esta será fixada nos termos do 35.º/2, a) e b): o seu valor anual corresponderá a 1/15 do valor do locado, avaliado nos termos dos 38.º e seguintes do CIMI – mas não da sua alínea c), uma vez que a aplicação desta está ligada à invocação do RABC inferior a cinco RMNA[9].

17 Aquando desta segunda atualização extraordinária, o inquilino poderá *"ter direito a uma resposta social"* – que poderá revestir a forma de *"subsídio de renda, de habitação social, (...) de mercado social de arrendamento"* ou outra. A matéria será regulada em diploma próprio.

18 Este artigo tem a redação dada pela Ret. 59-A/2012, de 12-out..

Artigo 37.º (Valor da renda)

Se o valor da renda apurado nos termos da alínea b) do n.º 5 do artigo 33.º, do n.º 2 do artigo 35.º ou dos n.ºs 6 e 7 do artigo 36.º for inferior ao valor que resultaria da atualização anual prevista no n.º 1 do artigo 24.º, é este o aplicável.

Índice

1. Fundamento 1   2. Valor de renda aplicável 2

1 1. **Fundamento.** Trata-se de uma *"cláusula de salvaguarda"* para evitar que, dos procedimentos de atualização extraordinária das rendas, resulte não um aumento, mas uma diminuição do seu valor em face do anteriormente existente, acrescido das atualizações anuais previstas no 1077.º/2 do CC e no 24.º/1 da L 6/2006.

2 2. **Valor de renda aplicável.** Esta disposição tem aplicação no ano em que ocorrer a atualização extraordinária da renda, comparando-se, então, o valor dela resultante com o valor da renda antiga, acrescida da atualização anual: ficará a vigorar o mais elevado. Mas seja ele qual for, vale como avaliação extraordinária, com as consequências daí derivadas – designadamente no que se refere a prazos contratuais[1].

3 Como já se referiu[2], a atualização extraordinária da renda não prejudica a atualização anual – que pode continuar a ser exigida pelo senhorio: a primeira decorrido um ano sobre aquela; e as seguintes, nos anos posteriores.

---

[8] O contrato considera-se celebrado com prazo certo pelo período de cinco anos.
[9] Aplicação essa excluída pelo 36.º/9, a).

[1] É o caso do prazo de cinco anos previsto nos 33.º/5, b), 35.º/1 e 6 e 36.º/7, b) e 9.
[2] Anotação 7 ao 30.º.

Artigo 38.º (Atualização faseada do valor da renda)

1. A atualização do valor da renda é feita de forma faseada ao longo de cinco anos, sem prejuízo do disposto nos números seguintes.

2. A atualização é feita ao longo de dois anos:

   a) Quando o senhorio invoque que o agregado familiar do arrendatário dispõe de um RABC superior a 15 RMNA, sem que o arrendatário invoque qualquer das alíneas do n.º 3 do artigo anterior;
   b) Nos casos previstos no artigo 45.º.

3. A atualização é feita ao longo de 10 anos quando o arrendatário invoque uma das alíneas do n.º 3 do artigo anterior.

4. A comunicação do senhorio prevista no artigo 34º contém, sob pena de ineficácia:

   a) Cópia do resultado da avaliação do locado nos termos do CIMI e da determinação do nível de conservação;
   b) Os valores da renda devida após a primeira atualização correspondentes a uma atualização em 2, 5 ou 10 anos;
   c) O valor em euros do RABC que, nesse ano, determina a aplicação dos diversos escalões;
   d) A indicação de que a invocação de alguma das circunstâncias previstas no n.º 3 do artigo anterior deve ser realizada em 40 dias, mediante apresentação de documento comprovativo;
   e) A indicação das consequências da não invocação de qualquer das circunstâncias previstas no n.º 3 do artigo anterior.

5. A comunicação do senhorio contém ainda, sendo caso disso, a invocação de que o agregado familiar do arrendatário dispõe de RABC superior a 15 RMNA, com o comprovativo previsto no n.º 3 do artigo 44.º, sendo então referido nos termos da alínea a) do número anterior apenas o valor da renda devido após a atualização a dois anos.

(Revogado pelo 13.º, c) da L 31/2012, de 14-ago.)

Artigo 39.º (Atualização em dois anos)

A atualização faseada do valor da renda, ao longo de dois anos, faz-se nos termos seguintes:

   a) 1.º ano: à renda vigente aquando da comunicação do senhorio acresce metade da diferença entre esta e a renda comunicada;
   b) 2.º ano: aplica-se a renda comunicada pelo senhorio, atualizada de acordo com os coeficientes de atualização que entretanto tenham vigorado.

(Revogado pelo 13.º, c) da L 31/2012, de 14-ago.)

Artigo 40.º (Atualização em cinco anos)

1. A atualização faseada do valor da renda, ao longo de cinco anos, faz-se nos termos seguintes:

   a) 1.º ano: à renda vigente aquando da comunicação do senhorio acresce um quarto da diferença entre esta e a renda comunicada;

b) 2.º ano: à renda vigente aquando da comunicação do senhorio acrescem dois quartos da diferença entre esta e a renda comunicada;
c) 3.º ano: à renda vigente aquando da comunicação do senhorio acrescem três quartos da diferença entre esta e a renda comunicada;
d) 4.º ano: aplica-se a renda comunicada pelo senhorio;
e) 5.º ano: a renda devida é a comunicada pelo senhorio, atualizada de acordo com os coeficientes de atualização que entretanto tenham vigorado.

2. O limite máximo de atualização da renda é de € 50 mensais no 1.º ano e de € 75 mensais nos 2.º a 4.º anos, exceto quando tal valor for inferior ao valor que resultaria da atualização anual prevista no n.º 1 do artigo 24.º, caso em que é este o aplicável.

(Revogado pelo 13.º, c) da L 31/2012, de 14-ago.)

Artigo 41.º (Atualização em 10 anos)

1. A atualização faseada do valor da renda, ao longo de 10 anos, faz-se nos termos seguintes:

a) 1.º ano: à renda vigente aquando da comunicação do senhorio acresce um nono da diferença entre esta e a renda comunicada;
b) 2.º ano: à renda vigente aquando da comunicação do senhorio acrescem dois nonos da diferença entre esta e a renda comunicada;
c) 3.º ano: à renda vigente aquando da comunicação do senhorio acrescem três nonos da diferença entre esta e a renda comunicada;
d) 4.º ano: à renda vigente aquando da comunicação do senhorio acrescem quatro nonos da diferença entre esta e a renda comunicada;
e) 5.º ano: à renda vigente aquando da comunicação do senhorio acrescem cinco nonos da diferença entre esta e a renda comunicada;
f) 6.º ano: à renda vigente aquando da comunicação do senhorio acrescem seis nonos da diferença entre esta e a renda comunicada;
g) 7.º ano: à renda vigente aquando da comunicação do senhorio acrescem sete nonos da diferença entre esta e a renda comunicada;
h) 8.º ano: à renda vigente aquando da comunicação do senhorio acrescem oito nonos da diferença entre esta e a renda comunicada;
i) 9.º ano: aplica-se a renda comunicada pelo senhorio;
j) 10.º ano: a renda devida é a renda máxima inicialmente proposta pelo senhorio, atualizada de acordo com coeficientes de atualização que entretanto tenham vigorado.

2. O limite máximo de atualização da renda é de € 50 mensais no 1.º ano e de € 75 mensais nos 2.º a 9.º anos, exceto quando tal valor for inferior ao valor que resultaria da atualização anual prevista no n.º 1 do artigo 24.º, caso em que é este o aplicável.

(Revogado pelo 13.º, c) da L 31/2012, de 14-ago.)

Artigo 42.º (Comunicação do senhorio ao serviço de finanças)

1. No prazo de 30 dias a contar da data em que a avaliação patrimonial se tornar definitiva, nos termos dos artigos 75.º e 76.º do CIMI, ou do fim do prazo de resposta do arrendatário, se este

for mais longo, o senhorio comunica, mediante declaração a aprovar por Portaria conjunta dos Ministros de Estado e da Administração Interna e de Estado e das Finanças, ao serviço de finanças competente o período de faseamento de atualização do valor da renda ou a sua não atualização.

2. Na falta de comunicação do senhorio, presume-se que a atualização faseada do valor da renda se faz ao longo de cinco anos, sem prejuízo dos poderes de inspeção e correção da administração fiscal e da sanção aplicável à falta de entrega da declaração.

(Revogado pelo 13.º, c) da L 31/2012, de 14-ago.)

Artigo 43.º (Aplicação da nova renda)

1. Não tendo o arrendatário optado pela denúncia do contrato, a nova renda é devida no 3.º mês seguinte ao da comunicação do senhorio.

2. As atualizações seguintes são devidas, sucessivamente, um ano após a atualização anterior.

3. O senhorio deve comunicar por escrito ao arrendatário, com a antecedência mínima de 30 dias, o novo valor da renda.

4. A não atualização da renda não pode dar lugar a posterior recuperação dos aumentos de renda não feitos, mas o senhorio pode, em qualquer ano, exigir o valor a que teria direito caso todas as atualizações anteriores tivessem ocorrido.

5. Nos 30 dias seguintes à comunicação de um novo valor, o arrendatário pode denunciar o contrato. devendo desocupar o locado no prazo de seis meses.

6. Existindo a denúncia prevista no número anterior, não há atualização da renda.

(Revogado pelo 13.º, c) da L 31/2012, de 14-ago.)

Artigo 44.º (Comprovação da alegação)

1. O arrendatário que invoque a circunstância prevista na alínea a) do n.º 3 do artigo 37.º faz acompanhar a sua resposta de documento comprovativo emitido Pelo serviço de Finanças competente.

2. O arrendatário que não disponha, à data da sua resposta, do documento referido no número anterior, faz acompanhar a resposta do comprovativo de ter o mesmo sido já requerido, devendo juntá-lo no prazo de 15 dias após a sua obtenção.

3. O senhorio que pretenda invocar que o agregado familiar do arrendatário dispõe de RABC superior a 15 RMNA requer ao serviço de finanças competente o respetivo comprovativo.

4. O RABC refere-se ao ano civil anterior ao da comunicação.

5. O arrendatário que invoque a circunstância prevista na alínea b) do n.º 3 do artigo 37.º faz acompanhar a sua resposta, conforme o caso, de documento comprovativo de ter completado 65 anos à data da comunicação pelo senhorio, ou de documento comprovativo da deficiência alegada, sob pena de se lhe passar a aplicar o faseamento ao longo de cinco anos.

(Revogado pelo 13.º, c) da L 31/2012, de 14-ago.)

Artigo 45.º (Regime especial de faseamento)

1. A atualização efetua-se nos termos do artigo 39.º quando o arrendatário não tenha no tocado a sua residência permanente, habite ou não outra casa, própria ou alheia.

2. Não se aplica o disposto no número anterior:

a) Em caso de força maior ou doença;
b) Se a falta de residência permanente, não perdurando há mais de dois anos, for devida ao cumprimento de deveres militares ou profissionais do próprio, do cônjuge ou de quem viva com o arrendatário em união de facto;
c) Se permanecer no local o cônjuge ou pessoa que tenha vivido em economia comum com o arrendatário por prazo não inferior a um ano.

3. Em caso de atualização nos termos do n.º 1, o senhorio deve mencionar a circunstância que a justifica na comunicação a que se refere o artigo 34.º e tem direito à renda assim atualizada enquanto não for decidido o contrário, caso em que deve repor os montantes indevidamente recebidos.
(Revogado pelo 13.º, c) da L 31/2012, de 14-ago.)

Artigo 46.º (Subsídio de renda)

Tem direito a um subsídio de renda, em termos definidos em diploma próprio, o arrendatário:

a) Cujo agregado familiar receba um RABC inferior a três RMNA;
b) Com idade igual ou superior a 65 anos e cujo agregado familiar receba um RABC inferior a cinco RMNA.

2. O pedido de atribuição do subsídio, quando comunicado ao senhorio, determina que o aumento seguinte do valor da renda só vigore a partir do mês subsequente ao da comunicação, pelo arrendatário ou pela entidade competente, da concessão do subsídio de renda, embora com recuperação dos montantes em atraso.

3. O arrendatário comunica a decisão sobre a concessão de subsídio ao senhorio no prazo de 15 dias após dela ter conhecimento, sob pena de indemnização pelos danos causados pela omissão.

4. A renda a que se refere o artigo anterior não é suscetível de subsídio.
(Revogado pelo 13.º, c) da L 31/2012, de 14-ago.)

Artigo 47.º (Alteração de circunstâncias)

1. O arrendatário que tenha invocado que o seu agregado familiar dispõe de um RABC inferior a cinco RMNA deve fazer prova anual do rendimento perante o senhorio no mês correspondente àquele em que a invocação foi feita e pela mesma forma.

2. Se os rendimentos auferidos ultrapassarem o limite invocado, o senhorio tem o direito de, nas atualizações subsequentes da renda, utilizar o escalonamento correspondente ao novo rendimento.

3. Também se passa a aplicar atualização mais longa ao arrendatário que, tendo recebido a comunicação pelo senhorio do novo valor da renda resultante de atualização anual, demonstre ter auferido no ano anterior RABC que a ela confira direito.

4. Falecendo o arrendatário que tenha invocado alguma das circunstâncias previstas no n.º 3 do artigo 37.º, e transmitindo-se a sua posição contratual para quem não reúna qualquer dessas circunstâncias, passa a aplicar-se o faseamento adequado à nova situação.

5. A transição entre regimes faz-se aplicando à nova renda o valor que, no escalonamento de atualização correspondente ao regime para que se transita, for imediatamente superior à renda em

vigor, seguindo-se, nos anos posteriores, as atualizações desse regime, de acordo com o escalonamento respetivo.

6. Quando da regra constante do número anterior resulte que a passagem para regime de atualização mais célere dá origem a aumento igual ou inferior ao que seria devido sem essa passagem. aplica-se à atualização o escalão seguinte.
(Revogado pelo 13.º, c) da L 31/2012, de 14-ago.)

Artigo 48.º (Direito a obras)

1. No caso de o senhorio não tornar a iniciativa de atualizar a renda, o arrendatário pode solicitar à comissão arbitral municipal (CAM) que promova a determinação do coeficiente de conservação do locado.

2. Caso o nível de conservação seja de classificação inferior a 3, o arrendatário pode intimar o senhorio à realização de obras.

3. O direito de intimação previsto no número anterior bem como as consequências do não acatamento da mesma são regulados em diploma próprio.

4. Não dando o senhorio início às obras, pode o arrendatário:

a) *Tomar a iniciativa de realização das obras, dando disso conhecimento ao senhorio e à CAM;*
b) *Solicitar à câmara municipal a realização de obras coercivas;*
c) *Comprar o locado pelo valor da avaliação feita nos termos do CIMI, com obrigação de realização das obras, sob pena de reversão.*

5. Caso as obras sejam realizadas pelo arrendatário, pode este efetuar compensação com o valor da renda.

6. As obras coercivas ou realizadas pelo arrendatário, bem como a possibilidade de este adquirir o locado, são reguladas em diploma próprio.
(Revogado pelo 13.º, c) da L 31/2012, de 14-ago.)

Artigo 49º (Comissão arbitral municipal)

1. São constituídas CAM com a seguinte finalidade:

a) *Acompanhar a avaliação dos prédios arrendados;*
b) *Coordenar a verificação dos coeficientes de conservação dos prédios;*
c) *Estabelecer os coeficientes intermédios a aplicar nos termos do n.º 4 do artigo 33.º;*
d) *Arbitrar em matéria de responsabilidade pela realização de obras, valor das mesmas e respetivos efeitos no pagamento da renda;*
e) *Desempenhar quaisquer outras competências atribuídas por lei.*

2. As CAM são compostas por representantes da câmara municipal, do serviço de finanças competente, dos senhorios e dos inquilinos.

3. O funcionamento e as competências das CAM são regulados em diploma próprio.
(Revogado pelo 13.º, c) da L 31/2012, de 14-ago.)

Secção III – Arrendamento para fim não habitacional

Artigo 50.º (Iniciativa do senhorio)

A transição para o NRAU e a atualização da renda dependem de iniciativa do senhorio, que deve comunicar a sua intenção ao arrendatário, indicando:

a) O valor da renda, o tipo e a duração do contrato propostos;
b) O valor do locado, avaliado nos termos dos artigos 38.º e seguintes do CIMI, constante da caderneta predial urbana;
c) Cópia da caderneta predial urbana.

Índice

1. Âmbito de aplicação 1
2. Evolução legislativa 2
3. Regime atual: 2012 4

1. **Âmbito de aplicação.** Com este 50.º inicia-se uma nova secção, que regula a *"transição para o NRAU"* dos arrendamentos não habitacionais pré-DL 257/95, bem como a atualização extraordinária das rendas.

2. **Evolução legislativa.** Na reforma de 2004, correspondiam-lhe os 28.º a 31.º do diploma que regularia o regime transitório. E, na reforma de 2006, os 50.º a 56.º.

Os sistemas preconizados por ambas essas reformas partiam de bases muito diferentes: a de 2004 *"impunha uma negociação obrigatória"*, da qual resultaria a transição do contrato para o novo regime com a atualização das rendas dela resultante ou a denúncia de contrato pelo senhorio. A de 2006 não facultava a denúncia mas, antes e apenas, uma atualização extraordinária das rendas, de aplicação faseada, calculada em 4% do valor do locado nos termos do CIMI.

3. **Regime atual: 2012.** A reforma de 2012 constitui, como já se referiu, uma bem conseguida união entre as duas anteriores: baseou-se no sistema preconizado pela de 2004 (negociação obrigatória da renda – e, agora, também do tipo e duração de contrato – podendo o senhorio denunciá-lo, indemnizando o inquilino com um montante correspondente à média das rendas propostas pelas partes). Mas aditou-lhe uma outra opção conferida ao senhorio: a de, em alternativa à denúncia, optar pela atualização extraordinária da renda, calculada em 1/15 do valor do locado nos termos do CIMI, considerando-se o contrato celebrado por prazo certo de 5 anos (e *"transitado para o NRAU"*[1]).

O sistema preconizado nos arrendamentos não habitacionais para a *"transição para o NRAU"* e para atualização extraordinária das rendas é o mesmo do estabelecido para os arrendamentos habitacionais, muito embora com as alterações resultantes das diferentes finalidades de uns e outros.

Assim: ele começa com a iniciativa do senhorio que obedece, exatamente, aos mesmos requisitos, quer de substância quer de forma previstas no 30.º, em sede de arrendamentos habitacionais. Remete-se, pois, para as notas sobre eles produzidas.

Ver Ret. 59-A/2012, de 12-out..

---

[1] Isto em regra geral, já que em todas as reformas há exceções de proteção aos mais idosos, deficientes e carenciados.

Artigo 51.º (Resposta do arrendatário)

1. O prazo para a resposta do arrendatário é de 30 dias a contar da receção da comunicação prevista no artigo anterior.

2. Quando termine em dias diferentes o prazo de vários sujeitos, a resposta pode ser oferecida até ao termo do prazo que começou a correr em último lugar.

3. O arrendatário, na sua resposta, pode:
   a) Aceitar o valor da renda proposto pelo senhorio;
   b) Opor-se ao valor da renda proposto pelo senhorio, propondo um novo valor, nos termos e para os efeitos previstos no artigo 52.º;
   c) Em qualquer dos casos previstos nas alíneas anteriores, pronunciar-se quanto ao tipo ou à duração do contrato propostos pelo senhorio;
   d) Denunciar o contrato de arrendamento, nos termos e para os efeitos previstos no artigo 53.º

4. Se for caso disso, o arrendatário deve ainda, na sua resposta, nos termos e para os efeitos previstos no artigo 54.º, invocar uma das seguintes circunstâncias:
   a) Que existe no locado um estabelecimento comercial aberto ao público e que é uma microentidade;
   b) Que tem a sua sede no locado uma associação privada sem fins lucrativos, regularmente constituída, que se dedica à atividade cultural, recreativa ou desportiva não profissional, e declarada de interesse público ou de interesse nacional ou municipal;
   c) Que o locado funciona como casa fruída por república de estudantes, nos termos previstos na Lei n.º 2/82, de 15 de janeiro, alterada pela Lei n.º 12/85, de 20 de junho.

5. Para efeitos da presente lei, «microentidade» é a empresa que, independentemente da sua forma jurídica, não ultrapasse, à data do balanço, dois dos três limites seguintes:
   a) Total do balanço: € 500 000;
   b) Volume de negócios líquido: € 500 000;
   c) Número médio de empregados durante o exercício: cinco.

6. O arrendatário que invoque uma das circunstâncias previstas no n.º 4 faz acompanhar a sua resposta de documento comprovativo da mesma, sob pena de não poder prevalecer-se da referida circunstância.

7. É aplicável, com as necessárias adaptações, o disposto nos n.ºs 6 e 7 do artigo 31.º

Bibliografia: Maria Olinda Garcia, *Arrendamento urbano anotado*, 2.ª ed..

Índice

1. Resposta do locatário 1	β) Outras circunstâncias 21
2. Invocação de "circunstâncias" 3	3. Falta de resposta 28
α) Microentidade 5	

1. 1. A identidade de sistemas entre o regime estabelecido para os arrendamentos habitacionais e não habitacionais existe, também, no que se refere à **resposta do locatário**, constituindo o 51.º/1, 2 e 3 a reprodução dos n.ºs 1, 2 e 3 do art. 31.º, apenas com a diferença formais, em sede de remissões.

2. Remete-se, pois, para as anotações ao 31.º.

3. 2. A *"defesa por exceção"* por parte do inquilino consiste na **invocação de** *"circunstâncias"* que tenham por efeito o diferimento da *"submissão ao NRAU"* para o termo do decurso de um prazo de cinco anos[1], como melhor se verá quando da análise ao 54.º.

4. A primeira dessas circunstâncias é assim referida no número 4, *a*):

> (…) que existe no locado um estabelecimento aberto ao público e que é uma microentidade.

5. α) A terminologia utilizada pelo legislador é, à primeira vista, estranha por não identificar expressamente a **microentidade** com o locatário. Parece, pois, adivinhar-se que ela pretende abranger, na previsão normativa, outras microentidades não locatárias. Terá sido essa a intenção legislativa?

6. Na reforma de 2004, referia-se no correspondente 29.º/1:

> Tratando-se de arrendamentos para comércio ou indústria em que os arrendatários sejam pessoas singulares ou, sendo pessoas coletivas, se trata de micro empresas (…).

7. O 53.º/2, *a*) da L 6/2006, versão original, refere:

> Existindo no locado um estabelecimento comercial aberto ao público, o arrendatário seja uma microempresa ou uma pessoa singular.

8. Em face da nova redação, é indiscutível que, sendo o arrendatário uma microentidade[2], a *"circunstância"* tem-se por verificada. Admita-se, porém, a hipótese de o utilizador do locado não ser o arrendatário, mas um subarrendatário, um locatário de estabelecimento comercial ou outra pessoa, que o ocupe por título legítimo (v.g. comodato): qual a entidade relevante para o efeito de aplicação da norma e do regime dela decorrente? O arrendatário ou a pessoa singular ou sociedade que ocupe, efetivamente, o locado?

9. A questão pode ter interesse, uma vez que uma delas (v.g., o arrendatário ou o locatário do estabelecimento) pode não revestir a natureza de microentidade. *Quid iuris* quando tal se verifique?

10. Na redação das normas semelhantes e atrás transcritas, das reformas de 2004 e 2006, a ligação entre a posição de arrendatário e a natureza de *"microempresa"* parecia evidente. Mas já não na redação atual. Esta alteração terá correspondido a uma inversão no sentido de considerar, como entidade relevante para a verificação da circunstância a que exerce a sua atividade no locado?

11. Crê-se que sim – sendo certo que é essa entidade que merece ser protegida, por ser ela que explora o *"estabelecimento comercial aberto ao público"*. A lei quis, com esta disposição, proteger o pequeno comércio, concedendo-lhe um prazo suplementar de permanência no locado para se adaptar às novas condições decorrentes da *"transição para o NRAU"* – e que podem implicar a mudança do local onde ele se exerce, por denúncia do contrato de arrendamento: mas só merece essa proteção quem exerce efetivamente a atividade, quem tem a *"loja"* aberta.

---

[1] Salvo acordo das partes em contrário.

[2] E existindo no locado um estabelecimento aberto ao público.

No entanto, é ao arrendatário que compete fazer a invocação dessa circunstância, juntando documento comprovativo: as relações estabelecem-se entre o locador e o locatário e não entre aquele e o sublocatário, locatário de estabelecimento comercial, comodatário ou outro.

Uma outra dúvida de interpretação se coloca em face da redação do número 4, a): *quid iuris* se o arrendatário não for uma microentidade mas revestir essa qualidade o estabelecimento que funcione no local? É o caso, por exemplo, de uma grande empresa de distribuição ter diversas pequenas "lojas" espalhadas pelo País; ou das agências de bancos ou das seguradoras.

A letra da lei, ao dissociar as figuras do locatário e da microentidade, parece permitir, àquele, invocar esta qualidade em relação a cada um dos contratos de arrendamento. Mas será esse o espírito do legislador? Refere-se, a este propósito, na Exposição de Motivos da Proposta de Lei n.º 38/12:

> No que respeita aos arrendamentos para fins não habitacionais, consagra-se um regime especial apenas para as microentidades, atendendo à importância que as mesmas assumem no tecido económico português, o que justificou a criação de um regime especial pelo legislador português.

A identificação entre as microentidades e o pequeno comércio parece ser evidente: é este que merece ser protegido pela sua importância no "tecido económico português". Assim sendo, a conclusão vai no sentido de o critério se estabelecer com base na empresa e não no estabelecimento (a não ser nas circunstâncias atrás referidas em que locatário e titular da microempresa sejam pessoas diferentes).

A definição de microentidade consta do número 5[3]: (a) é uma empresa, qualquer que seja a sua forma jurídica: em nome individual, sociedade anónima, por quotas, unipessoal, etc.; (b) essa empresa deve conter-se em dois de três limites: total do balanço, igual ou inferior a 500.000 €; volume líquido de negócios igual ou inferior a 500.000 €; número médio de empregados durante o exercício: 5.

A figura da microentidade para efeitos locatícios, inspirou-se em idêntico conceito previsto na L 35/2010, de 2-set., para fins contabilísticos. Mas difere de conceitos idênticos ou afins, contidos em outros diplomas legais: (a) DL 372/2007, de 6-nov., que define o conceito de micro empresa e o processo da sua certificação como tal pelo IAPMEI (empresa que emprega menos de 10 pessoas e cujo volume de negócios anual ou balanço total anual não exceda 2 milhões de euros); (b) Código do Trabalho – 100.º/1, a).

Muito embora a lei não o refira, o balanço será o último aprovado – que pode ou não ser o referente ao ano anterior[4]. Na verdade, as empresas estão legalmente obrigadas a aprovar as suas contas – que incluem o balanço – até ao dia 31-mar. do ano seguinte ao do exercício. E, oficialmente, perante o Fisco: até 31-mai., devem entregar o Modelo 22, que implica a realização do balanço; até 30-jun. devem entregar o balanço e demonstração de resultados.

Assim: se a resposta do arrendatário tiver lugar nos primeiros meses do ano, o balanço a ter em conta pode não ser o do ano anterior mas o de dois anos antes se, nessa data, ele ainda não tiver sido aprovado e/ou apresentado nos serviços de Finanças.

O mesmo se diga quanto ao volume líquido de negócios, que também só pode ser apurado no ano seguinte.

---

[3] Maria Olinda Garcia, *Arrendamento urbano anotado*, 2.ª ed., 165, critica a extensão quer do conceito de microentidade, quer do de associações sem fins lucrativos, por abrangerem um número excessivo de situações. A crítica não se afigura procedente, até porque os benefícios que o regime jurídico faculta a essas entidades não é particularmente relevante.

[4] *Vide* o 32.º/2 referente ao período a ter em conta para cálculo do RABC. Nessa situação e na da determinação dos fatores a ter em conta para a qualificação da empresa como microentidade, o ano a ter em conta é o mais recente em que possa ser certificação pelos serviços competentes.

21 β) **Outras circunstâncias**. A P 226/2013, de 12-jul., refere, no 1.º/3 que irá definir

> (...) os meios admissíveis para a prova de que o arrendatário é uma microentidade, no âmbito da atualização da renda ao abrigo do regime constante dos artigos 50.º a 54.º da Lei n.º 6/2006, de 27 de fevereiro, na redação que lhe foi conferida pela Lei n.º 31/2012, de 14 de agosto.

o que faz no 4.º, estabelecendo um princípio geral – a prova

> pode ser efetuada por qualquer meio legalmente admissível

e especificando, a título exemplificativo, alguns documentos:

> a) Cópia do comprovativo da declaração anual da Informação Empresarial Simplificada (IES);
> b) Declaração emitida pelo Instituto de Apoio às Pequenas e Médias Empresas e à Inovação, I. P.; ou
> c) Cópia do comprovativo da declaração de rendimentos modelo 3 para efeito de IRS, acompanhada de cópia do rosto do Relatório Único respeitante à Informação sobre Emprego e Condições de Trabalho (ECT) devidamente entregue.

22 Do facto de os critérios definidores das microentidades, para efeitos locatícios, serem diferente do conceito de micro empresa para o IAPMEI, pode trazer dificuldades – a não ser que a certificação feita por este tenha por base aqueles critérios.

23 De salientar que o arrendatário não se limita a invocar e demonstrar a existência, no locado, de uma microentidade; ele deve ir mais além, configurando "um estabelecimento comercial aberto ao público". Ou seja, os requisitos são três: (a) microentidade; (b) estabelecimento comercial; (c) aberto ao público[5].

24 A segunda *"circunstância"* vem referida no número 4, *b*), e obedece aos seguintes requisitos: (a) ter, no local da sua sede, uma associação privada sem fins lucrativos; (b) regularmente constituída; (c) que se dedique à atividade cultural, recreativa ou desportiva não profissional; (d) declarada de interesse público, interesse nacional ou municipal.

25 Uma vez mais, o legislador não faz a ligação direta entre a qualidade de locatário e a de associação privada: e bem pode suceder que esta tenha a sua sede num local arrendado a terceiro, ocupando-o por sublocação ou por comodato, em ambos os casos com autorização do senhorio. Aplica-se, pois, aqui, *mutatis mutandis*, o que nas anotações anteriores se referiu a propósito da circunstância referida no número 4, *a*).

26 A terceira *"circunstância"*, referida na alínea *c*) refere-se às repúblicas de estudantes, legalmente protegidas pelas disposições aí citadas.

27 Ao arrendatário não basta invocar as *"circunstâncias"*: deve, simultaneamente, demonstrá-los documentalmente, sob pena de não poder prevalecer-se delas.

28 3. O 51.º/7 remete para o 31.º/6 e 7, que regulam as consequências da **falta de resposta** do inquilino à iniciativa do senhorio: (a) aceitação da renda e do tipo e duração do contrato propostos por este; ou (b) aceitação do montante da renda mas não do tipo e duração: este considera-se celebrado com prazo certo pelo período de cinco anos.

29 Ver Ret. 59-A/2012, de 12-out..

30 Já em fase de pré-impressão desta obra, foi publicada a P 115/2014, de 29-mai., cujo 1.º revoga o 4.º/2, *b*) da P 226/2013, de 12-jul., acima mencionada. Assim, a prova da qualidade de microentidade deixa de poder ser feita com base em declaração do IAPMEI, ficando no entanto ressalvada a validade e eficácia da apresentação desse documento em situações anteriores à entrada em vigor desta Portaria.

---

[5] Como se demonstra este último requisito, se ele não constar dos documentos enumerados na P 226/2013? Por exemplo: uma declaração emitida pela Junta de Freguesia ou pela Câmara Municipal.

Artigo 52.º (Oposição pelo arrendatário e denúncia pelo senhorio)

Sem prejuízo do disposto no artigo 54.º, é aplicável à oposição pelo arrendatário e à denúncia pelo senhorio, com as necessárias adaptações, o disposto no artigo 33.º, com exceção do n.º 8.

Índice

1. Remissão 1   2. Exceção 2

1. O sistema preconizado para os contratos de arrendamento não habitacionais copia o estabelecido para os habitacionais, que serve de paradigma. Daí a **remissão** para o 33.º, quanto à oposição pelo arrendatário e à denúncia pelo senhorio e, no 34.º, quanto à denúncia pelo arrendatário.

2. **Exceção**. O 33.º/8 estabelece um aumento do prazo, de seis meses para um ano, para a eficácia da denúncia, pelo senhorio, do contrato de arrendamento habitacional, prevista no número 5, *a*), por razões relacionadas com o ano letivo dos filhos ou enteados do locatário. Não faria qualquer sentido a aplicação desta norma aos arrendamentos não habitacionais.

Vide anotações ao 33.º.

Artigo 53.º (Denúncia pelo arrendatário)

À denúncia pelo arrendatário é aplicável, com as necessárias adaptações, o disposto no artigo 34.º

Vide anotações ao 34.º.

Artigo 54.º (Microentidade e associação privada sem fins lucrativos)

1. Caso o arrendatário invoque e comprove uma das circunstâncias previstas no n.º 4 do artigo 51.º, o contrato só fica submetido ao NRAU mediante acordo entre as partes ou, na falta deste, no prazo de cinco anos a contar da receção, pelo senhorio, da resposta do arrendatário nos termos do n.º 4 do artigo 51.º

2. No período de cinco anos referido no número anterior, o valor atualizado da renda é determinado de acordo com os critérios previstos nas alíneas *a*) e *b*) do n.º 2 do artigo 35.º

3. Se o valor da renda apurado nos termos do número anterior for inferior ao valor que resultaria da atualização anual prevista no n.º 1 do artigo 24.º, é este o aplicável.

4. Quando for atualizada, a renda é devida no 1.º dia do 2.º mês seguinte ao da receção, pelo arrendatário, da comunicação com o respetivo valor.

5. No mês correspondente àquele em que foi feita a invocação de uma das circunstâncias previstas no n.º 4 do artigo 51.º e pela mesma forma, o arrendatário faz prova anual da manutenção daquela circunstância perante o senhorio, sob pena de não poder prevalecer-se da mesma.

6. Findo o período de cinco anos referido no n.º 1, o senhorio pode promover a transição do contrato para o NRAU, aplicando-se, com as necessárias adaptações, o disposto nos artigos 50.º e seguintes, com as seguintes especificidades:

a) O arrendatário não pode invocar novamente qualquer das circunstâncias previstas no n.º 4 do artigo 51.º;

b) No silêncio ou na falta de acordo das partes acerca do tipo ou da duração do contrato, este considera-se celebrado com prazo certo, pelo período de dois anos.

Índice

1. Regime vigente 1
2. Semelhanças com a invocação do RABC 2
3. Apreciação crítica 4

1 **1. Regime vigente.** O regime estabelecido para os casos em que o arrendatário não habitacional demonstre que existe, no local, um estabelecimento comercial aberto ao público e que é uma microentidade; ou que aí tem a sua sede uma associação privada sem fins lucrativos, que reúna os requisitos previstos no 51.º/4, *b*); ou que aí funciona uma república de estudantes é, em tudo semelhante ao estabelecido para as situações em que o arrendatário habitacional invoque um Rendimento Anual Bruto Corrigido inferior a cinco Rendimentos Mínimos Nacionais Anuais.

2 **2. Semelhanças com a invocação do RABC.** Isto mesmo se constata pela comparação entre as disposições legais que regulam ambas as situações; assim: (a) o 54.º/1 é em tudo semelhante ao 35.º/1; (b) o número 2 remete expressamente para o 35.º/2, *a*) e *b*) – mas não para a alínea *c*), pelas razões que serão referidas na anotação seguinte; (c) o número 4 corresponde ao 37.º: o regime é precisamente o mesmo; (d) o número 5 é em tudo semelhante a idêntico número do 35.º; (e) o número 6 estabelece um regime igual ao referido em idêntico número do 35.º.

3 As anotações aos 35.º e 37.º, em sede de arrendamento habitacional, têm pois plena aplicação ao não habitacional: para elas se remete.

4 **3. Apreciação crítica.** A exigência constante do número 5 parece excessiva, em sede de arrendamentos não habitacionais, uma vez que as situações que determinam a aplicação do regime de proteção são, por natureza, estáveis – ou, pelo menos, muito mais estáveis do que as previstas para o arrendamento habitacional. No entanto, *dura lex sed lex*: o arrendatário terá mesmo de fazer a prova anual, sob pena de não poder prevalecer-se delas para continuar a beneficiar desse regime.

5 Se, no decurso do prazo de cinco anos, deixarem de se reunir os requisitos para a aplicação desse regime, ou se, mais provavelmente, o arrendatário se esquecer de fazer a sua demonstração, a invocação feita aquando da resposta à iniciativa do senhorio perde a sua eficácia: este pode optar por uma das faculdades que lhe confere o 33.º/5, aplicável por força do 52.º.

6 Porém, se optar pela denúncia, não é justo que pague a totalidade da indemnização: há lugar à redução proporcional ao período que medeia até ao termo do prazo de cinco anos de duração do contrato. Assim: se faltarem apenas dois anos para ele cessar, a indemnização fica reduzida, também, a dois anos de renda.

7 Tal como sucede nos arrendamentos habitacionais em que o arrendatário não invoque idade superior a 65 anos ou deficiência com incapacidade superior a 60%, todos os arrendamentos não habitacionais pode cessar por vontade do senhorio, decorridos que sejam sete anos após a iniciativa de transição para o NRAU.

Artigo 55º (Resposta do arrendatário)

Quando a comunicação do senhorio indique uma atualização em cinco anos, o arrendatário pode, na sua resposta, alegar a verificação de circunstância prevista no n.º 2 do artigo 53.º, devendo a resposta fazer-se acompanhar dos correspondentes comprovativos.
(Revogado pelo 13.º, c) da L 31/2012, de 14-ago.)

Artigo 56.º (Atualização imediata da renda)

Não há faseamento da atualização da renda, tendo o senhorio imediatamente direito à renda atualizada, quando:

a) O arrendatário conserve o local encerrado ou sem atividade regular há mais de um ano, salvo caso de força maior ou ausência forçada, que não se prolongue há mais de dois anos, aplicando-se o disposto no n.º 3 do artigo 4.º;
b) Ocorra trespasse ou locação do estabelecimento após a entrada em vigor da presente lei;
c) Sendo o arrendatário uma sociedade, ocorra transmissão inter vivos de posição ou posições sociais que determine a alteração da titularidade em mais de 50% face à situação existente aquando da entrada em vigor da presente lei.

(Revogado pelo 13.º, c) da L 31/2012, de 14-ago.)

Secção IV – Transmissão

Introdução

Bibliografia: Amadeu Colaço, *Reforma do Novo Regime*, 6.ª ed., 113 a 116; António Menezes Cordeiro, *O dever de comunicar a morte do arrendatário: o artigo 1111.º, n.º 5, do C. Civil*, Tribuna da Justiça, dezembro de 1989; José Diogo Falcão, *A transmissão do arrendamento para habitação por morte do arrendatário no NRAU*, ROA, ano 67, 2007, III, 1163; Maria Olinda Garcia, *Arrendamento urbano anotado*, 2.ª ed., 169 a 173; Laurinda Gemas e outros, *Arrendamento*, 128 a 135; João Sérgio Teles de Menezes Correia Leitão, *Morte do arrendatário habitacional e sorte do contrato*, Estudos Galvão Teles, 3, Direito do Arrendamento Urbano, 275 e ss.; Luís Menezes Leitão, *Arrendamento*, 6.ª ed., 188 a 190; Manteigas Martins, *Reforma do arrendamento urbano na transmissão dos arrendamentos não habitacionais*, em Boletim da Ordem dos Advogados, n.º 41, março-abril de 2006, 81 a 83; Fernando Gravato Morais, *Arrendamento para habitação, Regime Transitório* (2007), 59 a 80; Idem, *As novas regras transitórias na reforma do NRAU (Lei 31/2012)*, Revista Julgar, n.º 19 (2013), 28 e 29:

Índice

I – **Evolução legislativa**
1. Reforma de 2004 1
2. Reforma de 2006 2

II – **Regime vigente**
3. Regime aplicável 3
4. Apreciação crítica 6

I – Evolução legislativa

1. A **reforma de 2004** não previa regras especiais para a transmissão, por morte, no arrendamento para habitação: aos contratos de pretérito continuaria a aplicar-se integralmente o regime estabelecido no RAU (85.º e 86.º).

2. A **reforma de 2006** alterou o regime geral da transmissão por morte, nos arrendamentos para habitação (1106.º), mas estabeleceu um regime específico para os arrendamentos celebrados antes da sua entrada em vigor (57.º, aplicável por força dos 26.º e 28.º da L 6/2006).

II – Regime vigente

3 3. **Regime aplicável.** Com base nessas disposições e no 1051.º, *d*) do CC, pode concluir-se que a lei estabelece um regime geral e vários regimes especiais. O regime geral contém-se nesta última norma: o contrato de locação caduca, por morte do locatário (salvo estipulação em contrário: 1059.º/1 do CC). Como regimes especiais, podem apontar-se: (a) o aplicável aos arrendamentos para habitação, celebrados na vigência da L 6/2006: 1106.º e 1107.º do CC; (b) o aplicável aos arrendamentos não habitacionais, celebrados na vigência da L 6/2006: 1113.º do CC; (c) o aplicável aos arrendamentos para habitação, celebrados anteriormente à vigência da L 6/2006: 57.º aplicável por força dos 26.º/2 e 28.º/1 dessa lei; (d) o aplicável aos arrendamentos não habitacionais, celebrados anteriormente à vigência da L 6/2006: 58.º, aplicável por força dos 26.º/2 e 28.º/1 dessa mesma lei.

4 A existência de regimes diferenciados para a transmissão por morte da posição do locatário é, ainda, consequência do vinculismo a que estava submetida a maioria dos contratos existentes, aquando da entrada em vigor da L 6/2006: o legislador pretendeu, pela via da limitação das situações de transmissão, evitar o prolongamento no tempo dos arrendamentos sem ou contra a vontade do senhorio. Já nos contratos posteriores, «*esconjurado o vinculismo, nenhuma razão há para limitar a transmissão às hipóteses de morte do primitivo arrendatário. Estando as partes satisfeitas, poderá perfeitamente, haver "dinastias" de inquilinos*»[1].

5 Nesse sentido e como mais detalhadamente se dirá nos comentários aos 57.º e 58.º: (a) nos arrendamentos para habitação, foram eliminados vários possíveis "sucessores" – *maxime*, os filhos maiores (ou com menos de 26 anos, se forem estudantes em certos graus de ensino) e todos os outros descendentes; (b) nos arrendamentos para não habitacionais, o princípio passou a ser o da caducidade.

6 4. **Apreciação crítica.** Sendo a intenção do legislador o combate ao vinculismo, pela via da redução das situações de transmissão por morte, não se compreende a aplicação das normas dos 57.º e 58.º aos contratos não vinculísticos, existentes na data da entrada em vigor da L 6/2006 – ou seja, os então denominados contratos de duração limitada: (a) os habitacionais celebrados na vigência do RAU; (b) os não habitacionais celebrados na vigência desse mesmo diploma, após as alterações que lhe foram introduzidas pelo DL 275/95.

7 Parecem estar, assim, reunidas as condições para a redução teleológica: os 57.º e 58.º só são aplicáveis aos contratos vinculísticos, pelo que a transmissão por morte dos arrendamentos referidos na anotação anterior se rege pelas regras gerais do Código Civil[2].

Artigo 57.º (Transmissão por morte no arrendamento para habitação)

1. O arrendamento para habitação não caduca por morte do primitivo arrendatário quando lhe sobreviva:

a) **Cônjuge com residência no locado;**
b) **Pessoa que com ele vivesse em união de facto há mais de dois anos, com residência no locado há mais de um ano;**

---

[1] António Menezes Cordeiro, *O dever de comunicar a morte do arrendatário*, 253.
[2] Cfr. neste sentido e com referência aos contratos habitacionais, Fernando de Gravato Morais, *Arrendamento para habitação*, 163 e 164; e quanto aos não habitacionais, *idem, Novo regime do arrendamento comercial*, 3.ª ed. (2011), 132. Em sentido contrário, Laurinda Gemas e outros, *Arrendamento*, 57.

c) Ascendente em 1.º grau que com ele convivesse há mais de um ano;
d) Filho ou enteado com menos de 1 ano de idade ou que com ele convivesse há mais de 1 ano e seja menor de idade ou, tendo idade inferior a 26 anos, frequente o 11.º ou o 12.º ano de escolaridade ou estabelecimento de ensino médio ou superior;
e) Filho ou enteado, que com ele convivesse há mais de um ano, portador de deficiência com grau comprovado de incapacidade superior a 60%.

2. Nos casos do número anterior, a posição do arrendatário transmite-se, pela ordem das respetivas alíneas, às pessoas nele referidas, preferindo, em igualdade de condições, sucessivamente, o ascendente, filho ou enteado mais velho.

3. O direito à transmissão previsto nos números anteriores não se verifica se, à data da morte do arrendatário, o titular desse direito tiver outra casa, própria ou arrendada, na área dos concelhos de Lisboa ou do Porto e seus limítrofes ou no respetivo concelho quanto ao resto do País.

4. Sem prejuízo do disposto no número seguinte, quando ao arrendatário sobreviva mais de um ascendente, há transmissão por morte entre eles.

5. Quando a posição do arrendatário se transmita para ascendente com idade inferior a 65 anos à data da morte do arrendatário, o contrato fica submetido ao NRAU, aplicando-se, na falta de acordo entre as partes, o disposto para os contratos com prazo certo, pelo período de 2 anos.

6. Salvo no caso previsto na alínea e) do n.º 1, quando a posição do arrendatário se transmita para filho ou enteado nos termos da alínea d) do mesmo número, o contrato fica submetido ao NRAU na data em que aquele adquirir a maioridade ou, caso frequente o 11.º ou o 12.º ano de escolaridade ou cursos de ensino pós-secundário não superior ou de ensino superior, na data em que perfizer 26 anos, aplicando-se, na falta de acordo entre as partes, o disposto para os contratos com prazo certo, pelo período de 2 anos.

Bibliografia: Francisco Pereira Coelho, *Breves notas ao Regime do Arrendamento*, RLJ 131; António Menezes Cordeiro, *O dever de comunicar a morte do arrendatário: o art. 1111.º n.º 5, do C. Civil*, Tribuna da Justiça, dezembro de 1989; José Diogo Falcão, *A transmissão do arrendamento para habitação por morte do arrendatário no NRAU*, ROA, ano 67, 2007, III, 1163; Jorge Henrique da Cruz Pinto Furtado, *Manual 2*, 5.ª ed.; Maria Olinda Garcia, *A nova disciplina*; idem, *Arrendamento urbano anotado*, 2.ª ed.; Laurinda Gemas e outros, *Arrendamento*, 2.ª ed., 128 a 135; Manuel Januário da Costa Gomes, *Arrendamentos*; João Sérgio Teles de Menezes Correia Leitão, *Morte do arrendatário e sorte do contrato*, Estudos Galvão Teles 3; Luís Menezes Leitão, *Arrendamento*, 4.ª ed., 188 a 190; Manteigas Martins e outros, *NRAU/Anotado e comentado*; Fernando Gravato Morais, *Arrendamento para habitação, Regime transitório* (2007).

Índice

I – **Evolução legislativa**
1. Contratos abrangidos 1
2. O regime do CC 6
3. O regime do RAU 8

II – **Conceito de transmissário**
4. Da convivência com o arrendatário 9

5. O primitivo arrendatário 13
6. O cônjuge do arrendatário 20
7. O unido de facto 22
8. O ascendente 26
9. O descendente 31
10. Regras de preferência 36
11. Limites à transmissão 46

12. Nova transmissão 48
13. Efeitos da transmissão 51

15. Orientações doutrinais 59
16. Problemáticas 66

III – **Da transmissão**
14. Especificidades 55

I – **Evolução legislativa**

1 1. **Contratos abrangidos**. O âmbito de aplicação deste 57.º cinge-se aos contratos habitacionais celebrados anteriormente à data da entrada em vigor da L 6/2006 – 28-jun.-2006: vide 26.º/2 e 28.º/1.

2   Assim em face da letra da lei, estão abrangidos: (a) os contratos pré-RAU; (b) os contratos vinculísticos pós-RAU, não suscetíveis de oposição à renovação pelo senhorio (68.º/2 do RAU): agora denominados contratos sem duração limitada (26.º/4); (b) os contratos pós-RAU de duração limitada (98.º do RAU).

3   No entanto, atenta a intenção do legislador ao criar um regime especial mais restritivo perante o estabelecido no 1103.º do CC (evitar o prolongamento, pela via da transmissão por morte, dos contratos vinculísticos), carece de sentido a inclusão dos contratos de duração limitada no âmbito de aplicação da norma[1].

4   O princípio geral aplicável aos contratos habitacionais vinculísticos (sem duração limitada), pré ou pós-RAU, é o de que não caducam por morte do primitivo arrendatário, desde que lhe sobrevivam pessoas que tenham ligações com ele e com o locado.

5   As ligações do transmissário com o arrendatário situam-se em dois níveis: (a) relações de família ou equiparadas (casamento ou união de facto); parentesco ou afinidade; (b) convívio com o arrendatário há mais de um ano, no caso de parentesco ou de afinidade.

6 2. **O regime do CC**. Da comparação das listas de categorias de transmissários constantes deste 57.º com os do 1106.º do CC, resulta evidente que aquela é mais restritiva, por não incluir a *"pessoa que com ele (arrendatário) vivesse em economia comum há mais de um ano"*, abrangendo antes um conjunto de parentes ou afins – ascendente, filho ou enteado menor, ou estudante com menos de 26 anos de idade, ou deficiente – que com ele convivessem há mais de um ano. É que qualquer pessoa pode viver com o arrendatário em economia comum – e não apenas os parentes ou afins[2].

7   Ficam, assim, excluídos, do âmbito desta última disposição legal, ainda que vivessem em economia comum com o arrendatário: (a) todos os outros parentes (filhos maiores não estudantes nem deficientes; filhos maiores de 26 anos, não deficientes; netos, irmãos) ou afins (exceptuam-se apenas os enteados, nas mesmas condições dos filhos); (b) todos os que com o arrendatário não tenham qualquer relação de parentesco ou equiparada.

8 3. **O regime do RAU**. Mas também a comparação do 57.º da L 6/2006 com o 85.º do RAU[3] revela restrições: (a) dos descendentes, apenas alguns filhos (ou enteados) se mantém (excluem-se todos os outros descendentes: netos, bisnetos, etc.); (b) dos ascendentes, apenas se mantêm os de 1.º grau (pai ou mãe) ficando de fora todos os outros (avós, bisavós, etc,).

---

[1] *Vide supra*, anotações 4 e 5 à Introdução à Secção IV.
[2] Sobre a comparação entre as figuras de *"economia comum"* e *"convivência" vide infra*.

[3] Já de si mais restritivo que o 1106.º do CC.

II – Conceito de transmissário
4. Da convivência com o arrendatário. O que deve entender-se por convivência com o arrendatário? No seguimento de João Sérgio Teles de Menezes Correia Leitão[4] dir-se-á que ele 9

> (...) não deve ser entendida em termos físicos ou materiais de vivência permanente e sem interrupção com o arrendatário; o que interessa é que o prédio constitua a base ou sede do agregado familiar, a residência ou lar onde se organiza e desenvolve a vida comum e a economia doméstica, que seja a residência permanente.

Terá, pois, de haver, necessariamente, um agregado familiar *"com alguma estabilidade e a ocupação conjunta do locado, de acordo com as circunstâncias concretas em que as pessoas vivem e se relacionam*[5]. 10

Do disposto no 1106.º/1, *c*) e 3 do CC resulta que a qualidade de transmissário implica a economia comum com o arrendatário e a residência no locado, há mais de um ano. Há, pois, uma divergência de conceitos em face do usado no 57.º (convivência com o arrendatário), que, ao que se crê, tem por fundamento a existência ou não de relacionamento familiar ou equiparado: (a) quando ele exista e se centre no locado em termos de residência permanente, nada mais se torna necessário para que a transmissão por morte se verifique; (b) quando não exista, torna-se necessário ir buscar outro tipo de relacionamento: a economia comum centrada no locado passa a ser o fator determinante. 11

Não é, pois, rigoroso dizer-se que um dos critérios é mais exigente que outro. São diferentes e aplicáveis a situações distintas. 12

5. O primitivo arrendatário. A expressão *"primitivo arrendatário"* constava do 85.º do RAU, mas não transitou para o 1106.º do CC[6] – que se limita a mencionar o *"arrendatário"*. Daqui se conclui que, nos contratos celebrados na vigência da L 6/2006[7], há lugar à transmissão da posição do arrendatário, ainda que não seja o primitivo. 13

Por *"primitivo arrendatário"* deve entender-se a pessoa singular que outorgou no contrato de arrendamento. Mas abrange, também, o cessionário[8] da posição contratual – uma vez que ela foi expressamente autorizada pelo senhorio (429.º e 1059.º do CC). Não inclui, porém, os beneficiários da transmissão por divórcio ou por separação judicial de pessoas e bens, precisamente, porque essa autorização não existe[9]. 14

O conceito deve abranger, também, o cônjuge do primitivo arrendatário, a quem o contrato tenha sido transmitido, por força do 85.º do RAU? Fernando de Gravato de Morais[10] defende que sim, uma vez que *"não parece fazer sentido que a transmissão para esta (cônjuge mulher) à luz do regime na altura vigente (RAU ou até o Código Civil) seja vista como uma verdadeira cessão para este efeito"*[11]. 15

Apesar da valia das razões apontadas, crê-se não ser esta a melhor posição: o cônjuge transmissário não deve ser equiparado ao arrendatário primitivo. Desde logo, porque a lei não estabelece qualquer diferenciação relativamente aos restantes beneficiários: unido de facto, ascendente, filho, enteado. Todos são considerados igualmente transmissários do direito ao arrendamento. Por 16

---

[4] *Morte do arrendatário e sorte do contrato*, 325 e 326: remete-se para a doutrina e jurisprudência aí citadas.
[5] Fernando de Gravato Morais, *Arrendamento para habitação*, 66.
[6] Na redação introduzida pela L 6/2006.
[7] E também aos contratos de duração limitada celebrados na vigência do RAU – *vide supra*, anotações 4 e 5 à Introdução à Secção IV.
[8] O 85.º/1 do RAU contemplava expressamente a situação do cessionário quando aludia ao primitivo arrendatário e àquele *"a quem tiver sido cedida a sua posição contratual"* defendendo, porém, parte da doutrina a inutilidade desta expressão, face ao teor dos 1059.º/2 e 424.º/1 do CC: Jorge Pinto Furtado, *Manual 2*, 5.ª ed., 621; João Sérgio Correia Leitão, *Morte do arrendatário e sorte do contrato*, 314.
[9] Contra, João Sérgio Correia Leitão, *Morte do arrendatário e sorte do contrato*.
[10] *Arrendamento para habitação*, 60 e 61.
[11] No mesmo sentido, Laurinda Gemas e outros, *Arrendamento*, 130.

outro lado: ficariam franqueadas as portas a diversas transmissões, no caso de casamentos sucessivos, contrariando a intenção legislativa de as limitar.

17 Levanta-se, a este propósito, uma outra questão, relacionada com a aplicação no tempo do 1068.º do CC, que estabelece a comunicação do *"direito do arrendatário (...) nos termos gerais e de acordo com o regime de bens vigente"*. Os contratos celebrados antes da sua entrada em vigor encontram-se abrangidos por ela? Em caso afirmativo, qualquer dos cônjuges deverá considerar-se primitivo arrendatário; em caso negativo, apenas aquele que tiver outorgado o contrato.

18 A posição adotada é a da não retroatividade dessa norma, uma vez que, quer o CC, na sua versão original (1110.º/1) quer o RAU (83.º) impediam, imperativamente, a comunicação do arrendamento ao cônjuge, fosse qual fosse o regime de bens. Daqui se conclui que os contratos celebrados anteriormente à vigência da L 6/2006 se mantêm na titularidade exclusiva do locatário, ainda que casado em regime de comunhão geral (ou comunhão de adquiridos sendo o contrato celebrado na constância do casamento).

19 Assim sendo e tendo havido transmissão da posição contratual por morte do cônjuge locatário para o não locatário, este não pode considerar-se como primitivo arrendatário.

20 **6. O cônjuge do arrendatário**. O primeiro beneficiário da transmissão do contrato de arrendamento habitacional, por morte do primitivo arrendatário, é o *"cônjuge com residência no locado"*. Por confronto com o que dispunha o 85.º/1, a) do RAU[12], parece, à primeira vista, dever concluir-se que o arrendamento se transmite ainda que haja separação de pessoas e bens ou de facto. Esta conclusão é, porém, apenas correta no que se refere à separação de facto, já que a separação judicial de pessoas e bens tem os mesmos efeitos que o divórcio (1794.º e 1795.º do CC), fazendo cessar os efeitos patrimoniais do casamento[13].

21 Não exige a lei tempo mínimo, quer para a duração do casamento, quer para a residência no locado. No entanto, quer um quer outra têm, necessariamente, de se verificar na data do óbito. E, em caso da separação de facto, só há transmissão se tiver sido o cônjuge arrendatário a abandonar o locado, lá permanecendo o que lhe sobreviver[14].

22 **7. O unido de facto**. No segundo lugar da escala dos beneficiários da transmissão do arrendamento, encontra-se

> a pessoa que com ele (arrendatário) vivesse em união de facto há mais de dois anos, com residência no locado há mais de um ano.

23 Esta redação foi introduzida pela L 31/2012, sendo a primitiva a seguinte:

> *pessoa que com ele vivesse em união de facto, com residência no locado,*

o que levou a doutrina a considerar que o prazo mínimo para a união seria a referida no 1.º da L 7/2001 (dois anos)[15]. Por outro lado: a não fixação de prazo mínimo para a residência no locado levantou dúvidas quanto à sua duração[16].

---

[12] *"Cônjuge não separado judicialmente de pessoas e bens ou de facto"*.

[13] Neste sentido, Laurinda Gemas e outros, *Arrendamento*, 130.

[14] Neste sentido, Fernando de Gravato Morais, *Arrendamento para habitação*, 63 e 64; concorda-se, também, que a simples separação de bens não prejudica a transmissão do arrendamento.

[15] Laurinda Gemas e outros, *Arrendamento*, 131; Maria Olinda Garcia, *A nova disciplina*, 75; José Diogo Falcão, *A transmissão do arrendamento*, 1187. A L 7/2001 regula os efeitos jurídicos da união de facto.

[16] Fernando de Gravato Morais, *Arrendamento para habitação*, 66.

A nova redação veio esclarecer este ponto, determinando os prazos mínimos para que a transmissão opere: (a) dois anos para a situação de união de facto; (b) um ano para a residência no locado.

Muito embora a lei não o refira expressamente, parece dever concluir-se que o ano da residência deverá ser o último dos (pelo menos) dois da união de facto.

8. O ascendente. O terceiro lugar da hierarquia é ocupado pelo ascendente – o que constitui uma inovação da L 6/2006, em face da disposição correspondente do RAU (85.º), que dava ao descendente, preferência sobre o ascendente. Ao que se crê, a justificação para esta inclusão de última hora[17] vem na linha de proteção aos idosos que perpassa toda a L 6/2006, quer na versão original, quer na de 2012.

Por outro lado, teve certamente em consideração que, apesar de assumir a titularidade da posição de arrendatário, o ascendente não porá em causa a permanência dos seus netos no locado, principalmente se forem menores; e será ele quem estará em melhores condições de suportar o pagamento da renda.

Finalmente: por regra, o contrato transmitido para o ascendente, atenta a sua idade, não vigorará muito tempo[18], não pondo seriamente em causa o objetivo de combate ao vinculismo, pela via das limitações à transmissão por morte.

De acrescentar que, na versão de 2012, a transmissão apenas opera a favor do ascendente em 1.º grau (pai ou mãe) e não para outros ascendentes (avós, bisavós).

Tal como acontece com todos[19] os outros transmissários referidos a partir do 57.º/1, c), é requisito fundamental, para além da relação de parentesco ou afinidade, a convivência com o arrendatário (no locado) há mais de um ano.

9. O descendente. O quarto lugar está reservado para os descendentes ou equiparados – mas limitados apenas aos filhos e enteados e não a todos. De facto, estão apenas abrangidos: (a) o menor de um ano de idade; (b) o "*menor de idade*" – ou seja, o que tiver menos de 18 anos; (c) o que tiver menos de 26 anos de idade e frequente o 11.º ou 12.º ano de escolaridade, ou estabelecimento de ensino médio ou superior.

As duas últimas categorias implicam, também, a convivência com o arrendatário há mais de um ano.

Na alínea e) vem referida a última categoria dos potenciais beneficiários da transmissão: filho ou enteado portador de deficiência com grau comprovado de incapacidade superior a 60%.

Em face da anterior redação da mesma alínea, foi eliminada a expressão "maior de idade" – o que "para além de não trazer nada de novo, pois o filho menor de idade já se encontra abrangido pela alínea d), pode levar, perante a redação do número 2, à interpretação de que um filho menor de idade sem deficiência prefere na transmissão a um filho, também menor de idade, com deficiência"[20].

No entanto, uma vez que o legislador não terá querido prejudicar o filho menor deficiente em face do filho menor não deficiente, entende-se que, apesar da alteração da redação, a alínea e) apenas se aplica ao filho maior deficiente[21]: o filho menor está abrangido na alínea d), seja ou não deficiente.

---

[17] Laurinda Gemas e outros, *Arrendamento*, 131.
[18] Apesar de poder haver transmissões entre ascendentes, como adiante se verá. De salientar que, sendo a grande maioria dos contratos a que esta disposição se aplica anteriores ao RAU, poucas serão as situações em que ao arrendatário sobrevivam os seus pais. A aplicação desta disposição será, pois, pouco mais do que residual.
[19] Com exceção, apenas, do filho ou enteado com menos de um ano de idade.
[20] Manteigas Martins e outros, *NRAU / Anotado e comentado*, 82.
[21] Faz-se, assim, uma interpretação restritiva desta disposição.

36   10. **Regras de preferência**. O filho tem prioridade sobre o enteado? Ainda que este seja mais velho? A doutrina considera que, convivendo filhos e enteados com o inquilino, a prioridade existe[22], por duas ordens de razões: porque a sequência legal coloca o filho em primeiro lugar – "filho ou enteado"; porque "a relação pai/filho é mais próxima do que a relação pai enteado".

37   O argumento literal é, no mínimo, débil: a copulativa "ou" indica equiparação e não prevalência. E se o legislador entendesse dar prioridade ao filho sobre o enteado, não lhe faltariam fórmulas claras para o fazer[23].

38   A debilidade acompanha, também, o argumento "racional". O legislador entendeu incluir o enteado no âmbito dos transmissários porque encontrou razões de peso para tal: o facto de ser filho do cônjuge do arrendatário e com ele conviver é sinal seguro de uma relação com um grau de intimidade relevante. E se, no mesmo lar, convivem filho e enteado do arrendatário, não se vê razão com peso suficiente para – indo muito para além da letra da lei – se dar prevalência àquele.

39   Os adotados plenamente, porque adquirem a posição de filhos do adotante e se integram na sua família (1986.º/1 do CC), são equiparados aos filhos[24]. Já quanto à adoção restrita – em que não há equiparação total – a doutrina divide-se[25]. Considera-se como melhor posição a que vai no sentido positivo, uma vez que, como refere João Sérgio Correia Leitão[26], o 1997.º do CC atribuiu, ao adotante, o poder paternal, o que

> implica a necessidade do adotado restritamente não abandonar a casa paterna (…) pelo que seria injusto que, por morte do arrendatário, o adotado restritamente se visse sem mais obrigado a deixar a sua residência.

40   *Quid iuris* quanto ao nascituro? A sua inclusão como transmissário vem sendo defendida pela doutrina[27]. Mas levanta problemas complexos: qual a situação do arrendamento até ao nascimento? A quem pode exigir o senhorio o pagamento das rendas e o cumprimento das demais obrigações a cargo do inquilino? A proteção que a lei confere ao descendente do arrendatário não pode ir tão longe que ponha em causa a posição do locador. Entende-se, pois, que a letra e o espírito da lei não comporta a equiparação do nascituro ao descendente.

41   O número 2 estabelece dois critérios para o estabelecimento da ordem de preferência entre os potenciais transmissários referidos no número 1: (a) a ordem das respetivas alíneas; (b) em igualdade de condições, sucessivamente, o ascendente, filho ou enteado mais velho.

42   De notar que, "da ordem das respetivas alíneas", estão naturalmente excluídos o cônjuge e o unido de facto pois não é possível a existência de sobreposição entre eles mas, tão só, uma mera alternativa, porque: (a) do 2.º, *c*) da L 7/2001 resulta que não beneficiam do estatuto da união de facto – e por isso não podem beneficiar da transmissão por morte do arrendatário[28] – aqueles que, nesse estado, vivam objetivamente, quando subsista, em relação a um ou a ambos, "casamento anterior não dissolvido, salvo se tiver sido decretada a separação judicial de pessoas e bens"; por outro lado (b) naturalmente, o cônjuge e o unido de facto não terão, por certo, residência simultânea no locado.

---

[22] Laurinda Gemas e outros, *Arrendamento*, 132; Fernando de Gravato Morais, *Arrendamento para habitação*, 70.
[23] Adicionando alíneas próprias para o enteado com localização posterior às referentes ao filho.
[24] Neste sentido, Laurinda Gemas e outros, *Arrendamento*, 32 e doutrina aí citada.
[25] Em sentido positivo, Laurinda Gemas e outros, *Arrendamento*; João Sérgio Teles de Menezes Correia Leitão, *Morte do arrendatário e sorte do contrato*, 584; Januário Costa Gomes, *Arrendamento para habitação*, 176. Em sentido negativo, Francisco Pereira Coelho, *Breves notas ao regime do arrendamento*; Fernando Gravato Morais, *Arrendamento para habitação*, 62 e 63.
[26] *Morte do arrendatário e sorte do contrato*.
[27] Fernando Gravato Morais, *Arrendamento para habitação*, 68; Francisco Pereira Coelho, *Breves notas ao regime do arrendamento*, 231.
[28] Neste sentido, José Diogo Falcão, *A transmissão do arrendamento*, 1171.

Em face do texto da lei, qual é a posição do filho ou enteado deficiente? Como acima se referiu[29], se for menor, a sua posição enquadra-se no âmbito da alínea *d*); se for maior, no âmbito da alínea *e*). Não deixa, porém, de se estranhar esta opção legislativa, que dá preferência ao filho menor de 18 ou 26 anos não deficiente, sobre o filho maior deficiente – ao mesmo tempo que faculta, a este, a não transição do contrato para o NRAU, mas impondo-a àqueles quando atingirem as idades limite (57.º/6).

Por outro lado: se o contrato for transmitido a favor do filho deficiente menor, ao abrigo da alínea *d*), ele deixa de beneficiar da faculdade de não transição para o NRAU quando atinge a maioridade? Esta solução seria iníqua: porquê prejudicar o deficiente menor em face do maior?

Presumindo a lei que o legislador optou pela solução mais acertada (9.º/3 do CC), crê-se que ela poderia passar pela colocação, na mesma posição sucessória, de todos os filhos ou enteados referidos nas alíneas *d*) e *e*), fazendo-se a opção entre eles pela idade: o transmissário seria o mais velho, independentemente de ser ou não deficiente. É uma solução que vai para além da letra da lei[30] – mas é a única que se aproxima[31] da equidade, evitando até uma possível inconstitucionalidade. De salientar que merece, à partida, maior proteção o deficiente – que nesse estado se manterá por toda a vida – do que o não deficiente, ainda que menor.

11. **Limites à transmissão**. O número 3 estabelece uma limitação ao direito à transmissão por morte: ela não se verifica se se, na data do óbito,

> o titular desse direito tiver outra casa, própria ou arrendada, na área dos concelhos de Lisboa ou do Porto e seus limítrofes ou no respetivo concelho quanto ao resto do País.

Esta restrição já existia no RAU (86.º)[32] – mas havia sido abolida na versão original deste 57.º: em boa hora, o legislador de 2012 reintroduziu-a.

Maria Olinda Garcia[33] chama corretamente a atenção para a razão de ser desta limitação:

> o facto de o beneficiário da transmissão ter, efetivamente, uma alternativa imediata de alojamento num outro imóvel (...)

pelo que: (a) a limitação existe também se o beneficiário for usufrutuário ou titular de um direto real de habitação; (b) a limitação não existe se a casa de que é proprietário estiver arrendada ou de tal modo degradada que a torne inabitável[34].

12. **Nova transmissão**. O número 4 prevê e regula uma segunda (e sucessiva) transmissão, entre ascendentes, da posição do arrendatário, quando ambos tenham sobrevivido ao arrendatário. É o caso de falecer o locatário com quem os seus pais viviam. O arrendamento transmite-se a favor do mais idoso e, por morte deste, para o outro.

No entanto: esta segunda transmissão apenas opera no caso de ambos os ascendentes serem de 1.º grau e tiverem convivido com o primitivo arrendatário há mais de um ano; ou seja: se ambos reunirem os requisitos do 57.º/1, *b*).

---

[29] Anotações 32 a 34 ao 57.º.
[30] Poderá até dizer-se que vai contra a letra da lei.
[31] Mas mesmo assim não a atinge, já que a proteção ao portador de deficiência deveria conduzir a que a posição deste prevalecesse sobre a do não deficiente; ou seja: a alínea *e*) deveria preceder a alínea *d*).
[32] Tendo sido, porém, alterada a expressão *"tiver residência"* por *"tiver outra casa, própria ou arrendada"* – isto, certamente, no seguimento das críticas dirigidas àquela redação *Vide* M. Januário Costa Gomes, *Arrendamentos*, 181.
[33] *Arrendamento urbano anotado*, 2.ª ed., 172.
[34] Esta última hipótese levanta, porém, algumas dúvidas, designadamente se se demonstrar que o beneficiário tem condições – designadamente financeiras – para custear as obras de recuperação.

50   Na redação primitiva do 57.º/4, previa-se a possibilidade de uma terceira transmissão a favor dos filhos ou enteados, por morte do cônjuge, do unido de facto ou do(s) ascendente(s). Em boa hora, o legislador de 2012 fez cessar esta cadeia, quase interminável, de transmissões[35].

51   13. **Efeitos da transmissão.** O número 5 constitui uma inovação do legislador de 2012: a transmissão do contrato implica a sua submissão imediata ao NRAU, quando o ascendente tiver idade inferior a 65 anos à data da morte do arrendatário; na falta de acordo entre ele e o senhorio ele ficará submetido ao regime previsto para os contratos com prazo certo, pelo período de 2 anos, findos os quais o contrato poderá cessar por oposição à renovação.

52   Muito embora justificada, a inovação será de raríssima aplicação, designadamente nas situações em que ela mais relevante seria: na dos contratos celebrados anteriormente à entrada em vigor do RAU. Na verdade, serão muito poucos os casos em que os pais desses inquilinos tenham idade inferior a 65 anos!

53   Idêntica solução está prevista no n.º 6, para os casos de transmissão do contrato para filho ou enteado quando ele atinja a maioridade ou no dia em que completar os 26 anos, se for estudante. Corretamente: a proteção ao inquilino só se justifica enquanto a situação que deu origem à transmissão se mantiver[36].

54   A disposição será, também, aplicável quando o filho ou enteado maior de 18 anos e menor de 26 deixe de estudar – já que foi o prosseguimento dos estudos que esteve na base do regime protecionista.

III – Da transmissão

55   14. **Especificidades.** A transmissão, por morte, da posição contratual do arrendatário configura, tecnicamente, uma *"sucessão anómala"*[37] ou *"sucessão especial"*[38], com diferenças substanciais face ao regime sucessório normal: (a) tem um objeto específico: o direito do arrendatário habitacional; (b) tem beneficiários rigidamente fixados na lei[39].

56   A *"recondução desta realidade (ainda e sempre) a um fenómeno sucessório (ainda que anómalo)*[40] *tem a vantagem de não conduzir ab initio ao afastamento integral das regras gerais"*[41].

57   Designadamente: o transmissário sucede na posição contratual do primitivo arrendatário, integralmente, com todos os direitos e obrigações inerentes. Há, pois, um subentrar na posição deste, à semelhança do que acontece no fenómeno sucessório.

58   A transmissão por via sucessória implica necessariamente a aceitação: 2050.º/1 do CC. No entanto, no âmbito do RAU, a doutrina inclinava-se maioritariamente para a sua desnecessidade: designadamente João Sérgio Menezes Leitão[42] *"tendo em conta o art. 88.º*[43] *e o art. 89.º e em particular o (...) n.º 3 deste último preceito*[44] *(...)"* entende estar-se perante *"um caso de aquisição ipso iure, independente de aceitação"*. E daqui extrai duas conclusões: (a) a renúncia referida no 88.º *"analisa-se*

---

[35] Esta solução foi justamente criticada por Luís Menezes Leitão, *Arrendamento*, 4.ª ed., 176.
[36] José Diogo Falcão, *A transmissão do arrendamento*, 1187, defendia, com razão, à face da redação primitiva do 57.º – que não continha disposição equivalente ao atual número 6 – a caducidade do contrato quando o transmissário atingisse a maioridade ou completasse os 26 anos.
[37] João Sérgio Menezes Leitão, *Morte do arrendatário e sorte do contrato*, 359; Menezes Cordeiro, *O dever de comunicar a morte do arrendatário*, 29 a 39.
[38] Ou ainda legado *ex lege*.
[39] Menezes Cordeiro, *O dever de comunicar a morte do arren-*

datário. No domínio do RAU, havia um *"um esquema de renúncia própria"*.
[40] Contra, Pinto Furtado, *Manual 2*, 5.ª ed., 642.
[41] João Sérgio Menezes Leitão, *Morte do arrendatário e sorte do contrato*, 366.
[42] *Morte do arrendatário e sorte do contrato*, 362/363.
[43] *"O direito à transmissão é renunciável mediante comunicação feita ao senhorio nos 30 dias subsequentes à morte do arrendatário (...)"*.
[44] *"A inobservância do disposto nos números anteriores não prejudica a transmissão do contrato mas obriga o transmissário faltoso a indemnizar"*

verdadeiramente na eliminação (retroativa) de uma posição que se adquiriu, e não tanto em um repúdio"; (b) a *"aceitação funciona como mero ato confirmativo ou consolidativo da transmissão realizada"*[45].

15. Orientações doutrinais. Já no âmbito da L 6/2006, a doutrina que sobre esta matéria se pronunciou, continuou a defender a tese da aquisição automática.

Pinto Furtado[46] limita-se a afirmá-lo: *"É uma transmissão automática, ipso vi legis, com o simples facto do decesso do arrendatário (...)"*.

José Diogo Falcão[47] refere que *"o legislador manteve a regra da transmissão automática (...) não se tornando necessário, para o efeito, qualquer aceitação expressa por parte do transmissário"*; defendendo que a falta de possibilidade legal de renúncia (por ausência de uma norma de conteúdo idêntico ao do 88.º do RAU e atendendo ao lugar paralelo do 1113.º do C.C. em que é facultada a renúncia aos sucessores) tem, como consequência, que *"o transmissário que não queira suceder na posição de arrendatário terá que, na falta de acordo com o senhorio, denunciar o contrato de arrendamento nos termos gerais em que a denúncia pode ser feita"*.

Como refere Menezes Cordeiro[48], *"Ninguém pode ser beneficiado sem dar o seu assentimento: trata-se duma regra geral do nosso Direito, que aflora na natureza contratual da doação (940.º/1), e da remissão (863.º/1) e que implica a necessidade de aceitação para a transmissão por morte (2050.º/1). Por maioria de razão, ninguém pode ser adstringido sem ter dado o seu acordo prédio. Ora a transmissão do direito ao arrendamento implica uma cessão complexa, com passagem, para a esfera beneficiária, de direitos e deveres"*.

No âmbito do arrendamento, há deveres ou obrigações particularmente onerosos – e, assim, o interesse do potencial transmissário poderá ir no sentido de não suceder na posição de arrendatário. Isto sucederá, por exemplo, no caso de haver dívidas de rendas ou obrigações de indemnização derivadas, por exemplo, de danos provocados no locado, ou do não cumprimento do dever de realização de obras a cargo do inquilino.

Ora: tratando-se de uma sucessão, todas essas obrigações passam para a esfera jurídica do transmissário, pois integram a posição contratual do inquilino – e isso mesmo sucederá se ele vier a assumi-la. É certo que, logo de seguida, ele poderá denunciar o contrato ou opor-se à sua renovação; no entanto: a extinção posterior não evita a responsabilidade pelas obrigações assumidas por via sucessória.

A gravosa iniquidade desta consequência é, só por si, suficiente, para afastar a tese da transmissão automática, independente da aceitação. E por maioria de razão após a entrada em vigor da L 6/2006 que contrário do que sucedia no RAU, não prevê qualquer norma específica, no âmbito do arrendamento, que faculte a renúncia[49].

16. Problemáticas. Aplicando as regras gerais da sucessão, o potencial transmissário poderá aceitar ou renunciar à transmissão da posição contratual. Resta saber como e quando o poderá fazer.

Abra-se aqui um parêntesis para referir que a norma do 1107.º do C.C. é aplicável[50] à transmissão por morte prevista no 57.º – que deve ser comunicada ao senhorio no prazo de três meses contados do óbito, sob pena de indemnização *"por todos os danos derivados da omissão"*[51]. No

---

[45] Menezes Cordeiro, *O dever de comunicar a morte do arrendatário*, 31 e 32, criticou o esquema legal: *"a ausência de renúncia não é, de modo algum, assimilável à aceitação"*; *"a aceitação é um ato jurídico implicando, como tal, uma declaração de vontade, enquanto a ausência de renúncia traduz uma pura passividade"*.
[46] *Manual* 2, 5.ª ed., 642.
[47] *A transmissão do arrendamento*, 1189/1192.
[48] *O dever de comunicar a morte do arrendatário*, 30 e 31.

[49] A renúncia prevista no 88.º do RAU operava com efeitos retroativos à data do óbito do arrendatário, pelo que os inconvenientes apontados não se verificavam.
[50] Neste sentido, José Diogo Falcão, *A transmissão do arrendamento*, 1190, com o fundamento nos 59.º, 26.º e 28.º, da L 6/2006.
[51] Sobre a interpretação desta norma e as perplexidades que ela sugere, *vide* as anotações ao 1107.º do CC.

entender dos autores que defendem a tese da transmissão *ipso iure,* esta comunicação configura uma mera confirmação da aceitação[52].

68   Na falta de norma específica que regule a aceitação e renúncia à transmissão por morte da posição do arrendatário, deverão aplicar-se as regras gerais dos 2050.º e seguintes do CC – mas tão só as adequadas à situação em causa e com as adaptações que ela reclame. Designadamente é aplicável a regra do art. 2056.º: a aceitação poderá ser expressa ou tácita: (a) será expressa, nomeadamente, se for feita conjuntamente com a comunicação referida no 1107.º do CC; (b) será tácita, se o beneficiário se limitar a comunicar a transmissão[53] ao senhorio; ou, na falta de comunicação, se o transmissário continuar a morar no locado e a assumir os direitos e obrigações inerentes à posição de arrendatário, designadamente o pagamento da renda. Pelo contrário: se o potencial transmissário abandonar o locado e a renda deixar de ser paga, deve concluir-se pela não aceitação, pela renúncia ao direito de subentrar na posição de arrendatário.

69   É também aqui aplicável a regra do 2061.º: a aceitação, expressa ou tácita, é irrevogável[54]. Qual o prazo para a aceitação (ou não aceitação) da transmissão? Obviamente não poderá aplicar-se aqui o previsto no 2059.º/1: 10 anos. Na falta de disposição especial, ele deverá ser fixado em três meses, por ser esse o estabelecido no 1107.º do CC para a comunicação da transmissão – sendo certo que, como se demonstrou, ela implica a aceitação, prévia ou simultânea. O silêncio e/ou a inatividade do transmissário[55], no seu decurso, implica a caducidade do direito à transmissão.

70   De notar que a simples permanência do transmissário no locado pode não traduzir, por si só, a aceitação mas, tão só, o exercício do direito a aí permanecer mesmo após a caducidade do contrato e até à entrega do locado, para o que terá o prazo de seis meses – 1053.º do CC. No entanto: decorrido este último prazo sem que haja qualquer comunicação deve presumir-se que o transmissário: (a) se lá permaneceu, aceitou a transmissão; (b) se abandonou o locado, renunciou à transmissão.

71   Na falta da comunicação referida no 1103.º/1, o senhorio ficará na dúvida[56] sobre a aceitação ou não aceitação da transmissão. Esta indefinição pode causar-lhe prejuízos decorrentes do facto de não saber qual a concreta situação jurídica do arrendamento; e, em consequência: (a) retarda a decisão sobre o destino ao dar ao imóvel (recuperação para aí instalar a sua residência ou para a repor no mercado de arrendamento; venda; etc) – isto no caso de renúncia à transmissão; (b) retarda qualquer iniciativa no sentido agir contra o inquilino para defesa dos seus interesses, por exemplo no caso de não pagamento de rendas, mora na execução de obras a cargo deste, não uso do locado ou uso para fim diverso – isto no caso de aceitação da transmissão. Daí a norma do n.º 2 dessa mesma disposição legal, cujo sentido útil[57] apenas neste âmbito[58] se consegue descobrir.

72   Havendo vários potenciais transmissários, a renúncia do prioritário faculta ao que se lhe seguir a faculdade de aceitar a transmissão? Laurinda Gemas e outros[59] referem que *"havendo*

---

[52] Neste sentido e como já se referiu, João Sérgio Menezes Leitão, *Morte do arrendatário e sorte do contrato*.
[53] Que implica uma aceitação prévia.
[54] João Sérgio Menezes Leitão, *Morte do arrendatário e sorte do contrato*, 360, defende ainda a aplicação a esta situação das regras da indignidade sucessória (2034.º do CC).
[55] Inatividade traduzida na ausência de atos inequívocos que revelem a aceitação da transmissão.
[56] Pelo menos até ao termo do decurso do prazo de seis meses referido no 1053.º do CC.

[57] Cfr a este respeito, Pinto Furtado, *Manual* 2, 5.ª ed., 642 que, face a uma diferente interpretação do 1107.º/1, refere não conseguir ver *"hoje em dia, quais os efetivos danos que serão ressarcíveis"*
[58] Atenta a redação do número 2, parece que a indemnização só se verificaria na hipótese de transmissão; no entanto, crê-se que, por interpretação extensiva, deve abranger também a hipótese da não transmissão.
[59] *Arrendamento*, 503.

renúncia é chamado o transmissário subsequente, o qual dispõe de igual possibilidade de renunciar ao direito" – acrescentando que a renúncia deve ser comunicada ao senhorio e demais beneficiários e que, na falta de comunicação, *"o direito consolidar-se-á na esfera jurídica do renunciante"*.

Gravato Morais[60] refere, a propósito do *"concurso de sujeitos ao mesmo nível"* que *"na renúncia de um deles, a transferência obedece à hierarquia estabelecida (...)"*.

Já José Diogo Falcão[61], como consequência da defesa que faz da *"transmissão automática (ipso iure) do direito ao arrendamento por morte do arrendatário"* e da impossibilidade legal de renúncia, conclui pela inviabilidade da *"transmissão sucessiva aos beneficiários seguintes previstos na lista do n.º 1 do art. 57"*.

Pinto Furtado[62] ao defender também a tese da transmissão automática, vai no mesmo sentido – ainda que não o refira expressamente. A solução para esta questão deverá basear-se nas regras do direito sucessório relativas ao repúdio, devidamente adaptadas à situação: o renunciante passa a deixar de constar do rol dos beneficiários, tudo se passando como se ele não tivesse sido chamado à faculdade da transmissão – 2062.º do CC.

No entanto, ao contrário do que prevê essa disposição legal, no âmbito da transmissão do arrendamento por morte do arrendatário, está naturalmente arredado o direito de representação – sendo chamado o transmissário que se seguir ao renunciante na lista do 57.º. Tudo se passará, então, como se este fosse o primeiro beneficiário – e ele, por sua vez, poderá aceitar ou renunciar.

A(s) renúncia(s) e a aceitação deverão ser comunicadas ao senhorio no prazo de três meses contado da morte do arrendatário – sendo que, nos documentos referidos no 1107.º/1, deverá considerar-se incluído o que contem a renúncia do(s) beneficiário(s) que precedeu(ram) o transmissário. Por outro lado: o prazo para a aceitação continua a ser o de três meses contados do decesso, aplicando-se a esta situação, *mutatis mutandis*, o referido nas anotações 77 a 79.

Os documentos a anexar pelo transmissário à sua comunicação ao senhorio são, pois, os seguintes: (a) certidão de óbito do arrendatário; (b) habilitação de herdeiros; (c) declarações de renúncia à transmissão por morte da posição contratual.

Como refere Menezes Leitão[63] *"A transmissão por morte verificada no âmbito do regime transitório mantém o caráter vinculístico do arrendamento"*.

Mas com as exceções referidas nos números 5 e 6, para as seguintes situações: (a) transmissão para ascendente com idade inferior a 65 anos à data da morte do arrendatário; (b) transmissão para filho ou enteado não deficiente, quanto este atinja a maioridade ou; sendo estudante, perfizer os 26 anos. Nestas situações, o contrato fica *"submetido ao NRAU, aplicando-se, na falta de acordo das partes, o disposto para os contratos com prazo certo, pelo período de dois anos"*. Há ainda que tomar em consideração o disposto no 26.º/5.

A fixação do regime jurídico aplicável quer à transmissão quer ao contrato transmitido deverá, no entanto, ter em atenção o caso concreto – ou melhor: a situação concreta do contrato em causa. Assim e desde logo há que verificar se o contrato, ainda que originariamente vinculístico, na data do óbito já se encontra submetido ao NRAU por aplicação das regras dos 30.º e seguintes. Em caso afirmativo, à sua transmissão por morte não é aplicável o 57.º mas, antes, o 1106.º do CC.

---

[60] *Arrendamento para habitação*, 71
[61] *A transmissão do arrendamento*, 1189 a 1191
[62] *Manual 2*, 5.ª ed., 642
[63] *Arrendamento*, 4.ª ed., 190

82 Pode também acontecer que o óbito ocorra durante o processo de transição para o NRAU, concretamente no decurso do prazo de cinco anos previsto no 35.º/1[64]. A regra é a de que o contrato se transmite *qua tale* para o sucessor – ele não poderá ser alterado em seu benefício, por aplicação das regras do 57.º.

83 Assim, ainda que o transmissário seja um ascendente com idade superior a 65 anos; ou um filho ou enteado deficiente; ou um filho menor que atinja a maioridade ou complete os 26 anos após o termo do prazo de cinco anos, decorrido este o senhorio poderá promover a *"transição para o NRAU"*, por aplicação do 35.º/6.

84 Não tendo o contrato transitado para o NRAU, porque o inquilino invocou idade igual ou superior a 65 anos ou deficiência com grau de incapacidade superior a 60% – 36.º/1 – têm plena aplicação as regras do 57.º pelo que o vinculismo se mantém: (a) até ao falecimento do cônjuge ou do unido de facto; (b) até ao falecimento do (ou dos) ascendentes; (c) até ao falecimento do filho ou enteado deficiente; (d) até à maioridade do filho ou enteado menor não estudante; (e) até aos 26 anos do filho ou enteado estudante[65].

Artigo 58.º (Transmissão por morte no arrendamento para fins não habitacionais)

1. O arrendamento para fins não habitacionais termina com a morte do primitivo arrendatário, salvo existindo sucessor que, há mais de três anos, explore, em comum com o arrendatário primitivo, estabelecimento a funcionar no local.

2. O sucessor com direito à transmissão comunica ao senhorio, nos três meses posteriores ao decesso, a vontade de continuar a exploração.

Bibliografia: Jorge Henrique da Cruz Pinto Furtado, *Manual* 2, 5.ª ed.; Maria Olinda Garcia, *Arrendamentos para comércio e fins equiparados* (2006); *idem*, *Arrendamento*, 2.ª ed.; Laurinda Gemas e outros, *Arrendamento*, 128-135; Luís Menezes Leitão, *Arrendamento*, 6.ª ed., 188-190; Fernando Gravato Morais, *Novo regime do arrendamento comercial*, 3.ª ed. (2011).

Índice

I – **Evolução legislativa**
1. Âmbito de aplicação 1
2. Primitivo arrendatário 5
3. Sucessor 8
4. Exploração em comum 15

II – **Problemáticas**
5. Profissões liberais 24

6. Comunicação 26
7. Documentos 31
8. Apreciação crítica 34

III – **Jurisprudência**
9. Jurisprudência 36

---

[64] Na resposta à iniciativa do senhorio, o arrendatário invocou um RABC inferior a 5 RMNA; o contrato não *"transitou para o NRAU"* mas tal irá suceder findo o prazo de cinco anos.

[65] Ou até que ele deixe de estudar, porque completou os seus estudos ou porque desistiu de o fazer.

I – Evolução legislativa

1. Âmbito de aplicação. A disposição em anotação constitui uma inovação da L 6/2006: ao estabelecer a regra da caducidade do arrendamento não habitacional por morte do inquilino, ela vai ao arrepio de toda a tradição jurídica portuguesa. Na verdade, desde os tempos mais remotos, vigorou a regra da não caducidade da locação por morte do arrendatário, tendo em vista *"não desmantelar, em especial, as unidades produtivas"*[1]. E é esta, aliás, a solução consagrada no 1113.º do CC.

A razão de ser desta exceção ao regime geral e tradicional é, ainda, consequência do vinculismo – e da vontade legislativa de, por esta via, contribuir para a sua eliminação[2]. Assim sendo e tal como se defendeu em relação aos arrendamentos habitacionais, não faz sentido a aplicação deste regime de exceção aos *"contratos de duração limitada"* celebrados após as alterações introduzidas no RAU pelo DL 275/95[3] [4].

O âmbito de aplicação desta disposição cinge-se, pois, aos seguintes contratos não habitacionais: (a) todos os celebrados antes da entrada em vigor do DL 257/95; (b) dos celebrados após a entrada em vigor desse diploma, aqueles que foram celebrados *"sem duração limitada"*[5]. O princípio geral aplicável é, repete-se, o da caducidade por morte – ou, na terminologia legal: *"o arrendamento para fins não habitacionais termina com a morte do primitivo arrendatário..."*. Este (primeiro) adjetivo *"primitivo"*[6] foi acrescentado pela L 31/2012, não sendo fácil explicar a razão da alteração. Na verdade, da letra da lei resulta que, se o arrendatário já não for o primitivo, então o contrato não *"termina"* com a sua morte.

Teríamos, assim, dois regimes: (a) um para as situações em que o arrendatário era o primitivo: o contrato caducaria com a sua morte, nos termos do 57.º/1; (b) outro para quando o arrendatário já não fosse o primitivo: o contrato não caducaria, transmitindo-se aos sucessores nos termos do 1113.º do CC.

2. Primitivo arrendatário. Maria Olinda Garcia defende que o aditamento da palavra *"primitivo"*[7] não acrescenta *"qualquer mudança no alcance normativo desta disposição"* já que «Este (agora) "primitivo" arrendatário é o "arrendatário primitivo" a que a norma se referia (...)». E conclui: *"... é evidente que este só pode ser o arrendatário que faleceu (...) e não necessariamente o arrendatário que celebrou o contrato de arrendamento, dado que podem ter existido transmissões posteriores legalmente permitidas ou autorizadas pelo senhorio"*.

De salientar que o mesmo número 1 adjetiva, por duas vezes, o arrendatário com a palavra *"primitivo"*. Presumir-se-á, pois, que das duas vezes teve em vista a mesma situação. Da letra da lei – repete-se – concluir-se-ia que todos os arrendatários que não os primitivos ficariam ilibados da aplicação da exceção: para eles vigoraria então a regra do 1113.º, pelo que o contrato se transmitiria para os seus sucessores. Mas, se fosse essa a interpretação, ficaria arredada a caducidade do contrato na grande maioria das situações: e, com isso: (a) ficaria frustrada a finalidade da lei, ao pretender fazer cessar contratos vinculísticos; (b) estabelecer-se-ia uma dicotomia de regimes sem qualquer justificação plausível.

---

[1] Cfr. *supra* anotação ao 1113.º do CC.
[2] Cfr. anotação 4 à Introdução à Secção IV.
[3] Cfr. anotação 6 à Introdução à Secção IV.
[4] Cfr. neste sentido, Fernando de Gravato Morais, *Novo regime*, 132. Em sentido contrário, Laurinda Gemas e outros, *Arrendamento*, 57.
[5] *Vide* 26.º onde pela primeira vez foi usada esta infeliz expressão.
[6] De salientar que no mesmo 58.º/1 o adjetivo *"primitivo"* para qualificar o substantivo *"arrendatário"* vem referido duas vezes: porém, a última já constava da redação primitiva.
[7] A primeira das duas vezes em que é referido no texto da lei.

7   *"O sentido útil da expressão "primitivo" parece estar na limitação da transmissão em mais de um grau"*[8]. Ou seja: transmitido o arrendamento ao sucessor, não haverá nova transmissão para o sucessor deste[9]. Assim e em conclusão: a caducidade ou a transmissão por morte do arrendatário não depende do facto de este ser a pessoa que o outorgou no contrato de arrendamento[10].

8 3. **Sucessor.** Mas quem é este sucessor? É apenas aquele *"que, há mais de três anos, explore, em comum com o arrendatário primitivo, estabelecimento a funcionar no local"*. A interpretação desta expressão tem levantado fundadas dúvidas na doutrina – quase podendo afirmar-se que não há duas opiniões iguais. As dúvidas são, fundamentalmente, as seguintes: (a) O que se entende por *"sucessores"*?; (b) O que se entende por exploração em comum?; (c) Os arrendamentos para o exercício de profissões liberais estão incluídos no âmbito da exceção?

9   Pinto Furtado[11] equipara sucessor a herdeiro – não bastando, pois, ser familiar. Gravato Morais[12] defende a extensão do conceito aos herdeiros legítimos, legitimários ou legatários – sendo que a inclusão destes pressuporá, também, a dos herdeiros testamentários.

10   Manteigas Martins e outros[13] levantam, porém, um problema de difícil solução – a compatibilidade desta norma com o facto de o estabelecimento ser um bem transmissível por herança e poder assistir a outro sucessor (herdeiro legítimo ou legitimário; legatário) – que não o co-explorador – o direito a herdar estabelecimento.

11   Alguns exemplos: (a) ao arrendatário e titular do estabelecimento sucede-lhe seu filho como herdeiro o legitimário: no entanto, quem com ele explorava o estabelecimento em comum era um irmão; (b) o arrendatário lega o estabelecimento a um estranho mas quem com ele comunga na exploração é um herdeiro legitimário; (c) ao arrendatário sucede, como herdeiro legítimo um irmão, mas é um filho deste que explora em comum o estabelecimento. Em todas estas situações, é evidente o conflito entre a titularidade do estabelecimento – que se transmite de acordo com as regras normais da sucessão – e a posição contratual do arrendatário, que poderá ser transmitida a outro sucessor.

12   A existência de titulares diferentes para o estabelecimento e para a posição contratual de arrendatário não faz qualquer sentido – designadamente, mas não só, porque o legislador teve em vista *"permitir a continuidade do estabelecimento instalado no local arrendado, desde que a sua exploração seja prosseguida por um sucessor que já o fizesse há mais de três anos"*[14]. As transmissões por morte da posição contratual do arrendatário e do estabelecimento devem, pois e necessariamente, beneficiar uma só pessoa. Mas a única situação em que tal acontece, é aquela em que o sucessor com direito a adquirir, por herança ou legado, o estabelecimento, o explorava há mais de três anos com o primitivo arrendatário (e autor da herança). Nas outras situações, a transmissão conjunta iria alterar, quanto ao estabelecimento comercial, as regras da sucessão – legítima, legitimaria ou testamentária. Será que o legislador quis ir tão longe?

13   De salientar que, com a caducidade por morte do arrendatário, o estabelecimento poderá perder – e normalmente perderá – uma parte, maior ou menor, do seu valor. Mas ele existe e, apesar dessa contingência, poderá ser substancial[15].

---

[8] Laurinda Gemas e outros, *Arrendamento*, 138.
[9] No mesmo sentido, Pinto Furtado, *Manual 2*, 5.ª ed., 648.
[10] Não se encontra outra explicação adequada – muito embora se lamente a infelicidade manifesta da redação, em especial na versão de 2012.
[11] *Manual 2*, 5.ª ed., 646.
[12] *Novo regime*, 92

[13] *NRAU / Anotado e comentado*, 84.
[14] Maria Olinda Garcia, *Arrendamento urbano anotado*, 2.ª ed., 174.
[15] Até porque o sucessor na titularidade do estabelecimento poderá negociar com o senhorio novo contrato de arrendamento; ou mudá-lo para outro local, próximo ou mesmo distante.

Duas alternativas se colocam, pois: (a) o contrato não caduca e o estabelecimento permanece no locado, mantendo o seu valor – mas com violação das gerais da sucessão; (b) o contrato caduca e o novo titular do estabelecimento encerra-o, vendendo as existências; ou contrata com o senhorio novo arrendamento, mantendo o estabelecimento no local; ou desloca-o para um outro edifício; em todos estes casos, as regras da sucessão cumprem-se, mas o valor transmitido é inferior ao que seria se o anterior arrendamento não caducasse. Crê-se que o legislador não pretendeu alterar as regras da sucessão a propósito de uma disposição que regula apenas a transmissão por morte da posição contratual do arrendatário. Ele terá querido, apenas, beneficiar a pessoa que explorou em conjunto com ele o estabelecimento, permitindo-lhe adquirir tal posição, mas desde que adquira, simultaneamente e por sucessão, o estabelecimento em causa. É certo que com esta interpretação, serão, provavelmente, poucos os casos aos quais a disposição se aplica: mas esta não é a única circunstância que a tal conduz, como se verá nas notas que se seguem.

4. **Exploração em comum**. O sucessor a que se refere o número 1 será, pois, aquele que, tendo explorado em comum com o arrendatário o estabelecimento, dele o adquira por via sucessória. Esta definição abre luz para duas outras questões: (a) *quid iuris* quando ao arrendatário sucedem diversos herdeiros (por exemplo 3 ou 4 filhos) mas só um explorava em comum com ele o estabelecimento?; (b) e se mais do que um ou todos os filhos comungavam na exploração?

A solução para a primeira questão passa, necessariamente, pelo entendimento entre os herdeiros no sentido de, em partilha, adjudicarem o estabelecimento ao co-explorador: caso contrário o contrato caduca.

A resposta à segunda questão passa pela admissão ou não da transformação do contrato de arrendamento em plural, quanto à posição contratual do inquilino. Após a reforma de 2012, que permite a transição para o NRAU, a prazo não excessivamente longo, de qualquer contrato não habitacional, essa possibilidade parece aceitável, por não onerar substancialmente a posição do senhorio[16].

O que deve entender-se por exploração em comum? Também aqui as dúvidas e as perplexidades existem e são dificilmente ultrapassáveis. Manteigas Martins e outros[17] chamam desde logo a atenção para o facto de *"... não poder o primitivo inquilino partilhar a exploração do estabelecimento com quem o não seja, sem autorização do senhorio, sob pena de se colocar em situação de violação das suas obrigações, violação que, nos termos do art. 1083 n.º 2 al. i) do Código Civil, é motivo de resolução do contrato de arrendamento"*.

Gravato Morais[18] defende uma *"interpretação ampla da locação"*, por forma a abranger situações tais como o cônjuge contitular ou não do estabelecimento e o filho que, dele colhendo benefícios, não o exploram efetivamente; socorre-se, pois, do conceito de *"economia comum"*, argumentando que *"o legislador não pode ter querido consagrar um desvio fictício à regra, impedindo ou tornando quase inútil o seu emprego"*.

No mesmo sentido, Olinda Garcia[19] ao defender a extensão do conceito a diferentes situações para além da contitularidade e ao incluir o próprio vínculo laboral.

Luís Menezes Leitão[20] entende que se *"exige apenas que o sucessor trabalhe no locado, independentemente do vínculo que o liga a esse estabelecimento"*[21].

---

[16] Ao contrário do que sucederia no âmbito versão originária da L 6/2006.
[17] *NRAU / Anotado e comentado*, 84.
[18] *Novo regime*, 92 a 94.
[19] *Arrendamentos para comércio*, 74.
[20] *Arrendamento*, 6.ª ed., 191.
[21] No mesmo sentido, Laurinda Gemas e outros, *Arrendamento urbano*, 137.

22   Pinto Furtado[22] liga a exploração em comum à *"colocação ou participação na atividade a que está afetado o estabelecimento, não envolvendo a titularidade dele"*, colaboração essa *"não meramente episódica, com carácter de certa regularidade e constância, ao longo de mais de três anos, em tarefa ou tarefas de gestão"*.

23   A definição de Pinto Furtado afigura-se correta, configurando um conceito amplo da expressão legal que, apesar disso, exclui: (a) a situação de contitularidade; (b) a situação de quem é sucessor, mas não *"trabalhe regularmente com o arrendatário na exploração do estabelecimento"*; (c) o colaborador com mais de três anos mas que não detenha a qualidade de herdeiro. Por outro lado: a colaboração deve ser feita dentro dos limites resultantes do 1083.º/2, e) do CC; ou seja: não pode implicar a cessão total ou parcial do gozo do locado.

II – **Problemáticas**

24   **5. Profissões liberais**. A terceira questão cifra-se na inclusão ou não das profissões liberais no âmbito da exceção contida na segunda parte do 58.º/1. Ao que se crê, a totalidade da doutrina inclina-se nesse sentido – cfr. Laurinda Gemas e outros[23] e autores aí mencionados.

25   Mais do que o argumento literal decorrente da epígrafe desta disposição e da primeira parte do número 1 (refere-se ao arrendamento para fins não habitacionais *"em geral, não se limitando aos arrendamentos para o comércio ou indústria"*) militam razões de carácter material: as razões para a proteção da situação do sucessor que exerça no locado e com o arrendatário a mesma profissão liberal, em nada diferem das que beneficiam aquele que *"explorava em comum"* o estabelecimento comercial.

26   **6. Comunicação**. O transmissário da posição contratual, no prazo de 3 meses a contar do óbito do arrendatário, deve comunicar ao senhorio *"a vontade de continuar a exploração"*. Cumpre salientar a diferença de terminologia face ao art. 1107.º, onde se refere que *"a transmissão do arrendamento deve ser comunicada ao senhorio"*.

27   Muito embora a realidade subjacente seja a mesma – o transmissário comunica ao senhorio o facto da sucessão na posição contratual – o certo é que as situações são diferentes. No arrendamento não habitacional, o sucessor[24] deverá, não só invocar a *"vontade de continuar a exploração"*, mas também o seu pressuposto: a aquisição, por sucessão, da titularidade do estabelecimento[25].

28   Seria, na verdade, destituída de sentido a comunicação de continuar a explorar aquilo que não lhe pertenceu nem lhe pertence[26]. A terminologia legal constitui, assim, um argumento sólido no sentido de confirmar a necessidade de se conjugarem na titularidade da mesma pessoa as qualidades de ex-co-explorador do estabelecimento e de (novo) titular deste por sucessão.

29   Em resumo, conclui-se que se encontra abrangido, no âmbito da exceção à não transmissão por morte, o sucessor (o herdeiro legítimo, legitimário ou testamentário; o legatário[27]) que há mais de três anos: (a) colabore ou participe na exploração do estabelecimento a funcionar no locado, com carácter de regularidade, em tarefas que envolvam atos de gestão e por via sucessória adquira a titularidade exclusiva do estabelecimento; ou (b) exerça com o arrendatário, no locado, a mesma profissão liberal[28]. O número 2, como se referiu, impõe ao *"sucessor"* que comunique ao senhorio *"a vontade de continuar a exploração"*.

---

[22] *Manual 2*, 5.ª ed., 646 e 647.
[23] *Arrendamento urbano*, 136, nota (3).
[24] Ou sucessores.
[25] Ou do equivalente no caso do exercício de profissões liberais.
[26] *Quid iuris* se o herdeiro do estabelecimento o locar ou emprestar ao seu "explorador"? Ao que se crê, a solução é inviável porque, fazendo *"as instalações"* parte do estabelecimento, o direito à sua utilização deve ter como titular o dono deste.
[27] Porém só estará abrangido o legatário do próprio estabelecimento; se o objeto do legado for outro, que nada tenha a ver com ele, esse legatário não é considerado sucessor.

Porém e ao contrário do que sucede com o disposto no 1107.º do CC para o arrendamento habitacional: (a) nada refere quanto a *"documentos comprovativos"* da transmissão; (b) não esclarece qual a cominação para a inobservância da determinação legal.

7. Documentos. Quanto aos documentos e apesar do silêncio da lei, não podem levantar-se dúvidas sobre a necessidade da sua anexação à comunicação. No caso de arrendamento comercial ou industrial, são eles: (a) habilitação de herdeiros (incluindo eventual testamento) para demonstrar a qualidade de sucessor; (b) documento de partilha do estabelecimento, no caso de existência de pluralidade de herdeiros, para demonstração de que o sucessor é o seu único titular; (c) documento comprovativo da exploração em comum, se existir.

No caso de arrendamento para profissão liberal, deverão juntar-se: (a) habilitação de herdeiros (incluindo eventual testamento) para demonstrar a qualidade de sucessor; (b) documento comprovativo do exercício no locado da mesma profissão do arrendatário; mas, no caso de existirem diversas pessoas nessas circunstâncias e só um preferir suceder na qualidade de arrendatário; (c) documento de renúncia dos restantes profissionais.

Quanto à cominação para a falta de comunicação, a regra deverá ser a que decorre do 1107.º/2 – remetendo-se para o que ficou referido nas anotações ao 57.º.

8. Apreciação crítica. Para finalizar: a regulação da transmissão por morte nos contratos não habitacionais de pretérito fazia todo o sentido no âmbito da reforma de 2006 – que mantinha o essencial das regras que caracterizam o vinculismo. Mas o mesmo não sucede no âmbito da reforma de 2012 – que faculta a transição para o NRAU no termo de um prazo não muito longo (5 anos) e a cessação do contrato, por vontade do senhorio, no prazo de 7 anos.

Justificar-se-ia, pois, um outro tipo de solução – a apontada por Olinda Garcia[29] (o contrato transitaria automaticamente para o NRAU, considerando-se celebrado a termo certo pelo prazo de dois anos) ou outra solução semelhante.

III – Jurisprudência

Jurisprudência: O essencial da matéria constante deste título constitui inovação, introduzida pela reforma de 2012: sobre ela não existem – ou, pelo menos não foram encontradas – referências jurisprudenciais. As decisões de tribunais superiores que foram encontradas, proferidos no âmbito da versão inicial da L 6/2006, de 27-fev., situam-se no âmbito da transmissão por morte. Referem-se as que se afiguram revestir interesse:

– RPt 4-jan.-2011 (Maria de Jesus Pereira): *"I – A Lei n.º 6/2006 através o seu artigo 57 fixou a solução das hipóteses que se colocam na fronteira entre a lei antiga – RAU – e a lei nova – NRAU –, ou seja, fixou um direito transitório. II – Dada a natureza do direito de transmissão por morte de um direito de gozo, o mesmo está fora do núcleo essencial de proteção do direito fundamental à propriedade privada, não sendo equiparável à categoria dos direitos, liberdades e garantias".*

– RPt 25-mai.-2010 (Vieira e Cunha) – *"I – Da conjugação dos arts. 26.º n.º 2, 28.º e 57.º NRAU resulta que o legislador pretendeu que aos contratos de arrendamento para fins habitacionais celebrados antes da vigência do RAU não se apliquem as mesmas regras da transmissão por morte do contrato de arrendamento constantes do atual art. 1106.º n.º 1 al. b) C.Civ., aplicáveis aos contratos celebrados após a vigência do NRAU. II – No regime transitório, não existe possibilidade de transmissão do arrendamento*

---

[28] No caso da profissão liberal não há, por definição, estabelecimento e, por isso, não se coloca a questão da sua titularidade; mas o transmissário deverá contar-se entre os sucessores do arrendatário.

[29] *Arrendamento*, 2.ª ed., 175.

a favor da nora do arrendatário ou da nora do cônjuge do primitivo arrendatário, nem mesmo a favor de netos.(...)"

- RLx 2-mai.-2013 (Ilídio Sacarrão Martins) – *"1. De acordo com os artigo 26.º n.º 1, 59.º n.º 1 e 60.º do regime do arrendamento urbano aprovado pelo Lei 6/2006, de 27 de fevereiro (NRAU) o novo regime é aplicável aos arrendamentos vigentes à data da sua entrada em vigor, sendo de aplicação imediata as normas que dispõem diretamente sobre o conteúdo da relação de arrendamento e abrangem as relações já constituídas, com exceção das expressamente ressalvadas no artigo 26.º n.ºs 2 a 6 do NRAU. 2. O regime fixado no artigo 57.º do NRAU aplica-se mesmo às situações jurídicas em que o direito à resolução do contrato por incumprimento do locatário já estava constituído à data da sua entrada em vigor, não podendo esse efeito imediato da lei ser considerado como um efeito retroativo. 3. Falecendo o arrendatário na vigência do NRAU o contrato de arrendamento caducou, não se operado a transmissão do arrendamento para quem não se encontrava em qualquer das situações descritas nas alíneas d) e e) do n.º 1 do artigo 57.º do NRAU. 4. O artigo 57.º do NRAU, ao prever um regime transitório de transmissão restritivo da expectativa jurídica da ré, não consubstancia uma violação do princípio da igualdade ínsito no art.º 13.º da Constituição. (...).*

- RLx 29-mai.-2012 (Rosário Gonçalves) – *"- A Lei n.º 6/2006, de 27 de fevereiro (NRAU), nos termos dos seus artigos 26.º a 28.º, estabeleceu um regime de normas transitórias aplicáveis a contratos celebrados anteriormente mas ainda subsistentes à data da sua entrada em vigor em 28 de junho de 2006. – Por força do disposto no n.º 4 do art. 57.º do NRAU, a transmissão do arrendamento para habitação, a favor dos filhos ou enteados do primitivo arrendatário, verifica-se ainda por morte daquele a quem tenha sido transmitido o direito ao arrendamento nos termos da al. a) do n.º 1 do preceito."*

- RLx 28-fev.-2012 (Luís Espírito Santo) – *"I – Resulta da conjugação dos artigos 26.º e 28.º do NRAU que, relativamente aos contratos de arrendamentos anteriores à vigência do Regime do Arrendamento Urbano (RAU), aprovado pelo Decreto-lei n.º 321-B/90, de 15 de outubro, será aplicável o regime de transmissão por morte no arrendamento para habitação previsto no art. 57.º. II – Entendeu o legislador, relativamente aos óbitos do arrendatário ocorridos no âmbito da vigência do NRAU respeitantes a contratos celebrados em momento anterior, estabelecer um regime especial de transmissibilidade do arrendamento, mais restritivo do que aquele que passa a vigorar nos contratos de arrendamento que se venham a constituir à sombra do citado diploma legal – NRAU – (art. 1106.º, do Código Civil, exclusivo para novos contratos). III – Tratou-se de uma opção legislativa, discutível como qualquer outra, mas que não encerra em si qualquer inconsistência lógica ou contradição insanável."*

- RLx 15-dez.-2011 (Roque Nogueira) – *"I – O que está em causa neste processo é a transmissão do arrendamento habitacional, a favor da filha, por morte daquela a quem o mesmo já tinha sido transmitido (cônjuge do primitivo arrendatário). II – O RAU (art.85.º) permitia a transmissão do arrendamento, por morte do arrendatário ou do cônjuge sobrevivo para quem houvesse sido transmitido o direito ao arrendamento, para os descendentes que com ele convivessem há mais de 1 ano, independentemente da sua idade e da verificação de qualquer situação de incapacidade. III – O NRAU (art.57.º) alterou tal regime, já que, passou a não permitir, nos contratos que lhe são anteriores, a transmissão do arrendamento para os descendentes maiores de 26 anos que não sofram de qualquer incapacidade ou que tenham uma incapacidade inferior a 60%. IV – Mas para os contratos que lhe são posteriores, o novo regime do C. Civil (art.1106.º) liberalizou a transmissão do arrendamento por morte do arrendatário e fê-lo deliberadamente, certamente por ter tido em consideração que nestes novos contratos o prolongamento da relação contratual já não pode ser imposto unilateralmente pelo arrendatário. V – O que bem se compreende, pois que, tendo findado o sistema de renovação automática dos contratos de arrendamento para habitação, dei-*

xaram de se justificar as limitações que antes eram impostas à transmissão do arrendamento. VI – Mas como na maioria dos contratos celebrados anteriormente à entrada em vigor do NRAU, o senhorio não pode denunciar o contrato no termo do prazo acordado, estando vinculado através de renovações sucessivas, enquanto for esse a vontade do arrendatário, considerou-se justificado diminuir, em algumas circunstâncias, a possibilidade de transmissão do arrendamento. VII – A norma contida no art. 57.º, n.º 1, al. d), do NRAU, quando interpretada no sentido referido na sentença recorrida, não viola o disposto nos arts. 1.º, 13.º, 18.º e 65.º, da CRP."

- REv 21-jun.-2012 (Francisco Matos) – "I – Falecendo o cônjuge do arrendatário, transmissário do direito de arrendamento habitacional cujo contrato havia sido celebrado antes da vigência do RAU, após a entrada em vigor do NRAU é aplicável à transmissão do arrendamento o regime transitório do art. 57.º do NRAU. II – Não viola o princípio da confiança ínsito ao Estado de direito democrático consagrado no artigo 2.º da C.R.P., a aplicação do regime transitório do art.º 57 do NRAU aos casos de transmissão do arrendamento por morte do arrendatário quando esta ocorreu após o início da sua vigência."

- RPt 10-jan.-2011 (Ana Paula Amorim) – "I – Decorre do regime previsto no art. 58º da Lei 6/2006 de 27/02 (NRAU), em relação aos contratos de arrendamento de pretérito para comércio, que a regra passa a ser a caducidade do contrato quando o arrendatário morrer após a entrada em vigor do NRAU. II – A transmissão do arrendamento, constitui uma exceção, que se verifica quando ao primitivo arrendatário sobreviva sucessor que, há mais de três anos no período que anteceda imediatamente a morte do arrendatário, venha explorando, em comum com este, o estabelecimento que funcione no local."

- RCb 28-abr.-2010 (Carlos Gil) – "I –Uma vez que o arrendamento objecto dos autos, a existir, subsistia à data da entrada em vigor do Novo Regime do Arrendamento Urbano e era anterior à entrada em vigor do decreto-lei n.º 257/95, de 30 de Setembro, o novo regime do arrendamento urbano é-lhe aplicável, ex vi artigos 27.º, 28.º, 26.º e 59.º, n.º 1, todos do Novo Regime do Arrendamento Urbano aprovado pela Lei n.º 6/2006, de 27 de Fevereiro. II – O n.º 1, do artigo 58.º, da Lei n.º 6/2006, de 27 de Fevereiro, não tem natureza imperativa."

- RLx 15-jan.-2009 (Fátima Galante) "1. Atento o art. 26.º da Lei n.º 6/2006 os contratos celebrados na vigência do RAU, aprovado pelo Decreto-Lei n.º 321.º-B/90, de 15 de Outubro, passam a estar submetidos ao NRAU, com as especificidades dos números seguintes, o que significa que as normas que dispõem diretamente sobre o conteúdo da relação de arrendamento abrangem as relações já constituídas e são de aplicação imediata, ressalvadas as exceções contidas nos números 2 a 6 do citado preceito legal. 2. Quanto à transmissão da posição contratual por morte do arrendatário, o regime transitório institui no art.º 57.º n.º 1, ex vi art.º 26.º n.º 2, que o arrendamento para a habitação não caduca por morte do primitivo arrendatário. Os beneficiários da transmissão são os elencados no n.º 1 do art.º 57.º, sendo que os descendentes contemplados são apenas os filhos, não já os netos."

- RLx 13-mar.-2007 (Salazar Casanova) – "I – A transmissão do arrendamento por morte do arrendatário deve ser considerada à luz da lei vigente à data do decesso do arrendatário. II – Prescrevendo a lei então em vigor (artigo 1111.º do Código Civil com a redação dada pelo Decreto-lei n.º 328/81, de 4 de Dezembro) que o arrendamento não caduca por morte do primitivo arrendatário, transmitindo-se, nas condições referidas, designadamente a favor dos seus descendentes, há que considerar, verificada já a transmissão do arrendamento do primitivo arrendatário para sua descendente (filha), que não é possível segunda transmissão, agora desta descendente (filha) para um seu descendente (neto do primitivo arrendatário)."

- RLx 30-jun.-2011 (Afonso Henrique) – "I -A Lei n.º 6/2006, de 27-2, conhecido por NRAU, cujo início da vigência é 28-6-2006, aplica-se, em regra, imediatamente, a todos os contratos de arrendamento, mesmo aos que antes vigoravam. II – As exceções aquela regra resultam das normas transitórias constantes dos arts. 26.º a 58.º do NRAU e incidem sobre a transmissão por morte do direito do arrendamento, benfeitorias e atualizações das rendas. III – Do art. 26.º do NRAU decorre que o novo regime em matéria de transmissão por morte aplica-se aos contratos celebrados na vigência do RAU e não aos anteriores ao DL n.º 321B/90, de 15-10. IV – Contudo e nos termos do art.º57.º do NRAU, aplicável ex vi art.º 27.º também do NRAU aquela norma deve, igualmente, ser aplicada aos contrato de arrendamento para habitação celebrados antes da entrada em vigor do RAU, como é o caso vertente. V – Ora como se constata, o Legislador reduziu o âmbito de transmissão e alterou a sua ordem, sendo que, à luz do referido art. 57.º do NRAU nenhum dos RR. reúne os requisitos que os habilitem a suceder ao arrendamento em causa."

- RPt 29-mai.-2008 (Ataíde das Neves) – "I – A transmissão do arrendamento por morte do arrendatário ocorrida a partir de 28.06.06, quer em relação aos contratos celebrados antes da entrada em vigor do RAU, quer aos celebrados depois, é regida pelo art. 57.º do NRAU. II – Este preceito legal não viola o princípio da igualdade consagrado no art. 13.º da CRP."

- RPt 27-mai.-2010 (Teixeira Ribeiro) – "I – Aos arrendamentos para habitação celebrados antes ou durante a vigência do RAU (DL n.º 321-B/90, de 15.10), cuja morte do arrendatário se verifique na vigência do NRAU (Lei n.º 6/06, de 27.02), aplicam-se as normas transitórias previstas no art. 57.º deste último diploma legal para efeitos de transmissão do arrendamento, por força das disposições conjugadas dos seus arts. 59.º, n.º1, 26.º, n.º/s 1 e 2, e 28.º. II – Assim, tendo a arrendatária falecido em Novembro de 2006 e não estando uma sua filha nas condições previstas no art. 57.º, n.º1, als. d) e e), do NRAU, não se lhe transmite o arrendamento para habitação. III – Tais normas transitórias não padecem de inconstitucionalidade material."

- RCb 4-out.-2011 (Jaime Carlos Ferreira) – "I – Nos termos do n.º 1 do art. 59.º da Lei n.º 6/2006, de 27/02, lei que aprova o NRAU (art. 1.º), este aplica-se aos contratos celebrados após a sua entrada em vigor, "bem como às relações contratuais constituídas que subsistam nessa data, sem prejuízo do previsto nas normas transitórias". II – Uma destas normas aplicáveis é o art. 57.º do NRAU que estabelece, em norma transitória de direito material, o regime específico da transmissão por morte nos arrendamentos para habitação celebrados antes da vigência do RAU (art.s 26.º, n.º 2, 27.º, 28.º e 59.º, n.º 1, parte final, todos do NRAU). III – Estabelece o art. 57.º, n.º 1, alínea e) do NRAU: "o arrendamento para habitação não caduca por morte do primitivo arrendatário quando lhe sobreviva filho ou enteado maior de idade, que com ele convivesse há mais de um ano, portador de deficiência com grau comprovado de incapacidade superior a 60%". IV – Analisada esta norma, verificamos que são requisitos da transmissão do arrendamento para efeitos da dita alínea e) do n.º 1 do art. 57.º do NRAU: a) – ser o filho maior de idade (para usarmos as palavras da lei); b) – ter o filho convivido com o primitivo arrendatário por mais de um ano; c) – ser o filho portador de deficiência com grau de incapacidade superior a 60%. Estes requisitos são de verificação cumulativa. V – Tendo o contrato de arrendamento sido celebrado em Maio de 1976 e tendo o seu arrendatário falecido em 22 de Julho de 2009, ou seja, já na vigência do NRAU (que entrou em vigor, nos termos do n.º 2 do seu art. 65.º, a 27 de Junho de 2006), nos termos do n.º 1 do art.º 59.º da Lei n.º 6/2006, de 27/02, que aprova o NRAU, este aplica-se ao dito contrato – "O NRAU aplica-se…bem como às relações contratuais constituídas que subsistam nessa data, sem prejuízo do previsto nas normas transitórias".

Título III – Normas finais

Artigo 59.º (Aplicação no tempo)

1. O NRAU aplica-se aos contratos celebrados após a sua entrada em vigor, bem como às relações contratuais constituídas que subsistam nessa data, sem prejuízo do previsto nas normas transitórias.

2. A aplicação da alínea *a*) do n.º 1 do artigo 1091.º do Código Civil não determina a perda do direito de preferência por parte de arrendatário que dele seja titular aquando da entrada em vigor da presente lei.

3. As normas supletivas contidas no NRAU só se aplicam aos contratos celebrados antes da entrada em vigor da presente lei quando não sejam em sentido oposto ao de norma supletiva vigente aquando da celebração, caso em que é essa a norma aplicável.

Artigo 60.º (Norma revogatória)

1. É revogado o RAU, aprovado pelo Decreto –Lei n.º 321-B/90, de 15 de outubro, com todas as alterações subsequentes, salvo nas matérias a que se referem os artigos 26.º e 28.º da presente lei.

2. As remissões legais ou contratuais para o RAU consideram-se feitas para os lugares equivalentes do NRAU, com as adaptações necessárias.

Artigo 61.º (Manutenção de regimes)

Até à publicação de novos regimes, mantêm-se em vigor os regimes da renda condicionada e da renda apoiada, previstos nos artigos 77.º e seguintes do RAU.

Artigo 62.º (Republicação)

O capítulo IV do título II do livro II do Código Civil, composto pelos artigos 1022.º a 1113.º, é republicado em anexo à presente lei.

Artigo 63.º (Autorização legislativa)

1. Fica o Governo autorizado a aprovar no prazo de 120 dias os diplomas relativos às seguintes matérias:

a) Regime jurídico das obras coercivas;
b) Definição do conceito fiscal de prédio devoluto.

2. Em relação ao regime jurídico das obras coercivas, a autorização tem os seguintes sentido e extensão:

a) O diploma a aprovar tem como sentido permitir a intervenção em edifícios em mau estado de conservação, assegurando a reabilitação urbana nos casos em que o proprietário não queira ou não possa realizar as obras necessárias;
b) A extensão da autorização compreende a consagração, no diploma a aprovar, das seguintes medidas:

  i) Possibilidade de o arrendatário se substituir ao senhorio na realização das obras, com efeitos na renda;
  ii) Possibilidade de as obras serem efetuadas pela câmara municipal, ou por outra entidade pública ou do sector público empresarial, com compensação em termos de participação na fruição do prédio;
  iii) Possibilidade de o arrendatário adquirir o prédio, ficando obrigado à sua reabilitação, sob pena de reversão;
  iv) Limitações à transmissão do prédio adquirido nos termos da subalínea anterior;
  v) Possibilidade de o proprietário de fração autónoma adquirir outras frações do prédio para realização de obras indispensáveis de reabilitação.

3. Em relação à definição do conceito fiscal de prédio devoluto, a autorização tem os seguintes sentido e extensão:

a) O diploma a aprovar tem como sentido permitir a definição dos casos em que um prédio é considerado devoluto, para efeitos de aplicação da taxa do imposto municipal sobre imóveis;
b) A extensão da autorização compreende a consagração, no diploma a aprovar, dos seguintes critérios:

  i) Considerar devolutos os prédios urbanos ou as suas frações autónomas que, durante um ano, se encontrem desocupados;
  ii) Ser indício de desocupação a inexistência de contratos em vigor com prestadores de serviços públicos essenciais, ou de faturação relativa a consumos de água, eletricidade, gás e telecomunicações;
  iii) Não se considerarem devolutos, entre outros, os prédios urbanos ou frações autónomas dos mesmos que forem destinados a habitação por curtos períodos em praias, campo, termas e quaisquer outros lugares de vilegiatura, para arrendamento temporário ou para uso próprio;

c) A extensão da autorização compreende ainda a definição, no diploma a aprovar, dos meios de deteção da situação de devoluto, bem como a indicação da entidade que a ela procede e do procedimento aplicável.

Artigo 64.º (Legislação complementar)

1. O Governo deve aprovar, no prazo de 120 dias, decretos-leis relativos às seguintes matérias:

   a) Regime de determinação do rendimento anual bruto corrigido;
   b) Regime de determinação e verificação do coeficiente de conservação;
   c) Regime de atribuição do subsídio de renda.

2. O Governo deve aprovar, no prazo de 180 dias, iniciativas legislativas relativas às seguintes matérias:

   a) Regime do património urbano do Estado e dos arrendamentos por entidades públicas, bem como do regime das rendas aplicável;
   b) Regime de intervenção dos fundos de investimento imobiliário e dos fundos de pensões em programas de renovação e requalificação urbana;
   c) Criação do observatório da habitação e da reabilitação urbana, bem como da base de dados da habitação;
   d) Regime jurídico da utilização de espaços em centros comerciais.

Artigo 65.º (Entrada em vigor)

1. Os artigos 63.º e 64.º entram em vigor no dia seguinte ao da publicação da presente lei.

2. As restantes disposições entram em vigor 120 dias após a sua publicação.

ÍNDICE IDEOGRÁFICO

Os ordinais em **negro** remetem para o artigo do Código Civil, quando superiores a **1022.º** e para o Novo Regime do Arrendamento Urbano (incluindo a ação de despejo (**AD**), o procedimento especial de despejo (**PED**) e o regime transitório (**RT**), nos outros casos; os cardinais equivalem a anotações, assinaladas à margem.

abuso do direito
– de reparações urgentes, **1036.º**, 18
– de oposição à renovação, **1056.º**, 18
– na invocação da falta de forma, **1025.º**, 22, **1029.º**, 7-9, **1070.º**, 28
– na preferência, **1091.º**
– na resolução, **1085.º**, 21
ação de despejo, **14.º AD**
– âmbito
– – material, **14.º AD**, 12-25
– – subjetivo, **14.º AD**, 26
– – temporal, **14.º AD**, 11
– concurso de causas de pedir, **14.º AD**, 55-59
– cumulação
– – aparente, **14.º AD**, 61-64
– – de pedidos, **14.º AD**, 65-72
– despejo imediato, **14.º AD**, 73-86
– evolução histórica, **14.º AD**, 1-6
– interesse processual, **14.º AD**, 45-52
– – falta de, **14.º AD**, 43-47
– legitimidade, **14.º AD**, 33-41
– natureza, **14.º AD**, 7-8
– patrocínio obrigatório, **14.º AD**, 54
– pedido reconvencional, **14.º AD**, 87
– prazo, **14.º AD**, 27-30
– recursos, **14.º AD**, 88
– tribunal competente, **14.º AD**, 9
ação de preferência, **1091.º**, 77-95
ações possessórias, **1037.º**, 16-29

aluguer, **1023.º**
anulabilidade, **1035.º**
arrendamento, **1023.º**
– cessação, **1079.º**
– – efeitos, **1081.º**
– – imperatividade, **1080.º**
– direitos e obrigações das partes, **introd. 1071.º a 1078.º**
– – limitações, **1071.º**
– disposições gerais, **1064.º**
– fim, **1067.º**
– forma, **1069.º**
– – falta de, **1069.º**, 26
– misto, **1066.º**
– requisitos de celebração, **1070.º**
– resolução, **1083.º**
– – aplicação no tempo, **1083.º**, 89-90
– – caducidade, **1085.º**
– – cumulação, **1086.º**
– – desocupação, **1087.º**
– – modo de operar, **1084.º**
– – pelo arrendatário, **1083.º**, 85-88
– revogação, **1082.º**
– rural, **introd. 1064.º a 1113.º**
– urbano, **introd. 1064.º a 1113.º**
– *vide* arrendamento para habitação, arrendamento para fins habitacionais
arrendamento comercial
– *vide* arrendamento para fins não habitacionais
arrendamento para fins não habitacionais, 1108.º
– duração, **1110.º**, 17
– estabelecimento, **1109.º**, 1-2, 15-24
– – incompleto, **1109.º**, 25-26
– – locação, **1109.º**
– extinção de pessoa coletiva, **1113.º**, 11
– morte do arrendatário, **1113.º**
– obras, **1111.º**
– transmissão, **1112.º**
arrendamento para habitação, **introd. 1092.º a 1107.º**
– comunicabilidade, **1105.º**
– denúncia, **1098.º**, 11-17
– – pelo arrendatário, **1100.º**, 85-88
– – confirmação, **1104.º**
– – pelo senhorio, **1101.º**, 85-88
– – – justificada, **1103.º**
– – – para habitação, **1102.º**
– dimensão familiar, **introd. 1092.º a 1107.º**, 21
– duração, **1094.º**, 11-17
– – indeterminada, **1099.º**

– estabilidade, **introd. 1092.º a 1107.º**, 19
– indústrias domésticas, **1092.º**
– – casuística, **1092.º**, 10-13
– pessoas que podem residir no local, **1093.º**
– renovação automática, **1096.º**
– – oposição, **1096.º**, 11
– – – pelo arrendatário, **1098.º**
– – – pelo senhorio, **1097.º**
– transmissão, **introd. 1105.º a 1107.º**
– – comunicação, **1107.º**
– – em vida para o cônjuge, **1105.º**
– – por morte, **1106.º**
ato de administração, **1024.º**
atos que impeçam ou diminuam o gozo, **1037.º, 1040.º**, 5-6
– do locador, **1037.º**, 7-10
– de terceiros, **1037.º**, 11-15
atualização de renda
– anual, **35.º RT**, 26, **37.º RT**
– extraordinária, **26.º RT**, 34, **30.º RT**, **33.º RT**, 18, **36.º RT**, 5-8, 11-17
aviamento, **1111.º**, 32
aviso imediato, **1038.º**, 25

Balcão Nacional do Arrendamento, **15.º-A PED,**
– competência, **15.º-A PED**, 2
– repartição de competências, **15.º PED**, 21
benfeitorias, **1046.º**, 20-26, **1074.º**, 100, **29.º RT**, **34.º RT**
bons costumes, **1083.º**, 61-62

caducidade, **introd. 1047.º a 1056.º**
– casos, **1051.º**
– despejo, **1053.º**
– dogmática geral, **1051.º**, 21-27
– exceções à, **1052.º**
– por cessação de serviços, **1051.º**, 55
– por expropriação, **1051.º**, 54
– por extinção de pessoa coletiva, **1051.º**, 45-50
– por morte, **1051.º**, 41-44
– por perda da coisa, **1051.º** 51-53
– tipicidade, **1051.º**, 57
cães, **1071.º**, 24-26, **1083.º**, 49-50
cálculo do valor da renda, **35.º RT**, 15-22, **36.º RT**, **37.º RT**
casa de morada de família, **1105.º**, 14-15, **30.º RT**, 4, **31.º RT**, 7, **33.º RT**, 8
cedência da coisa, **1049.º**
– comunicação, **1038.º**, 23-24
– proibição, **1038.º**, 19-22
centro comercial, *vide* lojista
cláusulas de irresponsabilidade, **1032.º**, 19-21

cessação de serviços, **1051.º**, 55
cessação do direito, **1051.º**, 35-40
cláusulas contratuais gerais, **1069.º**, 30
comunicabilidade, **1068.º, 1105.º**
comunicação, **30.º RT, 50.º RT, 57.º RT**, 67-72, **58.º RT**, 26-33
condição, **1051.º**, 31-34
cônjuge, **57.º**, 15-21 **RT, Introdução PED**, 63-72
    – administrador, **1052.º**, 10
    – comunicabilidade, **1068.º, 1105.º**
    – embargos de terceiro, **Introdução PED**, 63-72
    – transmissão em vida, **1105.º**
    – – por morte, **1106.º**
consignação em depósito, **1042.º**, 7
contrato com prazo certo, **26.º RT**, 6-12, **31.º RT**, 14
contrato de duração indeterminada, **26.º RT**, 3, 13-35, **28.º RT**, 1-3, 22, **58.º RT**, 1-4
contratos mistos, **1028.º**, 2-4, **1066.º**, 13-15
    – *vide* lojista
culpa in contrahendo, **1031.º**, 22

defesa
    – possessória, **1037.º**, 11-12, 20-25, **1112.º**, 54-56
    – petitória, **1037.º**, 13-15
deficiência, **31.º RT**, 15, **32.º RT**, 10-12, **36.º RT, 57.º RT**, 83-84
denúncia
    – injustificada, **26.º RT**, 28-30, **28.º RT**, 5-16
    – para obras, **28.º RT**, 17-21
    – pelo arrendatário, **31.º RT**, 17, **34.º RT, 53.º RT**
    – pelo senhorio, **26.º RT**, 13-27, **28.º RT**, 17-21, **29.º RT, 30.º**, 17-18, **33.º RT**, 12-17, **52.º RT**
descendente, **57.º RT**, 31-35
desocupação do locado, **1087.º**
despejo
    – despejo imediato, **Introdução PED**, 78-88
    – execução de sentença de despejo, **Introdução PED**, 15-77
    – procedimento especial de despejo, **15.º ss. PED**
    – sistema processual, **Introdução PED**, 7-88
despesas urgentes, **1036.º**
deteriorações, **1044.º**, 5-6
    – consideráveis, **1083.º**, 58
    – lícitas, **10431.º**, 9-13, **1073.º**
    – tipos, **1073.º**, 15
deveres acessórios, **1031.º**, 11-13
direito de preferência, *vide* preferência
direito pessoal de gozo, **1022.º**, 22, **1057.º**, 20
doença, **1022.º**, 22, **1057.º**, 20, **15.º-M PED**
    – suspensão da desocupação do locado no procedimento especial de despejo, **15.º-M, PED**, 8-11
duração máxima, **1025.º**

economia comum, **1093.º**, 12-13, **1106.º**, 40
emptio non tollit locatum, **1057.º**, 3, 5 e 10
encargos do locado, **1030.º**, **1078.º**
entrega do locado, **1031.º**, 14-24
    – âmbito, **1031.º**, 18-21
    – local, **1031.º**, 24
    – momento, **1031.º**, 24
    – no arrendamento, **1081.º**
escritura pública, *1029.º*
estabelecimento comercial, **1109.º**, 1-2, 15-25, **1112.º**, 24-36
    – natureza, **1112.º**, 57-66
estado de neessidade, **1036.º**, 17
exame da coisa, **1038.º**, 15
execução para entrega de coisa imóvel arrendada, **Introdução PED**, 15-77
execução para pagamento de renda, **15-J.º PED**
    – quando acessória do procedimento especial de despejo, **15-J.º PED,** 11-22
expropriação, **1051.º**, 54
extinção de pessoa coletiva, **1051.º**, 45-50

familiares do locatário, **1040.º**, 16
    – perigo para a vida ou saúde, **1050.º**
fiança, **1076.º**, 17-20, e **15.º PED**
    – execução do fiador, **15.º PED**, 11-14
fim do contrato, **1027.º**
    – *vide* pluralidade
fins acessórios, **1027.º**, 12
força maior, **1072.º**, 17-18

garantia
    – bens dados em, **1051.º**, 58-63
gozo
    – assegurar o, **1031.º**, 25-32

hospedagem, **1083.º**, 59, **1093.º**, 23-26

idade, **31.º RT**, 15, **32.º RT**, 10-12, **36.º RT**, 57.º RT, 83-84
imóveis, **1023.º**, 4, 6-9
    – mobilados, **1065.º**
inalegabilidades, *1029.º*, **1069.º**, 15
indemnização, **26.º RT**, 26-27, **29.º RT**, 6-9, **33.º RT**, 15-17, **34.º RT, 52.º RT**
    – de despesas e benfeitorias, **1046.º**
    – por mora na restituição, **1045.º**, 14-21
indústrias domésticas, **1092.º**
licença, **1067.º**, 14-20, **1070.º**, 11-13

locação
    – antecedentes, **1022.º**, 1-5

– anulabilidade, **1035.º**
– características, **1022.º**, 15
– como ato de administração, **1024.º**
– construção dogmática, **1022.º**, 24
– duração, **1025.º**, **1094.º**, **1095.º**
– – indeterminada, **1099.º**
– – prazo supletivo, **1026.º**
– elementos, **1022.º**, 6-14
– extinção, **introd. 1047.º a 1056.º**
– fim, **1027.º**
– forma, *1029.º*, **1069.º**
– natureza, **1022.º**, 16-24
– noção, **1022.º**
– relação de, **1031.º**, 6-13
– renovação,**1054.º**
– *vide* arrendamento, contrato de lojista
locador
– ilegitimidade, **1034.º**
– insuficiência do direito, **1034.º**, 5-6
– obrigações, **1031.º**
– transmissão da posição, **1057.º**
locatário
– doença, **1072.º**, 19-22
– mora, **1041.º**
– obrigações, **1038.º**
lojista, **1064.º**, 6-22

manutenção, **1043.º**, 4-8
microentidade, **51.º RT**, 5-20, **54.º RT**
morte do locatário, **1051.º**, 41-44
– não habitacional, **1113.º**
móveis, **1023.º**, 4

não-concorrência, **1112.º**, 52-53
negociações, **1031.º**, 39

obras, **1074.º**
– e relações de vizinhança, **1071.º**, 27
– jurisprudência, **1074.º**, 71-100
– lícitas, **29.º RT**, 4-6, **34.º RT**, 4
– não-autorizadas, **1083.º**, 57
– não-habitacionais, **1111.º**, 18-21
– oposição, **1084.º**, 23
– regime jurídico, **1074.º**, 41-63
– urgentes, **1036.º**, 24
oposição à renovação, **1055.º**

oposição do arrendatário, **33.º RT**, **52.º RT**
ordem pública, **1083.º**, 63

partes do prédio, **1071.º**, 29-30
perda da coisa, **1044.º**, **1051.º**, 51-53
pluralidade de fins, **1028.º**
pós-eficácia, **introd. 1047.º a 1056.º**, 20
posse, **1037.º**, 26-29, **1046.º**, 13-17, 22-25, **1112.º**, 54-56
prazo certo, **1094.º**, 11-14, **1095.º**
prazo supletivo, **1026.º**
    – caducidade por fim do, **1051.º**, 28-30
prédio , **1023.º**, 9
    – indiviso, **1024.º**, 13-22
preferência, **57.º RT**, 36-45
preferência do arrendatário, **1091.º**
    – ação de preferência, **1091.º**, 78-95
    – e simulação, **1091.º**, 96-111
    – em novo arrendamento, **1091.º**, 31-36
    – funcionamento da preferência, **1091.º**, 37-95
    – origem e evolução, **1091.º**, 1-17
preferência do senhorio, **1112.º**, 48-51
prestações
    – principais, **1031.º**, 7
    – secundárias, **1031.º**, 8-10
procedimento especial de despejo, **15.º ss. PED**
    – apoio judiciário, **15-B.º PED**, 22
    – conversão do requerimento em título executivo, **15-E.º PED**,2-7
    – diferimento da desocupação de imóvel arrendado para habitação, **15-N.º e 15.º-O PED**
    – desocupação do locado, **15-J.º PED**, 1-10
    – documentos privados do artigo 15.º/2 do NRAU, **15.º PED**, 15-20
    – entrada em domicílio, **15-L.º PED**
    – extinção, **15-F.º PED**
    – honorários do executor, **15-B.º PED**, 21
    – impugnação do título para desocupação do locado, **15.º-P PED**
    – notificação, **15-D.º PED**
    – objeto, **15.º PED**, 1-14
    – oposição: termos, **15-E.º PED**,8-9, **15-F.º PED**
    – oposição: distribuição e fase contenciosa, **15.º-H e 15.º-I PED**
    – pagamento das rendas, **15-J.º PED,** 11-22
    – procedimento: carácter eletrónico, **15.º PED**, 41-46
    – recurso da decisão judicial para desocupação do locado, **15.º-Q PED**
    – recusa do requerimento, **15-C.º PED**
    – repartição de competências, **15.º PED,** 21-37
    – requerimento, **15-B.º PED**
    – suspensão da desocupação do locado, **15-M.º PED**
    – taxa de justiça, **15-B PED.º**, 16-18
    – uso indevido ou abusivo do procedimento, **15-R.º PED**

profissões liberais, **58.º RT**, 24-25
proteção de terceiros, **1031.º**, 33-38

purga da mora, **Introdução e 15.º-B PED**,
   – procedimento especial de despejo, **15.º-B PED**, 3-4
   – regime, **Introdução PED**, 8-14

redução da renda, **1032.º**, 18, **1048.º**
regime de bens, **1068.º**, 18-22
regulamento do condomínio, **1071.º**, 33
relações de vizinhança, **1071.º, 1083.º**, 51
   – *vide* cães, obras
renda, **1075.º**
   – antecipação, **1076.º**
   – atualização, **1077.º**
   – congelamento, **1077.º**, 1-33
renda (ou aluguer)
   – falta de pagamento, **1048.º**
   – limitação na sublocação, **1062.º**
   – mora, **1041.º**
      – – cessação, **1042.º, 1084.º**, 21
   – obrigação de, **1038.º**, 14
   – pagamento, **1039.º**
      – – lugar, **1039.º**, 12-17
      – – tempo, **1039.º**, 10
      – – recusa, **1041.º**, 25
rendimento anual bruto corrigido, **31.º RT**, 15-16, 21, **32.º RT**, 2-9, **35.º RT**, **36.º RT**, 9-10
renovação do arrendamento, **1054.º, 1096.º**
   – oposição, **1055.º, 1096.º**, 11
      – – pelo senhorio, **1097.º**
   – outra causa, **1056.º**
   – prazo, **1054.º**, 25
reparações
   – no arrendamento, **1081.º**, 17
   – tolerar, **1038.º**, 18
   – urgentes, **1036.º**
   – *vide* deteriorações, manutenção
resolução, **1047.º**
   – pelo locatário, **1050.º**
   – por cedência da coisa, **1049.º**
   – por falta de pagamento de renda ou aluguer, **1048.º**
resposta do arrendatário, **31.º RT, 51.º RT**
restituição da coisa, **1038.º**, 26, **1043.º, 1081.º**, 15
   – atraso, **1049.º**
   – lugar, **1043.º**, 15
   – tempo, **1043.º**, 14
RJOPA, **1074.º**, 41-63, **1101.º**, 68-83, **1103.º**, 22-30, **1111.º**, 35-42

RJRA, **1074.º**, 64-70, **1101.º**, 84-88, **1111.º**, 43-44

subarrendamento, **1088.º**
– autorização, **1088.º**, 14
– caducidade, **1089.º**
– comunicação, **1088.º**, 16
– direitos do senhorio, **1090.º**
– reconhecimento, **1088.º**, 15
sublocação, **Introd. 1059.º a 1063.º**
– direitos do sublocador, **1063.º**
– efeitos, **1061.º**
– história, **Introd. 1059.º a 1063.º**, 12-18
– limite da renda ou aluguer, **1062.º**
– noção, **1060.º**
– requisitos, **Introd. 1059.º a 1063.º**, 3-4
– sucessiva, **1062.º**, 10
subrenda, **1062.º**
– excessiva, **1083.º**, 60
– *vide* subarrendamento
sucessor, **58.º RT**, 8-23
supressão da fonte, **Introd. 1047.º a 1056.º**

título executivo, **14.º-A AD**
– recursos, **14.º-A AD**, 4-5
transição do contrato, **31.º RT**, **33.º RT**, **35.º RT**, 23-25, **57.º RT**, 80-84
transmissão
– *inter vivos*, **28.º RT**, 5-10
– *mortis causa*, **26.º RT**, 31, **28.º RT**, 11-12, **57.º RT**, **58.º RT**
transmissão da posição do locador, **1057.º**
– liberação de rendas ou alugueres, **1058.º**, 5-8
transmissão da posição do locatário, **1058.º**
trespasse, **1112.º**, 37-47

união de facto, **1093.º**, 16, **1106.º**, 38-39, **1110.º**, 34, **57.º RT**, 22-25
uso efetivo, **1072.º**
usufruto, **1052.º**
utilização prudente, **1038.º**, 17

vícios da coisa, **1032.º**
– consequências, **1032.º**, 15-18
– irresponsabilidade do locador, **1033.º**
– tipos, **1032.º**, 5-8
vinculismo, **introd. 1047.º a 1056.º**, **introd. 1092.º a 1107.º**, 1-16, **1094.º**, 1-2, **1112.º**, 10-12
– *vide* congelamento de rendas
vizinhança, *vide* relações de, cães, obras